陈泽宪教授近照

当代中国法学名家

陈泽宪教授

一、个人简介

陈泽宪，1954 年生，福建古田县人。中国社会科学院国际法研究所研究员，中国社会科学院大学法学院特聘教授，最高人民法院"一带一路"司法研究基地主任。兼任中国法学会常务理事、学术委员会委员，国际刑法协会中国分会副主席，中国廉政法制研究会副会长，中国刑法学研究会顾问，最高人民检察院专家咨询委员会委员，最高人民法院案例指导工作专家咨询委员会委员等。

1978 年考入西南政法学院法律系，1982 年 7 月毕业，同年 8 月至今在中国社会科学院法学研究所和国际法研究所工作。历任中国社会科学院法学研究所刑法研究室副主任、主任，中国社会科学院国际法研究中心副主任兼法学研究所副所长，中国社会科学院国际法研究中心主任、中国社会科学院国际法研究所所长等职务。

1987 年 8 月至 1988 年 8 月，作为中美法律教育交流委员会（CLEEC）项目访问学者在美国加利福尼亚大学伯克利法学院研修；1993 年 11 月至 1997 年 3 月，应邀作为全国人大常委会法工委刑法修改小组成员参加刑法修订起草工作；1996年获国务院颁发的有突出贡献专家政府特殊津贴；1999年9月至2000年9月，兼任北京市西城区人民检察院副检察长；2000年9月至2001年9月，作为国家公派的富布赖特（Fulbright）高级研究学者在美国哥伦比亚大学法学院和耶鲁大学法学院从事学术研究。

陈泽宪教授2005年入选首批"当代中国法学名家"，2017年入选"影响中国法治进程的百位法学家"。

二、学术研究

四十余年来，陈泽宪教授澹泊明志，严谨治学，以刑事法学为主向，在刑法基础理论、经济刑法学、国际人权法、国际刑法、司法改革等领域内著述颇多，卓然有成。陈泽宪教授先后主持和参与了数十项国家级、省部级以及中国社会科学院专项课题研究工作，独著、主编、合著学术著作三十余部，在《法学研究》等中外法学刊物和重要国际学术研讨会上发表论文百余篇。其主要研究方向及代表作如下。

（一）关于罪刑法定与刑事法治

针对司法专横与罪刑擅断而提出的罪刑法定原则，是刑事法治的基石。其立法旨意及司法适用，备受关注。陈泽宪教授在这一领域深耕多年，发表有《刑法修改中的罪刑法定问题》《罪刑法定原则的司法适用问题》《罪刑法定与扩大解释》《罪刑法定原则的立法缺陷与司法误区》《刑法的明确性及其实现途径》《我国罪刑法定原则的立法反思》《刑事法治之求索》《犯罪定义的法治思考》《中国刑法改正における罪刑法定主义の问题》等论著。

陈泽宪教授的相关论著深入探究罪刑法定原则与补充立法、类推解释、扩大解释、规范明确性以及在司法中如何正确适用等问题，对在新刑法中明文确立罪刑法定原则，废止类推制度，并在整个刑法及其实施中一以贯之地体现该原则精神提供了理论支撑。陈泽宪教授明确指出，在废除类推制度之后，如果出现新刑法典未能预见的危害社会的行为，国家认为需要动用刑罚手段予以遏制时，可供选择的各种措施是否合理，需要具体分析。其一，补充立法包括刑法修正案和单行的刑法补充规定或决定，以及在其他法律中附设规定有关新罪名的刑事条款。如果这种补充立法规定其效力可以溯及该法生效前的行为，就必须符合罪刑法定原则的要求。由此必然引申出禁止事后法溯及既往，除非依据该法对行为的处理于行为人更加有利。其二，在废止类推制度之后，应禁止类推解释扩及法律没有明文规定的行为。如果允许包括行为类推在内的类推解释作为替代现行类推制度的"拾遗补漏"措施，那不仅违背废止类推制度的初衷，而且势必在背离罪刑法定原则的道路上比类推制度走得更远。其三，科学意义上的扩大解释并不违背罪刑法定原则。扩大解释限于既有法律含义之内，正确运用扩大解释，不仅有助于准确理解刑法规范的立法精神和具体含义，而且有利于刑法的统一正确实施，是对刑事立法不够详尽之处的有效弥补。其四，判例的法律价值，在于它对重要的法律原则、规则或者制定法的规范作出符合法之精神的精确阐释。但是，倘若所谓"判例制度"指的是进行司法类推解释的判例，甚至将其制度化，则应质疑把判例制度引入我国现代刑事法律制度的必要性和可行性。如果承认可以超越法律规范含义范围作类推解释的判例具有法律效力，并使之成为一种制度，那将是刑事法治的一种倒退。

　　陈泽宪教授指出，罪刑法定原则的法律化，并非只是废止类推制度，将罪刑法定原则写入刑法，便可大功告成。更加艰巨而具体的任务，是如何在整个刑法中一以贯之地体现罪刑法定的原则精神。立法的明确性是罪刑法定的基本要求和派生原则。要提高法律规范的明确性程度，需要解决指导思想、实践经验和立法技术等问题。应当摈弃"宜粗不宜细""宁疏勿密、宁简勿繁"，代之以"明确具体、切实可行"为制定刑法规范的指导思想。对那些急需加以规范的新型犯罪问题，注重立法需求的调研，搜集研究典型案例，主动征求有关部门和专家的咨询意见，并借鉴外国行之有效的相关立法例等都是必要的。在立法技术方面，应主要并尽量采用叙明罪状的方式来阐明其犯罪构成的特征。

陈泽宪教授还认为，现行刑法的罪刑法定原则及其司法适用仍然存在一些深层次的问题。罪刑法定原则本质上是"行为时法"原则。从立法角度看，我国《刑法》第三条的规定存在缺陷：我国刑法中的"罪刑法定原则"，与许多国家刑法及国际公约关于罪刑法定原则规定的表述相比，少了"行为时"三个关键字。这可能导致当"行为后"的法律将该行为规定为犯罪，若依照新法来定罪处罚，也很难说违反了我国《刑法》第三条的规定。这并非杞人忧天，因为在二十世纪八十年代的"严打"运动中，就不乏依照"审判时法"而非"行为时法"定罪处刑的教训。因此如何对罪刑法定原则表述得更加科学，真正体现法治的精神，是刑法后续改革不容忽视的重要问题。

陈泽宪教授强调，罪刑法定原则在法律中确立以后，司法者能不能正确地理解罪刑法定原则的精神实质、能不能在司法活动中严格遵循罪刑法定原则，极为重要。刑法的基本原则只有在刑事司法活动中得到正确贯彻，才能具有鲜活的生命力。罪刑法定原则的精神在我国司法界正在逐步深入人心，但仍存在一些认识误区。其一，关于某些罪名如非法经营罪、寻衅滋事罪等"口袋罪"的司法适用存在不合理现象；其二，关于单位犯罪和个人犯罪的界定问题，凸显了司法机关对于罪刑法定原则存在着理解不准确等现象（后来立法机关专门出台相关立法解释纠正此种乱象。——编者注）；其三，处理新型犯罪时，司法机关对罪刑法定原则的理解也存在某些偏差。把罪刑法定原则落到实处，是刑事法治建设的一项长期任务。

（二）关于死刑改革及路径措施

我国作为死刑条款和死刑案件最多的国家，死刑改革是刑事法治发展进程中充满挑战的一个任重道远的难题。陈泽宪教授自本世纪初起就密切关注死刑改革问题，发表有《死刑：中外关注的焦点》《论严格限制死刑适用》《切实减少死刑：走私文物罪何必用极刑》《死刑案件的辩护》《死刑改革的多重视角与具体路径》《死刑制度改革之建议》《死刑适用的严格限制》

（日文版）等论著。

陈泽宪教授主张，限制死刑的适用范围，可以参考《公民权利与政治权利国际公约》的规定，以"最严重的犯罪"作为适用标准。如何理解和界定"最严重的犯罪"，直接关系到对死刑适用范围的界定。根据联合国经济及社会理事会《关于保护面对死刑的人的权利的保障措施》之规定，最严重的犯罪，应当是指致人死亡或者导致其他极其严重后果的故意犯罪，包括致人死亡的故意犯罪和导致其他极其严重后果的故意犯罪。

陈泽宪教授指出，我国法律没有规定任何一种罪名必须适用死刑，而是预留了可供选择的法定刑，这就赋予司法机关极为重要的自由裁量权。对死刑案件具有管辖权的人民法院，应明智地利用法定刑的可选择性，尽量少用极刑。此外，在死刑适用问题上，不宜通过司法解释采取比立法规定更严厉的立场，来消除法定刑的可选择性。

判处死刑缓期二年执行，是中国刑法独具特色的一项死刑制度，对于限制和减少死刑立即执行，起到重要的缓冲和筛虑作用。陈泽宪教授指出，应当充分发挥"死缓"制度的减刑功能，在死刑案件中，尽可能多地适用"死缓"，有利于尽可能早地达到实际不执行死刑的关键阶段，从而加快最终废除死刑的历史进程。死刑改革除了需要凝聚广泛共识，还有赖于政治决断，这也是死刑改革的复杂性与艰难度所在。在政治家决策的常态过程中，民意基础是一个不可忽略的要素。民意的表达与认知的途径与渠道是多种多样的，包括问卷与访谈在内的实证调查，是一个被普遍认可的了解民意的科学路径。但是，实证调研的具体方法与技术的运用，有助于真实地了解民意的多样性。例如，在问卷中以"您是否赞同废除死刑"为题，选择"反对"的人数可能远高于选择"赞同"的人数；但如果以"您是否赞同用不得假释的无期徒刑替代死刑"为题，则选择"赞同"的人数可能增加许多个百分点。实际上，在许多国家当初废止死刑之时，绝大多数的民意调查均显示反对废除死刑的人数多于赞同者，亦即在死刑存废问题上，民意并非影响政治决策的决定性因素。顺应和引领民意，需要政治家的睿智与勇气。

对于死刑案件核准权的下放，陈泽宪教授指出，这造成适用死刑的案件大量增加是毋庸置疑的。更令人忧虑的是，一些错误的死刑判决很可能失去得到纠正的机会。这些错判包括定罪错误和量刑错误。无论是从法理角度、司法实践角度，还是从人权保障角度来看，由最高人民法院依法收回死刑案件的核准权，都是完全必要的。

陈泽宪教授指出，对于死刑之于严重犯罪的遏制力的局限性，要有清醒的认识。国外学者的众多研究结果表明，死刑的存废与严重犯罪现象的增减并无必然联系。因此，在对待死刑问题的指导思想上，应当从"刑乱国用重典"的误区回到"限制死刑、慎用死刑"的既定政策上来。死刑适用的扩大化势头必须得到抑制，并坚定不移地逐步减少死刑条款，严格限制死刑适用。我国学者对死刑问题的研究主要限于学理分析和规范分析，实证研究相当缺乏，使得学者提出的改革建议缺乏坚实的实证基础。在死刑问题的研究方面引入实证研究方法，有助于相关问题讨论的深入和发展。《死刑案件的辩护》一书旨在通过死刑案件辩护问题的实证调查与分析，了解中国死刑案件的基本状况、死刑案件辩护方面存在的问题及其成因，从而提出有针对性的解决方案，减少和防止冤错案件。作者查阅大量案卷，了解死刑案件的发生、审理、辩护和判决的各项基本情况，通过与律师、法官深度访谈，了解律师、法官对死刑案件辩护的基本看法、辩护中可能遇到的问题和提高死刑案件辩护效果的建议，以及中外专家对死刑案件的辩护中存在的困难、辩护律师在死刑案件中的作用、律师的辩护技巧、审判模式与死刑案件辩护之间的关系、法律援助在死刑案件中的作用、死刑复核程序中的辩护等方面，进行扎实的实证调查研究，奉献最新研究成果。

陈泽宪教授指出，应当考虑适时公布死刑判决数和死刑执行数，这有利于就死刑对严重犯罪的威吓效果进行较全面的实证研究，从而为正确地认识死刑的功能和作用，提供较为客观的科学的依据；将死刑的适用置于整个社会的监督之下，既有利于严格限制和减少死刑，也有利于我国全面切实履行国际公约规定的义务。

（三）关于经济犯罪与经济刑法

我国进入改革开放时期以来，各种新型经济犯罪剧增，刑法必须作出必要和适当的应对。陈泽宪教授出于学术敏锐性，较早对该领域的诸多问题进行了深入研究，发表有《经济刑法新论》《论市场经济的刑法调控原则》《经济刑法学的基本范畴》《非法垄断罪初探》《高利贷犯罪探讨》《经济违法行为刑事化的立法原则》《我国专利法中的刑事规定——兼谈有关刑事立法理论与实践》《经济罪案中"以罚代刑"的成因及对策》《中国金融诈骗犯罪国际研究》《中日受贿罪比较》《评高法如何认定挪用公款归个人使用的解释》《从防治经济犯罪谈完善我国刑罚制度》《没收财产刑适用问题的实证分析》《非法经营罪若干问题研究》《中国知识产权刑法与 TRIPS 协定》《论互联网金融的刑事政策》《西方国家经济刑法概观》等论著。

其中，《经济刑法新论》一书不仅全面提炼了我国经济刑法改革基本理论与重大实践的新成果、新现象和新问题，而且提出了许多创新见解。它对于拓展刑法学研究领域，指导新时期我国经济刑事立法和司法实践，具有重要的理论和实践价值：其一，对经济刑法学的基本范畴进行了较深入的探讨和科学界定，为建立和完善经济刑法这一新的学科体系作出了有益贡献；其二，作者通过其直接参与刑法修改的立法工作经历，对我国经济刑法规范的制定、修改和完善作出了许多令人信服的分析与阐述，使读者能全面了解有关立法精神与规范要义；其三，对经济刑事立法的原则和立法方式进行了中外比较研究，并提出了我国经济刑法应遵循的立法原则和可适用的多种立法模式；其四，对《刑法修正案》和司法解释，结合近年来的新案例，对相关经济刑法规范作了系统而深入的论述与阐释。正如清华大学张明楷教授当时的评荐："本书不仅全面地提炼了我国经济刑法改革基本理论与重大实践的新成果、新现象与新问题，而且提出了许多具有价值的创新见解。例如本书对构成经济刑法学学科基石的若干基本范畴进行了科学的界定和深入探讨；对一些罕见的过失经济犯罪和暴力经济犯罪的立法例进行了深刻研究，弥补了以往经济刑法学的许多缺漏；对经济犯罪的资格刑适用问题作了超前性研究；对最新经济刑事立法与司法解释文件作了系统的透彻的阐释；对诸多具体的经济犯罪的认定发表了独到见解。"

对于经济违法行为的刑事化问题，陈泽宪教授认为应当遵循一定的立法原则，以确保经济刑法规范的科学性和可行性。只有当某种具有一定社会危害性的经济违法行为在社会经济生活中相对频繁出现，且对正常的经济秩序和良好的经济环境构成较大危害，国家非以最严厉的反击手段不足以有效遏制时，才有必要从立法上将这种经济违害行为的一般非法化上升为刑事非法化，以便发挥刑事手段所特有的调整功能。对严重经济违法行为的刑事化不是一种孤立的立法活动。刑事化手段既然只是对社会经济活动进行调整的众多环节之一，那么就应当注重它与总体立法活动和整个法律体系发展的内在协调。否则会大大削弱甚至失去经济刑事立法的预期效果。首先，对严重危害社会经济的行为刑事化时，顾及与经济行政法规的协调发展显得至关重要。在经济刑事立法活动中，应明确将这种刑事化进程与相关经济行政法规的同步协调发展作为一个原则予以高度重视。其次，刑事罚则要与经济行政法规中的有关经济罚则和行政罚则衔接配套，不同层次的相关罚则应该是同类行为不同危害性程度的相对反应。对任何经济违法行为的刑事化，都只能是从法律上否定该行为的多层次制裁中的最后手段，而不应作为初始和唯一的制裁手段。这乃是慎刑和注重发挥法律手段的综合立体功效的必然要求。最后，在刑罚配置上，如果应予刑事化的某一经济违法行为之性质与已规定为犯罪的某种行为的性质相类似，或其社会危害性程度相当，则对二者所适用的刑罚轻重应注意保持均衡；倘若认为对原有犯罪所规定的刑罚在现在看来确属偏重或偏轻，那么在新的经济刑法规范中规定较轻或较重的刑罚时，则应适时对既有罚则作相应的修改，以保证法制的严肃性和刑罚尺度的统一。

（四）关于劳教改革与行政处罚

劳动教养、收容教养、收容教育、强制戒毒等可剥夺公民人身自由的行政处罚措施，在现代法治的棱镜下，问题凸显，饱受诟病。陈泽宪教授对此进行了持续不断的深入研究，并提出一系列相关法制改革建议，发表有《中国的劳动教养制度及其改革》《论刑法与行政法的衔接——以劳动教养改革为切入》《废止劳教与后续改革》《强制戒毒制度与人身权利保护》《收容教养制度及其改革》《劳教制度的前世今生与后续改革》《行政处罚与羁押制度改革研究》《劳动教养制度的改革》（日文版和英文版）等论著。

陈泽宪教授指出，劳动教养制度在中国实施四十多年来，在维护社会治安、稳定社会秩序、预防和减少犯罪、教育和挽救轻微违法犯罪人员等方面起到了积极的作用。但是，随着中国法治建设的发展进步和社会政治、经济、文化等各方面的深刻变革，特别是"依法治国"方略的确立和对人权保障的日益重视，现行的劳动教养制度逐渐显露出与现代法治和社会发展不相适应的问题与弊端。如：劳动教养管理委员会形同虚设，劳动教养审批权的行使缺乏有效的监督机制；劳动教养措施的性质与其实际严厉程度不相适应；劳动教养措施与《立法法》的规定发生抵触；劳动教养措施与《行政处罚法》的规定发生抵触；劳教审批制度与我国将要履行的国际义务不相符；劳动教养在实践中存在较大的随意性和混乱性。

陈泽宪教授主张，应审时度势，对现行劳动教养制度进行重大改革，具体提出了包括废止劳动教养制度在内的三种可供选择的改革方案。在废止劳教制度的改革方案中，陈泽宪教授指出，可以考虑将《社会治安管理处罚条例》（已废止）规定的拘留的上限由十五日改为一个月。这样可使治安行政处罚的上限与刑罚处罚的下限完全衔接，而没有必要在二者之间再插入一个比某些刑罚更为严厉的劳动教养处罚措施。在人民法院设置轻罪法庭，专门负责审理依法可能判处三年以下有期徒刑、拘役、管制、单处罚金的轻罪案件，并适用刑事诉讼法规定的简易程序，提高司法效率，使法院能够承受因废止劳教制度而增加的部分轻罪案件的审理工作。采用这种改革方案，需要对刑法及有关司法解释作修改补充，比如引进国外刑法中的前科消灭制度，对某些刑事司法解释中关于构成犯罪的情节标准适当调整等。这些对于我国相关法制改革具有重要的指导和借鉴价值。

陈泽宪教授认为，我国的收容教养具有明显的惩戒处分性质，而社会救济性较弱。收容教养的审批权归属于公安机关。犯罪少年的收容教养是一种限制人身自由的行政处罚，应属于人民法院行政诉讼受案范围。司法实践中，将少年收容教养人员与成年劳动教养人员混合关押的情况并非鲜见。这不仅导致在管理方法和教育方式上难以区别对待，而且容易使少年收教人员感染某些成年劳教人员的恶习。收容教养的核心在"教"，教育工作应当是收容教养制度最重要的内容，它的成功与否直接关系到收容教养制度目的的实现。

陈泽宪教授指出，收容教养制度存在着一些问题，主要包括：作为一种行政处罚，收容教养制度的性质与其处罚的严厉程度不相符；作为一种剥夺人身自由的处罚，收容教养制度缺乏必要的法律依据和必要的正当司法程序；收容教养过多地使用了剥夺自由的管理方式，缺乏有效的替代措施；将被收容教养人员与少年犯、成年收容教养人员混合关押混淆了收容教养与刑罚惩罚的性质差别，也容易造成"交叉感染"，从根本上侵害了未成年收容教养人员的合法权利，实际阻却了收容教养制度目的的最终实现；与《儿童权利公约》《联合国少年司法最低限度标准规则》等有关国际公约规定存在差距。

陈泽宪教授指出，少年群体作为一个弱势群体，必须通过各种方式对其进行特殊的保护。在制定针对违法犯罪少年的处罚措施时应当以此为出发点，对于违法犯罪少年的处理应当适用不同于成年犯罪人的方式，并且在处理方式上应当多样化。应从立法上和司法上完善少年司法制度，以充分保障涉案少年的合法权益；有关少年教养的立法、司法规定应与《北京规则》等国际约法的基本要求相协调，包括对象、条件、场所、决定权、方式和权利保护等；应建立起少年违法犯罪的社会防治体系。

（五）关于司法改革与人权保障

国家尊重和保障人权是宪法的一项重要原则，而刑事司法制度对于人权保障具有至关重要的作用。陈泽宪教授十分关注司法制度改革和人权法研究议题，发表有《司法改革的双重目标》《独立行使司法权与司法体制改革刍议》《改革司法体制与防治司法腐败》《〈联合国反腐败公约〉与中国刑事法制的完善》《〈公民权利与政治权利国际公约〉的批准与实施》《ICCPR的批准与中国刑事法制改革面临的挑战》《关于建立我国法律援助制度的建议》《关于建立刑事被害人国家补偿制度的建议》《刑事诉讼法修改建议稿与论证——以人权保障为视角》《刑事诉讼法修改建议稿与论证——以被指控人的权利保护为核心》《刑事法制发展与公民权利保护》《现代检察制度的法理基础：分权制约与权利救济》《论检察指导侦查》《论滥用诉讼》《人权公约与刑事法治》《创新刑法理论研究 推动刑事司法改革》《寻求效率与公正的平衡——英国皇家刑事司法委员会报告要点述评》《瑞典的监察官》《人权领域的国际合作与中国视角》《惩治恐怖犯罪与依法保障人权》《法治反恐与安置教育》《中国刑事法律制度的改革与发展趋势》（韩文版）等论著。

陈泽宪教授主张，应积极稳妥地推进司法改革，兼顾司法公正和司法效率的双重目标。司法公正，才能使国家法律得以正确实施，民众守法蔚成风气。倘若司法不公，纵然有好的法律，也只能徒有空文或被曲解滥用，守法也将不再成为一种普遍的社会行为。司法公正作为司法改革的一项重要目标，并不是仅仅通过司法改革本身就能完全实现，它还有赖于国家政治体制、经济体制的改革及其成效。司法效率低下，会使公民丧失对司法制度的信心和信任。人民群众渴望看到司法机关能及时地惩治违法犯罪，迅速地保护和补偿受侵害公民的合法权益，尽快地使人们从法律纠纷和困境中解脱出来。司法效率低下和司法腐败一样，都会使公民丧失对司法制度的信心和信任。就司法体制改革自身而言，首先，应力求消除现行司法体制中的各种缺陷和弊端，使之更有利于抵制来自狭隘地方保护主义和腐败势力的强大压力，纯净和强化司法职能；其次，应切实改进司法机关工作人员的录用、晋升、考核、奖惩等制度，使之能够真正成为保证司法人员具有合格的政治、业务素质的有效机制；最后，有必要健全和强化司法监督机制。

陈泽宪教授明确指出，中国实行"议行司法合一"的宪法制度，而不是"三权分立"。这种宪法制度决定了中国的独立公正司法区别于三权分立国家的司法独立的某些基本特征，如审判权独立的有限性、司法解释权的局限性、检察院独立于行政机关等。采取措施促进独立公正司法与改善权力监督，包括从法院独立行使审判权到法官独立行使审判权，改革司法财经体制，改革法官任免制度，改善执政党对司法机关的领导，改善权力机关对司法机关工作的监督以及设置跨地区、省区法院，审理跨地区、省区经济纠纷案件等。

在探讨现代检察制度时，陈泽宪教授提出了分权制衡原理和权利救济两个法理依据。分权制衡，中国检察制度功能明显。首先，它是对行政权的一种侵分，检察权的实施过程实质就是对行政权的侵分过程。因为绝大多数国家的公诉权在政府，即警检合一。传统上属于行政权的公诉权（检察权），由一个独立于行政权之外的机关来独立行使，这是对行政权的一种分权。其次，检察机关行使的职权也是对司法权的侵分。狭义上的司法是法院的审判权。检察权对司法权的侵分，除了其最初的控审分离之外，从现代司法权来看，也包涵了审前行使侦查权。在中国，批准逮捕权在检察院，这是对司法权分权的一种反映。再次，这种侵分还表现在对司法解释权的侵分上。从各国的法制实践看，司法解释权通常归于法官。在我国，全国人大常委会关于加强法律解释的决议，明确授权最高人民法院、最高人民检察院各自行使法律解释权，把传统意义上由法院专属的司法解释权分割出一部分由检察院来行使。检察权对司法权、行政权的双向侵分，实际上对于行政权和司法权来说都起到了分权和制衡的作用，在中国这种非三权分立国家，这具有积极意义。

检察监督权还包括抗诉，尤其是对已经生效的法院判决。从统计数字来看，由于检察院的抗诉，再审和改判的占有相当比例。从权利救济的角度看，检查监督确实有其存在的必要。因为我国还没有一种切实可行的对于司法错误的其他制度化的外部救济渠道。虽然从宪法上说人大有监督的权力，但是没有说人大在具体的案件发生错误时有什么救济渠道，目前主要通过检察监督来实施。

陈泽宪教授是我国最早提出建立法律援助制度建议的专家，二十世纪九十年代初，他撰写的关于建立我国法律援助制度的内部研究报告，获得当时国家有关领导人和领导部门的重视和采纳，为后来我国法律援助制度的创立起到了重要的推动作用。

2003年11月，中国外交部成立"《公民权利与政治权利国际公约》批约问题工作组"，并委托工作组中唯一的学术机构成员——中国社会科学院法学研究所对《公约》的批约问题进行全面系统的研究。中国社会科学院将此列为院重大课题并成立以陈泽宪教授为首席专家的课题组，对《公约》的53个条文及其《任择议定书》的批约问题和相关国内法问题，以及《公约》的实施机制问题等进行全面的系统研究。《〈公民权利与政治权利国际公约〉的批准与实施》一书对《公约》的内容含义、与国内法的比较及法制改革重点、我国批约的立场与对策、公约的实施机制等问题进行了系统、深入的分析和论证，为未来该公约在我国的批准与实施提供了必要的理论准备和建设性意见。其中大量笔墨着力于我国刑事法律制度的改革研究。中国政法大学陈光中教授评鉴该书：论述全面系统，资料丰富翔实，分析有深度，在国内研究成果的基础上又有创新、突破。北京师范大学黄风教授评鉴该书：以客观、全面和深刻的分析，对中国有关人权保障制度作出令人信服且权威的说明和论证；具有深厚的学术性、创新性、实用性和资料性，是一部很好的、高质量的项目成果。

（六）关于单位犯罪与法人刑责

从二十世纪八十年代早期公司法人刑事责任的讨论到后来的单位犯罪疑难问题研究，都是陈泽宪教授长期关注的议题，发表有《论法人的刑事法律问题》《新刑法单位犯罪的认定与处罚》《论我国公司犯罪立法中资格刑的完善》《中国单位犯罪问题研究》等论著。

陈泽宪教授认为，单位犯罪这一具有中国刑法特色的概念，是中国法人制度现状和法人犯罪主体特点的特殊国情在刑事立法上的反映。其论著对法人犯罪和单位犯罪的理论进行了系统而深入的探讨与阐述，并对新刑法中规定的100多种单位犯罪，包括许多新型犯罪进行了逐个评析与阐释。特别是对单位犯罪的各类适格主体、单位犯罪的意志表现和罪过形式、单位犯罪的类型特征、单位犯罪的刑罚及其执行、单位犯罪的共犯认定、单位犯罪的自首和立功、单位犯罪的管辖、起诉与审判等一系列问题，作了深入细致的研究，为配合新刑法实施，准确惩治各种单位犯罪，发挥了有益的理论指导和实践借鉴作用。

此外，陈泽宪教授还在刑法因果关系、毒品犯罪、国际刑法与外国刑法等研究方面多有涉猎，发表了许多相关论著。

三、法治实践

在从事法学研究之余，陈泽宪教授积极投身中国刑事法治建设实践。1993年11月至1997年3月间，陈泽宪教授应邀作为全国人大常委会法工委刑法修改小组成员参加刑法修订起草工作，为1997年新刑法的颁行作出重要贡献，并为其后历次刑法修正工作献策建言。

陈泽宪教授于二十世纪八十年代和本世纪初，两次到北京基层法院和检察院任职，直接参与检察、审判工作，是将法学理论和司法实务密切联系的践行者和推动者。

陈泽宪教授曾任中国刑法学研究会常务副会长达十年，作为知名刑法学家，数十次应邀参与最高人民法院、最高人民检察院司法解释制订和重大疑难案件的咨询、研究和论证。

作为国家智库的法学专家，陈泽宪教授还长期向国家相关领导部门提交与法治发展密切相关的各种专项研究报告，许多重要的对策、建议和意见得到国家领导人及相关领导部门的重视和采纳。

陈泽宪教授在担任中国社会科学院法学研究所、国际法研究所领导职务期间，积极推动我国与法治发达国家及国际机构等在法学研究方面的交流与合作，为中国法学、法律的对外交流作出了杰出贡献。陈泽宪教授格外重视中外法学研究及制度建设的沟通与碰撞。四十年间，他多次游学美国、英国、德国、法国、日本等法治发达国家，考察其法治状况，梳理其源流、研讨其得失、追踪其动态,撰写了诸多文章介绍国外先进的法治理念及具体制度。陈泽宪教授以一种自信、开放的态度,既大胆开门纳新,又勇于向外推出,使外国学界与实务界对中国法治进展的艰辛与成就有了较为全面、理性的认知,促进了双方在理解的基础上增进互信、减少偏见、共同进步。陈泽宪教授还曾在机构层面上负责主持中国社会科学院法学研究所、国际法研究所与联合国人权事务高级专员办公室、丹麦人权研究中心、德国马普外国刑法及国际刑法研究所、美国哥伦比亚大学、耶鲁大学、纽约大学、英国英中中心、日本早稻田大学、韩国刑事政策研究院、韩国庆北大学等国外研究机构的大量合作项目,并有诸多项目成果在中外出版物上公开发表。

新世纪以来,为适应我国人权外交和国际人权斗争的需要,陈泽宪教授先后三十多次作为中方重要专家参与中欧、中美、中德、中英、中澳、中国与联合国等多边和双边人权与司法研讨会,其中十多次率团出访欧美及其他国家,积极开展中外人权对话、交流与合作,为我国在国际人权斗争中化被动为主动作出了重要贡献。

寻求效率与公正的平衡

——英国皇家刑事司法委员会报告要点述评

陈泽宪 编译

皇家刑事司法委员会成立于1991年3月，其直接诱因是著名的"伯明翰六人"案的改判。1974年11月，伯明翰市两座公共建筑发生爆炸，死21人，伤162人。佛·节拉汉等涉嫌此案的6名被告人，在缺乏充足证据的情况下，于1975年8月被认定犯有谋杀罪，判处终身监禁。此后数年内，该案定罪的可靠性不断受到质疑。经多次申诉，并先后由两任内政部长提交上诉法院审查，上诉法院终于在1991年3月作出撤销该案有罪判决的裁定。入狱17载的6名被告得以重见天日。此案震惊英伦三岛，公众对刑事司法制度的信任顿时大为降低。面对举国舆论一片责难，英国政府决定成立皇家刑事司法委员会，授权其对现行刑事司法制度加

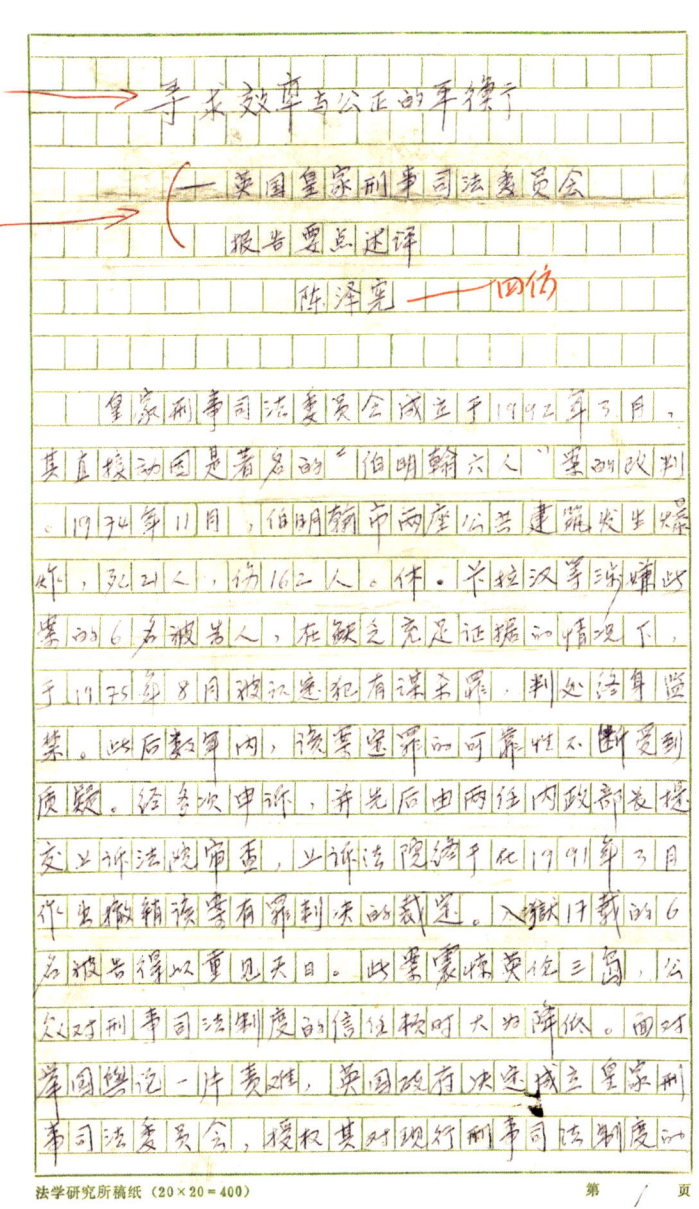

陈泽宪教授论文手稿（1）

举报其违法行为，同时应当使之可以在完全保密的情况下，直接向警察监察团进行举报。这可能导致监察团进行连续调查和特别审查，但监察团可以决定在每个案件中应当采取何种行动。

7. 改革警察纪律惩戒制度。

委员会对内政部发1972年12月16日关于警察惩戒撤职的声明和1993年4月发布的《警察人事程序》中的有关建设性意见表示欢迎。委员会还建议在有关规定中应对下列事项作出规定：

(1) 警官在刑事法庭被宣告无罪，不应成为就同一事实提出纪律惩戒程序的障碍。①如果该警官的行为表明其不适合留在警察部队，这种惩戒程序应当可以导致将其开除。

（不应要求）

(2) 警察违纪案件的审理像刑事诉讼程序那样正式和严密，证明标准也不应求同于刑事证明标准。

(3) 由于某个警官的违法乱纪而导致针对警察当局的民事诉讼案件时，尽管该案件悬而未

第 11 页

① 根据英国《警察与刑事证据法》第104条中的"双重被告虑地无规则"，警官一旦被以刑事罪起诉，不论结果是定罪或无罪释放，均不得于其后就同样的事实以违纪行为对其提出指控。

New Explorations
of
the Criminal Rule of Law

刑事法治新求索

陈泽宪教授七秩华诞祝贺文集

吴大华　王秀梅　石经海　主编

当代中国出版社
Contemporary China Publishing House

图书在版编目(CIP)数据

刑事法治新求索：陈泽宪教授七秩华诞祝贺文集 / 吴大华, 王秀梅, 石经海主编. -- 北京：当代中国出版社, 2023.7
ISBN 978-7-5154-1272-6

Ⅰ.①刑… Ⅱ.①吴…②王…③石… Ⅲ.①刑法—中国—文集 Ⅳ.①D924.04-53

中国国家版本馆CIP数据核字(2023)第114889号

出 版 人	冀祥德
责任编辑	靳振国　沈秋彤　李　昭
责任校对	贾云华
印刷监制	刘艳平
装帧设计	郝志燕
出版发行	当代中国出版社
地　　址	北京市地安门西大街旌勇里8号
网　　址	http://www.ddzg.net
邮政编码	100009
编 辑 部	(010)66572156
市 场 部	(010)66572281　66572157
印　　刷	北京中科印刷有限公司
开　　本	710毫米×1000毫米　1/16
印　　张	47.5印张　849千字
版　　次	2023年7月第1版
印　　次	2023年7月第1次印刷
定　　价	258.00元

版权所有，翻版必究；如有印装质量问题，请拨打(010)66572159联系出版部调换。

序一　泽民润世，宪令资政

冀祥德*

《周易》有说，"泽"指水积聚的地方，大泽、湖泽、润泽（潮湿），引申为"恩泽"之意。《史记·屈原贾生列传》云："怀王使屈原造为宪令。"《诗经·崧高》则曰："王之元舅，文武是宪。"今国家智库中国社会科学院有泽宪先生，福建古田人，乃辉煌"西政78级"骄子，以研究和推动中国刑法学发展与世界传播为己任，贤良方正，才望高雅，泽民润世，宪令资政。值此泽宪先生从心之年，撰文以为寿。

初见泽宪先生，他始入不惑，予我第一印象乃仪表堂堂，盖君子风范也。何为"仪表堂堂"？五代王定保《唐摭言·海叙不遇》有云："十三郎仪表堂堂，好个军将，何须以科第为资！"既形容容貌，又赞叹气质，还彰显品德。泽宪先生仪容端庄、举止大方、姿态准正。何为"君子风范"？《论语·宪问》有云："君子之道者三……仁者不忧，知者不惑，勇者不惧。"孔子认为衡量君子的道德标准有三方面，即仁、智、勇，所谓"达德"。观泽宪先生仪表俨然，不忧、不惑、不惧，一腔正气，昭然坦荡，观之可亲，仁德之人，君子之道也。

泽宪先生是一位温润敦厚的"大先生"。 泽宪先生的乡党，南宋文坛领袖刘克庄在《饮者》中曾曰："世有大先生，一饮石五斗。""大先生"，专指人格、品德、学业、能力超出他人很多，能为人表率者。在我看来，泽宪先生是名副其实的习近平总书记于2021年4月19日提到的"大先生"，"做学生为学、为事、为人的示范"。尽管他自谦，不允以"大先生"称之，然他正是我心中的"大先生"。与先生共事多年，从未见其追名逐利，亦从未见其疾言厉色，正如《秦风·小戎》所云："言念君子，温其如玉""厌厌良人，秩秩德音"，先生一向都是温文尔雅、谦谦善慈、温厚如玉的样子。《礼记·曲礼》云："从于先生，不越路而与人言。遭先生于道，趋而进，正立拱手。"先生言语温和柔顺，待人彬彬有礼、言听行从。泽宪先生就是这样一位"大先生"，用授业解惑教导学生桃李天下，用温文儒雅谦谦君子的性情影响

---

* 中国社会科学院法学研究所研究员，当代中国出版社法定代表人、总编辑。

同仁见贤思齐，用潜移默化润物无声培养后生择善而从。

泽宪先生是研究推动中国刑法发展和向世界传播的著名法学家。《今日中国》于2017年评出影响中国法治进程的百名法学家，其中有突出贡献的法学家中，刑事法学专业仅有5位先生入选，泽宪先生便是其中一位，被誉为"重点研究刑法学的学者"。泽宪先生多年来致力于推动中国刑法进步，在与国际接轨减少死刑、香港国安法立法、刑事法制改革、废除劳教制度、刑法修正案立法、刑事法中的人权保护、国家安全法立法等多个刑事法领域颇有建树，具有领军性作用，为中国刑法学发展和与世界接轨作出卓越贡献。

泽宪先生是"社科法硕"（中国社会科学院法律硕士）大厦的主要奠基人之一。本世纪之初，得以与泽宪先生同伍，耳闻目濡，多得熏染，尤同创"社科法硕"，他为社科院法学系党总支书记，我为常务副书记、常务副主任（时任法学所所长李林兼任系主任），废寝忘食，披荆斩棘，夙夜为公，勇毅前行，风雨辗转沙滩北街15号、北京大学万柳学区、东方大学城、良乡辛瓜地，以"社科法硕""七个一"建设工程，成社科院法学所法学教育规模化发展，更有机会体悟到先生的不忧、不惑、不惧，乃实至名归的仁者、智者和勇者。有人说我是"社科法硕之父"，实愧不敢当，尤其是在泽宪先生面前。

德为世重，寿以人尊。室有芝兰春自韵，人如松柏岁常新。值此泽宪先生七十大寿之际，拙文并藏头诗一首献之：

> 泽民效伊尹，
> 宪宪为世儒。
> 先子生兰月，
> 生辰宿南斗。
> 寿星来金华，
> 比德思广充。
> 南开数亩田，
> 山比复泓澄。

2023年7月7日

序二　如切如磋　亦师亦友
——陈泽宪教授七秩华诞祝贺

刘仁文*

陈泽宪教授即将迎来七秩华诞，他的三位高足吴大华教授、王秀梅教授和石经海教授主编了《刑事法治新求索——陈泽宪教授七秩华诞祝贺文集》，并邀我作序。我与陈泽宪教授共事30年，为人为学从他那里受益良多，他是我尊敬的老师，也是我亲爱的兄长，很高兴也很荣幸有这个机会为这本书写点序言性的东西。

陈泽宪教授，福建古田人，是恢复高考后著名的西南政法大学1978级"难以复制的神话一代"。自1982年从西南政法大学毕业来到中国社会科学院法学研究所工作，迄今已服务这一国家级科研机构40余年。在40余年的科研教学工作中，他公开出版独著、主编、合著数十部，提交内部研究报告数十份，在国内外重要期刊上发表论文百余篇，其中在法学类的顶级期刊《法学研究》上发文就达8篇。由于他后来担任中国社会科学院国际法研究所所长，中国刑法学研究会常务副会长，中国法学会常务理事、学术委员会委员，国际刑法协会中国分会副主席，中国廉政法制研究会副会长，最高人民检察院专家咨询委员会委员，最高人民法院案例指导工作专家委员会委员等许多重要职务，加上学风严谨，所以科研上的产出相较过去有所减少，年轻一代往往对他曾经的高产缺乏了解，其实，他年轻时曾经创下1年发表十几篇论文的记录。在人才培养上，他先后培养出数十名博士和博士后，上百名硕士，其中许多已成为法学界的著名学者或法律界的著名实务专家，如此次祝寿文集的第一主编吴大华教授（陈泽宪教授指导的博士后，现任贵州省社会科学院党委书记、研究员、博士生导师）、第二主编王秀梅教授（亦为陈泽宪教授指导的博士后，现任北京师范大学法学院教授、博士生导师、国际刑法协会副主席）、第三主编石经海教授（陈泽宪教授指导的博士生，现任西南政法大学教授、博士生导师、刑法学科带头人）等。

本书的主标题让我想起陈泽宪教授在他的母校西南政法大学校庆五十周年

---

* 中国社会科学院法学研究所研究员、刑法研究室主任，中国刑法学研究会副会长。

时入选"西政学子学术文库"的一本自选文集《刑事法治之求索》（法律出版社2003年版），不管是之前的"求索"还是此次的"新求索"，我觉得都较好地反映了陈泽宪教授40余年来的法学研究和教育理念，即为刑事法领域的良法善治而上下求索。陈泽宪教授学术视野宽阔，理论功底深厚，他对刑事法治的贡献是多方面的，从理论层面看，他的研究不仅涉及刑法基础理论、经济刑法、单位犯罪、毒品犯罪等，还涉及刑事诉讼法、国际刑法等诸多领域，并在削减死刑、改革劳动教养制度等许多方面产生了重要的决策影响力；从实务层面看，他深度参与立法机关和司法机关的专家咨询与论证工作，还多次以专家身份参加中国与联合国的刑事司法对话、中美人权对话、中欧人权对话等许多事关国家利益的高端活动。

陈泽宪教授在做人做事上达到了很高的境界。他为人处世非常低调，许多在别人看来很重要甚至值得炫耀的事情于他而言都云淡风轻。例如，他于1994年至1997年曾应邀作为全国人大常委会法工委刑法修改小组成员全程参加了1997年新刑法的修订起草工作，但他很少提起；又如，他多次参与国家司法考试命题，也同样很少提起；早几年中央准备启动特赦时，中央政法委找了少数几位专家征求意见，陈泽宪教授便是受邀专家之一，但我是从储槐植老师那里才听说这个消息的。他虽然性情温和，却原则性很强，我因为深知他的这一特点，所以每次当有人打听到他作为评委参与国家社科基金会评或全国十大杰出青年法学家评选等活动，希望我和他打个招呼时，我总是坦诚相告，我虽然和陈泽宪教授很熟，但和他打这种招呼还是有压力，请对方谅解。

陈泽宪教授其实也是"法律应与诗书通"的典型，他那篇广为流传的"西政棋人轶事"，让我们不仅看到他高超的围棋棋艺，也见识到他一流的文字水平及其背后所映射的人文功底。我不下围棋，但曾经喜欢下象棋，有一次在研究室等一位外宾，见时间比较充裕，就说服他和我下一盘象棋，他很谦虚地说象棋他下得不好，而且已经多年没下了，但那次的结果是我没下过他。还有一次，他在我们法学所同事的一个群里少有地诗兴大发，作了一首诗，把法学所附近的景山、北海、故宫、中国美术馆等名胜古迹均囊括其中，并在群里说哪位能把他这首诗里所提到的景点全说出来，他就发红包。结果群里你一言我一语，互相补充也没有把诗中的所有景点都说全。

多年与陈泽宪教授共事，耳濡目染，我从他那里学到很多。他在外事活动中有强烈的爱国心和规矩意识，但在参加国内立法机关和司法机关的内部研讨时又保持一个学者的本色；他谦和低调，修养很高，却又有很强的原则性，始终坚守自己的底线；他淡泊名利，与人为善，非常能包容人；他的许多同学、同事都位居高位，但他君子之交淡如水；他待人处事非常讲情义，记得有一年，本所的欧阳涛老师在春节期间以92岁高龄辞世,陈泽宪教授专门从外地赶回来参加欧老的遗体告别,并在回程途中多次与我商量如何协助家属做好相关工作。

久而久之,陈泽宪教授的一些行事方式也对我产生了潜移默化的影响。曾经有近十年的时间,社科院刑法博导就他和我两人,按社科院的命题传统,我们一般是每次刑法卷出三道论述题,让考生选答其中的两道。他的基本思路是不出偏题、怪题,也不出教科书上完全没有又容易引发争议的题目,尽量给考生一些余地,以免一道题答不上来就无从考察学生的基本功。我后来传承了他的这一思路,记得近期的一次博士生命题工作中,何庆仁教授草拟的三道题中有一道"论功能主义刑法观",我担心万一有的考生不了解功能主义刑法观导致整个这道题吃零蛋,所以和庆仁教授分享了此前我从陈泽宪教授那里受到的启发,后来我们俩商量将这道题改为"论刑法中的心理责任、规范责任和功能责任"。

不熟悉陈泽宪教授的人容易对他留下一种凡事不闻不问、无为而治的印象,其实他的心很细,办事非常认真。有一次,我们俩商量完博士生命题后,他用打印机打印出来,专门另外拿一张白纸把那页显示题目的纸包住再放入信封密封好,然后我们俩再在密封处签字。我后来再试着透过白色信封看里面的内容,觉得如果不外包一张纸,还真可能隐约看得见里面的文字。还有一次,石经海教授请我线上主讲一次西南政法大学刑法学科组织的讲座,这次讲座也邀请到陈泽宪教授担任主持人。记得当天下午,我把自己刚草就的一篇与讲座主题相关的论文发到群里,跟主持人、与谈人和组织者解释,由于时间紧张,PPT就不做了。没想到陈泽宪教授很快给我打来电话,说今晚线上听讲座的人多,还是做个PPT到时屏幕共享会效果好些。

我于1993年进入社科院法学所刑法室工作,入所没多久就和陈泽宪教授一起被借调到中央政策研究室,南下海南,北上黑龙江,参加中央一个有关社会治安综合治理的文件起草和调研。那时我刚参加工作,就得到他无微不至的指导。此后,在我的学术成长道路上,他对我的生活和工作都给予了多方面的关心与支持。他是我名副其实的老师,参加过我的博士论文答辩,推荐过我出国;我们也是好同事、好战友,经历过单位的许多人和事,风平浪静中彼此都深知作为一个学科带头人的不易,个中的付出和酸甜苦辣非亲历者不能自知;我们多次一起参与国家的立法和司法,在许多问题上心心相印,每每听他发言,我都能从他那份从容中感受到他的深厚积累、宽广视野和家国情怀,暗自勉励自己要向他学习,以便在与兄弟单位一起参与立法和司法时对得起社科院国家队这块牌子。30年来,我自己的人生之路在时代大潮中涨涨落落,对于我的成长,他看在眼里,在表现不理想的时候他从不批评人,最多点拨或暗示一下,但当我取得一点成绩时,他却从不吝惜表扬和鼓励。就在不久前,他还当着几位同事的面对我说:刘仁文真是任劳任怨啊。

陈泽宪教授现在虽然已经从国际法所所长的位置上退休,但他仍然是我们中国社会科学院刑法学科的精神领袖和返聘专家,此外,他还兼任着中国法学会学术委员、中国刑法学研究会顾问、最高人民检察院专家咨询委员等一系列学术和社会职务。我每有学科建设上的重要事项,总是第一时间向他请教。无论是工作上的事情,还是生活上的事情,甚至是学术观点,都听听他的意见,特别是得到他的首肯后,我就踏实多了。我曾经在去年的中国社会科学院刑法学重点学科暨创新工程论坛上,表达过下面的意思:"人民教育家"高铭暄老师90多岁了还活跃在中国刑法学研究的园地里,希望陈泽宪教授也像高老师那样健康长寿,并继续用他的睿智和声望引领我们社科院的刑法团队不断前进。

纸短情长,加上一波又一波的工作袭来,苦恼自己无法从容梳理思绪和打磨文字。面对出版社的不断催稿,只好先以这些仓促间写就的文字交差,但它们确实不足以表达我对陈泽宪教授的敬意与祝福。衷心期待陈泽宪教授身心愉悦,阖家幸福,生命与学术之树常青,待到他八十、九十大寿时,我再来好好为他的祝寿文集写一个让自己更满意的序言,谨以此与陈泽宪老师约,与陈泽宪老师的诸位弟子同人约!

2023年5月26日于法学所

目 录

第一编　社会发展与刑法改革

试论犯罪学、刑法学与刑事政策	樊　文	003
刑事政策视野内刑罚轻重均衡实证研究		
——对受刑人刑罚轻重主观均衡的反思	王志强	031
构建和谐社会之刑事处罚权正当化新思考		
——以量刑阶段刑事被害人人权保障为视角	吴大华	050
我国数据犯罪中法益刑法保护的几个问题	杨正万	062
论受胁迫民事法律行为撤销权的行使与强迫交易罪成立的关系	王志祥	071
从刑事一体化看党的十九大以来我国走私犯罪的刑事策略	陈　晖	086
学科军事法论	冉巨火	096
我国刑法制裁体系的反思与完善	彭文华	111
交通肇事罪与以危险方法危害公共安全罪之辨		
——以孙伟铭案为例	刘瑞平	137
自反性现代化的刑法意义		
——风险刑法研究的宏观知识路径探索	焦旭鹏	148
共犯之共犯规范理论研究	田　淼	171
刑法适用方法概论	牛克乾	220
刑法中的被害人行为类型及有效条件问题研究	吕凤丽	243
企业数据刑事合规的重点场景与合规建议	张建肖	262
处置型污染环境罪的法教义学分析	刘伟琦	274
我国洗钱罪名体系的司法适用与法益确定	时　方	297

第二编　刑事司法与人权保障

权利冲突视域下儿童最大利益原则的理解与适用	王雪梅	319
刑期折抵制度的人权保障实践	石经海	336
疑罪从无与冤假错案关系论	董玉庭	356
"人民幸福生活是最大的人权"的理论定位及实践要求	高长见	365
社区矫正对刑罚发展的影响分析	刘　君	382
未成年被害人保护制度的中国特色及改革方向	向　燕	397
国家尊重和保障人权的刑事程序模式	谢进杰	417
审慎引入客观举证责任裁判方法	季桥龙	442
论毒品犯罪死刑配置的正当性	胡　芳	450
死刑改革背景下的终身监禁法律适用疑难问题研究	袁建伟	457
利用技术措施侵犯著作权行为犯罪化研究	周光清	468
刑事责任年龄下限问题研究 　　——兼论将"强制教养"纳入刑事诉讼法特别程序	张文秀	476
法官量刑的自由裁量权与量刑公正的实现 　　——兼论人工智能在量刑中的定位与边界	黄春燕	489
我国未成年人保护体系的构建分析 　　——以《未成年人保护法》为视角	刘宇轩	503
减刑庭审实质化的维度与机制	曾娇艳	518
阶梯式量刑事实证明标准的提倡	单子洪	533

第三编　涉外法治与国际刑法

全球恐怖主义犯罪：形势、应对与执法合作	王秀梅	557
国际刑事司法协助的基本原则	成良文	577
基于社会组织化水平对刑罚报应理论的再认识 　　——兼论康德、黑格尔刑罚报应理论的区别与缺陷	司建军	583
国际刑事法院的重点调查和起诉策略及其面临的挑战	杨　柳	600
德国判例制度的核心精神及其实践机制	周振杰	611

日本环境司法研究
　　——从水俣病案件看日本环境司法存在的问题　　　　　李正日　628
中国刑法与国际公约的衔接问题研究　　　　　　　　　　周维明　642
"总的正义原则"之辩:论战后审判的基础和机能　　　　　徐　持　671
联合国国际法院如何发展强行法　　　　　　　　　　　　邓　华　686
电信网络诈骗犯罪跨境追赃与国际刑事司法合作　　　　　郝家英　711

第一编 社会发展与刑法改革

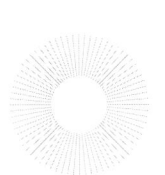

试论犯罪学、刑法学与刑事政策

樊 文*

陈泽宪老师对中国刑事法科学的基础和发展一直进行着深邃的思考并提出了诸多颇具影响的创见和远见。他学术功力深厚,学识通透;作品论题切实,论证缜密;文笔流畅、文风平实,言简意赅而内涵丰富。本文向他卓越的学术成就致以诚挚而崇高的敬意,同时本文也是对陈老师多年来指导我学术成长的这种令人感怀终生的师生关系的纪念。谨祝福陈泽宪老师在新的阶段头好壮壮!

一、犯罪学与刑法学(或者刑法)

犯罪学和刑法之间究竟是一种什么样的关系,一直是犯罪学研究中富有争议的问题。

犯罪学家和刑法学家坚持认为这两个学科之间存在根本区别,对两者之间关系问题的争论往往针锋相对。例如,有观点就认为,犯罪学研究的是"实然"(Sein),而刑法学研究的是"应然"(Sollen),两者在哲学的认识论上很难匹配在一起。犯罪学家不承认刑法的合法性,他们认为,刑法的基础很不可靠,尤其表现在刑法的罪责和责任领域;刑法学家回应道:犯罪学的洞见对于刑法所承担的任务并不重要。乐于和犯罪学进行合作的刑法学家,则抱怨犯罪学家缺少对刑法学基本问题的研究兴趣;犯罪学家认为,他们的知识在刑法理论和实务中只是受到了选择性关注。[①] 即便是进行合作,也会产生令人意外的冲突。例如,要判断被告人的刑事责任能力如何,或者判断一个陈述是不是真实可靠,只有犯罪学才能为法官的判决提供鉴定根据方面的信息,在这些时候,犯罪学和刑法之间就有着一种顺利的合作;但是,这种合作容易产生一种依赖:法官对于鉴定人给出的鉴定

---

* 中国社会科学院法学研究所副研究员,德国弗莱堡大学法学博士、德国马普外国刑法与国际刑法研究所博士后、研究员。

① Hassemer, W., Kriminologie und Strafrecht, in: Kaiser/Kerner/Sack/Schellhoss (Hrsg.), Kleines Kriminologischer Wörterbuch, 3. Aufl., 1993, S. 313.

结论往往也没有办法凭借自己的知识作出内行的评断,那么就会逐渐陷入对于鉴定人的依赖。因此,刑法学家就反对法官过于看重鉴定人。

确实,刑法学是一门规范科学。它研究刑法的规则及其适用,或者说研究科处和宣告刑罚的法律前提。它的工作主题是行为自由的法律界限,这个界限任何人都必须遵守,以此保障人类有效的共同生活。② 它的工作重心是对规范进行解释和对事实进行逻辑包摄。犯罪学不同于刑法学。例如,在归责现象上,把某事件归责于具体的人或法人,对于犯罪学,只是一个附带的研究对象;而对于刑法学来说,其研究的核心范畴是以日常因果概念和责任归咎为研究对象的包摄理论。犯罪学并不关注具体个人的具体行为事件的因果关系和责任归属,而是对作为一种社会现象的犯罪,向出现这种现象的有责任的机构、制度和决策提出归咎责任的问题(即制度问责)。诸如家庭、学校教育,媒体宣传导向(比如传媒与犯罪)或者是对于失业有责任的经济政策、社会救济政策、劳动力市场政策(失业与犯罪)。与此不同,刑法学的核心概念,要回答的是:在什么样的前提条件下,允许对实施了刑法上的行为、侵害了法益、产生了刑法上的"犯罪后果"的人或者法人进行归责(即个人归责)。

犯罪学和刑法的区别还表现在归责的方式和方法上。典型的犯罪学归责对象是超个人的社会客体:破裂的家庭、宣扬色情暴力的各种媒体、不负责的政客、不作为的体制。相反,刑法把归责问题,只聚焦于具体的个人身上。如果撇开天生犯罪人的假设不论,人没有天生就是罪犯的,没有天生以犯罪为职业的。人是在社会中长成的,人是在社会中犯罪的,人的社会化或者适应社会生活有缺陷的集中表现形式之一就是犯罪。如果这些社会化的缺陷是国家的、社会的、组织的制度、保障、福利、救济等不够完善或者政客不作为所造成的,那么,让这些制度缺陷的原因表现于其身上的违法者,承担来自国家的、社会的、组织的制度缺陷和救济缺位的责任,就不能不使刑法承受犯罪学家的强烈批判(这种批判主要来自犯罪学上的"替罪羊"理论)。但是,这种对刑法的犯罪学批判也是有问题的,因为犯罪学对于刑法的任务存在严重的误解。刑法的对象是个案,最多间接地涉及行为产生和发展的一般的或者普遍性因素。刑法的任务是要为可罚性(比如,结果对具体个人的可归责性)的精确标准提供根据,并要为实现个体归责准备好程序

---

② 有效的共同生活的福祉,源于普芬道夫(Pufendorf)的自然法学说。他的学说的中心思想是个人与他人共处并促进社会共同利益的义务。他认为,这种义务的产生是由于人如果只关注自我,就会孤立无援。因而共同生活的福祉在刑法上具有重要的意义。也可参阅 Jescheck/Weigend, Lb Strafrecht AT⁵,1996,S. 2f. 。

形式,这种形式的程序能够使得在检验具体个人之嫌疑的同时,最大限度地保障嫌疑人(和其他参与人)的权利。探究犯罪现象的原因和犯罪化的原因,不是刑法的任务,刑法的任务应是在犯罪构成该当性、违法性和罪责的结构下,通过三段论的逻辑包摄,处理由行为人的行为引起的个人和国家之间的冲突。

二、刑法学和犯罪学在基本范畴上的各自独特性

罪责(责任)是一个日常的范畴和刑法的范畴,而不是犯罪学的范畴。它是一个个体归责的范畴,是一个最复杂而最经常被讨论的、现代刑法体系熟悉的范畴。但它不是归责的唯一范畴,它是历史上和体系上最晚提出的一个范畴。如果行为人确实已经实施了行为并且如果能够证明这个事件是由个人的行为造成的,那么,刑法就只是在这种情况下把有害的事件(杀人、伤害、对于重大财产的严重危险、公共基础设施的破坏、水域的污染)归责于个人。"行为"和"因果性"是"客观归责"的范畴。他们保证,如果某人"造成(引起)"了有害的事件,那么,就必须在刑法上为该事件承担责任。"罪责"是"主观归责"的一个范畴。③ 它保证,如果某人"有责任的造成"了该事件,那么,就必须让他为该有害事件在刑法上承担责任。客观的和主观的归责的这种位阶分层(从"行为"经"因果性"到"罪责"),就像前后相随的过滤器一样起作用:后面的位阶必然以前面的位阶为前提;在后面的位阶,讨论的是在更为严密和不同的标准下必须承担责任的问题;在前面的过滤器中没有滤掉的,最终会从责任性的检测中过滤出去。④

把罪责确立为刑事责任的前提并且把罪责具体作何理解,这是一个社会法文化在刑法制度上的显著标志。我们知道,无法预见的"不可抗力"或者"意外事件"并不总是高频率地造成人类的不幸("天灾"),于人类有害的事件更多的是人类选择、决定并且行为支配的结果("人祸");这些人祸的结果原本并不是不可避免的。因此,刑事责任的前提——客观归责和主观归责是以这样的假设为基础的:人对于其行为和由该行为所产生的后果,原则上是应该负有责任的。

如果一个行为人说,事件的发生不在其选择、决定或者行为支配的能力范围内,他对于所造成的损害"无能为力",那么主观归责的刑法制度就会否定该行为

---

③ Hassemer, W., Schuld und Verantwortung, in: Kaiser/Kerner/Sack/Schellhoss (Hrsg.), Kleines Kriminologischer Wörterbuch, 3. Aufl., 1993, S.451.

④ 对于有害事件没有因果关系的行为,不再接受罪责层次的检验,因为必须承担责任的问题在因果性的检验阶段就已经被否定了。

人的结果责任。行为人由此可以"无罪开释"。这样,刑法就在意外和过失之间划出了界线:只允许对(至少是)过失造成的事件归责,而不得对意外造成的事件进行归责。

刑法制度根据罪责的归责标准,规定了相对于意外事件的可罚性的界限,也规定了应受刑罚处罚的标准。刑法还把行为人参与外在事件的内在心理事实作了位阶区分。这个位阶层次分明、跨度很大:从无意识的过失,到有意识的过失,再到"轻率的""间接的"和"直接的"故意,最后到意图。对于不同的罪责形式下的行为,刑法制度给予了不同严重程度的制裁。

主观归责层次上的这种差别,也有利于刑法制度保障其处罚的相当性。罪责原则的"限定功能"如今已经得到了绝大多数刑法理论的认可,这种功能表现在它的任务中:禁止和防止过度突破行为中表现出来的行为人的内在意愿的处罚⑤。罪责范畴不仅在确定处罚的界限上有限定作用,而且在这个界限之内量定刑法后果上也有限定作用:对于行为人主观意愿的降级(比如过失),只可以科处(相对于故意)从轻或减轻的处罚。

如果行为人由于身体、心理、社会化或者信息方面的缺陷,没有能力做出或者不做出合乎规范的行为,那么,无责任能力和不可避免的禁止错误方面的规则就禁止对(客观上)违法行为进行主观归责。期待不可能、紧急避险或者由于慌乱、恐惧或惊吓的防卫过当方面的规则就会产生免除罪责的效果。因为刑法应当宽宥那些迫于情景和威胁而违反规范的行为人。这些具有法文化标志的免责事由,表明了刑法所期待的合法行为的界限。

日常生活中我们以人格行事,相互"负有"责任,这没有问题。但是必须注意到,对刑事判决而言,对于他人具体的罪责非难的合法性,一般的归责是不够的。在刑事程序中通过观察和调查收集案件事实,从来都不能证明行为的实施是自由的;反之,只能证明假定的行为自由所受到的限制(比如,年龄和智力对认知能力的限制)。刑法立法者现在并不要求法官确定(在罪责层面的)行为自由,而是要求法官确定行为人对于行为的意愿和自由受到限制的指标。在确定的这些指标的基础上,才可能建立起主观的归责。但是是否也能够建立起罪责非难,仍然是成问题的。因为与罪责非难紧密相关的是刑法罪责理论最具争议的"古典"问题——意志自由。

刑法学和犯罪学共同的范畴是犯罪。没有规范的评价(但不见得都必须是刑

---

⑤ 以罪责为根据的刑事处罚,不得重于行为人根据责任所应承担的刑罚。参见 Jescheck/Weigend, Lb Strafrecht AT^5, 1996, S. 408。

法的评价),不可能有犯罪的概念。行为自身从来不会自动确认为犯罪,犯罪永远意味着对于人类行为的规范评价。因此并不存在不包含规范评价的"自然的"或者纯犯罪学的犯罪概念。相对于刑法学,犯罪学所使用的这个概念有不同的语境意义。比如说,犯罪学中也用到犯罪的概念,但是犯罪学语境中的犯罪,不是为了标示个体行为,而是描述作为大量社会现象出现的、违反刑法规范的行为,是在宏观现象的意义上使用"犯罪"概念的。此外,这个概念不限于警方知悉的犯罪行为,即明数犯罪,还包括警方并不知悉,但是实际已经发生的、被害人还没有报案或者侦查机关还没有发现的、可予以刑罚处罚的行为,即犯罪黑数。

标志犯罪学独立于刑法学的基本范畴是偏差行为和社会控制这两个概念。

偏差行为指的是所有偏离现行社会规范的行为方式;刑法规范只是现行社会规范中的一小部分。社会规范是指在一般社会学意义上所有构建社会共同生活的行为期待。偏差性地实施的行为,不仅包括违反了刑法的行为,比如伤害他人或者盗窃他人之物,也可能包括没有偿还所欠债务,超速驾驶,嗜烟酗酒、吸毒卖淫等违反社会期待的行为。社会学意义上的偏差行为是犯罪学的研究对象,只有特定的部分偏差行为才是刑法上的犯罪。因此,刑法上的犯罪和犯罪学的对象之间并不存在紧密的内在联系。刑法上的犯罪只是犯罪学这门科学的出发点,但不是其目标。

社会控制的概念不同于刑事司法。前者是非正式的控制,包括学校的、工作单位的控制和邻里的控制;后者是"正式"控制,主要是指刑法的社会控制。刑法只是社会控制的一部分。所有关于可以做什么和不可以做什么的社会道德观念都属于社会控制。这些观念的控制先于刑法且不受刑法的丝毫影响。刑法所起的作用是稳定道德,而不是引领道德。刑法对社会价值变迁的影响,仅仅限于保障它所保护的价值观坐落在社会道德的基础之上⑥。刑法的社会控制是犯罪学研究的重要问题,主要涉及刑法的社会控制的功能、效率、结构和运作方式,以及刑法的社会控制的功能性替代。

三、刑法社会学方向上刑法和犯罪学的关系

犯罪学家和刑法学家之间的相互理解,确实很少。为实现两个学科的合作,20世纪70年代以来,犯罪学家和刑法学家共同推动和发展了刑法的社会学研究

---

⑥ Kunz, Kriminologie, 5. Aufl., 2008, S.256.

方向。

在这个方向上,犯罪学和刑法的关系主要有以下几点。

1. 刑法对于犯罪学的意义有哪些方面和有多大的范围,取决于犯罪学的研究方向

如果撇开意大利刑事人类学派边缘并且如今已经过时的刑法批判意义不论,临床的、生物的、医学的、精神病学的、实证人类学取向的犯罪学,并没有把刑法作为研究对象。相反,它给刑法提供了关于它的研究对象——越轨者或者偏差行为人实证方面的知识。因此,它常被看作是刑法的"辅助科学":它提供刑法所遇到的诸如行为人的刑事责任能力和矫正改善可能性等问题的实证答案,并把这些问题的最终有效的解决办法留给刑法。它严格遵守"实然"和"应然"标准下的学科分界。

当社会科学取向的犯罪学⑦(比如在"标签范式"中)研究正式的社会控制机关的行为时,它就对刑法有着特别重要的意义。一旦它把刑法作为其研究对象,那么犯罪学就获得了刑法的"基础科学"的地位:它给刑法提出问题并以它自己的方法回答这些问题。它在刑法的领域与刑法理论并驾齐驱,并且否认两者在"实然"和"应然"意义上的区分。

2. 犯罪学对于刑法的意义有哪些方面和有多大范围,取决于刑法理论和犯罪学的研究方向

有一种刑法理论把刑法的任务看作是维护社会的"道德底线",并且认为要用刑罚对不法行为来进行报应,这样的刑法理论基本上不需要犯罪学的知识。这种理论所指导的刑法实务可能认为自己有责任回答这些"实证的"问题(比如,刑事责任能力、禁止的认知等),并且是根据现代所说的日常理论来回答这些问题的。只有当出现了一种比如采用观察和实验的实证方法的文化(或者说法文化),才会产生犯罪学对于刑法的助益。犯罪学根据自然科学方法论的规律保障刑法实务上的实证假设的坚实可靠性。

只有目的取向的刑法理论,才能接受犯罪学的教诲。追求预防的刑罚目标(改善、威慑、稳定规范)之必要前提是存在关于现实的知识。把刑法作为(程式化的)社会控制一部分的新的理念,甚至把刑法理论也描述进犯罪学的概念中了。

---

⑦ 犯罪学也有自然科学的取向,比如生物—犯罪学、犯罪—心理学、数学—犯罪学、计量—犯罪学等。

因此犯罪学在刑法理论的推动下回归到了刑法的基础科学的地位⑧。

犯罪学和刑法间关系的这种结构性描述,并不能说是当今这种关系的现实描述;这种关系的现实确实如前所述,特别的复杂和混乱。但是,在这种关系的结构之外,还是能够看出一些发展的趋势。

(1)刑事立法者在持续地推动刑法的目的取向。在我国量刑法的立法中,立法者不断地给予法官规定一些义务,比如,在量刑时要考虑到刑罚对行为人未来生活可能产生的不利影响。在刑罚的变更(缓刑或者假释)前提下规定,人民法院认为其没有再犯罪的危险的,可以宣告缓刑或者可以假释(《刑法》第72条第1款,第81条第1款);对于被判处拘役、3年以下有期徒刑的,根据其犯罪情节和悔罪表现,人民法院认为其没有再犯罪的危险,对其缓刑后能够进行有效监督的,可以宣告缓刑;对于不得减刑的原判死缓或者无期徒刑的罪犯,除符合实际服刑期限的要求外,如果认真遵守监规,接受教育改造,确有悔改表现,人民法院认为其没有再犯罪的危险的,可以假释。因此,缓刑和假释的适用上,法律就赋予了法官进行再犯预测的义务,即要求他们作出(没有实证知识不可能做成的)预测,而这种预测没有实证知识是根本不可能办到的。

(2)这种立法上的发展无疑提高了犯罪学对于刑法的意义。但是,刑法理论的发展上所表现出来的还是这样的趋势:要把刑法与犯罪学更为明显地区分开来,并且要更加清楚地勾画出规范—法治国刑法的任务。

刑法的比较研究发现,通过刑罚并不能如人所愿地有效改善和威慑行为人,日益重要的洞见是:要确定和坚守刑罚负面效应的危险界限,即要认识到在给定的刑罚执行期限内,刑罚的预防目标是不可能达到的。划出这样一个刑罚负面效应产生的时间临界点,是刑法的任务⑨。而要确定这个界限,就需要根据相当性原则,在不法和罪责的严重程度与刑法后果的强度之间进行评估和权衡。而立法者(规定刑罚幅度时)和法官(在量刑时)都必须遵守这样的义务:防止对于当事人法益不相当之侵害。

(3)犯罪学研究从刑法适用方面为刑法批判贡献了三个重要的视角。

a. 刑法规范产生和废除的视角

在刑法理论的学理部分,通常只是略微提到刑法规范的产生,至于刑法规范的废除,涉及的文字就更少了。通常非犯罪化问题根本不会成为刑法理论的研究

---

⑧ Kaiser/Kerner/Sack/Schellhoss, Kleines Kriminologisches Woerterbuch, 1993, 3. Aufl., S. 314f.

⑨ Kaiser/Kerner/Sack/Schellhoss, Kleines Kriminologisches Woerterbuch, 1993, 3. Aufl., S. 315.

对象。相反，犯罪学有义务让人了解，在历史进程中，我们的刑法是怎样变化的并且还将继续怎样变化。常常被提到的非犯罪化的例子有，曾经按流氓罪[10]处理的男性之间同性恋行为的犯罪构成和过去计划经济条件下的投机倒把的犯罪构成[11]，这些都与时代和社会观念的变迁有关。犯罪化的速度总是快于非犯罪化的速度，若要举出最新的非犯罪化的立法例，确实很难。

尽管对于非犯罪化的讨论还很欠缺，犯罪学的一个重要任务是用其知识来检测刑法的替代效果，并由此对刑法业绩究竟如何进行批判性反省作出贡献。比如，刚刚出版的"毒品政策全球委员会"的报告认为，"针对毒品的战争"失败了[12]。这个评估结论就让许多犯罪学家产生了发起关于毒品刑法效率的新讨论的热情。

与寻找非犯罪化的例子相比，寻找行为方式的新犯罪化立法例，更为容易。比如，《德国刑法典》第238条规定的非法跟踪罪是德国立法上比较新的犯罪构成，对于这个犯罪构成，就在犯罪学上围绕这样的问题进行着讨论：这样的犯罪构成在什么程度上是必要的，由立法者处理问题所选择的刑事规范化的方式方法是不是成功的。这样，犯罪学的视野就深入到刑法的适用上了。以《德国刑法典》

---

[10] 1997年我国修订《刑法》，流氓罪被拆分为侮辱妇女罪、聚众斗殴罪、聚众淫乱罪、寻衅滋事罪四个具体罪名。流氓罪名虽然取消了，但这四种罪名，新法仍然认为是犯罪；除此四种行为之外的原来属于流氓罪所包含的行为方式，不再是犯罪。

[11] 投机倒把，就说文解字而言，投机在古汉语中是指两人说话投缘，能相互领悟对方的"机锋"，或者说朋友之间志趣相投。后来为了对应翻译外来的经济术语，投机原来的意思被经济上抓住机会进行投资操作的意思替代了。倒把，是转手倒卖的意思。这样投机倒把合起来，就是指利用时机，以囤积居奇，买空卖空，掺杂使假，操纵物价等手段牟取暴利。在20世纪80年代，作为投机倒把罪的行为，在表现形式上，规定得相当宽泛：(1)倒卖国家不允许自由经营的主要生产资料和紧俏耐用消费品，从中牟利；(2)倒卖国家计划供应物资、主要生产资料、紧俏耐用消费品的指标、合同、发票、提货凭证，从中牟利；(3)违反国家规定的价格，哄抬物价或变相抬高物价，扰乱市场，从中牟利；(4)倒卖外币、外汇、外汇券、侨汇券、外汇指标"批件"、银行有价证券等，从中牟利；(5)倒卖金银、文物，从中牟利；(6)在生产和流通领域中，以次充好，以假充真，掺杂使假，以少代多，从中牟利；(7)为投机倒把人员代出证明信、发票、合同书，提供银行账户、支票、现金，从中牟利；(8)将应出口外销的商品在国内倒手倒卖，从中牟利。行为涉及生产和流通领域，不仅有对当时国家垄断经营的生产资料和紧俏耐用消费品的倒卖牟利，而且有对金融、外汇、金银、文物、物价、外贸、工商管制领域的倒卖牟利活动。不仅个人可以成为这种犯罪的主体，投机倒把罪的主体还可以是企事业单位、机关、团体。行为的具体表现形式除前述的之外，还可以是，单位与其他单位或个人内外勾结，把国家计划内物资、指标转为计划外物资、指标，加价倒卖牟取暴利；单位生产、推销、倒卖假农药、假种子、假化肥，以及假药、假酒等伪劣商品；以救灾抢险等有特殊重要用途的款物进行投机倒把，倒卖重要农用物资、粮食等；单位为牟取非法利益，与投机倒把单位(包括相互有隶属关系的单位)通谋，为其提供批件、货源、资金、账号、发票、证明，或为其提供运输、保管、组织劳务后者给予其他方便等。

[12] Global Commission on Drug Policy (2011), P. 2: "The global war on drugs has failed, with devastating consequences for individuals and societies around the world."

第238条的非法跟踪罪为例,2010年度该罪的适用统计是这样的:警方的刑侦统计显示立案侦查了26218件案件[13];而法官根据这个犯罪构成裁判的案件是748件[14]。其中,很大一部分非法跟踪案由的被告人被做中止程序处理或者被宣告无罪,只有414人被判有罪[15]。其中根据成人刑法(不同于少年刑法)被判有罪的有396人,这396人中最终被判处自由刑的是123人(占31%),273人(占69%)被判处罚金刑。被判处自由刑的123人中的102人被处自由缓刑[16]。由此可以发现,2010年警方立案侦查的26218件非法跟踪案件中,只有21人被判处了不予缓刑的监禁自由刑。仅仅这些数字,就足以引起人们许多的思考:新的犯罪构成运作得到底怎么样;新的犯罪构成是否满足了法政策引入该犯罪构成时给予它的期待;司法资源的支出,是否得不偿失?

b. 黑数研究的视角

犯罪学不仅贡献关于犯罪明数的知识,犯罪学的黑数研究也开启人们观察刑法没有得到适用的现象的新维度。比如说,人在未成年期普遍存在过一定次数的犯罪行为,这是正常的。这是犯罪学的实证发现,这个发现就给刑法制度提出了这样的问题,少年刑法对于这种发现应该怎样作出更有意义的反应?即怎样解决选择性的刑法适用问题。

c. 刑法处罚研究的视角

刑法的处罚效果只有在犯罪学中才是主要的研究对象。比如,德国2004年开始的一项再犯研究发现,所有2004年被刑法处罚或者刑满释放的人,在为期3年的危险期内,重新犯罪的占总数的1/3[17]。但是,再犯率因所执行的刑罚的不同而各异:罚金刑的再犯率是27.8%,监禁自由刑是48.1%,监禁少年刑是68.6%[18]。由于可能受选择效应的影响,即便是依据这些数字,也不能马上得出结论,就认为监禁自由刑只能让事情变得越来越糟。对这个结论必须作进一步的深入思考。不仅要深入思考具体的处罚效果为什么会是这样,而且要深入思考,打击形形色色的社会丑恶现象,刑法究竟在什么程度上是合适的。

---

[13] Bundeskriminalamt, Polizeiliche Kriminalstatistik (2010), S. 41.

[14] Statistisches Bundesamt, Rechtspflege Strafverfolgungsstatistik 2010, Fachserie 10 Reihe 3, 2011, S. 34f.

[15] 同上注。

[16] 同上书,S. 100f。

[17] Bundesministerium der Justiz (hrsg.), Legalbewaehrung nach strafrechtlichen Sanktionen. Eine bundesweite Rueckfalluntersuchung 2004 bis 2007, 2010, S. 6.

[18] 同上书,S. 60;概览表2.4.。

四、"整体刑法科学"概念下刑法学与犯罪学的关系

刑法学家李斯特(Franz von Liszt)提出了"整体刑法科学"的概念。但是,从科学的立场来说,这是一个不准确的也是容易引起误解的概念。之所以是不准确的,是因为"刑法科学"的提法掩盖了刑法学和犯罪学两个学科之间的原则不同。刑法学是规范—语义科学。它研究科处和执行刑罚的法律前提。它的主题是确定行为自由的界限和国家动用刑罚不许超越的边界(建构的刑法是公民刑法而不是敌人刑法)。公正的观念在刑法科学中起着非同寻常的作用。与刑法科学不同,犯罪学是"经验科学",它不涉及规范的解释和事实的包摄,而是要对可予观察的社会现象进行调查和分析,尤其是在实证上研究偏差行为的成因和发展、规范对于行为人和社会的效应。犯罪学的核心工作是进行对事实的调查、描述和解释。此外,法律人解释和适用刑法的方式和方法,也可以作为这样的事实进行实证调查而成为犯罪学的研究对象。现行的刑法规定是刑法科学和犯罪学的共同连接点,这就使得犯罪学明显不属于法学的属下学科。一旦把犯罪学从这个共同的连接点上解脱下来,并且注意到它的研究对象不局限于法律意义上的犯罪概念,犯罪学不属于法学这一点,就特别清楚。

李斯特的提法也容易引起误解。这主要是指"整体刑法科学"的提法给人这样的印象:犯罪学是刑法科学的一门纯粹的辅助科学。实际上,正如迈耶所说,"犯罪学是独立的科学,而不是刑法科学的小垂饰。犯罪学也可能得出废除刑法或者彻底变革刑法的结论"[19],两门科学是具有同等地位的独立学科。但是,这并不排除两个学科之间可能而必要的紧密合作。刑法学家提供法律规定方面的信息,说明这种法律规定的理由,并回答法庭实务和学术文献中出现的法律问题。正如有学者所说,刑事司法和刑事立法需要犯罪学的根据[20]。犯罪学提供事实的根据,实际的状况和发展,为这种状况和发展提供解释。双方的合作是平等的合作,并不是刑法单方面提出问题,犯罪学提供答案,而是两个学科之间相互提问、相互回答、互相检验、相互启发,推动思考的持续深入。

为了构建概念和体系,作为刑法科学核心的刑法学理,不仅需要法学上对规则能够自圆其说的形式上的法学逻辑,而且需要从被保护的价值角度提出根据,并对制定和论证新的法规范起到推动作用的实质逻辑。实质逻辑包含着从价值

---

[19] H. Mayer, Strafrecht AT, 1967, S. 22.
[20] Jescheck, Kriminologie und Strafrecht im MPI, FS-Kaiser, 1999, S. 10.

次序中推导出来的实质裁判理由,这种裁判从公正和刑事政策的合目的性方面看,内容上是正确的或者至少可以证明是正当合理的㉑。犯罪学可以向刑法学家提供来自现实的、对于刑法立法必要的经验知识,只有基于这种知识的法规范才可能是符合实际而"公正合理"的㉒。刑法必须是"公正合理的",并且根据刑法规范作出的实体裁判必须从保护特定价值的目的中推导出来。"公正合理"也有着"符合实际"的意思。也就是说,刑法必须和我们能够认识到的我们社会的生存条件和人类心理的作用方式相一致,在这个意义上刑法就和现实存在一种难分难解的相互关系:它塑造现实的同时又受到现实的影响。忽视现实的刑法,或许是荒谬可笑的,但肯定是不合实际的㉓。刑法对于现实不能是"盲目的"。刑法依赖于现实,其规范要反映人类生存的现实条件,在这个层面,它存在与面向经验现实的犯罪学进行合作的内在必要性,因为"没有犯罪学的刑法是盲目的,没有刑法的犯罪学是漫无边际的"㉔。

从被害人学理(Viktimodogmatik)的形成就可以观察到犯罪学经验知识对于刑法学理的重要性。被害人学(Viktimologie)是犯罪学的一个分支,它主要研究在犯罪的产生中行为人和被害人之间的关系。从被害人学的研究中获得的经验知识对于刑法学理产生了重大的影响,以至于产生了刑法学理的分支——被害人学理。被害人学理考虑的是对于行为实施被害人所负的共同责任,研究的是被害人的行为是否可以排除行为人的刑事责任。该理论的要点在于:在考虑是否有必要处罚行为人的时候,必须同时考虑被害人在具体案件中的角色为何。如果被害人本身可以经由适当手段保护自己的法益,而疏于自我保护,刑法便没有必要保护这样的被害人㉕。尤其是在被害人积极介入的犯罪类型中,比如诈骗罪,判断构成要件该当性时,就应该评价被害人的因素。在诈骗罪的犯罪构成中,要求行为人的诈术使得被害人陷于错误㉖,那么,什么是"陷于错误"？被害人学研究发现,行为人的诈术使被害人产生的认识有两种:一种可能是错误,而另一种可能是怀疑。错误和怀疑是被害人学理和诈骗罪之间的两个重要连接点。若是被害人

㉑ Jescheck/Weigend, Lb Strafrecht AT^5, 1996, S.42.
㉒ 同上书,S.47。
㉓ Weigend, Strafrecht und Zeitgeist, in: Sieber/Albrecht(Hrsg.):Strafrecht und Kriminologie unter einem Dach, 2006, S.44.
㉔ Jescheck/Weigend, Lb Strafrecht AT^5, 1996, S.41.
㉕ 王梅英、林钰雄:《从被害者学谈刑法诈欺罪》,载《月旦法学》1998年第3期(35期),元照出版公司1998年版,第96—103页。
㉖ 张明楷:《刑法学》,法律出版社2011年版,第889页。

产生了错误,诈骗罪自当成立;若是被害人对于行为人所提供的资讯心存怀疑,并且考虑过被骗风险后,仍然处分财产,还是不是"陷入错误"?按照被害人学理,如果行为人的诈术内容客观上足以令人怀疑,并且主观上引起了被害人的怀疑,被害人显然能够以适当的方法来保护自我,避免损害发生。如果被害人因怠于或者疏于自我保护而遭受损失,刑法就没有必要制裁行为人。诈骗罪的客观犯罪构成要件要求行为人对被害人或者虚构事实,或者隐瞒真相[27]。但是,被害人学理发现,不仅这两种形式的诈术能够引起被害人的错误认知,在行为人和被害人之间建立起了高度信赖的关系的情形下,即便是行为人提供了符合事实真相的资讯,仍然会引起被害人的错误认知[28],这种推定性诈骗,同样符合诈骗罪的客观犯罪构成要件。

关于犯罪学与刑法合作必要性的命题,还可以从批判犯罪学对两者合作的态度转变中得到证明。批判犯罪学是以批判现行刑法为取向的犯罪学。起初,这种取向的犯罪学受美国犯罪学"标签范式"的影响,认为刑事追究中进行的筛选程序,对于不同阶层的不平等对待,会产生对于社会下层的不利;属于社会下层的人比属于社会中上层的人,更容易被"贴上"犯罪的"标签"。持这种观点的批判犯罪学者因此认为,现行刑法只是社会弊端坚守的堡垒,犯罪学与现行刑法之间没有合作的基础。但是,当这些学者认识到刑法和刑法的实际运作不是一回事后,他们的态度开始出现了转变。当社会中上层人士的犯罪黑数和白领犯罪成为热议的话题后,他们对于犯罪学和刑法不能合作的态度完成了根本性转变。这样,原来的合作障碍,反转成合作必要性的重要启示:如果不关注法的适用,刑法就是没有着落的东西[29]。

五、刑事政策与刑法义理学

李斯特早有名言:"刑法是刑事政策不可逾越的樊篱。"[30]他还提出刑法是"犯

---

[27] 张明楷:《刑法学》,法律出版社 2011 年版,第 890 页;高铭暄、马克昌主编:《刑法学》,北京大学出版社、高等教育出版社 2010 年版,第 568 页。

[28] 比如小品《卖拐》中就有这样的诈术。

[29] Hirsch, Einfuehrung in das Thema Strafrecht und Kriminologie unter einem Dach, in: Sieber/Albrecht(Hrsg.):Strafrecht und Kriminologie unter einem Dach, 2006, S. 34.

[30] Liszt, von Franz, Strafrechtliche Aufsätze und Vorträge, 1905, Band II, S. 80.

罪人的大宪章、公民对抗'国家巨兽'的堡垒"[31]。从中我们可以看到刑事政策和刑法之间在预防性地有效打击犯罪和保障个人自由之间的时有对立的紧张关系。如今更为重要的、公认的刑事政策命题是："没有法律就没有犯罪。"它不仅揭示的是犯罪的一般预防的要素（明定的法律），而且指明了法治国家刑事政策的重要目标：国家刑罚权要有法律界限或边界。尽管体系是法治国刑法必不可少的要素，法治国家要求对犯罪问题进行体系性的无矛盾处理，这个要求并不支持刑法和刑事政策的对立，也不反对根据刑事政策的主导观点对刑法进行体系性建构。

如果说刑法义理学（Strafrechtsdogmatik）的对象是现行法，即当下实然状态的法，刑事政策的对象是所期望的法，即未来的应然之法，那么，就会发现刑法义理学思维和刑事政策思维是有严格区别的。义理学和体系思维作为语义学形式，是要对现行法文本或者法条作出可以理解的解释，而刑事政策则是要提出并贯彻新的刑法目的观。这样一来，义理学和刑事政策之间既有的区别，就被夸大了。因为找法（Rechtsfindung）的工作，远不是只在逻辑推导程序中包摄适用已经明定的法条，相反，它更多的是法定规则范围的具体化，并且在立法者的目的观的发展和体系化中，它就是在义理学外表下的刑事政策本身。因此，义理学的解释任务已经要求进行目的论的和刑事政策方面的体系化。在解释论上要作为现行法来理解的东西，是对立法者刑事政策目的观作出让人能够理解的深入思考的产物，在这个意义上，实然法和应然法并不是相互对立的。做义理工作的人（比如学者或者法官），必须像立法者一样，在刑事政策上给予论理之说；他必须在某种程度上把立法者只能素描勾勒的现行法轮廓，在所有细节上为法的适用目的给予生动而形象的工笔细描[32]。

但若是把义理学的刑事政策和立法者的刑事政策等同起来，就会把法官和立法者放在同等的地位，而这是违反权力分立原则和罪刑法定原则的。相反，义理学和一般犯罪论应该更多地要在法律的框架内，也就是不得突破解释的界限范围推行刑事政策。因此，解释现行法时，会有两个限制：一是解释者不得用自己的目的观来代替法律的刑事政策目的观；二是法定原则的词义限制在总则中的有效之处，解释者也不允许帮助贯彻违反条文词义的法律目的[33]。

---

[31] 主要是从自由—法治国家的角度，针对"为了公共利益，把每个对共同体有危险的人，需要关押多长时间就关押多长时间"这种预防性打击犯罪而提出的原则。

[32] Roxin/Greco, Strafrecht, AT, Bd. 1, 5. Aufl., 2020, S.319.

[33] 同上注。

义理学受立法者刑事政策目的观的约束,从中可以看出,阐明秩序原则时,在利益冲突的情况下行为对于社会是有利还是有害,以及对于行为的违法性作判断,关键是从法秩序中可以发现的基本原则,而不是解释者本人的价值观。同样,当人们根据刑罚目的论的刑事政策观点解释和体系化责任范畴时,决定性的根据不是学者或者法官自己关于刑罚目的的观点,而是从法律明定的免责事由而来的目标[34]。

此外,这种约束也给了在刑事政策上进行论理的义理学研究出新见解的自由。因为立法者总是在总则中对许多事项只作粗略概括的规定,或者根本就没作规定[35],这就导致把指导刑法的原则转化为可用的法的事情,几乎全部留给了义理学。此外,对于不是某个具体个人的立法者来说,常常认识不到,指导立法者的原则必须从大量的具体规定的解释中才能得以了解和阐明。因此,就像作品的解读者比作家本人可能会更好地理解一个文学作品一样,学者或者法官也常常能够教给立法者许多基本原则,这些基本原则虽然来自他们制定的规范,但是他们自己不甚明了。

与此相反,如果出于刑事政策的理由而选择问题解决的另一种方案,即便是这种方案是值得认可或者可行的,从而否定立法目标上已经失败的现行法规定,就是逾越了义理学上所容许的界限。

此外,刑事政策取向的义理学和体系都要服从文词界限的约束。在文词所涵盖的效力范围内,即使文词界限存在阻碍法律目的实现的地方,也不得逾越文词。

刑事政策和刑法义理学的关系也体现在刑事立法的检验标准上。我们知道,严格的体系思维,如今已经不适应现代立法的条件。因为逻辑的体系和全面完整(即整体)的理想,是与法典化紧密相关的。而随着法典化的结束,这个时代正在过去。如今的立法主要是为解决具体的问题点进行量身定制,通常是在多种和多重政治妥协的压力下进行的,因此,在民主的共和制国家必须考虑,根据变化了的多数关系(即民意上的多数)对刑法进行修改。在这种框架条件下,着眼于特定形式的社会生活,试图以理性原则的总体把握整个正义的体系思维,对于对象来说,是力不从心的。妥协、实用主义和内容上的偶然性,是当今刑法立法的新特征。

这些新特征造成的刑法在量上的扩张和质上的沦落,传统的法益概念和所谓

---

[34] Roxin/Greco, Strafrecht, AT, Bd. 1, 5. Aufl., 2020, S. 319.
[35] 比如,我们的刑法总则中就缺少有关错误的规定和不纯正不作为犯的规定。

的最后手段公式并不能在以下几个方面为新的犯罪构成提供合格的合法性审查。

(1)法治国刑法典的建设。刑法的总则和分则关系——根据刑法总则适用的效力范围,总则规则不仅适用于分则的所有犯罪构成和附属刑法,而且适用于未来的单行刑法或者附属刑法。后来的单行刑法或者附属刑法不得违背刑法总则的规则。模式选择上,基于历史教训,摒弃加重刑罚功能的单行刑法㊱是值得赞赏的。

具体而言,具体犯罪化时,规定犯罪是在被限制的基本权利与要保护的基本权利和社会关切之间作出的平衡决策。

一种方法是根据现行刑法的(内部)体系来衡量新的犯罪构成,即审查它们是否发展了现行法律,同时又尊重了其中的"语法"。这种方法论的基础是把握"现存的和现实的"东西,而不是建立某种"超越"的东西,以此来衡量现实(黑格尔)。如果新的犯罪构成脱离了这些内在结构,就会令人怀疑立法机关是不是以必要和适当的手段来实现合法的目的。

立法者必须确保受刑法保护的行为规范是一致的,特别是与责任领域的分配规则相一致。因此,对于行为规范的合法设计来说,重要的是,它是否合法地将刑事责任分配给对象,或者是否不负责任地将其他法律领域的责任归给了对象。

刑事立法本质上是刑法规定的行为规范的安排组织问题。如果宪法能对刑事立法提供一个相称性原则这样的良好的上位评估框架㊲,那么刑事立法就有规范性原则,而新犯罪构成的内容必须以具体的刑法标准来充实。

这些具体的刑法标准首先可以从现行《刑法》的"语法"中得出,特别是但不仅是从不同的人之间预防侵害的责任分配中得出。进一步的限制性标准来自刑法的特殊性(刑法结合了道德非难与科处严厉的制裁),也来自刑罚处罚的合法性目的。

(2)体系化的未来。刑法学研究,一方面,不能忽视现实生活的变化,否则就把握不住实际适用的现行法,而只会泛泛而谈或者自编梦境;另一方面,要了解放弃体系要求的代价。体系思维有其论证力上的局限,并且只承认实证法本身。但是,人们不应局限于只是法律的顾客而满足于实证法的具体细节,而是要在可能的范围内努力,查明并列举出它们的内在联系——即要领会和理解给定的东西,而不仅仅是附和它。

㊱ 比如,1981—1996年间,我国最高立法机关就先后通过了25个这样的单行刑法,基本上是违背当时《刑法》总则第58条的。

㊲ 特别需要警惕整体—安全刑法的政治方向和安全意识形态!

(3)过度立法的问题。今天的公民几乎陷入了经由民主程序而通过的漫无边际的法律规范的罗网中,这给个人责任以及自由都带来了很大威胁。许多理性的规范汇集在一起,会演变成一个非理性的整体,这一点托克维尔早就说过。他描述过一幅进行全方位关照和全方位指导的民主的图景,这种民主被社会"用千丝万缕的、从外面看精准而统一的细小规范"包裹,公民的意见不再得到采纳,而是被管制、阻隔、压迫和折磨(《论美国的民主》)。公众逐渐意识到,不仅专制国家,即便是法治国家同样会呈现极权国家的趋向,即倾向于对共同体的生活进行事无巨细的管制和规范。过度的国家规范和关照,会威胁个体的自由和独立,它侵蚀个体的自由权利,压制私人的创造力,也使得竞争机制的优胜劣汰功能陷入瘫痪。在那些不再能够为个体所预见的规范洪流中,不仅法治国家被淹没,国家权力相对于公民,更是变成了一个几乎不能把握的整体,即便人们像反抗专制一样,反抗这种国家权力——但因为缺乏可把握的对象终将难以实现。简言之,任何一部过度规范的法律都是一部恶法㊳。

(4)立法技术问题造成的犯罪扩大化。罪刑法定的确定性原则要求,犯罪构成和刑罚处罚都必须在法律上予以明确规定,依此,行为人才能调整自己的行为。法律必须足够抽象,以便概括所有应受刑罚处罚的事实,并且它也必须足够具体,以便把其他所有不应受刑罚处罚的情形排除在外。

(5)刑法的任务和特征。刑法并没有促进道德的任务,刑法只是对(应受刑罚的)不法的反应。而尤其对于反射性犯罪构成来说,一个重要的概念是"经由规制而自律":犯罪构成并没有义务使私人确立或者调整自己的规则(比如,医生、诊所等),它仅仅推动这种私人的自律:"喝酒不开车、开车不喝酒"、不劝人喝酒(基础是刑法上确立保证人地位)或找人代驾。照亮"法的阴影"的自律并不是履行法的义务,而是恪尽职守、行使职能。刑法并不具有形成良好风尚、引领健康生活方式的任务和直接功能。刑法的任务是保障公民根据自己的理解来生活,尽管它确实无法保障个人的满意的生活,但是刑法能够在严格的相互关系中,使得个人能够摆脱吓呆人的恐惧和要命的依赖。刑法或许是法益保护的最后手段,但绝不是改造社会的任意手段。

刑法从其特征上来看,首先是一部反应法,它致力于通过稳定现存的规范(行为期待),维护自由的条件,但是,它不是把社会转向政治上所希望的社会终极状态(乌托邦)的工具。刑罚的报应理解应该得到提倡,不仅有价值论上完整一致

㊳ 当前立法,特别需要警惕的是:《反有组织犯罪法》《反网络诈骗法》、"反××"式专门机关转嫁职责之嫌的全民的犯罪斗争法。

的优点,而且从刑事政策上看,它也与刑法在政治上的过度活跃是对立的。

(6)刑法"完善论"是乌托邦。禁止类推存在,刑法永远不可能得到完善,因此刑法永远只是个残篇,永无完工。完善不能是刑法典建设的出发点和任何刑法修改或解释议题的终极理想。因为伟大的哲学导师黑格尔说:"哲学可以证明一切尘世存在都有缺陷性和偶然性,因此,有智慧的人并不期待在尘世之中能使一切事物达致完善。一切人类事物都遭到了偶然性的破坏,尤其是遭到了有限意志之偶然性及其不合理性、反复无常与邪恶的破坏。现实的国家是合理的,但现存的国家是不完全现实的。它通常在某种程度上被负责公共事务的个体的错误和不法行为所破坏。"㊴

六、犯罪学与刑事司法

自从刑事政策的决策者意识到犯罪学智慧的重要性以来,犯罪学和刑事司法之间就以不同的方式开始了程度不同的"互利合作"(尽管这种合作有时产生引起刑法学家反对的依赖)。这种关系随着时代的变迁,正经历着持续的深刻变化。

犯罪学和刑法之间的关系产生于国家与其公民之间的紧张关系。国家的性质决定了刑法的特征,而这种特征又表明了犯罪学对于刑法的关联程度。启蒙时代的刑法是古典刑法。其刑罚之合法性理论是绝对理论。伴随着现代性的出现,现代刑法得到了发展,并由此发展出了解释犯罪的实证主义的方法,而这种方法得到了相对刑罚理论的支持。后现代社会催生了"风险刑法"(为实现风险管理而制定的刑法),理论上奠定这种刑法之基础的,则是综合预防的原则。

古典刑法构想的是公民针对国家的权利防卫。公诉应该依法、公开进行,实践的是法定主义原则,因此就避免了刑事司法中的政治投机主义(或者叫作恣意的方便主义或者便宜主义)。相应地,刑罚绝对(报应)理论之基础性前提就是:犯罪的实施打破了法律秩序的平衡,而这种平衡只有当行为人因其犯罪而受到刑罚处罚时,才会得以恢复。绝对理论具有清算过去的性质(或者说是回顾性质),刑罚的程度由犯罪行为的性质和严重程度所决定。

现代刑法是在批判古典刑法的回顾性形式主义的基础上产生的。由于伟大的犯罪学家龙勃罗梭(Cesare Lombroso)和刑法学家李斯特反对当时流行的科学

㊴ 参见[美]伍德:《黑格尔的伦理思想》,黄涛译,知识产权出版社2016年版,第14—16、361、362、410页。

实证主义范式的理论影响⑩,刑法出现了取向上的重大转变:面向未来。关注的重心从犯罪行为本身移到了行为人及其人格。刑罚理论之目的论——相对理论诞生了。根据该理论,刑罚的目的是预防犯罪。现代刑法的主导思想就是着眼于未来的犯罪预防。

后现代社会影响了刑法的近期发展。鉴于现代工业化社会造成的巨大风险(对这种风险,生活在中国的民众,有着如履薄冰的深切感受㊶),公民在预防风险和保障安全方面的期望日益迫切。起初,国家用条例、禁令和行政程序予以回应,尽管受到涉嫌冒犯公民自由空间和个体隐私的指责,但是,随着出现了需要提前应对的更大的威胁,这种尤其是侵犯公民信息自主权为特征的措施,如今似乎也取得了民众的理解和宽容。刑法也与时俱进、乘势而上,其规范强制也越来越多地顺利涉入潜在的风险和抽象的危险领域㊷。刑法的发展进入了风险管理为目的的后现代,风险刑法的中心思想是"综合预防"。根据这种理论,刑法的客观目标是保证民众对安全的客观期待可能性,并提供坚定不移的行为取向㊸。如果触犯了刑法规则,就给予刑罚处罚或者其他制裁,不仅彰显了法的存在,而且验证了法律秩序的效度和信度(或者说有效性和可靠性)。这显然不同于刑罚反映共同体对犯罪非难的古典报应范式。报应范式是向后看的回顾清算;"综合预防"则是向前看的未来预防,它追求满足民众对法律实际效力的相信、信心之功能要求,即强化公众的规范信赖并巩固其"一般的法意识",甚至法的信仰。这也是相当性和责难的基本思想。而在应得之罚的理论中,相当性是刑罚的量的核心配置原

---

⑩ 尽管这两个学者经常被放在一起讨论,但是要注意的是两位理论家在理论假设上是有根本区别的。因为龙勃罗梭认为,天生犯罪人要对大量的犯罪行为负责;而李斯特则认为,遗传的秉性和环境因素是互动的。由于这种不同,在公共政策方面就会出现几乎相反的结论,这在犯罪预防上表现尤为明显:李斯特的结论秉持的是一种目的论的社会政策(即好的社会政策是最好的刑事政策),而龙勃罗梭针对生物学上变异所决定的个人,主张不妥协的镇压措施。

㊶ 主要表现在机会主义和实用主义的哲学指导下的包括生存危机在内的各种危机中:空气污染、饮水有害、食物有毒、家具有味……前一段是:自来水里放了避孕药,吃着用工业皮革废料合成的老酸奶、毒果冻、毒胶囊;最近的报道是:福建商家化学试剂泡制了35吨致癌金针菇。此外,各种养生与健康的话题,充满媒体,中国人从来没有像当今这样对自己的健康和生命安全这么担心过,都想达到"苟全性命于乱世"的目的。这是一个高度风险引发的并被媒体催化的高度敏感的社会。

㊷ 比如,恐怖袭击的策划和实施难以预知。通常情况下,当人们察觉其预备行为时,距离实施袭击也只剩很短暂的时间,阻止犯罪发生的时间极为有限。此外,风险社会的公民对新型风险的认知和对于犯罪不合客观安全形势的过敏恐惧,使得对于安全保障有了更高诉求的同时,相对于安全需求的自由保障就有所弱化。由此刑法在风险社会就出现了一种预防性的发展趋势:推进预防前沿到预备犯和扩大防御纵深到抽象犯或者潜在危险犯。

㊸ Jakobs,Strafrecht AT^2,1993,S.5.

则,"尤其是在过去十年,应得之罚的理论家,一直强调刑罚责难的伦理角色。正如已经指出的,责难是一种只适合于有道德担当能力的人的交流形式……"[44]。处罚的程度,不决定于行为人人格,而是依赖于有效而可靠的客观标准,比如与被告人已被判处过的罪行可比的行为严重性[45]。

  古典刑法是自给自足的,不需要犯罪学智慧来帮衬。之所以这样,是因为它是罪责刑法。与此不同,现代的预防刑法关心刑罚的效果,需要实证地预测、检验和评估。具体来说,现代刑法的合法性依赖于其运作效果的证据证明:一个行为人对社会的威胁需要(再犯)预测[46];制裁和其他措施必须与行为人的特征相匹配(处遇)[47];处罚的效果(预防)需要评估。没有效果检验的刑法体系就像"没有会计的公司"[48](会计以其专业知识来计算公司的盈亏状况)。效果检测的前提,首先是成功或者不成功的测定,即要确定在特定的(再犯)期间——取决于行为人所犯的罪行和制裁以及行为人的社会统计特征——被刑罚处罚和被其他措施制裁的人,有多少变成了再犯、屡犯或者惯犯甚至是生涯犯。效果检测也就是效益检测,由此检测来检验刑罚和其他措施科处和执行的效果。从实证犯罪学的观点来看,再犯和犯罪生涯是刑法特殊预防失败的核心指标。

  预防性的刑罚原则上能够兑现法益保护。但是,如果把预防再犯作为衡量刑罚成败的指标,那么,要关注的事实是:尽管刑法规定了刑罚的处罚条款、实务中需科处刑罚和执行刑罚的情形,但是每个时刻还有犯罪行为正在发生并将继续发生下去。是不是说,刑法的特殊预防从来就没有成功过,就可以放弃刑法?尽管统计上对于刑法制裁的再犯预防效果到底如何,还不能给出一个明确的结论,但是有观点认为,如果完全放弃刑法,(再)犯罪率还可能会更高[49]。这种观点只说

---

[44] *Von Hirsch*, Penal Theories, in: Tonry (ed.),The Handbook of Crime and Punishment, p. 667.

[45] *Albrecht*, Tatproportionalitaet. In: Frisch, von Hirsch and Albrecht (eds.), Tatproportionalitaet-Normative und empirische Aspekte, 2003, S. 235 – 241.

[46] 比如,我国《刑法》第72条第1款第3项规定的没有再犯罪的危险;第81条第1款规定的"没有再犯罪的危险的"。

[47] 比如,我国《刑法》第81条第3款规定,对犯罪分子决定假释时,应当考虑其假释后对所居住社区的影响。

[48] *Glaser*, D, How many prisoners return? In: Radzinowicz/Wolfgang (ed.) Crime and Justice, Vol. 3., 1971, S. 202.

[49] *Jescheck/Weigend*, Lb Strafrecht AT^5, 1996, S. 69: „Inwieweit das Strafrecht die gewünschte Wirkung hat, läßt sich empirisch schwer feststellen. Doch kann keine Rede davon sein, daß jede begangene Straftat die generalpräventive Wirkung des Strafrechts widerlegte, wie Kritiker behaupten, denn ohne Zweifel würden sehr viel mehr Straftaten begangen werden, wenn es keine Strafrechtspflege gäbe. "; siehe auch *Dubber*, ZStW 117 (2005), S. 491 f.

明即便刑罚预防再犯是失败的,也不可放弃,但并不反对刑罚制度向有成功可能性的方向上的修正。比如,刑罚的执行统计反映的趋势是:由于前科次数的不断增加而逐次科处更为严厉的刑罚,对行为人退出犯罪生涯的作用几乎为零。此外,犯罪生涯和制裁生涯研究发现:日益严厉的制裁常常落在了犯罪生涯的高频期之后这样的时间段,即严厉处罚的时间段后于犯罪生涯的巅峰时段,这就像好钢没有用在刀刃上的错位一样,严厉处罚和犯罪频发之间存在一种时间上的前后错位;犯罪的高频期已过的严厉处罚还有多少实际的预防意义。犯罪学上发现的客观事实,总会给由于前科次数的增加而越发严厉的制裁制度提出富有冲击力的问题。

还可以举两个犯罪学研究的例子,观察前述犯罪学对于刑事司法制度和刑法的重要性:德国阿尔布莱希特(Albrecht)教授在1982年提出,在被判罚金和自由刑的罪犯的守法的研究中,比较了罚金刑和自由刑的预防效应[50]。数据的分析揭示出再犯的概率差异可以归因于行为人样本之间在社会变量中的普遍差异,而与刑种的选择关系不大,因再犯的预防效果在刑种间没有明显差别,因此就出现了"刑种的可互换性"结论。另一个例子是美国学者沃尔夫冈(Wolfgang et al.)等人在1972年提出的"同一生年组群的偏差行为"的研究[51],该研究发现,样本中的少年几乎18.7%有1次以上的犯罪记录,而只有其中5%的人实施了所有犯罪的50%之多。沃尔夫冈小组的研究结论对于刑事司法中的转处和少年司法提供了令人信服的支持论据。明显错误但很流行的假设是:加诸再犯的制裁的升级,因其有特别的预防效应因而是合理的。阿尔布莱希特教授的研究为反驳这个假设提供了有力的论据。

风险社会的后现代因素,把刑法的结果取向从个体的行为人部分地转向社会的问题领域,比如环境的、经济的犯罪和网络犯罪。在行为的情景取向导致犯罪的过程中,行为人在这些问题领域中只起很小的作用。因此,传统的行为人取向的病理学范式并不能很好地匹配这类新的问题领域犯罪现象的解释[52]。但是,以个人责任和有责性为中心并且抹去大部分后现代刑法较多的象征性符号功能,这些刑法的公理性基础,还允许我们继续把罪的倾向(criminality)理解为在个人行动中出现的一种社会问题。因此,犯罪学实际上仍然运作着来自现代刑法的核心

---

[50] *Albrecht*, Legalbewaehrung bei zu Geldstrafe und Freiheitsstrafe Verurteilten, Freiburg i. Br., 1982.

[51] *Wolfgang/Figlio/Sellin*, Delinquency in a Birth Cohort, Chicago, 1972.

[52] *Kaiser*, The rediscovery of the Offender: Is there a revitalization of Individualistic Theory? In: European Journal of Crime, Criminal Law and Criminal Justice, 5 (1997), S. 364.

功能:(1)满足探索犯罪原因的要求,致力于犯罪的病理学解释;(2)为处遇和干预措施提供证据;(3)为现存的刑事司法制度的理论合理性提供论证。

犯罪学对于刑法的重要性的发展程度,决定了犯罪学服务于刑事司法要求之满足程度[53]。建立和巩固实证社会科学和刑法之间联系的途径是:持续、大量地检测刑事司法运作中与规范预防目的相左的法律事实。

七、刑事程序中的犯罪学

作为实证科学的犯罪学,采取观察的研究方法,力求这种认知方法上的真相。人们可以通过实验的方法来检验关于真相的命题,但不能通过表决来确定真相。根据波普尔的证伪思想,当对命题进行证伪尝试屡屡完败时,就要相信这种真相。真相是一个要求很低的范畴,它叫作"确认"。

刑事程序是一种复杂的对象,它受实证的和规范的两种因素的决定,而这两种因素也是其特征。它是法律规则一直伴随着的现实的事件、场景和流程。这也是刑事程序与刑事程序法的区别。刑事程序法是一个规范的产物。它的基础是公正和实际的功能,它产生于争论和对话;对于刑事诉讼法的结论,人们可以表决。刑事程序是实证和规范两个方面的互动。在法治国家层面,这两种属性有着不可分割的紧密联系。

刑事程序是场景和流程。它是一个暂时的并在短时期内不可重复的事件。了解和分析这一事件,没有实证科学的方法,是不可能的。只要刑事程序是一个场景,实证科学就能对它进行观察,而这种观察主要是由犯罪学和程序社会学进行的。

刑事程序同时要受到规范的制约:在法治国家层面,不存在没有刑事程序法的刑事程序。刑事程序法把规范约束下的真相探索工作组织起来,并要求程序场景中的法官:要寻找真相,但不能不惜一切代价。真相的寻找是收集案件事实并通过观察的方法予以检验的程序。刑事程序法组织真相的探寻,指明达到真相的具体途径——程序的规则。前面所说的代价是作为证明手段的人的权利。这种权利的对价是查明所有真相。法官要建构起的案件事实只包含一部分重要信息,因为另一部分是禁忌。这种权利阻止法官获得判决成立所需要的全部历史真相。

刑事程序中的理性受制于观察的方法。合适于刑事程序的方法,必须承受实

---

[53] Hallsworth, Theoretical Criminology, 2002, S.155.

证方法论的检验。神明裁判、决斗等宗教的、神秘的或者其他非实证方法，不能承受实证方法论的检验，通过这些方法所取得的非理性结果，不能作为刑事程序认定事实的基础。

实证科学的犯罪学能够给刑事程序提供目前观察技术水平的方法，并且能够确定排除来自实证方法方面的合理怀疑的案件事实。这种事实就是"真相"。这种真相的事实是从（规范的）公正原则得出判决结论的基础。刑事程序中，事实建构阶段的特征是案件的"真相"；判决阶段的特征是判决的"公正"。真相和公正是法治国家刑事程序的特征；犯罪学的作用发挥于确定真相的层面。犯罪学所构建的，只能是一个与"历史的"真相并不完全相同的"法庭的"真相。但是，这个丝毫不影响为实证方法论的规律所确定的事实，作为公正判决的根据必须是"真实的"；如果没有这样的基础，从一开始就不能期待公正的实现。

只要我们生活在观察的文化中，没有坚实而有创造力的犯罪学，刑事程序就不能运转。刑事程序的公正能否实现，完全要看程序中重要的事实真相是否能够确定。如果所确定的事实是错误的，或者说案件事实根据目前实证方法论的有效规律得不到充分证实，那么判决的就不是当下的案件，而是其他的案件，对于当下的案件来说，公正就不能确立。实证所推动的犯罪学并不是刑事程序成功的充分条件，而是其必要条件。没有真相，就没有公正；没有犯罪学，就没有法治国家的刑事程序。

八、犯罪学与刑事政策

犯罪学是为国家的犯罪控制寻找犯罪原因的科学；它的研究对象、知识兴趣和对应的适用领域又都是由国家的刑事政策决定的。因此，犯罪学始终处在科学自主性和实务有用性两者间的紧张关系之中。

刑事政策是法政策的一部分，它着力预防和处理犯罪行为，并对犯罪后果进行合理安排；它的规划领域不是犯罪，而是对它的控制。因此，刑事政策首先是控制政策，其次是预防政策。它的主题极为广泛，只要这些主题对于犯罪至少是有影响的，而且是可以讨论的，就都可以纳入刑事政策的范围。例如，社会保障政策、教育政策、网络、电视、武器管制规则、警力部署和司法机关的人力配备等，都可以成为刑事政策的对象。刑事政策的核心问题是对于是否投入以及怎样投入刑法和非刑法的控制、预防措施作出判断，寻求对犯罪行为的正确反应：哪些行为应该给予刑罚处罚？究竟是采取"强硬"的路线还是"温和"的路线？多大的刑罚幅度对于犯罪是适当的？刑事程序上的具体安排也属于刑事政策的决策对象。

例如,被告人应该享有什么样的权利?被害人应该享有什么样的权利?另外,刑事政策也要对刑罚的具体执行方式和被害人的赔偿作出合理的选择。

为了更好地保障社会的内在和睦,刑事政策不仅要解决特别有害的行为方式的犯罪化(如婚内强奸的犯罪化)问题,而且由于社会观念的变迁不再具有法益侵害意义的行为方式,刑事政策也要对其进行非犯罪化的工作(如同性恋的非犯罪化)。虽然,刑法与具有定义犯罪和防控犯罪功能的刑事政策之间关系紧密,但是作为社会政策一部分的刑事政策与犯罪学的紧密程度高于与刑法的关联。

犯罪学很大程度上是一种促进刑事政策思想和理念发展的思想库[54]。一方面,刑事政策并不是"在真空"中起作用的,其思考和决策是以关于犯罪的犯罪学事实和解释为根据的,犯罪学富有成果的专业贡献,有着非同寻常的社会意义和政治意义;另一方面,犯罪学面临这样的危险:它作为科学的客观本意,可能会因为与刑事政策的紧密关系而丧失。因为作为科学,它必须经常警惕和排除日常政治所支配的评价利益,并在此意义上申明其科学自主性。

就像任何形式的政策一样,现实的刑事政策必须为其活动在舆论上找到合理的理由。它并不是简单地就可拿来运作,而是要把它的行动交付公开讨论,作出易于接受的解释,获得公众的支持。在交付公众讨论的时候,在信息传播上推波助澜的往往是媒体。媒体不是官方公告的单纯造势者,他们以最广泛受众能够理解的方式,提出他们自己关于事件的命题。刺激公众情绪和提高对问题的关注度,把问题的提出和解决置于简明而突出的背景之下。现实的刑事政策必须配合媒体,对其活动领域进行这种简明而突出的报道。刑事政策的着重点、行动需求和时间压力都受制于媒体塑造而成的民意。

比如,恐怖问题的媒体讨论,就是一个典型的例子。恐怖分子要在政治上形成对国家的强制,途径是通过恐怖活动在社会上造成和传播恐慌和恐惧。"道德恐慌"理论研究了恐怖在公众中引起的效应。认为,"道德恐慌"是公众对于社会问题激烈而过度的反应。"道德恐慌"的理论根据是人们对世风日下的感触。这种感触促发了人们对这种道德堕落的迫切关注。"道德恐慌"与担忧有关,即公众担心他人的行为以及这种行为在社会上造成的可感知的后果。此外,公众还希望挖出引起恐慌的"民间魔鬼"[55]。而媒体经常进行这方面的报道,媒体加剧公众

---

[54] 在近代刑法史上,许多刑事政策上的重大进步都要归功于犯罪学。例如,德国刑法改革中,确立了罚金刑对自由刑的一般替代而成为支柱刑罚的角色,短期自由刑成为例外现象,自由刑成为量刑的"最后手段"等。

[55] 搜寻出"民间恶魔"经常加剧所谓的道德恐慌。

潜在的担忧,让公众对问题日益敏感,甚至产生神经质。媒体造成的这种直觉危险比实际的潜在威胁更大;媒体激发的对问题的过度关注,强化了解决问题的紧迫感,使得问题的严重性严重超过了其真正的严重程度。媒体让公众对犯罪产生了与客观的安全形势不符的恐惧,让公众对安全保障的诉求日益高涨。公众认为问题不仅是存在的,而且是迫切而严峻的,需要不惜代价地进行及时应对。这就是为什么对特定事件的道德恐慌或者神经过敏会如此之快地在立法上得到反应。当公众受到死亡的威胁时,就不难理解反恐刑法出台和持续膨胀、反恐工作机制形成之迅速了㊳。在"媒体社会",社会期待决定了现实的刑事政策的议程,而这种社会期待的形成和表达都是由大众媒体塑造出来的。

因此,与刑事政策关联紧密的应用犯罪学,就被动地陷入媒体的影响。什么样的研究题目是重要的,何种公共手段可以应用于何种研究,何种形式的何种研究结论将会引起公众的关注,很大程度上是媒体导向的结果。而刑事政策把这种问题导向认作问题解决的推动力。

前面已经提到,学术自主的利益要求应用犯罪学与现实的刑事政策及其由媒体塑造的日常政治议程,保持一定的距离。保持一定的距离,就要求应用的犯罪学应该影响现实的刑事政策;应用犯罪学不应以现实的刑事政策模式而应以理性的刑事政策的规范模式为目标。每个模式都产生于启蒙时代,刑事立法、刑事司法以及犯罪预防,都希望引入批判科学而达到自身的理性运作。为实现现实刑事政策最大可能地接近理性的理想,这就要求充当信息提供者角色的应用犯罪学,在提供受到学术检验的可靠信息方面,对于刑事政策的决策给予有力的支持。由此应用犯罪学就有可能为理性的刑事立法、刑法适用和犯罪预防提出理想化的建议。

在学术指导的理性实务带动下,现实刑事政策和犯罪学之间的这种构想意义上的合作,需要满足很多的条件和要求。最大的问题是:刑事政策的"理性"究竟

㊳ 1997年《刑法》规定了组织、领导、参加恐怖组织罪;2000年中国现代国际关系研究所成立了反恐怖研究中心;2001年上海合作组织成立,首次峰会就签署了《打击恐怖主义、分裂主义和极端主义上海公约》,此后,又签署了《反恐怖主义公约》;2001年《刑法修正案(三)》第3条修订了1997年《刑法》第120条第1款;该修正案第4条增加了资助恐怖活动罪(第120条之一),《刑法修正案(三)》第7条把恐怖活动犯罪所得及其产生的收益增加为洗钱的对象。2003年,公安部反恐局公布了首批认定的4个"东突"恐怖组织和11名恐怖分子名单,同时公布了中国政府认定恐怖组织的标准(文本共3条,237个字)。2011年初的《刑法修正案(八)》第7条把恐怖活动犯罪的犯罪分子纳入了无再犯时效的特别累犯范围之内。2011年全国人大常委会通过了《关于加强反恐怖工作有关问题的决定》。2012年《刑事诉讼法》把恐怖活动犯罪的第一审提高到了中级人民法院;对于恐怖活动犯罪的嫌疑人的强制措施得到了强化;增加了恐怖活动犯罪嫌疑人逃匿、死亡后财产的没收程序。

是什么。一方面,为决策提供学术上验证过的信息的要求,对于一种理性做法来说,是不必要的,因为,实务常常受到形势的压力,或者说,实务常常迫于形势的发展,即使还不存在充分信息的情况下,也要执行被形势所迫的决策。另一方面,这种要求对于一种理性的做法也是不充分的,因为理性主要是指"证据基础上的决策",即符合启蒙时代的人权标准、对于犯罪给予文明的处理。国家和社会是否真的尊重人的尊严和公民的自主,根据启蒙时代的理想,在对待刑法上的被告人时,即便是在这种极有可能突破所忠诚的原则的极端情况下,对于嫌疑人的犯罪证明也不能允许采纳非法证据,而是被告人陷于不利的诉讼地位。例如,对于知道定时炸弹安装在飞行中的班机具体部位,而拒不透露位置信息的犯罪嫌疑人,就有以刑讯嫌疑人获取信息从而防卫公共安全的巨大良知动机。真正检验文明社会是否实际上按照其原则行事,关键是要看,文明社会是否文明对待即便是甚为极端的违法者[57]。

启蒙运动以来,公民权利遭受的威胁主要来自国家,人权理性和法治国家在防止国家专制或者权力滥用上,给公民争取到了可观的空间。但是,在当今的风险社会,公民所受的威胁已经在启蒙运动以来的基础上,发生了巨大的变化。伴随着经济和政治全球化进程,公民受到的来自国家的威胁,相对日益减少,更多的威胁是来自越来越强大的社会群体,比如,恐怖组织的暴力活动、跨国有组织犯罪等[58]。风险社会的新刑法着力在社会技术上控制风险范围,并且为有效防止风险成为现实,原来优先考虑的人权和公民自主的法治国保障,有必要让位于媒体渲染所造成的公民的过度安全需求。但是在追求风险控制的具体权衡中,人们会发现:人权理性的具体内容是根本不可权衡的。任何旨在给刑法变革提出现实建议的刑事政策策略,都不能为逃出提高风险控制效率和法治国家要求之间的困境,指明切实可行的出路;所有的策略,提升一方希望的利益,必定消减另一方追求的利益。理论上看,刑事政策必须在人权保护机制和权力控制机制(独立的司法控制)之间寻求平衡。但是,全面照顾到对立双方的"理性的"刑事政策,在现实中几乎是不可能存在的。

如今在生活世界高度变异的个性化社会中,出现多样化的刑事政策理念上的措辞,这毫不奇怪。哈巴马斯的"新的不明朗"[59]的措辞,表达的就是再也不可能

---

[57] Kunz, Buergerfreiheit und Sicherheit. Perspektiven von Strafrechtstheorie und Kriminalpolitik, 2000, S. 10.
[58] 犯罪的全球化趋势,也让传统的民族国家不可能在其国内有效贯彻自己的某种刑事政策。
[59] Habermas, Die neue Unuebersichtlichkeit. 1985.

回归到共同的"基本思潮"的、分歧很大的刑事政策立场。这些分歧在立场对立的论述中,表现得相当清楚,例如危机管理 vs 新的机遇,与行为相当的刑罚公正 vs 预防思维,镇压性的惩罚期待 vs 社区参与的恢复性冲突规则⑥。

如今对理性刑事政策仍然可以提出最低要求,即要求在犯罪控制时对自由和安全的矛盾之间,作出权衡,而这种权衡不是片面地让一方伤害另一方,也不是颠覆传统的概念意义⑥。即便如今安全是指国家的保障性保护,也不能忽视其最初的免于国家恣意的意义⑥。同样,从人类解放的意义上来理解自由,自由不仅指高度尊重个人的经济独立,而且免于国家的监护也应是自由的题中之义。在刑法具体制度的改革建议中,在任何形式的追究和制裁过程中,无论如何都要着眼于社会和直接相关的个人,必须让安全和自由之间、国家保障性保护与权力的界限之间脆弱的平衡,重新达到均衡⑥。如下的表 1 清楚地反映了所要考虑的观点之多层次性。

表 1　安全和自由的紧张关系中的犯罪控制

	安全:保障性保护要求	自由:限制权力的要求
社会方面	防止、制止共同危险	刑法的最后手段性
	维护社会价值链	程序性保障(无罪推定,公平)
	犯罪控制的功能保障	法的适用的一体性和均衡
个人方面	按照其社会意义保护个体权益	禁止残忍、辱没人格的、具有社会破坏性的刑罚
	被害人受到象征性和实质的赔罪	侵犯和干预个人自由的相当性
	对被害人的赔偿界限	相对于纯粹的弹压性制裁,建设性的制裁优先
	解决行为人与被害人之间冲突	只是在违背同意的情况下用于整合功能的制裁
		让制裁所伴随的损害最小化

---

⑥ Kunz, Kriminologie, 5. Aufl., 2008, S.250.
⑥ Jung, Sanktionensysteme und Menschenrechte, 1992, 72ff. 法所保障的自由,始终应该以一定程度的安全为前提;如果一个人想出门,但总是担心会遭到不明枪击,那么他就宁愿待在家里。安全和自由是不可分离的一个整体;安全是自由的一个方面。
⑥ 因此,从根本上说,安全本身不是目的,它只是实现自由的手段。
⑥ Kunz, Kriminologie, 5. Aufl., 2008, S.250ff.

尽可能好的理性刑事政策，既不能期待消解非理性所导致的弹压要求，也不能由于其固有的非理性主义而简单地放弃弹压要求。刑事政策不可能比身处其中并在其中产生影响的社会"更为理性"。不过，社会并不盲目要求刑法的镇压，甚至获得普遍严厉的处罚效应。弹压要求是由社会变迁决定的，并且受到启蒙运动的部分影响。公正对待被害人原则，是刑事政策思想的最重要变化，"刑罚目的"显然正在向"刑法目的"变迁：刑罚并不能给犯罪被害人带来些什么好处，在许多案件中，受害人利益和国家利益之间倒是一种需要解决的竞争关系。因此，在公正对待被害人的原则下，创设赔偿原则或许可以稍微满足与刑罚轻缓化有关的需求；着重考虑行为人对被害人的赔罪、有限赔偿和社会抵偿，对自由刑进行建设性替代。

九、结语

在正确理解犯罪的科学及其相互的界限时，犯罪学、刑事政策和刑法学理是独立的科学，各自有各自的课题和自己的方法。为了提出和实现打击犯罪的完美理念，他们功能一体地共同运作。没有犯罪学的刑法是远离现实的；没有刑法的犯罪学是漫无边际的。没有刑事政策的刑法学就会僵化为纯粹的法律的执行，不关注刑法规范的刑事政策就缺少变革的对象和目标。生活经验和常识并不能确保人们免受不切实际的幻想的影响，只有犯罪学研究才能在经验上完成对以刑事政策策略为根据的假设之检验，从而让对犯罪的反应免于偶然性的应对，保持刑事政策上的理性和体系贯通。没有犯罪学的刑事政策会堕入真空；没有刑事政策视野的犯罪学会面临成为纯粹的收集犯罪因子工具的危险。没有犯罪学就没有法治国家的刑事程序。在此，刑事政策有着犯罪学和刑法之间的媒介功能。这是因为这两个领域通常不能直接进行富有成果的合作。

从刑事政策和刑法学理的区分以及与犯罪学的区分中，可以看到作为建立在三根支柱上的刑事司法大厦的总体风貌："以各种观点来研究犯罪现象的犯罪学，解释和适用实定法规定的刑法，社会用这些规定防止犯罪现象。刑事政策，它既是艺术也是科学，其实际的任务是，尽可能最好地拟定实定法规则，并且给予必须制定法律的立法者和必须适用法律的法官，或者必须把法官的裁判变为现实的执行机构以相应的指针。"因此，犯罪学、刑法学理和刑事政策要在刑事司法领域实现各自独立的、所担当的任务，并且通过其相互配合，展现一体化的功能。在此，刑事政策的任务是，把来自实证研究和规范刑法学理研究领域的结论，综合为一个广泛的行动计划，并且予以实现。"作为动态的并且规划的力量，它从犯罪学以及刑法学理中汲取营养并壮大这些学科。在刑事政策中必须把刑事法律人的法政策论据与犯罪学者的知识和命题联系起来,惟其如是,任何形式的刑事政策说辞优先的观点,才应当理性地不会再成为话题。"[64]

---

[64] Zipf, Kriminalpolitik, 1983, S. 15.

刑事政策视野内刑罚轻重均衡实证研究*

——对受刑人刑罚轻重主观均衡的反思

王志强**

一、引言

随着人类社会与犯罪现象的互动,人们对刑罚预防犯罪角色的认识经历了一个由一元论到有限论再到理性论的渐进过程。实践表明,在预防犯罪系统中,刑罚虽非唯一手段,但在"不断地克服任性制造的多余之刑和滥用之刑"①的基础上尽刑罚之功能而实现其预防犯罪效应却是刑事政策科学化之理性彰显。与此相应,如何实现刑罚轻重均衡也就成为一个需要随社会发展而不断深化的课题,正如德国的李斯特所讲的,"刑事政策的要求在于充分利用刑罚的功能作为达到目的的手段,并根据个案的实际需要来调整刑罚的强度"②。客观而言,作为刑事政策范畴的一个重要命题,人们对刑罚轻重均衡已经有了较长时间的认识,如我国古代即有观世而制刑的大司寇掌"三典"之说③。法国的孟德斯鸠也指出过,"如果一个人的罪行不是很严重,那么在判决时就不能采取重刑。相反,如果一个人所犯的罪行十分严重,采用轻刑则是不合适的"④。如果对已有刑罚轻重均衡的观点加以综合分析,笔者认为大致可分为三个层面:一是主张"刑的轻重只能由罪的轻重给出解释"⑤的罪刑均衡角度的刑罚轻重均衡,即刑质应体现罪质⑥;二是主张刑罚的内在构造均衡,突出刑罚本身应形成一个轻重衔接的体系,如英国的

---

* 该文原载《中国刑事法杂志》2008 年第 9 期。
** 天津商业大学法学院副教授,法学博士。
① 张智辉:《刑法理性论》,北京大学出版社 2006 年版,第 302 页。
② [德]李斯特:《德国刑法教科书》,徐久生译,法律出版社 2006 年版,第 10 页。
③ 参见杨春洗主编:《刑事政策论》,北京大学出版社 1994 年版,第 80—81 页。
④ [法]孟德斯鸠:《论法的精神》,申林编译,北京出版社 2007 年版,第 33 页。
⑤ 白建军:《罪刑均衡实证研究》,法律出版社 2004 年版,第 257 页。
⑥ 刘守芬等:《罪刑均衡论》,北京大学出版社 2004 年版,第 47 页。

边沁指出,"惩罚的轻重由其强度和经久程度构成"⑦;三是主张刑与社会之均衡,既包括强调刑罚的配置与运行应考虑相应的社会环境需求,也包括"在调节惩罚的分量时,应当注意到可以使所有惩罚变得无益的环境"⑧。面对众多的理论描述,本文之所以提出深化对刑罚轻重均衡的认识问题,主要基于以下四个方面。

一是研究角度。按照博弈论的观点,"不搞清楚博弈方基本的行为逻辑,就不可能对博弈方的策略选择和相互博弈的结果作出准确的判断和预测"⑨。在一定意义上,刑罚是在社会对禁止侵害的需求和犯罪人对利益追求膨胀的冲突中产生的。因而,对于刑罚运行者与犯罪人这一对作用矛盾来讲,实质上处在一种以刑罚为中介的利益博弈之中。一方面,刑罚的运行者试图通过刑罚达到遏止犯罪之目的;另一方面,犯罪人则试图通过规避刑罚或在承担较小刑罚成本的前提下获取较大的犯罪收益。在上述情形中,刑罚轻重均衡的理性设计不是单依刑罚主体的主观期望而实现的,而是要同时取决于未然或已然刑罚承担者面对刑罚所选取的策略,即刑罚客体要被主体化,刑罚主体也要被客体化。但在多数观点中,对刑罚轻重均衡的认识往往偏重于刑罚主体的单向思维,却较少关注对刑罚承担者的认识⑩。事实上,行为人在意志相对自由的条件下选择犯罪,足以说明刑罚的适用客体本身不是机械的个体,而是试图获取一定利益的具有不同决策特点的博弈者。如据2005年对天津市当年入狱罪犯的问卷普查,46.1%的人认为如果不被抓获就还会继续犯罪,1.5%的人认为如果不被抓住就会继续更严重的犯罪,3.4%的人认为一次"捞够"就再也不干了,49%的人是因为太害怕而洗手不干。所以,单纯从刑罚主体角度考虑能否实现刑罚轻重均衡的思维不符合犯罪行为发生的规律,其缺陷在于过分注重客体的主体化,而主体被客体化的过程容易被忽略。也就是说,客体的属性、规律往往被主体忽视⑪,该结果则是对刑罚主体与客体相互博弈的客观现实的排斥,不利于在刑罚效益最大化与犯罪收益最大化之间建立必要的制约犯罪决策人的均衡机制。因而,在注重刑罚主体占优的同时考虑

---

⑦ [英]边沁:《道德与立法原理导论》,时殷弘译,商务印书馆2000年版,第233页。
⑧ 同上书,第231页。
⑨ 丁社教:《法治博弈分析导论》,西北工业大学出版社2007年版,第12—13页。
⑩ 对此有人可能会说,刑法中的罪责刑相适应原则即突出了对刑罚承担者客观和主观因素的考察,但这种考察是以已然之罪为前提的,而刑罚的目的在于预防犯罪,那么,这就需要了解刑罚轻重均衡在何种情况下能使行为人不选择犯罪,进一步讲就是分析未然之罪情况下行为人如何认识刑罚轻重均衡。况且在现实生活中,不排除有些人为了犯罪收益而规避应得的刑罚,或者在不了解刑罚轻重均衡的情况下故意犯罪,由此,如果只强调在已然之罪的条件下关注刑罚承担者因素,则可能使刑罚轻重均衡过多倾向于所谓的公正报应,而忽略预防。
⑪ 白建军:《罪刑均衡实证研究》,法律出版社2004年版,第409页。

刑罚适用客体的特点,是当前分析刑罚轻重均衡的一个视角,简单地讲就是刑与罪、刑与社会均衡基础上的刑人均衡,将潜在犯罪人和受刑人对刑罚轻重的认识与承受效果——刑罚轻重的主观均衡纳入刑罚轻重均衡的考察视野。

二是研究方法。应当承认,在长期的刑罚轻重均衡的研究中,理论思辨居于统治地位,当然,理论思辨在价值评判上有其特殊的参考意义,然而,当前的一些思辨结论所解决的只是应然层面的东西,而"人类所从事的主要活动,从各方面来看,应在全部现实规律所标明的范围内不断改善自身的性质"[12]。所以,在刑罚轻重均衡研究中不能忽视以实证分析为基础的由实然再到所以应然的过程,由此也才能使对刑罚轻重均衡的理论思辨得到证明、证伪,甚至是对某些未决命题提供实证性的线索[13],以至于使其与现实生活需要之间建立协调发展的互动关系。

三是研究目的。就刑罚轻重均衡而言,笔者认为,不能仅将其局限于在法律框架内寻找罪与刑或刑罚内部的一种技术性的等价关系,更主要的是要在注重刑罚目的的前提下为刑事立法、司法和行刑提供理性指导,在这个意义上,对刑罚轻重均衡的分析必须要有一个跳出现有刑事法律的框架再回归刑事法律框架的过程。进一步讲,对刑罚轻重均衡的研究首先要解决的是刑事法律之外的刑事政策角度的刑罚均衡的合理性,着重分析现实生活中刑与罪、刑与人、刑与社会的系统性均衡和报应之刑与预防之刑的均衡,从而切实实现刑事立法、司法与行刑的刑事政策化。

四是问题的现实性。一方面,就我国目前所倡导的宽严相济的刑事政策而言,其关键之一就是对所谓宽和严的把握,该问题解决不好就会导致实践中的偏差,即同罪不同刑、轻罪重罚或重罪轻罚[14],而该问题的实质就是如何看待刑罚轻重的均衡。另一方面,刑罚轻重均衡在受刑人中是一个现实问题,如据对2005年天津市当年入狱罪犯的问卷普查,认为法院判刑公正的占65.3%,认为量刑过重的占33.7%,认为定性错误的只占0.9%,可见,对受刑人而言,相对于犯罪定性,他们更关心刑罚轻重的直接后果。再者,受刑人对所承担的刑罚轻重均衡的主观认识也是影响刑罚预防犯罪效果的一个不可忽略的因素。如据对2005年天津市当年入狱罪犯的问卷普查还表明,在认为法院判决公正的受刑人中,非常害怕刑

---

[12] [法]奥古斯特·孔德:《论实证精神》,黄建华译,商务印书馆2001年版,第21页。
[13] 如废除死刑是我国刑法学界多年来的一种观点,但在我国能否废除死刑,正如有人指出的,要建立新的刑罚体系,并不是脑袋一拍就可以的,至少先要作大量非常详细、艰苦的研究。参见顾则徐:《废除死刑,法学界达成了共识?》,载腾讯新闻网,http://view.news.qq.com/a/20080319/000014.htm。
[14] 陈晓明:《施行宽严相济刑事政策之隐忧》,载《法学研究》2007年第5期。

罚处罚的占 49.2%,而在认为法院判决过重的受刑人中,非常害怕刑罚处罚的只占 17.15%。也就是说,受刑人对所接受的刑罚轻重的认识影响着犯罪与刑罚之间的抗制效果。

本着如上思路,本文试以 2005 年对天津市当年入狱罪犯的问卷调查为基础⑮,以问卷中"你认为法院对你的判决公正吗?"为反应变量和因变量,从受刑人角度⑯对刑罚轻重均衡问题进行分析。

二、对受刑人刑罚轻重主观均衡的分析

受刑人的角色是社会个体在由潜在犯罪人衍变为犯罪人,再由犯罪人衍变为受刑人的过程中向刑罚发生位移而形成的。在该过程中,由于行为人围绕着犯罪与刑罚的互动会出现不同特点,因而,受刑人接受刑罚处罚后对刑罚轻重均衡的体验也不同。所以,探讨受刑人刑罚轻重主观均衡可以以行为人在犯罪与刑罚方面的博弈过程为着眼点,立足于行为人向受刑人衍变的犯罪前阶段、犯罪中阶段和犯罪后阶段分别进行考察。

(一)基于受刑人犯罪前的特点对刑罚轻重主观均衡的考察

1. 以受刑人对犯罪的认识程度为角度——犯罪与刑罚的主观契约

在我国刑法中,行为人对其行为犯罪性质的明确程度不是构成犯罪的要件,但行为人对犯罪的认识程度既可体现其犯罪主观恶性,也可体现其对犯罪刑罚后果的心理预知情况——行为人在犯罪前对犯罪与刑罚的主观契约。调查资料显示,在犯罪前"知道什么是犯罪""知道什么是犯罪但比较模糊"以及"不知道什么是犯罪"的三类受刑人群体中,认为法院判决公正的所占比重分别为 50.26%、69.57%、78.37%,认为判决过重的分别为 48.73%、29.61%、19.9%(见表 1)。通过调查结论可以看出,受刑人在犯罪前对犯罪的明确程度越高,认为判决公正的所占比重越低,认为刑罚过重的所占比重越大,即受刑人在犯罪前对犯罪行为

---

⑮ 该调查由天津市社会治安综合治理委员会办公室与天津市监狱管理局组织,笔者为调查的组织者,文中未明确指出数据出处的均来自本次调查。

⑯ 受刑人是刑罚的承担者,对刑罚轻重的感受最为直接,正如储槐植教授所言,"受刑人对刑罚轻重必然有自己的判断,即刑与罪直接相对,中间少有其他成分的掺杂"。(参见储槐植:《刑事一体化论要》,北京大学出版社 2007 年版,第 180 页)也就是说,刑罚轻重在客观上的均衡最终都要通过受刑人对刑罚体验的主观均衡加以表现。从该角度讲,受刑人角度的刑罚轻重主观均衡不仅是检验刑罚轻重客观均衡程度的一个因素,而且,作为对刑罚的认知效果的体现,刑罚轻重的主观均衡也是影响预防犯罪效应的一个因子。

的明确程度与其接受刑罚处罚后对刑罚轻重均衡的认识程度之间成反比关系。如果假设受刑人客观上所接受的刑罚是轻重均衡的,上述结论说明,对于主观恶性小及对行为的刑事违法性缺乏认识的受刑人而言,在刑罚轻重判别与对刑罚否定评价的判别之间更倾向于后者。那么,客观上的刑罚轻重均衡对该群体的意义在于使其在犯罪与刑罚之间建立必然性的质的等价关系。反之,对于主观恶性大及对行为的刑事违法性有较明确认识的受刑人而言,在接受刑罚否定与刑罚轻重后果之间更倾向于后者,该群体更为关注的是刑罚量的大小,其主要因素可以认为是由于行为人事先对犯罪与刑罚之间的契约认可增强了其在犯罪收益与刑罚成本之间的交易理性,对于这些人而言,刑罚轻重的主观失衡可以认为是其试图通过预期的轻刑而获取高犯罪收益的体现[17]。

表1 受刑人犯罪前对犯罪的认识程度与刑罚轻重主观均衡

单位:%

你认为法院的判决是否公正	犯罪前你知道什么是犯罪吗		
	知道	知道但模糊	不知道
公正	50.26	69.57	78.37
过重	48.73	29.61	19.9
定性错误	0.97	0.77	1.73
过轻	0.04	0.05	0
卡方检验	$X^2 = 272.772^a$	df = 15	P < 0.001

2. 以受刑人犯罪动机为角度——归责指向与对刑罚成本的计算程度

从犯罪动机的角度来看,据调查,在因事物引诱而偶然产生犯罪动机的受刑人中,认为法院判决公正的所占比重较犯罪早有预谋和因感情冲动不能自持而犯罪的受刑人而言是最低的,为60.7%;反之,该类受刑人认为法院判决过重的所占比重则是最高的,为37.75%。与之相比,在因感情冲动不能自持而犯罪的受刑人中,认为法院判决公正的所占比重最高,为75%,认为法院判决过重的所占比重最低,为24.48%。(见表2)。从犯罪人角度看,在预谋型犯罪、偶发型犯罪、冲动型犯罪的三类犯罪动机中,预谋型犯罪与冲动型犯罪的犯罪动机具有较强的

---

[17] 至于在对犯罪的认识程度高的群体中容易出现刑罚轻重的主观失衡问题,还包括一种情况,即行为人犯罪前的侥幸心理导致明知犯罪而犯罪,其实质也是一种试图规避刑罚的体现,对此,后文将述及。

内发性和主动性,从而使受刑人易于在犯罪与刑罚间划定等价关系,而因事物引诱形成的偶发性犯罪动机由于具有一定的外发性和被动性,按照国外学者的观点,"这类人放任外在不幸事件的发生,使自己在一瞬间成为罪犯"[18],因此,此类犯罪人可能借外在犯罪机会的出现转移罪责,将责任归于外界环境。所以,在对所接受刑罚的轻重均衡判别上,属于偶发型犯罪的受刑人较预谋型和冲动型犯罪的受刑人更容易关注刑罚的均衡程度,且这种均衡的本质不是刑罚量,而是刑事责任的均衡。至于冲动型犯罪的受刑人的刑罚轻重主观均衡程度高于预谋型犯罪的受刑人,则可认为与受刑人在犯罪前对刑罚成本的计算程度有关。对于预谋型犯罪的受刑人而言,在犯罪前一般对刑罚成本都有一个相对精细的计算过程,犯罪收益大而成本小是预谋型犯罪的典型特征。因此,预谋型犯罪的受刑人会将接受刑罚处罚的情况与犯罪前的刑罚成本计算进行对比,在该群体中存在的所谓刑罚轻重主观上的失衡,实质上是对其犯罪前犯罪理性的一种否定,在这种情况下,受刑人或者因自认为过高的刑罚成本而不再犯罪,或者在调整刑罚成本与犯罪收益的结构后再犯罪。对于冲动型犯罪的受刑人而言,由于其犯罪具有突发性,相对在时间上较少有对刑罚成本的理性判别过程,因此,往往忽略在犯罪与刑罚间的成本和收益问题,刑罚的轻重均衡对于这些人的意义主要不是表现为刑罚量的大小,而是刑罚惩罚的这种后果之质的存在。

表2　犯罪动机与受刑人对刑罚轻重均衡的认识

单位:%

你认为法院的判决是否公正	犯罪动机的形成		
	早有预谋	因事物引诱偶然产生	因感情冲动不能自持
公正	66.46	60.7	75
过重	33.23	37.75	24.48
定性错误	0.31	1.42	0.52
过轻	0	0.13	0
卡方检验	$X^2 = 100.270^a$	$df = 18$	$P < 0.001$

3. 以犯罪侥幸心理为角度——对刑罚的主观规避

侥幸心理是行为人对逃脱刑罚处罚可能性的主观判断。一般来讲,行为人犯罪前的侥幸心理越大,则对接受刑罚处罚的心理越淡化。具体到刑罚轻重的主观

---

[18] [德]拉德布鲁赫:《法学导论》,米健、朱林译,中国大百科全书出版社1997年版,第93页。

均衡而言,据资料显示,受刑人犯罪前的侥幸心理程度高,则接受刑罚处罚后认为刑罚轻重失衡的可能性大。例如,在犯罪前认为不会被抓住的受刑人中,认为法院判刑公正的占 60.52%,认为过重的占 38.96%;而在犯罪前认为有可能被抓住的受刑人中,认为法院判刑公正的占 72.23%,认为过重的占 26.3%。作为犯罪人在犯罪前形成的有关刑罚处罚实现可能性的一种心态,侥幸心理越大,表明犯罪人对刑罚规避的认同程度越高,从这个意义上说,犯罪前存在侥幸心理的受刑人和不存在侥幸心理的受刑人相比较,后者更注重在罪量、罪质和刑量、刑质之间寻找等价关系,而前者侧重于对刑罚惩罚本身是否接受和认可。在此基础上,侥幸心理程度高的受刑人的刑罚轻重失衡程度高,可以认为是其将犯罪前的收益判断与受刑后的已然刑罚加以对比的表现,至于对比结果中所谓轻重并非刑罚本身的轻重,而是其失去的利益大小在犯罪人中的反映。

4. 以刑罚轻重的预期为角度——预期均衡及预期均衡和客观均衡的正反落差

在犯罪前的诸多因素中,对刑罚轻重均衡的预期可以说是与受刑人刑罚轻重的主观均衡关系较为密切的一个因素。据调查,在犯罪前没有想到刑罚后果的受刑人中,认为法院判决公正的所占比重最低,为 60.26%,认为法院判决过重的所占比重最高,为 38.79%。在想过刑罚后果且认为与处理结果差不多的受刑人中,认为法院判决公正的所占比重最大,为 96.26%,认为法院判决过重的所占比重最低,只占 3.04%。另外,在犯罪前想过刑罚处罚但没有想过这么严重的受刑人中,认为法院判决公正的占 64.87%,认为法院判决过重的占 34.2%,在犯罪前想过刑罚处罚且比此次还严重的受刑人中,认为法院判决公正的占 77.27%,认为判决过重的占 22.73%(见表3)。可以看出,受刑人在犯罪前对刑罚轻重的预期程度不同,则对刑罚轻重均衡的认识也就不同。根据调查结论,受刑人在犯罪前对刑罚轻重的预期值与客观刑罚轻重之间的落差越小,则对刑罚轻重均衡的认同程度越高。另外,受刑人在犯罪前对刑罚轻重的预期值与客观刑罚轻重之间的落差方向也影响着刑罚轻重的主观均衡。如果将受刑人在犯罪前对刑罚处罚的过轻估量作为反向落差,反之作为正向落差,那么,在正向落差的情况下,受刑人对刑罚轻重均衡的认同要高于反向落差的情况,这实际上也表明了受刑人在犯罪前对刑罚惩罚的心理成本投入大小与刑罚轻重主观均衡的相关性。从这个角度来讲,刑罚客观上的轻重均衡在预防犯罪功能上并不能完全抗制理性程度较高的犯罪人,因而,刑罚轻重的均衡在预防犯罪方面不是绝对的,那么,在这个意义上,所谓刑罚的轻重过多的是一种报应均衡的实现。

表 3　受刑人对刑罚惩罚的预期与刑罚轻重主观均衡

单位:%

你认为法院的 判决是否公正	你是否想到过可能出现的刑罚后果			
	没想	想过,但没想这么严重	想过,与处理结果差不多	想过,比此次还严重
公正	60.26	64.87	96.26	77.27
过重	38.79	34.2	3.04	22.73
定性错误	0.91	0.85	0.7	0
过轻	0.04	0.08	0	0
卡方检验	$X^2 = 233.003^a$		df = 15	P < 0.001

(二)基于受刑人犯罪中的特点对刑罚轻重主观均衡的考察

1. 以罪过形式为角度——对犯罪危害行为及结果的态度

据调查,在故意犯罪和过失犯罪中,受刑人在认为法院判决公正所占比重方面大体相似,但在认为量刑过重方面,故意犯罪中受刑人的比重为33.96%,比过失犯罪中受刑人的比重高3.88个百分点;而在认为定性错误方面,过失犯罪中的受刑人的比重比故意犯罪中受刑人所占比重高4.64个百分点(见表4)。据上述结果,过失犯罪的受刑人相对倾向于犯罪定性方面的客观之罪与其自我认可的主观之罪的均衡,在故意犯罪的受刑人中相对倾向于刑罚轻重的客观与主观均衡。笔者认为,其因素之一在于犯罪故意和犯罪过失两种不同的罪过在行为人对危害行为及危害结果的态度上的区别。就犯罪过失而言,行为人对危害结果所持的是排斥的态度,而故意犯罪人则反之,因而,反映到对犯罪与刑罚裁量后果的认识上,过失犯罪的受刑人较故意犯罪的受刑人更关注于对自身犯罪性质的认定——罪之均衡。

表 4　受刑人的罪过与刑罚轻重主观均衡

单位:%

你认为法院的判决是否公正	故意犯罪	过失犯罪
公正	65.37	64.66
过重	33.96	30.08
定性错误	0.62	5.26
过轻	0.05	0
卡方检验	$X^2 = 62.153^a$	df = 6　P < 0.001

2. 以被害人是否存在过错为角度——他责的介入

调查表明,在认为被害人有过错的受刑人中,认为法院判刑过重的所占比重为40.08%,比认为被害人无过错的受刑人所占比重高8.76个百分点,同时,在认为法院判决公正所占比重方面,被害人认为有过错则低于认为被害人无过错的受刑人10.1个百分点(见表5)。所以,对受刑人而言,被害人过错程度也会成为影响其刑罚轻重主观失衡的一个因素,从而反映了受刑人对刑事责任的认识在对刑罚轻重均衡评价中的参与。

表5 被害人过错与刑罚轻重主观均衡

单位:%

你认为法院的判决是否公正	你认为被害人有过错吗	
	有过错	无过错
公正	58.23	68.33
过重	40.08	31.32
定性错误	1.69	0.31
过轻	0	0.04
卡方检验	$X^2 = 161.515^a$	df = 18 P<0.001

(三)基于受刑人犯罪后的特点对刑罚轻重主观均衡的考察

1. 以受刑人承担的刑罚后果为角度——刑质和刑量轻重的变化

受刑人承担刑罚的情况可以在一定程度上表明其接受刑罚的客观轻重程度,在此可通过两项指标加以描述:一是承担刑罚的种类,即刑质;二是承担有期徒刑的年限长短,即刑量。调查资料表明,一方面,在被判处死刑(缓期二年执行)、无期徒刑、有期徒刑的受刑人中,认为法院判决公正的所占比重依次为48.4%、50.6%、65.9%,而认为刑罚过重的则分别为47.1%、47.2%和33.3%(见表6);另一方面,对被判处有期徒刑的受刑人而言,在被判处3年以下(不包括3年)、3—5年、5—10年(不包括5年)、10年以上(不包括10年)的犯罪人中,认为法院判决公正的所占比重依次减小,分别为73.7%、67.7%、57.3%、55.6%,认为判决过重的所占比重依次增加,分别为25.5%、31.6%、41.3%、43.7%(见表7)。调查结论表明,受刑人认为刑罚轻重均衡的不同程度所占比重随其承担的刑罚轻重程度而变化,即刑罚越轻,认为刑罚轻重均衡的程度越高。另外,调查资料还表明,刑罚惩罚越严厉,受刑人对罪之均衡的关注程度越高。如在被判处有期徒刑的受刑人中,认为定性错误的占0.8%,而在被判处无期徒刑和死刑(缓期二年执行)的受刑人中,认为定性错误的则分别占2.2%和4.5%。一般而言,由于被剥夺的利益大小的因素,受刑人对重刑都持排斥心理,这是在考察受刑人刑罚轻重主观均衡过程中不可回避的一个重要方面,然而也应注意到,在重刑条件下,受刑人会因刑罚轻重的主观失衡导致对刑罚轻重客观均衡的抵制。

表6 受刑人承担的刑罚种类与刑罚轻重主观均衡

单位:%

你认为法院的判决是否公正	死刑（缓期二年执行）	无期徒刑	有期徒刑
公正	48.4	50.6	65.9
过重	47.1	47.2	33.3
定性错误	4.5	2.2	0.8
卡方检验	$X^2 = 26.789^a$	$df = 9$	$P < 0.05$

表7 受刑人承担的有期徒刑的刑期与刑罚轻重主观均衡

单位:%

你认为法院的判决是否公正	3年以下	3—5年	5—10年（不包括5年）	10年以上（不包括10年）
公正	73.7	67.7	57.3	55.6
过重	25.5	31.6	41.3	43.7
定性错误	0.8	0.7	1.4	0.7
卡方检验	$X^2 = 97.403^a$		$df = 9$	$P < 0.001$

2. 以受刑人的犯罪形态为角度——犯罪深度与刑罚深度的对比

在刑法学意义上,犯罪形态是对犯罪人的犯罪危害性与人身危险性的综合表达,相应地,不同的犯罪形态也就对应着不同的刑罚处罚。按照我国《刑法》规定,在犯罪既遂、犯罪未遂、犯罪预备、犯罪中止四种犯罪形态中,属于犯罪中止的犯罪人主观恶性及其可能造成的危害性最小,因此,在法律上采取的是从宽处罚的"必减"主义,而属于犯罪预备、犯罪未遂、犯罪既遂的犯罪人主观恶性相对较大,其三者的区别在于客观危害程度不同,因此,在对犯罪预备和犯罪未遂的从宽处罚上采取的"得减"主义,而基于犯罪危害的程度,对于犯罪预备的犯罪人在处罚上要宽于属于犯罪未遂的犯罪人。上述是立法对不同犯罪形态的犯罪人的刑罚轻重均衡的定位。那么,对受刑人而言,在接受刑罚处罚后也会根据所接受的刑罚与其犯罪的客观方面和主观方面的深度进行均衡性对比。调查表明,在犯罪既遂、犯罪未遂、犯罪中止、犯罪预备四种犯罪形态的受刑人中,认为法院判决公正的以犯罪中止的受刑人所占比重最大,为71.7%;比重为第二位的是犯罪既遂的受刑人,为65.6%;比重为第三位的是犯罪未遂的受刑人,为60.3%;而犯罪预备的受刑人所占比重最小,为35.3%。在认为法院判决过重的受刑人中,以犯罪中止的受刑人所占比重最小,为28.3%;以犯罪预备的受刑人所占比重最大,为58.8%;属于犯罪未遂和犯罪既遂的受刑人比重分别为39.1%和33.5%。在认为法院的定性错误方面,以犯罪预备的受刑人中所占比重最高,为5.9%(见表8)。据调查结果可以推论,对犯罪深度和刑罚深度的对比是导致不同犯罪形态的受刑人产生不同的刑罚轻重主观均衡认识的因素。对于犯罪中止的受刑人而言,由于法律对其主动抗制犯罪的从宽评价是必然的,因而,在该群体中对刑罚轻重均衡的认识程度最高。但对于犯罪预备和犯罪既遂的受刑人来讲,由于存在对犯罪客观方面的深度与主观方面的深度的评价落差,即行为人过多地注重客观行为的危害结果而不是主观恶性,加之立法上对犯罪预备与犯罪未遂的从宽只是一种可能性,而且,在刑罚从宽的伸缩幅度方面,二者是一样的,所以,犯罪预备的受刑人对刑罚轻重均衡的主观认识程度低于犯罪未遂的受刑人,其中显然涉及受刑人主观认可之罪与客观之罪的均衡。至于犯罪既遂的受刑人认为法院判决公正的所占比重高于犯罪未遂的受刑人,则可以解释为二者的犯罪深度不同。相对而言,在犯罪实行程度较高的情况下,犯罪既遂的受刑人更容易产生刑罚处罚的当然性的认识。

表8 受刑人的犯罪形态与刑罚轻重主观均衡

单位:%

你认为法院的判决是否公正	犯罪未遂	犯罪既遂	犯罪中止	犯罪预备
公正	60.3	65.6	71.7	35.3
过重	39.1	33.5	28.3	58.8
定性错误	0.6	0.9	0	5.9
卡方检验	$X^2 = 27.375^a$		df = 9	P < 0.05

3. 以受刑人再犯罪倾向为角度——对刑罚的认可程度

如果从受刑人再犯罪可能性角度分析其刑罚轻重的主观均衡,可以发现,再犯罪可能性大的受刑人较再犯罪可能性小的受刑人在刑罚轻重均衡方面的认识程度是较低的。例如,通过以"如果此次未被抓获有何想法"这一指标对受刑人的调查,首先在认为"太害怕而洗手不干"的受刑人中,主张法院判决公正的所占比重最高,为79.25%;其次是认为"一次捞够再也不干"的受刑人,所占比重为66.23%。而认为法院判决公正所占比重较低的是认为"再往大处干"和"继续这样干"的受刑人,比重分别为51.52%和50.95%。另外,在认为法院判决过重方面,以认为"继续这样干"的受刑人最多,为48.43%,其次是认为"再往大处干"的,占43.94%(见表9)。从预防之刑的角度看,刑罚能否阻止受刑人再犯罪取决于受刑人对刑罚的抗拒和接受的博弈结局,受刑人的再犯罪可能性大,在一定程度上表明其对刑罚的抗拒程度高。所以,可以得出结论,刑罚轻重的客观均衡必须要以受刑人对刑罚的认可为基本要义。

表9 受刑人再犯罪倾向与刑罚轻重的主观均衡

单位:%

你认为法院的判决是否公正	如果此次未被抓获有何想法			
	继续这样干	再往大处干	一次捞够再也不干	太害怕,洗手不干
公正	50.95	51.52	66.23	79.25
过重	48.43	43.94	33.12	19.43
定性错误	0.62	4.54	0.65	1.06
过轻	0	0	0	0.26
卡方检验	$X^2 = 423.139^a$	df = 15		$P < 0.001$

4. 以受刑人对犯罪收益的判别程度为角度——后犯罪理性的程度

一般而言,受刑人接受刑罚处罚后会在一定程度上对犯罪收益和刑罚成本进行经济意义上的判断,即受刑人角度的后犯罪理性。调查表明,受刑人在后犯罪理性方面程度的不同,则刑罚轻重主观均衡的程度也不同。调查资料显示,在认为此次犯罪"合算"的受刑人中,主张法院判决公正的所占比重最高,为76.74%,在认为此次犯罪"不合算"的受刑人中,主张法院判决公正的所占比重为72.59%,而在对此次犯罪合算与否"说不清楚"的受刑人中,主张法院判决公正的所占比重最低,为56.4%。相应地,在认为法院判决过重方面,以认为此次犯罪"合算"的受刑人所占比重最低,为23.26%,而对此次犯罪合算与否"说不清楚"的受刑人所占比重最高,为42.5%(见表10)。可以认为,无论受刑人认为犯罪是否合算,但其对犯罪收益与刑罚成本的认识是比较明晰的,具有一种后犯罪理性的存在;反之,对犯罪合算与否说不清楚的则说明受刑人的后犯罪理性程度低。上述调查结论可说明两个问题:一是后犯罪理性程度存在与否和高低影响着受刑人对刑罚轻重均衡的认同程度;二是对犯罪收益大小的认识与受刑人对刑罚轻重主观均衡的认识程度成正比。之所以出现上述问题,一方面,后犯罪理性的存在是以受刑人对犯罪当罚性的认识为前提的,后犯罪理性越高,则对犯罪当罚性的认识越高,在后犯罪理性高的条件下,受刑人不排除刑罚和刑罚量的大小;反之,是以刑罚与刑罚量为参照估算犯罪收益,由此,影响这些人对刑罚均衡的认识因素不在刑罚量大小,而首先在于是否认识到自身犯罪的当罚性。另一方面,在受刑人看来,犯罪收益的大小决定着对接受的刑罚量的认同,所以,认为犯罪合算的受刑人会认为刑罚量过小,由此看来,受刑人的主观刑罚轻重均衡并非可能在真正意义上实现客观之刑与主观认同之罪的均衡。

表10 受刑人对犯罪收益大小的判别与刑罚轻重主观均衡

单位:%

你认为法院的判决是否公正	你感到此次犯罪是否合算		
	合算	不合算	说不清楚
公正	76.74	72.59	56.4
过重	23.26	26.6	42.5
定性错误	0	0.81	1.01
过轻	0	0	0.09
卡方检验	$X^2 = 137.542^a$	$df = 12$	$P < 0.001$

5. 以受刑人的刑罚处罚感受为角度——刑罚畏惧感与感受刑罚的心理区域的存在

一般而言,受刑人在接受刑罚处罚后都会产生不同的刑罚感受,进而与接受刑罚处罚前的心理进行对比。根据调查,由于受刑人在接受刑罚处罚后的感受不同,则对刑罚轻重均衡的认识也存在区别。一方面,在对刑罚有所畏惧的受刑人中,畏惧程度较高的受刑人认为刑罚轻重均衡的程度高于畏惧程度较低的受刑人,如在对刑罚"非常害怕"的受刑人中,主张法院判决公正的所占比重为84.13%,主张法院判决过重的所占比重为15.13%。而在对刑罚"有些害怕"的受刑人中,主张法院判决公正的所占比重为66.58%,主张法院判决过重的所占比重为32.85%。另一方面,在对刑罚"不再害怕"的受刑人中,认为刑罚轻重均衡的程度高于对刑罚畏惧程度不高和对刑罚处罚没有明显感受的受刑人,如在调查中,认为法院判决公正的在主张对刑罚处罚"不再害怕"的受刑人中所占比重为70.21%,较主张对刑罚处罚"有些害怕"的受刑人中认为法院判决公正的高3.63个百分点,较主张对刑罚处罚"无所谓"的受刑人中认为法院判决公正的高26.51个百分点。再者,对刑罚处罚"无所谓"的受刑人认为刑罚轻重均衡的程度相对最高,在调查中,此类受刑人主张法院判决公正的只占43.7%,是在各类不同刑罚感受的受刑人中所占比重最低的,而此类受刑人主张法院判决过重的所占比重则在各类不同刑罚感受的受刑人中所占比重是最高的,为54.62%(见表11)。可见,受刑人对刑罚轻重均衡程度的认识不仅取决于该群体对刑罚的畏惧程度,还取决于受刑人是否存在感受刑罚的心理区域,如果受刑人对刑罚无从感受,无论刑罚轻重在客观上如何均衡,也都不会对刑罚轻重形成程度较高的均衡认识,当然也不会存在刑罚轻重意识问题,这是阻遏刑罚发挥预防犯罪功能的一个因素。另外,根据调查结论还可以反向得出结论,即只有认为刑罚轻重是公正的,受刑人才能产生感受刑罚的心理区域,而且,在对刑罚轻重主观均衡认识程度较高的受刑人中,并非都能导致对刑罚的畏惧。

表11 受刑人的刑罚感受与刑罚轻重主观均衡

单位:%

你认为法院的判决是否公正	这次犯罪并受到处罚后有何感受			
	非常害怕	有些害怕	不再害怕	无所谓
公正	84.13	66.58	70.21	43.7
过重	15.13	32.85	26.95	54.62
定性错误	0.74	0.5	2.84	1.68
过轻	0	0.07	0	0
卡方检验	$X^2 = 806.346^a$		$df = 21$	$P < 0.001$

三、刑罚轻重均衡:追求均衡的效果

通过上述对受刑人刑罚轻重主观均衡状况的考察可以得出一个概括性结论:刑事立法或司法中的刑罚轻重均衡在经过受刑人群体的折射后会形成不同的偏离,而这种偏离的方向和角度在一定程度上制约着刑罚对受刑人的作用效果——特殊预防以及对刑罚公正的认识。如我们所知,"国家制定刑罚法规的必要性,是以对刑罚及刑罚法规所一般具有的机能寄予期望为前提的"[19]。由此,出现何种效果以及如何实现预期效果应该成为在对刑罚轻重均衡认识过程中的一个支点。而当前理论研究中过多注重对刑罚轻重均衡的立法、司法角度的一种状态均衡的探求恰恰显示了其中的薄弱环节。那么,如何从效果角度认识刑罚轻重均衡,笔者认为可主要着眼以下三个方面。

(一) 调整刑罚效果的方法——实践中的刑罚轻重均衡

预防犯罪的实践表明:第一,刑罚作为控制犯罪的重要手段之一,有犯罪即有刑罚,刑罚曲线与犯罪量和犯罪质曲线波动的一致决定了刑罚是必然的;第二,由于刑罚是剥夺行为人利益的最严厉的手段,刑罚与人的权利保障之间具有紧张性;第三,因"刑罚的机能并不是只依据刑罚来实现的"[20],所以刑罚具有有限性。上述三个方面决定了刑罚轻重应是有变化的,这种变化具有一种受刑罚内外多种因素制约的客观性,而且,刑罚轻重的变化也不是单纯的刑事法律问题,而是一个体现社会整体犯罪状况、犯罪控制综合能力变化的社会问题,正如有学者所指出的,刑罚轻重的程度在本质上是"犯罪与社会控制之间的关系在立法者头脑中的主观反映"[21]。因而,刑罚轻重可看作是刑罚与社会需要之间的一种波动关系在刑罚质与量的配置、犯罪化与刑罚化的程度及刑罚适用状况方面的表现。从上述角度来讲,刑罚轻重均衡的意义不在于均衡本身,而在于这种均衡能否成为调整刑罚效果的一种方法。所以,在刑罚轻重均衡的实践中不能只在刑罚体系内刻意为了将刑罚轻重均衡作为一种效果而单一地寻找均衡的方法或依据,而应将刑罚轻重均衡置于社会整体发展与犯罪、预防犯罪状况的变化之中来探究刑罚对整个社会的作用。

(二) 刑与社会之均衡——预防犯罪中的刑罚轻重均衡

预防犯罪是刑罚运行者的期望,则刑罚的配置不可避免地带有人的主观意志性,但并不能因此而片面强调刑罚轻重均衡的主观性,因为,仅就受刑人的角度而言,刑罚轻重也有一个是否被内化为抗制犯罪因素的过程,况且根据调查结果,在犯罪理性程度高的犯罪人中,刑罚轻重均衡的预防犯罪效果是有限甚至是失效的。因而,在预防犯罪意义上,对刑罚轻重均衡的确定是有限度的,这种限度来源于刑罚、非刑罚的犯罪控制手段与犯罪和社会状况相互作用中的均衡点。按照博弈论的观点,在刑罚、非刑罚的犯罪控制手段和犯罪、社会状况的博弈中有四种情

---

[19] [日]西原春夫:《刑法的根基与哲学》,顾肖荣等译,法律出版社2004年版,第42页。
[20] 同上书,第44页。
[21] 白建军:《刑罚轻重的量化分析》,载《中国社会科学》2001年第6期。

形:第一种情形是,刑罚的收益大于非刑罚的犯罪控制手段的收益,且能够控制犯罪变化;第二种情形是,刑罚的收益等于非刑罚的犯罪控制手段的收益,且能够控制犯罪变化;第三种情形是,刑罚的收益小于非刑罚的犯罪控制手段的收益,且能控制犯罪变化;第四种情形是,在刑罚和非刑罚的犯罪控制手段同时适用的条件下,犯罪不能得到控制。在上述四种情形中,前三种属于犯罪控制的良性状态,第四种则属于犯罪失控状态。从预防犯罪理性的角度来看,第一种情形表明刑罚对于预防犯罪是有效的,则刑罚与犯罪之间应保持轻重协调的关系。对于第二种情形可从两个方面去分析,如果刑罚成本大于或等于非刑罚的犯罪控制手段的成本,则为避免刑罚资源浪费或出现刑罚适用的紧张过度,就应削减刑罚的适用程度,包括多适用轻刑和非刑罚手段;反之,如果刑罚的成本小于非刑罚的犯罪控制手段的成本,则还应提倡以刑罚为主,注重刑罚在犯罪控制中的投入。在第三种情形中,同样应降低刑罚的适用程度和频率,一方面,因为刑罚与非刑罚的犯罪控制手段相比具有紧张性——刑罚应慎用;另一方面,如果不降低刑罚的适用程度也会出现犯罪控制手段的重复使用问题。至于在第四种情况下,笔者认为,主要的策略则应突出刑罚的功能以尽快控制社会无序状态,因为刑罚与其他犯罪控制手段相比具有抗击犯罪的直接性,如我国在犯罪现象严重时曾采取的"严打"活动。通过以上分析,影响预防之刑的刑罚轻重均衡的因素至少包括四个方面,即社会效果、犯罪状况、刑罚成本和非刑罚的犯罪控制手段,那么,预防之刑的刑罚轻重均衡实质上应是刑罚与社会效果、犯罪状况、非刑罚的犯罪控制手段的统一体的均衡,是刑与社会的均衡,传统意义上的刑罚轻重与犯罪轻重的等价均衡关系不能全面体现刑罚对犯罪的预防关系,或者说,单一的罪刑均衡角度的刑罚轻重均衡在预防犯罪方面不具备与犯罪的完全的博弈能力。

(三)不均衡的均衡——在冲突中调整的刑罚轻重均衡

调查表明,无论是在报应角度还是在预防角度,刑罚轻重均衡中的受刑人感受到的主观之刑与实际接受处罚的客观之刑存在均衡差异。如在调查结果中,受刑人承担的刑罚越轻,则对刑罚轻重均衡的认同程度越高,反之越低。而且,在犯罪人测算收益的干扰下,受刑人所得出的刑罚轻重均衡结论不能反映客观上刑罚轻重均衡的预期指向。主观之刑的均衡与客观之刑均衡的异质会直接导致受刑人对刑罚的抵触或将刑罚轻重均衡作为与犯罪收益进行交易的工具,这表明了刑罚轻重均衡存在主观均衡与客观均衡的冲突。导致主观之刑与客观之刑在刑罚轻重方面的冲突源于多种因素,而其中关键一点在于,受刑人不是机械的刑罚接受者,而是一个理性主体,且理性程度越高,对刑罚轻重的判别就越具有主动性。由此,如何最大限度发挥刑罚对受刑人的预期功能是一个现实问题。进一步讲,要实现刑罚轻重均衡的效果,则必须首先要解决主观之刑与客观之刑的内在冲突。那么,如何在主观之刑与客观之刑的不均衡中达成均衡呢?简单来讲,就是要做到刑与人的均衡,具体包括两个方面。

第一,注重刑事司法裁判的技术性,在提高对司法裁判的理性认识基础上强化行刑对刑罚轻重均衡的后期调控。卡多佐曾说过,"如果法官打算明智地宣告判决,那么就必须有某些原则来指导他从各种争取获得法律认可的可能判决中作出选择"[22]。也就是说,司法裁判的精确离不开法官所依据的裁判原则。就当前而言,这种指导法官裁判的原则不仅包括刑事立法、司法解释、判例或某些政策性规定,而且应当包括司法裁判中的技术性规则,如司法裁判规则和标准的量化体系,可以说这是司法裁判由传统的模糊性向现代的精确性转变的重要内容。对此,我国有学者也指出过,"用确切的量化方法客观描述出刑罚与犯罪在度方面的实际关系是刑罚轻重的深刻本质自身的内在要求"[23]。从受刑人对刑罚轻重均衡的主观认识角度来讲,在司法裁判的量化指标体系的建立中首先要明确两个基本原则:一是对罪和刑事责任之认定是衡定刑罚轻重的前提,因而,在司法裁判的量化指标体系中不仅应包含对罪与刑的量化分解,还应包含对犯罪人的再犯次数、法律意识、动机、被害人因素等可能影响定罪和刑事责任因素的指标分类与分级;二是刑罚轻或重也应保持基本的限度,因为,在调查中,承担轻刑的受刑人固然对刑罚轻重均衡的主观认同程度高,但由此易导致在受刑人中形成将刑罚与犯罪进行交易的心理定势,至于承担重刑者,则易因对刑罚均衡的认同程度低而增强对刑罚的抗拒程度。那么,对于如何确定刑罚轻或重的限度,对轻刑限度的确定而言,应以"惩罚之值在任何情况下,皆须不小于足以超过罪过收益之值"[24]为准,对重刑限度的确定而言,应以受刑人的当罚性为限度。

当然,对如何做到刑罚轻重均衡,有些学者曾指出,即轻罪实行更轻缓的处理,主要是一些社会危害不大的犯罪和罪责程度较低的犯罪,而对于重罪则进行更严厉的打击,主要指危害程度严重的重大犯罪和主观恶性深重的累犯惯犯等,在报应和预防原则支配下适用比以往更为严厉和严格的处遇[25]。类似解释从刑罚主体的角度符合一般的思维模式,然而,刑罚轻重的主观均衡与客观均衡的冲突,决定了至少不应把在刑事司法裁判中实现刑罚轻重均衡作为刑罚轻重均衡效

---

[22] [美]本杰明·卡多佐:《司法过程的性质》,苏力译,商务印书馆1998年版,第9页。
[23] 白建军:《刑罚轻重的量化分析》,载《中国社会科学》2001年第6期。
[24] [英]边沁:《道德立法原理导论》,时殷弘译,商务印书馆2000年版,第224页。
[25] 梁根林:《刑事制裁:方式与选择》,法律出版社2006年版,第39页。

果的终结点。这固然有司法裁判本身的局限因素,但即使司法裁判是均衡的,如果受刑人不能对司法裁判中的均衡有明确的了解也会导致刑罚轻重均衡的失效,这一点在调查结果中也有体现。因此,在强调司法裁判对刑罚轻重均衡重要意义的同时,还应注重行刑[26]对刑罚轻重均衡的后期调控,其中主要包括四项内容:一是在犯罪人入监初期的集中教育阶段,由行刑机关作出犯罪人刑罚体验的测评报告,按照测评报告对犯罪人进行分类教育矫治,在此基础上,根据初期教育结果作出受刑人在结束集中教育之后进一步服刑的指导意见;二是在受刑人中、后期服刑中,严格按照改造表现兑以相应的奖惩标准;三是做好受刑人的申诉工作,防止冤假错案的出现;四是严格减刑假释的程序,将当前法院对罪犯减刑、假释的书面审理改为实质审理,提高对罪犯悔罪的量化标准的实际认定程度。

第二,注重刑罚在社会中的宣传示范效应。在现实生活中,尽管存在一部分在对刑罚与犯罪进行精确测算后而犯罪的人,但除此以外毕竟还有一部分属于不知道刑罚后果或心存侥幸而犯罪的人,调查表明,对于前者,更直接的感受是刑罚的必然而非刑罚轻重均衡,对于后者,则侥幸心理越大,对刑罚轻重均衡的认同程度越低。而且从另外一个角度来讲,刑罚具有公共性,无论是从报应还是从预防犯罪角度考量,刑罚都应昭示于公众。针对上述,通过刑罚在社会中的宣传示范效应,既可以增强社会公众对刑罚的理性认识,也可以使人们在犯罪必然性与刑罚必然性、确定性间建立等价关系,从而提高刑罚对潜在犯罪人犯罪决策的抗制力度,而且,即使对于那些通过精确计算刑罚成本和犯罪收益而犯罪的人来讲,这种先期的刑罚预知至少也可以增强这些人对刑罚公正的认识程度,以报应之刑的实现弥补预防之刑的不足。值得指出的是,在对犯罪人适用轻刑或适用非刑罚手段的过程中,尤其要突出刑罚后果的宣传示范,因为,"当一种行为有一种类似的、以前由别人完成的行为的表现作为直接的先例,没有明确的或不明确的思想活动介乎这种表现和实施之间来影响这种重复行为的本来性质,那么仿效是存在的"[27],尤其在我国这样一个重刑文化和报应文化仍占据一定氛围的社会中,对犯罪人适用轻刑或非刑罚手段往往会引起社会中的所谓刑罚不公正的认识,或者容易使人们在犯罪即给以轻罚或不罚之间建立等价关系,由此不仅会抵消刑罚的权威,还会降低刑罚的预防犯罪效应。再者,在对适用轻刑或对犯罪人施以非刑罚手段的宣传过程中,"刑罚必须坚持自己的概念,反对那些试图消除用刑罚惩罚犯

---

[26] 此处的行刑不包括死刑立即执行。
[27] [法]埃米尔·迪尔凯姆:《自杀论》,冯韵文译,商务印书馆1996年版,第114页。

罪与为保护公共利益而适用其他制裁手段之间的区别"㉘。

综上所述,从受刑人角度对刑罚轻重均衡问题进行分析的意义不是强调受刑人对刑罚轻重均衡的主导,而是试图通过以受刑人为角度,修复刑罚轻重均衡在客观运行中的缺陷,增强国家主动发动刑罚的理性,从而在已然之刑的基础上为寻求刑罚轻重均衡构建可行的参考途径。

㉘ [美]乔治·P.弗莱彻:《刑法的基本概念》,蔡爱惠、陈巧燕、江溯译,中国政法大学出版社2004年版,第51页。

构建和谐社会之刑事处罚权正当化新思考*

——以量刑阶段刑事被害人人权保障为视角

吴大华**

一、构建和谐社会与刑事处罚权正当化

(一) 构建和谐社会需要刑法机能的充分发挥

从中共中央提出的构建社会主义和谐社会伟大纲领看,"社会和谐是中国特色社会主义的本质属性,是国家富强、民族振兴、人民幸福的重要保证"①。"社会公平正义是社会和谐的基本条件,制度是社会公平正义的根本保证。"②"按照民主法治、公平正义、诚信友爱、充满活力、安定有序、人与自然和谐相处的总要求。"到2020年,构建社会主义和谐社会的目标和主要任务之一是"社会主义民主法制更加完善,依法治国基本方略得到全面落实,人民的权益得到切实尊重和保障"③。因此,构建社会主义和谐社会,需要在"坚持以人为本""坚持民主法治"等原则④的指导下,"完善法律制度,夯实社会和谐的法治基础。维护社会主义法制的统一和尊严,树立社会主义法制权威,坚持公民在法律面前一律平等,尊重和保障人权,依法保证公民的权利和自由"⑤。

同时依据有关学者见解,和谐社会是"元素互补"的社会,是各个社会元素之间结构互补以致功能互补的社会;和谐社会是"彼此互动"的社会,是个体与个体的动态关系得到很好对待的社会;和谐社会是"互相协调"的社会,是个体与个

---

* 本文原载《中国人民公安大学学报(社科版)》2007年第1期,第1—7页。
** 贵州省社会科学院党委书记、教授、博士生导师,法学博士,法学、经济学双博士后。
① 《中共中央关于构建社会主义和谐社会若干重大问题的决定》,载《构建社会主义和谐社会的伟大纲领》,人民日报出版社2006年版,第1页。
② 同上书,第10页。
③ 同上书,第4页。
④ 同上书,第4—5页。
⑤ 同上书,第11页。

体、个体与整体很好协调的社会⑥。因而可以这么说，社会要做到和谐，主要是使社会内部各要素处于一种相互依存、相互协调和相互促进的状态。其中社会人际关系和谐是最重要的表现之一，而人际关系和谐则要求人与人之间处于互相尊重、平等互利、团结友爱的一种和而不同的状态，包括个人与个人之间、群体与群体之间以及个人与群体之间的关系和谐。

然而任何社会都不可能没有矛盾，人类社会总是在矛盾运动中发展进步的。所以，下述提法无疑具有相当正确的指导作用。"构建社会主义和谐社会是一个不断化解社会矛盾的持续过程。我们要始终保持清醒头脑，居安思危，深刻认识我国发展的阶段性特征，科学分析影响社会和谐的矛盾和问题及其产生的原因，更加积极主动地正视矛盾、化解矛盾，最大限度地增加和谐因素，最大限度地减少不和谐因素，不断促进社会和谐。"⑦

在影响社会和谐的矛盾和问题当中，犯罪作为以极端形式所表现出来的"孤立的个人反对统治关系的斗争"⑧，显然是最为破坏社会和谐的不和谐因素之一。这样刑法作为犯罪的应对手段，受其任务和机能的决定，在构建和谐社会进程中的作用举足轻重，因而要做到"完善法律制度，夯实社会和谐的法治基础"，也就必然要进行刑法的完善。原因如下：首先，我国刑法的主要任务在于保护公民的合法权益和维护政治、经济及整个社会的正常秩序，保障中国特色社会主义建设事业的顺利进行。⑨ 其次，刑法有维持秩序、预防犯罪、保护法益和保障人权的四个基本机能。⑩ 所以完善刑法以尽量发挥其基本机能，较好完成其目标任务，是构建社会主义和谐社会必不可少的有力保障。从当前的实际状况看，除了要继续重视刑法维持秩序、预防犯罪、保护法益机能的发挥，还需要特别强调的是其保障人权机能的实现。同时坚持以人为本和坚持民主法治是构建社会主义和谐社会

---

⑥ 卓泽渊：《构建和谐社会与法治社会》，载中国网，http://www.ynift.edu.cn/yld/web/Article/ShowArticle.asp。

⑦ 《中共中央关于构建社会主义和谐社会若干重大问题的决定》，载《构建社会主义和谐社会的伟大纲领》，人民日报出版社2006年版，第3页。

⑧ 《马克思恩格斯全集》（第三卷），人民出版社1960年版，第379页。

⑨ 《刑法》第2条规定："中华人民共和国刑法的任务，是用刑罚同一切犯罪行为作斗争，以保卫国家安全，保卫人民民主专政的政权和社会主义制度，保护国有财产和劳动群众集体所有的财产，保护公民私人所有的财产，保护公民的人身权利、民主权利和其他权利，维护社会秩序、经济秩序，保障社会主义建设事业的顺利进行。"

⑩ 马克昌：《比较刑法原理——外国刑法学总论》，武汉大学出版社2002年版，第12—14页。我国刑法学者陈兴良教授认为，刑法既有人权保障的机能，又有社会保护的机能。参见陈兴良：《刑法的价值构造》，中国人民大学出版社1998年版，第251页。

指导原则中的两个重要支点。因此,刑法的完善也必须坚持以人为本,走刑事法治化的道路。这就要求:必须高度注重并尽最大可能地发挥刑法人权保障机能;必须突出强调对所有人的人权保障,既要包括对一般公民(未直接遭受犯罪侵害者)的人权保障,也要包括对触犯刑法者的人权保障,还要包括对刑事被害人的人权保障,以此尽量满足构建和谐社会的需要。

(二)建设和谐社会需要刑事处罚权正当运用

有学者认为,刑事法治主要涉及处置犯罪问题的刑事处置权的来源与性质、刑事处置权的功能与目的、刑事处置权的归属与运用以及刑事处置权的手段、对象等。[11] 该学者在其文注释中补充说明,鉴于刑法的功能不仅仅在于惩罚犯罪,所以没有沿用"刑事惩罚权"的概念,而是用"刑事处置权"代替。从词义上讲,"处置"比"惩罚"含义更广泛,前者既可以包括惩罚之意,也可以包括预防之意,还可以包括教育、改造之意。用"刑事处置权"一词,其涵盖的刑法意义比"刑事惩罚权"确实要丰富得多,从这一点上讲,该提法有其相当的道理。不过必须明确的是,按照我们的理解,刑事处置权的主要内容还是考虑怎样制订、运用以及执行刑罚的问题,所以根据本文主题需要,也就使用了"刑事处罚权"一词。

毫无疑问,刑事法治必然需要正当运用刑事处罚权方可充分发挥刑法的机能,而要做到刑事处罚权的正当运用不能也不可能离开刑罚目的,因而刑罚目的正当是刑事处罚权正当运用的关键,也是刑事法治的一个基础性前提。我们认为,刑罚目的可以有总目的和阶段目的之分。这是因为:一是刑法的目的决定着刑罚的总目的,从刑法的相关规定所体现出的刑法目的看,刑罚总目的是要惩罚犯罪,保护人民[12];二是刑事处罚权的运用总是有一个过程的,从德国刑法学者迈耶的"分配主义"[13]引申来看,其历经阶段可以相对划分为制刑阶段(对应为制刑权)、求刑阶段(对应为求刑权)、量刑阶段(对应为量刑权)和行刑阶段(对应为行刑权)。所以,从动态的发展角度讲,在各个阶段可以存在涵盖刑罚总目的部分内容且与总目的不相冲突的阶段目的,没有必要让刑罚总目的总是以固定不变的内容出现在每个阶段。惩罚犯罪的报应目的显然能够对应刑罚总目的中的"惩罚犯罪"内容;预防犯罪的功利目的和刑罚总目的中的"保护人民"也不矛盾,预防犯罪也就是为了保卫社会和保护人民,因此惩罚犯罪的报应目的和预防犯罪的功利

---

[11] 卢建平:《论法治国家与刑事法治》,载《法学》1998年第9期。

[12] 《刑法》第1条规定:"为了惩罚犯罪,保护人民,根据宪法,结合我国同犯罪作斗争的具体经验及实际情况,制定本法。"

[13] 马克昌:《刑罚通论》,武汉大学出版社1999年版,第17页。

目的都可能成为某个阶段的首选目的。这样无论是选择惩罚犯罪,还是选择预防犯罪,在运用刑事处罚权的不同阶段,既然要确保其权力的正当化运用,那么必然要求刑罚在该阶段的目的是正当的。

然而"目前流行的观点是将刑罚目的表述为预防犯罪,然后又将预防分为个别预防和一般预防"⑭。笔者认为,这种将刑罚的目的不分阶段地完全局限于预防犯罪的观点是不妥当的。在运用刑事处罚权的量刑阶段,这样的刑罚目的定位会导致刑事被害人人权保障不力的后果,扭曲了刑事处罚权的正当性。为了全面发挥刑法的人权保障机能,充分体现以人为本的理念,尽量达到构建和谐社会的要求,这种非正当化地运用刑事处罚权的做法应该得到纠正,在该阶段错位的刑罚目的也应当予以调整,从而真正做到保障刑事被害人的人权,并以此推进和谐社会的构建。

二、保障被害人人权与刑事处罚权新定位

(一)刑事处罚权的运用现状与被害人保护不力之关联

在"刑法是犯罪者的大宪章"的倡导下,触犯刑律者的人权保障得到极大重视,尽管司法实践中仍不同程度地存在不尽如人意的地方,但是至少在法学理论上其是提高到了一个前所未有的历史性高度。然而与实施犯罪行为而触犯刑律者的命运不同的是,作为犯罪行为具体损害承受者的刑事被害人⑮,却在"刑法也是自由民的大宪章"的旗帜下,承受着本不应该承受的一些人权保障被遗忘和被冷落的痛苦。这种状况正如有的学者所指,"仅仅被当成一个客体,一个用来对付犯罪的工具和用来给罪犯定罪的工具。作为刑事犯罪行为的受害者却没有权利来保障自身合法权益,传统法律对被害人的保护是苍白无力的"⑯。

从运用刑事处罚权的量刑阶段看,刑事被害人人权保护不力的根源是令人有些难以置信的:自现代刑法观念开始确立,犯罪不再仅被视为针对具体个体的权益侵害,而更多地被看作针对社会整体利益以及国家利益的侵害,乃至发展为被认为是对刑法法益的危害,致使刑事被害人的一些人权保障就一直处于虚置的状态。在貌似强大的社会力量支持的形势下,在国家运用其独揽的刑事处罚权的过程中,具体刑事被害人的地位不甚重要,其往往只是作为案件的一种证人而已,对

---

⑭ 陈兴良:《刑法哲学》(修订三版),中国政法大学出版社2004年版,第374页。
⑮ 本文使用的是狭义的刑事被害人概念,即是指受犯罪侵害的自然人。
⑯ 莫洪宪:《刑事被害救济理论与实务》,武汉大学出版社2004年版,第120页。

其权益保护显得比较空洞。而且更令人难以察觉而又非常关键的是,在以预防犯罪为目的的理念指导下,国家刑事处罚权在该阶段的运用往往不可避免地剥夺刑事被害人的部分可以实现的应得利益来支付社会防卫的成本。

这是因为,往往为人所忽视的是,抽象的刑法法益保护与具体案件中刑事被害人的权益保护存在一定差距以致形成难以避免的冲突。刑法法益中包括了国家利益、社会利益和个体利益。很明显,单从词义的逻辑上推演,既然个人利益包括在法益之中,那么保护了法益又怎能没有保护到个人利益?然而在笔者看来,问题恰恰出自法益内容的多项性,既然刑法法益与刑法所保护的个人利益并不等同,那么就难免出现二者之间的紧张和冲突关系。换言之,法益中既包括国家利益,又包括社会利益,还包括个人利益,根据众所周知的经验,个人利益与社会利益以及国家利益既有一定的一致性,又有相当的差异性,存在一定程度的紧张和冲突因素,在一定条件下会形成某种难以避免的冲突状态。而一旦出现三种利益之间冲突时,必然出现哪种利益需要优先保护的问题。笔者认为,既然三种利益都是为刑法所保护的利益,那么毫无疑问,三者在法律面前应当是平等的,所以当犯罪直接侵害其中某种利益时候,刑法应当首先考虑的是该利益的恢复性救济,而不能以保护其他利益为名,减少对该受害利益的保护力度。

就以刑事被害人的权益保护为例,当直接侵害的是刑法所保护的被害人个体利益时,国家不可以社会利益或国家利益更重要为由对前者的保护有所折扣。"个人利益必须服从社会利益。但是……这是什么意思呢?每个人不都是像其他一切人一样,构成了社会的一部分吗?你们所人格化了的这种社会利益只是一种抽象,它不过是个人利益的总和……如果承认为了增进他人的幸福而牺牲个人的幸福是一件好事,那么,为此牺牲第二个人、第三个人、以至无数人的幸福,那更是好事了……一个人利益是唯一现实的利益。"⑰也许韩轶的这番论说有过于绝对之嫌,但是其中不乏比较中肯的见解,毕竟无论是国家利益,还是社会利益,其最终的承受点都无法摆脱地落到社会个体的身上。

而且从目前的实际情况看,面对一个已然之罪,刑事被害人所遭受的利益损害能够得到恢复正义式的救济不外乎是以下两种途径:其中一部分人在条件具备的情况下,除了请求国家依法判处犯罪者刑罚,还可能从犯罪者那里获得一定的

---

⑰ 韩轶:《刑罚目的的层次性辩说——兼论刑罚的最终目的》,载《法商研究》2004 年第 4 期。

物质赔偿(或者退赔)⑱;而另一部分人则往往只能寄希望于诉求国家给犯罪者予以法定的刑罚惩处,即施加与罪行对等的刑罚。有必要强调的是,从公正的角度讲,刑事被害人所能得到的只能是刑法规定了的相应救济,超出法定救济内容的想法都是不能正当实现的,因此,被害人只能要求国家兑现刑法上的承诺。这样有了刑法上的明确规定为依据,刑事被害人也就有权要求国家按照罪刑法定原则和罪责刑相适应原则,给予犯罪者应有的刑罚等处罚。从被害人个人的角度看,他没有以其受害而应该得到的利益作为社会预防犯罪代价的义务;他当然不会,社会也不应当使他的损害应得救济利益作为整个社会防卫(社会利益)的"牺牲品"。然而刑事被害人这种权利要求不可避免地与现行国家刑事处罚权的运用意图(刑罚目的)产生冲突。

既然刑罚的目的在于预防犯罪,那么国家动用刑事处罚权必然是着眼于未然之罪。这样一方是希冀于已然之罪的救济——保护已遭受损害的个人利益(刑事被害人),而另一方是关注于未然之罪的预防——防卫未遭受侵犯的社会安全(垄断刑事处罚权的国家),目的各异导致冲突必不可免。面对强大的国家和社会力量,作为刑事被害人的个体简直是太弱小了,这种情形跟那些触犯刑律者的状况其实相差无几,只是其被深深地隐藏在幕后从而不被关注而已。而且这种冲突的最终解决往往因刑事被害人的权益保障力度减小而结束,然而这样的不公正却没有能够引起理论界的应有重视。⑲

(二)刑事处罚权目的定位与被害人权益保障之冲突

刑罚的目的是预防犯罪,这意味着对已然之罪所运用的刑罚仅仅只是一个达到预防犯罪目的手段,这样社会防卫实际上也就成为运用刑事处罚权的中心。显然,这绝对不应当是不证自明的事实,这是因为:首先,这种意图不能排除只要能达到目的,手段的正当与否已经不是首要考虑的危险;其次,在量刑阶段刑事处罚权定位于预防犯罪,其结果往往不是侵犯触犯刑律者的人权,就是危害刑事被害人的人权。

按照罪责刑相适应原则,对犯罪分子所判刑罚的轻重,应当与犯罪分子所犯

---

⑱ 《刑法》第 36 条第 1 款规定:"由于犯罪行为而使被害人遭受经济损失的,对犯罪分子除依法给予刑事处罚外,并应根据情况判处赔偿经济损失。"《刑法》第 64 条中也规定有"犯罪分子违法所得的一切财物,应当予以追缴或者责令退赔;对被害人的合法财产,应当及时返还……"的内容。

⑲ 其实社会中的每个人都可能是潜在的被害人,因此,倡导"爱刑事被害人就像爱自己"是当然之举。在我们强调"刑法是犯罪者的大宪章""刑法是自由民的大宪章"的同时,更应该将刑事被害人从"自由民"概念的涵括中抽取出来,形成其应有的独特保障地位。所以,我们也应当大力强调"刑法是刑事被害人的大宪章"。

的罪行以及应当承担的刑事责任的大小相适应。⑳ 因此刑法原则强调了刑罚的尺度与犯罪之间的对应关系,在该原则指导下的正常惩罚中实际上并没有保留在罪行之外的考虑预防犯罪目的的空间(为了建构理论探讨的平台,并与那种带有预防犯罪目的的惩罚相区别,姑且将这种惩罚称为常态惩罚),因而一旦要考虑预防犯罪的目的,则往往会根据种种不同的需要,凭借一些罪行之外的因素,在常态惩罚的基础上予以增减。举个例子来说,某甲故意伤害了某乙,按照罪责刑相适应的刑法基本原则和"以事实为依据,以法律为准绳"量刑原则,应当判处某甲 5 年有期徒刑,但是考虑到如果减轻某甲的刑罚,对预防犯罪是必要的和可行的,于是就最终判处其 3 年有期徒刑;或者是考虑到如果加重某甲的刑罚,对预防犯罪是必要的和可行的,于是就最终判处其 7 年有期徒刑。在这个例子中,判处 5 年有期徒刑就是常态惩罚,而判处 3 年有期徒刑或者 7 年有期徒刑就是在常态惩罚的基础上减少或者增加的结果。

笔者认为,为了预防犯罪而对常态惩罚进行增减的做法是值得反思的。从法学理论上讲,一则是"要使惩罚成为合法的惩罚,它就应该受到法的原则的限制"㉑;二则是"他(指罪犯,笔者加)受刑罚的界限应该是他的行为的界限,犯法的一定内容就是一定罪行的界限,因而衡量这一内容的尺度就是衡量罪行的尺度"㉒。同时从法律规定上看,我国《刑法》第 61 条也明文规定:"对于犯罪分子决定刑罚的时候,应当根据犯罪的事实、犯罪的性质、情节和对于社会的危害程度,依照本法的有关规定判处。"有鉴于此,那种以预防犯罪为目的的做法评价了超出罪行的一些因素,其衡量刑罚的结果难免会失之公正,即凭借一些罪行之外的因素,增加了刑罚是对触犯刑律者的不公,而减少了刑罚则是对刑事被害人的不义。

具体地说,为了社会防卫所强调的犯罪预防有一般预防和特殊预防(个别预防)之划分。从犯罪的一般预防看,"一般预防,就是防止社会上可能犯罪的人去实施犯罪"㉓。其主要是防止社会中那些不稳定分子从事犯罪危害社会。而要照顾一般预防的要求,"在定罪量刑的时候,还要考虑形势、犯罪率、民愤等初犯可能的征表"㉔。这样为了达到社会防卫的一般预防,所以在衡量犯罪者的刑罚时就要考虑上述非罪行内的因素,从而增加或者减轻对犯罪者的刑罚处罚。当具备社会治安不稳、犯罪率较高、民愤较大等因素当中的一个或者是几个时就往往要加

---

⑳ 《刑法》第 5 条规定:"刑罚的轻重,应当与犯罪分子所犯罪行和承担的刑事责任相适应。"
㉑ 《马克思恩格斯全集》(第一卷),人民出版社 1956 年版,第 140—141 页。
㉒ 同上书,第 141 页。
㉓ 马克昌:《刑罚通论》,武汉大学出版社 1999 年版,第 63 页。
㉔ 同上书,第 359—360 页。

重刑罚,这对触犯刑律者来说显然是不公正的。同时从相反的角度看,当具备社会治安稳定、犯罪率较低、民愤不大等因素当中的一个或者是几个时则往往要减轻刑罚,这对刑事被害人来说其实也是不公平的。因为此处的防卫目的是期求减少其他社会人员对社会的危害,其结果是社会的全体公民受益,而为此结果支付成本的却是刑事被害人应当从犯罪所致损害中获得救济利益的一部分。

  这种情形在犯罪的特殊预防中也会存在。有学者提出,罪刑法定即依法定罪动刑原则之贯彻与遵守的不彻底性,只反映行为人的人身危险性大小而不表明行为的害恶性严重的因素作为定罪根据以及司法中未能充分贯彻合理定罪量刑原则是我国现行量刑体制所存在的诸不合理因素的症结之所在[25]。尽管该学者是以犯罪者为观察点,但其所言却在一定程度上指出了要害之处。"特殊预防,就是防止犯罪分子本人重新犯罪。"[26]其是防止犯罪者本人再次危害社会。而特殊预防的重要步骤是,"根据犯罪人的再犯可能性大小,结合其他主客观因素,确定对犯罪人的具体刑罚"[27]。那主要就是考虑犯罪者的再犯可能性大小等非罪行内的因素而给予相应的刑罚增减,基于上文一样的道理,只要考虑到犯罪的特别预防需要而减轻处罚时,同样也会以刑事被害人的部分应得救济利益被减少为代价。

  就以前面所举例子看,之所以最终判处某甲3年有期徒刑,是因为考虑减轻某甲的刑罚对预防犯罪是必要的和可行的,在该点上根本没有考虑到刑事被害人某乙所受损害应当按照法定的救济要求进行足额保护,因而被减去的那2年刑期实际上是以被害人某乙的身体受害的不充分救济为代价的(按照罪责刑相适应原则,其常态惩罚应是判处5年有期徒刑)。这样国家通过减少某甲的2年刑期,给整个社会多增加了点安全,这从预防犯罪的角度讲,可以说是取得了一定的刑罚效益。然而令人不安的是,整个社会并没有为这点多增加的安全度而支付相应的成本,此多增加的一点社会安全度是靠牺牲刑事被害人某乙不应当付出的救济利益中之一部分来实现的。

  这种"将多数人的幸福建立在少数刑事被害人的痛苦之上"的做法,从公平正义上讲,显然是说不过去的。这不是保障刑事被害人人权的正确做法,也有悖于和谐社会的理念。既然构建和谐社会就是要促成民主法治、公平正义、诚信友爱、充满活力、安定有序、人与自然和谐相处的社会,就是要"尊重和保障人权,依

---

[25] 邱兴隆:《刑罚理性评论——刑罚的正当性反思》,中国政法大学出版社1999年版,第263—264页。
[26] 马克昌:《刑罚通论》,武汉大学出版社1999年版,第62页。
[27] 陈兴良:《刑法哲学》(修订三版),中国政法大学出版社2004年版,第327页。

法保证公民的权利和自由",从而使"人民的权益得到切实尊重和保障"。那么这种较为隐性的近似社会整体"剥削"(该词是想表达这么一个意思,未必是一种恰当的使用)的做法,于构建和谐社会并无益处。其道理正如博登海默所讲,如果一个纠纷未得到根本的解决,那么社会肌体上就会产生溃烂的伤口;如果纠纷是以不适当或者不公正的方式解决的,那么社会肌体上就会留下一个创伤,而且这创伤的增多又有可能危及对满意的社会秩序的维护[28]。所以,只要国家(社会)没有给予被害人该部分付出的相应补偿[29],那么在运用刑事处罚权的量刑阶段,以预防犯罪目的为指导的做法就应当加以调整。有必要特别明确说明的是,我们并不否认刑事处罚权在量刑阶段的运用也在发挥刑罚的预防犯罪功能,但是考虑到刑罚的目的和功能是有相当的区别,预防犯罪还是不宜作为该阶段刑事处罚权的正当化目的。刑罚功能是刑罚本身具有的一种属性,而刑罚目的则是刑罚权主体运用刑罚所追求的一种效果。刑罚具有的某种功能未必就一定要求刑罚权主体必须以此功能作为运用刑罚的目的,这和刑罚具有惩罚功能,但是并不能因此证明刑罚权主体在刑事处罚活动的各个阶段中都一直应该把惩罚当作刑罚的目的是一样的。所以,尽管刑事处罚权在量刑阶段会发挥预防犯罪功能,但是这并不意味着预防犯罪应该当然地成为其在该阶段运用的正当化目的。

三、确保公平正义与刑事处罚权正当化

(一)法律不强人所难精神要求刑事处罚权正当化

尽管现在流行的说法是,人是自觉地加入社会的。也许这话有相当的合理性,但笔者还是认为人一旦与社会,特别是与社会法律规范之一的刑法产生联系时,也许就存在一定程度的社会隐性强迫的可能。这不仅仅因为人是作为一种社会动物而存在的,人一出生即加入社会,其成长亦是一直承受着各种社会性事物的影响,他没有退出社会而独自生活的机会。而且还可能会有这样的因素:假设对社会"毒瘤"——犯罪来说,也存在一种市场的话,那么,那些没有过错的刑事

---

[28] [美]E.博登海默:《法理学——法律哲学和法律方法》,邓正来译,中国政法大学出版社2004年版,第530页。

[29] 不但我国现在尚未确立刑事被害人补偿制度,而且就是将来设置了该制度,但是从国外现有刑事被害人补偿制度的经验看,予以相关补偿救济也是有条件限制的,这意味着并不是全部刑事被害人都能够得到相应补偿。同时本文所谈救济利益补偿,是指只要国家出于社会预防犯罪需要的考虑而减轻了对犯罪者的刑罚处罚,那么就应该给被害人相应补偿。所以,本文所指救济利益补偿与刑事被害人救济制度中的国家补偿并不完全是一回事。

被害人完全是被强迫进入犯罪市场的,即使是那些有一定过错的刑事被害人,其也是有很大程度的被强迫性。除此之外,就是在遭到犯罪侵害之后,刑事被害人还得有些被迫性地接受国家垄断刑事处罚权的现实。尽管有关社会契约理论从寻求国家获得刑事处罚权的正当性依据的根源上提出了一些假说,但是处于当代的个体面临的客观现实是,"刑罚不外是社会对付违反它的生存条件(不管这是些什么样的条件)的行为的一种自卫手段"[30],已然之罪的刑事处罚权已经成为社会(或者说是国家)的而非个体的一种自卫手段。当其加入社会时被禁止拥有刑事处罚权就早已是既成事实,所以从这一点上讲,刑事被害人面对国家独占刑事处罚权总是有些被迫的,因为其已经无可选择。

"法律不强人所难。"该法谚表明法律不强求不可能的事项或法律不强求任何人履行不可能履行的事项[31]。在对刑事被害人的人权保护问题上,其精神尤其需要大力强调。既然绝大多数刑事被害人是被迫进入刑事法律活动中的,而刑法又给被害人设置了禁止其对已然之罪进行私力报复的义务,那么按照权利和义务对等原则——既不应只有权利而没有义务,也不该仅负有义务而不享有权利,刑事被害人有权利要求国家保护法定的利益,国家也负有在犯罪发生后通过刑事处罚权给予被害人法定救济的义务。只要被害人履行了不使用私力报复的义务,那么国家也就应当在对等的程度上履行相应义务。如果国家不但因为考虑社会利益而没有尽到对被害人的法定保护义务,而且禁止被害人采取私力报复,这实际上也就是"法律强人所难",因而是既不人道也不正义的。

(二)刑法的公平正义价值要求刑事处罚权正当化

公平正义,也简称公正,从词源学上讲,它具有正当、公正、公平、不偏不倚等含义。正如有的学者所说,"公正作为刑法的首要价值,就是说,刑法中的一切问题都应当让位于公正性,刑法哲学的一切原理都应当立足于公正性。刑法应当成为具有公正性的刑法;刑法哲学应当成为思考刑法公正性的理论"[32]。所以刑法必须体现公平正义的价值理念,同时必须是全面体现该价值理念,这就要求要做到正当化地运用刑事处罚权,而且不仅是要对犯罪人做到,也要对被害人做到。

"正义有一张普洛透斯似的脸,变化无常,随时可呈不同形状并具有极不相同的面貌。"[33]博登海默经典地指出理解正义的多样性,不同的角度可能得出不同的

---

[30] 《马克思恩格斯全集》(第八卷),人民出版社1961年版,第579页。
[31] 张明楷:《刑法格言的展开》,法律出版社2003年版,第218页。
[32] 陈兴良:《刑法哲学》(修订三版),中国政法大学出版社2004年版,第4页。
[33] [美]E.博登海默:《法理学——法律哲学和法律方法》,邓正来译,中国政法大学出版社2004年版,第261页。

正义解释。但是"如果我们并不试图给出一个全面的含义,那么我们就可能指出,满足个人的合理需要和主张,并与此同时促进生产进步和提供社会内聚性的程度——这是维系文明的社会生活所必需的——就是正义的目标"㉞。所以绝不可简单地认为多数人的认同就一定是正义的,因为那种多数人集体压榨少数无辜者的做法是绝对的非正义,而这样的做法在人类社会的历史中并不缺乏例证,例如几个强大的民族联合起来对某个弱小的少数民族进行种族灭绝就是明证。在评价正义与否的时候,尤其需要多为少数人留一点关怀。因为每个人都拥有一种基于正义的不可侵犯性,这种不可侵犯性即使以社会整体利益之名也不能逾越㉟。

如果按照亚里士多德给正义下的定义,那么分配正义就要体现"各人应得归于各人"的原则,而矫正正义在刑法领域主要表现在下述方面,即确定给予罪犯以何种刑罚的方面㊱。对刑事被害人而言,其需求的正义不在于为防卫社会作出了多大贡献,而在于其法定权益受到了多大的保障,也就是其受损需要得到应有的法定足额救济——犯罪者应该受到与罪行对等的常态惩罚。"一种态度、一种制度、一部法律、一种关系,只要能使每个人获得其应得的东西,那么它就是正义的。"㊲无疑这种说法是相当中肯的,在运用刑事处罚权的量刑阶段,不加折扣地实现刑法对被害人所受损害应有的救济保护,是不容置疑的正义;反之,在没有对应补偿的情形下,出于其他任何与被害人受损的法定救济不相吻合的目的均可能造成非正义。

此外,从经济法则上讲,公平正义还是市场经济的基本要求之一。"谁出资,谁受益"或者反过来说"谁受益,谁出资"是该要求的一种当然内涵。就是在拟制的社会犯罪市场中,为了能够恢复正义,那也是可以同样适用。尽管刑事被害人所受之损害是其被迫的"出资",但由此得到的"收益"(罪犯被施加相应的刑罚等)也只应当是归属于被害人。如果国家出于社会防卫的需要而减少刑事被害人的"收益",除非是给予相应的补偿,否则就违背"谁出资,谁受益"的公平正义要求。

"任何人都没有权利仅把他人当作实现自己主观目的的工具,每个人都应当

㉞ [美]E. 博登海默:《法理学——法律哲学和法律方法》,邓正来译,中国政法大学出版社2004年版,第261页。

㉟ [美]约翰·罗尔斯:《正义论》,何怀宏等译,中国社会科学出版社1988年版,第2页。

㊱ [美]E. 博登海默:《法理学——法律哲学和法律方法》,邓正来译,中国政法大学出版社2004年版,第278—281页。

㊲ 同上书,第278页。

永远被视为目的本身。"㊳也许从人应当既是手段同时又是目的的哲学立场出发,康德所言不应成为绝对的真理,但是"不能把人仅仅当作实现目的的手段",就这一点而言,也应当是大家的共识。因此,那种通过运用刑事处罚权"牺牲"刑事被害人的一些法定应得救济利益,从而达到防卫社会安全的做法,其实际上流露了一些"仅把人当作手段而不是目的"的意识,这是应当予以重视并纠正的。

"正义是社会制度的首要价值,正像真理是思想体系的首要价值一样。一种理论,无论它多么精致和简洁,只要它不真实,就必须加以拒绝或修正;同样,某些法律和制度,不管它们如何有效率和有条理,只要它们不正义,就必须加以改造或废除。"㊴也许罗尔斯的这种正义思想可以为本文的结尾提供一个较好的注解。在量刑阶段,要确保刑事被害人的人权保障,国家运用刑事处罚权就要必须符合正义的要求。在国家(社会)没有对被害人的那部分被用来支付社会防卫成本的应得救济利益进行相应补偿的情况下,其刑事处罚权的定位就应当是:以保障刑事被害人所遭受犯罪侵害的合法权益为目的惩罚犯罪,即以惩罚犯罪为中心,而不以预防犯罪为目的。

㊳ [美]E.博登海默:《法理学——法律哲学和法律方法》,邓正来译,中国政法大学出版社2004年版,第81页。

㊴ [美]约翰·罗尔斯:《正义论》,何怀宏等译,中国社会科学出版社1988年版,第1页。

我国数据犯罪中法益刑法保护的几个问题

杨正万[*]

一、引言

随着大数据、云计算、区块链、人工智能、边缘计算、物联网等技术在社会生产和生活的深度运用,传统社会正在向数字社会转变。从微观层面看,生活在数字社会,个人的一切活动都会生成数据,进而反过来影响个人的生活,特别是个人安全和个人价值的实现都与数据合理利用密切关联。从宏观层面看,数字社会在推动社会的经济社会发展速度和效率远超传统的农业社会、工业社会的同时,也给社会的安全带来了全新的挑战,塑造了全新的社会发展模式。社会是否安全、发展是否更有成效,都与数据的利用是否合理有关。除了上述抽象层面的分析所揭示的特点,具体的个案呈现会给人们更加深刻的印象。国内首起"流量劫持案"[①]、首起"制售微信外挂软件案"[②]、首起"干扰环保监测系统案"[③]、首起"获取微信公众号案"[④]、首起"撞库打码案"[⑤]、首起"利用'爬虫'技术抓取数据案"[⑥]都实实在在地表明,个人在享受着几千年来梦寐以求的舒适生活的同时,面临着超越传统识别能力所能防范的潜在危险的威胁;经济社会在以传统农业社会和工业社会不可比拟的速度发展的同时,也面临着数据技术发展带来的非传统社会安全的隐忧和数据资源非合理利用带来的经济健康发展的挑战。在这样的社会背景下,学术界对数据犯罪中法益刑法保护问题进行了多方面、深层次的探讨。有观点认为,"有关大数据算法导致的权利保护标准的场景化,可以很好地说明算法对

---

[*] 贵州民族大学民族科学研究院院长,教授,法学博士,博士后。
[①] 参见上海市浦东区人民法院(2015)浦刑初第1460号刑事判决书。
[②] 参见广东省广州市海珠区人民法院(2016)粤0105刑初1040-1号刑事判决书。
[③] 参见陕西省西安市中级人民法院(2016)陕01刑初第233号刑事判决书。
[④] 参见广东省广州市珠海区人民法院(2017)粤0105刑初第39号刑事判决书。
[⑤] 参见浙江省杭州市余杭区人民法院(2017)浙0110刑初664号刑事判决书。
[⑥] 参见北京市海淀区人民法院(2017)京0108刑初2384号刑事判决书。

既有制度的冲击。因此,算法运用的难题及其规制是网络空间治理中的根本性问题"⑦。这种观点的出发点是对网络空间的数字法益整体性描述,但是,从刑法保护角度看,这种法益描述方式因为遵循了技术路径的思维,将数据法益限制于物化层面,没有体现刑法保护法益的价值层面的内容,因而存在缺陷。还有观点针对新型网络犯罪是侵害网络秩序的法益,否定了"帮助信息网络犯罪活动罪是帮助犯的特殊量刑规则,……是帮助犯的正犯化,……是预备犯的正犯化等观点"。认为"拒不履行信息网络安全管理义务罪、非法利用信息网络罪和帮助信息网络犯罪活动罪是对新型网络犯罪的刑法回应,是实施全面惩治网络犯罪政策的规范体现。新型网络犯罪是多种严重妨害信息网络秩序行为的犯罪化,侵犯独立的公共法益——信息网络秩序"⑧。这种观点对于数据犯罪法益保护的刑法方法表面上看是坚持了刑法教义学的规范论立场,但是,对数据犯罪法益内容的分析过于笼统且有失精准性。有观点从司法角度梳理数据犯罪保护法益的定位不清出发,认为"大数据时代,由数据保密性、完整性、可用性需求组成的数据安全法益(CIA)应成为我国数据犯罪的独立保护法益,以确保从数据自身内容、使用价值和侵害风险等角度对数据犯罪进行独立规范评价"。⑨ 这种观点只是从传统安全的角度注意到了数据的安全法益,而对数据时代的社会发展与数据的合理利用这一因素没有给予充分的关注,因而体现出来的数据犯罪法益的刑法保护的内容尚不完整。从上述具有代表性的学术观点所展示的情况看,数据犯罪中的法益刑法保护问题的讨论在数据内涵、刑法层面保护的法益的体系性内容、同一数据现象所体现的法益内容的判断等方面都需要更进一步的讨论。

二、数据犯罪中的数据内涵界定

数据犯罪中的数据虽然只是犯罪对象,不是刑法保护的法益本身,但是,大数据时代的数据不同面相所体现的法益不同,只是限于某个层面意义上的数据指向,不能整体揭示数据犯罪中的法益保护面相。目前,从刑事立法角度专门针对数据犯罪所确定的"数据"定义是"在计算机信息系统中储存、处理或者传输的数据"。有观点在评价刑事立法上的数据定义过于宽泛的同时,又认为针对数据犯

---

⑦ 何邦武:《数字法学视野下的网络空间治理》,载《中国法学》2022年第4期。
⑧ 皮勇:《新型网络犯罪独立性的教义学分析及司法实证》,载《政治与法律》2021年第10期。
⑨ 杨志琼:《我国数据犯罪的司法困境与出路:以数据安全法益为中心》,载《环球法律评论》2019年第6期。

罪的刑事保护中所指涉的数据范畴太窄。一方面认为,"与数据法益相比,这个定义中数据的范畴明显过于宽泛。对在计算机信息系统中储存、处理或者传输的数据若不加以界分就一概纳入数据法益,一方面会使得部分本不应构成犯罪的数据侵犯行为被纳入犯罪圈之中,另一方面也导致数据法益概念的泛化"。另一方面又认为,"互联网技术日新月异,值得刑法保护的数据范围也在不断外延。然而,由于法律具有滞后性的特点,我国刑法中对数据的保护范围扩大远没有实际中数据法益的内涵外延迅速。以'元宇宙'为例,作为新一代互联网技术的革新,这是人类通过设备与终端相互联结进入计算机模拟创造出的虚拟现实世界。成熟的元宇宙将是全面模拟现实世界的新型世界,这意味着包括财产乃至人的生命等传统法益都将在此数据化,成为数据海洋的字节。在这一场景中,数据权利的概念明显过于狭窄,难以容纳如此庞大的内涵。因此,数据保护立法应当具有一定的前瞻性以弥补立法的滞后性且数据本身内涵应不断丰富完善"⑩。这种前后矛盾的说法,没有明确表明目前刑事立法层面的数据犯罪中的数据内涵的宽窄。

目前对于数据犯罪中的数据内涵的理解大致有以下几种。第一种仅仅以刑法规定的内容为指向,即计算机信息系统数据和计算机存储的数据。该观点表述为"数据犯罪,是指以数据为对象的非法获取、删除、修改、增加等行为,主要包括我国《刑法》第285条第2款非法获取计算机信息系统数据罪(简称获取型数据犯罪)和第286条破坏计算机信息系统罪第2款删除、修改、增加数据之规定(简称破坏型数据犯罪)"⑪。第二种认为数据犯罪中的数据仅指以数据为犯罪侵害对象的数据。该观点表述为"数据犯罪是以数据或大数据为犯罪对象的犯罪"⑫。这种观点也体现在对公民个人信息的数据保护探讨中。该作者声明"对个人数据的刑法保护的探讨,并不局限于中文语境中的个人信息,而是也包括涉及虚拟财产的个人数据等"⑬。第三种认为以数据作为犯罪侵害对象或者以数据作为犯罪工具的犯罪都是数据犯罪。⑭ 第四种认识是司法实践层面的认识。在司法实践层面,对于数据犯罪中的数据定义则更狭窄。根据最高人民法院、最高人民检察

---

⑩ 何群、林锦涛:《论我国数据法益刑法保护之法益内涵》,载《太原理工大学学报(社会科学版)》2023年第2期。

⑪ 杨志琼:《我国数据犯罪的司法困境与出路:以数据安全法益为中心》,载《环球法律评论》2019年第6期。

⑫ 马薇:《理念转向与规范调整:网络有组织犯罪之数据犯罪的刑法规制路径》,载《学术探索》2016年第11期;刘宪权:《数据犯罪刑法规制完善研究》,载《中国刑事法杂志》2022年第5期。

⑬ 劳东燕:《个人数据的刑法保护模式》,载《比较法研究》2020年第5期。

⑭ 参见王倩云:《人工智能背景下数据安全犯罪的刑法规制思路》,载《法学论坛》2019年第2期。

院《关于办理危害计算机信息系统安全刑事案件应用法律若干问题的解释》(法释〔2011〕19号)第1条的规定,非法获取计算机信息系统数据罪中的"计算机信息系统数据"特指"身份认证信息"。同时,该司法解释第11条第2款规定:"本解释所称'身份认证信息',是指用于确认用户在计算机信息系统上操作权限的数据,包括账号、口令、密码、数字证书等。"上述理解实际上反映了不同的观察视角。第一种是从法律规定的角度认识,第二种和第三种是从应然的角度认识,第四种则是具体案件处理中所持的观点。其中,第二种是从理论层面观察的认识中选择狭义角度针对性讨论大数据意义上的数据犯罪。法律角度的认识表明立法者所要保护的数据法益所承载的载体。《刑法》第285条第2款非法获取计算机信息系统数据和第286条第2款破坏计算机信息系统数据都是仅仅指向计算机系统数据和计算机存储的数据,这只是反映了计算机时代的数据特征。而在大数据时代,这一认识显然不足以反映保护数据这个载体所体现的法益。其他法律对数据的定义可以反映立法者对数据对象本身认识的变化。《数据安全法》第3条第1款规定,数据是指"任何以电子或者其他方式对信息的记录"。《网络安全法》第76条第4项规定:"网络数据,是指通过网络收集、存储、传输、处理和产生的各种电子数据。"从上述法律对数据的定义可以看出,这种定义只反映了数据是信息的记录形式。不仅如此,行业的技术性规范指南对数据的定义也没有跳出这个框架。如《信息安全技术信息安全事件分类分级指南》(征求意见稿)第3.5条规定,数据是指"关于可感知或可想象到的任何事物的事实";同时第3.6条规定,信息即"有意义的数据"。[15] 从法律规定和行业技术指南看出,法规范层面,数据犯罪中的数据内涵是等同于信息的。而在学理层面,则存在不同的认识。第一种观点认为,"信息时代的数据范畴比信息要大"[16]。第二种观点认为,"信息的外延大于数据。数据只是信息表达的一种方式,除电子数据外,信息还可以通过传统媒体来表达(如纸张、音像等)"[17]。第三种观点认为数据与信息可以等同。[18] 第四种观点认为,数据与信息应该严格区分。[19] 该观点所持理由为《个人信息保护法》第4条第1款的规定,即"个人信息是以电子或者其他方式记录的与已识别或者可识别的自然人有关的各种信息,不包括匿名化处理后的信息"。该条内容与

---

[15] 转引自张勇:《数据安全分类分级的刑法保护》,载《法治研究》2021年第3期。
[16] 涂子沛:《数据之巅》,中信出版社2014年版,第256页;张勇:《数据安全分类分级的刑法保护》,载《法治研究》2021年第3期。
[17] 梅夏英:《数据的法律属性及其民法定位》,载《中国社会科学》2016年第9期。
[18] 彭诚信、向秦:《"信息"与"数据"的私法界定》,载《河南社会科学》2019年第11期。
[19] 刘宪权:《数据犯罪刑法规制完善研究》,载《中国刑事法杂志》2022年第5期。

《数据安全法》第 3 条规定的内容说明了行政立法对信息和数据的不同定义。从刑法规定来看,《刑法修正案(七)》同时设立非法获取计算机信息系统数据罪与侵犯公民个人信息罪两个罪名就说明了二者应该是存在区别的。笔者认为,立法作上述区分,是基于不同法益保护的差异而形成的。在大数据时代,基于数据所体现的不同信息的法益保护层面的不同,采用不同的罪名是体现犯罪所侵害法益差异的表现,但是不等同于数据与信息本身区别。总结起来看,数据一词,"狭义的理解认为是数据库中保存的数据;广义的理解是指计算机用以表示一定意思内容或者由其进行实际处理的一切文字、符号、数字、图形等有意义的组合"[20]。另外一种表述为,"广义的'数据'本身外延包含一切 0/1 二进制代码的电子符号"[21]。两种广义的数据表示方式在法律意义上是没有本质差异的。在大数据时代,原生数据所承载的信息可能根据新的数据加工技术产生很多原来数据所没有的信息。可见,单独就数据和信息进行比较以确定它们的差异,对于数据犯罪治理而言意义不大。我们主张采用广义的数据定义,主要是基于大数据时代,任何传统的数据信息都可以新的数据方式呈现,从而产生侵害新型法益问题。广义上研究数据犯罪中的数据所体现的法益差异,恰好可以为我们准确把握相同数据现象所体现的不同法益内容提供系统的观察镜像。

三、数据犯罪中法益内容分析现状

鉴于数据犯罪不仅直接侵害个体、集体、公共及国家利益,而且对经济社会发展造成新的阻碍。传统刑法以计算机犯罪保护模式应对大数据时代数据犯罪对新型法益造成的侵害已经明显存在不足。社会危害性只是抽象地揭示犯罪对社会造成的宏观性损害,不能具体地揭示个别行为达到犯罪程度的危害特征。法益作为具体犯罪行为具有必须运用刑法制裁特征的思维工具,是刑法教义学中衡量具体行为是否构成犯罪的规范判断要素。为此,学界以数据犯罪侵害法益的独立性为视角展开了研究,借此推动理论研究的深入,推动立法规制数据犯罪的完善,推动司法提升处理数据犯罪的精准性。目前,对于数据犯罪侵害法益的讨论大致有如下几种。第一种观点认为,"数据犯罪的法益具有复合性,同时包含安全和财产法益两方面内容,应当通过数据的专门化和财产化保护二元的保护路径进行数

---

[20] 林建辉、黄学鹏:《破坏计算机信息系统罪的电子数据适用研究》,载《信息安全与技术》2014 年第 8 期。

[21] 肖鹏:《数据犯罪在司法适用中的定性研究》,载《网络空间安全》2023 年第 1 期。

据保护"[22]。第二种观点认为,"数据犯罪保护的法益应为数据内容的保密性和效用性"[23]。并且该种观点认为效用性可为保密性所包括。数据发挥何种效用实质是数据主体有信息使用的决定权。第三种观点认为,"数字经济时代我国数据犯罪的新趋势体现为大型场景下对企业公开数据的批量抓取、使用,由于当前我国缺乏成熟有效的数据访问规则,加之大数据反垄断的公共政策需求,使得我国数据犯罪的刑法规制面临新挑战。对此,应从数据犯罪保护法益着手,摒弃传统'计算机信息系统安全'法益,重视'数据利用安全'法益(可控性)对传统'数据安全'法益(数据保密性、完整性、可用性,CIA)的补强意义,确立以'消极防御+积极利用'为核心的全新'数据安全'法益"。并提出"数据利用安全"是数据犯罪应该保护的法益。[24] 第四种观点认为,数据犯罪的法益保护模式因数据侵犯的具体利益性质不同而不同。当数据只具有虚拟财产性质时可采用经济秩序保护模式,当数据具有传统物权的排他性占有特征时可以采用物权保护模式,当数据涉及个人信息而在滥用的情况下又威胁到个人安全的情况下可以采取人格权保护模式,当数据运用妨碍网络空间秩序时可以采用秩序保护模式。[25]

第一种观点与国外学者认为数据犯罪是侵犯一种新型法益并主张制定信息刑法的观点类似。[26] "我国没有必要通过制定单行刑法或者采用专章的方式来规制数据犯罪。在刑法体系中,数据所表征的信息并不是一种独立存在的法益类型,只是对数据犯罪法益的抽象性或者一般性规定,在经验上难以成为一种可具体把握的实体。事实上,数据犯罪所侵害的法益不仅涉及个人法益,也涉及社会法益、国家法益等公共法益,并不具有制定单行刑法或专章的基础,因为单行刑法或专章是为专门保护某类特殊法益而制定的,然而数据信息由于其流动和分享的特点,其涉及的法益并不属于某类特殊法益类型,而是各种不同具体法益的集合

---

[22] 刘一帆、刘双阳、李川:《复合法益视野下网络数据的刑法保护问题研究》,载《法律适用》2019年第21期;童德华、王一冰:《数据犯罪的保护法益新论——"数据内容的保密性和效用性"的证成与展开》,载《大连理工大学学报(社会科学版)》2023年第3期。

[23] 童德华、王一冰:《数据犯罪的保护法益新论——"数据内容的保密性和效用性"的证成与展开》,载《大连理工大学学报(社会科学版)》2023年第3期。

[24] 杨志琼:《数字经济时代我国数据犯罪刑法规制的挑战与应对》,载《中国法学》2023年第1期。

[25] 劳东燕:《个人数据的刑法保护模式》,载《比较法研究》2020年第5期。

[26] [德]乌尔里希·齐白:《全球风险社会与信息社会中的刑法:二十世纪刑法模式的转移》,周遵友、江溯等译,中国法制出版社2012年版,第308页。

体。"㉗第二种观点认为数据犯罪的保密性和效用性是数据犯罪中个体犯罪行为侵害法益的内容。这种观点值得斟酌的地方在于,大数据时代的数据可能在加工后产生与个体安全利益无关的其他法律利益。个体信息基于个体安全的考虑,需要获得个体授权才能够发挥个体信息的积极作用。可是,在大数据背景下,个体信息数据经过加工、筛选,可能产生侵害集体法益或者公共法益与国家法益的情况。这种情况下,个人信息的使用与个体的安全则没有关系。此时,数据信息的非法使用会造成国家利益或者与被利用者个体安全无关的集体法益受到侵害,这就表明个体信息的效用性与安全性不是本质上存在内在联系的。第三种观点在反思传统数据犯罪法益安全的基础上,确立消极预防加积极利用的新数据安全法益观,整体性反映了大数据时代数据利用的新特点,值得重视。该种观点的不足之处在于没有区分不同层面意义上的法益对犯罪本质属性的体现。积极利用只是大数据时代对于合理利用数据的出罪表述方式,而作为数据滥用所侵害的法益是数据滥用所侵害的某种具体的个体或者公共利益。只有某种具体的公共利益因为数据滥用受到侵害才能说明行为人的行为符合了犯罪构成的具体要件的内容。因此,"积极利用"这种表述方式没有揭示数据滥用情况下所侵害的法益。"数据利用安全"法益确实揭示了大数据运用过程中需要保护的利益。但是,这仅仅是反映了数据二次运用的环节,不是对数据运用的所有环节都具有统摄意义。第四种观点较为全面地揭示了大数据时代数据犯罪所涉及的不同法益的保护模式。但是,对于如何通过刑法手段促进数据的公共利用以适应大数据时代的社会特征讨论不足。

四、数据犯罪中法益保护模式的分析

"数据犯罪本质属性的认定不仅要遵循犯罪的本质是侵害法益这一现代刑事法治的核心逻辑,还要积极回应社会变迁以增强对数据犯罪的治理能力。以数据为中心来建构数据犯罪的法益,不是以作为载体形式的数据本身而是以数据本身所征表的信息为中心,以实现数据犯罪法益的目的回归。"㉘为此,我们在检视现行刑法规范在应对数据犯罪不足的基础上,需要从数据犯罪侵害的一般法益、同类法益、具体法益三个层面思考数据犯罪所侵害的法益问题,这样既能够在整体

㉗ 赵春玉:《大数据时代数据犯罪的法益保护:技术悖论、功能回归与体系建构》,载《法律科学(西北政法大学学报)》2023年第1期。

㉘ 赵春玉:《大数据时代数据犯罪认定的方法转向与价值回归》,载《思想战线》2021年第5期。

上回应传统上以计算机信息系统为载体所反映的法益的数据犯罪,回应包括网络空间所统摄的数据犯罪,又能够应对大数据时代真正产生的数据加工后运用中所侵害的法益的数据犯罪。

现行《刑法》以计算机信息系统为表征的法益作为处理数据犯罪的法益识别模式,其存在的不足已经得到了充分的揭示。[29]

从大数据时代数字社会特征看,以数据为侵害对象的数据犯罪,数据信息安全和数据合理利用才是数据犯罪侵害的法益。如果仅仅以数据信息安全作为数据犯罪的保护法益,则难以通过该法益的抽象表达揭示具体数据犯罪所侵害的法益。在计算机时代,防止数据受到侵害的方法主要是保障数据的保密性、完整性、可用性,因而主要以计算机信息系统的完整性和访问计算机系统的授权性作为数据犯罪的保障法益。而在大数据时代,这样的法益保障模式明显难以适应数字经济发展的需要。从数据犯罪侵害的一般法益看,以数据的合法运用表征这里的一般法益,能够统摄传统的计算机信息安全和计算机系统数据安全法益,也能够促进数据的合理运用,更为准确地说,从刑法的角度是在禁止妨碍数据合法运用的同时,禁止对大数据的滥用。这种数据犯罪的一般法益特征的描述揭示了数据犯罪的抽象危害性。从数据犯罪侵害的同类法益看,某些领域的数据犯罪行为实质上侵害了这个领域的共同利益或者国家利益。例如,网络空间中的数据犯罪行为,是对国家管理网络空间秩序的妨碍。这种数据犯罪的同类法益特征的描述揭示了同类数据犯罪行为的共同特征。当然,一般法益和共同法益特征的描述不能为数据犯罪的具体定罪提供不法本质特征的说明,只有具体法益特征的描述才能为具体数据犯罪行为的不法本质提供说明。在确定数据犯罪侵害的具体法益这一环节,需要总体考虑大数据时代数字经济发展的特征,不宜以简单的方式固守传统的数据犯罪的认定模式,这至少可能造成对公民个人利益保护的不足以及保护过度这种尴尬情况的存在。

以公民个人信息数据为例,以保护公民个人信息自主权为目的,似乎只要获得了信息主体的初次授权,后续数据运用与该信息主体就没有关系了,这就会造成个人利益保护的不足。大数据社会完全可以在获得公民个体授权后,经过加工获得对该公民的安全造成威胁的数据,形成对个人安全权利的损害。这种情况在

---

[29] 参见杨志琼:《数字经济时代我国数据犯罪刑法规制的挑战与应对》,载《中国法学》2023年第1期;赵春玉:《大数据时代数据犯罪的法益保护:技术悖论、功能回归与体系建构》,载《法律科学(西北政法大学学报)》2023年第1期;童德华、王一冰:《数据犯罪的保护法益新论——"数据内容的保密性和效用性"的证成与展开》,载《大连理工大学学报(社会科学版)》2023年第3期;刘宪权:《数据犯罪刑法规制完善研究》,载《中国刑事法杂志》2022年第5期。

现在的计算机信息系统保护模式下是难以提供相应保护的。而在涉及个人数据的场合每次均需要获得信息主体的授权又会妨碍数据的合理利用。可见,单纯以权利为中心的访问规则的建立也难以适应大数据时代个人权利保护和数字经济发展的需要。因此,需要分领域、分层次地对数据的运用进行规范。首先,根据大数据分布领域和大数据获得的第一环节,凡是涉及公民个体生命健康权益和国家安全及社会公共安全的数据,需要以授权为中心建立相应的访问规则和数据利用规则,违反相应的访问规则和数据利用规则的,以非法获取(或者非法利用)公民个体数据或者国家相关领域数据罪制裁。其次,对已经公开可以合法获得的数据进行第二次运用环节,以禁止滥用数据或者禁止妨碍合法利用数据罪制裁。这种思路既避免了单纯抽象路径不能具体揭示数据犯罪本质的缺陷,也避免了单纯具体表述不能整体揭示数据犯罪镜像的不足。正如有学者所言,"为保证刑法在日新月异的数字时代的适应性,对数据犯罪的研究应当秉承法教义学概念化、抽象化、类型化、体系化的研究范式,改造或变革传统刑法理论,探究数据犯罪的本质"[30]。

---

[30] 刘双阳:《数据法益的类型化及其刑法保护体系建构》,载《中国刑事法杂志》2022年第6期。

论受胁迫民事法律行为撤销权的行使与强迫交易罪成立的关系[*]

王志祥[**]

一、引言

关于受胁迫民事法律行为的效力,最初在1986年4月12日六届全国人大四次会议通过的《民法通则》(现已失效)第58条进行了规定,即一方以欺诈、胁迫的手段或者乘人之危,使对方在违背真实意思的情况下所为的民事行为,从行为开始起就没有法律约束力。其后,1999年3月15日九届全国人大二次会议通过的《合同法》(现已失效)第54条规定,一方以欺诈、胁迫的手段或者乘人之危,使对方在违背真实意思的情况下订立的合同,受损害方有权请求人民法院或者仲裁机构变更或者撤销。当事人请求变更的,人民法院或者仲裁机构不得撤销。如果受欺诈或者胁迫的一方不行使撤销权的,该合同仍然有效,具有民法上的法律效力。由此可见,《合同法》改变了《民法通则》所持的受欺诈或胁迫民事行为一律无效的立场,将其规定为可变更或撤销的民事法律行为。2020年5月28日全国人大通过的《民法典》第150条就受胁迫民事法律行为效力问题进行了规定,即"一方或者第三人以胁迫手段,使对方在违背真实意思的情况下实施的民事法律行为,受胁迫方有权请求人民法院或者仲裁机构予以撤销"。第152条就撤销权的行使问题进行了规定,即"有下列情形之一的,撤销权消灭:(一)当事人自知道或者应当知道撤销事由之日起一年内、重大误解的当事人自知道或者应当知道撤销事由之日起九十日内没有行使撤销权;(二)当事人受胁迫,自胁迫行为终止之日起一年内没有行使撤销权;(三)当事人知道撤销事由后明确表示或者以自己的行为表明放弃撤销权。当事人自民事法律行为发生之日起五年内没有行使撤

---

[*] 本文系王志祥主持的2021年度国家社会科学基金一般项目"形式理性与实质理性的关系在刑法学中的展开研究"(项目号:21BFX009)的阶段性研究成果。原载《法律适用》2023年第3期。

[**] 北京师范大学刑事法律科学研究院教授、博士生导师,法学博士、博士后。

销权的,撤销权消灭"。据此,就撤销权消灭的受胁迫民事行为而言,仍是有效的民事行为,仍具有民法上的法律效力。由此可见,《民法典》采取了与原《合同法》相同的立场,即将受胁迫民事法律行为规定为可撤销的民事法律行为;在撤销权消灭后,该行为仍具有民法上的效力。而胁迫行为可能触犯的罪名有抢劫罪、敲诈勒索罪、强迫交易罪等,本文重点对强迫交易罪进行讨论。1997年系统修订的《刑法》第226条对强迫交易罪进行了规定,其中涉及以威胁手段实施的强迫交易行为。该行为同时属于受胁迫的民事法律行为,但根据《民法典》的相关规定,受胁迫民事法律行为在撤销权消灭后仍具有民事法律效力。由此,从形式上看,就撤销权消灭的强迫交易行为而言,似乎存在民事合法而刑事违法的相冲突的问题。

基于行文方便、流畅的考虑,先亮明本文的核心观点,即对于因撤销权消灭而具备民事法律效力的强迫交易行为,即便将其评价为构成犯罪,也不存在在民事上合法而在刑事上违法的矛盾问题。而且,刑法是否追究行为人的刑事责任也不能以民事法律行为的当事人是否行使撤销权为前提。

二、问题的缘起:胁迫行为涉及的刑民竞合

从概念的含义范围来看,《民法典》第150条规定的受胁迫民事法律行为概念与《刑法》第226条规定的强迫交易行为概念之间存在包含与被包含的关系。这体现在行为类型和行为手段两个方面。在行为类型上,《民法典》第150条规定的受胁迫行为包含一切民事法律行为,而《刑法》第226条规定的强迫交易行为仅包括强迫买卖商品、强迫他人提供或接受服务、强迫他人参与或退出投标、拍卖、强迫他人转让或收购公司、企业的股份、债券或其他资产和强迫他人参与或退出特定的经营活动这五种行为。在行为手段上,《民法典》第150条规定的受胁迫行为并未对胁迫手段进行明确规定,而《刑法》第226条规定的强迫交易行为明确将行为手段限定为暴力、威胁手段。由此可见,民法和刑法在强迫交易行为的范围内存在竞合。学界意图从胁迫的程度上对民法和刑法的适用范围进行区分。对于胁迫的程度,学界主要存在三种观点。一是广义上的胁迫,认为只要是以令他人产生恐惧心理为目的的"恶害通告"的一切情形就都是胁迫,至于恶害的内容、性质、告知方法及是否对他人造成恐惧心理则均不需要进行具体判断。[1] 二是狭义的胁迫,即以足以使被害人产生恐惧心理并基于恐惧心理作为或者不作为。在这

---

[1] 参见陈洪兵、安文录:《胁迫类犯罪研究——兼析强迫交易罪及强迫职工劳动罪》,载《山西省政法管理干部学院学报》2004年第4期。

种情况下,被胁迫人仍有相当程度的意志自由。② 三是最狭义上的胁迫,即不仅引起了对方的恐惧心理,而且达到了足以抑制对方反抗的程度。③ 有学者认为,基于广义或狭义概念上胁迫而实施的强迫交易行为并不能达到应受刑罚规制的严厉程度,不需要刑法加以规制。因此,强迫交易罪中的威胁应当是最狭义上的胁迫,其程度只能是足以使交易相对方产生恐惧心理且足以抑制其反抗而不得已进行的程度。④ 还有学者则认为,由于强迫交易的法定刑配置较低,暴力、胁迫手段不需要达到足以压制他人反抗的程度。⑤ 但实际上,不论在强迫交易行为的范围内如何进行刑民规制范围的划分,也无法否定民法规定的受胁迫民事法律行为和刑法规定的强迫交易行为之间存在竞合的现实情况,且二者之间为包含与被包含的关系。因此,下文直接以强迫交易行为作为胁迫行为中刑民规制范围竞合部分的统称。

三、强迫交易行为是否涉及真正的刑民冲突

在强迫交易行为存在刑法和民法规制范围竞合的现实情况下,不同部门法对该行为的评价结果从形式上看存在矛盾的原因在于,基于一般人的理解,在民法肯定撤销权消灭的强迫交易行为的民事法律效力的情况下,就意味着该行为在民法上得到了合法的评价,而刑法却将其评价为构成犯罪,这种民事合法而刑事违法的结论似有违背法秩序统一原理的嫌疑。

法秩序统一性,是指"在用规范的观点审视法规范的集合时反映出来的,务必将法规范的集合作为不包含自相矛盾的统一体来把握"⑥。法秩序统一所要求的是避免规范矛盾,即面对相同的法律要件,在不同法律规范视野下,不能得出不同的法律效果。这里的规范矛盾主要表现为两种:一是在部门法之间的规范矛盾,呈现被允许或被禁止、被禁止或被命令等不同的行为指引规范;二是在同一部门法的内部存在对同一要件的矛盾评价。⑦ 本文所探讨的关于强迫交易行为竞合

---

② 参见周洪波、田凯:《破坏市场管理秩序犯罪司法适用》,法律出版社2005年版,第283页。
③ 参见张明楷:《外国刑法纲要》(第三版),清华大学出版社2020年版,第435页。
④ 参见刘宪权:《经济活动中以停止供货相威胁行为性质之司法认定》,载《政治与法律》2015年第8期。
⑤ 参见张明楷:《刑法学》(第六版),法律出版社2021年版,第1101页。
⑥ [日]京藤哲久:《法秩序的统一性与违法判断的相对性》,王释锋译,载《苏州大学学报(法学版)》2020年第1期。
⑦ 参见郭研:《部门法交叉视域下刑事违法性独立判断之提倡》,载《南京大学学报(哲学·人文科学·社会科学)》2020年第5期。

范围内的刑民交叉问题,作为研究不同部门法关于同一抽象行为评价的问题,即便真的存在规范矛盾,显然也应当属于第一种规范矛盾。

基于法秩序统一原理的主张,对于同一行为的违法性判断,依据不同的部门法规范不应得出相互矛盾的结论,否则就会形成在前置法上属于合法而在刑法上属于违法或者在前置法上属于违法而在刑法上属于合法的荒唐局面,导致整体法秩序行为规范功能的彻底失效,使得公民在面对此类情形时,因无法明确法秩序的期待而变得无所适从。因此,法秩序统一原理的运用就涉及违法性判断的问题,学界对于该问题存在违法一元论和违法相对论两类不同的主张。违法一元论基于发挥法秩序所具备的公民行为指引功能的立场,主张法秩序应当具有逻辑上的一致性,部门法之间应当逻辑自洽,为了保证法秩序公民行为指引功能的正常发挥,即使是仅具有形式意义的法秩序统一也必须坚持。整体法秩序的违法性判断应当是相同的,不同部门法对于同一行为不应得出相反的违法性判断结论。违法一元论又分为严格的一元论和缓和的一元论。前者主张违法性概念具有法体系的一致性,不同部门法对于同一行为的判断应当是完全一致的,刑事违法性的判断理应从属于前置法的判断。⑧ 后者主张考虑到部门法的行为指引功能,不同部门法对于同一行为的评价应当保持一致,所以,"一般违法性"概念是成立的,但是,由于不同部门法违法性判断所需的"质"与"量"存在差异,因此,在认可一般违法性存在的前提下,同时承认违法性判断的相对性。⑨ 具体的做法是在一般违法性的前提下,增加了可罚的违法性的二重判断,对只有同时满足两个判断的情形才认为具有刑事的违法性。违法相对论主张不同部门法在目的论上存在差异,强调不同部门法的违法性判断应当保持相互的独立。⑩

关于违法性判断不同学说的具体区别,表现在对"在其他部门法评价为合法的行为,是否必须在刑法上也评价为合法"和"在其他部门法评价违法的行为,是否必须在刑法上也评价为违法"两个问题的回答上。严格的一元论对两个问题的回答均为"是";缓和的一元论对第一个问题的回答为"是",对第二个问题的回答是"否",违法相对论对两个问题的回答则均为"否"。虽然违法相对论的观点认为不同部门法的违法性判断可以各自独立,但其实质上是对法秩序统一理论的全

---

⑧ 参见时延安:《论刑事违法性判断与民事不法判断的关系》,载《法学杂志》2010 年第 1 期。
⑨ 参见王昭武:《法秩序统一性视野下违法判断的相对性》,载《中外法学》2015 年第 1 期。
⑩ 参见郭研:《部门法交叉视域下刑事违法性独立判断之提倡》,载《南京大学学报(哲学·人文科学·社会科学)》2020 年第 5 期。

面排斥,已不属于法秩序统一理论的范畴。⑪ 而无论是严格的一元论还是缓和的一元论,均认为民事合法而刑事违法的情形违背了法秩序统一原理。

但是,基于以下几方面的原因,本文所涉及的强迫交易行为,即便在撤销权消灭后在民法上认可其有效性,刑法将其评价为违法,依然不违背法秩序统一原理,并不涉及真正的刑民冲突问题。

(一)刑法和民法的立法目的和价值取向的不同

民法作为典型的私法,是私权本位法,强调充分实行意思自治原则。真实的意思表示是民事法律行为有效的核心要件。在受胁迫民事法律行为中,当事人的意思表示因胁迫因素的存在而不完全真实。但意思表示真实的要件与违反法律、行政法规等强制性规定不同,意思表示真实要件的欠缺通常具有可补救性,并不构成对民事法律行为有效要件的根本性违反⑫,属于"欠缺民事法律行为的非根本性有效要件"⑬的民事法律行为。而且,《民法典》基于应当尽可能地减少对受胁迫民事法律行为效力的强制干预、维持交易的相对稳定的立场,将受胁迫民事法律行为规定为可撤销的民事法律行为,这也体现了立法者对于胁迫行为采取了较为中立的价值取向或者比较柔和的立法态度。但这并不代表民法对胁迫行为合法性的肯定。民法与刑法和行政法不同,是调整平等主体间权利义务关系的部门法。因此,就合法行为而言,民法会为双方民事主体划分平等的权利和义务。而在胁迫行为之中,民法在权利划分上有意向受胁迫方进行倾斜,给予受胁迫人自由抉择民事法律行为效力的权利。由此可以说,受胁迫人掌握了该民事法律行为效力的"生杀大权",从而实现对过错方的惩罚和对弱势方的倾斜性保护。这本身就是民法对胁迫行为否定性评价的表现,将其设置为可撤销的民事法律行为仅仅是为了维护私法自治和交易安全,而非对其合法性的肯定。

刑法作为典型的公法,强调对法益的保护。关于强迫交易罪的保护法益,从强迫交易罪所处刑法分则的章节位置来看,强迫交易罪的规定被设置于刑法分则第三章"破坏社会主义市场经济秩序罪"第八节"扰乱市场秩序罪"之下。由此,强迫交易罪的保护法益是自愿、平等、公正的市场交易秩序。⑭ 从刑法对强迫交

---

⑪ 参见郭研:《部门法交叉视域下刑事违法性独立判断之提倡》,载《南京大学学报(哲学·人文科学·社会科学)》2020年第5期。

⑫ 参见李建华:《受欺诈、胁迫民事法律行为效力形态的制度体系化》,载《法律科学(西北政法大学学报)》2021年第1期。

⑬ 韩松:《民法总论》(第3版),法律出版社2017年版,第343页。

⑭ 参见高铭暄、马克昌主编:《刑法学》(第十版),北京大学出版社、高等教育出版社2022年版,第454页。

易行为手段的规定来看,该罪的成立要求行为人实施的是暴力、胁迫手段。从强迫交易行为的损害结果来看,强迫交易行为还会对被害人个人的财产利益造成损害。由此,强迫交易罪的保护法益还包括公民的人身权和财产权。[15] 刑法是通过惩罚犯罪的方式实现对法益的保护。在强迫交易行为完成后,就已经产生了法益侵害结果。即便行为人以其所实施的事后行为能够对被害人进行补偿,但无论是何种事后行为,均无法完全消除因犯罪行为已经产生的法益侵害结果和由此反映的行为人对刑法规范的漠视态度,这也是事后行为只能影响量刑而无法影响定罪的缘由所在。

刑法和民法是基于不同的立法目的和价值取向,为同一个抽象行为配置了不同的评价结果。而且,虽然民事立法对受胁迫行为采取了较为中立的价值取向和相对缓和的立法态度,但这并不代表民法对受胁迫行为持肯定的立场。相反,正是因为民法对受胁迫行为同刑法一样持否定立场,认为这种行为是不应当被赞成的,才将其设置为可撤销的行为,且将确定行为效力的最终抉择权赋予受胁迫方,以此体现对胁迫方的惩罚和对受胁迫方的倾斜性保护。由此可见,在强迫交易行为的评价上,民法和刑法持同样的否定立场,只是不同部门法基于不同的立法目的和价值取向,为其配置了不同的评价结果而已。法秩序统一原理要求不同部门法对于同一抽象行为不能得出相左的结论,而这种不同部门法对于同一抽象行为持相同评价立场,就意味着不同部门法对该抽象行为得出了相同的结论,而只是为该抽象行为配置了不同的评价结果,这并不违背法秩序统一原理。

(二)撤销权消灭实际是一种再追认行为

如前所述,民法将受胁迫民事法律行为设置为可撤销的民事法律行为本就是持否定立场,而根据《民法典》关于可撤销民事法律行为的规定,民事法律行为的可撤销不同于有效或者无效,并不是一种确定的法律行为的效力形态,而是可使民事法律行为最终确定为有效或无效的一种程序和机制。可撤销的民事法律行为应当属于一种暂时性的悬而未定的法律行为。[16] 而若想令可撤销的民事法律行为有效,则需要再满足撤销权消灭的条件,即符合《民法典》第152条规定的撤销权消灭的情形,以受胁迫方自身的作为或不作为导致撤销权消灭。由此可见,受胁迫方在胁迫行为发生后实施的导致撤销权消灭的行为实际上是一种对该行

---

[15] 参见孙国祥、魏昌东:《经济刑法研究》,法律出版社2005年版,第576—577页;周光权:《刑法各论》,中国人民大学出版社2021年版,第375页。

[16] 参见李建华:《受欺诈、胁迫民事法律行为效力形态的制度体系化》,载《法律科学(西北政法大学学报)》2021年第1期。

为民事法律效力的再追认行为；民法系在再追认行为发生后才肯定了受胁迫行为在民法上的有效性。因此，即便在符合条件的情况下民法对于受胁迫行为的有效性持肯定评价，实际上也是两个行为的复合结果。而对于受胁迫民事法律行为本身而言，在民法上依然进行的是否定评价。

同理，对于强迫交易行为而言，撤销权的消灭只是通过受胁迫方的再追认行为对其有效性的补救。因此，即便强迫交易行为的被害人所实施的再追认行为令强迫交易行为具有民法上的有效性，也是两个行为复合之后共同作用的结果。单独从强迫交易行为的本身出发，民法对其依然持否定态度。而受刑法规制的行为仅为强迫交易行为。这样，就强迫交易这个单一行为而言，刑法和民法持相同的否定评价立场。另外，从部门法对于公民行为的指导功能出发，这也是一个极易说明的道理。如前所述，主张法秩序统一的主要原因之一，就是避免不同部门法之间的规范矛盾，令公民在面对不同部门法行为规范的要求时不至于陷入无所适从的境地。而就强迫交易行为而言，即便民法将其规定为可撤销的民事法律行为，可以通过撤销权消灭的方式认可其有效性，但民法依然准确地传递出对该行为持否定性评价的价值取向。公民在面对民法所规定的可撤销的受胁迫行为时，同样会意识到该行为的不合法。因而，就强迫交易行为而言，在不同的部门法中不会产生不同的行为指引效果。由此可见，对于强迫交易行为本身，在刑法和民法上对该抽象行为均得出否定评价的结论，这并不违背法秩序统一原理。

（三）民事法律行为的效力与违法性之间没有直接的关联

随着学界对刑民交叉问题的深入研究，许多貌似导致刑民冲突的迷思得以破除，其中就有民事法律行为的效力和违法性之间的关系问题。实际上，民事法律行为的效力与违法性之间没有直接的关联。这也是民法和刑法价值取向不同的表现。民法对表示行为采取意定主义，民事主体之间的利益关系多取决于双方的意思自治。因此，民法多对此规定效力性要件，而非违法性要件，民事法律行为判断的重点是效力而非违法性。在民法的语境中，学者所言的民事违法概念只是在形式上明确法律要件的类型；合法行为和违法行为的区别是，法律要件中是否包含违法性要素。只要没有包含违法性的构成要素，就能说符合该法律要件的行为是合法行为。据此，对于民事违法性只进行形式上的判断，而不进行实质判断。民事合法行为可能具有实质违法性，民事违法行为也可能不具有实质违法性。例如，就以欺诈或胁迫手段签订合同的行为而言，双方意思表示一致，法律行为实际成立,由于民法并未对此规定违法性要素,故此层面的法律行为是合法行为,[17]但该行为在法秩序之中显然具有实质违法性。由此可见,民法领域的合法行为和违法行为之分,与违法论中的民事合法行为和民事违法行为之分显然不属于同一范畴。前者中所言的合法行为实际上也多与行为效力相关,这与法秩序统一原理之间并不存在直接的关联关系。而后者又因为民法重效力而轻违法的特点,缺乏明确的民法规范依据,难以进行具体化。对此,有学者意图以是否构成自我执行作为评价胁迫行为违法的标准。该学者认为,所有胁迫的模式都可以简化为"如果你不这样做,我就那样做",而"那样做"的威胁性承诺如果是合法性救济,例如,"你不这样做,我就追究你的违约责任",则不构成自我执行。除合法性救济之外的威胁性承诺则构成自我执行。而这里的自我执行是为了追求个人利益而僭越公权力,造成对以公权力为代表的国家权威的降低。自我执行的行为人实际充当了公权力的角色。合法政府为了垄断执行力而维护权威,必须对该胁迫行为进行打击。[18] 除此之外,还有学者意图通过其他方式来实现民刑交叉问题中的法秩序统一。该学者主张,以法律效果作为刑法和民法法秩序统一问题中的连接点,认为现有理论多以违法性作为衔接刑民交叉问题的介质,这样的观点混淆民事违法和民事无效的关系,导致法秩序统一原则形骸化,令司法裁判产生混乱,放大了刑民交叉领域存在的问题。而实质的法律效果在刑民规范适用过程中具有共通性,且能够彰显规范目的,实现目的性统一。在法律效果判断上,首先应当明确评价对象是否同一。对于不同的评价对象,无论法律效果是否一致,均不违反法秩序统一原理;对于同一评价对象,也存在相对冲突型和绝对冲突型的区分。在欺诈和胁迫的场合就属于相对冲突型。无论是相应犯罪是否成立还是合同效力的认定以及相应的财产追缴返还、撤销权行使等,均是为了预防和压制欺诈和胁迫行为,对行为人予以惩戒并对被害人提供保护。在这个角度上,刑民二者的规范目的是一致的,并不存在真正的冲突。绝对冲突,是指刑法与民法不仅在法律效果上存在冲突,而且其背后的规范目的也存在明显对立,即不同部门法的惩戒或保护方向相反。[19] 显而易见的是,在上述第一种观点看来,胁迫行为是否具有违法性与是否构成自我执行有关,与民事法律行为是否有效并无关系。而在第二种观点看来,胁迫行为属于相对冲突型。虽然从形式上看,不同部门法为该行为设置

---

[17] 参见常鹏翱:《合法行为与违法行为的区分及其意义——以民法学为考察领域》,载《法学家》2014年第5期。

[18] 参见张淞纶:《胁迫制度的经济分析:以违法性与制裁为核心》,载《中外法学》2018年第3期。

[19] 参见陈少青:《刑民交叉实体问题的解决路径——"法律效果论"之展开》,载《法学研究》2020年第4期。

了不同的评价结果,但不同部门法对该行为的规范目的是相同的,即惩戒和保护的方向是相同的。法律效果说虽然否定了以违法性作为判断部门法之间法秩序统一性的连接点,但实际上同样否定了民事法律行为的效力与违法性之间存在联系的观点。

在理论界,不少学者同样看到了在民事法律行为之中有效性判断和违法性判断的分离。有学者认为,民法对法律行为的控制不是合法性控制,而是有效性控制。[20]立法者很可能基于保护善意第三人、维护交易安全、防止法律关系长期处于不确定状态等因素的考虑,令一个违法行为产生效力。[21]还有学者认为,合同效力与合同是否违法有着本质不同,涉及不同的规范目的和利益权衡。[22]民事法律行为的效力与违法性评价不具有关联性。[23]不能以是否符合有效性要件,来确定民事法律行为这种法律要件是合法行为还是违法行为。[24]可以认为,学界对于民事法律关系效力判断和违法性判断分离的结论基本上已经形成了统一的认识。在实务界中,官方文件也对民事法律行为有效性和违法性判断分离的问题表明了立场。最高人民法院于2020年12月29日发布的《关于审理民间借贷案件适用法律若干问题的规定》第12条第1款规定:"借款人或者出借人的借贷行为涉嫌犯罪,或者已经生效的裁判认定构成犯罪,当事人提起民事诉讼的,民间借贷合同并不当然无效。人民法院应当依据民法典第一百四十四条、第一百四十六条、第一百五十三条、第一百五十四条以及本规定第十三条之规定,认定民间借贷合同的效力。"由此可见,在官方的立场上,即使借贷行为在刑法上构成犯罪,也不必然影响其合同的民事效力,即使行为被评价为刑事违法,也不必然影响该行为的民事效力。由此同样可以得出民事法律行为的效力与违法性并无直接关联关系的结论。

综上所述,在强迫交易行为竞合范围内刑民交叉问题上,虽然刑法和民法出于不同的价值取向为强迫交易行为配置了不同的评价结果,在撤销权消灭的情况下依然肯定民事法律行为的有效性,但实际上民法和刑法持相同的价值判断立场,均对胁迫方进行惩戒,而对受胁迫方予以保护。而且,撤销权的消灭实际是受胁迫人实施的一种对民事效力的再追认行为;即便最终肯定该民事法律行为的有

---

[20] 参见窦海阳:《法律行为概念的再思考》,载《比较法研究》2016年第1期。
[21] 参见田宏杰:《刑民交叉问题的实体法立场与分析方法》,载《政治与法律》2021年第12期。
[22] 参见于改之:《法域冲突的排除:立场、规则与适用》,载《中国法学》2018年第4期。
[23] 参见蒋太珂:《除斥期间的刑法评价》,载《政法论坛》2020年第3期。
[24] 参见常鹏翱:《合法行为与违法行为的区分及其意义——以民法学为考察领域》,载《法学家》2014年第5期。

效性,也是两个行为共同作用后的复合结果。另外,由于民法强调意定主义,民事法律行为的判断具有重效力、轻违法的特点,民事法律行为的有效性与违法性判断并无直接的关联关系,无法根据民事法律行为是否有效推断该行为是否违法,因此,对因撤销权消灭而具有民法效力的强迫交易行为,刑法将其评价为构成犯罪,也不违背法秩序统一原理。这样,刑法和民法在强迫交易行为的范围内就并不存在真正的刑民冲突。

四、以民事受胁迫行为中的撤销权的行使否定强迫交易罪的成立可能带来的问题

如前所述,虽然在强迫交易行为的范围内,民法肯定行为有效性和刑法将其评价为构成犯罪的做法并不违反法秩序统一原理,但依然有学者从宽严相济的刑事政策和刑法谦抑原则出发,认为"对合法化欺诈或者胁迫行为,如果因为被害人不行使撤销权而在民法上合法化的,往往意味着当事人之间的和解,受到损害的社会秩序已经复原,原则上国家就不应当继续追究刑事责任,重新撕裂已经愈合的社会秩序,这也有违维护社会秩序这一刑法的核心价值取向"[25]。

但是,这样的观点存在以下问题。第一,模糊了民事法律行为合法性和有效性的概念。该学者认为,"对欺诈行为或者胁迫行为而言,民法基于保护个人权利之核心价值取向,其制度设计以最充分地保护被害人的个人利益为原则,只要被害人出于己意决定不行使撤销权,就认为其是合法有效的"[26]。实际上,该学者的表达之中存在自我矛盾的问题。倘若真如该学者所言,撤销权消灭的欺诈和胁迫行为是合法的,那么,又何来"被害人"的称谓?如前所述,对于撤销权消灭的胁迫行为,只能说其属于有效但不合法的行为。将撤销权消灭的胁迫行为理解为合法行为的做法,放弃了民法对胁迫行为的否定评价的立场,不利于民法发挥其作为行为规范所具备的对公民行为的指引功能。若将该行为评价为合法,则可能会在公民心中形成胁迫行为是被允许甚至是受鼓励的错误观念。这样一来,不仅无法预防和遏制胁迫行为,还可能导致胁迫行为越加频繁地发生。

第二,该观点会导致刑事案件的追诉受被害人意志的影响,这与公诉案件的诉讼方式相违背。我国《刑事诉讼法》确立了以公诉为主、自诉为辅的刑事起诉

---

[25] 陈志军:《民事合法与刑事违法冲突之解决——以欺诈和胁迫行为的效力为视角》,载《中国人民公安大学学报(社会科学版)》2014年第2期。

[26] 同上注。

制度。公诉为主,是指绝大多数犯罪由人民检察院代表国家行使起诉权,向人民法院提起刑事诉讼。自诉为辅,是指对少量犯罪性质不太严重、情节较为简单、加害人与被害人之间存在特殊关系的轻微刑事案件,由被害人及其法定代理人、近亲属等,以个人名义向人民法院提起刑事诉讼。[27] 由此可见,自诉案件有以下几方面的特征。(1)案件性质的特殊性。自诉案件多是犯罪性质轻微、情节轻微、社会危害性不大的案件。(2)侵犯客体的特殊性。自诉案件中犯罪侵犯的客体主要是被害人的个人权益。(3)追诉主体的特殊性。自诉案件通常是被害人以个人名义或者由其法定代理人、近亲属代为向人民法院提起诉讼。(4)举证主体的特殊性。自诉案件必须是案件相对简单、不需要侦查、被害人有能力承担举证责任的案件。[28] 根据2018年10月26日十三届全国人大六次会议修正后的《刑事诉讼法》第210条的规定,自诉案件分为三类:一是告诉才处理的案件;二是被害人有证据证明的轻微刑事案件;三是被害人有证据证明对被告人侵犯自己人身、财产权利的行为应当依法追究刑事责任,而公安机关或者人民检察院不予追究被告人刑事责任的案件。除上述三类案件之外,均属于公诉案件。

就公诉制的发明而言,其直接目的就是通过限制去界定私诉自由,把自诉限制在制度执行者和遵从者们所期望又能为社会接受的范围内,以防止自诉自由的极端化和放纵,影响到法律秩序的稳定。之所以采取国家追诉主义,系基于这样的认识:由公正的、不受报复感情及利害关系所左右的国家机关行使追诉权,是最为恰当的。检察官垄断起诉权,不仅可以在公诉方面实现最大程度的公正性,避免陷入私人可能产生的报复和滥诉的弊端,而且可以在最大的程度上保证起诉标准的统一。[29] 由此可见,在我国《刑事诉讼法》明确实行以公诉为主、自诉为辅的刑事起诉制度且又明确规定了自诉案件范围的情况下,为了维护国家对于绝大多数犯罪的起诉权的行使,不应在《刑事诉讼法》关于自诉案件的规定范围之外,再将其他案件纳入自诉案件的范围之中。

根据2021年1月26日最高人民法院发布的《关于适用〈中华人民共和国刑事诉讼法〉的解释》第1条第1款的规定,告诉才处理的案件包括:侮辱、诽谤案、暴力干涉婚姻自由案、虐待案、侵占案,而涉及强迫交易罪的案件显然不属于告诉才处理的案件。而且,强迫交易罪的保护法益虽然包括个人的身体和财产权益,

---

[27] 参见熊秋红:《论公诉与自诉的关系》,载《中国刑事法杂志》2021年第1期。
[28] 参见崔丽:《中国刑事自诉案件范围的考量》,载《大连海事大学学报(社会科学版)》2016年第2期。
[29] 参见王新环:《公诉权原论》,中国人民大学出版社2006年版,第262—264页。

但其主要的保护法益为市场交易秩序，属于公共法益而非个人法益。因此，强迫交易案件显然不属于自诉案件的范畴，而应当属于公诉案件。公诉案件和自诉案件最大的区别在于，对于公诉案件的起诉权由检察机关统一行使，起诉与否不以被害人的意志为转移。如果按照上述学者所主张的观点，将受胁迫行为撤销权的行使情况作为追究强迫交易罪刑事责任的前提，由于撤销权是否行使完全以受胁迫方的意志为转移，这样一来，就会导致强迫交易罪这一公诉犯罪，实质上变为起诉权行使受被害人意志左右的自诉犯罪。另外，上述学者认为胁迫行为的撤销权消灭，意味着当事人已经进行和解，不应再追究其刑事责任。但根据《刑事诉讼法》第290条的规定，"对于达成和解协议的案件，公安机关可以向人民检察院提出从宽处理的建议。人民检察院可以向人民法院提出从宽处罚的建议；对于犯罪情节轻微，不需要判处刑罚的，可以作出不起诉的决定。人民法院可以依法对被告人从宽处罚"。由此可见，在公诉案件中，即便当事人之间达成和解协议，也不意味着一律不追究其刑事责任。而在自诉案件之中，则允许当事人在达成和解协议后不向人民法院提起诉讼，或者根据《刑事诉讼法》第212条第1款的规定，自诉人在宣告判决前，可以自行和解或撤回自诉。对于自诉案件，虽然和解确实可以产生不再追究被告人刑事责任的效果，但对于公诉案件却没有相关规定。因此，上述学者所主张的当事人达成和解，即不再追究其刑事责任的观点，不是于法无据，就是弄错了强迫交易案件的诉讼方式。

第三，导致涉及强迫交易罪的案件无法得到及时有效的侦查和追诉，容易造成司法资源的浪费。根据《民法典》152条第1款第2项关于受胁迫行为撤销权消灭的规定，"当事人受胁迫，自胁迫行为终止之日起一年内没有行使撤销权"，撤销权消灭。如果坚持上述学者的观点，以被害人撤销权行使状态作为追究强迫交易行为刑事责任的前提，那么，由于受胁迫行为撤销权的除斥期间最长为1年，在除斥期间内的受胁迫行为的最终效力处于"悬而未决"的状态。由此，就国家机关是否可以对强迫交易行为追究刑事责任而言，同样处于"悬而未决"的状态。而且，这种状态最长可以维持长达1年的时间。这会造成两个方面的问题。一方面，这种能否追究犯罪行为刑事责任处于"悬而未决"的状态违背了刑事案件侦查活动需要遵守的迅速、及时的原则。迅速、及时，是指发生刑事案件后应立即组织力量，拟定侦查方案，开展侦查活动。这是由侦查工作的特点所决定的。在刑事案件之中，犯罪证据和犯罪现场可能会基于人为原因或者自然原因等造成变化、消失和毁坏。因此，侦查机关应当在案件发生后及时采取侦查措施，开展侦查活动，尽快拘捕、审讯犯罪嫌疑人，收集和固定犯罪证据，以确保完成侦查的各项任务。㉚如果坚持上述学者的观点,那么,对于尚未立案的强迫交易行为,即便侦查机关发现了其中涉及犯罪事实的存在,如果被害人尚未对撤销权的行使进行表态或者其迟迟不行使撤销权,侦查机关也无法及时开展立案侦查活动,这样就会导致错过侦办案件的最佳时机,由此构成对刑事案件侦查工作应当遵循的迅速、及时原则的违反。另一方面,这种能否追究犯罪行为刑事责任处于"悬而未决"的状态极容易造成司法资源的浪费。如果坚持上述学者的观点,对于已经立案启动诉讼过程的强迫交易行为,只要受胁迫行为撤销权消灭,无论案件进行到哪个诉讼阶段,均应当立刻停止追究刑事责任。这不仅意味着已经进行的诉讼活动毫无意义,已经投入的司法资源付诸东流,还意味着已经判决有罪的案件应当被翻案。

第四,上述学者所主张观点的一个重要理由是,在胁迫行为之中,受胁迫方不行使撤销权的行为意味着当事人之间达成和解,使已受损的社会秩序得到恢复。但实际上,能否以此作为评价社会秩序已经恢复的标准,进而否定犯罪成立,是存在疑问的。一方面,被害人撤销权消灭极有可能是出于担心行使撤销权后的利益损失更为严重而做的妥协之举,而非出于完全的情愿。在一般的强迫交易案件中,被害人受制于行为人的暴力、威胁手段,往往会根据行为人的意思完成对应的民事法律行为。如果被害人行使撤销权,将受强迫的民事法律行为的效力最终归为无效,就意味着被害人要想维护其合法权益,需要要求行为人返还所得利益或者进行赔偿。这就意味着,被害人需要再次通过协商或者其他法律途径才能实现其合法权益。而这不仅增加了被害人维护合法权益的成本,还存在无法实现合法权益的可能性。另外,一般而言,强迫交易行为通常涉及给付相对合理的对价的情形,否则无法达成交易,不构成强迫交易罪,而可能构成抢劫罪或者敲诈勒索罪。因此,由于存在相对合理的对价,且行使撤销权后主张合法权益的成本较高,在很多时候,受胁迫人放弃行使撤销权也是无可奈何的选择。另一方面,虽然自愿、平等、公正的市场交易秩序蕴含在每一个市场交易行为之中,任何一个符合强迫交易罪所规定的构成要件的行为均能够对市场交易秩序造成破坏,但并非每一个追认效力的行为都能够实现对市场交易秩序的修补。"秩序"一词的意思是有条理地、有组织地安排各构成部分以求达到正常的运转或良好的外观状态。㉛市场交易秩序即有条理地、有组织地安排市场交易活动中的各个环节以求达到正常

㉚ 参见宋英辉等主编:《刑事诉讼法学》(第五版),中国人民大学出版社2016年版,第282页。
㉛ 参见"百度百科",https://baike.baidu.com/item/%E7%A7%A9%E5%BA%8F/136764?fr=aladdin,2022年9月14日访问。

的运转,而保障市场交易活动正常运转的根源一定是规则。换言之,规则是市场交易秩序的保障和载体,对规则的破坏即构成对市场交易秩序的破坏。在强迫交易犯罪中,行为人一旦实施了强迫交易行为,就是对自愿、平等、公正交易规则的破坏。这样的行为不仅能够反映行为人对前述市场交易规则的不尊重,而且会对其他的市场交易参与者起到极差的示范作用。即便行为人所实施的强迫交易行为因受胁迫方放弃行使撤销权而具备效力,但也无法改变该行为对市场交易秩序造成破坏的结果。

另外,不应当忽略的是,强迫交易罪的保护法益为复杂法益,不仅包括市场交易秩序,还包括个人的人身和财产权利。被害人不行使撤销权行为的效果仅指向强迫交易行为的民事效力问题,而并不涉及被害人人身和财产权利的问题。如果此处意图讨论当事人意思表示阻却符合构成要件行为违法性的问题,则讨论的应当是在该种场合下是否允许适用被害人承诺阻却强迫交易行为违法性的问题。从适用被害人承诺的有效条件来看,对于有效承诺的发生时间有明确的要求,即承诺最迟必须存在于结果发生之时。㉜而在强迫交易的场合,被害人撤销权的形成是以强迫交易行为的完成为前提的。所以,被害人撤销权的行使与否一定发生在强迫交易行为发生后。而强迫交易行为一旦完成,就会产生对市场交易秩序的非物质性损害结果。因此,无论是从撤销权行使所指向的问题来看,还是从发生时间来看,撤销权的行使与否均不能否定强迫交易行为对被害人人身和财产权利的损害,无法排除该行为的违法性,应当依法追究其刑事责任。

五、结语

从概念的含义范围来看,《民法典》第 150 条规定的胁迫行为概念与《刑法》第 226 条规定的强迫交易行为概念之间存在包含与被包含的关系,即强迫交易行为同样属于胁迫行为。而且,《民法典》基于强调意定主义和维护交易相对稳定的立场,将受胁迫民事法律行为规定为可撤销的民事法律行为;撤销权消灭后,该行为依然具有民事法律效力。由此,对于因撤销权消灭而具有民事法律效力的强迫交易行为,如果在刑法上再将其评价为构成犯罪,似乎存在违背法秩序统一原理的嫌疑。但实际上,民法和刑法只是基于不同的立法目的价值取向,为同一抽象行为设置了不同的评价结果,而非采取不同的价值判断立场。民法通过赋予受

㉜ 参见张明楷:《刑法学》(第六版),法律出版社 2021 年版,第 300 页。

胁迫方可撤销权的方式实现了对受胁迫民事法律行为权利义务关系的再分配,体现了民法对胁迫方的惩罚和对受胁迫方的倾斜性保护。由此可见,无论是刑法还是民法,均对强迫交易行为持否定性的评价立场。而且,受胁迫民事法律行为具备民事效力是以撤销权消灭为前提条件的,而撤销权的消灭实际上是受胁迫方以其自身的作为或不作为所实施的民事行为效力的再追认行为。换言之,受胁迫民事法律行为具备民事效力的结果是两个行为共同作用的复合结果,而非其行为本身的"功劳"。刑法所评价的只是强迫交易这一胁迫行为本身,导致撤销权消灭的行为只能算是事后行为,而事后行为并不影响犯罪的成立。另外,民事法律行为的有效性判断和违法性判断之间并无直接的关联,不能以民事法律行为是否有效作为判断该行为是否违法的依据。综上所述,强迫交易行为撤销权的行使状态不影响其刑事违法性的判断,将具备民事效力的强迫交易行为评价为构成犯罪的做法也不违背法秩序统一原理。以民事受胁迫行为中的撤销权的消灭否定强迫交易罪的成立,可能带来以下问题:其一,将撤销权消灭的强迫交易行为评价为合法,不利于刑法和民法共同发挥公民行为的指引功能,导致强迫交易行为不仅无法得到遏制,反而可能愈演愈烈;其二,导致强迫交易案件的追诉受被害人是否行使撤销权的意志影响,这与公诉案件的诉讼方式相违背,令强迫交易案件实质上变为自诉案件;其三,导致涉及强迫交易罪的案件无法得到及时有效的侦查和追诉,容易造成司法资源的浪费;其四,夸大事后行为对犯罪行为法益侵害结果的修复效果,违背事后行为只影响量刑而不影响犯罪成立的评价规则。

从刑事一体化看党的十九大以来
我国走私犯罪的刑事策略

陈 晖*

走私犯罪是一个复杂的社会问题,涉及历史学、经济学、法学、社会学等诸多学科专业领域,其中,处理走私犯罪问题直接涉及的是刑事法律,而走私犯罪刑事法律又涉及刑法、刑事诉讼法、刑事政策、刑事侦查学、犯罪学等诸多刑事法律下属学科专业。透过客观现象或事实,把握规律,遏制或减少走私犯罪给社会经济带来的负面影响,是刑事法律学科的任务和使命。而要掌握走私犯罪的规律,发挥刑事法律学科专业的综合作用,刑事一体化是重要的指导思想和方法。刑事一体化强调刑法前后关系,即刑法之前的犯罪状况和刑法之后的刑罚执行情况;刑事一体化还强调刑法的上下关系,即刑法受刑法之上的政治体制、意识形态等因素制约,同时又受到刑法之下的经济体制、生产力水平、物质文明等制约。从刑事一体化分析走私犯罪现象或经验,把握走私犯罪规律和特点,可以起到抓住"牛鼻子"、事半功倍的作用,能有效遏制走私犯罪,有效控制和减少走私犯罪对社会经济的破坏。

一、党的十九大以来我国走私犯罪的形势分析

1. 走私犯罪总体形势依然严峻

据统计,2017年到2021年全国海关立案侦办的走私犯罪案件数、涉税犯罪案值呈增长的趋势。2017年案件数为3260起;2018年案件数为3601起,涉税走私犯罪案值451.2亿元;2019年案件数为4198起,涉税走私犯罪案值781.6亿元;2020年案件数为4061起,涉税走私犯罪案值927.3亿元;2021年案件数为4259起。

---

* 中国海关管理干部学院党委书记、院长,教授,上海市法学会海关法研究会会长。哲学博士、法学博士后。

2. "洋垃圾"、象牙等濒危物种及其制品走私得到有效遏制

通过严厉打击"洋垃圾"走私、象牙等濒危物种及其制品走私,案件数量明显下降。2021年查证走私"洋垃圾"4.2万吨,同比下降97.4%,全国海关退运固体废物42.2万吨。查获走私象牙从2019年的9.2吨下降到2021年的0.068吨,海关总署缉私局和福州、厦门、广州、黄埔、南宁海关缉私局先后获得联合国环境署、国际CITES组织授予的"亚洲环境执法奖"、克拉克·巴文野生动物执法奖。

3. 海上走私、水客走私、"套代购"走私突出

随着国家对"洋垃圾"、象牙等濒危物种及其制品走私的严厉打击,以及国家进出口管制和贸易政策的调整,走私犯罪的地域和渠道发生漂移,当前海上、水上、旅检、货运、跨境电商渠道走私呈现多头并进态势,粤港澳海上跨境走私、珠澳口岸"水客"走私、海南离岛免税"套代购"走私突出。海上成品油走私严重,近几年成品油走私规模持续保持高位,2019年,全国海关缉私部门立案侦办成品油走私犯罪案件342起,涉税犯罪案值148.1亿元。

4. 走私对象重点突出,呈现出多样化特点

党的十九大以来,走私对象聚焦于"洋垃圾"、象牙、成品油、粮食、枪支毒品、重点涉税商品,但也呈现多样化特点。在2021年公布的十大走私案件中,走私对象包括游戏机、冻品、香烟、海产品、保健品、文物、淫秽物品、毒品、珍稀木材等。再以毒品为例,不仅包括海洛因、大麻、恰特草、"咳嗽水"等,还包括冰毒、麻黄碱等合成毒品、易制毒化学品、合成大麻素类和卡西酮新精神活性物质等。

二、党的十九大以来我国走私犯罪的刑事政策

我国走私犯罪的刑事政策总的来说是"宽严相济"、以严为主,严中有宽。以严为主,体现在最高领导人高度重视打击走私,国家打击走私体制机制不断完善,海关缉私能力不断提升,综合治理效能不断加强。严中有宽,体现在认罪认罚制度在走私犯罪司法处理中得到充分运用。

1. 中央领导高度重视

习近平总书记高度重视走私犯罪问题,党的十九大以来先后多次对打击走私作出重要批示。要将禁止"洋垃圾"进境作为生态文明建设的标志性举措,锲而不舍、一以贯之;要全面落实象牙禁令,更为主动地做好濒危野生动植物保护;要严厉打击成品油活动,强调严管严控枪支爆炸物品一刻不能放松。此外,党中央领导还高度关注"水客"走私、粤港澳海上跨境走私等,并对此作出重要指示、批示。

2. 打私体制机制不断完善

2007年国务院同意海关总署的请示,建立全国打私综合治理部际联席会议制度。在国务院领导下,研究拟订反走私工作的重大政策措施,向国务院提出建议;协调解决反走私工作中的重大问题;指导、督促、检查各省、自治区、直辖市反走私综合治理工作。联席会议原则上每年召开一次例会,根据工作需要召开全国打私工作座谈会;每年召开全国海关缉私工作会议暨打私办主任会议。国务院起草《关于反走私综合治理的若干规定》,出台《关于加强新形势下打击冻肉走私工作的意见》《"三无"船舶联合认定办法》。海关总署坚决贯彻落实党中央海关缉私部门管理体制调整重大决策部署,进一步加强打击走私工作,出台"1+6"文件。

3. 综合治理成效明显

党的十八大以后,进一步明确地方各级政府是本地区反走私综合治理的责任主体,重点市县打私办"实体化运作、实体化管理",主体责任进一步加强。广西建立"大协同多锁链"反走私综合治理体系,浙江出台"反走私综合治理工作方案",云南所有州市设立打私办,广东理顺海防打私体制机制等,全国打私办修订"反走私综合治理工作检查考核标准",加强对地方考核指导。党的十九大以来,地方政府组织领导更加有力,浙江、广东、福建、广西、海南、山东、辽宁、上海、河南、新疆等地打私办实体化运作成效明显,广东、辽宁、浙江、海南等地方性法规规章陆续出台,广西、云南等边境地区人防、物防、技防建设持续推进,广东、浙江、福建等地"智慧综治"效果明显。各地无走私村示范点建设持续深入,基层治理效果进一步显现。

4. 海关缉私能力不断提升

党的十八大以后,海关缉私走专业化发展道路,改革创新,智慧缉私见成效,缉私能力不断提升。党的十九大以前,海关总署、全国打私办先后组织了"国门之盾""绿篱""春雷""国门利剑""蓝天"等16次大规模打击走私专项斗争和联合行动,国际合作拓展到30多个国家和地区。党的十九大以后,全力构建"智慧缉私",打造"主动查发、精准打击、规范执法"的缉私业务体系,缉私能力和水平显著提升,体现在打击方式更加先进、作战模式更加高效、执法办案更加规范、基础保障更加有力。

5. 认罪认罚制度得到充分应用

2018年,我国《刑事诉讼法》第三次修改将认罪认罚从宽规定作为一项重要的制度;2019年,最高人民法院、最高人民检察院、公安部、国家安全部、司法部联合制定的《关于适用认罪认罚从宽制度的指导意见》进一步规范了认罪认罚制度的适用。认罪认罚制度是宽严相济刑事政策在刑事司法中的具体体现,在走私罪中也得到了积极运用。例如,自2018年10月新《刑事诉讼法》实施起至2020年5月止,上海市某人民检察院共办理适用认罪认罚从宽制度的走私犯罪案件共99件涉及131人、26家单位,其中,提起公诉的案件有63件涉92人、22家单位,相对不起诉的案件有36件涉及39人、4家单位,罪名主要涉及走私普通货物、物品罪、走私国家禁止进出口的货物罪、走私珍贵动物制品罪、走私废物罪等。从适用效果看,确定刑量刑建议比例不断提升,法院采纳率高,适用缓刑率高,用好羁押必要性审查和起诉裁量权,有利于社会矛盾化解①。

三、党的十九大以来我国走私犯罪的刑事法律对策

1. 党的十九大以来刑事立法和司法解释情况

我国《刑法》分则第三章第二节对走私罪进行了具体规定,《刑法修正案》(四)(七)(八)(九)分别就走私废物罪、走私珍稀植物及其制品罪,以及走私罪的死刑存废进行了修改,2020年《刑法修正案(十一)》考虑到国家生物安全的保护需要,在《刑法》第334条增加了走私人类遗传资源材料罪。

在司法解释方面,我国1997年《刑法》颁布后,最高人民法院先后于2000年、2006年颁布了《关于审理走私刑事案件具体应用法律若干问题的解释》(法释〔2000〕30号)、《关于审理走私刑事案件具体应用法律若干问题的解释(二)》(法释〔2006〕9号)。2014年最高人民法院、最高人民检察院颁布《关于办理走私刑事案件适用法律若干问题的解释》,同时对以上两个司法解释予以废止。2021年最高人民法院、最高人民检察院、海关总署、公安部、中国海警局联合制定了《关于打击粤港澳海上跨境走私犯罪适用法律若干问题的指导意见》。

此外,2019年,最高人民法院、最高人民检察院、海关总署颁布《打击非设关地成品油走私专题研讨会会议纪要》(署缉发〔2019〕210号),该纪要是海关总署与最高人民法院、最高人民检察院联合发布的规范性司法文件②,对司法实践具有指导作用。

2. 刑事立法和司法解释修改完善的重点内容

(1)利用他人许可证件走私限制进口废物以走私国家禁止进出口的货物、物

---

① 参见聂文峰、刘阿华:《认罪认罚从宽制度在走私犯罪案件适用中存在的问题及解决思路》,载陈晖主编:《海关法评论》(第十卷),法律出版社2021年版。
② 参见郭慧等:《〈打击非设关地成品油走私专题研讨会会议纪要〉的理解与适用》,载《刑事审判参考》(总第124集),法律出版社2020年版,第214页。

品罪处理。"洋垃圾"走私一度十分严重,由于废物进出口国家实行许可证制度,利用他人许可证走私固体废物的行为十分突出,根据最高人民法院、最高人民检察院《关于办理走私刑事案件适用法律若干问题的解释》规定,租用、借用或者使用购买的他人许可证,进出口国家限制进出口的货物、物品的,以走私国家禁止进出口的货物、物品罪等罪名定罪处罚;偷逃应缴税额,同时又构成走私普通货物、物品罪的,依照处罚较重的规定定罪处罚。这样有力地打击了此类利用他人许可证走私固体废物的行为,此类案件明显减少。

(2)走私成品油以走私普通货物物品处理。成品油走私一直是走私重点对象,特别是海上成品油走私,走私规模很大。此外,货运渠道、边境"蚂蚁搬家"式成品油走私屡禁不绝。2019年,最高人民法院、最高人民检察院、海关总署召开非设关地成品油走私专题研讨会,形成了《打击非设关地成品油走私专题研讨会会议纪要》,专门就非设关地成品油走私问题作出规定。明确走私成品油,适用普通税率,以走私普通货物罪定罪处罚。该纪要还对走私故意认定、收购走私成品油行为、犯罪数额的认定、证据的收集、涉案货物、财产及运输工具的处置、专属经济区或者公海走私成品油的查处等问题进行了明确。

(3)走私未取得检验检疫证书的冻品以走私国家禁止进出口货物罪处理。粤港澳海上跨境走私冻品等犯罪频发,为严厉打击粤港澳海上跨境走私,2021年12月14日最高人民法院、最高人民检察院、海关总署、公安部、中国海警局联合发布了《关于打击粤港澳海上跨境走私犯罪适用法律若干问题的指导意见》。该指导意见规定,非设关地走私进口未取得国家检验检疫准入证书的冻品,应认定为国家禁止进口的货物,构成犯罪的,按走私国家禁止进出口的货物罪定罪处罚。同时规定,走私犯罪分子在实施走私犯罪或者逃避追缉过程中,实施碰撞、挤压、抛撒障碍物、超高速行驶、强光照射驾驶人员等危险行为,危害公共安全的,以走私罪和以危险方法危害公共安全罪数罪并罚。该指导意见还对用于运输走私冻品等货物的船舶、车辆的处置进行了原则规定。

(4)向非直接走私人购买走私货物物品区分情况按照洗钱罪,掩饰、隐瞒犯罪所得、犯罪所得收益罪处理。为打击流通渠道购买私货,堵塞走私货物物品流入市场的渠道,《打击非设关地成品油走私专题研讨会会议纪要》规定直接向走私人购买走私的成品油,数额较大的,以走私罪论处;向非直接走私人购买走私的成品油的,根据其主观故意,分别按照洗钱罪或者掩饰、隐瞒犯罪所得、犯罪所得收益罪定罪处罚。行为人在销售的成品油中掺杂、掺假,以假充真,以次充好或者以不合格油品冒充合格油品,构成犯罪的,以生产、销售伪劣产品罪定罪处罚。

(5)对用于运输走私的船舶、车辆的处置。为了防止走私犯罪分子重复使用用于运输走私的船舶、车辆,《关于打击粤港澳海上跨境走私犯罪适用法律若干问题的指导意见》和《打击非设关地成品油走私专题研讨会会议纪要》对用于运输走私的船舶、车辆,规定按照以下原则处置:第一,对"三无"船舶,无法提供有效证书的船舶、车辆,依法予以没收、收缴或者移交主管机关依法处置;第二,对走私犯罪分子自有的船舶、车辆或者假挂靠、长期不作登记、虚假登记等实为走私分子所有的船舶、车辆,作为犯罪工具依法没收;第三,对所有人明知或者应当知道他人实施走私冻品等犯罪而出租、出借的船舶、车辆,依法予以没收。对于何谓"明知或者应当知道他人实施违法犯罪",还规定了五种情形,作为判断的依据。

(6)"水客走私"三次入刑司法实践中充分运用。"水客"走私一直是口岸走私的顽疾,随着海南自由贸易港的建设,海南"离岛免税"水客走私又开始泛滥。为有力打击"蚂蚁搬家"式水客走私,《刑法修正案(八)》将《刑法》第153条走私普通货物物品罪数额犯修改为"数额+情节犯",规定"走私货物、物品偷逃应缴税额较大或者一年内曾因走私被给予二次行政处罚后又走私的,处三年以下有期徒刑或者拘役,并处偷逃应缴税额一倍以上五倍以下罚金"。最高人民法院、最高人民检察院《关于办理走私刑事案件适用法律若干问题的解释》对"一年内曾因走私被给予二次行政处罚后又走私"中的"一年内""被给予二次行政处罚""又走私"进行了解释。在打击"水客"走私的专项行动中,上述刑法规定和司法解释得到了充分运用。

四、党的十九大以来我国走私犯罪的犯罪学对策

犯罪由复杂的犯罪原因和要素构成,按照犯罪因素对犯罪结果的原因力大小可以区分为犯罪根源、犯罪原因、犯罪条件和犯罪相关因素等。由于走私犯罪具有复杂的政治、经济、社会、法律等原因或要素,在短时间内要消除走私犯罪的根源或原因是不现实的,现阶段更多的是在走私犯罪条件和走私犯罪相关因素上采取针对性措施,给走私犯罪的实现制造困难或障碍,从犯罪条件和相关因素上遏制走私犯罪。

1. 对走私犯罪犯罪前预防对策

对走私犯罪犯罪前预防对策,主要是针对走私行为、走私货物物品和边境走私环境的预防上。在对走私物的预防方面,为打击"洋垃圾"走私,我国深化与联合国环境署、巴塞尔公约秘书处等国际组织的合作,打击固体废物走私,与欧盟以及新加坡、马来西亚等国际组织和国家共同开展打击固体废物走私联合行动,有效堵塞境外固体废物走私入境渠道;在对走私人的预防方面,加强对重点人群的

管控。例如中资(澳门)职业介绍所协会积极配合海关,组织10万余名赴澳劳务人员签署《进出境旅客海关监管规定告知书》,明确告知旅客海关监管规定和走私需要承担的法律责任,督促赴澳劳务人员遵纪守法、诚信通关。边检、出入境管理部门布列边控对象,对频繁活动与珠澳口岸的重点"水客"采取限制签注措施。在边境走私环境预防方面,一是我国充分发挥双边国际合作作用,2017年11月,习近平总书记对越南进行国事访问,在与越南国家领导人共同发表的《中越联合声明》中,专门提出"商讨规范边境地区设关活动,防范打击走私等各类违法犯罪活动"。中央、地方和公安、商务、海关各部门共同开展工作,敦促越方规范设关行为、加强边境管控。二是调整贸易政策,让走私物失去价值。2017年3月,我国将澳大利亚冷冻肉准入对象从之前的11家企业扩大到所有合格的出口商。同年5月,我国与美国谈判通过《中美贸易百日计划》,时隔14年之后我国再次允许美国牛肉进口。同年12月,我国对部分消费品进口关税进行调整,范围覆盖奶粉、尿不湿、冷冻海鲜等国内需求旺盛商品,平均税率从17.3%下降至7.7%,肉类、奶粉等国内需求旺盛的商品正常进口规模持续扩大,压缩了此类商品的走私价值空间。2017年年底我国新增禁止4类共24种固体废物进口,历经多次调整,2021年全面禁止固体废物进口,利用他人许可证进口固体废物的行为因为贸易政策的变化已不复存在,此类走私行为几乎杜绝。

2. 对走私犯罪犯罪中预防对策

对于着手实施过程中的走私犯罪,有效的预防对策包括边境基础设施建设、通过智慧缉私建立进出境旅客数据库、提高查获率等。在边境基础设施建设方面,加强基础设施的建设,从物理空间上增加走私的难度,是从犯罪条件上预防走私犯罪的发生。例如中央支持广西边境基础设施建设3年规划,加强广西、云南边海防基础设施建设,广西新建一批边境管控护栏、执勤哨所。在通过智慧缉私建立进出境旅客数据库、提高查获率方面,海关缉私部门建立走私基础数据库,通过大数据分析,实现从"事后打击"到"事先预警+事中拦截"的转变。海关缉私部门在确保办案查证率的基础上提高案件查获率,并最大限度查扣、追缴走私货物及资金,提高违法成本,让走私分子无利可图,最大限度地挤压走私获利空间。海关"洋垃圾"查获率和成品油查获率大幅度提升,象牙等濒危物种、武器弹药、毒品等涉案物品基本实现应扣尽扣、应缴尽缴。2021年上半年海关对"水客"走私的严肃查处,导致"水客"损失惨重,部分走私组织者要求"水客"自行承担贵重商品被查扣的损失。查获率的提升,走私犯罪黑数的下降,有效地发挥了犯罪行为实施中的预防作用。

3. 对走私犯罪犯罪后预防对策

对走私犯罪犯罪后的预防,主要体现在对流通领域治理上。广东、广西、云南、湖北、湖南、河南等省区开展运输环节联合执法,加大对高速公路私开道口行为的整治力度,切断私货运输链条。对私货集散地和市场开展集中清理整顿,严肃查处私货交易行为,进一步规范市场秩序。为打击"水客"走私市场,广东省及深圳市、珠海市打私办组织协调海关、公安、市场监管等部门整肃市场,在珠海市开展"敲门"行动,进行地毯式清查,关闭揽货点,对重点区域开展滚动巡查。2020年12月底,海关缉私部门和深圳市当地警方联合对涉嫌通过跨境电商平台走私的团伙开展集中打击行动,对华强北曼哈美妆交易中心等多个商场内的涉嫌走私店铺进行查缉。经查,犯罪团伙涉嫌走私货物价值超6亿元,涉私店铺、仓库纷纷关闭,被网络和媒体评价为"十几年来罕见的严查"。对流通领域的清理和整顿,堵住了私货销售渠道,从犯罪后预防了走私犯罪的发生。

五、党的十九大以来我国走私犯罪刑事策略的主要经验

1. 坚持党对打私工作的集中统一领导

走私犯罪是跨境犯罪,也是行政犯罪、经济犯罪,涉及的地理空间广、行为链条长、对象包罗万象且翻新快,走私犯罪违反的国家行政法律法规也多,牵涉的国家、地方部门多,因此要有效打击走私,必须坚持党的集中统一领导,动员全社会力量,共同发力,才能遏制走私和有效预防走私的发生。习近平总书记高度重视打私工作,多次对打击象牙、"洋垃圾"、成品油、"水客"走私等作出重要批示。全国建立打击走私综合治理部际联席会议制度,全面落实中央决策部署,研究解决走私突出问题。国务院召开全国打私工作座谈会、部际联席会议,地方政府承担反走私综合治理主体责任,发挥地方政府打击走私基础作用,地方打击走私工作机制形成,无走私村示范点建设持续深入,象牙、"洋垃圾"走私明显减少,成品油、"水客"走私得到有效遏制。

2. 坚持以总体国家安全观指导打私工作

坚持总体国家安全观是习近平新时代中国特色社会主义思想的重要内容,我国打私工作充分体现了以总体国家安全观为指导。国家安全是安邦定国的重要基石,维护国家安全是国家和人民的根本利益所在。打私工作和国家安全休戚相关,走私一旦泛滥,会从传统的侵蚀财税安全,扩展到危害政治、经济、社会、文化、生态安全等诸多领域,形成区域性、系统性风险,直至危及整体国家安全。我国打私工作始终牢固树立总体国家安全观,坚持国家利益至上,坚持专项治理与源头

治理、系统治理、依法治理、综合治理相结合,将反走私工作纳入社会治安综合治理统筹推进,打造共建共治共享的社会治理格局,有效打击了各类走私违法犯罪活动,特别是遏制了个别突出走私犯罪,防止了系统性危害国家安全的发生。

3. 打私工作充分体现了以人民为中心的发展思想

以人民为中心是习近平法治思想"十一个"坚持的重要内容,打私工作充分体现了这一思想。在反走私综合治理工作中,紧紧抓住人民最关心、最直接、最现实的利益问题,聚焦人民群众反映最强烈的"洋垃圾"、象牙、食糖大米等农产品突出走私问题,坚决予以打击整治,将危害人民群众财产安全的有害物质拒之于国门之外,更好地满足了人民群众对安全食品、清洁空气、绿色家园的期待。

4. 依法打私

全面依法治国的总目标是建设中国特色社会主义法治体系,建设社会主义法治国家。我国打私工作始终坚持依法打击走私,依法综合治理,加强反走私法治建设,建立打击走私的法治体系。一是开展打击走私的专门立法。海关总署起草了《反走私工作条例(征求意见稿)》,2017年5月18日,国务院法制办向全社会征求意见,该项打击走私的专门立法(名称改为《国务院关于反走私综合治理的若干规定》)已进入立法程序的最后阶段,专门立法将进一步促进形成依法打击走私的法治体系。二是完善打击走私的刑事法律体系。我国《刑法》分则除规定"走私罪"专门一节外,《刑法修正案》(四)(七)(八)(九)(十一)还先后对走私罪进行了修改完善,《关于办理走私刑事案件适用法律若干问题的解释》《关于打击粤港澳海上跨境走私犯罪适用法律若干问题的指导意见》《打击非设关地成品油走私专题研讨会会议纪要》等司法解释或解释性文件发挥司法指导作用。三是完善打击走私的行政法律。除修改完善《海关法》《人民警察法》《海关行政处罚实施条例》外,还出台了《关于加强新形势下打击冻肉走私工作的意见》《"三无"船舶联合认定办法》等文件。四是开展打击走私的地方立法。广东省、辽宁省、深圳经济特区先后制定《反走私综合治理条例》,浙江省制定《反走私综合治理规定》,海南省制定《反走私暂行条例》等。

5. 刑事一体化思想在打私工作中得到了充分体现

在我国打私工作中,综合运用刑事多学科打击走私犯罪,遏制走私犯罪个罪高发,预防甚至消除某类走私犯罪个罪的刑事一体化思想得到充分运用。其基本逻辑是,通过犯罪学分析研判走私犯罪现象,用宽严相济的刑事政策指导刑事司法活动,通过专项行动,提高查获率,通过司法解释,进一步明确刑法规定,严厉打击高发走私犯罪个罪,充分发挥反走私综合治理机制作用,预防和遏制走私犯罪的发生,由此形成了"犯罪现象分析→刑事政策指导→犯罪侦查→刑法适用→犯罪预防"的闭环系统,从"犯罪学→刑事政策学→犯罪侦查学→刑法学→犯罪学"的刑事一体化思想得到充分体现。以"洋垃圾"走私为例,党的十九大前后,我国"洋垃圾"走私一度猖獗,利用他人许可证走私"洋垃圾"占了案件的绝大部分,"洋垃圾"走私引起了习近平总书记的高度重视,习近平总书记作出指示批示;司法部门将打击"洋垃圾"走私作为生态文明建设标志性举措;最高人民法院、最高人民检察院作出司法解释,对利用他人许可证件走私限制进口废物以走私国家禁止进出口的货物、物品罪处理;海关持续开展专项行动,对查获的"洋垃圾"实行退运。2019年,国家全面禁止"洋垃圾"进口,"洋垃圾"走私案件大幅度下降,利用他人许可证走私"洋垃圾"现象消失。刑事一体化思想在打私工作中的运用,在冻品走私、成品油走私、"水客"走私中得到进一步的证明。

学科军事法论*

冉巨火**

军事法到底是不是一个独立的法律部门？这个问题自军事法学诞生之日起即存在争议。2011年发布的《中国特色社会主义法律体系》白皮书（以下简称白皮书）否认了这一点，但让人遗憾的是至今仍有一些学者撰文论述军事法的独立部门法地位。① 军事法学能够在我国兴起与我国独特的军事领导体制有关。② 这就使得军事法部门法地位的争论不仅仅是一个法律规范的归类问题，还牵涉到一系列的实践问题。本文拟对此略抒管见。

一、军事法不是一个独立的法律部门

（一）军事法没有自己独特的调整对象与方法

持军事法独立部门法论的学者声称，军事法作为一个独立的法律部门，是由其特定的调整关系和方法决定的。③ 本文认为，论者这一观点有待商榷。

首先，军事法没有自己独特的调整对象。"七法体系"的划分首先是按法律调整所涉及的社会关系进行的归类，论者却是按照法律所涉及的社会活动领域进

---

* 文章原载《当代法学》2016年第5期。
** 西北政法大学刑事法学院副教授，法学博士、博士后。
① 参见张建田：《再论军事法应当作为中国特色社会主义法律体系的部门法》，载《法学杂志》2011年第8期；张艳：《再议军事法在国家法律体系中的地位》，载《西安政治学院学报》2012年第6期；谭正义：《从"法内说法"到"法外说法"——军事法学研究范式的当下转型》，载《西安政治学院学报》2013年第3期。
② 参见张少瑜：《中国军事法学的过去、现在与未来》，载《华东政法学院学报》2000年第4期。
③ 张建田：《再论军事法应当作为中国特色社会主义法律体系的部门法》，载《法学杂志》2011年第8期。

行的归类。④ 论者强调,军事法所调整的社会关系是国防和武装力量建设及作战行动中发生的各种权利义务关系。⑤ 但问题在于这些关系是什么样的关系?"是公法关系,还是私法关系?如果是公法关系,是不是行政性法律关系?如果含有私法关系,那么军事法的适用又如何与民法进行协调?"⑥ 上述论者的观点,不过是在重弹"大军事法观"的老调。⑦ 事实上,即使按"小军事法观",军内社会关系的种类也是多种多样的。既包括平权型关系,如志愿兵役合同的订立;也包括隶属型关系,如军事机关对违纪军人实施行政看管。前者属于民法调整的范畴,后者属于行政法调整的范畴。既包括经济管理关系,如国家对军队房地产的经营、管理;也包括罪刑调整关系,如司法机关对军人严重违反职责的行为给予刑事处罚。前者属于经济法调整的范畴,后者属于刑法调整的范畴,等等。既然如此,军事法独特的调整对象何在?如果军事法能够据此标准,证成自己独立部门法地位的话,那么,政治、教育、文化等行业法皆可成为独立的法律部门,这显然是荒谬的。军事法作为一个行业法有其存在的必要,但不宜作为一个独立的法律部门。⑧

其次,论者以行政法与军事法关系为例,来说明军事法的调整对象与其他法律部门的调整对象具有本质区别的说法在理论上是站不住脚的。⑨ 如后所言,军事权不过是一种特殊的行政权。所谓的军事法调整的"国防和军事活动中军事机

---

④ "七法体系"的设计最初是由第九届全国人大常委会法律委员会主任王维澄主持,由 18 位法律、法学专家参加的"中国特色社会主义法律体系专题研究小组"提出的,在当时即存在是按法律所涉及的基本社会活动领域划分,还是按法律所调整的社会关系与调整方法划分的争论。官方最终采纳了后者,并由王维澄于 1999 年 4 月 23 日在第九届全国人大常委会法制讲座上作了专题讲座。此后,在 2001 年 3 月 9 日九届全国人大第四次会议上,李鹏委员长代表全国人大常委会所作的工作报告中,正式确认了这一设计。并将其作为"2010 中国特色社会主义法律体系"的目标方案,延续至今。参见王维澄:《关于中国特色社会主义法律体系的几个问题》,载曹建明等:《在中南海和大会堂讲法制(1994 年 12 月—1999 年 4 月)》,商务印书馆 1999 年版,第 360—387 页;李鹏:《全国人民代表大会常务委员会工作报告》,载全国人民代表大会常务委员会办公厅:《中华人民共和国第九届全国人民代表大会第四次会议文件汇编》,人民出版社 2001 年版,第 162—163 页。

⑤ 张建田:《再论军事法应当作为中国特色社会主义法律体系的部分法》,载《法学杂志》2011 年第 8 期。

⑥ 参见张少瑜:《中国军事法学的过去、现在与未来》,载《华东政法学院学报》2000 年第 4 期。

⑦ 对于什么是军事领域的社会关系,军事法学界一向存在争议,有所谓的"大""小"军事法观之说。参见夏勇:《军事法概念与"大军事法观"》,载《法学杂志》2006 年第 5 期。

⑧ 参见周永坤:《法理学——全球视野》,法律出版社 2000 年版,第 88 页;孙国华主编:《中国特色社会主义法律体系研究——概念、理论、结构》,中国民主法制出版社 2009 年版,第 168 页。

⑨ 张建田:《再论军事法应当作为中国特色社会主义法律体系的部分法》,载《法学杂志》2011 年第 8 期。

关与行政机关和公民、组织以及武装力量内部发生的权利义务关系"不过就是一种特殊的行政管理关系,大部分内容可以交由行政法调整。少部分内容,如国家机构间关于国防职权的分配、党对军队的绝对领导等关系的调整则完全可以交给宪法及其他相关法去完成。

最后,军事法没有自己独特的调整方法。法律调整的对象不过是划分法律部门的基本根据,但绝不是唯一根据,法律调整方法才是划分法律部门的直接标准。[10] 退一步讲,即使承认军事法有自己独特的调整对象,但其独特的调整方法何在？有谁能够否认军事刑法是以刑罚制裁为手段来实现对罪刑关系的调整,军事行政法是以行政强制为手段来实现对军事行政关系的调整？或许正是考虑到军事法欠缺自己独特的调整手段,论者在论及这一问题时采取了回避的态度,只是将军事法与行政法调整方法的不同进行大而化之的比较,认为军事法在调整方法上贯彻军法从严、战时从严、保密要求、处罚手段等,这些都是行政法无法包容的。[11] 但问题是:其一,什么是军事法的特定处罚手段？论者根本没有告诉我们。其二,军法从严、战时从严、保密要求是军事法的调整手段还是原则？存在疑问。

有学者认为军事法的特征之一即是调整手段的综合性,这种综合性调整是其他法律部门所不能取代的。[12] 但"法律的综合调整是法律方法的相互作用,怎么能够把这种互相作用看作像氯和钠合成盐一样,完全改变了它的本质属性呢？"[13] 如对军人的违纪行为以法律手段进行惩处是各国军队通行的做法,具体做法无非两种:轻者予以行政强制,重者给予刑事处罚。前者属于纪律条令的内容,应归于行政法的范畴;后者属于军人违反职责罪的内容,应归于刑法范畴。没有人会说,经过行政与刑事两种手段的综合调整后产生了一种既不是行政也不是刑事的新的调整手段。实际上,论者自己也认可军事法规范来源于行政法、经济法、刑法等部门法的事实,但为了证成军事法独立部门法的结论不得不同时强调军事法是各部门法"有机结合、相对独立的综合体"[14]。这显然是一个牵强的充斥着逻辑矛盾的论证。

---

[10] 参见张国华主编:《中国特色社会主义法律体系研究——概念、理论、结构》,中国民主法制出版社2009年版,第161页。

[11] 张建田:《再论军事法应当作为中国特色社会主义法律体系的部分法》,载《法学杂志》2011年第8期。

[12] 李佑标:《军事法与军事法学的概念研究》,载《中国法学》2004年第5期。

[13] 佟柔:《学科经济法论》,载《佟柔文集》编辑委员会编:《佟柔文集》,中国政法大学出版社1996年版,第164—165页。

[14] 参见李佑标:《军事法与军事法学的概念研究》,载《中国法学》2004年第5期。

(二)军事领导体制的独特性不是军事法成为独立部门法的理由

持军事法独立部门法论的学者认为,军事领导体制的独特性是军事法能够在我国成为一门独立部门法的重要理由。[15] 本文认为,这一观点有待商榷。

首先,部门法的划分标准是法律调整的社会关系与调整方法,以军事领导体制的独特性来论证军事法部门法的地位不具有说服力。

其次,军事权的本质是行政权。"按照国际惯例,军事权乃行政权之一种。"[16] 判断军事权的性质应当从军事权本身的权力内涵和支配对象来确定。军事权只有在国家权力机关或有权机关宣布之后才能够启动运行。因此,本质上军事权具有执行性,应当属于行政权,只不过具有较强的灵活性罢了。[17] "形式意义上的行政无疑仅指行政机关的行为。军事机关的行为虽然不属于形式意义上的行政,但是其执行与管理的属性是毋庸置疑的,这就决定了军事行政属于实质意义上的行政,军事行政同样体现了行政涵义内在的规定性。"[18] 否认军事权的行政权属性会导致国防行政实践中的一个悖论:根据《宪法》的规定,国务院领导和管理国家的国防建设事业,国防部是最重要的国防行政机关。"从我国国防行政领导体制来看,国防部在编制序列上虽然是国务院所属部门之一,但它并不是实体机构,以国防部名义管理的国防行政事务,实际上是由解放军总部机关来行使职权。"[19] 如果说军事权与行政权是两种截然不同的权力的话,为何长期以来可以由解放军总部机关代行国防部的行政职权呢?

最后,军事立法的本质是行政立法,军事法规、规章实乃军事行政法规、规章。与一般行政机关相比,军事机关的特殊性表现在中央军委既是国家机关,又是党的机关,即所谓的"一个机构,两块牌子"。[20] "中国的武装力量受中国共产党领导。党的中央军事委员会和国家的中央军事委员会,组成人员和对军队的领导职能完全一致。"[21] 这种特殊情形并不影响军事机关作为行政机关的存在,除具体的职权内容、范围、作用对象跟普通行政机关相比略有差别外,在执行性这一点上,军事机关与普通行政机关并无二致。或许会有人质疑:《国防法》《立法法》明确

---

[15] 张建田:《再论军事法应当作为中国特色社会主义法律体系的部分法》,载《法学杂志》2011年第8期。
[16] 周永坤:《法理学——全球视野》,法律出版社2000年版,第88页。
[17] 参见宦吉娥:《军事权的宪法规制——以我国宪法文本为例》,载《人权保障与权力制约》,山东大学出版社2007年版,第192页。
[18] 李宝生:《关于军事行政诉讼的再思考》,载《西安政治学院学报》2005年第2期。
[19] 田思源、王凌:《国防行政法与军事行政法》,清华大学出版社2009年版,第45页。
[20] 参见陈松山、刘斯喜:《宪法确立国家中央军事委员会的经过》,载《法学》2001年第2期。
[21] 《2006年中国的国防》白皮书。

规定中央军委及其各总部、军兵种、军区有制定军事法规、规章的权力,如果说这里的"军事法规""军事规章"是行政法规、规章的话,为什么《立法法》《国防法》没有采取"军事行政法规""军事行政规章"的表述?

对此,《关于〈中华人民共和国立法法(草案)〉的说明》明确提到,"中央军事委员会根据宪法和法律制定的军事法规,只在军队内部施行,其制定、修改和废止的程序与法律、行政法规、地方性法规有所不同,因此,草案规定:军事法规的制定、修改和废止程序,由中央军事委员会规定"[22]。不难看出,《立法法》在制定过程中只不过是因为考虑到军事法规施行范围、制定、修改、废止程序与行政法规、规章的区别,起草者才使用了"军事法规""军事规章"的表述,这并不能否认军事法规、规章的行政立法属性。否则,就无法解释为何中央军委可与国务院,军委四总部可与国务院各部、委之间联合制定军事行政法规、规章的立法事实。

(三)军事立法的繁荣是传统部门法发展的趋势而非新的法律部门建立的标志

持军事法独立部门法论的学者认为,目前军事法的数量和规模已经足以支撑其独立部门法的地位。[23] 本文认为,这一观点有待商榷。

首先,军事立法的繁荣是传统部门法发展的趋势而非新的法律部门建立的标志,否则就无法解释为什么同为大陆法系传统,德国、日本等军事强国到现在都没有军事法部门。事实上,即使在首倡军事法应为一门独立部门法的国家苏联也认为军事法调整的"这些关系是受法的各种门类的规范所调整的。如军队指挥方面的关系受行政法调整,军事组织财经活动方面的关系受财政法调整,土地使用方面的关系受土地法调整。刑法、刑事诉讼法、劳动改造法的规范在军人法律体系中起着维护法律的功能……上述规范既是相应的传统门类的组成部分,同时又包括在军事法之内"[24]。

其次,现有军事法规范完全可以拆分到七大法律部门中去,且相得益彰。白皮书明确指出行政法部门包括《国防动员法》《军事设施保护法》《人民防空法》《兵役法》《国防教育法》和《征兵工作条例》《民兵工作条例》等法律法规。"照此逻辑推理,国防法、特别行政区驻军法等归于宪法及宪法相关法部门,军事刑事法律法规涵括在刑法部门下,军事刑事诉讼及民事诉讼法归于诉讼及非诉讼程序法

---

[22] 顾昂然:《关于〈中华人民共和国立法法(草案)〉的说明》。

[23] 参见张建田:《再论军事法应当作为中国特色社会主义法律体系的部门法》,载《法学杂志》2011年第8期。

[24] [苏]A.Γ.戈尔内主编:《军事法学》,何希泉、高瓦译,解放军出版社1987年版,第14页。

部门下,军事经济法律法规归于经济法部门下那也是极自然的事情了。""据此,作为军事法学界建构的统领军事基本法、军事行政法、军事经济法、军事刑法等诸多内容的'军事法'不属于现有七大法律部门中的任何一个,其众多组成部分被拆分至多个不同的法律部门中。"㉕

最后,军事法规、军事规章属于军事行政法规,不存在无法归类的问题。有论者提出,"如果按照现行的法律门类划分方法,那么归入行政法、刑法等部门法中的军事法充其量只能限于部分军事法律和军事行政法规,作为军事法主体的军事法规、军事规章则无法归入其中。我们不禁要问,这部分法律规范算什么?"㉖对此,本文认为,上述问题是一个伪问题。只要我们科学界定1982年《宪法》中我们国家军事机关的性质,还原其特殊行政机关的事实,就会发现军事法规、规章不过是军事机关制定的特殊行政法规、规章而已,并没有被排除在国家法律体系之外。只不过囿于篇幅所限,白皮书不可能一一列举而已。

二、军事法是一门法律学科

(一)军事法学科的证成及其体系、特征

1. 军事法学科的证成及其体系

军事法独立部门法地位的否定并不影响军事法学科的存在。法学是以法律现象和法律问题为研究对象的一门学问。㉗法学体系是指一个国家的有关法律的学科体系,法律体系则是指一国现行的法律规范体系。法学体系属于思想范畴,而法律体系则属于规范范畴,一国之内可能存在多个不同的法学体系。㉘以上本文虽然从三个方面论证了军事法不是一个独立的部门法,但同时本文认为军事法是一门十分必要的法学科。如果说军事法是指调整军事领域社会关系的法,军事法的外延则是各部门法中军事性规范的总和。所谓军事法学,即指以散在于各部门法中的军事性规范为研究对象的学科。法律体系是法学体系形成与建立的前提和基础。理论上,一个国家的法学体系中应用法学学科的划分是同该国法律体系中法律部门的划分相对应的。㉙尽管如此,本文认为应用军事法学应划分

㉕ 张艳:《再议军事法在国家法律体系中的地位》,载《西安政治学院学报》2012年第6期。
㉖ 参见张建田:《再论军事法应当作为中国特色社会主义法律体系的部门法》,载《法学杂志》2011年第8期。
㉗ 参见[德]卡尔·拉伦茨:《法学方法论》,陈爱娥译,商务印书馆2003年版,第19页。
㉘ 参见张文显主编:《法理学》,北京大学出版社、高等教育出版社2007年版,第127页。
㉙ 同上书,第127页。

为军事宪法学、军事行政法学、军事刑法学、军事经济法学、军事程序法学等五个而非七个学科。

首先,不存在所谓的军事民商法学。不可否认,民商法律部门中存在军事性规范,如婚姻法中关于军婚的保护性规定。但考虑到民商法调整的是平权型社会关系,不受参与者身份的影响。军事社会领域中平权型关系的调整与普通社会领域中平权型关系的调整一般情况下并无二致,且数量极少,个别特殊规范如婚姻法中对军婚的特别保护可以纳入到民商法部门中进行研究。故本文未将军事民商法学纳入到部门军事法学体系之中。

其次,程序法学中不存在所谓的军事民诉法学。尽管最高人民法院于2001年授权军事法院试行审理军内民事案件,但并没有从程序法的角度对军内民事诉讼作出任何特别规定。事实上,军内民事诉讼与普通民事诉讼没有实质上的差别,自然也就不存在所谓的军事民诉法学。现阶段军事程序方面的法律规范主要是刑事诉讼规范,未来随着依法治军进程的加快,战时军事司法立法终将出台,军事行政诉讼抑或提上议事日程,与之相关的战时军事司法制度研究、军事行政诉讼方面的研究必将成为一个新的学术增长点。

最后,社会法学中的军事性规范被纳入军事经济法学研究的范畴。不可否认的是,军人也存在养老、医疗、保险等社会问题。但长期以来,军事法学界习惯于将社会法中的军事性规范纳入到军事经济法学范畴中进行研究。[30] 传统上也认为,"'社会法'的确立既是对传统法律体系的修正,也是法律社会化的必然结果,它以经济法(最早是反垄断法)的出现为标志,由经济法、劳动法和社会保障法作为主干而构成"[31]。考虑到学术研究上的承继性,本文未将军事社会法学列为一个部门军事法学。

2. 军事法学的特征

首先,军事法学是一个综合性部门法学。军事法学的综合性来源于军事法的综合性。所谓的军事法,其外延不过是其他法律部门中军事性规范的总和。其中,行政法与刑法、刑事诉讼法中的军事性规范,即军事法学界所谓的军事行政法与军事刑法、军事刑事诉讼法规范,在军事法律规范中所占数量最多,此三者构成了军事法的主体部分。宪法及宪法相关法、经济法等部门法中的军事性规范,即军事法学界所谓的军事宪法(含宪法相关法)、军事经济法等规范,在军事法中数

---

[30] 参见刘新英、程晓敏:《军事经济法的概念、调整对象和体系》,载《军事经济研究》1995年第9期。

[31] 孙笑侠:《法的现象与观念》,山东人民出版社2001年版,第94页。

量较少,为军事法的重要组成部分。军事法学界所谓的次级军事法部门如军事行政法、军事刑法等与行政法、刑法等法律部门之间是特殊与一般的关系,二者之间体现更多的是共性而非个性。

其次,军事法学是一门交叉法学。军事学,是指研究战争和战争指导规律,用以指导战争准备和实施的科学。军事法学则是以调整军事领域社会关系中的法律规范为研究对象的学科。这就决定了军事法学与军事学、法学之间密不可分的关系。本文认为,军事法学是处于法学与军事学之间的一门交叉性学科。军事法学的研究与应用离不开军事学。正是军事活动的特殊性决定了军事法律规范的特殊性。不了解军事活动的特殊性就无法了解军事法律规范的特殊性。如以军事刑法为例,刑法以惩罚作为犯为原则,惩罚不作为犯为例外。从不作为犯罪的规制情况来看,刑法中的纯正不作为犯多集中在军事犯罪领域中。为什么会出现这种特殊现象呢?

这是因为与人类其他社会活动不同,军事是一种奠基在整体主义观念之上的人类社会活动。整体主义意味着以下推论:第一,在个体与整体的关系上,个体要绝对地服从整体;第二,在个体与个体之间的关系上,必须在整体的指导之下进行协同。在以服从和协同为特征的整体主义观念指导之下,军事领域充斥了各种各样的命令性义务规范,可谓举止动静皆有法度,甚至连一日生活都要"条令化"。军事的核心内容是战争,以战争为职业则意味着生命的随时付出,面对死亡的危险趋利避害却是人类的本能。在此意义上,军事秩序尤其是战时军事秩序的生成更大程度上不是自发生成而是人为调控的结果。上述情形表现到军事刑法中,即是命令性规范与禁止性规范并存,但军事刑法中的中命令性规范与普通刑法中的同类规范相较,数量要多得多,而且主要集中在战时。[32]

(二)学科军事法证成的重要意义

1. 有利于中国特色社会主义法治体系的科学建构与健康发展

首先,有利于消除部门法之间的交叉重叠情形,科学建设有中国特色的社会主义法治体系。法律部门的划分其实质是对一国现行法律规范的科学归类问题,必须坚持同一标准,以实现逻辑上的前后一致。坚持在"七法体系"外将军事法作为一个独立法律部门的做法,实际上是在部门法划分标准之外又另行增加一个特殊标准。如此一来势必出现部门法外延不清,交叉重叠现象丛生。

其次,有利于依据不同的社会关系种类选择不同的调整手段,实现军事法的

---

[32] 关于军事活动整体主义观念的证成,参见冉巨火:《军事刑法何以特殊》,载《中国刑事法杂志》2010年第9期。

良性发展与完善。早期法的部门的划分之所以不划分为政治法、军事法、经济法、文化法、教育法等,这一方面决定于历史传统,另一方面是由调整方法的特点决定的,不同的法律部门对应不同的调整方法。㉝ 进入 20 世纪以来,随着社会关系的发展,原有的法律部门之间相互渗透、影响的现象发生了,但社会关系种类与调整手段之间的一些基本对应关系,如平权型关系用民事手段来调整,隶属型关系由行政手段来调整,在法学界已经得到了共识。军事领域的社会关系既有平权型的,也有隶属型的;既有权利确认法,也有权利保护法;既有实体法,又有程序法。学科军事法命题的提出使得我们能够正确认识军事领域社会关系的复杂性,在此基础上科学选择与之对应的调整手段,从而实现军事法的良性发展与完善。

2. 有利于法治国方略在军事领域的全面践行

首先,立法上有利于正确认识军事司法权的属性,及时制订战时军事司法制度。战时军事司法立法在我们国家尚属空白,原因固然是多方面的,对军事司法权属性定位不清、把握不准,显然是其中的一个重要原因。世界范围内军事司法权的属性都是单一的,要么采延伸主义,要么采援用主义。唯独我国则采双重渊源说,认为军事司法权既渊源于国家司法权,也渊源于军事权。㉞ 这就使得军事司法权的行使不可避免地要受到军事权的影响和控制,在军事司法权属性问题上立场不稳,最终滑向军事权说。从而导致我国社会主义司法的二元化。㉟

上述问题的产生,军事法独立部门法论难辞其咎。要证成军事法独立部门法的地位就必须得无视军事权的行政权属性,强行将军事权证成与行政权截然不同的包括军事司法权在内的另外一种权力。军事司法成了军队的"家法"。反之,学科军事法则不再主张军事法是一个独立的部门法,承认军事司法权的国家司法权属性,认为军事司法不过是国家司法在武装力量领域的延伸。国家在军队内部设立的军事法院、军事检察院不过是专门的司法机关,军事司法终审权归属于国家最高审判机关。这一逻辑结论不仅契合了我国《宪法》的相关规定,而且也迎合了世界范围内军事司法的发展潮流。有利于扫清战时军事司法立法过程中存在的理论障碍,推动战时军事司法立法的进程。

其次,司法上有利于正确认识军事权的属性,推动军事行政诉讼制度的建立。

㉝ 朱景文:《中国特色社会主义法律体系:结构、特色和趋势》,载《中国社会科学》2011 年第 3 期。

㉞ 参见唐培贤、杨九根:《中国人民解放军审判工作史概述》,人民法院出版 1989 年版,第 2 页。

㉟ 参见田友方:《战时军事司法立法的三个理论前提》,载《中国刑事法杂志》2001 年第 5 期。

军事法学界关于军事行政诉讼的讨论始于20世纪90年代,但直到今天军事行政诉讼仍然只停留在概念上。其中最大的理论障碍在于:行政诉讼是对行政行为的司法审查,军事机关不同于行政机关,军事行政诉讼自然无从提起。㊱而依照学科军事法的观点,军事权的本质属性是行政权,军事机关原本就是军事行政机关,自然具有行政诉讼主体资格。

最后,法律适用上有利于正确认识军事法与各部门法之间的关系,合理解释军事法律规范。学科军事法论认为,军事刑法、行政法等军事法与刑法、行政法等部门法之间不过是共性与个性、一般与特殊的关系,因此,在军事法律规范适用过程中遇到法律没有明确规定或者规定不清的情形,应以相关部门法的理论、原则、方法为指导来进行解释,从而正确适用法律。以剥夺军衔的适用为例,在新刑法生效后,剥夺军衔是否还是一种附加刑,理论与实践均有不同的看法。中央军委坚持将其作为一种适用于军内的刑罚手段,专门于2000年11月28日下发了《关于剥夺犯罪军人军衔的规定》。问题在于,这一规定不仅明显违反了《立法法》中关于犯罪和刑罚事项只能制定法律的规定,而且违反了《刑法》中的罪刑法定原则。

上述问题产生的根本原因在于没有正确认识军事刑法与普通刑法的关系。长期以来,军事法学界"基于'国容不入军,军容不入国'的传统观念,普遍认为军事刑法是所谓'军事法部门'的组成部分,人为地将军事刑法与普通刑法的关系对立起来"㊲。在传统的军容、国容两不入的思维模式影响下,最终出台了上述规定。学科军事法认为军事刑法与普通刑法之间只是特别法与普通法的关系,既然《刑法》明文规定了罪刑法定原则,且没有将剥夺军衔作为一种附加刑,这就说明剥夺军衔在新《刑法》出台之后自然不再是一种刑罚方法。结合《刑法》第37条的规定及《中华人民共和国刑法(修订草案)》的审议结果㊳中提到的有关内容,可将剥夺军衔解释为一种非刑罚处理方法予以适用,根本无须中央军委另行发文规定。㊴

㊱ 参见张建田:《1990年军事法学研究概况》,载《法律科学》1991年第4期。
㊲ 田友方:《军事刑法若干问题的理论探讨》,载《当代法学》2004年第5期。
㊳ 参见薛驹:《全国人大法律委员会关于〈中华人民共和国刑法(修订草案)〉、〈中华人民共和国国防法(草案)〉和〈中华人民共和国香港特别行政区选举第九届全国人民代表大会代表的办法(草案)〉审议结果的报告》,1997年3月13日第八届全国人民代表大会第五次会议之港团第三次会议通过。
㊴ 参见冉巨火:《"剥夺军衔"仍应依法执行》,载《法学杂志》2004年第6期。

三、学科军事法研究的反思与深化

(一)学科军事法研究的任务是什么

军事法学研究的目的与任务是什么?这是研究军事法学首先必须解决的问题。长期以来,我们把自己研究精力的很大一部分锁定在了军事法部门法地位的论证上。事实上,只要我们还承认法律部门的划分标准,就会发现这根本是一个无法证成的命题。即使采所谓的"小军事法观",将军事法界定为军内法,军事法的外延至少也包括军人违反职责罪、纪律条令等内容。前者属于刑法范畴,后者属于行政法范畴。如此一来,难免入侵到其他部门法学研究领域中去,招致其他部门法学的不满。以致从一开始创立就直奔自己独立学科形态而去的军事法学,到今天仍然得不到其他部门法学的承认。力倡重构者提出的方案却是从所谓的军事权这一逻辑原点出发,并就此界定军事法体系的外部边界。[40] 看似充满新意,实则无视军事权的行政权属性,不过缘木求鱼。本意为断臂自保之举,反成回天无力之术。

学科军事法认为,军事法不是一个独立的法律部门,而是一个综合性、交叉性的学科。军事法学存在的目的在于融合各学科知识,研究军事领域中的法律现象,揭示其背后隐藏的特殊规律。当下法学学科之间的分工日益精细,但过于精细的学科划分不仅会限制知识的融合,也会限制各学科知识的增长与发展。正因为如此,有学者提出从学科分立到知识融合,是未来法学学科发展的必由之路。[41] 军事法学不仅是一个纵贯各部门法学的综合性部门法学,而且是一门横跨法学与军事学两大学科的交叉性学科。军事法学科的综合性与交叉性特征决定了军事法学研究必须融合法学、军事学等多学科的知识,从不同角度展开研究。

如什么是战时?为解答这一问题,刑法学者往往会援引《刑法》第451条的规定。问题是:其一,"战时"要素与其他法律中的相关规定如何协调?1997年《刑法》生效后,2004年3月我们修改了《宪法》,原来的"戒严"一词现已改为了"紧急状态";2005年3月我们制定了《反分裂国家法》,对《宪法》中规定的宣布国家进入战争状态的主体和适用范围作了重大改变。要协调战时要素与这些法律中

---

[40] 参见曾志平:《军事法体系建构新探》,载《西安政治学院学报》2005年第6期;傅达林:《军事法体系的重构之道》,载《北方法学》2011年第1期。

[41] 参见王利明、常鹏翱:《从学科分立到知识融合——我国法学学科30年之回顾与展望》,载《法学》2008年第12期。

的相关规定,就要求研究者必须具备宪法学方面的相关知识。其二,"战时"要素在新形势下如何解释?如信息化条件下的战争已经延伸到了虚拟空间,网络作战的概念与实践均已出现。此时战时概念应如何界定?始于何时?止于何时?要解决这些问题,就要求研究者必须熟悉军事学方面的相关知识。

(二)学科军事法的研究进路是什么

军事法学的学科属性是什么?是法学还是军事学?这一问题的回答至关重要,直接决定了军事法学科的研究范畴与进路。有学者将其具体化为两大命题:军事法学是通向军事的法律,还是通向法律的军事?这种研究进路带来的差异不仅仅是学术观点上的争执,它折射出了军事法学界对于军事与法律关系的价值判断:"是将军事进行法律过滤和改造,力图使法的要求内化成军事的精神皈依,还是将研究目的完全转向实践层面法律对于军事的工具性价值,让法律充当起军事活动有效性的卫道士。"[42]

学科军事法论认为,军事法学是法学与军事学之间的一门交叉学科,军事法学如果不关注和运用军事规律展开研究,就没办法凸显自身的特性,也就丧失了军事法学科存在的价值。尽管如此,军事法学的知识融合是在学科分立中实现的,军事法学的学科属性仍然是法学而非军事学,军事法学的研究范畴与进路仍应限定在法学范围内。

首先,从语法来看,"军事法学"一词中,"军事"只是一个定语,用来表明军事法学与其他部门法学之间的区别。正如法律逻辑学是逻辑学,法医学是医学一样,军事法学当然是法学。[43]

其次,不可否认军事秩序与现代法治之间存在冲突与矛盾之处。但这基本上只是说明军事秩序与现代法治存在冲突时我们需作出理性选择,而这种选择并非没有法治底线。"军人是国家的公民,也是法治国家的组成人员之一。在人权享有的角度而言,军人和一般公民一样,受到宪法基本人权的保障。所以军人应该是一位'穿着军服的公民'。军人为了保卫国民的军事勤务所需,自应对其人权作必要之限制,但基本上这乃是对军人人权之局部限制,而非全面剥夺,已是自明之理矣。"[44]

最后,"从法学的角度看,军队内部的关系是什么性质的关系至关重要,这直

---

[42] 姬娜:《通向法律的军事抑或通向军事的法律——军事法学研究进路的回顾与展望》,载《南京政治学院学报》2012年第2期。

[43] 参见毛国辉:《军事法:法学与军事学冲突之解决与建构——兼与杨轫、李剑同志商榷》,载《南京政治学院学报》2004年第5期。

[44] 陈新民:《军事宪法论》,扬智出版社1994年版,第167页。

接影响法律的性质及其独立地位。对这样重要的问题我国的军事法学者却不重视,而希望凡涉及军事利益的社会关系都由军事法调整"㊺。这种不分彼此一味强调军事法的"军事属性",并借以论证军事法独立部门法地位的做法,客观上无视军事领域各种社会关系之间的区别,不仅不利于正确认识军事法的本质与特征,甚至可能会导致因极端强调军事的主导地位,忽视法自身存在的价值,抹杀法与军事之间刻意保持的距离,使法彻底沦为军事的附庸。这种担心并非危言耸听,事实上已经有军事法学者主张在军事与法的关系上,法律不过是控制军队的一种工具或手段,"政治对军事组织的控制是一切国家的最后底线,军事必须在与市民社会的分野中得到极端重视。尤其是军事组织的内部法制,必须体现某种自上而下的层次属性,即等级管控特性。所谓法学的公平、正义、平等及其他价值追求都不能得到充分引入"㊻。这无疑是一个危险的信号。

(三)如何深化学科军事法的研究

首先,以部门法学原理为指导,关注基础性问题研究。诚如张建田先生所言,"层次不高,深度不够"是军事法学研究中存在的突出问题。"不少成果模仿性、套用性的痕迹比较明显。"㊼如什么是军事法? 直接套用的结果是调整军事领域社会关系的法。但军事领域的社会关系是什么性质的关系? 没有人在意这样的基础性问题,在学术功利心的驱使下,军事法学人醉心于用一本接一本的教科书搭建自己的学科体系。于是军事法学研究出现了一个奇特的景观:"教科书式的著作多,学术性专著少。"教科书的内容则大致雷同:一般原理、我国军事法制度和国际军事法(战争法)制度。"我国学者在体系的'全'上下了功夫,但在'深'和'专'上还用功不够。"㊽

学科军事法认为,军事法不是一个独立的部门法,军事刑法、军事行政法与刑法、行政法等部门法之间的关系不过是特殊与一般的关系。因此,军事法学的研究应注重以部门法学原理为指导,关注基础性问题研究。在此问题上,一些学者已经为我们作出了很好的垂范。如田友方教授即将军事刑法与普通刑法的关系界定为特别法与普通法的关系,对我国"并重主义"的军事犯罪概念进行检讨,反思了现行军职罪的规制范围,指出了未来法律修改应关注的重点问题。㊾ 文章娓娓道来,有理有据,一扫以往军事法学研究呈现出来的浮躁心理,读之使人静心。

㊺ 参见张少瑜:《中国军事法学的过去、现在与未来》,载《华东政法学院学报》2000 年第 4 期。
㊻ 杨韧、李剑:《军事法研究进路的批判性建设》,载《南京政治学院学报》2004 年第 1 期。
㊼ 张建田:《我国军事法学的创立与发展回顾》,载《中国法学》1999 年第 5 期。
㊽ 参见张少瑜:《中国军事法学的过去、现在与未来》,载《华东政法学院学报》2000 年第 4 期。
㊾ 田友方:《军事刑法若干问题的理论探讨》,载《当代法学》2004 年第 5 期。

其次,摒弃泛政治化的研究方法,恢复规范法学研究之路。几乎所有的军事法学教材在论述到军事法的本质时都会提到军事法的阶级性:我国的军事法是无产阶级的军事法,是工人阶级及其领导的广大人民意志的集中体现;剥削阶级的军事法是为剥削阶级服务的,是剥削阶级用以统治人民,镇压广大士兵的工具。㊿这与早期学界关于刑法本质的论述何其相似?!如今的刑法学已经开始跳出这种阶级斗争式的空洞论述,走上了规范学研究之路。军事法学却于懵懂中拾人牙慧,亦步亦趋,欣然而自得。这种做法无异于将法学等同于政治学,最终将失却法学自身存在的价值。于事何补?于国何益?

诚然,"法律、法学与政治之间存在着千丝万缕的联系,但法学要想健康发展,就必须通过体现其自身理论性和技术性的双重特质,来保持它与政治的适当距离,并用自身特有的规范机制和理论体系显示出它与政治学的区别"[51]。学科军事法命题的提出,犹如当头棒喝,至少可以让军事法学研究者不再痴迷于构建自己所谓的独立的学科体系,以宏大政治语言叙事的方式来描述法律,认可军事法的外延不过是其他部门法中的军事性规范的总和,是一个综合性法律部门,以之为研究对象的军事法学则是一个综合性部门法学。次级军事法部门如军事刑法、军事行政法等与刑法、行政法等部门法的关系不过是个别与一般的关系,二者之间更多的是共性而非个性。军事法学无须也不可能为之构建出不同于其他部门法学的理论体系。军事法学研究所要做的不过是在坚持部门法学理论、原则、方法的基础上,结合军事需要,以法学范式揭示军事行为规范中的一些特殊之处。从而从那些无意义的宏大的学科体系建构中抽身而出,集中精力研究军事社会领域中的一些亟待解决的法律问题,达到深化军事法学研究的目的。

最后,打通研究壁垒,开展军地协同研究。军事法学横跨军事学与法学两大学科,纵贯几乎所有的部门法学。这就要求军事法学研究者必须具备多方面的知识储备,不仅要精通法学,还要熟悉军事学。但现实情况往往是懂军事的不懂法律,懂法律的不懂军事。因此,军事法学研究应该加强军地学者之间的沟通与协调,从而实现军地双方在学科背景知识上的优势互补。让人遗憾的是,军地协同研究不够已经成为军事法学研究中存在的一个痼疾。"经过多年的努力,我国军

㊿ 参见图们主编:《军事法学教程》,法律出版社1992年版,第44页;陈学会主编:《军事法学》,解放军出版社1994年版,第58页;方宁、许江瑞、姜秀元编著:《军事法制教程》,军事科学出版社1999年版,第1页;张山新主编:《军事法学》,军事科学出版社2001年版,第23页;李佑标等:《军事法学原理》,人民法院出版社2005年版,第8页。

[51] 王利明、常鹏翱:《从学科分立到知识融合——我国法学学科30年之回顾与展望》,载《法学》2008年第12期。

事法学研究队伍逐步形成了军队学者为主、地方学者为辅的特殊群体。"[52]"目前主要的军事法著作几乎都是军队同志写的,主要学术活动是军队组织的,尤其是学术观点也反映了军队同志的立场。"[53]在观念上,军队的军事法学者往往基于国家军事利益重要性的考虑强调军法从优、军法从严,基于军事活动保密性的要求主张军事法也应具有保密性。在现实中,"由于各方面的原因,1991年12月成立的中国法学会军事法学研究会在其章程中明确规定不吸纳地方人员入会"[54]。

这些排外观念及现实的存在使得地方学者对军事法学研究往往望而却步,长此以往必然不利于军地学者之间的协作与沟通。学科军事法命题的提出以军事法独立部门法地位的否定为前提,与其他部门法学修好之余,将所有部门法中的军事性条款悉数收纳为本学科的研究对象。不仅完整地呈现了军事法综合部门法学与交叉法学的特征,理顺了军事法学与其他部门法学之间的关系。相较于军事法独立部门法论而言,显然更有利于打破所谓的法学科之间的"职业性神秘",吸引更多的地方学者投身到军事法学研究中来,在学科分立的框架中实现知识融合的意旨,从而深化军事法学研究。

四、结语

军事法不是一个独立的部门法,而是一门学科,唯此方能解决理论与实践中的诸多困惑。在此立论之下,本文对军事法独立部门法论的诸多观点逐一进行了批评,其意无他,乃在挑起学派之争,繁荣学术研究。区区微衷,尚请贤明鉴之。

---

[52] 张建田:《中国军事法学研究的回顾与思考》,法律出版社2003年版,第304页。
[53] 参见张少瑜:《中国军事法学的过去、现在与未来》,载《华东政法学院学报》2000年第4期。
[54] 张建田:《中国军事法学研究的回顾与思考》,法律出版社2003年版,第305页。

我国刑法制裁体系的反思与完善

彭文华

一、引言

自 1979 年《刑法》(以下简称 79 刑法)颁行以来,我国犯罪体系得以长足发展和完善。刑法中的罪名,也由最初的 130 个扩充至现在的 486 个,相关立法日趋成熟。比较而言,我国刑法制裁体系从确立至今,基本框架未有实质变化。尽管 1997 年修订后的《刑法》(以下简称 97 刑法)对制裁体系有所完善,但也只是局部、个别的。受时代背景等影响,79 刑法确立的制裁体系具有鲜明的工具主义倾向。"对于刑罚概念的界定、刑罚目的的看法等,都带有比较突出的'工具主义'倾向,重视和强调刑罚的阶级属性。"[①]其主要特点是注重刑罚权及其主导作用,强调对犯罪的惩治和威慑。20 世纪 80 年代以来,随着我国经济社会的不断发展,刑法惩罚措施、制度之适用问题不断显现。"近年来,随着我国大陆刑罚功能不足与刑法效益欠佳问题的日益凸显,刑罚结构的改革和完善不仅成为学术界关注的重大话题,而且成为国家立法机关修改刑法关注的重点问题。"[②]例如,《关于〈中华人民共和国刑法修正案(八)(草案)〉的说明》中,就明确提出了立法修改任务之一是"调整刑罚结构"。与此同时,为了更好地实现制裁效果,立法强化了刑事制裁的教化作用,更关注刑法目的之实现。例如,《刑法修正案(十一)》对因不满 16 周岁不予刑事处罚时给予的必要处遇,由"可以由政府收容教养"修改为"依法进行专门矫治教育"。又如,根据《社区矫正法》第 1 条规定,该法的目的是"提高教育矫正质量,促进社区矫正对象顺利融入社会,预防和减少犯罪"。与工

---

* 原载《中国法学》2022 年第 2 期。
** 上海政法学院刑事司法学院院长、教授、博士生导师,法学博士、博士后。
① 赵秉志主编:《刑法学总论研究述评(1978—2008)》,北京师范大学出版社 2009 年版,第 465 页。
② 梁根林:《刑罚体系结构优化的两个维度》,载赵秉志主编:《刑罚体系结构的改革与完善》,北京师范大学出版社 2012 年版,第 13 页。

具主义刑法观不同,目的主义刑法观更强调刑法制裁目的及制裁效果之实现。

近年来,随着社会主义法治现代化进程不断推进,"以人民为中心"成为社会主义法治的核心价值。以人民为中心,就是坚持人民在法治中的主体价值和中心地位,法治建设的出发点和落脚点,在于体现人民利益、维护人民权益等。③ 对于刑法制裁体系而言,"以人民为中心"意味着其重心应由惩罚及其结果转至权益保护以及制裁效果,并以之作为刑法制裁的出发点和归宿。立足于权益保护与制裁效果,在犯罪体系不断扩充,刑法制裁由工具主义向目的主义转变,以及犯罪治理模式亟须转型的情形下,改革和完善刑法制裁体系是大势所趋。本文立足于刑事治理现代化,在全面分析现行刑法制裁体系之特征与不足的基础上,以刑法分配主义理论为指导,通过完善我国刑法制裁体系,合理分配刑法制裁措施和制度,衡平权力运行与权益保护,满足参与主体的权利与义务之分配需要,以期充分实现刑法的分配正义。

二、刑法制裁体系的功能与特征

所谓刑法制裁体系,是指刑法规定的刑罚和非刑罚制裁措施及制度,按照一定的标准或次序排列组成的相互联系、相互制约的有机整体。刑法制裁体系不同于"刑罚体系"和"刑事制裁体系",其在内容上包括刑法制裁方法体系和刑法制裁制度体系。刑法制裁体系有其特定功能和鲜明的本土化特征。

(一)刑法制裁体系的功能

1. 刑法制裁体系的功能划分及其依据

刑法制裁体系的功能不同于刑法制裁的功能。前者主要从一体化角度揭示刑法制裁的系统功能,不为个别刑罚制裁功能所限,侧重从整体上反映制裁体系的科学性与合理性;后者多强调不同刑法制裁各自的功用和效能,不关注刑法制裁的体系化效果和作用。刑法制裁体系化,往往能使刑法制裁功能的效果最大化,为刑法制裁之革新指明方向和目标。一直以来,作为最重要的刑法制裁,刑罚的功能和作用备受关注。"在对刑法进行机能性考察的场合,考察的几乎都是刑罚的机能,即刑罚是报应还是教育……"④然而,刑罚的作用是有限的。"虽然有很多实证研究,但仍然不能说刑罚对犯罪人的改造效果和一般预防效果在科学上

---

③ 参见张文显:《习近平法治思想的理论体系》,载《法制与社会发展》2021年第1期。
④ [日]平野龙一:《刑法的基础》,黎宏译,中国政法大学出版社2016年版,第73页。

得到了证明。"⑤它不能代表刑法制裁的全部,在社会防卫等方面发挥的作用相对有限。"因为罪责的限制,刑罚不能充分地满足保卫社会的任务。"⑥因此,考察刑法制裁体系的功能,不能照搬刑罚功能,而应立足于刑法制裁参与主体进行一体化考察。

一般来说,犯罪所涉利益关系方通常有四:国家、犯罪人、被害人和社会公众。犯罪所破坏的是这四方主体之间正常的社会秩序和社会关系。刑法制裁的目的,是将四者间被破坏的社会秩序和社会关系恢复正常。因此,刑罚制裁体系的功能应立足于参与主体,进行全面、系统地考察。从国家层面来说,刑罚权是应对犯罪的基础和依靠,能最直接发挥刑法的惩罚与威慑作用。但是,崇尚刑罚权容易导致制裁之权力导向,弱化刑法的其他功能,乃至留下遗憾。"在英国文化中,在资源稀缺和给犯罪造成毁灭性经济后果的社会,逮捕、拘留和审判的概念在很大程度上取代了向受害者家庭提供牲畜补偿的传统做法。"⑦站在犯罪人的角度,通常希望其合法权益得到保障。"一种强有力的法理学论据认为,宪法应当保护刑事被告在行使对其案件的控制权时的利益。"⑧犯罪人的认同感并不取决于惩罚与威慑,而是在很大程度上源自教育和改造。基于被害人的立场,惩罚、教育犯罪人并不意味着其权利得以恢复。在犯罪人没有赔偿能力的情况下,被害人的权利往往得不到保护,此时就需要国家采取措施来恢复被害人的权利。权利保护与利益补偿,对被害人的重要性是不言而喻的。对社会公众而言,他们对犯罪人具有本能的提防、抵触情绪,这反过来又会妨碍犯罪人回归社会。只有犯罪人的人身危险性得以消除,洗心革面重新做人,才能被社会接纳。因此,犯罪人只有得到矫正并重塑自我,才能重新赢得社会公众认可,这是其回归社会的保证。上述参与主体的愿景与需要,即为刑法制裁体系需要发挥的功能,唯此才能使犯罪所破坏的社会关系和社会秩序得以最大程度地恢复。

2. 刑法制裁体系的主要功能

刑法制裁体系必须满足不同参与主体诉求,才能实现最佳制裁效果。立足于

---

⑤ [日]佐伯仁志:《刑法总论的思之道·乐之道》,于佳佳译,中国政法大学出版社 2017 年版,第 2 页。

⑥ [德]克劳斯·罗克辛:《德国刑法学总论》(第 1 卷),王世洲译,法律出版社 2005 年版,第 4 页。

⑦ Andrew Novak, Abuse of State Power: The Mandatory Death Penalty for Political Crimes in Southern Rhodesia, 1963-1970, 19 Fundamina 28 (2013), p.30.

⑧ Erica J. Hashimoto, Resurrecting Autonomy: The Criminal Defendant's Right to Control the Case, 90 B. U. L. Rev. 1147 (2010), p.1149.

维系或恢复正常的社会秩序和社会关系需要,从参与主体的角度出发,刑法制裁体系的功能主要有四:惩罚与威慑功能;教育与改造功能;保障与补偿功能;矫正与回归功能。

第一,惩罚与威慑功能。根据刑法家长主义,惩罚与威慑是作为家长的国家对实施危害行为的子女——犯罪人进行管制的必要手段。一般来说,不同的惩罚理论立足点不同。"功利主义惩罚理论主张惩罚只是为了阻止犯罪者未来的风险,与之相反,报应主义主要(极端或完全地)关注对已经造成的伤害的评估,并确保犯罪者得到应得惩罚,即使这不会带来更好的结果。"⑨刑罚是实现惩罚功能的有力手段。其处罚范围越大,被处罚的行为人越多,惩罚倾向就越突出。但是,惩罚也会因严厉而丧失道德正当性与道义必要性。"在这种不计后果的严厉惩罚中,有一种冷酷无情的东西,在某种程度上侮辱了整个西方民主传统。"⑩与惩罚相对应的是威慑。威慑旨在通过为犯罪行为设置相应后果,使行为人对自己的行为有可预见性,激励其放弃犯罪。根据威慑理论,威慑犯罪的原因在于犯罪能危害社会,故威慑犯罪等同于增加社会福利。威慑相对于惩罚具有补充性质,能将惩罚与赔偿联系起来,避免刑法沦为纯粹的报应工具。"威慑补充理论能够较为有效地解释赔偿与刑罚这两种基本法律制度的理论联系,并由此更清晰地理解和分析包括救济、和解及社会公平在内的相关理论与制度问题。"⑪惩罚在一定程度上代表工具理性,威慑则具有目的指向性。

第二,教育与改造功能。单纯的惩罚与威慑,容易导致制裁失当或者失衡。充分考虑其对犯罪人的效果,是刑法家长主义必须面对的。"家长主义的刑法,不能一味满足被害人的复仇心理,也不能追求严刑酷罚,而同时必须兼顾考虑对犯罪人惩罚的效果。"⑫一般来说,惩罚效果离不开教育和改造。改造的方式多种多样,但治疗和教育至关重要。⑬根据刑法家长主义,教育和改造注重交流和沟通,体现道德教化。若是单纯的惩罚与威慑,对人和动物来说有时并无差异。为避免惩罚之痛苦,动物和人一样也会克制,此时惩罚发挥的是机械威慑作用。与动物的克制是条件反射不同,人会反思被惩罚的原因,其所传达的更深层次信息是,犯

---

⑨ J. Bregant, E. M. Caruso, A. Shaw, Crime because punishment? the inferential psychology of morality and punishment, 2020(4) U. Ill. L. Rev. 1177 (2020), pp. 1185 – 1186.

⑩ Joshua Kleinfeld, Two Cultures of Punishment, 68 Stan. L. REV. 933 (2016), pp. 1035 – 1036.

⑪ 戴昕:《威慑补充与"赔偿减刑"》,载《中国社会科学》2010 年第 3 期。

⑫ 车浩:《自我决定权与刑法家长主义》,载《中国法学》2012 年第 1 期。

⑬ Clarence Schrag, Crime, Justice and Correction, 7 Crime& Delinquency 84 (1961), p.84.

罪并非道德的,不为社会和他人所接受,这便是所谓的道德教育理论。根据该理论,"惩罚是对作恶者的一种教导,她所做(或想做)的行为是被禁止的,因为它在道德上是错误的,因此不应该这样做"[14]。道德教育理论不会把犯罪人当作"病人"看待,而是重在实现制裁的目标,避免机械化的报应主义和工具化的功利主义,力图通过有效的教育手段改造犯罪人。道德教育理论体现了新的制裁理念,即优化福利并将惩罚目标对准好的结果,惩罚不是目的而是手段。[15]

第三,保障与补偿功能。就刑法制裁而言,如果说惩罚与教育功能侧重刑法对犯罪人的强制与干涉,那么保障与补偿功能则强调刑法的人权保障以及权利保护与补偿。这被认为是刑法应有的人性化情怀,是刑法之软家长主义的体现,并使刑法蒙上温情的面纱。"我们所生活的世界的复杂性和人类在处理一些关键问题时的易犯错误,要求在许多情况下对干涉主义采取反应。……最近人们对软家长主义的兴趣值得赞扬,这种做法的提倡者就它如何可能比传统的硬家长主义做法产生更令人满意的结果提出了一些有价值的建议。"[16]通常,犯罪意味着对被害人权益的剥夺,尽管被剥夺权益有时能恢复,但很多时候是难以恢复的,甚至是不可逆的。例如,财物毁坏就难以恢复,损害生命、健康是不可逆的。因此,对被害人来说,权利保护与利益补偿是不可或缺的,其与惩罚犯罪人应当并行不悖。当然,惩罚犯罪人同样需要保障其权益,其与保护被害人利益并不冲突。因为,犯罪人除因惩罚致权利受损外,不应再遭额外制裁,否则便是合法权益受损害,这是现代刑事法治不允许的。

第四,矫正与回归功能。刑法制裁的矫正与回归功能强调结局和效果,需要站在社会公众的立场来评价,其核心是恢复性司法。从司法实践的状况来看,无法顺利回归社会是诱发犯罪人再次犯罪的重要因素之一。要降低刑释人员的再犯率,使犯罪人得到矫正是前提,为犯罪人回归社会创造平等包容的环境是保证。经验表明,报应主义对犯罪治理虽有成效,却也滋生不少问题。"逾四分之一世纪以来,刑罚强调报应作为主要的正当性,强调剥夺的程度作为适当制裁的重要措

---

[14] HetaHayry, Critique of the Paternalistic Theories of Correction, A, 4 CAN. J. L. & Jurisprudence 187 (1991), pp.191-192.

[15] See Lisa Anne Smith, The Moral Reform Theory of Punishment, 37 ARIZ. L. REV. 197 (1995), p.208.

[16] Anthony Ogus, The Paradoxes of Legal Paternalism and How to Resolve Them, 30 Legal Stud. 61 (2010), pp.72-73.

施。这种做法导致许多罪犯的刑期延长,以及被监禁的个人人数增加。"⑰功利主义虽在一定程度上弥补了报应主义之不足,但仍属于犯罪控制模式。恢复性司法则围绕被害人和犯罪人展开,以其赢得公众认可和恢复被犯罪破坏的正常社会秩序为目标。对被害人和犯罪人而言,只有彼此权利与义务之保护与担负实现最大公约数,才能充分赢得社会认可和公众认同,为犯罪人再社会化奠定坚实基础。可见,矫正绝不意味着治病救人,而在于犯罪人的再社会化获得成功并能顺利回归社会。此目标之实现,是刑法制裁效果最佳化的外在体现,也是刑法制裁体系的出发点和归宿。

(二)我国刑法制裁体系的主要特征

我国刑法制裁体系具有浓厚的本土特色,与国外许多国家的刑法制裁体系有所不同。尽管经过四十余年的发展演变,但是我国刑法制裁体系的基本框架并未有实质性变化,仍然保留初始时的主要特征。具体如下。

1. 多样化与平面化

我国刑法制裁体系的多样化是由刑法制裁方法与刑法制裁制度的多样性决定的。就刑法制裁方法而言,除刑法规定的五种主刑、四种附加刑外,还包括矫治教育、强制医疗、禁止令、从业禁止等。刑法制裁制度则包括酌情减轻处罚及法定从宽或从严处罚制度、数罪并罚制度、刑罚执行、消灭制度等,其多样化不言而喻。尽管如此,由于我国刑法制裁方法并未区分层级,有的甚至在类型归属上也不明确,其平面化特征较为鲜明。我国刑法制裁体系的平面化与我国刑法中犯罪结构的单一化是密切相关的。由于刑法并未对众多个罪加以轻重不同的分类,致使在适用轻重不同的刑法制裁方法以及刑法制裁制度时,难以类型化、明确化。犯罪结构单一化,是刑法制裁平面化的重要原因之一。

2. 工具主义倾向

在我国,刑法工具主义有其独特的传统、渊源以及传承方式。97 刑法废除类推制度,确立罪刑法定原则,是对传统刑法工具主义的彻底否定。其后,刑法空置罪名增多,表明立法陷入不以实际适用为特征的漩涡之中,即所谓的"新刑法工具主义"。⑱ 诸如监禁等剥夺自由的刑罚所带来的痛苦时光,及其推理之中并无丝毫对人类苦难的怜悯和对人类主体性的关怀,所充斥的是冷酷的计算与工具主义

---

⑰ Donald H. J. Hermann, Restorative Justice and Retributive Justice: An Opportunity for Cooperation or an Occasion for Conflict in the Search for Justice, Seattle Journal for Social Justice, Vol. 16, Issue 1 (Summer 2017), p. 71.

⑱ 参见魏昌东:《新刑法工具主义批判与矫正》,载《法学》2016 年第 2 期。

的运用。[19] 从刑法修正案增设从业禁止的时机、终身监禁只适用于贪污罪、受贿罪等情形来看,应不排除现实化的工具主义刑法观使然。我国刑法制裁的工具主义倾向还体现在对犯罪人、被害人权益保护措施和制度的相对阙如。究其原因,在于"我国长期以来更加重视对社会整体利益的保护而相对弱化了对公民个人权利与自由的保护,以及习惯上认为刑法是有效维护国家政治安全和社会稳定的首要工具这一思维定式所造成的"[20]。

3. 功利主义刑罚观

从我国刑罚制裁体系的内容和结构来看,是注重发挥刑罚的现实功能和后果的。刑法对不同种类刑罚的适用条件与限制等规定相对明确、具体,便于司法操作,个罪中刑种与刑度的设置也较为详细。在司法实践中,"面对刑事犯罪的高发态势,在'严厉打击严重刑事犯罪'方针的指引下,立法机关更倾向于依靠加大刑罚量的投入来提升刑罚惩罚和预防犯罪的功能"[21]。相反,刑法对非刑罚处罚方法的规定相对概括、笼统,缺乏可操作性,导致在具体适用时容易受限。例如,2019年全国刑事案件生效判决人数为1661235人,其中适用刑罚处罚的1637957人,约占98.6%。[22] 足见对适用刑罚的依赖程度。至于刑法规定的制裁制度,也体现了重视刑罚的现实功用和后果的倾向。"与世界上许多国家刑法所采取的刑罚和保安处分'双轨制'的制裁模式不同,我国刑法以刑罚为主导的'单轨制'制裁模式的特征较为明显。"[23] 刑法对刑罚现实功用和后果的依赖,还体现在不同制裁制度皆以刑罚的轻重、加减以及高低作为依据和标准上。

4. 自由刑中心主义

我国刑法在制裁犯罪上特别倚重自由刑。五种主刑中就有四种属于自由刑。就个罪的刑种配置来看,自由刑也占绝对主导地位,其中有期徒刑和拘役配置率最高。在司法适用上,刑法起初非常重视死刑的威慑作用,97刑法规定的死刑罪名有68个,占当时其所规定的412罪名的近1/6,只是后来废除至46个罪名。不过,司法实践对死刑适用趋于严格,近年来对死刑的依赖大幅度下降。目前,有期徒刑和拘役的司法适用率是最普遍、最高的。例如,2019年全国刑事案件生效判决人数中,仅适用不满5年有期徒刑、拘役、管制的人数就达1451058人,约占全

---

[19] 参见陈雪:《刑罚、持续性以及现代监狱制度——读〈论犯罪与刑罚〉》,载《政法论坛》2019年第6期。
[20] 谢望原:《谨防刑法过分工具主义化》,载《法学家》2019年第1期。
[21] 王志祥、敦宁:《刑罚配置结构调整论纲》,载《法商研究》2011年第1期。
[22] 参见中国法律年鉴编辑部:《中国法律年鉴(2020)》,中国法律年鉴社2020年版,第1284页。
[23] 敦宁:《后劳教时代的刑事制裁体系新探》,载《法商研究》2015年第2期。

部生效判决人数的87%。㉔ 由此可见司法对自由刑之倚重。至于附加刑,尽管个罪规定罚金刑的比例也不低,但考虑到其执行难等问题,实质上司法实践对罚金刑的依赖度并不高。

三、我国刑法制裁体系存在的问题及反思

作为犯罪的法律后果,刑法制裁需要适应惩罚犯罪的需要。自《刑法》颁行的40多年来,我国犯罪体系发生了巨大变化,刑法制裁体系却基本保留初始框架。这也导致刑法制裁体系难以跟进现代犯罪治理步伐,在司法实践中不时遭遇各种问题和挑战,值得反思。

(一)我国刑法制裁体系存在的主要问题

如果说罪刑关系是刑法制裁的基础,那么效率和效果无疑是刑法制裁的终极诉求。缺乏效率的刑法制裁谈不上公平、公正,没有效果的刑法制裁也难以实现刑法目的。在实现刑法的效率与效果上,我国现行刑法制裁体系存在不少问题和挑战。主要包括:

首先,刑法制裁的封闭化与形式化。刑法制裁的封闭化与形式化首先体现在刑罚体系上。刑法规定的不同种类刑罚均有其适用的对象和条件,主刑与主刑、主刑和附加刑之间不能易科,这使得主刑与附加刑的适用呈现封闭化与形式化。刑法制裁的封闭性与形式化,还表现在刑罚与非刑罚方法的衔接上。"在刑罚改革中,不仅涉及刑罚内在的结构的合理性问题,也涉及刑罚外在的非刑罚方法的设置,非刑罚方法与刑罚方法的衔接和协调问题。"㉕由于刑法对非刑罚方法适用对象和条件均未明确,致使其与刑罚之适用呈现"井水不犯河水"状态,几乎各不相干。此外,刑法对减刑、假释等规定严格的适用条件,也造成不同刑罚制度之间相对封闭,致使有的制度几乎被架空(如假释)。主刑与附加刑的相对闭合与分割,刑罚与非刑罚方法的衔接不畅等,将制约不同制裁方法与制度的相互转化和灵活运用,导致刑法制裁出现轻轻重重现象,影响其效率和效果。例如,我国不少证券违法行为涉案金额特别巨大,却并未得到应有的刑事制裁,其中有案不移以罚代刑的现象得到部分验证。㉖ 可以说,这与刑行制裁的衔接与消融不畅不无

㉔ 参见中国法律年鉴编辑部:《中国法律年鉴(2020)》,中国法律年鉴社2020年版,第1284页。
㉕ 郑丽萍:《中国刑罚改革的系统性思路与进路》,载《法学评论》2010年第6期。
㉖ 参见练育强:《证券行政处罚与刑事制裁衔接问题研究》,北京大学出版社2017年版,第264页。

关系。

其次,刑法制裁的功能与作用发挥不够。尽管我国刑法制裁具有多样化特征,但在适应现代犯罪治理需要上短板越发明显。以资格刑为例,我国《刑法》第54条规定的四种剥夺政治权利的情形,脱胎于改革开放之际,具有鲜明的时代特征。在经济犯罪、业务犯罪等不断增长的今天,利用特定职务、业务以及其他资质犯罪的现象日益突出,刑法规定的资格刑远难胜任惩罚相关犯罪的需要。另外,刑法对有的制裁方法定位不准确,影响其功能与作用的发挥。以罚金刑为例,由于其为附加刑并从属于主刑,刑法对之规定往往较为概括、不明确。就经济犯罪而言,部分条文明确了罚金刑的数额或比例范围,但也有不少条文只规定了"并处"或"单处"罚金,在一定程度上导致司法实践中罚金刑适用较为混乱,类似的行为判处罚金差别巨大。㉗ 无论是资格刑还是罚金刑,如果多元化不足或者定位不合理,势必会导致以监禁刑等主刑替代之。监禁刑复杂的适用程序以及羁押等执行方式,会严重影响刑法制裁的效率。以监禁刑替代本应适用的刑种,给人感觉并非对症下药,将影响刑法制裁的效果。

再次,犯罪化有余而去标签化不足。自《刑法》颁行40多年来,我国犯罪化步伐呈现不断扩张态势。其中,行政犯罪等法定犯的扩张,是犯罪化的主力军。中立帮助行为犯罪化、预备行为实行化等,也成为犯罪化的重要表现。同时,这些新增犯罪也逐渐替代传统犯罪,成为新型高发性犯罪。例如,在许多省市,危险驾驶罪发案率超过盗窃罪,成为发案率最高的犯罪。犯罪化之横向与纵向扩张,会导致越来越多的人被贴上犯罪的标签。笔者以"前科""再犯"为全文检索项,在中国裁判文书网上检索一审刑事判决书中存在的前科和再犯情况,截至2021年9月9日,共分别检索到1181256份、1523696份判决书符合要求,分别占全部一审刑事判决书6440560份的18.34%、23.66%。足见我国的犯罪标签化状况之严重!犯罪的标签效应会严重阻碍犯罪人的再社会化,影响刑法制裁的效率与效果。"关于有前科人员就业难问题的报道时常见诸报端,前科往往成为横亘在有前科人员重归社会之路上的拦路之虎,使得他们的就业和权益保障荆棘满途。"㉘ 如何化解其中的矛盾和挑战,成为立法者、司法者需要面对的紧迫课题。

最后,与其他刑事法律规定不协调。我国《刑法》规定的制裁方法和制度,与《刑事诉讼法》《社区矫正法》等其他刑事法律规定,在许多方面存在不协调之处。例如,《刑事诉讼法》规定的简易程序和速裁程序的适用对象,均不能适用于案件

㉗ 参见龙兴盛:《经济违法行为刑事制裁介入度研究》,法律出版社2015年版,第229页。
㉘ 邵玉婷:《前科就业限制的比例原则规制》,载《东方法学》2017年第3期。

有重大社会影响等情形,这使得两者之界限变得含糊不清。究其原因,与没有以刑法制裁为基础对犯罪加以类型化有密切关系。另外,我国刑法制裁与《社区矫正法》也存在不契合之处。在现行刑法制裁方法中,具有封闭性的监禁刑居多,开放性刑种相对欠缺。五种主刑中,属于非监禁刑的只有管制一种,其他均为监禁刑。附加刑中,只有剥夺政治权利为开放性刑种,罚金、没收财产和驱逐出境不存在开放性问题。在司法实践中,开放性刑种的适用也少之又少。如2019年全国刑事案件生效判决人数中,适用管制刑的有5860人,独立适用剥夺政治权利的有9人,两者占比仅为0.35%㉙,几乎可以忽略不计。但是,根据《社区矫正法》第2条的规定,社区矫正的对象是被判处管制、宣告缓刑、假释和暂予监外执行的罪犯,这意味着能适用社区矫正的刑罚只有管制。由于社区矫正具有开放性特征,开放性刑种的偏少以及适用率偏低,表明刑法制裁体系与《社区矫正法》之间存在不协调,将影响刑事制裁执行的效率和效果。

(二)对我国刑法制裁体系的反思

造成上述问题的原因很多,刑法制裁体系存在不足无疑是重要原因之一。我国刑法制裁体系之所以存在不足,受诸多因素影响。从司法实践中刑法制裁方法和制度的运用情况来看,主要包括以下几方面因素。

1. 严重滞后于情势变更需要

79刑法颁行以来,中国社会发生巨变,刑法目的也随之发生转变。例如,社会转型以及犯罪化进程的突飞猛进,给犯罪治理模式带来了巨大冲击。与79刑法以自然犯为主不同,新增犯罪大多为法定犯,特别是经济犯罪等大幅扩张对传统刑法制裁体系提出了新挑战。"当罪的数量因为社会生活的变化作出调整时,刑的数量和强度即刑罚结构也应根据罪的变化作出及时的调整,以确保罪刑关系的协调。"㉚同时,刑法中轻微罪的显著增长,对刑行界分提出了考验。"针对诸多法定犯中的轻微犯罪,一元化的刑法立法很难穷尽各种严重行政违法行为犯罪化的构成要件表述,更难以做到行政处罚与刑事处罚之间的无缝对接……"㉛此外,刑事责任年龄下调、网络犯罪泛滥、人工智能的出现等,也需要刑法理性应对。社会转型、犯罪治理模式转换需要、犯罪类型的变化以及新型犯罪治理需要,无不对刑法制裁体系提出新的要求。在这样的态势下,我国刑法制裁体系仍然维系初始

㉙ 中国法律年鉴编辑部:《中国法律年鉴(2020)》,中国法律年鉴社2020年版,第1284页。

㉚ 宋伟卫、韩玫:《"整体趋轻、单极发展":我国刑罚结构改革的基本方向》,载《河北法学》2014年第3期。

㉛ 何群、储槐植:《论我国刑罚配置的优化》,载《政法论丛》2018年第3期。

时的基本框架,滞后于情势变更需要是不言而喻的。

2. 未能充分适应刑事政策调整需要

刑事政策是刑事法治的灵魂,它超乎于刑事法律之上,又直接体现于刑事法律之中,影响一国的刑事立法。㉜ 79 刑法制定之时,奉行惩办与宽大相结合的刑事政策(79 刑法第 1 条)。20 世纪 80 年代初,由于犯罪率急剧攀升,我国开始实施"严打"政策。2004 年,中央政法工作会议明确提出实行"宽严相济的刑事政策",至 2010 年最高人民法院印发《关于贯彻宽严相济刑事政策的若干意见》,标志着宽严相济的刑事政策成为刑事司法活动准则。"以宽严相济的基本刑事政策为指导,顺应国际趋势,全面推动我国刑罚制度改革,不惟是刑法自身完善的必需,更是时代的呼唤,社会的要求。"㉝基于对"严打"政策的拨乱反正,宽缓是宽严相济刑事政策的侧重点。遗憾的是,我国刑法制裁体系并未随刑事政策的调整而加以革新。以罚金刑为例,"我国现有罚金刑制度还存在许多缺陷,影响到对宽严相济刑事政策的贯彻执行,需要进行一系列的改革完善……"㉞可以说,刑法制裁所呈现的惩办与宽大的两极化倾向,是影响刑法制裁效果的重要因素之一。刑法制裁只有充分体现和贯彻宽严相济的刑事政策,才能更好地发挥其功能和效果。

3. 律他性有余而自律性不足

我国现行刑法制裁体系脱胎于计划经济时代,特别依赖于国家权力的运行与管束,反映到社会治理中便是具有鲜明的他律性。表现在刑法制裁体系中,便是除非存在外在张力,否则难以实现根本性的自我改良,体现了鲜明的硬家长主义风格,自律性有所不足。当我国经济转型为市场经济后,确立了法治社会控制权力和保障权利的目标,使得建构自治型刑法成为刑事法治的宗旨。㉟ 就刑法而言,这意味着应通过适当分配和制衡刑罚权以求"自律",借此充分实现刑法目的。"法律的功能之一就是规定权力的分配以及权力的具体内容,使权力合法化,并为权力的运作、制衡提供一个稳定的秩序框架。"㊱在这样的背景下,侧重他律性的工具主义与重刑化倾向的刑法制裁体系,难以适应经济转型和社会发展需要。另外,律他性还会导致刑法的干预面增大,甚至造成犯罪圈的不当扩张,从而增添司法成本,影响司法效率。

㉜ 参见谢望原、卢建平:《中国刑事政策研究》,中国人民大学出版社 2006 年版,第 5 页。
㉝ 赵秉志:《当代中国刑罚制度改革论纲》,载《中国法学》2008 年第 3 期。
㉞ 高铭暄、孙晓:《宽严相济刑事政策与罚金刑改革》,载《法学论坛》2009 年第 2 期。
㉟ 参见王瑞君:《从压制型刑法到自治型刑法》,载《山东大学学报(哲学社会科学版)》2008 年第 1 期。
㊱ 苏惠渔、孙万怀:《论国家刑权力》,北京大学出版社 2006 年版,第 16 页。

4. 保障性制度相对匮乏

人权保障与权利保护,是现代刑事法治国的重要目标。《刑法》立法的目的之一,便是通过制度来保障犯罪人的人权和保护被害人的合法权利,以实现司法机关、当事人等刑事参与主体之间权利与权益均衡。这也是《宪法》《刑事诉讼法》以及《社区矫正法》等,均规定"尊重和保障人权"的原因所在。我国《刑法》并未规定"尊重和保障人权",加之刑法制裁体系注重刑罚权主导与刑法的工具功能,致使参与主体的人权保障与权利保护相对弱化。例如,各国普遍认可的行刑时效制度、前科消灭制度等,在我国《刑法》中就阙如。而保护被害人权利的三大救济机制,即被害人赔偿机制、被害人补偿机制与被害人救助机制,至今未能具体确立或得到贯彻。尽管《刑法》第 36 条规定了赔偿经济损失与民事优先原则,但因赔偿主体仅限于犯罪人,无犯罪人配合则被害人合法权利难以得到有效保护,足见犯罪人权利保护之薄弱。

5. 在贯彻刑事一体化上有所欠缺

刑事一体化是个开放性概念,可界定为治理犯罪的相关事项深度融通形成和谐整体。㊲ 刑事一体化立足于犯罪的社会性与复杂性,充分认识到犯罪治理的长期性与艰巨性,承认刑法在犯罪治理中的局限和不足,强调不同学科、不同刑事法律在犯罪惩罚与控制上的协调与融通。以刑法为中心,刑事一体化的内涵包括刑法内部结构合理(内部协调)与刑法运作前后制约(外部协调)。㊳ 就刑法制裁体系而言,与刑事诉讼法、刑事执行法等深度融通,形成协调一致的有机整体,既有利于发挥其功能和作用,也能有效提高刑法制裁的效率和效果。近年来,适应现代犯罪治理需要,我国修改了《刑事诉讼法》,颁布了《社区矫正法》,刑事法律及其体系得以不断充实、完善。与此同时,刑法制裁体系与这些刑事法律的隔阂也逐渐显现。此外,刑法制裁的封闭化,刑法制裁与其他刑事法律的不协调,均与刑事制裁体系之刑事一体化程度不足有关。

综上所述,我国刑法制裁体系脱胎于计划经济时代,肩负特殊的历史使命。在计划经济向市场经济过渡的社会转型时期,基于犯罪治理需要,我国刑法制裁体系应作出相应调整和完善。近十多年来,我国犯罪治理内容和模式发生重大改变,刑事政策的调整、国家对司法权运行的规制、对公民权益保护的重视以及《社区矫正法》的颁行等,对刑法制裁体系提出了新挑战和新要求。凡此种种表明,完善我国刑法制裁体系势在必行。

㊲ 参见储槐植:《刑事一体化论要》,北京大学出版社 2007 年版,第 21 页。
㊳ 参见储槐植、闫雨:《刑事一体化践行》,载《中国法学》2013 年第 2 期。

四、完善我国刑法制裁体系的思路与指导原则

中共十八届三中全会提出我国全面深化改革的总目标,是完善和发展中国特色社会主义制度,推进国家治理体系和治理能力现代化。国家治理体系和治理能力现代化必然要求刑事治理现代化,包括刑法制裁体系在内的刑法体系亦应现代化。刑法制裁体系现代化应当有适应时代需要的、科学的理论基础,以及体现现代刑事法治国理念的指导原则。

(一)完善刑法制裁体系的思路

学界对刑罚体系、刑罚制度等进行革新的呼声,早在97刑法修订前就存在,近年来愈甚。那么,革新主张缘何被立法者一再"冷落"呢?有学者认为,原因有三:一是我国尚缺乏有力推动刑罚制度改革的"场域";二是研究人员缺乏实证知识和实证根据;三是改革建议接受者具有重视上级指示的"惯习"。[39] 这种观点虽有道理,却未必尽然。例如,认为缺乏推动刑罚制度改革的"场域"就不客观,理论界与实务界主张刑罚制度改革者大有人在,学界也举办过不少相关研讨会,要说缺乏"场域"有些勉强。至于说研究人员缺乏实证知识和实证根据,也有些夸大其词。从最高人民法院、最高人民检察院的年度报告以及中国法律年鉴等资料中,是可以获得刑罚制度需要改革的实证内容和根据的。

笔者认为,刑罚体系和刑罚制度改革遇冷,原因多种多样,缺乏科学的理论指导无疑是重要原因之一。当前,建设中国特色社会主义法治体系,是国家治理体系和治理能力现代化的必然要求。中国特色社会主义法治体系预示了法学研究的新范式,意味着一种全新的理论框架、全新的理论背景,一种有关对象本质与规律的本体论解释系统、"理论预设""合理性标准"的全新理解系统。[40] 刑法制裁体系,无疑是中国特色社会主义法治体系的重要组成部分。适应中国特色社会主义法治体系的要求,刑法制裁体系的构建理当有新的、科学的理论体系指导。只有这样,才能使刑法制裁体系体现时代意义,明确体系建构的目标和方向,避免体系建构的狭隘性和盲目性。然而,从学界有关刑罚体系或制度改革的著述来看,大多属于个别化、局部性建言,缺乏系统化、整体性的理论设计与规划,难以从宏观、全局上适应刑法制裁变革的需要,留下遗憾在所难免。

---

[39] 参见翟中东:《我国刑罚制度改革建议"被冷落"现象之反思》,载《法商研究》2011年第2期。
[40] 参见张文显:《在新的历史起点上推进中国特色法学体系构建》,载《中国社会科学》2019年第10期。

就刑法制裁体系构建而言,实现刑法正义是其核心诉求。任何刑法制度的改革,都是为了实现刑法正义。"一个刑事司法系统如果经常不能做到正义,或者经常不正义,根据正义的共同直觉来判断,就会冒很大的风险。它将不可避免地被看作难以完成重要的,甚至是根本性的使命,除非体制能够掩饰其不正义之运作。"[41]然而,正义有不同类型,不同的正义观会孕育不同的刑法制裁体系。纵观刑法发展史,刑法制裁经历了由强调结果正义到侧重分配正义的转变。

康德的行为与道德自治,边沁的罪刑相称与罪刑均衡,迈耶所谓的刑的规定、刑的量定和行刑的三阶段分配理论,均没有脱离结果正义的窠臼。与康德等人强调结果正义不同,罗尔斯、诺齐克等注重分配正义。罗尔斯认为,正义的实现有赖于参与主体的合作与分工以及制度的合理分配与体系化。"分配正义的主要问题是社会制度的选择。正义的原则作用于社会基本结构,并规范其主要机构如何联结成一个体系。"[42]诺齐克主张以"持有正义"替代"分配正义"。"如果每个人的持有都是正义的,那么持有的总量(分配)就是正义的。"[43]由于持有正义关注的是公民权利本身,因而政府的主要职责便是维护公民权利。罗尔斯与诺齐克的分配正义论所崇尚社会合作、制度分配或者权利保护,乃现代分配正义论之基石。此后,人们多围绕社会分工、制度分配与公民权利保护来诠释分配正义。

结果正义侧重对犯罪者的报应与强制改造,容易导致当事人的权利和需要得不到回应。"传统刑法不关心受害者的需要,而只注重对罪犯的制裁。"[44]分配正义不在意以抽象的正义为导向进行哲理论证,而是关注刑罚权行使与权益保护的衡平,强调刑法制裁参与主体的权利与义务的满足,试图通过社会合作与社会制度分配来实现刑罚正义,更利于贯彻目的主义刑法观和实现制裁效果最佳化。分配正义对人权保障与权利保护的重视,与社会主义法治之"以人民为中心"的社会主义核心价值观不谋而合。从人民立场出发,必须把维护和发展人民权利作为全面依法治国的根本目的,加强人权法治保障,以有效保护人身权、人格权、财产权为基点。[45] 因此,完善刑法制裁体系,应当以分配正义论为指导,"通过分配正

---

[41] Paul H. Robinson, Robert Kurzban, Owen D. Jones, The Origins of Shared Intuitions of Justice, Vanderbilt Law Review, Vol. 60, No. 6, (2007), p.1688.

[42] John Rawls, A Theory of Justice (Revised Edition), Cambridge: Harvard University Press, 1999, p.242.

[43] Robert Nozick, Anarchy, State and Utopia, New York: Basic Books, 1974, p.153.

[44] Helmut Kury, Harsh Punishment or Alternatives: Which Is the Better Crime-Prevention, Juridica International, Vol. 25, (2017), P.97.

[45] 参见张文显:《坚持以人民为中心的根本立场》,载《法制与社会发展》2021年第3期。

义为实现社会公正提供法律准据"㊻。

(二)完善刑法制裁体系的指导原则

现代刑法分配主义理论将正义的重心由结果转至过程和效果,试图通过社会分工、合作以及制度分配,衡平权力行使与人权保障及权利保护,合理分配参与主体的权利和义务,实现刑法制裁效果最佳化。立足于分配正义,完善我国刑法制裁体系的指导原则主要有三:

一是差别原则。差别原则,是指对不同的个体实行差别化刑法制裁,以消除处遇上不平等,使刑法制裁参与主体都受益。作为罗尔斯分配正义论的重要内容之一,差别原则的目的是使最弱势群体受益,这需要社会制度来保证。㊼ 差别原则在经济等领域存在较大争议。㊽ 在刑法领域,以某种人性善为标准保护弱者权益的差别原则有其合理性,其与人权保障、权利保护在某种程度上是相契合的,因为维护弱者权益符合现代刑事法治理念,是刑法的重要任务之一。就刑法制裁而言,差别原则要求对不同犯罪适用不同的制裁方式,对犯罪治理中的弱者给予不同的救济途径,并以制度的形式确定下来。根据差别原则,刑法制裁如果只是能产生单方面效果,如只具有惩罚与威慑的效果,意义并不大。"从差别原则的立场来看,无论任何一方的处境得到了多大改善,除非另一方情况也有所改善,否则就会前功尽弃。"㊾ 差别原则通过强化弱者保护促使刑法制裁效果的整体向善,奠定了刑法分配正义的基础。

二是平衡原则。平衡原则是就刑法制裁参与主体权责而言的,包括刑罚权运用与当事人权益保护的平衡,以及刑法制裁参与主体的权利与义务的平衡。根据平衡原则,刑法正义的实现不仅仅体现在惩罚、威慑、剥夺以及改造犯罪人上,还在于"恢复利益和负担的平衡"㊿。犯罪的实质在于犯罪人背弃自我克制、自我约束义务,逾越国家对个人自由的允许范围,实现刑法不允许享有的"特权",致使正常的社会秩序和社会生活遭到破坏。使犯罪人接受刑法制裁,目的在于恢复社会成员之间权利与义务的总体平衡之需要。"正义本质上是一种社会美德,而正

㊻ 参见李林:《推进科学立法,完善分配正义的法律体系》,载《中国人大》2014 年第 8 期。

㊼ See Darya Kraynaya, Economics and Jurisprudence: Is John Rawls' Difference Principle Just Another Form of Supply Side Economics and Can It Be Applied Effectively in Modern Society, 1 Manchester REV. L. Crime& Ethics 49 (2012), p.51.

㊽ 参见季卫东:《社会正义与差别原则》,载《现代法学》2021 年第 1 期。

㊾ John Rawls, A Theory of Justice (Revised Edition), Cambridge: Harvard University Press, 1999, p.66.

㊿ Wojciech Sadurski, Distributive Justice and The Theory of Punishment, Oxford Journal of Legal Studies, Vol. 5, No. 1(1985), p.53.

义的问题主要是一个人的行为与他人的关系。正义的目的是维持或恢复人类事务的平衡。”(51)根据刑法的分配理论,刑法制裁在有利于受犯罪冲击和影响的权利与义务实现平衡时,才能有效实现刑法正义。“致力于公平的人会拒绝所有这些方法,并为了以最佳方式适应正义要求而运用权利相称原则。”(52)在恢复被犯罪破坏的社会关系和社会秩序过程中,不同主体将会参与到对犯罪的刑事治理中,维系不同参与主体的权利和义务平衡至关重要。这是实现刑法制裁效果的保证,也是公众积极参与刑事治理的原动力。不过,平衡参与主体的权利和义务并非易事,司法实践中当事人参与权得不到重视时有发生。“并非所有德国的受害者都在刑事诉讼中扮演正式角色,并能积极参与审判。许多受害者没有资格参加现有的参与计划。”(53)因此,贯彻平衡原则是实现分配正义的有力保障。

三是机会平等原则。如果说差别原则是就刑法制裁方法和制度的内容而言的,那么机会平等原则便是就刑法制裁实现过程来说的。一般来说,平等具有相对性。“人与人之间应该实行完全的社会平等,这很难合乎所有人的愿望,甚至也是不可能的,因为在平等与不平等之间常常存在直接的相互依存关系。”(54)机会平等,原本是指社会职位对所有人完全开放,使人人获得平等参与的机会,它是法治中国建设的重要内容。“全面依法治国、建设法治中国,必须紧紧围绕保障和促进社会公平正义来进行,持续不断地完善权利平等、机会平等、规则平等的制度体系,使法治建设和法治改革成果更多更公平惠及全体人民。”(55)机会平等对于刑法制裁尤为重要,它意味着刑法制裁过程要对司法机关、当事人以及社会公众开放,使参与主体获得平等参与机会。否则,人们就有理由认为受到不公正对待,这会削弱制裁效果。(56) 机会平等与结果平等不同。后者关注刑法制裁结果之平等,侧重静态处遇。机会平等关注刑法制裁过程之公正、公平,强调动态过程。机会平等能使一个人朝着一个值得称赞的目标前进,促进每个个人或群体发挥其创造

---

(51) Shamsul Arif Makhdoomi, Jurisprudential Aspects of Distributive Justice, Indian Journal of Law & Public Policy, Vol. 1, Issue 1 (2014 – 2015), p. 37.

(52) Nicholas Rescher, Fairness: theory & practice of distributive justice, Piscataway: Transaction Publishers, 2002, p. 51.

(53) Kerstin Braun, Giving Victims a Voice: On the Problems of Introducing Victim Impact Statements in German Criminal Procedure, 14 German L. J. 1889 (2013), p. 1907.

(54) 乔治·恩德勒等主编:《经济伦理学大辞典》,李兆荣、陈泽环译,上海人民出版社 2001 年版,第 181 页。

(55) 张文显:《坚持以人民为中心的根本立场》,载《法制与社会发展》2021 年第 3 期。

(56) See John Rawls, A Theory of Justice (Revised Edition), Cambridge: Harvard University Press, 1999, p. 73.

力、想象力和热情。(57) 机会平等是新平等主义的重要内容,其核心在于转变解决不平等问题的思路,即应由注重结果平等,过渡到在注重结果平等的基础上,更加注重机会平等。(58) 对于刑法制裁来说,机会平等能充分调动当事人、社会公众参与刑法制裁的积极性,有利于实现刑法制裁效率最大化与制裁效果最佳化。

五、完善我国刑法制裁体系的路径选择

建构创新制度需要坚持合法性、系统性和连续性原则。(59) 完善刑法制裁体系并非推倒重来,而是进行制度创新。立足于刑事法治现代化所需,在全面反思其既有缺憾的基础上,以分配正义论为理论基础,重新审视并构建具有连续性、系统性的刑法制裁体系,以适应社会转型时期的犯罪治理需要。

(一)刑法制裁体系完善的基本目标

如前所述,刑法制裁体系包括刑法制裁方法体系和刑法制裁制度体系,完善刑法制裁体系需要围绕这两方面进行。以现代分配正义论为指导,立足于制度构建以及参与主体权利和义务之平衡,有必要改变一元化的刑罚体系,完善刑法制裁方法的种类和内容,强化刑法制裁的保障性,增设保障性刑法制裁制度,以适应犯罪治理多元化的需要。

1. 构建二元化刑法制裁方法体系

构建二元化刑法制裁方法体系,是贯彻分配正义之社会分工与合作的要求,是制度构建体系化的体现。我国刑罚体系由于缺乏层级性划分,自身局限比较明显。“我国现行刑罚体系具有封闭性特征,且不同刑罚之间缺乏合理的层级,难以适应不断发展变化的司法实践需要。”(60)在刑法中针对特定对象设置类型化的非刑罚制裁措施,实行双层次、二元化的制裁方法体系,具有重要的现实意义。首先,刑法增设针对特殊人身危险性的防卫性制裁措施逐渐增多,表明立法对防卫措施愈发重视,为刑罚与特殊防卫措施并行之双轨制体系构建奠定了法律基础。

---

(57) See Douglas B. Huron & Clarence M. Pendleton Jr., Equality of Opportunity, or Equality of Results, 13 HUM. Rts. 18 (1985), p. 43.

(58) 参见张文喜、韩红梅、方伟明:《从结果平等过渡到机会平等——吉登斯的新平等主义》,载《经济导刊》2008 年第 1 期。

(59) 参见李群群:《中国共产党斗争精神的理论依据与历史探源》,载《哈尔滨工业大学学报(社会科学版)》2021 年第 3 期。

(60) 彭文华:《我国刑罚体系的改革与完善》,载《苏州大学学报(哲学社会科学版)》2005 年第 1 期。

其次,随着刑法制裁措施的价值根据日趋多元化、刑法制裁措施的适用基础逐步多元化以及刑法制裁措施的适用内容不断多元化,未来我国刑法制裁措施多元化趋向还将持续。[61] 与之相适应,通过对刑罚和非刑罚制裁措施加以层级化、类型化,能够优化刑法制裁的功能和作用。再次,构建二元化刑法制裁体系,有利于充分发挥特定防卫性措施的功能和作用,弥补刑罚的缺陷与不足。以保安处分为例,其目的在于改善和治愈被处分人,消除其危险,保护生活之利益。[62] 最后,国外普遍实行双轨制制裁方法体系,其成功经验值得借鉴。

对于刑罚之外的制裁措施,学界称谓很不统一。[63] 相对来说,谓之保安处分者居多。"所谓保安处分,是指国家基于保卫社会之需要,对于具有特殊人身危险性的人,以矫治、感化、医疗、禁戒等手段,替代或补充刑罚适用的各种保安措施的总称。"[64] 关于保安处分的种类,学界一般认为有两类:一是刑法规定的保安处分;二是行政法规定的保安处分。前者具体包括矫治教育、强制医疗、从业禁止、禁止令以及刑事没收,后者主要包括强制戒毒、吊销机动车驾驶证、工读教育等。[65] 不过,由于行政法规定的保安处分未纳入刑法,故在刑法语境下不能谓之保安处分。未来时机成熟时,将行政法规定的保安处分纳入刑法之列,是刑法制裁方法体系完善的方向。总之,基于预防犯罪与防卫社会之需,在刑法中专门规定针对人身危险性的保安处分,使刑法制裁方法体系实现二元化,是刑罚权合理分工的体现,是犯罪人接受制裁时与司法机关、社会公众合作的要求,也是制裁方法体系化的必然结果。

2. 确立双轨制刑法制裁制度体系

我国刑法中,包括刑法裁量制度、刑罚执行制度、刑罚消灭制度等在内的刑法制裁制度,具有浓厚的硬家长主义倾向,致使有的参与主体权益相对弱化。"刑事主体多元化原则在我国仍未确立,特别是被追诉人的主体性作用未得到应有的尊重。"[66] 典型表现便是行刑时效制度、前科消灭制度等国际社会公认的保障被告人权利的制度在刑法中缺失。另外,对被害人权利保护的救济机制也不尽完善。尽管《刑法》第 36 条规定赔偿被害人经济损失,且对被害人采取优先赔偿原则,但将赔偿主体限于犯罪分子,很难满足被害人的权利保护需要。"司法实践中,大约有

---

[61] 参见袁彬:《刑法制裁措施多元化的功能审视与结构完善》,载《法学评论》2018 年第 4 期。
[62] 参见翁腾环:《世界刑法保安处分比较学》,商务印书馆 2014 年版,第 14 页。
[63] 参见时延安:《隐性双轨制:刑法中保安处分的教义学阐释》,载《法学研究》2013 年第 3 期。
[64] 刘仁文:《劳教制度的改革方向应为保安处分》,载《法学》2013 年第 2 期。
[65] 参见时延安:《劳动教养制度的终止与保安处分的法治化》,载《中国法学》2013 年第 1 期。
[66] 蔡维力:《刑事程序多元化与刑罚相对个别化的契合》,载《法律科学》2012 年第 1 期。

80%以上被害人是无法从被告人方得到赔偿的。"⑥⑦保障性制裁制度的不力,难免使刑法制裁刚性有余而柔性不足,影响刑法目的与制裁效果的实现。

近年来,包括刑法在内的刑事法律加大了对当事人权益的保护力度,在弱化硬家长主义倾向的同时,强化软家长主义风格。如《刑法修正案(八)》就对犯罪时不满18周岁被判处5年有期徒刑以下刑罚的人,特别规定免除其前科报告义务。在司法实践中,取得被害人谅解或者赔偿被害人损失,往往成为从宽处罚的依据。而认罪认罚从宽制度则被认为对犯罪嫌疑人、被告人合法权益进行了较大力度的保障,对被害人的权利保护也有体现。⑥⑧ 这些保障性规定虽意义积极,但毕竟是个别化、局部性的,并非整体考量与系统斟酌使然,难以实现刑罚权运用与当事人权益保护的衡平。未来,有必要强化保障性制度建设,使刑法制裁制度保持惩罚性与保障性之衡平,实现一体两翼的双轨制制度体系。这是维系刑法制裁之价值均衡需要,也是贯彻刑法分配正义之平衡原则的必然结果。事实上,强化保障性制度建设也是刑法制裁体系规范化的要求。因为,站在规范的立场,道德对于责任和刑罚具有特定意义。"刑法以及作为刑法的执行者的国家,也必须接受道德的批判。国家伦理性的问题,在考虑责任论以及刑罚界限的时候,具有特别重要的意义。"⑥⑨刑法制裁具有标签效应,能产生"污名化"后果,其背后乃社会伦理道德之否定评价。保障性制度有利于消除对犯罪人的社会伦理谴责,满足不同参与主体的情感需要,是犯罪人再社会化的重要保障。

(二)刑法制裁体系完善的主要路径

完善我国刑法制裁体系,需要以刑法分配正义论为指导,确保刑法制裁体系能反映参与主体的合作与分工,在具体制度的构建上体现科学性与合理性。据此,完善我国刑法制裁体系,需要从以下方面着手推进。

1.调整刑法制裁方法结构,构建新的刑法制裁方法体系

刑法制裁方法结构的调整,包括刑罚外的制裁措施之体系性定位及刑罚结构的调整。关于刑罚外的制裁措施,即从业禁止、终身监禁以及社区矫正等如何定位,学界存在不同见解。(1)关于从业禁止。有学者认为,在保安处分缺位的情

---

⑥⑦ 陈聪、徐祥:《特别程序与检察监督》,载2012年《第八届国家高级检察官论坛论文集》,第123页。

⑥⑧ 参见刘少军:《认罪认罚从宽制度中的被害人权利保护研究》,载《中国刑事法杂志》2017年第3期。

⑥⑨ [日]曾根威彦:《刑法学基础》,黎宏译,法律出版社2005年版,第32页。

形下,从业禁止应归于资格刑。(70) 问题在于,从适用对象、条件等来看,从业禁止与资格刑截然不同,在性质上应属于保安性措施。因为,从业禁止以再犯可能性而非社会危害性为基础,其内容与社会危害性的“客观危害”和“主观恶性”密切相关,但却难为后者所涵括。(71) (2)关于终身监禁。学界主流观认为其“并非是一种全新的刑罚制度,也不是一个新的刑种……”(72)笔者认为,从《刑法》第383条的规定来看,终身监禁在性质上应为介于死刑与无期徒刑之间的独立刑种。主要理由在于:首先,终身监禁不具有适用死刑的可能,故而与死刑(包括死缓)存在本质区别;其次,终身监禁不存在自然减刑与特别减刑的可能,与无期徒刑有着实质不同;再次,从域外经验来看,终身监禁可成为独立刑种,如丹麦刑法典就对恐怖主义犯罪设置了绝对终身监禁;(73)最后,终身监禁作为独立刑种有利于发挥其功能和作用。在废除死刑的大趋势下,终身监禁制度应进入中国刑罚框架,如针对恐怖活动犯罪等,尤其是这些犯罪的累犯,可引入终身监禁制度。(74) 这种观点具有前瞻性与合理性,为笔者赞同。(3)关于社区矫正的性质。有学者认为其具备刑罚的所有属性。(75) 还有学者指出,“应以发展的眼光和从刑事一体化的角度出发,将社区矫正性质定位为更具有开放性的非监禁性的刑事处遇方法”(76)。从《社区矫正法》的规定来看,社区矫正性质上乃刑罚执行措施,属于刑法制裁体系之组成部分应无异议。

刑罚结构的调整主要涉及主刑和附加刑调整,焦点是如何对罚金刑定位。将罚金刑上升为主刑,是不少学者的主张。“提高罚金刑在我国刑罚体系中的地位,将罚金刑上升为主刑……”(77)笔者认为,将罚金刑上升为主刑是有必要的。首先,罚金刑的适用范畴不断扩张,有必要升格为主刑。我国现行《刑法》中有250个罪名规定了罚金刑,其适用罪名之多仅次于有期徒刑、拘役,远高于死刑、无期徒刑

---

(70) 参见康均心、秦继红:《关于“禁止从事特定职业”若干问题的思考》,载《社会科学家》2016年第4期。

(71) 参见袁彬:《从业禁止制度的结构性矛盾及其改革》,载《北京师范大学学报(社会科学版)》2017年第3期。

(72) 黄京平:《终身监禁的法律定位与司法适用》,载《北京联合大学学报(人文社会科学版)》2015年第4期。

(73) 参见谢望原:《丹麦刑事法研究及对我国的启示》,载《中国法学》2004年第6期。

(74) 参见舒洪水:《论终身监禁的必要性和体系化构建》,载《法律科学(西北政法大学学报)》2018年第3期。

(75) 参见翟中东:《社区性刑罚的立法与短期监禁刑问题的解决》,载《法学家》2018年第2期。

(76) 郑丽萍:《互构关系中社区矫正对象与性质定位研究》,载《中国法学》2020年第1期。

(77) 高铭暄、孙晓:《宽严相济刑事政策与罚金刑改革》,载《法学论坛》2009年第2期。

和管制。同时,单位犯罪适用范围的拓展,也使得罚金刑的适用范畴进一步扩张。在这样的背景下,将罚金刑作为主刑理所当然。其次,将罚金刑升格为主刑有利于实现刑罚目的。通过剥夺财产而不予监禁,罚金刑能促使犯罪人通过劳动重新积累财富并提升自我,有利于实现预防和改造目的。[78] 最后,将罚金刑作为主刑是多数国家的通行做法。"从各国刑法对罚金的规定来看,大多数国家都将罚金作为主刑,其在刑罚体系结构中具有重要的地位。"[79] 罚金刑上升为主刑后,我国刑罚体系将实现由以自由刑为主到以自由刑与财产刑为主的转变。

2. 完善资格刑,以适应犯罪治理现代化需要

我国现行《刑法》规定的资格刑是79刑法确立的剥夺政治权利,已经难以适应犯罪治理需要。改革开放以来,不断增长的行政犯罪、单位主体的确立以及单位犯罪范畴的扩张等,都对资格刑提出了新要求。以经济犯罪为例,现有资格刑之效果并不大,因为经济犯罪主要依靠特定职业技能、技巧或资质等实施,而非政治权利。环境犯罪亦如此。"环境犯罪人大都会利用的职业身份实施破坏生态环境的行为,若利用资格刑剥夺其从业资格,会起到釜底抽薪的作用,较好地预防环境犯罪。"[80] 完善资格刑也是适应宽严相济的刑事政策需要,因为资格刑能使刑法制裁轻缓化。完善资格刑还能为构建易科制度奠定基础,因为多样化的资格刑有利于刑罚之易科。

资格刑的完善主要包含三方面内容。一是体系定位。对此,各国刑法通行做法是将之规定为附加刑,对此毋庸多言。同时,在刑法总则中将资格刑设置为开放性刑种,同时加以类型化,明确其种类、适用原则、适用对象等,是许多国家的一般经验。二是内容拓展。对于资格刑的具体内容拓展,学界存在不同见解。有学者主张设置剥夺担任公职的资格刑,[81] 有学者建议对严重的经济犯罪增设较长期限或永久性地剥夺职业资格的专门资格刑,[82] 等等。这些建言均有其合理性。关于资格刑的拓展方式,构建类型化资格刑制度,以适应不同犯罪惩治之需,相对较具代表性,如法国、意大利等国刑法采此方式。三是适用主体扩张。主要是指对单位增设资格刑。随着我国刑法中单位犯罪不断扩张,对之增设资格刑实有必

---

[78] 参见王琼:《罚金刑实证研究》,法律出版社2009年版,第41页。
[79] 宋伟卫、丁玉玲:《刑罚结构的设置与调整》,河北大学出版社2014年版,第53页。
[80] 高铭暄、郭玮:《论环境犯罪附加刑的目的、价值与完善》,载《甘肃社会科学》2021年第1期。
[81] 参见林秋萍:《公务员职务犯罪应处资格刑》,载《兰州大学学报(社会科学版)》2017年第2期。
[82] 参见徐海波、童伟华:《经济犯罪刑罚配置的反思与完善——法经济学视域下的逻辑展开》,载《学术交流》2017年第12期。

要,这也是世界上许多国家的通行做法。如《法国刑法典》第131-39条就针对法人规定了"禁止直接或间接从事一种或者职业性或社会性活动"等资格刑。从司法实践来看,单位借助特定资格实施经济犯罪、食品安全犯罪、环境犯罪等,并不鲜见。当然,单位犯罪与自然人犯罪的资格刑可能有所不同。如《法国刑法典》对法人规定了解散法人、永久关闭用于实施犯罪行为的企业机构或一家或数家机构的资格刑,相当于对自然人判处死刑。

3. 设置刑法制裁易科制度

易科是不同刑法制裁措施之间替换执行的一种制度,是刑法制裁执行的一种变通制度。易科制度能避免已决刑法制裁因执行不力或不能等造成的缺憾,有利于发挥刑法制裁的效用,故为世界上许多国家和地区所采用。在我国,从某些刑罚的执行效果来看,设置易科制度意义重大。例如,管制刑适用率低、罚金刑执行率低就常为人们所诟病,也许易科其他刑罚不失为有效的举措。刑罚易科常见于短期自由刑、罚金刑与资格刑等之间。

罚金易科制度,是指为避免其他刑罚之弊端而将之易科为罚金刑,或者在犯罪人拒不缴纳罚金或者难以缴纳罚金的情形下,将罚金易科为其他刑罚的制度。易科为罚金刑的其他刑罚,通常是短期自由刑,目的在于避免短期自由刑之弊。"短期监禁刑易科为罚金刑,是很多国家避免短期监禁刑弊端的成功举措。"[83]罚金刑所易科的其他刑罚,常见的是短期自由刑或者社区劳动等资格刑,主要是为了解决罚金执行难等问题。有学者针对我国出现的罚金刑高适用率与低实执率的二律背反困境,建议将罚金刑易科为自由刑,以能够维护法律的权威性,为罚金刑的执行提供保障。[84] 另外,建立管制刑易科制度也很重要。我国管制刑适用率极低,如2019年仅为适用于数千人,几乎可以忽略不计,这就不难理解管制刑为什么会屡屡被诟病。要想发挥管制刑的应有价值和意义,设置管制易科制度是一种很好的选择。管制刑既可易科为罚金,也可易科为剥夺自由刑。"如果被判处管制刑的犯罪人违反法律义务的情况极其严重,根本不服从执行机关的管理,在执行管制刑期间对于社会和他人存在危险和紧迫的威胁,甚至从根本上逃避执行机关的管理,那么,可以考虑规定易科自由刑的制度。"[85]

4. 完善刑罚裁量制度

许多国家对量刑的基本制度都加以规定或者明确。例如,《德国刑法典》第

---

[83] 谢望原、游涛:《我国刑罚制度的主要缺陷与变革》,载《政治与法律》2010年第10期。

[84] 参见王衍松、吴优:《罚金刑适用研究》,载《中国刑事法杂志》2013年第6期。

[85] 何秉松主编:《全球化时代犯罪与刑罚新理念(上)》,中国民主法制出版社2011年版,第822页。

46条不但具体规定了影响量刑的主要情节,而且明确"属于法定犯罪构成事实的,可不予考虑"。不少国家刑法还对裁量情节的次序作了明确规定。例如,《日本刑法典》第72条规定按以下顺序进行裁量:再犯加重→法律上减轻→并合罪加重→酌量减轻。英美法系国家则向来对量刑等较为重视。例如,《美国刑法典》第3553条对量刑应考虑的情节、量刑委员会的权限和要求以及量刑规则等作了较为具体的规定,美国《模范刑法典》在总则第七节则对"法庭的量刑权"作了相对详细的规定。我国刑法虽然规定有刑罚裁量制度,但主要是从严与从宽处罚制度等。作为量刑最重要依据之具体裁量制度,如量刑起点、量刑基准以及裁量方法、次序等,并未在刑法中体现。尽管最高人民法院通过改革试图对量刑加以规范化,并颁布了常见罪名量刑指导意见,但其地位和效力等难以同刑法立法相提并论。因此,完善刑罚裁量制度,将量刑指导原则、主要量刑方法、常见量刑情节等规定在刑法中,是很有必要的。此外,区分不同量刑情节及其所遵循的评价次序,也非常重要。"先评价从严情节,此时由于量刑基准相对较低,导致从严幅度相应较小。从严处罚后法定刑相对较高,此时再评价从宽情节,则从宽幅度相对较大,这是有利于被告人的,符合保障人权的要求。"[86]

5. 补足犯罪人权益保障制度

根据现代分配主义理论,刑法立法的目的之一是通过制度保障犯罪人权益,以实现其义务与权力的分配平衡。"在当今时代,刑事分配主义的兴起与政治和私法的分配紧缩是同步的。那些谴责大政府、福利和颂扬个人责任美德的政策制定者,发起立法创建庞大的治理结构,力图在参与刑事交易的个人之间实现分配平衡。"[87]实现当事人权责分配平衡的重点,是加强犯罪人的权益保障。犯罪人人权保障主要涉及宏观和微观层面。在宏观层面上,刑法应明确规定"尊重和保障人权"。在微观层面上,应尽快构建复权制度、行刑时效制度以及恢复性司法制度等。

从国外的经验来看,确立前科消灭制度是当前我国迫切需要解决的问题。理由如下。首先,前科消灭制度是激励犯罪人再社会化,为其回归社会扫除不必要障碍的重要保证。其次,无前科消灭制度与追诉时效规定相矛盾。根据追诉时效制度,犯罪后经过一段时间便不再被追诉,这意味着犯罪人不用担心"前科"的不良影响。但是,在缺乏前科消灭制度的前提下,犯罪人因受过刑罚处罚而终身要

---

[86] 彭文华:《酌定减轻处罚的自由裁量与技术制衡》,载《法学评论》2016年第3期。
[87] Aya Gruber, A Distributive Theory of Criminal Law, William and Mary Law Review, Vol. 52 No. 1, 2010, p. 72.

承担犯罪之不良后果。两相比较,就会发现其中的冲突。再次,确立前科消灭制度与《社区矫正法》相协调。根据《社区矫正法》第4条的规定,社区矫正对象在就业、就学和享受社会保障等方面不受歧视。社区矫正的对象是罪犯,如果他们依法在就业等方面不受歧视,那么其他犯罪亦应享受相同待遇。要做到这一点,就必须建立前科消灭制度。最后,近年来我国刑法增设不少轻微罪,如危险驾驶罪、高空抛物罪等。如果这些犯罪所判刑罚的附随后果(如构成犯罪一律开除公职)还是与严重犯罪一样,并一概适用严格的前科制度,则既不符合制裁上的比例原则,也不利于犯罪人的再社会化。从应然的角度讲,对轻罪应设置前科消灭期,以为犯罪人提供"出路"。[88]

另外,建立恢复性司法制度亦有现实意义。恢复性司法制度以被害人和犯罪人为核心,适当弱化刑罚权在其中的主导地位,重在平衡被害人和犯罪人之间的权利与义务分配,恢复被犯罪破坏的社会关系。"各地社区提出了恢复司法倡议,目的是把受到伤害影响的所有各方聚集在一起,以期恢复社区的和谐。"[89]就犯罪者而言,恢复性司法能避免刑罚权的强势介入,促进其与被害人积极沟通,更有利于其再社会化。"恢复性司法可以通过鼓励他们为自己的行为负责并与受害者进行补偿,帮助他们在未来避免此类错误。"[90]对国家来说,恢复性司法在促进犯罪人与被告之间利益平衡的同时,也会使自身受益。"当国家将案件从超负荷的刑事司法系统中分流出来,从而节约资源时,国家就会受益。"[91]

6. 构建被害人权利保护制度

被害人权利保护往往在公诉机关强力介入下变得相对弱化,甚至被边缘化。因此,构建被害人权利保护制度是很有必要的。被害人权利保护一般有三种形态:被害人赔偿、被害人补偿与被害人救助。目前,这三种形态在我国的刑法制裁体系中不尽完善。在司法实践中,被害人赔偿不力是众所周知的秘密。虽然司法机关将取得被害人及其家属谅解作为从宽处罚的依据,但在具体适用时较为含糊、笼统、不规范,容易滋生弊端。被害人补偿,是指在被害人得不到加害人赔偿

---

[88] 参见刘仁文:《一扩二分:刑事制裁体系变革取向》,载《北京日报》2019年3月4日,第016版。

[89] Jeffery G. Hewitt, Indigenous Restorative Justice: Approaches, Meaning & Possibility, University of New Brunswick Law Journal, Vol. 67, (2016), p.315.

[90] Cater Budwell, Full Circle: Incorporating Aspects of Restorative Justice Principles from Germany into America's Juvenile Justice System, Journal of Global Justice and Public Policy, Vol. 4, Issue 1 (Spring 2018), p.18.

[91] Sam Garkawe, Restorative Justice from the Perspective of Crime Victims, Queensland University of Technology Law Journal, Vol.15, (1999), p.40.

的情况下,由国家给予补偿。我国有些地方如珠海、无锡等,对被害人补偿有过尝试,但主要是个别的、地方性的。至于被害人救助,主要是指通过社会力量等对被害人进行一定的救济与资助。其在我国几乎处于空白状态。

为了保护被害人权益,需要大力规范和完善被害人权利保护制度,建立三位一体的被害人权利保护制度体系。对于被害人赔偿制度,需要将被害人谅解规范化,同时加强对犯罪人财产追查、追缴的力度。有学者提出,将罚金刑作为主刑,有利于满足被害人的赔偿要求。因为,较之自由刑对犯罪人的人身自由的限制或剥夺,罚金刑在补偿受害人方面具有天然优势。[92] 当然,仅凭罚金、没收财产等并不能满足赔偿需要,应建立专门的被害人赔偿制度。就被害人补偿制度而言,可考虑以法院所收诉讼费等为基础建立补偿基金,明确资金来源与管理、补偿的条件、对象与范围、补偿方式与标准、补偿机构设置以及补偿程序等。被害人救助制度是得到中央和地方力挺并支持的一项制度。如2009年中央政法委员会、最高人民法院、最高人民检察院和公安部等五部门就联合发布了《关于开展刑事被害人救助工作的若干意见》,不过该文件具有一定的局限性。[93] 未来,需要进一步明确实施目标、救助对象与标准、救助机构以及资金来源,强化其可操作性,以便使该制度落到实处。

六、结语

作为刑法中的重要课题,刑法制裁体系的完善,既要平衡国家刑罚权的运用与当事人的权益保护,又要满足刑法制裁参与者的权利与义务的分配需要,既要考虑刑法规范内的一致性,又要考虑刑法规范外的协调性,是包含多元化向度考量与复合化价值评价的系统工程。以往学界多从不同视角进行局部性、个别化构思,如立足于刑罚结构或者体系等进行探究,尽管有其科学性与合理性,但不能从根本上解决问题。从刑事一体化的角度来看,要想实现刑法制裁效果最佳化和刑法目的,最大程度地发挥刑法制裁体系的功能和作用,就必须对刑法制裁体系进行整体性、系统性的构思和完善。"刑法修订应当受到一定的刑事政策的指导,并

---

[92] 参见杨思斌:《功利主义法学》,法律出版社2004年版,第79页。
[93] 该意见属于红头文件而并非法律,缺乏应有的效力,象征性大于实践性。虽然其对救助对象、救助标准、组织机构及职责分工、救助的决定、资金的发放以及救助资金筹集和管理等进行了规定,但在实施目标、资金来源、救助对象与标准以及救助机构等方面均存在问题,可操作性不强,这也导致其在司法实践中发挥的作用有限。

且具有全局性和前瞻性。"[94]

完善我国刑法制裁体系,虽然要立足于实体法的制度建构,但也离不开程序保障。刑法制裁从规范走向实践,需要通过严格的程序来规制、导引,才能确保刑法制裁的公平、公正。注重程序正义,是现代分配正义理论的重要特征之一。分配正义所倡导的机会平等原则,其意旨在于赋予当事主体平等参与刑事制裁实现过程的机会,使他们能够充分表达自己的权利诉求。从我国刑法制裁的实现过程来看,无论是刑罚裁量,还是减刑、假释之裁定,抑或是社区执行制度等,均在贯彻机会平等原则上需要进一步强化。以《社区矫正法》规定的调查评估为例,"国际上公认的众多调查评估要素,如犯罪人的执行表现、家庭情况、学习、工作经历、社会适应能力、社会关系等,均未包含于其内,令人遗憾"[95]。另外,由于刑法制裁的前提和基础是犯罪,完善刑法制裁体系离不开犯罪类型化。对刑法中的犯罪进行类型化,构建轻重不同的犯罪体系,以便与不同的制裁方法和制度适度对应,并与刑事诉讼法中的简易程序、速裁程序等对接,有利于提高优化制裁效果与提高刑法制裁效率,是犯罪治理现代化与精细化必然要求。

---

[94] 陈兴良:《犯罪范围的扩张与刑罚结构的调整》,载《法律科学(西北政法大学学报)》2016年第4期。

[95] 彭文华:《刑罚的分配正义与刑罚制度体系化》,载《中外法学》2021年第5期。

交通肇事罪与以危险方法危害公共安全罪之辨*

——以孙伟铭案为例

刘瑞平**

一、引言

我国刑法上的交通肇事罪是个过失罪,这一直是刑法理论界的通说,并为司法实践所坚持。虽然对于交通肇事罪中是否存在故意,一直以来也存在少量不同认识,但是大多是属于对故意过失理论认识的偏差,不足为虑。

在通说之中,细致观察不难发现,不同的学者在表述上存在微妙的差别。多数学者表述为:本罪主观方面的过失是指行为人对所造成的严重后果的心理态度而言,至于违反交通运输管理法规行为本身,则往往是"明知故犯"[1],学者有意识地不使用"对结果是过失,而对行为是故意"这样的表述,并且在论述行为时有意识地避免使用"故意"一词。更有学者明确指出了"交通肇事罪同时包括了故意和过失"的观点的错误性,认为将故意过失分为对行为的故意过失和对结果的故意过失,本身就有悖于《刑法》总则关于故意过失的规定[2],对此,笔者深以为然。

但是在经典刑法教科书和严肃学术论文之外,常见的一种表述方式是:交通肇事对于肇事结果是过失的,而违反交通运输管理法规行为本身是故意的。或者概括为:对结果是过失的,对行为是故意的。这种不精确的表达方式的泛滥导致的一个后果是,越来越多的人开始相信交通肇事罪的主观方面中包含着某种"故

---

* 原载陈泽宪主编:《刑事法前沿》(第六卷),中国人民公安大学出版社2012年版。
** 江苏师范大学法学院副教授,法学博士。
[1] 高铭暄、马克昌主编:《刑法学》,北京大学出版社、高等教育出版社2007年版,第403页;王作富、黄京平主编:《刑法学》,中国人民大学出版社2007年版,第380页;曲新久主编:《刑法学》,中国政法大学出版社2008年版,第282页。
[2] 张明楷:《刑法学》,法律出版社2007年版,第541页。

意"的因素。进入 21 世纪以来发生的若干有重大影响的交通肇事案中,在强大舆情的压力下,这种"故意"的因素不断被误读、被渲染、被演绎,使得交通肇事罪是一个过失罪这个基本结论面临被颠覆的危险。

笔者认为,认识到交通肇事罪的主观方面也可能/可以是故意的,不是认识的升华,而只是一种认识偏差,是由来已久的少数认识偏差在社会矛盾激化的新形势下的再次大面积流行,是一种认识上的"流感"。重温犯罪构成的基本常识,有助于我们恢复思维健康和法治理性。

二、孙伟铭案判词所暴露的认识偏差及其危害

孙伟铭案是交通领域刑法规制的一个具有重要意义和深远影响的案件。2008 年,孙伟铭因醉酒驾车造成四死一重伤的严重后果,最终被以构成以危险方法危害公共安全罪判处无期徒刑,成为国内首位因无证醉酒驾车肇事而获最高刑罚者,曾引起国内广泛关注。

笔者拟通过对四川省高级人民法院(2009)川刑终字第 690 号刑事判决书中一段判词的分析,揭示相当长一段时间以来包括司法机关在内的社会各方在交通肇事罪主观方面的认识上存在的偏差,以及这种认识偏差的普遍性及其危害的严重性。

仅举该案终审判决书的定罪部分一个自然段的文字为例③,该判决书定罪部

---

③　四川省高级人民法院(2009)川刑终字第 690 号刑事判决书摘录:关于孙伟铭行为的性质,检方主张构成以危险方法危害公共安全罪,辩方主张构成交通肇事罪。经审查,以危险方法危害公共安全罪和交通肇事罪均属于危害公共安全罪,二者的主要区别在于行为人对危害公共安全的后果所持的主观心态不同。前者为故意犯罪,行为人对危害后果持积极追求或放任的心态;后者为过失犯罪,行为人应当预见到自己的行为可能造成危害后果,因疏忽大意没有预见,或者已经预见而轻信能够避免,以致发生危害后果。从本案事实及证据证明的情况看,上诉人孙伟铭购置汽车以后,未经正规驾驶培训及考核获得驾驶资格证,长期无证驾驶车辆,并多次交通违法。众所周知,汽车作为现代交通运输工具,使社会受益的同时,由于其高速行驶的特性又易给社会造成危害,因此,国家历来对车辆上路行驶有严格的管理规定。孙伟铭作为受过一定教育、具有完全刑事责任能力的人,在明知国家规定的情况下,仍漠视社会公众和重大财产的安全,藐视法律、法规,长期、持续违法驾车行驶于车辆、人群密集的公共道路,威胁公众安全。尤其是在本次醉酒驾车发生追尾交通事故后,孙伟铭不计后果,以超过限速二倍以上的速度驾车在车辆、人流密集的道路上穿行逃逸,最终跨越道路黄色双实线,冲撞多辆车辆,造成四死一伤、公私财产损失数万元的严重后果。事实表明,孙伟铭对本次行为可能造成严重危害公共安全的后果完全能够预见,虽不是积极追求这种结果发生,但完全放任这种结果的发生,未采取任何避免的措施,其行为完全符合《刑法》关于以危险方法危害公共安全罪的构成规定,已构成以危险方法危害公共安全罪。辩护人提出的孙伟铭在犯罪主观上属于过于自信的过失的意见,不能成立。过于自信的过失是一种有认识的过失,即应当避免而没有避免。应当避免是避免义(转下页)

分判词至少暴露了两点认识偏差。

其一,"孙伟铭……在明知国家规定的情况下,仍漠视……"《刑法》第14条第1款规定,明知自己的行为会发生危害社会的结果,并且希望或者放任这种结果发生,因而构成犯罪的,是故意犯罪。由此可见,明知是故意的认识前提,但"明知"的宾语是"自己的行为会发生危害社会的结果",而不是别的。法律规定什么不是明知的内容。换言之,即使行为人不知道国家规定,也不能构成免责理由。知道不知道国家规定对于定罪是没有意义的,对定罪有决定性意义的是,行为人是否明知自己的行为会发生危害社会的结果。而是否知道自己的行为会发生危害社会的结果,与一个人是否受过法律教育无关,法盲犯法,不能免责,知道自己的行为会发生危害社会的结果,才是刑法要求的主观要件。四川省高级人民法院的这段判词表明,法庭背离了《刑法》关于故意过失的基本规定,不看行为人对行为可能引起的危害结果的心理态度,而是看行为人对行为本身的心理态度。另外,"明知国家的规定"中的"国家的规定"实在不算什么法言法语,出现在这个级别的判决书中,十分欠妥。

其二,"孙伟铭……完全能够预见,虽不是积极追求这种结果发生,但完全放任这种结果的发生"。这句话的前半截听起来仿佛在说过失,"能够预见"是《刑法》关于过失的规定中使用的语词,读者阅读至此,本以为下面要说"……而没有预见"了,不料判词却笔锋一转,直接从描述过失的前半截突然转入了描述故意的后半截,貌似暴露了法官潜意识里也有过曾想作为过失认定的心路历程,但最终还是定为故意了。四川省高级人民法院的这段判词建立了一个新的故意认定公式,即"能够预见"+"放任"="间接故意"。

作为在全国有重大影响的重要刑事案件的终审判决书,判词却如此不堪推敲,暴露了一些司法机关在故意过失上存在的模糊认识。

回到当时的社会环境,此案的特殊性不在案情,而在舆情。舆情与司法,不是本文探讨的话题,兹不赘述。但一个基本事实是,司法机关承受了巨大的压力。

(接上页)务与避免能力的统一。虽有避免义务,但没有避免能力,仍属于缺乏应当避免这一要件。在过于自信的过失中,行为人认为凭借自己熟练的技术、敏捷的动作、高超的技能、丰富的经验、有效的防范,完全可以避免发生危害结果,但实际上过高地估计了自己的力量,因而未能防止危害结果的发生。在本案中,孙伟铭既没有经过专业培训,也没有通过国家专门部门考核取得机动车驾驶资格,更没有长期丰富的经验取得熟练的技术及意外处置能力,其酒后高速驾车之行为不仅完全丧失对危害的有效防范,而且大大降低其驾驭危险交通工具的能力。因此,孙伟铭对危害结果的发生没有避免能力,其无证、醉酒、高速驾车发生交通事故,造成重大损害结果的发生是必然的,其主观心理状态上的自信没有客观根据。(参见法律图书馆网站 http://www.law-lib.com/cpws/cpws_view.asp? id = 200401376623,2022年10月31日访问)

据当时新浪网所做的调查显示,有 66.6% 的接受调查者表示孙伟铭应当被判处死刑④。从以往的理论和司法实践来看,孙伟铭应被认定为犯交通肇事罪。但在如此汹涌的舆情压力下,一审和二审法院都极力论证孙伟铭在实施犯罪行为时具有间接故意而非过失,进而为以危险方法危害公共安全罪定罪寻找理论基础,这种为了得出某种结论而组织原因的做法,有因案曲法之嫌。"法官在审理刑事案件的时候应该在认定案件事实的基础上遵循先定罪后量刑的原则。如果法官先根据自己的感觉或者民众的呼声确定应该给被告人什么刑罚,然后再去找适当的条文定罪,这就违反了司法审判的规律",先量刑后定罪"这种思维模式用在司法审判中,不仅是错误的,而且是危险的"。⑤

司法必须在现有法律框架内活动,否则即使一时满足了民意诉求,解决了个案的"公正",也因它破坏了法律的可预见性和统一性而伤及法治的根基,可谓得不偿失。相反,在法治社会中,为了维护整个社会的公正和法律的严肃而牺牲探求个案公正的可能性的例子却比比皆是,如美国辛普森案、米兰达案等。因为,严格墨守法律损失的只是探求个案公正的可能性,而任意突破公众对法律的合理预见,其损失则可能是整个社会法治的沦丧。⑥

从这个意义上讲,孙伟铭案的危害性在于树立了一个因案曲法的不良先例。

三、交通肇事罪主观方面认定中的偏差

笔者认为,在本罪的主观认定方面,司法上存在偏差。

(一)混淆了犯罪主观方面的基本概念

犯罪的主观方面,按照刑法学界通说,是指犯罪主体对自己行为及其危害结果所抱的心理态度。⑦ 而具体到交通肇事罪,通说认为交通肇事罪是过失犯,其主观方面是过失,可以是疏忽大意的过失,也可以是过于自信的过失,即行为人对自己违反交通运输管理法规的行为导致的严重后果应当预见,由于疏忽大意而没

---

④ 《你如何看待醉酒男子无证驾驶致 4 死 1 伤获死刑?》,载新浪网,http://survey.news.sina.com.cn/result/35892.html。

⑤ 何家弘:《杀还是不杀,是个法治问题》,载张士宝主编:《法学家茶座》(第 28 辑),山东人民出版社 2009 年版,第 8 页。

⑥ 张国威:《交通肇事行为适用以危险方法危害公共安全罪之合理性探讨》,载《法治与社会》2009 年第 12 期。

⑦ 高铭暄、马克昌主编:《刑法学》,北京大学出版社、高等教育出版社 2007 年版,第 114 页;王作富、黄京平主编:《刑法学》,中国人民大学出版社 2007 年版,第 117 页;曲新久主编:《刑法学》,中国政法大学出版社 2008 年版,第 102 页。

有预见,或者已经预见而轻信能够避免。这里的过失是指行为人对结果的心理态度,而不是对行为的心理态度,对违反交通运输管理法规本身,则可能是明知故犯。⑧

如前所述,孙伟铭案判词在作出行为人"在明知国家规定的情况下,仍……"这样认定的时候,其实已经把交通肇事罪的犯罪主观方面认定为是行为人对行为本身的心理态度,而不是对危害结果的心理态度了。

在成都醉驾案死刑判决后的第二天,最高人民法院召开了一场针对"酒后驾驶""危险驾驶"司法审判的专门研讨会。是交通肇事罪,还是以其他危险方法危害公共安全罪?有最高人民法院法官表示,他们中有人也拿不准。两罪症结:故意过失难分。参加研讨的几位专家均表示,对酒后驾驶和包括飙车在内的危险驾驶行为,法律上如何认定、适用哪个罪名,是个非常复杂的专业问题。之所以难以定夺罪名,原因是放任的故意和过于自信的过失,在实践中界限模糊、难以认定。⑨

犯罪主观方面的认定是刑事司法面临的基本问题,在过去舆论环境平和的年代,司法上对于交通肇事犯罪主观方面的认定,很少发生现在这样的困惑。究其原因,不是案件本身复杂性增加了,而是司法环境更复杂了。

1997年最高人民法院再审了福建省的一起交通肇事案,后来被作为典型案例载入《最高人民法院公报》。该案中,被告人为逃避收费站检查,拐往逆行车道,加大车速强行冲关,撞死前方执行检查任务的一名武警。一审法院认定被告人以驾车的危险方法致人伤亡罪,判处死刑;二审法院撤销了该判决,以交通肇事罪改判被告人有期徒刑7年。最高人民检察院对该案提起抗诉,认为被告人明知自己的行为可能会造成被害人死亡的危害后果,却采取放任态度,致使被害人被撞死,是故意杀人。最高人民法院经过重审认为,被告人冲关的行为是故意的,但故意的内容是为了逃避检查和扣车,当时无法预料到受害武警会突然出现在逆行车道上进行拦截,在他发现后,车速和距离已经决定了相撞是不可避免的,因此,被告人对撞死武警的后果并无故意。最高人民法院维持了二审法院的判决。⑩许多年后,回望彼时的那个判例,在故意过失的问题上,我们不得不对最高司法机关把握之精准和立场之坚定由衷钦佩。

---

⑧ 高铭暄、马克昌主编:《刑法学》,北京大学出版社、高等教育出版社2007年版,第114页。王作富、黄京平主编:《刑法学》,中国人民大学出版社2007年版,第117页;曲新久主编:《刑法学》,中国政法大学出版社2008年版,第102页。

⑨ 赵蕾:《最高法院研讨"危险驾驶"》,载《南方周末》2009年7月30日,第A03版。

⑩ 同上注。

随着中国社会开始快速进入汽车时代,社会贫富分化加剧,社会矛盾凸显,社会仇富、仇官心态强烈,社会对抗加剧。加上以互联网为主力的媒体的推动,交通肇事,特别是加害人是优势群体,而受害人是弱势群体的交通肇事被赋予了超越案件本身法律意义的社会深意,本来并不复杂的刑事案件不再是刑事案件,而变成十分敏感的公众事件了。在如此复杂的司法环境中,司法机关曾经的果断和坚定消失了,对于交通肇事罪的认定出现了犹豫和迟疑。这种变化,不是来自案件本身,而是来自案件以外。是否应该逢迎民意,对于司法机关是个两难的选择:如果逢迎民意则意味着失去司法的中立判断,意味着网络审判、舆论审判;如果无视民意,则意味着人民法院无视人民的声音,意味着更大的政治风险。司法机关是被逼糊涂了。

混淆犯罪主观方面的基本概念的危害是广泛而深刻的,因为按照把交通肇事解释为间接故意的逻辑,刑法上所有的过失罪都可以被解释为故意罪,这将导致刑法上过失犯罪的整体消失。例如行为人清明节祭祖烧纸引起火灾的事例,按照常规解释,属于失火无疑。但是如果按照前述错误逻辑解释则会得出(间接故意)放火的结论,因为行为人知道明火的危险,也知道严禁烟火的规定,而且烧纸的行为是有意为之,行为人在明知严禁烟火的国家规定和火的危险性的时候,仍然有意点燃明火,明显是对公共安全和公众利益的漠视。又如矿难等生产作业重大安全事故,行为人在生产作业中违反有关安全管理的规定,因而发生重大伤亡事故,在矿山等生产作业场所,到处是安全标语,行为人违反有关安全管理的规定的行为一定是"明知故犯",对法律规定一定是明知的,而行为人仍然继续在违法的状态下生产作业,毫无疑问是对工人生命的漠视。推而广之,强令违章冒险作业罪、其他安全事故类犯罪等都是故意犯罪了。

如果我们稍微超脱一点看问题就会发现,所有的过于自信的过失,其实也都包含着一定程度的对刑法所保护的法益的漠视。过于自信其实也是一种放任,只不过是略有"理由"的放任,而间接故意是一种无理由的放任,是完全不负责任。法律很看重这一点点"理由",如果有这一点点的理由,就算是过失,否则就算是放任了。过于自信和间接故意都是危险的,但危险概率不同、危险的程度不同,因此刑事责任也不同。

混淆犯罪主观方面的基本概念的根本错误在于,背离刑法规范和刑法理论,以行为为基点考察行为人主观方面的心态,导致把过失犯罪认定为故意犯罪,破坏了法律基本逻辑和法治基本原则。

(二)混淆了简单的交通肇事与复杂的交通肇事

很多关于交通肇事罪犯罪主观方面的探讨,在语境上没有明确区分简单的交通肇事和复杂的交通肇事,经常是在无意识混淆简单的交通肇事和复杂的交通肇事的情况下,把复杂的交通肇事当作简单交通肇事来探讨的,这种语境的模糊造成了很多不必要的纷争和困扰。

为陈述方便,笔者把只有一次肇事行为的情形定义为简单交通肇事,把肇事后又发生多次碰撞的情形定义为复杂的交通肇事。对于"一撞成灾"的简单交通肇事,在主观方面的认定上,争议较少,下文着重探讨肇事后又发生连续碰撞的复杂交通肇事案件。

笔者认为,对于发生多次碰撞的肇事案件,应该具体问题具体分析,分析的重点是行为的个数。在相当多的交通事故中,虽然直接引发交通事故的行为是违规驾驶车辆的行为,但引起"次生灾难"的行为则是驾驶行为之外的其他行为,例如逃逸等。也有学者将肇事行为和后续行为分别称为"第一次行为"和"二次行为",并提出对于交通肇事案件的两次行为应进行充分的评价,构成数罪的,应当数罪并罚。例如,在交通肇事后,在闹市区高速逃逸过程中又连续撞伤多人的情况。此种逃逸行为已经不能为法条中的"逃逸"一词所包容,虽然源于交通肇事行为,但实质已经属于一种新的、独立的犯罪行为,已经单独构成犯罪。在司法实践中,也有一些数罪并罚的判例,如 2009 年成都蒋佳君案,行为人即因涉嫌交通肇事罪和以危险方法危害公共安全罪被数罪并罚。⑪

如何评价肇事后连续碰撞中行为的个数,关系到行为人的罪数,如果有两个以上的危害行为,则有可能构成数罪,如果只有一个行为,没有后续行为,则无论一次性造成的损失多么巨大,也只能是一罪。在司法实践中,对于交通肇事案件中存在的多个行为往往并没有进行充分评价,有时是忽视"二次行为",将关注重点完全集中于"第一次行为"之上;有时则正好相反,过多地关注"二次行为",而忽略了对于"第一次行为"的评价。有时候也并不区分两次行为,而是试图作一

---

⑪ 2009 年 4 月 26 日 23 时许,被告人蒋佳君醉酒后驾驶新购未上牌的"通用"悍马越野汽车,行至成都市内二环路永丰立交桥时,撞上前方同向行驶的一辆出租车,致车内一乘客重伤、驾驶员全身多处擦挫伤。后又驶入相对方向道路与另一出租车对撞,致车内两位乘客轻伤、驾驶员全身多处软组织擦挫伤等,并造成两车损失共计 5 万余元。肇事后,蒋佳君为逃避处罚,置公共安全于不顾,继续驾车逃离现场,在行至不远处一电影城附近路段时,又连续冲撞李某所骑电动自行车及一辆出租车后逃离现场,结果致被害人李某头颈部损伤,并经医院抢救无效死亡。次日凌晨 1 时许,蒋佳君在成都机场路一路段被公安机关抓获归案。公诉机关认为,蒋佳君醉酒驾车致一人重伤、两人轻伤,公私财产受损的行为,依照我国刑法的相关规定,应以交通肇事罪追究刑事责任。其肇事后为逃避处罚,不顾公共安全,继续驾车连续冲撞,致一人死亡的行为,依法应以危险方法危害公共安全罪追究刑事责任。蒋佳君所犯两罪,依法应数罪并罚进行处罚。参见《成都"醉驾悍马撞人案"开审》,载《人民法院报》2010 年 4 月 8 日,第 003 版。

个总体的评价,"第一次行为"是过失的,而"二次行为"有可能是故意的,如果不区分行为的个数,其结果往往是以对更为恶劣的"二次行为"的评价(故意)掩盖或替代了对第一次行为的评价(过失),从而得出重要的整个案件是故意的偏颇结论。

四、将部分交通肇事罪认定为以危险方法危害公共安全罪的危害

交通肇事案件最终以危险方法危害公共安全定罪的实例,不在少数,虽然解决了局部的问题,对于刑法体系的整体却是十分有害的。

笔者并不反对强化交通肇事者的刑事责任,但是,司法须在法治的原则和框架之内进行,司法不能通过牵强的解释方法实现其意图。

《刑法》施行多年,为什么我们直到最近这些年才"发现"对于部分交通肇事罪,可以作为以危险方法危害公共安全罪处理?这种迟到的"发现"不是一种正常现象,为什么以前一直没有发现?这种"发现"本身就很可疑,先量刑后定罪的痕迹十分明显。

笔者认为,交通肇事罪本身就是一个危害公共安全罪,这是不需要重新"发现"的,是旧闻,不是新闻。强调交通肇事会危及公共安全,这一点没有任何新意。而将部分交通肇事罪升格为以危险方法危害公共安全罪,同样没有任何新意,是一种"隐性类推",涉嫌危害法治的基本原则。

首先,将部分交通肇事罪认定为以危险方法危害公共安全罪,需要对交通肇事罪的罪过形式进行重新解释,要将过失解释为故意,背离了刑法关于故意和过失的基本规定,也不符合故意和过失的有关刑法理论。按照这种错误的逻辑刑法上所有的过失罪都可以被解释为故意罪,这将导致刑法上过失犯罪的整体消失。

其次,将部分交通肇事罪认定为以危险方法危害公共安全罪,损害了罪刑法定原则。无论是最高人民法院的司法解释还是地方法院的判决,都应当在罪刑法定的范围内进行,罪刑法定是司法解释和司法适用的绝对边界,任何突破这种边界的司法行为,无论从个案和局部来看是多么正当,都是对于法治整体性的损害。

再次,将部分交通肇事罪认定为以危险方法危害公共安全罪,违反了法律适用的一般规则。特别法优于普通法是法律适用的基本原则,交通肇事罪和以危险方法危害公共安全罪都是属于危害公共安全罪大类之下的具体罪名,但交通肇事罪相较于带有"口袋罪"和兜底条款性质的以危险方法危害公共安全罪,是特别规定,立法已经将交通肇事这种特殊的危害公共安全的行为从其他危害公共安全的行为中独立出来单独规制,但是现在司法上却舍弃十分精确的具体规定而去适

用十分模糊的一般规定,这是一种倒退,也是对立法精神的背叛。

最后,将部分交通肇事罪认定为以危险方法危害公共安全罪,打乱了法条之间原有的内在关系和平衡,造成罪刑失衡。笔者拟从两个方面说明这种罪刑失衡。

其一,广义的交通包括陆地、水面、空中各种交通,但在我国,由于行政管理格局的缘故,历史地形成了航空、铁路、与公路和水路的管理分别归属于不同行政系统的三足鼎立的格局,似与这种格局相协调,刑法上规定了重大飞行事故罪、铁路运营安全事故罪和交通肇事罪,分别规制发生在广义交通的三个不同领域内的危害公共安全的责任事故罪。三罪性质相同,刑事责任相似。如果从交通肇事罪中抽取部分行为作为以危险方法危害公共安全罪处理,无疑将打破《刑法》第131、132、133条之间的内在平衡。可以危险驾驶的交通工具不仅有汽车,还有火车和飞机,这些是比汽车更加"危害公共安全"的交通工具。

其二,从《刑法》第114条和第115条第1款的关系来看,第115条是以第114条为基础的,第114条规定了以危险方法危害公共安全的一般情形,即尚未造成严重后果的情形,即危险犯。而第115条第1款规定了以危险方法危害公共安全的特殊情形,即已经造成严重后果的情形,也就是实害犯。危险犯与实害犯具有内在关联关系。如果将部分交通肇事罪认定为以危险方法危害公共安全罪,就意味着该行为即使没有造成严重后果,也应追究其危险犯的责任,而在现行法治框架内,如果没有出现严重后果,则不能追究司机刑事责任。如果非要把部分交通肇事罪纳入《刑法》第115条第1款,则会出现只有实害犯而没有危险犯的不对称现象。进一步,如果考虑《刑法》第115条第2款与第1款的关系,问题将更复杂,《刑法》第115条第2款规定"过失犯前款罪……"说明第115条第1款的罪是可以以过失方式构成的,而且过失构成的时候,应适用第115条第2款的规定,这就意味着所有过失形态的交通肇事行为都被纳入第115条第2款,交通肇事罪彻底被掏空了。立法确立的一个重要罪名,被司法变相废除了。

综上所述,将部分交通肇事罪认定为以危险方法危害公共安全罪这种法律适用,只是拿着放大镜在扣条文里的个别文字,发现了"其他危险方法"这个由于罪刑法定不彻底才留下的残留物时就大喜过望,而完全忘记了比具体法律规范更具有指导约束力的法律原则,属于不顾上下文和语境的断章取义。

五、故意过失的相对性及其启示

关于交通肇事罪主观方面是故意还是过失的纷争,其实质是对于故意过失相对性的认识不同。科学认识故意过失的相对性,对于提升对交通肇事罪主观方面的认识、促进交通肇事罪的系统的、协调的、理性的完善具有指导意义。

笔者认为,故意与过失具有相对性、可变性和模糊性,分述如下。

一是故意过失的相对性,即交通肇事罪的主观方面是故意还是过失是相对于法律具体规定而言的,无法律规定则无所谓故意过失。故意过失不是自然事实,而是法律上的事实,是法律认定的事实。法律之于罪过形态,犹如尺子之于物体。没有尺子,物体便无所谓尺寸。当然,即使没有尺子,一个物体也是有自己固有的大小的,只不过我们无法说出它的具体尺寸。行为人的罪过形态取决于考察的基点是行为还是结果,而应该考察行为还是结果是由法律所规定的。因此,罪过形态不是由其行为自身所决定的,而是由法律所决定的。

二是故意过失的可变性,即故意和过失是可变的,不是绝对。因为是相对的,所以是可变的,是故意还是过失,随法律的规定模式而改变,如果法律强调的是行为,则罪过形态是故意的,如果法律强调的是结果,则罪过形态是过失的。

综观世界各国刑法对交通违法行为的规制,不外乎两种模式。传统模式必须等到"肇事"结果发生后才能处罚,但现在越来越多的国家和地区对法益采取前置性的保护,对严重的醉酒驾车等行为以交通危险罪论处,从而由过去的"结果犯"转向现在的"危险犯"。[12]

在传统的"结果犯"立法模式之下,如我国目前的交通肇事罪模式,因为是结果犯,法定以造成严重危害结果为构成要件,交通肇事罪的罪过形态通说认为是过失。而在"危险犯"立法模式下,构成犯罪不需要等到造成严重危害结果才予以追究,所以这种模式下的相应罪名的罪过形态就是故意的。由此可见,如果离开了一个国家法律的具体规定,抽象地谈论交通肇事罪可不可能是故意的是没有意义的。

三是故意过失的模糊性。即使已经明确了探讨罪过形态的语境和判断标准,如在中国刑法理论的语境中,以中国现行《刑法》的具体规定为标准探讨,也会发生故意和过失模糊得彼此难分的情况。正如白天和黑夜之间总有黎明和黄昏,那么黎明和黄昏究竟是算白天还是黑夜呢?这取决于我们的价值倾向性。勤劳的人会认为黎明和黄昏都算白天,应该起来干活,而懒汉则会认为黎明和黄昏都算黑夜,黎明等于天未亮,而黄昏等于天已黑,总之应该睡觉。这就是该刑法理念和刑事政策发挥作用的时候了,在既存在间接故意可能性,也存在疏忽大意的过失

---

[12] 刘仁文:《取消"以危险方法危害公共安全罪"》,载新浪网,http://news.sina.com.cn/pl/2009-07-25/084518295536.shtml。

可能性的情况下,法律规范无能为力,这个时候就需要法的精神的引导,而疑者从轻,乃法之精神,据此,应当排除间接故意而确认过于自信的过失。

六、结语:以理性、法治、系统的方式强化对交通肇事的刑法规制

在中国全面进入汽车社会的时代大背景下,社会要求强化对交通肇事刑法规制的呼声越来越高,对于交通肇事罪关注方面是故意还是过失的争论也从一个侧面说明原有的交通肇事罪的法律规定已经不适应新的形势的需要。群众的呼声永远是法律进步的动力而不是干扰,但是,人民群众毕竟不是专业法律工作者,舆情无论多么汹涌都不能取代理性,法律的完善必须遵循法治的原则,以系统、理性的方式进行。

无论是以危险方法危害公共安全罪,还是危险驾驶罪,从法律技术上讲,其新意都在于想从"行为"入手,对交通肇事犯罪进行前置的刑法规制。但是,我国法律对于交通肇事罪的规定,最初是以"结果"为评价基点的。从以"结果"为评价基点的规制模式,切换到以"行为"为评价基点的规制模式,应当有系统的考虑。是以"行为"为基点进行前置规制,还是以"结果"为基点进行后置的规制,本身并无对错优劣之分,二者都是法律的选择,世界各国所面临的法律问题是相同的、目标是相同的,但是解决问题的方式方法和路径可以不同。

笔者并不反对强化对交通肇事的刑法规制,更不反对变革刑法对交通肇事的规制方式,笔者反对的是以非法治的、非理性的、非系统的方式进行的调整,反对"因案曲法"以牺牲基本法理和逻辑为代价,迎合局部乃至个案的需要;反对在司法中违反罪刑法定原则,对交通肇事罪的罪过形态进行违背刑法基本理论的牵强解释;反对分裂交通违法行为的整体,而只对个别舆情强烈的行为类型进行缺乏系统考量的"移花接木"。换言之,应以理性、法治、系统的方式强化对交通肇事的刑法规制。

自反性现代化的刑法意义

——风险刑法研究的宏观知识路径探索*

焦旭鹏**

随着近年来一系列公共风险事件进入大众视野和政治决策议程,应对现代风险已不再是一个待决的社会议题,而是一种正在进行的国家行动。包括刑法[尤其是《刑法修正案(八)》以来]在内的有关立法实践向刑法学者们提出了两个基本问题:对于已经调整的有关刑法规定如何用正确的理论去作出解释?如何建构一种妥当的刑法理论以对今后类似的立法进行评判或指导?立法上的及时性和理论上滞后性似乎名正言顺合力催生了风险刑法理论。不过,当下中国刑法学界关于风险刑法的一般性研究的热度似乎已经有所下降,这应当被看作是一个好现象——我们早该静下心来考虑这样一个被忽略的根本问题:究竟应当依循什么样的知识路径展开研究才能正确地发展风险刑法理论?笔者认为,深入阐释自反性现代化的刑法意义是发展风险刑法理论的必由之路。学者指出:"当前有关风险刑法的研究表面看来热闹非凡,但基本上流于意气之争,争论双方都过于关注自身立场的表白,急于给争论的对手贴标签,而忽视了风险社会的语境给刑法理论的根基带来的影响与挑战。"①尽管已经有学者开始认识到既有的风险刑法理论"最根本的谬误在于,未全面了解贝克的反思性现代化理论",②但对于自反性现代化的刑法意义的探讨仍有必要继续深入。

本文拟对风险社会理论的首创者、德国社会学家乌尔里希·贝克的自反性现代化理论的构造逻辑进行阐释,进而展示自反性现代化对于现代刑法在社会基础、基本任务、价值取向上所具有的重要意义,试作风险刑法研究之宏观知识路径

---

* 本文原载《政治与法律》2014 年第 4 期,中国人民大学《复印报刊资料·刑事法学》2014 年第 6 期全文转载,2015 年获评中国法学会第三届"董必武青年法学成果奖"(提名奖),收入本文集时有微调。

** 中国社会科学院法学研究所副研究员,法学博士、博士后。

① 劳东燕:《刑法学知识论的发展走向与基本问题》,载《法学研究》2013 年第 1 期。

② 参见南连伟:《风险刑法理论的批判与反思》,载《法学研究》2012 年第 4 期。

的一个探索。

一、自反性现代化理论的构造逻辑

(一)自反性现代化的概念及理论地位

"自反性现代化"(reflexive modernization)是贝克社会学理论中的基石性概念,在中国学术界也有译为"反思性现代化",但从其理论整体语境及贝克本人解释来说,译为"自反性现代化"更准确③。贝克强调:"'自反性现代化'的概念可以与一种根本性的误解区分开来。这个概念并不是(如其形容词'reflexive'所暗示的那样)指反思(reflection),而是(首先)指自我对抗(self-confrontation)。"④

在贝克那里,自反性现代化理论对于风险社会理论的提出具有基础性意义。贝克在《风险社会》一书的序言中宣称:"这本书所探讨的就是有关工业社会的'反思性现代化'。"⑤但自反性现代化理论的基础性意义不限于风险社会理论,贝克指出:"一般来说,反思的现代化理论可以分解为三个层面:风险社会理论、加速个体化理论和多维度全球化的理论。"⑥自反性现代化理论揭示了风险社会、加速个体化与多维度全球化共同的发生机理。

贝克提出了一种社会形态的独有划分,他以现代化发生方式的不同区分出了前现代社会、(古典的)工业社会与风险社会。贝克把从前现代社会到工业社会的社会变迁过程称为古典性现代化,而把从工业社会到风险社会的社会变迁过程称为自反性现代化。贝克解释道:"正如现代化消解了19世纪封建社会的结构并产生了工业社会一样,今天的现代化正在消解工业社会,而另一种现代性正在形成之中。"⑦前者是第一现代性,后者被称为第二现代性。

自反性现代化理论对个体化理论具有基础性意义。贝克指出:"个体化理论

---

③ 在社会学界,也有使用"反身性"这一概念来翻译 reflexivity,reflexive modernization 相应地也被译为"反身性现代化";"反身性"兼及"自我对抗"和"反思"双重内涵,本文使用"自反性"这个概念在内涵上与之完全一致,只是从对学界多误解为"反思"而忽略"自我对抗"这一状况出发,基于矫枉必须过正考虑,坚持使用"自反性"这一概念。有关的讨论还可参见周铭川:《风险刑法理论研究》,上海人民出版社 2017 年版,第 73 页注释 94。

④ [德]乌尔里希·贝克、[英]安东尼·吉登斯、[英]斯科特·拉什:《自反性现代化——现代社会秩序中的政治、传统与美学》,赵文书译,商务印书馆 2001 年版,第 9—10 页。

⑤ [德]乌尔里希·贝克:《风险社会》,何博闻译,译林出版社 2004 年版,第 6 页。

⑥ [德]乌尔里希·贝克、[德]埃德加·格兰德:《世界主义的欧洲:第二次现代性的社会与政治》,章国锋译,华东师范大学出版社 2008 年版,第 38 页。

⑦ [德]乌尔里希·贝克:《风险社会》,何博闻译,译林出版社 2004 年版,第 3 页。

是自反性现代化理论的一部分,或者说,是有关第二现代性的理论的一部分。"⑧由于自反性现代化这一进程的发生,欧洲社会逐渐进入第二现代社会。新自由主义经济学那种自给自足的人的形象被消解了,代之以制度化个体主义意义上的个体化。贝克解释道:"……与以往相去甚远,个体如今必须部分地为自身提供规范或指导方针,通过自身的行动把它们引入自己的人生中来。"⑨这种自主人生总要面临或隐或显的危险状态,是一种"有危险的人生"⑩。在贝克看来,"个体化正在变成第二现代社会自身的社会结构"⑪。

自反性现代化理论对全球化理论的提出也具有基础性意义。第一现代社会经过自反性现代化的过程所进入的是第二现代社会(即风险社会)。"从总体上考虑,风险社会指的世界风险社会。"⑫世界风险社会是一个全球化社会,它包含了风险的全球化及风险应对的全球化。贝克曾把世界风险社会理解为"作为被动政治化的生态全球化"。由于生态危机开始被人们意识到,"……人们可能第一次感受到人类的共同命运,由于所形成的威胁在无限地扩大,人类世界主义的日常生活意识被唤醒,甚至人类、动物和植物之间的界限可能被取消:风险造就社会;全球风险造就全球社会;这一切都表明了世界风险社会观点的正确性"⑬。由此人类迎来了风险社会的"世界主义时刻"——这个概念意味着,在描述的意义上,"作为世界风险社会的驱动机制的不可消除的多样性之现实,而不管这种现实是否被忽略、被妖魔化、被接受或者被转化为有效的全球政策";或者在规范的意义上,"有关哪一种世界主义思想是可能的或者能够、应当被实现的提示与原则变得可见了"。⑭

(二)自反性现代化的核心意旨

自反性现代化的核心意旨主要体现在从工业社会到风险社会的社会变迁机理上。古典的工业社会处于这样一种社会神话的笼罩之下:"这种神话断言,发达的工业社会,连同它的工作和生活方式,它的生产部门,它的立足经济增长的思想

---

⑧ [德]乌尔里希·贝克、[德]伊丽莎白·贝克-格恩斯海姆:《个体化》,李荣山、范譞、张惠强译,北京大学出版社2011年版,中文版序,第5页。

⑨ 同上书,第3页。

⑩ 同上书,第3页。

⑪ 同上书,作者自序,第31页。

⑫ [德]乌尔里希·贝克:《世界风险社会》,吴英姿、孙淑敏译,南京大学出版社2004年版,第24页。

⑬ [德]乌尔里希·贝克:《什么是全球化?》,常和芳译,华东师范大学出版社2008年版,第43页。

⑭ See World at Risk, Ulrich Beck, Translated by Ciaran Cronin, Polity Press, 2009, p.57.

范畴,它对科学和技术的理解与它的民主模式,是一个彻底现代的社会,是现代性的顶峰——甚至设想超越它的可能性也是没有意义的。"[15]但是,这样一种现代化并不是因为其失败——恰是因为其成功——走上了颠覆自身的道路。在工业社会的现代化规划中所蕴含的危险,最初被合法化为"潜在的副作用",但随着工业社会越是成功,这种危险就越是增大,终于再也无法被掩盖下来。"当它们日益全球化,并成为公众批判和科学审查的主题时,可以说,它们就从默默无闻的小角落中走了出来,在社会和政治辩论中获得了核心的重要性。"[16]"占据中心舞台的是现代化的风险和后果,它们表现为对于植物、动物和人类生命的不可抗拒的威胁。"[17]

工业社会的危险越是被忽视和掩盖,它就成长发展得越快——因为缺少社会性的阻碍措施,形成风险的社会爆发在所难免。"对于风险来说,再也没有比否认它们更好的腐殖土了。"[18]例如,人们为了出行和运输的方便发明汽车,随着科技的进一步发展,更为快捷的火车、飞机也被发明出来;较低速度的交通工具无疑也包含着危险,却被通过不断提高的最高安全时速合法地容忍下来——或者说制度化地否认下来,但是当列车倾覆、飞机失事频频发生,技术风险就无从遁形而实现社会爆发。

风险的社会爆发是工业社会转变为风险社会的一个外部表征,但内部肇因则是工业社会单向度地追求永远"进步"思维与其现代化规划的僵化及局限之间的深层矛盾。一种容易发生的误解是把技术风险造成的大规模人员死伤理解为是其变得众所瞩目的原因所在,而在贝克看来,"不是死亡和受伤的数量,而是死亡和受伤的一个社会特征,其工业的自生性(self-generation)导致宏观技术灾难成为一个政治问题"[19]。另一种可能的误解倾向于把风险社会单纯理解为是反思性的,但"反思性"显然对各种社会都可以成立,贝克曾就此明确解释道:"反思现代化包含两个要素:通过进一步的成功现代化(它对危险惘然不知)而对工业社会本身的基础造成的如反射般的威胁,以及认识的增长和对这种情景的反思。"[20]

---

[15] [德]乌尔里希·贝克:《风险社会》,何博闻译,译林出版社2004年版,第4页。
[16] 同上书,第7页。
[17] 同上书,第7页。
[18] [德]乌尔里希·贝克:《世界风险社会》,吴英姿、孙淑敏译,南京大学出版社2004年版,第182页。
[19] 同上书,第68页。
[20] 同上书,第106页。

(三)自反性现代化的理论响应

贝克的自反性现代化理论在英国社会学家吉登斯(Anthony Giddens)那里得到响应与发展,但吉登斯更注重在"社会反思性"的意义上来解释自己的理论。吉登斯把我们现在生活的世界称为一个"失去控制的世界",由于人的行为所致的"人为不确定"成为当下的重要社会特征。"人为风险是人类对社会生活条件和自然干预的结果。它带来的不确定(以及机会)在很大程度上是全新的。无法用旧的方法来解决这些问题,同时它们也不符合启蒙运动开列的知识越多、控制越强的药方。"[21]在这一认识基础上,吉登斯把当代社会的三大基本发展归结为全球化的影响在不断增强、后传统的社会秩序出现以及社会反思性的扩展[22]。吉登斯指明了社会反思性扩展的重要性,他说:"社会反思性的增加是推动知识与控制分离的主要原因,也是人为不确定性出现的主要原因";"社会反思性的发展是几乎没有任何共性的多种变化出现的关键因素。"[23]吉登斯的主张无疑是对贝克自反性现代化理论的积极声援,与贝克更多地在生态危机等技术风险语境来讨论风险社会不同,吉登斯更注重探讨的是制度风险,他深刻展示了制度自反性的内在机理。[24]

斯科特·拉什(Scott Lash)则从三个方面发展了自反现代化理论,他主张在该语境下,衰落的社会结构正在广泛地被信息和沟通结构所替代;他开拓了自反性之审美维度的观察,这不仅关涉高雅艺术,还囊括大众文化和日常生活的美学;他还把审美的自反性这个概念扩展到更具解释性的方向上去,尝试着阐明在晚期现代性之共同体中重现的个体化现象的本体论基础转换。[25]拉什提出的风险文化理论丰富了对风险社会的认识,开辟了不同于贝克、吉登斯之制度主义理论进路的新视野。[26]

---

[21] [英]安东尼·吉登斯:《超越左与右——激进政治的未来》,李惠斌、杨雪冬译,社会科学文献出版社2009年版,第3页。

[22] 同上书,第3—6页。

[23] 同上书,第5页。

[24] 吉登斯的有关制度自反性的主张在后文还会着重借鉴,此处不再赘述。

[25] See Reflexive Modernization, Ulrich Beck, Anthony Giddens and Scott Lash, Polity Press 1994, p.110-111.

[26] 参见[英]芭芭拉·亚当、[德]乌尔里希·贝克、[英]约斯特·房·龙编著:《风险社会及其超越——社会理论的关键议题》,赵延东、马缨等译,北京出版社2005年版,第68页以下。

二、自反性现代化与刑法的社会基础

风险刑法与现代刑法最大的区别是什么？笔者认为，首先在于二者社会基础不同。风险刑法的社会基础是风险社会，现代刑法的社会基础是（古典的）工业社会，而进行这种区分的必要性是由自反性现代化理论所揭示的。正是由于自反性现代化这一非意图的、含蓄但最终走向前台的社会变迁过程的不可逆转的展开，自启蒙运动以来形成的那种作为封建社会之历史反拨的工业社会之刑法社会基础被悄悄置换为风险社会。

（一）现代刑法的启蒙之路

"现代的刑法和刑法理论，是以启蒙思想为基础发展起来的……针对中世纪刑法的恣意性、宗教性、身份性和苛酷性特点，启蒙时期的思想家们试图以天赋人权和社会契约为理论根据，对刑法进行根本的变革。"[27]刑法观念变革的推动者应首推意大利刑法学家贝卡里亚，他在《论犯罪与刑罚》这部不朽杰作中"将启蒙思想引入到刑法领域中，猛烈地抨击了封建专制刑法原则，为现代刑法制度的建立提供了理论基础"[28]。贝卡里亚"明确提出了后来为现代刑法制度所确认的三大刑法原则，即：罪刑法定原则、罪刑相适应原则和刑罚人道化原则；并且呼吁废除刑讯和死刑，实行无罪推定"[29]。贝卡里亚开启了刑法观念的理性化历程，边沁、费尔巴哈、康德、黑格尔等也为此作出重大贡献。

启蒙运动影响了欧洲乃至世界的刑法制度变革。法国1810年刑法典受到边沁功利主义哲学思想和贝卡里亚刑法思想的直接影响与和指导[30]，德国第一部受启蒙思想影响的刑法典是在费尔巴哈主持下所制定1813年《巴伐利亚刑法典》，自此之后德国刑法走上了现代化之路[31]。日本1881年制定的刑法典效法了1810年法国刑法典，1907年对旧刑法修正后制定的刑法典则是效法德国，受到1871年德国刑法典的较大影响。[32] 在俄罗斯，1861年农奴制改革标志着其由沙皇专制制

---

[27] 赵秉志主编：《外国刑法原理（大陆法系）》，中国人民大学出版社2000年版，第10页。
[28] 陈兴良：《刑法的启蒙》，法律出版社1998年版，第32页。
[29] 黄风：《贝卡里亚传略》，载[意]贝卡里亚：《论犯罪与刑罚》，黄风译，中国大百科全书出版社1993年版，第115页。
[30] 参见何勤华、夏菲主编：《西方刑法史》，北京大学出版社2006年版，第242页以下。
[31] 同上书，第256页以下。
[32] 参见何勤华、夏菲主编：《西方刑法史》，北京大学出版社2006年版，第276页以下。

度转向资产阶级君主制,尽管19世纪后半叶启蒙运动思想在俄罗斯走红[33],但较为"自由化"的1903年刑法典历经22年的起草与筹划才获准颁行,不过这部法典仍然受到很高评价,具有较大历史进步意义。在中国,清政府于1911年公布的《大清新刑律》是聘请日本法学家冈田朝太郎担任顾问修法的结果,该刑律吸收了大陆法系国家刑法的部分内容,罪刑法定原则等资产阶级立法原则与具体制度均有所体现。辛亥革命后,民国政府仍聘请冈田朝太郎主持修订刑法,主要师从德国、日本,借鉴了德国1877年刑法典和日本1907年刑法典。[34]

(二)自反性现代化与现代刑法社会基础之关联

启蒙运动以来的欧洲社会,正是贝克提出自反性现代化理论的一个重要历史参照背景。在贝克对社会变迁的理论解释里,可区分出三种类型的社会形态:前现代社会、工业社会、风险社会。前现代社会主要是指大致处于19世纪早期以前的欧洲封建社会,工业社会主要是指19世纪早期到20世纪中叶左右的古典(或简单)现代社会,而风险社会则是指20世纪中叶以后逐渐成形的自反(或激进)现代社会。对这种历史分期略作观察不难发现,从前现代刑法到现代刑法的观念与制度变革期,与从前现代社会到工业社会这一古典现代化进程大体一致。经由启蒙运动洗礼所形成的刑法观念与制度,到19世纪早期以后才随着资产阶级革命在欧洲各国的成功而得到巩固,并逐渐成为此后世界刑法的重要发展取向。[35]

尽管欧陆各个国家的这段历史各有其特殊性,但贝克有关的社会变迁理论仍具有解释上的适用性,因为贝克的理论正是在对欧洲历史的一种社会学意上宏观观察的基础上提出的。贝克对19世纪早期以来至21世纪门槛上的欧洲社会作出了"望远镜式"的宏观考察,其研究方式"不是沿着社会研究的经验路线进行的",但提出的仍是"包含了一些立足于经验的、投射性的社会理论",并试图实现这样一种理论抱负:"在仍旧占据优势的过去面前,改变正开始成形的未来。"[36]贝克的自反性现代化理论之提出,既立足于对过去的考察(古典现代化),又着眼于对现在的品鉴和对未来的省思(自反现代化),提供了一种对现代性的独特诊断。它揭示了当现代化走向成功时却颠覆自身的隐秘机制,宣告了"第二现代性"社会即风险社会的到来。

现代刑法的社会基础是工业社会。贝克阐释了工业社会的主要特征及其与

---

[33] 参见薛瑞麟:《俄罗斯刑法研究》,中国政法大学出版社2000年版,第4页。
[34] 参见何勤华、夏菲主编:《西方刑法史》,北京大学出版社2006年版,第296页以下。
[35] 出于中国当下刑法更接近于大陆法系刑法传统的考虑,这里暂不述及英美刑法与伊斯兰世界的刑法。
[36] 参见[德]乌尔里希·贝克:《风险社会》,何博闻译,译林出版社2004年版,第2页。

前现代社会(封建社会)之间某种意义上的历史关联。大致说来,工业社会是作为前现代社会的一种历史反拨而出现的,这一过程被称为"古典现代化"。前现代社会因其所具有的蒙昧、专制、不平等、社会生产力水平低下等封建特征成了工业社会得以存在并力图克服的对立面。"'工业社会'或'阶级社会'这样的概念,是围绕着社会生产的财富是如何通过社会中不平等的然而又是'合法的'方式实行分配这样的问题进行思考的。"[37]工业社会关心的是"利用自然或者将人类从传统束缚中解放出来的问题"。[38] 工业社会的个人"自足的个体"以阶级、核心家庭、专业工作等方式被编织进社会功能分化与跟工厂相联系的大规模生产之中。科学、民主、进步成为普遍接受的观念或制度。财富与权力成为时代的特征。

(三)作为风险刑法社会基础的风险社会

风险刑法的社会基础是风险社会,它是作为对工业社会的历史反拨而出现的,这一过程被称为"自反现代化"。工业社会的基础和特征成为风险社会赖以存在并即将瓦解(或者毋宁说是其本身的自我瓦解)的对立面。风险社会思考"在发达的现代性中系统地产生的风险和威胁,如何能够避免、减弱、改造或者疏导",风险社会关心的是"技术—经济发展本身产生的问题"。[39] 风险社会的个人则被迫成为"不完善的个体"[40]而从阶级、核心家庭、专业工作等环节"不再重新嵌入地抽离","个体在历史上首次成为社会再生产的基本单元"[41]。科学、民主、进步均被"解神秘化"而重新理解。风险与不确定性成为时代的特征。

值得注意的是,作为一个制度主义论者,贝克所揭示的从工业社会到风险社会的变迁,是由整个工业社会单向度的线性进步观,以科学技术为支撑的大规模工厂生产以及阶级、民主模式、职业生涯、亲密关系等各个方面的根本性改变所构成的。如果从"风险社会"这一概念的字面含义而非贝克理论语境出发去理解风险社会,很容易陷入对某种特定技术风险有关灾难后果的表面认识上去,从而取消了从社会的整体变化上去观察问题的视角和可能。

尽管贝克的风险社会理论是风险刑法论者可资借鉴的重要理论资源,但仍要

---

[37] [德]乌尔里希·贝克:《风险社会》,何博闻译,译林出版社2004年版,第16页。
[38] 同上注。
[39] 同上注。
[40] 关于"自足的个体"与"不完善的个体"之理论区分,参见作者自序《制度化的个体主义》,载[德]乌尔里希·贝克、[德]伊丽莎白·贝克-格恩斯海姆:《个体化》,李荣山、范譞、张惠强译,北京大学出版社2011年版,第30页。
[41] 参见作者自序《制度化的个体主义》,载[德]乌尔里希·贝克、[德]伊丽莎白·贝克-格恩斯海姆:《个体化》,李荣山、范譞、张惠强译,北京大学出版社2011年版,第31页。

从正反两面不偏执地去认识它。自贝克于1986年发表《风险社会》一书以来,他的理论引发了广泛的关注和肯定,但同时也遭遇种种学术批评。国外有社会学者认为:"他们(这里指贝克与吉登斯。——笔者注)对风险之结构与政治特征的洞见,在前现代、早期现代及后现代时期风险意义的变化,以及风险之于主体性与社会关系的当下思想勾连,都富有价值和启发性。"[42]还有社会学者指出:"贝克是今天受到最广泛阅读的社会思想家之一,其风险社会学的地位与影响是没有争议的。"[43]但也有学者批评贝克的理论"没有充分认识到具体风险情境的复杂性","把当前关注风险的状态作为历史逻辑不可避免的结果是危险的",或是"对风险过分悲观"[44];有学者认为贝克关于风险的论述"有近乎于夸张的倾向","没有真正质问专家和知识的意义","存在着风险民主问题"[45]。

应当承认每一种理论都存在自身的局限性,而对一种理论的批判如同对它的赞赏一样,也都包含着误解的可能。中国学者指出,贝克的理论"主要贡献就是让我们利用其有关风险、灾害和社会思想的分析重建现代性理论。乌尔里希·贝克虽然没有完成整个工程,但其风险社会理论却提出了现实的针对性问题"[46]。实际上,由贝克等人在自反性现代化理论基础上所提出的风险社会理论在国际范围内引起了广泛反响,不仅深刻改变了我们认识自身所处时代及社会结构的理论省思方式,而且对公共政策的制定等实践产生巨大影响。"贝克的思想影响了'新'的政治路线的理论基础的发展,尤其在有关风险和'第三条道路'方面。"[47]

需特别注意的是,现代刑法的社会基础发生了从工业社会到风险社会的根本性改变,但这种改变的整体性意义尚未被刑法学界广泛认识。对于实践中发生的具体刑法问题,人们会提出新的刑法理论或制度技术加以应对,但并不把这种理论策略与规范调适视作与社会基础的整体变化相关,而习惯于在原来的思维模式中来考虑问题,并出现了以下两种应对方式。

其一,把原有的理论进行拓展以在更大范围的事项上具有解释力,从而把新问题涵盖进去。对于作为现代刑法核心内容之一的法益理论,德国学者斯特拉滕

---

[42] Deborah Lupton, Risk, Routledge1999, p. 82 – 83.
[43] Jakob Arnoldi, Risk, An Introduction, Polity Press2009, p.52.
[44] 参见[英]大卫·丹尼:《风险与社会》,马缨、王嵩、陆群峰译,北京出版社2009年版,第31页以下。
[45] 参见薛晓源、周战超主编:《全球化与风险社会》,社会科学文献出版社2005年版,第28页以下。
[46] 薛晓源、周战超主编:《全球化与风险社会》,社会科学文献出版社2005年版,第30页。
[47] [英]大卫·丹尼:《风险与社会》,马缨、王嵩、陆群峰译,北京出版社2009年版,第31页。

韦特建议"应当超越与人类中心思想紧密相连的法益保护观念,并且——例如,在环境或者遗传技术的问题上——'把生命关系作为这样一种利益来保护,否则这种要求就能够转化为任何参与者的真正利益'。他要在不撤回'个人利益'的条件下,使用刑法保护与未来有关的行为规范"。[48] 罗克辛教授对此评价道:"……当我们有时不得不超越具体法益的保护,通过'与未来有关的行为规范'在刑法上保护'生命关系'的时候,也应当在这个范围适用辅助原则。尽管在这里表现出一种发展趋势,在21世纪的刑法中很可能具有重大意义,但是,这种发展最多只能导致一定程度的局限性,而不是对法益思想的背离。"[49]

刑法学者既认识到由于某些新问题出现而使既有法益理论表现得捉襟见肘有必要进行调整,又不肯承认突破了原来认识的新理论是对既有思想的背离,这是颇为吊诡的。实际上,当具体的、个人化的、物质化的、立足于过去与现在的法益观被拓展成抽象的、整体化的、精神性的[50]指向未来的法益观,一种根本性的实质变化就已经发生了,但是却被人为地、一厢情愿地暂时作为针对"发展趋势"而形成的"局限性"而理解或掩盖。究其原因,乃是在于一开始问题就被设定成"刑法在什么范围内处于这样一种境地,需要以其传统法治国的自由的全部手段,其中也包括法益概念,来克服现代生活的风险(如以核材料的、化学的、生物的或者遗传技术方式造成的风险)"[51],这就意味着,既有法益理论的工业社会背景根本未整体作为检视的对象,风险社会是否为一种具根本意义的整体变化之问题完全被省略了,而所有的思考变成了在既有刑法理论前提下的一个技术问题:生化核风险如何用刑法及其理论去应对。

其二,把为应对风险社会中的问题而出现的刑法制度技术调整理解为现代刑法的原则之例外,以此做到在捍卫原则的同时又实现对新问题的应对与解释。

学者主张,"风险刑法首先须受刑事责任基本原则的规制","刑事责任基本原则对任何立法与司法决策都有直接约束力,背离原则而将某种状态、意图、不作为、危险犯、欠缺犯意的行为等予以犯罪化的做法,都需要提供特别的理由"。[52]

---

[48] 参见[德]克劳斯·罗克辛:《德国刑法学 总论(第1卷)》,王世洲译,法律出版社2005年版,第20页。

[49] 同上书,第21页。

[50] 考虑到风险具有建构的一面,环境或遗传技术所具有的风险包含着人们精神性的利益诉求,这样的法益势必也具有不同以往的精神性的成分。

[51] [德]克劳斯·罗克辛:《德国刑法学 总论(第1卷)》,王世洲译,法律出版社2005年版,第19页。

[52] 参见劳东燕:《公共政策与风险社会的刑法》,载《中国社会科学》2007年第3期。

因此,该学者在允许建构例外的同时设定了严格的条件。[53]

这种安排似乎能较好地维护现代刑法的原则,从表面上看也为风险的应对提供了例外性机会,但该主张并没有回答它是否足以发挥刑法的制度作用空间来应对风险社会的新问题;与此同时,该主张假定了例外和原则之间妥协条件的存在,但这些条件的现实性未被检讨;进而言之,当例外随着风险发展的状况而不断被要求增加时,例外本身还可能因其内在的共性而开辟本质上不同的新的普遍性原则的空间。究其原因,该主张并没有检视风险社会之于现代刑法的社会基础所具有整体性变迁意义,而只是作为工业社会发展中又出现的新侧面来对待,从而取消了对现代刑法及其理论的社会语境进行反思的系统性,其作为评判依据的刑事责任基本原则原本并不产生于风险社会语境,而是工业社会语境的法治成果。

概言之,尽管前述两种应对方式所提出的主张不无教益并可能具有一定的解释力,但没有(或没有严格)依循自反性现代化逻辑来对风险刑法的社会基础与现代刑法的社会基础之整体差异进行宏观考察,进而就无从观察自反性现代化对现代刑法所带来的实质性全局影响,因而均存在局限性。

三、自反性现代化与刑法的基本任务

自反性现代化将风险社会作为风险刑法的社会基础呈现出来,而风险与不确定性是风险社会的时代主题,抗制风险似乎是刑法基本任务的应有之义。但是,理论上似有必要先澄清一个关键问题:风险社会与刑法能够具体地关联起来吗?换言之,在应对风险这一时代议题上,从社会学到刑法学之间是确然存在实质性的逻辑关联,还是可能面临华而不实、似是而非的危险逻辑跳跃?这关涉从风险社会语境出发去理解、确定刑法基本任务的可能性与正当性,也是学界聚讼所在,理应先行加以研究,而后方可再行阐明刑法的基本任务。

(一)刑法基本任务的可能性与正当性

事实上,有学者质疑风险社会与刑法之间存在关联,具代表性的有两种观点。

其一,认为风险范畴与刑法本质存在基本对立,风险刑法理论是建立在曲解"风险"范畴真实含义的基础上的,风险特征与刑法本质存在风险的全球性与刑法的国内性、风险的双面性与刑法的单一性、风险的合法性与刑法的违法性、风险的反科学性与刑法的科学性之间的基本对立,主张刑法对于风险社会危机的化解

---

[53] 参见劳东燕:《公共政策与风险社会的刑法》,载《中国社会科学》2007年第3期。

无能为力[54]。

笔者以为,该主张的论证依据较为丰富,但由于对贝克有关理论的品鉴不足或缺少批判性认知,造成了拘泥于字面含义的误解,又把刑法僵化地在古典工业社会语境下进行理解,于是人为地斩断了风险社会与刑法之间的内在逻辑关联。

论者主张风险的全球性与刑法国内性之间存在基本对立,其实正是曲解了风险的真实含义,把宏观社会学上对风险所作出的整体判断,直接作为刑法所要处理的微观层面的对象来对待了,而刑法在规范意义上所能处理的对象只能是具体的、类型化的风险诱致行为。例如,贝克把恐怖主义作为风险社会中的一种重要风险来对待——他曾就此在俄罗斯专门发表过演讲,而恐怖主义究其成因、效应,无疑是具有全球性的,但刑法介入具体、个别的恐怖主义行为之处理是完全可能的;对于关涉全人类生存的生态问题也是如此,刑法介入环境犯罪也是完全可能的。与此同时,具全球性的风险也可能是国际社会共同抗制的风险,它可通过国际条约或转换为国内刑法规范上的承认而进行应对——通过国际刑法操作层面的困难性来反驳这一机制的存在可能及意义,其理由是牵强脆弱的。

论者援引了贝克关于风险也是市场机会等见解,以支持风险的双面性与刑法单一性存在基本对立,但似乎忽略了对不同论说语境的理解,又发生了对不同语境下见解的人为剪接。虽然贝克的理论盟友吉登斯也曾指出"积极地接受风险也是现代经济中创造财富的经济源泉"[55],但在贝克那里,对风险消极面的强调是其理论底色,因为当风险驱使人在整体生存与经济利益等所谓的积极面之间必须作出选择时,答案只会是唯一的。正因如此,贝克才指出:"风险社会的乌托邦仍旧是特别消极的和防御性的。基本上,人们不再关心获得'好的'东西,而是关心如何防御更坏的东西;自我限制(self-limitation)作为一种目标出现了。"[56]

风险的合法性与刑法的违法性也被作为二者基本对立一个方面,但风险的合法性是在工业社会的语境下来讨论的,正因为它作为现代化潜在的副作用被以各种方式合法化(包括被法律所允许),这种对风险的否认加速了风险的发展并导致其社会爆发,而社会爆发后的风险恰恰无法再被合法化下去,而可能被纳入法律乃至刑法的视野被作为违法或犯罪来处理。中国刑法对风险标准的调适直观反映出风险诱致行为被作为犯罪处理的实际境遇,比如《刑法修正案(八)》就第

---

[54] 参见南连伟:《风险刑法理论的批判性展开》,载陈兴良主编:《刑事法评论》(第30卷),北京大学出版社2012年版;还可参见南连伟:《风险刑法理论的批判与反思》,载《法学研究》2012年第4期。

[55] [英]安东尼·吉登斯:《失控的世界》,周红云译,江西人民出版社2001年版,第20页。

[56] [德]乌尔里希·贝克:《风险社会》,何博闻译,译林出版社2004年版,第56页。

143 条之生产、销售不符合食品安全标准食品罪通过增设“其他严重情节”之构成要件、取消单处罚金刑、不再具体规定犯罪数额等手段加强了对犯罪的打击力度，这种规范调适说明以往的刑法层面的风险标准无法再被社会接受——原来的被合法化的风险无法再继续像以往那样披着法律的外衣被掩盖下去，曾被否认的部分风险业已纳入刑法规制的范围。

风险的反科学性与刑法的科学性之间被认为存在基本对立，而这也是理论依据上的不周全所致。贝克早已明确指出风险既具有科学理性的一面，也具有社会理性的一面。如若没有风险的科学理性作为基础，风险就与谣言没有区别，那将失去其作为事实的品性。刑法既有科学性的一面，也有文化性的一面，刑法中广泛存在的价值考量不能用科学去评价或理解。风险与刑法完全可以相沟通。再者，该学者所言的刑法科学性，其实仍是对工业社会语境中的刑法特征的一个概括，而这原本就应在风险社会语境中接受检讨，却被不加检讨地予以前提化了。

其二，有学者提出“风险刑法行为错位论”，认为风险刑法存在行为内部结构的错位，由此引发外部的不法行为、责任的错位，并渐进地延伸到责任、刑罚错位，刑法规范、刑事政策错位，刑法目标及社会基础的错位(57)。

该观点忽略了刑法总会置身于一定的社会系统之中这一基本事实，这种由微观前提推至宏观结论的论证逻辑，正是对现代刑法的社会语境未加检讨即直接把微观层面的刑法行为结构作为已被正当化的评价标准来对待的结果。

刑法行为结构在风险社会中面对新问题时，绝非只能一成不变，完全有调整的可能。比如抽象危险犯这一制度技术，尽管在危害结果、因果关系、主观过错上可以不同于传统刑法的理解，但由其应对的风险既有科学理性一面，又有社会理性一面，既有自发生成的属性，又有人为建构的属性，二者均是先于规范的实存事实，很难因此指责抽象危险犯存在所谓“行为内部结构的错位”，而毋宁说是在遵循从事实定性到规范评价这一行为结构逻辑的前提下进行的因应性调适。

无论如何，从微观层面考量风险刑法的行为结构是建构风险刑法理论的过程中不可或缺的重要一环。有学者指出，“国内理论研究初期知识支援的匮乏与迫在眉睫的秩序安定期待业已滋生出‘泛风险化’倾向，将风险背景化而非对象化的抽象理解，促成了风险研究刑事政策化的路径”(58)。笔者认为，在明确了风险刑法的社会基础是风险社会之后再进一步考究风险刑法的行为结构，有助于使风险

---

(57) 参见董泽史：《风险刑法错位论》，载《国家检察官学院学报》2011 年第 6 期。

(58) 程岩：《风险社会中刑法规制对象的考察》，载陈兴良主编：《刑事法评论》（第 29 卷），北京大学出版社 2011 年版。

刑法研究实现从风险背景化到风险对象化的理论推进,摆脱风险刑法研究刑事政策化的理论贫瘠,有助于在宏观和微观两个层面实现从社会学到刑法学的理论衔接,为风险刑法理论的教义学化创造可能的空间。

风险作为"人为的不确定性"进入社会学的理论视野,它虽然承载着某种价值,但本身并不具有规范质量,因此怎样才能纳入刑法调整的范围便成为问题。有学者指出:"法所不容许风险概念的提出即代表了风险概念的规范化趋势。"[59]但也有学者提出"科学技术的发展与社会风险的增加,并不必然导致被允许的危险的法理……采取修正的旧过失论是我国当前的应然选择……由被允许的危险的法理处理的事项完全能够由其他成熟的理论处理,被允许的危险的概念及其法理并无存在的必要"[60]。在笔者看来,反对被允许的危险理论是以结果犯为本位的现代刑法思维来思考问题,尽管其讨论了科学技术的发展与社会风险的增加,但并没有风险社会理论的观察视野,并回避了譬如在环境犯罪等领域结果的发生可能高度不确定,甚至在时间上超越世代、在空间上超越国家等情况的存在,而这种情况既很难用修正的旧过失论去解释,也无从贯彻论者所坚持的结果无价值立场。这种主张是在现代刑法的工业社会语境中讨论风险刑法问题,风险既没有被语境化,也没有被对象化,因而所得到的结论是难以成立的。

笔者认为,只要人之行为成为风险诱因体系中的一个环节,就为刑法介入的可能性提供了认识根据,而行为所诱致的风险不为法所容许,则把风险行为规范化,成为构成要件符合性判断的一个关键性内容。例如,我国台湾地区2013年"刑法"修订第185条把酒醉驾驶罪入罪的标准确定为吐气所含酒精浓度达每公升0.25毫克以上或血液酒精浓度达0.05%以上。这一标准在2013年6月11日以前则是每公升0.55毫克以上或血液酒精浓度达0.11%以上,而在1999年以前酒驾并未入罪[61]——酒驾作为不为法所容许的风险行为由于社会舆论和立法推动被作为犯罪处理并且入罪门槛越来越低。这里把酒驾行为作为抽象危险犯来规定,是否超过法定标准显然属于构成要件符合性判断的问题。由此可看出,从微观层面在风险与刑法之间建立规范性逻辑关联完全可能。

笔者由此认为,风险社会与刑法之间能够具体地关联起来,从风险社会语境出发去理解、确定刑法的基本任务具有可能性和正当性。

---

[59] 郝艳兵:《风险刑法——以危险犯为中心的展开》,中国政法大学出版社2012年版,第114页。
[60] 参见张明楷:《论被允许的危险的法理》,载《中国社会科学》2012年第11期。
[61] 这一数据来源于2013年8月13日高雄大学法学院院长张丽卿教授在中国社会科学院法学研究所发表的题为《台湾酒醉驾车罪的刑法规范与实务观察》之演讲。

(二)刑法基本任务的主要内容

与现代刑法在工业社会的基本任务不同,风险刑法在风险社会的基本任务既不是法益保护,也不是维护规范的有效性,而是依循风险刑法的规范逻辑去抗制风险。风险刑法要面向未来通过抗制风险为社会提供整体意义上的安全保障。当环境犯罪的危害结果之发生在时间上超越了世代,在空间上超越了国界,原有的那种主体明确的、具体的、物质化的、现在指向的法益概念就为包括尚未出生的主体、抽象的、精神化的未来指向的风险所取代了;当实施自杀式恐怖袭击的信念人在整体上拒绝一个法律体系,而非偶然地违反特定法律规范时,维护规范有效性的刑法任务解说就失败了,而代之以把信念人作为风险源的非人格体(但仍然是人)来认识的风险控制观念似乎更富有解释力。

要进一步探讨的是,学界目前的讨论大体上是在风险社会向现代刑法提出挑战这样一种问题意识下展开思考,而这种思考方式本身值得认真分析。在笔者看来,它实际上倾向于把刑法理解为某种自成一体的现代规范系统,而这一系统被迫要对源自系统外的风险挑战进行回应和调适。这种意义上的刑法,或可称为外在视角的风险刑法。但这种认识忽视了现代刑法作为社会系统的一个组成部分的事实,如果社会整体上发生了自反性现代化的历史变迁,其本身也应当发生着或体现着自反性现代化的运作逻辑。这就意味着,现代刑法不仅仅是要把外在的风险作为问题来加以应对,还有可能需把自身作为问题加以理解或应对。由此我们或可对内在视角的风险刑法加以探索,并考虑刑法基本任务的新的可能空间。

在贝克的自反性现代化理论中,主要是结合技术风险来展开讨论,这种局限性在很大程度上为吉登斯的研究所弥补。吉登斯深入讨论了制度风险,展示了制度自反性意义上从工业社会到风险社会的变迁机理,同时也有助于对刑法在制度自反性意义上进行观察。

在吉登斯看来,"现代性的四个制度支柱在全球化的过程中都可能带来后果严重的风险。比如,世界民族国家体系会带来极权主义;世界资本主义经济会产生经济崩溃;国际劳动分工体系带来了生态恶化;世界军事秩序会诱发核大战的爆发"[62]。这是"盛期现代性"时期所呈现的激剧、普遍化的现代性之后果。[63] 当今时代并没进入"后现代性",而是进入了"激进现代性"。[64] 对吉登斯

---

[62] 杨雪冬:《风险社会理论述评》,载《国家行政学院学报》2005年第1期。
[63] 参见[英]安东尼·吉登斯:《现代性的后果》,田禾译,译林出版社2000年版,第150页。
[64] 关于后现代性与激进现代性的区别,参见[英]安东尼·吉登斯:《现代性的后果》,田禾译,译林出版社2000年版,第131页。

来说,"风险暗示着一个企图主动与它的过去亦即现代工业文明的主要特征进行决裂的社会"⑥。在民族国家对信息和社会督导的控制中,刑法在监督社会的意义上发挥着特殊的作用。吉登斯指出:"以现代国家名义而实现的对暴力手段的成功垄断,有赖于用世俗手段对刑法法典的维系,以及对'越轨行为'的监督性控制。"⑥吉登斯所担心的风险也许是刑法可能在成功参与社会控制的同时,却终被证明是极权主义的体现之一;但是,他也许忽略了现代刑法乃是民权刑法而非国权刑法,由这种观念转向所引发的对自由价值的珍视程度不断提升,已经把刑法带入一个新的需要被重新理解的阶段,并由此开启了解释刑法基本任务的新的可能。

(三)敌人刑法理论的追问

尽管在吉登斯那里,刑法学学科内视野的缺乏也许是一个对社会学家不该提出的苛责,但吉登斯的担忧并非全无道理。虽然如此,笔者仍要强调,随着法治的进步及刑法的观念转向不断深入人心,人们会开始有能力感受到在此前也许并不称其为问题的问题,而这些问题不单是人们出于对极权主义的担忧而在刑法总体效果上的关切,甚至还关涉刑事法自身的固有的局限(而非伦理意义上的缺陷),德国刑法学家京特·雅科布斯的敌人刑法理论似已触及了此种值得深思的问题。

雅科布斯经过对德国刑事法的细致观察,提出了一个引发无数争议的见解:"根本地偏离的犯罪者,对于具有人格之人所应为之行为不给予保证,因此,他不能被当作一个市民予以对待,他是个必须用战争征讨的敌人。这场战争的发动乃是为了市民的正当权利,即对于安全的权利而战。与此不同的是,遭到制裁的敌人,则是被摒除在外。"⑥"敌人刑法"与"市民刑法"的区分受到的最大指责是不能平等地对行为人适用一部刑法,存在侵犯人权的严重风险,而对如何区分"敌人"与"市民"雅科布斯却语焉不详,这就更使之饱受诟病;但是,雅科布斯的有力自辩一直未能受到广泛重视——他强调自己的评论是描述性的,而非规范性的,国家的躯体存在丑陋的东西,但这不过是一个他所揭发出来的事实而已。⑥作为危险个体的个人虽然因整体拒绝法律体系完全与法律不可商谈而不是"人格体",只能在危险源的意义上被功能性地对待,但这并不

---

⑥ [英]安东尼·吉登斯:《失控的世界》,周红云译,江西人民出版社2001年版,第19页。
⑥ [英]安东尼·吉登斯:《现代性的后果》,田禾译,译林出版社2000年版,第53页。
⑥ [德]雅科布斯:《市民刑法与敌人刑法》,许育安译,学林文化事业有限公司2003年版,第15页。
⑥ 参见蔡桂生:《敌人刑法的思与辨》,载《中外法学》2010年第4期。

是由雅科布斯倡导出来的,而是实践中的既存做法,比如德国刑事法中针对经济犯罪、恐怖主义、组织性犯罪、性犯罪及其他危险犯罪以及有关一般的犯罪的某些规定,还包括预先的羁押、血液取样、秘密监视、秘密调查、使用卧底警探等规定,均不同程度地包含了敌人刑法的成分。[69] 在笔者看来,雅科布斯的理论努力在于提出了"敌人刑法"与"市民刑法"这一理想类型,并以此为理论观察工具对研究对象作出了个性化的说明,其见解乃是在描述性的立场上对德国刑事法所作出的一种建构性诠释。

有德国学者认为雅科布斯的敌人刑法理论是"无具体效果之刑法释义学"[70],笔者的看法则没有那么悲观,因为雅科布斯即使暂且没有很好地解决问题,但还是提出了为法治国的外衣所遮蔽的真问题,迈出了引人深思的第一步。尽管"敌人刑法"之用语是否妥当还值得推敲,但其核心意旨是富有启发性的:一部市民刑法中若混杂了太多敌人刑法的成分,同样不利于人权的保障。在一个成功实现法治国的国度里,学者却在作为"法治之法"的刑事法上发现了背离其法治宗旨的因素。比如若没有"预先的羁押",刑事诉讼的机制就无法运行,可一旦采取这种做法,敌人刑法的成分就无从回避;针对恐怖主义、性犯罪等采取的刑法规定也许别无选择地[71]具有某种功用上的实效,但如此一来现代刑法所标榜的自由价值就被搁置了。这些都促使我们去思考,当总体上已实现刑事法治之时,法治观念的进一步发展,同时就意味着对刑法及其实践提出了更高、更细致的要求,甚至作为刑法自身属性之必然部分的局限性也可能因受到苛刻的检视而被暴露。正是在这个意义上,一部无从选择的成功的刑法却实际上也被认为正在走向其价值追求的反面——现代刑法的自反性恰恰关涉其自身;而如何摆脱这种悖论、如何恰切地在这个意义上去把握刑法的基本任务,仍是值得深入研究的理论议题。

---

[69] 参见[德]雅科布斯:《市民刑法与敌人刑法》,许育安译,学林文化事业有限公司2003年版,第15页以下。

[70] 参见许玉秀、陈志辉合编:《不移不惑献身法与正义——许迺曼教授刑事法论文选辑》,新学林出版股份有限公司2006年版,第160页以下。

[71] 这里之所以说"别无选择"并非夸大其词,在面对恐怖主义或战争带来的威胁时,自由社会总是作出过度反应并非偶然现象,背后或许不仅仅有法律上的问题,还可能存在政治上的考量。尽管牺牲公民自由的过度反应让人遗憾,但这种情形反复发生却是真切的事实。1987年美国最高法院大法官威廉·布伦南(William Brennan)就曾指出:"在所察觉到的安全危机过去以后,认识到抛弃公民自由是没有必要的,美国总是在懊悔。但是,当下一个危机来临之时,美国还是不断地重复这个错误。"(参见[英]汤姆·宾汉姆:《法治》,毛国权译,中国政法大学出版社2012年版,第186页)

四、自反性现代化与刑法的价值取向

自反性现代化这一社会变迁逻辑既然是现实的,那么从古典工业社会向风险社会的转变势必关涉全局,而置身于工业社会之中的现代刑法在其价值取向上发生某种转变即完全可能。这种价值取向的转变何以发生,如何重新定位等问题理应得到深入探讨。

(一)现代刑法的价值取向及其由来

刑法的价值取向是刑法在理念层面所秉持的超越性追求,对刑法规范体系起到总体上的指引作用。现代刑法的价值取向首先通过罪刑法定原则体现出来。张明楷教授指出:"一般认为,罪刑法定原则产生于法治国思想;法治在刑法领域表现为罪刑法定原则。"[72]陈兴良教授指出:"刑事法治的要旨在于对国家刑罚权的限制以保障被告的权利与自由。"[73]由此可见,罪刑法定原则所体现的刑法的价值取向就是自由(或者说保障人权)。

自由作为现代刑法的价值取向乃是现代法治精神在刑法领域的一个具体表现,而对现代法治形成的理论与历史稍做回顾则可帮助我们理解现代刑法价值取向的由来。现代法治尽管其思想渊源可追溯到启蒙思想家们的经典著述,但美国有学者指出,"今天的法治完全是从自由主义的角度理解的",而"最重要的是自由主义强调个人自由"[74]。现代法治作为一项历史成就,它源于立足于特定社会背景所预设的时代任务:自启蒙以来,已开始了古典工业化进程的欧洲社会,把中世纪的专制统治与蒙昧作为其力图克服与超越的对立面,以求把理性与人的尊严置于核心位置。强大国家与弱小个人之间的紧张关系成为法律思想与制度展开的基本语境,限制国家权力以保障公民自由是应有之义。正如德国刑法学家李斯特所指出的那样:"法无明文规定不为罪,法无明文规定不处罚,这两句话是一道屏障,保护公民免受国家权威、多数人的权利、利维坦的侵害。"[75]现代刑法的价值取向因此自然定位成自由。

---

[72] 张明楷:《罪刑法定与刑法解释》,北京大学出版社2009年版,前言第1页。
[73] 陈兴良:《刑事法治论》,中国人民大学出版社2007年版,出版说明第4页。
[74] [美]布雷恩·Z.塔玛纳哈:《论法治——历史、政治和理论》,李桂林译,武汉大学出版社2010年版,第41页。
[75] 转引自[日]庄子邦雄、甘雨沛:《刑罚制度的基础理论——刑法近代化和刑罚理论的困惑》,载《国外法学》1979年第4期。

(二) 刑法价值取向的转变逻辑

当古典的工业社会转变为风险社会,由生化核等技术风险所提出的安全问题使人们开始关注到人类社会整体的存续。这从来不是在前现代社会专制的国家权力统治下所可能提出的议题,因为无科学理论指导的低层次技术断无危及全人类之虞。在古典的工业社会,经受了启蒙思想洗礼的法律制度是以个人为本位进行的规范性安排,安全话语被转化成了权利表达。比如个人的生命安全、财产安全等,均通过生命权、财产权在法律上被确认下来并可受到刑法的保障。强大的国家权力作为公民个人权利的对立面,始终处在被怀疑、被限制的地位上。

但是,这样一种思想与制度逻辑为风险社会的状况所打破了。在风险社会,国家权力的脆弱性或能力边界被暴露,启蒙以来所形成的那种限制权力的理据变得捉襟见肘,不再能解释所有情形。

由于风险对知识的高度依赖性、弥散性和即时性,国家权力变得有时没有资格或可能去直接进行风险控制。尤其在科技与商业领域,更多的风险问题是由行业专家、团体等亚政治力量的决策所直接发挥作用,传统意义上的议会本位的社会控制中心被绕过了,国家至多只可能去谋取应对风险的某种情境控制权,为风险决策设定外在的程序框架。

在恐怖主义犯罪的场合,国家权力的能力边界同样无法否认。有学者指出:"任何强大的国家,无论有什么样的制度,有什么样的法律,在小小的恐怖组织面前也许会防不胜防。恐怖分子会正确地盘算出这样一个事实:任何国家,无论戒备性多么高,无论如何组织有序,都无法在任何时候以及任何地点防范得滴水不漏。或迟或早,总会有什么人在警戒中失手——集装箱检查员会漏检一个集装箱,机场的扫描筛选仪会错过了一个旅客或一个包,供水过滤装置会失灵——而恐怖袭击就会成功。警察、军队和情报机构的特工会侦查、拦截或者先发制人地阻止百分之九十九的袭击。但是,如果敌人拥有化学武器、放射性武器、细菌武器或者核武器,那么他们只需成功一次就够了。"⑯

风险社会的状况使人们有必要改变对于安全的理解与认识社会问题的方式。人类社会的整体安全观应该被提出并受到高度重视,不能再被掩盖在个体权利话语的背后;而对风险的应对也应该以社会为本位来思考和对待,即首先考虑某种问题在人类整体安全上的意义,然后再去设想具体的制度应对。

---

⑯ 张国华:《投鼠忌器的艰难选择——伊格纳季耶夫的〈两害相权取其轻:恐怖时代的政治伦理〉述评》,载周展等编著:《文明冲突、恐怖主义与宗教关系》,东方出版社2009年版,第160页。

（三）风险刑法的价值取向

在风险社会的语境中，刑法所追求的自由价值应适当让位于安全价值。如果没有安全，自由就失去了载体，成为一纸空谈。这样的见解一定会让那些法治主义的倡导者担忧，认为存在侵害自由的巨大风险。但有必要申明：没有一个风险刑法论者是反法治的，风险刑法论者也是自由价值的拥趸者。问题是，如果继续采用启蒙以来的理论视角去解释法治，整体意义上的安全就会继续消释在以个人权利形式表达的自由话语之中，这就在观念指引上阉割了我们对可能的制度设计的宏观视野。在现代刑法的话语体系中，刑法所保护的以个人权利形式表达的自由，其实是个体意义上的自由，所谓的人身安全、财产安全等都被转换成了个人权利；但在风险社会的语境下，这种制度逻辑背后的思维方式是有缺陷的，不利于把握事态的核心意义。例如，美国9·11事件造成了数以千计的平民伤亡，若从个体本位出发观察该事件，以个体生命权、健康权被剥夺进行解释，显然稀释了"数以千计"所包含的无辜平民的整体性意义；这次恐怖袭击本来就不是以任何特定个体为目标，它所追求的就是对美国及其民众的某种整体性伤害。

有学者将由风险社会引发的现代刑法价值危机诠释为"秩序与自由的碰撞"[77]，但这其实误解了不同价值的性质与地位。因为秩序是法律的基础价值，自由与安全均为法律的目标价值，不能将秩序与安全的价值类型归属混为一谈。在笔者看来，与自由是法律的目标性价值一样，安全也是法律的目标性价值，并均为人权保障的构成性内容。

卓泽渊教授指出："秩序是法的价值，但并不是法的终极价值。除了秩序以外，法追求的还有生存、安全、健康、公平、正义、自由、平等、人权、民主、法治、文明、发展等。法的秩序价值与法的其他价值之间，前者是后者的前提和基础，后者是前者的目的和发展。"他解释道："秩序对于法的基础价值是在这样的意义上成立的，即秩序是法的直接追求，从社会的视角看，其他所有价值都是以秩序价值为基础的期望；没有秩序价值的存在，就没有法的其他价值。"[78]正是在这个意义上，安全与自由可以共同纳入刑法的目标性价值体系。风险刑法更多要考虑的是实现自由与安全之间的平衡，而非如何应对"秩序与自由的碰撞"；进而还可认为，在新的语境中去重新解释和理解罪刑法定原则既是可能的，也是有意义的。

只有秉持这样的认识，我们才可能真正直面风险刑法所遭遇的实际问题：怎

---

[77] 参见龙敏：《秩序与自由的碰撞——论风险社会刑法的价值冲突与协调》，载《甘肃政法学院学报》2010年第5期。

[78] 卓泽渊：《法的价值论》，法律出版社2006年版，第394页。

样才能实现安全价值与自由价值之间的平衡？笔者认为,这首先关涉对这两种价值在风险应对意义上的理解。

自由价值是刑法应对风险的力量源泉。如果民众为了应对风险而失去自由,这样的刑法很难取得公众认同,其实施效果势必大打折扣,并因而无法保障风险的应对。在恐怖分子实施了第一次恐怖袭击后,如果国家反应过度,恰好就会落入恐怖分子的圈套:民众会很快撤销对政府的支持使政府变得软弱,国家会因此更混乱,而恐怖分子会更容易找到发动下一次袭击的机会。

安全价值是刑法应对风险的主旨和依归。以往只强调个人自由而忽视整体安全,可能会使整个社会付出巨大的不可接受的代价。刑法在其制度设计中更强调安全价值,这是在新的社会语境下对既有传统的一种因应性调整。在重大风险的应对上采取安全优位的价值取向,有利于避免风险的创设或现实化,从而才有条件使民众真正享有自由。

安全价值与自由价值虽然有时存在鱼与熊掌不可兼得式的冲突,但二者之间的平衡点并非完全不可想象。安全价值优先于自由价值在应对风险的语境下有望得到民众的理解与支持,尽管在不同情形下如何设定其必要的限度仍值得展开类型化的研究。贝克提供了一个安全优先而自由适度让步的适例:"(2006年)11月6日这一天,差不多在被挫败的那次恐怖袭击的三个月后,一项新的欧盟范围的规则开始实施,对航空器客舱内的液体运输施加了严格限制。新的安全措施是对前述并未发生在特定地方——比如伦敦——的预期的恐怖袭击的世界性反应。它们为了可预见的未来对无数乘客的自由施加了限制。在乘客们的头脑中恐怖威胁业已上膛,他们毫无异议地接受了这些对其自由的限制。"⑲

安全价值与自由价值之间的平衡,往往有赖于人们对安全边界的理解与设定。"多安全才算足够安全？回答这个问题就意味着要在众多答案中做出选择。因此,可接受风险问题是一个决策问题。最佳选项的风险就被定义为可接受风险。"⑳刑法因此不可能去要求不同情形下明确、统一的被允许的风险水平,而在更多时候只能关注风险识别、风险决策意义上的理性程序。例如关于某种类别化工厂对环境安全可能造成的影响,其风险边界的确认有时很难予以明确,对于该类项目是否准许进入市场或生产的风险评估程序就应成为刑法规范的实质性内容。对于具体环境影响被允许的风险水平标准的确定,只有经法律要求的程序产

---

⑲ Ulrich Beck, World at Risk, Translated by Ciaran Cronin, Cambridge: Polity, p. 1.
⑳ [英]巴鲁克·费斯科霍夫等:《人类可接受风险》,王红漫译,北京大学出版社2009年版,第11页。

生才是有效力的。当然,某些风险其实已转变成实害,对于直接的诱致风险的行为也可由刑法加以规制。需要指明的是,并非所有的风险都可能由刑法(或者法律)介入,因为有的风险既无有效经验可循,又要求作出即时反应,完全不可能形成规则[81];进而,并非所有的风险都应由刑法加以介入,刑法应恪守谦抑原则,仅可作为其他部门法的保障法。无论如何,安全与自由价值之间的平衡,应当依据罪刑法定原则,由事先明确的规则确定二者之间的界限或者要求相应的风险识别、决策程序,风险刑法规范的构造逻辑应该由单一的实体标准思维转向同时可兼容程序标准思维,而进一步展开风险类型学的研究将有助于深化对该问题的把握。

五、结语

在当下中国社会,一方面由前现代社会遗留下来的人治思维还未彻底清除,古典现代化的任务尚未完成,另一方面风险社会的侧面已经有所表现,自反性现代化的任务又已提出。由此中国的刑法承担着双重使命:既要克服人治思维防止权力行使的任意性,又要避免对风险的过度反应。自反性现代化在刑法的社会基础、基本任务与价值取向等方面所具有的重大意义,使我们必须认真思考在新的社会语境下怎样坚持罪刑法定原则、怎样调适刑事政策与刑法规范的制度配置及构造逻辑,这是值得进一步研究的重大问题。至于学界聚讼的风险刑法与现代刑法之间的关系应如何定位,其实有赖于对风险刑法理论的妥当推进:如果我们不能够很好把握什么是风险刑法,就无从确切地去界定风险刑法与现代刑法之间的关系。尽管就中国当下社会而言主要还是古典现代化问题,自反现代化的任务还未成主导,由此主张风险刑法是现代刑法的助手似乎未尝不可;但风险社会的侧面在中国日渐凸显更是无从否认的事实——这就意味着,在对"风险刑法"这一提法是否可行、风险刑法理论的诸多基本问题仍存在重大分歧的刑法学界,探讨应怎样展开风险刑法理论的知识路径具有更为重要的意义。

本文尝试展开的是从宏观社会学到理论刑法学的知识路径,而避免采取一种

---

[81] 德国法哲学家考夫曼提供了 1977 年德国联邦总理 Helmut Schmidt 所应对的一个风险情境:或者应要求释放囚犯解救被绑架的重要人质,或者攻击被劫持的飞机,制服劫匪并解救乘客。总理作了第二种选择并获得成功。但如果行动失败,人们其实也不应该指责总理的决定是错误的,因为没人能事先知道哪种选择绝对正确。在任何此类的情况下,没有一般的法律存在,也不可能存在,因为此种决定是无法一般化的。参见[德]考夫曼:《法律哲学》,刘幸义等译,法律出版社 2005 年版,第 426 页以下。

以具体刑法问题作为研究起点的微观知识路径。这并不意味着后一种知识路径没有意义,而是笔者注意到这样一个基本事实:风险刑法之所以成为一种争议的问题,并不仅仅是由于实践中出现某些具体的刑法问题引发了学界认识分歧,更在于对"传统刑法"的坚守其实同时意味着在坚守某种"传统的"社会观,但这一点恰恰陷入了某种程度上的"集体无意识"。在笔者看来,风险社会理论提供了一种观察我们所处时代的社会与刑法的宏观视野,它有助于打破那种习惯性地坚守"传统刑法"立场而实际上忘却了宏观社会语境已然改变的思考风格,从而可能拆开思维中的墙,看到不同的鲜活景色。自反性现代化理论作为揭示风险社会理论发生机理的基础性理论,理当成为深入推进风险刑法理论的基本认识起点,讨论自反性现代化的刑法意义,正是秉承此意循理而行。若非如此而采取前述另一种知识路径,则似乎容易陷入"只见树木、不见森林"的境地。孰先孰后,轻重缓急,不可不察也。

共犯之共犯规范理论研究

田 淼[*]

一、现代性话语中的共犯之共犯

在现代性及其消极后果被揭示以前,共犯之共犯的理论并没有在规范论的基础上构建起来。

现代性的消极后果的一部分本身就是反法治秩序的现象,另一部分则刺激了反法治秩序现象的产生。共犯之共犯现象在现代性背景下将更为活跃。如果我们不能构建完备的共犯之共犯的规范理论体系,我们将会在人权保障与秩序维护面前再一次将共犯之共犯交给自由裁量的法官或者基于政治考量的公共政策,而这将严重威胁和危及人权。[①] 现代性的消极后果自然会刺激我们对共犯之共犯采取功利主义的本能反应,但本能反应并不能给我们提供一种更好的生活方式,也不可能为控制共犯之共犯现象提供更好的刑法法治方案。

(一)现代性话语中的刑法学嬗变

西方的现代性观念实际上不是一种而是两种,它们截然不同甚至剧烈冲突。[②] 一种现代性观念认为:"作为文明史阶段的现代性是科学技术进步、工业革命和资本主义带来的全面经济社会变化的产物。"[③]与此相对立的是另外一种现代性观念,它是文化的,特别是基于美学观念的现代性观念。卡琳内斯库认为:"自其浪漫派的开端即倾向于激进的反资产阶级态度。它厌恶中产阶级的价值标准,并通过极其多样的手段来表达这种厌恶,从反叛、无政府、天启主义直到自我流放。因此,较之它的那些积极抱负(它们往往各不相同),更能表明文化现代性

---

[*] 湖北省高级人民法院审判员,全国法院审判业务专家,三级高级法官,法学博士、博士后。
[①] [美]马修·德夫林编:《哈贝马斯、现代性与法》,高鸿钧译,清华大学出版社2008年版,第4章。
[②] 张曙光:《现代性论域及其中国语境》,武汉大学出版社2010年版,第20页。
[③] [美]马泰·卡琳内斯库:《现代性的五副面孔:现代主义、先锋派、颓废、媚俗、后现代主义》,顾爱彬、李瑞华译,商务印书馆2002年版,第27页。

的是它对资产阶级现代性的公开拒斥,以及它强烈的否定激情。"④现代性的这两个观念并非绝然对立,而是现代性内在有自反性的两个方面。⑤ 现代性的两个方面对刑法学产生了深刻影响,并决定了刑法学发展的新动向,其中最深刻的就是风险社会对刑法学的影响。

现代性的消极后果所表征的社会形态被风险学家称为风险社会。风险的概念首先是由德国学者乌尔里希·贝克从技术理性主义的消极后果角度提出来的。乌尔里希·贝克认为:"风险,首先是指完全逃脱人类感知能力的放射性、空气、水和食物中的毒素和污染物,以及相伴随的短期和长期的植物、动物和人的影响。它们导致系统的、常常是不可逆的伤害,而且这些伤害一般是不可见的。"⑥贝克从技术理性主义的消极后果这一层面上所提出的风险社会概念并不是一个完整的社会学概念,而是一个具有社会学意义的概念。他想表达的是,单纯的技术理性主义导致现代社会遭受前所未有的风险,而资本主义制度不仅没有有效防止技术风险对社会的消极影响,相反,资本主义制度使技术风险在社会结构中获得了合法性,与此同时,资本主义制度使技术风险在不同人群和不同国家中不公平地分配。他认为:"这意味着,科学和法律制度建立起来的风险计算方法崩溃了。以惯常的方法来处理这些现代的生产和破坏的力量,是一种错误的但同时又使这些力量有效合法化的方法。"⑦贝克在对技术理性主义批判的基础上所提出的风险社会概念在本质上讨论的是社会风险,而不是风险社会,是自文艺复兴以来人文主义思想在当下的一种强烈表达方式。

尽管贝克所描述的是技术理性主义所造成的巨大社会风险,但并不意味着风险社会是一个人为臆造的概念。⑧ 风险社会的确与技术理性主义之间具有某种吊诡的隐秘关系。早在1888年,尼采就讨论了理性主义与虚无主义之间吊诡的隐秘关系。⑨ 丹尼尔·贝尔认为:"理性主义过程的终结就是虚无主义,是人的自我意识在意图毁坏过去、控制未来。在其极致,就是现代性。尽管虚无主义是建

---

④ [美]马泰·卡琳内斯库:《现代的五副面孔:现代主义、先锋派、颓废、媚俗、后现代主义》,顾爱彬、李瑞华译,商务印书馆2002年版,第47—48页。
⑤ [德]乌尔里希·贝克:《再造政治:自反性现代化理论初探》,载[德]乌尔里希·贝克、[英]安东尼·吉登斯、[英]斯科特·拉什:《自反性现代化:现代社会秩序中的政治、传统与美学》,赵文书译,商务印书馆2001年版,第5页。
⑥ [德]乌尔里希·贝克:《风险社会》,何博文译,译林出版社2004年版,第20页。
⑦ 同上书,第19页。
⑧ 我国有学者认为风险社会是一个臆造的概念。见张明楷:《"风险社会"若干刑法理论问题反思》,载《法商研究》2011年第5期。
⑨ [美]丹尼尔·贝尔:《资本主义文化矛盾》,严蓓雯译,江苏人民出版社2007年版,第1页。

立在形而上学的基础上,但它弥漫了整个社会,而其终结必然是毁灭自身。"⑩他认为使西方社会面临毁灭可能性的是西方世界文化的断裂。他认为造成西方文化断裂的真正原因是欲望的个人主义对社群和社会结构的道德和感情纽带的毁灭。

除了从技术理性主义和文化传统断裂角度解读社会所面临的巨大风险,卢曼还从社会结构自身分化的角度描述了社会所面临的困境。卢曼认为,现代社会因分工的不断细化而出现了复杂性。复杂性是一个社会事实。在应对社会复杂性事实方面,功能主义大行其道,而功能主义是一种具体问题具体分析的复杂化个别方式,它鼓励功利地对待社会复杂性,但无法胜任社会复杂性的事实。⑪ 传统刑法学以制裁规范为中心的叙述正是这样的功能主义方案,它无法真正解决共犯之共犯问题。

传统刑法学的功能主义简约方案是否无效,取决于共犯之共犯的本质特征。

在工业化社会,风险社会犯罪最显著的特征是犯罪的组织化,其属性是组织性的。组织性结构中隐藏有大量的共犯之共犯现象。而对共犯之共犯的研究一般没有将组织性的犯罪中的组织功能纳入共犯之共犯的研究体系。共犯体系一般将共犯中的组织者作为扩大解释的正犯处理,我国的共同犯罪理论按照苏东模式将共犯中的组织者界定为主犯。实际上,我国的共同犯罪理论只处理了组织犯,而没有处理组织性的犯罪中除可以定义为组织犯外的其他组织性的功能承担者。因此,也就没有严肃地厘清非组织犯的组织性犯罪的犯罪真相与社会危害性事实。

在进入信息时代以后,犯罪的组织化进入了一个更高的阶段,即犯罪的网络化时代。犯罪的网络化来源于两个方面的知识和技巧:一个方面是社会的复杂性所形成的社会网络;另一个方面是虚拟世界所形成的互联网络。犯罪的网络化造成更多的共犯之共犯现象。自9·11事件以后,犯罪的网络化现象迅速进入西方治安研究领域。在西方,用社会网络分析的方法分析犯罪网络已取得丰富成果,而在中国只被少数学者所关注。⑫ 由于9·11事件在策划过程中使用的是互联网模拟方式,因此,西方特别注重利用网络功能模拟的方法研究犯罪网络,并已取得一定理论成果,产生了一些实效。中国在这一方面才刚起步。总体来说,犯罪的

---

⑩ [美]丹尼尔·贝尔:《资本主义文化矛盾》,严蓓雯译,江苏人民出版社2007年版,第2页。

⑪ [德]尼克拉斯·卢曼:《信任:一个社会复杂性的简化机制》,瞿铁鹏、李强译,上海人民出版社2005年版,第1章。

⑫ 马方:《犯罪网络分析:社会网络分析在有组织犯罪研究中的应用》,载《西南政法大学学报》2012年第2期。

网络化是犯罪在信息化背景下的一个新特征,在世界范围内目前只在治安研究领域取得了部分成果,刑法领域尚没有系统理论成果。同时,现有成果比较关注有组织犯罪中的犯罪网络问题[13],而没有从更宽的社会学视野考察犯罪的网络化现象。实际上,犯罪网络与犯罪的网络化并非一个问题,犯罪网络只是犯罪的网络化属性的一个典型形态,而犯罪的网络化在很多共同犯罪中都有表现,并非都是有组织犯罪。因此,我们不仅要把握犯罪网络的特征,而且要通过犯罪的网络化属性深化对共同犯罪的认识。

犯罪的智能化是风险社会的另一个显著属性,它是对现代科学技术的一种反社会的价值利用。[14] 在共同犯罪中,犯罪的智能化也催生了大量的共犯之共犯现象。

风险社会中的共同犯罪具有显著的组织化、网络化和智能化特征,它与犯罪的传统特征结合在一起,产生了大量的共犯之共犯现象。大量的共犯之共犯现象的存在向刑法理论提出了规范化研究共犯之共犯的新任务。这就给刑法学提出了一个新的理论任务。[15]

(二)风险刑法视域中的共犯之共犯

现代性话语对刑法学的影响集中体现在风险社会概念对刑法观和刑法价值的影响方面。[16] 在我国,2011年2月25日第十一届全国人民代表大会常委会第十九次会议通过的《刑法修正案(八)》,使得学者不得不面对风险刑法这一概念。

刑法观是刑法立法、刑法司法和刑法理论研究的指导思想。随着社会的发展,现代各国规范刑法普遍确立了罪刑法定、刑法面前人人平等、罪刑均衡、刑法谦抑、人权保障等现代刑法法治原则。但是,一个国家的刑法观总是对一定社会

---

[13] 康树华:《有组织犯罪的类型特征》,载《江苏公安专科学院学报》1998年第5期;莫洪宪:《有组织犯罪结构分类研究》,载《河北法学》1998年第5期;莫洪宪、郭玉川:《有组织犯罪特征的构成形态》,载《犯罪学研究》2009年第2期。

[14] 张佐良:《中国现阶段犯罪问题及其防治对策》,载《中国人民公安大学学报(社会科学版)》2006年第4期。

[15] 罗克辛界定了"基于组织性权力机器的间接正犯",这一界定被纳入《国际刑事法院规约》中。该规约第25条第3款规定,谁若通过他人来实施和加工犯罪,那么不管直接行为者是否可以负责,该正犯都成立。参见[德]克劳斯·罗克辛:《刑事政策与刑法体系》(第2版),蔡桂生译,中国人民大学出版社2011年版,第82—83页。罗克辛与国际刑事法院认识到了组织犯之外的其他共犯的组织性特征。也就是说,共同犯罪从结构上分析都具有组织性特征,这是一个普遍事实,但将所有具备组织性特征的共犯都纳入正犯范畴,实际上是取消了共同犯罪的概念,最终必然以承认统一正犯理论体系终结共同犯罪的讨论。

[16] 赵秉志、袁斌:《深入发展的刑法理论研究——2011年度我国刑法学研究综述》,载《人民检察》2012年第1期。

现实的反映,受到一定社会观的深刻影响。近年来,随着恐怖主义、有组织犯罪、交通安全犯罪、食品安全犯罪的增加,它们对社会生活的威胁加剧,人们对社会治理有了新的认识,从而形成了风险社会理论,它对刑法学产生了深刻影响。

  风险社会理论被引入刑法学研究领域,引发了刑法观的部分变革。从概念上看,风险社会既是一个文化层面的认知概念,又是一个政治层面的反思概念,还是一个制度层面的重构概念。[17] 由于《刑法修正案(八)》被深深地打上了风险刑法的烙印,使得刑法学者不得不直面风险刑法对刑法教义学及其我国刑事立法的影响。因此,在 2011 年,刑法学者加强了风险社会的刑法观念研究,其研究主要表现在以下几个方面。(1)风险社会的刑法观念转变。有学者认为,风险社会要求刑法由传统的罪责刑法向安全刑法转型,要注重事先预防,维护安全秩序。[18] 也有学者认为,风险刑事法网的有限扩张、风险预防原则主导下的刑法前置,较之传统权利义务基础,突破了责任原则的刑法制度技术革新,更具实质合理性。[19] 还有学者认为,为应对"风险社会"的挑战,刑法的因应之策不是基本立场的背离和机能的转变,而是对谦抑性的捍卫与犯罪多元治理的实践。[20] (2)风险刑法观下的刑法制度变革。有学者认为,在风险社会中,刑法应将危险行为作入罪化处理或者使刑罚提前到来,解决的关键在于合理把握犯罪化与非犯罪化的界限以及犯罪性质的界限。[21] 但也有学者认为,即使当今社会存在大量风险,需要以刑法规制,也是因为风险对法益侵害的危险性,刑法规制的目的依然是保护法益,为此,更应坚持结果无价值论,恪守责任主义。[22] 赵秉志、袁斌认为,刑法学学者对风险社会刑法问题的研究存在两个基本分歧:一是对风险社会的理解分歧,即能否依据风险社会理论得出当前处于风险社会的结论;二是刑法对策的分歧,即是否要转变刑法观及调整相关的刑法制度。其中,第一个分歧是基础性的、不可调和的,第二个分歧则是技术性的。赵秉志、袁斌认为,无论依据何种理论,当前中国社会是否处于风险社会以及应否进行相应的刑法观念、刑法制度调整都应根据我国社会的现实状况进行判断。总体上看,当前我国社会基本稳定,人权保障观念逐渐

---

[17] 田宏杰:《"风险社会"的刑法立场》,载《法商研究》2011 年第 4 期。
[18] 方芳:《"风险社会与刑事政策的发展"学术研讨会综述》,载《湖北警官学院学报》2011 年第 1 期。
[19] 程岩:《风险规制的刑法理性重构——以风险社会理论为基础》,载《中外法学》2011 年第 1 期。
[20] 田宏杰:《"风险社会"的刑法立场》,载《法商研究》2011 年第 4 期。
[21] 高铭暄:《风险社会中刑事立法正当性理论研究》,载《法学论坛》2011 年第 4 期。
[22] 张明楷:《"风险社会"若干刑法理论问题反思》,载《法商研究》2011 年第 5 期。

深入人心。但部分学者的研究忽略了我国的这种现实,并且不恰当地理解了风险社会理论,其所主张的刑法观念、刑法制度变革与现实不协调。[23] 显然,赵秉志、袁斌认为我国整体上并没有形成风险社会的现实,因此,风险刑法不能作为改变刑法教义学的理由,也不能作为变革刑法观念和刑法制度的基本根据。

赵秉志、袁斌认为,价值是刑法的根基。2011 年,刑法学者主要加强了两方面刑法价值的研究。(1)《刑法修正案(八)》所体现的刑法价值。有学者认为,《刑法修正案(八)》的内容表明立法机关在刑事立法过程中存在功利主义、报应主义、民本主义和人道主义四种价值取向。其中,功利主义价值观仍居主导地位,报应主义价值观开始受到重视,民本主义价值观已经得到确立,人道主义价值观得以发扬光大。[24] 也有学者认为,《刑法修正案(八)》的价值取向是在以人为本的价值观念指导下,塑造和完善了关注人性、弘扬人道、保障人权的刑法内在品格。[25] (2)刑法的基本价值。随着社会风险的加剧,有学者认为,在风险社会,刑法仍然只能担当"最后法"的角色,且只能建立在保障人权和弘扬法治的价值基础之上。欲以刑法为急先锋控制社会风险,非但不能保卫社会、实现其社会保护的功能,反而会牺牲社会及其成员的权益、丧失刑法的人权保障法功能。[26] 刑法的价值是以法的价值为基础的。作为法的基本价值,秩序、公平、自由也是刑法的基本价值。刑法应当在秩序、公平和自由之间寻求合理的平衡。总体上看,《刑法修正案(八)》合理兼顾了秩序与自由的价值需求。因此,学者们以人权保障为视角对《刑法修正案(八)》和风险社会的刑法价值进行反思性研究是适当的,有助于深化我们对刑法基本价值及与之相关的刑法机能的认识。[27]

陈兴良教授认为:"由于刑法是一种社会治理措施,以社会为基础,必须回应社会的需求,受到公共政策的制约,因此,面临'风险社会',刑法应当作出积极的回应,在风险控制中发挥重要作用。一般而言,根据风险控制的需求,对刑法作某种程度的修改,对刑法理论作某种程度的调整,都属于合理应对的范畴。但是,这里还是有一些问题值得我们思考:刑法在化解社会风险的过程中到底能发挥多大的作用?'风险社会'并不只是对刑法提出了挑战,而是对社会治理提出了挑战,

---

[23] 赵秉志、袁斌:《深入发展的刑法理论研究——2011 年度我国刑法学研究综述》,载《人民检察》2012 年第 1 期。
[24] 左坚卫:《论〈刑法修正案(八)〉的价值价值取向》,载《山东警察学院学报》2011 年第 4 期。
[25] 张勇:《民生刑法的品格:兼评〈刑法修正案(八)〉》,载《河北法学》2011 年第 6 期。
[26] 卢建平:《风险社会的刑事政策》,载《法学论坛》2011 年第 4 期。
[27] 赵秉志、袁斌:《深入发展的刑法理论研究——2011 年度我国刑法学研究综述》,载《人民检察》2012 年第 1 期。

因此,对风险的应对应是全方位的。换言之,刑法面对'风险社会'应当保持足够的理性,应对社会风险不能成为刑法过度扩张的借口。在'风险社会'的应对中,刑法仍然应当坚持谦抑原则。在面临不确定风险的情况下,社会公众为克服恐惧宁愿放弃一部分自由也要求社会对风险实行严格控制与有效预防,因而出现了一个安全边际的设定问题。在这种情况下,也出现了秩序与自由两种价值的冲突与协调问题。我国有学者指出:'刑法顺应时代的变迁,对风险社会提出的新需求以其价值重心的转变作为回应是应该的,但是我们必须谨慎前行,以避免带来一个新的制度风险——风险社会的刑法危险。尤其是我国,总体上是非常缺乏自由传统的。这种国情造就了我国自由保障的重要性,应该审慎对待刑法价值重心的转变,不能盲目追求风险的应对而摧毁自由'。对于以上观点,笔者深表赞同。我国目前面临的重要任务还是法治建设,在刑法领域,罪刑法定原则、责任原则这些基本原则都不可动摇。唯有如此,才能对刑法在化解'风险社会'风险的同时可能带来的刑法风险予以有效地化解。"㉘笔者认为,这种双重视角的考察是比较妥当的。它适应了社会变迁与法律变迁之间的基本规律。特别是在现代社会,制度风险成为社会风险的重要原因之一。我们更应该采取妥当的刑法学立场,即在保证刑法安定性的前提下使刑法能适应社会变迁的客观需要。

共犯之共犯所形成的结构不同于共犯理论所确定的结构,尽管共犯理论中的正犯与共犯之间的地位和作用比单个犯罪更为复杂,但共犯的地位与作用比较容易辨识,刑法规定也比较确切。而共犯之共犯与正犯之间的关系是通过共犯相联系的,由于其连锁性与层级性的特征,扰乱了共犯理论所确立的原因与条件之间的关系,使得某些条件进入了原因的领地,特别是在风险刑法理论中,共犯之共犯的规范理论会出现不同的选择进路。

共犯之共犯在风险社会中被视为一种风险增加。人们对风险理解的方式有以下四种进路。㉙

第一种进路将风险理解为一种决策范式。决策范式应用于对共犯之共犯的分析认为共犯之共犯试图通过复杂化的方式提高犯罪的成效,同时,共犯之共犯通过扰乱法定的因果关系的方式降低了犯罪的风险识别,逃避了刑法的惩罚。按照这一认识图式,刑法理论可将共犯之共犯正犯化对待,统一正犯体系采取的就是这一种认识图式,但责任分配是一个需要进一步澄清的问题。

㉘ 陈兴良:《"风险刑法"与刑法风险:双重视角的考察》,载《法商研究》2011年第4期。
㉙ [英]珍妮·斯蒂尔:《风险与法律理论》,韩永强译,中国政法大学出版社2012年版,第14—16页。

第二种进路将风险理解为一种集体型或团体聚合型结构。这一认识图式应用于共犯之共犯的分析认为共犯之共犯试图通过集体行动提高犯罪的成效,犯罪行为是一个犯罪的整体,犯罪人在结构中的地位和作用构成责任的基础。共犯体系采取的就是这一种认识图式,共犯体系需要澄清的问题是罪行相适应的细节问题。

第三种进路认为集团型或者聚合型结构可以通过个体化的方式确认责任分配问题。这一认识图式应用于共犯之共犯的分析认为共犯之共犯的责任基础应建立在个体责任的基础上,即集团型或聚合型的犯罪行为必须最终以个体承担责任为依归,个体只在自己意志自由的范围内承担责任。这一认识图式有利于规范刑法的确立,但个体责任与团体责任仍然是一个需要进一步澄清的问题。

第四种进路认为风险就是危险事件。这一认识图式应用于共犯之共犯的分析认为共犯之共犯行为本身就是危险事件,是一种严重的社会危害行为,且具有刑事违法性的行为。共犯理论对共犯危险性假设同样适用于对共犯之共犯的认识,即一般对共犯之共犯给予比较严厉的惩罚。风险刑法主张刑法提前介入和主张增加危险犯的入罪化处理与这一种认识图式密切相关。

共犯之共犯构成的共同犯罪总体上反映了以上四种认识进路的基本内容。但由于共犯之共犯本身具有的组织性、连锁性和层次性特征,且具有组织化、网络化和智能化的新特点,故不同共犯之共犯在共同犯罪中的地位和作用存在显著差异。因此,以分工还是作用为基准作为对共犯之共犯的认识进路将与这四种基本认识图式之间存在错综复杂的关系。因此,关于共犯之共犯的犯罪性、罪责和答责性问题不仅取决于共犯之共犯与共犯和正犯之间的事实性关系,也取决于刑事政策对共犯之共犯的价值评价。申言之,共犯之共犯依赖于共犯之共犯的事实性关系和刑事政策对共犯之共犯的价值评价,两者处于同等重要的地位。

二、共犯之共犯的制裁规范理论反思

一般而言,规范的构造包括社会规范、次级规范、行为规范、制裁规范和裁判规范几个部分。

共犯之共犯理论的教义学是以共同犯罪人为基础所形成的理论,目的在于确立不同共同犯罪人的刑事责任,以满足罪行相适应原则的要求。因此,立法例和教义学的共犯之共犯理论取向于制裁的正当性、刑事责任的分配问题,形成的是以制裁规范为中心的理论体系。对于共犯之共犯社会规范的内涵和行为规范的内涵缺乏系统揭示和阐述。

共犯之共犯的立法例和通说出现于社会复杂化和犯罪复杂化现象被系统揭示以前,因此,通说并没有以犯罪复杂化为背景揭示共犯之共犯的社会背景和行为特征,也就没有系统揭示共犯之共犯责任分配的正当性根据和责任分配的原则。由于通说截取的是共犯之共犯犯罪构成的某些片段,只为共犯之共犯的司法应对提供了基本原则和计算标准,而没有为立法提供根据。

(一)共犯的本质与共犯之共犯认识

对共犯的本质的不同认识影响对共犯的定义。关于共犯本质的认识采用的是广义的共犯的概念,即共同犯罪。在我国,共犯的本质的认识寓于对共同犯罪构成要件的理解,坚持的是主客观相一致的原则。在西方,关于共犯的本质的认识源于理论探讨,主要有三种不同的认识方式,并由此出现了三种不同学说。马克昌先生认为主要有犯罪共同说、行为共同说和共同意思主体说。[30] 张明楷教授认为主要有犯罪共同说和行为共同说。[31] 高桥则夫认为主要有责任共同说和不法共同说。[32] 笔者认为马克昌先生的认识较为全面。

1. 犯罪共同说与共犯之共犯认识

犯罪共同说是客观主义的共犯理论。这种学说根据犯罪的本质为法益侵害的客观事实,认为共犯是二人以上共同对同一法益实施犯罪的侵害。[33] 马克昌先生认为:"犯罪共同说严格地确定了共犯成立的条件,它要求成立共犯必须具备:(1)两个人以上的有责任能力者;(2)对于同一犯罪的共同犯罪行为;(3)对于同一犯罪的共同犯罪意思;否则就能不成立共犯,从而严格地限制了共犯者的构成范围。"[34]张明楷教授认为:"犯罪共同说的基本理由有三点:首先,根据罪刑法定原则,成立犯罪首先要求行为具有构成要件符合性;共同犯罪的成立必须受构成要件的制约、以构成要件为基础;而构成要件是特定犯罪的构成要件、或者说不同的犯罪具有不同的构成要件。……其次,犯罪共同说有利于严格划定共同犯罪成立的范围,这便有利于实现刑法的自由保障机能;如果只要求前构成要件的、前法律的行为相同就成立共犯,便扩大了共犯的处罚范围,有损刑法的自由保障机能。最后,日本刑法规定:'二人以上共同实行犯罪的,都是正犯。'犯罪共同说的观点

---

[30] 马克昌:《比较刑法原理——外国刑法学总论》,武汉大学出版社2002年版,第595—600页。
[31] 张明楷:《刑法的基本立场》,中国法制出版社2002年版,第6章。
[32] [日]高桥则夫:《共犯体系和共犯理论》,冯军、毛乃纯译,中国人民大学出版社2010年版,第2章。
[33] 马克昌:《比较刑法原理——外国刑法学总论》,武汉大学出版社2002年版,第595—600页。
[34] 同上书,第596页。

与这一规定相符。"㉟马克昌先生侧重于从规范刑法的构成要件的角度定义犯罪共同说,而张明楷先生侧重于从刑法的自由保障机能角度定义犯罪共同说。

由于犯罪共同说将犯罪构成论的行为规范与刑事评价论的制裁规范结合在一起,从而引起扩大或者缩小狭义共犯范围的现象,㊱为了使共同犯罪的犯罪构成与刑事评价相一致,因此形成了部分犯罪共同说的理论。部分犯罪共同说试图使罪名与刑罚相一致。大塚仁认为,二人以上虽然共同实施了不同的犯罪,但当这些不同的犯罪之间具有重合的性质时,则在重合的限度内成立共同犯罪。㊲部分犯罪共同说历来是德国的通说,德国的判例也采纳了部分犯罪共同说。㊳张明楷教授赞同部分犯罪共同说。他认为,我国《刑法》规定:"共同犯罪是指二人以上共同故意犯罪。"这表明只有二人以上以相同的故意实施了相同的犯罪行为,才可能成立共同犯罪。但这不意味着只有当二人以上的故意内容与行为内容完全相同时,才能成立共同犯罪。因为许多犯罪之间存在交叉和重叠的关系。㊴张明楷教授赞同部分犯罪共同说是基于共同犯罪行为事实性的交叉和重叠关系,并没有将刑事评价置于同等重要的地位予以考察。

部分犯罪共同说对于理解共犯之共犯的犯罪构成具有一定的真理性。共犯之共犯的犯罪构成是一个复杂的、纵横交错的网络关系,呈现极为复杂的网络结构。由于共犯之共犯的犯罪行为和因果关系具有网络特征,部分犯罪共同说能较好地理解共犯之共犯的犯罪构成特征。但由于共犯之共犯具有连锁性和层次性的特征,"部分"的参照点就会发生变化,即是该以与正犯的犯罪构成还是与狭义共犯的犯罪构成相交叉或重叠的"部分"作为共犯之共犯成立共同犯罪的基准呢?

我们以教唆教唆犯这一共犯之共犯形态为例进行说明。《日本刑法》第61条规定:"(一)教唆他人犯罪的,按照正犯论处。(二)教唆教唆犯的,亦同。"教唆教唆犯有两种情形:第一种情形是相继教唆,即教唆他人去教唆第三者去实行犯罪;第二种情形是间接教唆,即教唆他人犯罪,他人不自行犯罪,转而教唆第三者实行犯罪。如甲教唆乙杀丁,乙自己不去杀丁,转而教唆丙杀丁。以上两种情形日本学者统称为间接教唆。除此以外,还有第三种情形,即再间接教唆,是指教唆间接教唆者的情形。再间接教唆者及以上的再间接教唆者成为连锁的教唆。

㉟ 张明楷:《刑法的基本立场》,中国法制出版社2002年版,第254—255页。
㊱ 同上书,第261—262页。
㊲ [日]大塚仁:《刑法概说(总论)》,有斐阁1992年修订增补版,第244页。
㊳ [日]木村龟二:《犯罪论的性构造》(下),有斐阁1968年版,第250页。
㊴ 张明楷:《刑法的基本立场》,中国法制出版社2002年版,第271页。

对于第一种情形,学界认为依照教唆犯处罚。对于第二种情形,学界观点存在分歧。郑健才认为:"甲教唆乙犯杀人罪,而非教唆乙犯教唆罪,乙不自杀而教唆丙杀人,实非甲之本意。亦即甲不能对乙之教唆行为负责;无论丙已否将丁杀死,甲只能以杀人未遂犯论(因为乙并未着手杀丁)。"⑩牧野英一认为:"第一教唆行为与犯罪实行之间具有因果关系,并且因为其实行不出于第一教唆者预期的结果之外,其间虽有第二教唆行为介入,但不能说因果关系中断。"⑪马克昌先生赞同第二种观点。他认为第一种观点在理论上过于牵强,在实践上会放纵犯罪。第二种观点从客观要件上分析了存在的因果关系,主观要件上符合教唆者对结果的故意内容,是正确的立论。⑫ 对第三种情形有否定说与肯定说。否定说认为(日本)刑法之规定教唆教唆犯,没有规定连锁的教唆犯,如果无限制地追究正犯背后的关系,会有害于法律的确定性。肯定说认为,教唆犯处罚的规定是修正的构成要件,教唆教唆犯的规定不是限制的规定,而是引起注意的规定。因而可以理解为再间接教唆者可以根据间接教唆者的规定予以处罚。而且如果直接教唆实行犯罪的加以处罚,第一个教唆者即再间接教唆者,直接引起犯意,反而不受处罚,未免适当。

马克昌先生认为:"关于教唆教唆犯,我国刑法没有规定,但我国刑法第26条对教唆犯的规定是'教唆他人犯罪的,应按照他在共同犯罪中所起的作用处罚',这里的表述是'教唆他人犯罪',而不是'教唆他人实行犯罪',因而教唆他人去教唆第三者犯罪,也可以解释为'教唆他人犯罪',因而应认为构成教唆犯,量刑时同样应该按照其在共同犯罪中的不同作用分别处罚。至于再间接教唆,我们认为原则上应采肯定说,但也要具体分析。最先教唆者,是犯罪的发起者,没有他的教唆,就不会使他人产生犯罪意思。一般说来在共同犯罪中起着主要作用,应当作为主犯处罚。最后教唆者教唆他人实行犯罪,直接引起他人犯罪行为的实行,一般说来在共同犯罪中也起着主要作用,也应作为主犯处罚。中间教唆者,只起着中转的作用,在共同犯罪中所起作用较小,可以作为从犯处罚;情节轻微的,可以不予处罚。"⑬

由于上述关于教唆教唆犯的论述都是以符合同一犯罪构成要件为假设前提的,因此,马克昌先生的观点较为可取。但如果在共同犯罪出现交叉或重叠的前

---

⑩ 郑健才:《刑法总则》,三民书局1985年增订版,第234页。
⑪ [日]牧野英一:《日本刑法》(上),有斐阁1939年版,第481页。
⑫ 马克昌主编:《犯罪通论》(修订版),武汉大学出版社1995年版,第572页。
⑬ 同上书,第573页。

提下出现教唆教唆犯的情形就会出现一系列问题。首先,马克昌先生在处理教唆教唆犯时,依据的是制裁规范而不是行为规范。交叉或重叠前提下的教唆教唆犯的犯罪构成并不完全一致。因此,教唆教唆犯的犯罪构成是应该与正犯的犯罪构成部分交叉或重叠还是与因果链条中的狭义共犯的犯罪构成交叉或重叠不甚了了。《日本刑法》中的"亦同"实际上是不明确的。既可以是与正犯的"亦同",也可以是与狭义共犯的"亦同"。如甲教唆乙伤害丁,乙自己不去伤害丁,转而教唆丙强奸丁。在这种情形下,如果认为"亦同"的基准是正犯的犯罪构成,则甲就必须承担强奸罪的罪名与责任,这显然是不妥的。甲只能就教唆乙的伤害行为与乙教唆丁的包含伤害行为的强奸行为之伤害罪承担责任。因此,"亦同"是与狭义共犯的"亦同"而不是与正犯的"亦同"。其次,马克昌先生认为:"共犯之共犯是以分工为标准对共同犯罪人进行分类的刑法上规定的犯罪形态。"㊹而在分析教唆教唆犯时,马克昌先生完全是按照作用进行的分析。最后,马克昌先生之所以在理论论证与例证分析中采用了不同的分析标准,主要是由于共犯之共犯的立法例和理论均搁置了共犯之共犯的行为规范研究,而只专注于共犯之共犯的制裁规范研究。

　　陈兴良教授认为,由于我国共同犯罪立法采用以作用分类法为主、分工分类法为辅的方式,造成了极大的不协调。他主张:"分工分类法与作用分类法并存,同一个共同犯罪人具有双重身份。在定罪的时候,考察其在共同犯罪中的分工;在量刑的时候,考察其在共同犯罪中的作用。"㊺陈兴良教授明确区分了行为规范与制裁规范在规范论不同阶段的功能问题,我们认为,这是一个极有见地的主张。在行为规范方面,以分工分类法为基准确定犯罪的构成、罪名与责任。在制裁规范方面,以作用分类法为基准确定对犯罪人处罚的轻重。这是在共犯之共犯领域中使部分犯罪共同说能得以贯彻的法律规范条件。我国没有共犯之共犯的立法规定,马克昌先生认为原因在于"我国刑法基本上以作用为标准对共同犯罪人进行分类"㊻。以作用为标准可能是我国没有规定共犯之共犯的一个原因。但真正的原因是共同犯罪人种类的划分的根本目的是确定共同犯罪人的刑事责任,㊼即对共同犯罪人进行分类是为了满足制裁规范的要求。而满足制裁规范要求的分类标准必须以共同犯罪概念明晰、周延为前提。但恰恰是规定了共犯之共犯的国

㊹　马克昌主编:《犯罪通论》(修订版),武汉大学出版社1995年版,第571—572页。
㊺　陈兴良:《共同犯罪论》(第2版),中国人民大学出版社2006年版,第544页。
㊻　马克昌主编:《犯罪通论》(修订版),武汉大学出版社1995年版,第572页。
㊼　同上书,第509页。

家根本没有关于共同犯罪的法定概念,更不用说明晰、周延。我国明确规定了共同犯罪概念,但明晰性与周延性完全依赖于庞大的解释体系支持。各国都寄希望于通过解释体系使总则的共同犯罪规定与分则的具体犯罪构成要件规定之间发生直接联系。但实际的情形是,总则关于共同犯罪的概括性规定与分则的具体犯罪构成要件规定之间存在多种解释的可能。这就使得共同犯罪的研究成为绝望之章。比较妥当的方法是,在总则中规定不同共犯犯罪人的基本犯罪构成要件,即以不同共同犯罪人的行为规范标准作为连结刑法分则具体犯罪构成要件的中介,再在总则中规定不同共同犯罪人的处罚标准,即以不同共同犯罪人的制裁标准作为连结刑法分则具体处罚标准的中介。对于共犯之共犯这一犯罪现象,不能只将其理解为共同犯罪人的分类方式,而应将其理解为一种共同犯罪现象,只有在规定共犯之共犯的犯罪构成要件的基础上,才能合逻辑地规定处罚标准。所谓"具体问题具体分析"的方法只不过是一种将立法领域的"主客观相统一"的形而上学思维方式转移到司法领域的形而上学方式,最终会使得对共犯之共犯现象的理解和把握变得异常黑暗。如果立法学上只关注制裁规范而完全搁置行为规范,制裁规范将变得无根无基,指望司法学能弥补这一根本缺陷,只会导致"以其昏昏,使人昭昭"的效果。因此,共犯之共犯的理论必须首先从立法学而不是司法学角度入手,而立法学又必须补上行为规范这一课。

2. 行为共同说与共犯之共犯认识

行为共同说是主观主义的共犯理论,为德国刑法学者布黎所主张。这种学说从犯罪是犯罪人恶性的表现的观点出发,认为共犯中的"共同"关系,不是两个人以上共犯一罪的关系,而是共同表现恶性的关系,所以,共犯应理解为两人以上基于共同行为而各自实现自己的犯意。只要行为共同,不仅共犯一罪可以成立共犯,即使各自实施不同的犯罪,也不影响共犯的成立。

马克昌先生认为,行为共同说是资本主义向帝国主义转化时期出现的主观主义的共犯理论。这一时期资本主义社会的固有矛盾日益加剧,累犯和共同犯罪现象大量发生,资产阶级认为累犯和共犯都是最危险的罪犯,为了镇压的必要,资产阶级创立了行为共同说。这种学说放宽了共犯成立的条件。只要具备两人以上且共同行为就可以成立共犯。不仅不考虑责任能力的有无,也不考虑故意的有无,都加以最严厉的打击,表现了极大的随意性,根本不可能科学区分正犯与从犯。[48]

---

[48] 马克昌:《比较刑法原理——外国刑法学总论》,武汉大学出版社2002年版,第597—598页。

张明楷教授认为:"行为共同说除了具备上述理论根基外,还有下述理由:首先,犯罪共同说对共同犯罪的认定不充分。如甲以杀人的故意、乙以暴行的故意共同攻击丙,根据犯罪共同说,甲乙只是同时犯,分别对故意杀人罪和暴行罪承担责任,忽视了共同的暴行意思与共同的暴行行为的事实。其次,(日本)刑法只规定'共同实行犯罪'的是共同正犯,而没有特别将故意的共同规定为要件,况且过失犯罪也有实行行为,事实上也存在二人以上共同过失实行犯罪的情况,所以,犯罪共同说没有法律依据。再次,犯罪的成立当然是以行为符合构成要件为前提,但采取行为共同说时,对各共同犯罪人行为性质的认定仍然是以其符合构成要件为依据的。最后,采取行为共同说,也并没有扩大处罚范围,因为即使承认成立共同犯罪,各共同犯罪人也只能在自己故意、过失的限度内承担责任。"[49]

马克昌先生从刑事政策的角度分析了行为共同说产生的原因和目的论追求,讨论了将社会规范的要求嵌入刑法学行为规范的问题,抓住了行为共同说的本质。总体来讲,各国刑法都将共同犯罪作为打击的重点,给予共同犯罪比单个犯罪更为严厉的刑事责任,施以比单个犯罪更为严厉的处罚。这一观点无法解释严厉打击共同犯罪的刑事政策同时也与分化共同犯罪的刑事政策相结合的立法观。实际上,在我国,严厉打击共同犯罪主要是针对主犯和教唆犯而言的。对于从犯则一般采取分化的刑事政策,给予从犯的刑事责任一般比单独犯罪轻,处罚一般也比单个犯罪轻。因此,一概而论认为行为共同说是为了贯彻从严的刑事政策也不全面。

张明楷教授所列举的行为共同说的四个根据本身是不确切的。第一,前述笔者已经讨论了部分犯罪共同说属于犯罪共同说的应然部分。部分犯罪共同说也不要求共同犯罪人所犯均为同一种罪。所以,认为行为共同说是在对犯罪共同说的否定基础上建立的学说是站不住脚的。第二,日本刑法规定字面含义确实没有排除过失共同正犯的明确内容。因此,过失共同犯罪成立与否就成为犯罪共同说与行为共同说分歧的界点问题。第二次世界大战以前,日本刑法判例一般否定过失共同犯罪的成立;第二次世界大战以后,日本刑法判例开始支持肯定过失共同犯罪。支持过失共同犯罪的理论是"共同义务的共同违反"。但是,"根据'共同义务的共同违反'这一肯定过失共同正犯的见解,忽视了以上的共同正犯中的共谋的意义和机能,可以说成了只通过实行行为的同时并存这一客观性要素而限定共同正犯之结果。对于这个见解是通过解释,创设了类似于同时伤害规定(第

---

[49] 张明楷:《刑法的基本立场》,中国法制出版社2002年版,第256页。

207条)的过失同时伤害(致死)的规定(还有,同时过失失火规定等)这一根本的批判是可能的"[50]。笔者认为,首先,行为共同说在过失共同正犯上的应用只是通过刑法解释学的方式处理疑难案件的方法,不具有创设行为规范的普遍性,也不能普遍有效。其次,张明楷教授认为在承认行为共同说有效的前提下,各共同犯罪人的行为性质仍然由其具体犯罪构成决定。这一认识实际上割裂了刑法总则与刑法分则之间的联系。刑法总则关于共同犯罪的规定本身偏好刑事政策,即取向于制裁规范的加重或者分化。如将不构成共同正犯的犯罪认定为构成共同正犯的犯罪,即使各犯罪人按其具体犯罪构成定罪量刑,所认定的共同正犯在制裁规范的适用上还是存在显著差异的。

笔者认为,行为共同说的不妥当之处在于混淆了社会规范、行为规范与制裁规范在共同犯罪中的不同功能分派,使得不同规范的功能出现严重错位。从行为共同说的学术旨趣来看,该学说主要是为了满足打击共同犯罪日益增加的刑事政策的需要,学理脉络并不清晰,法律内涵的解释并不充分。尽管行为规范和制裁规范归根结底都是为了满足社会规范的需要制定的,但这只是一个总体论上的要求,法律规范本身有自身的内在学理和规范体系。如果将社会规范的要求取代行为规范与制裁规范的规定性,最终也就无法通过规范化的方式实现社会规范的总体要求。[51]正是在这一点上,刑法是刑事政策的边界成为规范刑法学的通识。

刑法的根本目的是保障公民的权利,其中也包括犯罪人的合法权利。行为共同说最根本的错误在于以保障犯罪人以外其他人的权利(社会秩序为其基础)为假设前提而剥夺了犯罪人的某些合法权利,即以社会秩序的名义剥夺了犯罪人的某些合法权利。

众所周知,社会规范的功能主要贡献于立法和疑难案件。而行为规范和制裁规范是通过民主程序经人民同意的社会规范。为了保证法律的安定性,服务于刑事司法的刑法解释学必须以满足法律规范而不是社会规范的要求为基础。拉德布鲁赫认为:"与法治国家——自由的报复理论和威慑理论相对而立的是作为社会刑法理论的保障理论和改良理论。对于社会法来说,正如前面已经证明的那样,特别是与个人主义法相对的这些理论,并不是专门为抽象的、孤立的个体、人或者行为人,而是为具体的、经过社会化的个性而设立的。……社会刑法也认识到了犯罪不是任何可与犯罪者相分离的事物,而是一定观点下的完整的人。人们

---

[50] [日]高桥则夫:《规范论和刑法解释论》,戴波、李世阳译,中国人民大学出版社2011年版,第175—176页。

[51] [德]G.拉德布鲁赫:《法哲学》,王朴译,法律出版社2005年版,第167页。

将新刑法概括为一句话'不是行为,而是行为人,'但人们实际上应该说,不是行为人,而是人。……在改良和保障理论的观点下,行为人的概念被分解为各种各样的性格学和社会学类型:惯犯和偶犯、可被改良者和不可被改良者,成年犯和少年犯,完全责任能力犯和限制责任能力犯。"[52]拉德布鲁赫认为,以特定行为人为核心的新刑法会导致法西斯主义化的危险,从刑法规范角度看,则会破坏刑法的安定性,因此,必须通过法律的安定性限制新刑法观的目的论扩张。[53]

　　行为共同说实际上是针对特定行为人的,但它巧妙地从行为的构造入手,给人一种专注于行为而不是行为人的假象。根据刑法所形成的文化传统,行为共同说所构造的共同行为本不是共同行为。行为共同说之所以构造出不符合刑法文化传统的共同行为,其目的在于加重对特定行为人的刑事责任,以社会秩序的名义牺牲法律秩序本身并不符合法治的基本原则。一方面,行为共同说将本不构成共同犯罪的犯罪人纳入共同犯罪人之列;另一方面,行为共同说又认为对不同的共同犯罪人仍然按照其犯罪构成分配刑事责任。从科学角度来讲,这陷入了人为的困境;从目的角度来讲,法官取得了擅断的权力。因为,既然仍然按照各自的犯罪构成承担刑事责任,那么,构造一个不成立的共同犯罪形态属于多此一举。如果为了给予犯罪人更重的刑罚而构造一个客观上根本不存在的共同犯罪,目的只是出入人罪。这种在行为规范与制裁规范之间人为构造离合关系的解释体系表现出理性的狡计,本质上是一种虚假关系。

　　行为共同说与共犯之共犯之间实质上难以建立真实的关系。但共犯之共犯的理论研究仍可以从行为共同说中得到两个启示。第一,由于行为共同说专注于社会规范的要求,这一方法能够引导我们关注共犯之共犯的立法问题。现有共犯之共犯的立法例和刑法解释对制裁规范存在偏好,而忽视行为规范的规定。如何将共犯之共犯现象的社会规范要求通过立法方式转化为行为规范是研究共犯之共犯的首要理论问题。第二,在共犯之共犯缺乏行为规范的立法背景下,共犯之共犯的定罪与量刑依赖于刑法解释学。而行为共同说所暴露的问题则是司法审判过程中应着力避免的。

　　3. 共同意思主体说与共犯之共犯认识

　　共同意思主体说把共犯解释为作为特殊的社会心理现象的共同意思主体的活动。认为两人以上共同犯罪,必先有实现一定犯罪的目的存在,在此目的下,两

---

[52] [德]G. 拉德布鲁赫:《法哲学》,王朴译,法律出版社2005年版,第166页。
[53] 同上书,第167页。

人以上变为同心一体,成立共同意思主体,若其中一人着手实行犯罪,即成立共犯。[54]

根据共同意思主体说的见解,两人以上的共同,是指有刑事责任能力的人在有目的的犯罪意思联络下成为一体,他们有意识地利用彼此的认识和行为协同实现符合刑法分则犯罪构成要件的行为,从而实现犯罪目的。犯罪行为不要求全部联络行为都符合刑法分则的犯罪构成要件,只要有一人的犯罪行为符合刑法分则的犯罪构成要件即为共同犯罪。教唆犯虽无实行行为,但只要其行为对实行行为属于教唆未超出教唆内容的范围,即为共同犯罪。当然,实行行为应为教唆行为的应答行为。帮助行为是为了助成实行行为的完成,实行行为为帮助行为的目的追求,与正犯成立共同犯罪。

马克昌先生认为,意思联络为共同犯罪之必备条件,但不是充足条件。共同犯罪是以行为人的主观方面和客观方面的统一为标准的。他认为,《日本刑法》第60条规定:"两人以上共同实行犯罪的,就是正犯。"法律并没有要求共同正犯满足共同意思联络的条件。从实在法的要求来看,共同意思主体说缺乏法律依据。由于这一问题,共同意思主体说在犯罪构成这一层次要求共同意思联络人承担共同犯罪责任,但在刑事处罚方面则声称各人承担个人责任。共同意思主体说扩大了共犯的范围,因此是不科学的,也是不符合西方法治原则的。[55]

H.迈耶从共犯的处罚根据角度提出了意思结合说。H.迈耶认为,在共犯的所有可罚性事例中,认为其具有可罚性的唯一的处罚根据在于:"一方面实际上实施了活动,另一方面共犯者将自己的意思与有责的正犯者意思相结合,并使其决意充分地为援助行为的目的服务。"[56]根据意思结合说的见解,共犯的责任的确定不依赖于共犯本身的行为是否完全符合犯罪构成要件,而是根据共犯与正犯的之间的意思结合。因为正犯符合犯罪构成要件,即正犯符合应责性的条件,而共犯又与正犯存在意思结合的事实,这一事实成为共犯应责的唯一根据。教唆犯唤起了正犯意思,精神帮助者强化了既存的正犯意识,物理性帮助犯从外部援助正犯。因此,共犯者使正犯者卷入责任和刑法之中,进而参与了活动,以这种形式,成为有责的。[57]高桥则夫认为:"H.迈耶认为共犯的处罚根据与正犯的具体活动相关。H.迈耶通过说明具体活动,赋予共犯以双重性质,从而使共犯的可罚性具有双重

---

[54] 马克昌:《比较刑法原理——外国刑法学总论》,武汉大学出版社2002年版,第598页。
[55] 同上书,第599—600页。
[56] 转引自[日]高桥则夫:《共犯体系和共犯理论》,冯军、毛乃纯译,中国人民大学出版社2010年版,第98页。
[57] 同上书,第98—99页。

基础,即与正犯者相关的堕落化要素和与正犯行为相关的惹起要素。但是,从来的责任共同说的堕落思想与具体活动无关,由此看来,这二者是否对立,尚存疑问。一方面采用责任共同说,另一方面采用不以责任共同说为依据的惹起说,结果就一两个阶段相反的理由,分裂了对共犯的统一理解。"(58)哈特在研究惩罚与责任的关系问题时,也注意到意志要素与认识要素与责任之间的复杂关系。(59)

共同意思主体说在分析共犯与正犯之间的共同犯罪特征时,抓住了共同犯罪相互协力这一社会现象的关键环节,在方法论上能够为分析共同犯罪提供一种比较明晰的进路,(60)但仅仅抓住了共犯与正犯的一个关键环节并不能为共同犯罪的认定提供充足条件,这也是哈特在研究过程中发现该学说的漏洞所在。从共同意思主体说的学理上我们也能获得某种有关共犯之共犯规范理论的方法。共犯之共犯的意思结合是一种相互连接的网络结构,其主观要素反映了意思结合说的衍生性特征。正是由于这种衍生性的特征,又使得共犯之共犯的主观要素比一般共犯之间的关系更为复杂,必须如哈特所强调的,需要引入更多的正当性评价要素以确定共犯之共犯的责任和惩罚根据。

我们以教唆从犯为例说明共同意思主体说在方法上的有效性与构成论上的无效性。《日本刑法》第62条规定:"(一)帮助正犯的,是从犯。(二)教唆从犯的,按从犯论处。"对于教唆从犯的情形,法律没有规定其构成论上的条件,而只规定了其惩罚论上的标准。关于教唆从犯的犯罪性质问题,法律实际上没有直接规定其构成要件,理论上存在争论。一种观点认为是教唆犯。理由是教唆从犯者的根本特征是引起他人帮助实施犯罪的故意,本质上与教唆犯的特征相符合,因而应视为教唆犯;但由于教唆犯的内容是帮助他人犯罪,因而应依从犯处罚。另一种观点认为是从犯。郑键才认为:"教唆帮助犯罪;其本质自乃系从犯,而非教唆犯。……盖教唆犯罪,有独立处罚规定,而帮助犯则否,故教唆帮助犯犯罪,不能与教唆教唆犯相提并论也。"(61)马克昌先生认为:"教唆帮助犯。其性质符合教唆犯的根本特征,所以应认为是教唆犯,不能因为未规定独立处罚,就否定它的教唆犯性质。同时他只是教唆他人对实行犯提供帮助,所起作用是次要的,因而依从犯处罚是合理的。"(62)

---

(58) [日]高桥则夫:《共犯体系和共犯理论》,冯军、毛乃纯译,中国人民大学出版社2010年版,第101页。

(59) H. C. A. 哈特:《惩罚与责任》,王勇、张志铭、方蕾等译,华夏出版社1989年版,第200页。

(60) 马克昌:《比较刑法原理——外国刑法学总论》,武汉大学出版社2002年版,第600页。

(61) 郑健才:《刑法总则》,三民书局1985年增订版,第235页。

(62) 马克昌主编:《犯罪通论》(修订版),武汉大学出版社1995年版,第574页。

通过关于教唆帮助犯和从犯的间接教唆的分析,我们可以发现,我国学者在接受共同意思主体说问题上的选择性立场,即在教唆帮助犯这一情况下,上述观点完全接受了共同意思主体说的理论和主张,但在从犯的间接教唆问题上,上述观点则完全抛弃了共同意思主体说的理论与主张。导致这一选择性结果的根本原因在于上述观点对共犯之共犯的认识出现了相对主义和置换主义的技术利用。而这两个问题的利用出现在不同的领域,从而引起基本问题的不同理论主张。

关于从犯的间接教唆,刑法没有规定。对此,日本学者植松正认为:"关于从犯的间接教唆,缺乏规定,尽管法规关于正犯的教唆载于明文,但因为关于从犯的间接教唆没有任何规定,一看就理解不承认从犯的间接教唆的旨趣。"[63]马克昌先生认为:"教唆帮助犯,是按从犯处罚,因为其社会危害性显然较教唆教唆犯轻。从而不宜无限扩大教唆帮助犯的范围。自以不承认从犯的间接教唆为妥。"[64]

上述分析使得人们完全无法分辨立法学上的行为规范与制裁规范的确切内容,也无法完全辨别立法学与司法学的不同功能派分。

首先我们来分析《日本刑法》第62条规定第1款与第2款的关系,再来分析(二)中的"以按照……论处"的立法指称。

根据《日本刑法》第62条第1款的规定,"帮助正犯的,是从犯";根据第2款的规定,"教唆从犯的,按照从犯论处"。按照共同意思说提供的方法论分析,教唆从犯的内容只是正犯实施犯罪行为之构成要件的一部分内容,而非正犯全部构成要件或全部构成要件的概括性内容,而是帮助行为的内容。尽管按照部分犯罪共同说的理论,教唆帮助犯者与正犯成立共同犯罪,但并不表明其犯罪构成与正犯相同。教唆帮助犯对法益的侵害不是直接的,而是间接的。因此,认定其罪质与正犯相同是苛责于教唆帮助犯的。高桥则夫认为:"共犯的无价值内容在于共犯者自身通过正犯者来追求符合构成要件的法益侵害或者其危险的实现,并以使正犯者着手实行犯罪作为前提。……共犯的处罚根据在于'间接的法益侵害'。"[65]故我们认为《日本刑法》第62条第1款的规定与第2款的规定在指称上是一致的,即教唆帮助犯引起教唆的内容属于帮助行为,所以其行为罪质与帮助犯一致,而不是与正犯的罪质相一致的。因为教唆的内容属于帮助行为范围,而不是实行行为范畴。

---

[63] [日]植松正:《刑法概论1 总论》,劲草书房1974年版,第384页。
[64] 马克昌主编:《犯罪通论》(修订版),武汉大学出版社1995年版,第574页。
[65] [日]高桥则夫:《共犯体系和共犯理论》,冯军、毛乃纯译,中国人民大学出版社2010年版,第113—114页。

《日本刑法》第62条规定："教唆从犯的，按照从犯论处。"这一规定给人一种误导。法条似乎暗示教唆从犯的，其罪质与正犯相同，但在处罚上则按照从犯处罚。如果按照这样理解，则刑法的行为规范与制裁规范之间将处于割裂状态。实际上，关于共犯之共犯的规定，所有的立法例都只规定了制裁规范的内容，而没有规定行为规范的内容，即只规定了刑罚部分的内容，而没有规定犯罪构成方面的内容。这是导致理解分歧的实在法根源。但实在法之所以只规定共犯之共犯的刑罚部分的内容，而没有规定犯罪构成部分的内容，根源还在于认识上的分歧。这一现象在规范法学中被称为不完整的或非独立的法律规范。(66) 由于教唆帮助犯没有引起正犯实施犯罪的决意，而是引起了帮助犯帮助的决意，故将教唆帮助犯之罪理解为与帮助犯罪质相同方为妥当。我们这样理解不仅有利于使行为规范与制裁规范所规定的内容相一致，而且还有下列立法技巧所支持的司法学方面的原理。各国实在法的法律规范中均存在"视为""以……论处""比照……处罚""按……处罚"之类的文法表达。"视为"是一种法律拟制，"以……论处""比照……处罚""按……处罚"则是司法类推适用的立法化。

正由于《日本刑法》第62条第2款的规定缺乏完备的规范论支持，而根据现实的需要，立法又不得不作出规定，因此，法律将此交由司法机关判定，只确定基本原则。由于共犯之共犯的情形极为复杂，法律规范无法穷尽其具体情形，故立法规范只控制其刑罚幅度，构成问题则留给司法机关判定。这是共犯之共犯的立法例采用的普遍策略。但随着社会的复杂化和组织功能的作用不断发展，共犯之共犯现象日益普遍化，采取只规定刑罚规范的方式而规避犯罪构成的立法模式必然引起一系列问题。因此，从规范共犯之共犯现象的要求出发，共犯之共犯的立法必须走既规定行为规范，又规定制裁规范的完全规范化的道路，否则会导致出入人罪的结果，有违现代法治精神。

共同意思主体说企图通过简约化的方式应对日益复杂化的共同犯罪问题，本质上是一种化约主义立场，采取攻其一点、不计其余的策略实际上无助于对共同犯罪复杂性的理解。共犯之共犯的立法例实际上与共同意思主体说持同一立场，缺乏规范论的必要要素，引起理论上的混乱和实践上的后续问题。

(二)共犯的属性与共犯之共犯认识

共犯之共犯的立法例不仅引起了关于共犯之共犯的犯罪构成论的多样性解释，而且引起了共犯之共犯处罚根据的多样性理解。共犯之共犯的处罚根据依赖

---

(66) [德]考夫曼：《法律哲学》，刘幸义等译，法律出版社2004年版，第153页。

于对共犯处罚根据的理解。共犯的处罚根据是连接共犯的犯罪构成与共犯的处罚之间的中介。共犯的处罚根据依赖两方面的认识。一是处罚共犯的伦理或社会要求。报应刑论、目的刑论和相对报应刑论,其方法论建立在犯罪与社会的关系这一分析框架之内,表现为社会对犯罪行为的否定评价,属于刑罚的正当化范畴。[67]对此问题我们已经分析。二是处罚共犯的法律规范要求。其方法论建立在共犯与正犯的关系这一分析框架之内,具体分析共犯与正犯之间的关系,属于刑罚合法化范畴。有关共犯处罚根据的认识,笔者在下文将按照刑罚合法化进路探讨。具体讨论共犯从属性说、共犯独立性说、折中说在共犯之共犯惩罚根据中的应用问题。

1. 共犯从属性说与共犯之共犯认识

共犯从属性说多为旧派学者所主张,但新派学者中也有人赞成此说,如德国的李斯特。马克昌先生认为,共犯从属性说是早期资产阶级民主思想在共同理论上的反映,这一学说严格限制了共犯的构成条件和刑事责任的范围。[68] 共犯从属性说为德国的通说和判例的见解。[69]

共犯从属性说认为,共犯的犯罪性和可罚性从属于正犯的犯罪性和可罚性而成立。共犯成立犯罪的必要条件至少需要正犯已着手犯罪的实行。如果正犯没有着手实行犯罪,共犯的犯罪性和可罚性就不能成立。根据共犯从属性说的理论逻辑,它认为共犯并不直接导致法益的侵害,而是通过影响正犯的不法侵害而具有反社会属性的。耶赛克(Jescheck)认为:"共犯者通过事实性故意的唤起而招致符合构成要件的、违法的行为,或者通过助言或者活动进行援助,就亲自有责地实施了行为。"[70]从共犯者的有责性角度考察,共犯的有责性以正犯的有责性为媒介。茅拉赫(Maurach)认为:"共犯不是独立的构成要件,而是纯粹的关系概念。共犯本身是不存在的,仅仅存在对他人的活动的共犯。共犯是在正犯行为者所实现的构成要件上构筑的刑罚扩张事由。"[71]按照茅拉赫的见解,共犯不存在独立的犯罪构成,共犯者的可罚性依附于正犯者行为的犯罪构成和可罚性。可见,从共犯从属性说来看,共犯者的可罚性是经由正犯者的可罚性推导而来的,其方法是法律推理。

---

[67] 张明楷:《刑法的基本立场》,中国法制出版社2002年版,第333页。
[68] 马克昌:《比较刑法原理——外国刑法学总论》,武汉大学出版社2002年版,第603页。
[69] [日]高桥则夫:《共犯体系和共犯理论》,冯军、毛乃纯译,中国人民大学出版社2010年版,第121页。
[70] Jescheck, Lehrbuch des Strafrechts, A. T., 3. Aufl., 1978, S. 558.
[71] Maurach, Deutsches Strafrechts, A. T., 4. Aufl., 1971, S. 672.

对于共犯从属性说中的从属性包含哪些内容,学界的意见并不统一。齐藤金作认为:“所谓共犯的从属性,有两种意义,即第一是成立上的从属性。……第二是处罚上的从属性。”(72)植田重正认为,共犯的从属性具有三种意义,即实行从属性、犯罪(罪名)从属性、可罚从属性。平野龙一主张,共犯从属性具有实行从属性、罪名从属性、要素从属性三种意义。(73) 山中敬一认为,共犯的从属性概念在四种意义上使用:一是实行从属性,即共犯的处罚从属于正犯的实行;二是罪名从属性,即共犯的罪名从属于正犯的罪名;三是可罚从属性,即共犯的处罚根据从属于正犯的犯罪;四是要素从属性,即共犯的处罚从属于正犯的构成要件或者违法性或责任。(74) 山中敬一与平野龙一的观点没有什么不同。因为共犯从属性说本身就是建立在共犯与正犯相互关系的分析框架下进行考察的。

共犯从属性说是德国共犯理论的通说,也为判例所支持。因此,德国学者不仅从内容上研究共犯的从属性,而且从量上研究共犯的从属性。就共犯从属性程度,德国刑法学者迈耶在1915年德国刑法教科书(Der allgemeine Teil Deutschen Strafrechts)中将共犯从属性分为下列四种。第一,最小限度从属形式(minimal-akzessorische Form)。共犯即教唆犯、从犯的成立,只要正犯行为符合构成要件就够了,即使缺乏违法性及有责性,也无碍于帮助者或教唆者成立共犯。第二,限制从属形式(limitiert-akzessorische Form)。只要正犯行为具备构成要件和违法性,教唆者和帮助者即可从属于正犯的实行行为而成立共犯,即使正犯行为缺乏有责性也不受影响。第三,极端从属形式(extrem-akzessorische Form)。必须正犯行为具备构成要件符合性、违法性与有责性,即以正犯的行为是完全的犯罪为必要,帮助者或教唆者才能成立共犯。第四,夸张从属形式或称最极端从属形式(hyper-akzessorische Form)。正犯行为除具备构成要件符合性、违法性、有责性外,并以正犯本身的特性为条件,从而专属于正犯本身的刑罚加重或减轻的事由,也成为教唆者或帮助者的负担,或使之免除负担。迈耶认为将当时德国刑法的规定解释为极端从属形式是最恰当的,因为当时德国刑法以正犯者的“可罚的行为”作为教唆犯、从犯的成立要件。这种可罚的行为,通常与完全的犯罪意义相同,即理解为违法、有责、符合构成要件的行为。(75) 上述从属形式之中,共犯的成立范围最为广泛的是最小从属性,以下顺次是限制从属性、极端从属性和夸张从属性,并且按

---

(72) [日]齐藤金作:《共犯理论研究》,有斐阁1945年版,第120页。

(73) 马克昌:《比较刑法原理——外国刑法学总论》,武汉大学出版社2002年版,第601页。

(74) [日]山中敬一:《刑法总论》(Ⅱ),成文堂1999年版,第752页。

(75) Mayer, Max Ernst, Der allgemeine Teil Deutschen Strafrechts. S 391.;马克昌:《比较刑法原理——外国刑法学总论》,武汉大学出版社2002年版,第602页。

照这一顺序,共犯的成立范围越来越窄。因为,对正犯行为要求的条件越多,共犯就越难以成立。

德国在 1943 年以前采取极端从属性说(76),迈耶(M. E. Mayer)也认为立法例上很难采用最少量从属性形态,而且最极端(夸张)从属形态因违反当时《德国刑法典》第 50 条的规定而不采,虽然最好是限制从属性,但《德国刑法典》规定成立教唆犯、从犯需要存在正犯之可罚性行为,所以《德国刑法典》的解释不得不采用极端从属性形态。(77) 德国 1943 年修订刑法典第 48 条教唆犯及第 49 条帮助犯及现今刑法典第 27 条,将教唆犯、从犯成立要件修正为需要正犯"被用刑罚威吓的行为"(mit Strafbedrohten Handlung),并且共犯者与他人之责任无关,只根据自己之责任相应受到处罚(第 50 条),意指要构成要件该当、违法性即已足,是采共犯限制从属性(78),此后,限制从属性说便成为通说。

德国学者 Mauach 曾于 1954 年提出量的从属性和质的从属性,前者解决从属性有无之问题,后者解决从属性之程度问题。量之从属性主要是指共犯之成立,必须正犯实际上已实行正犯之行为,至少也须已"着手"实施犯罪。质之从属性主要是指迈耶所主张从属性之四个形式。(79) 第二次世界大战以后,西德于 1975 年施行的新刑法总则规定教唆犯、从犯系属"故意实施之违法行为",并且规定不考虑所有其他人的责任,参与者只根据自己的责任受到处罚,更加明确采用限制从属性形态理论,至今德国仍然如此。

第二次世界大战以前,日本通说以《日本刑法》第 61 条"犯罪"一语为根据,采取共犯极端从属形式,教唆犯、帮助犯都以正犯存在为必要;同时,有关判例也采用了此理论。(80) 目前,日本通说与德国相同,即认为只要正犯的行为符合构成要件该当性、违法性(具有侵害法益或威胁法益的行为)即可,不一定要求正犯具有可罚性或有责性,即采限制从属性说。(81)

尽管德、日通说和判例均采纳限制从属性说,但共犯从属性说仍然会出现一系列不周延的漏洞。马克昌先生认为共犯从属性说遇到的最大问题是教唆犯的

---

(76) Hans-Heinrich Jescheck&Thomas Weigend, aaO, S. 655, ME. Mayer S. 391.

(77) ME. Mayer, aaO, S. 391.

(78) Hans-Heinrich Jescheck&Thomas Weigend, aaO, S. 655 – 656.

(79) 何赖杰:《间接正犯与教唆犯之区别》,台湾大学法律学研究所 1980 年硕士学位论文,第 132—133 页。

(80) 大判 1905 年 12 月 20 日《刑集》第 10 卷第 2415 页;转引黎宏:《日本刑法精义》,法律出版社 2008 年版,第 230 页。

(81) [日]大塚仁:《刑法概说(总论)》,有斐阁 2004 年版,第 210 页。

问题。第一,共犯从属性说只从行为人在共同犯罪的分工上,而没有从行为人在共同犯罪的作用上分析共犯,因此不能正确区分主犯和从犯。甚至把教唆犯也作为从属性的一种,这就掩盖了教唆犯的本质。第二,共犯从属性说没有看到教唆犯的相对独立性。教唆犯是犯意的发起者,主观上具有严重的反社会恶性,教唆行为本身就有社会危害性和可罚性。把教唆犯的犯罪性和可罚性看作完全从属于正犯的犯罪性和可罚性,就放纵了对教唆犯的应有打击。[82] 显然,马克昌先生是从教唆行为的社会危害性和教唆犯的主观恶性两个方面来讨论教唆犯的相对独立性的。也就是说,从规范论的角度考察,教唆行为本身就具有正犯性特征。

高桥则夫从规范论的角度研究了共犯从属性说在未遂的教唆这一特定形态中的自相矛盾之处。他认为:"在未遂的教唆的场合,从属性惹起说从惹起思想出发,通过要求指向结果惹起的共同故意,而否定了其可罚性。但是,在这一限度内,违法就相对化了,也没有贯彻违法的连带性。"[83]而违法连带性是共犯从属性说的理论基础。

马克昌先生从教唆行为的社会危害性和教唆者的主观恶性角度考察了共犯从属性说的局限性,高桥则夫从未遂的教唆这一特定例证角度考察了共犯从属性说的内在矛盾性。这些见解有利于深化我们对共犯处罚根据的认识。但德、日为何都以限制从属性说为通说的理由并未澄清。赞同共犯从属性说的学者不会没有注意到教唆犯与共犯从属性说中间的不协调之处。我想其中的一个重要原因可能是教唆行为本身的特征与西方所捍卫的某些价值观之间难以厘清的关系。教唆行为是一种非物理属性的行为,言语为其主要媒介。言语与表达自由相关,表达自由是西方国家珍视的重要价值,也是一项宪法意义上的基本人权。在某些场合,教唆行为与表达自由之间的界限并非泾渭分明。另外,在西方曾有过长期惩罚"巫术""异端""蛊惑者""思想犯"的历史,[84]人们对此保持高度的戒备状态,更加珍视表达自由的价值。通过限制的从属性限定对教唆犯惩罚的边界,也许与此相关。

依共犯从属性进路,通说接受限制的从属性理论,基本都认可共犯的处罚根据是经由正犯对法益的间接侵害。由于共犯之共犯与正犯之间的关系更为复杂,共犯之共犯的犯罪性与可罚性就更难以厘清。

---

[82] 马克昌:《比较刑法原理——外国刑法学总论》,武汉大学出版社2002年版,第603页。
[83] [日]高桥则夫:《共犯体系和共犯理论》,冯军、毛乃纯译,中国人民大学出版社2010年版,第125页。
[84] [法]米歇尔·福柯:《不正常的人》,钱翰译,上海人民出版社2010年版。

共犯之共犯是通过对共犯的教唆或援助行为而与正犯发生关系的。在共同犯罪中,共犯之共犯总是透过共犯与正犯发生关系,其与实行犯罪的正犯之间总是间隔着其他共犯。共犯在共犯之共犯与正犯之间起着传递作用。这一方面表明共犯之共犯与正犯的关系较共犯更为疏远,另一方面也表明共犯之共犯要想使其犯罪的目的得以实现,必须借助共犯这一中介。一般来说,共犯之共犯对正犯的影响力不如共犯,处于相对较次要的地位。

共犯之共犯在共同犯罪中的这种地位和作用使得我们对共犯的犯罪性和可罚性的理解更为复杂。其从属性具有层次性,即既从属于正犯的符合性和违法性,也从属于共犯的符合性和违法性。正是由于这一特点,对立法例的理解就存在分歧。如《日本刑法》第 61 条规定:"(一)教唆他人犯罪的,按照正犯论处。(二)教唆教唆犯的,亦同。"按照日本的共犯理论,教唆犯属于狭义共犯的范畴,本不是正犯,但刑法规定对教唆犯的处罚按照正犯论处,确认的是教唆犯的正犯性。刑法规定对教唆教唆犯按照正犯论处,确认的也是教唆教唆犯的正犯性。从立法例法条的规定来看,教唆教唆犯这一共犯之共犯的从属性是以正犯作为基点确认其处罚根据的。学界观点一般认为,无论是相继教唆还是间接教唆,法律精神均确认其正犯性,按照正犯论处,即教唆教唆犯这一共犯之共犯从属正犯符合性和违法性,不存在因果关系中断的问题。[85] 这一理解是建立在教唆犯在犯罪构成和反社会的主观恶性大这一判断基础上的理解[86],属于价值判断的范畴。而建立在价值判断基础上的《日本刑法》第 61 条的规定与第 62 条的规定在理论上则是不同的。

《日本刑法》第 62 条规定:"(一)帮助正犯的,是从犯。(二)教唆从犯的,按照从犯论处。"教唆从犯者属于教唆犯还是从犯,在理论上存在争议,一般观点认为成就教唆犯。[87] 但这里的问题是,如果按照共犯从属性说,教唆从犯者是从属于正犯还是从属于从犯则是一个必须明确的问题。按照将教唆从犯者理解为教唆犯的一般观点,教唆从犯者从属于正犯。教唆从犯者教唆的是从犯,而犯罪性和可罚性却从属于正犯,但在处罚上又按照从犯处罚,实际上就割裂了犯罪性与可罚性之间的关系。笔者认为,如果接受共犯从属性说,教唆从犯者宜确认为从犯。因其教唆的内容为惹起从犯的帮助行为而非惹起正犯的犯罪行为。同时,由于从犯仅起援助作用,惹起从犯援助的犯意自不同于惹起正犯的犯意,其主观恶

---

[85] 马克昌主编:《犯罪通论》(修订版),武汉大学出版社 1995 年版,第 572—573 页。
[86] 同上书,第 573 页。
[87] 同上书,第 574 页。

性较小。将教唆从犯者认定为教唆犯,并按照从犯论处,虽然没有加重教唆从犯者的处罚,但实际上扩大了教唆从犯者的处罚范围。在犯罪性方面,从属于正犯的教唆从犯比从属于从犯的教唆从犯的范围更广泛。因为,按照共犯限制从属性说,处于预备阶段的正犯符合犯罪构成要件,而从犯则不符合犯罪构成要件。如果认为教唆从犯者从属于正犯,则从犯不符合犯罪构成要件,而教唆从犯者反符合构成要件,这就导致了一个反常识的结论。

为了进一步说明《日本刑法》第 62 条第 2 款的不合理性,我们还需要分析帮助教唆犯的情形。帮助教唆犯指帮助他人教唆第三者实行犯罪。帮助教唆犯在《日本刑法》中没有规定,如果按照抽象的关于教唆犯的定义,即使是帮助教唆犯也属于教唆犯。如根据《日本刑法》第 62 条第 2 款进行推理,则应认定为从属于正犯。日本学者对此持有不同看法。积极说者如牧野英一认为:"关于帮助教唆犯、帮助从犯者;应解释为亦准此用。"(88)消极说者如韩忠谟认为,帮助教唆犯,不应认为是共犯,理由有二:一是刑法无明文准用共犯的规定,不应认为是犯罪;二是教唆之帮助,较之教唆之教唆、帮助之教唆,对于犯罪之关系尤为疏远,不仅无处罚的必要,且罚之恐易滋纷扰。(89) 马克昌先生认为应具体问题具体分析,不宜一概否定帮助教唆犯成立从犯的可能性。(90) 这里又滋生另一个问题,如果认定帮助教唆犯具有犯罪性,那么,它是从属于正犯的教唆犯或从犯,还是从属于帮助犯的教唆犯或从犯就成为新的问题。马克昌先生一贯坚持无论何种形式的教唆,因其教唆特征应成立教唆犯,按其所起作用处罚。这也是我国《刑法》的规定。(91) 马克昌先生这里所说的帮助教唆犯成立从犯的结论应是德、日共犯理论中的从犯,而不是我国共同犯罪理论中的从犯。因此,笔者认为帮助教唆犯与教唆帮助犯具有犯罪上的相当性。只是帮助教唆犯与教唆帮助犯遇到的同样问题是:它是从属于正犯还是从属于帮助犯而成就其犯罪性的。我们仍然坚持认为帮助教唆犯从属于帮助犯较为妥当,不易滋生自相矛盾及恣意扩大范围等问题。

在再间接教唆的犯罪性与可罚性问题上,共犯从属性说和共犯独立性说所持立场相对。共犯从属性说认为应以法律所规定之范围为界限判断其是否存在。如无此规定,则再间接教唆无存在余地。在立论根据上,共犯从属性说通常以因果关系中断说为根据,认为因果关系因有责任能力人之行为而生中断之效力。因

---

(88) [日]牧野英一:《日本刑法》(上),有斐阁 1939 年版,第 480 页。

(89) 韩忠谟:《刑法原理(最新增订版)》,1981 年版(自办发行),第 292 页。

(90) 马克昌主编:《犯罪通论》(修订版),武汉大学出版社 1995 年版,第 576 页。

(91) 同上书,第 573 页。

此,再间接教唆犯的行为因间接教唆犯的行为的介入而中断其因果关系,间接教唆犯的行为因教唆犯的行为的介入而中断其因果关系,因而不负刑事责任。陈兴良教授认为:"根据我国刑法理论,第二个间接教唆犯和以后的间接教唆犯是否具有可罚性不可一概而论,而是应该根据教唆行为的社会危害性程度加以综合评价。如果其社会危害性程度达到应受处罚程度的,应予处罚。否则,可以认定为情节显著轻微,危害不大,不认定是犯罪。"[92]这一观点在我国是一种通说。正由于我国没有在共犯之共犯领域严格贯彻罪刑法定原则,所以,立法也没有关于共犯之共犯的规定,听凭司法机关的裁量,形成不同的司法结果。这也正是我们致力于倡导中国必须按照我国的共同犯罪理论首先在立法上明确规定共犯之共犯明晰规范的根本原因。所谓"具体问题具体分析"的方法,看似放之四海而皆准,实则为司法擅断洞开方便之门,背离罪刑法定原则。

2. 共犯独立性说与共犯之共犯认识

共犯独立性说是主观主义刑法学者的共犯属性论。主观主义刑法学者认为犯罪是反社会的主观恶性的一种表现,共同犯罪不过是共同犯罪人各自征表其主观恶性的行为。为此,这种学说认为共犯的可罚性在于共犯行为本身,共犯成立犯罪不一定要求正犯已着手实行犯罪。[93]

共犯独立性说一般是行为共同说守持者的必然结论。宾丁认为,共犯对于正犯是独立的犯罪;共犯的可罚性对于正犯的可罚性也是独立的。共犯之所以被处罚,不是因为他实施了可罚的行为,而是因为共犯者自身实施了犯罪,共犯从属性的童话必须被抛弃。[94] 在宾丁看来,共犯行为本身具有犯罪性和可罚性。其本身具备构成要件的符合性、违法性、有责性要求,同时也符合刑法总则对其处罚的规定。

马克昌先生认为:"共犯对于正犯完全独立的观点是不科学的。因为:(1)它扩大了共犯者的刑事责任范围。按照共犯从属性说,如果行为人教唆或帮助他人犯罪,他人未至于犯罪时,就不构成共犯,从而就不负刑事责任。而按照共犯独立说,他人未至于犯罪,甚至他人拒绝接受教唆或帮助时,都构成犯罪,并负刑事责任。对共犯刑事责任的扩大,正迎合资产阶级统治者加强刑事镇压的需要。(2)它忽视了教唆犯、从犯对正犯的一定的从属性。共犯固然有其主观的反社会的恶性存在,但在共同犯罪中毕竟要通过正犯之手才能完成犯罪。因之共犯者特

---

[92] 陈兴良:《共同犯罪论》,中国人民大学出版社2006年版,第228—229页。
[93] [日]西康春夫:《刑法总论》(下卷),成文堂1993年版,第377页。
[94] 转引自[日]木村龟一:《刑法总论》(增补本),有斐阁1984年版,第394页。

别是其中的从犯,不能不在一定程度上对正犯具有从属性。……否认共犯对正犯的这种从属性,也就是否认作为社会现象的共同犯罪的这种实际情况;而且不顾共犯者从属正犯的不同情况而产生的差别,一律让教唆犯或从犯独立负责,就不可能贯彻罪刑相适应的原则,而只能导致司法专横。另外,共犯独立说也有可以参考之处。它强调教唆犯必须对教唆行为本身负刑事责任的观点,批判共犯对正犯完全从属的见解,都有其合理内核,应当予以肯定。"(95)

笔者发现,赞成共犯独立性说的理论在哲学上以犯罪发生过程论中的时间在先为立论根据。它认为,相较于正犯的犯罪构成要件而言,共犯在犯罪发生学上具有时间上的先在性,即无论是教唆者的教唆行为还是从犯的援助行为,都发生在正犯着手实行犯罪之前,因此,共犯的这种发生学上的先在形成为共犯不依赖于正犯成立犯罪的事实上的条件。实际上,坚持共犯独立性说的主张通常以教唆犯的正犯性驳斥共犯从属性说理论周延性的困境,而坚持共犯从属性说的主张则通常以帮助犯的从犯性驳斥共犯独立性说理论周延性的困境。双方都有部分证据证明自身学说的适切性,也都会遭遇周延性困境。

在共犯之共犯的立法例中,教唆教唆犯的规定采纳的是共犯独立性说的主张。《日本刑法》第 61 条规定:"(一)教唆他人犯罪的,按照正犯论处。(二)教唆教唆犯的,亦同。"教唆教唆犯实际上是通过教唆犯与正犯发生共同犯罪关系的,但立法例仍然规定对教唆教唆犯按照正犯论处。这里采取的就是共犯独立性说。教唆教唆犯包括两种情形。

马克昌先生认为,关于教唆教唆犯,我国《刑法》没有明文规定,但我国《刑法》对教唆犯进行了规定,即"教唆他人犯罪的,应当按照他在共同犯罪中所起的作用处罚"。这里的表述是"教唆他人犯罪",而不是"教唆他人实行犯罪",因而教唆第三者犯罪,也可以理解为"教唆他人犯罪",因而应认为构成教唆犯,量刑时同样应按照他在犯罪中的不同作用分别处罚。至于再间接教唆,笔者认为原则上应采肯定说,但也要具体分析。最先教唆者,是犯罪意思的发起者,没有他的教唆,就不会使他人产生犯罪意思,一般来说在共同犯罪中起着主要作用,应当作为主犯处罚。最后教唆者教唆他人实行犯罪,直接引起他人犯罪的实行,一般来说在共同犯罪中也起着主要作用,也应作为主犯处罚。中间教唆者,只是起着中转作用,在共同犯罪中起作用较小,可以作为从犯处罚;情节显著轻微的,可以不予处罚。(96) 我国对待教唆犯的刑事政策以坚持共犯独立性说为原则,而以共犯从属

---

(95) 马克昌:《比较刑法原理——外国刑法学总论》,武汉大学出版社 2002 年版,第 605 页。

(96) 马克昌主编:《犯罪通论》(修订版),武汉大学出版社 1995 年版,第 573 页。

性说为例外,即由于刑法坚持教唆犯的正犯性法律传统,所以,在关于教唆犯的犯罪性与可罚性问题,易于采纳共犯独立性说的主张。

三、共犯之共犯的规范构造

共犯之共犯的立法例并没有将共犯从属性说或共犯独立性说贯彻始终,而是在关涉教唆犯的共犯之共犯时贯彻了共犯独立性说,但在关涉从犯的共犯之共犯时贯彻了共犯从属性说。其根据不在于共犯从属性说或者共犯独立性说的解释体系本身,而在于包含在这两种学说中的正犯性与从犯性认识图式符合了刑法传统和刑事政策的要求。也就是说,在考察共犯之共犯的制裁规范的制定过程中,正犯不是共犯之共犯规范构造的唯一根据,而是包含了对刑法传统的尊重以及对刑事政策要求的贯彻。共犯之共犯的规范构造不仅涉及制裁规范,也涉及社会规范和行为规范。

(一)规范论与共犯之共犯

1.刑法解释学视域中的共犯之共犯

法律解释学是英美法系国家悠久的法律传统。德沃金认为,在疑难、复杂案件中运用法律解释学的观念和技术是最重要的证明裁判正当性的方法。他认为:"法律分析从根本上讲是解释性的。"[97]在法律解释学应用于疑难案件,即在规范缺失或者无规范的场所,先例或者一般法律原则构成法律解释的逻辑起点,将先例或者一般法律原则应用于具体案例的方法是法律推理。

按照考夫曼的考察,法律解释存在两种不同的体系。一种是方法学上的解释,侧重于理解;另一种是意义上的诠释。他认为:"诠释学并非方法,而是超验哲学。"[98]付玉明先生明确将基于方法的法律解释学与基于超验哲学的诠释学区分开来。[99]根据解释学与诠释学的方法区分,在具体应用时,规范缺失的场合适宜于解释学的方法,而在无规范的场合适宜于诠释学的方法。

马克昌先生认为:"刑法学的核心是刑法解释学。"[100]按照马克昌先生的理解,刑法解释学属于刑法理解的科学,而不属于诠释学的范畴,在学术功能上,刑法解释学属于刑法教义学的范畴。而刑法教义学意义上的刑法解释学以规范的理解

---

[97] [美]罗纳德·德沃金:《原则问题》,张国清译,江苏人民出版社2005年版,第4页。
[98] [德]考夫曼:《法律哲学》,刘幸义等译,法律出版社2004年版,第60—61页。
[99] 付玉明:《诠释学视野下的刑法解释学》,载《法律科学(西北政法大学学报)》2011年第3期。
[100] 马克昌:《比较刑法原理——外国刑法学总论》,武汉大学出版社2002年版,第15页。

为核心,以体系化理解为目的。

法律解释学的目的不是为立法提供解决方案,而是为司法提供具体指导。在我国刑事司法理论领域,刑法解释学已蔚为壮观,成为显学。毫无疑问,刑法解释学的发达能为司法机关的判决提供指导原则,也能为约束司法机关解释的"饥饿"与"冲动"提供理性的担保。但是,我们必须廓清刑法解释学的学术立场,它主要还是为司法领域的法官提供思维的框架,而不是用以替代法官自己的法律推理。在我国,由于法学家与法官之间缺乏相互转换角色的体制,这势必限制法学家视域的广延性与深刻性,因此,寄希望于法学家发展的刑法解释学体系为法官提供完备的解释学工具箱的天真想法只会是雾里看花。

在第二部分我们已经讨论了共犯之共犯的法律规范存在严重的规范缺失问题。立法例只规定了共犯之共犯的制裁规范,而且关于制裁规范的规定也不是独立的,而是以正犯或从犯为标准所作的附属性规定。因此,从现行立法例来看,共犯之共犯的规范处于法律规范严重缺失与无法律规范之间的中间状态。由于共犯之共犯的规定严重缺失,共犯之共犯的规范本身没有自身的逻辑结构,刑法教义学上的体系化理解基本上是不可能的。

由于共犯之共犯的立法例既缺乏形成刑法教义学意义上体系化理解的可能性,又缺乏司法认定需要一整套刑法解释学的实质性规范的基本规范条件,正是在这一意义上,笔者认为必须构造共犯之共犯的规范体系。我们必须从立法学意义上构造共犯之共犯的完整规范体系源于以下三个方面的原因。

第一,刑法教义学缺乏体系化思考的基本规范。刑法教义学体系化思考的基础是规范的存在,没有规范就无法形成刑法解释学的体系。通常认为完整的法律规则的结构包含三个要素,即假设、处理、制裁三部分。[101] 在这三个要素中,如果缺少一个构成要素,则属于不完整的规则,在规则应用过程中就必须借助于法律解释学的方法发现残缺的要素。考夫曼认为,一个完整或独立的法律规范由构成要件、法律效果,以及把法律效果归入构成要件的条件三部分组成。不完整的规范或非独立的规范不具备完整规范的三个条件。或欠缺构成要件,或欠缺法律效果,或欠缺将法律效果归入构成要件的条件。[102] 共犯之共犯的立法例都欠缺构成要件这一实质性规范要素的内容,并且制裁规范本身也是非独立的规范。在这一规范条件下,共犯之共犯的解释体系严重依赖于共犯的解释体系。而相对于正犯体系而言,共犯之共犯的解释学体系属于再解释体系。故根据现行立法例,根本

---

[101] 张文显主编:《法理学》(第3版),高等教育出版社、北京大学出版社2007年版,第117页。
[102] [德]考夫曼:《法律哲学》,刘幸义等译,法律出版社2004年版,第153页。

就没有建立共犯之共犯教义学意义上的解释体系的可能性。

第二,共犯之共犯的刑事司法学缺乏实质性规范作为演绎正当的大前提。按照司法学的一般原理,有请求必有救济,有诉讼必有判决。共犯之共犯立法例上的规范严重欠缺使得其必须在司法学意义上得到解决。但缺乏实质规范的司法解决方案本身的正当性受到质疑。[103] 共犯之共犯的规范属于狭义共犯的附属性规范,而狭义共犯的解释又依赖于刑法分则对正犯的规定,这种多重辗转解释对基础规范(刑法分则关于正犯的规范)的依赖性忽视了共犯之共犯相对于狭义共犯和正犯的独特性,所形成的司法判决是成问题的,必然存在严重的正当性不足问题。

第三,即使存在体系化思考的基本原则和演绎正当的大前提的原则性规范,刑法解释学仍然会在共犯之共犯的解释中出现冲突问题。共犯之共犯的立法例确立的是关于共犯之共犯制裁规范的基本原则,根据共犯之共犯的复杂性问题,这些原则是需要系统解释的。来自共犯的解释体系的共犯之共犯的解释本身就缺乏完整性,因而解释之间的冲突就不可避免。

2. 规范论视域中的共犯之共犯

按照完整的法律规范的要求,法律规范必须包含社会规范、行为规范和制裁规范三个要素。共犯之共犯的立法例缺乏社会规范和行为规范,而制裁规范又是非独立规范,这一状况严重妨碍罪刑法定原则在共犯之共犯中的贯彻。

共犯之共犯的规范要素涉及我们如何看待规范的构成问题。一般观点认为,行为规范与制裁规范是法律规范构成必不可少的要素,但社会规范如何进入法律规范体系存在不同的争论,同时也存在不同的规范构成路径。由于按照大陆法系传统,共犯之共犯的规范一般规定在刑法典总则中,而总则对法律规范构成要素内容的要求与刑法分则不同。这样就形成了两种不同的共同犯罪的体系化方案。这就涉及两个层面的争论:第一个层面是应该建立一个统一正犯体系还是一个共犯体系的争论;第二个层面是应该建立一个纯粹规范体系还是一个开放的规范体系的争论。

统一正犯概念首先出现在第二次世界大战以后的德国刑法学术圈。[104] 耶赛克认为:"所谓统一的正犯概念,是把对构成要件的实现做出了因果性贡献的所有

---

[103] [德]卡尔·恩吉施:《法律思维导论》,郑永流译,法律出版社2004年版,第63—64页。
[104] [日]高桥则夫:《共犯体系和共犯理论》,冯军、毛乃纯译,中国人民大学出版社2010年版,第7页。

参与者都视为正犯,不考虑在整个事情的范围内将何种意义归属于共动。"[105]统一正犯体系包含两个基本内容:一是将构成要件的实现提供了条件的所有人都视为正犯;二是对所有的参与者都适用同一法定刑。[106] 统一正犯体系主张因果关系的绝对条件说,同时坚持彻底的共犯独立性说。

统一正犯体系是对复杂化社会的犯罪复杂化现象的废弃主义见解,具有显著的还原主义印记。[107] 统一正犯体系是一种犯罪化约主义的主张,它试图将所有共同犯罪参与人都纳入刑法分则所规定的单个犯罪的范围进行理解。在统一正犯体系的视域中,任何共同犯罪参与最终都要归结于刑法分则所规定的单个犯罪人才能理解。统一正犯体系将单个犯罪逻辑叠加在共犯身上,或者说将共同犯罪参与人还原为单个犯罪人,试图化解越来越复杂的关于共犯的分类学难题。在统一正犯体系看来,共犯作为参与人应视为正犯,正犯应视为单个犯罪。共犯、正犯的类型学相对于刑法分则的单个犯罪而言没有区分的意义,按照这一理解,狭义的共犯的分类学是没有任何意义的,共犯之共犯的分类学就更没有存在理由了。由于统一正犯体系坚持反类型化和反结构化的化约主义方法论,因此,其理论体系本身缺乏结构性和层次性,混淆了条件、原因与结果之间的关系,在这一范式制导下,共犯之共犯的理论也就被共犯理论搁置起来了。

规范的构造是法律的内在要求,也是法律不同于其他社会建制的显著标志。但在建立怎样的法律规范问题上,分析法学派、社会法学派和自然法学派的主张不尽相同。它们之间最主要的争论是应将什么形态的社会规范纳入法律规范的构造之中。早期的分析法学派试图建立纯粹法律规范的法律体系,拒绝将自然法学派所认定的道德要求纳入法律规范体系之中。自奥斯丁、凯尔森以来一直坚持这一学术主张。但哈特以次级规范的名义将确定性的社会规范纳入法律规范体系之中,拉兹则更进一步认为社会规范是法律规范的基础。自然法学派认为道德规范是法律规范正当性的基础,但以德沃金为代表的新自然法学派则拒绝将社会政策纳入法律规范体系考察的范围。社会学法学派一直主张将社会政策纳入法律规范体系的范围。

在是否将社会政策纳入法律规范体系范围问题上,德国刑法学界出现了以京特·雅科布斯为典型的纯粹刑法规范体系和以克劳斯·罗克辛为典型的刑事政

---

[105] 转移自[日]高桥则夫:《共犯体系和共犯理论》,冯军、毛乃纯译,中国人民大学出版社2010年版,第7页。

[106] 同上注。

[107] 江溯:《犯罪参与体系研究——以单一正犯体系为视角》,中国公安大学出版社2010年版,序第1—2页。

策规范体系。雅科布斯的纯粹刑法规范体系与奥斯丁的实证分析法学派,特别是凯尔森的纯粹分析法学派的主张具有高度的亲和性,罗克辛的刑事政策规范体系则坚持了社会学法学的一贯主张。

雅科布斯认为规范地理解社会包括三个方面的内容。第一,这里所理解的规范建立在群体的自我需要之中,并且不是作为诸个体的相互起作用的需要的合力而建立的,在这种相互理解中所涉及的就不可能是创设相一致的任意的协商这种意义上的诸个体之间的合意;"相互理解"——与规范相关——毋宁是这样的证实,即证实某种任务存在,也就是获得关于某种存在的东西的知识,而不是某种或多或少是自由的创造。第二,这种相互理解,即交往的确定,不仅与规范相联系,而且与认知的世界相联系。第三,"自然统一体"的终结使"人"从神中分离出来,并且,因此也使两者相互隔离;如果不能成功地获得对某种共同任务的一般性认识,即规范性地相互理解,两者就会继续相互隔离。[108] 凯尔森特别强调法律规范体系的实效,但对于法律规范体系实效的保证更多强调规范的命令本质和强制力量,即法律制裁的后盾作用。而雅科布斯则不同,他也强调法律规范体系的约束力,但他将侧重点放在主体间相互规范性地理解法律规范体系的约束力这一问题上。他认为:"在规范性相互理解这一概念中,涉及到规范是由约束力的解释模式这一判定。在此'有约束力'指的是人格体必须自己努力获得遵守规范的意愿。这种相互理解的过程就是社会。"[109]因此,他特别强调规范的说服作用,[110]在这一点上,他完全接受了哈贝马斯和阿佩尔的交往行为理论的内容。但同时又将凯尔森的法律规范体系的强制效力引入到了交往行为的结构之中。

雅科布斯真诚地希望通过规范地理解社会从而实现法律秩序,但他也认识到这一目标并非始终能够有效地实现,总有少数人会扰乱法律规范体系所确立的法律秩序,因此,法律制裁,包括最严厉的刑罚制裁对于法律秩序的实现是必不可少的。

由于材料限制,关于雅科布斯的纯粹刑法规范体系的基本思想我们只能通过其长期的净友罗克辛的概括来理解。罗克辛所归纳的雅科布斯的纯粹刑法规范体系包括以下三个主要方面。[111] 第一,用规范侵害说取代法益侵害说。雅科布斯

---

[108] [德]京特·雅科布斯:《规范·人格体·社会——法哲学前思》,冯军译,法律出版社2001年版,第55—59页。

[109] 同上书,第60页。

[110] 同上书,第58页。

[111] 参见[德]克劳斯·罗克辛:《刑事政策与刑罚体系》,蔡桂生译,中国人民大学出版社2011年版,第83—86页。

所主张的首要基本原则是认为,刑法的任务不是法益保护,而是维护和确认规范的效力。第二,否定没有罪责的不法。雅科布斯认为,如果在犯罪时,仅仅只有对于规范的否定,那么,这种否定必须以行为人的行为具有罪责为前提。第三,按照社会的需要来确定罪责。雅科布斯将系统论作为根基,他不是按照行为人的心理精神状况,而是按照一般预防的社会需要来确定罪责。

针对雅科布斯的纯粹刑法规范体系的三个基本观点,罗克辛进行了逐一反驳。

第一,罗克辛认为雅科布斯将犯罪定义为规范侵害而不是法益侵害,是一种错误的主张。他认为:"刑法上的相应的损害并不在于它对公民造成不安,而在于它具体地损害了受害人和他的在构成要件上受到保护的法益;亦即消灭了人的生命、侵害了身体的完整性,亦即强奸和抢劫中的侵害,等等。"[112]罗克辛进一步认为:"当人们将犯罪从社会现实中剥离出来,并将其提取成为一种纯粹的意义上的归类,那么,犯罪的现实形象就被冲淡了。按照这种方式,刑法的社会治理任务就没法实现了。"[113]

按照我国通说的理解,不仅罗克辛的反驳理由站不住脚,而且我国关于犯罪客体的通说反而在很大程度上支持了雅科布斯的主张。在笔者看来,雅科布斯的纯粹规范体系真正排除的是将社会危害性作为评价具体犯罪的逻辑起点。雅科布斯的这一排除并非没有意义,它对于严格贯彻罪刑法定原则具有重要意义。从这一角度考察,雅科布斯的纯粹规范体系实际上只涉及执法和司法学的内容,而没有涉及立法原理的问题。正如凯尔森一样,雅科布斯的逻辑起点是从立法规范创制完成后开始的。由于立法已经将具有社会危害性的行为纳入刑法规范体系,因此,在执法和司法过程中,具体犯罪的社会危害性只能通过规范自身去判断,而这一判断是通过刑事违法性这一标准确定的。如果执法者或者法官在刑法规范之外去重新衡量具体犯罪行为的社会危害性,实际上是将偶然的评价带入到了规范评价之中,必然产生法外评价,这是罪刑法定原则所绝对禁止的。

雅科布斯的刑罚学说主张通过刑罚实现法忠诚训练的功能。他认为刑罚认知性地加固规范的作用从而起到引导举止的作用。他认为,只有刑罚偿付了由规范破坏者予以特别答责的损害,刑罚才是正当的。刑罚的正当性,并不是指组织破坏规范者进一步地从事犯罪,也不是指消除其他人破坏规范的倾向,而是为了

---

[112] 参见[德]克劳斯·罗克辛:《刑事政策与刑罚体系》,蔡桂生译,中国人民大学出版社2011年版,第88页。

[113] 同上注。

确证社会的样态。罗克辛认为雅科布斯的刑罚观是违反犯罪学上的所有认识的。犯罪学的认识认为刑罚的目的在于使犯罪再社会化、进行法忠诚训练、保安和威慑。[114]

雅科布斯刑罚观的价值取向在于保障人权。他认为刑罚通过引导规范破坏者的行为举止仍然将其留在群体成员之内,而不是将其视为敌人。如果其成员根据规范秩序生活而不只是受惩罚的话,群体对其成员的定义才会产生一个规范秩序。根据我国的通说,刑罚有惩罚犯罪和保障人权的双重目的。突出刑罚保障人权的目的似乎并不会出现罗克辛所担心的那样的结果。

第二,罗克辛认为雅科布斯取消了不法与罪责之间的区分。罗克辛认为将犯罪分解为构成要件符合性、违法性和罪责是过去两三代人取得的最重要的教义学成果。罗克辛认为,雅科布斯将犯罪定义为损害规范的效力的行为,其结论必然是不承认没有罪责的不法,这一结论是没有实效的。如果将不法和罪责融合到一起,会抹平事实本质的区别。某一举动是否违反刑法禁止的法益侵害,这是问题的一个方面,这一举动是否必须动用刑罚加以处罚,则是另一个方面。[115]雅科布斯认为不存在无罪责的不法,主要是为了限制刑罚适用的范围而扩大刑法规范引导行为举止的认知性调解范围,这与他的刑罚观是一致的。其隐含的意义是排斥国家和法官在不法与罪责之间进行擅断的可能性。但这种刚性约束也切断了国家与规范破坏者之间商谈的可能性。

第三,雅科布斯认为罪责不是按照行为人个体的能力确定的,而是按照立法者的符合目标的命令规范来确定的。罗克辛认为:"我和雅科布斯之间学说对抗已经很久了。通过这种对抗,希望刑法能够阻止应该由它阻止的一些发展趋势。这种趋势是:刑罚不是取决于从行为人的能力中推导出的答责性,而是取决于所称的社会需要。该趋势会导致个体的工具化,而这是违反人类尊严的。"[116]罗克辛的这一责难不是按照雅科布斯的纯粹刑法规范体系的内在逻辑所推导出的必然结论,而是一种误解。因为,在雅科布斯的视域中,社会是一个通过规范交往的共同体,严格来讲实际上是规范化的产物,这一社会观不同于实在论意义上的社会观,因此,从这样一种社会需要中确定个体的答责性本身是由法律规范确定的,也就不存在个体工具化的问题。但如果我们认定雅科布斯的社会观是一种实在论

---

[114] [德]克劳斯·罗克辛:《刑事政策与刑罚体系》,蔡桂生译,中国人民大学出版社2011年版,第90页。
[115] 同上书,第90—91页。
[116] 同上书,第92页。

的社会观,或者我们以自己所确信的实在论的社会观代替雅科布斯对社会的理解,那么就会得出雅科布斯的罪责理论具有使个体工具化的结论。

雅科布斯的纯粹规范体系属于典型的马克斯·韦伯的理想类型学的一种理论范式,它并不能在现实生活中都得到实现,但它可以作为实在法的一个良好的参考体系,实际生活中的规范构造可以以此为参照进行修正。

雅科布斯的纯粹刑法规范体系的主张对于我们认识构造共犯之共犯的规范体系的重要性以及如何构造共犯之共犯的规范体系具有重要的指导意义。按照雅科布斯的观点,犯罪性与可罚性以规范的存在为前提,同时以侵害规范的效力为根据。规范乃是共犯之共犯最重要的前提条件。雅科布斯认为社会是规范构造下的共同体,没有规范也就没有社会秩序,这一认识对于我们规范地理解社会关系极为重要。共犯之共犯本质上也是"规范"地相互理解的,他们作为一种特定的共同体存在基于地位、作用,特别是角色意义上的"规范",只是共犯之共犯所构造的"规范"相对于社会而言具有行为或结果无价值的本质。如果将社会中的规范重要性认识引入对共犯之共犯的结构性分析之中,那么我们就能更好地认识共犯之共犯现象的内在特征,从而也能为构造共犯之共犯的规范体系提供内在视角的材料。共犯之共犯可以被视为基于不同角色分配的共同犯罪,共犯之共犯与共犯和正犯之间的角色分工对于认定共犯之共犯的可罚性具有重要意义。雅科布斯的纯粹刑法规范体系证明我们不能仅仅将共犯之共犯作为一个法律事实来看待,也不能将其仅仅视为一个行为事实来看待,共犯之共犯是客观事实与法律事实相统一的产物,是一种社会现象。从规范角度考察,共犯之共犯的规范构成必须包含社会规范、行为规范和制裁规范各个组成部分。

(二)共犯之共犯的规范构成

从实在论的角度分析,共犯之共犯现象首先是违反社会规范的行为,即我们通常所说的犯罪行为的社会危害性。在此基础上,共犯之共犯行为进入刑法规范的领域。刑法对共犯之共犯的规范构造是以行为规范还是以制裁规范为中心,受制于不同的刑法观。以行为规范为中心的规范体系侧重于对行为的引导,以制裁规范为中心的规范体系侧重于对行为人的约束。关于共犯之共犯的立法例侧重于制裁规范的规定,存在严重的规范缺失问题。

1. 共犯之共犯的社会规范

是否能将社会规范纳入法律规范体系之中,以及能将哪些社会规范纳入法律规范之中和在哪一个阶段将社会规范纳入法律规范体系之中曾成为自然法学派、分析法学派和社会学法学派分歧的焦点。

在刑法学领域,社会规范的外在视角考察的是法律规范与社会政策之间的关系，社会规范的内在视角考察的是如何从社会政策，特别是从刑事政策中推导出法律规范的问题。在此领域，雅科布斯采用了刑法规范的外在视角构建了纯粹刑法规范体系；罗克辛采用了社会规范的内在视角构建了基于刑事政策推导意义上的刑法规范体系。高桥则夫则在哈特规范体系论的基础上系统阐述了社会规范、行为规范和制裁规范在刑法和共犯论的规范构造中的不同意义与机能。

罗克辛在阐述自己以刑事政策为基础所构建的刑法体系之前对以存在论为根基的刑法体系进行了系统批判。

罗克辛认为"古典的"刑法体系建立在自然科学的原理之上。在19世纪末的时候，自然科学的原理对法学思维产生了本质性的影响。犯罪的所有客观要素都被因果性地理解了，而且全部被总结到不法的概念里了。同样地，也是按照自然科学的看法，犯罪事实的所有主观成分都构成了行为人的罪责。罪责紧接在不法之后，成为犯罪的第二个范畴。同时，人们将罪责分为故意和过失两种罪责形式。按照自然科学的方式，采用了二分法的标准。不法是客观的，罪责是主观的。[112] 在罗克辛看来，所谓主客观相统一的刑法体系只不过是以因果关系为基础的存在论的刑法体系。

罗克辛认为，"古典的"刑法体系存在诸多漏洞。[113] 由于这些漏洞，他认为"古典的"刑法体系是站不住脚的，也是刑法不应再坚持的体系。

与"古典的"客观主义刑法体系完全相对的主观主义刑法体系的典型是汉斯·韦尔策尔所建立的目的行为论。这一理论不是将刑法建立在因果关系基础之上，而是建立在人类意志基础之上，这种理论认为犯罪意志操纵着犯罪事实的发生。

通过将人类行为的目的性宣布为犯罪体系的基石，颠覆了"古典的"刑法体系。"古典的"刑法体系从客观内容开始，而目的行为论从主观部分开始。但两者都是建立在存在论意义之上的刑法体系。尽管目的行为论取得了某些成就，但其也具有以下几个弱点。第一，目的行为论既无法令人满意地解释过失犯罪，也无法圆满地解释不作为犯罪。因为过失犯罪根本就不是通过操纵因果流程来引发结果的。过失犯罪不在于行为人的目标设定，而在于造成了一个社会不愿看到的但可以避免的结果。同时，不作为犯也没有操纵因果流程，他们的行为受到责难正是由于没有参与法律规范所设计的应由他们参与的因果流程。第二，目的行

---

[112] [德]克劳斯·罗克辛：《刑事政策与刑罚体系》，蔡桂生译，中国人民大学出版社2011年版，第64—65页。

[113] 同上书，第65—66页。

为论可以有效限制古典刑法体系过宽的不法概念。但其也过度扩张了客观不法的范围。第三,如果构成要素中出现了规范性的、不可操纵的要素时,目的行为论也会忽视不法的社会意义。第四,以存在论的目的性作为处罚根据无法推导出符合法律的解决问题的某些方案。这些方案通常是从价值而不是从纯粹事实中得出来的结论。第五,将罪责理解为可责难性,无法说明行为人因其不法而受到责难的原因。[119]

在批判以事实为导向的因果关系论和目的论刑法体系的过程中,罗克辛提出了以刑事政策为基础构建刑法体系的主张。他认为刑法体系应建立在刑法的任务和目标基础上。刑法上的不法,要从刑法的任务中推导出来;相反,罪责这一体系性的范畴,则要从具体的处罚目标中推导出来。这两者之间是不一样的。因为,刑法是通过其倡导性的规定和许诺下的保护适用于每一位公民的;相反,具体的刑罚,乃是特定地适用于犯罪人的,它对于公众只会产生间接的影响作用。[120]显然,罗克辛以刑事政策为基础建构的刑法规范体系特别关注社会规范的基础作用以及推导出行为规范和制裁规范的演绎功能。在这里,刑事政策相当于哈特所言的第二层级的社会规范,而由刑事政策推导出的不法相当于哈特所言的第一层级的义务规范。由具体处罚目标推导出的罪责相当于制裁规范,它是由刑罚自身的正当性分配给犯罪人的。按照哈特的理解,刑罚不是单纯从犯罪人的不法中推导出来的,而是从犯罪人的不法与刑罚的正当性的多个要素中推导出来的。哈特认为:"我们应该牢记,正如在其他绝大部分社会制度中一样,在刑罚制度中,对一个目的的追求可能受到不应错过的追求其他目的的机会的限制或可能提供这种机会。只有当我们对刑罚的这种复杂性有了这样的意识时,我们才能恰当地估计到整个刑罚制度已被关于人类心理的新信念所渗透的范围或它必须适应这些新信念的范围。"[121]在哈特和罗克辛看来,不法、罪责与刑罚之间并非直线关系,而是多重制度设计相互作用的产物。

关于刑法上的不法。罗克辛认为,刑法上的不法是从刑法任务中推导出来的。[122] 刑法任务主要源于两个方面的内容。

第一,刑法任务来源于国际社会普遍认可的基本人权。基本人权在于保障每

---

[119] [德]克劳斯·罗克辛:《刑事政策与刑罚体系》,蔡桂生译,中国人民大学出版社2011年版,第66—70页。

[120] 同上书,第70页。

[121] [英]H. C. A. 哈特:《惩罚与责任》,王勇、张志铭、方蕾等译,华夏出版社1989年版,第3页。

[122] [德]克劳斯·罗克辛:《刑事政策与刑罚体系》,蔡桂生译,中国人民大学出版社2011年版,第70页。

一个公民和平、自由地生活。基本人权源于两个方面：一是每个人都有人性尊严，具有不可剥夺的基本人权；二是基本人权是真正的法益，是刑法法益的真正来源。

第二，民主国家的根本任务是保障人权的有效实现。按照民主国家的理论，人们成立国家和政府是为了保障人权的有效实现。尽管国家基于人权保障的需要垄断了惩罚性的权力，但是这种垄断性的权力不是一种武断的权力，它必须符合人权保障这一根本任务。国家仅仅可以根据保护公民的基本人权的目的才能设立禁止性的规范，并只能根据明确的禁止性规范对侵害他人人权的行为施以处罚。这一基本原理通过宪法的方式确立为宪法规范。按照宪法规范，民主国家刑法的任务就是法益保护。但刑法并不保护所有的法益，只有当国家穷尽其他保护手段仍不足以保护法益时，宪法才允许刑法的介入，并授权国家可以动用刑罚这一最严厉的制裁手段。因此，从严格意义上来讲，刑法的任务是辅助性法益保护。

按照以上的两个基本命题，可以得出两个基本论断。第一，从立法论——刑事政策的立场出发，辅助性的法益保护可以推导出如下结论：一方面，刑法必须保护基本人权受到平等对待；另一方面，也要禁止国家起草纯粹道德的或直接源于父权主义的刑法规定。第二，从教义学上，建立在刑事政策基础上的不法构造可以推导出客观归属理论这一决定性的理论成果。

按照客观归属理论的理解，人们从宪法原理中推导出刑法对辅助性法益的保护任务。辅助性法益保护的任务要求刑法所建立的法秩序必须禁止人们创造对于受刑法保护的法益而言不被容许的风险，而且，如果行为人在某个侵害法益的结果中实现了这种风险，那么，实现这种风险就要作为一种符合构成要件的行为归属到该行为人身上。

按照客观归属理论的理解，是否存在构成要件的行为并不取决于因果关系，也不取决于目的性，而是取决于实现了不被容许的风险。

关于刑法上的罪责和答责性，按照刑法学的一般理解，不法之后的第二个需要讨论的范畴就是罪责，传统理论认为罪责是答责性的根据。罗克辛认为，罪责范畴要从对个人施加处罚的目标之中推导出来，而且这个范畴中还需要加入预防理论。处罚并不仅仅取决于罪责，而且同样取决于预防的需要。他认为，刑罚的目的只能是预防性的，以及只能是为了防止将来的犯罪。由于刑法治理是一种社会治理和社会控制的手段，也就只能谋求社会的目标。报应理论并不具有社会正当性。在报应理论中，刑罚的科处和刑罚的幅度跟社会必要性之间没有必然联系。

罗克辛认为，刑罚需要同时完成特殊预防和一般预防两个目标。通过刑法安排，必须实现被处罚者尽量不再犯的目标，以完成犯罪人在刑法上的重新塑造，促进其再社会化。同时,刑罚必须对普通公民产生作用,促进普通公民的刑法意识,让他们注意到可罚举止的不利后果。这样一来,刑罚同时决定于两个要素:第一,动用刑罚的必要性;第二,犯罪人的罪责及其大小。这也意味着刑罚受到双重限制,即刑罚的严厉性不得超过罪责的严重性,并且也不能在没有预防必要性的情况下科处刑罚。罗克辛认为他的方案的新意在于:不法范畴之后的通常称为罪责的犯罪范畴,在现实中并非仅仅来源于罪责,还来源于另一种必要性,即以预防为目的的处罚的必要性。因此,罗克辛将这一范畴称为答责性,该答责性范畴取决于两个要素:罪责和以预防为目的的处罚的必要性,且两者具有同等的重要性。

罗克辛以刑事政策为基础的刑法体系的独特性在于:该体系不是按照存在论的标准——因果关系和目的性,而是按照刑事政策的目标设定——刑法的任务和具体的刑罚科处来进行规范的体系化构建的。按照这种观点,在不法阶段增加了客观归属理论,在罪责阶段引入了以预防为目的的处罚的必要性,从而发展了答责性理论。罗克辛的刑法体系将社会学法学的方法论和分析法学派的方法论有机融合到了刑法规范体系的建构之中,使得刑法规范体系成为一个社会规范、行为规范和制裁规范相互嵌入又相互区分的法律规范体系。实际上,罗克辛早在哈特之前就认识到法律规范体系中社会规范、行为规范和制裁规范之间的相互联系和不同功能派分。只是哈特从法理学的角度对其进行了进一步提炼并将这一原理应用于刑罚的具体分析之中。

罗克辛将以刑事政策为基础的刑法规范体系应用于对共同犯罪的研究之中。罗克辛认为,从教义学上讲,参与理论讨论的是犯罪构成的问题,即犯罪性问题。这一问题讨论一个行为在多大范围内可以被归结到犯罪描述之下,从而产生了多种正犯形式。但这一问题的讨论没有涉及教唆行为和帮助行为之类行为的刑罚扩张事由。他认为,不管他人如何尽可能地操纵外部事实的发生,即使取得了犯罪行为支配,也只能成为帮助犯。根据这一原理,就可以按照支配犯和义务犯的区分发展出一个正犯理论体系。[123] 罗克辛的正犯体系相当于我国刑法中的主犯概念。按照罗克辛的理论,共同犯罪中的正犯、教唆犯和帮助犯的不法全部都要以创设不被容许的风险为前提条件。但一般的客观归属理论只能起到将连帮助犯都够不上的因果性清除出去的功效。为了确定正犯的种类,就需要附加一种特别的归属形式,即犯罪行为支配理论。谁若通过他人来实施和加工犯罪,不管直

---

[123] [德]克劳斯·罗克辛:《刑事政策与刑罚体系》,蔡桂生译,中国人民大学出版社2011年版,第26—28页。

接行为者是否可以进行答责,该正犯就都成立。[124] 罗克辛刑法体系在共同犯罪中的应用遗漏了两个问题的论证。

第一,从犯(教唆犯和帮助犯)的不法、罪责和答责性问题。按照罗克辛刑法体系的基本原理,从犯的不法源于从犯创设了不被容许的风险,从而侵害了刑法保护的辅助性法益。无论从犯是否存在罪责及是否具有答责性,从犯都具有犯罪性。从犯的不法不是源于与正犯的犯罪构成之间的因果关系,而是创设了不被容许的风险。同时,从犯的罪责也是从对个人施加处罚的目标中推导出来的,而不是从正犯的罪责中推导出来的。从犯的答责性源于从犯自身的罪责和以预防为目的的处罚的必要性。也就是说,在罗克辛的刑法体系中,从犯的不法、罪责和答责性从刑事政策的角度都是其本身创设了不被容许的风险,且与正犯发生关联的。也就是说,从内在逻辑角度考察,从犯的不法、罪责和答责性均源于刑事政策的推导,而从犯与正犯只是发生了一种具有外在关系的关联关系。这与共犯独立性说和共犯从属性说相比,具有不同的思维方式和方法论逻辑,即从犯的内在逻辑根据是刑事政策,而影响因素则是与正犯的关系。

第二,罗克辛没有将其刑法体系应用到对共犯之共犯的研究之中。按照罗克辛的观点,谁若通过他人来实施和加工犯罪,无论直接行为者是否可以进行答责,该正犯都成立,那么,在存在共犯之共犯的场合,共犯之共犯将会转化为正犯,这是一个有悖常识的自相矛盾的结论。

笔者认为,罗克辛以刑事政策为基础的刑法体系在反思共犯之共犯的立法例问题上具有一定程度上的有效性,也能为共犯之共犯规范体系的构建提供一定程度的理论支援。

共犯之共犯的立法例只规定了共犯之共犯比照正犯或从犯的制裁规范。这一立法例的基本范式基于两个方面未明示的假设:第一,共犯之共犯的不法、罪责和答责性源于与正犯的不法、罪责和答责性之间的因果关系;第二,共犯之共犯的不法、罪责和答责性是从正犯的不法、罪责和答责性中推导出来的。然而,在事实上,从犯的不法、罪责和答责性有时并没有完全贯彻到正犯的不法、罪责和答责性之中。这就意味着有关共犯之共犯的存在论与处罚的正当性根据这两个逻辑之间的不一致性。按照存在论的观点来看,共犯之共犯是通过引起共犯的作用与正犯发生间接因果关系的。从处罚的正当根据来看,对共犯之共犯的处罚又是由于正犯侵害了刑法保护的法益。这两种逻辑之间如果遭遇正犯并没有完全或者完

---

[124] [德]克劳斯·罗克辛:《刑事政策与刑罚体系》,蔡桂生译,中国人民大学出版社2011年版,第281—83页。

全没有贯彻共犯之共犯的不法,则存在论的逻辑与处罚正当性的逻辑就会发生激烈冲突。无论是共犯独立性说还是共犯从属性说实际上都不可能消除这两种逻辑之间的激烈冲突。

按照罗克辛的理论,共犯之共犯的不法是从刑法任务中推导出来的,而不是从与正犯的间接因果关系中引申出来的;共犯之共犯的罪责是从对共犯之共犯人施加处罚的刑罚目标中推导出来的;共犯之共犯的答责性是由共犯之共犯人的罪责和处罚的社会必要性共同确定的。正犯的不法、罪责和答责性只是刑事立法过程中制定共犯之共犯规范的考虑因素,但不是决定要素。按照这一思路,共犯之共犯的立法例上的悖论可以在一定程度上得到消解。有鉴于此,刑法必须根据社会规范的要求制定共犯之共犯的行为规范和制裁规范。这也是本文致力于建构共犯之共犯完整的规范体系的重要理论根据之一。

2. 共犯之共犯的行为规范与制裁规范

罗克辛与雅科布斯一样挑战了教义学意义上的、以犯罪存在论为基础的刑法体系,他们都从纵向角度通过规范或刑事政策揭露了犯罪存在论意义上的刑法在非连续领域中的无效,同时也建立了以法律规范为中心的融贯性的纵向理论体系。但雅科布斯和罗克辛都忽视了刑法体系在横向层面上的不同规范的内在逻辑和功能派分,即都忽视了社会规范、行为规范和制裁规范之间连接的根据和不同功能分派的根据。高桥则夫以哈特的法律规则模型为标准,通过分析社会规范、行为规范和制裁规范的不同功能分派完成了刑法的规范体系,并将其应用于共犯体系的构造。铃木茂嗣认为:"既然犯罪不是单纯的事实性存在而是法的存在,犯罪就有必要在十分留意这样的法规范的构造,特别是行为规范——制裁规范——裁决规范这一规范的理论构造的基础上而展开。"[123]铃木茂嗣继承了罗克辛和雅科布斯的思路,他认为刑法的规范体系应同时考虑犯罪的事实性存在与法规范在规范构造中的地位和作用。

在法律规范中主张行为规范与制裁规范的对置源于边沁,刑法学中主张行为规范与制裁规范的适度功能分派始于宾丁。关于法律规范体系的建构是以一元规范论、二元规范论为基础,还是以三元规范论为基础存在争议,二元规范论是德国刑法学界的通说。

一元规范论认为制裁规范不能独立于行为规范而存在,同时,裁判规范在大陆法系国家只能依赖于对立法规范的解释才具有存在根据和正当化理由。至于

---

[123] 转引自[日]高桥则夫:《规范论和刑法解释论》,戴波、李世阳译,中国人民大学出版社2011年版,第1页。

社会规范则在刑事立法过程中转化为行为规范。

三元规范论认为社会规范、行为规范和制裁规范在完成刑法任务时既相互联系,也各有功能分派,至于裁判规范则是从不同规范中推导的结果。罗克辛是以社会规范为基础构造刑法规范体系的典型,而雅科布斯则是以行为规范为基础构造刑法规范体系的典型。

二元规范论主张刑法体系应建立在行为规范和制裁规范的基础之上,但应特别关注行为规范与制裁规范之间的重要差别和不同的功能分派。

根据罗克辛的理解,行为规范为普通公民提供了行为判准,即通过义务性规范规定了普通公民行为的指导,也通过倡导性的规定和许诺保护了每一位公民。雅科布斯认为行为规范既提供了普通公民规范性地理解社会的基本规范,也为公民对法的忠诚提供了规范的约束条件。制裁规范是指如果具备了一定的要件是否能发生一定的制裁的东西。根据刑法总则的补充而被完全化了的刑法分则的刑罚规定就是制裁规范。[126] 高桥则夫以哈特的规则模型为基础对刑法规范体系进行了内在视角的研究。

哈特发现法律规范体系存在两种不同类型的规则。他认为:"如果我们要对法律制度的复杂性做出适当处理,要在两类不同的、尽管是相互联系的制度之间做出区别的话,就需要这个观点。按照可以被认为是基本的或第一性的那类规则,人们被要求去做或不做某种行为,而不管他们愿意与否。另一类规则在某种意义上依附于前者或对前者来说是第二性的,因为他们规定人们可以通过做某种事情或表达某种意思,引入新的第一性规则,废除或修改旧规则,或者依各种方式决定他们的作用范围或控制它们的运作。第一类规则设定义务,第二类规则授予权力、公权力或私权利。第一类规则涉及与物质运动或变化有关的行为,第二类规则提供了不仅引起物质运动或变化、引起义务或责任的产生或变化。"[127]哈特把第一类规则叫作义务规则,第二类规则叫作次级规则。他发现两种不同类型的规则之间是相互联系的,次级规则的内在化和义务规则的外在化之间存在相互支持的必要性和可能性,即社会规范与法律规范之间有相互支持的必要性与可能性。[128]

高桥则夫认为,哈特的义务规则(第一规则)是对每一个公民科以义务或责

---

[126] 转引自[日]高桥则夫:《规范论和刑法解释论》,戴波、李世阳译,中国人民大学出版社 2011 年版,第 3 页。
[127] [英]哈特:《法律的概念》,张文显等译,中国大百科全书出版社 1996 年版,第 82—83 页。
[128] 同上书,第 87 页。

任的行为规范,其对象是一般公民。此外,所有从刑法法规派生出的这一被限定的形态,即使根据宾丁的观点,行为规范的接受人也是普通公民。因此,行为规范是对社会的共同生活不可或缺的安定产生影响的规范,即在于创设普通公民的行动预期的状态,这样的行动预期很明显不是社会伦理秩序被维持的预期,而是自己的生命、身体、财产等不被侵害的预期。也就是说,行动预期是为了保护法益而不需被维持的,因此,创设行动预期状态的行为规范可以说是以法益为己任的。[129] 高桥则夫对哈特的行为规范的理解实际上与罗克辛的理论完全相同。而哈特所理解的行为规范实际上是罗克辛所理解的法益。罗克辛所理解的法益是从刑事政策——实际上是从人权法和宪法规范中推导出来的刑法的任务。

高桥则夫认为行为规范以法益保护为己任的意义,还必须从三个方面予以确认。[130] 第一,根据行为规范,法益保护是指事前性的或预防性的法益保护。从法益保护的观点来看,刑法经常是姗姗来迟的。因此,根据行为规范的法益保护常常只对将来有意义。第二,因为行为规范是为了保护法益而被设定的,所以行为是否有行为规范违反的判断也必须进行法益关联性判断。在这一阶段,因为不能否定预防性的法益保护的事前判断性,所以有必要通过行为对法益一般的抽象危险性,在一定程度上确证行为的规范性。第三,是根据行为规范,而不是根据制裁规范来导向法益保护的。因此信赖原则是行为规范的问题而不是制裁规范的问题。我们确实可以从制裁规范的存在推导出行为规范的存在,但是被禁止的行为和被允许的行为是不能从制裁规范中产生的。行为自由的限制可以说是此行为规范可否在宪法正当化的问题。

高桥则夫认为不能混同存在于法益概念背后的三个问题。[131] 第一,应被保护的价值、状态或机能统一体的问题。这是宪法上的被允许的规范问题。第二,为了这种保护,进行行为规制(禁止或命令)是否妥当,在怎样的要件之下这一规制是恰当的问题,特别是行为规范的比例性这一合宪性问题。第三,为了保护根据行为规范而被保护的价值、状态或者机能统一体,刑法的导入是否必要,为了达成法益保护的目的,在怎样的要件之下科处刑罚是适当的,特别是科处刑罚的比例性这一合宪性问题。

根据高桥则夫对行为规范的理解,他认为行为规范是法益保护的直接规范,

---

[129] [日]高桥则夫:《规范论和刑法解释论》,戴波、李世阳译,中国人民大学出版社2011年版,第7页。

[130] 同上书,第7—8页。

[131] 同上书,第8页。

维持行为规范的是制裁规范。因此,从法益保护的角度出发,制裁规范是间接规范。从这个意义上来说,刑法可以被理解为置于第二次的从属的法益保护手段的位置。此外,由于刑法是从属性的法益保护法,因此,制裁规范经常以行为规范为前提,但是,行为规范未必当然地包含被科处制裁规范。构成要件上的行为规范的解释应以法益为指针。必须注意的是,法益保护并不是依据制裁规范而被实现的,因为,法益保护并非刑法的特权。[132] 刑法对于法益的保护只是最后的手段,也以必要性为条件,故刑法的任务是保护辅助性法益。由于刑法的任务是从人权法和宪法规范中推导出来的。因此,刑法的行为规范保护的是辅助性法益。行为规范是通过客观归属原理被要件化的。尽管制裁规范与行为规范之间在具体案件上产生联系,但制裁规范本身仍然需要接受正当化——社会的必要性的检验。社会的必要性是从对个人施加处罚的刑罚目标中推导出来的。刑罚目标又是从预防的目标中推导出来的。因此,行为规范与制裁规范之间并非线性关系,而是在每一个阶段都嵌入了刑事政策根本要求的复合关系。

高桥则夫认为,哈特的第二规则(社会规范),尤其是其承认规则可以置于制裁规范的核心地位。行为规范的违反,指示了科处刑罚的规则。按照刑法教义学的主张,将社会规范置于制裁规范的核心地位,影响了行为规范的解释力。但制裁规范本身,并不能根据法益保护的原理被正当化,而是必须赋予其宪法上的根据。也就是说,制裁规范的基础在于行为规范,但对其评价则在于社会规范赋予的正当性。[133] 高桥则夫的这一主张源于罗克辛的理论。罗克辛认为制裁规范是针对具体犯罪人的,它必须通过罪责和社会必要性同等重要的作用实现正当化。

高桥则夫认为,制裁规范的问题归根结底是刑罚论的问题,是国家刑罚权正当化的问题。刑罚权的正当化源于宪法上的规定。国家的刑罚权有其限度。如果将报应刑论理解为无目的的追求,就是绝对的国家主义的观念,这本质上是一种形而上学的国家观;如果把特别预防理解为无限的改善思想或者把一般预防理解为无限的威慑思想,就脱离了国家的宪法任务。[134] 这一思想与罗克辛的观点一致。罗克辛认为,国家的刑法任务是从人权法和宪法规范中推导出来的,国家因人权保障和宪法授权而具有正当性。

制裁规范有对行为人行为规范违反的反作用意义。作为制裁规范的刑法,具

---

[132] [日]高桥则夫:《规范论和刑法解释论》,戴波、李世阳译,中国人民大学出版社2011年版,第8—9页。

[133] 同上书,第9页。

[134] 同上书,第10页。

有反作用的功能和恢复被违反的行为规范的功能。前一个功能反映了刑法的规范性报应,但规范性报应不是无目的追求的制裁,而是只有具备了一定的社会目的性,其存在才能被正当化。后一个功能使行为规范得以恢复。罗克辛从社会的必要性和犯罪人的罪责两个方面论证了制裁规范的正当性根据。

根据高桥则夫关于追求自由共同体的观点,国家归根结底是支持个人和共同体自由交流的政策性制度,因此国家的刑罚权应该说是为了维持个人和共同体的自由而存在的。[135] 这一观点与雅科布斯认为社会是一个规范性地理解的相互交往的共同体的认识一致。而将国家理解为保障交往的共同体,将刑罚理解为一种交往的方式的观点源于哈贝马斯和阿佩尔的交往行为理论。

高桥则夫在哈特的视域中重述了罗克辛关于社会规范与行为规范之间关系的观点。他认为,行为人对行为规范的违反可以认为是对法益有实现的抽象危险性的行为,这样的行为可以成为实行行为。违反行为规范的行为和实行行为,可以说前者是对应于社会行为的行为,后者是对应于客观归属论中的"制造不被容许的危险"的行为。[136]

客观归属理论由罗克辛提出。他认为:"我所支持的刑事政策上的这一不法构想所取得的决定性成果是:从这个不法构想中产生了客观归属理论。……人们从宪法原理中推导出了辅助性的法益保护,如果人们将这种辅助性的法益保护看作刑法的任务的话,并且接着还问道:法秩序要怎样才能保障这种(辅助性法益)保护呢?那么,答案只有一个:法秩序必须禁止人们创造对于受刑法保护的法益而言不被允许的风险,而且,如果行为人在某个侵害法益的结果中实现了这种风险,那么,实现这种风险就要作为一种符合构成要件的行为归属到该行为人身上。"[137]在罗克辛的以刑事政策为基础的刑法体系中,客观归原理是贯彻于刑法体系始终的一条纵线,无论是在不法阶段,还是在罪责阶段,抑或是在答责性阶段,客观归属原理都是始终起作用的。

但在高桥则夫看来,客观归属论主要在制裁规范中起作用。他认为:"因果关系也属于制裁规范的范畴,因为存在应该进行事后判断的事态,即结果(法益的侵害或危险)可否归结于行为,客观归属论就是直率地承认这一点的观点。所谓客观归属论是这样的理论:只有当行为人引起的结果是行为人创制的不被允许的危

---

[135] [日]高桥则夫:《规范论和刑法解释论》,戴波、李世阳译,中国人民大学出版社2011年版,第10页。

[136] 同上书,第11页。

[137] [德]克劳斯·罗克辛:《刑事政策与刑罚体系》,蔡桂生译,中国人民大学出版社2011年版,第72页。

险,危险在构成要件的结果中实现,而且该危险在构成要件的射程范围之内,作为行为人的行径,才能客观地归属于它。"[138]他认为,客观归属论的基础不仅是原因和结果的关系,还应认识到社会侵害性结果可否归属于行为人的行为这一点是重要的。也就是说,紧接着结果的引起这一因果性判断之后,也应进行结果的归属这一规范性或价值性的判断。[139]高桥则夫认为:"根据客观归属论,必须进行以下三项判断:1.不被允许的危险的创制;2.不被允许的危险的实现;3.构成要件的射程范围。"[140]高桥则夫强调因果性判断与规范性判断的不可或缺性和时间上的相继性。罗克辛则主要强调因果性判断和规范性判断的同等重要性。

高桥则夫将他所理解的行为规范和制裁规范的规范构造论应用于共同犯罪领域。他认为,在正犯与共犯上,认为规范违反的内容具有本质不同的是责任共犯论、不法共犯论。与此相对,根据因果共犯论,在正反和共犯上,规范违反的内容并没有质的差异,而是量的差异,即对正犯妥当的规范对共犯也是妥当的规范,共犯只是间接地通过共犯规定,当然地违反此规范。在共犯体系中,刑法分则中的规范,只对正犯是妥当的,共犯规定应该理解为是刑法的扩张事由。此理由并不是求诸行为规范方面,而是必须求诸制裁规范方面,即刑法分则中的制裁规范,是对应于作为正犯的行为规范违反的行为,作为共犯的行为规范违反就不妥当了。刑法总则中的共犯规范,被置于针对共犯的制裁规范的地位,有了这个规定,共犯才被处罚。在正犯与共犯上,虽然共同违反了禁止性规定这一行为规范,但在共犯体系上,为了处罚共犯,作为制裁规范的共犯规定就存在了。正犯和共犯的区别,是属于从刑法目的派生的可罚性判断构成的制裁规范问题,即是以行为规范的范围为前提,正犯类型、共犯类型可以被怎样归属这一问题。在这一意义上,正犯、共犯类型就可以置于归属类型的地位了。[141]罗克辛认为,共同犯罪的三种类型(正犯、教唆犯、帮助犯),全部都需要以创设不被允许的风险为前提。因此,一般的客观归属理论只能起到将连帮助犯都够不上的因果性贡献清除出去的功效。为了确定正犯的类型,还需要附加一种特别的归属形式,即行为支配理论的功能。[142]行为的支配可以是单数的,也可以是复数的,复数的行为支配理论区

---

[138] [日]高桥则夫:《规范论和刑法解释论》,戴波、李世阳译,中国人民大学出版社2011年版,第14—15页。
[139] 同上书,第15页。
[140] 同上注。
[141] 同上书,第117页。
[142] [德]克劳斯·罗克辛:《刑事政策与刑罚体系》,蔡桂生译,中国人民大学出版社2011年版,第81—82页。

分了单一正犯、共同正犯、基于组织性的权力机制的间接正犯等不同类型。

笔者发现,无论是罗克辛以刑事政策为基础的刑法体系,还是高桥则夫以哈特的规则理论模型为原型的规范论构造实际上关注的都是狭义共犯与制裁规范之间的关系问题,都回避了狭义共犯与行为规范之间的关系问题。狭义的共犯在行为规范上没有独立的构成要件,但不表明狭义共犯的行为规范附属于正犯的行为规范,狭义共犯的行为规范与正犯的行为规范是相同的。因为刑法上的行为规范是针对一般公民创设的。狭义共犯与正犯的差异性在于客观归属原理应用的方式上的差异。由于狭义共犯的不法是通过正犯的不法完整实现的,是对法益的间接侵害,因此,狭义共犯构成要件上的不完全符合性是通过正犯构成要件的完整性补充的。这一客观归属原理应用上的差异仍然不能完全通过存在论上的因果关系获得完整的理解,而是必须借助于规范的构造才能构造出狭义共犯的罪形式和答责性形式。归根结底,狭义共犯在构成要件上的不完全符合性事实不是刑法任务决定阻却其犯罪性的规范要求。按照这一理解,狭义共犯的不法、罪责和答责性之间的关系既与正犯之间的存在论相关,也与刑事政策上的规范要求相关。这样一来,狭义共犯也存在于行为规范和制裁规范之中,而不是如高桥则夫所说的仅存在于制裁规范之中。

我们将对狭义共犯的认识应用于共犯之共犯之中,能够得出如下结论:第一,共犯之共犯不是完全从共犯和正犯的连锁因果关系中推导出来的不法情态,而是从刑法任务和与共犯以及正犯的连锁因果关系之中共同推导出来的;第二,共犯之共犯的不法是经由共犯实行法益侵害的,是一种再间接法益侵害;第三,共犯之共犯与共犯和正犯同属行为规范的拘束力范围,其行为规范是相同的;第四,共犯之共犯的罪责归属在应用客观归属理论过程中既源于事实的归责也源于规范的归责,但共犯之共犯与正犯之间的因果关系较远,因此,共犯之共犯的归责主要依赖规范的归责而不是事实的归责;第五,共犯之共犯的答责性对处罚的必要性的依赖远高于正犯和共犯的答责性对处罚的必要性依赖,这在很大程度上限制了共犯之共犯答责性的解释空间。立法例关于共犯之共犯的规定具有显著的制裁规范偏好,从而遮蔽了共犯之共犯与社会规范和行为规范之间的关系。仿佛共犯之共犯只是一个制裁规范的问题,这对于共犯之共犯现象的理解产生了极为消极的影响,也使得共犯之共犯领域的裁判规范无法建立起来。在司法领域,共犯之共犯成了随意处置的领域,严重违反了法治精神和罪刑法定原则的贯彻,也违反了刑法规范的明确性原则。共犯之共犯的规范构造要求我们建立其与社会规范、行为规范和制裁规范的明确的逻辑结构,只有这样,我们才能清楚地认识共犯之共犯的不法、罪责和答责性。由于共犯之共犯按照总则与分则二分法被定位为总则的规定事项,也由于技术原因,刑法难以将共犯之共犯与社会规范、行为规范和制裁规范之间的内在逻辑都按照绝对的明确性原则规定下来,但总则规定共犯之共犯的不法、罪责和答责性仍然是可能的。在总则明确规定共犯之共犯的不法、罪责和答责性的前提条件下,共犯之共犯与社会规范、行为规范和制裁规范之间的不明确之处可以通过刑法解释学的方法进行补充完善。

陈兴良教授根据行为规范和制裁规范的相互关系和不同功能分派提出了我国关于共同犯罪的立法方案,从而形成了共同犯罪的规范体系。[143] 笔者认为,在共同犯罪中分别规定行为规范与制裁规范有利于建立规范的共同犯罪体系,也有利于贯彻刑法的基本原则。这一思路对于共犯之共犯的规范体系的建立也是适用的。

目前,在现行刑法中规定了共犯之共犯的国家或地区只有日本。《日本刑法》第60条规定:"两人以上共同实行犯罪的,就是正犯。"该法第61条规定:"(一)教唆他人犯罪的,按照正犯论处。(二)教唆教唆犯的,亦同。"该法第62条规定:"(一)帮助正犯的,是从犯。(二)教唆从犯的,按从犯论处。"我们在第二部分已经详细分析了《日本刑法》关于共犯之共犯的规范是以制裁规范为中心进行规范设计的,这种设计方式引起了实践的不同理解。因此,刑法必须按照行为规范和制裁规范相对分立的范式建立共犯之共犯的规范体系。按照德、日等国的立法例对共犯之共犯的规定和理论上的研究,刑法学者一般承认共犯之共犯的四种类型,即教唆犯的教唆犯、帮助犯的帮助犯、教唆犯的帮助犯、帮助犯的教唆犯。由于我国共同犯罪的分类方式不同于德、日的分类方式,因此,我国在建立共犯之共犯的规范体系时必须以我国共同犯罪的分类方式为基准进行规范化建构。按照我国共同犯罪的分类标准,存在组织犯的组织犯、帮助犯的帮助犯、教唆犯的教唆犯、教唆犯的帮助犯、帮助犯的教唆犯、组织犯的教唆犯、教唆犯的组织犯、组织犯的帮助犯、帮助犯的组织犯九种类型的共犯之共犯,对每一种共犯之共犯的行为规范和制裁规范都应作出具体规定,这已超出了本文的研究范围。

---

[143] 陈兴良:《共同犯罪论》(第2版),中国人民大学出版社2006年版,第543页。

刑法适用方法概论

牛克乾*

习近平总书记在《关于〈中共中央全面推进依法治国若干重大问题的决定〉的说明》中深刻指出:"如果有了法律而不实施、束之高阁,或者实施不力、做表面文章,那制定再多法律也无济于事。"保证法律严格实施,是新时代推进全面依法治国的重点。近年来,刑法学界在关注刑法立法的同时,越来越关注刑法在实践中的实施和实现问题。由此,刑法适用方法日益成为人们关注的焦点和重要研究领域。

从刑法(学)方法相关论著的情况看,既有宏观立论也有微观探讨,对相关理论发展和司法实践都发挥了重要作用。与此同时,刑法适用方法研究还存在些问题:一是刑法适用方法的概念有待准确厘定,确有必要将刑法适用方法与相关概念区别开来,以便沿不同进路加以深入研究;二是刑法适用方法的地位需要强化,刑法理论界和实务界应有更多有志之士关注这门突出实践面向的学问;三是刑法适用方法的体系分析不足,在具体方法的类别与范围方面尚缺乏统一认识,刑法适用方法的体系还未形成共识;四是刑法适用方法的研究成果与司法实务联系不够紧密,尤其是实证的经验研究与刑事一体化的研究严重不足,难以有效服务司法实践;五是刑法解释方法研究较为深入,其他刑法适用方法的研究相对薄弱,有待细致发掘其服务司法实践的进路与价值。

刑法适用方法的作用,起码有以下三点。一是有利于保障刑事法官依法作出公正裁判。如果刑事法官掌握了正确的刑法适用方法,不仅可以公正高效地解决普通案件,解决疑难案件也会更有章法和底气。二是有利于刑事法律人形成共识和刑事判决结果得到社会认同。熟练掌握刑法适用方法,有助于培养刑事法律人共同的学术思维和话语,排除对话和交流的障碍。同时,由于刑法适用方法强调说理,也更容易说服当事人及其他人。三是有利于刑法理论与实务的交流融合。

---

* 辽宁省高级人民法院党组副书记、分管日常工作的副院长、审委会委员,一级高级法官,法学博士、博士后。

刑法适用方法是总结裁判活动中法律适用规律的学问,具有强烈的实践面向。理论界如果把更多的目光投向刑法适用方法,与实务的联系就绝不可能渐趋疏离;实务界如果在办案之余主动思考和归纳刑法适用方法,肯定会自觉主动关注刑法理论前沿,大大提升对刑法理论的敏感度。

法律的生命在于适用,无论法学怎么去分类,其核心均是法律在社会生活中的实践。① 刑法也不例外,其生命也在于适用。有感于刑法适用方法的重要意义,笔者尝试对这一宏大问题作粗浅的概论式探讨,以作引玉之砖,期待更多同人关注刑法适用方法,推动刑事法治更好向前迈进。

一、刑法适用方法的概念

厘清刑法适用方法的概念,是开展相关研究的前提。要准确界定刑法适用方法,首先要把"刑法适用"和"刑法方法"的概念梳理清楚。

(一)刑法适用的概念

在刑法学界汗牛充栋的论著中,"刑法适用"并不是热点词汇。笔者以三种代表性观点为基础,提出刑法适用的应然概念。

1. 被误用的"刑法适用"

陈兴良教授的独著《刑法适用总论》曾多次重印并再版,在学术界尤其是实务界影响甚巨。该书采取上、下两卷和专题研究的形式,系统梳理了刑法的基本理论问题。该书于2006年再版时,陈教授在序言中写道:

> 《刑法适用总论》是我所最不满意的一个书名……在本书的书名中,突出的是适用一词,在一个时期我似乎对其情有独钟。我曾经参加过王作富教授主编的一本刑法教科书式著作的撰稿,我为该书取名为《中国刑法适用》(中国人民公安大学出版社,1998),该书名使该书获得了超越刑法教科书的学术影响。此后,我就对适用一词抱有好感。因而在1998年写作该书时毫不犹豫地使用了《刑法适用总论》的书名。"适用"一词更偏向于司法的语境,但该书的内容还是以刑法的法理阐述为主,因而书名与内容并非完全对合。我曾经一度想将书名改为《理论刑法学》,以便与后来出版的《本体刑法学》和《规范刑法学》形成前后呼

---

① 王利明:《法学方法论》,中国人民大学出版社2011年版,第2页。

应,自成一个系列。但犹豫之后未敢造次,主要还是因为耽心读者误会,以为《理论刑法学》和《刑法适用总论》是两本书而非一书之异名。既然如此,也就不改书名,只好对这一书名抱憾终身。②

可见,在陈兴良教授看来,刑法适用本义的着重点不在于刑法的法理,而在于刑事司法语境中的概念。

2. 广狭两义的"刑事法适用"

在陈兴良教授主编的《刑事法总论》中,编者认为,刑事法的适用有广义和狭义两种。狭义的刑事法适用,是指以刑法典为主,以单行刑事法律规范和附属刑法规范为辅的刑事实体法的效力范围,具体是指刑事实体法在什么地方、对什么人、在什么时间内具有效力,以及刑事实体法对其生效以前的行为是否适用。广义的刑事法适用,则是指国家司法机关及其司法人员,依照法定方式将刑事法规范应用于具体刑事案件的活动。国家司法机关适用刑事法律的活动,主要包括刑事案件的侦查、起诉、审判以及刑罚的执行等项内容。③

3. 刑法教材中的"刑法适用"

与法理学教材中几乎全部阐述"法律适用"截然不同,众多刑法教材中鲜见对"刑法适用"的界定。其中,李晓明教授主编的《中国刑法基本原理》,较为详尽地专题研究了"刑法适用"问题。在该书中,编者认为,刑法适用是指国家专门机关依照法定的职权与程序,将刑法适用于具体的犯罪嫌疑人或被告人的活动。刑法适用的含义有广、狭两义之分。广义的刑法适用,是指司法机关(包括人民法院、人民检察院、公安机关及安全机关)和辩护律师依照刑事诉讼法的规定,把刑法付诸实施的一切活动,包括立案、侦查、起诉、审判、辩护、行刑等一系列实施刑法的活动。狭义的刑法适用,是指人民法院在一定的刑法理论指导下,按照一定原则和方法,对具体被告人适用刑法规范的思维活动,它是刑事审判权的一项基本内容。④

4. "刑法适用"的应然概念

前述三种界定"刑(事)法适用"的代表性观点,对于我们正确认识刑法适用具有很好的参考价值。笔者以为,要界定"刑法适用",先要厘清"法律适用"的概念。在法理学上,法律适用有广义和狭义之分。广义的法律适用,是指"国家机

---

② 陈兴良:《刑法适用总论》,中国人民大学出版社2006年版,出版说明。
③ 陈兴良主编:《刑事法总论》,群众出版社2000年版,第420页。
④ 李晓明主编:《中国刑法基本原理》(第2版),法律出版社2010年版,第585—586页。

关、公职人员以及被授权的单位依照其职权范围,通过法定程序实施法律规范的一种方式"。因法律适用的机关不同,一般将法律适用分为司法适用与行政适用。而狭义的法律适用,则仅指司法适用,是"国家司法机关根据法定职权和法定程序,具体应用法律处理案件的专门活动"⑤。

参照法理学界对法律适用的界定,采用广、狭二分的定义方法,结合刑法本身的特殊性质,笔者认为,"刑法适用"是指刑法适用的主体,依照法定职权,通过法定程序,将刑法实施于具体案件事实的活动。其含义有广义和狭义之分。广义的刑法适用,是指司法机关(包括人民法院、人民检察院、公安机关、国家安全机关和司法行政机关)及其工作人员依照刑事诉讼法的规定,将刑法付诸实施的活动,包括立案、侦查、起诉、审判、辩护、行刑等一系列实施刑法活动。狭义的刑法适用,则仅指人民法院及其工作人员依照刑事诉讼法的规定,将刑法运用于审判工作的活动。

(二)刑法方法的概念

与法理学界围绕"法学方法"和"法律方法"等概念热烈论争形成鲜明对比的是,刑法学界确有"刑法学方法""刑法方法"的不同提法,但深刻的辨析基本空缺。笔者以三种代表性观点为基础,提出刑法方法的应然概念。

1. 以刑法学研究方法为内涵的"刑法学方法"

曾粤兴教授在其所著《刑法学方法的一般理论》中提出,刑法学方法,即研究刑法问题所采用的正确的规则和方法。广义的刑法学方法,包括指导刑法学研究的哲学方法、一般法学方法和具体的研究方法三个层次。刑法学方法论,是刑法学研究应当采用的根本方法以及一般方法的统称。中国的刑法学方法论应当具有自己的特点,不包括法官解释和应用刑法规范的方法。作为一门学问的方法,与作为一门法律运用技术的方法,显然是不同的。刑法学方法只是刑法学研究方法的简称,不包括作为法律应用技术的法律方法,可以大致分为注释方法、理性思辨方法两类。⑥

2. 定位于刑法客观主义立场的"方法论"

周光权教授在其所著《刑法客观主义与方法论》中提出,贯彻刑法客观主义的过程,是对刑法方法论的合理运用,确保客观判断绝对优先的过程,也是刑事程序法观念在实体法上得以运用的过程。合理的刑法理论必须顾及方法论的合理性,必须考虑刑事程序与司法逻辑,必须有助于解决某些司法难题,以最终实现保

---

⑤ 沈宗灵主编:《法理学》,北京大学出版社2003年版,第325页。
⑥ 曾粤兴:《刑法学方法的一般理论》,人民出版社2005年版,第76—77页。

障人权目标。⑦ 在周教授看来,刑法方法论当然首先是刑法学研究的方法,这从其学者地位的使命追求和贯穿全书的论述中可以清晰地看出;同时,刑法方法论是服务司法实践、确保法治实现的方法,这从其强调刑法方法论的立场定位、解释方法多元论、体系性思考、类型性方法和价值判断等方面可以推断。

3. 专题研讨会上多角度辨析的"刑法方法"

梁根林教授主编的《刑法方法论》是2004年在深圳召开的全国中青年刑法学者专题研讨会的文集,该研讨会以"刑法方法论"为专题,文集中收录的多篇论文涉及刑法方法的界定,多位教授阐述了自己的观点。从文集收录的论文内容看,既有刑法教义学方法论、刑法解释论、刑事裁判的价值判断等,也有法学研究方法、刑法学研究方法、法学研究范式的检讨等。

陈兴良教授在研讨会上专门提出,我们所讲的刑法方法到底是指刑法研究的方法还是指刑法适用的方法,首先要把这两个意义上的方法区分开。刑法学研究的方法,是对刑法学进行理论研究时所采用的方法;刑法适用的方法,主要是司法的方法。⑧ 同时,陈教授在其《刑法教义学方法论》一文中,考察了法学方法论的用语含义,赞同郑永流教授关于将法学方法与法律方法加以区分的观点,并指出对于部门法来说,需要深入研究的是法律方法。王世洲教授在其《关于刑法方法理论的思考》一文中,比较详细地论述了刑法方法和刑法方法论的概念。王教授认为,刑法方法理论主要研究的是刑法的研究、制定和适用中的方法问题。在当代社会中,刑法方法主要是在三个领域中被使用,分别是在立法中使用的刑法方法、在司法中使用的刑法方法和在法学教育中使用的刑法方法。⑨

4. "刑法方法"之应然概念

梳理前述论著可知,除少数学者使用刑法学方法的概念,并主张刑法学方法作为刑法学研究方法的定位,多数刑法学者并未对刑法学方法和刑法方法在区别意义上使用,几乎均认为刑法方法的含义宽泛,应是包含了刑法学方法的含义。那么,是否应区别刑法学方法与刑法方法?笔者认为,刑法学方法与刑法方法的区别联系,可适度参考法理学界对法学方法与法律方法的界定。刑法概念当然可以自行建构,但是对于有法理联系的概念,还是有必要寻找其法理基础和根据。

在法理学界,法学方法(论)与法律方法(论)的关系一直存在争议,观点众多:其一,认为法律方法(论)是上位概念,涵盖了法学方法(论)在内;其二,认为

---

⑦ 周光权:《刑法客观主义与方法论》,法律出版社2013年版,第2页。
⑧ 梁根林主编:《刑法方法论》,北京大学出版社2006年版,第298—299页。
⑨ 同上书,第48页。

法学方法(论)与法律方法(论)性质不同,但可并列,前者指法学研究的方法,后者指应用法律的方法;其三,自将法学方法(论)与法律方法(论)等同以来,都被用来指称在司法实践中适用法律的方法。王利明教授认为,有关法学方法与法律方法的争论实际上仅仅是一种概念之争、名词之争,无论是法律制定的方法、法律适用的方法还是法学研究的方法,它们之间既有独立性也有重合性,各个类别又可以按照不同的标准予以再分类,各个类别中的具体方法不会因为其名称的改变而发生实质性的变化。⑩

虽然法学方法与法律方法的关系在学界争论不断,但如前所述,刑法学界基本不存在刑法学方法与刑法方法之争,相关的概念之争、名词之争基本没有或者说虽有但并不突出,多数人习惯于使用刑法方法的表述,并且在广义的法学方法的角度使用刑法方法概念,意指围绕刑法展开的所有方法。在此基础上,笔者认为,首先,不宜将刑法学方法与刑法方法并列,将前者定位于刑法学研究的方法,将后者定位于刑法适用的方法,毕竟二者的重合性难以避免。其次,刑法学方法与刑法方法可以在相通的意义上使用,二者的侧重点可作区别,前者侧重刑法学研究和刑法学教育,后者侧重刑法实务方面。最后,刑法方法作为主流概念,可作广义、中义和狭义之分,广义的刑法方法包括刑法的研究、制定和适用等方法,中义的刑法方法指刑法立法、刑法司法等实务方法,狭义的刑法方法仅指刑事司法方法。

(三)刑法适用方法的概念

刑法学界出版的论著中,不少冠以"刑法适用"的著作实际上是刑法规定的汇编,并不专门论及刑法方法。从以刑法适用方法为题或者从整体角度探讨刑法适用方法的论著看,大都对刑法适用方法的概念未予涉及,对刑法适用方法的主体、内容、对象等均无交代。但从论著的内容看,均是从司法者尤其是法官如何将刑法运用到具体案件的角度展开,其中蕴含着将刑法适用方法定位于司法方法的内在。

通过前述对"刑法适用概念""刑法方法概念"的梳理可知,两个概念均存在不同程度的争议。建立在这两个概念基础上的刑法适用方法的概念,自然会有不同的界定主张。以此为基础,笔者提出如下两方面观点。首先,刑法立法方法、刑法研究方法、刑法教育方法、律师刑案实体辩护方法等可归类于刑法方法的范畴,但应排除在刑法适用方法之外。其次,刑法适用方法可分广义和狭义两种,广义的刑法适用方法,是指司法机关(包括人民法院、人民检察院、公安机关、国家安全机关和司法行政机关)及其工作人员适用刑法于具体案件的方法。狭义的刑法适

---

⑩ 王利明:《法学方法论》,中国人民大学出版社2011年版,第22页。

用方法,则仅指人民法院及其工作人员尤其是法官将刑法规定适用于具体案件进行裁判的方法。在以审判为中心的刑事诉讼制度改革的背景下,狭义的刑法适用方法因定位于刑事裁判而尤其值得关注,可作为刑法适用方法的核心含义,笔者下文的论述以此为基础展开。其特征主要如下。

1.狭义的刑法适用方法的主体仅限于人民法院和刑事法官

我国刑事诉讼的主体包括三大类:一是代表国家行使侦查权、起诉权、审判权、刑罚执行权的国家专门机关,包括公安机关、国家安全机关、军队保卫部门、监狱、人民检察院、人民法院等;二是直接影响诉讼进程并且对诉讼结果有直接利害关系的诉讼当事人,包括犯罪嫌疑人、被告人、被害人、自诉人、附带民事诉讼的原告人和被告人;三是协助国家专门机关和诉讼当事人进行诉讼活动的其他诉讼参与人,包括法定代理人、诉讼代理人、辩护人、证人、鉴定人和翻译人员等。根据前述刑法适用的定义,并非所有主体运用刑法的活动均称为刑法适用,只有国家专门机关及其工作人员运用刑法的活动才称为刑法适用。因此,广义的刑法适用方法的主体包括国家专门机关及其工作人员。

无论刑事诉讼、民事诉讼还是行政诉讼,人民法院及其法官均是法律适用活动的核心。法理学界、民法学界在界定法律方法或者法学方法时,基本上是以如何指引法官作出公正裁判为导向,法官的裁判过程是研究的重点。基于刑事诉讼的特殊性,法院和法官之外的专门机关的刑法适用活动,虽然职责定位和价值取向不同于法院和法官,但同样有决定诉讼相对人生杀予夺的重要意义,理应予以同等关注。考虑到司法裁判在刑法适用活动中的典型性和刑法方法的相通性质,以狭义的刑法适用方法为研究对象,将关注的刑法适用主体限定在人民法院和刑事法官,更具代表性和导向性,有利于研究范围的聚焦和深入。

2.狭义的刑法适用方法主要解决的是刑事裁判活动中的刑法方法问题

刑法方法在不同场域有不同所指。立法领域的刑法方法,主要是指刑法创制的方法。教育领域的刑法方法,主要是指刑法研究和教育的方法。刑法适用方法的场域在刑事司法,是将纸面上的刑法转化为现实中的刑法的过程,其目的是要将具体的刑法条文运用到个案当中,并实现公正裁判。无论是大陆法系还是英美法系,所使用的"法律方法""法学方法""法律人的方法"等概念,其核心都是解释、运用判例法和成文法,通过特定技巧将法律规则与案件事实结合起来,并得出妥当的裁判结论的方法。⑪可见,法律适用方法在法(学)律方法中的核心地位。

---

⑪ 王利明:《法学方法论》,中国人民大学出版社2011年版,第3页。

倡导建立一门刑法适用方法学,符合当下刑法方法研究的形势和取向。

　　法律适用虽然是一个十分宽泛的概念,但其典型地体现在司法裁判的法律适用中。[12] 中共十八届四中全会通过的《中共中央关于全面推进依法治国若干重大问题的决定》提出:"推进以审判为中心的诉讼制度改革,确保侦查、审查起诉的案件事实证据经得起法律的检验。"这一重大改革举措,凸显了司法审判的最终裁判性质,强调了审判在司法活动中的中心地位。为此,选取狭义的刑法适用方法的视角,总结、归纳刑事裁判活动中的刑法适用方法的一般规律和原理,既符合法律(刑法)适用的核心要义,也适应当前司法实践活动的需要。

　　3. 狭义的刑法适用方法是运行于刑事司法活动中与刑事诉讼法律适用密不可分的刑法方法

　　近些年来,法学界把更多的目光投向了学科内容,尤其是与法律实务和司法技能相关的知识的运用。司法学和司法方法学日益受到关注和重视就是例证。刑事法(包括刑法、刑事诉讼法)的适用,又称为刑事司法,更因为有越来越多的刑事案件经由媒体传播进入公众视野,而成为理论界和实务界越来越重视的领域。人们关注刑事司法活动,甚至超过其他诉讼活动。与民事、行政等法律适用不同,刑事司法的主体、客体、后果以及运行体制、机制和方式均有自身显著特征。狭义的刑法适用方法定位于刑事裁判,以刑事法官解读刑法文本、运用司法三段论等为内容,其思维方式受限于刑事司法所形成的法律关系,服务于刑事案件事实的认定和在案被告人的定罪量刑。

　　刑法存活于关系之中,关系是刑法的本体,关系是刑法的生命。[13] 刑法在关系之中存在并运作。关系理论对我们正确认识刑法适用方法的意义重大,而刑法与刑事诉讼法的关系应予专门强调。没有独立于程序法的实体法适用。刑法的运作与刑事诉讼法紧密结合,须臾不可分离。刑法规范中的罪名、罪状和法定刑,只有经由刑事诉讼程序,才能转化成为适用于犯罪嫌疑人或者被告人的罪名、犯罪事实和宣告刑。狭义的刑法适用方法作为刑事裁判方法,离不开证据规则、诉讼规则等刑事诉讼法律的适用。从这个意义上讲,没有单纯刑法适用的裁判活动。研究刑法适用方法,只是从本来结合为一体的"刑事法适用"中择取实体法,这是我们在思考刑法适用问题时必须时刻牢记的一点。

---

[12] 王利明:《法学方法论》,中国人民大学出版社2011年版,第5页。
[13] 储槐植:《刑法存活关系中——关系刑法论纲》,载《法制与社会发展》1996年第2期。

二、刑法适用方法的体系

法律(学)方法从来不是孤立的范畴,而是由系列范畴构成的体系。刑法适用方法也不是单一种类,而是由众多方法组成的体系。笔者以法律方法体系和刑法方法体系的不同观点为基础,提出刑法适用方法体系的看法。

(一)法律(学)方法的体系

关于法律方法体系的论著众多,研究成果非常丰富,但具体内容存在众多分歧。现择其要者列举如下。

1. 德国法学知识体系中的"法学方法体系"

德国法学家卡尔·拉伦茨所著的《法学方法论》概要反映了德国法学方法论的知识体系,主要以"案件裁判中法律理解、适用的一般规律"为研究对象,同时兼顾和阐述了理论研究的相关内容。就裁判方法而言,作者所构建的方法体系主要是两方面:一是法官价值判断的客观化方法;二是按照法律适用的逻辑模式,确定法效果三段论的案件事实形成的方法和法律解释和续造的方法。

2. 综合法理学派代表人物所构建的"司法技术体系"

美国法学家 E. 博登海默所著的《法理学——法律哲学与法律方法》,是其作为综合法理学派代表人物构建其综合法理学理论体系的专著。以美国的法学理论和实务为基础,该著作探究了法律制度为实现其目标而运用的工具、方法和技术方面的机制,具体分为法律的正式渊源、法律的非正式渊源、法律与科学方法、司法过程中的技术展开论述。在第十八章"司法过程中的技术"部分,作者列举了"宪法之解释""法规之解释""遵循先例原则""案件判决之理由"和"司法过程中的发现与创造"等五种技术。

3. 国内部分学者和实务者所提出的"法律方法体系"或"法学方法体系"

陈金钊教授认为,法律方法是指站在维护法治的立场上,根据法律分析事实、解决纠纷的方法。它大体包括三个方面的内容:一是法律思维方式;二是法律运用的各种技巧;三是一般的法律方法。[14] 对涉及法律方法论研究的理论进行分类,可以分出五个层面的学科群:一是作为总的方法论理论基础的法律哲学;二是作为法律方法工具论的法律逻辑学;三是作为法学研究、法律实务工具的法律语言学;四是以法律语言作为沟通工具,上联逻辑、下联法律与事实的法律修辞学;

---

[14] 参见陈金钊、谢晖主编:《法律方法》(第 2 卷),山东人民出版社 2003 年版,第 153 页。

五是研究具体法律与事实之间关系判断的法律解释学。在具体的法律方法层面，即前述一般法律方法，则包括法律发现的规则及其运用、法律解释的规则及其运用、法律推理方法、法律论证方法和利益（价值）衡量方法。

王利明教授在所著的《法学方法论》一书中提出，任何学科都要有其体系，体系是学科的生命，科学的衡量标准之一就是体系化。方法论科学知识体系包括三个相对独立的部分：（1）哲学方法论；（2）学科间的方法论；（3）具体学科方法论。法学方法论作为具体学科的方法论也应有其体系。社会生活不断变迁，法学方法本身也在发展，因此，法学方法论的体系本身也应当是动态的、发展的体系，主要是由司法三段论、法律解释学、价值判断和法律论证所组成的整体。[15]

上海市高级人民法院原副院长沈志先主编的《法律适用精要》是上海市高级人民法院组织编写的"法官智库"丛书之一。在该书中，编者认为，法律适用实际上是将被认定的事实归于法律的构成要件之下，然后得出相应法律效果的过程。在事实认定阶段，法官主要面对证明标准的把握和证明责任的分配问题；在法律适用过程中，法官面临选择法律、解释法律、补充漏洞等多方面的问题。相应地，法律适用的基本方法包括案件事实的形成方法、对法律条文的理解方法、法律选择方法、法律解释方法、法律行为的解释方法、法律漏洞的补充、法律推理方法、法律原则适用的方法、案例的运用方法、各部门法的综合运用、检验法律适用方法科学性的标准和法律方法在裁判文书中的展示。

（二）刑法方法的体系

刑法学界关于刑法方法的研究，较多偏重于刑法理论的演绎，从刑法实务角度进行研究的成果偏少，有分量并且体系化地研究和阐述刑法方法的论著不多。在刑法方法的体系方面，刑法学界还未达成共识。

1. 定位于刑法学原理的"刑法研究方法体系"

高铭暄教授在其主编的《刑法学原理》一书中提出，研究刑法学也和研究其他社会科学一样，要以马克思主义哲学方法为指导。辩证唯物主义和历史唯物主义是研究刑法学的根本方法。据此，分析的方法、比较的方法、历史的方法、理论联系实际的方法，都是刑法学研究的方法。[16]《刑法学原理》是20世纪90年代至今研究刑法学的扛鼎之作，奠定了刑法学研究方法的基调。一直以来，传统刑法学关于研究方法的论述，基本统一于《刑法学原理》的相关界定。这些经典的研究方法，是研究刑法适用方法的重要指导。

---

[15] 王利明：《法学方法论》，中国人民大学出版社2011年版，第53—57页。
[16] 高铭暄主编：《刑法学原理》（第一卷），中国人民大学出版社1993年版，第13—15页。

2. 立足刑法教义学的"刑法方法体系"

陈兴良教授在《刑法教义学方法论》一文中提出,罪刑法定原则下的刑法适用,在很大程度上有赖于对法律的正确解释以及在此基础之上的逻辑推理,在刑法理论上应当加强法教义学方法的研究。在规范刑法学研究中,倡导刑法教义学方法论十分必要。按照司法三段论,法教义学主要有解释方法、确认方法和推定方法以及演绎方法。刑法教义学方法论既具有一般法教义学的共性,又具有其特殊性,主要包括刑法解释方法论、犯罪构成方法论、案件事实认定方法论和刑法论证方法论。[17]

此外,陈兴良教授在其主编的《刑法方法论研究》一书的"前言"中论及了刑法方法所指及其内涵问题。陈教授认为,刑法方法论之刑法方法,究竟何指,在学理上仍然存在歧见。狭义的刑法方法是指刑法适用方法,包括刑法解释方法、事实认定方法和刑法推理方法;广义上的刑法方法除刑法适用方法以外,还包括刑法学研究方法。[18]

3. 以构成要件符合性判断为基准的"刑法适用方法体系"

吴学斌教授在所著的《刑法适用方法的基本准则》一书中构建了"刑法适用之基本理念""刑法适用之规范分析""刑法适用之事实认定"和"刑法适用之法律推理"的刑法适用方法体系。在"刑法适用之基本理念"部分,吴教授探讨了"超越法律形式主义""构成要件下的事实形成""从概念分析到类型思维"。在"刑法适用之规范分析"部分,吴教授探讨了"刑法基本立场对规范分析的影响""构成要件与构成要件要素的基本问题""构成要件语言的面向""构成要件的诠释标准""目的论下的诠释体系""对影响诠释因素的理性分析"。在"刑法适用之事实认定"部分,吴教授探讨了"事实、规范与价值""案件事实的类型化""案件事实的比较形成"。在"刑法适用之法律推理"部分,吴教授探讨了"演绎法律推理""归纳法律推理"和"类比法律推理"。[19]

4. 刑事疑难案件的"法律方法体系"

任彦君教授在所著的《刑事疑案适用法律方法研究》一书中提出,刑法适用方法是法官将刑法规范运用于具体案件并得出裁判结论的过程,在此过程中会涉及对刑法规范的解释、刑法漏洞的补充、相关利益的衡量和刑法价值的判断等诸

---

[17] 陈兴良:《刑法教义学方法论》,载梁根林主编:《刑法方法论》,北京大学出版社2006年版,第1—37页。

[18] 陈兴良主编:《刑法方法论研究》,清华大学出版社2006年版,前言第1页。

[19] 吴学斌:《刑法适用方法的基本准则——构成要件符合性判断研究》,中国人民公安大学出版社2008年版,第1—3页。

种方法的运用。任教授以刑事疑难案件为样本,分十三章探讨了"疑难案件的刑法解释方法""刑事疑难案件裁判思维模式解读及其应用""利益衡量方法在刑事疑难案件中的运用""刑事判决书论证的结构和方法"等。[20] 任教授构建的疑难刑事案件的适用方法体系,包括刑法解释方法、刑事思维方法(包括类型思维、对话思维、逆向定罪思维)、利益衡量方法、刑法漏洞处理方法、法律修辞方法和刑事判决论证方法。

(三) 刑法适用方法的体系

前述论著关于法律方法体系和刑法方法体系的阐释,为我们构建刑法适用方法体系提供了重要借鉴。笔者以为,刑法适用方法体系的构建,应依循刑事诉讼活动规律和司法实践特征。所有的诉讼活动和法律实践,无外乎"法律规范"与"案件事实"两大问题。刑法适用的实践,围绕刑法规范与刑案事实展开。相应地,刑法适用方法的要旨就在于保障刑法规范的正确理解和刑案事实的准确认定,并最终服务于获致公正的刑事裁判结论。为此,笔者以为,刑法适用方法主要包括三段论式的刑法推理方法、刑案事实的认定方法、刑法渊源的识别方法、刑法条文的解释方法、刑法适用中的价值判断和利益衡量方法、刑法论证方法。

1. 关于三段论式的刑法推理方法

法律的适用过程从整体形式上来看就是一个三段论式的演绎推理过程。"法律推理就是以法律为大前提、以事实为小前提的演绎推理过程。至于对作为推理前提的论证、辩论过程则由其他的法律方法——法律论证、解释等来解决。这种法律推理,学者也称为三段论式的法律推理。"[21]由于单纯通过逻辑的演绎推理并不能自动确定大前提、小前提以及二者之间的有效连接,也并不能保证达致公平正义的裁判结论,因而20世纪以来西方的自由法运动对三段论式的法律适用模式进行了猛烈批评。我国也有学者认为司法三段论代表着传统的、已经过时的法律推理模式,而法律论证理论则代表着新兴的、更有生命力的法律推理模式。如焦宝乾教授指出:"立足于当代哲学和社会思想发展的趋向和基础,法律方法论正从传统的司法三段论逐渐转向以法律解释和法律论证为理论维度的法律方法论。"[22]

虽然饱受批评,但是众多学者仍坚持司法三段论作为法律适用的基本方法。

---

[20] 任彦君:《刑事疑案适用法律方法研究》,中国人民大学出版社2016年版,目录第1—4页。
[21] 谢晖、陈金钊:《法理学》,高等教育出版社2005年版,第490页。
[22] 焦宝乾:《当代法律方法论的转型——从司法三段论到法律论证》,载《法制与社会发展》2004年第1期。

从司法实践的情况看,三段论作为法律适用的主导模式从未改变。作为法律适用的模式,司法三段论是与人类追求确定与稳定的法律秩序的期望紧密联系的,它不仅现在没有过时,以后也不会过时。包括法律论证在内的各种法律理论的提出只会对司法三段论的模式进行补充,使之更为合理,更加符合人们对法律适用的期望,而不会取代司法三段论成为法律适用的主导模式。[23] 在刑法适用的实践中,司法三段论是承载诉讼过程的基本框架,也是人民法院和刑事法官最基本的法律方法。

2. 关于刑案事实的认定方法

"以事实为根据,以法律为准绳",是我国法律适用的最基本原则,事实认定是法律适用的前提之一。案件事实包括实体法事实、程序法事实和证据事实。对于案件事实认定在法律适用中的重要意义,学界和实务界并无异议,但在案件事实的认定方法是否属于法律适用方法的问题上,仍存在不同看法。不少学者和法官认为,事实问题与法律问题的区别是明显的,案件事实的认定方法主要是法官依据经验法则、自然法则和高度盖然性规则(刑事审判中为无合理怀疑规则)得出待证事实的方法,有必要区别于法律适用方法。换句话说,案件事实的认定方法是与法律适用方法并列的办案方法。或者认为,刑案事实的认定,主要是程序法适用的过程,研究刑法适用方法,重心不在刑案事实的认定。

德国学者拉伦茨指出,在无限多姿多彩,始终变动不居的事件之流中,为了形成作为陈述的案件事实,总是要先作选择,选择之时,判断者已经考量到个别事实在法律上的重要性。因此,作为陈述的案件事实并非自始既存地显现给判断者,毋宁必须一方面考量已知的事实,另一方面考虑个别事实在法律上的重要性,以此二者为基础,才能形成案件事实。法律家的工作通常不是始于就既存的案件事实作法律上的判断,毋宁在形成——必须由他作出法律判断的——案件事实时,就已经开始了。[24] 笔者认为,事实问题确与法律问题相对有别,但案件事实的形成与法律判断在过程上同一的,拉伦茨教授的说法符合客观实际。刑法适用并非仅指刑法条文的理解与解释,而是包容刑案事实认定的诉讼过程,刑案事实与刑法规范在司法实践中是一种互相建构的关系。研究刑法适用方法,回避不掉刑案事实的认定方法,应将之纳入研究范畴。

3. 关于刑法渊源的识别方法

法的渊源这一术语源自欧陆,后衍及英美。大陆法系国家的学者基于制定法

---

[23] 张玉萍:《司法三段论的历史》,载陈金钊、谢晖主编:《法律方法》(第六卷),山东大学出版社2007年版,第526页。

[24] [德]卡尔·拉伦茨:《法学方法论》,陈爱娥译,商务印书馆2003年版,第160页。

传统,大多将"法"定性为"规范之法",将法律渊源直接等同于法的表现形式;英美法系国家的学者则发挥实证、经验传统,在司法立场上将法律渊源与法律发现相结合对其作动态化处理,更重视法律渊源之于司法的意义。在我国,法学界的通说认为,法律渊源即法律的表现形式。近年来,越来越多的国内学者从多个角度来审视法律渊源。例如,根据胡旭晟教授的归纳,法律渊源一词可以从法律的历史渊源、理论渊源、效力渊源、文件渊源和本质渊源五个方面进行使用。大多数情况下,学者在使用法律渊源一词时,都没有言明法源之法究竟是指规范性的法律,还是具体的用于裁判案件的法律,因而造成了很多误解。[25]

在刑法理论中,刑法渊源一词通常有三种含义,即刑法的"产生渊源""历史渊源"和"认识渊源"。其中,"认识渊源"(即刑法在现实中的存在和表现形式)是刑法渊源一词的最常义。同法的渊源的含义一样,刑法渊源的含义在刑法学界也存在众多分歧,其最常义的方法论价值不够明显。笔者认为,刑事法官应该从哪里寻找可以用来裁判案件的法律依据,也就是刑事法官的"找法"活动,是办案的基础性问题之一,具有重要的研究价值。刑法学界和实务界对这个问题的重视和研究程度还不够深入。英美法系将法律渊源与司法活动关联和理解的做法,值得我们学习和借鉴。刑事法官"找法"活动的方法,可以归并在刑法渊源的识别方法中,作为刑法适用方法的重要一环进行深入阐释。

4. 关于刑法条文的解释方法

法律必须经过解释,方能适用。在确定法律渊源并找到明确的或大致可以适用于当前案件的法律条文后,并不意味着条文内涵必然清晰明确,能够被准确适用于当前案件。要想获致妥当的裁判规范,法律解释工作必不可少。在方法论中,法律解释方法起着至关重要的作用。无论是大陆法系还是英美法系,都注重法律解释的地位和作用。法律解释学不仅在法律方法中,甚至在法学中都占有重要地位,在一定程度上它是法学的脊梁。有很多与法律一词相连接的学科,但只有法律解释学能够代表法学。[26] 法律解释方法作为一种独立的法律适用方法,在众多法律适用方法中是最无争议的。

在我国有关刑法适用方法的理论研究中,刑法解释方面的论著最多。近年来,刑法解释方面的研究成果呈现以下特点。(1)研究对象不断扩展,从关注机关的解释扩展到关注法官的审判解释,从刑法解释的一般性理论扩展到更多地研究个案所涉及问题的解释。(2)刑法解释立场的论争激烈,既有形式解释论与实

---

[25] 陈金钊等:《法律方法论研究》,山东人民出版社2010年版,第203—209页。
[26] 同上书,第83页。

质解释论之争,也有客观解释论与主观解释论之争。(3)理论深入实践,结合具体案件运用各种刑法解释方法的研究成果逐渐增多。(4)研究视角持续增多,不少学者尝试从多角度或层面研究刑法解释方法,比如从人本主义角度探讨刑法解释范式,基于对话协商理论研究刑法解释标准等。[27] 解读刑法条文是刑事法官的基本功,掌握刑法条文的解释方法是提升办案能力的重要抓手。

5. 关于刑法适用中的价值判断和利益衡量方法

价值判断,就是在司法裁判活动中,根据一定的价值取向判断争议所涉及的法律利益,实现法律所追求的公平正义。利益衡量,也称为利益考量或利益平衡,是指当各方利益冲突时,法官对社会公共利益、当事人的利益等各种利益进行考量,以寻求各方利益的妥当平衡,实现社会公平正义。利益衡量本质上属于价值分析的方法,价值判断都是在利益冲突的情况下所进行的利益选择。无论是利益衡量还是价值判断,都会受到法官个人偏好的影响。[28] 价值判断和利益衡量的法律适用方法都属于舶来品,但并不意味着中国司法的历史和现实中不存在价值判断和利益衡量,相反,注重情理法和谐统一的中国司法,更加关注法律适用中的价值和利益因素。因此,价值判断方法和利益衡量方法被译介进入中国后,很快便在法理学界成为研究热点。

刑法学界也注意到了刑法适用中的价值判断和利益衡量问题,但相关研究成果还不算多。刑事审判实践中,价值判断和利益衡量几乎贯穿每一件刑事案件。在刑事法官确定案件事实、寻找刑法规范和得出裁判结论的每个环节,主观判断均渗透其中,成为刑事法官行使自由裁量权的重要体现。囿于刑事审判相较于其他审判活动的保守性,刑事法官往往并不承认自己在审判活动中的主观判断因素,为避免不必要的误解或指责,往往讳言自己在案件中进行了价值判断和利益衡量。鸵鸟政策并不利于问题的解决,价值判断和利益衡量的客观存在,促使刑事法官务必正视和研究相关做法。刑法适用方法的要旨之一,就是推动刑事审判活动的客观化和规范化,价值判断和利益衡量方法自然可在刑法理念和价值的层面研究,但纳入刑法适用方法的体系进行讨论,更有利于实现刑法适用的公正性和说服力。

6. 关于刑法论证方法

法律论证,是指通过提出理由(前提),以证明特定法律决定(即裁判结论)的正当性和妥当性的活动,或者是指通过合乎逻辑、事实或理性的方式来证明立法

---

[27] 任彦君:《刑事疑案适用法律方法研究》,中国人民大学出版社2016年版,第186—187页。
[28] 王利明:《法学方法论》,中国人民大学出版社2011年版,第490、554页。

意见、司法决定、法律陈述等有关法律主张的正确性和正当性。在方法论中,法律论证体现在三段论推理中认定事实、寻找法律,以及将二者对应并得出结论的每一个环节。㉙ 近些年来,有关法律论证的译著出版得越来越多,关于法律论证研究的文章逐年增加,学者更加认识到法律论证作为一种独立的法律方法之必要性,在法律论证的概念、特征、功能、本质、原则和具体方法等方面形成了一系列成果。但就总体而言,相关的理论研究与司法实务的关联明显不足,人们多集中在裁判说理层面探讨法律论证,较为忽视法律论证在事后证成裁判结论之外的功能、作用及相关运作过程。

刑法学界对刑法论证的研究目前只是处于起步阶段,还远不能满足指导司法实践的需要。不过,已有众多学者和实务部门的人士开始注意这个论题。有观点认为,刑法中的价值判断须通过实体性论证规则(妥当的论证程序和论证方法)才能合理化。有学者提出,法律论证强调对话、论辩、理性程序,使刑法的适用超越"法律形式主义",能够兼顾形式正义与实质正义。有学者在分析了刑法解释的局限性的基础上,认为刑法论证应作为刑法适用的基本方式。㉚ 笔者认为,刑法论证是伴随整个刑事裁判过程的活动,其目的在于追求裁判的正当化,为裁判结论提供正当性依据。在"互联网+"时代,人们不仅关注刑事案件的裁判结果,而且关注结果背后的论证过程。研究刑法论证方法,不仅能增加刑事裁判的妥当性和公正性,而且能增强刑事裁判的说服力,更与刑法推理、刑法解释等其他刑法适用方法互为表里,共同服务于刑事裁判过程和结论的妥当和公正。

综上所述,刑法适用方法的体系主要由三段论式的刑法推理、刑案事实的认定方法、刑法渊源的确定方法、刑法条文的解释方法、刑法适用中的价值判断和利益衡量方法、刑法论证方法组成。其中,三段论的刑法推理为刑法适用提供基本框架,刑案事实的认定为刑法适用提供准确的小前提,刑法条文解释、刑法渊源的确定为刑法适用寻找妥当的大前提,价值判断和利益衡量增强大、小前提和结论的妥当性,刑法论证为裁判过程和结论的公正提供验证。

三、刑法适用方法与其他范畴

刑法适用方法围绕刑事裁判活动展开,其研究对象主要有刑案事实的认定、刑法规范的寻找、刑法条文的解释、事实和规范的对接以及刑法论证。刑法适用

㉙ 王利明:《法学方法论》,中国人民大学出版社2011年版,第590—591页。
㉚ 任彦君:《刑事疑案适用法律方法研究》,中国人民大学出版社2016年版,第189页。

活动的广泛性,决定了刑法适用方法所涉范围十分广泛。刑法适用方法研究对象的特定性,决定了其独特的内涵和外延,并区别于其他法学范畴。

(一)刑法适用方法与刑法学

刑法学是研究刑法一般理论的科学。"刑法学就是对犯罪和刑罚的规律、对刑事立法和司法实践进行理论概括的科学",是"以刑法为综合对象,研究刑法思想、刑法原则、刑法制度、刑事立法及其所规定的犯罪、刑事责任、刑罚、保安处分等的法律科学"。刑法学可以分为狭义刑法学、注释刑法学、比较刑法学、沿革刑法学、中国刑法学、外国刑法学和国际刑法学。[31] 正如法学方法论与法理学具有密切联系,刑法适用方法与刑法学也是紧密关联的。刑法学作为部门法学,必然更加强调实践面向,因而有关刑法适用的问题,是刑法学的研究对象中不可或缺的内容。有学者专门指出刑法学应研究刑法规范的适用规律,刑法解释学应作为刑法学的主要内容。同时,刑法学的基本原理为刑法适用方法的展开提供理论基础,与刑法适用方法有机结合,共同服务于刑法适用活动。例如,刑法学关于罪刑法定原则的阐释,为刑法解释划定合理的边界;刑法学对刑法渊源的界定,为刑事法官正确找法提供基础;刑法哲学关于刑法价值等问题的探讨,为刑法适用的价值判断提出了标准。除了联系,刑法适用方法与刑法学的主要区别在于以下四个方面。

第一,刑法适用方法具有跨学科的属性,与刑法学不是单纯的特殊与一般的关系。刑法适用方法应然是刑法学的重要内容,如果把刑法适用方法作为一门学科,则可以将之视为刑法学的分支。但是,法学方法论向来横跨法学和其他多个学科,属于法学和其他学科的交叉学科。例如,司法三段论脱离了逻辑学便一无是处;法学方法论包含了解释学和语义学的大量规则,价值判断则更是法学与社会学、经济学、历史学、伦理学等的综合运用。[32] 刑法适用方法以准确理解和适用刑法为目的,不仅应运用刑法学的一般原理,还要超越刑法学大量运用其他学科的知识。

第二,刑法适用方法的服务对象是刑事案件的裁判者,不如刑法学的服务对象广泛。刑法学以研究刑法的一般规律为特点,为所有研习刑法的人提供共同的知识。无论是刑事立法者、司法者,还是学者、教师以及法学院学生,均是刑法学服务的对象。而刑法适用方法定位于刑事法官将刑法规定适用于具体案件进行

---

[31] 高铭暄主编:《刑法学》,法律出版社1982年版,第1页;高铭暄:《刑法肆言》,法律出版社2003年版,第3—10页。

[32] 王利明:《法学方法论》,中国人民大学出版社2011年版,第32页。

裁判的方法,服务于司法裁判的实际需求,其适用范围是特定的,主要为案件裁判者裁判具体个案服务。如果说刑法学是所有研习刑法的人的共通知识,刑法适用方法则是从事刑事裁判的法律人的共通知识。

第三,刑法适用方法的内容涉及刑法学的方方面面,但其实践性的特点更为突出。刑法适用方法和刑法学均以现行《刑法》为基本研究对象和理论原点,刑法学总论、分论的所有内容,均贯穿于刑法适用过程,并通过刑法适用方法展现出来。但是,刑法学主要探讨的是刑法的概念、功能、价值、原则等一般性问题,重在理论属性,并不直接指导法官在实务中对个案的裁判,可操作性相对不强。而刑法适用方法着眼于具体的刑法实施和案件裁判,重在实践面向,主要目的就是为法官办案提供操作指南,更多的具有经验的色彩。这也是很多没有实务经验的刑法学者热衷于刑法学的理论演绎,较少关注刑法适用方法的原因之一。

第四,刑法适用方法具有自身独特的规律和体系,与刑法学的体系迥然不同。不同的刑法学者,虽然对刑法学的体系有不同观点,但大致上均以刑法总论、刑法分论或者犯罪论、刑罚论、罪刑各论为主干。刑法适用是种特殊的法律活动,刑法适用方法具有自身独特的规律。刑法适用方法的体系,与刑法学的体系完全是两套话语系统。近代以来,经历概念法学、自由法运动的发展,尤其是萨维尼等人的卓越贡献,目前法学方法论形成了包含自己独特的概念、规则的理论体系。[33] 法学方法论本身是一个独立的学科。以此类推,虽然刑法适用方法只是部门法意义上的法学方法科学,但鉴于其独立的知识体系,作为刑法学之外的独立学科或者作为一种交叉学科也有必要。

(二)刑法适用方法与刑法教义学

法教义学是德国法上的独特概念,在立法和司法两方面均有所体现,虽然关于法教义学的概念和内涵在德国仍然存在争议,但一般认为,其是指运用法律自身的原理,按照逻辑的要求,以原则、规则、概念等基本要素制定、编纂与发展法律以及通过适当的解释规则运用和阐释法律的做法。其核心在于强调权威的法律规范和学理上的主流观点。[34] "法教义学应当被理解为狭义的法学,其至少包括三方面内容:(1)对现行有效法律的描述;(2)对这种法律之概念——体系的研究;(3)提出解决疑难的法律案件的建议。"[35]

---

[33] 王利明:《法学方法论》,中国人民大学出版社 2011 年版,第 32 页。
[34] 许德风:《论法教义学与价值判断》,载《中外法学》2008 年第 2 期。
[35] [德]罗伯特·阿列克西:《法律论证理论》,舒国滢译,中国法制出版社 2002 年版,第 310—311 页。

陈兴良教授认为，法教义学是为法适用提供某种法律规则的，是以法适用为中心展开的。陈教授提出，刑法教义学方法论之倡导十分必要，规范刑法学在某种意义更应当是刑法教义学。对此，陈教授引用了德国学者耶赛克和魏根特的说法，耶赛克和魏根特指出：刑法学的核心内容是刑法教义学，其基础和界限源自于刑法法规，致力于研究法规范的概念内容和结构，将法律素材编排成一个体系，并试图寻找概念构成和系统学的新的方法。㊱在此认识的前提下，陈教授按照司法三段论，认为法教义学应采用解释方法、确认方法、推定方法和演绎方法等几种方法，而刑法教义学方法论则包括刑法解释方法论、犯罪构成方法论、案件事实认定方法论和刑法论证方法论。

无论是法教义学还是刑法教义学的内涵，在理论界均存在一定的争议。笔者赞同陈兴良教授将刑法教义学定位于形而下的规范刑法学，并区别于形而上的刑法哲学的观点。但是，刑法教义学并不是纯粹的逻辑演绎，离不开政治因素和价值判断，认为中国刑法教义学的本质在于用形式逻辑驱除我国刑法学中的泛政治化、泛道德化的成分，从而使之走向学术化、规范化的观点，㊲笔者并不赞同。基于将刑法教义学定位于规范刑法学的基本判断，刑法适用方法与刑法教义学既有联系又有区别。㊳

二者的联系在于：首先，二者都是以尊重现行《刑法》为前提，以现行《刑法》为基础进行理论研究或者司法实践，都将刑法解释论作为重要内容；其次，二者都涉及对现行《刑法》进行解释，刑法教义学是要通过对现行《刑法》的解释来确定其含义，并形成理论体系，而刑法适用方法要研究的是现行刑法的解释方法；最后，刑法教义学也要研究实践中的刑事疑难案例，这也类似于刑法适用方法以刑法适用于案件为目的。二者都要关注逻辑的推理、论证以及对法律概念的解释，关注价值判断，而且，都要运用一定的方法解决法律的适用问题。

二者的区别在于：首先，刑法教义学研究的内容是以现行《刑法》为基础，构建刑法学的具体制度和理论体系，而刑法适用方法阐释的内容是刑法规范如何准确适用以及裁判结论的可控制性问题；其次，刑法教义学关注的重心仍然在现行《刑法》规范本身，区别于抽象、宏观的刑法哲学、刑法史学，刑法适用方法关注的重心是刑法规范的运用方法，要同时接受刑法教义学和刑法哲学的指导；最后，刑

㊱　陈兴良：《刑法教义学方法论》，载梁根林主编：《刑法方法论》，北京大学出版社2006年版，第10—11页。

㊲　邹兵建：《中国刑法教义学的当代图景》，载《法律科学》2015年第6期。

㊳　本部分内容，参考和借鉴了王利明教授关于法学方法论与法教义学的区别和联系的观点。参见王利明：《法学方法论》，中国人民大学出版社2011年版，第38—40页。

法教义学的体系与传统刑法学的学科体系有很多重合,如社会危害性理论、犯罪论体系、刑法解释论等,均是其瞩目的重要问题,而刑法适用方法的体系实际上是刑案裁判的"工具库"。二者同样重视体系构建,但理论与实践的分野,导致二者构建体系的方向、内容和特点迥然不同。

(三)**刑法适用方法与刑法基本立场**

刑法的基本立场,应是指认识和处理刑法相关问题所保持的基本态度和观念。自2002年张明楷教授出版《刑法的基本立场》一书、力倡刑法学派之争以来,众多刑法学者更加关注研究刑法问题的自身立场。刑法的基本立场不同,刑法观包括犯罪观、刑罚观和刑法解释观等相应存在差异。刑法适用方法并不是将刑法适用于案件事实的纯粹技术和手段,必然要受制于刑法的基本立场。笔者试以当前围绕刑法基本立场的学派之争的三对范畴,即客观主义与主观主义、形式解释论与实质解释论和行为无价值论与结果无价值论,分析一下刑法基本立场对刑法适用方法的影响。

第一,关于客观主义和主观主义。

客观主义认为,刑事责任的基础是表征在外部的犯罪人的行为及其实害。因为犯罪是对社会有现实危害的行为,如果没有客观行为,就没有犯罪;如果仅以行为人的主观恶意作为处罚依据,就混淆了法律与道德;如果犯罪概念不是客观的,就容易造成认定犯罪的困难和法官的恣意判断。主观主义认为,刑事责任的基础是犯罪人的危险性格即反复实施犯罪行为的危险性。本来,犯罪人的危险性格是科刑的依据,但现代科学研究结果表明,只有当犯罪人的内部的危险性格表征为外部行为时,才能认识其内部的危险性格,才能科处刑罚,但首先要重视的是行为人及其犯罪人危险性格。[39]

客观主义与主观主义的立场,在刑法适用方法方面差异很大。例如要进行刑法意义上的价值判断,认定涉案行为的社会危害性,就存在是重视行为的侵犯性,还是重视行为人的罪过性的问题。重视的侧面不同,可能影响罪与非罪的结论。又如在进行三段论的刑法推理时,要确定涉案刑法适用的小前提,就存在是重视行为的客观因素、还是重视行为的主观因素,是从主观到客观为顺序、还是从客观到主观为顺序进行判断的问题。重视的因素不同或者推理的顺序差异,不仅决定所描述事实及其中蕴含的价值取向,而会对案件本身罪与非罪、此罪与彼罪、罪轻与罪重产生重要影响。

---

[39] 参见[日]藤木英雄编:《刑法的争点》,有斐阁1984年增补版,第6页以下。转引自张明楷:《新刑法与客观主义》,载《法学研究》1997年第6期。

第二,关于形式的解释论和实质的解释论。

传统维度的形式解释与实质解释之争,实质上是事实论与价值论之间的争执,涉及的是构成要件的解释要不要价值判断的问题;当代维度的形式解释与实质解释之争则发生在价值论内部,涉及的不是要不要进行价值判断,而是究竟如何适用价值判断的问题。传统维度的形式解释与实质解释之争,从未在我国刑法学中引起纷争。学者真正关注的是当代维度的形式解释与实质解释之争。换言之,我国刑法学中的形式论者与实质论者,都认为构成要件符合性的判断涉及的不是单纯的事实判断而是需要同时运用价值判断。只是在如何运用价值判断,尤其是究竟以自由保障优先还是以社会保护优先来展开价值判断以及相应的方法论选择的问题上,存在巨大的分歧。

从刑法学界关于形式解释与实质解释之争的情况看,其内涵完全超越了对刑法条文解释的范畴。与其说是解释论之争,不如说是以解释之名,针对刑法基本理论的全方位争辩。这种全方位的争辩,不仅加深了刑法理论的积淀,而且为刑法适用方法开阔了视野。其中有关构成要件的解释是否需要价值判断,对刑法规范的解释应采纳主观解释还是客观解释等内容,直接服务于刑法解释方法的运用,而其中有关构成要件、法益侵害、罪刑法定原则等内容的论争,则从宏观角度决定刑法适用方法运行的不同方向。

第三,关于结果无价值论和行为无价值论。

在涉及刑法学派之争的诸对范畴之中,结果无价值论与行为无价值论之争尤为引人注目。结果无价值论与行为无价值论之间的争执焦点包括:违法性的本质究竟是法益侵害还是规范违反;违法性的判断中是否需要考虑行为人的主观要素(即故意与过失);判断违法性的基准点是行为还是结果;对违法性有无的判断是采取行为时的判断标准还是事后的判断标准等。从刑法适用方法的角度看,结果无价值与行为无价值的争论及其间体现出的思考刑法的思路,有很重要的借鉴意义。结合违法性的认定,结果无价值论与行为无价值论之争对于刑法解释、刑法推理、刑法论证的展开都有帮助。与传统刑法学术相比,更多学术研究成果对大陆法系刑法理论的引进和吸收,必将更加推进刑法适用方法研究的深入发展。

(四)刑法适用方法与其他法律适用方法

20世纪80年代以来,围绕司法裁判规则建构的可能性及其科学性问题,法律方法研究日益成为我国法学研究中的热点问题。不仅从法理学和法哲学层面探讨通识的法律方法的成果积淀深厚,而且形成了众多从民法、刑法等部门法角度研究部门法学方法论的科研成果。刑法适用方法呈现同向繁荣的特点,因其以刑法为适用对象,以严厉的刑罚制裁为适用手段,从而区别于其他法律适用方法。

第一,相比于作为通识的法律(学)方法,刑法适用方法属于部门法的适用方法。法律(学)方法首先是法理学关注的重要问题,它是以整体的司法裁判活动中如何准确理解和适用法律规范为研究对象的学科,其基本原理和内容均是部门法适用活动的重要指导。法律(学)方法是部门法适用方法构建的基础。在我国的法律体系中,刑法部门是规定犯罪和刑罚的法律规范的总和,是其中一个基本的法律部门。刑法适用方法服务于将"纸面上的刑法"转化为"现实中的刑法",必须将法律方法的通识作为基础,比如法律方法的历史、两大法系法律方法的对比等。同时,刑法适用方法要结合自身的调整对象和调整手段,构建自身的体系和内容。

第二,相比于民法等私法的法律适用方法,刑法适用方法属于公法适用方法。公法和私法的划分起源于罗马法,为后世各国所普遍接受,当前已成为对法律的基本分类。以法律所调整的社会关系是权力关系还是权利关系为划分标准,刑法更大意义上属于公法的范畴。基于公法和私法各方面的区别⑩,公法的适用方法与私法的适用方法虽有相通,更有差异。笔者试以刑法适用方法和民法适用方法为各自代表,列举其主要差异。

一是在法律渊源的确定方面。刑法的正式渊源基本限定在制定法,杜绝"法官造法",而民法渊源首先在制定法中寻找,如果没有制定法,可以在制定法以外的其他渊源中发现,允许有条件的"法官造法"。

二是在法律解释方面。刑法解释受制于罪刑法定原则,对扩张解释和类推解释保有足够的谨慎,而民法解释基于意思自治原则,可以不受太多制约适用扩张解释甚至类推解释。

三是在法律漏洞的填补方面。刑法适用中更多强调"法外空间",不太主张"刑法漏洞"的提法,对于所谓的"刑法漏洞",一般是按照法无明文规定不为罪的原则进行处理。而民法适用中由于涉及法律关系的复杂性,法律漏洞不可避免且不避讳承认其存在,只要当事双方接受,有利于解决双方纠纷,目的性扩张和目

---

⑩ 公法和私法的区别,主要在于以下六个方面。(1)本质不同。公法的本质在于控制权力,私法的本质在于保障权利。(2)本位不同。公法是社会本位的法,私法是个人本位的法。(3)精神不同。公法的精神是强调国家干预,私法的精神是意思自治。(4)法律关系的内容不同。权利和义务是私法关系的基本构成,权力和责任是公法关系的基本要素。(5)法律行为的性质不同。公法行为与私法行为的不同,主要表现在三个方面:一是国家行为的单方性;二是国家行为的公定力;三是国家行为的强制力。(6)纠纷解决方式不同。差异主要表现在三个方面,即法院管辖、诉讼程序和责任方式。公法责任主要包括行政责任和刑事责任两种,而私法责任只有民事责任一个类别。参见王继军:《论公法与私法在我国市场经济中的地位和作用》,对外经济贸易大学2006年博士学位论文。

性限缩等填补漏洞的方法均可适用。

四是在法律推理方面。除了前述在方法适用中确定大前提的差异,在确定小前提时,刑案事实的认定采用的是无罪推定原则和排除一切合理怀疑的证明标准,而民事案件事实的认定采用诚实信用原则和高度盖然性的证明标准。在程序正义和实体真实的平衡方面,刑法适用更加注重客观真实的追寻,其证明标准要高于民法适用。

第三,相比于程序法的适用方法,刑法适用方法属于实体法的适用方法。通说认为,实体法,是指规定具体权利义务内容的法律,如刑法、民法、合同法、婚姻法、公司法等。程序法,是指规定保证权利和职权得以实现或行使,义务和责任得以履行的有关程序为主要内容的法律,如刑事诉讼法、民事诉讼法、行政诉讼法等。程序法和实体法的关系,"就像植物的外形和植物的联系,动物的外形和血肉的联系一样,审判程序和法律应该具有同样的精神,因为审判程序只是法律的生命形式,因而也是法律的内部生命的表现"[41]。

虽然实体法和程序法联系紧密,但毕竟在法律属性、调整对象和范围、基本原则等方面存在重大区别,其法律适用方法也各有侧重。关于刑事诉讼法适用方法和刑法适用方法的区别与联系,有学者指出,刑法、刑事诉讼法都关涉国家暴力的运用,与犯罪嫌疑人、被告人之间是直接冲突的关系,加上双方在力量上天然的不均衡,因此二者在法学方法论上均强调权力制约理念。刑事诉讼法与刑法相比的差异在于,其调整对象具有诉讼过程中的动态性,刑事诉讼法律方法要在诉讼过程中承担保障无辜的实体功能;在不同诉讼阶段,公安人员、检察人员、法官等均参与对各种刑事诉讼法律方法的运用并形成制约关系;而刑法法律方法的主要规制对象则为法官。笔者基本赞同这种观点,刑事诉讼法适用方法的动态性及其规制对象的宽泛性,都是刑法适用方法所不具备的。在具体司法实践中,刑法和刑事诉讼法的运作是二而一的综合体,其适用方法相互区别又相互交织,均服务于准确认定刑案事实,正确适用刑事法律,并得出公正的刑事裁判结论。

---

[41] 《马克思恩格斯全集》,人民出版社 1956 年版,第 178 页。

刑法中的被害人行为类型
及有效条件问题研究

吕凤丽[*]

一、导言

犯罪学的研究成果表明,人类在前国家和国家初期就广泛存在被害人与加害人之间的互动情况,二者之间不仅在"罪刑"的意义上被认为是可以角色互换的,而且"以牙还牙"作为惩罚规则被视为正义的表征一直持续到奴隶社会初期。之后,随着国家的兴起和司法权国有化的完成,被害人的惩罚权让渡于第三方——国家,加害—被害之间直接的罪惩关系被视为非法,被害人地位在规范和理论意义上走向没落,而与之同时,犯罪论则沿着犯罪行为——犯罪人的思路逐渐构建起以犯罪行为为中心的宏伟庞大的理论体系。在这个体系中,仅仅在提及犯罪客观条件时,才会偶尔出现被害人的身影。这种情形一直持续到20世纪40年代,随着犯罪学理论在犯罪人格论问题上陷入一元论困境,及犯罪学领域内的互动理论的影响日渐兴隆,被害人研究迅速被推向理论前沿,并在被害人权利保护的意义上形成波澜壮阔的"重新发现被害人"的运动潮流,这种以被害人为主题的理论潮流,在犯罪学领域内催生出被害人学科,在刑事诉讼学领域内则促成了刑事一体化理论的迅速发展,并获得了一致的推崇。然而在刑事实体法中,有关被害人的研究却并非顺利。

从20世纪70年代始,德国学者在讨论犯罪成立时,逐步发掘被害人行为的意义,被害人行为不仅用来评价是否影响行为构成的符合性问题,而且用来评价犯罪是否成立及量刑轻重这些问题,理论研究一直推进至被害人信条学的逐步发展成熟。但是这样的做法也引起理论界重大喧哗,反对者对被害人信条学提出尖锐质疑,认为其对被害人行为罪刑意义的解释是"以分享被害人的自由空间为代

---

[*] 河南财经政法大学刑事司法学院(纪检监察学院)讲师,法学博士。

价,扩大犯罪人的自由空间""不知要将刑法引向何处"①。时至今日,被害人信条学虽仍饱受争议,且被害人行为对刑法信条学的解释作用仍因其"特洛伊木马"②的角色而难除鬼魅,但这并未妨碍域外相关研究如火如荼地深入开展并以"信条学"姿态分庭于刑事理论的巨厦之中。规范各有不同而事实实有相通,我国目前司法实践可知大量存在被害人责任行为的合理解释空间及影响力踪迹,然而除了婚姻家庭、邻里纠纷这些非常局限的情形,基于对弱者的同情所形成的"被害者大"的传统理念,以及中外理论架构殊异的基本事实,我国并未出现如德日相关研究的"盛况",不多的学者筚路蓝缕踽踽而行,在司法实践中也难觅"影响力"之踪。基于此,本文带着这些遗憾和疑问,开始了相关探索。

二、研究现状概述

(一)概况

本文重点检索两部分:一是以"被害人"为关键词,在刑法学科的相关论文中,进行人工检选;二是以"推定同意""推定承诺"为关键词,在"综合"条件下对相关论文进行人工检选。两部分选取得到 248 篇论文,时间覆盖 2006 年至 2022 年,基本上能体现本文研究问题的整体框架。③

从知网查询期刊文章的结果来看,相关论文多集中于近十余年,从年份来看,2011 年以前增长缓慢,2019 年后呈现较快增长的发展趋势(具体见图 1)。

---

① 申柳华:《德国刑法被害人信条学研究初论》,载《刑事法评论》2011 年第 1 期。
② [德]许乃曼:《刑事司法体系中的被害人角色研究——一个概念的三个层面》,王秀梅、杜澎译,《刑事法杂志》2001 年版。其中许乃曼提到被害人在刑事实体法方面发挥的作用时指出:"在刑事实体法方面,被害人作为被保护法益主体的地位,如同被害人信条学展现的那样,可能会成为一匹特洛伊木马(Trojan horse)。"
③ 本文注意到近年来有如下相关专著:2007 年王佳明所著的《互动之中的犯罪与被害——刑法领域中的被害人责任研究》,2010 年刘军所著的《刑法学中的被害人研究》,2011 年黄瑛琦所著的《被害人行为导入定罪机制研究》,2015 年张少林在其博士论文基础上所著的《被害人行为刑法意义之研究:以司法实例为研究样本》,2013 年张智勇、初红漫在初红漫博士论文基础上所著的《被害人过错与罪刑关系研究》,2011 年申柳华所著的《德国刑法被害人信条学研究》等。相关重要著作如 2004 年田宏杰所著的《刑法中的正当化行为》,2012 年魏汉涛所著的《刑法从宽事由共同本质的展开》等。但受于篇幅所限,本文仅以所选 248 篇知网文献作为分析对象。

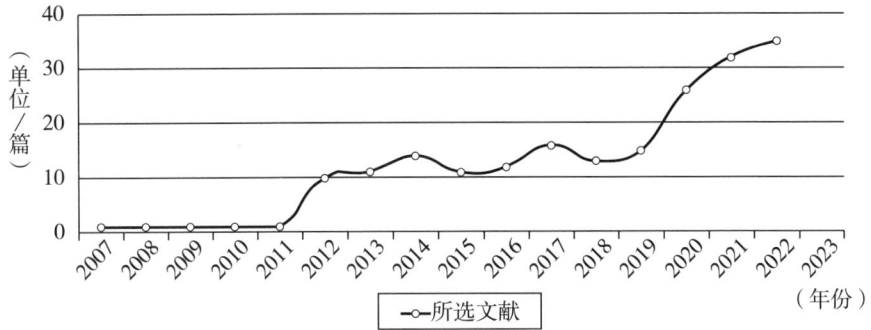

图 1　被害人行为研究数量趋势

从研究对象、研究方法和研究意义等不同维度划分，具体情况见表 1。

表 1　被害人行为具体研究内容数量趋势

单位：篇

分类/年份 （20-）	06	07	08	09	10	11	12	13	14	15	16	17	18	19	20	21	22	小计
同意/承诺/处分	0	1	3	1	2	0	1	3	5	6	4	4	3	9	9	11	14	76
过错	0	0	1	0	0	1	3	3	4	0	4	6	2	5	4	6	4	7	50
过失/风险/危险	0	0	0	0	0	1	2	3	3	1	2	4	1	1	6	7	11	42
法规/规范/理论	2	0	1	1	0	0	2	2	2	2	1	0	5	5	4	2	8	37
案例/判例	0	0	0	0	0	0	1	1	0	0	0	1	0	1	0	1	5

可以看出，在 19 世纪与 20 世纪交汇之初，我国理论界开始关注被害人行为理论并勾勒出相关研究框架后，对相对传统的"三大类型"被害人行为的研究即陆续攀升且经年不衰，基本占据研究总量的十之七八有余。伴随着的是有关理论和规范的定位和思考。

除了在域外研究引介的研究中涉及判例，专门针对我国案例的研究出现得更晚。在涉及典型罪名方面，主要分布如图 2 所示。

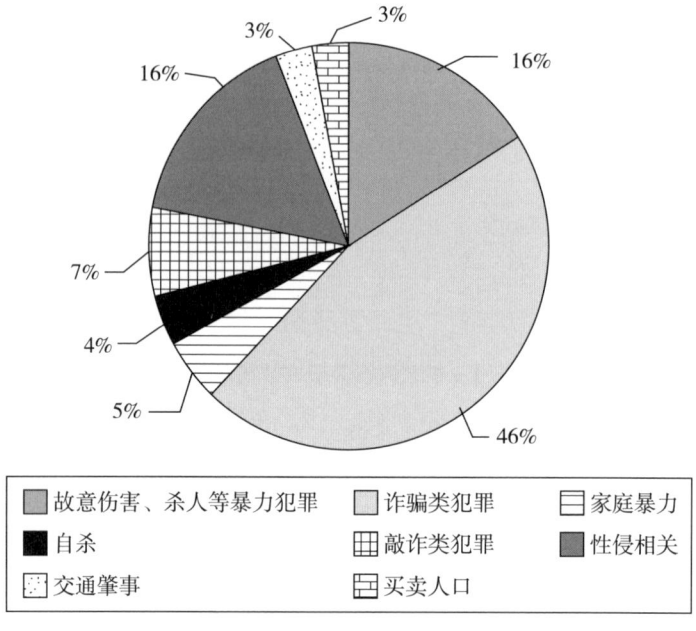

图 2　被害人行为研究具体罪名分布

(二)研究现状述评

从我国的研究情况来看,呈现以下特点。

首先,已形成一定的理论框架,且在多个角度存在一定探索。例如,劳东燕教授早在 2006 年就指出,从被害人视角进行刑事实体法研究的重要的意义,在于其"不仅将促成对刑罚、危害、刑事责任等基本范畴的重构,而且对刑事立法、刑法解释与司法推理具有指导作用,同时还影响到量刑理论及实务"④。因此从犯罪论、刑罚论,从立法、解释与司法,从事实到规范方面全方面研究具有必要性。同时,车浩教授也提出,被害人行为研究中的自我决定权具有非常广泛的解释力,可以辐射到被害人同意、自陷风险、诈骗罪中的被害人怀疑与错误、自诉以及刑事和解等诸多刑事法领域。⑤ 这实际上意味着实体与程序两个领域的刑事法规的"重构"。不可否认的事实是,近年来我国在广义刑事法的理论研究方面,确实有不可小觑的发展,被害人诉讼参与度的提高,刑事和解、认罪认罚中被害人参与等已然成熟,然而对比之下刑事实体理论相关研究仍有很大空间。

---

④　劳东燕:《被害人视角与刑法理论的重构》,载《政法论坛》2006 年第 5 期。
⑤　车浩:《自我决定权与刑法家长主义》,载《中国法学》2012 年第 1 期。

其次,本土化程度不高,对司法实践指导意义和影响力不大。被害人信条学发端于外,对相关理论和判例的引介式研究虽然有助于国内学者打开视野接受新的概念与理念,但由于体系隔阂,对其有必要进行民族化改造,但这部分后续研究仍然乏力。比如一些基本问题,如体系地位、自我答责、自陷风险等概念,并不能为我国传统刑法理论所运用和包容,因此难以体现其解释力。

再次,部分研究偏重于结论而偏轻于理论与论证,特别是关于被害人过错行为原理的适用条件方面,陈列诸多条件但常常没有理论基础,对于出现的相互矛盾也无法通过理论予以化解。

最后,相关事实研究仍显不足,难以反哺理论研究和规范形塑。如劳东燕教授指出,"事实与规范之间始终存在互动关系。事实不仅仅在规范之外延续,而且不断地塑造规范,它促成了对规范的改造并在此过程中使自己也得到改造"⑥。而我国刑事研究,正如张明楷教授指出的那样,普遍存在重理论、轻事实研究的倾向,这也使得我国的相关研究缺乏问题意识并难以对司法实践产生足够的影响。从研究所涉及的具体罪名来看,也多局限于传统身体侵害犯罪和交通肇事类犯罪,未能脱离德日相关判例研究的窠臼,不能呼应当下高发的经济犯罪中被害人行为的事实研究需求。

总之,无论是在比较法视野之下,还是在当前犯罪行为互动性不断增加的司法实践下,我国相关研究仍存在较大空间。比如就德日而言,对被害人同意与自陷风险问题的理论研究比较充分,特别是在其犯罪论阶层体系这样的研究背景之下,被害人行为类型、被害人相关行为究属何种性质的因素、应当位于哪一阶层发挥作用、如何确定适用条件及适用效果等问题已经成为一系列研究的争点。在英美法系国家,对于被害人过错行为研究更为侧重。令人称奇的是,虽然两大法系犯罪理论结构多有不同,但在被害人行为问题上,能找到许多共同的研究争点,并使得两大法系结构上的共同点得以突显,理论也多可找到共通之处,正体现了樊文研究员所讲的,刑法是有国界的,而刑法理论是没有国界的这一人类法治思想的奇观。

不仅如此,在犯罪理论发达的德国和日本,被害人行为不仅成为刑法理论中的必要章节,而且诸多判例更是为相关理论研究提供了营养丰富的土壤。理论界关于被害人行为的类型化、体系化研究已经深入各类刑法教科书。以德国为例,在李斯特、耶赛克、魏根特、雅科布斯和罗克辛主编的教科书中,被害人同意与自

---

⑥ 劳东燕:《事实与规范之间——从被害人视角对刑事实体法体系的反思》,载《中外法学》2006年第3期。

陷风险的问题都作有其犯罪论的有机部分按照表述需要进行专门章节和渗透到不同章节中的不同处理方式,被害人过错行为的研究则主要体现在犯罪论中的罪责论中。在日本,大谷实、大塚仁、田中敬一、野村埝、西田典之等的刑法总论相关著作,包括韩国金日秀、徐辅鹤的刑法总论等都将被害人同意行为有关问题纳入到教材的体系当中。在这些国家,可以说被害人行为问题已经体系性地融入了犯罪理论之中,成为不可或缺的研究内容。在英美法系国家,虽然存在"不要谴责被害人"的古谚,但是关于被害人过错问题作为重要的抗辩理由也得到了深入的研究,将被害人行为作为某种辩护理由纳入研究体系的做法也已经具有相当长的历史。

不仅如此,在研究深度上,有关相关理论依据和适用条件的研究成果已经深入相当细致的研究阶段。这样的理论发展又反哺于司法理念,形成了大量的司法案例。可以说,许多理论的形成与其说在指导案例,不如说是在案例引发的问题意识下经过激烈的观点争议而形成了诸多有价值的理论。

当前,关于刑法中的被害人行为,在世界范围内的成文法刑法中见诸规范已不属鲜见,这与相关理论研究的推动具有密切的关系。

当然本文也欣喜地注意到,近十余年来,被害人行为这一问题也逐步走入我国刑法理论研究视野,引发研究范式的悄然转换,比如有学者致力于域外相关理论和判例学术引介,[7]有学者从刑法和民法的交叉视野研究假定同意相关问题[8],可以认为一定范围和程序内的出罪和减轻责任的功能已经在学界部分有所共识,关于刑法家长主义与自主决定权的论争、关于各种理论依据的论争等宏观层面的不同观点也时时引向深入,而且还带动了法益概念、因果论、责任论、客观归责等微观层面上的探讨,刑罚正义性等诸多传统理论也正借由被害人论题产生新的生命力,应该说,理论研究在点与线的维度上都具备了一定的认知。当然,从犯罪论宏观层面而言,我国四要件体系与德日三阶层体系存在不容忽视的差异,在体系架构问题尚未有所定论之前,基于德日语境的学术交流与理论探讨能否以及如何在我国语境中找到切入点,使得相关问题的研究面临更为复杂的局面。总体而言,我国理论上的研究大体上还刚刚起步,立法和司法则还存在较大的差距和研究空间。本文正是基于此,尝试对相关问题,尤其是被害人行为类型化思考之下的理论问题做进一步探讨,以期在这一波澜不惊的理论和司法领域中有所涉猎并

---

[7] 如江溯:《日本刑法上的被害人危险接受理论及其借鉴》,载《甘肃政法学院学报》2012年第6期;江溯:《英美刑法上的被害人共同责任》,载《北方法学》2012年第6期。

[8] 周维明:《刑法中假定同意之评析》,载《环球法律评论》2016年第2期。

求教于方家。

三、被害人行为类型——一种基于事实的本土化分类研究

(一)学界关于被害人行为的类型化研究简要述评

基于德国的判例经验,德国理论界对被害人行为的研究通常包括三种行为类型:被害人同意、被害人自陷风险和被害人过错行为。相较而言,我国学界更注重从逻辑理性出发构建被害人行为类型,相关研究也不可谓不成果丰富,仅以最为常见的几种分类方式举例如下。根据被害人行为作出的时间来划分,分为犯罪前、犯罪中和犯罪后的被害人行为,并认为前两种被害人行为发挥作用的空间更为广泛,可能对行为人的定罪和量刑都能发生影响;而犯罪后发生的被害人行为则一般不能改变对行为人在先行为的定罪性评价,而只能影响对行为人的量刑。根据被害人行为性质的不同划分为正当行为与不当行为,尤其是被害人过错通常被认为是不当行为,而被害人有效同意行为则被认为属于正当行为。根据被害人主观状态不同将被害人过错行为分为故意行为和过失行为,并且认为被害人的过错行为多为故意行为,如被害人不法侵害行为招致正当防卫。这种观点认为被害人行为主观状态不同,其刑法意义也有所不同:一般而言,被害人故意的行为比其过失的行为对行为人行为的定罪量刑的影响要大些。除此之外,还有观点根据被害人行为在刑法上罪刑意义的不同效果,分为影响定罪的被害人行为和影响量刑的被害人行为。

本文认为,上述分类有的从事实出发,有的带有规范色彩(虽然本文认为其对被害人行为进行规范评价并非妥当),有的对行为要素进行规范性分析(同理本文也认为不甚妥当),有的则仅从效果进行分类,这些分类方法虽然多数有一定道理,但是对被害人行为本质的揭示作用不大,有的分类形式意义大于实质意义,如根据发生时间进行的分类。有的分类适用范围太窄,如后两种分类往往更适用于被害人过错行为这个领域。而第三种分类则明显借用了行为人行为中关于主观状态的"故意"与"过失"这样的用语,但是其含义又语焉不详,不免令人产生疑问;第四种分类所依据的标准是评价性的,应当是被害人行为分类后得出的结论,以此为标准实际上是逻辑上的颠倒,并且可以适用于包括被害人同意、被害人不法与不当行为等大部分被害人行为类型,几乎没有区分效果。同时,这些分类还存在适用范围不清、刑法效果不明确等问题。

值得一提的是,关于被害人行为的类型,汪东升博士在其《被害人行为介入情

形下的因果关系判断》一文⑨中对被害人介入性行为进行了细致的研究,根据汪博士的研究,被害人介入性行为如图3所示。

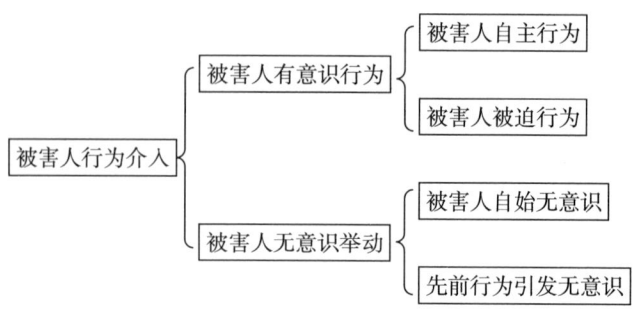

图3 被害人行为介入分类

根据图3可以看出,被害人的介入性行为既可以是有意识的,也可以是无意识的;既可能是自主的,也可能是迫于行为人造成的紧急情况或其他压力的。无意识的原因,既可能是自身原因,也可能是因行为人的在先行为而陷入无意识。而在刑法上,被害人无意识地介入不产生对行为人因果关系中断的影响,即行为人实行行为与危害结果之间仍然存在因果关系,危害结果的刑事责任归咎于行为人。在被害人被迫介入时,只要其行为不超出一般人经验的符合理性的避险行为,因果关系仍归于行为人。只有当被害人自主介入时,由于被害人在意志自由下选择了危险行为,因此危害结果应当归咎于被害人自治性的不理性行为。

本文认为,在被害人与行为人共同作用的场域,被害人介入性行为作为与行为结果具有因素关系并直接对行为客体发生作用的行为类型,具有非常重要的研究价值,汪东升博士对被害人的这种介入性行为类型的刑法效果的分析也值得称赞。并且,为了确定被害人介入性行为中针对客体性对象的行为——行为结果之间的因果性的有无及程度,被害人的意识和意志的状况也是必须要考察的内容,依据这样的标准进行类型划分也是抓住了介入性行为的要害。受此启发,本文认为可以以被害人行为作用的主、客观对象不同对被害人行为进行划分,因此,除了介入性行为这种针对行为客体的行为类型,还有一种被害人行为类型具有不同的特征,并且甚至具有更为重要的刑法研究价值,本文称之为"被害人影响性行为"。

(二)本文关于被害人行为的类型化观点

本文认为,可以将被害人行为分为被害人介入性行为与被害人影响性行为。

---

⑨ 汪东升:《被害人行为介入情形下的因果关系判断》,载《中国刑事法杂志》2013年第8期。

鉴于前文对汪东升博士关于介入性行为的观点已有介绍,在此不再赘述。

被害人影响性行为,是指被害人通过对行为人主观因素的影响而对行为人的行为性质及程度产生影响,并影响对行为人行为规范性评价,并最终影响对行为人行为定罪与量刑的行为。具体而言,被害人行为可以如图4所示。

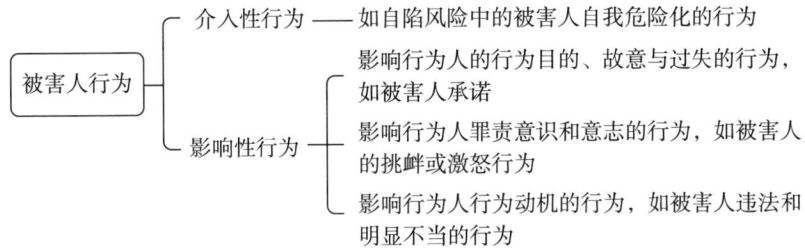

图 4　被害人行为类型作用机制

而其中的被害人影响性行为,具体而言根据其所处阶段及其作用机制的不同,又可进行如下的进一步划分,其典型行为也可如图5所示。

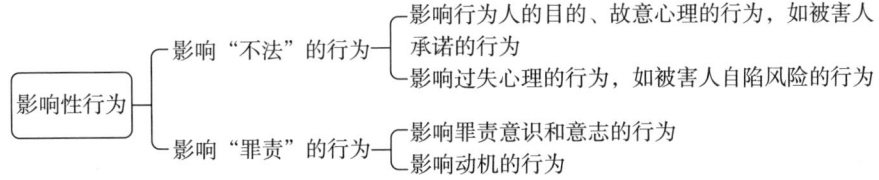

图 5　被害人影响性行为典型类型及作用机制

(三)本文类型划分的特点和优势

可以看出,介入性行为与影响性行为存在逻辑上的区别与互补关系,具体而言两种类型的区别表现在以下三个方面。

1. 作用途径及机制不同

介入性行为与行为人行为共同作用于犯罪构成因素中的行为对象,其结果会由规范评价为是否与法益损害具有因果关系,因此是否须从共同行为与法益损害之间的因果关系中剥离出来,从而达到对行为人行为的客观性评价。

而影响性行为则将行为人作为行为对象,是被害人意识与意志作用于行为人的主观因素的作用途径。从犯罪构成要素分为主、客观因素两种类型来看,影响性行为正好与介入性行为形成互斥而互补的关系,符合集合性要素的特征性要求。

2. 分类目的不同及适用的理论不同

对于介入性行为,重点在于厘清双方的归因或者归责问题,也就是两者责任的客观上的分离与规范评价上的分配的问题,因此对于这种类型,理论上多适用责任分担说、自我答责说等与责任划分相关的理论。

而对于影响性行为,重点在于考察被害人的影响性行为是否以及这种性质在何种程度上对行为人主观方面产生影响,并借由对行为人主观方面的影响对行为人行为的刑法评价产生影响。因此,适用的理论为涉及行为人意志自由的精神或心理学理论,以及涉及过错的正当性理论、谴责性理论等。

需要指出的是,我国规范文件中对于"责任"与"过错"这样的用语还是非常规范的,比如在涉及交通肇事的责任分配问题上,相关文件用语为"责任",这意味着,这类案件重点在于责任的划分而不在于对过错的谴责。进一步讲,这可能意味着立法者在这里的态度并不是把这类案件归入被害人过错行为的领域中去,本文推测这可能缘于交通性风险理论上属于允许性风险的范畴。但是相反,在理论研究中却常出现一些混乱,比如有些观点在概念用语及理论的选择上出现错位的现象,将"过错"替代"责任",并导致理论选择上的误区。

3. 考察内容不同及要求不同

在上述图 4 基础之上,图 6 揭示不同行为类型下的考察内容。

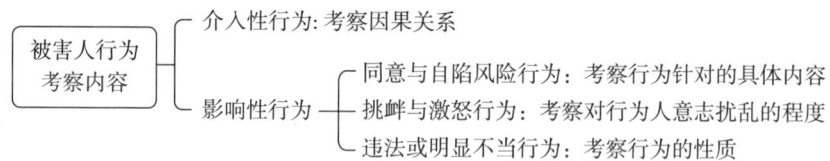

图 6　对被害人行为考察内容的区别

需要说明的是,被害人介入性行为与影响性行为主要是根据作用机制来进行划分的行为类型,通常情况下两者是单独发生效果的,但是也不排除具体案件中,被害人的行为可以同时发生介入性作用和影响性作用,如被害人与行为人共同故意针对法益对象的行为虽然属于介入性行为,但同时可能对行为人意志产生影响作用,也就是产生明示或默示的同意效果。并且,也不排除具体案例中被害人既存在介入性行为,也同时存在影响性行为,比如被害人自陷风险行为中的被害人自我危险行为的参与行为,在这种行为类型中,既存在被害人对危险行为的同意行为这种影响性行为,也存在被害人自我危险的行为这种介入性行为,在这种复杂的情况下,本文这样的类型划分方法使得司法判断可以针对不同类型的被害人的具体行为而选择关注与评价的重心,并选择适用相应的规则,避免"估堆"的做法,从而使得判断更为精准、明确而公正。

总之,介入性行为和影响性行为两种类型的划分,具有相当的事实基础。也就是说,这两种类型前可直接对接事实研究,后可延续相关刑法理论,因此具有一定的积极意义。除此之外,这种类型化方法还体现了一定的逻辑性,相较于德国经验性类型划分的方式而言,不仅可能突破传统罪名从而涵盖更多的被害人行为方式,也可能更符合我国的思考习惯,也更易于融合进相关理论中,具有较好的本土生存条件。

四、基于本文类型化被害人行为的行为有效性条件研究

关于被害人介入性行为与影响性行为有效性的考察内容及典型行为考察内容上的区别,图3—4中已经有所提示,鉴于这个问题的复杂性,下文将进一步进行说明。为了使说明能够简单明了,下文多采用表格方式列明,必要时配以文字说明。

(一)典型介入性行为与影响性行为的有效条件比较研究

表2旨在说明根据考察内容的不同,介入性行为与影响性行为成立条件也会发生不同。

表2 典型介入性行为与影响性行为的主客观要求比较

	典型行为	主观要求	行为表现要求	效果决定因素
介入性行为	自杀、放弃治疗、自陷风险等	行为的自主意志	多非要式表达方式	行为人意志自治
影响性行为	同意、挑衅等	行为或有自主意志	要式表达方式原则	要求表达有效

需要注意的是,在例外情况下,同意行为时也可能会出现非表达方式,如同意他人拿走、破坏自己的财物,但是在行为人行为之前未表达,也可发生影响效果,即理论上认为可认定行为人的未遂责任,但是这种影响是建立在法理上的效果归属,而非客观上的归属。但总之在此作为例外情况提出。

(二)典型影响性行为的具体要求及比较研究

对于被害人同意行为、自陷风险行为和违法及挑衅行为,三者重要的区别还体现在其作用途径或者说是作用机制的不同,因此有效性条件对其主观方面、意思表达方式等方面的要求也有不同,鉴于表3已经说明,不再赘文。

表3 典型影响性行为具体要求比较

	作用途径	主观要求	行为表现要求	其他要求
同意行为	构成要件目的、故意	意志自由	具体内容表达	针对私人法益等
自陷风险行为	构成要件过失	优势认知	要表达	意志自由，或有行为
违法(严重不当)挑衅行为	罪责动机 罪责意识与意志	不要求，或有意志	不要求，或有表达	明显违法或不当 刺激强，关联性

五、作为典型影响性行为的被害人同意的有效条件再分析

通过上文第三部分的分析，从事实出发，概括性指明各类型典型行为的规范性有效条件，既有利于事实发现，也有利于规范解释与分析。然而正如本文导言部分所言，刑法理论的巨厦已经为确定行为人责任建造了相对严密的结构，作为"特洛伊木马"的被害人行为，并非仅有事实即可发挥规范上的影响力，而在当下规范意义上的"被害人行为"尚多缺失的情况下，刑法意义上的被害人行为，仍需经多维判断为有效后才可发挥帮助判断行为人罪质及罪量的刑法效果，因此司法实践和理论界均认可，与被害人同意相关的行为须符合一定的条件。本部分以被害人同意这一典型影响性行为为例再次深入分析其中问题。

(一)基于紧张冲突理论下的有效性分析

被害人同意有效条件的问题，既是被害人同意理论的落脚之处，也是被害人同意在司法实践中发挥作用的出发点，因此具有重要的研究意义。但是本文认为，我国相关研究尚存在以下问题：一是罗列各种条件唯恐不够全面，缺乏系统思考下的筛选及重点难点的提炼；二是条件不仅繁多而且过于严格，但却未能揭示其中的法哲学与法理学道理，有违被害人同意原理的意志自由原则与初衷；三是结论多于推论，理论思考多于问题思考。

本文认为，被害人有效性理论其本质就是法益主体的意志自由理论，而这一理论应当在自治原则—侵害原则—家长主义原则的理论框架内进行系统的讨论，这一框架包括四个核心要素：①基于自治的法益主体的同意行为；②基于被害人同意的行为人的相应行为；③基于侵犯原则(有时还须考虑冒犯原则)的考虑；④基于家长主义的考虑。这四个要素分别对被害人同意的有效性问题具有影响

作用,要素之间也通过相互影响相互作用产生新的问题和规则。具体表现如图7所示。

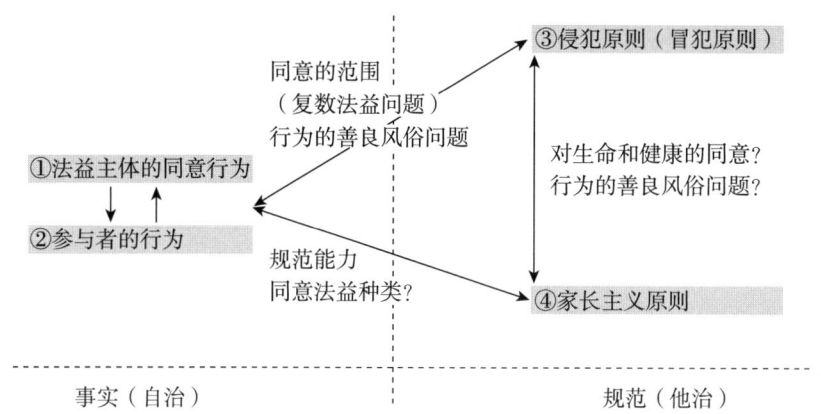

图7 三角紧张冲突理论—有效性条件分析框架

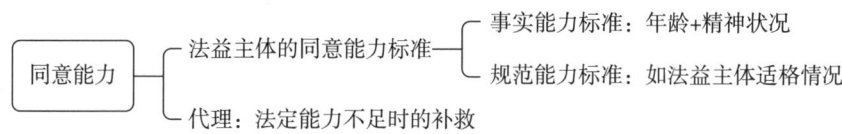

图8 家长主义考虑下同意能力标准设定

这里首先需要对其中的两个要素作出解释。一是要素③,也叫损害原则,乔尔·范伯格在其《刑法的道德界限》一书中进行了详细的解说。根据这一原则,刑法应做到"有效防止(消除、减少)对行为人(实施禁止行为的那个人)之外的其他人的损害"[10],这是刑事立法的最好理由,也使得刑法成为最为有效且价值成本最低廉的方法。冒犯原则则认为出于"对防止对行为人之外的其他人的严重冒犯",往往有必要限制人类自由。二是要素④,根据乔尔·范伯格的相关理论,可以分为两种意义上的家长主义:第一种是法律家长主义,因为"认为刑事立法对防止对行为本人(生理的、心理的或经济上的)损害可能是必要的",这种家长主义多为"自由主义立场"所排斥;第二种为获益的法律家长主义,这种家长主义"认为如果能够为行为人本人带来利益,禁止就可能是必要的"[11],即两种家长主义之

---

[10] [美]乔尔·范伯格:《刑法的道德界限(第三卷):对自己的损害》,方泉译,商务印书馆2015年版,第13页。

[11] 同上书,第14页。

下,如果是可为行为人防止损失或带来利益的,则可以通过刑事立法"限制自由"。家长主义根据其限制对象是针对权利人还是参与人的不同,又可分为直接家长主义和间接家长主义,但无论是对何者进行自由限制,其均应以保护被害人的利益为原则。

可以看出,要素①和要素②属于事实性要素,二者构成自治空间;而要素③和要素④属于法哲学意义上的理论要素,二者构成规范的空间。而其中要素③属于刑法的立场,要素④属于法政策的立场。需要指出的是,在自然状态下各要素本身具有天然的张力,即天然会扩大自己的适用范围,如果不是与其他要素之间的冲突与协调,则各要素均可能突破一定的界限而打破均衡状态。

例如,要素①和要素②构成的自治空间中的两种行为——权利人的同意行为与行为人的相应行为,均须面临另外两个要素的对抗,从而在对抗与寻找均衡中产生相应的界限。首先,自治空间与要素③之间产生冲突,至少有两个表现:一是自治空间不得侵犯他人或公共法益,即同意问题在面临第三者益时的同意权限问题,学界经常讨论的就是复数法益的问题;二是自治空间里的行为不得有违善良风俗,这其实更多的是基于冒犯原则的考虑。其次,自治空间中的两行为与要素④之间产生冲突,使得自治空间还要受到家长主义原则的限制,在家长主义的保护原则之下,法政策会考虑规定无自治能力的规范性标准以及权利人可放弃法益的种类这些自治空间。同时出于对无自治能力同意能力的补救,要考虑设立代理制度等补救措施,这部分可见图8。

当然,这种冲突中产生的问题,也还是存在一些争议的,比如在自治领域与家长主义的冲突妥协关系之下,虽然各国都认可自杀与自伤是自治范围内的行为,但是多数国家对于帮助自杀以及有违善良风俗的同意之下的伤害行为,仍然是认为已经进入了侵犯原则或冒犯原则的领域,反映在理论上就是有观点认为,生命法益、身体健康及相关的善良风俗也具有社会福祉的成分,如果不是出于侵害原则(冒犯原则)对于自治空间的巨大让步,或者如果不是由被害人亲自而为,对于他人实施的行为仍然是要按照侵犯原则(冒犯原则)进行限制的。这其实也间接地反映了要素③与要素④之间也间接存在某种张力与冲突,这是基于自治行为与家长主义行为某种程度上讲除了具有冲突还具有同向性的本质所决定的。但是鉴于本文探讨的主题不在于此,以及笔者的水平所限,在此不再深入讨论。

据此,根据上面的图示和相关的分析,可以清晰地揭示出在自治—侵犯原则—家长主义原则理论框架下的要素,基于各要素的构成,可以据此分析其中包括的有效性条件。包括以下几点。

第一,根据要素①基于自治的法益主体的同意行为,包括两个内容:一是自治能力,即法益主体事实上的意志能力,是法益主体意志自由的一个因素,其有效性的条件应包括以下考虑:"认知 + 判断 + 情感(希望和容忍)";二是法益主体同意行为的方式,应当考虑的因素:明示、默示。

第二,要素②基于被害人同意的行为人的相应行为,是指行为人针对法益主体及法益客体的具有法律意义的作为与不作为,其中针对法益主体的行为,如欺骗、威胁,这会对法益主体的意志自由产生影响;针对法益客体的行为,如毁坏、伤害、杀害等,涉及行为构成的类型。另外,要素②还要受到法益主体的有效意志的约束,不得超出法益主体要求和容忍的法益范围。

第三,除此之外,要素①和要素②一起受到要素③基于侵犯原则的考虑影响,产生同意权限的问题,即对何种法益可以作出有效同意,针对复数法益如何判断同意有效性等问题;要素①和要素②还要一起受到要素④基于家长主义的考虑的影响,会产生诸如规范的自治能力的问题,如同意主体的年龄标准和精神状况的标准等。

第四,要素③和要素④之间也会发生影响与作用,比如对生命权与健康权的同意是否涉及善良风俗的问题,以及德国刑法构成要件与正当性地位二元论所认为的毁坏财产类犯罪中的同意有效的问题。

更重要的是,图7可以揭示同意问题在自治原则—侵犯原则—家长主义原则之下的各元素之间的张力与冲突关系,并有助于在一种法哲学的系统思维之下选择关于问题的立场。

(二)关于对生命权同意的再讨论

同意可以针对哪些法益?在这个问题上取得一致认可的结论是个人法益原则,即同意只能针对个人法益,即对涉及他人或者公共法益的处分不能取得有效性。这样的结论看起来是简单明了的,但是也还是存在一些问题。首先,基于刑法的特质,刑事领域中是否存在纯粹的与他人无涉的个人法益?如民法领域一样的利益?其次,如果对上面的回答是肯定的,那么如何判断法益所属的个人性或是公共性?比如说,以个人为载体的法益一定是个人法益吗?如生命权?健康权?还有,在刑法领域内更为广泛存在的情况是,个人法益与公共法益共存,如此比如重婚罪、伪证罪,个人法益持有人的同意如何发挥作用?本文认为,刑法虽然为公法,但不可否认的是,在财产权和个人隐私方面一般公认其法益专属于法益主体,因此承认法益主体同意的有效性一般不存在这方面的障碍。尽管各国主流观点未必一致,但德国刑法理论通说承认,生命权和健康权法益,属于"个人法益"。但仍有两个问题需要进一步讨论,即针对生命权的同意、针对健康权的同意,及针对复数法益下同意有效性的问题。限于篇幅,本文仅就生命权的同意问题进行阐述,即探讨生命权是否为同意可以针对的法益?

"生命和身体的完整性在个人法益范围内具有特殊地位。"[12]在对生命权的同意问题上,各国刑法的态度基本上既是坚决的,同时也是矛盾的。说其是坚决的,是因为各国基本都认可,"在自然人生命的个人法益中所作的同意是完全无效的"。[13] 说其是矛盾的,是因为许多国家针对生命法益作出的同意,认为虽"不能取消这种构成行为的刑事可罚性",但还是能考虑一些"减轻"。例如,《日本刑法》第 213 条同意堕胎和同意堕胎致死伤罪、第 214 条业务上堕胎和业务上堕胎致死伤罪等对存在同意的生命权剥夺行为规定了减轻刑罚的行为构成。而当这一问题延伸到"安乐死"的问题上时,这种纠结的态度更为明显。目前,世界上已经有越来越多的国家承认"安乐死"的合法性,理论界肯定的呼声也一直不绝于耳,所以,尽管看似这一问题已经有了答案,但实际上在理论上还远没有找到具有说服力的理论根据和标准。

基于三角紧张冲突理论的分析,本文认为,关于包括"安乐死"在内的生命法益的同意问题,不能割裂自治理论、家长主义理论与侵害理论之间的关系,而只能在三者的冲突与调和之中才能得到解决。这里首先要肯定的是,从三者的价值来看,生命法益的自治性价值显然高于其在另两种理论中的价值,其原因如下。首先,人的存在固然具有社会意义,但若与人的意志自由相比,如果人连自己的生命都可以放弃而社会却不允许时,那么人的存在对于这个社会的价值就是将人作为社会的手段而不是目的来看待,这是一种违反自然正义的功利义主义思想。

当然,基于侵害的理论可能会提出另外的问题,比如生命法益之下同意人的行为可能会带来社会的恐惧、不安的感觉,会造成一种对秩序的潜在的不信任感和破坏欲,但是这是不太有说服力的,因为在这种情况下,应嘱托杀人的行为其范围仅仅限于所嘱托之事,并且往往出于怜悯的人性而为之,所以行为人本身往往不存在须防卫的人身危险,也就不存在刑罚的必要性。因此,在冲突理论中,侵害原则应当将自己的角色调整,功能限缩而以更多的理论空间让步来与其他理论求得调和。

其次,家长主义也不能断然阻止法益主体对生命法益的放弃,因为真正有益的家长主义只能在自然人缺乏自我保护所需的能力和意志自由时才具有切入的

---

[12] [德]汉斯·海因里希·耶赛克、[德]托马斯·魏根特:《德国刑法教科书》(总论),徐久生译,中国法制出版社 2001 年版,第 458 页。

[13] [德]克劳斯·罗克辛:《德国刑法学 总论》(第一卷),王世洲译,法律出版社 2005 版,第 365 页。

正当性的,只能是有益于法益主体实现其理性意志的,如果其适用的结果竟是给法益主体带来更加严重的困难和痛苦,则家长主义会失去适用的正当性。因此,在生命法益同意这个问题上,家长主义真正要做的事情应当是"在自愿性概念的成立标准上""退守到最基本的门坎"。[14] 这个门槛只能要求一种最低的承诺能力,按照周漾沂的观点,这种承诺能力应当是一种抽象的而非具体的认知和判断能力其具体的标准,对于刑法而言,"被害人只要有承诺能力,并基于此而行使其法益处分权,原则上就不允许国家为了防止自主欠缺而加以干涉"。[15]

但是这种能力并不应当要求法益主体可以自己实现其对法益的处分行为,而其对行为人的同意行为的检视正是家长主义作用的空间。按照周漾沂对我国台湾地区加工自杀罪的观点,判断生命法益同意行为的有效性时,应当考察以下内容:一是同意是否出于仓促;二是同意是否存在瑕疵危险;三是同意是否可抵制外界不当压力。当排除以上情况时,以家长主义为由"封锁生命法益处分权的行使"就是没有正当性的。

最后,从人的自治性价值来看,在生命法益之上仍然有高于其上的利益,那就是作为人的尊严,作为对生命法益的处分权,恰是这种尊严的要素之一。具体到"安乐死"这个问题上,这种冲突理论更加具有说服力。当法益主体在选择"安乐死"时,其处分的法益与其说是生命法益,不如说是生命法益的处分方式,这意味着,人固有一死,但以何种方式结束这种生命历程,公民应有权自行选择以尊严而非痛苦的方式结束自己的生命,而当他没有这种行为能力之时,寻求帮助的行为也应当得到刑法的许可。

六、结语

在美国学者诺内特和塞尔兹尼克眼中,法律有三种类型:(1)压制型法律;(2)自治型法律;(3)回应型法律。对此,我国学者陈兴良教授指出,一定的法律形态总是与一定的社会形态相联系。本文深以为是,压制型法律、自治型法律与回应型法律总是压制型社会、自治型社会和回应型社会相对应而存在。不仅如此,一定的法律形态还总是造就并影响着一定社会形态中的公民的心态与行态。作为一定社会形态中的主体,被害人与行为人不是天生就存在差异,刑法对公民

---

[14] [德]克劳斯·罗克辛:《德国刑法学 总论》(第1卷),王世洲译,法律出版社2005版,第367页。

[15] 同上注。

的适用应当公平视之,应当为公民自治留出法外空间,不仅维护集体视角下"法益"的存在,更要体现人类自由与自治的尊贵与尊严,唯其如此,才可寄希望于通过公民对规范的回应,才可寄希望于回应型社会的塑造。

同时,本文认识到,被害人行为不仅是一个理论问题,更是一个实践理性问题。首先,对被害人行为的研究能够促进全面发现案件事实,进而尊重事实,保障公正,这是迈向正义的第一步。我们甚至可以认为,理性地关注被害人行为,是刑事理论和实践工作重要的组成部分,不仅代表着刑法理论的完整性,也代表着司法实践的理性,是最终达成公平正义的必经之路。其次,研究被害人行为,促进司法实践全面探究犯罪事实,还具有保障自由的重要意义。这意味着,在对被告人定罪量刑时,不仅要考虑行为人本身的犯罪事实,还应当考虑作为权利人的被害人对行为人行为所起的作用。在被害人同意与被害人自陷风险的情形下,被害人的行为往往是经过利益衡量之后进行的自治意义上的选择,这是被害人自由行为的法外空间。而被害人通过其同意这样的行为又对行为人的行为动机、行为目的、故意与过失的内容,以及意识意志等方面都产生着重要的影响性作用,甚至在诸多情形下,行为人的行为实际上是在实现和体现被害人的意志和利益,如果不对此加以考察,而仅考虑行为人行为及结果,则对于行为人无异于客观归责甚至是结果归责。这样的归责不仅是对行为人自由的否定,还是对被害人自由空间的挤占,与刑法保障自由的目标性任务显然是相背离的。不仅如此,在存在被害人过错的情况下,对行为动机可部分正当化的行为人,以及对因受"激怒"而陷入意志混乱的行为人,如果不综合考虑互动过程中具有刑法意义的被害人行为,不考虑让有过错的被害人承担一定的不利后果,对"情有可原"的犯罪人适当减轻其刑事责任,则很难说这样的裁判活动有益于保障公正、保障自由的目标达成。

与此同时,刑法理论对被害人行为的研究具有完善刑法理论的积极价值,我国学者提出,被害人行为的相关研究具有对刑法基础理论和理念的研究价值,可以促进我们对刑事理论中的基本范畴和原理的新思考。比如对于犯罪论体系的结构、形式化与实质化的问题;对社会危害性概念的从抽象化的、客观化的角度到具体化的、个体化的探究性理解;对犯罪主观方面的深入认识,对罪责理论的重新认识与重视,对刑罚与量刑理论的结构性探讨,以及对刑罚理论、刑罚执行方式与社会保安处分的关系的重新认识等。可以说,被害人行为理论的研究从一个新的视角,对原有的犯罪与刑罚理论产生了一种内外的震荡,使得犯罪理论研究呈现新的生机与活力。

希冀理论探讨和司法实践不仅关注行为人的行为,也将目光投向被害人行为,全面考虑犯罪发生发展的各种因素,真正践行公平、公正原则,对行为人的行为作出准确的刑法评价,推动回应型社会的向前发展。

正是由于这个愿望,本文研究被害人行为,由于学识有限,本文对被害人行为的探究难免错漏,唯愿抛砖引玉以促进本领域的研究,则心愿已足!

企业数据刑事合规的重点场景与合规建议[*]

张建肖[**]

近年来,随着数字经济不断发展,涉及个人信息保护的违法犯罪数量快速增长。面对严峻的形势,我国立法机关和司法机关加大了对个人信息的保护力度。不仅通过《个人信息保护法》《数据安全法》及《网络安全法》构筑了数据合规的基本法律体系,还以多部司法解释构成了有效补充。个人信息保护的刑事合规是现代企业治理体系在数字经济时代的必然要求,企业应以自身努力积极防范数据刑事安全风险,用严密的管理与法律合规机制杜绝个人信息相关犯罪的发生。

一、我国企业加强数据刑事合规必要性分析

(一)企业是用户个人信息权益保护的关键防线之一

个人信息作为一种法律关系的客体,现实地位日益显要。个人信息古已有之,不过其开始成为重大价值的载体,是在互联网、大数据与算法技术兴起之后的信息文明时代。单独、原始的个人信息主要承载人格尊严与自由价值,次要承载有限的财产价值。集成性、数据化的个人信息则承载重大的商业利用与社会控制价值。价值不由客体自身决定,而由特定时代下主体的需求赋予。正如石油的价值取决于机械动力技术的发明以及工业文明的生产生活方式,信息技术对市民社会的楔入与改造越深,个人信息就越会成为土地、石油、核能式的战略资源。

与健康权、隐私权、名誉权等具有单一个人法益的人格权不同,个人信息权同时含有个人法益与超个人法益。个人信息多维、高频、持续地产生、收集、存储、转让并与多元的应用场景链接,交互成前所未有的新型利益客体,生成深度威胁人格尊严与自由的精准个人画像,诱发公共安全秩序中的"灰犀牛""黑天鹅"事件。个人信息的非法收集、滥用、泄露、误载等行为比传统行为更容易引发大规模侵

---

[*] 本文系最高人民法院 2022 年度司法研究重大课题"个人信息保护司法路径研究"(ZGFYZDKT202212-02)的阶段性成果。原载《网络信息法学研究》2022 年第 2 期。

[**] 理想汽车法规研究院院长,法学博士、博士后。

权;其侵害形态多样、因果关系抽象、受害主体分散、损害后果不确定。[①] 与姓名权、名称权、肖像权等具有一般财产属性的人格权不同,个人信息权附着有潜力可观的商业转化与社会控制价值。个人信息本质是信息文明时代的隐私、姓名、名誉等多种人格要素的总和,是互联网背景下民事主体的数据化人格。掌握了个人信息的控制权,微观上就接近于控制了特定自然人的人格,宏观上就接近于掌握了大众行为心理与社会组织运行的密钥。

(二)数据使用的规范化需要企业加强数据刑事合规

在大数据战略普及和算法提升背景下,企业对个人信息的需求大幅度提升,这意味着个人信息收集从生活伦理行为向商业经营与社会管理行为转换,从纯粹侵权行为向经济理性行为转换。给个人信息法益带来重大威胁的是法人以积极利用为目的的批量化、持续性收集行为。自然人的零星收集行为,类似街头拍摄、职务窃取、拍照取证固然普遍、高频,而且牵连着结构性的道德伦理及社会治理问题,但与其说是个人信息权益问题,不如说是隐私权问题。

信息文明时代,个人信息不是普通的权利客体,而是与农业文明的土地、工业文明的能源同一级别,属于被竞相争夺控制权的战略性生产资料。因法人收集个人信息而产生的纠纷数量将持续增加,这是因为:第一,在当前社会发展阶段下,企业与公共机构都同样缺乏收集个人信息的自我抑制激励;第二,在当前生产力水平下,缺乏适度抑制大数据产业过快发展的补偿性预算。大规模集成性个人信息的归属权、采集权、利用权、控制权将被长期持续争夺。个人信息权附着的社会控制价值也将逐渐发挥潜能。法律视角下,真正切中要害和引领趋势的案件是那些发生在个人信息大规模商业化利用与社会控制过程中的利益冲突。超越地方性知识与法律解释技术,我们需要的本质性的价值判断是:在人类文明共同体基本价值预设之下,个人信息究竟能在多大程度上运用于商业化与社会控制,个人信息主体究竟能在多大程度上对抗具有支配地位的实体对数据人格的破坏、伪造、消灭、替代、复制以及其他一切控制行为。

个人信息权与传统人格权中的隐私权、姓名权、名誉权在客体层面存在交集,在权利层面发生竞合。事实上传统人格权可以解决绝大多数个人信息纠纷:隐私权应对信息收集与披露类纠纷;姓名权应对信息处理纠纷;名誉权应对信息记载纠纷。人们对个人信息权益的真正期待是防范信息过度收集与不当处理,保护弱势自然人的数据人格安全。然而威胁来自权力、资源、信息、技术上的显著优势

[①] 胡卫萍:《社会转型中的大规模侵权及其责任承担机制研究》,中国检察出版社2012年版,第35—42页。

方,即垄断型大数据企业、公共机构和地下数据产业。私法宣称保护私权与意思自治,而私权的真正威胁源于权力势差结构下的优势方,而不是平等主体间的低水平互害。然而私法的实际功能仅限于调整实质平等主体的利益冲突,权力非对称关系的治理从来都是由公法和社会法机制承担的。

隐私政策与知情同意权系列案件一再说明,无论如何精密设计法定授权机制,只要没有改变力量对比的第三方介入,信息收集者就必然有能力架空知情同意权。规则总是沿着阻力最小的方向得到执行或扭曲,而不是主观设想的方向。数据优势方比普通人更欢迎私法的意思自治、产权保护与责任自负原则。私法的功能边界止于治理非平等主体的社会关系。此处的平等不是指耶律内克"主体说"意义上不具有公共权力身份的表面平等,而是指主体在社会现实权力、资源支配与影响力维度的真实平等。当形式平等的主体间权力势差悬殊时,民法实际上让位于公法、社会法处理,意思自治与责任自负原则让位于非对称保护与比例原则机制。因此,我国个人信息保护体系中,刑事司法长期屏障于民事诉讼之前形成倒挂。

(三)我国数据立法所处阶段要求企业强化合规意识

在互联网时代,随着物联网技术的普及,万物互联趋势日益凸显,随着智能化、数据密集程度的提升,个人信息安全风险被不断放大。企业的个人信息保护工作不仅事关民众的人身和财产权利,而且关系到国家安全。企业一旦因数据合规工作不到位,造成违法后果,就可能被相关监管部门责令整改,面临警告、罚款、停业、吊销营业执照或相关业务许可证等类型的行政处罚,甚至是承担刑事责任。除单位责任外,有关责任人员亦需要承担个人责任,包括罚款、从业禁止等。值得注意的是,有关责任人员不仅包括传统意义上的董监高,企业网络安全与数据保护的负责人或相关责任人亦将承担相应的法律责任。

值得注意的是,现阶段我国数据合规立法仍处于发展之中,在既有的法律法规体系下,企业一方面要遵守法律法规,另一方面亦应加强对法律法规的研究、跟进工作,防止出现因对法律法规理解不到位而引发合规风险的情况。

(四)数据执法检查要求企业实现合规义务实际落地

随着《网络安全法》《数据安全法》和《个人信息保护法》等法律规范的陆续颁布施行,个人信息保护与数据合规领域的上位法框架规则已基本成型。随着配套行政法规、部门规章及规范性文件的不断完善出台,数据合规相关执法必将更加频繁和严厉,企业数据刑事合规制度的建设刻不容缓。

为从源头上遏制合规风险的蔓延,企业在收集和处理个人信息的过程当中,需要及时建立相应的合规体系和内部制度体系:一方面衔接《网络安全法》《数据安全法》《个人信息保护法》等法律法规,另一方面符合企业生产和运营的实际要求。特别是,企业完成数据收集后实际使用数据的环节较为隐秘,这也是需要企业多部门协同合规才可完成的重点工作。因此,为了规避"暗箱操作",确保数据使用、加工的规则透明和合法,企业应及时发现并纠正业务部门实际使用过程中违反隐私规则的情形。

二、企业存在数据刑事法律风险的主要场景

刑事立法与刑事司法在个人信息保护领域扮演着重要而特殊的角色。相比高频次修订而与时俱进的私法,刑法往往秉持谦抑理念,固守被动性与事后性立法原则,注重传统罪名体系与构成要件模式的稳定,避免降低干预门槛与过度早期介入,避免大纵深全方位管制互联网领域的方方面面。然而,个人信息的违法犯罪行为又是互联网技术与网络社会必然的负面衍生品。因此,国家对个人信息相关犯罪的打击日趋重视。

与个人信息相关的企业刑事合规,主要涉及三个场景:一是与网络爬虫相关的业务;二是数据采买和交换;三是数据的对外提供。因为业务流程和产品方案各不相同,不同企业的不同业务、不同产品可能涉及的罪名都不一样,因此,所要采取的刑事合规手段也不一样。刑事合规是理论与实践的结合,企业在生产经营中涉及了不同的场景,而如何深挖这些复杂场景背后所蕴含的合规法理,需要具体场景具体分析。

(一)网络爬虫场景中的企业数据刑事法律风险

通过网络爬虫技术,企业可以根据实际需要经由计算机自动地抓取互联网信息,从而实现对网络信息的高效读取和收集。就技术本身而言,虽然对网络爬虫技术的合理利用有利于工作效率的提高,但其利用是有合法边界的,不当使用网络爬虫技术获取非公开的数据,可能违反《反不正当竞争法》《网络安全法》《个人信息保护法》等法律规定。例如,网络爬虫作为一种自动化程序,在运行过程中较难直接获得被收集个人信息主体的同意,因此,在所收集的数据涉及个人信息时需要尤为谨慎。[②]

例如,在某科技公司未经授权爬取个人信息并出售一案中,该科技公司通过

---

② 常俊峰:《数据合规的刑事面向之个人信息收集行为的法律边界》,载金杜律师事务所官网,https://www.kwm.com/cn/zh/insights/latest-thinking/the-criminal-aspect-of-data-compliance-the-legal-boundary-of-personal-information-collection.html。

组建专门爬虫技术团队,在未取得求职者和平台直接授权的情况下,秘密爬取国内主流招聘平台上的求职者简历数据。在案件审查过程中,从涉案数据中发现具有爬虫特征的个人信息2.1亿余条。经查,该科技公司获取上述数据后,对数据进行重整,并用于开发产品意图牟利。其间,该科技公司爬虫技术团队负责人欧某某私自将公司窃取的简历数据对外出售,个人非法获利30余万元。最后,被告单位某科技公司被判处罚金4000万元,被告人王某某被判处有期徒刑7年,罚金1000万元,其他被告人均被判处相应刑罚。③ 虽然网络爬虫技术在推动数据使用方面具有非常重要的作用,但应当重视其使用的合规合法性,这也是个人信息保护的应有之义。

(二)数据采买场景中的企业数据刑事法律风险

根据《关于办理侵犯公民个人信息刑事案件适用法律若干问题的解释》第4条的规定,违反国家有关规定,通过购买、收受、交换等方式获取公民个人信息,或者在履行职责、提供服务过程中收集公民个人信息的,属于《刑法》第253条之一第3款规定的"以其他方法非法获取公民个人信息"。④ 该处的"购买"宜进行广义理解,理解为具备对价的数据转让、共享,即可能发生在数据采购、商业合作及并购交易中。在获取信息阶段,企业一方面应当保证企业数据收集行为合规,包括自行收集合规和从第三方获取合规;另一方面应尽到足够的合规管理义务,以避免陷入不作为犯罪的风险。因此,在企业个人信息保护刑事法律风险中,涉及个人信息的数据采买是重要的风险来源之一。此类案件多是"非法获取信息 + 合法使用信息"这一模式。

表1 部分"非法获取信息 + 合法使用信息"模式案件

案号	信息类型	利用方式
(2017)苏0411刑初691号	车主信息	用于拓展汽车保养等相关业务
(2017)皖0104刑初452号	车主信息	向车主推广二手车交易业务
(2017)沪0113刑初932号	客户信息	用于拓展车辆维修业务
(2017)冀0802刑初89号	客户信息	发展石油投资客户

---

③ 《利用爬虫技术获取2.1亿条简历数据,侵犯公民个人信息罪"最重"判罚出炉:判刑7年,个人罚金1000万》,载北京植德律师事务所官网,http://www.meritstree.com/index/journal/detail?id=2133。

④ 周加海、邹涛、喻海松:《〈关于办理侵犯公民个人信息刑事案件适用法律若干问题的解释〉的理解与适用》,载《人民司法(应用)》2017年第19期。

续表

案号	信息类型	利用方式
（2017）冀1102刑初119号	业主信息	装电话推销企业生产的家用饰品
（2017）沪0106刑初324号	业主信息	地产公司向业主推销房产
（2017）鄂0106刑初312号	业主信息	使用信息拓展业务
（2017）粤0811刑初68号	业主信息	装修设计公司拓展业务
（2017）赣0102刑初681号	业主信息	拓展公司业务
（2017）浙1081刑初83号	学生信息	某培训学校购买本地学生名单用于招生

例如，在广东某案件中，被告人唐某某本人或指使其雇用的员工从他人处购买公民个人信息1748903条，后被告人唐某某将获取的公民个人信息出售及分发给员工用于推销产品和售卖。被告人梁某某从被告人唐某某处接收公民个人信息用于电话推销保健药品和"佳莱频谱"牌的保健品。公安机关在被告人梁某某手机查获公民个人信息74688条。法院认为，被告人唐某某、梁某某违反国家有关规定，非法获取公民个人信息，情节特别严重，已构成侵犯公民个人信息罪。⑤从该案中可知，被告人违反国家有关规定，通过支付对价购买个人数据的方式进行商业活动，严重侵犯了信息主体的权益，也即商业目的下出售、分发、共享个人信息的行为具有刑法上的可罚性。

（三）数据对外提供时的企业数据刑事法律风险

步入数字经济时代后，对互联网企业或数据密集型企业来说，数据已经成为重要的生产资源，在技术研发、算法优化、用户拓展、产品或服务升级与营销推广等方面都起着不可替代的作用。由于企业难以掌握生产经营各个领域的全部数据，通常会选择通过数据交易的方式获取对其有价值的数据并将该数据投入运用。在数据交易过程中，必然涉及数据的对外提供，企业可能因此而承担个人信息保护的刑事法律风险。

例如，在最高人民检察院指导性案例柯某侵犯公民个人信息案（检例第140号）中，柯某系安徽某信息技术有限公司的经营者，开发了"房利帮"网站。自2016年1月起，柯某开始运营"房利帮"网站并开发同名手机App，以对外售卖上海市二手房租售房源信息为主营业务。运营期间，柯某对网站会员上传真实业主房源信息进行现金激励，吸引掌握该类信息的房产中介人员（另案处理）注册会

---

⑤ 参见广东省清远市中级人民法院（2020）粤18刑终166号刑事裁定书。

员并向网站提供信息,有偿获取了大量包含房屋门牌号码及业主姓名、电话等非公开内容的业主房源信息。柯某在获取上述业主房源信息后,安排员工冒充房产中介人员逐一电话联系业主进行核实,将有效的信息以会员套餐形式提供给网站会员付费查询使用。上述员工在联系核实信息过程中亦未如实告知业主获取、使用业主房源信息的情况。截至案发,柯某通过运营"房利帮"网站共非法获取业主房源信息 30 余万条,以会员套餐方式出售个人信息获利达 150 余万元。2019 年 12 月 31 日,金山区人民法院作出判决,以侵犯公民个人信息罪判处柯某有期徒刑 3 年,缓刑 4 年,并处罚金 160 万元。

此外,考察法院判决发现,在非法出售、对外提供个人信息的案件中,单位内部人员利用职务便利进行违法犯罪活动的情形屡见不鲜。随着对个人信息保护力度的加强,企业采取相应的积极措施防范此类行为的义务势必逐渐加重。

表 2　部分单位内部人员利用职务便利进行违法犯罪活动案件

案号	信息内容	具体行为
(2017)苏 0206 刑初 455 号	车主信息	利用职务便利,搜集履职过程中获得的事故车辆信息
(2017)皖 0104 刑初 452 号	车主信息	利用工作便利,非法收集保存工作中接触的大量车主购买保险的交易信息
(2017)渝 0152 刑初 289 号	车主信息	利用担任交通警察大队协勤之便,冒用正式民警账户密码登录内网综合应用平台获取车主信息
(2017)沪 0113 刑初 932 号	客户信息	使用公司原职工的账号密码,登录车险理赔系统查勘系统非法查询信息
(2016)渝 0107 刑初 66 号	车主信息	趁车管所工作人员不在之机,私自登录查询系统
(2017)豫 0811 刑初 508 号	车主信息	利用工作便利登录交通管理综合应用平台查询
(2017)辽 0211 刑初 404 号	高管信息	在某企业咨询公司工作时从老员工处索得
(2017)沪 0106 刑初 941 号	客户信息	利用职务便利从内部记录筛选客户信息 12 万条
(2017)沪 0106 刑初 527 号	客户信息	利用工作之便搜集整理 6600 余条客户信息

续表

案号	信息内容	具体行为
（2017）川 0116 刑初 624 号	客户信息	员工利用内部渠道获得该公司旅客出行信息
（2017）浙 0521 刑初 300 号	客户信息	利用工作之便下载快递内网 21920 条客户快递单
（2017）浙 0783 刑初 491 号	客户信息	利用职务便利查询快递单号信息
（2017）沪 0106 刑初 346 号	客户信息	利用旅行社工作之便收集客户购买机票的信息
（2016）粤 0111 刑初 3058 号	客户信息	冒名应聘并利用工作便利窃取客户交易信息
（2017）辽 0104 刑初 80 号	客户信息	利用职务便利在公司内部系统上获取客户信息
（2017）浙 1102 刑初 293 号	客户信息	工作期间通过某软件获取客户资料
（2017）浙 0103 刑初 382 号	客户信息	通过公司内部账号非法下载公司客户交易信息
（2017）浙 0324 刑初 661 号	客户信息	离职前私自拷贝公司的客户信息
（2017）苏 0118 刑初 319 号	客户信息	离职时违反公司规定拷贝工作中获取的客户信息
（2017）沪 0106 刑初 1170 号	客户信息	供职期间搜集并向他人提供内部客户资料
（2017）京 0105 刑初 543 号	客户信息	员工利用公司漏洞私自出售公司 155673 条简历
（2016）沪 0104 刑初 1062 号	买家信息	利用其客服权限将买家订单信息非法发送他人
（2016）鄂 0582 刑初 283 号	储户信息	利用职务便利登录系统查询银行储户个人信息
（2017）沪 0106 刑初 162 号	客户信息	利用工作之便将累积的贷款客户信息发送他人

三、企业数据刑事法律风险场景的合规建议

在互联网和数据行业的发展初期,立法的滞后性以及数据的经济价值并未如此凸显,容易形成某些违法犯罪行为并未被处罚的"实践经验",但不能用既有经验、行业实践来代替法律判断。行业习惯不是法定免责事由,法律不会因为涉案行为是行业惯常的行为就对其免予处罚。随着保护公民个人信息的意识与执法力度不断提高,企业除了遵守相关法律、行政法规,对于实务中司法机关的审理思路和裁判要点也应保持关注。⑥

(一)网络爬虫场景下企业的刑事合规建议

网络爬虫场景下企业个人信息保护的刑事合规,可以从是否遵守 robots 协议(搜索引擎爬虫协议)和是否设置抓取内容的限制策略两个方面分析。若网站设置有 robots 协议,则应严格遵守。尽管目前违反此类协议的抓取是否违法尚有争议,但仍应谨慎对待,不宜突破目标网站的反爬虫技术措施,避免触犯非法获取计算机信息系统数据罪。

除遵守 robots 协议以外,企业设置抓取内容的限制策略也是必要的,抓取后应及时审查所抓取的内容。如发现数据属于用户的个人信息、隐私,或涉及他人商业秘密、著作权作品的,则该抓取行为可能构成侵犯公民个人信息罪、侵犯商业秘密罪、侵犯著作权罪。此时,应及时停止抓取,并完整删除已经爬取的信息。若双方商业模式相同或近似,且通过爬虫的方式获取对方的信息很可能会对对方造成直接损害或者减损其可期待利益时,则不应抓取相关数据,以避免构成不正当竞争。如果系对方的核心化、批量式主营业务商业数据,应尽量避免以爬虫方式搜集,以免损害其实质性商业利益,违反《反不正当竞争法》相关规定,从而引发法律纠纷。⑦ 此外,还应设置专人对爬虫软件进行管理,严格禁止对国家事务、国防建设、尖端科学技术领域的计算机信息系统的侵入。⑧

值得注意的是,在与爬虫相关的个人信息保护刑事案件中,仍有一些问题需要明确,进而统一类案裁判标准。比如,如何界定"侵入计算机系统",爬虫绕过

---

⑥ 朱宣烨等:《数据领域投资人也会有刑事风险?——企业数字化转型风险合规之五》,载北京植德律师事务所官网,http://www.meritsandtree.com/index/news/detail? id = 207。

⑦ 林子淇:《"爬虫"爬取数据的合规要点》,载法律快车,https://www.lawtime.cn/article/lll131383134131388228oo709621。

⑧ 赵军、张美艳:《盈理洞察/企业数据处理中的刑事风险及合规建议》,载微信公众号"盈理律师事务所",https://mp.weixin.qq.com/s/7c8ZpiOafuuKJUzp_X7n0w。

口令、技术措施,抑或违反网站上公开的使用声明,是否都属于"侵入"?前述问题的认定,关系到爬虫使用的边界以及具体场景下行为的合法性问题,需要在司法实践中予以明确或统一认定标准。

(二)数据采买场景下企业的刑事合规建议

在数据采买的场景下,以"购买"为主要手段的"非法获取"行为的核心特点是未经信息主体"同意"且无其他合法依据。据此,企业通过第三方获取数据时,有义务对第三方供应商数据的合法性进行审查并留存证据,避免因第三方数据来源的不合法招致刑事风险。例如,对供应商资质进行审核。在向第三方采购数据时,企业要确保供应商具有合法资质,同时应综合评估供应商数据安全管理能力、前期数据交易经验及能力、服务质量等,并留存审核记录。又如,企业需要查看供应商数据来源合法的证明文件,查明供应商与用户签订的协议是否明确授权,以及授权使用范围、用途等,要求供应商提供并签署数据未侵犯他人个人信息和其他合法权益的承诺书,并约定由供应商承担企业因此发生纠纷而遭受的相关损失。

然而,目前对于数据接收方审查所要达到的程度,法律规定不够具体、明确,造成了实践中做法的不统一,甚至是冲突。数据接收方对用户授权承担形式审查义务还是承担实质审查义务?审查每条授权的实际情况抑或按比例抽查等其他方式?为使企业有明确的操作依据,促进行业实践的统一,建议通过配套规定或司法裁判等方式,就数据接收方对数据提供方获得用户授权的审查程度予以明确。

(三)数据对外提供时企业的刑事合规建议

企业数据处理者在销售、提供个人信息过程中应当明确数据使用的界限和范围,确保数据的使用具有合法性基础,否则可能构成侵犯公民个人信息罪。值得注意的是,在非法出售、提供个人信息的案件中,单位工作人员利用职务便利进行违法犯罪活动的情形屡见不鲜。随着对个人信息保护力度的加强,企业采取相应的积极措施防范此类行为的义务势必逐渐加重。

在对外提供个人信息场景下,企业可从以下三个方面规避刑事风险。第一,针对业务端在不同场景下对外提供个人信息的特点和流程,提供定制的合规培训和专业的法律意见。第二,对外提供个人信息时应取得用户的充分授权,合法合规进行,并与接收方约定处理目的、范围、方式以及数据安全保障措施,并通过签订合同明确双方的数据安全责任义务。同时,根据双方签署的合作协议,对数据接收方的处理活动进行监督。第三,建立最小授权的访问控制策略,对个人信息的重要操作设置内部审批流程,安全管理人员、数据操作人员、审计人员进行角色分离,超越权限处理个人信息的,应经个人信息保护责任人或者个人信息保护工作机构审批并记录。

四、企业数据刑事合规体系搭建及义务落地

(一)企业需要识别法定义务并自查数据合规现存风险

从风险规避角度来说,企业需要对现行个人信息处理方案中的合规问题进行一次全面而彻底的盘点、梳理和识别,建立技术应用合规评估制度,避免技术滥用。在此基础上,面对法律规定中所提出的各项要求,包括《数据安全法》提出的数据处理风险监测、重要数据处理定期风险评估、《个人信息保护法》要求的在特定情形时开展的"个人信息保护影响评估"等,企业均需要在透彻理解法规的基础上形成与自身业务规则相融合且行之有效的内部运行机制,将个人信息保护的法律合规义务纳入内部的审批和管理流程中,从而帮助企业识别风险、规避风险。特别是,企业应加强对个人信息处理历史的自查,在收集、使用个人信息涉及的部门众多、环节复杂时,企业更应及时自查。如发现业务部门在处理个人信息过程中存在超过隐私规则告知、超过授权范围或其他有违合法性基础的行为,应及时予以纠正。

(二)企业数据刑事合规需要重视顶层设计及规范制定

在企业个人信息刑事合规的顶层设计上,统一的纲领性制度文件必不可少,且内部纲领性制度文件的搭建也并非是随意的,而是需要从管理责任部门、组织架构、数据安全与个人信息保护原则,以及基本技术和操作要求等多重维度展开构建。在形式上,制订完成的内部纲领性制度文件应当通过公司内部员工大会或者其他形式依法公开发布,从而能够成为每个内部员工知晓和严格遵守的制度。在配套规范上,有关法律中不同主体所承担的网络安全和数据保护义务是不同的,"网络运营者""数据处理者"和"个人信息处理者"等分别应承担不同的义务。针对这一点,企业需要在适应法规的基础上,搭建自身可供参考的规定和规范。企业数据分类分级管理规定、企业数据来源合法合规性审查规范、员工数据安全与权限管理规范、个人信息加密和去标识化指引、数据出境安全管理要求、网络数据安全应急响应预案及流程规定等,都是企业应当考虑的事项。

(三)企业数据刑事合规的落地需要强有力的执行工具

要建立符合法律要求和预期目的的合规体系,需要从较好的顶层设计、完善的配套规范和有力的执行工具这三个层面进行搭建。只有实现三者的有机结合才能够搭建出一个行之有效的数据合规制度规范体系,这三者之中的任何一个都

需要企业进行精心的设计,特别是企业个人信息保护刑事合规执行工具,必须得到有力落实。

鉴于个人信息保护工作事项的多样性和涵盖面的广泛性,如能搭建一套数据合规表单记录类工具或模板,在节省合规成本、提高合规效率上将会起到非常有力的助益。除此之外,为提高合规工作的效率,还可以针对个人信息处理记录义务、个人信息保护评估义务等设计一套可以通用的合规工具。

(四)企业须建立数据刑事合规的常规审计与监督机制

在内部体系维护上,企业应当对自身是否具备相关法律规定的网络安全、数据安全和个人信息保护专门部门和负责人的情况或条件进行审查,并按照法律规定的要求履行法定义务、承担相应的责任。此外,现行法律规定还要求,内部的主管部门有义务对数据安全和个人信息保护情况定期进行"合规审计"。可以说,未来维系企业个人信息保护体系有效运转的重要内容之一,是要开展以自行或者委托第三方专业机构审计为主、相关主管部门强制审计为辅的数据领域合规审计工作。

在外部执行监督上,企业应当建立包括与相关主管部门、专业第三方组织定期沟通与咨询的稳定畅通的数据合规咨询渠道,从而在风险尚未生成时就能未雨绸缪。对于符合法律规定中提到的"提供重要互联网平台服务、用户数量巨大、业务类型复杂的个人信息处理者"情形的企业,企业自身应当积极接受社会监督,不仅要成立由外部成员组成的监督个人信息保护的独立机构,还应当按照相关法律要求,定期发布个人信息保护社会责任报告。⑨

五、结语

目前,我国数据合规法律体系顶层设计已基本完成,同时,配套性法律法规也将会陆续出台。企业数据刑事合规体系构建工作的现实意义已经日趋强化,现实的发展要求企业开展高质量、精细化的数据合规工作。企业数据刑事合规体系的搭建并非一项单独性的工作,而是一个系统性的工程。行之有效的企业数据刑事合规体系的搭建,要求企业结合自身现有和将要展开的业务实际制订具有可行性的方案,并针对方案展开有计划的落地工作。在数字时代的浪潮中,如何发挥数据合规的风险防范作用,以及如何充分激发数据的创新价值等,还有待企业更深入地进行探索。

---

⑨ 孙法柏:《大型网络平台特殊义务的法律指引:以个人信息保护法第五十八条为例》,载民主与法制网,http://www.mzyfz.com/html/1022/2021－11－26/content－1538380.html。

处置型污染环境罪的法教义学分析[*]

刘伟琦[**]

一、问题的提出

根据我国现行《刑法》第 338 条第 1 款的规定,污染环境罪,是指行为人实施了"违反国家规定,排放、倾倒或者处置有放射性的废物、含传染病病原体的废物、有毒物质或者其他有害物质,严重污染环境的"行为。据此,非法排放、倾倒、处置有害物质的行为都是污染环境罪的实行行为。相对于以"非法排放、倾倒"的行为方式构成的污染环境罪而言,以"非法处置"的行为方式构成该罪时,便成立处置型污染环境罪。在司法实践中,非法处置行为与排放、倾倒相同数量的有害物质的行为相比,二者是否污染环境以及污染环境的程度并不相同,因此,有必要从法教义学方面对处置型污染环境罪作细致的解读,而以下问题尤其值得讨论。

首先,如何理解《刑法》规定的污染环境罪所保护的法益?"刑法的目的是保护法益"[①],"对某个刑法规范所要保护的法益内容理解不同,就必然对犯罪构成要件理解不同,进而导致处罚范围的宽窄不同"[②]。既然保护法益影响犯罪构成及构成要素的解释与认定,那么如何认识设立污染环境罪保护的法益将影响对处置型污染环境罪的解释与认定。

其次,如何理解处置型污染环境罪的犯罪形态?即处置型污染环境罪是结果犯还是行为犯?是实害犯还是危险犯?若将其理解为行为犯,则非法处置行为的实施就可以成立污染环境罪既遂;若将其理解为结果犯,则非法处置行为须造成法定的结果才成立污染环境罪既遂。若将其理解为危险犯,则造成法益危险状态就可以作为处罚的根据;若将其理解为实害犯,则非法处置行为须对法益造成现实的侵害才成立处置型污染环境罪。此外,如何理解处置型污染环境罪的犯罪形

---

[*] 本文原载《法商研究》2019 年第 3 期。
[**] 贵州民族大学法学院教授,法学博士,博士后。
[①] 张明楷:《刑法目的论纲》,载《环球法律评论》2008 年第 1 期。
[②] 参见张明楷:《刑法分则的解释原理》(上),中国人民大学出版社 2011 年版,第 347 页。

态也影响对"严重污染环境"的解释,进而影响对处置型污染环境罪的认定。

再次,实践中的非法处置行为包括违规处理与二次利用有害物质两种形式,受处理能力以及采用工艺水平的影响,不同的处置行为,其有害物质无害化处理程度以及利用率并不相同,从而导致出现如下局面:处置相同数量的有害物质,却存在有害物质等量化、减量化和无害化三种形态,三者是否污染环境以及污染的程度并不相同。然而,司法实务部门往往忽视对非法处置行为的三种形态作实质甄别与判断,存在将形式上符合司法解释但实质上尚未污染环境以及污染未达到严重程度的处置行为认定为处置型污染环境罪的风险。为了规避此种风险,应当如何对非法处置行为的含义以及其犯罪构成符合性判断作目的性限缩?

最后,对处置型污染环境罪的认定应当采取哪些认定规则?由于我国《刑法》对非法处置、排放、倾倒有害物质的行为规定了相同的入罪标准和法定刑,因此就意味着入罪的非法处置行为应当与排放、倾倒行为具有相同的法益侵害性和相当的危害程度。但是,在司法实践中,非法处置与排放、倾倒相同数量的有害物质并非具有相同的法益侵害性,其危害程度也并非"相当"。为了确保入罪的非法处置行为与排放、倾倒行为具有相同的法益侵害性和相当的危害程度,对处置型污染环境罪的认定就需要采取符合其特征的认定规则。

二、保护法益

(一)现有理论述评

关于刑法规定污染环境罪以及其他环境犯罪所保护的法益,迄今为止仍众说纷纭,根据解释的立场不同,大体上可归为"纯粹的人类中心主义法益论""纯粹的环境中心主义法益论"以及"生态学的人类中心主义法益论"。

1."纯粹的人类中心主义法益论"

该理论坚持以人类为中心的立场,将人的"利益或需要"作为识别环境犯罪法益的"唯一基础或标准"[3],其核心观点是,"环境因素本身并不具有独立的刑法保护价值,只有与人的生命、健康和财产相联系时才有保护的必要"[4]。该说是日本刑法理论的通说。[5] 在《刑法修正案(八)》之前,该说是我国刑法理论的通说,

---

[3] 张福德、朱伯玉:《环境伦理视野中的环境刑法法益》,载《南京社会科学》2011年第1期。
[4] 赵秉志:《环境犯罪及其立法完善研究》,北京师范大学出版社2011年版,第38页。
[5] 参见程红:《环境刑法保护法益比较研究》,载高铭暄、赵秉志主编:《刑法论丛》(第9卷),法律出版社2005年版,第503页。

其代表性观点是认为"环境犯罪侵犯的是不特定多数人的生命、健康和重大公私财产的安全"⑥。

该理论符合人类长期的历史实践。但时至今日,该说存在明显缺陷。首先,该说不符合我国刑法的规定。根据《刑法修正案(八)》的规定,违反环保法规的污染行为造成"严重污染环境"的,即使没有侵犯生命、身体与财产法益,也可以成立污染环境罪。其次,该说忽视环境法益对人类的价值,不利于保护生态环境。该说将人的"利益或需要"作为识别环境犯罪法益的"唯一基础或标准",因此,若行为没有侵犯到人本身的利益,即使严重破坏了生态环境,也不能对其给予刑事制裁。⑦

2."纯粹的环境中心主义法益论"

该理论坚持以生态为中心的立场,强调"应将伦理平等的观念扩大到全体生态系统中去,自然具有与人类同样明确且值得敬畏的权利"⑧,该说在此思想基础上,将环境犯罪理解为危害生态系统自身的犯罪,认为其保护的法益是"自然环境"⑨或者生态学上的环境及其他环境利益⑩。因此,在该说看来,环境法益应当成为环境犯罪的独立法益,司法解释应当"紧密围绕环境法益展开合目的性解释"⑪。

在持该理论者的视域下,即使没有人身与财产法益的侵犯,只要对生态环境法益的侵犯达到一定程度,就可以以污染环境犯罪论处,因而有利于保护生态环境。但是,该理论也存在一些缺陷。

首先,该理论强调将"伦理平等的观念扩大到全体生态系统中去",其实际上主张对生态系统的各个要素"同样要讲求权利与义务的平等"⑫,即生态系统的各要素与人类具有平等的权利义务(生态要素平等主义),这无异于"将生态界其他

---

⑥ 赵秉志、王秀梅、杜澎:《环境犯罪比较研究》,法律出版社2004年版,第36页。
⑦ 参见许玉秀:《台湾地区"环境刑法"规范的过去、现在与未来》,载许玉秀:《主观与客观之间——主观理论与客观归责》,法律出版社2008年版,第340页。
⑧ 王秀梅:《环境刑法价值理念的重构——兼论西部开发中的环境刑法思想》,载《法学评论》2001年第5期。
⑨ 贾健:《生态本位主义与环境刑法的立场》,载《法制日报》2015年10月14日。
⑩ Vgl. Arzt/Weber, Strafrecht Besonderer Teil, Lehrbuch, Verlag Ernst und Werner Gieseking, 2000, S. 883.
⑪ 参见钱小平:《环境法益与环境犯罪司法解释之应然立场》,载《社会科学》2014年第8期。
⑫ 贾健:《生态本位主义与环境刑法的立场》,载《法制日报》2015年10月14日。

成员与人等视同观,认为他们存在和人的存在等价"[13]。如果严格贯彻此种观点,那么当人类利用各种自然资源的行为侵犯其他生物的平等权利时,就应当加以禁止。如此一来,人类修建水利大坝、开采各种矿石、在大山深处修建道路桥梁等大型工程必然会不同程度地破坏一些野生动物的栖息地,侵犯它们的权利,因而上述行为都应当禁止。但是,这显然不符合现实。

其次,既然持该理论者认为人类的利益不能优越于环境利益,那么就会理所当然地禁止为了人类的利益而污染环境。然而,当今社会离不开工业生产,而工业生产的过程不可避免地会产生废水、废气及废渣,从而对生态环境造成污染。在工业生产不可或缺以及工业污染不可避免的情况下,为了降低环境污染带来的风险,各国通过颁布污染许可的标准,使工业生产的污染处在一个"可接受风险水平"[14]。例如,《环境保护法》第 16 条第 1 款规定:"国务院环境保护主管部门根据国家环境质量标准和国家经济、技术条件,制定国家污染物排放标准。""污染物排放标准"实际上是国家确定的生产污染的"可接受风险水平"的评价标准。这说明,我国《环境保护法》并不禁止所有的环境污染,只是"禁止人类对环境的过度污染和对自然资源的过度使用"[15]。因此,该理论与我国的环境保护立法并不相符。

3. "生态学的人类中心主义法益论"

持该理论者认为:"环境刑法的保护法益有两个方面:一是人的生命、身体机能与财产等相关的利益,二是与此相关联的生态系统的保持。"[16]德国学者一般认为,"环境的刑事保护不能单纯地局限于对人类生命健康的保护,必须同时保护像水、空气和土地这样的基本生活基础"[17]。该理论实际上是将环境法益、传统的人类法益并列为环境犯罪侵犯的法益。只不过,该理论对环境法益有所限制,即"只有当环境作为人的基本的生活基础而发挥机能时,才值得刑法保护"[18]。该理论是德国刑法学界占主要地位的理论。

"生态学的人类中心主义法益论"实际上是前两种理论的折中,因而可以将

---

[13] 参见许玉秀:《台湾地区"环境刑法"规范的过去、现在与未来》,载许玉秀:《主观与客观之间——主观理论与客观归责》,法律出版社 2008 年版,第 346 页。
[14] 参见[英]巴鲁克·费斯科霍夫等:《人类可接受风险》,王红漫译,北京大学出版社 2009 年版,第 77 页。
[15] 喻海松:《环境资源犯罪实务精释》,法律出版社 2017 年版,第 15 页。
[16] 张明楷:《污染环境罪的争议问题》,载《法学评论》2018 年第 2 期。
[17] 王世洲:《德国环境刑法中污染概念的研究》,载《比较法研究》2001 年第 2 期。
[18] Vgl. Gramer/Heine, in: Schönke/Schröder Strafgesetzbuch Kommentar, 26. Aufl., 2001, s. 2480.

该理论称为"折中理论"。"折中理论"克服了前两种理论的缺陷,在我国逐渐获得较多学者的支持[19],大有成为主流理论之势,但该理论的合理性也值得商榷。

一方面,"折中理论"将生态环境法益和生命、身体、健康等传统的人类法益解读为设立污染环境罪保护的法益不符合我国刑法的规定。根据《刑法修正案(八)》的规定,即使污染环境的行为没有侵犯生命、身体、健康等传统的人类法益,只要达到"严重污染环境"的程度,也可以成立污染环境罪。既然如此,生命、身体、健康等传统的人类法益就不是设立该罪保护的法益。

另一方面,"折中理论"并没有给抽象的环境法益下一个明确的定义,使得运用法益理论指引犯罪构成的解释以及通过法益理论限制司法权的功能陷入困境。虽然持"折中理论"者将环境法益限制解释为"具有作为人类的基本生活基础的机能的环境"。[20] 但是"环境"一词过于抽象,并且时至今日,学界对何谓环境法益尚未形成共识,其"在内涵、外延、主体以及性质上尚存模糊与争议"。[21] 其实,即使将环境法益作上述限定性解释,也无法消除其带来的争议。例如,家庭环境、居住小区的卫生环境、绿化环境、安宁环境等是否属于"具有作为人类的基本生活基础的机能的环境"?对此疑问,不同的人可能会有不同的回答。如果以一个内涵不清、外延不明的法益指引环境犯罪的解释与认定,那么难免使该罪的司法适用陷入混乱。

(二)人本的环境资源质量法益之提倡

笔者认为,在解读设立污染环境罪保护的法益时,应当根据我国环境刑法与环境法的实然规定、法的人本立场以及有利于发挥法益的解释论机能对其进行合理的界定。

第一,结合我国《环境保护法》的规定,应当将设立污染环境罪保护的法益解读为影响人类生存和发展的环境资源质量。在我国,污染环境罪的成立以违反环境保护法规为前提,即污染环境罪是行政犯[22],因此,对该罪侵犯法益的解读不能脱离我国环境保护法的相关规定。《环境保护法》第 2 条规定:"本法所称环境,是指影响人类生存和发展的各种天然的和经过人工改造的自然因素的总体,包括大气、水……"此条规定包含以下信息:法条所列举的"各种天然的和经过人工改

---

[19] 参见张明楷:《污染环境罪的争议问题》,载《法学评论》2018 年第 2 期;周光权:《刑法各论》,中国人民大学出版社 2016 年版,第 421 页。

[20] 张明楷:《污染环境罪的争议问题》,载《法学评论》2018 年第 2 期。

[21] 王岚:《论非法处置危险废物类污染环境罪中的处置行为》,载《法商研究》2017 年第 3 期。

[22] 参见陈卫东、徐贞庆:《污染环境罪中"处置"的解释原则和方法》,载《人民检察》2016 年第 19 期。

造的自然因素"均是环境资源;我国《环境保护法》所保护的客体是影响人类生存和发展的环境资源;某些天然的和人工改造的自然因素是否属于《环境保护法》所保护的环境资源,其判断标准是"影响人类生存和发展"。此外,如前所述,我国《环境保护法》并不禁止对环境资源的利用,其禁止的是对环境资源质量的污染和破坏,所保护的也正是影响人类生存发展的环境资源质量。所以,《环境保护法》实际保护的是影响人类生存和发展的环境资源质量。那么,设立污染环境罪保护的法益也应当是影响人类生存和发展的环境资源质量(以下简称环境资源质量,本文使用的环境资源质量也特指上述含义)。

第二,将设立污染环境罪保护的法益解读为环境资源质量符合法的人本立场。古今中外,立法者创设的法"是以人为主体、为对象、为目的的,是为了人的自由而产生、存在和发展的"[23]。据此,立法者创设法的根本理念和立场是以人为本,既然如此,"以人为本"也必然应成为包括刑法在内的法学理论研究的一个总的指导思想。事实上,刑法理论在解释法益的概念时一直坚持"以人为本"的理念。比如,一般认为,法益"是以实定刑法进行保护的生活利益"[24]。由于生活利益的主体是人,所以,对刑法所保护的法益的理解,也"必须以人类之生活需要为立足点"[25]。据此,以人为本也应当成为解读刑法法益的基本立场,将污染环境罪的法益解读为影响人类生存和发展的环境资源质量,符合法的人本立场。

第三,将设立污染环境罪保护的法益解读为环境资源质量符合我国《刑法》关于环境犯罪的规定。我国《刑法》共规定了15个具体的环境犯罪罪名,其在类型上分为污染环境资源型犯罪与破坏环境资源型犯罪两类。[26] 前一类型的行为指向大气、水、土壤等环境资源,行为结果是导致环境资源质量的下降或恶化,即污染了环境资源质量;后一类型的行为指向"水产品""野生动物""国家重点保护的植物""农用地""矿产"等特定的环境资源,行为结果是导致环境资源的价值减

---

[23] 武步云:《人本法学的哲学探究》,法律出版社2008年版,第1—2页。
[24] 张明楷:《法益初论》,中国政法大学出版社2000年版,第139页。
[25] 陈志龙:《法益与刑事立法》,1997年自版,第64—65页。
[26] 污染环境资源型环境犯罪包括:污染环境罪、非法处置进口的固体废物罪、擅自进口固体废物罪共3个罪名。破坏环境资源型环境犯罪包括:非法捕捞水产品罪;非法猎捕、杀害珍贵、濒危野生动物罪;非法收购、运输、出售珍贵濒危野生动物、珍贵、濒危野生动物制品罪;非法狩猎罪;非法占用农用地罪;非法采矿罪;破坏性采矿罪;非法采伐、毁坏国家重点保护植物罪;非法收购、运输、加工、出售国家重点保护植物、国家重点保护植物制品罪;盗伐林木罪;滥伐林木罪;非法收购、运输盗伐、滥伐的林木罪共12个罪名。

少或丧失,即破坏了环境资源的质量。㉗ 无论是污染还是破坏环境资源质量,其本质都是对环境资源质量的侵犯。所以,环境犯罪侵犯的法益是环境资源质量。

第四,将设立污染环境罪保护的法益解读为环境资源质量,有利于发挥法益的解释论机能指引该罪的解释与认定。法益的解释论机能的一个重要环节就是判断法益是否受到侵犯以及侵犯的程度。㉘ 当前,我国已初步形成涵盖水、大气、土壤、声环境等一系列环境资源质量标准体系㉙,这些标准主要有《生活饮用水水质标准》《地面水环境质量标准》《土壤环境质量标准》《渔业水质标准》《环境空气质量标准》等。上述环境资源质量标准均规定了保障身体健康以及维持生产生活秩序的限制值,为司法人提供了识别环境资源质量是否下降及其下降程度的操作标准,司法人员可以根据这些标准判断环境资源质量是否受到侵犯以及受侵犯的程度,所以,上述法益含义的界定,有利于司法人员发挥法益的解释论机能指引该罪的解释与认定。

三、处置型污染环境罪的犯罪形态

由于《刑法修正案(八)》将1997年《刑法》第338条规定的"造成重大环境污染事故,致使公私财产遭受重大损失或者人身伤亡的严重后果"修改为"严重污染环境",因此该条规定的罪名由重大环境污染事故罪变更为污染环境罪。关于《刑法修正案(八)》之后污染环境罪的犯罪形态,学界有不同的看法,有论者认为该罪被修正为行为犯㉚;有论者认为该罪被修正为危险犯㉛;有论者认为该罪被修正为情节犯㉜;也有论者认为上述修改只是实害结果上的变化,该罪仍然是实害犯㉝;还有论者认为该罪仍然是结果犯,只不过由以前对人身、财产的损害结果转

㉗ 以"野生动物制品"和"国家重点保护的植物制品"为行为指向的犯罪,其非法收购、运输、出售、加工上述"制品"会助推他人对野生动物和国家重点保护的植物这两类环境资源的破坏,所以,其本质上仍然是对环境资源质量的破坏。

㉘ 参见焦艳鹏:《法益解释机能的司法实现——以污染环境罪的司法判定为线索》,载《现代法学》2014年第1期。

㉙ 杜学文、蒋莉:《我国环境标准体系的不足与完善》,载《中共山西省委党校学报》2018年第3期。

㉚ 参见李涛:《污染环境罪属于行为犯而非结果犯》,载《检察日报》2016年11月9日。

㉛ 参见李梁:《中德两国污染环境罪危险犯立法比较研究》,载《法商研究》2016年第3期。

㉜ 参见蒋兰香:《刑法"污染"概念之解析》,载《中国地质大学学报(社会科学版)》2016年第1期。

㉝ 参见姜文秀:《污染环境罪与重大环境污染事故罪比较研究》,载《法学杂志》2015年第11期。

变为对环境本身的损害㉞。

评价上述争议需要澄清相关基础概念,因为若对基础概念缺乏共识,则既不能正确评价、反驳其他观点,又无法平息相关的争论。一般认为,行为犯是与结果犯对应的概念,危险犯是与实害犯对应的概念。行为犯与结果犯是根据是否有判断因果关系(客观归责)的必要所进行的划分。行为犯,是指只要实施构成要件的行为即构成既遂的一种犯罪形态;结果犯,是指不仅实施了构成要件的行为,而且产生了特定的结果是为既遂的一种犯罪形态。前者的归责不需要因果关系判断,后者的归责要求以行为与结果之间具有因果关系为必要。㉟ 危险犯和实害犯是以处罚根据的不同以及实行行为(构成要件的行为)对构成要件保护法益的影响进行的划分。㊱ 危险犯构成要件的实现以行为对法益造成侵害的危险为必要,因此,其是以实行行为对法益发生侵害的危险作为处罚根据的一种犯罪形态,并且其以实行行为的实施对法益产生紧迫的威胁作为既遂的标志;实害犯构成要件的实现以行为对法益造成现实侵害为必要㊲,因此,其是以实行行为对法益的现实侵害作为处罚根据的一种犯罪形态,并且其以实行行为的实施对法益产生现实侵害作为既遂的标志㊳。

此外,对具体犯罪的犯罪形态的理解不能脱离刑法对其罪状的规定。结合上述相关基础概念以及我国《刑法》对污染环境罪的规定,对于处置型污染环境罪的犯罪形态,可以得出如下结论。

其一,处置型污染环境罪应当属于结果犯,而非行为犯。详言之,根据《刑法修正案(八)》的规定,污染环境的罪状包括"非法排放、倾倒、处置有害物质的行为+严重污染环境"。据此,倘若缺乏"严重污染环境"的要件,仅有非法处置有害物质的实行行为,就不能成立处置型污染环境罪。换言之,行为人仅仅实施非法处置行为并不能直接构成处置型污染环境罪,只有非法处置行为造成了"严重污染环境"的状态,才能以处置型污染环境罪论处。那么,这种"严重污染环境"的状态是不是一种结果?通说认为,污染环境是指人类"向环境排放超过其自净能力的物质或者能量,从而使环境的质量降低的现象"。㊴ 由于环境是由环境资

㉞ 参见张亚平:《环境风险的刑法应对》,载《河南大学学报(社会科学版)》2015 年第 2 期。
㉟ Roxin, Strafrecht AT, Bd. Ⅰ, 4. Auf., 2006. §10, Rn. 103.
㊱ Roxin, Strafrecht AT, Bd. Ⅰ, 4. Aufl., 2006, §11, Rn. 147.
㊲ 参见[日]山中敬一:《刑法总论》,成文堂 2015 年版,第 174 页。
㊳ 参见[德]乌尔斯·金德霍伊泽尔:《刑法总论教科书》,蔡桂生译,北京大学出版社 2015 年版,第 67 页。
㊴ 赵秉志主编:《刑法修正案(八)理解与适用》,中国法制出版社 2011 年版,第 407 页。

源要素组成的,因此,污染环境的实质是使环境资源质量下降。据此,严重污染环境的实质是使环境资源质量显著下降。环境资源质量的显著下降是一种客观的物理性变化,这种变化当然是一种结果,并且属于处置型污染环境罪犯罪构成的结果。因此,"'严重污染环境'并不是对行为本身的规定,而是对结果的要求"⑩。这就意味着,处置型污染环境罪的基本构造是:"非法处置行为+'严重污染环境'"的结果。另外,理论与实践均认为污染环境罪的成立,需要非法排放、倾倒、处置行为与"严重污染环境"的结果之间有因果关系。⑪ 据此,仅仅有非法处置有害物质的行为,若欠缺环境资源质量严重下降("严重污染环境")的结果,则并不能成立处置型污染环境罪,更不可能成立处置型污染环境罪的既遂。因此,处置型污染环境罪应当属于结果犯,而非行为犯。

其二,处置型污染环境罪应当属于实害犯,而非危险犯。由于"严重污染环境"是处置型污染环境罪的构成要件要素,这就意味着,只有非法处置行为造成了"严重污染环境"的结果,才能认为处置型污染环境罪构成要件的实现,对非法处置行为进行刑事处罚才有正当性根据。此外,"严重污染环境"是处置型污染环境罪的构成要件要素还意味着,只有非法处置行为造成"严重污染环境"的结果时,处置型污染环境罪才得以成立,据此,比犯罪成立更为严格的处置型污染环境罪既遂形态必然要求"严重污染环境"的结果。前文已论证,本罪的法益是环境资源质量,不包括人身、财产等传统的人类法益,由于"严重污染环境"的出现必然伴随环境资源质量的下降或恶化,当然意味着本罪的环境资源质量法益已经遭受现实侵害。由此可以得出结论,处置型污染环境罪是以非法处置行为对本罪法益的现实侵害作为处罚根据,并且,环境资源质量法益遭受现实侵害是处置型污染环境罪成立既遂形态的必备条件,所以,处置型污染环境罪应当属于实害犯,而非危险犯。

然而遗憾的是,污染环境罪司法解释却存在将处置型污染环境罪理解行为犯和危险犯的条款。现举例如下。

首先,2016年《关于办理环境污染刑事案件适用法律若干问题的解释》(以下简称2016年《环境污染解释》)第1条第2项以及2013年《关于办理环境污染刑事案件适用法律若干问题的解释》(以下简称2013年《环境污染解释》)第1条第2项将非法"处置危险废物三吨以上"解释为"严重污染环境";2016年《环境污染解释》第1条第5项以及2013年《环境污染解释》第1条第4项将通过暗管、渗

---

⑩ 张明楷:《简评近年来的刑事司法解释》,载《清华法学》2014年第1期。
⑪ 参见杨继文:《污染环境犯罪因果关系的证明》,载《政治与法律》2017年第12期。

井、渗坑、裂隙、溶洞、灌注等逃避监管的方式非法处置有害物质解释为"严重污染环境"。根据上述解释,只要行为人非法"处置危险废物三吨以上"或者采用上述特定方式实施非法处置有害物质的行为,无论在客观上是否使环境质量严重下降,就都认定属于"严重污染环境",进而可以认定成立处置型污染环境罪。换言之,在上述解释中,非法处置有害物质行为本身被评价为严重污染环境的处置行为,仅凭非法处置有害物质的行为就可以认定成立处置型污染环境罪的既遂。以上述司法解释为依据,处置型污染环境罪似乎可以被解释为行为犯。

其次,2016年《环境污染解释》第1条第1项以及2013年《环境污染解释》第1条第1项将"在饮用水水源一级保护区"等特殊区域非法处置有毒有害物质解释为"严重污染环境"。根据该解释,在上述特殊区域非法处置有毒有害物质,即使其客观上没有使环境质量严重下降,但只要行为本身对环境资源质量法益具有侵害的危险,仍然可以认定属于"严重污染环境"以及成立处置型污染环境罪的既遂形态。由此观之,处置型污染环境罪似乎可以视为危险犯,这也是学界认为污染环境罪由实害犯转化为危险犯的重要根据。

由于司法解释是最高司法机关"在尊重立法原意的前提下对立法规定所做的司法细化"[42],因此,司法解释既不能修改也不能废除立法设置的犯罪构成要件,否则,便是对立法权的侵犯。如前所述,"严重污染环境"是处置型污染环境罪成立的法定要件,污染环境是指环境资源质量下降,"严重污染环境"是指环境资源质量严重下降(下文对此予以详述),但是,将处置型污染环境罪理解为危险犯或行为犯则意味着即使非法处置行为客观上没有造成环境资源质量严重下降,没有造成"严重污染环境"的结果或状态,仍然可以成立处置型污染环境罪,这实际上修改了处置型污染环境罪的犯罪构成要件。因此,正如有学者所言,这些解释已经超越司法解释机关的权限而涉嫌违法[43],并且容易诱发不当入罪以及侵犯国民自由的风险。事实上,司法解释将处置型污染环境罪解释为危险犯和行为犯确实给处置型污染环境罪的刑事司法带来潜在的风险。

四、处置型污染环境罪刑事司法存在的风险

实践中的非法处置行为包括违规处理与二次利用有害物质两种形式。前者

---

[42] 王勇:《论司法解释中的"严重污染环境"——以2016年〈环境污染刑事解释〉为展开》,载《法学杂志》2018年第9期。
[43] 参见田国宝:《我国污染环境罪立法检讨》,载《法学评论》2019年第1期。

主要是为了转移有害物质或减少、消除有害物质的有害成分；后者主要是为了从有害物质中提取有价值的材料或燃料，以获取经济利益。受处理能力以及采用的工艺水平的影响，非法处置的有害物质无害化处理程度以及利用率并不相同，从而导致实践中非法处置的有害物质具有如下三种形态：(1) 有害物质等量化，即对有害物质处置后仍然维持有害物质的数量，其危害性并未降低；(2) 有害物质减量化，即通过从有害物质中提取有价值的材料、将部分有害物质循环利用以及采取改变有害物质物理、化学、生物特性的方法，使有害物质的数量有所减少，最终置于外部环境的有害物质的数量及其危害性有所降低；(3) 有害物质无害化，即通过妥善处理、物理上的循环利用或一系列化学反应，在客观上实现了有害物质无害化。因此，即使非法处置相同数量的有害物质，上述三种形态是否污染环境资源质量以及污染的程度并不相同。然而，司法机关受司法解释"处置型污染环境罪属危险犯和行为犯条款"的影响，在对非法处置有害物质行为进行认定时，并不考虑非法处置行为属于哪种形态、是否导致有害物质置于外部环境以及对环境资源质量的污染是否达到严重的程度，而是只要查证非法处置行为发生在司法解释规定的特定地点，或达到司法解释规定的数量，就认定其成立处置型污染环境罪。下面试举两例予以说明。

案例1：杨某从事收购废旧塑料经营，其对收购的废旧塑料进行分拣，再将性质相近的废旧塑料一起加工破碎，然后出售牟利。2013年8月，侦查机关在杨某的处置点查处290斤尚未处置破碎的输液器等塑料性医疗废弃物。法院经审理认为，杨某非法处置医疗废弃物的地点位于新乐市地下水一级水源保护区，其非法处置行为属于司法解释规定的"严重污染环境"的情形，认定其行为构成污染环境罪。[44]

案例2：张某甲、李某在未取得危险废物经营许可证的情况下接受周某等人的委托，利用加热锅炉蒸馏脱水提取油料的工艺，加工、处置废机油、废重油，其中已处置成功50余吨，尚有66.074吨未处置成功即被查获。经鉴定，废机油、废重油属于危险废物。一审、二审均认定张某甲、李某、周某非法处置危险废物3吨以上，属于司法解释规定的"严重污染环境"，判决张某甲等人的行为构成污染环境罪。[45]

---

[44] 参见河北省新乐市人民法院(2013)新刑初字第142号刑事判决书。
[45] 参见江苏省镇江市中级人民法院(2015)镇环刑终字第00002号刑事判决书。

要恰当评述上述案件的判决需思考如下几个问题:行为人的非法处置行为是否确实污染了环境资源质量,即环境资源质量法益是否遭受现实的侵害?是否导致环境资源质量严重下降的后果?在人民法院的判决观念中,污染环境罪是结果犯还是行为犯?是实害犯还是危险犯?

关于案例1,人民法院在判决时并没有分析、查证杨某所处置的塑料性医疗废弃物是否导致有害物质被置于外部生态环境,其认定杨某的行为构成污染环境罪的主要事实是,侦查机关在位于地下水一级水源保护区内的加工点查获290斤尚未处置破碎的医疗废物。然而,在医疗废弃物尚未被处置破碎之前,很难说其会导致有害物质被置于外部生态环境以及严重污染环境资源质量。其实,杨某的非法处置行为只是对环境资源质量法益造成了威胁,或者说对环境资源质量具有"严重污染"的危险。如前所述,"严重污染环境"是处置型污染环境罪的法定要件,处置型污染环境罪构成要件的成立以非法处置行为造成环境资源质量严重下降为必要条件。然而,受上述司法解释的影响,人民法院却将一个威胁环境资源质量法益的非法处置行为认定为犯罪。显然,在人民法院的判决观念中,处置型污染环境罪属于危险犯。但是,根据《刑法修正案(八)》的规定,处置型污染环境罪应当是实害犯而非危险犯,该案将一个对环境资源质量具有"严重污染"危险但尚没有证据证明确实污染(侵犯)环境资源质量的处置行为认定为污染环境罪,显然欠缺法教义学的支持,因此,其判决的合理性值得怀疑。

关于案例2,该案二审判决书认定:"张某甲等人通过加热锅炉实现废重油的蒸馏、脱水从而提炼油料,是处置危险废物的行为""张某甲通知周某到场查看炼油情况,并当场将20余吨废重油加入锅炉,系着手实施炼油的行为,三人均已经着手实施非法处置行为。"㊻人民法院依此思路,认定处置完毕的有50余吨、未处置完毕的有66.074吨。该案判决书中只字未提行为人所处置的危险废物是否被置于外部生态环境,更没有证据证明行为人确实污染了环境资源质量以及造成环境资源质量严重下降或恶化。其认定处置型污染环境罪既遂的标准是提炼废机油是否完成,完成的为既遂,没有完成的为未遂。按照此标准,只要完成3吨以上废机油提炼工作,即使没有将危险物质置于外部生态环境,没有造成环境资源质量严重下降或恶化的结果,也被认为是"严重污染环境",构成污染环境罪的既遂。可见,在人民法院的判决观念中,处置型污染环境罪属于行为犯。如前所述,由于处置型污染环境罪应当是结果犯而非行为犯,因此,人民法院将该罪理解为

㊻ 参见江苏省镇江市中级人民法院(2015)镇环刑终字第00002号刑事判决书。

行为犯同样欠缺法教义学的支持。

此外,以上两案判决思路的共同特征是,对非法处置有害物质行为进行认定时,均没有分析、查证非法处置行为是否导致有害物质被置于外部生态环境,是否确实污染了环境资源质量以及污染的程度是否严重,而是只要查证非法处置行为发生在司法解释规定的特定地点,或达到司法解释规定的数量,就认定属于"严重污染环境",进而认定成立处置型污染环境罪。但是,如前所述,实践中的非法处置存在有害物质等量化、减量化和无害化三种形态。其中,第二种形态如果仅向外部生态环境处置少量的有害物质,尚未超出或明显超出环境的自净能力,那么就不可能使环境资源质量显著下降。环境资源质量没有显著下降说明行为对环境质量的污染未达到严重程度,因此,第二种形态仍然存在对环境质量的污染未达到严重程度的情形。对环境质量的污染未达到严重程度说明其不具有犯罪应具有的严重社会危害性,就不应被评价为征表严重社会危害性的"严重污染环境"。第三种形态并没有将有害物质置于外部生态环境,不可能使环境资源质量下降以及污染环境,因而其既不可能侵害也不可能威胁环境资源质量法益。司法实务部门对此却忽视进行实质甄别与判断,加上司法解释将处置型污染环境罪解释为行为犯或危险犯,受此影响,难免存在将某些尚未污染环境资源质量以及污染未达到严重程度的非法处置行为认定成立处置型污染环境罪的风险。由此产生两个方面的消极影响:(1)根据"犯罪是侵害或威胁法益的行为"[47]的刑法学理论,为了保护国民的自由,不得将没有侵害或威胁法益的行为认定为犯罪。将某些尚未污染环境资源质量的非法处置行为认定为处置型污染环境罪,无异于将没有侵害或威胁该罪法益的行为认定为犯罪,涉嫌侵犯国民的自由。(2)根据《刑法修正案(八)》的规定,"严重污染环境"是处置型污染环境罪成立的法定要件,将对环境资源质量的污染未达到严重程度的非法处置行为认定为成立犯罪,实际上是将欠缺"严重污染环境"法定要件的行为认定为处置型污染环境罪。

五、处置型污染环境罪的限缩性解释

鉴于非法处置有害物质在实践中存在三种形态,并且针对处置相同数量的有害物质,三种形态有无污染环境资源质量以及污染的程度并不相同。此外,由于

---

[47] 刘艳红:《"法益性的欠缺"与法定犯的出罪》,载《比较法研究》2019年第1期。

犯罪不仅是侵犯法益的行为,而且是值得科处刑罚(严重侵犯法益)的行为[48],因此,有必要对处置型污染环境罪进行限缩性解释,使入罪的处置行为不仅侵犯了本罪的法益,而且要达到"严重污染"的危害程度(值得科处刑罚程度)。这样,才能避免将某些尚未污染环境资源质量以及污染未达到严重程度的处置行为认定为犯罪的风险。

(一)犯罪构成核心要素的限缩性解释

由于处置型污染环境罪的基本构造是:"非法处置行为 + '严重污染环境'"的结果,因此,对非法处置行为以及"严重污染环境"的理解,将直接关系到对处置型污染环境罪成立标准的理解和司法认定。

1. 非法处置行为含义的界定

首先,虽然非法处置与非法排放、倾倒是污染环境罪并列的实行行为,但是,实践中非法处置与非法排放、倾倒置的行为特征并不相同,因此,为了准确界定非法处置行为的含义,使非法处置行为与上述两种实行行为区分开来,有必要对三者的行为特征以辨析。在实践中,排放、倾倒有害物质通常表现为利用介质或运载工具将有害物质直接排出于土地、水体或大气等外部生态环境。据此,非法排放、倾倒的行为特征是违反国家规定,使用不改变有害物质物理、化学、生物特性的方法直接将其排出于外部生态环境。在实践中,非法处理有害物质通常表现为违规处理和利用有害物质两种形式。前者表现为违反国家规定,清理有害物质、利用设备治理有害物质以及采用裂解、中和、蒸馏、过滤、焚烧或其他改变有害物质物理、化学、生物特性的方法,达到转移、减少或消除有害成分的活动;后者通常表现为利用物理或化学的方法,从有害物质中提取有价值的燃料或材料,其本质上属于二次利用有害物质,比如,回收利用废旧铅酸电瓶。因此,非法处置的行为特征是违反国家规定处理和利用有害物质。

其次,根据《刑法修正案(八)》的规定,处置型污染环境罪是结果犯、实害犯以及本罪的法益是环境资源质量,那么,作为本罪构成要件行为的非法处置,就需要现实地侵犯环境资源质量,不得将没有侵犯环境资源质量的行为认定为本罪。根据处理有害物质的无害化程度以及对有害物质的二次利用程度,非法处置行为的结果形态存在有害物质等量化、减量化和无害化三种形态,其中,第三种形态并没有侵犯本罪的环境资源质量法益。由于刑法的目的是保护法益,对一个没有侵犯法益的行为进行定罪处刑不符合刑法的法益保护目的,丧失了目的的正当性。

---

[48] 参见张明楷:《避免将行政违法认定为刑事犯罪:理念、方法与路径》,载《中国法学》2017年第4期。

既然如此,对非法处置行为含义的界定,必须排除处置行为的上述第三种形态。较为合理的方案是,在揭示非法处置的行为特征之外,增加一项限制性内容,即"造成环境资源质量下降"。因为,任何"造成环境资源质量下降"的违规处理和利用有害物质的行为,必定会导致有害物质置于外部生态环境,侵犯环境资源质量法益,从而将"无害化"的非法处置行为排除在犯罪圈外。

综上所述,应当将非法处置行为界定为违反国家规定处理和利用有害物质,造成环境资源质量下降的行为。作上述界定,既可以使非法处置行为区分于非法排放、倾倒行为,又可以避免司法机关将某些尚未污染环境资源质量的非法处置行为认定为犯罪的风险。

2."严重污染环境"的实质含义

"严重污染环境"是"污染环境"程度加重的情形,因此,对"严重污染环境"实质含义的限定有赖于厘清"污染环境"的概念。从域外对相关污染环境罪中污染环境的解释看,其有两个显著特征。其一,受该国刑法规定的影响。比如,德国刑法根据污染行为侵犯的具体环境资源不同,分别规定了污染水域罪、污染土地罪、污染空气罪等污染环境的犯罪,因而,其刑法理论并不是笼统地界定污染环境的概念,而是分别对不同污染环境罪中的污染环境进行界定。[49] 其二,受保护法益的影响。比如,德国刑法理论通说认为环境犯罪的法益包括生态环境法益和生命、身体、健康等传统的人类法益[50],即"折中说"的立场,进而,德国刑法将污染水域罪的污染环境解读为"对水造成污染或者其他对水的性质造成不利的改变",即侵犯"水对人类和环境的功能"[51];将污染空气罪中的污染环境界定为"造成空气的改变,足以危害设备范围之外的人、动物、植物健康或其他贵重物品"[52]。

对我国污染环境罪中"污染环境"含义的界定,也应当立足我国刑法的规定以及其保护的法益。由于我国刑法并没有针对不同的环境资源规定不同类型的污染环境罪,即我国刑法规定的污染环境罪涵盖对各类型环境资源的侵犯,因此对污染环境罪中"污染环境"含义的界定应当涵盖各种类型的环境资源。此外,由于设立该罪保护的法益是环境资源质量,因此对"污染环境"含义的界定应当以环境资源质量法益为立场。

基于以上分析并结合以下两个问题的答案,可以厘清"污染环境"的本质及

---

[49] 参见王世洲:《德国环境刑法中污染概念的研究》,载《比较法研究》2001年第2期。
[50] 参见[日]齐野彦弥:《环境刑法的保护法益》,载《现代刑法》2002年第2期。
[51] 王世洲:《德国环境刑法中污染概念的研究》,载《比较法研究》2001年第2期。
[52] 《德国刑法典》,徐久生、庄敬华译,中国方正出版社2004年版,第160页。

含义:(1)"污染环境"污染的对象是什么?顾名思义,"污染环境"污染的对象应当是指环境,但是,环境是由具体的环境资源要素组成的总体,是集合概念。实际上,由于任何污染环境的行为往往表现为对某一特定的或多种环境资源的污染,而不可能污染全部环境资源组合成的总体,因此"污染环境"污染的对象应当是具体的环境资源。(2)"污染环境"导致其污染的对象——具体的环境资源——发生了怎样的变化?通常,当行为使具体的环境资源质量向不利于人类生存和发展的方向发生变化,即造成环境资源质量下降,就具有社会危害性或法益侵害性,可以并且应当评价为"污染环境"。因为如果行为没有导致环境资源质量的下降,或者使环境资源质量发生了有益于人类生存和发展的变化,那么环境质量就不可能发生恶化,其对环境就不存在危害性,也就不应当将其评价为侵犯环境资源质量法益以及"污染环境"。事实上,任何"污染环境"的成立必定伴随具体的环境资源质量的下降。因此,"污染环境"是指造成环境资源质量下降。

鉴于"严重污染环境"是"污染环境"程度加重的情形,并结合"污染环境"的上述实质含义,"严重污染环境"实际上是使环境资源质量下降的加重形态,因此,"严重污染环境"的实质含义是指造成环境资源质量严重下降。又由于环境资源质量的严重下降,不仅意味着环境资源质量法益受到侵犯,而且是遭受严重的侵犯,因此,从侵犯法益的角度看,"严重污染环境"的本质是严重污染环境资源质量或者严重侵犯环境资源质量。关于"严重污染环境"的判断标准,下文将予以论述。

为了准确认定"严重污染环境",在明晰其实质含义之后,还需讨论其外延。对此,有学者认为,"严重污染环境"既包括污染行为导致"人身、财产、资源遭受的实际损害",也包括"没有造成严重后果但具有严重污染危险",进而主张"将定罪标准规定为'严重污染环境或者有严重污染环境的危险'"。[53] 笔者认为,上述观点有待商榷。一方面,一个客观上尚未造成环境资源质量严重下降的污染行为,即使在特定情况下导致"人身、财产、资源"等遭受实际损害,也并不必然使原本环境资源质量没有严重下降转变为严重下降。比如,D公司非法处置含镍、锰的污染物,超过地方污染物排放标准2倍向W河Z段排放含镍、锰的污染物。在该河段从事养殖的甲引进一种对镍、锰重金属比较敏感的虾,该种虾大量死亡,造成20万元的经济损失。由于D公司排放含镍、锰的污染物仅超过排放标准的2倍,远远达不到2016年《环境污染解释》规定的10倍的入罪标准,说明不会造成

---

[53] 蒋兰香:《刑法"污染"概念之解析》,载《中国地质大学学报(社会科学版)》2016年第1期。

环境资源质量严重下降,即使该污染行为造成甲20万元的损失,也并不能将原本环境资源质量没有严重下降解释为严重下降。由此可见,将"严重污染环境"理解为包括污染行为导致"人身、财产、资源遭受的实际损害"并不准确。另一方面,"严重污染环境"的本质是造成环境资源质量严重下降,严重下降意味着环境资源质量发生了严重恶化的变化,当然是一种结果,而非污染环境的危险,所以,将"严重污染环境"理解为包含"没有造成严重后果但具有严重污染危险"也不妥当。

综上所述,关于"严重污染环境"的外延,较合理的解释是,既包括因环境资源质量严重下降而导致人身、财产等传统法益遭受实际损害的结果,也包括人身、财产等传统法益虽未遭受实际损害但发生环境资源质量严重下降的结果。从科学立法的角度看,未来合理的立法应当将后者的结果归为该罪基本犯的结果,将前者的结果归为该罪结果加重犯的结果。[54]

(二)犯罪构成符合性判断的限缩性解释

由于"在我国犯罪论体系中,犯罪构成是认定犯罪的规格与标准,判断行为是否成立犯罪的关键在于行为是否符合了犯罪构成"[55],因此,处置型污染环境罪的认定,其关键在于非法处置行为是否符合本罪的犯罪构成。由于符合犯罪构成的行为必须侵犯了刑法规定的该犯罪所要保护的法益[56],而实践中非法处置行为存在有害物质无害化的形态,因此对非法处置行为进行犯罪构成符合性判断时,首先要判断其是否侵犯环境资源质量法益。此外,由于"严重污染环境"的本质是严重污染环境资源质量,而侵犯环境资源质量法益未必严重污染环境资源质量,并且,在实践中非法处置行为存在有害物质减量化的形态,因此,对非法处置行为进行犯罪构成符合性判断时,还需要判断其是否严重污染环境资源质量。

1. 侵犯环境资源质量法益的判断

该问题涉及非法处置行为在形式上符合司法解释规定的"严重污染环境"的情形,是否还需要另外证明其实际造成环境资源质量被污染。前述案例1和案例2已经证明司法机关对此持否定的态度,也有不少学者对此持否定态度。例如,有学者认为,将实际造成环境污染作为污染环境罪的必备构成要件要素,不符合严厉打击破坏环境保护犯罪的刑事政策和立法精神,因而主张"处置危险废物只

---

[54] 有学者已经提出相关的立法建议。参见田国宝:《我国污染环境罪立法检讨》,载《法商研究》2019年第1期。

[55] 齐文远、苏彩霞:《犯罪构成符合性判断的价值属性辩正》,载《法律科学(西北政法学院学报)》2008年第1期。

[56] 参见张明楷:《刑法分则的解释原理》(上),中国人民大学出版社2011年版,第347页。

要数量达到3吨以上,就可以入罪处罚"[57]。还有学者认为,在饮用水水源一级保护区等特定区域排放、倾倒、处置有毒性有害物质的,"本身就是对环境的严重污染;同样,非法排放、倾倒、处置危险废物3吨以上的……也是严重污染了环境;如此等等,只不过,这些结果是与行为同时发生的"[58]。在上述论者的观念中,只要非法处置行为符合司法解释规定的"严重污染环境"的情形,这种行为"本身就是对环境的严重污染",不需要另外证明非法处置行为是否导致有害物质置于外部生态环境,不需要证明其实际造成环境资源质量的污染。这无异于主张只要非法处置行为在形式上符合司法解释规定的"严重污染环境"的情形,就不需要进行侵犯环境资源质量法益的判断。

笔者认为,上述观点值得商榷。如前所述,非法处置有害物质不仅存在有害物质减量化的情形,而且存在有害物质无害化的情形,对于后者,参与起草司法解释的学者也认识到,在实践中不乏"一些具有处理、利用危险废物能力的企业在未取得经营许可证的情况下处理、利用了危险废物"[59]。针对有害物质无害化的非法处置,即使其发生在司法解释规定的特定区域以及处置有害物质的数量无论多高,都不会使原本没有污染环境资源质量的情形变成污染环境资源质量的情形。既然如此,就有可能存在非法处置行为虽然在形式上符合司法解释规定的"严重污染环境"的情形,但是由于其并没有将有害物质置于外部生态环境,因此就不可能造成环境资源质量的下降,就不会侵犯环境资源质量法益。犯罪是侵犯法益的行为,一个没有侵犯污染环境罪法益的行为,当然不能被认定为处置型污染环境罪。

可见,并非所有形式上符合司法解释规定的"严重污染环境"的非法处置行为都侵犯了环境资源质量法益,进而构成处置型污染环境罪,因此,为了避免不当扩大污染环境罪的处罚范围,在犯罪构成符合性判断时需要进行法益侵犯判断的限缩。对此,有学者主张"将在企业特定空间内实施的利用或处理行为排除在处置行为的内涵之外"[60]。笔者赞同论者对非法处置行为进行限缩,但其限缩的标准值得商榷。因为有些在企业特定空间内实施的非法处置行为也会导致将有害物质置于外部生态环境使环境资源质量下降的结果,即侵犯了环境资源质量法益,所以将"在企业特定空间内实施的利用或处理行为"作为限缩非法处置行为

---

[57] 尹伟:《污染环境罪中"非法处置"行为的司法认定》,载《法治论坛》2017年第3期。
[58] 张明楷:《污染环境罪的争议问题》,载《法学评论》2018年第2期。
[59] 喻海松:《环境资源犯罪实务精释》,法律出版社2017年版,第57页。
[60] 王岚:《论非法处置危险废物类污染环境罪中的处置行为》,载《法商研究》2017年第3期。

的标准并不妥当。笔者认为,合理的限缩标准是将有害物质置于外部生态环境并导致环境资源质量下降。据此,在对非法处置行为进行犯罪构成符合性判断时,需要判断其是否将有害物质置于外部生态环境,是否导致环境资源质量下降。凡是没有将有害物质置于外部生态环境以及没有导致环境资源质量下降的非法处置行为,因没有侵犯环境资源质量法益,都应当排除其犯罪构成符合性。

2. 严重污染环境资源质量的判断

该问题涉及非法处置行为在形式上符合司法解释规定的"严重污染环境"的情形,是否还需要证明其对环境资源质量的污染达到"严重"程度时才能认定为污染环境罪。前述案例1和案例2已经证明司法机关对此持否定态度。但是,犯罪不仅是危害社会的行为,而且是严重危害社会的行为或值得科处刑罚的行为。据此,非法处置行为构成犯罪,也必须具有严重的社会危害性。事实上,《刑法修正案(八)》对非法处置行为成立犯罪应具有的严重社会危害性也作了明确的限定,即"严重污染环境"。换言之,正是因为任何犯罪行为都必须具有严重的社会危害性决定了处置型污染环境罪的罪状是"严重污染环境",而不是"污染环境"。这也是司法解释的制定者在解释"严重污染环境"时强调非法排放、倾倒有害物质要达到一定数量的内在原因;否则,就达不到造成环境资源质量严重下降的程度。既然非法处置有害物质存在使有害物质减量化的情形,那么最终置于外部生态环境的有害物质的量较少的非法处置行为,就不会造成环境资源质量严重下降,就无法被评价为严重污染环境资源质量,当然不能解释为"严重污染环境"。据此,对非法处置行为作犯罪构成符合性判断时,必须进行严重污染环境资源质量的判断,即判断置于外部环境的有害物质是否造成环境资源质量严重下降,凡是没有造成环境资源质量严重下降的,都应当排除其犯罪构成符合性。

为了增强严重污染环境资源质量的判断在司法适用中的可操作性,有必要进一步厘清其具体的判断标准。笔者认为,当环境资源质量的下降达到威胁身体健康与生产生活秩序的程度,即可认定环境资源质量严重下降,可以对严重污染环境资源质量作出肯定性的评价。对此可以结合我国相应的环境质量标准作具体的认定。如前所述,我国已初步建立较为完善的环境资源质量标准体系,相关环境质量标准均规定了保障身体健康以及维持生产生活秩序的限制值。司法人员可以根据这些标准认定环境资源质量的下降是否对他人身体健康与生产生活秩序达到现实威胁的程度。

不过,对严重污染环境资源质量的判断具有特殊性:一方面,不同环境资源自净能力的极限以及不同处置行为对环境资源质量的污染是否达到"造成环境资源质量严重下降"程度的认定涉及专业知识;另一方面,"严重污染环境"属于构成要件的结果,对非法处置行为的归责以其与"严重污染环境"具有因果关系为必要。由于"严重污染环境"的实质是造成环境资源质量严重下降,因此非法处置行为具有犯罪构成符合性也应当以其与"造成环境资源质量严重下降"具有因果关系为必要。又由于"污染环境案件中相关污染行为与危害结果的发生往往存在时空阻隔或者物质媒介"[61],因此使得对污染行为与污染结果之间因果关系的认定具有复杂性,需要结合相关专业知识才能作出准确的判断。以上两个方面的特殊性决定了严重污染环境资源质量的判断需要专业知识与技术的支持,这也是"环境刑法为技术性法律"的具体表现。[62] 因此,较为合理的认定方法是先由相关环境损害专业鉴定机构提出鉴定意见,再由司法人员根据全案情况并结合鉴定意见,判断非法处置行为是否造成环境资源质量严重下降。

六、处置型污染环境罪的认定规则

既然非法处置与非法排放、倾倒相同数量的有害物质相比,存在是否侵犯环境资源质量法益以及侵犯程度的不同,那么,为了准确认定处置型污染环境罪,就不能适用与后者相同的认定规则,而是应当采用符合其自身特征的认定规则。

(一)遵循同类解释规则

非法排放、倾倒、处置行为虽然都是污染环境罪的实行行为,但是其语义范围并不相同。其中,非法排放、倾倒的语义范围具有封闭性,无法包含新型的污染环境行为;处置的语义范围具有开放性,既可以包含新型的污染环境行为,也可以囊括排放、倾倒之外的一切污染环境的行为。例如,针对实践中出现的焚烧有害物质以及收集、存储危险废物后予以遗弃的行为,就无法将其解释为非法排放、倾倒有害物质的行为,但可以解释为非法处置有害物质。[63] 因此,"污染环境罪中的处置行为具有兜底的性质"[64],其实际上成为排放、倾倒之外的兜底性规定。既然非法处置行为的语义与我国《刑法》中兜底条款的语义具有相似性,那么刑法学理论对兜底条款的解释规则对非法处置行为的认定就具有参考意义。

为了规制对兜底条款的恣意解释与认定,刑法学理论对兜底条款的解释在

---

[61] 参见焦艳鹏:《实体法与程序法双重约束下的污染环境罪司法证明——以 2013 年第 15 号司法解释的司法实践为切入》,载《政治与法律》2015 年第 7 期。
[62] 参见郑昆山:《环境刑法之基础理论》,五南图书出版公司 1998 年版,第 360 页。
[63] 参见伊澍、魏兆春、李银萍:《收集、储存危险废物后遗弃应属于污染环境罪中的"处置"》,载《检察日报》2017 年 10 月 23 日。
[64] 侯艳芳:《污染环境罪疑难问题研究》,载《法商研究》2017 年第 3 期。

"只含同类规则"的基础上形成同类解释规则。"只含同类规则",是指在法律对某些事物进行列举却未能穷尽时,对其后兜底条款的解释只能限于与所列举者同类的事物。(65) 同类解释规则主张兜底条款应与之并列的确定性语词之间具有"类同性",判断时应当依据明确列举的部分进行"类比推断",实现刑法的明确性与确定性,(66)并提出了解释结论"必须按照'等价性''相当性'标准来考量"(67)。所谓"等价性",是指兜底条款必须与前面列举的事项性质相同。(68) 所谓"相当性",是指兜底条款必须与前面列举的事项作用相当或危害程度相当。

由于非法处置行为实际上扮演了除排放、倾倒行为之外行为的兜底条款的角色,对其认定也应当遵循同类解释规则,使其入罪范围限定在与"非法排放、倾倒"行为同类的范围——与非法排放、倾倒行为具有"等价性"和"相当性"。非法处置行为的"等价性"表现为,其与非法排放、倾倒行为具有相同的法益侵害性质;非法处置行为的"相当性"表现为,其与非法排放、倾倒行为具有相当的法益侵害程度,即社会危害性相当。事实上,我国《刑法》对非法排放、倾倒、处置行为规定了相同的入罪标准、法定刑,基于此,也应当将非法处置行为限定为与非法排放、倾倒行为具有相当的危害程度;否则,就不符合罪刑相适应原则。

根据同类解释规则的"等价性"标准,由于非法排放、倾倒是将有害物质置于外部环境,从而侵犯该罪的环境资源质量法益,因此非法处置也应当是将有害物质置于外部环境,进而侵犯该罪的环境资源质量法益。据此,凡是没有将有害物质置于外部生态环境的非法处置行为与非法排放、倾倒行为不具有"等价性",不应将其归入"非法排放、倾倒"的同类范围,而应当将其排除处置型污染环境罪的范围。

由于根据同类解释规则的"相当性"标准,非法处置行为的入罪标准应当与非法排放、倾倒行为具有相当的危害程度——对环境资源质量的污染程度相当,因此如果非法处置 X 吨有害物质实现了有害物质的减量化,其与非法排放、倾倒 X 吨有害物质相比对环境资源质量的污染程度有所降低,那么就应当提高其入罪数额。例如,司法解释将"非法排放、倾倒、处置危险废物三吨以上"解释为"严重污染环境",实际上将三者的入罪数额解释为 3 吨,但当非法处置行为实现了有害物质的减量化时,就应当适当地提高其入罪数额,即高于 3 吨。只有这样,才能确

---

(65) 参见王安异:《对刑法兜底条款的解释》,载《环球法律评论》2016 年第 5 期。

(66) 参见梁根林:《刑法适用解释规则论》,载《法学》2003 年第 12 期。

(67) 付立庆:《论刑法用语的明确性与概括性——从刑事立法技术的角度切入》,载《法律科学(西北政法大学学报)》2013 年第 2 期。

(68) 参见余文唐:《法律文本:标点、但书及同类规则》,载《法律适用》2017 年第 17 期。

保非法处置行为对环境资源质量的污染程度与非法排放、倾倒行为对环境资源质量的污染程度具有相当性,才能实现罚当其罪。关于如何合理提高其入罪的数额,笔者认为原则上应当根据有害物质减量化的比率确定,即如果有害物质减量化的比率为 E,非法排放、倾倒有害物质的入罪数额为 F,那么应当提高非法处置有害物质入罪数额的幅度为 F 与 E 的乘积($F \times E$),非法处置有害物质入罪的实际数额 $Y = F + F \times E$。为了提高上述规则的规范性,司法机关可以委托专门的鉴定机构鉴定有害物质减量化的比率 E,然后根据鉴定意见计算应当提高的入罪数额。

(二)污染程度的具体认定规则

由于在实践中非法处置行为多数是对有害物质的二次利用,最终置于外部环境的有害物质的数量往往有所减少,并且在不同的案件中行为人所使用的处置方法、工艺、技术往往不同,因此就使得即使处置相同数量的有害物质,最终置于外部环境的有害物质的数量并不相同,对环境资源质量的污染程度亦不同。司法机关若无视不同案件的上述差异,对非法处置相同数量有害物质的行为判处同等的刑罚,则有违罪刑相适应原则。要实现对非法处置行为判处与其危害程度相当的刑罚目标,就必须对其污染环境资源质量的程度进行具体的认定。又由于非法处置行为最终置于外部环境的有害物质的数量直接决定其污染环境资源质量的程度,因此,处置型污染环境罪的量刑要实现罪刑相适应,就必须具体认定非法处置行为置于外部环境的有害物质的数量。结合司法实践经验,笔者主张应坚持如下认定规则。

首先,如果能够查实置于外部环境的有害物质的数量,那么就能以查实的数量作为定罪量刑的数额。查实的数量能够客观真实地反映行为对环境资源质量的污染程度,将其作为定罪量刑的数额既有利于实现罚当其罪,也可以避免将与排放、倾倒不具有"相当性"的处置行为判处与后两者同等的刑罚,因而其是首选的和最理想的标准。事实上,我国司法机关往往将查实的数量作为数量型犯罪(行为指向的数量关系到定罪和量刑的犯罪)定罪量刑的首选标准。例如,由于行为人实际盗窃的数额能够客观真实地反映对财产法益的侵害程度,因此在认定"盗窃电力、燃气、自来水等财物"的数量时,司法解释将"查实的数量"作为计算盗窃数额的首选标准。[69]

其次,如果不能查实置于外部环境的有害物质的数量,按照查处现场有害物质循环利用比率(简称 Q)综合认定置于外部环境的有害物质的数量(简称 M)。

---

[69] 参见《关于办理盗窃刑事案件适用法律若干问题的解释》(法释〔2013〕8 号)第 4 条。

Q 是指有害物质被循环利用部分占被处置有害物质的比率。结合行为人的供述、账本以及交易记录等因素综合确定非法处置的有害物质的总量(简称 Z)后,再根据 Q 认定 M,即 $M = Z - Z \times Q$。或许有人质疑 Q 很难测算以及上述认定规则不具有操作性,但是笔者从相关专业机构的调研结论以及专业人士在调查、分析行为人使用的处置方法、工艺、技术等情况后得出结论,利用现有的检测技术完全可以对 Q 作出相对可靠的鉴定。并且,如前所述,对环境污染专门性问题进行认定时参考鉴定意见也具有规范性依据。为了保障上述认定规则的可行、可靠,笔者主张先由专门的鉴定机构对 Q 进行鉴定,然后由司法人员结合鉴定意见对置于外部环境的有害物质的数量 M 进行综合认定。

我国洗钱罪名体系的司法适用与法益确定*

时　方**

一、我国洗钱罪名体系

洗钱,是指通过转移、转化等方式掩饰、隐瞒犯罪所得及其收益的行为,即通常所说的"洗黑钱"。① 从我国洗钱犯罪罪名体系构建的历程来看,是以传统赃物犯罪为基础,结合现代洗钱犯罪的行为手段与国际条约要求,逐步形成以《刑法》第191条洗钱罪为核心罪名,以第312条掩饰、隐瞒犯罪所得、犯罪所得收益罪和第349条窝藏、转移、隐瞒毒品、毒赃罪为补充的三罪鼎立局面。受制于立法技术成熟度、重视上游犯罪打击与依赖对赃物犯罪罪名适用的司法习惯等,我国洗钱罪名体系内部罪名适用极不平衡,洗钱核心罪名在司法实践适用方面长期处于较低数量水平,成为我国反洗钱刑事打击力度长期受到国际组织质疑的主要原因。②

(一) 我国洗钱罪名体系制定历程

1. 洗钱罪

基于特定历史时期的经济制度环境,我国1979年《刑法》没有洗钱罪的相关规定,只有针对妨害司法机关正常活动的赃物犯罪,即第172条窝赃、销赃罪"明知是犯罪所得的赃物而予以窝藏或者代为销售的"。1989年9月4日第七届全国人大常委会第九次会议通过《关于批准〈联合国禁止非法贩运麻醉药品和精神药物公约〉的决定》,该公约要求缔约国在国内法中将隐瞒或掩饰贩毒犯罪收益确定为刑事犯罪,由此在1990年12月28日第七届全国人大常委会第十七次会议通过《关于禁毒的决定》,其中第4条规定:"……掩饰、隐瞒出售毒品获得财物的

---

* 本文原载《环球法律评论》2022年第2期。
** 中国政法大学刑事司法学院副教授、硕士生导师,法学博士、博士后。
① 参见张义健:《〈刑法修正案(十一)〉的主要规定及对刑事立法的发展》,载《中国法律评论》2021年第1期。
② See FATF, Anti-money laundering and counter-terrorist financing measures—People's Republic of China, Fourth Round Mutual Evaluation Report, April 2019, https://www.fatf-gafi.org/media/fatf/documents/reports/mer4/MER-China-2019.pdf.

非法性质和来源的,处七年以下有期徒刑、拘役或者管制,可以并处罚金。"我国立法机关首次针对毒赃实施的清洗活动规定为掩饰、隐瞒毒赃性质、来源罪,虽然没有使用"洗钱"的"名"但已经具备洗钱活动所要求的改变犯罪所得"非法性质和来源"的"实",体现我国立法机关积极履行国际公约义务,意图切断下游经济血脉以遏制日益猖獗的上游毒品犯罪,具备现代意义洗钱罪的雏形。③ 1997年《刑法》在《关于禁毒的决定》基础上独立设立洗钱罪,并将规定在《刑法》第三章第四节破坏金融管理秩序罪一节中,将上游犯罪明确为毒品犯罪、黑社会性质组织犯罪与走私犯罪三种类型,在罪名体系布局、法益侵害属性上与赃物犯罪产生彻底分化。随后在2001年《刑法修正案(三)》和2006年《刑法修正案(六)》进一步扩大洗钱罪上游犯罪范围,扩充至恐怖活动犯罪、贪污贿赂犯罪、破坏金融管理秩序犯罪与金融诈骗犯罪等七类犯罪类型,以配合国际反洗钱合作的需要。④ 由此可见,我国洗钱犯罪的设立主要源于履行《联合国禁毒公约》的义务,对既有赃物犯罪条文改造形成,这一外源性应激立法与基于国内犯罪案发现状作出的内生性回应立法在罪名制定与修正机理上存在较大差异,也使得洗钱罪与传统赃物犯罪的认定关系产生紧张冲突。2021年3月1日正式施行的《刑法修正案(十一)》虽然没有进一步扩充洗钱罪上游犯罪的类型,但是将原条文中具有帮助属性的"协助"表述删除,意图将上游犯罪本犯的自洗钱行为纳入刑法规制范围,同样是基于国际反洗钱评估要求作出的配合性修正,一改以往我国洗钱罪作为下游犯罪事后帮助犯的属性,成为本次刑法修正案对于我国狭义洗钱犯罪认定与结构变革的最大亮点;同时,对洗钱罪条文进行实质性结构修改,意在改变我国以往司法实践重上游犯罪打击轻洗钱犯罪规制、重掩饰、隐瞒犯罪所得罪适用轻洗钱罪认定的局面,加大适用洗钱罪的理念转变。⑤

---

③ 《关于禁毒的决定》第4条第1款同时规定了"为犯罪分子窝藏、转移、隐瞒毒品或者犯罪所得的财物"窝赃行为,说明立法机关在规制毒品犯罪赃款赃物之初即区分"窝赃"与"洗钱"行为的差异。

④ 根据相关国际公约要求,洗钱罪的上游犯罪应当包括所有严重犯罪,通常为刑期最低为6个月或者1年以上的犯罪。基于我国洗钱罪名体系,第312条掩饰、隐瞒犯罪所得、犯罪所得收益罪规制范围涵盖所有上游犯罪类型,我国立法机关认为实质上符合国际公约要求,只是具体罪名不称为洗钱罪。参见安建:《关于〈中华人民共和国刑法修正案(六)(草案)〉的说明》,载《全国人民代表大会常务委员会公报》2006年第6期。

⑤ 虽然近年来我国金融监管部门不断加大对反洗钱监管与查处力度,但对于洗钱涉罪刑事案件判决数据分析,以2019年为例,全国人民法院一审审结涉嫌洗钱案件5734件,生效判决13878人。其中,以第191条"洗钱罪"审结案件77件,生效判决83人;以第312条"掩饰、隐瞒犯罪所得、犯罪所得收益罪"审结案件5623件,生效判决13700人;以第349条"窝藏、转移、隐瞒毒品、毒赃罪"审结案件34件,生效判决95人。参见《2019年中国人民银行反洗钱报告》,http://www.pbc.gov.cn/fanxiqianju/resource/cms/2020/12/20201229184425737536.pdf,2021年7月1日访问。

2. 掩饰、隐瞒犯罪所得、犯罪所得收益罪

掩饰、隐瞒犯罪所得、犯罪所得收益罪脱胎于1979年《刑法》窝赃和销赃两种赃物犯罪类型,即第172条规定:"明知是犯罪所得的赃物而予以窝藏或者代为销售的,处三年以下有期徒刑、拘役或者管制,可以并处或者单处罚金。"1992年12月11日最高人民法院、最高人民检察院《关于办理盗窃案件具体应用法律的若干问题的解释》第8条规定:"窝藏,既包括提供藏匿赃物的场所,也包括为罪犯转移赃物;代为销售,既包括把赃物卖给他人,也包括以低价买进、高价卖出的行为。买赃自用,情节严重的,也应按销赃罪定罪处罚。"可以看出,窝赃和销赃本质上给司法机关追缴赃物活动增加了困难,妨害了司法机关的正常活动。⑥ 1997年《刑法》将赃物罪规定为第312条窝藏、转移、收购、销售赃物罪:"明知是犯罪所得的赃物而予以窝藏、转移、收购或者代为销售的",相比较洗钱罪对上游犯罪范围的限制,本罪上游犯罪涵盖所有犯罪类型,适用情形更加宽泛;在行为方式认定上,将1979年《刑法》窝赃、销赃两种行为进一步分解为"窝藏""转移""收购"和"代为销售"四种行为,将具有积极作为的"转移"赃物的行为从单纯消极的隐藏、保管的窝藏行为中分离出来。通过条文表述"明知是……而予以……"明确了赃物犯罪的事后帮助犯属性,上游犯罪本犯实施的自窝赃行为基于吸收犯原理,不单独评价赃物犯罪。2006年《刑法修正案(六)》将本罪犯罪对象由"犯罪所得的赃物"修改为"犯罪所得及其产生的收益",罪名变更为掩饰、隐瞒犯罪所得、犯罪所得收益罪,同时增加了兜底性罪状表述"以其他方法掩饰、隐瞒",在原法定刑基础上增设第二档"情节严重"的加重法定刑。2009年《刑法修正案(七)》增设了单位犯罪的刑事责任。从本罪修正历程来看,虽然具有赃物犯罪的遗传基因,但在罪名与罪状表述上都不再显现"赃物"称谓,在行为构造上呈现与洗钱罪"掩饰、隐瞒"手段趋同样态。

3. 窝藏、转移、隐瞒毒品、毒赃罪

1990年《关于禁毒的决定》规定了窝藏毒品、毒赃罪和掩饰、隐瞒毒赃性质、来源罪,前者属于毒品赃物犯罪,后者属于毒品洗钱犯罪。1997年《刑法》将窝藏毒品、毒赃罪罪名修改为第349条窝藏、转移、隐瞒毒品、毒赃罪,保持赃物犯罪属性⑦,未将原条文"掩饰、隐瞒出售毒品获得财物的非法性质和来源"这一罪状规

---

⑥ 马克昌主编:《百罪通论》(下卷),北京大学出版社2014年版,第993页。
⑦ 我国《刑法》第349条规定了包庇毒品犯罪分子与窝藏、转移、隐瞒毒品、毒赃罪两个罪名,前者是针对走私、贩卖、运输、制造毒品的犯罪分子实施的包庇行为,后者是针对上述犯罪分子实施"走私、贩卖、运输、制造毒品"等特定毒品犯罪进行的"窝藏、转移、隐瞒毒品、毒赃"的行为。

定在本条之中,主要是考虑将掩饰、隐瞒毒赃性质、来源罪的行为方式纳入到第191条洗钱罪中进行规制,由此在立法层面将毒品、毒赃的窝藏行为与掩饰、隐瞒犯罪所得性质来源行为在法律属性上予以明确界分。⑧ 依照立法说明,第349条窝藏、转移、隐瞒毒品、毒赃罪与第312条掩饰、隐瞒犯罪所得、犯罪所得收益罪属于赃物犯罪中的特别法与一般法,前者完全能为后者所包容,属于包容性法条竞合关系。就本罪选择性罪名结构而言,包括实施"窝藏""转移""隐瞒"中的一种或者多种手段行为,也包括针对"毒品"与"毒赃"的对象选择:对于犯罪对象"毒品",不论实施何种选择性手段,只能使得赃物"毒品"产生物理属性上状态改变,无法改变其作为犯罪赃物的法律属性;对于犯罪对象"毒赃"而言,除了立法者设立本罪时有意将本罪行为方式与掩饰、隐瞒毒赃性质、来源的洗钱行为相区分,基于对窝藏、转移、隐瞒手段的传统理解,一般只涉及对毒赃的物理状态改变,不涉及毒赃黑钱身份属性的改变,与洗钱罪在性质上存在本质的区别。

4. 其他相关罪名

从反洗钱的实践面向来看,洗钱与恐怖主义融资密切相关,有观点将《刑法》第120条之一的帮助恐怖活动罪纳入我国当前反洗钱罪名体系,认为我国洗钱犯罪体系包括四个罪名。⑨ 虽然恐怖活动的实施高度依赖利用金融通道输送的资金支持,资助恐怖活动行为与反洗钱规制高度关联,共同成为刑法打击的对象,但从洗钱本体构造而言,洗钱是将犯罪所得通过"清洗"使其表面合法化,属于将"黑钱"变为"白钱"的过程,清洗后的犯罪所得一般用于合法用途。对于资助恐怖活动的行为构造正好相反,是将原本合法的资产通过掩饰其来源和用途最终资助恐怖主义犯罪活动,属于将"白钱"变为"黑钱"的过程,可以称为"逆洗钱"。可以看出,作为资助犯罪的逆洗钱和洗钱构造并不相同,刑法规制资助恐怖活动行为的立法目标在于遏制恐怖主义犯罪使其失去实施犯罪的经济基础,并非对于上游犯罪所得的追赃,而我国追赃工作与国际司法协助密切相关,需要加强国内法与相关国际公约的有效衔接。⑩ 因此,两者在行为构造与立法目标上存在较大差异,没有必要将我国帮助恐怖活动罪直接纳入打击洗钱罪名体系范畴。当然,洗钱与逆洗钱在相关犯罪中往往存在交织,如黑社会性质的组织一方面将其犯罪所得通过各种渠道洗白,进行表面合法化,另一方面将洗白后的资金投入犯罪组织

---

⑧ 参见王爱立主编:《中华人民共和国刑法释义与适用》(下册),中国民主法制出版社2021年版,第1414—1415页。

⑨ 参见王新:《总体国家安全观下我国反洗钱的刑事法律规制》,载《法学家》2021年第3期。

⑩ 参见陈泽宪、周维明:《追逃追赃与刑事司法协助体系构建》,载《北京师范大学学报(社会科学版)》2015年第5期。

维持日常违法犯罪活动。

从触及洗钱活动最广义角度来看，可以认为为掩饰、隐瞒犯罪资金流转痕迹所采取的一切手段都属于洗钱行为，如通过地下钱庄对特定上游犯罪赃款进行境内外货币汇兑，通过第三方支付、第四方支付等互联网结算通道将犯罪资金转移至境内外账户等，涉嫌非法经营罪；明知他人利用信息网络对犯罪资金进行支付结算，为其提供互联网接入、服务器托管、通信传输等技术支持，涉嫌帮助信息网络犯罪活动罪。虽然不同业务领域触及洗钱行为的罪名具有多样性，但从立法者制定罪名规制的直接目的以及相关罪名实现法益保护的社会功能考虑，我国《刑法》规制掩饰、隐瞒赃款赃物行为主要依靠第191条洗钱罪、第312条掩饰、隐瞒犯罪所得、犯罪所得收益罪和第349条窝藏、转移、隐瞒毒品、毒赃罪这三项罪名展开。

（二）我国洗钱罪名体系内部关系

我国洗钱罪名体系内部三项主要罪名在不同维度呈现不同面貌的规制特征。首先，从规制对象范围来看，第312条掩饰、隐瞒犯罪所得、犯罪所得收益罪规制一切赃物犯罪的掩饰、隐瞒行为，规制对象最为广泛，第191条洗钱罪和第349条窝藏、转移、隐瞒毒品、毒赃罪是针对特定上游犯罪类型实施的掩饰、隐瞒行为，规制对象具体且范围局限。其次，从法益侵害属性而言，第312条掩饰、隐瞒犯罪所得、犯罪所得收益罪和第349条窝藏、转移、隐瞒毒品、毒赃罪本质上属于窝赃行为，侵害的是司法机关追究犯罪的正常活动，第191条洗钱罪主要利用金融工具、金融机构等金融通道对七类特定类型犯罪所得进行清洗，改变特定犯罪所得赃款"黑钱"属性的行为，侵害的主要法益是国家的金融管理秩序与国家金融安全。再次，从打击洗钱犯罪的功能来看，第191条洗钱罪与第349条窝藏、转移、隐瞒毒品、毒赃罪是针对特定上游犯罪类型所制定的特殊条款，尤其是第191条洗钱罪承担起我国打击洗钱犯罪的核心功能；第312条掩饰、隐瞒犯罪所得、犯罪所得收益罪作为传统的赃物犯罪，属于一般条款，在司法适用中起到对于无法适用特殊洗钱罪名规制的补漏作用。最后，从罪名适用规则来看，根据2009年11月4日最高人民法院颁布的《关于审理洗钱等刑事案件具体应用法律若干问题的解释》（以下简称2009年《洗钱罪司法解释》）第3条规定："明知是犯罪所得及其产生的收益而予以掩饰、隐瞒，构成刑法第三百一十二条规定的犯罪，同时又构成《刑法》第一百九十一条或者第三百四十九条规定的犯罪的，依照处罚较重的规定定罪处罚。"在司法机关看来，尽管存在不同维度的区分标准，对上游不同类型犯罪所得赃款、赃物的掩饰、隐瞒行为在现实中可能产生相同的法律效果，三罪名在行为手段或者法益侵害性上存在交叉竞合情形，主流观点将交叉竞合情形认定为法条竞合的特殊形态,应采取重法优于轻法的适用原则⑪,2009年《洗钱罪司法解释》也是基于此种认定原理作出适用规定,同时根据三罪名的法定刑规定,在涉及对上游犯罪赃款进行清洗的行为只能适用法定刑最重的第191条洗钱罪。⑫ 这一结果在客观上也满足在洗钱罪名法律体系内部应优先适用核心、特殊罪名以实现对特定法益保护的要求。

二、我国洗钱罪名体系适用困局

(一)洗钱罪名体系内部行为方式认定混乱

洗钱罪名体系内部存在罪名行为方式认定混乱的情形。从刑法条文规定看,第191条洗钱罪与第312条掩饰、隐瞒犯罪所得、犯罪所得收益罪以及第349条窝藏、转移、隐瞒毒品、毒赃罪在罪状表述上都具有"掩饰、隐瞒"的行为手段特征。具体而言,《刑法》第191条第1款明确列举的第1—4项主要通过金融机构或金融工具实现对上游犯罪所得进行"转移、转换",从而改变赃款的来源与性质,符合洗钱罪金融秩序法益侵害的本质属性。基于洗钱方式的复杂性与多样性,在第5项规定"以其他方法掩饰、隐瞒犯罪所得及其收益的来源和性质的"的兜底条款,严密对洗钱手段认定,实现洗钱掩饰、隐瞒上游犯罪所得性质和来源的效果;第312条掩饰、隐瞒犯罪所得、犯罪所得收益罪在罪状上具体列举了"窝藏、转移、收购、代为销售"等掩饰、隐瞒手段以及"或者以其他方法掩饰、隐瞒的"兜底规定,只改变赃款、赃物物理状态并不改变"黑钱"的法律属性;第349条窝藏、转移、隐瞒毒赃罪行为手段表述为"窝藏、转移、隐瞒"犯罪所得,"窝藏""转移"可以涵盖为"掩饰"的具体表现方式,从"窝藏、转移、隐瞒"发生的效果而言,通常只是改变毒赃物理存放状态,属于传统赃物犯罪范畴。

理论上而言,我国洗钱罪名体系内部对于狭义洗钱罪与窝赃罪区分标准较为明确,主要体现在是否通过金融手段对上游犯罪赃款属性进行改变。但从各罪名

---

⑪ 参见王作富主编:《刑法分则实务研究》(第三版),中国方正出版社2007年版,第587页。
⑫ 比较洗钱罪名体系三罪名基础刑与加重刑的规定可知,第191条洗钱罪基础刑为5年以下有期徒刑或者拘役,并处或者单处罚金,情节严重的,处5年以上10年以下有期徒刑,并处罚金;第312条掩饰、隐瞒犯罪所得、犯罪所得收益罪基础刑为3年以下有期徒刑、拘役或者管制,并处或者单处罚金,情节严重的,处3年以上7年以下有期徒刑,并处罚金。第349条窝藏、转移、隐瞒毒品、毒赃罪处基础刑为3年以下有期徒刑、拘役或者管制,情节严重的,处3年以上10年以下有期徒刑。三罪名中无论基础刑抑或加重刑,包括附加刑的配置都是洗钱罪处罚最重,罪名适用中出现重合情形时原则上只能以洗钱罪进行规制。

"掩饰、隐瞒"表现的行为样态来看,行为方式存在非定型化特征,产生的法律效果既包括物理意义上的窝赃,也包括对"黑钱"身份属性的清洗,导致从行为方式上无法区分洗钱罪名体系内部各罪名之间的关系以及各罪名对于法益侵害属性的差异。尤其是司法解释对各罪名行为方式的认定加剧理解上的混乱,不具有罪名适用的指引功能,表现在2009年《洗钱罪司法解释》第2条对洗钱罪兜底条款进行解释时,列举了6种具体通过非金融手段将犯罪所得及其收益进行"转移、转换"的行为以及一个双重兜底条款[13],将第191条第5项洗钱兜底条款中的"掩饰、隐瞒"认定方式具体化为"转换、转移"行为。从词语表达含义来看,"转换"一般具有改变财产身份属性的功能,对于司法解释中规定的"转移"行为是否一律可以改变赃款的身份属性作为洗钱手段认定不无疑问。相对刑法明确的金融工具手段洗钱,《洗钱罪司法解释》对洗钱行为方式与内涵上进行了扩张,涵盖各类非金融手段洗钱方式。有观点指出,现行《刑法》第191条已然打破了洗钱犯罪必须侵害金融管理秩序的壁垒,其设立之初旨在打击利用金融领域清洗特定上游犯罪所得的行为规定与当下洗钱犯罪的情形已不相符。[14] 与此相对,对于赃物犯罪的行为方式认定,根据2021年4月15日生效的最高人民法院《关于审理掩饰、隐瞒犯罪所得、犯罪所得收益刑事案件适用法律若干问题的解释》(法释〔2021〕8号)(以下简称《赃物罪司法解释》)第10条第2款的规定:明知是犯罪所得及其产生的收益而采取窝藏、转移、收购、代为销售以外的方法,如居间介绍买卖,收受,持有,使用,加工,提供资金账户,协助将财物转换为现金、金融票据、有价证券,协助将资金转移、汇往境外等,应当认定为《刑法》第312条规定的"其他方法"。该司法解释突破传统窝赃行为认定方式,将改变赃款"黑钱"属性的洗钱行为作为赃物犯罪认定,直接导致洗钱与传统赃物犯罪认定方式混同,扩大了赃物犯罪的适用范围。

因此,对于洗钱罪名体系的行为方式认定,第191条洗钱罪包括金融手段的掩饰、隐瞒行为以及非金融手段的清洗活动,第312条赃物犯罪手段既包括传统

---

[13] 《洗钱罪司法解释》第2条规定,具有下列情形之一的,可以认定为《刑法》第191条第1款第5项规定的"以其他方法掩饰、隐瞒犯罪所得及其收益的来源和性质":(1)通过典当、租赁、买卖、投资等方式,协助转移、转换犯罪所得及其收益的;(2)通过与商场、饭店、娱乐场所等现金密集型场所的经营收入相混合的方式,协助转移、转换犯罪所得及其收益的;(3)通过虚构交易、虚设债权债务、虚假担保、虚报收入等方式,协助将犯罪所得及其收益转换为"合法"财物的;(4)通过买卖彩票、奖券等方式,协助转换犯罪所得及其收益的;(5)通过赌博方式,协助将犯罪所得及其收益转换为赌博收益的;(6)协助将犯罪所得及其收益携带、运输或者邮寄出入境的;(7)通过前述规定以外的方式协助转移、转换犯罪所得及其收益的。

[14] 周锦依:《洗钱罪立法进程中的矛盾解析》,载《国家检察官学院学报》2016年第2期。

的物理性窝赃行为,也包括通过经济活动、金融工具的掩饰、隐瞒活动,在手段上已经没有差别,洗钱罪与窝赃犯罪在行为手段完全混同,无法识别。对于第349条窝藏、转移、隐瞒毒品、毒赃罪的法律属性与行为认定,基于对象与实施手段的差别会存在不同,并非传统观点认为单纯属于赃物犯罪范畴。其中,窝藏、转移、隐瞒毒品属于传统窝赃行为,掩饰、隐瞒毒赃的非法性质和来源在法律效果上已突破传统赃物犯罪属性,属于洗钱行为,即是否隐瞒毒赃的非法性质和来源,成为确认行为法律属性与罪名选择的关键因素。随着金融产品的繁衍与网络技术的发展,"转移""隐瞒"等在传统观念中仅能起到对赃款物理空间进行改变的犯罪手段在内涵与法律效果上不断发生突破,借助金融通道、电子支付工具实现财产的账户间、跨境转移,进而实现洗钱罪所要求的赃款身份转化、转换功能,转移、隐瞒毒赃行为随着时代的发展完全可能符合洗钱罪的行为样态、实现赃款清洗效果,与洗钱罪相融合。上述行为方式的混同与法律效果的交织,最终导致第349条窝藏、转移、隐瞒毒品、毒赃罪兼具传统赃物犯罪与现代洗钱犯罪的血统,与第191条洗钱罪以及第312条掩饰、隐瞒犯罪所得、犯罪所得收益罪的关系更加复杂。

(二)洗钱罪名体系内部法益识别功能丧失

刑法规定具体罪名的规范保护目的体现在法律体系的编排位置,基于罪名在法律体系中的实然地位决定了立法者意图保护的法益内容,不同罪名的形式体例编排决定了法益保护实质内容的区别,由此赋予法益具有犯罪分类机能,法益属性不同决定了罪质的差异,根据法益的性质与地位可以划清不同犯罪类型的界限。[15] 因此,刑法不同章节规定的罪名在法益保护内容上存在本质的区别,出现国家法益、社会法益、个人法益等不同内容的法益分类标准,使得具体罪名在类型划分时具有形式上与实质上的判断依据。同时,法益具有对犯罪构成要件解释的指导机能,即对犯罪构成的解释结论,必须使符合这种犯罪构成要件的行为确实侵犯了刑法规定该罪所欲保护的法益,从而使刑法规定该犯罪、设立该条文的目的得以实现。[16] 法益对构成要件的解释机能使得不同罪名基于保护目标的实质差异在构成要件内涵尤其是客观行为方式上具有显性差别。在不同法益保护类型犯罪中,法益保护内容的差别导致行为构成要件必然不同;在同种法益保护犯罪类型中,不同罪名构成要件的区别主要体现为行为手段上的差异,如盗窃、诈

---

[15] 参见韩轶:《法益保护与罪刑均衡——法益保护之优先性与罪刑关系的合理性》,中央民族大学出版社2015年版,第8页。

[16] 参见张明楷:《法益初论》(上册)(增订本),商务印书馆2021年版,第262页。

骗、抢劫、故意毁坏财物罪等,作为保护财产法益的体系性罪名,法益保护内容上具有同质性,但不同罪名保护目标上存在立法差异,在法益保护解释机能的前提下应区别不同行为对财产法益侵害所实施的行为手段差别。

对于洗钱罪侵害的法益属于只侵害国家融管理秩序的单一法益,抑或还包括司法机关正常活动等社会管理秩序甚至公私财产所有权等复合法益,理论界存在不同学说观点。主流观点认为该罪侵犯复合法益,包括国家金融管理秩序和司法机关对特定上游犯罪赃款赃物追缴的正常活动。⑰ 也有观点认为洗钱罪侵害单一法益即国家金融管理秩序,立法者设立洗钱是从维护金融管理秩序、保障金融安全角度,针对一些通常可能有巨大犯罪所得的严重犯罪而为其洗钱的行为所作的特别规定,尽管社会生活中的洗钱有多种途径但我国刑法规制的洗钱行为仅限定于金融领域,其他领域洗钱活动并不在我国刑法适用范围之内,洗钱罪保护法益不包括司法机关的正常活动,由此区分传统赃物犯罪保护法益。⑱ 上述观点将刑法规制的洗钱活动仅限于金融领域洗钱有失偏颇,与司法实践规制的洗钱范围并不一致。同时基于洗钱罪脱胎于赃物犯罪,是从赃物犯罪中分离出来的一种新型金融犯罪,虽然立法者将本罪独立规定在破坏金融管理秩序罪中,与单纯延续赃物犯罪属性的掩饰、隐瞒犯罪所得、犯罪所得收益罪等相剥离,但其法益侵害性仍具有传统赃物犯罪所承载的妨害司法秩序法益的基因,使得新型洗钱与传统赃物犯罪两者互补、彼此分工,共同形成我国刑法打击洗钱活动的罪名体系群。同时上述学者对洗钱侵害法益在最新论述中有所修正,认为"洗钱罪除侵犯了司法机关正常的管理活动之外,还侵犯了金融管理秩序",即洗钱罪侵害了金融管理秩序和司法机关正常管理活动的复合法益,正是洗钱罪相较于传统赃物犯罪溢出的对金融管理秩序法益的侵害,使得"洗钱罪与传统赃物犯罪的社会危害性不可同日而语"。⑲

综观洗钱罪名体系中各犯罪法益侵害的特性,立法者将洗钱罪规定在第三章第四节破坏金融管理秩序犯罪中,根据本罪所处的体系位置可以认定立法者保护的主要法益是金融监管秩序。同时,基于洗钱罪脱胎于赃物犯罪,其手段具有清洗赃款的掩饰、隐瞒犯罪所得的效果,侵害了国家司法机关对赃款追查的正常活动,属于特殊的赃物犯罪。由此,洗钱罪具有侵犯金融管理秩序与司法活动秩序

---

⑰ 参见王作富主编:《刑法分则实务研究》(上)(第五版),中国方正出版社2013年版,第488页。
⑱ 参见刘宪权:《金融犯罪刑法学原理》(第二版),上海人民出版社2020版,第437—439页。
⑲ 参见刘宪权、陆一敏:《自洗钱入罪司法适用的疑难解析》,载《检察日报》2021年5月21日,第3版。

的复合法益犯罪属性,金融监管秩序属于主要法益。[20] 第349条窝藏、转移、隐瞒毒品、毒赃罪作为毒品犯罪衍生的特殊赃物犯罪类型,侵害的同样是复合法益,包括国家毒品管制秩序和司法机关正常活动,位于第七节妨害毒品管理罪中说明侵害的主要法益是国家毒品管制秩序。[21] 第312条掩饰、隐瞒犯罪所得、犯罪所得收益罪作为传统规制赃物犯罪的核心罪名,规定在《刑法》第六章妨害社会管理秩序罪第二节妨害司法秩序罪中,保护的法益单一,主要是妨害司法机关追查犯罪、追缴犯罪所得及其收益的正常活动。[22] 从洗钱罪与赃物犯罪的实质区分而言,手段是否具有对赃款的洗白作用即是否通过金融工具、金融机构等手段改变赃款赃物的"身份性质"成为关注的核心,体现在法益侵害性上的区别即是否对金融管理秩序的侵害。

《刑法》第191条洗钱罪规定在破坏金融管理秩序罪中的最后一条,其法益侵害本质应当认定为对国家宏观经济安全层面—国中央银行对货币流通安全管控的超个人法益。[23] 传统观点认为,洗钱罪侵害金融管理秩序主要体现为通过金融工具或者金融机构实现对特定上游犯罪所得进行赃款身份转换。通常而言,特定上游犯罪本犯与下游洗钱者之间可以理解为特定主体间的金融交易活动,但此种黑钱清洗交易活动并非正常经济流通领域中生产、分配、交换环节所允许的商品交易行为。加之《刑法修正案(十一)》将自洗钱行为单独入刑,即上游犯罪本犯可以自主实施洗钱行为,使得传统下游帮助犯属性的洗钱行为与上游犯罪本犯两者之间的违法金融交易活动消解,自洗钱活动实现将上游犯罪法益侵害独立性与货币流通环节赃款违法身份转换的法益侵害复合性相结合。

基于《刑法》第191条洗钱罪规定的上游犯罪限定为七种犯罪类型,对于经济运行中高发的其他犯罪类型,如电信诈骗、网络赌博、传销骗局等犯罪所得通过金融工具、金融机构实施掩饰、隐瞒犯罪来源和性质的行为,如提供银行账户、支付结算服务进行赃款清洗行为,虽然侵害了金融监管秩序,实现了将赃款"漂白"的功能,但根据刑法规定无法作为第191条洗钱罪进行认定,只能以第312条赃物犯罪属性的掩饰、隐瞒犯罪所得、犯罪所得收益罪进行处罚,作为打击洗钱犯罪的

---

[20] 参见赵秉志主编:《刑法修正案(十一)理解与适用》,中国人民大学出版社2021年版,第156页。
[21] 参见古加锦:《洗钱犯罪与赃物犯罪之间的界限及法条关系辨析》,载《江西警察学院学报》2015年第4期。
[22] 参见马克昌主编:《百罪通论》(下卷),北京大学出版社2014年版,第993页。
[23] 参见时方:《我国经济犯罪超个人法益属性辨析、类型划分及评述》,载《当代法学》2018年第2期。

广义罪名认定。司法解释对于第 312 条赃物犯罪的"其他方法"以列举方式进行扩充，将利用金融工具实施的赃款漂白行为作为窝赃行为认定，客观上起到洗钱犯罪体系中其他罪名补充打击的功能，实现广义洗钱罪名的补漏功能。但此种划分方式弊端极为明显，即放弃了原本应由洗钱罪承担打击犯罪的职责，交由赃物犯罪进行规制，混淆了洗钱与窝赃在行为方式与法益侵害属性上的差异；对于涉及金融工具实施的掩饰、隐瞒行为，如通过金融票据、有价证券、支付结算等实施资金转移，超出了窝赃犯罪对司法机关正常活动秩序的法益侵害属性，更主要体现侵害金融监管秩序，以赃物犯罪认定并没有对金融监管法益这一本质特征进行全面评价，这也使得将上述罪行作为赃物犯罪认定在刑罚处罚上相较洗钱罪更为轻微，没有实现罪刑相均衡原则。

（三）洗钱罪与赃物犯罪区分逻辑错误

依据上游犯罪的种类而非行为方式区分，存在认定洗钱罪与赃物犯罪的逻辑错误。基于洗钱罪与赃物犯罪行为方式的混同与法益侵害识别功能的缺失，对于洗钱罪与赃物犯罪的区分，《刑法》与司法解释的立场是通过上游犯罪规制范围差别进行内部各罪名适用的划分，如第 191 条洗钱罪规制七类特定上游犯罪所得实施的掩饰、隐瞒赃款属性的行为；第 312 条掩饰、隐瞒犯罪所得、犯罪所得收益罪规制所有上游犯罪实施的窝赃行为以及七类特定上游犯罪以外罪名实施的犯罪所得清洗行为；第 349 条窝藏、转移、隐瞒毒品、毒赃罪规制毒品犯罪所得实施的窝赃与清洗行为。最高司法机关在解释相关罪名适用时指出：三个罪名行为方式的差异逐渐淡化甚至趋于一致，主要区别在于犯罪对象范围不同，针对不同类型犯罪的洗钱行为，三个罪名在具体行为方式与行为性质上的差异并不存在实质区分。[24] 由此产生的疑问是，只通过上游犯罪的类型而非具体行为方式，如何确定下游掩饰、隐瞒行为是否侵犯了金融秩序抑或是司法秩序？

区分洗钱罪与其他赃物犯罪，应以手段行为是否达到清洗"黑钱"效果以及侵害何种法益为考察重点，而非通过上游犯罪的类型决定。虽然第 312 条传统赃物犯罪承载了洗钱罪名体系的新职能，充当广义洗钱罪的兜底条款，但与核心洗钱罪的关系上，两者不应当仅是上游犯罪的范围差异，在洗钱行为方式与法益侵害属性上仍存在本质差异，因此不应混淆洗钱与窝赃行为的手段差异。有观点指出，传统赃物犯罪是对上游犯罪事后消极处分行为，赃物处于"物理反应"状态，洗钱是使赃款赃物发生"化学反应"，改变赃款赃物的黑钱身份属性，强调将黑钱

---

[24] 参见刘为波：《〈关于审理洗钱等刑事案件具体应用法律若干问题的解释〉的理解与适用》，载《人民司法》2009 年第 23 期。

"清洗""漂白"变"干净"的动态过程。㉕ 相反,上游犯罪发生的领域、属性并不能决定下游洗钱或者销赃犯罪侵害的法益属性,无法决定下游掩饰、隐瞒行为产生的法益侵害是侵犯金融秩序抑或是妨害司法机关正常活动,只有对下游具体行为方式进行认定,判断是洗钱或销赃行为才能决定自身犯罪的行为属性。片面关注上游犯罪范围作为罪名认定的标准,也是传统立法、司法"重打击上游犯罪,轻洗钱(赃物)犯罪"造成的逻辑结果,根据上游犯罪的严重属性、是否属于特定七类犯罪决定是构成洗钱罪抑或赃物犯罪,但是很多上游犯罪如毒品犯罪、恐怖主义犯罪、黑社会性质组织犯罪、贪污贿赂犯罪本身并不涉及金融活动,无法侵害金融法益,如何决定下游不同行为样态的掩饰、隐瞒行为是否属于侵犯金融秩序法益的洗钱犯罪?对于七类犯罪以外的犯罪类型实施的通过金融工具等掩饰、隐瞒犯罪所得性质、来源的行为本质属性是将"黑钱"转变为"白钱"的洗钱行为,将其作为赃物犯罪而非洗钱罪认定,与赃物犯罪法益侵害本质相违背,导致洗钱罪名体系内部逻辑混乱。

三、我国洗钱罪法益的重新认定

我国洗钱罪名体系内部适用混乱的困局与洗钱罪法益认定模糊存在根本联系,即如何理解刑法规制洗钱活动保护的法益目标,洗钱行为如何对金融监管法益产生侵害?传统观点认为是洗钱手段侵害了金融管理秩序,即通过金融工具或者金融机构实现对上游犯罪"黑钱"的清洗效果,集中体现在第191条洗钱罪第1款第1—4项规定的掩饰、隐瞒行为,以区别赃物犯罪只改变物理存放位置的窝赃效果。但是,随着洗钱方式日益多元化,非通过金融工具实施的各类交易活动以及跨境转移资产行为都具有将赃款、赃物转换为合法财产的清洗效果,集中体现在2009年《洗钱罪司法解释》对于第191条第1款第5项兜底条款的适用规定,立法者设立本罪之初所保护的金融秩序法益逐渐脱离洗钱行为方式的认定。有观点认为,洗钱犯罪的本质在于行为人意图切断犯罪所得与犯罪间的联系以逃避惩处,国际反洗钱运动的目的在于追缴犯罪所得以断犯罪动机,我国《刑法》相关罪名的设立与修正并非本国适用之需要,而是配合国际打击之需要。㉖ 因此,洗钱罪是为掩饰、隐瞒原生犯罪违法所得及其产生收益的来源和性质,使非法资金披上合法的外衣,本质上是为掩饰、隐瞒先前犯罪行为,属于赃物犯罪范畴,侵害

㉕ 王新:《总体国家安全观下我国反洗钱的刑事法律规制》,载《法学家》2021年第3期。
㉖ 参见周锦依:《洗钱罪立法进程中的矛盾解析》,载《国家检察官学院学报》2016年第2期。

法益只包括司法机关追究犯罪行为的正常活动。[27] 此种观点将洗钱罪法益认定为司法机关追究犯罪的正常活动,回归到传统赃物犯罪法益属性,没有探究洗钱罪脱离赃物犯罪独立设立在法益侵害性方面存在的本质差别。从洗钱渠道的扩张性而言,非通过金融手段实施的洗钱活动并没有对国家金融管理秩序产生侵害,只是侵犯了司法机关对赃款追查的正常活动,但此类行为客观上实现改变上游犯罪"黑钱"属性的洗钱效果,应当与窝赃行为进行区分,如何认定洗钱罪对于金融监管秩序法益造成侵害,已无法通过手段方式得以完全识别,需要重新寻求认定标准。

(一)洗钱罪法益的域外检视

1. 国际公约对洗钱罪规制目标的转变

回溯国际反洗钱历程,金融秩序法益在国际公约以及域外法律规定中处于动态变化过程。从20世纪70年代至90年代,全球范围内的洗钱活动主要是通过金融机构进行,而且手段比较单一,国际社会和世界主要国家一直将反洗钱的重心放在金融机构上。[28] 如1988年12月19日联合国在维也纳通过的《联合国禁止非法贩运麻醉药品和精神药物公约》(简称《联合国禁毒公约》,又称《维也纳公约》),作为联合国颁布的第一个涉及毒品犯罪反洗钱的国际公约,旨在通过剥夺犯罪利益打击有组织贩毒行为,从而保护合法的经济与金融循环方式,实现对金融秩序监管的维护。基于金融机构经常被利用洗钱,为确保欧洲金融体系安全与稳定,欧洲共同体委员会于1990年4月向欧洲议会提交了一项立法建议,最终于1991年6月10日制定了欧洲议会暨欧盟理事会《防止利用金融系统洗钱指令》,维护金融监管秩序与金融安全稳定是设立洗钱犯罪最为显性特征。随着反洗钱金融行动特别工作组(Financial Action Task Force on Money Laundering,FATF)《40条建议》的出台,其强调洗钱犯罪已经从原有的利用金融系统转到非金融系统的职业以及单位,指出非金融机构承担可疑交易报告义务的必要性以及扩充上游犯罪的类型,由此2001年欧洲议会暨欧盟理事会修正《关于防止利用金融系统洗钱的指令》,一方面最大限度扩大上游犯罪范围,另一方面要求除了银行、非银行金融机构承担反洗钱义务,应将反洗钱义务扩及其他部门。[29] 此后,在2000年

---

[27] 参见刘飞:《反洗钱金融立法与洗钱犯罪研究》,载社会科学文献出版社2005年版,第86—87页。

[28] 王新:《〈刑法修正案(十一)〉对洗钱罪的立法发展和辐射影响》,载《中国刑事法杂志》2021年第2期。

[29] 参见马耀忠:《经济刑法:全球化的犯罪抗制》(第二版),元照出版有限公司2017年版,第178页以下。

11月15日第55届联合国大会审议通过的《联合国打击跨国有组织犯罪公约》（又称《巴勒莫公约》）、2003年10月31日第58届联合国大会审议通过的《联合国反腐败公约》等多个涉及反洗钱国际公约，将洗钱行为方式归纳为七种主要形式：转换、转让、隐瞒、掩饰、获取、占有、使用等。[30] 其中，前四种为强制性要求，后三种为选择性要求，缔约国可以选择将"获取、占有、使用"作为本国洗钱方式入罪。例如，《联合国反腐败公约》规定三类行为可以构成洗钱犯罪：(1) 转换或者转移犯罪所得；(2) 处置、转移犯罪所得的所有权或者相关权利；(3) 获取、占有或者使用犯罪所得。这表明对于诸如腐败犯罪洗钱行为的认定并不要求"掩饰或者隐瞒该财产的非法来源"的目的，对于犯罪所得财产的获取、占有、使用等行为都构成洗钱行为，在行为样态上不要求通过金融支付工具等手段实施洗钱，也不要求对赃款"洗白"改变其属性，其核心法益由金融监管拓展到经济秩序安全稳定，同时对司法秩序的正常活动予以保护，金融秩序法益在诸多国际公约中并非洗钱罪保护的显性内容，实质上将一切窝赃、销赃行为都规定为洗钱犯罪，从最广泛意义上进行洗钱认定，表明国际司法对洗钱犯罪最严厉的打击态度。

2. 国际组织FATF对洗钱罪规制目标认定

作为当前世界上最具影响力且最重要的国际反洗钱组织，1989年成立的政府间组织FATF在《40条建议》中将洗钱定义为：凡是隐匿或掩饰犯罪所得的财物性质、来源、地点或流向以及转移，或协助任何与上述非法活动有关的人规避法律责任的，都是洗钱。[31] 可以看出，金融行动特别工作组对洗钱行为的定性十分广泛，行为方式既包括改变犯罪所得赃款属性的狭义洗钱，也包括隐匿赃款地点、流向的窝赃行为，以及对上游犯罪人的包庇行为，对应我国刑法广义洗钱行为以及对犯罪人的包庇行为。FATF规制洗钱重犯罪性质轻犯罪行为，不要求行为方式侵害金融法益，主要基于妨害司法调查、追赃角度，且洗钱行为方式多样，既包括掩饰、隐瞒犯罪所得及其收益性质、来源的核心洗钱行为，也包括单纯隐瞒犯罪所得的转移窝藏行为。

3. 国外刑法规定

德国洗钱罪规定在刑法典第21章"包庇与窝赃犯罪"之中，其中第259条规定窝赃罪，第260条规定职业性窝赃与结伙窝赃，第261条规定洗钱罪[32]；《德国刑

---

[30] 参见王新：《国际视野中的我国反洗钱罪名体系研究》，载《中外法学》2009年第3期。

[31] 参见"FATF Recommendations 2012"，https://www.fatf-gafi.org/media/fatf/documents/recommendations/pdfs/FATF%20Recommendations%202012.pdf，2021年7月1日访问。

[32] 参见《德国刑法典》，徐久生译，北京大学出版社2019年版，第181页。

法典》将赃物犯罪与洗钱罪规定在同一章节中,洗钱罪属于特殊的赃物犯罪类型,其保护法益主要是对上游犯罪侵害的利益和国内司法秩序,并未要求对金融秩序法益产生侵害。㉝ 如《德国刑法典》第 261 第 1 项规定:"就来源于下列犯罪之标的物加以隐藏、掩饰其来源、阻扰或危及标的物来源之侦查、发现、追征、没收或保全,处五年以下自由刑或并科罚金:1. 重罪㉞;2.《麻醉物品法》第 29 条第 1 项第 1 款之轻罪;3. 犯罪结社(刑法第 129 条)成员所犯之轻罪。"可以看出,《德国刑法典》规定的洗钱上游犯罪类型较为广泛,既包括有期徒刑 1 年以上的重罪,也包括特定罪名的轻罪。当然,也有德国刑法学者认为洗钱罪侵犯法益具有经济犯罪的特殊性,如哈塞默尔(Hassemer)将《德国刑法典》第 261 条洗钱罪保护的法益解释为合法的财政体制、经济体制的稳定性与纯洁性。㉟

《俄罗斯刑法典》将洗钱罪规定在第 22 章"经济活动领域的犯罪"中,第 174 条洗钱罪包括他洗钱与自洗钱,行为手段包括将他人或者自己实施犯罪所得资金和其他财产通过金融业务或者其他法律行为予以合法化。㊱ 其中金融业务包括与货币流通或者资金管理有关的任何货币行为,如转账汇款、支付结算、购买有价证券等行为,其他法律行为包括设立、变更、终止民事权利义务以及虚假设立、转移民事权利义务的行为,如通过买卖、典当、投资等商业手段实现非法资金或者其他财产的合法化。从俄罗斯洗钱罪的立法内容可以看出,其规制内容既包括金融手段的洗钱行为,也包括非金融手段对赃款的清洗行为,与我国《刑法》第 191 条洗钱罪行为方式的规定较为相似;从罪名所处章节来看,是对于经济运行活动中的整体法益进行保护,即通过防止对上游犯罪资金或者财产进行非法交易致使犯罪"黑钱"以合法身份流转社会生活或者流出国内经济运转系统,以维护国家正常的经济制度,对我国洗钱罪法益认定具有一定借鉴参考价值。㊲ 同时,《俄罗斯刑法典》第 175 条规定了销赃犯罪,即购买或者销售明知是犯罪赃物的财产。在立法立体上与《德国刑法典》一样,将洗钱罪与赃物犯罪规定在同一章节中,不同的是,《俄罗斯刑法典》将洗钱罪与赃物犯罪共同作为经济活动领域的犯罪行为,在法益侵害性上并非定位为对司法秩序抑或财产法益的侵害,也并非聚焦于对金

㉝ 参见王新:《德国反洗钱刑事立法述评与启示》,载《河南财经政法大学学报》2012 年第 1 期。
㉞ 根据《德国刑法典》第 12 条第 1 项规定,重罪是指最低刑为 1 年或 1 年以上自由刑的违法行为。
㉟ 参见[德]哈塞默尔:《面对各种新型犯罪的刑法》,载中国人民大学刑事法律科学研究中心编:《明德刑法学名家演讲录》(第 1 卷),北京大学出版社 2009 年版,第 23 页。
㊱ 《俄罗斯联邦刑法典》,黄道秀译,中国民主法制出版社 2020 年版,第 110—111 页。
㊲ 参见许桂敏:《论俄罗斯洗钱罪立法:变迁与构成》,载《俄罗斯中亚东欧研究》2009 年第 5 期。

融监管秩序法益的侵害,而是从社会广义经济交往运行中资金、财产流转的合法性着眼,法益保护具有一定抽象性与难以识别性,无法区分洗钱与赃物犯罪的法益侵害差别。

综上所述,通过比较国际公约、国际组织 FATF 以及《德国刑法典》对于洗钱罪的规定,主要立场是将洗钱罪作为赃物犯罪认定,在行为方式上包括不具有掩饰、隐瞒犯罪所得合法性来源的窝赃行为,保护的主要法益在于对司法追赃活动的保护,不要求侵害到特定经济与金融活动。《俄罗斯刑法典》将洗钱罪明确为侵犯经济活动的犯罪类型,但并未将保护的核心法益限定为金融监管秩序,将洗钱罪与赃物罪同时规定在经济活动犯罪的章节中,没有揭示两项罪名法益侵害性之间的区别,与我国洗钱罪立法设置及法益认定存在较大差别。

(二)我国洗钱罪法益具体认定

1. 我国洗钱罪金融管理秩序法益定位

随着我国市场经济开放程度的不断提升,参与经济交往活动的主体不断呈现多元化,金融活动已从国家垄断经营走入寻常百姓家,实现普惠金融、全民金融。以维护经济活动参与主体利益为导向的利益法益观、信用法益观逐渐兴起并受到追捧,[38]主张经济刑法应当摆脱政府纵向管控市场的思维桎梏,遵从市场生产、交易、分配等各流通环节的自发规律,其任务在于防范市场参与主体滥用支配地位前提下构建横向平等交往的经济环境,经济刑法的机能应当"从管制主义迈向自治主义"。[39] 由此,倡导经济自由、保障经济参与主体个体权益优位、打破国家金融管控秩序的呼声不断高涨,只有经济自由才能作为经济刑法的保护法益,经济秩序不具有成为刑法法益的当然性。[40] 基于上述观点,国家对经济活动的干预与监管是僵化腐朽的政府管理思维体现,阻碍了经济开放的发展潮流成为与市场主体自由开展经济活动天然对立的敌人。上述观点对于促进经济刑法维护交易自由、防止不规范的经济交往活动沦为经济犯罪打击对象具有限缩犯罪认定边界的积极价值,在一定程度上体现了刑法保障人权的机能。但以此否定国家对于经济

---

[38] 参见魏昌东:《中国金融刑法法益之理论辩证与定位革新》,载《法学评论》2017 年第 6 期;钱小平:《中国金融刑法立法的应然转向:从"秩序法益观"到"利益法益观"》,载《政治与法律》2017 年第 5 期。

[39] 参见张小宁:《经济刑法机能的重塑:从管制主义迈向自治主义》,载《法学评论》2019 年第 1 期。

[40] 参见何荣功:《经济自由与刑法理性:经济刑法的范围界定》,载《法律科学(西北政法大学学报)》2014 年第 3 期;何荣功:《经济自由与经济刑法正当性的体系思考》,载《法学评论》2014 年第 6 期。

秩序的管控职能、抹灭经济刑法在维护经济秩序中的功能难免有失偏颇。经济自由确有活跃市场交易的积极面,但不受监管的经济交往活动其危害性同样无法忽视:看似自由的交易环境实则不但无法保障参与主体的交易安全,而且会将风险累积,从微观层面对特定交易主体的法益侵害蔓延至中观层面,破坏有序的市场交易规则,进而对宏观整体经济运行稳定以及国家的经济安全产生威胁与侵害,而这一系列的危害后果最终将由经济活动中每一参与主体承担,成为抽象层面集体法益项下个体法益受到间接损害的承担者。

　　政府纵向构建金融管控体系的目的并非抑制经济交往活动,而是在构建有序稳定的经济交易环境前提下实现经济交往活动的安全,尤其是随着总体国家安全观的体系构建,国家经济安全成为传统政治安全、军事安全、领土安全等国家安全体系之外新兴的法益保护目标。与此相应,刑法尤其是经济刑法对于市场经济违规活动的规制与参与者合法权益的保障不应局限于狭隘的特定个体经济自由的实现抑或某一经济交往领域的秩序维护,即经济刑法对于国家经济安全的维护应当体现其应有的时代使命与制度保障功能。虽然金融管控的秩序法益观具有一定的抽象性与行政主导性,也难免与参与主体的行动自由形成一定的紧张冲突,但在面临国际金融风险冲击、维护境内外货币收支平衡、确保境内货币流通安全等一系列国家安全法益保障方面具有不可或缺的功能。对于洗钱活动,犯罪资金的属性转化及其在经济运行中的监控属于典型政府纵向管理范畴,不涉及也无法还原为经济交往活动中的生产、分配、交换等流通环节参与主体自由交易权利,属于利益法益观无法触及之领域,作为国家经济安全保障视域下的金融管理对象有其独立设定的正当性与必要性。

　　2. 我国洗钱罪法益侵害性认定路径:手段金融工具化转向金融监管失控结果
　　我国《刑法》虽然在立法体例中将洗钱罪与赃物犯罪分别规定在不同章节中,将洗钱罪规定在第三章第四节破坏金融管理秩序罪之中,体现法益侵害属性的差别,但从洗钱罪产生的来源以及罪名间的内在逻辑来看,洗钱罪原本包容在赃物犯罪中并从赃物犯罪中分解出来,天然包括对司法机关正常活动秩序产生侵害。对于特定上游犯罪以外的犯罪类型通过金融手段掩饰、隐瞒犯罪所得的来源、属性,同时侵犯了金融秩序法益与司法活动对赃物追缴的正常秩序,在应然层面应当作为洗钱行为认定。只是在实然层面,我国《刑法》对洗钱罪与赃物犯罪的上游犯罪范围作出界分,选取部分犯罪类型作为洗钱罪的上游犯罪,以此过滤出在立法者看来对社会经济整体运行不产生严重侵害的犯罪类型,对犯罪所得的掩饰、隐瞒行为只以赃物犯罪认定,通过第312条这一广义洗钱罪名进行规制。在我国司法实践层面,通过金融工具实施的洗钱行为并非洗钱活动的唯一行为方式,对于非金融手段实施的掩饰、隐瞒行为得到刑法与司法解释的确认,只是行为方式对于金融秩序法益侵害认定日益模糊,不具有绝对性,相反对于特定犯罪赃物追缴的司法秩序侵害性更为明显,如何明确此种洗钱类型对金融秩序法益的侵害性存在较大争议。

传统洗钱罪对金融秩序法益侵害的认定依据在于洗钱手段的金融工具化,即将洗钱罪界定为破坏金融监管秩序的实质是基于洗钱方式引发。2009年《洗钱罪司法解释》拓宽了传统洗钱方式必须通过银行、证券、支付结算等途径转变资金属性,通过各类非金融工具实施的掩饰、隐瞒赃款行为以及跨境物理转移犯罪所得都作为洗钱手段认定,无须通过金融工具同样可以实现洗钱效果,单从行为手段来看没有侵害到金融管理秩序。因此,有观点指出,对于单纯转移资金或财产的转移类洗钱行为,包括将上游犯罪所得资金转移到他人账户或国外账户,或将犯罪所得及其收益携带、运输、邮寄出入境等,此类行为仅仅将上游犯罪所得在有限的账户之间流动,没有使其流入金融市场,转移犯罪所得仅是对上游犯罪的追查带造成阻碍,妨碍了司法机关的正常活动,侵犯了社会管理秩序,财产转移类洗钱没有侵犯金融管理秩序。㊶此种观点,一方面形式化区分洗钱手段中的"转移"与"转换"方法差别,在法益侵害实质判断上没有分析"转移"行为是否实现"转换"的清洗效果,进而对不同手段清洗行为是否侵害金融秩序法益后果产生误判,对于洗钱手法的"转移"与"转换"区分流于形式。另一方面认为转移型洗钱只是妨害了司法机关的正常活动,转移类自洗钱本质上属于窝赃行为不具有单独评价的可罚性,同样混淆了洗钱罪与掩饰、隐瞒犯罪所得、犯罪所得收益罪两者之间的法益属性差异以及在我国刑法立法体例中的实然区分。

对于洗钱罪金融秩序法益认定应从行为本位的手段金融工具化转向结果本位的金融监控脱管化,即从掩饰、隐瞒行为的金融监管后果而言,特定犯罪所得的赃款流入经济流通领域,致使"黑钱"转变"白钱"的合法身份不受监管,大量赃款纳入合法的经济活动之中,实现洗钱结果的金融危害化。"经济刑法保护的法益主要不是经济者个体的个人利益,而是国家的整体经济秩序,以及经济的有序过程。"㊷赃款身份属性的转换结果脱离有效金融监管,使得金融监管对资金正常流转得以削弱甚至成为不可能,金融监管秩序造成侵害的判断路径不单纯是要求洗

㊶ 参见赵桐:《自洗钱与上游犯罪的处断原则及教义学检视》,载《西南政法大学学报》2021年第5期。

㊷ [德]克劳斯·梯德曼:《德国经济刑法导论》,周遵友译,载赵秉志主编:《刑法论丛》(第34卷),法律出版社2013年版,第7页。

钱手段通过金融途径,"黑钱"转化"白钱"的金融脱管结果,使得本不应该进入市场经济领域的"黑钱"任意流通同样是对金融监管法益的侵害。由此洗钱手段扩展至各类经济交往活动,如典当、租赁、投资、赌博等行为,都可以纳入洗钱范围,都使得金融监管对犯罪赃款属性的资金监控造成侵害。同样,物理空间转移赃款的窝赃行为原本不会改变赃款的犯罪属性,但涉及跨境时,由于脱离了跨越国边境双方金融监管体系,事实上实现了洗钱效果,削弱金融监管的控制力与发现力。如将犯罪所得携带、运输或邮寄出境或跨境转移,违法犯罪所得钱款则不再是单纯物理位移,其"黑钱"身份属性在跨越国边境时实现了身份转化,得以清洗成为正常流通的资金,而大规模"黑钱"跨境流动一方面扩充地下金融规模,极大增加一国金融风险,国家金融监管部门在遭遇地下金融操控时将无法有力抗衡,对一国金融安全产生严重侵害进而引发金融危机;另一方面脱离金融监管的非法地下金融涌动,极易引发其他各类犯罪,如"黑钱"转换合法资金后开展恐怖主义融资、间谍活动等其他犯罪,都成为跨境洗钱的主要目的,金融监管失控引发的更为严重的后果是对一国社会稳定甚至政治安全造成危害。因此,洗钱活动引发的地下金融不断膨胀,对刑法上金融安全法益产生威胁与侵害,应当从资金脱离金融监管的结果角度判断金融秩序法益是否遭到侵害,并非单纯依赖传统行为手段与资金流转方式判断金融监管是否遭受侵害。

此外,区别于赃物犯罪上游犯罪范围的宽泛性与不设限,洗钱罪上游犯罪范围应当有所限缩,典型如盗窃、抢劫等传统普通财产犯罪作为赃物犯罪规制主要对象,犯罪产生的违法收益规模较小,无法直接对经济运行的平稳产生侵害。与此相对,洗钱犯罪上游犯罪在我国要求属于特定类型,基于资金量较大,清洗效果对金融秩序造成重大冲击,如贪污贿赂犯罪、金融犯罪数额往往巨大,清洗效果对国家经济运行、清洗流转对经济活动产生直接侵害,并且,此类易获取高额违法所得的犯罪类型具有更高概率实施赃款的合法化的清洗行为,应予以类型化关注。

因此,赃物犯罪与洗钱罪的区别不在于手段方式的金融工具化,而在于清洗结果对于金融监管效果的影响,特定上游犯罪产生的"黑钱"转换合法身份的结果侵犯了金融监管机构对资金流向的监控,造成针对特定犯罪所得资金转化为合法资金的金融监管失控,由此对金融监管秩序以及国家金融安全产生侵害。相反,普通赃物犯罪的掩饰、隐瞒手段通常而言不具有赃款漂白效果,即使司法解释通过对赃物犯罪掩饰、隐瞒手段的扩充,使得相关犯罪赃款的身份属性得以转换,即同样存在"黑钱"变"白钱"的赃款清洗效果,但基于此类犯罪的获利资金规模相比较洗钱罪特定上游犯罪的违法所得而言资金量较小,无法对一国整体的金融监管产生实质威胁,因此在我国现行反洗钱刑法规制体系下,作为广义洗钱罪名体系下的辅助性罪名规制更具合理性。

四、结语

我国《刑法》已初步构建广义洗钱罪名体系,包括第191条核心范畴的狭义洗钱罪以及第312条掩饰、隐瞒犯罪所得、犯罪所得收益罪与第349条窝藏、转移、隐瞒毒品、毒赃罪为代表的传统赃物犯罪。在立法实然规定层面,洗钱罪名体系内部各罪名行为手段已经完全混同,均包含利用金融工具实施的改变上游犯罪赃款黑钱身份属性的清洗行为,在司法实践认定层面,无法通过行为方式区分洗钱罪名体系内部各罪名适用与法益侵害属性差别,这导致对洗钱罪金融秩序法益的认定应突破判断是否通过金融手段的固有思维局限,转向赃款流入经济流通领域实现身份合法化转变的金融监管失控结果。基于上游犯罪范围成为区分洗钱罪与赃物犯罪的司法适用标准,上游犯罪收益规模、实施洗钱活动的盖然性与密切性等直接对货币流通安全与金融监管产生影响,对于我国经济活动中不断高发的电信诈骗、网络赌博、传销骗局、税收犯罪产生的违法犯罪所得有必要纳入洗钱罪上游犯罪范围中,适当扩充洗钱罪上游犯罪范围,与国际加大打击洗钱犯罪趋势相衔接协调。在我国当前积极构建总体国家安全观的时代背景下,经济刑法具有维护国家经济安全的法益保护目标,金融管控秩序法益观在维护国家经济安全层面具有不可或缺的功能,是对自由经济思潮盛行背景下利益法益观的有力补充与回应,刑法规制洗钱活动属于典型情形。

第二编 刑事司法与人权保障

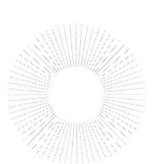

权利冲突视域下儿童最大利益原则的理解与适用[*]

王雪梅[**]

我国 2020 年修订的《未成年人保护法》第 4 条确立了儿童保护的最大利益原则,但就这一原则如何理解和适用依然见仁见智。众所周知,《儿童权利公约》第 3 条把最大利益确立为儿童保护的基本原则,"最大利益"在儿童保护领域越来越成为权威话语。但是,该条并没有对最大利益原则的内涵和标准作出阐释,这种标准和社会传统存在怎样的关系等问题一直困扰着人们,该原则含义的灵活性和模糊性也为其实施带来了困难。在最大利益标准的发展过程中,其内涵和外延的不断扩展,除了受到传统实践的挑战,还受到各种理论的挑战。[①] 当然,就儿童最大利益原则在实施过程中追求相对确定的含义方面,国际社会作出了努力。一方面,联合国儿童权利委员会 2013 年发布关于儿童最大利益的《第 14 号一般性意见》,对如何理解和判断儿童最大利益提供了基本框架。在政策层面,委员会通过对最大利益标准的阐释推进了该原则的实施。委员会指出,判断具体措施是否符合儿童最大利益须遵循两个步骤,即评判和确定。评判和确定是否符合儿童最大利益应当关照儿童的特点和具体生存环境,以及儿童权利保护所涉的各个领域。总之,儿童最大利益评判和确定的宗旨是确保《儿童权利公约》所载各项权利的实现,促进儿童的全面发展,有悖于公约权利要素而作出的评判是无效的。关于"最大利益"的含义,儿童权利委员会从三个层面作出了阐释,即儿童权利既是一项实体性权利,也是一项原则,还是一项行事规则。首先,《儿童权利公约》对儿童所享有的各项实体权利作出了规定,指出当审视儿童权利时,其最大利益应当是首要的考量。其次,最大利益作为一项解释性法律原则。从立法的角度看,最

---

[*] 本文原载《政法论坛》2022 年第 6 期。
[**] 中国社会科学院法学研究所编审,法学博士。
[①] Richard A. Warshak, Parenting by the Clock: The Best-Interest-of-the-Child Standard, Judicial Discretion, and the American Law Institute's Approximation Rule, 41 University of Baltimore Law Review 83 (2011).

大利益条款是保护儿童权利的纲领性条款。因此,在涉及儿童事务的法律政策制定中,要以儿童最大利益作为理论前提和立法标准。从法律解释的角度看,如果法律条文在适用中可以有多种解释,则应当采取最有利于儿童的解释。最后,最大利益作为一项处理儿童事务的行事规则,即每当就儿童问题的具体事项作出决定时,不仅决策过程要有合法的程序性保障,而且需要说明是否符合儿童的最大利益,特别是当儿童利益与其他利益发生冲突时,是如何以儿童最大利益来权衡的。除此以外,在解决涉及儿童的事项中如何适用儿童最大利益原则,在理论和实践层面存在多种探索,比较引人注目的进展集中在三个方面:一是"儿童最大利益"的理解和实践呈现多元化趋势,充实了最大利益的内容;二是在最大利益原则指导下,困境儿童作为一个群体的利益受到关注,而不仅仅局限于儿童个体的利益;三是更加强调从人权视角看待儿童保护问题,特别是在理解儿童福利问题时,人权视角的理解对困境儿童有着特别重要的意义。我国学者对最大利益原则也有研究,主要集中在婚姻家庭法领域,偶尔涉及刑事司法、国际收养等问题中儿童最大利益原则的适用。② 但对儿童权利保护的基本问题特别是权利冲突当中怎样从最大利益视角理解和解决,尚缺乏深入探讨。

笔者认为,只有当儿童最大利益形成一种思维习惯,才能更好地解决儿童生存和发展中遇到的问题,特别是当儿童利益与父母利益甚至社会利益发生冲突时到底如何解决,仍然是面临的巨大挑战。因此,本文将立足于一种宏观的视角,特别是人权视角,从儿童个体利益与群体利益、儿童利益与家庭利益及社会利益冲突视角,分析最大利益原则适用中的问题,以期为我国儿童最大利益原则的理解与适用提供参考。

一、困境儿童群体的最大利益——权利理论冲突视角

以往我们更加强调儿童个体权利的保护,而从儿童群体利益的视角看待儿童人权问题却相对弱化。困境儿童权利视角就是一种群体权利视角。群体视角利于针对困境儿童群体需求实施相应的保护政策,权利视角则彰显了困境儿童需求满足的不可克减性。历史的发展为此提供了佐证。以往街头流浪儿童及其离经

---

② 参见冉启玉:《从理念到制度的转变:离婚亲子法中的"儿童最大利益"原则》,载《湖北社会科学》2012年第11期;朱晓峰:《非法代孕与未成年人最大利益原则的实现——全国首例非法代孕监护权纠纷案评释》,载《清华法学》2017年第1期;王广聪:《论最有利于未成年人原则的司法适用》,载《政治与法律》2022年第3期等文章的论述。

叛道的做法引起了社会关注,但仅仅对这些"另类儿童"以福利进行救助的做法无法满足其最大利益需求。《儿童权利公约》的实施也证明了这一点,公约所载各项权利均应受到平等看待,如果将经济、社会和文化权利仅仅作为儿童福利看待,必定受制于国家的经济发展状况,从而制约此类权利的实现,《儿童权利公约》所秉持的最大利益等原则的精神必将受到克减。关于从人权视角考量困境儿童问题,国际社会发展出若干理论,其中有三种理论值得关注:一是借鉴"能力发展"理论阐释儿童权利;二是从"利益纽带"视角对儿童权利的诠释;三是儿童福利保障中的赋权理论,不仅强调儿童需求,而且强调赋权及能力发展。这些理论尽管与社会契约理论、个人主义理论等传统权利理论存在冲突,但对困境儿童保护及其最大利益的考量更具有解释力。

(一)从能力发展进路对困境儿童权利的分析

美国学者狄克森(Rosalind Dixon)和努斯鲍姆(Martha Nussbaum)在已有的能力发展理论的基础上,进一步丰富了能力进路(Capabilities Approach)的见解,与传统的社会契约等理论相比,能更好地解释困境儿童特别保护的正当性。该理论的基本依据是,人类尊严是权利平等的底线。但是,由于人的能力不同,在权利实现过程中又会发生冲突,在解决冲突时有必要对强势一方的权利加以限制,否则,权利保护就会失衡。该理论认为,儿童应当得到特别保护有两大理由:一是由于儿童的依赖性以及其身体或情感特点而导致的脆弱性;二是保护儿童权利的边际成本较低,而如果剥夺这种权利会直接危及其尊严。根据脆弱性原则和成本效益原则,能够在不断变化的具体事件中判断权利是否受到侵犯。能力发展理论有别于传统功利主义理论,该理论不仅关注儿童主体的特殊性,还考虑能力欠缺的代际传承问题,特别是在资源稀缺情况下如何促进困境儿童的发展问题,③这是人权视角的考量而不仅仅是福利问题。因此,与传统权利理论相比,该理论更能解释权利冲突下儿童特别保护正当性的核心问题。

一方面,从人权视角理解困境儿童保护问题更具解释力。能力发展理论强调人的尊严、能力差别、生命发展周期以及政治诉求的保障作用。该理论从能力着手看待儿童发展问题,抓住了发展的关键点,强调对困境儿童等弱势群体要"赋权""赋能"。这种人权进路强调的是人要有能力平等地获得机会。在界定不同群体平等权利的含义时,尤其强调他们之间的差异,因为了解差异是根据需求提供支持的前提。而传统的权利理论在很大程度上忽视了这种差异性,在解决困境

---

③ See Rosalind Dixon & Martha C. Nussbaum, *Children's Rights and a Capabilities Approach: The Question of Special Priority*, 97 Cornell Law Review 549, 553–554 (2012).

儿童脆弱性及其需求满足方面显得力不从心。正是对差异性的关注,《儿童权利公约》不仅强调每个儿童的平等权利,还关照儿童不同发展阶段的特点,强调根据这些特点满足其生存和发展的最低需求。对困境儿童群体来说,其需求的满足不仅关涉当下的利益,更关涉未来福祉。

另一方面,能力发展理论为儿童特别是困境儿童获得优先保护的正当性提供了更充分的根据。儿童优先保护是否符合社会正义原则需要从人权视角来理解,困境儿童福利保障也是如此。毫无疑问,人类尊严平等是社会正义的必要条件,然而,当社会资源有限不能满足每个人的基本需求时,就会发生分配冲突。根据《儿童权利公约》,在资源不足情况下儿童的最大利益应作为首要考虑,那么,从社会正义视角如何理解儿童利益的优先性?能力发展理论或许能够提供某种解释的根据。该理论的脆弱性原则着重强调在道德上国家有义务确保儿童特别是困境儿童过上有尊严的生活。儿童在成长为一个有责任感的个体之前需要依赖成人,这种依赖性也表现为脆弱性,这就要求我们在考虑权利平等时从实质平等的视角切入,将正义的天平向有利于儿童发展的方向倾斜,否则,儿童特别是困境儿童将很难推进其发展为完全个体的进程,特别是存在社会发展不足等其他因素影响的情况下。可见,儿童利益优先既具有正当性,也是儿童福利的核心。能力发展理论的成本效益原则,意在为儿童发展提供机会,强调两点:一是成本效益考量不能背离康德关于人的价值和尊严的理念;二是在资源短缺的情况下又不得不考虑实质平等问题。④ 这看似矛盾的两个视角实际上有着一致的道德度量。与传统功利主义和形式平等的旨趣不同,实质平等强调儿童赋权赋能。例如,对困境儿童在教育、健康、生活照料等方面给予优先考虑,干预发生得越早就越能助其早日树立正确的世界观以及培养适应社会的能力,同时,还能降低由于孩子的缺医少教而给社会带来的医疗成本和安全压力。因此,从功利的角度看,困境儿童利益优先也具有正当性。当然,无论是儿童脆弱性还是成本效益考量,能力发展理论的根本在于实质平等,但有时候保护弱势的力量也会受到限制。在很多情况下,如果不考虑儿童的脆弱性及其特别需求,将会给儿童和社会带来负面后果,甚至危及人类的整体发展,因此,尽管有时候向弱势群体倾斜的实质平等十分昂贵,但在道义上却是必需的。正如学者所指出的,儿童权利是继残疾人权利、跨越国界权利、动物权利之后的"第四大正义边界"。社会契约理论的前提假设是主体力量上的大致平等,但在能力存在差异领域,社会契约理论则无法对弱势一方提

---

④ See Rosalind Dixon & Martha C. Nussbaum, *Children's Rights and a Capabilities Approach: The Question of Special Priority*, 97 Cornell Law Review 549, 579 (2012).

供充分的保障。儿童的脆弱性意味着他们不可能成为社会契约模式中"自由、平等和独立"的个体。⑤

(二)从利益纽带理论视角对困境儿童权利的阐释

在如何实现儿童最大利益方面,存在以父母为中心、以儿童为中心、以国家为中心的三种相互对立的观点,论者为弥合这些争论纷纷提出自己的见解,比如关系权益理论。该理论的早期倡导者指出,儿童与照料者之间相互依存的关系是实现儿童最大利益的基础,正是在这种互动中儿童获得了安全、教育和支持,其自主能力得以发展。因而国家应当促进儿童健康发展的法律秩序,建构有益于儿童监护的家庭环境;同时有必要关注使儿童陷入恶劣环境的关系,这也是国家终止不称职监护权的理论基础。⑥ 以这些理论为根据,美国劳费尔-乌克斯(Pamela Laufer-Ukeles)教授发展了利益纽带理论(relationships),主张从关注儿童权利的视角转向考察儿童最需要什么样的家庭关系。总体上该理论的基本观点体现在三个方面。第一,家庭照料关系的良好运行需要遵循三项指导原则:尽早介入家庭尤其是危困家庭以建立良好的家庭照料关系;尽早评估破裂家庭给儿童带来的后果以避免儿童处于紧张的家庭关系中;国家介入家庭时需对干预的利弊进行评估以确保干预的恰当性。第二,在权衡最大利益标准时,不仅应当通盘考虑儿童的各项权利,还需权衡各种可能的冲突因素,关键是要看对儿童"最好的"考量是什么,特别是在诸如终止监护权等利益权衡中。第三,在实现儿童利益的三种模式中,以父母为中心的模式是基于父母最懂得什么最适合孩子并能够促进儿童多样性的发展为信念;以国家为中心的模式考虑在儿童利益实现方面国家应发挥积极作用;以儿童为中心的模式着眼于儿童的能力、经验和需求,以促进儿童潜能和自主性的发挥为动力。总之,儿童成长过程不能完全靠自己,但也不能完全纳入父母或国家控制范围。因此,儿童最大利益的实现要从个人主义转向儿童利益纽带叙事。儿童权利应被视为得到国家和家庭支持的儿童发展所需的利益纽带关系,家庭关系在儿童成长中处于中心地位,包括儿童所需的经济稳定、良好的生存和发展环境等。儿童成长的现实图景也清楚地表明,父母权利、国家利益和儿童个体权利是相互建构的。⑦

---

⑤ See Rosalind Dixon & Martha C. Nussbaum, *Children's Rights and a Capabilities Approach*: The Question of Special Priority, 97 Cornell Law Review 549, 593 (2012).

⑥ 转引自 Pamela Laufer-Ukeles, *The Relational Rights of Children*, 48 Connecticut Law Review 741, 780-784 (2016)。

⑦ Pamela Laufer-Ukeles, *The Relational Rights of Children*, 48 Connecticut Law Review 741, 751-752, 768-785 (2016).

可见,从利益纽带关系视角诠释儿童权利不仅能够解释儿童对家庭的依从关系,也是关注困境儿童群体权益的又一重要视角,该理论至少对理解儿童最大利益提供了两个分析视角。一是在家庭关系中,儿童的健康发展取决于两个基本要素:满足儿童物质需求的家庭经济稳定以及满足儿童身心健康发展的和谐家庭环境。这两项要素既是考量剥夺监护权等诉讼的指标也是衡量儿童福祉的指标。基本物质需求满足及和谐家庭环境对儿童健康成长的意义毋庸置疑,儿童自主能力、人际关系体验等都从儿童所处环境中获得。因此,在立法上对儿童利益的考量应当以经济保障、和谐环境、维持关系为实现儿童福利的核心。这一点,在我国立法中也有所体现。《民法典》不仅肯定了父母对未成年子女的监护责任,还对建立优良家庭关系作出了明确规定。即便在诸如剥夺监护权等特殊情况下,仍然强调要考虑修复亲子关系的可能。二是群体利益视角也应当成为理解儿童利益的思维方式。个体权利的儿童观不是以利益纽带为中心的概念,个体自主权也不能完全体现儿童生活的本质,即儿童的成长是一个逐步摆脱依赖的过程,儿童的脆弱性和依赖性突出了其与家庭之间的依存关系,在这种关系中儿童获得了独立自主的初期体验。当然,这种依存关系不仅包括家庭照料关系,还包括国家亲权,此即为儿童最大利益的考量,并非如论者所声称的"最大利益是一个目标,而不是一个实际的法律标准"⑧。正如联合国儿童权利委员会所指出,儿童最大利益既是原则,也是权利和行动指南。

(三)儿童福利理论的发展对困境儿童利益的解释

因儿童观的差异形成不同的儿童福利理论,如国家责任理论、父母责任理论、儿童需求理论等,不同的福利思潮和理论对建构儿童福利模式产生不同的影响,先后形成补救模式、发展取向模式、福利国家模式、社会参与模式等。从儿童福利模式形成和发展中不难看出,个体需求的满足不能从根本上解决困境儿童问题,谋求儿童自立和全面发展才是儿童福利的根本目标,这便是一种权利的视角。《儿童权利公约》也是将困境儿童的福利问题作为权利来看待的。群体(类别)视角和权利视角都是理解困境儿童最大利益的重要视角,这样更有利于针对不同困境儿童群体采取适当的保护政策。

一方面,从群体视角看待困境儿童问题更有利于实现其最大利益。儿童群体权利的实现体现在儿童权利委员会多项一般性意见当中,比如,在其关于儿童最大利益的2013年《第14号一般性意见》(第91条)中指出,评判和确定儿童群体

---

⑧ Pamela Laufer-Ukeles, *The Relational Rights of Children*, 48 Connecticut Law Review 741,220 (2016).

最大利益的程序……当危及众多数量儿童的利益时,政府在规划或作出可能影响儿童群体的措施和法律决策时,须寻求某种方式以便及时听取儿童群体的意见。可见,在思考儿童利益问题时,不仅要关照每个儿童的权利,而且需要从儿童群体的视角作决断,特别是对于困境儿童,他们可能因其个体原因以及所属群体而面临双重歧视等危险。因此,有论者倡导从群体利益视角看待困境儿童问题,指出反歧视原则应当适用于所有儿童及儿童群体。例如,对于难民儿童的救助,从群体利益的视角不仅能发现其中反映的国际人道主义危机问题,也突出了儿童政策的结构性缺陷。⑨ 造成这种结构性缺陷的重要方面恰是因为忽略了困境儿童群体利益的考量。

另一方面,从人权视角看待困境儿童群体利益对于实现其最大利益有着特殊的重要性。首先,困境儿童的福利保障在《儿童权利公约》中得到了突出的体现。该公约将传统上属于儿童福利的内容统一视为儿童权利加以保护。体现公约基本精神的儿童最大利益等四项原则不仅适用于儿童公民权利的保障,也适用于儿童经济社会文化权利的保障,特别是对困境儿童的特殊需求给予特别关照。公约中包含很多涉及困境儿童福利保障的特别条款,这无异于明确宣示:困境儿童及其群体的福利需求必须得到满足,因为这是他们的权利。其次,从权利视角解决文化价值冲突中的儿童福利问题时也需要以儿童最大利益作为考量。例如,在电影《刮痧》中,儿童保护部门将"刮痧"这种中医疗法视为一种"虐待"儿童的方式并将孩子从家里带走,显然剥夺了孩子家庭完整的需求。在现代监护制度中,儿童权利和父母权利是纽带利益关系,将确认儿童权利的条款解释为对抗父母的权利是不恰当的。而且,排在第一位的永远是血亲父母,在美国发生的贺梅抚养权案就确立了血亲关系优先原则。当且仅当父母无法履行保护和照料责任时,国家和社会才可以采取替代照料。最后,从权利视角也能较好地解释儿童福利满足的终极目的在于赋权。儿童赋权并不会受制于国家的经济状况,联合国儿童基金会2007 年所做的一份调查也充分证实,儿童福利保障与国家的经济状况并不总是保持一致的,经济状况并不是或者不能独立决定一国的儿童福利状况。⑩ 因此,从权利视角认识儿童福利问题不仅能够很好地解释儿童的平等保护,而且能够解释为什么儿童权利的实现不因国家的经济状况而削减,因为,困境儿童的福利也

---

⑨ See Erin B. Corcoran, *Getting Kids out of Harm's Way*: *The United States' Obligation to Operationalize the Best Interest of the Child Principle for Unaccompanied Minors*, 47 Connecticut Law Review Online 1, 11 – 12 (2014).

⑩ 参见《发达国家儿童福利状况报告出炉》,载《中国教师报》2007 年 2 月 28 日,第 A04 版。

是其权利,具有不可克减性。例如,义务教育满足了儿童受教育的需求,也与国家未来发展相联系,儿童教育权的实现不应当基于贫困而削减。这也从另一个侧面揭示了儿童福利不仅是物质上的满足,最终目的是要赋能,要提高儿童自立能力,既要满足生存权所需也要顾及发展权,如此才能实现儿童最大利益。

二、家庭法中的儿童最大利益标准——家庭权利冲突视角

我们在思考儿童能力发展、赋权赋能问题时显然无法忽视儿童及其家庭的一体利益关系,这种纽带关系在双方利益发生冲突时可能会断裂,而不得不采取儿童利益优先原则,即便如此,在处理具体问题时儿童最大利益的实现仍然常常指向家庭而让人无所适从。不可否认,有论者所主张的儿童最大利益标准传统说和《儿童权利公约》所确立的标准说对处理儿童具体事项都有一定的解释和指引功能,但如何评估和确立儿童的最大利益仍然需要具体分析。在处理儿童利益与家庭利益冲突中,往往涉及儿童、父母、国家三者之间的关系,因为有必要首先对这三者关系的法律定位予以明确。这个定位正是在充分考虑儿童最大利益之后的理性选择,也是《儿童权利公约》确立的标准,即父母在养育子女方面负有首要责任,同时养育子女也是父母的权利。然而,这项权利的行使是有限制的,当父母的选择有损于儿童利益时,国家作为最后监护人有及时介入并保护受害儿童的责任。当然,这种介入仍然需要对儿童利益和家庭利益的一致性给予足够的关注。如果国家以"儿童最大利益"为目标推行的政策忽视了父母权利和家庭完整对儿童的意义,受到影响的不仅是父母的自主权,还有儿童自身的利益。因此,国家的介入应当谨慎。[11] 实则,儿童利益与家庭利益冲突主要表现为某些特定情况下如何考量儿童最大利益问题,最常见的就是特定情况下的监护权归属,例如医疗生殖、离婚、家暴、收养等事件中儿童监护权归属的确定。在解决类似冲突中如何发挥最大利益原则的指导作用可以从两个方面来考察:一是父母在养育子女方面的自由裁量是否体现了儿童最大利益,其中涉及国家干预问题;二是特定情形下监护权的归属是否体现了儿童的最大利益。

(一)医疗和生殖领域父母裁量和儿童最大利益考量

在亲子关系的日常互动中,双方根本利益通常表现为一致性,国家不必干涉,但在某些情况下,特别是涉及儿童根本利益的决定时,例如某项可能损害儿童身

---

[11] See David Pimentel, *Protecting the Free-Range Kid: Recalibrating Parents' Rights and the Best Interest of the Child*, 38 Cardozo Law Review 1, 3-7, 57-58 (2016).

心发展的活动或治疗,如果其间还夹杂文化价值等因素,如何厘定儿童的最大利益对儿童的健康成长就显得极为重要。例如,在医疗和生殖领域,父母利益和儿童利益的冲突有时候表现得很尖锐。以英美国家为例,尽管英美国家常常用儿童最大利益标准解决冲突,然而,在医疗领域,如在预防性基因检测中,尽管美国和英国的儿童医疗决策都采用儿童最大利益标准作为指导原则,但怎么做才是为了儿童最大利益则有不同看法。对此,美国医学会提出了合理性标准:儿童最大利益标准的决策不应受代理人自身价值的不当影响,而理性人在类似情况下都会选择治疗。英国《1989 年儿童法案》(Children's Act of 1989)确立了儿童利益"至上原则",要求在任何涉及儿童福祉的情况下都需要最大可能地满足儿童需求,也即"最好的"标准。总体上,英美两国判断最大利益标准的差异表现在:一是英国的至上原则不仅包含最大利益内涵,还纳入了尊重儿童意见,比美国的标准更具体和完整;二是尽管出于对隐私权和自决权的尊重,法律对父母或监护人的决定给予相当大的尊重,而儿童最大利益则仍是医疗中首要考量,但只有在英国,最大利益才可以作为干预原则,即当医疗服务提供者不同意父母决定时,可以诉诸法院评判。[12] 而在生殖技术领域,当无法亲自生育的夫妇通过代孕方式满足其为人父母的愿望过程中,儿童利益和父母利益的对立似乎更加尖锐,甚至还涉及捐赠配子者、代孕妇女、医疗辅助机构等复杂问题,其中最突出的是伦理和法律问题。因为代孕有可能导致买卖儿童等黑色产业链的形成,在某些国家是非法的,例如我国。而且,一旦发生代孕妇女拒绝将孩子移交预期父母的情况,则会发生是合同纠纷还是抚养权纠纷的司法难题。然而,正如论者所指出的,孩子抚养权归属不仅是代孕双方的利益选择,更重要的是孩子的最大利益。从儿童最大利益视角考量,法院会忽略合同条款并以保护儿童利益的方式解决纠纷。但从公平和司法确定性角度,法院应根据合同法作出决定,预期的母亲应被裁定为法定母亲。[13] 我国首例代孕儿童抚养权纠纷虽然与此不同,但也反映家庭利益与儿童利益之间的冲突。[14] 尽管从儿童最大利益出发,最终孩子监护权判归了母亲,但仍然留下两个值得思考的问题:一是在决定孩子监护权归属时,是考虑监护人的权利还是考虑儿童利益。显然,一审法院采取血缘传承立场将孩子判给了祖父母,但二审采

---

[12] See Lainie Friedman Ross, *Predictive Genetic Testing of Children and the Role of the Best Interest Standard*, 41 Journal of Law, Medicine & Ethics 899, 899 – 901 (2013).

[13] See Browne C. Lewis, *Due Date: Enforcing Surrogacy Promises in the Best Interest of the Child*, 87 St. John's Law Review 899, 901, 922, 950 – 951 (2013).

[14] 参见上海市第一中级人民法院民事判决书(2015)沪一中少民终字第56号。此案涉及的父亲代孕行为违法是另外一个问题,不能因此而危及孩子的利益。

取儿童利益视角改判给了母亲。二是无论采取哪个视角,从儿童最大利益出发,都需要对未来的监护人抚养能力进行预测和评估。国家应承担起儿童利益最终保护者的责任。

(二)离婚诉讼中如何看待儿童最大利益标准

在离婚事件中儿童监护权归属如何体现儿童最大利益越来越成为无法回避的问题。就美国来说,儿童最大利益标准在离婚诉讼中一直是判断儿童抚养权归属的首要标准,但对此如何把握在司法实践中也存在分歧。美国学者在考察离婚诉讼中最大利益标准的长期困境后指出,对最大利益判断标准科学性的追求有一定的盲目性,因为,心理健康专家并不比法官好多少,很难说他们对离婚家庭的具体情况有深入了解,他们的加入只是掩盖了最大利益标准的不确定性而使得利益各方图个安心罢了。该学者认为,尽管最大利益判断标准的考量要素已经由儿童权利委员会在一般性意见中一一列举,但并不具有方法性的指导意义。因此,该学者提出在离婚案件中应从三个方面推进儿童最大利益标准:一是监护权裁判中将心理专家的意见仅限于验证证据的可采性范围,而非直接的裁判依据;二是提高证据标准可以遏制轻微的家庭暴力申诉,增加合法诉求的可能性;三是避免司法过分干预家庭自主权,特别是在合意离婚和调解离婚中,因为,在多数情况下父母比法官对子女未来的规划能发挥更好的作用。⑮

监护权问题历来都是离婚诉讼中子女归属的关键问题,在我国确立儿童最大利益原则之后,儿童监护权的归属无疑首先应当考虑儿童的最大利益,父母及法院等参与方均需从儿童福利、父母各方的经济条件以及能力等因素全面衡量,将儿童判给最有利于其成长的一方监护。离婚诉讼中儿童监护问题通常涉及两个争议点。一是共同监护问题。事实证明,这种监护中的孩子会受到父母双方愿望不一致和冲突的负面影响,是所有监护形式中最不快乐的。实际上,共同监护更多地考虑了父母之间的平等,而非儿童的安全、福祉和最大利益。二是单方监护中的探视权问题。探视权不仅是父母一方的权利,而且是维系孩子与父母之间的血缘纽带,也能够使孩子在生活和心理上获得安全感。事实证明,监护人和子女的情感纽带及良好互动比经济状况更能促进孩子的快乐成长,监护权归属既要考虑孩子的物质需求,也不能忽视儿童的情感精神需求。⑯

---

⑮ See Elizabeth S. Scott & Robert E. Emery, *Gender Politics and Child Custody: The Puzzling Persistence of the Best-Interest Standard*, 77 Law & Contemporary Problems 69, 69-72, 100-101, 104-105, 108 (2014).

⑯ See Darya Hakimpour, *Distributing Children as Property: The Best Interest of the Children or the Best Interest of the Parents*, 37 Children's Legal Rights Journal 128, 136-139 (2017).

(三)家暴事件中如何维护儿童的最大利益

家暴事件中如何保护儿童的利益涉及两个方面的基本问题:一是儿童家暴事件的发现和调查;二是受害儿童的安置及监护权归属。《儿童权利公约》第19条第1款明确规定,暴力是指"任何形式的身心摧残、伤害或凌辱,忽视或照料不周,虐待或剥削,包括性侵犯"。不能以儿童的最大利益为由采取诸如体罚等有损儿童人格尊严及人身安全的行为,而应当通过有效方式促进儿童最大利益的实现,树立正确的儿童养育理念和方法,建构儿童保护支持系统等。针对大量的儿童家暴事件,很多国家都采取了相应措施。比如美国就在应对儿童家暴问题上形成了一套较为成熟的机制,通过举报和强制报告、限期调查、调查期间的儿童保护、预防服务和团圆服务等家庭服务、儿童安置和治疗、儿童及家庭的个案管理、寄养照护和司法保护、法院命令及监护权归属等环节处理儿童家暴事件。[17]

我国也确立了相关制度,但从实施的过程和效果看,仍然存在一些需要解决的问题。以南京养母虐童案为例[18],该案在处理以及确定儿童监护权归属时,都提出了一些值得思考的问题,包括儿童安全、儿童情感需求、隐私权保护、儿童安置及追究施暴人责任等方面。在处理儿童家暴监护权归属时由于力量对比悬殊[19],人们更强调安全因素。确实如此,但这里的安全不能仅仅看作对身体的保护,精神暴力以及目睹暴力对儿童心理的创伤往往更长久。因此,在家暴事件中确立儿童监护权归属时还应当考虑儿童的情感心理安全及需求。同时还需要强调的是,在儿童家暴事件处理的整个过程中,儿童隐私权保护是最基本的原则。此案的最终处理,虽然网络的曝光起到了一定作用,但这样的经历对孩子的隐私权保护及其健康发展未必是一种正向的促进作用。此外,南京养母虐童案似乎呈现了情与法的较量,然而归根结底仍然是能否以儿童最大利益作为考量标准的问题。尽管对儿童暴力应当采取零容忍的原则,对家暴行为应当毫不犹豫地加以惩罚,然而如何惩罚则又是另一回事,关键要看是否有利于孩子的健康成长。从这一角度出发,保护儿童免遭暴力侵害不仅需要惩处施暴者,整个少年司法系统和福利、医疗康复、教育等部门都需要协调一致,从整体上考虑暴力受害儿童的利益。因此,需要强调的是,一方面,在处理父母虐待等家暴事件中,需要厘清儿童利益和父母利益的界限,在法律和政策措施方面确保儿童的身心康复及社会复归

---

[17] 参见[美]马克·哈丁:《美国关于保护被虐待和忽视儿童的法律》,载《人权》2008年第5期。
[18] 被告人李某某因虐待养子而涉嫌故意伤害罪,被判处有期徒刑6个月。被告人上诉后二审维持原判。
[19] 参见陈兴良:《家庭暴力的正当防卫》,载《政法论坛》2022年第3期。

为首要考虑,父母的权利保护则应当退让;另一方面,儿童享有家庭完整权,与亲生父母生活更符合儿童的最大利益。故而,在处理儿童家暴事件中,需要将家庭处置和家庭支持作为一个整体看待,父母养育责任和养育能力的评估和跟进也是需要考虑的重要问题。

(四)收养中对儿童最大利益的关照

理论上来说,从早期的为家族利益的收养过渡到为父母利益的收养,再到现代收养制度所确立的为儿童利益的收养,已经表明在理论和立法上确立了收养中儿童利益最大化的理念,收养中的伦理价值关怀也都是以儿童的最大利益为理论根据的。《儿童权利公约》也对收养的合法性、被收养儿童的知情同意、国内安置优先、杜绝假借收养名义拐卖儿童等作出了明确规定。总之,在收养中,儿童的最大利益也是一个基本原则,是收养制度以及收养程序法设计的最低要求。

当然,由于具体国情不同,各国收养制度的具体做法也有所差异,但儿童最大利益作为现代收养制度的标准为各国所普遍采用。当然,收养领域所涉及的文化价值冲突有时却成为坚持儿童最大利益考量的挑战,比如,对于非传统家庭(如同性婚姻)的收养。根据论者研究,私人的收养和寄养机构在安置过程中考虑的因素包括婚姻状况、性取向、宗教信仰等。对待同性伴侣的收养政策,不仅受本土文化对待同性恋态度的影响,还受到宗教的影响。在畅行宗教自由以及同性伴侣拥有权利的法域,往往忽视促进儿童最大利益这一终极目标。[20] 而从实践状况看,无论是传统家庭还是非传统家庭模式,关键要看儿童在收养家庭是否获得了稳定的家庭环境,是否在幸福、爱和理解的氛围中成长。儿童福祉应始终优先于宗教自由和同性伴侣的权利。此外,收养后接触原生家庭的情况也是如此,要看是否对儿童更有利。收养后接触收养也称开放式收养,有数据表明,开放式收养占有相当的比例。无疑,开放式收养的法律和程序也应当以儿童为中心,即当"接触"符合儿童最大利益时,就有必要采取灵活的方式满足儿童接触的需求。即使养父母持反对意见,法院仍可以命令收养后接触,并同时用调解或其他替代方法平衡所有利害关系方的利益,在此期间,儿童最大利益始终是最优先的考量。[21]

---

[20] See Samantha R. Lyew, *Adoption and Foster Care Placement Policies: Legislatively Promoting the Best Interest of Children Amidst Competing Interests of Religious Freedom and Equal Protection for Same-Sex Couples*, 42 Journal of Legislation 186, 187 (2016).

[21] See Cynthia R. Mabry, *The Psychological and Emotional Ties That Bind Biological and Adoptive Families: Whether Court-Ordered Postadoption Contact Is in an Adopted Child's Best Interest*, 42 Capital University Law Review 285, 286 (2014).

三、少年司法中儿童的最大利益——社会利益冲突视角

在讨论儿童最大利益问题时,少年司法制度是一个特殊领域。在传统的刑事司法思维的框架下,罪错少年应受到惩罚,而不是考虑其利益。随着科学的进步,对儿童发展特点有了新认识,以及发现惩罚的有限性之后,1899年世界上第一个少年法院建立,"儿童最大利益"也成为其基本的观念依据。[22] 但少年司法发展史始终充斥着是保护还是惩罚、是个案处理还是保护社会等哲理性冲突,少年司法政策已经演变为各种哲学思潮的混合物。反映在立法上就是既包括儿童最大利益理想,又包括报复性理论的"大杂烩"。立法上充斥着"最大利益"辞藻,但实践中的很多做法又偏重惩罚报复。理论与实践的脱节是百年间不同社会政治思潮、理念、文化对少年司法影响的结果,相互矛盾的法律理念不仅使建构何种少年司法制度成为艰难的抉择,也造成了少年法院在福利模式和刑事司法模式之间徘徊。少年司法实践不断地与刑事法学理论发生冲突,而相对严峻的少年犯罪现实以及维护社会安全的诉求,终于在20世纪中叶,少年司法总体上转向"刑事司法模式",对罪错少年的处置更多地受到刑法教义学的影响。尽管如此,从百多年来国际社会和各国对少年司法制度的不断摸索和变革中不难发现,儿童最大利益原则仍然是少年司法发展中影响最大的原则,也是最具争议的话题,还将继续影响少年司法未来的发展。因此,下文拟从少年司法历史演进、少年司法原则模式及干预措施方面考察儿童最大利益原则的影响。

(一)从儿童最大利益视角考察少年司法演进的终极命题:是康复还是惩罚

少年司法是为了儿童福祉还是为了惩罚,揭示了该制度的价值追求和建构的基本问题,也在少年司法制度如何平衡儿童利益和社会利益中得以集中体现。少年司法从19世纪末开始就以国家亲权(Parens Patria)理论和儿童最大利益原则为理论基础和观念指导,是当时福利制度的一部分。当时的改革者相信,具有更多裁量权的少年法院应当关注儿童的可塑性,以及其罪错行为是不道德的环境和贫困的产物,为了罪错少年的利益以及社会利益,为了克服刑事司法对罪错少年的负面影响,应当采取心理学和社会工作相结合的个性化治疗方案,对罪错少年进行治疗康复。因此,少年司法秉持最大利益准则就是赋予罪错少年康复的机会,避免犯罪标签,以促进其回归社会,成为有用之人。

---

[22] See Lahny R. Silva, *The Best Interest Is the Child: A Historical Philosophy for Modern Issues*, 28 BYU Journal of Public Law 415,415(2014).

然而,少年司法程序和治疗期限的不确定性又不可避免地受到追求正当程序人士的诟病,同时面对少年重罪案件及其带来社会安全的诉求,理性的考量在功利面前显得不合时宜。从 20 世纪 60 年代开始,少年司法的发源地美国开始通过一系列案件探索为罪错少年提供程序性保障,其中高尔特案(In Re Gault)则明确谴责了国家亲权理论,指出"肆无忌惮的酌处权,无论动机多么仁慈,都难以替代原则和程序"。进入法院的少年"得到的是两个世界(路径)中最糟糕的结果,既得不到普通刑事诉讼法的程序性保护,也得不到儿童理应得到的关爱和再生治疗"㉓。也正是此时,少年司法改革进入"深水期",由此促动了具有惩罚性的法律出台以及强硬措施的实施,包括将更多的犯罪少年通过少年司法的移送管辖制度移交普通刑事司法处理等。移送管辖的趋势与儿童最大利益理论差异巨大,最大利益所考虑的个性化治疗计划在案件移转的时候就已消失殆尽。㉔ 这种状况的出现与最大利益标准理论上缺乏一致性和连贯性有关,在实践的某些问题上需要重新解释。移送管辖是对少年司法政策的考验,如果少年法院弃权程序不能在公正性和与少年司法目的一致性方面得到合理解释,那么将使整个少年司法制度受到质疑。同时,在刑事司法中如果没有相应的针对少年的程序和规则,也可能减损少年法院管辖的良好愿望。另外,重罪污名使出狱后的少年面临高失业率等诸多问题,可能导致其成为社会不安定因素。这样的结果显然不符合少年的最大利益,也很难说是符合社会利益的。

尽管少年司法一直处于变革当中,但从中始终能够看到儿童最大利益原则发挥的指引作用。以美国为例,其少年司法发展经历了从无差别惩罚到康复治疗再到偏重惩罚性的循环发展,此一循环是基于儿童利益还是社会利益、是治疗还是惩罚这样一些哲理性矛盾此消彼长的结果。在这一过程中,从少年司法确立之初纳入犯罪预防到对罪错少年康复治疗模式的选择,再到后来探讨对少年罪错行为的替代干预措施,少年司法始终没有完全放弃儿童最大利益范式中包含的康复矫治思想。正如论者所指出的,少年法院对最大利益的表达体现为以儿童福祉作为首要考量,表现在:观念上承认少年与成年人具有差异性,故犯罪少年应当享有特别的诉讼权利;立法目的上追求罪错少年的福祉,强调关注不良行为的非机构化处遇;措施上基于罪错少年身心发育特点和可塑性,宜采取个性化治疗方案;管辖

㉓ Lahny R. Silva, *The Best Interest Is the Child: A Historical Philosophy for Modern Issues*, 28 BYU Journal of Public Law 415,424(2014).

㉔ See Cynthia Conward, *The Juvenile Justice System: Not Necessarily in the Best Interests of Children*, 33 New England Law Review 39, 52 – 53(1998).

上尽量不将少年案件移送普通刑事司法,因为监禁不仅会断送罪错少年的未来,还会制造潜在的罪犯,对社会安定构成威胁。㉕ 因此,有必要对罪错少年采取特别措施加以矫治,以实现罪错少年再社会化为目标建构双保护的少年司法体系。可见,考虑社会防卫及预防犯罪的目的,在关注社会利益和少年能力发展的同时,通过恢复性司法促使罪错少年纠正罪错行为,符合儿童和社会双方的利益。当然,这里所说的社会防卫,是指法国安塞尔(Marc Ancel)发展的"新社会防卫论",更强调犯罪预防、教育矫治、少年人格健康发展、非刑罚替代措施等方面,以及如何更有效地预防犯罪,从而实现罪错少年再社会化为目标。㉖ 新社会防卫论与古典社会防卫论都考虑社会利益,只是二者的机理不同。

(二)从儿童最大利益视角看待少年司法模式、原则及干预措施

首先,关于少年司法模式有不同的归类,讨论最多的基本模式大概有两种。一是"社会化的少年法庭"模式(或福利模式)。这种模式的少年司法制度更加重视儿童福利,想摆脱刑事程序对少年的伤害,关注少年福祉以及社会生态对儿童的影响,儿童最大利益是该模式的观念基础。二是"修正的刑事法院"模式(或刑事司法模式)。这种模式,大多数情况下采用普通刑事诉讼规则处置少年犯罪案件。尽管从表面上看,刑事司法模式更强调惩罚及确定的规则,但与普通刑事司法相比,仍然倾向于一种轻缓的标准。轻缓范式是少年司法实现"儿童最大利益原则"的最佳脚注。该范式注重少年能力发展以及非刑事化的处遇措施,是基于少年身体和社会心理发展不成熟的考量,少年的身心特点不仅决定其决策能力是否减弱,也决定其犯罪的可谴责性与成人有所不同。㉗ 这种基于少年特点的考量既体现了少年的最大利益,也凸显了以独立的少年司法体系作为支撑的重要价值,因此,建构独立的少年司法体系是儿童最大利益实现的基础。在这个体系中,福利模式和刑事司法模式均需要进行各有侧重的改革。福利模式需更多地考虑对罪错少年的正当程序保障、不定期监禁矫正以及尽快回归社会的问题。刑事司法模式则重点在于避免刑罚的负面影响,尽量采取非刑罚犹豫措施或轻缓的处遇,在少年事件处理原则或规则上亦有必要考虑少年的利益。

其次,就少年罪错处遇原则来看,除了《儿童权利公约》所确立的儿童最大利

㉕ Lahny R. Silva, *The Best Interest Is the Child: A Historical Philosophy for Modern Issues*, 28 BYU Journal of Public Law 415,423-439(2014).

㉖ 参见康树华:《新社会防卫论评析》,载《当代法学》1991年第4期;[日]泽登俊雄:《新社会防卫论》,冯筠译,载《法学译丛》1987年第3期。

㉗ 参见[美]伊丽莎白·S.斯科特:《儿童期的法律建构》,载玛格丽特·K.罗森海姆等编:《少年司法的一个世纪》,高维俭译,商务印书馆2008年版,第152—154页。

益原则等四项原则,少年司法运作机理及所涉主体的特点也决定了其必然要遵循一些专门的原则。少年的不成熟和脆弱性、易受外界影响、冲动以及普遍缺乏远见等因素,可能导致经验不足和缺乏判断力,损害其明智行使权利的能力,因此,少年的不成熟及其发展的阶段性特点不仅影响其责任承担和具体处遇,也是少年司法发展出一系列特别原则的根据。从国际层面看,少年司法特别原则在联合国《少年司法最低限度标准规则》和《儿童权利公约》中都有所体现,包括无罪推定、不得强迫自证其罪、保护隐私、相称性、尽可能不剥夺自由、少年福祉优先考虑等原则。这些原则不仅适用于少年刑事案件处理过程,也适用于罪错少年康复矫治中。其中对少年福祉的优先考虑原则可以理解为儿童最大利益原则的另一种表述,因为,福祉有更广泛的内涵,包括利益。而保护隐私、相称性等原则的终极目的,也是儿童福祉。在这些原则中,有些是少年司法的特别原则,体现了对少年最大利益的独特考量,具体如下。其一,非刑事化原则。包含非诉、非监禁的内涵。非刑事化要求将追究少年刑事责任的范围限制在最低限度,尽量减少刑事司法对罪错少年的干预。其二,相称原则。也表述为适应原则,包含少年事件处遇个别化的旨趣。包括三个方面的考量:一是对少年事件的处遇要与犯罪情况和罪行严重性相称;二是采取的反应要与少年情况和需要相适应,少年不同的可受谴责性、不成熟等考量因素都是采取相称处遇措施的依据;三是采取的反应还要与社会的需要相称。传统的刑罚及相应的监狱文化可能导致少年犯发展为成年犯,并不符合社会利益的追求,而罪错少年复归社会成为有用公民才符合少年及社会双方的利益。其三,轻缓原则。不仅包括处遇的轻刑化以及缓诉缓刑等一系列刑法犹豫制度,也包括禁止死刑和无期徒刑,以及减轻和从轻处罚的内容。其四,特别保护原则,即基于罪错少年的特点享有不同的诉讼程序以及与此相关的原则和权利,如尽可能不剥夺自由、隐私权保护等。少年有很强的可塑性,应根据其社会生活环境、身心发育状况、所受教育、人格形成过程等多方面的情况综合判断,采取教育挽救为主的宽宥政策,特别是考虑少年复归社会的需要。总体上看,少年司法采取的特定原则以及追求罪错少年回归社会的目的,无不映射出注重少年最大利益的考量。

最后,既然罪错少年被推定为不具有成人一样的可受谴责性,却要接受与成人一样的惩罚,那么这是矛盾和不公正的,而为解决这些矛盾和不公正,少年司法一直寻求将符合儿童利益和需要的干预和替代措施纳入裁决过程。在探寻过程中,很多国家的少年司法制度成为改革的试验场。美国学者对少年司法改革进行了归纳,总结出若干有利于少年需要的干预和替代措施[23],包括预防性措施、分级制裁(家庭、社区参与康复)、替代性争议解决机制(家庭和解会议等)、强化缓刑(社区监督缓刑等)、中间制裁(药物治疗等)、各种治疗和行动方案(惯犯康复服务等)。从总体上看,基于儿童最大利益的考量,干预和替代措施均试图尽量避免罪错少年进入刑事司法系统,而将少年司法的核心定位于预防犯罪、减少累犯和促进康复,这也是采取早期干预和替代刑罚措施的意义所在。尽管康复治疗模式一再受到诟病,但少年司法在建构之初所带有的福利"基因"依然无法改变。少年司法所具有的许多"定义性特征",包括不公开审理、缓刑官制度等,均明显不同于普通刑事司法。改革者们的目的是将罪错少年从严厉的刑事司法中解救出来,坚信根据少年的特点而采取的特别干预措施更有利于少年福祉的实现。

---

[23] See Cynthia Conward, *The Juvenile Justice System*: *Not Necessarily in the Best Interests of Children*, 33 New England Law Review 39,71 - 80 (1998).

刑期折抵制度的人权保障实践*

石经海**

刑期折抵,即把受刑人在未决羁押的期间换算判决后执行的刑期,在刑法理论上因往往被视为一个技术性的"小问题"而一笔带过。然而,正是这个"小问题",不仅自新中国成立以来出台过至少82个专门和相关的解释性文件,而且蕴含着刑法对受刑人人权的深深关注与坚强保障,并一直在新中国新旧刑法立法上得到规制和在司法实践中得到广泛适用,对重新认识中国受刑人的人权保障状况,有着独特的学术意义。正如陈兴良教授所指出的:"刑期折抵是刑罚制度中一个小而又小的问题,但又关系到对被告人的人权保障,因而又是一个十分重要的问题。"①本文试就其人权保障属性及其制度规制问题予以梳理,以期对推动新中国刑法治理现代化有所裨益,并以此致敬导师陈泽宪教授。

一、刑期折抵制度的人权保障追求考察

刑法并非只是"森严的监狱、冰冷的脚镣手铐甚至残酷的肢体肉刑"②,也规制了诸如刑期折抵制度的人权保障制度。刑期折抵制度的人权保障,是各国、各地区刑法立法与司法从未放弃的追求。

---

* 本稿整合于陈泽宪教授指导笔者完成的硕士学位论文《论刑期折抵》(等级"优秀")、司法部"法治建设与法学理论研究"部级青年项目"关于刑期折抵的77个司法解释研究"(批准号:05SFB3008,结项"优秀")及其成果《我国刑期折抵制度之检讨》(法律出版社2008年版)、修订再版《刑期折抵制度研究》(法律出版社2022年版),以及发表在《法律科学(西北政法学院学报)》2004年第6期、《现代法学》2004年第6期、《环球法律评论》2008年第2期和《现代法学》2008年第2期等上的几篇论文。
** 西南政法大学法学院教授、博士生导师、刑法学科带头人,法学博士、博士后。
① 参见陈兴良:《刑期折抵制度研究·原作序一》,载石经海:《刑期折抵制度研究》,法律出版社2022年版,第1页。
② 参见赵秉志:《人权保障是当代刑法之鲜明主题》,载赵秉志主编:《刑法评论》(第7卷),法律出版社2005年版。

(一)刑期折抵制度的人权保障属性

刑期折抵制度所蕴含的人权保障属性,主要表现在以下七个方面。

第一,它具有人权保障的专门性,它的法律设置和适用是为了专门保障受刑人人权的。在理论上,对于什么是刑法的机能以及刑法具体有哪些功能,有不同的观点。但对于刑法既要保护社会又要保障人权的认识已基本没有异议。其中,刑法的人权保障机能,还有广义与狭义之分。广义方面既包括刑法对于集体人权(广大公民的人权)的保障,又包括对于个人人权(犯罪嫌疑人、被告人与罪犯的人权)的保障;狭义方面特指专门对于受刑人个人人权的保障。在现代刑法上,之所以强调对受刑人个人人权的保障,是因为刑法虽然主要是通过惩罚犯罪分子,限制或剥夺犯罪分子的部分人权来保护社会法益,但是,并非犯罪分子的所有人权都因犯罪和被判刑而丧失殆尽,它们所丧失的(包括被判处死刑立即执行的犯罪分子)只是全部人权中的一部分,而另一部分没有丧失的人权同样应得到国家法律的有力保障。③ 因此,就刑法的人权保障机能而言,刑期折抵制度的刑法设置就是为了专门保障受刑人个人正当权利的。

第二,它具有人权保障的制度性,从制度上保障受刑人的人权不受或少受侵害。既然人权保障是刑法的基本机能之一,且刑期折抵又是实现这个机能的一种最主要和最基本的方式,则刑期折抵在刑法中存在的价值和意义,已主要不在于它的规范性,而在于其制度性。"制度"的突出价值在于为相关人员提供一个共同的、经常性的办事规程或行动准则。刑法关于刑期折抵的立法就是为个人提供这种"规程"或"准则",从而使刑期折抵在立法和司法适用上的刑法人权保障得到平等地实现。同时,刑期折抵也主要不在于通过刑法规范致使被"预支"的"羁押"期限得到"清算"和"抵补",而在于刑法以"制度"正视了"预支"的实质上的侵害人权性,④从而展现了刑法的时代精神,包括人类在利用"刑法"的态度上更加理性,在看待"刑法"的观念上更加文明,在运用"刑法"保障人的基本权利上更加全面。

第三,它具有人权保障的事后正当救济性,在一定程度上消除或减少受刑人的人权受到合法性侵害。法理研究表明,刑事"审前羁押"本身并不具有事实上的正当性根据,因为在法治社会下,未有最终确定性裁判就以法定的形式强制地剥夺或限制犯罪嫌疑人等的人身自由,仅仅是出于一种功利性的目的和为了一种

---

③ 参见关福金、杨书文:《论刑法的功能》,载《中国刑事法杂志》2001年第3期。
④ 虽然这种"预支"有其存在的必要性和相对合法性,但其未经法院生效裁判确定的客观事实决定了它在实质上是对受羁押人的人身自由权的理性侵犯。

功利性的需要⑤而"预支"犯罪嫌疑人的并不被确定的自由刑刑罚,这充其量只是一种法律上的"正当",而不是事实上的"正当",其实质上是对犯罪嫌疑人正当权利的合法性侵害。而且,若同一事实在审前和审后均予以强制剥夺或限制行为者的人身自由而不采取实体性救济措施,则难免有"一事二罚"的嫌疑。因此,为使"审前羁押"具有事后的正当性,也为了避免"一事二罚"的局面,刑法有必要设立刑期折抵这个必要而又合理的救济措施。

第四,它具有人权保障机能的刑法性,从刑法的高度去保障受刑人的人权。虽然"刑期折抵"首先是一种刑罚裁量制度,但在本质上,它体现的应是刑法的机能,而不是刑罚的功能。虽然刑罚的功能是刑法机能的重要组成部分,但二者的外延和内涵是不同的。一方面,刑罚的功能指的是刑罚的积极作用,表现在刑罚能够惩罚罪犯、防止(戒备)受刑犯和潜在犯侵害社会。⑥ 另一方面,虽然在某些时候或方面,刑法的机能可能需要通过刑罚的功能来实现,如通过惩罚犯罪来教育改造犯罪分子,但并非所有的刑法机能都可通过刑罚功能去实现,如对犯罪人的合法权益的保障,就难以通过刑罚的功能去实现。因此,针对受刑人的人权保障,并不是刑罚功能的基本任务;对可作为当代文明的重要窗口的刑法来说,其功能就必须同时兼任此重任。具体到刑期折抵问题上,即对于犯罪分子在刑罚执行以前的被强制剥夺或限制人身自由的时间予以折抵某些裁判中确定的刑罚,是对犯罪人合法权益的保障的体现,也即刑法机能的体现,而不是刑罚功能的体现,从而使刑期折抵所实现的人权保障功能具有刑法性。

第五,它具有人权保障的公正性,是遵循公平公正的要求和体现。因为作为刑期折抵前提的"先行羁押"的适用,实际上是对未来判决中将要确定的刑罚的"预支"。而刑期折抵,在一定意义上,是在一定程度上对这个"预支"的"抵补"。一方面,刑期折抵的法律规定和适用符合了"预支"与"抵补"的客观规律;另一方面,这也体现了法律的公平公正性。而无论是客观规律的顺应还是法律公平公正的体现,在客观上也就保障了被刑事追诉者的人权。

第六,它具有人权保障的人性性,是刑法关注受刑人人性的实践方式。刑罚是实现刑法机能的重要工具,有其独特功能和积极作用。然而,刑罚并不能解决一切,至少它并不能完全取代具有深厚内在精神情感的人性关怀。特别是随着社会的不断发展,人类文明程度的逐步提高,人及其权利越来越被视为人类各种活

---

⑤ 虽然这是为了追诉犯罪等所必需的,但其"临时性""未决性"和事实上的人权侵害性不可规避。
⑥ 参见储槐植:《试论刑罚机制》,载高铭暄主编:《刑法学研究精品集锦》,法律出版社 2000 年版,第 219 页。

动的中心和归宿。虽然人性有其脆弱和自私的一面,但尊重"人性"也即人之为人的基本品性,[7]应是包括刑法规范正当性在内的人类一切价值判断的基础。因此,随着社会文明的提高和人类走向权利时代的深入,判断刑法规范是否具有正当性,不仅要看刑罚功能的积极作用是否得到发挥,而且要看刑法是否深入细致地关怀了人性。二者都是刑法正当性的基本要求。因而当代刑法应当努力改变"人性被冷漠"的状况,在不同的层面上,表现出其对人性的关怀,努力使刑罚惩罚和人性关怀的关系协调起来,共同推进当代刑法的全面进步和其惩罚与保障等功能的全面实现。刑期折抵,作为一个刑法制度,其存在的正当性,在很大程度上缘于它深入细致地关怀了受刑人的人性。它在本质上像其他一些刑法规范一样,是对在强大的国家法律规范面前喘息不已的国民的脆弱人性倾注刑法的同情之泪,是刑法人道主义追求的最好表征之一,也是决定刑法是否具有正当性的重要因素。因此,可以说,刑期折抵制度,作为一种刑罚裁量制度,在实质上是当代刑法所追求的人性基础在社会公正性上的体现,是刑罚权的合理限度受到社会公正性制约的表现,是刑法正当性的基本要求,从而使刑罚权的运用有一个合理的限度。

第七,它具有人权保障的国际性,它的法律设置和适用应是国际上衡量一国人权状况的重要指标。刑法最能侵犯人权,也最能保障人权。这已是人权保障者们在一定意义上的共识。刑法是否和能否保障受刑人的人权,体现在它的诸多原则、意旨和一系列具体规范上。刑期折抵,作为一项专门保障受刑人人权的具有刑法制度性、公正性、人性关怀性的刑事实体救济制度或措施,是刑法众多保障受刑人人权的重要表征之一。因此,一国刑法中是否设置这个"表征"或其适用程度,当然应作为该国保障人权状况的重要衡量指标,同时,它也应当当然地成为人权国际对话与交流的重要窗口。

(二)刑期折抵制度的人权保障取向

综观刑法的所有规制,实际上刑法立法关于刑期折抵制度的人权保障追求与刑罚目的功能在一定意义上是有冲突的。可纵然如此,刑法立法仍将其作为基本价值立场,从而体现出刑期折抵制度在与刑罚的目的功能冲突的博弈中,取向了对受刑人的人权保障。

1. 刑期折抵制度与刑罚目的功能的冲突

为什么先行羁押要折抵刑期?理论上认为,这是基于把羁押"约束自由造成

---

[7] 参见陈兴良:《刑法的人性基础》,中国方正出版社1996版,第1页。

的痛苦与执行自由刑进行同等评价"的见解。例如,日本学者认为:"羁押虽不是刑罚,但在拘禁于一定设施中剥夺行动自由这一点上,同执行自由刑没有不同。若考虑到约束自由所造成的痛苦,便会产生可以按执行自由刑看待这样一种见解。算入本刑正是以这种见解为依据的。"⑧我国学者也认为,先行羁押"虽非刑之执行,然而对被告人人身自由的剥夺与执行刑罚并无二致。而且未决人犯羁押的痛苦往往甚于已决监禁。若于执行之际,置先行羁押之事实于不顾,无异于将刑罚加重,有失公平,且有滥用国家权利之嫌。并有悖于罪刑相适应及罪刑法定等刑法基本原则。为保障受刑人的合法权利,应将未决羁押日期计入确定刑的刑期之内"⑨。据此观点,之所以要设置刑期折抵,是因为把羁押"约束自由造成的痛苦与执行自由刑进行同等评价"⑩,而让羁押进入刑法视域进行刑期折抵。

然而,如此把羁押"约束自由造成的痛苦与执行自由刑进行同等评价"的观点,起码存在如下四个不能解释之问题。(1)对被羁押者不公平。毕竟,未决羁押的适用通常比执行自由刑造成的痛苦更大。(2)不符合法理。未决羁押是为了方便侦查审判的临时性关押,执行自由刑是为了对受刑人进行教育改造,须通过执行机关的教改工作予以实现。不仅是它们的场所、性质、内容及作用均不相同,而且是一味关押无助于罪犯改恶从善,反会因罪犯间的交叉感染而增加抵抗情绪和抵抗能力,容易产生累犯和再犯。⑪(3)有损刑法机能的实现。把未决羁押"约束自由造成的痛苦与执行自由刑进行同等评价",势必须把未决羁押日数全部折抵判决中确定的刑期,可"如果未决前羁押日数全部算入刑期,岂不等于说可以不施行必要的行刑的处置待遇了吗?不也等于否定了刑法本来的功能了吗?"⑫(4)不符合当今世界刑期折抵关于本刑立法的实际。把未决羁押"约束自由造成的痛苦与执行自由刑进行同等评价",按对等原则,用以折抵未决羁押的本刑,也只能是同质的有期自由刑,从而排除未决羁押可折抵财产刑和资格刑的可能。

实际上,刑期折抵制度的立法设置,在刑罚的目的功能上,起码有如下五个方

---

⑧ [日]木村龟二主编:《刑法学词典》,顾肖荣等译校,上海翻译出版公司1991年版,第443—444页。

⑨ 周红梅:《刑罚执行论》,辽宁人民出版社1994年版,第228页。

⑩ 事实上,未决羁押的适用比执行自由刑造成的痛苦更大。例如,因"未决"而有更大的心理创伤;因"未决"而不能使生活有序进行;等等。

⑪ 参见周红梅:《刑罚执行论》,辽宁人民出版社1994年版,第240页。

⑫ 参见[日]木村龟二主编:《刑法学词典》,顾肖荣等译校,上海翻译出版公司1991年版,第443—444页。

面的"冲突"问题:(1)拉动短期自由刑的适用。在实践中,存在为了避免折抵"倒欠账"问题,对于一些相对轻微犯罪以已羁押时间为短期自由刑的量刑参考基数现象,从而人为拉动短期自由刑的适用问题。(2)拉动实刑的适用。实践中,因考虑到对已被羁押者的刑期折抵的对等问题,而对一些本可适用缓刑、管制等的情形适用了实刑,从而人为拉动实刑的适用。(3)拉动有罪或重刑的适用。在实践中,因为了避免宣告无罪带来的国家赔偿和判轻罪带来的刑罚"透支"等麻烦,而会带来将无罪判有罪、将轻罪判重刑等问题。[13] (4)使刑罚改造虚化而损害刑罚目的和功能的实现。表现在,因所判刑期的很大部分甚至全部被折抵,而使得改造的作用无从发挥。[14] (5)使诸多情况下的资格刑和财产刑变为事实上的监禁。先行羁押不仅可折抵判决中确定的某些自由刑,而且可折抵判决中确定的某些财产刑和资格刑,这本是对被羁押者人权保障的加强和刑期折抵制度的进步的体征。然而,也正是这个"体征"的存在,一方面使得人们能够容忍先行羁押的存在甚至广泛地适用,另一方面也因先行羁押的广泛存在及其刑期折抵使很多情况下的财产刑和资格刑适用虚化。这种"虚化",在本质上,是使资格刑和财产刑变为事实上的监禁。

2. 刑期折抵制度的立法取向旨意

面对刑期折抵制度的以上理论困境与实践弊害,刑法立法仍坚持受刑人人权保障的基本立场,这显然是符合罪刑法的人权保障机能的,体现了现代刑法的时代精神。[15] 一方面,让羁押进入刑法视域进行刑期折抵,旨在刑法上更多地给予被羁押者人权的保障,并以牺牲部分刑罚功能和目的为代价;另一方面,把羁押"约束自由造成的痛苦与执行自由刑进行同等评价"的观点虽然在根本上也是为了保障人权,但不能由此认为"临时性的措施,如刑事诉讼中的待审拘留,虽然不是刑罚,但对于当事人而言,此等临时性措施具有与刑罚相同的效果"[16],毕竟,它们在人权保障的价值取向上有着根本的不同。

二、刑期折抵制度的中国人权保障实践

在我国,刑期折抵制度并非自古就有,它也像其他近现代法律制度一样,是清

---

[13] 参见张明楷:《超期羁押的刑事责任探究》,载《浙江社会科学》2002年第4期。
[14] 参见周红梅:《刑罚执行论》,辽宁人民出版社1994年版,第240页。
[15] 参见石经海:《刑期折抵制度的刑法精神》,载《现代法学》2004年第6期。
[16] [德]汉斯·海因里希·耶赛克、[德]托马斯·威根特:《德国刑法教科书(总论)》,徐久生译,中国法制出版社2001年版,第1077—1081页。

末"西法东渐"的产物,并自此的每部法律中,都规制了本制度。甚至,虽然在新中国成立至 1979 年《刑法》间没有关于刑期折抵的立法,但有关司法机关仍然先后作出了 50 多个指导刑期折抵适用的专门或相关司法指导性文件。这均充分表明,我国刑法立法和刑事司法重视在基于刑期折抵制度上的人权保障实践。

(一)刑期折抵制度的中国人权保障实践立法

据考证,中国法制史上共有的 7 部刑法⑰都对羁押及其刑期折抵作了规定。我国最早规定刑期折抵制度的立法,是 1907 年完成的《大清新刑律》。该法典第 80 条规定:"未决期内羁押之日,得以 2 日抵徒刑、拘役 1 日或抵罚金 1 元。"如此规定,与《大清新刑律》在近代法治意义上的刑法地位相一致。

清朝覆灭后,因为,"民国成立,法制未定,临时政府于元年三月十日(1912 年 3 月 10 日)命令宣示《大清新刑律》除与民国国体抵触各条应失效力外,余均暂时援用",并于同年 4 月 30 日(1912 年 4 月 30 日)改《大清新刑律》为《暂行新刑律》⑱。《暂行新刑律》删除了《大清新刑律》中与民国国体抵触各章、条及文字,并撤销了暂行章程 5 条,但其中关于羁押的刑期折抵制度等非与民国国体抵触的内容,都保留下来和予以适用⑲,也即"未决期内羁押之日,得以 2 日抵徒刑、拘役 1 日或抵罚金 1 元"(第 80 条)⑳。虽然后来民国政府先后于 1915 年(民国四年)和 1918 年(民国 7 年)对该《暂行新刑律》进行两次"修正",但也未对其中关于羁押的刑期折抵制度的规置进行变动,并大体上沿用到 1928 年国民党取得全国政权以后。1928 年 3 月 10 日,国民政府以北京政府《暂行新刑律》《第二次刑法修正案》为蓝本制定的《中华民国刑法》第 64 条规定:"裁判确定前羁押之日数,得以 2 日抵有期徒刑或拘役 1 日,或以 1 日抵第 55 条第 7 项裁判所定罚金数额。"1935 年民国政府公布的新刑法,把以前刑法中"以 2 日羁押抵徒刑、拘役 1 日"改为"以 1 日折抵 1 日",纳入"刑"章(第 5 章)中,作为第 46 条,规定"裁判确定前羁押之日数,以 1 日抵有期徒刑或拘役 1 日,或第 42 条第 4 项裁判所确定之罚金额数";同时,还把一般情况下的折抵原则从以前的裁定主义("得以")改为法定主义("以"),从而使羁押的折抵制度与罪刑法定原则的精神相一致,"更向保护

---

⑰ 也即《大清新刑律》《暂行新刑律》、1928 年《中华民国刑法》《赣东北特区苏维埃暂行刑律》、1935 年《中华民国刑法》、1979 年《中华人民共和国刑法》和 1997 年《中华人民共和国刑法》。

⑱ 参见谢振民编:《中华民国立法史》,中国政法大学出版社 2000 年版,第 887 页。

⑲ 参见《删除新刑律与国体抵触各章条》(民国元年四月三十日公布),《中国近代法制史资料选辑》(第三辑),西北政法学院法制史教研室 1985 年编印,第 179—180 页。

⑳ 见《刑法修正案的主要内容》,《中国近代法制史资料选辑》(第三辑),西北政法学院法制史教研室 1985 年编印,第 234—248 页。

被告人人权的方向迈进一步"。[21]

中共领导建立的政权中关于"刑期折抵"规定的法律文献,最早可追溯到第二次国内革命战争时期颁布的《赣东北特区苏维埃暂行刑律》(1931年5月19日)(革命根据地唯一的一部普通刑事法典)。随着国共分裂,革命根据地也开始制定自己的法律。1931年以方志敏为主席的赣东北特区政府,根据赣东北地区的实际情况并参照以上《暂行新刑律》,在体系和内容上加以增删后,颁行了《赣东北特区苏维埃暂行刑律》。本刑法典是在废除旧刑法的基础上,以革命原则为基础,独立自主地制定的新刑法典,但这并不排除从旧刑法典中吸取某些有用的条款。[22] 其中,第44条关于羁押折抵制度的规定,即"未决期内,羁押之日,得以2日抵徒刑、拘役1日"就被吸收。

在1949年4月至1979年7月1日的30年间,虽然无刑法典及关于刑期折抵的立法规定,但"刑期折抵"的适用从未间断。虽然华北人民政府发出训令,要求"各级人民政府,特别是司法工作者,要以蔑视与批判的态度对待国民党《六法全书》及欧美日本资本主义国家一切反人民的法律"[23],但因抗日战争时期和解放战争时期,这些地区的司法工作援引以前的刑法等基本法律已成惯例[24],而实践中的刑期折抵,仍然作为司法传统以及通过"司法造法"性司法解释广泛地适用着。

新中国关于刑期折抵的立法,最早见于1979年7月1日通过并于1980年1月1日施行的新中国的第一部刑法典也即《中华人民共和国刑法》中。该法第36条、第39条和第42条分别是有关先行羁押折抵管制刑、拘役刑和有期徒刑的具体规定[25]。虽然随着社会的发展,我国刑法也随之发展并适时进行了诸多重大修订,而刑期折抵制度仍以相同的规范内容在新的立法中沿袭下来,并形成了非常典型的刑法典与附属刑法同时规制"二元立法体制"。其中,附属刑法的规定又有独立司法适用性和不具有司法适用性的两种情形。

我国《刑法》中关于刑期折抵制度的规定,主要有四个方面。(1)第41条规定:"管制的刑期,从判决执行之日起计算;判决执行以前先行羁押的,羁押一日折抵刑期二日。"(2)第44条规定:"拘役的刑期,从判决执行之日起计算;判决执行以前先行羁押的,羁押一日折抵刑期一日。"(3)第47条规定:"有期徒刑的刑期,

---

[21] 参见周红梅:《刑罚执行论》,辽宁人民出版社1994年版,第229页。
[22] 参见张希坡编:《中华人民共和国刑法史》,中国人民公安大学出版社1998年版,第72页。
[23] 《华北人民政府法行字第8号训令》,载《东北日报》1949年4月11日,第3版。
[24] 参见董必武:《旧司法工作人员的改造问题》,载《中央政法公报》第3期(1950年2月15日)。
[25] 另有1979年《刑法》第7条和1997年《刑法》第10条关于"在外国已经受过刑罚处罚的,可以免除或者减轻处罚"的规定。下同。

从判决执行之日起计算;判决执行以前先行羁押的,羁押一日折抵刑期一日。"(4)第10条规定:"凡在中华人民共和国领域外犯罪,依照本法应当负刑事责任的,虽然经过外国审判,仍然可以依照本法追究,但是在外国已经受过刑罚处罚的,可以免除或者减轻处罚。"

关于刑期折抵制度的我国现行附属刑法规定并具有不依附刑法典的独立司法适用性立法规定,主要为如下三种情形。(1)宪法性法律关于刑期折抵的规定,即2018年《监察法》第44条第3款的规定:"被留置人员涉嫌犯罪移送司法机关后,被依法判处管制、拘役和有期徒刑的,留置一日折抵管制二日,折抵拘役、有期徒刑一日。"(2)刑事程序法关于刑期折抵制的规定,即2018年《刑事诉讼法》第76条规定:"指定居所监视居住的期限应当折抵刑期。被判处管制的,监视居住一日折抵刑期一日;被判处拘役、有期徒刑的,监视居住二日折抵刑期一日。"(3)行政法关于刑期折抵的规定,即2021年修订的《行政处罚法》第35条㉖的规定:"违法行为构成犯罪,人民法院判处拘役或者有期徒刑时,行政机关已经给予当事人行政拘留的,应当依法折抵相应刑期。违法行为构成犯罪,人民法院判处罚金时,行政机关已经给予当事人罚款的,应当折抵相应罚金;行政机关尚未给予当事人罚款的,不再给予罚款。"

关于刑期折抵制度的我国现行附属刑法规定但不具有独立司法适用性立法规定,也主要为如下三种情形。(1)我国缔结或参加的国际公约关于刑期折抵的规定。分别于2001年12月13日、2003年9月29日和2006年2月12日对我国正式生效的《制止恐怖主义爆炸的国际公约》第13条、《联合国打击跨国有组织犯罪公约》第18条和《联合国反腐败公约》第46条的规定。分别规定:"(d)被移送人在被移交送往的国家羁押期应折抵在移送国的服刑期。""(四)该人在被移送前往的国家的羁押时间应折抵在移送缔约国执行的刑期。""(四)该人在被移送前往的国家的羁押时间应当折抵在移送缔约国执行的刑期。"(2)我国缔结的引渡双边条约关于刑期折抵的规定。我国分别与突尼斯(2005年)、巴西(2006年)缔结的双边引渡条约。分别规定:"一、如果同意引渡,缔约双方应商定移交的地点、时间,被请求方应通知请求方被请求引渡人受到羁押的时间,以便折抵该人的刑期。""二、被引渡人在被请求方因引渡请求被羁押的时间应折抵其被判处的刑期。"(3)我国缔结的刑事司法协助双边条约关于刑期折抵的规定。我国分别与韩国(1999年)、哥伦比亚(2000年)、美国(2000年)、菲律宾(2001年)、爱沙

㉖ 1996年《行政处罚法》规定在第28条。

尼亚(2002年)、泰国(2003年)、南非(2004年)、拉脱维亚(2005年)、西班牙(2006年)、墨西哥(2006年)、澳大利亚(2006年)等11个国家缔结的刑事司法协助双边条约均规定:被移交人在请求方被羁押的期间,应折抵在被请求方判处的刑期。

综观我国关于刑期折抵制度的现行立法规定,具有如下两个突出特点:(1)大多具有独立的司法适用属性。包括《刑法》中的规定、三类有司法适用性的附属刑法规定,都可以直接作为刑事裁判的裁量根据,从而改变了我国刑法理论关于"我国没有真正附属刑法"的认知。三类附属刑法规定虽然都不能直接作为适用刑期折抵的法律根据,但在与《刑法》规定相结合或转化为国内刑法规定后,也间接具有司法适用性。(2)均采用法定必抵主义的折抵原则。凡是涉及先行羁押是逮捕、拘留、指定监视居住、监察留置、行政拘留,凡是折抵本刑是管制(行政拘留除外)、拘役和有期徒刑,就一定要折抵。

(二)刑期折抵制度的中国人权保障实践司法

据考证,在我国实践中,自新中国成立以来,就已出台了至少82个关于刑期折抵的专门和相关司法解释。"区区"一个刑期折抵问题,竟出台如此众多司法解释,不仅在域外没有,而且在国内其他任何问题上也不曾出现,可以被认为是出台"最多"司法解释性文件的刑法事项。这些解释性文件,在现行《刑法》立法施行前后分别有51个和31个。

现行《刑法》立法施行前关于刑期折抵的解释性文件,是最高人民法院以最高人民法院或其部门或联合最高人民检察院、司法部等名义[27]出台的如下文件:《关于犯人在公安机关管训期间的折抵刑期问题的复函》(1950年);《对被告在诉讼中死亡的裁判问题及裁判前羁押日数的折抵问题之意见》(1951年);《刑事审判庭关于管制期间计算问题的意见的函》(1952年);《刑事审判庭对于贪污犯在判决以前的机关管制期间能否顶算刑期的意见的函》(1952年);《关于三反运动中被判处徒刑、劳役或机关管制的贪污分子其刑期起算问题的通知》(1953年);《关于缓刑起算日期的批复》(1954年);《关于外侨杀人犯赖柴减刑后刑期起算问题的复函》(1954年);《司法部关于无期徒刑和刑期较长之有期徒刑人犯是否可以改判及改判后其刑期应自何日起算问题的指示》(1954年);《关于怀孕女犯保外如何计算刑期问题的批复》(1956年);《关于在国外逮捕的反革命罪犯

---

[27] 以下将"最高人民法院"简称"最高法",将"最高人民检察院"简称"最高检"。其中,"最高法"在其单独出台文件中表述省略:文件前末指明主体的就是"最高人民法院",文件主体为"研究室""办公厅"等的前面省了"最高人民法院"。

刑期之折抵从何时起算问题的复函》(1956年);《关于由死缓减为无期徒刑再由无期徒刑减为有期徒刑的刑期应如何计算问题的复函》(1956年);《最高法、最高检、公安部司法部关于外籍案犯刑期计算问题的通知》(1956年);《关于被判处徒刑缓刑、管制前羁押日数如何折抵的问题的答复》(1956年);《关于印发"各级人民法院刑、民事案件审判程序总结"的通知》(1956年);《关于前北京市军事管制委员会军法处及华北军区军法处判处死刑缓期二年执行和无期徒刑的罪犯予以减刑时减刑前的羁押日数是否折抵问题的复函》(1956年);《最高法、最高检关于死缓减刑等有关问题的联合批复》(1956年);《关于死刑缓期二年执行的犯人减刑等问题的批复》(1957年);《关于反革命犯被判处管制以前的羁押期间折抵问题的批复》(1957年);《对于判处有期徒刑的罪犯在判决发生法律效力前的羁押时间已经超过徒刑期限的不再发生宣告缓刑问题的复函》(1957年);《最高法、司法部关于死刑缓期执行期满后减刑的刑期计算问题的联合指示》(1957年);《关于行政拘留日期应否折抵刑期等问题的批复》(1957年);《关于在伪政权关押之刑事犯羁押日数如何折抵刑期问题的复函》(1957年);《关于1955年以前被判处徒刑犯人的刑期起算问题的批复》(1957年);《关于在新生公学期间应否折抵刑期问题的批复》(1958年);《关于管制期间可否折抵徒刑刑期问题的复函》(1958年);《关于无期徒刑减为有期徒刑,其刑期应从何日起算问题的批复》(1959年);《最高法、最高检、公安部有关特赦罪犯的刑期计算等问题的意见》(1959年);《关于无期徒刑减为有期徒刑刑期计算问题的批复》(1959年);《关于管制的刑期计算问题的复函》(1960年);《关于无期徒刑减为有期徒刑和死刑缓期执行直接减为有期徒刑的刑期计算问题的复函》(1960年);《关于刑期折抵问题给陕西省高级人民法院刘子义院长的复函》(1960年);《最高法、最高检、公安部关于清理在押的死缓罪犯的联合通知》(1962年);《关于犯人在公安机关刑事拘留期间是否可以折抵刑期问题的批复》(1963年);《关于管制的刑期可否折抵有期徒刑刑期问题的批复》(1963年);《办公厅关于管制刑期计算问题的复函》(1963年);《办公厅关于羁押日期是否可以折抵徒刑缓刑日期问题的复函》(1963年);《关于我院63法研字第85号批复下达以前处理的案件的刑事拘留期间是否重新折抵刑期问题的批复》(1963年);《最高法、公安部关于在押未决犯保外就医期间是否折抵刑期问题的联合批复》(1964年);《最高法、最高检、公安部关于死缓和无期徒刑减为有期徒刑的刑期计算问题的联合批复》(1964年);《关于判处有期徒刑宣告缓刑的期限如何起算等问题的批复》(1964年);《关于流窜盗窃犯屡拘屡逃其屡次被拘留的时间是否可以折抵刑期问题的批复》(1964年);《关于在拘押期间发了工资的犯人判处徒期后刑期应如何计算的批复》(1974年);《关于在押未决犯保外就医期间是否折抵刑期问题的复函》(1976年);《关于罪犯在公安机关收容审查期间可否折抵刑期的批复》(1978年);《关于罪犯被捕前在看守所隔离审查日期可否折抵刑期的批复》(1978年);《关于保外候审期间可否折抵刑期的批复》(1978年);《关于罪犯在公安机关收容审查期间折抵刑期两个具体问题的批复》(1979年);《关于罪犯在逮捕前被"隔离审查"的日期可否折抵刑期的复函》(1979年);《关于罪犯被收容审查日期折抵刑期问题的批复》(1979年);《关于留场(厂)就业人员重新犯罪后在劳改机关禁闭审查日期应否折抵刑期的批复》(1979年);《最高法、最高检、公安部关于死缓犯和无期徒刑犯减刑问题的联合通知》(1979年)。

  现行刑法立法施行后关于刑期折抵的解释性文件,它们是:《关于揭批"四人帮"斗争中清查出来的犯罪分子在逮捕前被隔离审查的日期可否折抵刑期的批复》(1980年);《关于劳动教养日期可否折抵刑期问题的批复》(1981年);《关于罪犯在判刑前被公安机关收容审查、行政拘留的日期仍应折抵刑期的复函》(1981年);《关于在逮捕前交"群众监督劳动"的日期可否折抵刑期问题的批复》(1982年);《研究室关于怀孕女犯被监视居住如何计算刑期问题的电话答复》(1983年);《研究室关于因错判在服刑期"脱逃"后确有犯罪其错判服刑期限可否与后判刑期折抵问题的电话答复》(1983年);《关于人民法院审判严重刑事犯罪案件中具体应用法律的若干问题的答复(二)》(1983年);《研究室关于对拘役犯在缓刑期间发现其隐瞒余罪判处有期徒刑应如何执行问题的电话答复》(1984年);《最高法、最高检、公安部关于对在押未决犯不采用保外就医办法的通知》(1984年);《关于依法监视居住期间可否折抵刑期问题的批复》(1984年);《关于人民法院审判严重刑事犯罪案件中具体应用法律的若干问题的答复(三)》(1985年);《关于对罪犯减刑时应将判决前羁押的日期折抵为已执行的刑期的批复》(1985年);《研究室关于管制刑期能否折抵有期徒刑刑期问题的电话答复》(1986年);《关于海关扣留走私罪嫌疑人的时间可否折抵刑期的批复》(1988年);《研究室关于行政拘留日期折抵刑期问题的电话答复》(1988年);《研究室关于对再审改判前因犯新罪被加刑的罪犯再审时如何确定执行的刑罚问题的电话答复》(1989年);《研究室关于因同一犯罪事实两次被收容审查应如何折抵刑期问题的电话答复》(1990年);《研究室关于监外执行的罪犯重新犯罪的时间是否计入服刑期问题的答复》(1990年);《研究室关于隔离审查日期可否折抵刑期问题的电话答复》(1991年);《印发〈关于办理假释案件几个问题的意见(试行)〉的通知》(1993年);《关于人民法院应否受理当事人不服治安管理处罚而提起的刑事自诉问题的批复》(1993年);《关于收容审查决定经行政判决撤销后被收审人又因同一事实被判刑原收审日期应否折抵刑期的答复》(1995年);《研究室关于取保候审、监视居住期间是否折抵刑期问题的答复》(1996年);《关于办理减刑、假释案件具体应用法律若干问题的规定》(1997年);《关于审理拒不执行判决、裁定案件具体应用法律若干问题的解释》(1998年);《关于刑事裁判文书中刑期起止日期如何表述问题的批复》(2000年);《办公厅关于实施〈法院刑事诉讼文书样式〉若干问题的解答》(2001年);《研究室关于监视居住期间可否折抵刑期问题的答复》(2001年);《关于撤销缓刑时罪犯在宣告缓刑前羁押的时间能否折抵刑期问题的批复》(2002年);《办公厅关于印发一审未成年人刑事案件适用普通程序的刑事判决书样式和一审未成年人刑事公诉案件适用简易程序的刑事判决书样式的通知》(2009年);《关于办理减刑、假释案件具体应用法律若干问题的规定》(2011年);《关于办理减刑、假释案件具体应用法律若干问题的规定》(2016年)。

综观以上关于刑期折抵的解释性文件,大体可概括为如下几个特点。

(1)现行刑法立法施行前关于刑期折抵的解释性文件"文本法律依据"的虚无性。因为我国在这个时期没有关于刑期折抵的立法,而从1950年10月1日出台的第一个关于刑期折抵起至1980年1月1日《中华人民共和国刑法》生效止的51个专门或相关司法解释,都没有相应的文本法律依据。

(2)关于"先行羁押"解释的相对不确定性。表现为作为刑期折抵事实前提的先行羁押,并非刑事诉讼中的、剥夺或完全限制人身自由的法定刑事强制措施,还有其他非剥夺或完全限制人身自由的法定刑事强制措施,如变相地以完全限制人身自由适用的监视居住;非刑事强制措施,如以完全限制人身自由方式适用的海关扣押、行政拘留、司法拘留、劳动教养、收容审查等;特殊情况下的已执行的自由刑,如再审或域外犯罪已执行的自由刑罚等,在同一事实予以重新判决时,也可成为这里的"先行羁押"。

(3)关于"本刑"解释的超前性。我国民国时期立法规定刑期折抵的本刑为拘役、有期徒刑和罚金,革命根据地时期的立法规定刑期折抵的本刑为拘役和有期徒刑,1979年《刑法》和1997年修订的《刑法》都规定刑期折抵的本刑为管制、拘役和有期徒刑。然而,值得重视的是,刑期折抵的本刑可以是管制,并不是1979年《刑法》新创造的,在新中国成立时,其在司法实践中就存在。这样说来,是这些没有文本法律依据的解释,创造了管制可为刑期折抵本刑问题。

(4)对部分限制人身自由的刑事强制措施与非刑事强制措施的刑期折抵问题采取了不同态度。对部分限制人身自由的刑事强制措施,如取保候审、监视居住,在不合法地以完全限制人身自由的方式适用时,允许适用刑期折抵,在合法地以部分限制人身自由的方式适用时,不允许适用刑期折抵;而对部分限制人身自由的非刑事强制措施,如盘问留置、保外就医、收容审查、隔离审查、海关扣留、管训、先行管制、逮捕前交群众监督劳动、行政拘留、劳动教养、司法拘留等,无论是以完全限制(剥夺)人身自由的方式适用,还是以部分限制人身自由的方式适用(这些措施本都是部分限制人身自由的措施),都允许适用刑期折抵。

(5)解释主体的部门性。在这些解释中,由最高人民法院单独作出的74个中,就有16个是由研究室、办公厅和刑事审判庭等职能部门作出的。

(6)解释形式的多样性。我国关于刑期折抵的司法解释,特别是在早期,主要以"批复""复函"和"答复"的形式作出。

(7)解释内容的重复性。虽然这些解释,基本上都是针对不同的具体情况,但对这些具体情况进行共性抽象,就发现大多具有相似性。例如关于刑期折抵的"先行羁押"就有46个司法解释,它们事实上都是以剥夺或完全限制人身自由的方式适用的强制措施;又如关于死缓、无期徒刑减为有期徒刑后,原未决羁押能否折抵减刑后的有期刑期,先后共出台了18个专门或包含了相关内容的司法解释,实际上,这些解释仅涉及允许折抵(前7个)和不允许折抵(后11个)两个内容。另外,还有关于同一个内容,因不同地方法院请示而出现"复函"或"答复""电话答复"等重复规定。

(8)关于折抵原则的解释的混乱性。如前所述,这些关于刑期折抵的原则,有的规定为裁定主义(可以折抵),有的规定为法定主义(应当折抵),有的在同一解释中出现裁定主义(可以折抵)与法定主义(应当折抵)混用的现象。

(9)解释时间效力的溯及性和相对稳定性。在新解释的溯及力问题上,这些解释采取的基本上都是从新原则并兼顾判决的相对稳定性。具体而言,关于刑期折抵的司法解释出台后,对正在服刑的罪犯的隔离审查时间没有折抵刑期的,采用裁定主义,允许补折;但考虑判决的相对稳定性,对于已执行期满的罪犯,不作变动。

(10)在刑期折抵的关联性上,表现出折抵的不完全性。主要是,对于有关联性的数次行为,只允许最后一次适用刑期折抵的做法,并不完全符合刑期折抵的关联性精神。例如,最高人民法院于1979年9月24日作出的《关于留场(厂)就业人员重新犯罪后在劳改机关禁闭审查日期应否折抵刑期的批复》规定:"犯人在判刑前,有的多次被禁闭审查,禁闭日期的折抵应以最后一次禁闭审查(即与逮捕、起诉相衔接的那次禁闭审查)的日期折抵刑期。"在这里,按刑期折抵立法关于"关联性"的规定,只要这些"先行羁押"的事实或行为与所判刑罚的事实或行为具有同一性或相关性,就应当折抵刑期。对此,最高人民法院研究室于1990年2月6日作出《关于因同一犯罪事实两次被收容审查应如何折抵刑期问题的电话答复》改变了以前的不合理做法,规定"因同一犯罪事实两次被收容审查,其第一次和第二次被收容审查的日期均应折抵刑期"。这是刑期折抵司法的一大进步。

三、刑期折抵制度的中国制度完善展望

基于我国刑期折抵在立法和司法上所存在的问题,需要从立法和司法维度予以完善。这些完善,不仅涉及这些制度本身,还有刑期折抵制度等所蕴含的现代化刑事法治功能发挥及是否放在刑法体系中作通盘考虑,以实现人权保障机能与刑罚的目的衡平。

(一)我国刑期折抵制度之立法完善

1. 完善我国刑期折抵立法之思路

从刑期折抵规范体系的视角来看,刑期折抵制度的完善,首先应当从协调和规范各类刑期折抵规范间的关系入手。具体如下。

(1)完善刑期折抵立法规定,减少立法漏洞,避免出现过多司法解释。前述研究表明,如此众多的司法解释,不仅给刑期折抵实践适用带来困难,而且解释毕竟是解释,解释再多也无法从根本上解决刑期折抵问题,也无法替代立法。要解决刑期折抵的关键还是应当完善立法。这正如杀毒软件与系统的关系一样,系统存在漏洞,杀毒软件怎么强大,也不能替代系统本身,也只是权宜之计。当杀毒软件不使用或产生抗体时,病毒又会活跃起来。只有完善系统,才是治本的长效机制。因此,靠司法解释是不能真正解决刑期折抵的所有问题的。毕竟,司法解释只是对法律的解释。法律存在功能性缺陷的话,无论司法解释的数量多少,也无论司法解释的内容怎么详尽,都不可能替代法律的效用。从长效机制上考虑,就必须从源头入手,完善刑期折抵的立法。

(2)协调附属刑法与关于刑期折抵立法的规定。关键是把那些我国已缔结或参与的国际双边或多边公约关于刑期折抵的规定,明确它们的司法适用力。既然这些规定可定为附属刑法规定,则在刑法典有相应明确规定时,就应具有直接的司法适用力。不过,鉴于我国司法实践中,还没有形成普遍的结合国内法直接适用国际公约或条约的做法,因此有必要以单行立法或立法或司法解释的方式,明确这些附属刑法的直接司法适用力。

(3)根据刑事司法实践需要和国际形势发展状况,把某些情形纳入刑期折抵立法中。例如,随着经济、法律等全球化的发展,人员的国际活动和流动越来越广泛,这势必带来越来越多的域外违法犯罪的"先行羁押"问题。显然,对于这部分"先行羁押",从刑期折抵制度的立法取向来看,当纳入刑期折抵立法之中。又

如,随着经济的发展和人民群众生活水平的普遍提高,人们经济等观念已发生了巨大变化,一定范围和程度的"以钱赎刑",既是现实的也是必要的,因此,曾在我国被排除在刑期折抵本刑之外的罚金刑,也应以适当的方式纳入刑期折抵本刑立法中。

2. 我国刑期折抵立法完善之路径

基于前述探讨,我国刑期折抵立法应在设置模式、折抵原则、折抵本刑等方面予以完善。

(1)在设置模式上应采用专门规制的立法模式。在我国立法上,不仅没有把刑期折抵制度予以专条规定,而且即使是其他主题关于刑期折抵的3个规定,也是附带性的[28],也仅是关于刑期折抵适用标准的简略规定。虽然还有附属刑法对行政拘留刑期折抵问题的规制,但关于"违法行为构成犯罪,人民法院判处拘役或者有期徒刑时,行政机关已经给予当事人行政拘留的,应依法折抵相应刑期"的原则性规制,同样称不上"详尽"。如此立法模式,不仅使我国刑期折抵制度的地位被潜隐,而且使人们对关于刑期折抵的82个专门或相关司法解释视而不见。因此,在我国以专门条款对刑期折抵的诸多要素作出明确规定,实属必要。

(2)在折抵之原则上应采用混合的折中主义。如前所述,刑期折抵的人权保障立法取向可能因其适用在客观上与刑罚量的选择和刑罚目的的实现会发生冲突而出现虚化问题,需要通过完善的现代羁押体制、设置裁定折抵原则和科学量刑机制予以保障。其中,在刑期折抵的折抵原则上,综观世界各国或地区的立法,虽然有法定主义与裁定主义之分以及仅采用法定主义或仅采用裁定主义和折中性的混合式即兼采法定主义和裁定主义等立法模式,但兼采法定主义和裁定主义的立法模式,是世界各国或地区刑事立法的主流。我国关于刑期折抵制度的折抵原则,也应采用折中性的混合式,即在通常情况下采用法定主义,在特殊情况下辅之裁定主义,以赋予法官自由裁量权予以必要衡平。

(3)在折抵本刑上应为所有可独立适用的刑罚。研究表明,世界上绝大多数国家或地区,如德国、意大利、俄罗斯、日本等,对刑期折抵本刑,所采用的立法模式是针对所有可独立适用刑罚。[29] 这种本刑,实际上仅指那些有折抵内容的刑罚方法,如有期自由刑、有折抵内容的财产刑和资格刑。死刑、无期徒刑、没收财产等刑法方法无可折抵内容,不存在刑期折抵问题。附加刑因不能独立适用而也不能折抵。目前只发现我国采用有期自由刑,包括管制、拘役和有期徒刑,为刑期折

---

[28] 1997年《刑法》第41条的后段、第44条的后段和第47条的后段。
[29] 参见石经海:《刑期折抵立法比较研究》,载《环球法律评论》2008年第2期。

抵本刑的立法模式。有折抵内容的财产刑如罚金刑和资格刑如剥夺政治权利,不能作为刑期折抵的本刑予以刑期折抵。

(4)在修改目的上应与刑法人权保障机能相一致。我国《刑法》在关于"立法目的"的规定中,没有体现"刑期折抵"等关于"保障犯罪嫌疑人、被告人和受刑人合法权益"的内容。在关于这方面的条文中,仅规定"惩罚犯罪和保护人民",从而使"刑法目的"与当代刑法的精神和实质是不相符的。"立法目的"作为一部法律最根本性的内容之一,无论是对人们的价值导向还是对其具体内容的立法指导和司法适用,都具有极其重要的意义。否则,在此基础上的刑法,既不合时代精神,也不可能真正走向现代化。同时,也与"刑期折抵"这些保障受刑人被依法惩罚外的合法利益的规定不相符合。因此,在《刑法》关于"立法目的"的条文中,有必要明确或体现关于保障受刑人的依法惩罚外的合法利益的内容。

(5)在修改任务上应与刑法人权任务相一致。我国《刑法》在关于"任务"的规定中,同样只规定了刑法的"专政"职能,而没有明确其"保障"职能。只规定了"用刑罚同一切犯罪行为作斗争",及其所要达到的目标,而没有明确《刑法》除这些职能以外,还应同时"保障犯罪嫌疑人、被告人和受刑人被依法惩罚外的合法权益"。这样规定的缺失,同样既与当代刑法的精神不符,也与现行《刑法》关于"刑期折抵"等保障人权的制度规定不合。

3. 修改完善以上刑法立法之方案选择

基于刑期折抵制度的价值取向,为充分地贯彻刑法关于诸如刑期折抵等保障犯罪嫌疑人、被告人、受刑人等合法权益的制度的立法精神,实现刑法通过这些制度和规定保障人权的任务,有必要对刑期折抵及其相关内容在立法上予以完善。有如下方案可供选择:

(1)由立法机关以刑法修正案的方式对刑法的立法目的、任务、基本原则以及刑期折抵的含义和适用要件、所要折抵的期限等作出总则性规定。可以是:把现行《刑法》第1条修改为:"为了惩罚犯罪和保障人权,……"把现行《刑法》第2条修改为:"……,保障社会主义建设事业的顺利进行和任何人的合法权益不受侵犯。"在现行《刑法》第4条中增加第2款为:"对于任何人的合法权益,法律都予以平等地保护。"并把现行刑法中的"适用刑法平等原则"改称为"惩罚和权益保障在法律上一律平等原则"。在现行《刑法》第35条之后、第36条之前增加一条,规定为:"为体现刑法的社会公正性和保障受刑人的被刑事追究以外的合法权益,在行为人的判决执行以前的先行被剥夺或被完全或部分地限制人身自由行为又被刑事追诉和判处管制、拘役和有期徒刑等有刑期的刑罚时,以前被剥夺或被完全或部分地限制人身自由的期间应当折抵刑期。其中,被剥夺或被完全地限制人身自由一日,折抵管制二日,折抵拘役或有期徒刑一日;被部分地限制人身自由一日,折抵管制一日,折抵拘役或有期徒刑半日。"

(2)由立法机关以立法解释的方式对判决执行以前的先行被剥夺或被完全或部分地限制人身自由的刑期折抵的作出具体规定。可以是:"本法所称刑期折抵,是指为体现刑法的社会公正性和保障受刑人的被刑事追究以外的合法权益,在行为人的判决执行以前的先行被剥夺或被完全或部分地限制人身自由行为又被刑事追诉和判处管制、拘役和有期徒刑等有刑期的刑罚时,以前被剥夺或被完全或部分地限制人身自由的期间被换算判决后执行的刑期。""前款判决执行前的被剥夺或被完全或部分地限制人身自由包括刑事侦查、起诉、审判前间的被剥夺或被完全或部分地限制人身自由的情形以及以上情形以外的特定情况下的被剥夺或被完全或部分地限制人身自由情形包括行政拘留、司法拘留、民事制裁拘留、留置盘问以及其他所有判决执行以前的先行被强制剥夺或限制人身自由行为又被刑事追诉和判处管制、拘役和有期徒刑等有刑期的刑罚的情形。""以上刑期的折抵,被剥夺或被完全地限制人身自由一日,折抵管制二日,折抵拘役或有期徒刑一日;被部分地限制人身自由一日,折抵管制一日,折抵拘役或有期徒刑半日。"

(二)我国刑期折抵制度之司法完善

对于刑期折抵的司法完善,主要是如何适用和制定刑期折抵制度的司法解释性文件问题。

1.我国刑期折抵适用的完善

鉴于刑期折抵制度适用的负面效果,在刑期折抵的司法适用(量刑)中,应扬长避短,避免因刑期折抵的适用而拉动短期自由刑的适用、拉动实刑的适用和损害刑罚目的和功能的实现等。

(1)避免拉动短期自由刑的适用。要防止因刑期折抵适用而拉动短期自由刑的适用,就必须,一方面,严格"羁押"的适用期限,对超期羁押现象予以严惩;另一方面,在完善国家赔偿制度和修改刑期折抵的折抵原则基础上,采取刑期折抵以外的救济措施,如国家刑事赔偿,避免拉动短期自由刑的适用。

(2)避免拉动实刑的适用。在刑事司法实践中,一方面,应严格"羁押"的适用条件,对于那些轻微犯罪行为或其他可适用缓刑、管制等的犯罪行为,尽可能避免适用羁押,同时还应当通过完善羁押立法体制使"羁押"成为例外;另一方面,在完善国家赔偿制度和修改刑期折抵的折抵原则基础上,采取刑期折抵以外的救济措施,避免拉动实刑的适用。

(3)避免因刑期折抵适用而损害刑罚目的和功能的实现。为防止刑期折抵适用导致判决中确定的刑罚因折抵而虚化的现象,一方面,要严格羁押的适用期限,严格控制和惩处超期羁押现象;另一方面,要对刑期折抵的适用原则进行完善,主要是对这种情况下刑期折抵问题,采用裁定主义的折抵原则,即是否适用刑期折抵或如何适用刑期折抵,由法官根据刑罚改造的需要予以裁量,并通过其他方式救济被羁押者的剥夺或限制的人身自由权利。

2. 我国刑事司法解释技术的完善

从刑期折抵视角来看,我国的司法解释在体制上存在解释的技术性不高、解释的公开性不够等突出问题,表现在重复的司法解释过多(包括同一内容的重复解释和概括性内容的重复性解释)、司法解释缺乏清理、司法解释缺乏正式公布或有效的正式公布等,需要在解释体制、解释技术等方面予以完善。

(1)根据我国法官和地方法院的自由裁量权和法律解释权状况,对解释对象或解释事项作概括性的解释。这种解释的"概括性"程度以法律和司法对法官和地方法院的自由裁量权和法律解释权的许可限度为限。例如,关于刑期折抵的"先行羁押"解释,完全可以规定"凡是以剥夺或完全限制人身自由的方式适用的强制措施,在同一事实或相关事实被刑事追诉和判处某些法定可折抵刑期的刑罚时,即这里的'先行羁押'"。这就可避免出台42个关于"先行羁押"的司法解释的情况。

(2)定期对司法解释进行清理。在我国的司法解释体系中,旧的司法解释没有废除,新的司法解释又因内容相关不好吸收旧司法解释的有效部分而又予以出台,所以客观上增加了司法解释的数量。定期对司法解释进行清理,不仅可以减少司法解释的数量,而且可以避免那些失效的司法解释对司法实践的干扰。从关于刑期折抵的82个司法解释来看,若对失效的司法解释进行清理的话,则从前面的考证来看,现在仍然有效的至多只有30个。例如,关于死缓、无期徒刑减为有期徒刑后的刑期折抵问题,现在真正有效的司法解释实际上只有1个,即1985年11月14日作出的《关于对罪犯减刑时应将判决前羁押的日期折抵为已执行的刑期的批复》。[30]

(3)创造有效方式提高司法解释的公开性和透明度。司法解释缺乏正式公布或有效的正式公布,是导致众多重复请示的司法解释的重要原因之一。在关于刑期折抵的司法解释中,之所以有诸多重复请示而作出的司法解释,主要是因为这些已出台的司法解释的公开性不够。从新中国成立初期的情况来看,公布司法解释的主要是公开性非常有限的《法院工作通讯》,还有大量非公开作出的"电话

---

[30] 该解释已被1996年12月31日最高人民法院《关于废止1979年至1989年间发布的部分司法解释的通知(第二批)》(法发〔1996〕34号)废止。

答复"等。从司法解释的法律效力来看,虽然其效力来源于其解释的法律,但由于被解释法律的不明确性等,明确性的司法解释对公众乃至法官来说是一个凭自身的知识和能力无法确定的内容,因此司法解释也应当具有公开性和透明性,只有具有公开性和透明性它们才应获得法律效力。从我国现在的司法解释状况来看,这个公开性和透明性同新中国成立初期乃至几年前有了很大发展,但仍然不够。当前司法解释的公开和透明的主要渠道和方式是《最高人民法院公报》和某些办案方面的司法文件选。现实表明,这些渠道和方式纵然可使绝大多数法官把握,但对于绝大多数公众来说仍难以知晓。因此,本文主张,除继续通过当前的各渠道公布司法解释外,还应加大互联网公布司法解释的力度,发挥互联网传播和检索的优势,同时,也可在电视广播等这些为一般公众所接触的媒体的法制频道或栏目公布和解读司法解释。

疑罪从无与冤假错案关系论[*]

董玉庭[**]

随着"呼格吉勒图案"等一批冤错案相继曝光,刑事错案(特别是涉及死刑的错案)这样一个沉重的话题不断强烈地刺激着国人的心灵。很多人在感佩司法机关实事求是纠错勇气的同时,更要拷问一个根本性的问题,即刑事司法中为什么会出现这些冤假错案。可能是因为急于回答,也可能是为了高度概括,目前随处可见的答案一般都将"疑罪从无"原则与冤假错案联系起来。甚至在媒体上很多人干脆把未坚持疑罪从无原则看成出现冤假错案的根本原因。如果从最宏观的大众化视角看,这种判断也未尝不可,但如果从专业化视角看,仅此判断并未提供过多信息。试想一下,认为未坚持疑罪从无原则导致出现冤假错案与认为未坚持"以事实为根据,以法律为准绳"导致冤假错案两者之间又有什么实质的区别呢?如果有人回答说没有是因为坚持以事实为根据、以法律为准绳才产生了冤假错案,那么这种回答是否过于宣传化、口号化了呢?冤假错案产生的原因极其复杂,即使有共性原因存在,恐怕一句抽象的原则口号也难免以偏概全。为了避免这种口号式的回答,就必须对这种口号进行专业的解析。本文的研究路径就是通过厘定疑罪从无原则与冤假错案之间关系为切入点,对疑罪从无原则进行司法上的解读。当然,冤假错案产生的原因并非本文要回答的问题。

一、关系论的起点:概念辨析

在探讨疑罪从无原则与冤假错案之间的关系之前,应该明晰两个概念的准确含义。

其一,何为疑罪从无?可能无须下定义,至少从事司法工作的人都应该知道这个词的基本含义。简单地从语义上分析,疑罪从无包括疑罪和从无两部分。疑

---

[*] 原载《人民检察》2015 年第 3 期。
[**] 黑龙江大学法学院教授,博士生导师,法学博士、博士后。

罪,就是指有疑问的犯罪,从无就是不能认定犯罪。在刑事司法活动中,由于定罪的过程涉及两个方面:一是事实判断问题;二是法律适用问题。所以,从广义上讲,疑罪(有疑问的犯罪)可能发生在事实判断和法律适用两个领域。"疑罪是指在刑事司法活动中因证据不足而对犯罪嫌疑人、被告人是否构成犯罪以及罪行轻重、此罪与彼罪、一罪与数罪等方面难以作出正确的判断的情况。"如果涉案事实已经证据确实充分,但选择什么样的罪名对其进行评价存在较大疑问时,对此情形一般也可概括为疑罪,即法律上的疑罪。法律上的疑罪在理论上被认为是非真正的疑罪,"因为法律疑罪在司法作出判断之前是有疑问的,但一旦司法作出终审裁判,在此裁判没有被更高一级裁判更改之前,此案在形式上显然就不是疑罪了"。狭义的疑罪仅发生在事实判断领域。"疑罪主要是指事实不能查清或者不能完全查清的犯罪。"与法律疑罪相反,事实判断领域的疑罪是一种真正的疑罪,无论司法最后对事实疑罪确定什么样法律后果,或从无或从轻,但事实认定都不可能因此变得清楚。由于一般情况下法律疑罪不存在从无的问题,仅仅是法律解释问题,所以,讨论疑罪从无原则时,疑罪就特指狭义的事实判断领域的疑罪。"疑罪从无,就是在刑事司法中出现这种既不能排除犯罪嫌疑,又不能证明有罪的两难情况下,从法律上推定为无罪的一种处理方式。"如果必须对疑罪从无下个定义,简单地说就是当刑事案件的事实认定尚存疑问时,不能定罪。

其二,何谓冤假错案?冤假错案是约定俗成的常用语,是对冤案、假案、错案的概括。虽然很难对冤案、假案、错案下准确定义,但对这三个概念的语义进行描述仍然存在可能性。首先,人们一般对什么样的刑事案件用冤案加以称谓呢?用冤案概括的刑事案件有两个基本特点:(1)案件办错了,成了刑事错案,即冤案必须是错案(至于什么是错案,下文会有具体描述);(2)办错案件的法律后果不利于被告人或犯罪嫌疑人。例如,对被告人正确的判决应该是5年徒刑,但实际上错误地判了10年,那么,无论是定罪错了(无罪定有罪或轻罪定重罪)抑或是量刑错了,对被告人来讲不仅是错案而且是冤案。如果对被告人正确的判决应该是10年徒刑,但实际上错误地判了5年徒刑,那么,对被告人来讲就仅仅是错案而非冤案。其次,人们一般把什么样的情形称为假案呢?在司法实践中最狭义、最典型的假案是指根本不存在犯罪事实,办案人故意凭空虚构案件事实并进行刑事责任追究。这种情形在司法实践中非常罕见,但也确有发生。办这种意义上的假案,其或是为了冤枉某人或是为了虚假工作业绩。对在这种假案中被错误追究刑事责任的人来说,这种案件是彻头彻尾的冤假错案,即又冤、又假、又错。但从语言习惯上看,广义的假案又不局限于这种最典型的假案类型,对于办案人故意虚构案发事实的一切案件均可以假案表述之。因此,广义的假案应该具有两个基本特点:(1)假案也是一种错案,而且是一种本源上的根本性的错误;(2)办案人必须有故意虚构案发事实即待证的犯罪事实之行为。在司法实践中,办案人故意虚构案发事实的假案类型一般包括:把无虚构成有(最狭义、最典型的假案)、把有虚构成无,把 A 虚构成 B、把 B 虚构成 A,把大虚构成小(大小指法益侵害大小)、把小虚构成大等。从这些广义的错案类型看,假案未必一定是冤案,把无虚构成有、把小虚构成大对犯罪嫌疑人不利,这样的假案同时也是冤案。但把有虚构成无、把大虚构成小的假案对真正的罪犯是有利的,这样的假案就不是冤案。最后,对于刑事错案这个概念,人们都比较熟悉,理论界对此也多有研究。由于司法过程是由事实认定和法律适用两部分构成,所以,刑事错案也就自然包括事实认定的错案和法律适用的错案两种类型。对于事实认定的刑事错案,其错误的标准是什么?或者说要知道事实认定是否错了,就必须知道对的是什么。如果有机会知道刑事案件事实的客观真实,那么,司法认定的案件事实之错的判断标准就必须也当然是客观真实。例如,当所谓的被害人突然出现时,对佘祥林杀人的事实认定之错就是铁定的,因为我们知道该案的客观真实了。对于类似"佘祥林案"的事实认定之错,其判断标准当然无须劳神费力地考量刑事证明标准了。但像"佘祥林案"这类客观真相还原型的刑事错案毕竟非常少见。尽管案件发生时在本体论意义上一定有客观真相,对于客观真相无法还原的刑事案件,由于没有客观真相作为判断司法认定的犯罪事实是否错误的标准,那么,这种对错的判断标准又能依赖什么呢?在刑事司法活动中,被司法机关认定或确认的犯罪事实仅仅是一种法律真实,是用证据支撑的案件事实。司法确认的案件事实的真假判断标准只能依赖于排除合理怀疑这个证明标准("佘祥林案"类型除外),如果达到证明标准则案件事实不但被确认,而且推定为真;如果达不到证明标准则案件事实不能被确认。或者换句话说,在法律真实的意义上,如果达到证明标准,不真也真;如果达不到证明标准,真也不真。证明标准不但是正常认定犯罪事实的判断标准,而且是客观真相无法显露时刑事错案的判断标准。对于先前司法确认的犯罪事实,确认时显然已认为该犯罪事实达到排除合理怀疑的程度,如果事后认定该案为错案,也必须拿证明标准衡量,必须认为该案犯罪事实并未达到排除合理怀疑的程度。对于先前司法因为未达到排除合理怀疑标准而未加以确认的案件事实,如果事后认定该案事实已完全达到排除合理怀疑的程度,则先前的无罪认定也是错案。所以,刑事司法中事实认定的错案,是指司法确认的案件事实或者与客观真相不符,或者在是否已经排除合理怀疑的判断上后者否定了前者。法律适用的错案也是司法实践中的常见类型,如果案件事实清楚,在事实认定上没有错误,但在是否构成犯罪,构成什么罪,应该如何量刑等问题上后面的决定否定了前面的决定,一般也将前边被否定的案件称为错案。但需要注意,虽然错案在语义上包括事实认定和法律适用两种类型,但是最重要的错案指的是事实认定这种类型,因为法律适用更多涉及法律解释及刑事自由裁量权,即便前边的判决被后边的否定,此种否定也与事实认定前后否定有一定差别,就是因为法律适用错案中涉及自由裁量权成分更大。所以,对错案语境的理解更多的时候让人想到的是事实认定问题。

从以上的分析可以看出,冤案、假案、错案关系比较复杂,三种类型案件之间或有交叉关系,或有包含关系。从一般意义上看,三种案件类型中错案是上位概念,冤案和假案都是错案,错案与冤案和假案之间是包含关系。冤案可能同时是假案,也可能不是假案;假案可能同时是冤案,也可能不是冤案,所以,冤案与假案之间是一种交叉关系。在司法实践中,既有又冤又假又错的刑事案件,即完整的名副其实的冤假错案存在,又有只冤不假或只假不冤的刑事案件存在,也有不冤不假的刑事错案(放纵罪犯)存在。虽然冤假错案经常作为一个概念使用,但由于其外延包括冤案、假案、错案,冤假错案有时指又冤、又假、又错的刑事案件,但更多时候可能仅指冤案。

二、应然与实然:疑罪从无对防范冤假错案的价值及其现实困境

疑罪从无作为一项刑事司法的基本证据原则,其合理性、正确性已无须再过多讨论。由于疑罪从无原则最大的价值在于人权保障,坚持疑罪从无原则就似乎与控制冤假错案有了某种天然的联系。"在刑事诉讼中落实人权保障的要求、落实宪法关于公民自由权利的规定,就应当坚定不移地贯彻疑罪从无原则。任何形式的疑罪从挂、疑罪从轻都是疑罪从有思想在作祟。必须坚决予以摒弃,否则,等待我们的将是一桩又一桩让法律人感到耻辱的冤假错案。""疑罪从无是防范冤假错案的唯一选择。"由于冤假错案中包含冤案、假案和错案,如果从分别防范冤案、假案和错案这三种案件的角度看,疑罪从无的价值又会有什么区别呢?首先,防范刑事冤案是疑罪从无原则的根本价值所在。当出现疑罪时,为了确保人权,确保不出冤案,疑罪从无原则的本质就是允许司法机关冒放纵罪犯的危险,通过可能错放的代价,实现不冤判的目的。如果不坚持疑罪从无,就不可能防范冤案的出现。冤案并不仅仅包括对非真凶定罪,对未达到排除合理怀疑的被告人定罪本身也是冤案。所以,严格地讲,疑罪不从无,无论被定罪的人客观上是不是真正的罪犯,其本身就是在制造冤案,而非不能防止冤案这么简单。必须注意,不坚持疑罪从无产生冤案并不等于坚持了疑罪从无就一定不产生冤案,因为有时候办案

人可能无法准确判断是否存在疑罪。一旦把疑罪错误认定为事实清楚,即使在理念上坚持疑罪从无,也还是会出现把疑罪定罪的冤案。其次,疑罪从无与防范假案没有直接的关系。由于假案是办案人故意为之,其目的性很强,对假案的防范远远超出疑罪从无原则所能调整的范畴。即使假冤结合的案件,即为了冤枉人而办假案,对其防范也非疑罪从无原则的价值所在。既不能希望疑罪从无能对假案有所控制,也不要担心假案出现会破坏疑罪从无原则。最后,疑罪从无与错案关系复杂。错案是冤案、假案的上位概念,除去冤案和假案之外,错案还包括在事实认定领域有利于被告人的错案和法律适用领域的错案。例如,把事实清楚的杀人案件误认为疑罪而错放罪犯就属于有利于被告人的错案,把抢劫罪错误评价为抢夺罪属于法律适用的错案。疑罪从无对于有利于被告人的错案和法律适用的错案的防范而言虽然没有直接的作用,但可能有间接作用,一旦在是否存在疑罪的判断上出现错误,把本来是事实清楚的案件认定为疑罪,坚持从无处理就恰恰制造了错案。目前,疑罪从无被限定在事实认定领域,其与法律适用领域中的错案防范当然没有什么关系。另外,疑罪从无的价值在于防范不利于被告人的错案(即冤案),至于有利于被告人的错案防范显然与从无原则没有直接关系,甚至可能会出现以疑罪从无为借口故意制造有利于被告人的错案,进而达到徇私枉法的目的。

综上所述,疑罪从无的价值主要集中在防冤案而不是防假案或错案,甚至更多的时候疑罪从无与假案和错案(非冤案)没有直接的关系。目前,在理性层面上,无论理论界还是实务界对疑罪从无这个原则均表示出足够的认同,但实务界必须时时都要面对以下两方面的压力。

一是法益侵害方面的压力。因为一旦对某一存疑的案件作从无处理,被害方可能会使用各种方法对司法机关施加压力,特别是当被害方内心确认犯罪事实时,其对司法机关施加压力会更大。同时,对于可能作存疑处理的案件,并不等于客观上犯罪嫌疑人不是真正的罪犯,也不等于办案人内心真的不认为犯罪嫌疑人是罪犯。面对这种司法现实,作为办案人无论在理念上多么赞同疑罪从无原则,也难保在具体操作层面会有所犹豫。

二是案件事实决疑能力的压力。当抽象讨论疑罪从无时,由于没有参考也没有涉及某个疑难且争议较大的案件,仅在宏观层面上讨论问题很容易对疑罪从无原则达成共识性认识,但一旦办案人在司法实践中面对某个有争议的案件事实时,可能因为这个办案人根本没有意识到此案应为疑罪,也可能因为办案人虽然意识到此案可能是疑罪,但又错误地说服了自己。在此种情况下,无论这个办案人在抽象理论层面多么赞同疑罪从无,对此案的处理也变成了定罪处罚。如果对这个办案人作出不坚持疑罪从无的批评,恐怕他内心是不服气的,原因就是在这个案件中他不认为存在疑罪。

即使实务界不认为或没有感受到这两个方面的压力(特别是决疑能力方面),但这两方面因素都是客观存在的,其对疑罪从无原则在司法实践中的贯彻落实,或者在操作层面上的理解适用都将会产生真实的影响。相反,对于理论界来讲,由于很少面对这两种具体的压力,使理论界对疑罪从无原则的坚持显得更加纯粹、更加坚决。完全可以作出这样的判断,实务界的确更有可能比理论界犯疑罪从轻的折中错误,犯这种违背疑罪从无原则的错误,一个个错案相继曝光并被纠正已经证明了这种判断。尽管在司法现实中存在一定量的未坚持疑罪从无的情况,但绝不意味着办案人对疑罪从无原则的价值判断一定出了问题,完全有可能是因为两种客观的压力导致疑罪从无原则不能在司法实践中被坚持到底或被正确地坚持。应该说,当理论界更多关注疑罪从无的应然层面时,实务界则不得不从实然层面考虑问题。所以,当下对于贯彻疑罪从无原则来讲,最重要、最根本的不是在理性上进一步倡导其正确性、合理性,而应该是尽可能地排除这两种客观的压力。当办案人明知面对的是未排除合理怀疑的疑罪时,坚持疑罪从无原则的关键就转化成排除法益侵害方面的压力,因为,此时疑罪判断已有定论,全部的问题将集中在是否敢于从无。当办案人对自己面对的案件是否属于疑罪没有能力作出确定性判断,那么,对于此种情形坚持疑罪从无的关键绝不是敢于从无,而是提高准确判断疑罪的能力问题。如果因为此种情形出现冤案,与其说是办案人不知道坚持疑罪从无,还不如说办案人根本不知道什么是疑罪。

综上所述,从应然层面看坚持疑罪从无原则无疑是控制冤案发生的关键,但从实然层面来看关注疑罪从无在司法实践中的困境才是确保这个原则真正发挥作用的关键中的关键,办案人克服困境的重点是排除压力、提高能力,排除法益侵害方面的压力,主要是为了解决敢于从无的问题;提高判断疑罪的决疑能力,主要是为了解决疑罪有无的问题,前者重点在理念,后者重点在技术。

三、困境之克服:防冤案与防错案的辩证

通过前文的分析,对疑罪从无可以进行逻辑解析。这个原则可以分解为两部分:一是准确判断疑罪;二是一旦判断疑罪,坚决从无。为什么要作这样看似无意义的解析?因为如不作这样的解析就可能会忽略对如何准确判断疑罪的关注。防冤案是刑事司法理念中的第一价值追求,但却不是唯一的价值追求,如果刑事司法把防冤案作为唯一价值目标,为了追求防冤案可以不管不顾,那么,问题就变

得非常简单了,只要把所有的犯罪嫌疑人都无罪开释即可实现目标。恰恰相反,刑事司法不仅要保障人权,也要保护法益;不仅要防止冤案,也要打击犯罪。只不过当防冤案和打击犯罪两者因出现疑罪而不可兼得时,防冤案的价值被现代刑事司法理念优先选择了而已,因此才有了疑罪从无的原则。所以,倡导疑罪从无原则仅仅是确立有冲突时打击犯罪不能对抗防止冤案,但绝不意味着刑事司法可以忽略打击犯罪。从疑罪从无的逻辑结构分析,第二个内容(即一旦判断疑罪坚决从无)的价值是防止冤案发生,但如果司法人员仅仅关注从无的理念,一旦在是否为疑罪问题上判断错误,把犯罪事实清楚的案件认定为疑罪,对其从无处理虽然不是冤案,却导致打击犯罪及保护法益失败,被害人成了最冤枉的人。另外,如果一旦在疑罪判断上出现反方向错误,即把本来应存疑的犯罪事实认定为事实清楚,那么,从无理念的防冤案功能也将失去根基,此时的疑罪从无原则对于防冤案来讲就是一句不折不扣的空话。因此,从疑罪从无原则的逻辑结构看,无论是为了防冤案抑或为了防错案,重要的关注点不仅在于从无理念的扎根,而且在于准确判断疑罪能力的获得。值得注意的是,虽然防冤案是刑事司法的价值追求之一,却是最低目标,即刑事司法至少要保证不出冤案。完全保证不出冤案并非刑事司法的最高追求,防止一切错案才是刑事司法的最高目标所在。所以,任何一个国家的刑事司法都不会存在能够不出冤案就心满意足。为了实现防错案这个目标,在疑罪从无原则的落实过程中,就不仅要防止把疑罪案件错误认定为事实清楚,而且要防止把事实清楚的案件误认定为疑罪,前者的理念是防冤案,后者的理念是防错案。一旦把防冤案作为司法的最高目标,那么,在落实疑罪从无原则过程中就有可能出现只关注防止把疑罪错误认定为事实清楚,而忽略把事实清楚错误认定为疑罪的这种思维倾向。这种思维倾向对防冤案的负面影响可能不大,甚至更有利于防冤案,但这种思维倾向对于防错案的影响却可能是灾难性的。司法的使命绝不仅仅是防冤案,如果办案人不注意提高案件事实的决疑能力,遇到疑难案件不注重通过讨论除疑,而是简单地以疑罪为由对事实清楚的被告人出罪,导致这种放纵罪犯错案的办案人很可能会以坚持疑罪从无的急先锋形象掩盖了错误。在疑罪从无原则落地生根的过程中,特别是当疑罪从无原则被当成防冤案的制胜法宝时,对该原则可能产生的只关注防止把疑罪错误认定为事实清楚的思维倾向要给予充分的估计。假如能确定必须把防错案而不仅仅防冤案作为刑事司法的最高目标,那么,能否准确判断疑罪就将成为落实疑罪从无原则最重要的问题,甚至是全部的问题。一旦疑罪认定出了问题,疑罪从无就是一句废话,甚至成为故意犯错的借口。因此,为了确保疑罪从无价值目标的实现,为了确保疑罪从无原则不被滥用,在理念层面上必须坚持从无处理永远是第二位的,如何准确认定疑罪才是第一位的。理念问题明确之后,在司法的微观操作层面如何实现准确判断疑罪和从无处理呢?

其一,准确判断疑罪的关键是解决好主观疑罪的问题。在刑事案件的事实认定中一般有两种情况可用"客观"加以描述:一是参与讨论的各方共识性认为事实认定已达到排除合理怀疑的程度,案件事实清楚具有一定"客观性";二是参与讨论的各方共识性地认为事实认定没有达到排除合理怀疑的程度,案件事实存疑,即疑罪确定具有一定"客观性"。这里的客观性并非自然科学意义上的客观性,而仅指判断主体共识性的形成。"'客观'并不意味着符合事物的本来面目;因为没有人知道事物真的是怎么回事。客观只意味着有能力让信奉某些共同原则之群体的所有成员一致同意。"当对案件事实认定为事实清楚的判断具有客观性,或者对案件事实认定为存疑的判断具有客观性(客观疑罪),司法结论的得出都很简单,即前者定罪后者从无。假设对事实清楚的判断达到客观性相当于白,存疑的判断达到客观性相当于黑,在黑白领域进行司法活动一般不存在疑难问题。在客观疑罪领域,坚持疑罪从无既无障碍,也无压力。但一旦事实认定处于黑白之间的灰色地带时,共识意义上的客观性就不存在了,参与讨论的意见即使不是五花八门,也是难以统一,这样的案件即使最后认定存疑,也属于主观疑罪的范畴。主观疑罪,是指参与事实判断的各方对案件事实是否已排除合理怀疑存在争议的犯罪类型。对主观疑罪的确认及从无处理显然与客观疑罪大不相同,在疑罪从无原则落实中真正需要解决的,也是最难以解决的,就是主观疑罪及其从无,如果解决不好这类疑罪的判断问题,疑罪从无原则的崇高地位就会受损。为了准确判断主观疑罪,除提高办案人通过证据论证案件事实的能力之外,完善主观疑罪的决策判断程序意义更为重大。因为当不同意见不能形成共识时,为了确保最后决策意见的正确性,什么人在什么时间通过什么办法进行排除不同意见的决策程序,就是确保正确的唯一抓手。由于主观疑罪并非本文研究的主题,对此问题不再过多涉及。

其二,从无处理的重点是解决好理念和环境。打击犯罪和保障人权哪一价值优先的判断是检验办案人有无从无理念的试金石。如果仍然坚持打击犯罪比保障人权还要重要的理念,那么,当明知面对的是疑罪时可能也不敢从无,或不愿意从无。因此,解决从无处理的问题首先就是要办案人确立保障人权优先的司法理念。必须注意,当疑罪还未出现时打击犯罪与保障人权是不矛盾的,办案人必须坚持保障人权与打击犯罪并重。但当疑罪已经被确认时,保障人权和打击犯罪的冲突就已经客观存在了,这时办案人必须坚持保障人权优先,进而才能坚持从无处理。保障人权的价值排序优先于打击犯罪的理念在审判思维和侦查思维中会有些许不同表现。在法庭上,一旦事实存疑得到确认,从无处理对于法庭来讲就是绝不能定罪处罚。在侦查或审查起诉过程中,一旦事实仍存疑问,从无处理对于侦查来讲就是不能移送起诉,对于审查起诉来讲就是不能向法院提起公诉。在侦查思维中,案件处于存疑状态一般并不一定导致无罪处理,因为还有补充侦查的过程。所以,如果说在审判思维中保障人权优先是绝对的,从无处理也是绝对的,那么在侦查思维中保障人权优先就是相对的,从无处理也是相对的。解决了办案人司法理念之后,社会环境也应重视。如果全社会不接受,甚至不了解疑罪从无为何物,从无处理的结果就会让被害方接受不了,就会被社会质疑。单纯地希望办案人忽视这种社会环境,不顾一切地坚持从无似乎过于乐观了。为了让办案人能够自由地进行职业判断,更顺利地落实疑罪从无,仅仅对办案人进行从无理念教育是不够的,让全社会特别是被害人方知道什么是疑罪从无、为什么疑罪从无也是不可或缺的。

"人民幸福生活是最大的人权"的理论定位及实践要求[*]

高长见[**]

一、引言

"生存是享有一切人权的基础,人民幸福生活是最大的人权。"① 人民幸福生活是最大的人权的理论论断是习近平关于尊重和保障人权论述的重要内容,它既指明了人权发展的目标与方向,也包含了评价一国人权状况的最重要标准,是为世界人权事业贡献的"中国智慧"和"中国方案"的代表,具有丰富的内涵以及重要的理论与实践意义。

对于 2018 年 12 月 10 日习近平总书记首次提出的"人民幸福生活是最大的人权"理论论断,学界对其内涵、意义及理论定位等问题已经进行了较多研究。例如,有观点强调它的整体属性,"把它内化于中国特色人权发展道路及其所包含的中国特色人权观,视为习近平新时代中国特色社会主义思想的重要组成部分"②。有学者将"人民幸福生活是最大的人权"解释为对于中国特色社会主义人权话语体系核心概念的重要指引,即人民权益、中国梦、人类命运共同体三个方面。③ 有学者将"人民幸福生活是最大的人权"解释为站在人民的立场上对人权所作的定义,也是中国人权事业发展初心。④ 也有学者提出了"幸福生活权"的概念,并强调了"幸福生活权"不同于具体人权,"而是在多元价值取向下的权利束概念,具

---

[*] 本文原载《政治与法律》2022 年第 10 期,有部分修正。
[**] 中共中央党校(国家行政学院)政治和法律教研部副教授,法学博士。
① 习近平:《坚定不移走中国人权发展道路 更好推动我国人权事业发展》,载《求是》2022 年第 12 期。
② 李君如:《新时代中国共产党人权思想的集中体现——学习习近平总书记关于人权的贺信》,载《人权》2019 年第 1 期。
③ 参见张晓玲:《论中国特色社会主义人权话语体系的核心要义》,载《人权》2019 年第 1 期。
④ 参见柳华文、黄振威:《以人民为中心的人权发展新理念探析》,载《人权》2019 年第 1 期。

有综合性"⑤。应当说,上述研究具有重要意义和启发性,但关于"人民幸福生活是最大的人权"的理论定位及实践意义,还有一些重要问题需要深入研究。例如,"人民幸福生活是最大的人权"在习近平关于尊重和保障人权论述整个体系中的定位是什么?它蕴含的人权理论特质是什么?它是否指向的是一种具体人权类型,或是体现了一种综合性、实质性的人权观?如何在人权保障实践中切实贯彻这一重要论断?……对这些问题的回答是准确把握其理论定位的前提,也是深入贯彻习近平关于尊重和保障人权论述的必然要求。

应当说,"人民幸福生活是最大的人权"是习近平关于尊重和保障人权论述中的代表性论断之一,其理论定位及实践意义应当放在中国人权话语体系建设与传播的大背景下来思考。当前,西方在人权领域对我国的打压日益加剧,而中国人权话语体系的传播仍存在客观、主观两方面的制约因素。在客观方面,当前"国际人权话语在整体上仍由西方主导,国际人权领域不公正不合理的现象依然存在"。⑥ 当今国际人权话语体系为美西方国家所主导,"西方在人权问题上长期掌握着话语霸权"。⑦ 在主观方面,当前我国人权话语体系建设与传播仍存在一些薄弱环节,在人权评判、人权理论领域还存在"有理说不出""有理说不深"的现象,当代中国人权观的吸引力、感染力、影响力、说服力都需要继续加强。而产生这种现象的一个重要原因,是理论上对中国人权话语体系的阐释还有诸多薄弱之处,相关理论研究不够系统、深入,特别是缺乏吸引国际受众并容易为国际受众接受的传播"关键词"。在这样的背景下,"人民幸福生活是最大的人权"作为习近平关于尊重和保障人权论述中的代表性论断,我们应当深入研究其内涵、理论定位及实践意义,以为新时代中国人权观的国际传播提供有效理论支点和可以作为突破口的"关键词"。

本文认为,"人民幸福生活是最大的人权"的理论定位应当从习近平关于尊重和保障人权论述的体系中来把握,它既反映了习近平关于尊重和保障人权论述的整体性理论特征,又具有自身独特的人权理论特质。从理论内涵的角度分析,"人民幸福生活"这一重要概念既包含了物质精神文化生活、民主法治生活等多个方面的内容,又与人民利益、人民群众获得感、幸福感、安全感等概念密切相关,描述了人权保障的目标与理想状态。从理论定位的角度分析,"人民幸福生活是

---

⑤ 刘志强、闫乃鑫:《论作为人权的幸福生活权》,载《人权》2020年第6期。
⑥ 鲁广锦:《历史视域中的人权:中国的道路与贡献》,载《红旗文稿》2021年第1期。
⑦ 任丹红、张永和:《论中国人权话语体系的建构与国际话语权的争取》,载《西南政法大学学报》2019年第1期。

最大的人权"的理论论断是马克思主义人权观时代化的重要成果,是"人的自由全面发展"在现实条件下的具体化。它代表了一种综合性、实质性的人权观,而不应当被界定为一种具体权利。同时,"人民幸福生活"概念与"人民美好生活"概念密切联系,是中国共产党关于社会主要矛盾理论在人权领域的具体化。从实践意义的角度分析,"人民幸福生活是最大的人权"的理论论断明确了人权发展的目标与方向,包含了评价一国人权状况的最重要标准,可以作为中国人权话语体系传播的重要"关键词"。更重要的是,它是指导新时代我国人权事业发展的思想指南,明确了人权保障的实践要求。

二、习近平关于尊重和保障人权论述的体系、内涵及意义

"人民幸福生活是最大的人权"的理论论断是习近平关于尊重和保障人权论述的代表性论述之一,也是其马克思主义人权观时代化及理论原创性贡献的重要代表。它的理论定位应当在习近平关于尊重和保障人权论述的体系中去理解和认识。因此,准确认识"人民幸福生活是最大的人权"的理论定位首先应当准确把握习近平关于尊重和保障人权论述的丰富内涵及重大意义。

尊重和保障人权是中国共产党人自成立以来的使命和不懈追求,也是中华民族伟大复兴的内在要求。党的十八大以来,以习近平同志为核心的党中央领导集体推动我国人权保障事业取得新的历史性成就,中国人权道路、人权实践、人权经验都迈入了新时代。人权理论是人权实践的产物,在历年来中国人权道路、人权实践、人权经验的基础上,中国共产党形成了习近平关于尊重和保障人权论述这一重大理论创新成果,它系统总结了中国人权道路、人权实践的成功经验,是中国人权话语体系在更高层次上的"升华"。它在人权保障"中国经验"基础上,为世界人权事业提供了"中国智慧"和"中国方案"。

习近平关于尊重和保障人权论述内容丰富、逻辑严谨,它既继承了马克思主义人权观的基本原理与方法论,又展现了当代中国人权观的鲜明时代特色。2022年2月25日,习近平总书记在第十九届中央政治局第三十七次集体学习时作了重要讲话,系统总结了中国人权发展道路的六个坚持,这是习近平关于尊重和保障人权论述的最新发展和核心要义:一是坚持中国共产党领导;二是坚持尊重人民主体地位;三是坚持从我国实际出发;四是坚持以生存权、发展权为首要的基本人权,"生存是享有一切人权的基础,人民幸福生活是最大的人权";五是坚持依

法保障人权;六是坚持积极参与全球人权治理。⑧

习近平关于尊重和保障人权论述的六个坚持是逻辑严谨的完整理论体系。其中,前三个坚持是习近平新时代中国特色社会主义思想和习近平法治思想中具有普遍性的基本原则,前三个坚持表明了习近平关于尊重和保障人权论述是习近平新时代中国特色社会主义思想,以及习近平法治思想的重要组成部分。从内容上分析,第一个坚持明确了中国人权事业发展的政治保障,也表明中国人权道路最鲜明的政治特征;第二个坚持明确了中国人权事业的基本立场,体现了马克思主义人权观时代化的理论特征,是"人民幸福生活是最大的人权"理论论断的直接理论基础;第三个坚持明确了中国人权事业的基本发展道路。在习近平关于尊重和保障人权论述的完整理论体系下,前三个坚持具有总论性质,分别解决了中国人权事业发展中最根本的方向、立场、道路问题。后三个坚持分别具体阐述了人权领域的中国立场,它明确了"人民幸福生活"是人权事业的发展方向与评价标准,其中,第五个坚持"依法保障人权"明确了人权保障的基本路径;第六个坚持"积极参与全球人权治理"则明确了新时代在国际人权斗争日益激烈的大背景下,中国人权保障事业重要的努力方向。"人民幸福生活是最大的人权"的理论论断是第四个坚持的重要内容,也是后三个坚持的开篇之作,它直接渊源于第二个坚持——"坚持尊重人民主体地位",又是"生存权、发展权为首要的基本人权"的逻辑结论。在习近平关于尊重和保障人权论述的体系中,它属于该逻辑体系中承上启下的一条"坚持",是新时代中国人权话语体系中重要的"关键词"。

在中国人权事业成功实践经验基础上所产生的习近平关于尊重和保障人权论述,作为具有原创性的新时代人权理论体系,在中国乃至世界人权事业中都具有重大的理论价值与实践意义。

第一,习近平关于尊重和保障人权论述是马克思主义人权观时代化的最新理论成果。

尊重人民主体地位、坚持以人民为中心是习近平关于尊重和保障人权论述中的第二个坚持,也是其基本立场和贯穿始终的理论主线。"坚持尊重人民主体地位"在理论上是对马克思主义人权观中"人的全面发展"思想的继承与发展,是马克思主义人权观时代化的重要理论成果,体现了习近平关于尊重和保障人权论述中的突出"人民性"特征。

---

⑧ 参见习近平:《坚定不移走中国人权发展道路 更好推动我国人权事业发展》,载《求是》2022年第12期。

在《1844 年经济学哲学手稿》中,马克思阐述了人的全面发展思想。在该文献中,马克思认为人的发展是"人以一种全面的方式,也就是说,作为一个完整的人,占有自己的全面的本质"⑨。马克思主义经典人权理论将"人的全面发展"设定为人权的根本目标,习近平关于尊重和保障人权论述继承了马克思主义人权观的这种基本立场,高度重视坚持尊重人民主体地位和以人民为中心,以鲜明的"人民性"展现了其理论特色,推动了"人的全面发展"思想的时代化。关于"人民性"的内涵,习近平总书记在 2013 年全国宣传思想工作会议上的讲话中进行了清晰界定,"坚持人民性,就是要把实现好、维护好、发展好最广大人民根本利益作为出发点和落脚点"⑩。

在习近平关于尊重和保障人权论述中,第二个坚持"尊重人民主体地位"全面反映了"人民性"的人权保障立场。例如,强调"尊重人民主体地位,尊重人民群众在实践活动中所表达的意愿、所创造的经验、所拥有的权利、所发挥的作用"⑪,"我们的方向就是让每个人获得发展自我和奉献社会的机会,共同享有人生出彩的机会,共同享有梦想成真的机会"⑫。这种"人民性"的人权保障立场强调为了人民而发展人权事业,依靠人民而发展人权事业,以实现好、维护好、发展好最广大人民根本利益作为出发点和落脚点。更重要的是,习近平关于尊重和保障人权论述在新的时代条件下创新发展了"人的全面发展"思想,提出了"人民幸福生活是最大的人权"的理论论断,以"人民幸福生活"为现实条件下"人的自由全面发展"的载体,不仅彰显了其人民性,更反映出其科学性。

按照马克思主义人权观的观点,任何时代的人权都是当时社会发展的产物,并受社会发展状况的制约,它并不能是人为设定的、随心所欲的,"权利决不能超出社会的经济结构以及由经济结构制约的社会的文化发展"⑬。习近平关于尊重和保障人权论述中全面继承并发展了这一思想,指出"人权是历史的、具体的、现实的,不能脱离不同国家的社会政治条件和历史文化传统空谈人权"⑭。该论述在理论上强调了经济、社会发展在人权保障中的基础性作用,并推导出生存权、发

---

⑨ 《马克思恩格斯全集》(第 42 卷),人民出版社 2001 年版,第 123 页。
⑩ 中共中央文献研究室编:《习近平关于社会主义文化建设论述摘编》,中央文献出版社 2017 年版,第 25 页。
⑪ 同上书,第 40 页。
⑫ 同上书,第 34 页。
⑬ 《马克思恩格斯全集》(第 25 卷),人民出版社 2001 年版,第 19 页。
⑭ 习近平:《坚定不移走中国人权发展道路 更好推动我国人权事业发展》,载《求是》2022 年第 12 期。

展权是首要的基本人权的结论。显而易见,任何国家如果不首先解决好生存与发展问题,就不能解决当代"经济结构制约的社会的文化发展",也就难以真正促进人的全面发展。长期以来,生存权、发展权是解决制约发展中国家包括中国人权保障各方面问题的基本途径,如果无法保障生存权、发展权,就无法实现公民权利、政治权利和其他经济社会文化权利,更无法实现"人的全面发展"的目标,生存权、发展权实际上反映了经济、社会发展在人权保障事业中的极端重要性。习近平关于尊重和保障人权论述继承、发展了马克思主义人权观,它强调生存权、发展权是首要的基本人权,人民幸福生活是最大的人权,它就是马克思主义人权观的时代化成果。

第二,习近平关于尊重和保障人权论述是世界人权事业中的"中国智慧"和"中国方案"。

中国近代以来屡受列强侵略、欺凌,经济社会长期落后,人权发展受到严重制约,生存权、发展权难以得到保障。新中国成立后,中国人民站起来了,迎来了人权保障的历史机遇。进入新时代,中国人权保障事业继续取得世界瞩目的成就。在中国共产党成立一百周年时,中国全面建成了小康社会,中华民族在历史上第一次彻底解决了绝对贫困问题,中国的人权保障迈向了新的发展阶段,中国近年来取得的人权保障成就是经济快速发展和社会长期稳定两大奇迹的重要组成部分,也是世界人权事业发展史上的重要里程碑。例如,中国高度重视生存权和发展权的实现问题,通过艰苦努力在中国消除了绝对贫困,并实现了经济快速发展和社会长期稳定这两大奇迹。正是在这样的大背景下,中国人民实现了基本生活水准权,解决了吃饱饭、吃好饭的问题,在此基础上,实现了经济社会文化权利保障的不断提升。在民主法治领域,中国通过深入推进全面依法治国不断提升国家治理的法治化、现代化水平,在立法、执法、司法中切实维护公民权利、政治权利。以全过程人民民主保障全体人民享有真实管用的民主权利和真实有效的政治参与,形成了一条具有中国特色的社会主义民主政治发展道路。同时,中国高度重视特定群体,特别是弱势群体的权益保障,社会对特殊群体权益保障的关注也达到了很高的程度。正是在中国人权实践基础上,形成了尊重和保障人权的"中国经验",而习近平关于尊重和保障人权论述系统总结了人权"中国经验",是它的体系化与理论升华,为世界人权事业贡献了"中国智慧"和"中国方案",它不仅是中国的人权理论,也是具有世界意义的人权理论。

众所周知,人权理论是对人权道路、人权实践、人权经验的总结,基于中国人权实践成功经验形成的习近平关于尊重和保障人权论述,它是中国人权保障实践的理论总结。中国人权道路、人权实践始终坚持"人民性"的立场,以尊重人的尊严并促进人的全面发展为基本任务和最终目标,习近平关于尊重和保障人权论述提炼了中国人权道路的这一成功经验,明确提出了坚持尊重人民主体地位的理论论断。习近平关于尊重和保障人权论述对人权核心要素的强调,既明确了"人民幸福生活"的目标,展现了这种人权道路、人权实践的中国特色,也为世界人权事业提供了"中国智慧"和"中国方案"。我们要在人权保障事业发展中始终坚持这一基本立场,让人民成为人权事业发展的主要参与者、促进者、受益者,促进人的全面发展,在发展中不断增强人民群众的获得感、幸福感、安全感。

作为人权领域的"中国智慧"和"中国方案",习近平关于尊重和保障人权论述为打破人权话语领域的西方垄断局面提供了理论武器。习近平总书记指出,"落后就要挨打,贫穷就要挨饿,失语就要挨骂……经过几代人不懈奋斗,前两个问题基本得到解决,但'挨骂'问题还没有得到根本解决。争取国际话语权是我们必须解决好的一个重大问题"⑮。长期以来,中国在人权领域"挨骂"的问题尤为突出,尽管取得了举世瞩目的发展及人权保障成就,但人权领域仍是一些西方国家打压、遏制中国的"主战场"。为了打破西方在人权话语体系的垄断局面,我们应当深入研究并贯彻习近平关于尊重和保障人权论述,以人权理论的"中国智慧"和"中国方案"实现中国人权话语体系传播的新突破,增强中国人权话语体系的说服力、影响力。

在世界百年未有之大变局中,人权领域的斗争以及人权国际话语权的争夺更加激烈,中国人权话语体系建设与传播的重要性、必要性、紧迫性更加凸显。习近平关于尊重和保障人权论述不仅是中国人权事业发展的指导思想,而且是人权保障的"中国智慧"和"中国方案",更是提升中国人权话语体系说服力、影响力的思想武器。

三、"人民幸福生活是最大的人权"的内涵与理论定位

在习近平关于尊重和保障人权论述中,"人民幸福生活是最大的人权"是第四个坚持的重要内容,也是理论原创性贡献的重要体现,它指明了人权保障的目标与方向,也包含了评价一国人权状况的最重要标准,应当被界定为新时代中国人权话语体系建设与传播的"关键词"。

2018年12月10日,习近平总书记在向纪念《世界人权宣言》发表70周年座

---

⑮ 习近平:《在全国党校工作会议上的讲话》,载《求是》2016年第9期。

谈会所致贺信中首次提出"人民幸福生活是最大的人权"。⑯ 2022 年 2 月 25 日，在中共中央政治局第三十七次集体学习时，习近平总书记把"人民幸福生活是最大的人权"明确为中国人权道路第四个坚持的重要内容。同时，习近平总书记关于"人民幸福生活是最大的人权"的论述也在不断丰富和发展。2022 年 5 月 25 日，在以视频方式会见联合国人权事务高级专员巴切莱特时，习近平总书记再次明确指出，"努力让人民过上幸福生活，这才是最大的人权"。⑰ 同时，习近平总书记还指出，"一国人权状况好不好，关键看本国人民利益是否得到维护，人民的获得感、幸福感、安全感是否得到增强，这是检验一国人权状况的最重要标准"。⑱ 在这次讲话中，习近平总书记把"人民幸福生活是最大的人权"的论断与评价一国人权的最重要标准联系起来，它指明了"人民幸福生活"与"人民利益以及人民的获得感、幸福感、安全感"之间的密切关联，是分析"人民幸福生活"丰富内涵的重要切入点。

从理论上分析，"人民幸福生活"是主观性与客观性统一的人权概念，具有明确的外延与内涵，它包括了人民的利益维护以及人民的获得感、幸福感、安全感不断增强等重要内容。人权保障状态好不好，客观上的权利保障是基础，人民群众的主观感受也十分重要，人民群众感受不到的权利保障缺乏实质性意义。就具体内容而言，"人民幸福生活"不仅指富足的物质生活和充实的精神文化生活，而且包含了关于民主、法治、公平、正义、环境、安全等美好生活需要的满足。在明确内涵的基础上，本文认为，"人民幸福生活是最大的人权"的理论定位可以从以下几个方面来阐释。

第一，"人民幸福生活是最大的人权"的理论论断代表性地展现了习近平关于尊重和保障人权论述的理论特征。"人民幸福生活"是习近平关于尊重和保障人权论述中一个总体性概念，是对世界人权理论重要的原创性贡献。作为一种科学的人权观，它是人权理论"中国智慧"和"中国方案"的重要代表。

首先，从政治和理论意义角度分析，"人民幸福生活"是"人的自由全面发展"在现实条件下的具体化。"人民幸福生活是最大的人权"体现了马克思主义人权观时代化的显著特征。在一定意义上，人民幸福生活是人的自由全面发展的现实化，人的自由全面发展在特定的经济社会现实条件下的表现形式就是人民幸福生

---

⑯ 《习近平致信纪念〈世界人权宣言〉发表 70 周年座谈会》，载中华人民共和国中央人民政府网，www.gov.cn/xinwen/2018 - 12/10/content_5347429.htm。

⑰ 《习近平会见联合国人权事务高级专员巴切莱特》，载《人民日报》2022 年 5 月 26 日，第 1 版。

⑱ 《习近平致信纪念〈世界人权宣言〉发表 70 周年座谈会》，载中华人民共和国中央人民政府网，www.gov.cn/xinwen/2018 - 12/10/content_5347429.htm。

活。在当代的具体语境下,马克思主义人权观对人的自由全面发展的追求就是人民幸福生活的实现,而"人民幸福生活是最大的人权"内在契合了现实条件下促进人的自由全面发展的要求,是马克思主义人权观时代化的具体体现。"人民幸福生活是最大的人权"的理论论断,是马克思主义人权观与中国当代实践结合的必然理论产物。

其次,"人民幸福生活是最大的人权"是中国人权经验理论总结的重要代表。"人民幸福生活是最大的人权"的理论论断植根于中国人权道路和人权实践,并直接来源于生存权、发展权是首要的基本人权的理论命题,是中国人权经验理论总结的重要代表。人权具有普遍性,更具有特殊性,人权保障应当符合各国国情和发展实际。中国人权道路、人权实践的一条基本经验就是人权保障必须坚持从中国实际出发,把人权普遍性原则同中国实际结合起来,以生存权、发展权为首要的基本人权,并在发展中确保人民真正享有各项基本权利。"人民幸福生活是最大的人权"来源于中国人权保障的成功经验,是对中国人权道路、人权实践、人权经验的代表性总结。

中国在过去70多年中创造了举世瞩目的经济快速发展和社会长期稳定这两大奇迹,人权保障的进步是这两大奇迹的组成部分。经济快速发展和社会长期稳定为人民过上幸福生活提供了前提与扎实基础,也形成了中国人权道路、人权实践的一条重要经验——即"人民幸福生活是最大的人权"的理论论断,它具有鲜明的中国特征,是人权领域"中国智慧"和"中国方案"的重要代表。

第二,"人民幸福生活是最大的人权"的理论论断代表了一种总体性、实质性的人权观,它是习近平关于尊重和保障人权论述中重要的原创性理论贡献,应当被界定为新时代中国人权话语体系传播的"关键词"。有观点认为,"幸福生活权并不是宪法抑或《世界人权宣言》当中的某项单独或独立的权利,而是一项概括性权利"。[19] 实际上,"人民幸福生活"不应当被界定为具体的人权类型或概括性权利,"人民幸福生活是最大的人权"的论述并不是提出了一项新的人权权利类型,而是在宏观上对人权保障实践的描述,也是对人权保障状态和发展目标的界定。作为具有原创性的综合性概念,它代表了一种实质性的人权观。"人民幸福生活是最大的人权"的理论论断更加关注了人权保障的目标与发展方向,贯彻了尊重人民主体地位、坚持以人民为中心的基本立场,强调了人权发展的最终目的——实现人民幸福生活。

---

[19] 黄爱教:《论幸福生活权的目的论解释》,载《人权》2020年第1期。

"人民幸福生活是最大的人权"代表了中国共产党的实质人权观,是对西方形式化的人权理论包括三代人权观的超越,有利于打破人权理论和人权话语体系方面的西方垄断局面。长期以来,"西方三代人权观如同一个伸缩自如的巨大人权'容器',日积月累最终形成蔚为壮观的人权家族。三代人权分别对应于不同的人性、个体和群体,并预设为一种人权意识形态"。[20] 事实已经充分证明,世界上没有放之四海而皆准的人权发展道路,也没有所谓的放之四海而皆准的人权理论。西方的一些形式人权观自诩为"普适性"的人权理论,但这些形式人权观并不能解释全世界的人权发展道路与实践,更不能解释中国的人权道路与实践。例如,按照形式人权观的观点,人权保障必须经过公民权利和政治权利的发展阶段才能实现第二代人权及第三代人权,这显然不能解释中国人权发展的成功道路与实践,更难以说明中国人权发展的成功经验。习近平总书记指出,"我们发展人权事业,不是以西方所提的那个标准为圭臬。不论发展到什么阶段,我们的人权事业都要按照我国国情和人民要求来发展,达到了我们确立的目标和水平就是好的,不需要向西方看齐,不需要西方来评判"。[21] "人民幸福生活是最大的人权"所代表的实质人权观是对中国人权道路、人权实践成功经验的理论总结,包含了评价一国人权保障状况最重要标准。它不仅是中国人权实践经验的总结,在世界人权事业发展中也具有重要应用价值。作为一种实质的人权观,"人民幸福生活是最大的人权"是对只强调一种类型权利的形式人权观的理论超越,它避免了形式人权观中厚此薄彼的错误,有利于促进世界人权事业的发展,也有利于破除人权领域一些错误观念的消极影响。

长期以来,西方一些势力图谋以人权遏制中国的发展,破坏中国稳定团结的发展局面,阻碍中华民族伟大复兴的历史进程。作为这种图谋的理论背书,形式人权观在理论上对人权中的权利类型作简单的高下之分,片面强调某一类权利的重要性,忽视另一类权利,反而忘记了人权的最终目标——实现人的幸福生活,犯了舍本逐末的错误,不利于促进世界人权事业的进步。例如,一些西方国家仍持传统的自由主义人权意识形态,"其核心观点是个人自由权优先,……并以此来评判他国的人权逻辑与人权实践,进而建构对他国进行经济、政治甚至军事干预的

---

[20] 贺海仁:《最大的人权:新时代中国共产党治国理政的权利实践及世界意义》,载《河北法学》2022年第6期。

[21] 中共中央党史和文献研究院编:《习近平关于尊重和保障人权论述摘编》,中央文献出版社2021年版,第13页。

人权议题与压制支点"。㉒ 又如,有些人把所谓的政治权利放在人权之首,否认或忽视生存权、发展权的重要性,甚至否定经济社会文化权利等"积极人权"的人权属性。㉓ 在这些形式人权观看来,个人自由权、政治权利才是"真正的人权",作为个人自由权、政治权利前提的生存权、发展权反而不是人权。应当说,个人自由权、公民政治权利不是不重要,但如果在人权保障中仅关注个人自由权、政治权利,只承认个人自由权、政治权利的人权属性,并进而否定生存权、发展权以及其他经济社会文化权利的人权属性,在理论上和实践上都是完全错误的;忽视人权保障的最终目标——人民的幸福生活——则是这种形式人权观在理论上最大的弊端。如果生存权、发展权无法实现,又如何保障个人自由权、政治权利呢?如果追求个人自由权、政治权利的结果并不是人民的幸福生活,那么这种人权保障是否具有实际意义?实践表明,这种形式人权观对一些发展中国家的人权实践产生了消极影响,因理论错误加之"水土不服",导致严重的政治失序、社会不稳定以及治理能力缺失问题,连人民最基本的温饱、安全、发展需要都得不到满足,遑论幸福生活的实现与人权的保障。再如,在个人自由权是最大人权的观念下,一些西方国家的枪支暴力泛滥,严重刑事犯罪猖獗,命案发生率居高不下。这种"自由"尽管维护了持枪领域的所谓"个人自由权",但是如果人的生命安全都缺乏保障,又何谈人的尊严与人权呢?

"人民幸福生活是最大的人权"是一种关注人权保障发展方向和最终目的的实质人权观,它不对人权中的各类权利作简单的高低之分,而是回归人权保障事业的初衷,强调了人民的主体地位,更关注人权保障的最终目标与发展方向。中国人权发展道路是最适合中国国情、最有利于维护中国人民利益、最能够使中国人民过上幸福生活的人权发展道路,而"人民幸福生活是最大的人权"的理论论断正是基于中国人权道路产生的理论成果,它具有鲜明的中国特色和中国气派理论主张,也是中国对世界人权理论的原创性贡献,应当在理论上被界定为新时代中国人权话语体系的"关键词",同时还是增强当代中国人权观国际影响力的"关键词",有利于打破人权话语体系领域的西方垄断局面。

第三,"人民幸福生活是最大的人权"的理论论断是中国共产党社会主要矛盾理论在人权领域的具体化。"人民幸福生活"概念在理论上渊源于习近平新时代中国特色社会主义思想中"人民美好生活"概念,是中国共产党社会主要矛盾

㉒ 涂少彬:《论幸福生活权的比例逻辑与传播效能——基于幸福生活权与个人自由权的比较》,载《中南民族大学学报(人文社会科学版)》2022 年第 8 期。

㉓ Frank B Cross, *The error of positive rights*, UCLA Law Review,2001(48),p857.

理论在人权领域的具体化。应当说,"人民幸福生活"概念当然可以从国外思想家的著作中寻找渊源,也与国外宪法中的幸福生活概念有一定的相似性,但是,它本质上是习近平关于尊重和保障人权论述中原创性的人权概念。

在理论上,人民幸福是一些国家的重要文件和宪法中的重要概念。例如,1789 年的法国《人权与公民权利宣言》要求维护法国人民的"全体幸福",韩国《宪法》规定,"全体国民具有人的尊严和价值,拥有追求幸福的权利",日本《宪法》规定,"对于国民谋求生命、自由以及幸福追求的权利,只要不违反公共福祉,在立法及其他国政上都必须予以最大尊重"。㉔ 但是,"人民幸福生活是最大的人权"中的"人民幸福生活"概念并不是对外国宪法中"幸福生活权"的简单借鉴,在理论渊源上,它直接来源于习近平新时代中国特色社会主义思想中的"人民美好生活"概念,是中国共产党社会主要矛盾理论中"人民美好生活"概念在人权领域的具体化。

"人民幸福生活"与"人民美好生活"这两个概念之间具有密切的联系,人民幸福生活是美好生活需要得到满足的一种状态,人民利益的维护、人民的获得感、幸福感、安全感的实现都是人民幸福生活的重要内容,而它们指向的就是物质文化生活需要以及民主、法治、公平、正义、安全、环境等方面美好生活需要的满足。应当说,人民幸福生活的含义随着社会的进步在不断丰富和发展,它不仅包含物质文化生活领域的幸福生活,而且包含民主、法治、公平、正义、安全、环境等领域的幸福生活。

习近平总书记在党的十九大报告中明确指出,"中国特色社会主义进入新时代,我国社会主要矛盾已经转化为人民日益增长的美好生活需要和不平衡不充分的发展之间的矛盾"。㉕ 这是基于我国社会发展作出的重大判断,是中国共产党社会主要矛盾理论的新发展。中国共产党社会主要矛盾理论发展反映到人权理论领域,"人民美好生活"概念就转化为"人民幸福生活"概念,成为"人民幸福生活是最大的人权"的理论基础。在这个意义上,"人民美好生活"概念与"人民幸福生活"概念是总体与部分的关系,"人民幸福生活是最大的人权"的理论论断是中国共产党社会主要矛盾理论在人权保障领域的具体化。

㉔ 黄爱教:《论幸福生活权的目的论解释》,载《人权》2020 年第 1 期。
㉕ 习近平:《决胜全面建成小康社会 夺取新时代中国特色社会主义伟大胜利——在中国共产党第十九次全国代表大会上的报告》,载《中国共产党第十九次全国代表大会文件汇编》,人民出版社2017 年版,第 9 页。

四、"人民幸福生活是最大的人权"的实践要求

在明确"人民幸福生活是最大的人权"理论论断的理论定位以后,更重要的是在人权保障实践中切实贯彻这一重大理论命题,坚持以人民幸福生活为目标的人权发展道路。从形态上分析,"幸福生活"显然有一个越来越好的变化过程。正如有观点指出的,"新时代的人权维度已然从物质性权利和文化性权利拓展到了更美好生活的权利领域,满足人民美好生活需要的过程在本质上就是不断实现高质量、高水平人权的过程"[26]。在新时代,"人民幸福生活"概念是"人民美好生活"需要在人权领域的具体化,它对物质文化生活提出更高要求,也对民主法治、公平、正义等提出了更高要求,民主法治领域的制度、机制改革完善更加具有重要意义。

基于"人民幸福生活是最大的人权"的理论定位,我们应当沿着中国人权发展的成功道路,全面贯彻习近平关于尊重和保障人权论述,努力实现人民幸福生活的人权发展目标。就"人民幸福生活是最大的人权"的实践要求而言,以下几个方面尤为重要。

第一,坚持生存权、发展权是首要的基本人权。生存权、发展权是实现人民幸福生活的基本保障和路径,也是人权保障最基本的"中国经验","从20世纪90年代初开始,中国就将生存权和发展权作为首要的人权进行建设,对内高举生存权的大旗,对外高举发展权的大旗"[27]。我们必须坚持生存权、发展权是首要的基本人权,并更加强调"人民幸福生活是最大的人权",它是生存权、发展权首要的基本人权的必然结论。生存显然是享有一切人权的基础,发展是人权保障事业和实现人民幸福生活的原动力,没有生存和发展就不可能有真正的人权保障,也无法实现人民的幸福生活这一发展目标。"没有生存权,其他一切人权均无从谈起,而只有发展,才能消除冲突根源、保障人民基本权利、满足人民的美好生活需要。"[28]我们应当坚持把生存权、发展权作为首要的基本人权,以发展满足人民群众对美好生活的需要,并在此基础上实现人民幸福生活的人权发展目标。

在全面建成小康社会以后,我们仍面临比较艰巨的发展任务,发展仍是化解

---

[26] 汪习根:《马克思主义人权理论中国化及其发展》,载《法制与社会发展》2019年第2期。
[27] 徐显明:《新中国人权道路的基本经验和核心内容》,载《中国法律评论》2019年第4期。
[28] 汪火良:《深入理解"人民幸福生活是最大的人权"——学习〈习近平谈治国理政〉第3卷》,载《社会科学动态》2021年第8期。

制约人权事业各方面因素的基本途径,也是实现人民幸福生活的基本途径。当前,尽管取得了举世瞩目的经济发展成就,但我国不仅在物质文化生活领域存在发展不平衡、不充分问题,而且在民主法治、环境等领域也存在发展不平衡、不充分的问题,面临的各方面的发展任务仍十分繁重。因此,我们必须坚持生存权、发展权是首要的基本人权这一理论判断,在"物质文明、政治文明、精神文明、社会文明、生态文明的协调发展中全方位提升各项人权保障水平"[29]。

在不同的发展阶段和发展环境下,"生存权、发展权是首要的基本人权"在保持基本内涵不变的同时,其实践也应当适应人民群众对美好生活需要的变化而有不同的侧重。今后,在发展中应当更加关注增强人民群众的获得感、幸福感和安全感问题,以及人民群众权利的实现、维护问题。

第二,不断发展全过程人民民主,满足人民群众对幸福生活的更高要求。"人民幸福生活"是一个综合性的概念,它包含了物质文化生活的丰盈以及民主政治权利的落实等丰富内容。正如习近平总书记指出的,"实现中华民族伟大复兴中国梦的过程,本质上就是实现社会公平正义和不断推动人权事业发展的进程"[30]。在实现第二个百年奋斗目标征程中,人权保障事业必须始终以"人民幸福生活"为目标与发展方向,满足人民对幸福生活的更高要求。为此,必须贯彻全过程人民民主的理念,更好地满足人民群众对民主政治方面美好生活的需要,以最广泛、最真实、最管用的民主保障人民群众各项的民主政治权利。

全过程人民民主是中国特色社会主义民主政治的显著特征,也是对人民民主政治权利的根本保障。2019年11月2日,在考察上海市基层立法联系点时,习近平总书记首次提出"人民民主是一种全过程的民主"的概念。2021年7月1日,在庆祝中国共产党成立100周年大会上的重要讲话中,习近平总书记要求"践行以人民为中心的发展思想,发展全过程人民民主"[31],这标志着"全过程人民民主"概念的正式提出。全过程人民民主是对中国特色社会主义民主的特色以及优势的新概括,也是对我国民主制度建设实践的新总结,更是发展和保障人权的制度创新。它是我国人权保障事业的政治基础和显著优势,也是政治权利保障的基本途径和"人民幸福生活"在民主政治领域的实现方式。

贯彻全过程人民民主的要求,实现人民群众在民主政治领域的幸福生活,我

---

[29] 习近平:《坚定不移走中国人权发展道路 更好推动我国人权事业发展》,载《求是》2022年第12期。
[30] 同上注。
[31] 习近平:《在庆祝中国共产党成立100周年大会上的讲话》,载《人民日报》2021年7月1日,第2版。

们应当确保人民真实、有效参与国家政治、社会生活等方方面面的公共事务,不断发展完善民主选举、民主决策、民主管理及民主监督等制度。在这个过程中,不仅要不断发展完善各种民主选举的制度,也要发展完善协商民主的制度;不仅要发展完善政治、经济、文化领域的民主制度,也要发展完善法治领域的民主制度,特别是立法民主制度和司法民主制度,以保障人民群众有效参与国家各项事务以及有效参与立法、司法活动。

第三,加强人权法治保障,维护社会公平正义。"法治兴则国家兴,法治衰则国家乱","全面依法治国是关系我们党执政兴国、关系人民幸福安康、关系党和国家长治久安的重大战略问题"。[32] 法治是人权最有效的保障,人民幸福生活所依赖的安全、富裕、自由与公正或者是法治的内在要素,或者是厉行法治的结果。正如习近平总书记指出的,当前我国在人权法治保障方面还存在一些短板,需要在深入推动全面依法治国过程中予以解决,要"系统研究谋划和解决法治领域人民群众反映强烈的突出问题,依法公正对待人民群众的诉求,坚决杜绝因司法不公而造成伤害人民群众感情、损害人民群众权益的事情发生"[33]。当前,实践中仍存在一些执法不严、司法不公现象,既不利于增强人民群众在法治领域的获得感、幸福感、安全感,也不利于加强人民群众的权利保障。而执法、司法领域的腐败问题既有存量也有增量,是直接妨碍人民"幸福生活"的消极因素。

"幸福生活"是主观性与客观性兼备的概念,它关注了人民群众对人权发展的切身感受。在习近平法治思想中,"感受到公平正义"也是一个主观性与客观性有机统一的重要理论命题,也是习近平法治思想中公平正义观的代表。在理论上,习近平法治思想中的"感受到公平正义"就是"人民幸福生活"在法治领域的实现状态,二者形成了局部与整体的逻辑联系。

为了加强人权的法治保障,法治建设全过程应当贯彻"人民幸福生活是最大的人权"的理论论断,在立法、执法、司法中努力让人民群众感受到公平正义,满足人民群众在法治领域日益增长的幸福生活需要。这里以司法为例,分析习近平法治思想中"感受到公平正义"论述与"人民幸福生活"概念的逻辑联系。从理论上分析,司法中的"感受到公平正义"并不是脱离实体公正和程序公正的评价司法公正的独立标准,而是赋予实体公正和程序公正以新的内涵的标准,它强调了实

---

[32] 中共中央宣传部:《习近平总书记系列重要讲话读本》,学习出版社、人民出版社2016年版,第85页。

[33] 习近平:《坚定不移走中国人权发展道路　更好推动我国人权事业发展》,载《求是》2022年第12期。

体公正的"可感受性"与程序公正的"参与性",包含了对司法公开、司法效率、司法民主制度、预防冤假错案的更高要求,这实际上是"人民幸福生活"在法治领域的具体化与表现。在司法中,"感受到公平正义"要求实体公正与程序公正不应当是"冷冰冰"的抽象概念,而应当能够为社会、人民群众所感受、理解的公平正义,它强调了实体公正的"可感受性"与程序公正的"参与性"。其中,实体公正的"可感受性"即容易为社会公众接受的性质,实际上是"法理情"的有机统一。[34] 而程序公正的"参与性"则是程序公正"可感受性"的核心要素,这与"人民幸福生活"概念的主观性、客观性兼备有异曲同工之处。

在法治建设中,在立法、执法、司法中维护实体公正和程序公正只是基础,关键还要在这个基础上让人民群众感受到公平正义,让人民群众感受到公平正义就在身边。"感受到公平正义"包含了"感受到"和"公平正义"两个方面内容,客观上的"公平正义"是主观上"感受到"的基础,没有客观上的"公平正义"也不可能有主观上"感受到",它实际上强调了立法、执法、司法的社会效果、法律效果在更高水平上的统一。立法、执法,特别是司法是高度专业化的领域,由于长期的职业经验容易产生专业偏见、忽视人民群众的切身感受。因此,在法治建设全过程,我们必须以实现"人民幸福生活"为基本目标,在执法、司法中更加注重"法理情"的有机统一,增强实体公正的"可感受性",并完善人民群众参与机制,以增强程序公正的"参与性"。

为了在司法中让人民群众切实"感受到公平正义",满足法治领域人民的幸福生活需要,首先,应当完善执法、司法中的制约监督机制,加强对执法、司法权力的监督,这是实现法治领域人民幸福生活和让人民群众"感受到公平正义"的前提条件。其次,为了实现实体公正的"可感受性",司法还应当努力避免出现各类严重错案和轻微错案。在刑事司法中,特别重要的应当是加强对妇女、儿童人身权利的保障,解决刑事司法中的量刑失衡问题。在刑事司法中,也需要正确认定正当防卫,保护公民的防卫权。例如,对防卫过当的判断应当遵循一般人的生活经验和常识的要求,不能机械地、脱离生活常识地认定是否"超过必要限度,造成不必要的伤害",更不能过度限制公民的正当防卫权,妨碍实体公正的实现。最后,为增强程序公正的"参与性",应当更加重视人民陪审员制度、人民监督员制度等司法民主制度的完善,不断增强人民群众参与司法的有效性、实质性,以满足人民群众在民主政治、法治领域"幸福生活"的更高要求。

---

[34] 参见江必新:《坚持法理情的统一 切实让人民群众感受到公平正义》,载《人民司法》2019年19期。

五、结语

"人权保障没有最好,只有更好。"㉟"人民幸福生活是最大的人权"既是中国人权道路、人权实践、人权经验的一个基本结论,也是矢志不渝的追求,更是我国人权事业的发展目标与前进方向。面对严峻复杂的国际人权斗争形势,我们需要把"人民幸福生活是最大的人权"的理论论断作为中国人权话语体系传播的重要理论支点及"关键词",在充分的理论支撑下讲好中国人权故事,以实现"不断增强当代中国人权观的吸引力、感染力、影响力"的目标。㊱更重要的是,在明确"人民幸福生活是最大的人权"的理论定位后,应当在实践中全面贯彻习近平关于尊重和保障人权论述,继续沿着中国人权发展的正确道路,以人民幸福生活为目标,不断发展全过程人民民主,加强人权法治保障,推动我国人权保障事业不断进步。

㉟ 中共中央党史和文献研究院编:《习近平关于尊重和保障人权论述摘编》,中央文献出版社2021年版,第51页。

㊱ 参见习近平:《坚定不移走中国人权发展道路 更好推动我国人权事业发展》,载《求是》2022年第12期。

社区矫正对刑罚发展的影响分析

刘 君*

"对于秩序的维护要求人们遵守社会规则。但是,自古以来,如何设计出旨在对待违背规则者的方法,一直是一大难题。"①在人类社会中,犯罪现象的产生有其不可避免性,但是,因所处社会、文化环境和历史发展阶段的不同,各国采取的因应措施均不一致。然而,作为惩罚和预防犯罪的因应手段之一的刑罚在各国法律体系中占据了绝对地位。

犯罪现象的纷繁复杂决定了刑罚手段的多样性。各种刑罚手段的组合方式则形成了刑罚结构。刑罚结构包括刑罚数量和刑罚严厉程度两个方面,前者是指刑法总则中规定的刑罚种类如主刑、从刑、附加刑等,后者则是指各刑罚种类在立法、司法上的配置、适用情况。有学者曾从三个层次对这一概念进行研究,得出宏观刑罚结构、中观刑罚结构和微观刑罚结构。②在不同历史阶段、国家,分别存在不同类型的刑罚结构。当前,我国刑罚结构面临着严重挑战,亟须及时作出相应调整。随着我国自2003年开始在部分地区开展社区矫正试点工作,到2019年正式出台《社区矫正法》,社区矫正的施行因其有别于监禁矫正的先进理念,将对刑罚结构改革产生重大的影响。

陈兴良教授一语中的地指出,"社区矫正的试点成功并广泛推行,会使我国刑罚制度发生一场静悄悄的革命。此言也许夸张,但我相信并非哗众取宠之语"③。张绍彦教授进一步指出,"社区矫正在中国的实行,实为中国刑事司法领域的板块性变革。与刑罚演变史一脉相承,它也是从刑罚执行环节、从行刑的角度'反向逆转式'影响刑罚的制定和适用"④。笔者完全赞同以上观点,本文将就刑罚结构的

---

* 江西师范大学政法学院讲师,法学博士。
① [美]克莱门斯·巴特勒斯:《矫正导论》,孙晓雳等译,中国人民公安大学出版社1991年版,第1页。
② 梁根林:《刑罚结构论》,北京大学出版社1998年版。
③ 陈兴良主编:《刑事法评论》(第14卷),中国政法大学出版社2004年版,第7页。
④ 张绍彦:《社区矫正在中国——基础分析、前景与困境》,载《环球法律评论》2006年第3期。

发展趋势、社区矫正如何促进完善刑罚结构、当前我国刑罚结构改革等主要问题展开探讨。

一、刑罚结构及其发展趋势分析

(一)刑罚结构的主要形态

从人类社会刑罚制度的发展历史来看,"法律制裁有一条由轻至重又由重转轻的历史轨迹"⑤。存在以肉刑、死刑为中心的刑罚结构;以死刑、自由刑为中心的刑罚结构;以自由刑为中心的刑罚结构和以自由刑、财产刑为中心的刑罚结构等四种类型。从整体上看,"呈现出了一种刑罚趋轻的发展态势,也是刑罚演变的轨迹"⑥。但是,具体而言,并非所有国家的刑罚制度都完全循着以上态势发展,同时,由于社会发展阶段的不同,彼此刑法的发展并不一致,各国的刑罚结构也存在较大差别。

1. 以肉刑、死刑为中心的刑罚结构

这一刑罚结构主要存在于奴隶社会、封建社会。由于过分笃信刑罚的震慑作用,也为了压制阶级斗争,统治者以施加死刑、肉刑作为其统治社会的重要手段。这一刑罚结构的刑罚残酷、不人道,毫无尊重和保护人权可言。这一刑罚结构以惩罚犯人的身体为主要制裁方法。如在我国夏商周时期的五刑中,除大辟刑是剥夺人的生命之外,墨刑、劓刑、剕刑、宫刑⑦均以惩罚犯人的身体来制裁犯罪。直至汉代,统治者对肉刑的偏好才得到一定抑制,对犯人惩罚的严厉性普遍减弱。⑧隋唐时期制定并沿用各朝的新五刑即笞刑、杖刑、徒刑、流刑、死刑虽然其严厉程度相比于"旧五刑"要轻缓得多,但是"适用范围最广、适用频率最高"⑨的笞刑、杖刑仍然是以惩罚犯人身体为目标,虽然不直接截除犯人的具体身体部位,但是仍然是用以打击犯人身体的肉刑,并常因施杖刑而使犯人死亡。在这一刑罚结构中,死刑罪名繁多,死刑的适用范围较广,死刑的执行方式残酷。统治者不仅创制

---

⑤ 邓子滨:《法律制裁的历史回归》,载《法学研究》2005 年第 6 期。
⑥ 陈兴良:《刑罚改革论纲》,载《法学家》2006 年第 1 期。
⑦ 墨刑是指在额头上刻字涂墨,劓刑是指割去犯人的鼻子,剕刑是指砍去犯人的脚,宫刑是指毁坏犯人的生殖器,大辟是剥夺其生命的死刑。
⑧ 公元前 167 年,废止了墨、劓和斩趾刑,并最终废除宫刑,仅保留了死刑和鞭打刑。参见[美]D. 布迪、[美]C. 莫里斯:《中华帝国的法律》,朱勇译,江苏人民出版社 2003 年版,第 56 页。
⑨ 宋朝时则对每一种刑罚都增设了臀杖和脊杖等附加刑。笞刑和杖刑实际上也成了适用范围最广、适用频率最高的两种刑罚方法。参见[美]D. 布迪、[美]C. 莫里斯:《中华帝国的法律》,朱勇译,江苏人民出版社 2003 年版,第 56 页。

了繁多的死刑罪名,还设计了诸多残酷的死刑行刑方法。在死刑罪名上,我国汉武帝时期,"大辟四百九十条,千八百八十二事,死罪决事比三千四百七十二事",即便是在素以宽简著称的《唐律》中,死刑条文也达到229条,占全部条文的一半以上;英国在近代刑法改革之前,其成文法中仍保留了多达222种死罪。⑩ 在死刑种类上,我国古代刑法中的死刑就包括了车裂、定杀、戮、弃市、磔、射杀、具五刑、腰斩、枭首、囊扑、凿、坑、绞、扑杀与族刑等近20种,直至明清时期,正式入律的死刑种类仍然有凌迟、斩、绞、枭首、缘坐和戮尸六种;英国在资产阶级革命之前仍然保留着火刑、车裂、砍四肢、剐体、挖内脏、剥皮等近10种死刑。这一刑罚结构在资产阶级革命之后已逐渐消失,身体刑也已基本上绝迹。

2. 以死刑、自由刑为中心的刑罚结构

这一刑罚结构产生于资产阶级革命后,至今仍广泛存在于世界各国。在这一刑罚结构中,死刑和自由刑占据着重要地位。尽管较之于前一刑罚结构,死刑数量有所减少,执行方法更为文明、人道,但是,立法者仍然过度重视死刑的威慑作用,在刑法上仍然规定了较多死刑罪名,在司法中也广泛适用死刑。自由刑虽然仍然无法取代死刑的核心地位,但是由于其适用范围较广、适用数量较多,无疑成了刑罚结构中的重要部分。这一刑罚结构中的自由刑从刑期看来,是以终身监禁刑和长期监禁刑为主,短期自由刑所占比重较小。从整体而言,这一刑罚结构所主张的是刑罚的报应和威慑作用,往往强调的是其惩罚功能而非对罪犯的教育改造,因此,属于重刑的刑罚结构。当今,很多国家的刑罚结构仍然是以死刑、自由刑为中心。

笔者认为,当前我国刑法的刑罚结构应当属于前述的以死刑和自由刑为中心的刑罚结构,整体上可归属于重刑结构。第一,从刑罚种类配置上看,死刑和自由刑占据重要地位。我国1997年《刑法》总共设置了68个死刑罪名,适用范围相当宽泛,与当前超过100个国家从立法和司法上废除死刑的国际趋势存在较大差距。《刑法修正案(八)》废除了13个死刑罪名,《刑法修正案(九)》再次废除了9个死刑罪名,这是我国刑事立法的一大进步,符合了废除和限制死刑的刑罚发展趋势。然而,仍应当看到的是,目前我国《刑法》仍保留的46个死刑罪名,是世界上死刑罪名最多的国家。自由刑成了刑罚配置中的最主要刑罚方法,刑法所规定的各犯罪均配置了包括无期徒刑、有期徒刑、拘役、管制在内的长期、短期自由刑,而财产刑和资格刑的配置比例较低。根据学者统计,从我国现行《刑法》分则中

---

⑩ 参见胡云腾:《存与废——死刑基本理论研究》,中国检察出版社2000年版,第36页。

关于自由刑的幅度配置来看,法定刑幅度下限为5年或5年以上有期徒刑的自由刑幅度(包括有期徒刑和无期徒刑)有11种,共177个,分别占自由刑幅度配置类型总数和自由刑幅度总个数的39.3%、25.8%。[11] 可见,我国在刑罚配置上侧重于死刑和自由刑。第二,从刑罚适用总量上看,死刑、长期自由刑所占比例较大。有学者在《刑法修正案(八)》出台前提出,我国当前的刑罚结构属于"死刑过重、生刑过轻",亟须在立法作出调整。立法机关对此予以认可,并在刑法修正案说明草案中重申了上述特征,并随着我国刑法的不断修正和相关司法解释的跟进,先后开展了一系列较大力度的刑罚调整,应该说,这在一定程度上优化了我国当前的刑罚结构。

3. 以自由刑为中心的刑罚结构

进入现代社会以来,自由越发突显成为个人的重要价值,刑罚逐渐注重从惩罚人的身体转向剥夺和限制人的自由。与肉刑、死刑相比,自由刑的刑罚价值更趋公正与人道,不仅可以实现刑罚的功能,还能够通过教育矫正使罪犯得到改造。自由刑是以限制罪犯的自由为手段进行惩罚的,具有平等性、可分割性的特征,它能够广泛适用于危害程度不等的众多犯罪。在这一刑罚结构中,自由刑占据了绝对中心的地位。在自由刑的各种形式中,以监禁的强度为标准可以分为加重监禁和普通监禁,以监禁的时间为标准可以分为短期自由刑和长期自由刑以及终身监禁刑。这一刑罚结构可以分为重刑结构和轻刑结构两种,区分标准为各类自由刑的配置数量和比例。

当今,很多国家的刑罚结构属于以自由刑为中心,如美国的刑罚结构便是以自由刑为中心的重刑结构。尽管美国现在仍然有40个司法区仍然保留了死刑[12],可以判死刑的罪名多达10个,但是,由于其执行数量较少、执行程序复杂等,在整个刑罚结构中所占比例不大。而在监禁刑方面,美国存在严厉程度不同的监禁刑形式,除完全剥夺人身自由的终身监禁刑和有期限的监禁刑之外,还包括了缓刑和间歇监禁刑。美国的监禁时间普遍较长,有的州的法定监禁刑上限已达到30年,在加重处罚的情形下甚至达到60年,囚犯的平均刑期已超过25个月,监狱监禁率居全世界第二位。美国各州推行的"三振出局"法案也大大加重了罪犯的监禁刑期。根据美国司法统计局1994年10月27日的报告,截至1994年6月,美国

---

[11] 郭理蓉:《自由刑政策研究》,载《法学家》2005年第2期。
[12] 分别是38个州、联邦政府和美国军方,参见[英]罗吉尔·胡德:《死刑的全球考察》,刘仁文、周振杰译,中国人民大学出版社2005年版,第113页。

监狱在押犯人数量达到1012851人,比10年前高出两倍之多。[13]

4. 以自由刑、财产刑为中心的刑罚结构

在这一刑罚结构中,财产刑与自由刑一道发挥着重要作用。一方面,尽管自由刑仍然保留着最主要刑罚方法的核心地位,但是,随着自由刑的诸多弊端逐步显露出来,自由刑的刑罚效益受到较多质疑;另一方面,随着社会的发展,在自然人犯罪的同时也涌现大量的法人犯罪,而自由刑对此的作用有限,财产刑具有广泛的适用市场。目前在以自由刑、财产刑为中心的刑罚结构中,往往是将财产刑与自由刑并科或者单科处罚,这使得财产刑逐渐成为"在今天的刑事司法实践中,运用最为广泛和频繁的制裁手段"[14]。这一刑罚结构所坚持的是刑罚对罪犯的矫正、使其复归社会和社会防卫,而不仅是对罪犯的惩罚和隔离。当今的西欧、北欧国家,如德国、法国,普遍确立了以自由刑和财产刑为中心的刑罚结构,死刑基本上被废止,自由刑大行其道,并在相关改革后逐渐趋于社会化和开放化,其中的短期自由刑则逐渐为罚金刑和非刑罚方法所取代。

此外,有学者提出,在上述四类刑罚结构之外,未来还可能出现以替代措施为中心的刑罚结构。储槐植教授指出,"从过去到未来,刑罚的结构可能有五种类型:死刑在诸刑罚方法中占主导地位;死刑和监禁共同在诸刑罚方法中为主导;监禁在诸刑罚方法中为主导;监禁和罚金共同在诸刑罚方法中为主导;监禁替代措施占主导地位。第一种已成历史的过去,第五种尚未到来。中间三种在当今世界中存在"[15]。

社区矫正大多属于监禁刑的替代措施,是刑罚结构改革的主要方向,代表了未来刑罚发展的趋势。因此,应当注重社区矫正对于刑罚结构的影响,积极调整我国当前的刑罚结构,推动刑罚向前发展,引导刑罚结构从以死刑和监禁共同主导向以监禁刑为中心转变,并逐渐接近以监禁替代措施主导的刑罚结构。

(二)刑罚结构的发展趋势分析

纵观以上刑罚结构的历史发展可知,刑罚在人类社会里的不同定位和作用是随着时代的发展而不断变化的。从整体上看,"社会文明进步的标志之一就是法律制裁方式由严酷走向轻缓:从摧残生命到死刑唯一,再到废除死刑;从肉刑到自由刑,再到缓刑、罚金等监禁的替代措施,最终走向以补偿和定纷止争为核心内容

---

[13] 参见储槐植:《美国刑法》(第三版),北京大学出版社2005年版,第250页。

[14] [德]汉斯·海因里希·耶赛克、[德]托马斯·魏根特:《德国刑法教科书(总论)》,徐久生译,中国法制出版社2001年版,第927页。

[15] 储槐植:《刑事一体化》,法律出版社2004年版,第281页。

的纠纷解决方式,从而使法律制裁回归历史的起点"[16]。具体到当今世界的刑罚,大致存在以下发展趋势。

1. 刑罚轻缓化

刑罚轻缓化,是指在刑罚进化过程中向轻缓的方向发展,是当今世界的刑罚发展潮流。刑罚轻缓化的理念来自法律谚语"刑罚与其严厉不如缓和",刑罚的谦抑性是其主要的理论基础,即"国家在运用刑罚规制社会生活时,应当适度控制刑罚的适用范围和严酷程度,并力求以最小的刑罚成本达到最大的社会效果——少用或者不用刑罚获得最大的社会效益,以求有效的预防和控制犯罪"[17]。人道主义是刑罚轻缓化的价值底蕴。对罪犯处以适当轻缓的刑罚,避免重刑、酷刑对罪犯的折磨,有利于促进罪犯培养良好心态、积极投身自我改造,也有利于社会形成对刑罚的认同感,树立良好的法治理念、增强对法律的信仰。

从刑罚轻缓化的具体表现看来,主要体现在:其一,废除死刑已经成为国际趋势。截至2004年10月,世界上废除死刑的国家增加到93个,其中81个国家废除了所有犯罪的死刑,12个国家废除了普通犯罪的死刑;35个国家属于"事实上废除死刑",它们在过去的至少10年时间里没有执行过死刑。这一数字仍然在不断增加。[18] 即便在保留死刑的国家,其对于死刑所持的态度仍然是审慎的,并采取措施限制死刑的适用,如减少死刑罪名的数量、通过诉讼程序严格死刑的适用等。其二,禁止酷刑或残忍、不人道或有辱人格的罪犯待遇已经成为国际趋势。联合国制定的《世界人权宣言》(1948年)及《公民权利和政治权利国际公约》(1966年)中都规定,对任何人不得"施以酷刑,或施以残忍的、不人道的或侮辱性的待遇或刑罚",《囚犯待遇最低限度标准规则》(1955年)及《执法人员行为守则》(1979年)同样也禁止酷刑和其他残忍的待遇。1975年,联合国大会根据第5次预防犯罪和罪犯待遇大会的建议,通过了《保护人人不受酷刑和其他残忍、不人道或有辱人格待遇或处罚宣言》,并于1984年制定了《禁止酷刑和其他残忍、不人道或有辱人格的待遇或处罚公约》,截至1997年1月1日,缔约国已达到101个。

邱兴隆教授指出,"刑罚是有限的,犯罪是无限的,以有限的刑罚对付无限的犯罪,是社会的一种无奈的选择。因此,宽容和节俭用刑是社会最明智的选择"[19]。

---

[16] 邓子滨:《法律制裁的历史回归》,载《法学研究》2005年第6期。
[17] 王明、康瑛:《刑罚轻缓化的正当根据及其实现》,载《人民司法》2003年第4期。
[18] [英]罗吉尔·胡德:《死刑的全球考察》,刘仁文、周振杰译,中国人民大学出版社2005年版,第14页。
[19] 邱兴隆:《刑法理性导论——刑罚的正当性原论》,中国政法大学出版社1998年版,第3页。

2. 行刑社会化

行刑社会化的思想源于刑事社会学派的刑罚理念,在新社会防卫学派的倡导下获得了较大进展,并逐渐得到了国际社会的广泛支持。半个多世纪以来,联合国以及相关国际组织积极倡导行刑社会化理念,如今已得到了世界各国的普遍认可,各国尤其是西方主要国家的刑法发展已深受其影响。

1955年第一届联合国防止犯罪和罪犯待遇大会在日内瓦通过的《囚犯待遇最低限度标准规则》规定,"囚犯的待遇不应侧重于把他们排斥于社会之外,而应注重他们继续成为组成社会的成员。因此,应该尽可能请求社会机构在恢复囚犯社会生活的工作方面,协助监所工作人员"。1985年第七届联合国预防犯罪和罪犯待遇大会在意大利米兰通过了《减少监禁人数、监外教养办法和罪犯的社会改造》的决议,呼吁国际社会重视和适用非监禁刑。1990年12月24日,联合国大会在日本东京通过了《非拘禁措施最低限度标准规则》,"拟促进社区在更大程度上参与刑事司法管理工作,特别是在罪犯处理方面,并促进在罪犯当中树立对社会的责任感",倡导各国在本国法律制度内采用非拘禁措施,从而降低使用监禁办法的程度。1997年非洲社区服务裁决国际会议在津巴布韦卡多马通过了《卡多马社区服务宣言》,提出"监狱人满为患现象需要通过采取社区服务办法等积极的行动来解决。社区服务符合非洲处理罪犯和在社区范围内治愈犯罪创伤的传统。另外,社区服务是一个积极而又节省费用的措施,只要有可能就应该首先采用这种办法而不判处徒刑",并通过其《卡多马社区服务宣言行动计划》进一步采取实际举措。1998年联合国经济与社会理事会第44次全体会议通过了《开展国际合作,以求减少监狱人满为患和促进替代性刑罚》的决议,提出考虑到一些会员国出现监狱人满为患现象会造成形形色色的问题,而监禁所能起到的作用有限且对社会造成的负担较重,呼吁国际社会重视和适用社区服务和其他非拘禁措施替代监禁刑。

二、社区矫正对刑罚发展的影响

(一)刑罚结构的影响因素分析

刑罚结构的不同类型并不是统治者或者刑事立法者凭空设计产生的,而是受到多方社会因素的综合影响而形成的。在这里简要分析一二。

1. 刑罚结构受到政治因素的制约

孟德斯鸠曾就政体与刑罚结构之间的关系展开过论述。他指出,"严峻的刑罚比较适宜于以恐怖为原则的专制政体,而不适宜于以荣誉和品德为动力的君主政体和共和政体"[20]。在政治宽和的国家,对恶劣行为最大的惩罚就是被认定为有罪,而在专制国家,其刑罚则要严酷一些。在很长一段历史时间里,法律是政治的"奴婢",刑法更是成为统治者的"刀把子",刑罚结构自然也强烈受制于政治因素,体现尤为突出的是肉刑和死刑的创设和适用。

2. 刑罚结构受到经济基础的制约

马克思提出,上层建筑决定于经济基础。法律无疑是上层建筑的重要组成部分,自然也要受到经济基础的制约。从经济的角度来观察刑罚制度的演变,可以发现具体刑罚种类和刑罚结构与当时的社会经济条件具有相当密切的联系。以市场经济与刑罚结构为例,市场经济是经营者独立自主的经济,基本原则是主体平等、等价交换。伴随市场经济而生的经济犯罪增加,法人犯罪、单位犯罪涌现,经济犯罪具有不同于普通犯罪的特点,生命刑、短期自由刑不适宜适用于经济犯罪[21],反映到刑罚结构上则是死刑适用数量的减少和自由刑、财产刑和资格刑的相应增加,可见,市场经济的发展导致了刑罚结构整体趋轻,刑罚的手段也不能停留在剥夺或限制自然人的生命权和人身自由,原有的以死刑、自由刑为中心的刑罚结构必然要向以自由刑、财产刑为中心的刑罚结构转变。

3. 刑罚结构受到文化观念的制约

某个历史时期的社会文化观念对当时的法律具有重大影响,从来没有哪部法律是可以超越其所处社会文化而存在的。对于刑罚的严厉与轻缓问题,张明楷教授指出,"应当取决于时代的平均价值观念、取决于国情、取决于本国人民的物质、精神生活水平"[22]。这里的"平均价值观念"可以理解为在具体的社会、历史背景之下,普通民众对于刑罚严厉与否的认同度和接受度的一般性判断,即便某一刑罚在现代人看来是残酷的,但如果在其所处的具体历史条件下符合了平均价值观念,就可以认为其是确有必要的。尽管整个人类社会的刑罚结构存在一定的发展趋势,但不能够超越时空条件去人为选择特定的刑罚结构。

贝卡里亚指出,"刑罚的规模应该同本国的状况相适应。在刚刚摆脱野蛮状态的国家里,刑罚给予那些僵硬心态的印象应该比较强烈和易感。为了打倒一头狂暴地扑向枪弹的狮子,必须使用闪击。但是,随着人的心灵在社会状态中柔化和感觉能力的增长,如果想保持客观与感受之间的稳定关系,就应该降低刑罚的

---

[20] [法]孟德斯鸠:《论法的精神》,张雁深译,商务印书馆1959年版,第98页。
[21] 参见刘君:《加强经济犯罪的财产刑适用探究》,载顾肖荣主编:《经济刑法(4)》,上海人民出版社2006年版,第39页。
[22] 张明楷:《刑法的基本立场》,中国法制出版社2002年版,第372页。

强度"㉓。这里所指的"本国的状况"不仅包括了本国的政治发展阶段、经济发展状况,而且应当强调的是社会的整体观念,也就是此处所指的平均价值观念。

4.刑罚结构立基于刑罚理论的发展

近代以来,各种刑罚理论推动了刑罚结构的发展。随着贝卡里亚的《论犯罪与刑罚》一书问世,现代刑法学正式形成之后,各学派之间所主张的不同刑罚理论分别在不同历史时期产生了程度不等的影响。对于刑罚结构,如刑事古典学派学者主张报应的刑罚理念对于推翻封建专制、确立现代刑法原则、推动废除死刑、减少酷刑等方面完成了其特定的历史使命,作出了卓绝的历史贡献。各国刑法逐渐摆脱了以肉刑和死刑为中心的刑罚结构,更多地选择适用自由刑。刑事社会学派学者反思刑事古典学派的若干主张,提出了预防犯罪、改造罪犯、防卫社会等刑罚理论,进而推动了刑罚结构的进一步完善。该学派的代表人物之一菲利在意大利起草的"刑法草案"尽管并未被当时政府采纳,但是却直接影响了苏俄的1926年刑法典。《苏俄刑法典》强调纠正滥用短期剥夺自由刑的现象,用"社会保卫方法"取代"刑罚"的概念,增加缓刑和公开训诫、监外强制劳动,以教育设施替代监狱。其刑罚结构属于以自由刑为中心,自由刑的执行更趋科学化、人道化,呈现开放性、社会化、轻缓化的显著特征㉔。这部刑法典是世界上第一部社会主义刑法典,也成为其他社会主义国家制定刑法的一个范本。

(二)社区矫正对刑罚发展的作用

社区矫正在刑罚目的和刑罚价值上均具有较强的优越性,能够对刑罚发展发挥积极作用。正如前文所引张绍彦教授的观点,它将以"反向逆转式"影响着刑罚的制定和适用。笔者认为,结合前述刑罚结构的影响因素,社区矫正将从以下几个方面对刑罚发展产生重要的影响作用,包括:社区矫正对刑罚功能、刑罚目的的影响;社区矫正对重刑主义刑罚观念的影响;社区矫正对非监禁刑发展的影响。

1.社区矫正对刑罚功能和目的的影响

传统的监禁矫正具有诸多弊病,如监狱拥挤不堪、监禁行刑成本高昂、罪犯之间"交叉感染"以及容易塑造监狱化人格等,不利于罪犯的教育改造,成为罪犯回归社会的主要障碍之一,不利于刑罚功能和刑罚目的的实现。

从刑罚功能角度来看,刑罚在特殊预防方面具有限制、消除再犯条件、个别威慑和教育感化等功能,在一般预防方面具有一般威慑、法制教育、安抚、补偿和强

㉓ [意]贝卡里亚:《论犯罪与刑罚》,黄风译,中国法制出版社2002年版,第51页。
㉔ 参见梁根林:《刑罚结构论》,北京大学出版社1998年版,第88—96页。

化规范意识等功能,而传统的监禁矫正更为注重的是其在限制、消除再犯条件和威慑方面的功能,对于罪犯的教育感化明显不足,一般预防的效果也不佳。正如张明楷教授指出的,"如果不把限制、消除再犯条件和个别威慑的功能,同教育感化结合起来,……就不能使犯罪人从思想上摒弃犯罪,那么,监狱和劳改场所就不足以真正预防再犯,而只会推迟再犯的发生"[25]。与监禁矫正相比,社区矫正天然地具有较强的优势。社区矫正本身就是为了避免上述弊病、以替代监禁矫正而出现的。仅以重新犯罪率而论,中国监狱罪犯刑满释放后的重新犯罪率始终保持在8%左右,而经过社区矫正的服刑人员的重新犯罪率不超过1%、全国平均值为0.2%,广东省社区服刑人员重新犯罪率甚至仅为0.1%。[26] 可见,社区矫正能够较好地促进教育感化与限制、消除再犯条件、个别威慑等功能的实现。对于监禁矫正的完善来说,是一个全新视角的反思。监禁矫正应当参考借鉴社区矫正的优势,改进矫正内容,重视对罪犯的教育感化,并可与社区矫正相结合,采取多种措施促进罪犯顺利回归社会。

社区矫正应当坚持报应、预防和保护法益的多层次刑罚目的观。社区矫正从2003年起能够产生良好的法律效果和社会效果,犯罪人、被害人及其家属、所在社区三方均能对矫正结果感到满意,正是源自其在保护法益、修复社会关系方面的突出贡献。因此,在刑罚目的上应注重恢复性司法、修复社会关系,这对于构建和谐社会具有重要意义。

2. 社区矫正对重刑主义刑罚观念的影响

在重刑主义的刑罚结构中,往往注重对罪犯适用死刑、无期徒刑或者较长的有期徒刑等,强调刑罚的惩罚性和严厉性,过高估计了刑罚对民众的威慑作用。自1983年以来,我国先后开展了三次"严打"活动,并连续制定了20多部单行刑法,增设了若干新罪名尤其是死刑罪名。前文介绍了我国每年判处5年以上有期徒刑、无期徒刑和死刑的罪犯数量和比例,可见在司法上有重刑主义倾向。当前因各层面的社会矛盾凸显,很大一部分政府官员和社会民众从各自角度认为,"乱世用重典",只有加重处罚甚至施以死刑才可遏制当前的腐败等犯罪现象。然而,这种不计成本的做法过度投入刑罚资源,尽管在短期内会产生心理威慑效果,但是同时造成了罪犯产生消极对抗心态和刑事司法资源的浪费,刑罚效益也必然下滑,社会公正也必将受到影响。

---

[25] 张明楷:《刑法学》(第三版),法律出版社2007年版,第403页。
[26] 参见《2009年广东政法工作十大亮点》,载阳光检务网,http://www.gd.jcy.gov.cn/shrd/201004/t20100409_341812.html。

社区矫正的成功实践能够纠正人们关于运用刑罚的错误观念,可以改变重刑主义理念,破除刑罚万能的错误观念。这不仅是因为社区矫正在刑罚公正、刑罚效益和刑罚人道方面具有积极意义,更因为它源自刑事实证学派的观点,该学派主张犯罪是由个体、环境和自然三方面因素造成的。重刑主义者片面地将犯罪理解为由犯罪人个人因素所致,忽略了环境和自然等外在因素对其行为的影响。如仅对犯罪人进行惩罚而不消除犯罪的外在因素则仍然不能防止犯罪的发生。社区矫正通过对罪犯个人的矫治和社会帮扶、对社会关系的修复等能够较好地改造罪犯、安抚被害人。当然,倡导社区矫正理念并非倡导对所有犯罪都实行社区矫正——社区矫正仍然是一个仅针对人身危险性不大的犯罪人的做法,笔者完全赞同当前的宽严相济刑事政策,但不赞同倾向于重刑主义的刑罚结构。

3. 社区矫正对非监禁刑发展的影响

非监禁刑的地位反映了刑罚结构的走向问题。储槐植教授断言,"社区矫正体现了司法文明的演进,其重大价值将在实践中逐步形成由监禁刑为中心转变为非监禁刑为中心的刑罚体系"[27]。

近代以来,行刑方式经历了从机构内向机构外转移的变化。过去罪犯处遇问题只是将罪犯封闭在监狱之中,将其与社会完全隔离。然而,由于人道主义的影响,也考虑到刑罚效益的因素,非监禁刑才应运而生并蓬勃发展起来。社区矫正的出现是人类社会行刑方式的重大发展。它把对罪犯的行刑放到社会之中,使其始终不脱离社会,避免形成监狱化人格,推动行刑社会化已经成为国际趋势。

社区矫正的持续实施,对于非监禁刑的发展具有推动作用。首先,社区矫正改善了社区行刑设施,训练了一批具有专业素养的社会工作者和志愿者,在客观上对于各类非监禁刑的实施起到了良好的促进作用。社区矫正实施以来建立了"中途之家"、完善了司法所等司法资源,也招募了大批社会工作者和志愿者参与帮扶活动,保障了非监禁刑的有效实施。其次,社区矫正培育了社区行刑环境,宣扬了社区行刑的理念,推动了非监禁刑的广泛适用。社区矫正在行刑的同时也是在向社会宣传行刑社会化的理念,在机制上也得到社会的参与支持,这将使非监禁刑的执行在观念上获得保证。最后,社区矫正使非监禁刑和监禁刑有机联结,从制度上完善了非监禁刑的设置。社区矫正将非监禁刑统合起来,方便了监督、管理和矫正活动的开展,也能使社区矫正与监禁矫正进行有机结合。

---

[27] 储槐植:《美国刑法》(第三版),北京大学出版社2005年版,第274页。

三、我国社区矫正制度对刑罚结构的具体影响

刑罚结构调整是近年来我国刑法改革的一项主要课题,《刑法修正案(八)》《刑法修正案(九)》对此问题进行了勇敢的尝试,如取消了22个死刑罪名、对死刑缓期二年执行、无期徒刑的减刑幅度和实际执行年限等进行了限制,调整了数罪并罚制度,完善了缓刑、假释等非监禁刑的设置、适用和取消条件,充分体现了宽严相济刑事政策的要求。社区矫正虽非单独的刑种,其制度本身对于刑罚结构并无直接影响。但是,正如前述其对于刑罚功能和目的、重刑观念和非监禁刑能产生影响一样,社区矫正作为刑罚执行方法的性质能够对刑种配置和适用的具体调整、非监禁刑的设置和适用等方面产生具体的影响。

(一)调整刑种的配置与适用

我国当前重刑结构的形成,一方面是重刑主义观念作祟,前文已经就社区矫正对于重刑主义观念的影响作了论述,结论是社区矫正可以纠正重刑观念;另一方面也是刑种之间配置和适用的问题。由于司法实践中过多地使用死刑、无期徒刑和其他较长刑期的有期徒刑,加上我国刑法中存在死刑与生刑之间差距太大的现象,二者没有形成一个合理阶梯,轻刑也因其设置上的问题而导致适用较少,从而致使民众逐渐依赖于死刑和其他重刑并忽视了轻刑的意义和作用,刑罚结构因而产生失衡。因此,应当对刑种的配置进行调整。刑法修正案所完成的部分刑罚调整包括减少死刑罪名、增加自由刑的实际执行期、提高数罪并罚的上限等,已经在缩小死刑与生刑之间的差距,有助于促进刑种之间的协调发展。

在这里应当注意轻刑的配置问题。当前,应当注意完善拘役、管制刑的配置,增加对财产刑的适用,可考虑建立以下刑种相关制度,以体现刑罚轻缓化和行刑社会化的国际趋势。

1. 建议改管制刑为社区服务刑

笔者认为,由于我国现行《刑法》中管制刑的现行规定较为简单、较具原则性、执行难度较大,在司法实践中的适用率非常之低,已经不能适应现代社会的发展,无法起到应有作用。因此,建议借鉴其他国家社区矫正制度对管制刑予以大幅修改。由于管制刑是当前我国刑罚结构中唯一在社会上行刑的主刑,具有行刑社会化的先进因子,可以考虑将我国刑法中的管制刑更改为社区服务刑。所谓社区服务刑,是指"由法庭判决犯罪人在一定的监督之下、在一定时间内为社区的利

益进行一定数量的无偿的公益劳动的非监禁的刑罚方法"[28]。

根据《公民权利和政治权利国际公约》第8条第3款的规定,"任何人不应被要求从事强迫或强制劳动"。所谓"强迫或强制劳动",主要是指"以惩罚相威胁强使任何人从事其本人不曾表示自愿从事的任何工作和劳动"[29]。根据该条款的规定,这一词不包括"通常对一个依照法庭的合法命令而被拘禁的人或在此种拘禁假释期间的人所要求的任何工作或服务"。可见,除非依照法庭合法判决,否则不得以任何形式强迫或者强制犯罪人从事各类劳动。将社区服务刑作为一个刑种规定在刑法之中,可以解决当前社区矫正中公益劳动的法律依据问题。首先,应当完善现有管制刑的法律义务的规定。在当前所规定的五项消极义务之外,增加公益劳动等为其行刑内容。其次,应当将社区服务刑设置为附加刑。我国刑罚体系分为主刑和附加刑,附加刑既可独立适用,又可附加适用,还可同时适用两种以上附加刑。当前的管制刑属于主刑,但是由于它与拘役、有期徒刑等其他主刑存在刑期上的重叠,不利于其适用。如将新增的社区服务刑设置为附加刑,则可扩大其适用范围,这样既可以单独适用社区服务刑,也可以同时适用自由刑与社区服务刑、罚金刑与社区服务刑、剥夺政治权利刑与社区服务刑[30]等。

2. 建议设立刑罚易科制度

所谓刑罚易科制度,是指在一定条件下,将某一已判决的刑罚转为适用另一刑罚的刑罚执行制度,通常包括短期自由刑易科制度和罚金刑易科制度两大类。刑罚易科制度可以通过刑罚之间的易科转换实现不同刑种之间的互补,能够大大地促进包括财产刑和社区服务刑等的适用。短期自由刑易科包括由短期自由刑易科为罚金刑或者社区服务刑两种主要形式,可以避免短期监禁对罪犯带来的种种弊病,有利于刑罚的实现,如我国《澳门特别行政区刑法典》第44条规定:"科处之徒刑不超逾6个月者,须以相等日数之罚金或以其他可科处之非剥夺自由之刑罚代替之,但为预防将来犯罪而有必要执行徒刑者,不在此限。"

而罚金刑易科制度在各国刑法中更为常见,包括罚金刑易科自由刑[31]、罚金

---

[28] 李大勋、王爽:《我国社区矫正制度研究》,载《黑龙江省政法管理干部学院学报》2008年第4期。

[29] 陈泽宪主编:《〈公民权利与政治权利国际公约〉的批准与实施》,中国社会科学出版社2008年版,第174页。

[30] 这也可以同时解决当前社区矫正中难以管理剥夺政治权利犯的难题。

[31] 《德国刑法典》第43条规定:"不能追缴之罚金,以自由刑代之。一单位日额金相当于一日自由刑。代替的自由刑以一日为其最低限度。"

刑易科劳役㉜、罚金刑易科自由劳动㉝和罚金刑易科训诫㉞等四种形式。对于那些被判处罚金刑而没有能力缴纳的犯罪人,可以通过罚金刑易科制度判令其通过从事社区服务等方式实现刑罚执行。在我国,存在较严重的罚金刑执行难问题。虽然《刑法》第53条规定了一次或分期缴纳、强制缴纳、随时缴纳、减免缴纳等执行方式,但仍然不能较好地解决实践中的执行难问题,从而影响到了罚金刑在实践中的适用数量。由于罚金刑在我国刑法中所占比重较大,设置了罚金刑的罪名约占全部罪名的39%,在当今社会中应当发挥更大的价值,尤其是对于频发的经济犯罪有其必然优势。因此,为了增加罚金刑的适用、促进罚金刑的实现,建议通过刑罚易科制度实现罚金刑易科自由刑或者社区服务刑等,尤其是随着我国社区矫正工作的推进,已经基本具备了罚金刑易科社区服务刑(即公益劳动)的部分客观条件。

(二)完善非监禁刑的设置、扩大其适用

《刑法修正案(八)》对于假释和缓刑的修订的篇幅较多,对于假释、缓刑的完善力度较大。除了分别规定对管制、假释、缓刑犯实行社区矫正,它还限制了减刑而放宽了缓刑的适用条件。缓刑的适用条件之一是"宣告缓刑对所居住社区没有重大不良影响"以及假释适用对象"应当考虑其假释后对所居住社区的影响";同时还新规定了法院"禁止令",对于管制犯和缓刑犯均"可以根据犯罪情况,同时禁止犯罪分子在缓刑考验期限内从事特定活动,进入特定区域、场所,接触特定的人"。可见,由此获得了法律依据之后,社区矫正能够对管制、假释和缓刑犯更好地开展社区矫正工作。《刑法修正案(八)》减少减刑的可能、增加缓刑的适用机会,这对于非监禁刑的发展非常有利。至于缓刑和假释的适用,需要先考察其对所居住社区的影响,这是注意到了社区矫正存在的副价值问题。对于"禁止令"规定的制定,从管制犯和缓刑犯来看,仍然需要对"特定"作出更细的解释,否则也存在职权滥用的危险。为了促进非监禁刑的适用,笔者建议,建立犯罪人人格调查制度、缓刑听证程序和设立假释决定机构。

1.建立犯罪人人格调查制度

由于非监禁刑不将罪犯关押在监狱之中,这必然会对社会安全造成一定威胁。因此,有必要严格把关,避免将具有较强人身危险性的罪犯放到社会上行刑。

㉜ 对不能缴纳罚金的人易服不剥夺自由的劳动改造。

㉝ 《瑞士联邦刑法典》第49条规定,"可允许被判刑人以公益劳动,尤其是为国家或社区劳动代替罚金刑"。

㉞ 1935年《中华民国刑法》第43条规定,受拘役或罚金之宣告,而犯罪动机在公益或道义上显可宽恕者,得易以训诫。

因此,在刑法和刑事诉讼法中建立犯罪人人格调查制度显得尤为重要。人格调查制度的理论基础是刑罚个别化,已经得到了国际社会及许多国家的认同。在1955年8月联合国第一届防止犯罪及罪犯处遇会议上,与会专家代表提出"实行个别处遇,应从人格之调查分类着手,必先根据精密的调查,由是进而决定个别处遇之方法,始便于分类收容"。我国《刑法修正案(八)》将假释的实质条件由"适用缓刑确实不致再危害社会的"改为"没有再犯罪的危险",这仍然要求法官对犯罪人的再犯可能性进行判断,为此,便需要调查清楚犯罪人的人格情况。建议由专业机构对犯罪人的犯罪心理、犯罪背景、日常表现等进行专门调查,并依此调查对其人身危险性和再犯可能性进行评估,通过科学的方法为司法机关的定罪量刑等提供依据,在刑罚执行阶段也可依此对其采取分类管理。

2. 建立缓刑听证程序

我国当前由法院的合议庭或审判委员会作出关于适用缓刑的判决,基本上处于不公开、不透明的状态下进行。法官在是否适用缓刑问题上存在较大的自由裁量权,对于法官的决定权缺乏必要的监督。为了增强缓刑适用程序的公开性、规范法官的裁量权,建议设立缓刑听证程序,使检察机关、考察机关、被告人以及被害人、相关单位或社区组织等均能够参与到缓刑的决定过程。在综合听取各方面意见的基础上,由合议庭作出是否适用缓刑的判决。刑法要求在判决宣告缓刑前对"是否对所居住社区有重大不良影响"进行评估,对此,法官应当广泛听取检察机关、公安机关、被告人及其家庭、所在单位或者社区等多方面意见,尤其应当吸纳社区居民代表等参与到缓刑听证程序中来,听取他们关于被告人的平时表现和居民对其的相应评价,并依此判断适用缓刑是否会对社区造成重大不良影响。

3. 设立假释决定机构

根据《刑事诉讼法》的规定,对罪犯进行假释是由执行机关提出建议书,报请人民法院审核裁定。由于法院在罪犯假释问题上缺乏必要的调查程序,往往只进行书面的形式审查,法官在判断"认真遵守监规,接受教育改造,确有悔改表现,没有再犯罪的危险"这一实质条件时会过多依赖行刑机关提交的材料,法官往往无从真实了解被告人的服刑改造情况,甚至会为了避免责任而不适用假释。笔者认为,假释并非改变原判决结果,只是变更了其刑罚执行方式,并不涉及法院行使审判权的问题,因此,可以借鉴其他国家的做法,考虑设立专门的假释决定机构行使假释决定权,这样可以简化假释程序,并由其专司假释的监督考察,便利了假释的操作和适用。

可见,只有假释、缓刑等在制度上得到充分完善并在司法实践中扩大其适用数量,社区矫正才可能获成功,从而影响到刑罚适用结构,推动我国刑罚结构朝刑罚轻缓化和行刑社会化方向发展。

未成年被害人保护制度的中国特色及改革方向[*]

向 燕[**]

2020年,第十三届全国人民代表大会常务委员会通过了新修订的《未成年人保护法》和《预防未成年人犯罪法》,标志着我国未成年人保护制度的发展进入新阶段。我国未成年人保护制度已从"保护涉罪未成年人"为中心转向了"双向保护",既要注重保护涉罪未成年人的合法权益,也要促使未成年被害人的权益获得平等的保护。我国法律、司法解释及各地试点也确立了未成年被害人的多项保护措施。在此背景下,有必要从宏观层面梳理未成年被害人保护制度的理论框架,总结我国未成年被害人保护制度的主要特色及存在问题,从而为未来的改革和完善提供依据。

一、我国未成年被害人保护制度的主要内容

结合《刑事诉讼法》《未成年人保护法》、相关司法解释、规范性文件及各地司法实践,我国未成年被害人保护制度主要包括以下四个方面的内容:

第一,规定了未成年被害人司法程序的专门办案组织与特殊诉讼制度。根据目前《未成年人保护法》及相关规定,公检法机关应当确定专门机构或者指定专门人员负责办理涉及未成年人案件。未成年被害人应当适用特殊的询问程序,有权获得法律援助。未成年人在诉讼过程中的个人信息受到保护。遭受性侵害或者暴力伤害的未成年被害人及其家庭,可以享有心理干预、经济救助、法律援助、转学安置等综合保护措施。对侵犯未成年人合法权益的案件,检察机关可以督促、支持起诉和提起公益诉讼。对未成年人父母或者其他监护人不依法履行监护

---

[*] 本文系2019年度教育部人文社会科学研究基金项目"未成年刑事被害人司法保护制度研究"的研究成果(项目编号19YJC820059),原载《青少年犯罪问题》2021年第5期。

[**] 西南政法大学法学院教授、博士生导师,法学博士、博士后。

职责或者严重侵犯被监护的未成年人合法权益的情形,确立了人身安全保护令和撤销监护人资格制度。

第二,确立了对性侵案件未成年被害人的特殊诉讼保护措施。在最高人民检察院的推动下,各地检察机关普遍对性侵案件的未成年被害人适用"一站式"询问机制。《关于依法惩治性侵害未成年人犯罪的意见》(以下简称《性侵意见》)要求,公检法机关办理性侵害未成年人犯罪案件时,除有碍侦查的情形外,负有将案件进展情况、案件处理结果及时告知被害人及其法定代理人的义务。同时,《性侵意见》确立了未成年被害人出庭作证的特殊保护措施,并保障其获得经济赔偿的权利。除运用附带民事诉讼制度之外,未成年人在幼儿园、学校或者其他教育机构学习、生活期间被性侵害而造成人身损害的,被害人及其法定代理人、近亲属有权起诉要求上述单位承担民事赔偿责任。①

第三,建立起涉未成年被害人犯罪的预防性机制,包括侵害未成年人案件强制报告、密切接触未成年人行业人员入职查询、预防犯罪的法治教育等。行使公权力的各类组织、公职人员、密切接触未成年人行业的各类组织及其从业人员,对侵害未成年人案件负有强制报告义务。学校、幼儿园应当建立预防性侵害、性骚扰未成年人工作制度,并对未成年人开展适合其年龄的性教育。《关于建立教职员工准入查询性侵违法犯罪信息制度的意见》确立了教职员工准入查询性侵违法犯罪信息制度,而《未成年人保护法》进一步扩大适用对象的范围,规定了密切接触未成年人从业人员的违法犯罪记录入职和年度查询制度。

第四,通过司法职能促成未成年人保护的社会治理。最高人民检察院及各级检察机关以监督落实"一号检察建议"为牵引,促使教育行政部门和学校加强校园安全建设、预防校园性侵犯罪。检察机关充分发挥法律监督职能,促使相关部门作出整改和调整,推动从源头上做好未成年人权益保护和犯罪预防工作。对于遭受侵害和涉嫌犯罪的未成年人,检察机关通过开展家庭教育指导督促父母依法履行监护职责。检察机关办案中发现尚未导致未成年人遭受侵害后果的案件,但未成年人父母或者其他监护人存在监护教育不当或失管失教问题,也应当提供必要的家庭教育指导和帮助。② 最高人民检察院在"12309"中国检察网设立未成年人司法保护专区,各地检察机关联合职能部门建立未成年人权益保护检察监督信息平台,及时接收涉未成年人刑事申诉、控告和司法救助线索。为贯彻落实《未成年人保护法》的规定,许多地方政府已经开通未成年人保护热线,由"12345"政务

---

① 参见《关于依法惩治性侵害未成年人犯罪的意见》第32条。
② 参见《关于在办理涉未成年人案件中全面开展家庭教育指导工作的意见》。

服务热线统一受理各类未成年人保护相关咨询、求助、投诉、举报。

尽管《刑事诉讼法》仅有寥寥几个条文涉及对未成年被害人的特殊规定,但新修订的《未成年人保护法》,最高人民法院、最高人民检察院(以下简称"两高")司法解释、工作文件及其他规范性文件对未成年被害人的诉讼程序和保护机制作出了具体规定。在短短数年间,我国未成年被害人保护制度已经基本建成。

二、未成年被害人保护制度的中国特色及其局限

我国未成年被害人保护制度的主要特征可概括为部门政策推动、检察机关主导、社会支持体系薄弱。相关特征既促进了我国未成年被害人保护制度的迅速发展,也成为制约其实践效果的主要因素。

(一)部门政策推动

我国未成年被害人保护制度在《未成年人保护法》中得到了较为全面的规定,但在此之前,绝大多数的保护机制已在各部门制定的规范性文件中得以确立。可以说,我国未成年被害人保护制度的确立,是最高司法机关联合政府职能部门、群团组织,对司法实践中出现的突出问题作出迅速回应的产物。例如,幼儿园、托幼机构虐童、性侵儿童犯罪案件频发,引发社会的强烈反响,促使"两高"、公安部、司法部印发《关于依法惩治性侵害未成年人犯罪的意见》,对这类案件的办案程序和法律适用作出特殊规定。2014 年,"两高"联合公安部、司法部印发了《关于依法处理监护人侵害未成年人权益行为若干问题的意见》,并于 2015 年印发了《关于依法办理家庭暴力犯罪案件的意见》,初步确立了人身安全保护令、禁止令、撤销监护人资格等保护措施。2020 年《关于建立侵害未成年人案件强制报告制度的意见(试行)》,则是由最高人民检察院等九家单位联合发布的。这些司法解释及其他规范性文件,构成了我国未成年被害人保护制度的主要内容,反映了各部门为解决社会现实中未成年人保护工作面临的突出问题,共同致力于确立和完善相关制度和措施。

此种依靠部门政策推动的法律发展路径,能够借鉴域外法治发达国家的成熟经验,迅速填补了我国未成年被害人保护制度的主要缺失,从而针对性地解决实践中暴露出的突出问题。但是,不足之处是制度的体系化程度必定存在欠缺,未成年被害人保护工作的特殊性尚未得到清晰的揭示。《未成年人保护法》虽对既有法律规定进行了吸收和整合,但新法的大多数规定较为原则,具体制度的实施细则仍需参照相关法律规范。换言之,未成年被害人保护的具体规范仍然散见于不同部门制定的法律文件中,从而导致宏观制度缺乏整体的融贯和协调。

与我国未成年被害人保护制度的构建路径不同,域外法治发达国家往往围绕被害人权利来构建司法保护制度。随着被害人保护运动的兴起,英、美、德等法治发达国家都经历了被害人权利法定化的过程。国家通过特别法的形式明确规定被害人的基本权利,并逐步扩展到对未成年被害人、证人确立特殊的保护措施。例如,英国在批准1985年《联合国被害人人权宣言》和1987年欧洲议会《关于对被害人援助和防止被害人化的建议》后,内政部于1990年公布了《被害人宪章》。2006年,《被害人权利实施细则》取代该宪章并经议会批准成为一部保护被害人权利的法律。③《被害人权利实施细则》规定了被害人享有的12项基本权利,并规定应当赋予脆弱证人(包括未成年证人和未成年被害人)、受到威胁的证人强化的权利。为防止被害人,尤其是性侵害案件中的妇女、儿童在刑事司法程序中遭受"二次被害",英国通过《1999年青少年司法与刑事证据法》对未成年被害人出庭作证规定了特殊的保障措施。2002年,司法部、卫生部、教育部等多部门联合制定了《在刑事诉讼程序中获取最佳证据:关于询问被害人、证人和运用特殊措施的指南》(以下简称《最佳证据指南》),取代了《1999年青少年司法与刑事证据法》中关于特殊保障措施的指南部分。《最佳证据指南》虽然适用于对所有被害人和证人的询问,但尤其关注"脆弱证人、受到威胁的证人"和"重要证人"。④ 目前,英国对未成年被害人、证人的询问均须遵守该指南的指引。

通过法律赋权的形式建立未成年被害人的保护制度,有利于周密保护未成年被害人的各项权利,并能够通过国家层面的统筹安排,实现具体制度之间的相互衔接。就目前我国未成年被害人保护的法律规范来看,权利保障存在范围过窄的问题。未成年被害人的主要诉讼权利仍是沿袭《刑事诉讼法》对被害人诉讼权利的规定,获得经济赔偿的权利不包括精神损害赔偿。未成年被害人的若干基本权利虽在我国的法律制度中有所体现,但因为各部门分散制定法律规范,导致相关规定或是仅限于某种特殊类型的案件,或是仅适用于部分办案机关,抑或是缺乏具体的制度保障加以落实。为解决该问题,将来宜制定统一的法律,对未成年被害人享有的权利予以明确列举。

(二)检察机关主导

我国未成年被害人保护制度的另一主要特征是以检察机关为主导。在规范制定方面,最高人民检察院在未成年人司法改革中发挥了"领头羊"的作用;在制

---

③ 参见兰跃军:《刑事被害人人权保障机制研究》,法律出版社2013年版,第90页。

④ Achieving Best Evidence in Criminal Proceedings: Guidance on Interviewing Victims and Witnesses, and Guidance on Using Special Measures, §1.4, p.3.

度运行方面,检察机关亦是促进未成年人保护的主要履职机关。检察机关主导主要体现在以下三个方面。

首先,最高人民检察院运用其司法解释权和法律监督权,推动完善未成年被害人的特殊诉讼程序,加强侵害未成年人犯罪的行业预防和社会治理。就各部门联合制定的涉未成年被害人保护的规范性文件而言,最高人民检察院是参与度最高的司法机关。与此同时,最高人民检察院还单独颁布了《检察机关加强未成年人司法保护八项措施》《未成年人刑事检察工作指引(试行)》《关于全面加强未成年人国家司法救助工作的意见》等司法解释和工作文件,对检察环节适用于未成年被害人的特殊诉讼程序和工作制度作出了具体的规定。此外,最高人民检察院还关注到未成年被害人司法保护的综合性特点,不仅向教育部发出"一号检察建议",而且要求各级检察机关充分发挥法律监督职能,推动完善跨部门合作机制,积极参与犯罪预防和普法宣传工作。

其次,在检察院机关系统内部,各级检察机关依托具体案件的办理开展制度创新,最高人民检察院也自上而下地推动新的工作机制全面铺开。自 2014 年以来,上海、云南、宁波等部分地方的检察机关就开始进行一站式询问机制的试点。最高人民检察院在《2018—2022 年检察改革工作规划》中要求全面推行未成年被害人"一站式"询问、救助机制,并通过通报的形式督促各地加快推进"一站式"办案场所建设。⑤ 心理帮助、亲职教育、司法救助等特殊处遇措施在未成年人刑事检察中已经获得了广泛的适用。

最后,各级人民检察院实际承担了刑事诉讼程序中未成年被害人的主要保护职责,并促进其他机关和社会组织的参与。从侦查伊始,一站式询问机制即要求检察引导侦查。在了解案件及儿童信息的基础上,检察官根据起诉的要求对侦查询问的要点和取证工作进行指导。对未成年被害人的心理救助常常是检察官帮助联系社工和心理咨询师,经济救助也大多在检察阶段获得实现。在未成年人受到监护人侵害的情形,检察机关通过支持起诉、检察建议等方式,主动参与撤销监护人资格的民事诉讼。在办案过程中,检察机关若发现有关部门怠于履职、侵害未成年人权益的,可以通过检察建议、公益诉讼、移送行政处罚和犯罪线索等多种途径,督促其他部门履行其保护职责。

检察机关主导的未成年人保护工作模式的形成,主要有以下几个原因。第一,在我国刑事诉讼的流水作业式诉讼结构中,检察机关承担了承上启下的功能。

---

⑤ 截至 2020 年年底,全国共建成未成年被害人"一站式"询问、救助办案区 1029 个。参见《未成年人检察工作白皮书(2020)》。

它既可以运用审查批捕、审查起诉、法律监督、检察引导侦查的职权介入侦查活动,也可以通过公诉活动积极参与法院的审判。检察机关贯穿刑事程序的诉讼地位,有利于其倡导并具体实施面向未成年被害人的特殊保障措施。第二,检察机关独立的未检部门和专人办案的组织形式,为未成年被害人保护措施的创新和实施提供了组织基础。2015年,最高人民检察院成立未成年人检察工作办公室,2019年正式成立了第九检察厅,专门负责指导全国未成年人检察工作。与法院系统不同,全国大多数省市级检察机关在大部制司法改革中保留了独立的未成年人检察业务部门。在最高人民检察院的要求下,各地检察机关也逐步把侵害未成年人犯罪案件纳入未成年人检察部门受案范围,指定专人办理。未成年人检察部门比其他办案机关更为深切地感受到涉未成年人业务的实际问题,具有探索未成年被害人保护措施的积极性。专门的组织保障也使各级检察机关能够较好地贯彻最高人民检察院下达的具体政策和工作机制。第三,我国检察机关独有的法律监督职能为其拓展检察业务,寻求其他部门和组织的支持配合提供了条件。

以检察机关为主导的未成年人保护工作模式亦具有自身的局限性,笔者认为,主要体现为以下两点。

一方面,在司法系统内部,检察机关虽着力推动未成年被害人保护工作,但由于其他办案机关的相对被动消极,制约了司法保护的效果。检察机关推行的一站式询问机制在规范询问程序、减少未成年被害人的心理伤害、督促及时取证等方面均取得了积极的效果。但是,公安机关和人民法院在未成年人案件业务的组织基础和专业培训方面相对滞后,从而影响了案件的整体办理效果。就我国司法实践中的情形来看,在侦查阶段,大多数地方对女童的询问是由男警完成;询问儿童时,一名警察同时负责询问和记录,致使询问拖延的情形较为普遍;由于缺乏专业培训,部分警察在初次询问被害人时使用诱导性询问,造成对幼童陈述的"污染";承办警官在性侵案件的未成年被害人报案后不及时通知检察官介入,导致遗漏取证、证据灭失的情形也时有发生。这些询问和取证方面的遗漏和失误,在后期的诉讼阶段往往无法弥补,甚至可能造成儿童的心理创伤,导致追诉的失败。在审判阶段,检察机关在事实认定和法律适用方面的主张受到了法院裁判权的制约。基层法院大多尚未重建少年法庭,司法机关对涉未成年人案件的证据审查、证据规则、证明标准方面还没有形成统一的裁判规范。部分法官对未成年人案件的特殊规律认识不够,从而导致了基层法院对证据状况较为特殊的性侵未成年人案件不敢定、不敢判的情形较为突出。

另一方面,在司法系统外部,检察机关主导下的未成年人保护工作模式容易产生以追诉犯罪的利益为中心的弊端。对未成年被害人的保护,不仅包括通过对犯罪的追诉实现其生命权和生存权,而且需要保障儿童获得和谐发展的机会,使其享有获得足以保证身心、精神、道德和社会发展的生活条件。对于受过创伤的儿童,应当采取一切步骤使其能够享受健康的发展。[6] 这意味着,刑事司法程序应当将儿童的福利置于与司法利益、儿童需要同等重要的地位。[7] 在英国、美国等国家,对儿童被害人的询问通常要求来自卫生部门、社会服务、执法机构的代表共同进行联合调查。警察、卫生部门和儿童服务机构三个团队同时进行各自工作。警察负责对犯罪的侦查;儿童服务机构须确保儿童的安全、收集儿童家庭信息并考量需要采取及时安置等特殊措施;卫生部门会关注儿童卫生健康方面的要求。医学检查不仅是为了搜寻犯罪的证据或线索,也是为了确保儿童的健康福祉,例如,确定是否对儿童采取紧急的避孕措施、是否需要接种乙肝疫苗或预防艾滋病毒感染等。然而,在检察机关主导的工作模式之下,儿童的健康、福利等其他利益往往会服从于追诉犯罪的需要。例如,在一站式询问机制中,医务人员的参与通常只限于获取人身检查证据和实物证据,而不涉及对儿童身体伤害的持续治疗;在一些地方,办案人员在询问儿童出现困难时通知心理专家介入,目的是获取未成年被害人的供述。对于在当地受到多次性侵的智障儿童,检察机关可能因证据问题无法启动公诉。案件脱离刑事诉讼程序之后,该儿童往往也不能获得其他的保护和救助措施。简言之,检察机关主导的工作模式容易导致对儿童的援助服务依附于刑事诉讼程序及追诉犯罪的目的,从而妨碍了未成年人最大利益的实现。

(三)社会支持体系薄弱

被害人不仅在刑事司法程序中享有当事人的诉讼地位,还有权从"政府、自愿机构、社区方面及地方途径获得必要的物质、医疗、心理及社会援助"[8]。儿童被害人"应获得符合他们需要的援助,如法律援助、保护、安全的住房、经济援助、咨询、保健和社会服务、重返社会和生理及心理恢复方面的服务"[9],这需要政府和社会的共同努力。从这个意义出发,社会支持体系关涉未成年人获得保护权利与获得发展权利的实现,在未成年人保护制度中发挥着极其重要的作用。

域外法治发达国家较早出现了国家与市民社会的分离,社会组织发达,专业分工精细,从而形成了国家与社会协调治理的制度安排。在被害人保护领域,各

---

[6] 参见联合国经济及社会理事会《关于在涉及罪行的儿童被害人和证人的事项上取得公理的准则》。

[7] See Guidance on Interviewing Child Witnesses in Scotland, p.5.

[8] 联合国经济及社会理事会《为罪行和滥用权力行为受害者取得公理的基本原则宣言》第14条。

[9] 联合国经济及社会理事会《刑事司法系统中儿童问题行动指南》第46条。

国普遍成立了被害人援助组织。美国被害人援助组织创始于 1975 年加利福尼亚民间设立的"援助被害人全国联盟"(The National Organization for Victim Assistance,NOVA),下设性犯罪危机处理中心、儿童权利保护咨询所和法律资料服务中心等部门。NOVA 很快发展成为美国最大的全国性被害人援助组织,其目的和任务包括国家支持、直接为被害人服务、协助专业同行以及成员活动与服务。⑩ 英国、德国、法国等国家都有类似的被害人援助服务机构。对侵害未成年人的犯罪,不少国家都采取了多方联合调查的儿童保护中心模式。儿童保护中心既可能是由政府出资设立,也可能属于非营利的社会团体。1985 年美国在阿拉巴马州设立首个儿童权益保护中心(CAC),在其中设置了包含警察、儿童保护专员、检察官、律师、心理咨询师、医疗人员在内的多部门专家团队,以便及时提供不同领域的支援。至 2017 年年底,全美已有 854 家认证 CAC,大体上以非营利组织的形式存在,少部分附属于医院和政府部门。在瑞典,儿童保护中心(Barnahus)由社工、警察、检察官、法医人员、儿科医生、儿童精神科医生合作组成,为未成年被害人及其家庭提供所需的服务。⑪ 尤其需要提及的是,域外的心理学学科为未成年人保护制度的确立提供了强有力的知识支撑。根据领域的不同,参与未成年人案件的心理学家可以划分为多个类别,包括儿童心理学家、临床心理学家、教育心理学家、家庭心理学家和法庭心理学家。⑫ 在刑事案件中,心理学家履行的职责包括:对儿童被害人的心理状况进行评估,为联合调查小组制订策略提供信息;为儿童是否具备作证能力提供专家意见;在性侵儿童案件中,心理学家就被害人的创伤后应急障碍症状作证,以帮助法官对事实作出适当的推论;在警察对儿童的询问方法存在质疑时,心理学家也可以作为专家证人被传唤出庭,帮助法官评估儿童陈述的证明力。⑬

与域外国家的社会组织不同,我国的社会组织起步晚、发展慢,在独立性和专业化方面均存在明显欠缺。这表现为以下两个方面。

第一,社会组织的参与缺乏制度化的规范。在未成年被害人保护方面,社会组织提供的服务包括担任合适成年人、提供心理咨询、辅助家长教育、进行监护评估等。基层检察院通常就所需要的社会服务与辖区内的社会组织签订服务合同。合同大多以一年为期,到期再续签。近年来,部分地方检察机关也开始与民政部

---

⑩ 参见兰跃军:《刑事被害人人权保障机制研究》,法律出版社 2013 年版,第 86 页。

⑪ 南方等:《儿童保护中多领域专家团队的国际经验及在中国的探索》,载《中国青年社会科学》2019 年第 1 期。

⑫ Elizbeth Mapstone, Psychologists in the Family Court, 153 NLJ 310, p. 2.

⑬ 参见向燕:《论性侵儿童案件中被害人陈述的审查判断》,载《环球法律评论》2018 年第 6 期。

门合作,通过政府购买服务的形式进行招标。尽管如此,办案机关通常愿意与其熟悉的社会组织继续合作,政府招标往往流于形式。办案机关链接社会资源的能力较弱,又不能通过充分的竞争机制对社会组织进行遴选。那些游走于政府部门和办案机关,建立起一定"熟人关系"的社会组织往往获取了更多承揽项目的机会。在我国的司法实践中,心理专业人员的聘请具有更强的临时性。由于能够提供心理治疗服务的儿童心理专家数量很少,办案机关往往采取"一案一议"的形式,通过"点人"来满足其个案服务需求。相对固定的合作关系和外部监督机制的缺乏,使得社会服务的质量不能获得可靠保证。

第二,社会组织提供的专业服务不能满足实践需要。在未成年被害人保护领域,社会支持体系的一个突出问题是,熟悉未成年人的生理和心理状况的专家存在严重短缺。对未成年被害人进行身体检查的医师大多数是面向成年人提供医疗服务。他们欠缺对儿童性器官正常和不正常的解剖构造知识,从而可能无法正确诊断儿童处女膜是否遭受创伤。在域外,心理学家在辅助对儿童的询问、心理治疗、协助评估儿童陈述及相关证据的证明力方面发挥了重要的作用。然而,我国心理学学科各分支下从事实务的专业人才非常缺乏,基层办案机关常常不能找到能够满足其实际需要的专家。此外,很多提供心理服务的社团组织并不具备鉴定机构的资质。囿于当前法官群体的认识局限和保守倾向,也很少有心理学从业者通过专家辅助人制度出庭作证,从而导致关于儿童的心理症状证据和特别经验法则[14]不能通过专家意见进入诉讼。社会组织的整体专业化程度不高,已经成为制约我国未成年被害人保护制度发展的重要因素。

综上,我国未成年被害人保护制度仍存在权利保障不全面、追诉犯罪的利益优先、司法保护的综合效果有待提升、社会支持体系不健全等问题。对此,需要在国家层面明确统一的发展和改革方案,推动制度建设的体系化,提升未成年人保护工作的专业水平。

三、未成年被害人保护制度的基本原则和权利体系

不论各国国情殊异,一国的法律和实践所确立的未成年被害人的权利保障制度都应当符合国际人权标准的要求。我国未成年被害人保护制度的改革和完善,也应当以未成年被害人保护的基本原则为指导,围绕其基本权利的实现来展开。

---

[14] 例如,受性侵害儿童的处女膜完整,并不意味着其没有受到过性侵。参见向燕:《论性侵未成年人案件的证据运用》,载《青少年犯罪问题》2020年第5期。

(一) 基本原则

《未成年人保护法》明确规定了"最有利于未成年人原则"及其具体要求。毫无疑问,"最有利于未成年人原则"也是适用于未成年被害人保护领域的基本原则。结合联合国《儿童权利公约》、联合国经济及社会理事会《关于在涉及罪行的儿童被害人和证人的事项上取得公理的准则》、欧洲理事会《关于儿童友好型司法的准则》等文件的要求,在刑事司法领域,对未成年被害人的保护应当遵循以下具体原则。

第一,最有利于未成年人原则。在《儿童权利公约》等联合国公约性文件中,该原则也被称为"儿童最大利益原则",即每个儿童都有权要求对其最大利益给予首要考虑。儿童的最大利益包括获得保护的权利和有机会和谐发展的权利。为了保障未成年人的所有重要利益(包括身体和心理健康、法律、社会和经济利益)都能获得考虑,相关机关应当采取一种综合性的保护方法。尽管司法机关在诉讼程序中享有作出最终决定的权力和责任,但在所涉程序中评估何为未成年人的最大利益,需要有不同专业领域人员的参与。

第二,参与原则。每个未成年人都有权用自己的语言自由表达其看法、意见和信念,有权对影响其生活的决定,包括在任何司法程序中作出的决定发表意见、获得聆听。对于未成年人意见的听取,应当充分考虑其能力、年龄、智力、成熟程度、行为能力及交流困难,以便使其参与具有实质意义。

第三,尊重人格尊严原则。每个未成年人都是一个独特和宝贵的人,因此其个人尊严、特殊需要、利益和隐私应当得到尊重和保护。在诉讼程序或案件处理的过程中,都应当以关爱的、敏感的、公正的和尊重人的方式来对待未成年人。

在这几项基本原则中,最有利于未成年人原则应当居于优先的地位。当未成年人享有的基本权利之间存在冲突时,或是在对未成年人参与刑事诉讼的问题进行评估时,都应当基于最有利于未成年人原则进行妥善解决。例如,未成年人获得保护的权利和参与权可能存在矛盾。未成年人有权获得保护,免受司法过程的二次伤害,但是,他们也有在诉讼程序中表达意见的权利。在一些情形下,基于保护儿童的最大利益,可能会作出不允许儿童参与司法过程的决定。例如,法庭可以免予儿童作证,甚至可能基于未成年人最大利益的考虑,放弃对伤害儿童的人提起诉讼。[15]

---

[15] 例如,大不列颠及北爱尔兰联合王国《在刑事审判前为儿童证人提供治疗:实践指南》第4.5节规定,如果明显需要提供治疗,而且这种治疗会对刑事诉讼造成损害,从儿童幸福的最佳利益出发,应当考虑放弃刑事诉讼。

(二)权利体系

《关于在涉及罪行的儿童被害人和证人的事项上取得公理的准则》(以下简称《准则》)首次确立了儿童被害人、证人待遇领域的国际标准。《专业人员和政策制定者就罪行儿童被害人和儿童证人的相关事项坚持公理手册》以该国际标准为基础,对相关人员执行《准则》所需要采取的主要措施进行了建议和说明,目的是为政策制定者和专业人员提供指导。结合该两个文件的要求,未成年被害人应当享有以下八项基本权利。

1. 受到有尊严和有同情心的对待的权利

享有该权利意味着,在整个司法过程中应当以关爱和敏感的态度对待儿童被害人,考虑到他们的个人处境和紧迫需要、年龄、性别、伤残情况和成熟程度,并充分尊重他们的身体、精神和道德的完整性。所有互动均应在考虑到儿童特殊需要的适当环境中,根据儿童的能力、年龄、智力成熟程度和不断变化的行为能力,以具有儿童敏感性的方式进行。它们还应当以一种儿童能够使用并且理解的语言进行。该权利涵盖了获得有效援助的权利、隐私权和保护儿童免受二次伤害的权利,但是,受到有尊严和有同情心的对待的权利的内容更加宽泛。它要求采取不同的实际措施,以确保司法部门和其他相关机构,如社会服务机构,能够执行这一权利。

2. 免受歧视的权利

儿童被害人应当享有利用司法过程的权利,使其受到保护,不受基于儿童的、父母的或法定监护人的种族、肤色、性别、语言、宗教、政治或其他见解、民族、族裔或社会出身、财产、伤残、出生或其他身份的歧视。我国《未成年人保护法》第3条对上述禁止歧视原则作出了规定。在某些情况下,有必要提供考虑到性别和某些针对儿童的犯罪(如涉及儿童的性侵犯)的不同性质的特别服务和保护。不论年龄大小,每个儿童都应当与成人一样被当作有行为能力的证人,不得仅以儿童的年龄为由而推定其证词为无效和不可信。此外,禁止歧视并不意味着以与对待成人一样的方式平等对待儿童被害人和证人,而是要尊重差异性和儿童个人情况的特殊性。

3. 参与诉讼并免受"二次伤害"的权利

该项权利实际包含了参与诉讼权与免受"二次伤害"权这两项相互联系的具体权利。参与诉讼的权利包括知情权、表达意见和关切的权利。知情权包括两个方面。一是儿童及其父母、监护人在报案后即可以了解能够获得的援助,以及儿童被害人和证人在刑事诉讼过程中发挥的作用。不论儿童是否参与司法程序,一旦接触到司法机关,就应当知悉参与司法过程存在的风险、潜在后果以及可以获得的保护措施,从而能够作出明智的参与决定,或者要求采取必要措施对他们保护。二是儿童一旦参与刑事诉讼程序,即开始享有获准案件进展情况的知情权。该权利一直持续到判决后涉及判决执行的阶段。表达意见和关切的权利则通常体现为刑事诉讼法赋予的被害人在各个诉讼阶段和环节表达意见的权利。

诉讼中免受二次伤害的权利,《准则》也将其称为"在司法过程中免受痛苦的权利",包括以下几个方面的内容。一是支持者在司法过程中提供援助,在儿童参与司法过程的整个期间陪伴儿童。二是就司法过程提供确切性,包括以尽量确切的方式使儿童被害人和证人清楚地了解司法过程中预期发生的事情。尽力确保儿童与同其打交道的专业人员之间的关系在整个过程中具有连续性。三是保证诉讼从速进行。四是使用适应儿童敏感性的程序,包括专门为儿童设计的询问室、在同一地点为儿童被害人配备的多学科综合服务、照顾儿童证人需要而重新配置的法院环境、儿童出庭作证期间休庭、在白天适合儿童年龄和成熟程度的时间安排庭审、确保儿童只在必要时出庭的适当的通知制度以及其他有利于儿童出庭作证的适当措施。五是限制儿童与司法过程的接触。尽可能减少司法人员询问儿童等不必要接触的次数。六是避免被告人对儿童进行盘诘,确保对儿童被害人和证人的询问以适应儿童敏感性的方式进行。

4. 获得有效援助的权利

儿童被害人应当有利用接受过相关培训的专业人员提供的援助。根据儿童自身的需求,这种援助应当包括资金、法律、咨询、健康、社会或教育服务、生理和心理恢复服务或儿童康复和重返社会所需要的其他服务。为尽可能预防或减少犯罪的影响并帮助儿童和谐发展,在犯罪发生后应当尽早为儿童提供适当援助。对参与诉讼程序的儿童被害人应当提供法律援助、翻译帮助、必要时指定监护人或者能确保儿童最大利益获得充分代表的成人或组织以保护儿童的法律权益。我国《未成年人保护法》第111条规定,对遭受性侵害或者暴力伤害的未成年被害人及其家庭应当提供必要的心理干预、经济救助、法律援助、转学安置等保护措施。

5. 隐私权

对儿童被害人情况的披露可能对儿童造成伤害。这样做可能使儿童安全受到威胁,导致儿童强烈的羞耻感和羞辱感,或者导致儿童与家庭、同龄人和社区关系紧张,加重儿童受到二次伤害的程度。对儿童参与司法过程的情况应当加以保护。除了采取不公开审理的方式、限制公众和媒体在儿童出庭作证期间进入法庭,还应当保密和限制披露某些可能导致在司法过程中认出成为被害人的儿童的情况。我国《未成年人保护法》第103条及相关司法解释对此作了明确规定。

6. 受到安全保护权利

一是对侵害儿童的罪行应当立即上报和调查。一些国家设立了针对所有人的强制报告制度,并对在工作中与儿童接触的专业人员的报告义务进行了强调。在我国,《未成年人保护法》对任何组织或个人设立了权利型报告制度,仅对特定范围的人员规定了强制报告义务。二是对参与司法过程的儿童采取保护措施,包括对被告人采取限制令辅以登记制度、决定审前羁押并规定"不许接触"的释放条件、证人保护制度等。

7. 获得经济赔偿及救助的权利

儿童获得赔偿的权利有助于实现充分补救、重返社会和恢复。应当鼓励刑事诉讼程序与赔偿程序两者相结合的做法,同时配合恢复性司法等非正规和社区司法程序。赔偿金可以包括刑事法院命令罪犯给予的补偿金、由国家管理的被害人赔偿方案提供的资助以及民事诉讼程序下令偿付的赔偿金。

8. 要求采取特别防范措施的权利

对于儿童被害人可能有再次被害风险的情形,专业人员应当制定和实施有具体针对性的综合战略和干预措施。这包括:一是保护存在风险的儿童免受侵害的司法防范,例如在披露侵犯儿童罪行时,使儿童离开自己的所在地并且为其提供其他照料措施,采取儿童工作从业人员犯罪信息查询制度等;二是增强意识、加大宣传和教育,保护存在风险的儿童免受侵害。

四、完善我国未成年被害人保护制度的基本方向

结合我国的政治制度与社会制度,笔者认为,未来应当从以下三大方面对我国未成年被害人保护制度进行完善。

(一)确立多部门联动的综合保护工作模式

最有利于未成年人原则要求保护未成年人的最大利益,而不仅仅是追诉犯罪的司法利益。因此,未成年被害人的保护工作适宜采取综合保护的模式。根据我国的社会背景,适宜采取党委领导、政府协调、公检法社等多部门参与的工作模式,以促使未成年被害人的司法利益、健康利益、安全利益、经济利益,以及重返社会等利益的实现。

1. 涉未成年人司法业务实行集中办理

涉未成年人案件的集中办理符合未成年人保护的综合性特征。它不仅有助于提高办案部门的专业化水平,还能够有效地统筹安全保护、刑事判决、民事赔偿、行政监督等司法业务。目前,人民检察院和人民法院已在推动涉未成年人案

件的集中办理。未成年人检察部门统一办理未成年人刑事执行、民事、行政、公益诉讼检察业务。最高人民法院《关于加强新时代未成年人审判工作的意见》也提出,涉及未成年人的刑事、民事及行政诉讼案件纳入少年法庭受案范围。相应地,公安系统也应当推动建立专门的少年警务部门,集中办理未成年人违法犯罪、未成年被害人保护、犯罪预防等各类涉未成年人案件。

2. 建立综合应对小组的工作模式

对未成年被害人的询问及保护工作,有必要建立综合应对小组的工作模式。设立综合应对小组的目的是对未成年人在整个案件过程中的安全和福利状况进行监督,保证未成年人陈述的可信度。⑯ 我国一站式询问机制采取的多主体参与的形式,符合综合应对小组的外观,但是,我国一站式询问机制的工作模式是以检察机关为主导,实施过程侧重追求司法利益而容易忽视未成年人的其他福祉。建立多部门"联动"的综合保护模式,意味着公检法机关与其他部门之间是共同参与、互动协调的关系,而不是过去的检察机关主导、其他部门配合的工作机制。为实现儿童的最大利益,应对一站式询问机制进行如下改革。

第一,明确综合应对小组的参与者及其职责。目前我国的一站式询问救助机制的参与人员包括检察官、警察、医疗机构人员、社会工作者、心理学家。但是,除了承办警察和检察官是对案件长期负责,其余人员的参与大多具有临时性。因此,建议在全国层面统一制定规范性文件,规定一站式询问、救助机制的目的,明确相关专业援助服务的长期性。一站式询问救助机制旨在实现的目的:一是尽可能减少与询问未成年人的次数,提高询问的准确性;二是为未成年人提供所需的医疗、心理康复、紧急安置等服务;三是监督未成年人的安全和福利状况。参与人员应同时开展各自工作,及时进行信息共享,并尽可能由同一名专业人员提供持续的服务,直到诉讼结束后以及未成年被害人不再需要为止。医疗、心理健康的服务不仅包括对未成年被害人的治疗服务,还应包括对其心理和精神诊断的评估,在诉讼过程中提供关于未成年人的医疗、心理诊断等专业意见等。此外,如果案件涉及需要对未成年被害人进行临时监护、转学安置等,公安机关应通知未成年人救助保护机构、当地教育部门派员参加。需要明确的是,综合应对小组履行职责并不局限于刑事诉讼程序。当追诉程序因证据不足或其他情况中止或终止时,相关部门、社会组织也应当对有需要的未成年被害人持续提供援助和服务。

第二,建立综合应对的信息沟通机制。为保障各部门和社会服务机构合作的

---

⑯ 参见联合国毒品和犯罪问题办公室《专业人员和政策制定者就罪行儿童被害人和儿童证人的相关事项坚持公理手册》,第16页。

展开,应当建立综合应对的信息沟通机制。一是建立预调查制度。预调查制度是综合应对小组举行的第一次正式会议。英国、美国采用了这种预调查制度。预调查会议的目的是,对各部门和机构初步搜集的关于未成年被害人和犯罪的信息进行讨论,以确定是否需要开展联合调查。全面搜集未成年人的信息,了解未成年人的需求,有助于从整体和长远的角度考虑未成年人的最大利益。如果需要,与会者需要制订调查计划以及为起诉采取后续行动。例如,未成年被害人是否应当在审前程序中接受心理治疗,不应由承办检察官单独决定,而是需要专业人员和未成年人参与共同作出决定。审前的心理治疗可能导致儿童陈述受到污染而妨碍追诉的进行,因而需要社工、心理学家、检察官和适龄儿童共同商讨,根据儿童获得心理治疗的急迫程度、案件涉及的社会利益(如避免更多儿童受到侵害)、起诉成功的概率等多种因素,作出最有利于儿童利益的决定。二是建立协调机构。根据《未成年人保护法》第9条的规定,县级以上人民政府应当建立未成年人保护工作协调机制,各地政府也正在推动建立未成年人保护工作委员会。据此,各区、县的未成年人保护工作委员会适宜担任综合应对小组的协调工作。在该机构获得普遍设立之前,可暂由人民检察院承担协调职能。

第三,扩大"一站式询问救助机制"的适用情形。目前我国的一站式询问救助机制适用范围较窄。《未成年人保护法》第112条明确规定,对性侵害或者暴力伤害案件的未成年被害人进行询问都应采取特殊保护措施。但是,在我国很多地方,一站式询问机制仅针对性侵案件的未成年被害人适用。询问的专门场所通常装修色彩明快、布置温馨,致使部分办案人员认为该询问场所主要为14周岁及以下的儿童提供服务。需要明确的是,一站式询问机制是以提供多学科综合服务为取向,专门的询问场所是该制度的重要组成部分,但并非目的本身。即便是年龄超过14周岁的未成年人,也应当尽可能减少对他们的询问次数,使其获得综合的支持和援助。因此,一站式询问机制应当适用于所有的未成年被害人和证人。

第四,加强检察机关的法律监督职能。检察机关在我国未成年被害人保护制度的建立过程中发挥了重要的推动作用。但是,未成年人检察检察官普遍承担了超出其业务范围的多项协调、衔接职能,既严重增加了检察官的办案负担,也不利于实现未成年人保护制度的专业化发展。在我国基层的未成年人保护协调机制健全之后,检察机关应当立足追诉机关的本职,完成从未成年人保护的"主导者"到"主要参与者"的功能转变。但是,作为法律监督机关的人民检察院在未成年被害人保护制度中发挥了重要的作用。法律监督职能的行使,有利于促进政府保护和社会保护的发展,应当予以保留和加强。

第五,综合应对小组工作机制的实施应当坚持党委的领导。无论是公检法机关、民政部门、教育部门、社会组织,还是作为协调机构的未成年人保护工作委员会,都是在同级党委领导下开展工作。党委可以通过其组织网络来影响各机构和社会组织内部的运行。除此之外,党委的构成包括了组织、宣传、工青妇、关工委等党群部门,在基层动员和组织监管方面具有显著优势,从而能够为综合保护工作模式的贯彻提供切实保障。

(二)推动办案机关与社会组织的专业化建设

公检法机关内部设置办理未成年人刑事案件的专门机构,配置专业人员,是贯彻国家对未成年人的刑事政策,提高司法机关办案专业化水平,落实保护未成年人的特殊机制的基础和保障。在最高人民检察院和最高人民法院的推动下,基层检察院和法院大多已经指定专人办理涉未成年人刑事案件。但是,由于面临案多人少的问题,部分地方的基层单位实行轮案制,要求办理涉未成年人案件的检察官和法官还须办理其他刑事案件。轮案制挤压了办案人员的时间和精力,不利于未成年人办案专业队伍的建设。对此,宜出台具体细则禁止各地实施轮案制,真正做到涉未成年人案件的专人专办。就公安机关而言,基层派出所应当指定专人办理,区、县层面应设立少年警务部门,以实现对业务的统一指导、对警官的专门培训和其他事宜的协调。性侵、虐童、贩卖儿童案件,儿童卖淫和制作、销售、传播儿童色情制品等专业性较强的涉未成年人业务都可以统一由少年警务部门办理。此外,侵害未成年人案件公益诉讼[17]的取证亦可由其承担。

未成年人司法社会支持体系建设应当纳入共建共治共享的社会治理格局。[18]受"国家社会一体"的传统的影响,我国的社会组织发展先天不足,公共服务型社会组织对政府具有较强的依附性。为谋求更多的资源和自主性,公共服务型社会组织通常同时从多个政府部门承揽项目,需要适应各部门的不同要求。因此,社会组织往往不会致力于在更精细的层次发展专业服务能力,而是努力提高专业化服务能力的"通用性"。[19] 在此背景下,涉未成年人社会组织的专业化建设需要国家的扶植和支持。自 2013 年以来,政府从对社会组织的全面控制转而采取分类发展的策略。2020 年,《中共中央关于制定国民经济和社会发展第十四个五年规划和二〇三五年远景目标的建议》(以下简称《建议》)提出,要发挥社会组织在社会治理中的作用,畅通和规范社会工作者和志愿者参与社会治理的途径。这为促

---

[17] 例如,向未成年人出售酒精饮料、烟草制品、药物或成瘾物质、淫秽色情制品等。

[18] 参见宋英辉、刘铃悦:《提升新时代未成年人司法保护专业化水平》,载《法治日报》2021 年 5 月 31 日,第 7 版。

[19] 参见黄晓春、嵇欣:《非协同治理与策略性应对——社会组织自主性研究的一个理论框架》,载《社会学研究》2014 年第 6 期。

进社会组织的发展提供了政策支持。推动社会组织的专业化发展,可以有以下两条途径。一方面,实施定向培育。政府的定向培育可以采用财政支持的方式,例如,加大中央财政支持社会组织参与未成年人保护社会服务项目的力度[20],或是由政府财政补贴相关社会组织的活动经费,也可以采取整合资源、孵化培育的方式。可由地方政府牵头,统筹各政府部门的社会服务需要,对从事目标领域服务的社会组织进行重点培养,提供支持平台、资金代管、人员培训等综合服务和指导支持,促成其专业能力的精细化发展。根据未成年被害人保护工作的需求缺口,市级党委和政府可以积极推动与高校的心理学系、社工系专业进行合作,孵化培育面向未成年人的心理咨询所和社工事务所。当然,社会组织的培育需要较长的发展时间。在此之前,民政部门可以将现有的优质社会组织资源在市级层面进行整合,使辖区内办案机关均可以实现资源共享。另一方面,建立外部监督机制。第一,制订司法社会服务工作的国家标准。未成年人司法社会工作服务国家标准于2019年投入研发,目前尚未颁布。在对未成年人社会工作服务确立总体性的标准之后,还应根据不同的服务类型,制订更具针对性的细化标准。第二,建立社会组织的监督和评估制度。一是内部监控制度。逐步推进公共服务类的社会组织直接向民政部门申请登记制度,并要求社会组织内部必须建立严格透明的服务准则和标准。二是外部评估制度。民政部门应当定期对提供司法社会工作服务的组织进行评估。参与评估的主体应当包括接受服务的未成年人及其父母。该评估结论应当面向社会公众公开。三是申诉机制。未成年被害人及其法定代理人认为社会服务机构在提供服务期间侵犯了被害人的合法权益,或者认为其提供的服务未能达到相应标准的,有权向相关民政部门提出申诉。

  促进办案机关和社会组织的专业化,还需要开展定期的专门培训。培训应当以各种专业人员为对象,包括医疗部门人员、法官、检察官、警察、律师和社会工作者。培训课程包括所有专业人员通用的综合性内容,以及针对各个专业具体需求的更专业的单元。例如,对法官和检察官的培训基本上可以立法规定、具体程序为主,对警察的培训可以涉及对未成年被害人和证人的询问、证据收集、对犯罪嫌疑人的讯问的开展、对被害人的支持援助、案件管理等。对社会工作者的培训可能更注重援助问题,而对于医疗工作人员的培训,则应当以法医检测技术为主,以便为提供证据奠定扎实的基础。[21] 综合性内容的培训可以包括:未成年被害人和

---

[20] 参见2021年《中央财政支持社会组织参与社会服务项目实施方案》。
[21] 参见联合国毒品和犯罪问题办公室:《专业人员和政策制定者就罪行儿童被害人和儿童证人的相关事项坚持公理手册》,第109页。

证人应当享有的权利;如何以适合儿童的方式对待儿童、与儿童交流;如何在诉讼程序和提供服务过程中保护未成年人的隐私;如何保障未成年人的其他权利得到落实等。

(三)完善未成年被害人权利保障的具体规定

未成年被害人应享有的基本权利在我国的法律及司法解释中均有一定涉及,但在具体内涵和贯彻执行方面与国际最佳做法尚存一定差距。对此,我国可借鉴域外法治发达国家的经验,颁布关于未成年被害人及证人保护的特别法,详细列举未成年被害人的权利并制定相关实施细则。就我国现行立法规定的薄弱环节,关于以下权利的具体内涵和保障制度还应作进一步完善。

第一,不受歧视的权利。不受歧视的权利不仅要求平等对待所有未成年人,而且包含了积极区分儿童和成人的含义。应当在立法中明确规定,儿童均有能力在法庭上作证,儿童的能力应当作为衡量其陈述证明力而不是证据资格的标准。应当制定具体的证据法规范,以帮助法官对儿童的陈述进行准确评价。[22]

第二,知情权。应当以未成年人能够理解的语言,向未成年人及其监护人提供关于案件进展情况、儿童在诉讼中发挥的作用及潜在后果,以及其可以获得的援助服务的信息。关于哪些诉讼信息属于知情权涵盖的范围,宜通过法律加以明确规定。为了保障未成年被害人能够了解案件进展并获得相应的援助服务,公检法机关的办案部门应指定相应专人,负责履行刑事诉讼程序各阶段的告知服务,帮助未成年被害人与提供社会服务和救助的人员取得联系。为了保障未成年被害人的知情权得到实现,一个值得参考的做法是制作被害人权利清单,以格式化的形式和简单、明确、易懂的语言使未成年被害人及其法定代理人知悉其在诉讼过程中应当享有的权利和援助服务。

第三,获得有效援助的权利。《未成年人保护法》第111条规定,公安机关、人民检察院、人民法院应当与其他有关政府部门、人民团体、社会组织互相配合,对遭受性侵害或者暴力伤害的未成年被害人及其家庭实施必要的心理干预、经济救助、法律援助、转学安置等保护措施。除上述规定明确列举的保护措施之外,未成年被害人还应获得其所需要的医疗服务、语言帮助[23]、临时监护及长期监护,以及重返社会需要的其他服务。对与家人失去联系的儿童,应帮助其寻找家人下落。需在诉讼程序中提供证言的未成年被害人,可以在出庭期间获得支持者和适当家

---

[22] 具体内容可参见向燕:《论性侵儿童案件中被害人陈述的审查判断》,载《环球法律评论》2018年第6期。

[23] 语言帮助不仅包括翻译帮助,而且包括辅助办案人员与年幼儿童的沟通这类的服务。

庭成员的陪同,并通过具体措施熟悉法庭作证程序,以便提供证言或证据。未成年被害人获得援助的权利应当独立于刑事诉讼程序。所有未成年被害人在案发后的最初阶段都享有获得适当援助的权利。该权利不因案件未进入刑事诉讼程序或者刑事诉讼程序终止而丧失。

  第四,获得赔偿与救助权。所有的被害人都有权获得对其物质损失的赔偿,获得身体和心理康复的资金支持。考虑到未成年人的身心尚处于发展阶段,该权利的实现对未成年人具有更重要的意义。对实现该权利的具体制度应作如下完善。一方面,应支持侵害未成年人案件中的精神损害赔偿请求。根据最高人民法院新修订的司法解释,因受到犯罪侵犯,提起附带民事诉讼或者单独提起民事诉讼要求赔偿精神损失的,人民法院"一般"不予受理。在司法实务中,虽有个别法院依据该条规定支持了性侵未成年人案件的精神赔偿费用,但仅属于例外情形。㉔ 赔偿精神损失费用的意义不仅是给予被害人更多的资金支持,还向未成年人及其监护人传达了这样的信息,即国家法律承认犯罪对未成年人造成了精神的痛苦和损害。对被害人来说,精神损害赔偿的请求是否得到支持不仅在于满足其精神康复的需要,还关涉正义是否得到实现。最高人民法院长期以来对刑事案件的精神损失赔偿请求持否定态度,主要顾虑是赔偿数额超出被告人的赔偿能力,可能会"制造空判,引发社会矛盾"㉕。但是,这样的担心尚未为实证数据所证实。笔者认为,最高人民法院可以首先在未成年人司法领域试行精神损害赔偿的改革。这样既符合对未成年人实行特殊保护的国家政策,又可以为附带民事诉讼制度的全面改革提供实证基础。另一方面,对司法救助制度应当进行改革。一是确立办案机关及时救助和全面告知的义务。我国司法实务中,司法救助往往在检察阶段才得以启动,致使未成年被害人不能获得及时救助。此外,依据《关于建立完善国家司法救助制度的意见》的规定,办案机关"对符合救助条件的当事人",应当告知其有权提出救助申请。承办人通常会根据自己的评估对被害人进行选择性告知,使相当部分的被害人不清楚自己申请司法救助的权利。建议法律明确规定,办案人员应当在司法程序中接触被害人的第一时间,告知其享有申请司法救助的权利,并对符合条件的被害人进行及时救助。二是应当拓宽司法救助的范围,衔接司法救助与社会救助。父母对未成年人的教育成长承担首要责任。对于

 ㉔ 例如,上海市宝山区人民检察院对牛某某涉嫌强奸案依法提起公诉并支持被害人提起刑事附带民事诉讼,最终,牛某某被判处有期徒刑10年,剥夺政治权利1年,一次性赔偿被害人精神抚慰金3万元。参见《未成年人检察工作白皮书(2020)》。

 ㉕《起草小组解读:〈刑事诉讼法解释〉理解与适用(上)》,载中国法院网,https://www.chinacourt.org/article/detail/2021/02/id/5796152.shtml。

存在严重经济困难的未成年被害人的家庭也应给予经济救助,以帮助未实施侵害的监护人能够对未成年人给予足够的支持。对于不符合司法救助条件的情形,办案人员应当通过综合应对小组的沟通机制,帮助未成年被害人联系民政部门和社会组织,申请其他救助途径。

此外,未成年被害人及其监护人最迫切的需要是获得诉讼过程的协助、适用关照儿童敏感性和脆弱性的特殊程序,长期的需求是生活重建和心理咨询的协助。目前我国在这两方面都做得不够,需要通过制定实施细则,强化专业培训和社会服务的方式予以完善。对未成年人的性侵害案件,无论是诉讼程序、证据规范,还是犯罪的防治,都具有很强的特殊性和专业性。《关于依法惩治性侵害未成年人犯罪的意见》虽有部分规定,但涉及面较窄,也没有将最新的实践创新吸收进去。因此,在此领域适宜制定单独的规范性文件,涵盖性侵未成年人案件的办理与性侵犯罪的防治两方面内容,为实务部门人员提供更为全面和具体的指引。

国家尊重和保障人权的刑事程序模式*

谢进杰**

一、引言：刑事程序领域的治理现代化命题

刑事诉讼法因其与国家治理、人权保障、公权控制、正当程序的密切关系向来被誉为"小宪法""应用宪法""动态的宪法"，而刑事程序的模式事关对于公民人权、自由、人身、财产、名誉乃至生命的保障。刑事程序领域如何对待嫌疑人、被告人、罪犯的命题，实质是国家如何对待公民的命题，是公共行动如何对待个人的命题，是制度如何对待人的命题，因而构成刑事诉讼（法）的核心命题，而采取什么样的刑事程序模式实质也是国家治理现代化必须认真对待、妥善解决的一个重要命题。改革初期，国人基于对"文化大革命"期间"'砸烂公、检、法'，在所谓'全面专政'的幌子下，对广大干部和群众实行法西斯专政，想抄谁的家就抄谁的家，想抓谁就抓谁，只要他们说一声某人是坏人，这个人就被投入监狱，制造了大量冤假错案，坑害了不少人"的"血的教训"，深深意识到"我们国家非加强法制不可，非有刑事诉讼法不可"，强烈期望通过理性的刑事程序治理"为所欲为"的滥权甚至"法西斯专政"。① 如今，站在新时代新的历史起点上，在推进国家治理体系和治理能力现代化的历史进程中，关于全面推进依法治国的重大战略掀起"国家治理领域一场深刻而广泛的革命"，确立了"推进以审判为中心的诉讼制度改革""确保审理的每一起案件都经得起实践、历史和人民的检验""以规范和约束公权力为重点""人权得到切实尊重和保障""坚决破除一切不合时宜的思想观念和机制

---

* 本文系作者主持的国家社会科学基金重大项目"把社会主义核心价值观融入刑事诉讼法治建设研究"（项目批准号17VHJ004）的研究成果之一，并受广东省哲学社会科学规划"习近平法治思想研究"委托项目"坚持以人民为中心　建设更加公正司法体系"（项目批准号GD22TW04－06）支持。本文曾获得中国法学会第十届中国法学青年论坛主题征文一等奖。

** 中山大学法学院教授、博士生导师，法学院副长、涉外法治研究院副院长、国家级法学实验教学示范中心主任、国家治理研究院司法体制改革研究中心主任。

① 参见社论：《为宣传和执行刑事诉讼法而努力》，载《人民司法》1979年第8期。

体制弊端""建设良法善治的法治中国"等目标。② 习近平法治思想更是强调"要坚持以人民为中心""要把体现人民利益、反映人民愿望、维护人民权益、增进人民福祉落实到全面依法治国各领域全过程"。③ 刑事程序领域承载着治理现代化诸多顶层的价值目标,而要实现治理现代化就必须认真回答国家如何尊重和保障人权、如何规范和约束公权力、如何捍卫和遵循正当程序诸核心问题④,确立什么样的刑事程序模式,是一个事关治理现代化的命题。

二、探寻刑事程序的中国模式

中国应当采用何种刑事程序模式,一直是摆在国人面前的一个命题。从清末民初效仿欧陆模式,到新中国借鉴苏联模式,改革过程学习英美模式,到构建本土特征渐趋鲜明的中国模式,国人一直在探寻最适合于本土的、符合中国国情、解决中国问题、具有中国特色的刑事程序模式。不过,中国刑事程序的理想模式究竟应当是一种什么样的模式,始终还是一个尚未完全明朗,留待历史实践谱写答案的问题。

纵观刑事程序法治实践的历程,新中国刑事程序的权力结构与线性特征并未发生质变,一直是一种以公检法等办案机关分工配合为基调的强职权主义的程序模式。不过,经历 1979 年刑事立法及 1996 年、2012 年和 2018 年三次修改,控辩

---

② 参见《中共中央关于全面深化改革若干重大问题的决定》,载《人民日报》2013 年 11 月 16 日,第 1 版;《中共中央关于全面推进依法治国若干重大问题的决定》,载《人民日报》2014 年 10 月 29 日,第 1 版;习近平:《决胜全面建成小康社会 夺取新时代中国特色社会主义伟大胜利——在中国共产党第十九次全国代表大会上的报告(2017 年 10 月 18 日)》,载《人民日报》2017 年 10 月 28 日,第 1 版;《中共中央关于坚持和完善中国特色社会主义制度 推进国家治理体系和治理能力现代化若干重大问题的决定》,载《人民日报》2019 年 11 月 6 日,第 1 版;《法治中国建设规划(2020—2025)》,载《人民日报》2021 年 1 月 11 日,第 1 版。

③ 参见《习近平在中央全面依法治国工作会议上发表重要讲话》,载中华人民共和国中央人民政府网,http://www.gov.cn/xinwen/2020-11/17/content_5562085.htm。

④ 刑事程序与国家治理是一个传统而具有根本性的命题,经典的理论阐释见诸拉德布鲁赫、帕克、达玛什卡等学者的著述,如[德]拉德布鲁赫:《法学导论》,米健、朱林译,中国大百科全书出版社 1997 年版;[美]哈伯特·L.帕克:《刑事制裁的界限》,梁根林等译,法律出版社 2008 年版;[美]米尔伊安·R.达玛什卡:《司法和国家权力的多种面孔——比较视野中的法律程序》,郑戈译,中国政法大学出版社 2004 年版;等等。国内学者围绕该命题也有讨论,譬如强世功:《法制的观念与国家治理的转型——中国的刑事实践(1976—1982)》,载《战略与管理》2000 年第 4 期;汪海燕:《解读"国家尊重和保障人权"——析宪法修改对刑事诉讼法再修改的影响》,载《当代法学》2005 年第 2 期;陈永生:《刑事诉讼的宪政基础》,北京大学出版社 2010 年版;李训虎:《割裂下的融合:中国宪法与刑事诉讼法关系变迁考察》,中国政法大学出版社 2010 年版。

审的结构关系及作用机制还是发生了一定的微调和局部变化,诸如检察院免予起诉权的取消、法院统一定罪权的确立、侦查权的逐步规制、辩护权的逐渐拓宽、检察监督权的强化、监察委员会调查权的确立等,加上 2014 年以来从顶层设计层面极力推进以审判为中心的诉讼制度改革,力图确保侦查、审查起诉的案件事实证据经得起法律的检验,保证庭审在查明事实、认定证据、保护诉权、公正裁判中发挥决定性作用,健全事实认定符合客观真相、办案结果符合实体公正、办案过程符合程序公正的法律制度⑤。这些变化除了体现刑事程序法治特征渐趋显著,更体现刑事程序理念的进化,其基本趋势是从过度强调犯罪控制走向适度重视人权保障。这一点,从刑事诉讼法指导思想与任务的细微变化得到一定的说明:1979 年立法是结合"无产阶级专政的具体经验和打击敌人、保护人民的实际需要",公检法三机关执行刑事诉讼法"是无产阶级专政用以保护人民、打击敌人的有力工具"⑥;1996 年修改强调"保障诉讼参与人依法享有的诉讼权利,是刑事诉讼的一条重要基本原则",既要"保证准确、及时地查明犯罪事实,正确应用法律,惩罚犯罪分子",又要"保障无罪的人不受刑事追究,保护公民的人身权利、财产权利、民主权利和其他权利"⑦;2012 年修改"将'尊重和保障人权'写入刑事诉讼法""坚持统筹处理好惩罚犯罪与保护人权的关系""在程序设置和具体规定中都贯彻了这一宪法原则"⑧;2018 年修改在"进一步完善中国特色刑事诉讼制度,深化司法体制改革,推进国家治理体系和治理能力现代化"中继续强调"充分保障被告人

---

⑤ 参见习近平:《决胜全面建成小康社会夺取新时代中国特色社会主义伟大胜利——在中国共产党第十九次全国代表大会上的报告(2017 年 10 月 18 日)》,人民出版社 2017 年版;《中共中央关于全面推进依法治国若干重大问题的决定》,载《人民日报》2014 年 10 月 29 日,第 1 版;《最高人民法院、最高人民检察院、公安部、国家安全部、司法部关于推进以审判为中心的刑事诉讼制度改革的意见》,载《中华人民共和国公安部公报》2016 年第 5 期。

⑥ 参见《刑事诉讼法》(1979 年 7 月 1 日第五届全国人民代表大会第二次会议通过);彭真:《关于七个法律草案的说明——一九七九年六月二十六日在第五届全国人民代表大会第二次会议上》,载《人民日报》1979 年 7 月 1 日,第 1 版。

⑦ 参见《刑事诉讼法》(根据 1996 年 3 月 7 日第八届全国人民代表大会第四次会议《关于修改〈中华人民共和国刑事诉讼法〉的决定》第一次修正);顾昂然:《关于〈中华人民共和国刑事诉讼法修正案(草案)〉的说明——1996 年 3 月 12 日在第八届全国人民代表大会第四次会议上》,载《中华人民共和国全国人民代表大会常务委员会公报》1996 年第 3 期。

⑧ 参见《刑事诉讼法》(根据 2012 年 3 月 14 日第十一届全国人民代表大会第五次会议《关于修改〈中华人民共和国刑事诉讼法〉的决定》第二次修正);王兆国:《关于〈中华人民共和国刑事诉讼法修正案〉的说明——2012 年 3 月 8 日在第十一届全国人民代表大会第五次会议上》,载《人民日报》2012 年 3 月 9 日,第 3 版。

的诉讼权利""加强对当事人的权利保障"⑨。从话语上,新中国刑事程序的基本理念与价值目标发生了从"打击敌人、保护人民"到"惩罚犯罪,保护人民"再到"惩罚犯罪""保障人权"的变迁⑩,逐步迈向"国家尊重和保障人权"的刑事程序模式。

  刑事程序价值理念的微妙变化,提供了认识和诠释新中国刑事程序理想模式的另一种视角的可能。学术上提供了"强职权主义""义务本位主义""线形结构""倒三角结构""伞形结构""流水作业式""混合型"⑪及"三角结构与线形结构""自由与安全""横向结构与纵向结构""流水作业式与以裁判为中心""对抗与合作""宪政型与集权型""刑事诉讼的中国模式""刑事诉讼的中国图景"等概念与理论工具⑫,为理解新中国刑事程序的实然状态与应然模式提供了多样化且富于解释力的视角。而当下国家从顶层设计层面力推以审判为中心的诉讼制度改革,更是为进一步理解和想象新中国刑事程序的未来模式提供更富可预见性与创造力的空间。⑬ 采用何种刑事程序模式始终是一个国家刑事法治必须面对和解答

---

  ⑨ 参见《刑事诉讼法》(根据 2018 年 10 月 26 日第十三届全国人民代表大会常务委员会第六次会议《关于修改〈中华人民共和国刑事诉讼法〉的决定》第三次修正);沈春耀:《关于〈中华人民共和国刑事诉讼法(修正草案)〉的说明——2018 年 4 月 25 日在第十三届全国人民代表大会常务委员会第二次会议上》,载中国人大网,http://www.npc.gov.cn/npc/xinwen/2018 - 10/26/content_2064462.htm?from = message&isappinstalled = 0。

  ⑩ 参见《刑事诉讼法》(1979 年)第 1 条、《刑事诉讼法》(1996 年)第 1 条及《刑事诉讼法》(2012 年)第 1 条、第 2 条。

  ⑪ 参见左卫民、王凌:《刑事审判模式比较研究》,载《现代法学》1993 年第 6 期;陈瑞华:《义务本位主义的刑事诉讼模式——论"坦白从宽、抗拒从严"政策的程序效应》,载《清华法学》2008 年第 1 期;龙宗智:《刑事诉讼的两重结构辨析》,载《现代法学》1991 年第 3 期;裴苍龄:《关于刑事诉讼结构的研究》,载《政治与法律》1996 年第 5 期;卞建林、李菁菁:《从我国刑事法庭设置看刑事审判构造的完善》,载《法学研究》2004 年第 3 期;陈瑞华:《从"流水作业"走向"以裁判为中心"——对中国刑事司法改革的一种思考》,载《法学》2000 年第 3 期;谢佑平:《"混合型"刑事诉讼模式评论——〈刑事诉讼法修改决定〉随想》,载《法学》1996 年第 5 期。

  ⑫ 参见左卫民:《价值与结构——刑事程序的双重分析》,四川大学出版社 1994 年版;龙宗智:《相对合理主义》,中国政法大学出版社 1999 年版;陈瑞华:《刑事诉讼的前沿问题》,中国人民大学出版社 2004 年版;万毅:《底限正义论》,中国人民公安大学出版社 2006 年版;陈瑞华:《刑事诉讼的中国模式》,法律出版社 2008 年版;左卫民:《刑事诉讼的中国图景》,生活·读书·新知三联书店 2010 年版;等等。

  ⑬ 习近平:《关于〈中共中央关于全面推进依法治国若干重大问题的决定〉的说明》,载《求是》2014 年第 21 期;周强:《推进严格司法》,载《人民日报》2014 年 11 月 14 日,第 6 版;曹建明:《强化法律监督 保证公正司法 促进司法公信力明显提高》,载《学习时报》2016 年 9 月 8 日,第 1 版;陈光中、步洋洋:《审判中心与相关诉讼制度改革初探》,载《政法论坛》2015 年第 2 期;魏晓娜:《以审判为中心的刑事诉讼制度改革》,载《法学研究》2015 年第 4 期;龙宗智:《"以审判为中心"的改革及其限度》,载《中外法学》2015 年第 4 期;陈卫东:《以审判为中心:当代中国刑事司法改革的基点》,载《法学家》2016 年第 4 期;等等。

的根本命题,中国刑事程序的现实模式究竟是什么样、理想模式又应当是什么样,始终为立法者、司法者和研究者孜孜不倦所探寻。中国刑事程序模式的困惑除了源于对刑事程序的中国因素、中国特色和中国方案的认识与把握上的争议、疑虑,还源自对刑事程序基本理念与价值目标理解和定位上的困局。

  传统上主导的学术观点将犯罪控制与人权保障定位为刑事程序两者并重、并行不悖的双核目标,权威学说一直主张刑事诉讼目的"二元论"。⑭ 新中国刑事诉讼立法自从告别犯罪惩治"一元论"⑮之后也一直沿袭着既要"惩罚犯罪"又要"保护人民"、既要"惩罚犯罪分子"又要"保障无罪的人不受刑事追究"的"二元论"⑯,且"坚持统筹处理好惩罚犯罪与保护人权的关系"也成为修法的指导思路⑰。从某种意义上可以认为新中国刑事诉讼目的立法呈现了从以"揭露犯罪、证实犯罪和惩罚犯罪"为内核的"一元论"到以"打击敌人、保护人民"为内核的"旧二元论"再到以"惩罚犯罪、保障人权"为内核的"新二元论"的演进轨迹。然而,无论学术上抑或立法上均占主导的刑事诉讼双核目的论,常常造成制度构造及其运行实践中利益博弈与价值选择的两难困境。诚如批评者所揭示的,"刑事诉讼目的双重论并没有能够准确地阐释现代刑事诉讼目的理论的本质性特征,特别是把打击犯罪仍然作为刑事诉讼的首要目的,则是对现代刑事诉讼目的理论的重大误读。这一陈旧过时的理论范式已经远远不能适应当今深刻变革的社会和时代发展的需求,理论先导的作用已经丧失,且在司法实践中也是相当有害的,已

---

 ⑭ 代表性著述有如李心鉴:《刑事诉讼构造论》,中国政法大学出版社1992年版,第137页;宋英辉:《刑事诉讼目的论》,中国人民公安大学出版社1995年版,第84页;陈光中主编:《中华人民共和国刑事诉讼法再修改专家建议稿与论证》,中国法制出版社2006年版,第264页;徐静村主编:《中国刑事诉讼法(第二修正案)学者拟制稿及立法理由》,法律出版社2005年版,第3页;陈卫东主编:《模范刑事诉讼法典》,中国人民大学出版社2005年版,第131页;陈光中主编:《刑事诉讼法》(第三版),北京大学出版社2009年版,第11页;龙宗智、杨建广主编:《刑事诉讼法》(第五版),高等教育出版社2016年版,第56页;陈卫东主编:《刑事诉讼法》,高等教育出版社2017年版,第10页。

 ⑮ 尤其是改革开放以前,新中国刑事程序目的呈现浓厚的犯罪惩治"一元论"倾向。譬如《刑事诉讼法草案》从1957年5月18日草稿、1962年8月31日初稿、1963年3月1日三稿、1963年3月13日四稿、1963年4月1日五稿到1963年4月10日六稿,第1条均规定了刑事诉讼法的任务是"揭露犯罪、证实犯罪和惩罚犯罪"并强调公检法三机关"通过刑事诉讼活动教育公民遵守法律,提高警惕,积极同犯罪作斗争"。参见吴宏耀、种松志主编:《中国刑事诉讼法典百年》(中册),中国政法大学出版社2012年版,第457页、第505页、第556页、第633页、第661页、第696页。

 ⑯ 改革开放以后新中国刑事程序目的逐渐走向"二元论"。参见《刑事诉讼法》(1979年7月1日通过,1996年3月7日第一次修正,2012年3月14日第二次修正,2018年10月26日第三次修正)第1条、第2条。

 ⑰ 参见王兆国:《关于〈中华人民共和国刑事诉讼法修正案〉的说明——2012年3月8日在第十一届全国人民代表大会第五次会议上》,载《人民日报》2012年3月9日,第3版。

经成为滋生冤假错案现象的主要思想根源"[18]。究其根本,既有的"二元论"本质是以犯罪控制为首要目标、兼顾惩罚犯罪与保障人权的"实质的一元论",犯罪控制始终被定位为中国刑事程序模式的优位价值与主导目标。中国刑事程序模式的困惑,不得不说与刑事程序基本理念与价值目标定位形式上双重核心及其实质上一元价值所导致的两难困境息息相关。而要解决两难困境,根本方向可能还在于彻底告别传统上以犯罪惩治为内核的"旧一元论",摆脱"旧二元论",扬弃"新二元论",走向符合现代刑事程序本质精神的以国家尊重和保障人权为内核的"新一元论"。

三、拓展刑事程序模式的理论视界

自20世纪60年代赫伯特·帕克提出"犯罪控制与正当程序"模式理论[19]以来,刑事程序模式就逐渐成为刑事诉讼法理论的核心板块,被广泛而持续地研讨、争鸣。一方面,刑事程序模式理论被不断加以反思、修正和补充,譬如格里菲斯揭示帕克理论仅仅是在"竞技"概念框架内提出了一种模式,将罪犯看成敌人的意识形态忽略了相关周边问题,从而提出"斗争模式与家庭模式"[20];戈尔茨坦揭示帕克理论过度强调对犯罪问题解决的程序意义而忽略程序不可能与实体截然分开的实质,探讨了"弹劾式与纠问式",并提出可能存在"一种明显融合纠问因素与弹劾因素的中间地带"[21];贝洛夫揭示帕克理论未能涵盖理解被害人参与的概念,因而提出第三种模式"被害人参与模式"[22];肯特·洛奇揭示帕克理论未能解释某些新型案件,进一步提出"被害人权利惩罚模式和被害人权利非惩罚模式"[23]。另一方面,刑事程序模式理论的视角、境界不断被拓展,譬如菲利从制度

---

[18] 郝银钟:《刑事诉讼目的双重论之反思与重构》,载《法学》2005年第8期。

[19] Herbert L. Parcker, Two Model of the Criminal Process, 113 *U. PA. L. Rev.* 1 (1964); Herbert L. Parcker, *The Limits of the Criminal Sanction*, California: Stanford University Press, 1968.

[20] John Griffiths, Ideology in Criminal Procedure or a Third "Model" of the Criminal Process, 79 *Yale L. J.* 359 (1970).

[21] Abraham S. Goldstein, Reflections on Two Models: Inquisitorial Themes in American Criminal Procedure, 26 *Stan. L. Rev.* 1009 (1974).

[22] Douglas Evan Beloof, The Third Model of Criminal Process: The Victim Participation Model, 1999 *Utah L. Rev.* 289 (1999).

[23] Kent Roach, Four Models of the Criminal Process, 89 *J. Crim. L. &Criminology* 671 (1999).

的目标与功能的角度,采用宏观构造理论,剖析了"理性目标模式与功能系统模式"㉔;达玛什卡从权力的组织结构与政府职能的角度,采用科层制与协作制理论,剖析了"政策实施型和纠纷解决型"㉕;L. H. 利立足于欧陆法与英美法的对比,着眼程序价值理论,揭示任何刑事程序模式的差异主要在于自由与效率的价值平衡点及相应制约上的差异㉖;学者甚至将讨论引向对抗制与职权主义两种代表性制度模式孰优孰劣、如何选择、如何融合的问题㉗。总体上,半个世纪以来刑事程序模式理论已被推向了一个高度,成为认识、理解和评判一种刑事程序制度及其背后程序精神、价值、理念、目标、原理甚至社会形态、制度结构、权力关系、文化传统的有效工具,"刑事诉讼模式高度抽象、概括了其所代表的刑事诉讼制度"并"为我们探讨刑事诉讼的实际运行、刑事司法的价值取向以及人们思考并谈论刑事司法的方式提供了一种可评价的话语"㉘。

刑事程序模式理论之所以拥有如此大的魅力,与其触及根本、相对稳定和追求尽善尽美的品性有关。毕竟,一种刑事程序模式大体要经历恒久历史沉淀与制度传统日积月累塑造而成,蕴含着一个国家或法域刑事程序的内在精神、价值目标、制度功能与构造原理,其变革往往触及根本与全局但又尤为深刻、极具挑战性与成就感。立法者、司法者和研究者孜孜不倦探寻刑事程序的理想模式,不断拓展着模式理论的新境界;但又普遍意识到"模式提供了一种妥善处理刑事程序复杂性的有效方法,允许简化细节而突出共同的主题及发展趋势,……然而,将充满

㉔ Malcolm M. Feeley, Two Models of the Criminal Justice System: An Organizational Perspective, 7 *Law & Soc'y Rev.* 407 (1973).

㉕ MirjanDamaška, Structures of Authority and Comparative Criminal Procedure, 84 *Yale L. J.* 480 (1975); MirjanDamaška, *The Faces of Justice and State Authority: A Comparative Approach to the Legal Process*, New Haven: Yale University Press, 1986.

㉖ L. H. Leigh, Liberty and Efficiency in the Criminal Process: The Significance of Models, 26 *Int'l & Comp. L. Q.* 516 (1977).

㉗ 代表性著述,如 Gary Goodpaster, On the Theory of American Adversary Criminal Trial, 78 *J. Crim. L. & Criminology* 118 (1987); Monroe H. Freedman, Our Constitutionalized Adversary System, 1 *Chap. L. Rev.* 57 (1998); Marvin E. Frankel, The Search for Truth: An Umpireal View, 30 *Rec. Ass'n B. City N. Y.* 14 (1975); William T. Pizzi, Lessons from Reforming Inquisitorial Systems, 8 *Fed. Sent'g Rep.* 42 (1995); John H. Langbein & Lloyd L. Weinreb, Continental Criminal Procedure: "Myth" and Reality, 87 *Yale L. J.* 1549 (1978); Abraham S. Goldstein & Martin Marcus, Comments on Continental Criminal Procedure, 87 *Yale L. J.* 1570 (1978); Thomas Weigand, Continental Cures for American Ailments: European Criminal Procedure as a Model for Law Reform, 2 *Crime & Just.* 381 (1980); Daniel Foote, The Benevolent Paternalism of Japanese Criminal Justice, 80 *Cal. L. Rev.* 317 (1992)。

㉘ 虞平、郭志媛编译:《争鸣与思辨:刑事诉讼模式经典论文选译》,北京大学出版社 2013 年版,第 6 页。

自由裁量与人性化的刑事程序制度简化为一个简单的事实是不可能或者是不可欲的"㉙,"模式"甚至可能"是对现实的歪曲","而且由于模式在本质上是规范性的,就存在将一个或另一个看做是好的或者坏的危险"㉚。但也正因为此,探寻刑事程序的理想模式、丰富刑事程序模式的理论范式的工作才显得如此富有意义而且恒久。

综观用来诠释刑事程序模式的理论范式,大致可类型化为五种概念类型,分别是着眼于程序结构的概念,如三角结构、倒三角结构、线形结构、伞形结构等;着眼于程序功能的概念,如犯罪控制模式、政策实施型、纠纷解决型等;着眼于程序机制的概念,如正当程序模式、流水作业式、侦查本位主义、审判中心主义等;着眼于程序内容的概念,如被害人参与模式、义务本位主义等;着眼于程序方法的概念,如斗争模式、家庭模式、对抗型、合作型、纠问式、弹劾式、对抗制、职权主义、强职权主义、混合型等。琳琅满目的概念表明了刑事程序现实模式的多样性和刑事程序模式理论的极大发展空间,也表明了试图提供一种放之四海而皆准的刑事程序模式与试图穷尽所有的刑事程序模式一样似乎都是不明智的。不过,这一点都没有消减探寻刑事程序理想模式的意义和动力。尽管诸概念类型逻辑分界未必截然清晰,但这些源于多种逻辑层面的模式概念还是可能为我们审视中国刑事程序模式提供有益启示。过去很长一段时期中国刑事程序模式纠缠于结构层面上三角结构、线型结构抑或倒三角结构以及方法层面上对抗制、职权主义抑或混合型之争,功能层面上又陷入犯罪控制抑或人权保障的双重目的论困惑。要走出这种困局,就必须厘清和合理定位各逻辑层面模式概念及其应有内涵,尤其对中国刑事诉讼制度与实践的当下状况而言相当重要的是,应当跳出程序功能层面上犯罪控制抑或人权保障之争而导入犯罪控制与权力控制的新模式内涵,同时在程序机制层面鲜明确立正当程序的模式概念,在此基础上,站在一种立足长远、开拓境界、更具开放性和反思性的角度上去探寻新中国刑事程序的理想模式。

四、理解当代刑事诉讼(法)的性质

欲探寻刑事程序的理想模式,必须对当代刑事诉讼(法)的性质及其使命有充分、深刻的认识和理解。不同类型的刑事程序模式映射了对刑事诉讼性质与使命的不同定位,展示了不同情境与时空条件下刑事诉讼法的不同品格。譬如,中

㉙ Kent Roach, Four Models of the Criminal Process, 89 *J. Crim. L. & Criminology* 671 (1999).
㉚ [美]哈伯特·L. 帕克:《刑事制裁的界限》,梁根林等译,法律出版社2008年版,第155页。

世纪纠问制程序折射的是一种嫌疑人、被告人沦为诉讼客体的"敌人刑事诉讼法";传统上以"揭露犯罪、证实犯罪和惩罚犯罪"为内核的程序模式折射的是一种沦为"治罪法"的刑事诉讼法。然而,当代法治视域下刑事诉讼法的初衷与意义,绝不是作为"敌人刑事诉讼法"和"治罪法"而存在的。在相当长的一段时期里,刑事程序扮演的就是这么一种角色,不管它如何去发现事实真相、追求刑罚正义,不管它如何去尊重程序权利、防止错误追究,总是笼罩着犯罪控制的阴影,无法摆脱神圣背后的乏力。这是因为,刑事诉讼从一诞生,便与犯罪与刑罚结缘,更是与国家权力紧密关联,它由国家组织起来并支持运作,却用来解决本质上发生在国家与个人之间的矛盾,这使其天然地隐含了一个自身无法解脱的不平等的悖论。今天我们不乏对控辩平等、保护人权的呼吁,然而极少去反思这一场刑事诉讼的深层矛盾,真正理解刑事诉讼(法)的性质及其当代使命。

为此,当寻求认识一种反思性的刑事诉讼(法),理解刑事诉讼(法)的性质及其当代使命,将刑事诉讼定位为通过规约国家权力保障个人权利的制度装置,而不仅是传统上简单理解为实现国家刑罚的程序。自从犯罪变成"公共问题"[31]由国家出面治理,国家为实践这项"事业"在犯罪与刑罚间创设了必经的追诉嫌疑人与审判被告人的刑事程序[32],如何对待嫌疑人、被告人就成为必须界定清楚的基本问题。在该场域,国家治理犯罪的需要同公民保护个人权利免受国家权力侵犯之间的矛盾,是最基本的矛盾,构成程序发展的基本动因,始终贯穿并主导着整个程序。而国家如何对待嫌疑人、被告人和罪犯,就成为刑事程序的核心命题,并实质上影射着国家如何对待公民这一宪制的根本命题。反思性刑事诉讼(法)观抓住刑事诉讼的基本矛盾及核心命题,立足于对不断趋于理性的刑事程序模式的认识和对刑事诉讼的性质及其当代使命的理解,将其归结为至少包含如下五项基本维度的内涵。其一,在国家与个人之间:一个有血有弱的个体。在刑事诉讼场域,侦控方与被控方发生的讼争实质是发生在国家与个人之间的一场矛盾,只有看到站立在国家面前的是一个"有血有肉的人",而不是无关紧要的、谁并不重要的"抽象的人",去理解"真正的人",[33]去尊重他/她——用黑格尔的话说即"法的命令是:成为一个人,并尊敬他人为人"[34],才可能更多地避免那种血淋淋的场面,诸如非法羁押、刑讯与酷刑,才可能把他/她当作一个活生生的存在来对待,而

---

[31] [意]朱塞佩·格罗索:《罗马法史》,黄风译,中国政法大学出版社1994年版,第121页。
[32] R. A. Duff, *Trial and Punishment*, Cambridge University Press, 1986, pp.110-114.
[33] [德]卡·马克思、[德]弗·恩格斯:《德意志意识形态》,载《马克思恩格斯全集》(第3卷),人民出版社1960年版,第30页。
[34] [德]黑格尔:《法哲学原理》,范扬、张企泰译,商务印书馆1982年版,第46页。

不是一个在追诉权力面前微不足道的抽象物。其二,在权力与权利之间:一种界定权力的权利。国家权力与个人权利始终是一对摩擦着的矛盾,实践中几乎无法找到一种对个人权利完全没有施加任何限制的刑事诉讼样板,正如刑罚对于犯罪而言是"必要的恶",国家追诉权力同样是"必要的恶",然而绝不意味着只要基于查明真相控制犯罪的需要就可限制权利,也并不意味着国家权力只要控制在"不得不为"就必然具有合法性,而是意味着治理犯罪的国家权力运作必须将可能限制个人权利的程度降到最低点。换言之,要将保障个人权利作为国家权力运作的最高目标。其三,在犯罪与刑罚之间:一道不可逾越的诉讼。社会对犯罪不应是本能、专断、盲目的反应,而须是经过深思熟虑、有规则可循、本质上具有司法裁判性质的反应,㉟在犯罪与刑罚之间,刑事程序就像一道不可逾越的"墙",主导着从罪走向刑的"诉讼主义"的道路,所有围绕罪刑问题而展开的国家追诉行动均要放在该时空进行审阅,一切未经正当程序而对人权的限制与剥夺和对罪刑的认定与处置都将因越诉讼之轨而丧失合法性。其四,在实体与程序之间:通过程序引导正义。所有刑事程序都面临着"同时要尽力保护可能无辜者和惩罚可能有罪者"的两难境地㊱,但问题是刑事程序对可能发生的案件事实的追求注定永远只能是一种尽可能地接近,即使法律被仔细地遵循、过程被公正恰当地引导,还是有可能达到错误的结果㊲,因此刑事诉讼不能为某种实体追求而牺牲了程序正义,否则便会导向像达玛什卡所揭示的"程序法的陪衬性"㊳。其五,在目的与手段之间:通过控权保障人权。如果只是为了惩治犯罪,实际上国家根本不需要刑事诉讼法,甚至不需要刑法,毕竟在国家强制力面前,"反对统治关系"的"孤立的个人"㊴显得如此渺小,没有程序上阻碍刑事案件调查者查明真相将"更便宜行事,也更富实效"㊵,可见刑事法律的存在绝非手段,而是目的,就如刑法是"犯罪人的

㉟ [法]卡斯东·斯特法尼、[法]乔治·勒瓦索、[法]贝尔纳·布洛克:《法国刑事诉讼法精义》,罗结珍译,中国政法大学出版社1999年版,第1页。

㊱ [意]戴维·奈尔肯编:《比较刑事司法论》,张明楷等译,清华大学出版社2004年版,第101页。

㊲ [美]约翰·罗尔斯:《正义论》,何怀宏、何包钢、廖申白译,中国社会科学出版社1988年版,第86页。

㊳ [美]米尔伊安·R.达玛什卡:《司法和国家权力的多种面孔——比较视野中的法律程序》,郑戈译,中国政法大学出版社2004年版,第220页。

㊴ 《马克思恩格斯全集》(第3卷),人民出版社1960年版,第379页。

㊵ [斯洛文尼亚]卜思天·M.儒攀基奇:《刑法理念的批判》,丁后盾译,中国政法大学出版社2000年版,第121页。

大宪章"㊶,刑事诉讼法应当成为"被告人的大宪章"㊷,否则将丧失其存在的当代意义。㊸

基于此,我们应当认识并理解一种反思性刑事诉讼(法)观。"强大的国家与具体的个人发生了一场'诉讼',国家对犯罪的追究被纳入了'法治'轨道,在犯罪与刑罚间被设置了'程序'的空间,刑事诉讼的运作,就是要限制国家追诉权力的恣意和保障被追诉者的权利,在权力与权利之间,在目的与手段之间,由个人权利为国家权力设定边界,通过控权实现人权保障。不断走向合理的刑事诉讼构造,自然要对此做出回应……"㊹究其实质,当代刑事诉讼法的本质属性不仅是"程序法"——提供刑事治理实践的操作规程且确保刑事治理过程的正当性,更不只是某种程度的"授权法"——严格限定于控制犯罪的正当范围与必要限度内,更主要是"控权法"——规制国家控制犯罪权力的合法性、是"人权法"——服务于国家尊重和保障人权的根本理念与终极目标。而国家尊重和保障人权的刑事程序模式本质上正是因循和彰显了反思性刑事诉讼(法)观㊺,与刑事诉讼的性质及其当代使命具有内在契合性。

五、刑事程序的理想模式

尽管试图寻找到一种放之四海而皆准的刑事程序模式可能是不明智和徒劳的,但如果我们暂时抛开对结构及体制的纠缠,立基于刑事诉讼(法)的性质及其当代使命,着眼于价值、功能、目标的概念范式,探索当代刑事程序的理想模式则是合理的和可能的。

刑事程序的理想模式,就是国家尊重和保障人权的刑事程序模式。其基本立意、框架和内涵可概括为:第一,以国家尊重和保障人权为刑事程序的优位价值,占据刑事程序目的体系的核心与顶点,作为刑事程序的精神本质与制度灵魂及刑事程序实践的出发点和落脚点,一切刑事程序制度设计及其具体运作都服从并服

㊶ [德]拉德布鲁赫:《法学导论》,米健、朱林译,中国大百科全书出版社1997年版,第96页。
㊷ 陈瑞华:《程序性制裁理论》,中国法制出版社2005年版,第15页。
㊸ 相关观点,详见谢进杰:《论被告人的处遇》,载《法制与社会发展》2007年第4期;谢进杰:《审判对象的运行规律》,载《法学研究》2007年第4期;谢进杰:《论审判对象的生成——基于刑事诉讼合理构造的诠释》,载《北方法学》2009年第2期;谢进杰:《如何对待嫌疑人与被告人——建国以来围绕"无罪推定"的讨论》,载《中山大学学报(社会科学版)》2012年第4期。
㊹ 谢进杰:《刑事审判对象理论》,中国政法大学出版社2011年版,第93—116页。
㊺ 有关反思性刑事诉讼(法)观的阐述,详见谢进杰:《刑事审判对象理论》,中国政法大学出版社2011年版,第93—116页。

务于国家尊重和保障人权这一中心,可谓为"一个中心";第二,以控制犯罪和控制权力为刑事程序的基本内容,刑事程序治理就是要在以国家尊重和保障人权为中心的核心思想指导下寻求控制犯罪与控制权力之间的最佳契合点,既赋予国家控制犯罪的权力又将其严格控制在正当基点上与必要限度内,刑事程序实践的任务不仅在于控制犯罪,而且在于控制控制犯罪的权力,可谓为"两个基本点";第三,以正当程序为刑事程序的方法与原则,贯穿刑事程序过程及其各层面、各线条、各角落,遵循正当程序是刑事程序治理的基本方法及一切刑事程序运作的前提,可谓为"一根主线"。概言之,"国家尊重和保障人权"是一个"中心",解决刑事程序的价值论层面的命题;"控制犯罪"和"控制权力"是两个"基本点",解决刑事程序的本体论层面的命题;"正当程序"是贯穿刑事程序的一根"主线",解决刑事程序的方法论层面的命题,三者构成刑事程序模式理论的核心要素,构造了刑事程序的基本框架。这种可被归结为"一个中心、两个基本点、一根主线"的国家尊重和保障人权的刑事程序模式,正好契合于当代刑事诉讼法作为程序法、必要限度的授权法及控权法、人权法的性质,与反思性刑事诉讼(法)观的精神实质及内在原理高度吻合。

(一)一个中心:国家尊重和保障人权

当代刑事程序的理想模式,应当是以国家尊重和保障人权为优位价值并一切以此为中心而展开的模式。国家尊重和保障人权,应当作为刑事程序最为根本的理念、最核心的价值和终极目标,作为刑事程序价值结构的内核与灵魂,主导整套刑事程序的制度设计与运作实践。

刑事程序是现代社会治理罪刑唯一具有合法性的机制,它可宣告一个人为罪犯并判刑,处断一个公民的人身、财产、名誉乃至生命,可在拟定为人人生而平等的社会剥夺部分公民的自由与安全。然而,此种宣告、处断和剥夺不可背离国家刑罚权来源的初衷和逾越刑事程序的终极价值目标,否则将丧失合法性。由于国家刑罚权是来源于每个个人所捐赠出来的"那份自由",嫌疑人、被告人其实也为了"这种需要"而"割让自己的一部分自由"并希望"这种共同的捐赠足以让别人保护自己",然而他/她此刻被怀疑成为这种"公共保护"的敌人而受到刑事追诉,故此,国家显然没有理由不慎重对待嫌疑人、被告人的权利问题,按贝卡里亚的话说,"一切额外的东西都是擅权,而不是公正,是杜撰而不是权利(力量)"[46]。而且,如果说在传统的"警察国家",国家权力也许可以漫无边界,个人权利只能沦

---

[46] [意]贝卡里亚:《论犯罪与刑罚》,黄风译,中国大百科全书出版社1993年版,第8—9页。

为国家权力的一种施舍[47];那么,"宪政国家"的觉醒则已让刑事程序中的国家权力从沉醉中惊醒,回归"人是主体"这一"最高意义上的哲学真理",用马克思的话说,即"任何一种解放都是把人的世界和人的关系还给人自己"[48]。国家尊重和保障人权的刑事程序模式,就是要将对人的尊重和保障确立为最优的、根本的、主导的价值目标,刑事程序的制度构造及一切程序实践都服从并最终服务于国家尊重和保障人权的价值理念,以其为初衷、中心和归宿。

康德强调,在认识经验界时,人为自然立法,在认识人并为人的行为确立道德时,人为自身立法,人必须受到尊重,绝不允许被随意摆布,"超越于一切价值之上,没有等价物可替代,才是尊严",任何人都应当遵循"不论是谁在任何时候,都不应把自己和他人仅仅当做工具,而应该永远看做自身就是目的"这一规律[49]。国家尊重和保障人权永远都应当无可替代地优位于涵括控制犯罪、解决纠纷、实施政策等在内任何其他价值追求,成为刑事程序的最高"道德律"。从法律精神的角度,"国家尊重和保障人权"至少涵括三层内涵:首先,国家运作刑事程序、解决罪刑问题、践行刑罚权,应当以尊重和保障人权为出发点和落脚点,无论是控制犯罪抑或是控制权力的基本任务,实质均源自并服从于国家尊重和保障人权这一中心;其次,国家不仅要保护人民集体免受犯罪侵害的安全,而且要尊重和保障刑事程序中个人免于受国家权力非法侵犯的安全;最后,国家不仅要尊重和保障嫌疑人、被告人的人权,也要尊重和保障罪犯的人权,尊重和保障被害人、证人、辩护律师和其他诉讼参与人的人权。从规范结构的角度,"国家尊重和保障人权"蕴含如下基本要素:其一,权利主体是人,是作为个体的每一个人,包括嫌疑人、被告人、罪犯、被害人、证人、辩护律师和其他诉讼参与人,当然各主体权利内容有别;其二,义务主体是国家,主要指侦查机关、控诉机关、审判机关、执行机关等国家机关;其三,规范内容是人权,尤指无罪推定、不被强迫自证其罪、获得公正审判、辩护、获得律师帮助、不受非法羁捕和搜查、控告、申诉、上诉、禁止重复追究等权利义务内容;其四,规范方式是尊重和保障,国家对人权不仅不能侵犯,而且要积极保护,"尊重"即"以人权的实现为国家权力运作的价值取向,而不再仅单纯地追求社会秩序的稳定性;⋯⋯国家权力要受到合理的限制,防止国家公共权力对人权的侵犯","保障"即"要求国家保护公民的各项权利免受来自国家机关、其他公

---

[47] 参见[德]拉德布鲁赫:《法学导论》,米健、朱林译,中国大百科全书出版社1997年版,第37页。

[48] [德]卡·马克思:《论犹太人问题》,载《马克思恩格斯全集》(第1卷),人民出版社1956年版,第443页。

[49] [德]康德:《道德形而上学原理》,苗力田译,上海人民出版社1986年版,第86—87页。

民、法人和社会组织的侵害与破坏,……国家不仅不能侵犯,还需要以政权的力量采取积极有效的措施保证其实现"[50]。从根本上,当代刑事诉讼法的本质就是国家尊重和保障人权的程序法,是具有程序法意蕴及功效的人权法,而刑事程序的理想模式正是以国家尊重和保障人权为中心的程序模式。

(二)两个基本点:控制犯罪与控制权力

刑事程序的理想模式在国家尊重和保障人权优位价值统领下承载着两项基本任务:控制犯罪与控制权力。一方面,为确保对大多数人的人权的尊重与公共安全的保障,刑事程序承载着控制犯罪的基本功能,国家通过刑事程序履行刑事追诉、审判犯罪与实施刑罚;另一方面,为确保对参与到刑事程序中来的少数人的人权的尊重与个体自由的保障,刑事程序承载着控制权力的基本功能,国家追诉、审判与刑罚的权力受到严格规制。

国家可通过对社会全方位的日常监控来防治犯罪,但一旦涉及对任何人的人身、财产、名誉、自由、安全、生命的限制或剥夺,就只有通过刑事程序才是唯一正当的方式。虽说如果真的要不顾一切、不择手段、不计后果去控制犯罪,脱离刑事程序国家控制犯罪将更得心应手、成效显著,因而控制犯罪绝非当代刑事程序最核心的价值追求,但也不得不承认,控制犯罪向来都是刑事程序承载的基本功能,甚至极易地就因过度强调犯罪控制而导致刑事程序被虚置、异化、沦为不折不扣的治罪工具。因此,只有彰显控制权力的品格,刑事程序才成为一种真正的必要,"一旦国家为了发现刑事案件的真相应禁止实施哪些行为,这一问题被提出,刑事诉讼法就作为一种建议之上的事物应运而生了"[51]。现代法治为刑事程序设定了两条基本定理:其一,控制犯罪是刑事程序的基本功能,为捍卫公共安全,国家追诉、审判、惩治犯罪的权力是必要的,应得到合法的承认与授予;其二,国家追诉、审判、惩治犯罪的权力只是一种"必要的恶",赋予过度的国家权力将适得其反,不但可能对嫌疑人、被告人的人权构成显见的侵犯而且可能对每一个人的人权构成潜在的威胁,因此控制犯罪的国家权力只能被严格控制在正当范围,超过必要限度的权力就是非法,控制权力也是刑事程序的基本功能,且是比控制犯罪更显要的功能——毕竟,国家刑罚权被过度挥霍滥用带来的危害将远远超过犯罪所带来的危害。

为实现控罪犯罪的功能,国家机关被赋予了一系列必要的合法权力,包括立

---

[50] 焦洪昌:《"国家尊重和保障人权"的宪法分析》,载《中国法学》2004年第3期。
[51] [斯洛文尼亚]卜思天·M.儒攀基奇:《刑法理念的批判》,丁后盾译,中国政法大学出版社2000年版,第122页。

案、侦查、起诉、审判与执行,采取拘传、讯问、检查、拘留、逮捕、监视、搜查、扣押、冻结、取证、通缉等强制措施或强制性侦控行为,甚至包括采取侦查实验、诱惑侦查、技术侦查、审前羁押、强制医疗、缺席审判、没收违法所得等权力。而为实现控制权力的功能,国家机关被要求遵循依法办案、坚持程序法定、不得强迫自证其罪、禁止非法取证、讯问全程录音录像、排除非法证据、组织公开审判、提供律师帮助、坚持疑罪从无、上诉不加刑、撤销违反程序原判、禁止重复追诉等原则。刑事程序的制度与实践始终面对着如何在控制犯罪与控制权力之间寻找最佳方案;尤其是,必须去解决从何种程度上赋予国家为控制犯罪所必要的正当程序权力,以及当国家权力超越该必要限度时应承受怎样的程序性后果。如丹宁勋爵所告诫,"社会必须有权逮捕、搜查、监禁那些不法分子。只要这些权力运用适当,这些手段就是自由的保卫者。但是这种权力也可能被滥用。而假如它被滥用,那么,任何暴政都要甘拜下风"[52]。控制犯罪与控制权力之间的关系,就像我们对"宁可冤枉一千个无辜,也不放纵一个罪犯"的检讨和警惕一样,控制犯罪的失误可能只是"污染了水流",控制权力的失误则可能直接"污染了水源"——"谁若使善果是否颠倒,其罪恶犹如在庐井和饮泉中下毒"[53]。二者被紧紧捆绑在一起,形成相生相克的循环逻辑圈,"控制权力"无时无刻约束着"控制犯罪",而"控制犯罪"一旦越权则其自身就可能构成本应被控制的"犯罪"。因此,控制犯罪的国家权力必须被严格控制在必要且适当的限度内,严守比例原则并遵循程序性制裁原理。本质上,当代刑事诉讼法不仅是控制犯罪所必要的"授权法",而且是控制控制犯罪权力的"控权法",刑事程序的理想模式就是要在"一个中心"指导下探寻"两个基本点"的最佳平衡与契合点。

(三)一根主线:正当程序

国家尊重和保障人权的刑事程序模式无论是要落实控制犯罪的任务,抑或是践行控制权力的使命,均被要求遵循正当的法律程序,以正当程序为基本方法,自始至终贯彻正当程序这一根主线。

刑事程序的运作直接触及对具体的人身、财产、名誉、自由、安全乃至生命的处置,如果没有操作规程可循,倘若不被控制在特定的程序时空,就极易导致恣意妄为、践踏人权。控制犯罪也好,控制权力也好,都需要一套恰当的、明确的操作指令,它不仅为控制犯罪提供依据,也为控制权力提供依据,这就是正当程序。在

---

[52] [英]丹宁勋爵:《法律的正当程序》,李克强、杨百揆、刘庸安译,法律出版社1999年版,第109页。

[53] [英]弗兰西斯·培根:《培根人生论》,何新译,陕西师范大学出版社2002年版,第216页。

犯罪与刑罚之间,刑事程序是必经的道路,将国家与个人的刑事利益冲突置于相对合理的三角结构中去审视,在合乎正当性的程序时空处理权力与权利的矛盾,意味着一个既为被害人遭受犯罪侵害提供公力救济也为被告人遭遇国家追诉权力侵犯提供司法救济的动作过程。

正当程序远不只是连接犯罪与刑罚的"制度屏障",实质上也为刑事程序运作提供了一种天然的方法论。在刑事程序视域下,为控制犯罪,国家应当如何运作侦查、控诉、审判、执行等权力,小到如何讯问犯罪嫌疑人,大到如何对被告人进行定罪量刑,均为一套正当程序所指引。正当程序既提供了控制犯罪的方法论,也提供了控制权力的方法论。同时,正当程序既是保证过程合理的方法论,也是保障结果权威的方法论。迄今为止,人们一直坚信惩罚有罪者而保护无辜者是刑事程序实现正义最完美的追求,"如果无辜者受到惩罚而有罪者逍遥法外,程序就落空了"[54]。但正如帕克所言,"我们面临一个有趣的矛盾:我们对刑事诉讼程序的实然状况了解得越多,就越受到应然状况的指导,并且实然与应然之间的隔阂似乎就变得越大……但那些关于程序应当如何运作的规定不会自动地成为刑事诉讼程序中的官方行为模式的一部分。实然与应然的共存日趋艰难,关于我们想拥有何种类型的刑事诉讼程序出现了种种疑问"[55]。为此,要确保尽可能实现刑事程序的理想追求或者至少降低误差与错误率,就有赖于正当程序提供的方法论指导。程序具有正当化的功能[56],但程序不仅应当是一个正当化的过程,而且应当是一个具有正当性的过程。正当程序的原理随着法治现代化而被不断加以修订和充实,从古代"自然正义"概念[57],到英国《大宪章》正当程序条款[58],到美国宪法"权利法案"及联邦最高法院通过司法判例掀起"正当程序革命"[59],再到国际社

---

[54] [美]伟恩·R.拉费弗、[美]杰罗德·H.伊斯雷尔、[美]南西·J.金:《刑事诉讼法》(上册),卞建林、沙丽金等译,中国政法大学出版社2003年版,第30页。

[55] 参见[美]哈伯特·L.帕克:《刑事制裁的界限》,梁根林等译,法律出版社2008年版,第152页。

[56] 就如卢曼阐释的通过程序的正当化命题。N. Luhmann, *Legitimation durch Verfahren*, Luchterhand, 1969. 转引自季卫东:《法治秩序的建构》,中国政法大学出版社1999年版,第3页以下。

[57] 参见[美]彼得·斯坦、[美]约翰·香德:《西方社会的法律价值》,王献平译,中国人民公安大学出版社1990年版,第97—98页。

[58] 英国《大宪章》第39条规定:"凡自由民,未经其同等级贵族依法裁判或受本国法律审判,均不得被逮捕、监禁、没收财产、剥夺公民权、流放或者施加以任何刑罚折磨。"

[59] 参见魏晓娜:《刑事正当程序原理》,中国人民公安大学出版社2006年版,第76—95页。

会基于一系列国际规范文件推动兴起世界人权运动[60],正当程序的精神及原理已涵盖了从侦查、起诉、审判到执行各流程,涉及控、辩、审各层面,涵括了无罪推定、诉审分离、控辩平等、审判中立、公正审判、及时审判、获得律师帮助、非法证据排除、禁止重复追诉、禁止酷刑、获得国家赔偿等一整套具体可行的最低限度程序保障体系。从根本上,正当程序原理的精神实质,就是要在指引如何控制犯罪的同时将控制犯罪的权力规制在正当程序框架内,以实现国家尊重和保障人权的终极目标,正当程序构成了刑事程序理想模式践行"一个中心、两个基本点"的基本方法,作为其贯穿始终的"一根主线"。作为"主线"的正当程序提供了引导和规范刑事程序的方法论,将无论作为"中心"的国家尊重和保障人权抑或作为"基本点"的控制犯罪与控制权力都建构在一种立体的框架内,并使其具有向前推进的动力,推动着刑事程序的运作。

综上所述,国家尊重和保障人权的刑事程序模式提供了从另一个角度认识和把握刑事程序的视角,尤其有益于解决如下困惑:其一,解决刑事程序的理想模式困惑,摆脱对抗制抑或职权主义的模式选择困扰与优劣评价窠臼,以"一个中心、两个基本点、一根主线"为基准而不是纠缠于以对抗制抑或职权主义的制度模型来指导刑事程序的制度设计,更可能卓有成效地探寻和构筑出既富有本土特色又符合时代方向的真正科学的刑事程序的中国模式;其二,解决刑事程序的目的体系困局,摆脱犯罪控制抑或人权保障的目的定位困境与价值选择两难境地,有可能彻底告别传统上以"惩治犯罪"为内核的"旧一元论"、以"打击敌人、保护人民"为内核的"旧二元论"和以"惩罚犯罪、保障人权"为内核的"新二元论",确立以"国家尊重和保障人权"为内核的"新一元论",重塑

---

[60] 其发展契机主要是随着第二次世界大战后国际人权意识的觉醒,以《联合国宪章》(1945年6月26日签署)、《世界人权宣言》(1948年12月10日通过)、《公民权利和政治权利国际公约》(1966年12月16日签署)为代表的一系列国际性规范文件的签署与生效为标志,逐渐发展形成一套人权国际保障的最低限度程序标准。这些国际性规范文件还包括《禁止酷刑和其他残忍、不人道或有辱人格的待遇或处罚公约》(1984年12月10日通过)、《囚犯待遇最低限度标准规则》(1985年5月25日批准)、《执法人员行为守则》(1979年12月17日通过)、《关于保护死刑犯权利的保障措施》(1984年5月25日批准)、《为罪行和滥用权力行为受害者取得公理的基本原则宣言》(1985年11月29日批准)、《关于司法机关独立的基本原则》(1985年11月29日通过)、《少年司法最低限度标准规则》(1985年11月29日批准)、《保护所有遭受任何形式拘留或监禁的人的原则》(1988年12月9日批准)、《有效防止和调查法外、任意和即决处决的原则》(1989年5月24日通过)、《执法人员使用武力和火器的基本原则》(1990年12月14日批准)、《关于检察官作用的准则》(1990年9月7日通过)、《关于律师作用的基本原则》(1990年9月7日通过)、《非拘禁措施最低限度标准规则》(1990年9月7日通过)、《预防少年犯罪准则》(1990年12月14日批准)、《保护被剥夺自由少年规则》(1990年12月14日批准)、《关于犯罪与司法:迎接二十一世纪的挑战的维也纳宣言》(2000年4月20日通过)等。

一种既符合当代刑事诉讼法性质又能有效指导实践的刑事程序目的体系;其三,解决刑事程序立法与司法一系列相关的博弈困境与选择难题,有可能一定程度地摆脱刑事程序制度与实践中公检法部门利益的短见和对某些规制必要性判断的困惑,为明确新中国刑事程序模式发展方向、加速刑事程序法治进程带来裨益。国家尊重和保障人权的刑事程序模式作为刑事程序的理想类型,是将国家尊重和保障人权定位和强调为刑事程序模型的核心要义,与那些将国家控制犯罪、公权力优位确立为首要价值的刑事程序模型相区分开来,从而提供了研究社会和解释现实的一种"概念工具"和"理论结构"。从根本上确立国家尊重和保障人权的刑事程序模式作为新中国刑事程序的理想模式,不但符合国家宪治的精神和国家治理现代化的方向,而且有益于构建既具有本土特色又符合时代方向的刑事程序的中国模式,塑造刑事程序的中国实践对于世界刑事程序制度文明的中国贡献。

六、新中国刑事程序的现实模式及其变迁

尽管新中国刑事程序法治的发展已一定程度地呈现迈向国家尊重和保障人权的刑事程序模式的迹象与趋势,但对于新中国刑事程序的现实模式及其变迁[61],仍然有必要秉持一种尽可能微观、动态、实证的视角去认识和评价。我们不妨以新中国刑事诉讼法为样本,对照当代刑事诉讼法的性质与使命以及刑事程序理想模式的精神与原理,将刑事诉讼法律规范及条款类型化为人权法律规范、控权法律规范、授权法律规范、程序法律规范及人权法条款、控权法条款、授权法条款、程序法条款,分别着重照应于"国家尊重和保障人权""控制权力""控制犯罪""正当程序"等意蕴,基本对应于当代刑事诉讼(法)性质的四种基本属性,构成考察刑事程序模式的四种基本视角:人权法视角、控权法视角、授权法视角和程序法

---

[61] 关于中国刑事程序模式的现实状况及其变迁已有不少研究,这里只是提供另一种视角。既有代表性成果有汪海燕:《我国刑事诉讼模式的选择》,北京大学出版社 2008 年版;陈瑞华:《刑事诉讼的中国模式》,法律出版社 2008 年版;左卫民:《刑事诉讼的中国图景》,生活·读书·新知三联书店 2010 年版;左卫民:《理想与现实:关于中国刑事诉讼的思考》,北京大学出版社 2016 年版;等等。

视角。(62)

(一)人权法视角

1979年刑事立法时,新中国刑事程序涵括有约28个人权法律规范,涉及无罪不受追究、平等适用法律、保障诉讼权利、控告、检举、提起附带民诉、公开审判、获得辩护、质证、最后陈述、保障上诉权、维护合法权益、无罪立即释放、暂予监外执行等具体的人权法内容。1996年修改新增了约27个人权法律规范,刑事程序蕴含的人权法扩展了保护财产权利、未经依法判决不得定罪、委托辩护人、指定律师提供法律帮助、律师调查取证、要求解除强制措施、聘请律师、公诉转自诉、疑罪从无、重大立功停止执行死刑、生活不能自理暂予监外执行等内容。2012年修改不仅确立了"尊重和保障人权"的宪法性刑事程序原则,明确宣示"保障辩护权和其他诉讼权利""维护诉讼权利和其他合法权益",而且新增约25个人权法律规范,扩充、完善了申请回避、侦查阶段委托辩护人、法律援助、律师会见、通信、阅卷、调取证据、执业保密、申诉控告阻碍诉讼权利、申请排除非法证据、请求作证安全保护、作证补助、申请变更强制措施、申请财产保全、侦查行为违法申诉控告、申请专门知识人员出庭、保障未成年人诉讼权利、到场法定代理人诉讼权利、利益关系人参诉上诉、刑事和解、强制医疗复议等人权法内容。2018年修改新增约6个人权法律规范,补充了认罪认罚从宽、值班律师法律帮助、申请罚金延期缴纳以及缺席审判的辩护权、上诉权、异议权等人权法内容。

(二)控权法视角

1979年刑事立法时,新中国刑事程序确立了约15个控权法律规范,包括依法办案、自行回避、依法收集证据、不轻信口供、依法逮捕、依法拘留、依法搜查扣押、监督侦查活动、撤销违反程序原判、上诉不加刑、监督执行活动等控权法内容。

---

(62) 这里按照刑事程序法律规范立足点、着重点的功能性差异,将刑事诉讼法的性质、规范及条款类型化为"人权法""控权法""授权法"和"程序法"四种类型,主要是试图为观察和理解刑事诉讼法及刑事程序模式提供更微观的新视角。尽管这种划分未必总是界限分明和特征鲜明,且可能因某种程度逻辑层面的不对称而存有交叉,但并不妨碍我们分别以某一种视角去观察刑事程序的现实模式与探索刑事程序的理想模式。当然,需要说明的是,这里所使用的"授权法"概念显然并不是通常理解的立法法意义上的授权法概念,而是意指为控制犯罪而授予特定国家机关侦查、追诉、审判、惩治犯罪的权力;这里所使用的"程序法"概念主要照应于作为刑事程序理想模式"主线"的"正当程序"概念,并不是一般意义上的更宽泛的程序法概念。另外,行文中笔者将以完整的法律规范而不是法律条款为单位来对刑事诉讼法具体规范进行归类,因此可能出现某若干条款共同构成某一规范的情况,也可能出现某一条款区分为若干规范的情况;此外,因同一条款可能同时符合多种意蕴、隶属不同规范,比如,可能既是"程序法"同时又属于"人权法""控权法"或"授权法",或者同时属于"人权法"和"控权法",因此归类上将不可避免地存在一定的交叉、重复。

1996年修改新增了约28个控权法律规范,拓展了法院统一定罪、不得接受请托、保障证人安全、撤销或变更不当强制措施、解除或变更超期限强制措施、立案监督、侦查羁押期限、疑罪从无、审理期限、暂予监外执行监督等内容。2012年修改新增或完善了约38个控权法律规范,不但拓展确立了排除非法证据、羁押必要性审查、禁止强迫自证其罪、取证合法性调查与证明、讯问全程录音录像、传唤拘传保证饮食与必要休息、严格限制逮捕未成年人、通知法定代理人到场、分别关押与管教、保护证人及近亲属安全、不得二次发回重审、返还与赔偿不当没收违法所得、监督与解除强制医疗、审查纠正阻碍依法行使诉讼权利行为等控权法律规范,而且发展了通知与提供法律援助、听取辩护意见、拘留或逮捕后送看与通知、看守所内讯问、避免超期羁押、侦查终结听取意见与告知情况、审查起诉听取意见、二次补侦证据不足不起诉、附条件不起诉听取意见与异议、依法处理查封扣押冻结物品、二审开庭审理、不得加重刑罚、死刑复核听取意见、依法重新审判申诉案件、监督暂予监外执行、纠正与追究非法取证、审查纠正违法行为等控权法内容。2018年修改新增了约17个控权法律规范,补充了告知诉讼权利、听取值班律师意见、认罪认罚量刑建议、采纳指控罪名与量刑建议、速裁程序适用的限制、速裁程序中听取意见、速裁程序的当庭宣判、速裁程序的审结限限、速裁程序案件的重新审理、死缓期间故意犯罪需属情节恶劣方报请核准死刑、缺席审判被告人到案的重新审理等控权法内容。

(三)授权法视角

1979年刑事立法时,新中国刑事程序包含了约33个授权法律规范,涉及收集调查取证、改变管辖、拘传、取保候审、监视居住、逮捕、先行拘留、通缉追捕、搜查、查封、扣押、勘验、检查、讯问、要求如实回答、延长期限、免予起诉、庭前实体审查、法院调查取证、庭审中退回补侦、二审全面审查、抗诉可加刑等授权法内容。1996年修改新增了34个授权法律规范,拓展或强化了检察监督、立案管辖、审判管辖、调查取证、取保候审、监视居住、逮捕、先行拘留、异地配合拘捕、延长提请审查批捕时间、传唤、批准聘请律师、律师会见派员在场、批准律师会见、要求交出证据、查询冻结、延长或重新计算侦查羁押期限、延长决定逮捕时间、重新计算审查起诉、要求提供证据材料、酌定不起诉、审委会决定及其执行、不派员出庭、讯问被告人、庭外调查核实证据、延长或重新计算审理期限、二审审理方式选择、审判监督抗诉、监督执行等方面的权力。2012年修改新增了约43个授权法律规范,扩充了公检法等国家机关有关恐怖活动案件中级人民法院一审管辖、其他辩护人会见通信许可、三类案件律师会见许可、其他辩护人阅卷许可、指定居所监视居住、采用电子监控检查等监视方法、拘留后可能有碍侦查不通知、期满后变更适用强制措施、采取财产保全措施、附带民事诉讼调解、口头传唤、重大复杂案件传唤、拘传24小时、现场询问证人、人身检查提取生物样本、要求交出证据、查封扣押财物文件、查询冻结财产、采取技术侦查措施、延长技术侦查措施期限、隐匿身份实施侦查、实施控制下交付、庭外核实技术侦查措施所收集证据、按自报姓名起诉审判、决定延长逮捕期限、强制出庭作证、中止审理、延长审理期限、适用简易程序、指令原审法院审理、再审案件采取强制措施与决定中止原判执行、决定批准监外执行、未成年人案件社会调查、附条件不起诉、没收违法所得、强制医疗等授权法内容。2018年修改新增了约15个授权法律规范,补充了检察院决定立案侦查公安管辖重大案件、退回补充调查、留置转拘留等强制措施、速裁程序审查起诉期限的延长、移送监察处分检察意见、最高人民检查院核准撤案或不起诉、指控罪名与量刑建议采纳的例外、适用速裁程序、被告人在逃的缺席审判、被告人患病的缺席审判、被告人死亡的缺席审判、海警局海上案件侦查权等授权法内容。

(四)程序法视角

程序法是刑事诉讼法最基本的属性,形式上所有条款均具有程序法律规范的表征,从程序法视角考察,有实质意义的是程序规范是否具有科学性、合理性、正当性、有效性。但此种评价是一项极为精细、复杂且较难量化评估的工程,考虑到新中国刑事诉讼法程序性救济与制裁机制长期以来相对微弱的特点,这里重点从是否有针对性地程序性救济或制裁的角度来考察。1979年刑事立法时,新中国刑事程序的基本框架已被建构起来,形成由立案、侦查、起诉、审判、执行五阶段构成的程序结构,至今并未发生结构性变化,但经由1996年、2012年和2018年三次修法对诸如免予起诉、简易程序、附条件不起诉、羁押必要性审查、庭前会议、非法证据排除、刑事和解、没收违法所得、强制医疗、认罪认罚从宽、速裁程序、缺席审判等程序细节上进行了修订与增补,整体上新中国刑事程序的可操作性是逐渐增强的。但从程序性救济与制裁的角度看,当前刑事程序含有直接针对性的程序性制裁或者程序性救济措施的法律规范仅约有54个,涵括控告、申诉、复议、申请解除、羁押必要性审查、撤销或变更强制措施、公诉转自诉、撤销案件、不起诉、终止审理、宣告无罪、立即释放、上诉抗诉、发回重审、改判、检察监督、追究法律责任等意蕴。不过,这些绝大多数只是一般的程序性救济条款,而属于严格的程序性制裁条款主要仅有拒不出庭作证鉴定意见不得作为定案依据、非法证据排除、疑罪从无、对违反规定诉讼程序的撤销、重审与改判等。

(五)总结与反思

从人权法、控权法、授权法、程序法四个维度,以刑事诉讼法为样本展开的考察,一定程度地展示了新中国刑事程序的现实模式及其变迁。以发展的眼光审视,新中国刑事程序现实模式变迁具有如下表征。首先,从人权法维度,无论是人权法律规范、条款的数量抑或所蕴含人权法内容、意蕴的增长,均显示了新中国刑事程序人权保障目标的发展,展示了逐步迈向国家尊重和保障人权的刑事程序模式的迹象。其次,从控权法维度,控权法律条款数量及规范内容的增长显示了控权法要素及内涵的逐渐丰富,新中国刑事程序在逐渐地注重控制权力的功能维度。再次,从授权法维度,无论是授权法律规范及条款抑或其蕴含的授权法要素、内容、范围都为数不少且增长显著,这又显示了新中国刑事程序从未放松过控制犯罪功能维度上的努力,刑事程序视域下控制犯罪的国家权力空间不断得到拓展。最后,从程序法维度,可以说新中国刑事程序的框架结构已整体搭建成熟,程序法表征渐渐显著,程序法功能日臻完善,不过程序性救济尤其是程序性制裁机制却依然较弱。

　　进一步考察可发现新中国刑事程序模式的发展存在诸多局限与困惑。其一,尽管人权法、控权法、授权法、程序法四个维度并行发展,但相比起来,授权法维度无论是增长基数、幅度还是内容、范畴的增长均不亚于甚至超越了人权法、控权法维度,这说明相比起控制权力而言,控制犯罪的功能维度显然更受重视、强调,甚至人权保障的目标也在某种程度上让位于对犯罪控制的追求。其二,人权法、控权法维度上有相当一部分被设定了保留、例外或者限制条件,实际上是"留有余地的控权法"和"有所保留的人权法",保住了方便权力行使、确保治罪实效的空间,这些条款大致可类型化为"紧急情况"型、"有碍权力"型、"客观无法"型、"退回补充"型、"认为必要"型等[63];不少条款因为同时存在保留、限制、例外或者被设置了诸多"许可""同意""批准""不得"等附加条件,诸如委托辩护人的例外、侦查期间委托辩护人的限制、须经许可且同意的证据收集权、受限制的律师会见权、可

---

[63]　比如以《刑事诉讼法》(1979年)为样本,"紧急情况"型,比如根据第81条,虽然要求进行搜查必须向被搜查人出示搜查证,但也授权"遇有紧急情况,不另用搜查证也可以进行搜查"。"有碍权力"型和"客观无法"型,比如根据第34条、第50条,虽然要求公安机关拘留、逮捕后应当把拘留、逮捕原因和羁押处所在24小时以内通知家属或所在单位,但又明确授权"除有碍侦查或者无法通知的情形以外"。"退回补充"型,比如根据第108条、第123条,授权法院对提起公诉的案件审查后"对于主要事实不清,证据不足的,可以退回人民检察院补充侦查",且法庭审理过程"检察人员发现提起公诉的案件需要补充侦查,提出建议的"或"合议庭认为案件证据不充分,或者发现新的事实,需要退回人民检察院补充侦查或者自行调查的"可以延期审理。"认为必要"型,比如根据第18条,上级法院在必要的时候可以审判下级法院管辖的第一审案件也可以把自己管辖的第一审案件交由下级法院审判;又如根据第67条,侦查人员询问证人可以到证人的所在单位或者住处进行但在必要的时候也可以通知证人到人民检察院或者公安机关提供证言;再如根据第75条,被告人如果拒绝检查,侦查人员认为必要的时候可以强制检查。

延长的侦查羁押期限、可重新计算的审理期限、"第二种无罪判决"、二审开庭审理的例外、对被告人的缺席审判等,表象类似于"人权法""控权法"条款,实质只是一般的"程序法"条款甚至本质上是"授权法"条款。其三,刑事诉讼法大部分条款形式上是"程序法"条款,但除了夹杂着为控制犯罪所需要的实体法,诸多并没有包含程序性违法后果,且程序细节设计不合理、不周密,导致这些"程序法"条款主要只能依靠公检法等机关的"权力自律"或依赖永无止境的"循环监督"甚至发动专项清理运动或动用道德教化方能保证实效。整体上,新中国刑事诉讼法从1979年立法经历1996年、2012年和2018年三次修改,虽然"程序法"特征与功能不断优化,且呈现一定程度的从"授权法"走向"控权法""人权法"的趋势与迹象,但本质依然是一部着眼于方便国家控制犯罪权力的"授权法",而主要不是着眼于控制国家控制犯罪权力的"控权法",新中国刑事程序的现实模式本质上依然是以控罪犯罪为主导的治罪型程序,深深烙印着一种以办案机关分工配合为基本方法论的强职权主义基调,而不是以控制权力为主导的控权型程序,与国家尊重和保障人权的刑事程序理想模式还存在一定差距。

七、结语:迈向国家尊重和保障人权的刑事程序模式

刑事程序领域向来被视为"国家宪治的测振仪",国家尊重和保障人权、控制公权力、通过正当程序的治理等刑事程序治理的核心意蕴与国家宪治的精神、原理并无二致。诚如拉德布鲁赫关于"刑事程序的历史,清楚地反映出国家观念从封建国家经过专制国家,直到宪政国家的发展转变过程"的论断[64],作为刑事程序理想模式的"国家尊重和保障人权的刑事程序模式"实质就是一种"宪治型的刑事程序"。国家尊重和保障人权的刑事程序模式是当代宪治及国家治理现代化的必然演绎,而绝不是空想主义的建构,它为观察、评判和检验现实模式提供了目标对照和一种方法论。新中国刑事程序的现实模式尽管已经表现日渐明显的人权法、控权法和程序法特征及功效,呈现一定程度地迈向国家尊重和保障人权的刑事程序模式的迹象,但本质仍然是以控制犯罪为主导的治罪型程序,尚难说得上是以控制国家控制犯罪权力为主导的控权型程序。当我们尝试以理想模式反观现实模式时,似乎容易带给人一种"理想反对现实"的感觉,摆在我们面前的命题是理想模式是否存在、是否可欲,以及理想与现实之间的鸿沟如何沟通、填补。然

---

[64] [德]拉德布鲁赫:《法学导论》,米健、朱林译,中国大百科全书出版社1997年版,第120页。

而,事实上,近现代以来刑事程序模式的发展与演进,实质早已呈现了一种逐步迈向国家尊重和保障人权的宪治型刑事程序的理想模式的经验事实和基本趋势;更重要的是,理想模式为现实模式的反思与变革提供了启发、方向标和某种可能的方案。新中国刑事程序模式长期深陷于惩罚犯罪与保障人权的两难博弈困局,一方面将人权保障与犯罪控制定位在同一逻辑层面,且人权保障常常让位于对犯罪控制的追求;另一方面过度突出控制犯罪的功能目标,相对忽略控制权力的功能需求,并疏忽对正当程序原理的贯彻。这种模式定位隐含着一定的内在缺陷,往往导致制度设计的摇摆不定,滋生实践运作的规则异化。变革的方向当是改变其价值性、结构性缺陷,深刻认识刑事诉讼(法)的性质及其当代使命,确立反思性刑事诉讼(法)观,从根本理念与价值目标上定位好刑事程序理想的初衷,彻底告别以惩治犯罪为内核的"旧一元论"和以打击敌人、保护人民为内核的"旧二元论",跳出长期以来纠缠不清的以惩罚犯罪、保障人权为内核的"新二元论"的窠臼,鲜明地确立以国家尊重和保障人权为内核的"新一元论",在模式选择上迈向以国家尊重和保障人权为中心、以控制犯罪与控制权力为基本点、以正当程序为主线的"一个中心、两个基本点、一根主线"的刑事程序理想模式。

国家尊重和保障人权的刑事程序模式,充分体现了习近平法治思想"坚持以人民为中心"的理念及"必须坚持法治为了人民、依靠人民、造福人民、保护人民"的要求[65],照应了"运用法治思维和法治方式""把权力关进制度笼子里""人权得到切实尊重和保障""办案过程符合程序公正""治理体系和治理能力现代化""坚持走中国人权发展道路,积极参与全球人权治理,推动人权事业全面发展"等论断及命题[66]。"近代以后,中国人民历经苦难,深知人的价值、基本人权、人格尊严对社会发展进步的重大意义"[67],而今在"我国社会主要矛盾已经转化为人民日益增长的美好生活需要和不平衡不充分的发展之间的矛盾"的新时代背景下,"人民

---

[65] 参见《人民性是习近平法治思想的鲜亮底色》,载新华网,http://www.xinhuanet.com/politics/2021-01/12/c_1126972711.htm。

[66] 参见《中共中央关于全面深化改革若干重大问题的决定》,载《人民日报》2013年11月16日,第1版;《中共中央关于全面推进依法治国若干重大问题的决定》,载《人民日报》2014年10月29日,第1版;习近平:《决胜全面建成小康社会夺取新时代中国特色社会主义伟大胜利——在中国共产党第十九次全国代表大会上的报告(2017年10月18日)》,人民出版社2017年版;《中共中央关于坚持和完善中国特色社会主义制度 推进国家治理体系和治理能力现代化若干重大问题的决定》,载《人民日报》2019年11月6日,第1版;习近平:《高举中国特色社会主义伟大旗帜 为全面建设社会主义现代化国家而团结奋斗——在中国共产党第二十次全国代表大会上的报告》,载《人民日报》2022年10月26日,第1版。

[67] 习近平:《致"2015·北京人权论坛"的贺信》,载《人民日报》2015年9月16日,第6版。

美好生活需要日益广泛,不仅对物质文化生活提出了更高要求,而且在民主、法治、公平、正义、安全、环境等方面的要求日益增长"⑱。"人权保障没有最好,只有更好"⑲,在事关对公民自由、人身、财产、名誉乃至生命的定罪与刑罚的刑事程序领域,更应当和迫切需要迈向一种日渐开放、反思、美好的制度世界。在某种意义上,迈向国家尊重和保障人权的刑事程序模式已经具备了良好的基础和框架。而就当下而言,尤为重要的是,在国家尊重和保障人权的优位价值观主导下,提升刑事程序控制权力的功能需求,突显对正当程序方法及原理的应用,不断探寻控制犯罪与控制权力之间的最佳契合点,不断实现刑事程序治理现代化。

---

⑱ 参见习近平:《决胜全面建成小康社会夺取新时代中国特色社会主义伟大胜利——在中国共产党第十九次全国代表大会上的报告(2017年10月18日)》,载《人民日报》2017年10月28日,第1版。

⑲ 参见《习近平主席关于人权的最新论述》,载求是网,http://www.qstheory.cn/zhuanqu/2022-05/26/c_1128686390.htm。

审慎引入客观举证责任裁判方法

季桥龙*

举证责任被学界公认为诉讼的"脊梁",从其诞生之日起,一直被诉讼法学界高度重视。问题的复杂性在于举证责任的理论体系庞大精深,各种学术对于举证责任的相关概念体系均作了严格限定并在此限定基础上展开了严密的逻辑论证。实践中举证责任问题被法官和当事人视为玄机,稍有不慎,审理结果就会大相径庭。20多年前两本德文著作的翻译,引发了国内诉讼法学界和实务界高度关注,许多人惊呼"狼来了"。这两本著作是:罗森贝克于1900年前后完成的《证明责任论》(庄敬华译,中国法制出版社2002年版),另一本是普维庭1981年的教授资格论文《现代证明责任问题》(吴越译,法律出版社2000年版、2006年版)。普维庭是罗森贝克的学生,罗森贝克的思想可谓导火索和里程碑,普维庭的论述则更为系统和全面。普维庭的著作翻译到中国已20余年,对我国传统的诉讼证明理论和法院疑案判定,都有很大的影响。

一、客观举证责任裁判方法概要

客观举证责任理论从其产生至今已有一个多世纪,主观举证责任与客观举证责任在概念上的严格区分成为划分举证责任各类学术归属和裁判方法的主要依据。1883年,奥地利诉讼法学家尤利乌斯·格拉查率先提出了举证责任概念的分层理论。格拉查在他的著作《刑事诉讼导论》中首次将举证责任区别为客观的举证责任和主观的举证责任,从此结束了举证责任仅仅是指主观举证责任的时代。[①]此后罗森贝克和莱昂哈德两位德国学者相继著书立说,接受并完善了客观举证责任理论,使之很快成为德国通说。在德国,所有客观举证责任理论从概念到理论架构以及体系内容上均对传统"谁主张、谁举证"的主观举证责任理论作

---

* 中共北京市委党校(北京行政学院)法学部副研究员,法学博士、博士后。
① 参见骆永家:《民事举证责任论》,台湾商务印书馆1981年版,第46页。

了颠覆。普维庭批判继承了罗森贝克学说,重新构建了"以客观证明责任为核心、同时由主观证明责任和主张责任构成"的证明责任基本范畴体系。他认为依据罗森贝克的"规范说"理论所建立的证明责任分配学说,倘若赋予其新的形式,在现今民法典、劳动法和其他私法原则主导的领域仍有其适用的空间。他非常高调地认为,他1981年的这篇论文是举证责任问题的"休止符",研究结论"原则上对每个国家的法律体系都有效",显示了他足够的学术自信。

　　举证责任理论体系极为庞大,德国通说在其理论雏形产生至今的一百多年中不断遭受攻击,同为大陆法系传统的我国台湾地区和日本在这个领域也是硝烟弥漫。② 普维庭认为,客观证明责任的概念与当事人的活动没有丝毫联系,它针对的是真伪不明。拉丁语中"non liquet"("真伪不明")一词的含义是,在诉讼结束时,当所有能够释明事实真相的措施都已经采用过了,但是争议事实仍然不清楚(有时亦称无法证明、法官心证模糊)的最终状态。他认为客观证明责任是一种法定的风险分配形式,这种抽象的风险分配在每一个诉讼开始之前就已经存在,不是一种现实的责任。结果意义的证明责任强调的是在作为裁判基础的事实处于真伪不明时,法院如何裁判的问题。而问题的症结就出在"真伪不明"上。理解真伪不明,有两个层次的区分:一是值得讨论的"真伪不明"在案件事实认定状态中属于少有情形;二是自古以来,人们为克服"真伪不明",展开了艰苦卓绝的斗争。③ 人们认识和处理"真伪不明"的不同,是近代以来不同的举证责任概念产生分歧的根本点。

　　普维庭的学说理论被称作操作规则说,是对其老师罗森贝克不适用规范说的修正。此外在德国也不乏其他有影响力的学说,如莱波尔特的特别规范理论、穆兹拉克的消极规则说等。普维庭认为,证明责任分配与解决真伪不明的方法论之间存在明显的区别。证明责任规范是为解决法官在出现真伪不明状态时如何作出裁判而设置的抽象规则,是一种没有法律性质的操作规则。而证明责任分配则涉及法官在具体的判决中将民法上的不利益分配给何方当事人来承受的问题。对于当事人所提起的诉讼,法官在审判上已被强制地将既存的实体法规适用于具体的个案,即使在要件事实处于真伪不明状态下,这种情形也不会有任何改变。

---

　　② 具体可参见雷万来:《论票据诉讼之举证责任的分配》,文后邱联恭发言及研讨会后补注,载《民事诉讼法之研讨》(六),三民书局1997年版,第140—148页、162—177页;[日]中岛弘道:《举证责任的研究》,载王锡三译:《民事举证责任著作选译》,西南政法学院法律系诉讼法教研室1987年编,第90—91页;[日]并木茂:《民事诉讼中的主张和证明的法理》,载《判例时报》1987年第645号,第4页以下。转引自陈刚:《证明责任法研究》,中国人民大学出版社2000年版,第136—137页。
　　③ 具体可参见李浩:《事实真伪不明处置办法之比较》,载《法商研究》2005年第3期。

但是按照法律适用的基本要求,法官只有在特定的事实关系被确定的条件下,或者当事人提出的具体事实主张被证明或被否定的情形下,才有可能对个案事实作出裁判。那么在事实关系并未得到证明的情形下,法官必须通过拟制要件事实方式,即通过将未经证明的要件事实拟制为存在或者不存在,并依此作为裁判的基础。

二、客观举证责任与中国的司法改革

20世纪末,客观举证责任理论的引进与中国的司法改革不期而遇。证明责任和客观举证责任的概念在我国是舶来品,产生于德国经由日本而传入,关于"举证责任""证明责任"的不同译法,并不存在意义上的区别。④ 在我国,举证责任制度的完善,是20世纪90年代以来法院开展审判方式改革的起点,也是当前司法改革的重心任务和归属之一。我国学理上出现对"真伪不明"的解释,主要具有两个背景:一是特定国情背景下的民事审判方式改革对法律要求的所谓"客观真实"证明标准的质疑;二是法院依职权调查取证的公正性和审判成本耗费的质疑。所以我国法律对举证责任结果意义的强调,有着与西方不同的背景。

德国客观举证责任理论来到中国似乎很及时但又太突然。毕竟纠纷的解决有其本土的法制与文化传统习惯,而且客观举证责任理论在德国也不乏争论,在半信半疑之中,我们的认识理解一时还不能完全适应。理论界似乎一直鼓吹2001年最高人民法院《关于民事诉讼证据的若干规定》是在借鉴了德国客观举证责任的基础上制定的。但是我国理论和实务界遵照传统没有采用主观证明责任和客观证明责任的提法,没有在两种称谓的文义上作概念澄清和预设,回避了"证明责任"的字眼而坚持用"举证责任"的一贯称谓,认为举证责任包括行为意义的举证责任和结果意义的举证责任。行为意义上举证责任,是指当事人对其主张的事实所承担的提供证据加以证明的责任,结果意义的举证责任,是指待证事实处于真伪不明时,主张该事实的当事人所应承担的不利后果。行为意义的举证责任强调的是当事人的举证行为,结果意义的举证责任强调的是在作为裁判基础的事实处于真伪不明时,法院如何裁判的问题。该表述暗含了三层意思:一是举证责任,无论是行为责任还是结果责任,都是当事人所承担的某种责任;二是结果责任承担的前提是出现了真伪不明,而真伪不明是由当事人没有尽到行为责任所致,

---

④ 参见陈刚:《证明责任概念辨析》,载《现代法学》1997年第2期。

即行为责任、结果责任之间具有逻辑上的因果关系;三是结果责任不是某种抽象的东西,而是一种现实的责任,即在诉讼中实际出现了真伪不明的情况时当事人所承担的败诉结果。我国的这种理解与普维庭的现代证明责任理论存有较大出入,在语境、内容范围和适用逻辑上存在区别。这就表明,在我国作为理论根基的举证责任的概念体系,与德国的通说并不一致,尽管我们努力向其靠拢。

关于举证责任林林总总的理论体系解释说到底是一种裁判方法,目的是让法官对于案件的裁判能够获得诉讼当事人和社会的认可。但是,在一个举证责任理论内部,必须有其严格和清晰的分析脉络,并且自概念作出起就必须一以贯之。普维庭的这篇教授资格论文论证严密,在德国已是久经考验,我们无从怀疑他的观点和理论阐述在其本国法律文化体系下的合理性。罗森贝克和普维庭的两本著作在刚翻译到我国之时,恰逢我国整个诉讼法学界开展证明标准的大讨论,这个讨论的大背景正是人民法院面对形势自发开展的审判方式改革。由于客观举证责任理论的概念体系是以案件事实存在真伪不明为逻辑前提,这种分析思路正好与我们论证诉讼认定的事实是客观真实还是法律真实的话语不期而遇。

三、客观举证责任裁判方法面临的挑战

任何一个诉讼形态,在事实认定的法律规则上都会内在地要求法律真实要尽可能地接近客观真实,区别只是在于不同的法律对事实认定的需求和目的会存在差异。实践中,由于证明标准事实上的"多元化",有学者提出在某种程度上,证明标准可能比证明责任具有更为重要的现实意义。[5] 德国学者莫其在挑战罗森贝克的规范说时,就明确提出了如果正确把握证明标准,就可以完全排除证明责任。英美法系的诉讼制度中并不认可存在案件事实"真伪不明"情形下进行裁判,陪审团或法官必须作出争议事实"真"或"伪"的非此即彼的认定。英美法系这样的制度安排在刑事诉讼和民事诉讼中都有体现,只是陪审团或法官形成心证标准不同。

德国通说的证明责任理论与我国审判实践总结的举证责任含义存在微妙而又关键的区别,导致在努力对接国外理论过程中出现了许多负面效果。实践中,反映问题最为强烈的就是法官简单运用客观举证责任判决。作为客观举证责任要求的真伪不明,必须是假定在法官自由心证用尽时才可能发生,但是何谓法官

---

[5] 参见何家弘:《论推定规则适用中的证明责任和证明标准》,载《中外法学》2008年第6期。

自由心证用尽,存在较大的解释随意性。对当事人而言,"真伪不明"有时就像一支暗藏的冷箭,是否放出以及何时放出,都很难预测。客观举证责任裁判方法的存在就诱使法官逃避本应该承担的审判职责,成为法官"卸责"的借口,只要当事人不能举证便依客观举证责任判决其败诉,而不愿花时间精力去发现真实,甚至不顾案件的具体情况。这种现象直接引起了诉讼当事人对法官的失望,人民法院裁判的公信力大打折扣。近年来,最高人民法院开展了一系列有关司法为民的活动,目的就是要树立和维护司法权威,司法最高当局已经意识到,与其让法官高高在上坐视当事人证明困难而不顾,适用真伪不明的客观举证责任裁判来推卸责任,还不如让法官练好"内功",指挥好庭审,切实查明案件事实。面对现实困难,司法政策的目光已经从眼前看到远方。针对司法判决,是因为权威而正确,还是因为正确而权威,需要辩证和发展地来看。

大陆法系严守三段论的裁判方法——抽象的法律规范作为大前提,具体的事实作为小前提,最后将事实适用法律得出判决。这样法院审理案件的工作可以分为两个部分:一是认定案件事实;二是根据认定的事实,适用法律作出裁判。法律适用的前提首先是必须对符合法律构成要件的事实加以认定。从实务观察,法院在组织认定案件事实上的投入要远比法律适用的投入多。事实的认定又只能依靠证据,"以事实求证事实",当事实不能认定时,势必存在谁承担败诉后果的问题,这既是初级意义的举证责任问题,也是当事人关心的最为根本的问题。当然,什么叫作"事实不能认定"以及"事实怎样认定"是我们应当认真和严肃思考的。举证责任的理论体系,主要是在主观举证责任和客观举证责任之间抉择,这种抉择是上述全部问题理论和实务解释的分界点,从此它们分道扬镳。

诉讼法是本土性和民族性极强的学科,在纠纷解决的方式上尤其是在举证责任这个争论极大的问题上完全照搬别国的理论必然会使得我们的审判机制头破血流。但是每当我们遇到国内难以解决的问题而束手无策,眼前又总是呈现别国发展得相对成熟的一整套成果,就难免会产生拿来主义的念头。中国改革开放30多年来,经济社会迅猛发展,与此同时转型时期下社会矛盾多发,纠纷解决的难度加大。我国学者青睐德国客观举证责任裁判方法的现实理由大致是:在证据制度不完善、证人出庭率低、案件事实难以查清的国情下,法官素质不高,司法腐败现象突出,还不如选择德国的做法。但与德国相比,我们在关于举证责任裁判方法上的讨论还远远不够激烈,司法实践的程度也不够深入。这正是阅读普维庭著作之后的纠结所在。

"真伪不明"现象是摆在人们对举证责任问题进行思考的一座思维大山,从比较法来看,无论是哪一种法系或哪一个国家,这个地带都是灰色的。从历史来分析,无不充满了人类的智慧和创举,对真伪不明的认识论态度和处置方法是不同举证责任制度的分水岭。案件事实真伪不明,是一种内心判断,属于心证范畴,说明法官的心证仍然处于未形成的状态。从认识论角度来看,总体上,可以从人们所持有的态度是"可知论"还是"不可知论"来认识对待"真伪不明"现象。如果采取不可知论态度,那么从逻辑上分析,法官对案件争议事实的认定有"真""伪"和"真伪不明"三种。案件事实真伪不明的存在,正是适用客观举证责任规则裁判的要件之一。但是,如果是采取可知论态度,那么法官对案件争议事实的认定就只能是"真"和"伪"两种。按照三段论的结构,所谓的案件事实真伪不明只能在小前提判断中解决,这个问题若不解决或者说法官如果不讲案件事实的判断形成真伪分明的程度,就无法进入下一个大前提的适用阶段。可见司法认识活动受制于法律的强制性规定,这一点不同于普通的认识活动。由于法官心证中的案件事实真伪不明和真伪分明在不同的语境下有不同的含义,事情就远非罗森贝克和普维庭等想象得那样单一。他们认为在理论中限定的真伪不明下法官不得拒绝裁判,换一种解释方法就变为法官如果遇到真伪不明就必须依法强行克服,使之真伪分明,这时法官不得拒绝裁判的含义就限定在不得拒绝认定案件事实的更小的范围之内。案件事实的认定是传统司法审判的重心,法官不得拒绝审判和法官不得拒绝认定案件事实实属两个不同层次的命题,二者差别巨大。

科学无国界,但是科学家有自己的祖国。随着哲学、社会科学领域内对后现代主义的反思,回归传统的呼声日渐高启。我们必须反思,浩浩荡荡的五千年中国文化中,在诉讼制度和实践中,有我们自己的特色吗?在诉讼这种本土性极强的制度方面,我们一定要移植西方的东西吗?照搬或借鉴过来,如何保证其"水土相服"呢?事实上,当今中国在诉讼制度构建上所要考虑和面临的问题,要远比世界上任何一个国家、在任何一个时期所要考虑和面临的问题要多得多、要复杂得多。我们应当追求事物本身的真谛,由于法律面对的是众口难调的多元利益群体,在充满无奈之中,制度及相关解释应当使法官、律师以及当事人等各就各位。

四、客观举证责任理论在中国"水土不服"

中国自古以来,发现案件事实的真相一直是裁判的基础,举证责任制度的设计正是促进法官实现对于案件事实的心证。民事诉讼举证责任制度技术性极强,这一点与刑事诉讼的无罪推定原则不同,发现真实理当成为民事诉讼的首要任务和基本价值之一。我国20世纪90年代中后期以来的司法改革发展历程表明,我们早已定义的"当事人主义"道路并非一帆风顺。在中国当前,尽管出于种种原因,存在许多疑难案件事实难以认定,但是当事人对于法官的朴素情感正是在查明案件事实后定分止争。谈及举证责任,如果我们首先想到的是"真伪不明",似乎离法律设置举证责任的目的走得太远,法官就会成为一个十足的"事不关己、高高挂起"的旁观者。由于真伪不明问题极易扩大化,反而纵容了司法不公问题产生。

从我国尝试运用客观举证责任的实践中反映的问题来看,三个问题较为突出:一是对举证责任与证明标准的关系认识不清;二是对举证责任的适用范围认识混乱;三是混淆举证责任的概念和举证责任分配。上述问题的实质是我们忽视了举证责任概念的解释方法,盲目草率地运用客观举证责任来裁判,因为什么是真伪不明,在法律概念上我们并不清晰。事实证明,"真伪不明"判决的弊端也是不言而喻的,即使在罗森贝克和普维庭看来也是应当要尽量避免适用客观举证责任来作出判决。德国的通说也是认为证明责任的运用是最后一个环节,是在自由心证用尽之后。但在我国却经常当作常规程序来用,造成了法官的懒惰或推卸审判义务,诱使当事人向法官寻租,造成司法腐败。由于真伪不明在实际操作中缺少可把握性,司法实践中,法官和当事人都容易急功近利,在基本概念不清晰的情况下,就将矛头直指举证责任分配,盲目适用所谓客观举证责任裁判,直接导致案件裁判认定的事实与实际客观真实差距过大,未能有效定分止争带来纠纷解决的不彻底性,引发了许多不必要的纠错程序和社会信访事件发生。

审判是一门技术,更是一门艺术。面对真伪不明,我们不能望而却步,绕道而行。这样无疑是在关键时刻做了法制的胆小鬼和懦夫,前功尽弃。必须积极发挥主观能动性,充分激励法官展示自己审判的技艺。20 世纪 80 年代以来在中国有关案件事实"真伪不明"问题的凸显,仅仅是特定思维模式下讨论的前提假设,并非"绝对真理"。从中国民事审判方式改革背景考察,举证责任的概念只能是中国本土的解释。我们首先要考虑到人们认识事物的习惯传统,以及法律体系对法官认定案件事实的要求。

笔者无意于质疑以普维庭为代表的《现代证明责任问题》这一经典著作的完美程度,但是无论是从诉讼原理还是从司法制度和国情来看,客观举证责任的裁判方法在我国总是让人纠结。纠结的本质在于我国司法对于法官在疑难案件事实认定中的要求是"真伪分明",以普维庭为代表的德国客观举证责任理论从其概念的基本假设上就不具备在中国生存的可能性。笔者以曾在基层法院工作的朴素情感来看,当前在学理上需要讨论两个问题。一方面,我们需要讨论"真伪不明"的属性,这是我们讨论一切关于客观举证责任问题的前提,笔者个人认为它在中国司法制度认可的判决方法中是个地道的伪命题,这一点,我呼吁广大同人积极讨论。另一方面,即便暂时搁置前一讨论,我们也需要以发展的眼光来比较客观举证责任的裁判方法与其他裁判方法,这一问题既然在德国本土的争论从未间断,笔者就更有理由要提出警惕:防止在试图解决一个问题的同时带来更多的问题。

在疑难案件裁判中,法官对于真伪不明的哨声何时吹响?是否应当吹响?"真伪不明"到底是时间延续中的过程还是一个心证的静止状态?这些问题在哲学意义上既是一个认识论问题,又是一个政治哲学问题,也是一个司法伦理问题,落实到诉讼的实际就成为司法操作上的裁判方法问题。归根结底,我们面临的元问题只有一个:怎样理解司法裁判中的事实。举证责任的理论研究使我们进入司法裁判的事实发现中最为敏感的核心地带——谁来证明、怎样证明、如何评价证明。笔者个人认为,上述问题在理论争论上没有相对成熟的结果之前,任何试图尝试以客观举证责任来取代传统裁判方法的提议,都是看似解决中国问题,但实际上是在掩盖问题、回避矛盾。诉讼法的实践表明,西方先进的制度理念如果简单地在我国照搬、照抄,很容易产生"水土不服"问题。而且,如果我们只顾学习借鉴国外的先进理论,忽视自身传统的优势,在飞速行驶的社会发展进程中就会失去自我,进而错过形成并凝聚自己特色精华的历史机遇。在民事诉讼法即将付诸全面修改之重要时期,如果不将身为诉讼"脊梁"的举证责任理论思路定位清楚,立法与司法、学术和实务各领域都应当承担历史责任。

论毒品犯罪死刑配置的正当性

胡 芳[*]

  面对毒品问题这一社会顽疾,以刑法打击毒品犯罪成为世界各国的共同选择。从众多的毒品犯罪刑事立法来看,规范的内容和方式基本趋同,但在刑罚的设置及实际执行结果上却差异悬殊,尤以死刑适用为最。对于死刑的适用范围,根据1976年生效的《公民权利和政治权利国际公约》第6条的规定,在未废除死刑的国家,判处死刑只能是作为对最严重的罪行的惩罚。1984年,联合国经济及社会理事会在决议中明确了"最严重的罪行"的含义,即"不应超出导致死亡或其他特别严重结果之故意犯罪"的界限,该决议意见后被联合国大会采纳,现已在国际社会达成共识。[①] 对于毒品犯罪是否属于最严重罪行,各国虽有不同认识,但多数意见主张,将死刑范围扩大到毒品犯罪违背了与人权和死刑应用相关的国际新兴准则。联合国人权委员会、联合国人权监督机构更是多次重申其立场,强调"毒品犯罪并不符合最严重罪行的门槛……因而,对毒品犯罪适用死刑等于违反人的生命权"[②]。目前,虽有32个国家和地区的立法规定对毒品犯罪处以死刑,但在司法实践中真正对毒犯判处死刑,并实际执行的国家却为数不多:中国、伊朗、沙特阿拉伯、越南、新加坡、马来西亚。[③] 我国自1982年对毒品犯罪引入死刑以来,制造、贩卖、运输、走私毒品罪相继成为极其严重的罪行,被予以严厉惩处。近年,随着死刑制度改革的深入发展,毒品犯罪的死刑问题逐渐引起学界的关注。司法实践中也出现了对毒品犯罪死刑适用标准的松动。不过令人遗憾的是,在《刑法修正案(八)》(草案)研讨中,取消运输毒品罪的死刑建议终未被立法机关所采纳。虽然转变毒品犯罪是最严重罪行的这一传统犯罪观尚需时日,但对毒品

---

  [*] 河南检察职业学院国际部讲师,法学博士。
  [①] 参见何荣功:《毒品犯罪的国际考察及其对我国的借鉴》,载《华东科技大学学报》2012年第2期。
  [②] Patrick Gallahue and Rick Lines. The death penalty for drug offences: Global overview 2010, The international Harm Reduction Association, London, 2010.
  [③] 参见何荣功:《毒品犯罪的国际考察及其对我国的借鉴》,载《华东科技大学学报》2012年第2期。

犯罪规定死刑是否具有合理性,却可以从刑罚的正当性基础进行论证。鉴于"刑罚的正当化根据是报应的正义性与预防犯罪目的的合理性"④,那么对毒品犯罪的死刑配置问题,就可以从以下几方面进行探讨。

一、对毒品犯罪配置死刑是否具有道义报应的基础

报应思想落脚于惩恶即是扬善的观念,为此,报应刑论关注刑罚的道德判断,认为刑罚是对犯罪的一种报应,只有罪行的罪责程度与法益侵害程度相适应的刑罚,才具有道德基础,才能在犯罪与社会之间建立公平。这一主张不仅符合人类朴素的报应正义观念,而且制约了国家刑罚权的恣意发动。因此,近代刑法以保护生命、身体、自由、财产等物质的、具体的个人法益为中心,对刑罚这种最为严厉的国家惩罚措施持审慎态度,认定和处罚犯罪都十分注重实害,以求保障人权和坚持罪责刑相适应原则。但为了周全保护法益,立法者并没有将一切犯罪行为都设定为结果犯,而是出现了可罚性被扩张的犯罪类型,包括着手犯、行为犯和危险犯。⑤

我国《刑法》将毒品犯罪归于妨害社会管理秩序罪一章。从形式上看,该罪违反了国家对毒品的管制。但是这种形式不法不能揭示毒品犯罪的犯罪本质,明确其侵犯的具体法益,为刑罚的发动提供正当性根据。国外的立法和理论普遍认为,毒品犯罪的本质在于危害了公众的健康。近年,这一观点也为我国学界所接受。⑥ "公众健康"指的是不特定多数人的身体健康,是一种超个人的社会法益。毒品犯罪行为本身并不能对作为个人法益的毒品使用者造成直接的现实性伤害,因为伤害的发生必须经由毒品使用者的自主支配行为方得以实现。也就是说,走私、贩卖、运输、制造毒品等行为只是提供了毒品使用者伤害自身健康的一种可能性,并未侵害或者危害使用者的身体健康法益。但是就社会法益而言,上述行为使毒品流通成为可能,推动了毒品向使用者可支配范围的流动,潜在侵害了不特定多数人的身体健康。之所以强调潜在侵害,是因为这种危险在个案中对单个个体或多个个体的损害无法通过事实进行观察和判断,它是立法者依据经验的拟制和概况,是一种抽象的危险。正如有学者所言:"取得毒品之人必须透过自己的自我决定,实际将毒品施打或吸食之后,其健康才会真的受到损害。因此,严格而

---

④ 张明楷:《责任主义与量刑原理——以点的理论为中心》,载《法学研究》2010 年第 5 期。
⑤ 参见林东茂:《危险犯与经济刑法》,五南图书出版社股份公司 2002 年版,第 4—5 页。
⑥ 参见张明楷:《刑法学》,法律出版社 2007 年版,第 826 页。

言,毒品犯罪的处罚规定,就是一种在具体危险出现的前阶段,就加以介入处罚的抽象危险犯类型。"⑦

危险犯与结果犯不同,它是基于"防患于未然"的一般预防思想的产物。"法律对危险犯所预定之法益危险性,通常至为严重,亦即其所预定之法益危险性不发生则已,一旦发生,则其对于国家、社会或个人等法益莫不予以严重之危害。所以在法益侵害现实发生之前,允宜采取必要之措施,俾为预防,而刑法规定危险犯,使其亦受刑罚之科处,不失为防止法益侵害之适当方法。从而刑法上所规定之危险犯,特别着重刑罚之一般预防效果,俾使图谋不轨者,于严重之侵害。"⑧较之一般危险犯(具体危险犯),抽象危险犯以纯粹的行为的危险性作为刑事责任的基础,通过对特定行为的控制,达到分配风险的目的,以规范侵害取代法益侵害。因此,毒品犯罪作为抽象危险犯并不具备报应刑的归责基础。

在我国,毒品犯罪之所以被视为极其严重的罪行,配之以死刑,既与鸦片战争遗留的沉重历史记忆有关,也与意识形态领域中"毒品危害""滥用毒品危害"和"毒品犯罪的危害"的概念混淆有关。事实上,毒品作为一种能够使人形成瘾癖的麻醉药品和精神药品,本身并无善恶可言,其危害性主要是由滥用造成的。毒品从产生到危害结果的形成历经生产、流通、消费几个阶段。走私、贩卖、运输、制造毒品的行为处于毒品的生产和流通环节,对于消费环节产生的毒品危害结果而言,只是属于"预备性"行为。换言之,毒品的走私、贩卖、运输、制造者只是为他人提供一个自我损害的途径,而损害发生与否的选择权却掌握在毒品使用者手中。也就是说,毒品犯罪与毒品危害结果的发生不具有直接的因果关系,二者以毒品使用者的滥用为中介。由此可见,毒品犯罪不同于已经侵害生命或健康利益的实害行为,其严重性也不可能和故意杀人罪等相提并论。总之,让毒品犯罪这种拟制的抽象危险的行为人付出生命作为社会的报复,缺乏道德责任上的妥当性和安定性。⑨ 报应理论无法为毒品犯罪适用死刑提供依据。

二、对毒品犯罪配置死刑是否能够实现预防犯罪的目的

经典预防理论通常被称为威慑,即"(现实的或可能的)刑罚是对那些若不施

---

⑦ 王皇玉:《论贩卖毒品罪》,载《政大法学评论》2005 年第 84 期。
⑧ 蔡墩铭:《刑法基本问题研究》,汉苑出版社 1976 年版,第 136 页。
⑨ 参见高巍:《贩卖毒品罪研究》,中国人民公安大学出版社 2007 年版,第 231 页。

加则有犯罪倾向者的行为所产生的遏制效应"⑩,包括特别威慑和一般威慑两方面内容。死刑是对犯罪者生命的剥夺,对被适用者当然可以形成特别威慑、个别预防。但是在这种特殊预防效果之外,死刑是否具有其他刑罚方式所不具有的特别威慑作用,则是始终备受质疑。随着实证与定量研究结论的增多,死刑对谋杀罪的威慑效果被不断否定。尽管这些研究方法并非无懈可击,但死刑赖以存在的功利基础已被动摇。毒品犯罪的死刑设置是否能产生持久而有效的威慑效果同样值得怀疑,因此有必要重新审视该罪的死刑设置。

基于功利主义原理,威慑理论将人类行为视为满足需求的理性追求。因为人们通常会根据"任何一种行为本身是能够增加还是减少与其利益相关的当事人的幸福这样一种趋向,来决定赞成还是反对这种行为,以期实现自我利益的最大化"⑪。对有犯罪意图的人而言,刑罚风险是潜在的犯罪收益的消减因素。如果犯罪收益保持不变,刑罚风险会降低作为常量的收益的吸引力,从事犯罪行为的动机也将会随之减少⑫,威慑就可以发挥最大作用。犯罪收益为常量是威慑理论赖以成功运作的前提,但对毒品犯罪而言,这种预设并不成立。

法秩序虽然否定毒品经济的存在,毒品却仍像其他商品一样,在世界各地被广泛交易。由于吸毒成瘾者的存在,毒品的需求价格弹性近乎为零,其价格上涨并不会减小需求总量。在这场双方自愿的交易中,由于买方愿意忍受价格的增加,那么刑罚风险的每一次增加都会提高卖方的潜在收益。用边沁的话说,"快乐和痛苦的计算产生了一个更高价格的平衡"⑬。我们熟知资本的本性,"一旦有适当的利润,资本就大胆起来。如果有百分之十的利润,它就保证被到处使用;有百分之二十的利润,它就活跃起来了;有百分之五十的利润,它就铤而走险;有百分之百的利润,它就敢践踏一切人间法律;有百分之三百的利润,它就敢犯任何罪行,甚至冒着绞首的危险"⑭。毒品的价格由于各地需求及经济的差异而出现较大的差价。有资料显示,在中缅边境一带,海洛因的批发价大约是每千克 3 万元人民币左右,零售价每克为 50—80 元;入境后运至昆明每千克批发价升至 8 万—10 万元,零售价每克为 150—200 元;运至广州,价格又翻了一番,每千克批发价为

---

⑩ [美]哈伯特·L.帕克:《刑事制裁的界限》,梁根林等译,法律出版社 2008 年版,第 38—39 页。
⑪ [英]边沁:《道德与立法原则导论》,转引自 E.博登海默:《法理学——法哲学及其方法》,华夏出版社 1987 年版。
⑫ 参见[美]哈伯特 L.帕克:《刑事制裁的界限》,梁根林等译,法律出版社 2008 年版,第 278 页。
⑬ 同上注。
⑭ 《马克思恩格斯全集》(第 23 卷),人民出版社 1972 年版,第 829 页。

15万—20万元,零售价升至每克 300—500 元;在我国其他省份(直辖市、自治区),海洛因的零售价通常为每克 600—800 元;中间几经转手,运至美国,其售价每千克高达 150 万元。⑮ 在如此巨大利益的驱动下,死刑已无法阻挡毒品犯罪的猖獗之势。

无论威慑理论在普通犯罪的运行中多么成功,面对毒品犯罪却似乎失灵了。当然,在决定如何运用刑事制裁是明智之举的时候,经济因素仅是需要考虑的不良副作用之一。但事实上,对待毒品的厌恶、非理性情感往往会阻碍我们看到毒品犯罪中所包含的商业因素,于是刑事制裁难免产生与其制定初衷不同的结果。法律执行力度提升,毒品犯罪也会随之升级谋求生存空间。严厉的刑罚在形成威慑的同时,毒品贸易也越来越集中到少数人手中。大力打击毒品犯罪的结果更是造就了那些违法者的垄断利益。20 世纪 80 年代美国禁毒战争催生的哥伦比亚团伙联盟,就是一个鲜活的例证。而从我国的情况来看,以死刑威慑来预防毒品犯罪的发生同样不尽如人意。"严打"使毒品犯罪更加隐蔽,组织分工更加细化。于是在毒品犯罪的刑事追诉、审判和制裁中,出现的多是受雇佣或被利用的"马仔",而隐藏在幕后真正支配、控制毒品犯罪的组织者、策划者则继续逍遥法外,寻求新的"生力军"。

刑罚威胁的存在有助于树立遵守法律的行为模式,从而减少犯罪的发生。但是"这种作用的有效性主要体现在那些深受当时主流社会化影响的人身上","并不能对那些命运已然十分悲惨且毫无希望者构成威胁"⑯。作为社会边缘人,他们一贫如洗,生活朝不保夕,冒险一搏成了维持生计的最具诱惑的手段。如有学者指出,在我国,"一部分贫困地区的农民外出贩毒,是毒品贩卖中的一支重要的'生力军'。对于这些极度贫困又长期流浪的零星贩毒群体,是很难只靠'严打'的手段就能彻底解决问题的"⑰,而对那些精于计算风险的人来说,严厉刑罚的威慑会因不被发现的确定性而减弱。"对于犯罪最强有力的约束力量不是刑罚的残酷性,而是刑罚的必定性,……即使刑罚是有节制的,它的确定性也比联系着一线不受处罚希望的可怕刑罚所造成的恐惧更令人印象深刻。"⑱俄罗斯的研究者在分析了不同国家内务部门的材料后指出,在反毒斗争中,警方的有效性只有

---

⑮ 王大亮、曹爽:《我国毒品政策的经济学分析》,载《四川警官专科学校学报》2004 年第 5 期。
⑯ [美]哈伯特·L. 帕克:《刑事制裁的界限》,梁根林等译,法律出版社 2008 年版,第 44—45 页。
⑰ 崔敏主编:《毒品犯罪发展趋势与遏制对策》,警官教育出版社 1999 年版,第 412 页。
⑱ [意]贝卡里亚:《论犯罪与刑罚》,黄风译,中国法制出版社 2005 年版,第 72 页。

10%—20%。⑲而更低的推算来自美国的反毒专家,"美国每年对流入境内的毒品的截获率,大麻只有3%,可卡因只有1%"⑳。因此,被查获的可能性小,刑罚的确定性低,严厉的刑罚也就很难阻挡侥幸心理和冒险行为的增加。

上述分析表明,无论是在理论上还是在实践上,死刑都不能对毒品犯罪起到较好的预防效果,因此威慑理论无法成为该罪的死刑适用的正当基础。

三、对毒品犯罪配置死刑是否符合罪刑均衡原则

罪刑均衡的理念萌芽于原始社会的同态复仇习俗,后为欧洲启蒙思想家所倡导,旨在制约刑罚权,保障人权。罪行均衡的内涵在于罪责与刑罚相一致,是贯穿刑事立法和司法活动的基本原则。衡量特定犯罪行为的法定刑配置是否合理,不仅是罪行均衡原则的应有之义,也是对整个法定刑体系和谐与否的检验。就毒品犯罪的法定刑配置而言,罪刑均衡应表现为内部均衡,即罪质与刑种、罪量与刑量之间的均衡,以及外部均衡,即与其他犯罪法定刑间的均衡,反对同罪异刑和异罪同刑。

法定刑配置以罪质的确认为起点。自贝卡里亚设计犯罪阶梯起,刑罚性质与犯罪性质相适应便成为原则性规定。罪质是"犯罪构成主客观要件统一表现的犯罪性质,它是犯罪的质的规定性,不同的罪质,标志着各该犯罪行为侵害、威胁合法权益的锋芒所向不同"㉑。罪质揭示了犯罪行为侵害的法益,而在抽象的法定刑配置时,法益的受侵害程度则是衡量罪责程度的重要标准。毒品犯罪侵害的法益是公众健康。一般认为,在个人的人身法益中,人的生命最为重要,身体或健康法益次之。那么"公众健康"这一超个人法益又与个人健康法益孰重孰轻呢?问题的答案实际上涉及刑法保护法益的位阶体系。德日刑法理论一般主张法益的重要性应依照个人法益、超个人法益(在日本则把超个人法益进一步分解为社会法益和国家法益)的顺序排列。鉴于这种强调个人法益的立场与我国的社会主义国家性质不相符合,有学者在国家、社会和个人利益辩证统一的基础上,提出了侵害不同法益的各种犯罪之间的刑种适用关系,即"对危害生命或危害国家安全的特别严重犯罪,可以规定死刑(在废除死刑的国家可以规定无期自由刑),对危害

---

⑲ 参见[俄]亚历山大·尼科诺夫等:《关于毒品的七大谬论》,载《国外社会科学文摘》2003年第12期。
⑳ 张文峰主编:《当代世界毒品大战》,当代世界出版社1995年版,第161页。
㉑ 张明楷:《刑法学》,法律出版社1997年版,第52页。

健康、自由、财产、社会秩序或其他严重犯罪、普通犯罪,可以规定自由刑;对财产犯罪或经济犯罪,可以规定单处或并处财产刑。这将更好的保护罪行均衡"②。由此可见,公众健康的重要性显然位列生命和国家安全之后,我国刑事立法对毒品犯罪危害本质的判断欠缺合理性基础。此外,毒品犯罪虽以公众健康为危害对象,但是与故意伤害罪对健康造成的实害不同,这种危险并非一种可以通过事实去验证的具体危险,而是一种为法律拟制的抽象危险。对一种只是造成抽象的健康危险的行为处以死刑的法定刑配置,显然有悖于刑罚轻重与犯罪轻重相适应的原则,破坏了罪量与刑量之间的均衡。

毒品犯罪死刑配置的微观失衡,同时反映了我国刑法体系中存在的异罪同刑问题。由于立法者对一些社会危害性程度较高的犯罪的罪质把握不力,加之对死刑的威慑功能期望过高,致使死刑的配置起点较低,涵盖个罪数目较多。于是,毒品犯罪便与故意杀人或伤害他人致死等罪位居同列,各罪间的法益差异无从体现。有学者指出,"这样的刑罚规定,已足以使社会大众的发情感钝化,且对于不法行为的感受程度混淆到无法分清到底是杀人行为,还是贩卖毒品更值得非难"③。从某种程度上来说,我国长期存在的毒品犯罪祸国殃民的危害性认识并非是建立在理性认识的基础之上,毒品犯罪的死刑配置更多的是"不杀不足以遏制"的法律工具主义思想的体现。这种不考虑法益侵害,脱离罪责基础的刑罚规定不仅有违刑法的正义内涵,也与现代法治理念和人权保护精神不符。

综上所述,毒品犯罪的死刑规定既缺乏报应的正义基础,又无预防犯罪发生的实际效果。这种脱离罪行均衡基础的威慑和惩罚不仅可能侵犯个人的基本权利,而且在道德评价上缺乏广泛的认同感。因此,随着人权保障意识的增强和对毒品犯罪认识的日趋理性,毒品犯罪的死刑限制、减少,乃至废除终会被纳入我国刑事法治改革的进程。

---

② 马克昌:《比较刑法原理》,武汉大学出版社 2002 年版,第 77 页。
③ 高巍:《贩卖毒品罪研究》,中国人民公安大学出版社 2007 年版,第 68 页。

死刑改革背景下的终身监禁法律
适用疑难问题研究*

袁建伟**

为进一步完善死刑结构,贯彻罪责刑相适应原则,全国人大常委会在2015年8月29日通过的《刑法修正案(九)》中增设了针对特重大贪污受贿犯罪的终身监禁制度。《刑法修正案(九)》第44条第4款规定:"犯第一款罪,有第三项规定情形被判处死刑缓期执行的,人民法院根据犯罪情节等情况可以同时决定在其死刑缓期执行二年期满依法减为无期徒刑后,终身监禁,不得减刑、假释。"这一规定明确了依附于死刑缓期执行制度的终身监禁的适用条件,丰富了我国死刑制度的内容,在当前我国改革死刑制度、慎用死刑的刑事政策大背景下,研究如何充分发挥终身监禁的功能具有重要意义。基于这种考虑,本文以我国死刑改革为大背景,从终身监禁的法律性质入手,聚焦终身监禁的适用条件以及溯及力问题,探讨终身监禁的增设对于我国死刑制度适用的影响。

一、终身监禁的法律性质

终身监禁是针对重特大贪污、受贿犯罪新增设的刑罚措施,依附于死刑缓期执行制度,学界以及实务界在这个基本立场上已经取得了共识。对于这一法律定位,有以下几个问题需要进一步明确。

其一,终身监禁不是新的刑种,属于死刑缓期执行中的刑罚措施,并且改变了我国死刑执行方式的格局。有学者认为,我国对于终身监禁的法律定位和目的不明,终身监禁应当纳入无期徒刑的范畴。① 本文认为,这是一种误解,从法律规定

---

* 原载《广西大学学报(社会哲学科学版)》2017年第5期。
** 中南财经政法大学刑事司法学院副教授,法学博士、博士后。
① 韩轶、张梽功:《贪污贿赂犯罪终身监禁的配置与适用问题研究》,载《江淮论坛》2016年第5期。

的终身监禁适用条件以及法律后果来看,终身监禁明显属于死刑制度的一部分,必须依附于死刑缓期二年执行。具体来说,首先,终身监禁制度是依附于死缓制度的刑罚措施。根据《刑法修正案(九)》的规定,适用终身监禁的前提是行为人因犯贪污罪、受贿罪被依法判处死刑缓期二年执行。其次,终身监禁并非死刑缓期执行的法律后果。法院在判处死刑缓期二年执行的同时决定对犯罪人适用终身监禁,实际上确立了一种新的死刑缓期执行的方式。最后,《刑法修正案(九)》生效之后,贪污受贿犯罪的死刑适用,构建了从"死刑立即执行"到"死缓犯终身监禁"再到"普通死刑缓期执行"的有序衔接格局。司法机关在处理特重大贪污受贿犯罪案件时,依据案件情况,既可以适用一般死刑缓期执行,也可以适用判处死缓后不得减刑、假释的终身监禁。在个别罪行极其严重的案件中,还可以根据案件的具体情况,适用死刑立即执行。②

其二,终身监禁不是死刑立即执行的替代措施。全国人大宪法和法律委员会在审议《刑法修正案(九)》(草案)中提出,对于贪污受贿数额特别巨大、情节特别严重的犯罪分子特别是其中本应当判处死刑的,根据慎用死刑的刑事政策,结合案件的特殊情况,对其判处死刑缓期二年执行依法减为无期徒刑后,采取终身监禁的措施,有利于体现罪刑相适应的刑法原则,维护司法公正,防止在司法实践中出现这类犯罪通过减刑等途径服刑期过短的情形,符合宽严相济的刑事政策。③

基于立法机关的这种意见,学界以及实务部门的部分学者主张,终身监禁的适用对象原本可依法判处死刑立即执行,但基于当前严格控制死刑的政策,判处死刑立即执行略显偏重,而判处死刑缓期执行又略显偏轻,此时依法判处死刑缓期执行并适用终身监禁则罚当其罪。可见,从立法目的与死刑政策的角度来看,终身监禁是部分死刑立即执行的替代措施。④ 笔者反对这种主张。终身监禁的增设填补了当前我国死刑缓期二年执行与死刑立即执行的巨大间隙,完善了我国的死刑结构,在客观上确实也减少了死刑立即执行的适用,但不能据此就认为终身监禁是死刑立即执行的替代措施。而且,立法机关的这种意见实际上违反了我

---

② 赵秉志、商浩文:《论死刑改革视野下的终身监禁制度》,载《华东政法大学学报》2017年第1期。

③ 参见《全国人民代表大会法律委员会关于〈中华人民共和国刑法修正案(九)(草案)〉审议结果的报告》,载中国人大网,http://www.npc.gov.cn/wxzl/gongbao/2015-11/09/content_1951865.htm。

④ 黄永维、袁登明:《〈刑法修正案(九)〉中的终身监禁研究》,载《法律适用》2016年第3期;黄京平:《终身监禁的法律定位与司法适用》,载《北京联合大学学报(人文社会科学版)》2015年第5期;赵秉志、商浩文:《论死刑改革视野下的终身监禁制度》,载《华东政法大学学报》2017年第1期。

国死刑制度的立法,部分学者基于这一意见把终身监禁当作死刑立即执行的替代措施的看法当然也是错误的。一方面,从立法上讲,终身监禁依附于死刑缓期执行,法院决定适用终身监禁必须以犯罪人被判处死刑缓期二年执行为前提,而死刑立即执行与死刑缓期二年执行的适用条件存在显著差别。《刑法》第48条第1款规定,罪行极其严重的犯罪分子,应当适用死刑,如果具备"不是必须立即执行"情节的,可以适用死刑缓期二年执行。比较二者的适用条件可以发现,尽管同为死刑,并且也有同样的前提条件——罪行极其严重,但是与死刑立即执行相比,立法上明确要求死刑缓期二年执行必须具备其他可以宽宥的情节,即"不是必须立即执行的",把终身监禁作为死刑立即执行的替代措施实际上是混同了刑法设定的具体适用条件,违反了罪刑法定原则。而且,终身监禁仅是针对重特大贪污受贿犯罪行为设立的,其他罪名并不适用,远远小于死刑立即执行的适用范围,也难以替代死刑立即执行。终身监禁设立之后,仍应重视死刑立即执行的适用,不能认为它是死刑立即执行的替代措施,今后就不再适用死刑立即执行。这种理解至少在立法上明确废除死刑立即执行之前是必须要明确的,那种认为终身监禁事实上会取代死刑立即执行的观念也是错误的。⑤ 终身监禁的增设,虽然在客观上能够起到控制和限制死刑(立即执行)适用的作用,但其基本出发点是有效解决死刑和自由刑的衔接问题,改变长期以来无期徒刑名不副实、执行不严的现象,有利于形成对严重腐败分子的法律震慑作用和保持依法严惩腐败犯罪的高压态势。⑥ 另一方面,从司法实践的实际上看,也不需要把终身监禁作为死刑立即执行的替代措施。近年来,司法机关针对贪污贿赂犯罪已经很少适用死刑立即执行,这既是受我国慎用死刑的刑事政策的影响,又和贪污贿赂犯罪的特点有密切关系。基于犯罪方式与犯罪内容的特殊性,大多数的贪污贿赂犯罪分子在犯罪之后都有退赃、挽回损失、揭发他人犯罪等悔罪、自首、立功情节,社会危害性和人身危险性大大降低,不需要判处死刑立即执行。之前存在的问题是,死刑立即执行与死刑缓期执行之间存在巨大间隙,导致"死罪过重,生罪过轻",增设终身监禁已经有效填补这一漏洞。

其三,终身监禁不能通过减刑转换为有期徒刑。有学者认为,被依法决定适用终身监禁的犯罪人,死刑缓期二年执行期满依法减为无期徒刑后,因重大立功

---

⑤ 欧阳本祺:《论〈刑法〉第383条之修正》,载《当代法学》2016年第1期。
⑥ 郭芳:《这些贪官为什么被判终身监禁》,载《中国经济周刊》2016年第44期。

同样可以减为有期徒刑,不再具有执行终身监禁的法定依据。⑦ 笔者认为,这种理解是错误的。原因在于,《刑法》第 383 条第 4 款明确规定,终身监禁不得减刑、假释,既然如此,即使是重大立功也不可以。而且,如果认为犯罪分子重大立功的可以减为有期徒刑,那么这与普通的死刑缓期二年执行还有什么区别呢? 如此的话,设立终身监禁这一刑罚措施的必要性就不存在了。当然,也有学者提出,如果堵死了被判处终身监禁的犯罪分子回归社会的通道,则会使终身监禁丧失刑罚的正当性,而且难以达到改造犯罪人的效果。⑧ 应当说,这确实是一个值得深入研究的问题。笔者认为,可以尝试通过对终身监禁制度进行进一步的改造,也可以通过特赦制度解决这一问题,但在立法上明确规定终身监禁不得减刑、假释的情况下,不能基于重大立功把终身监禁减为有期徒刑,否则就违反了罪刑法定原则。

二、终身监禁的适用标准

《刑法修正案(九)》出台之后,死刑制度形成了普通死刑缓期执行、死刑缓期执行暨终身监禁、死刑立即执行由轻到重的有序衔接的格局。然而,与这种明晰格局相对应的适用标准却并不清晰,甚至存在广泛的误解。《刑法》第 48 条第 1 款规定:"死刑只适用于罪行极其严重的犯罪分子。对于应当判处死刑的犯罪分子,如果不是必须立即执行的,可以判处死刑同时宣告缓期二年执行。"具体到贪污罪和受贿罪,根据《刑法》第 383 条第 1 款的规定,"罪行极其严重"特指"数额特别巨大,并使国家和人民利益遭受特别重大损失"。最高人民法院、最高人民检察院《关于办理贪污贿赂刑事案件适用法律若干问题的解释》(2016 年 4 月 18 日施行,以下简称《解释》)进一步限缩和明确了《刑法》的规定,其第 4 条规定:"贪污、受贿数额特别巨大,犯罪情节特别严重、社会影响特别恶劣、给国家和人民利益造成特别重大损失的,可以判处死刑。符合前款规定的情形,但具有自首、立功,如实供述自己罪行、真诚悔罪、积极退赃,或者避免、减少损害结果的发生等情节,不是必须立即执行的,可以判处死刑缓期二年执行。符合第一款规定情形的,根据犯罪情节等情况可以判处死刑缓期二年执行,同时裁判决定在其死刑缓期执行二年期满依法减为无期徒刑后,终身监禁,不得减刑、假释。"很明显,从上下文的逻辑关系来看,《解释》第 4 条第 1 款规定的是死刑立即执行的适用标准,第 2

---

⑦ 黄京平:《终身监禁的法律定位与司法适用》,载《北京联合大学学报(人文社会科学版)》2015 年第 5 期;黎宏:《终身监禁的法律性质及适用》,载《法商研究》2016 年第 3 期。

⑧ 参见王志祥:《贪污、受贿犯罪终身监禁制度的立法商榷》,载《社会科学辑刊》2016 年第 3 期。

款规定的是死刑缓期二年执行的适用标准,这一点基本上没有异议。但问题是,如何理解第3款终身监禁的适用标准。对此,有观点认为,"贪污贿赂司法解释"明确强调了终身监禁不能适用于第2款的普通死缓案件,而只能适用于第1款本该判处死刑立即执行的案件。⑨

笔者认为,上述见解是对《刑法》规定的误读。首先,《刑法》第383条第4款规定,人民法院在判处死刑缓期执行时,可以同时决定适用终身监禁,因此,不能脱离刑法的规定理解司法解释。根据《刑法》第48条的规定,死刑立即执行与死刑缓期二年执行的具体适用标准差异很大,死刑缓期二年执行必须同时满足"不是必须立即执行的"的情节。既然终身监禁依附于死刑缓期执行,就不能理解为只能适用于本该判处死刑立即执行的案件。其次,从字面意思上理解,《解释》第4条第3款规定适用终身监禁的前提是"符合第一款规定情形的,根据犯罪情节等情况可以判处死刑缓期二年执行",即要符合死刑缓期二年执行的标准,而非符合死刑立即执行的标准,这样理解符合终身监禁设置的本质要求。再次,从条文关系上讲,如果说终身监禁只能适用于本该判处死刑立即执行的案件,那么在《解释》第4条规定中,终身监禁这一款紧接着死刑立即执行予以规定更符合语言习惯和逻辑顺序,但实际上终身监禁是在死刑缓期二年执行之后规定的。最后,作为死刑制度的一部分,无论是死刑立即执行,还是普通的死刑缓期执行以及死刑缓期执行暨终身监禁都需要符合死刑适用的前提条件,即罪行极其严重,但到底是立即执行,还是缓期二年执行或者同时决定终身监禁,需要满足不同的具体条件。所以,《解释》第4条在规定了最典型的死刑立即执行适用条件之后,分别对普通的死刑缓期执行和死缓(终身监禁)附加了限制条件。在满足死刑的前提条件之后,如果犯罪人具有自首、立功等可以从轻处罚的情节,则可以判处死刑缓期二年执行。在死刑缓期执行之下,增设死缓的执行方式,既有较轻层次的死刑缓期执行,也有较重层次的死刑缓期执行,人民法院可以根据具体的犯罪情节进一步裁量,既能够充分地做到罪责刑相适应,也回应了国家与民众报应腐败犯罪的基本理念。

那么,如何具体理解终身监禁的适用标准呢?刑法以及司法解释的规定是由人民法院在判处死刑缓期执行的前提下,根据犯罪人的犯罪情节等情况具体裁量。本文认为,根据罪责刑相适应原则,刑罚的裁量主要考虑反映犯罪行为社会危害性与犯罪分子人身危险性的因素。终身监禁依附于死刑缓期执行,根据《刑

---

⑨ 赵秉志、商浩文:《论死刑改革视野下的终身监禁制度》,载《华东政法大学学报》2017年第1期。

法》第48条的规定以及最高人民法院、最高人民检察院、公安部、司法部《关于进一步严格依法办案确保死刑案件质量的意见》(2007年3月9日颁行,以下简称《意见》)第7条指出:"对死刑案件适用刑罚时,既要防止重罪轻判,也要防止轻罪重判,做到罪刑相当,罚当其罪,重罪重判,轻罪轻判,无罪不罚。对罪行极其严重的被告人必须依法惩处,严厉打击;对具有法律规定'应当'从轻、减轻或者免除处罚情节的被告人,依法从宽处理;对具有法律规定'可以'从轻、减轻或者免除处罚情节的被告人,如果没有其他特殊情节,则原则上依法从宽处罚;对具有酌定从宽处罚情节的也依法予以考虑。"结合我国死刑制度的具体内容,这里的从宽处理应当就属于"不是必须立即执行",即一旦死刑案件中,罪行极其严重,但没有"应当"或者"可以"型的从宽处罚情节存在,应当判处死刑立即执行;如果存在"应当"型从宽处罚情节,则应当判处死刑缓期二年执行;如果存在法定的"可以"型从宽处罚情节,而且没有其他特殊情节⑩的话,原则上就可以判处死刑缓期二年执行。具体到终身监禁,如果犯罪分子罪行极其严重,但同时具有立功、自首或者真诚悔罪等犯罪情节,则能够体现犯罪人人身危险性的降低,或者积极退赃,采取措施避免、减少损害后果使社会危害性减轻,都可以由人民法院根据案件的具体情况作出判断,决定是否适用。

为了更加具体、深入地分析适用过程中需要考虑的因素,笔者结合相关实际案例进行论证。《刑法修正案(九)》施行之后,司法实践中已经有一些影响巨大的贪污贿赂犯罪案件的被告人被判处终身监禁,比较典型的是称之为"终身监禁第一案"的白恩培案、"亿元厅官"的魏鹏远案、"小官巨贪"的于铁义案。根据审判机关发布的判决书描述,白恩培"受贿数额特别巨大,犯罪情节特别严重,社会影响特别恶劣,给国家和人民利益造成特别重大损失,论罪应当判处死刑。鉴于其到案后,如实供述自己罪行,主动交代办案机关尚未掌握的大部分犯罪事实,认罪悔罪,且赃款赃物已全部追缴,具有法定、酌定从轻处罚情节"⑪;魏鹏远"受贿数额特别巨大,犯罪情节特别严重,社会影响特别恶劣,给国家和人民利益造成特别重大损失,论罪应当判处死刑。鉴于其到案后,如实供述自己罪行,主动交代办案机关尚未掌握的大部分受贿犯罪事实;认罪悔罪,赃款赃物已全部追缴,具有法

---

⑩ 根据犯罪的本质特征以及司法实践的经验,这里的"其他特殊情节"无非也是涉及犯罪数额、犯罪情节、社会影响、造成损失等方面存在特殊情况,导致积极退赃、挽回损失等从宽处罚的量刑情节没有明显消除犯罪行为造成的社会危害,犯罪过程中或者犯罪后悔罪的表现不能反映犯罪分子人身危险性的明显降低,从而不能判处死刑缓期二年执行。

⑪ 赵秉志:《终身监禁第一案之观察》,载《中国法院报》2016年10月10日,第002版。

定、酌定从轻处罚情节"⑫;于铁义"受贿数额特别巨大(306809764.09元),犯罪情节特别严重,社会影响特别恶劣,使国家和人民利益遭受特别重大损失,论罪应当判处死刑。鉴于其归案后如实供述办案机关已掌握的部分受贿事实,主动交代办案机关尚未掌握的大部分受贿事实,检举揭发他人犯罪,具有立功表现,认罪悔罪,积极退赃,其亲友亦积极代其退缴赃款,受贿财物已基本缴回,可以依据法定和酌定情节对其依法处罚"⑬。与上述三起终身监禁的判决案件相比,我们可以回顾一下几起同样具有重大影响的典型贪腐案件,包括原全国人大常委会副委员长成克杰案、原国家食品药品监督管理局局长郑筱萸案、原中国人民解放军总后勤部副部长谷俊山案。在成克杰案中,司法机关认为被告人成克杰受贿数额特别巨大,所犯罪行严重破坏了国家机关正常工作秩序,犯罪情节特别严重,依法应予严惩。虽然成克杰受贿的赃款已被追缴,但不足以据此对其从轻处罚。在郑筱萸案中,司法机关认为被告人郑筱萸受贿数额特别巨大,犯罪情节特别严重,社会危害性极大,严重地破坏了国家药品监管的正常工作秩序,危害人民群众的生命、健康安全,造成了极其恶劣的社会影响。其虽有坦白部分受贿事实、受贿钱款已退缴情节,但不足以从轻处罚,应依法严惩。上述两人均被判处死刑立即执行。在谷俊山案中,军事法院审理认为,被告人谷俊山贪污、受贿数额特别巨大,危害后果特别严重,鉴于谷俊山归案后揭发他人犯罪行为,经查证属实,有重大立功表现,且赃款赃物全部追缴,具有法定、酌定从宽处罚情节,依法对其所犯贪污罪、受贿罪分别判处死刑缓期二年执行。⑭

综览上述案件,三起终身监禁案件的共同点是:犯罪数额特别巨大、社会影响特别恶劣、危害后果特别严重。同时,具有坦白、自首、全部或者基本全部退赃等法定、酌定从轻处罚情节。此外,于铁义还有立功表现。两起死刑立即执行案件的共同点是:犯罪数额特别巨大,社会影响特别恶劣、危害后果特别严重、严重破坏国家机关的正常工作秩序——这一点本文认为非常重要,在其他判处死刑缓期执行的特重大贪腐案件中,这种特殊情节几乎不见。同时,具有坦白、退赃的法定、酌定从宽情节,但司法机关认为,与被告人的犯罪事实和犯罪情节相比,这些从宽处罚情节不足以对其从轻处罚,仍应依法严惩。一起死刑缓期二年执行案件

---

⑫ 李梦:《魏鹏远受贿2亿被判死缓》,http://www.xianzhaiwang.cn/news/guonei/456715.html,2017年7月9日访问。

⑬ 刘杨:《黑龙江龙煤矿业集团物资供应分公司原副总经理于铁义一审被判死缓》,http://www.gov.cn/xinwen/2016-10/22/content_5123162.htm,2017年7月9日访问。

⑭ 张硕:《谷俊山案件一审宣判后军事法院负责人答记者问》,载中国军网,http://www.81.cn/jwgz/2015-08/10/content_6623507.htm。

的特点是:贪污、受贿数额特别巨大,危害后果特别严重,同时,具有坦白、全部退赃、重大立功等法定、酌定从宽处罚情节。比较上述案例,被告人成克杰、郑筱萸、谷俊山与白恩培地位相近,犯罪事实与犯罪情节也存在类似情形,都存在犯罪数额特别巨大,社会影响特别恶劣,危害后果特别严重等犯罪事实与情节,他们的判决相互之间是非常有借鉴意义的。比较起来,上述四人的法定与酌定量刑情节存在明显差别,反映到死刑适用上也存在巨大区别:成克杰、郑筱萸犯罪之后具有坦白与退赃(没有全部退赃)的法定、酌定从宽情节,白恩培犯罪之后具有坦白、自首[15]与退赃(全部或基本全部退赃),谷俊山则更进一步,犯罪之后具有坦白、重大立功与退赃(全部)。他们之间的法定、酌定从轻处罚情节形成了显著的从重到轻的格局,恰好对应了当前死刑执行方式的重轻格局:死刑立即执行—死刑缓期二年执行暨终身监禁—死刑缓期二年执行,也符合《刑法》第383条规定的"根据犯罪情节等情况"决定是否适用终身监禁。归纳起来,结论就是如果具有坦白、真诚悔罪、积极退赃等从宽量刑情节,但与其犯罪行为具有的特别严重情节相比不足以从轻处罚的,即存在特殊情节的,仍应判处死刑立即执行;如果存在自首、立功尤其是重大立功的,再加上其他法定、酌定的从宽处罚情节,则可认为被告人的人身危险性大为降低,犯罪行为客观的危害性也相应减轻,则可视为属于"不是必须立即执行",从而可以判处死刑缓期二年执行。在死刑缓期执行之下,如果案件具有特殊的情节,则可以同时决定终身监禁,不得减刑、假释。之所以白恩培、魏鹏远、于铁义三位被告都被判处死刑缓期二年执行、终身监禁,一个很重要的原因就是他们的受贿数额都达到了2亿元以上,刷新了我国司法机关之前查处的贪污贿赂犯罪数额的纪录。

三、终身监禁的溯及力问题

终身监禁的溯及力问题,简单来说就是终身监禁能否适用于《刑法修正案

---

[15] 白恩培是否构成自首,涉及如何理解《刑法》第67条第2款规定中的"司法机关还未掌握的本人其他罪行"。对此,司法解释与学界存在分歧。根据1998年4月6日最高人民法院《关于处理自首和立功具体应用法律若干问题的解释》第4条的规定,被采取强制措施的犯罪嫌疑人、被告人和已宣判的罪犯,如实供述司法机关尚未掌握的罪行,与司法机关已掌握的罪行属于同种罪行的,可以酌情从轻处罚;如实供述的同种罪行较重的,一般应当从轻处罚。按照司法机关的解释,白恩培的行为不构成自首,但由于白恩培"主动交代了办案机关尚未掌握的大部分犯罪事实",应当视为"如实供述的同种罪行较重的",一般也应当从轻处罚。一定程度上讲,这比自首对刑罚裁量的影响还要大,毕竟根据《刑法》第67条第1款的规定,自首只是"可以从轻或者减轻处罚",而非应当从轻处罚。

（九）》颁行之前的贪污贿赂犯罪行为。对此，学界以及司法实务界大致有三种意见：一是认为终身监禁新规不应具有溯及既往的效力，其主要理由是认为终身监禁的规定实质上提高了对贪污受贿犯罪刑罚处罚的严厉程度，即新法较重；二是认为终身监禁新规应当具有溯及既往的效力，其主要理由是《刑法修正案（九）》提高了贪污贿赂犯罪判处死刑的门槛，并将犯罪后被提起公诉前如实供述罪行、真诚认罪、悔罪、积极退赃以及避免、减少损害结果发生等原来的酌定从宽处罚情节改为法定从宽处罚情节，其有关贪污受贿犯罪量刑的规定（包括终身监禁新规）从总体上看更有利于被告人，即新法较轻；三是主张区分情况区别对待，认为应当结合终身监禁新规慎用死刑立即执行的立法本意、贪污受贿定罪量刑标准的立法修改与司法规则调整、贪污受贿案件酌定从宽情节修改为法定从宽情节等方面，综合衡量终身监禁新规与原有《刑法》规范规定的刑罚轻重，主张对于依照修正前《刑法》应当判处死刑立即执行而依照修正后《刑法》可判处死缓暨终身监禁的适用新规（此时新法较轻），而对于依照修正前《刑法》本就应当判处死缓的则不应适用终身监禁的新规（此时旧法较轻）。⑯

考察上述三种意见，第一种意见认为新法规定了终身监禁就等于新法较重，没有考虑到我国死刑制度存在死刑立即执行与缓期二年执行两种执行方式带来的法定刑差异与轻重差别。而且，第一种意见对从旧兼从轻原则内涵的理解也不准确。从旧兼从轻原则的关键是法定刑轻重的比较，我国刑法主要采取了相对确定的法定刑立法方式，大多数罪名都规定了多个法定刑幅度，因此，从旧兼从轻原则在适用过程中，新、旧刑法的轻重比较必须结合实际的犯罪行为对应的法定刑幅度进行评价，抛开实际犯罪行为，抽象地评判新、旧刑法轻重难以得出正确的结论。第二种意见犯了与第一种意见同样的错误，也是抽象地对新、旧刑法进行比较，没有准确把握我国死刑制度的复杂性，针对具体犯罪行为，即使法定刑是死刑，不同的执行方式也存在刑罚轻重的差别，因此，不能简单地说终身监禁的新规一概溯及既往。第三种意见全面考虑到了我国死刑包括死刑立即执行和缓期二年执行两种适用方式所带来的刑罚轻重的差异，克服了上述两种观点的弊端，并考虑到新刑法针对终身监禁设立的适用条件，具有合理性，笔者之前也是赞同的。⑰

---

⑯ 赵秉志：《终身监禁第一案之观察》，载《人民法院报》2016年10月10日，第002版。
⑰ 笔者曾在《终身监禁第一案是否违反从旧兼从轻原则》一文中支持第三种观点，并认为"终身监禁第一案"即白恩培案可以判处终身监禁，参见 http://mp.weixin.qq.com/s/MENKM6Z_KmxkEHENC2isOg。

然而,如果深入考察我国的死刑制度,本文认为,终身监禁不能适用于《刑法修正案(九)》颁行之前的犯罪行为,即终身监禁不具有溯及力。原因如下。其一,学界以及司法实务界的上述观点都搞错了《刑法修正案(九)》颁行前后有关死刑轻重比较的对象。溯及力问题讨论的前提是同样的行为模式对应不同的刑罚,按照上述观点,新旧刑法关于死刑立即执行和死刑缓期执行同时决定终身监禁的适用条件是一致的,所以新法比旧法轻,因而可以适用终身监禁。但是,这种理解是错误的。上文已明确指出,我国死刑制度规定了两种执行方式,虽同为死刑,但实际上适用条件是不相同的。死刑立即执行适用于"罪行极其严重,同时不存在'不是必须立即执行的'情节"的情形;死刑缓期二年执行适用于"罪行极其严重,同时存在'不是必须立即执行的'情节"的情形。"不是必须立即执行"作为区分死刑立即执行和死刑缓期二年执行的标准,它的有无对应着不同的法定刑幅度,在具体案件中对应着特定的情节,如果犯罪人的罪行极其严重,缺乏从轻处罚情节,或者从轻处罚情节不足以抵消犯罪行为体现的社会危害性与人身危险性,就都应当判处死刑立即执行;反之,则适用死刑缓期二年执行。在《刑法修正案(九)》施行之后,死刑立即执行的适用条件并没有变化,刑罚内容也没有发生变化。也就是说,同样的行为,依据旧法应当判处死刑立即执行,依据新法同样需要判处死刑立即执行。新法虽然规定了终身监禁,并在事实上形成了死刑缓期执行的不同层次,但它是依附于死刑缓期执行的,终身监禁的适用条件与死刑立即执行的适用条件并不相同。在讨论溯及力问题时,不能拿终身监禁与死刑立即执行进行比较,能够比较的对象其实是新旧刑法关于死刑缓期执行的规定,因为新旧刑法关于死刑缓期执行的适用条件是一致的,但新法增加了执行的内容,同时也增加了刑罚的量,就存在新旧刑法轻重比较的问题,就需要讨论溯及力问题。其二,由于新增的终身监禁实际上加重了刑罚,因此对于新法之前的行为,如果满足死刑缓期二年执行的适用条件,是不能给予终身监禁的处罚的。除非是犯罪分子的贪污、受贿行为横跨新旧刑法,此时应注意酌定从轻处罚,或者犯罪分子的主要犯罪行为集中在新法之后,这两种情形都存在适用终身监禁的可能性。

论证至此,终身监禁的溯及力问题已基本讨论完毕。不过,考察我国关于终身监禁溯及力问题的立法规定,还有必要对一个司法解释,即最高人民法院《关于〈中华人民共和国刑法修正案(九)〉时间效力问题的解释》(2015年10月29日颁布)稍作分析。该解释第8条规定:"对于2015年10月31日以前实施贪污、受贿行为,罪行极其严重,根据修正前刑法判处死刑缓期执行不能体现罪刑相适应原则,而根据修正后刑法判处死刑缓期执行同时决定在其死刑缓期执行二年期满依法减为无期徒刑后,终身监禁,不得减刑、假释可以罚当其罪的,适用修正后刑法

第三百八十三条第四款的规定。根据修正前刑法判处死刑缓期执行足以罚当其罪的,不适用修正后刑法第三百八十三条第四款的规定。"笔者认为,这一司法解释的错误更为明显,对于该解释颁行之前实施的贪污贿赂犯罪行为,如果依照修正前《刑法》不能判处死刑立即执行的,更不能依照修正后的《刑法》判处死刑缓期执行,同时适用终身监禁,这种处理赤裸裸地违反了我国刑法针对溯及力问题规定的"从旧兼从轻"的原则。

利用技术措施侵犯著作权行为犯罪化研究*

周光清**

轰动互联网业界的深圳快播公司案虽然以"传播淫秽物品牟利罪"而最终尘埃落定,但是隐含在该案背后的快播公司侵犯网络著作权行为,却一度为人们所漠视。作为在中国率先采用 P2P 技术的互联网公司,快播公司屡屡被诉诸法庭对簿公堂,直接原因就是快播公司实施了利用了技术措施侵犯他人的网络著作权的行为。"快播案"中,快播公司的著作权犯罪的刑事责任虽然没有进一步被坐实,但是并不意味着利用技术措施侵犯网络著作权行为会随着"快播案"淡出视野而销声匿迹。随着传统侵犯著作权犯罪的逐渐自然消解,利用技术措施实施的侵犯网络著作权犯罪行为却越演越烈。如何在互联网世界规范技术措施并对利用技术措施实施网络著作权侵权行为予以严惩,特别是在刑事法领域予以合理规制,将其进行犯罪化,已经成为一个我们必须面对并且亟须解决的重要问题。本文拟从利用技术措施侵犯网络著作权行为犯罪化的必要性与可行性方面予以论证,并拟对法条进行具体设计,以契合打击与惩治网络著作权侵权行为的现实需要。

一、利用技术措施侵害著作权行为犯罪化的必要性

贝卡里亚说过,"刑罚的及时性是有益的"[①],但是刑罚的及时性要以相应刑法规范的存在为前提。就目前的我国《刑法》的具体规定来看,对于利用技术措施实施的侵犯著作权犯罪行为,发挥作用的只能是《刑法》第 217 条与第 218 条规定的罪名。《刑法》的这种规制已经难以解决司法实务中侵犯网络著作权犯罪的现实需要了。所以,对利用技术措施侵犯著作权行为予以合理《刑法》规制,将其犯罪化,是非常必要的。主要体现在以下几个方面。

---

* 本文系江西省人文社科重点研究基地江西省地方立法研究中心 2018 年度课题"网络著作权刑法保护问题研究"阶段性成果,2019 年浙江省人民检察院时任检察长贾宇予以肯定性批示。
** 南昌大学法学院副教授,法学博士、博士后。
① [意]贝卡里亚:《论犯罪与刑罚》,黄风译,中国大百科全书出版社 1993 年版,第 56 页。

(一)符合我国刑法必要性原则的要求

总体而言,国家刑罚权的动用应该尽量谨慎,适用刑罚就是谋求社会的正义实现之所在。韩忠谟教授曾强调,刑罚适用需谨慎为之,首要考虑社会危害性程度,有必要适用刑罚,如若危害较轻微,宁可不适用刑罚。韩教授注重社会公众认可的是非公平作为"社会正义之所在",刑罚设定应充分"体察"社会公众的正义观念,如果刑罚不能满足社会公众的正义观念要求,则会导致刑法迟缓,而超出社会公众的观念范围,发挥不了应有的作用,也属不当。② 韩忠谟教授重在指明:一是刑法的谦抑性或者说刑罚的谦抑主义;二是强调刑法适用的社会观感。就利用技术措施而言,不管是消极地规避也好,还是主动地利用也好,无非都是对著作权权利的侵犯,将利用技术措施侵犯著作权犯罪行为入罪化处理,有利于遏制与打击日益猖獗的网络盗版复制、发行,从而形成对著作权更强有力的保护。

刑法本身的谦抑性,或者说刑法只是作为最后的保护手段而存在的——有的学者称之为刑法的补充性,重在说明当其他法律手段难以达到法益保护的现实效果时,才可以动用刑法和刑罚。实际上,一个国家或者说一个社会,部门法各司其职维持着社会的正常运转,各个部门法领域一般都会兼顾其他法律领域的具体规定,以便在维持社会运转中一致行动,但多数部门法都不会绝对采最后手段原则。因此,刑法的补充性并非其他法律穷途末路时,才考虑刑法适用。因为在通常情况下,只有当其他法律不足以保护时,才会考虑动用刑法。但如果其他法律无计可施,那么刑法也无力回天。③

就利用技术措施侵犯著作权罪而言,有学者是不主张将这种行为入罪进行犯罪化的。他们认为,考虑到技术措施的入刑会给著作权招致诸多的限制,所以认为"一般的规避、破坏行为"不能纳入刑法考虑,因为与著作权法的本质相悖。对著作权制度的过度刑法干预,是笔者极力反对的,但在网络时代,刑法对著作权制度的必要介入还是非常有必要的。我们不搞"一刀切"的做法,尽量将一部分利用技术措施去实施侵犯著作权犯罪行为纳入犯罪圈中,实现刑法对之采取的有效保护。在数字化时代,著作权人可以短平快而又低投入地推介其作品从而获取更多的经济利益,但同时其他人也可借用同一平台未经授权地实施使用、复制或传播行为。因此,即使对利用技术措施侵犯著作权行为进行限缩,但也应该作为犯罪行为予以处理,主要依据是基于社会公众公平正义观念这一社会现实的理性考

---

② 见韩忠谟:《刑法原理》,北京大学出版社 2009 年版,第 188 页。
③ 许玉秀:《刑法导读》,载王泽鉴主编《学林分科六法(刑法)》,学林文化事业有限公司 2003 年版,第 46 页。

虑,而非刑法功效的盲目推崇。

(二)预备行为入罪满足了我国刑法预防犯罪的要求

利用技术措施侵犯著作权的实行行为,侵犯了他人著作权,而利用技术措施部分行为有些时候仅仅是预备行为。正如黄荣坚教授所言,危险犯罪类型的意义就在于,立法者有意用强力手段去推动刑法规范对涉及危险的行为予以规范,这是危险犯之所以成为一种危险犯罪的主要缘由。④ 笔者拟将准备行为作犯罪化处理。将准备行为犯罪化,就是探讨危险犯对于著作权法的保护具有现实的必然,这是立足于更深层次上而言的。同时要对准备行为犯罪化予以检证,看其在一般预防与特殊预防中的效果:因为既然准备行为属于犯罪行为,那自然需检验其是否就应当刑罚所具有的效果。只有具有一定威慑力的刑罚,才是符合公正的罪责要求的刑罚。当然,刑事追诉的确实性以及刑罚的种类与程度的轻重,决定了适用的刑罚的威慑力的高低。制定出来的刑罚如果不仅不能发挥应有的刑罚功能,还要继续维持这种刑罚的正当性,这种刑罚的正当性就值得我们怀疑了。由于侵犯著作权案件属于公诉案件,我国《刑法》对提起诉讼并不需要"被害人"的告诉,因此,追诉问题就成为准备行为入罪后面临的首要难题,我们通常的诉讼策略是采用"公诉"制度,即"不告而理",我国《著作权法》(征求意见稿)对此没有涉及。事实上,不管是哪种刑事上的追诉方式,网络侵权案件居高不下的犯罪黑数的存在,是我们不得不面对的一个现实问题。这种犯罪黑数的存在,严重影响了人们对法律的信赖与尊崇。因此,如果刑法不对这些"漏网之鱼"予以严惩,不仅会使大多数人的严重侥幸心理不断滋生,也难以有效震慑社会的一般大众。

国家对犯罪人发动刑罚的主要目的,主要基于两点考虑:一是预防犯罪人再次实施犯罪行为,就是我们通常意义上的特殊预防;二是消除犯罪人的人身危险性和社会危害性。一般而言,准备行为属于复制行为之预备行为,对于这种预备行为的处罚,罚金刑或者短期自由刑适用较为普遍。然而短期自由刑的弊端,已经为国内外刑法学界和司法实务界所公认。而罚金刑的适用,以罚代刑的弊端也很明显。本文认为,作为国家有限的社会资源和公权力的行使,刑事诉讼花费应该实行最优化原则,这样才能实现惩治犯罪,保护社会。对严重侵害著作权的犯罪行为人,动用刑罚也许可以起到吓阻之功效。刑法和刑罚因其具有相当的严厉性,往往是作为著作权侵害的最后救济手段,立法者在立法时需要慎重,司法中发动刑罚更应该节制。对于侵犯著作权的准备行为又不能放任不管,通过借助民事

---

④ 黄荣坚:《论危险故意》,载《月旦法学杂志》2011年第118期。

措施,如以高额侵权损害赔偿金的方式,能够解决社会危害的,就不用发动刑罚。但是实际上由于进行民事诉讼成本很高,如需缴纳诉讼费并承担自行举证,如果著作权权利人在没有胜诉之把握的情况下,是不愿意动用司法资源参与诉讼的,这样,又进入著作权难以保护的尴尬境地。因此,对这种行为进行犯罪化处置,就显得异常重要了。当然,也会有人认为将准备行为入罪化处理,无非是在刑事司法体系中平摊了著作权人权利保护的成本,会损害纳税人的利益,甚至会搞得怨声载道、事与愿违。这种观念不具有法理上的妥当性,实不可取。

(三)现实著作权领域保护的迫切需要

利用技术措施实施侵害行为,立足于行为本身的自然属性的单纯考虑,确实是没有侵犯作品的著作权,这种行为其实就是使作品处于其原始状态。然而立足于作品的社会属性视之,实则是将作品置于不安全的网络环境中,从而对作品在著作权市场交易的存续和发展造成影响。著作权市场交易秩序是社会主义市场经济秩序的重要组成部分,就刑法法益保护的重要性而言,是不言而喻的。笔者认为,著作权技术措施所承载的"法益",和侵犯著作权犯罪的保护法益是一致的,都是著作权市场交易秩序,但是两者的差异也是明显的:从犯罪分类来看,侵犯著作权罪属于实害犯,利用技术措施侵犯著作权罪则属于抽象危险犯,是立法者人为地将刑法保护的法益及相应的刑罚提前处置,以应对风险社会的现实需要。[5] 而对于利用技术措施侵犯著作权的犯罪圈的划定,应该以法益侵害为基础,必须考虑具体的相关行为对著作权市场交易秩序破坏的破坏程度。[6] 基于以上考虑,笔者认为:一是在设置具体涉及技术措施行为的罪名方面,设立独立的罪名较为合理,而不能依附于其他罪名之后,或者只是其中的一个行为,这样可以避免疏于刑罚或滥用刑罚的后果。同时要以与著作权作品的市场交易息息相关的作品安全状态为依据。二是对技术措施侵害行为判断,必须以著作权市场交易秩序的影响程度为主要依据。因为著作权市场交易秩序威胁的不同程度主要基于技术措施侵害行为的不同,如某个终端用户采取的规避行为的危害性,肯定是远远小于破解网站提供规避程序的帮助行为的危害性。再者存在没有破坏著作权市场交易秩序的技术措施规避行为,对于这类行为则不应该受到刑法的制裁。

---

[5] 王永茜:《论现代刑法扩张的新手段——法益保护的提前化和刑事处罚的前置化》,载《法学杂志》2013年第6期。
[6] 苏永生:《论我国刑法中的法益保护原则——1997年中华人民共和国刑法第3条新解》,载《法商研究》2014年第1期。

二、利用技术措施侵犯著作权罪的可行性

（一）著作权人权利优先地位的观念基本形成

究竟是公权力优先还是私权利优先，这个问题一直伴随着著作权的发展全过程。每个历史阶段由于种种因素的介入，著作权的权利属性经历着由公权力优位发展为私权利优位的转变过程。因此有学者直间发出感慨，认为个人私权与社会整体之间的冲突与平衡，是著作权的刑法保护中一个始终难以回避的现实问题。⑦ 不仅是我国著作权性质经历着争议的过程，其他国家同样有着著作权权利属性的争议。由于不同的社会理念、刑法刑事政策的影响，各国著作权刑法往往在社会公共利益与私人权益之间作出合理的适合本国国家发展需要的选择。自著作权刑法保护在我国出现以来，著作权作为公权力的性质局面就一直没有得到改善，在一定社会历史时期，将著作权看作一种社会化的权利是具有历史阶段合理性的。所以在立法与司法中，一般都淡化著作权权利人的私权保障，保护的价值观就是强调"公共利益优先"。⑧ 基于此，刑法对于著作权弱保护的观点就在我国学者中不断出现。例如，著作权刑法将"以营利为目的"作为构成犯罪标准则是突出的一点。在笔者看来，著作权刑法究竟是强保护还是弱保护不能仅从犯罪构成的某个方面进行阐释，而应该从全面的角度对此进行解释。可见，刑法立法理念的不同直接影响着著作权刑法保护规范的具体设计。

私权观念不是一蹴而就的，是伴随着经济全球化、市场一体化趋势的发展而逐步形成的。著作权保护私权观念也是如此，是逐渐深入人心的。对著作权犯罪的惩治在刑法上予以强化，已得到世界范围内的普遍认同，继续固守"公共利益优先"的价值观念，与我国融入全球的大方向是背道而驰的。网络环境对我国著作权保护的冲击和挑战，也使得确立"著作权人权利优位"的价值观的呼声日渐高涨，促使我国著作权刑法立法理念的尽快转变。知识产权性质上属于一种私权，与社会经济利益是有差异的，这类犯罪首先侵犯的是著作权人的私权，这已经在TRIPS协议前言中得以明确。因此，只有立足于著作权人权利本位的立场来开启著作权刑法保护，才能既尊重公民私权，又统筹兼顾社会秩序，有利于著作权市场

---

⑦ 周国强、胡良荣：《中国版权刑法的构建》，载《内蒙古社会科学》2011年第2期。
⑧ 刘秀、蒋廷瑶《论著作权刑法保护之重构》，载江必新：《审判监督指导（第24辑）》，人民法院出版社2008版，第199页。

体系和机制的真正科学、有效的构建。⑨ 确立"著作权人权利优位"的刑法理念有利于优化著作权刑法的罪刑规范,为有效应对网络环境对著作权刑法保护制度的冲击扫平了观念障碍。

(二)控制社会风险以平衡利益的需要

社会风险的存在与否将直接影响社会各主体之间利益的需要。我国设立技术措施刑法保护制度,旨在防控风险与平衡利益。首先,现代社会已是风险社会,因此应该将防控风险上升至刑法的理论高度。社会风险中的技术风险如果没有被提前洞察和有效控制是非常可怕的,可能存在这样的情形,万千终端用户的侵权一触即发,前提是行为人利用技术规避措施侵害著作权,这样,失去防护的作品瞬间沦为鱼肉就不再是稀奇的事情了。技术风险正是因其涉及人为因素,危害巨大且方向不确定、发展无规律的特点而很容易全球波及而引发技术灾难⑩。基于这种现实考虑,强调自身防控技术风险的功能并直面技术措施侵害行为本身进行细化规制和直接评价,是我国技术措施刑法保护制度必须面对的课题。其次,实现绝对的社会公平是不大可能的,至少现今社会是无法实现的,因此平衡社会主体之间的利益便显得尤为重要了。技术措施的使用使得受保护的秘密领域受到了极大的侵害,其代价是牺牲了公众言论自由与公共领域资讯。因此,在架构利益平衡时,技术措施刑法必须同时权衡版权人与社会公众间的权益关系。我们可以毫不夸张地说,技术措施的立法发展历程与利益平衡的过程是相伴相随的,重构被数字技术冲垮的著作权权法利益平衡体系已然成为技术措施立法的历史使命。⑪ 技术措施的法律立法若需落实到实处就需要刑罚作为强有力的武器后盾,因此在设计的时候更应该持有慎而又慎的态度,努力实现各方利益均衡兼顾,使技术措施刑事立法的历史使命得以完成。基于这种立场,为公众的合理使用预留一定的罪外空间是必要的,对于某些合理的侵害行为,我国刑法理应设置特定的违法性例外事由。

(三)本国著作权法律法规基础与世界立法经验借鉴

从立法层面看,我国《著作权法》《计算机软件保护条例》《信息网络传播权保护条例》等法律法规都有利用技术措施侵犯著作权刑事责任的规定,同时我国各种关于著作权司法解释也有类似的规定。现有的立法规定与司法解释均能在一

---

⑨ 田宏杰:《论我国知识产权的刑事法律保护》,载《中国法学》2003 第 3 期。
⑩ [德]乌尔里希·贝克:《世界风险社会》,吴英姿、孙淑敏译,南京大学出版社 2004 年版,第 74—78 页。
⑪ 谢惠加:《数字版权权利冲突及其解决模型的建构》,载《科技与法律》2006 年第 3 期。

定程度上为利用技术措施侵犯著作权罪的设立提供一定的基础帮助。因此在某种程度上来说,在我国设立利用技术措施侵害著作权罪是具备一定土壤条件的。

与世界当今经验相比较,我国关于著作权刑法保护的相关规定并没有达到世界级水准,需要进一步提高,因而世界各国关于著作权刑法的规定则成为我国立法需要关注的对象。在 WCT 和 WPPT 通过之后,世界上大多数发达国家或者地区,都认识到了技术保护措施的重要性,这些国家的相关立法中也出现了制裁规避技术保护措施行为的具体规定,特别是在刑事制裁增加了对性质严重的行为的处罚规定,美国、英国、德国、日本等国家是其典型代表。德国著作权法的规定较为有特色,其规定了应处 1 年以下自由刑或罚金的行为:一是著作权人没有授权就能通过规避技术,使自己或者第三人接触受著作权法保护的著作或者其他权利;二是通过上述途径使用著作权。关于利用技术措施实施的侵犯著作权犯罪,德国作出了清晰明确的规定。除此之外,德国著作权法还规定了关于利用技术措施从事侵犯著作权的常业犯,从重处罚。

三、利用技术措施侵犯著作权罪的法条具体设计

将利用技术措施侵犯著作权行为予以犯罪化,必须要充分借鉴与依托著作权法对相关行为的具体规定,要保持刑法与民商事法律、行政法等的紧密衔接。有学者认为,利用技术措施实施侵害著作权的行为包含网络传播行为、网络复制行为以及实施技术措施的行为三种。[12] 网络传播行为主要是指信息网络传播权行为,主要围绕信息网络传播权而展开;而网络复制行为,只不过是传统复制行为的网络化而已,并不意味着需要利用一定的技术措施。笔者认为,立足于我国著作权法,利用技术措施侵犯著作权行为主要表现为:一是对著作权权利人采取的保护著作权或与著作权相关的权利的技术措施予以故意避开或者破坏,既存在故意避开行为,也包含故意破坏行为;二是利用技术措施故意删除或者改变著作权权利管理电子信息行为,这里也包括故意删除行为与故意改变行为。

现有的故意避开行为或者破坏行为、故意删除行为或者改变行为只是立足当下网络技术而作出的基本梳理。由于网络空间的技术革新日新月异,网络技术不断推陈出新,从技术层面来看,利用技术措施侵犯著作权行为当然不会止步于以上行为。因此,对利用技术措施侵犯著作权犯罪行为的法条具体设置时,对有关

---

[12] 于佳虹:《浅析博客网络著作权的内涵、问题及其保护》,载《知识产权》2015 年第 1 期。

行为的规定适度超前或者予以概括式规定,是较为必要的。这也是刑法立法的本质要求。当然,对行为技术措施的行为类型进行概括式规定或者予以列举式规定,直接关系到刑法具体条文设置的表述。

因此,在刑法条文的具体表述上,可以选择两种方案对条文予以表述(至于两种不同的表述如何取舍,就取决于最高立法机关了)。一种方案是概括式规定,拟认为可以表述如下:"未经著作权权利人许可,擅自使用技术措施侵害他人著作权,情节严重的,处三年以下有期徒刑,并处或单处罚金;情节特别严重的,处三年以上七年以下有期徒刑,并处罚金。"另一种方案是列举式规定,拟认为可以表述如下:"未经著作权权利人许可,有下列侵犯著作权情形之一,情节严重的,处三年以下有期徒刑,并处或单处罚金;情节特别严重的,处三年以上七年以下有期徒刑,并处罚金。(一)故意避开或者破坏权利人为其作品、录音录像制品等采取的保护著作权或者与著作权有关的权利的技术措施的,法律、行政法规另有规定的除外;(二)未经著作权人或者与著作权有关的权利人许可,故意删除或者改变作品、录音录像制品等的权利管理电子信息的,法律、行政法规另有规定的除外;(三)其他使用技术措施侵犯著作权的。"

四、结语

就侵犯著作权犯罪而言,从侵犯传统著作权犯罪向侵犯网络著作权犯罪转变,已经是著作权犯罪发展的大趋势,对利用技术措施侵犯著作权犯罪行为进行规制,应该成为著作权犯罪刑法立法的应然发展与著作权犯罪司法适用的必然选择。当然,我们不主张对著作权犯罪过度犯罪化,但是,我们更期待著作权犯罪刑法立法更加完善,更加契合我国经济社会文化发展的需要。

刑事责任年龄下限问题研究*

——兼论将"强制教养"纳入刑事诉讼法特别程序

张文秀**

  2011年我国《刑法修正案（八）》规定，未满18周岁人犯罪不构成累犯、犯罪的时候不满18周岁被判处5年有期徒刑以下刑罚的人，免除前科报告义务；2012年我国《刑事诉讼法》修订，设置未成年人刑事诉讼程序特别规定，增加了未成年人到场、附条件不起诉、犯罪记录封存等制度。上述修法活动，显示了我国对未成年人犯罪采取了一种宽和的态度。但是，与这种宽和立法相对应的是残酷的现实。2010年12月，广东从化11岁少女仅因父亲管教，毒杀亲父，被收容教养1年9个月后重返校园。2012年4月，湖南衡阳12岁少年因姑妈管教严格，挥刀杀害姑妈及表妹、表弟一家三口，被收容教养一段时间后回归社会。2013年10月，广东东莞11岁女孩因日常玩耍与小伙伴发生矛盾，将7岁女童杀害，后由父母管教。2013年11月，重庆10岁"电梯摔婴"女孩，致一名未满1周岁的婴儿从25楼跌下，事后母亲将其带至其他城市生活。2015年10月，湖南邵阳3名少年（最大的仅为13岁）为谋财，将50余岁的女教师残忍杀害，目前几名少年已被送往工读学校上学……未成年人实施暴力行为的数量在逐渐攀升，据统计，H市B区所受理的未成年人犯罪，其中故意伤害、抢劫、寻衅滋事、聚众斗殴等暴力犯罪案件数量近年来一直处于前五名位置。不仅中国，犯罪低龄化问题已经是近年来世界性的趋势，甚至被列为与环境污染、吸毒并列的世界公害，有很多人担心一味宽和的原则会对司法公正造成冲击。因此，是否改变刑事责任年龄下限，理论界、司法实务界、社会公众各有立场，关注和争议很多。

  刑事责任年龄属于法律拟制，即由法律划定刑事责任年龄的界限，立法者一般会有两方面考虑。一方面，要考虑自然因素，即受未成年人身心的发育程度制约的辨认能力和控制能力。在立法活动中，对刑事责任年龄下限的法律拟制，应

---

 * 原载《社会科学论坛》2016年第5期。
 ** 北京市人民检察院第一分院第一检察部副主任，法学博士。

当对少年儿童的辨认和控制能力作普遍深入的调查研究。另一方面,要考虑刑事政策因素,即对有重大罪过的少年儿童一个国家采取什么态度?什么方针?其刑罚应当施加于多大年龄的人?笔者通过梳理古今中外刑事责任年龄下限发展趋势,从该下降还是该提高的争议出发,进而探讨是否需要改变法律拟制的刑事责任年龄下限,以及如何应对未成年人犯罪攀升的现状。

一、国内外刑事责任年龄下限发展趋势:是轻缓还是严厉

(一)中国古代刑事责任年龄下限发展趋势:逐渐轻缓

西周时期,《周礼·秋官·司刺》中记载有三赦之法:一赦曰幼弱……意思是,幼弱之人,可以赦免犯罪。再根据《礼记·曲礼》中"七年曰悼,悼与耄虽有罪,不加刑焉"的规定,西周时期,刑事责任年龄下限应为7周岁。①

西汉时期,对刑事责任年龄下限常有变化,汉惠帝之后一般会以诏令的方式规定,每位皇帝规定的年龄标准不同,曾针对个人普通犯罪规定为7周岁、8周岁、10周岁等。② 如汉成帝在鸿嘉元年(公元前20年)颁布诏令:"年未满七岁,贼斗杀人及犯殊死者,上请廷尉与闻,得减死。"③意思是,7周岁以下的儿童犯殊死罪④的,司法机关奏明皇帝后,可以减刑免死。东汉时期的建武三年(公元27年),光武帝刘秀诏书:"凡……十岁以下者,不加拘禁。"此后,东汉期间较为严苛,规定为:"年未满八岁……非手杀人,皆不坐。"也就是说,东汉期间一般规定不满8周岁,除非亲手杀人,其他犯罪一律不惩罚。

《唐律》中对于刑事责任年龄下限的规定呈阶梯状,7周岁至10周岁的,除谋大逆、谋反、杀人、盗窃及伤人等重罪外,一律不负刑事责任;7周岁以下的,只对谋反、谋大逆、缘坐负刑事责任。

到了明清时期,刑事责任年龄下限基本沿用了唐律的规定,7周岁以下的不负刑事责任,不判处死刑。如《大明律·明例律》规定:"十岁以下及笃疾,犯杀人应死者,议拟奏闻,取自上裁……盗及伤人者收赎之外,其余有罪不负责任;七岁以下,虽有死罪而不加刑。"也就是说,在明代,7周岁以下不负刑事责任,7周岁以上10周岁以下的只对如杀人、伤人、盗窃等部分犯罪负刑事责任。

---

① (清)《十三经注疏》,中华书局1980年版,第1232页。
② 古代统治阶级实行"连坐"制度和严苛的刑罚制度,故此处提及的刑事责任年龄下限,主要指的一些特殊犯罪之外的刑事责任年龄下限。
③ (东汉)班固:《汉书》(卷二十三,《刑法志第三》),中华书局1962年版,第1358页。
④ 殊死,是一种用棍形兵器刺人喉咙致人死亡的死刑方式。

在中国古代,刑事责任年龄下限在不断演变,统治者基于"恤幼"思想,同时也认为惩罚这些人对统治者的统治秩序没有多少意义,因此,规定刑事责任年龄下限时有三个明显特点。一是刑事责任年龄下限承前启后。各朝代基本上多把7周岁、10周岁、15周岁作为免除或减轻刑事罚的年龄下限。一般7周岁至15周岁负相对刑事责任,7岁以下完全不负刑事责任。二是任何年龄段都有可能被刑事处罚,没有完全被免除责任能力的人。历朝历代的刑律,在减免刑事责任年龄时,还有但书"缘坐应配没者不用此律"。三是趋于轻缓化。历史发展到明清,基本能做到规定7周岁以下基本不负刑事责任。

(二)中国近现代刑事责任年龄下限发展趋势:从"罚"到"教"

在清朝末年,根据《大清新刑律》第11条、第50条之规定,12周岁以下的不负刑事责任;12周岁至16周岁的,减轻处罚。

在民国时期,北洋军阀政府规定12周岁为刑事责任年龄下限。在国民党政府时期,1928年刑法规定,13周岁为刑事责任年龄下限;1935年刑法规定14周岁为刑事责任年龄下限。

清末开始,除了刑事责任年龄下限发生变化,也开始注重感化为主。

在新民主主义革命时期,部分革命根据地也有刑事责任年龄的专门规定。如规定16周岁以下的少年犯罪,应当减轻处罚;规定14周岁以下的少年或儿童犯罪的,应当交给教育机关采取感化教育方式进行改造。[5]

新中国成立后,1954年9月30日起草的《刑法指导原则草案(初稿)》第3条第3款规定,不满12周岁的人,无论犯何罪,都不应当负刑事责任,但是应当责令其父母或者其他监护人加以管教。在1956年11月12日完成的《刑法草案(草稿)》(第13稿)、1957年6月28日完成的第22稿中,将刑事责任年龄下限规定为13周岁。而到了1988年,在《刑法(修改稿)》中,拟将1979年《刑法》所规定的14周岁改为13周岁。因此,1979年《刑法》之前曾将刑事责任年龄下限确立为12周岁、13周岁;在1979年、1997年《刑法》中则规定为14周岁。1989年3月《关于刑法总则修改的若干问题》一文中提及:"当前绝大多数青少年犯罪仍是在16岁至25岁之间,14岁以下的少年犯罪尤其是严重犯罪案件虽然有,但毕竟是极个别现象;随着社会的进步,青少年出现早熟现象,成熟程度也有所提高,但对于广大农村来说,并非如此;降低刑事责任年龄有悖于国家对青少年'教育为主,

---

[5] 赵秉志:《犯罪主体论》,中国人民大学出版社1989年版,第82—84页。

惩罚为辅'的原则;很多国家都把 14 岁作为刑事责任年龄的起点。"⑥

此外,我国香港特区,7 周岁为刑事责任年龄下限;我国台湾地区为 14 周岁;澳门特区为 16 周岁。

从《大清新刑律》到我国 1997 年《刑法》,一般都规定了不负刑事责任的未成年人应由父母或政府管教、感化。可见,我国近现代,开始从少年儿童独立辨别是非善恶的能力和思想意识的成熟程度出发考虑刑事责任问题,开始认为"夫刑罚为最后之制裁,丁年以内乃教育之主体,非刑罚之主体"(《大清新刑律》),开始研究感化和管教的方法。

(三)刑事责任年龄下限域外现状:轻缓化为主流

英国于 1324 年以前,曾对 8 周岁、12 周岁的儿童判处死刑。1324 年普通法规定,可以把年幼作为合法辩护的理由,7 周岁以下儿童不负刑事责任;1933 年的《儿童及未成年人法》将刑事责任年龄提高到 8 周岁;1963 年,《儿童及未成年人法》修订后将年龄提高到 10 周岁。英国现行刑法规定,10 周岁以下完全不负刑事责任。⑦

俄罗斯历史上曾出现过 10 周岁、12 周岁、14 周岁、16 周岁、17 周岁的年龄下限规定,目前,俄罗斯刑法关于刑事责任年龄的下限与我国相同,都是规定 14 周岁以下不负刑事责任,14 周岁至 16 周岁负相对刑事责任,16 周岁以上对所有罪名负责任。

美国《模范刑法典》没有建立完整的少年刑法体系,但第 4.10 条规定:未满 16 周岁的人不能受到审判和判决。美国多数州明文规定了未成年人的刑事责任年龄下限,大部分州仍然遵循普通法的习惯,即 7 周岁以下儿童不负刑事责任,7 周岁至 14 周岁是假定不负刑事责任的年龄阶段,14 周岁以上是负完全刑事责任阶段。如内华达州规定为 8 周岁,科罗拉多、路易斯安那州为 10 周岁,阿肯色州为 12 周岁,伊利诺伊州和佐治亚州为 13 周岁,明尼苏达州为和新泽西州为 14 周岁,得克萨斯州为 10 周岁。《纽约州刑法典》规定,13 周岁以上对二级谋杀负刑责;14 周岁以上对一级非预谋杀人,一级绑架、强奸、伤害,一级二级破门入户、抢劫、放火,二级谋杀未遂等罪负刑责。

葡萄牙刑事责任年龄下限为 16 周岁,比利时、委内瑞拉、卢森堡为 18 周岁;丹麦、芬兰、冰岛、挪威、瑞典规定最低责任年龄都为 15 周岁;日本、意大利推定 14

---

⑥ 高铭暄、赵秉志主编:《新中国刑法立法文献资料总览》(下),中国人民公安大学出版社 1997 年版,第 2233—2234 页。

⑦ 赵秉志主编:《英美刑法学》,中国人民大学出版社 2004 年版,第 121 页。

周岁以下的未成年人无理解和意思能力,绝对不负刑事责任;法国(1994 年《法国刑法典》)、1994 年《乌兹别克斯坦共和国刑法典》规定刑事责任年龄下限为 13 周岁;印度(1984 年《印度刑法典》)⑧、加拿大、希腊、荷兰、巴西、匈牙利为 12 周岁;马来西亚为 10 周岁,斯里兰卡为 8 周岁,菲律宾、墨西哥为 9 周岁;泰国、新加坡、瑞士(2003 年《瑞士联邦刑法典》)为 7 周岁。

可见,各国根据本国国情、历史、人文所拟制的刑事责任年龄下限有很大不同,主要特点如下:一是各国刑事责任年龄下限不一,虽然有所趋近,但同一的趋势不明显;二是各国历史趋势也主要是逐渐趋向于轻缓化、非刑罚化。

联合国针对少年犯罪,有着一系列文件和规约,如《联合国少年司法最低限度标准规则(北京规则)》(1985 年)、《联合国预防少年犯罪准则(利雅得准则)》(1990 年)、《联合国保护被剥夺自由少年规则》(1990 年)等联合国少年司法准则或规则,以及《联合国儿童权利公约》(1989 年)等国际公约。这些准则或者公约提出刑事责任年龄的起点不应规定得太低,各国应当根据少年人的辨别和理解能力来拟制刑事责任年龄的下限。⑨

二、刑事责任年龄下限之争:是下降还是提高

(一)刑事责任年龄下限争议观点

目前,我国对于刑事责任年龄下限存在以下观点。

1. 降低论⑩

针对一些严重刑事犯罪低龄化的现实,我国一些学者,认为我国青少年犯罪低龄化状况日趋严重——许多青少年犯罪初始年龄提前了 2—3 岁,有些 14 周岁以下的少年,其体格和智力都达到"成年人"水平,但由于受到责任年龄限制,不负刑事责任,不受刑事处罚,削弱了刑法的合理性、正义性,所以,我国在 1997 年《刑法》修订时,一些学者建议刑事责任年龄下限应改为 13 周岁,认为这样才不会出现打击空白地带,才不会使犯罪分子逃脱法律的制裁;有的学者则认为,12 周岁作为刑事责任年龄下限更恰当;还有的学者甚至建议将刑事责任的年龄下限定为 10—12 周岁。其理由是:第一,法律拟制的年龄原本较高。从世界范围和我国

---

⑧ 赵秉志主编:《英美刑法学》,中国人民大学出版社 2004 年版,第 121 页。

⑨ 赵宝成:《我国少年刑事政策现代化取向的实体法解读》,载《中国人民公安大学学报》2007 年第 2 期。

⑩ 张建军:《我国刑事责任年龄之检视》,载《政法学刊》2007 年第 4 期。

历史发展上看,14周岁属于刑事责任年龄下限中较高的法律拟制。第二,青少年生理、心理发育较之以前更加成熟。当今社会,物质丰富,营养充足,青少年成熟快,有相当一部分青少年心理、生理发育成熟都有提前的趋势,尤其是九年制义务教育让更多的少年获得更多的教育,其身心发展都有所提前。因此,年满12或13周岁的少年,对于严重危害社会的行为,已经具备辨认与控制能力,有的孩子在犯罪之前甚至会先上网查询是否会受到处罚。第三,有利于特殊预防。将刑事责任年龄下限拟制为12或13周岁,有利于教育、改造、挽救这些不法少年。第四,有利于体现同罪同罚原则。共同犯罪中,许多不满14周岁的少年已经具备或基本具备了危害社会的行为能力,但是他们却承担与其他未成年人截然不同的法律后果,可以逍遥法外,破坏了平等原则。第五,有利于安抚被害人及其亲属。对被害人及其亲属而言,从经济和刑事两个方面对行为人进行处置,可以使其得到极大的心理补偿性抚慰。第六,有利于行为人的改造。爱不是万能的,对行为人一味地宽容既不能改造他也不能遏制他,追究其刑事责任,对其加以改造,有利于改造不良少年。第七,有利于与其他法律部门协调统一。根据我国《民法典》的规定,12周岁是民事责任能力的下限,那么,刑法也这样规定刑事责任能力下限则有利于使不同法律部门有内在统一协调性。

2. 提高论⑪

有的学者认为,少年涉世未深,其特殊精神状态意味着更易于管教和改造,不应苛责以刑罚,应提高责任年龄下限,这样才符合当代世界刑法宽缓化的大势所趋。如日本在立法时曾将刑事责任年龄由14周岁提高到16周岁。

3. 不变论⑫

该种观点认为不应改变刑事责任年龄下限,维持现状。目前,刑法学界主流思想依然是:世界刑罚日趋轻缓化、非刑罚化,刑法要体现人文主义和人道主义,不应降低刑事责任年龄下限。这是因为,第一,降低刑事责任年龄下限的观点与当今世界刑罚轻缓化、非刑罚化的国际潮流相悖,与人道主义精神不相符。用降低刑事责任年龄的做法来遏制少年犯罪,是国家、社会、家庭在推卸责任。第二,采取降低刑事责任年龄来遏制少年犯罪并不能更有效的遏制犯罪。送少年进入监狱,即便仅仅是少年犯执行场所,也可能造成交叉感染,特殊预防效果不好;对社会其他潜在犯罪少年来说,震慑效果也很难衡量。第三,可能造成地域上的实

---

⑪ 黄丁生:《刑事责任能力研究》,中国方正出版社2002年版,第263页。
⑫ 张普定:《相对负刑事责任年龄的未成年人刑事责任探究》,载《太原师范学院学报(社会科学版)》2007年第4期。

质不平等。刑事责任年龄下限的确定,要综合考虑教育发展水平、地理环境、文化背景及刑事政策等。但我国国土面积大,地区经济发展极不平衡,东部地区与西部地区的未成年人在身心成熟度上显然是不同的,却要承担同样的处罚,可能会造成实质的不平等。

4. 弹性论⑬

对法定最低刑事责任年龄不予具体确定,只规定一个幅度如 14 周岁左右,可以上下浮动。对一些作案手段残忍、后果严重、情节恶劣的犯罪少年,行为时即便差几天或几个月的,也可以追究刑事责任。

5. "恶意补足年龄原则"论⑭

该原则起源于英美法系,即对于未达到刑事责任年龄的少年犯,如果有证据证明他们的危害行为是出于恶意,就可视为达到刑事责任年龄,可以追究刑事责任。如 1993 年利物浦的巴尔杰案,两名 10 岁的孩子,将不足 3 岁的巴尔杰骗到铁路旁虐待致死,后还将其尸体放到铁轨上,试图造成事故死亡的假象。二人被判处刑罚,服刑至 2001 年。有的学者认为,该原则可以适用于我国的理由如下。一是具有理论基础。刑事责任年龄制度、罪责刑相适应原则、刑法的社会保障功能与保护功能的统一协调是理论基础。二是具有可行性。未成年人生理与心理的成熟期在提前,"熊孩子"事件屡见于报端,依法治国使得公民法治意识不断觉醒,这些造成司法实践困窘的状态;地区发展不平衡,不宜"一刀切"设置刑事责任年龄下限。因此,"恶意不足年龄"原则适用论者认为,可以明确该原则在刑法中的地位,独立建立未成年人司法制度,确立专业的社会辅助机构,建立合适成年人参与制度等。

(二)维持还是改变:刑事责任年龄下限问题理论分析

古罗马西塞罗曾说,"真正的法律乃是一种与自然相符合的正当理性,他具有普遍的适用性,并且是不变而永恒的"⑮。刑事责任年龄的刑法拟制应当是理性的,而不是感情用事随便偏向于一方价值观。笔者认为,是否降低刑事责任年龄下限应从以下几个角度考虑。

1. 不能以司法不统一为代价去寻找所谓司法公正

恶意补足年龄原则论和弹性论,虽然弥补了"一刀切"的刑事责任年龄下限

---

⑬ 张忠斌:《未成年人犯罪的刑事责任》,知识产权出版社 2008 年版,第 25 页。

⑭ 刘芳真:《论"恶意补足年龄"对我国"刑事责任年龄制度"的补充适用》,载《宝鸡文理学院学报》2015 年第 2 期。

⑮ [美]埃德加·博登海默:《法理学——法哲学和法律方法》,邓正来译,中国政法大学出版社 1999 年版,第 14 页。

的不足,但是,却有可能造成司法实践的不统一和随意性。这两种观点实际是对以年龄作为划分刑事责任能力标准的质疑。刑事责任能力的划分标准,一般有三种:以心智是否成熟为划分标准,主要存在于德日刑法理论;以医学和法学的标准来划分,主要存在于苏联刑法理论;以年龄为标准,这是当前主要采取的标准。也有学者提出应以行为人的辨认和控制能力作为划分标准,但这个标准不明确,属于主观范畴,难以操作。因此,以年龄为划分标准,是当今国际社会通行的做法,最具可操作性、不宜滋生腐败的方式。纵观中国历史,14周岁是我国刑事责任年龄下限中的最高值,不提高、不降低就目前的形势来看是最恰当的。

2. 不能违背刑法谦抑性原则

刑法是谦抑、保守的。谦抑性原则,是指立法机关只有在该刑罚没有可替代的方法的前提下,才能将违反法秩序的行为设定为犯罪行为。降低刑事责任下限,不是解决犯罪低龄化窘境的唯一途径,违背刑法谦抑性,加之对不满14周岁少年使用刑罚手段极不科学,也不人道。因为,不管未成年人身心如何早熟,其辨认能力及控制能力、心理承受能力依然很脆弱,而且未成年人犯罪更多源于外部环境的影响。从另一个角度说,实施犯罪行为的未成年人也是不良外部环境的受害者,因此,对其施加刑罚,实际扼杀了其纠正自己的机会,也是极不人道的做法。

3. 不能违背世界发展趋势

对于降低论,世界各国犯罪低龄化是趋势,但降低刑事责任最低年龄却不是趋势,探究更恰当的改造教养方式是趋势,对少年犯处以刑罚不是趋势,因此,降低年龄与刑事责任年龄下限的历史发展与世界发展趋势相悖。同时,尽管还有很多国家刑事责任年龄下限低于我国,但也有一些国家刑事责任年龄下限跟我国相同即也是14周岁,如日本、奥地利、意大利、德国等,甚至还有些国家高于我国。因此,比较而言,以14周岁作为刑事责任年龄的起点并不十分高,所以也没必要降低刑事责任最低年龄。

对于升高论,提高年龄也不是当前多数国家的趋势,因为这与犯罪低龄化的现实趋势相悖。

4. 个别案件的处置不当不应成为改变刑事责任年龄下限的理由

虽然,少数低于14周岁的行为人实施严重危害社会行为,没有受到比较严厉的处置,难以安抚被害人及其家属。但是现行法律规定,可以责令家长管教、教育或政府收容教养,其中收容教养既是一种惩罚性的处置,也是一种保护性措施;虽然还是有不少学者认为,管教、收容教养未能起到实质作用,如果是因为这一点,我们可以探讨更恰当的处置方式,而不应以降低年龄的方式处理。因为,这种方式是简单粗暴的。如果说降低刑事责任年龄是为了减少少年犯罪,根本就是一种头痛医头、脚痛医脚的短视行为,不能从根本上解决问题。比如今天我们降低了年龄,那么如果明天 7 周岁左右的孩童实施暴力增多,我们还要降低吗?再者,也会扩大打击范围,使更多的少年受到刑法追究。因此,仅靠修改《刑法》的犯罪年龄来遏制未成年人犯罪,只是扩大了刑法特殊预防的功能。换言之,降低刑事责任年龄下限仅仅是一种消极的态度和行为,不符合社会发展的要求。此外,从被害人及其家属的角度看,类似以血还血、血亲复仇的报复性惩罚在现代社会未必真正能安抚被害人及其家属,却有可能造成新的悲剧。

5. 要综合考虑法律的稳定性、配套性

自 1979 年《刑法》至今,立法一直划定 14 周岁为最低刑事责任年龄,虽然社会在发展,经济形势发生变化,但人的成长发育程度并无飞跃性发展,未成年人的认知程度即便提前了 1—3 岁,也并不代表有了质的变化,故考虑到法律的稳定性,无降低或提高的必要。同时,随着《刑法》《刑事诉讼法》的修法活动,探讨建立"强制教养"程序可以替代降低刑事责任年龄下限这一客观需求,也就更没必要降低刑事责任年龄。

综上所述,笔者认为,虽然现实生活中少年杀人等恶性案件时有发生,对他们的管教可能不尽如人意,但是不能仅因少数案件的处置而质疑整个的司法制度,我们可以探讨更多的管教、教养方式,但是教育为主的原则不能丢失,刑法谦抑性的原则不能缺位,故而,刑事责任年龄下限在当前时期不应有所改变,可以从刑事诉讼程序、处置方式、宣传教育预防等方面下功夫,以解决好此问题。

三、强制教养制度的构建设想

强制教养制度的理论基础与收容教养的理论基础类似。

第一,刑事政策。"教育、感化、挽救"是我国针对未成年人犯罪的刑事政策,强制教养制度应贯彻此政策。

第二,刑罚思想理论。包括谦抑性刑罚思想、人道主义刑罚思想和目的刑主义刑罚思想。这意味着强制教养是刑罚替代措施,应本着人道主义和教育挽救的精神进行设置。

第三,国家亲权理论。国家对未成年人具有保护的责任和权力,当未成年人的监护人不能尽到监护人责任时,国家作为最高监护人可以保护、教育未成年人。

(一)建立强制教养制度的现实意义

收容教养制度是我国特有的对少年严重违法行为者进行收容,集中教育管理的一项制度。我国 2017 年《刑法》第 17 条第 4 款规定了政府收容教养的内容。

随着劳动教养制度的废止,收容教养制度也处在唱衰的漩涡内。因为,它存在如下严重的问题。

1. 立法地位缺失

这个制度关系到未成年人严重违法的处置,关系到未成年人的人身自由(最长达4年)、改造教养等重要内容,却仅在我国《刑法》第17条、《未成年人保护法》第39条占了四个字的位置。

2. 收容条件模糊

存在三种模糊地带:对象年龄难以明确,公安部的相关规定,仅提到未满16周岁,下限却没有规定。案件范围和实质性条件不明,公安部门在执行时,对于案件范围有随意扩大的趋势,也很少对行为人的人身危险性进行评估。"必要的时候"含义不明确,公安部1995年《公安机关办理未成年人违法犯罪案件的规定》中规定,严格控制收容教养,凡是可以由其家长负责管教的,一律不收容教养,这似乎说明了该问题,但是"可以由其家长负责管教"该怎么判断和评价,其实还是有很大歧义。

3. 收容程序简单封闭

该制度的决定机关是公安机关,就意味着这是个封闭的行政程序,无其他力量介入,无其他力量监督。同时,这个制度限制人身自由,既无公安机关的专门部门办理,也无律师、监护人的法律地位。

4. 教养方式粗暴异化

教养内容,没有制定专门法律或规章,仅散见于一些文件的只言片语,因此,教养原则、教养内容只能由执行机构"自创",于是教养常常异化成了一种"羁押"方式。

笔者认为,基于上述收容教养制度种种不足,又基于刑事责任年龄下限存在各种争议,如果刑事责任年龄下限不变,就不能无所作为。对于因不足刑事责任年龄而不负刑事责任的行为人,应当评估其社会危害性和人身危险性,建立强制教养刑事诉讼特别程序。

将强制教养纳入刑事诉讼程序的主要理由如下。

一是与将强制医疗纳入刑事诉讼程序的理由基本一致,本文不多作赘述。强制教养程序与强制医疗程序的共同点是:二者所针对的行为人,都是实施了犯罪行为,但因为无刑事责任能力而不负刑事责任,我国《刑法》都规定了,必要的时候由政府收容教养、强制医疗。

二是纳入刑事诉讼程序能更好地强调保护。一方面,避免侦查人员的情感干扰案件处理。侦查人员因侦查工作有时难免产生各种情感从而失去法律理性,如果侦查人员兼任裁判者职责,将会影响司法公正,即便实质上是公众的,也难以让当事人服气。另一方面,可以赋予监护人、律师法律地位,从控辩平等的角度公正审查、公正裁决,这也是最好的保护。

三是纳入刑事诉讼程序能更好地强调矫治。一方面,能够使监护人再次审视、反思自己的管教能力,将强制教养中的矫治区别于学校教育和家庭教育。另一方面,由《刑事诉讼法》确立基本矫治原则和矫治方式,可以避免矫治内容的随意性。

值得一提的是,前已提及,强制教养制度是刑罚替代措施,它不是一种刑事处罚,因为它本身不是因犯罪而产生刑事责任而导致的刑罚,也不是一种行政处罚,更不是强制措施或者域外的保安处分。当前世界上已经有不少国家、地区制定了专门针对少年儿童的刑事法律,并规定了替代刑罚性质的措施,称之为"保护处分"。也就是说,把实施了违法犯罪等严重危害社会行为的少年予以强制收容,通过限制其自由和强行管教等方式,改变不良少年原有的不良生活环境,矫正其不良习惯,使不良少年有机会健康成长。

(二)构建强制教养制度的具体设想

笔者认为,对于犯故意杀人、故意伤害致人重伤或者死亡、强奸、抢劫、贩毒、放火、爆炸、投毒罪的,危害公共安全或者严重危害公民人身权利,有继续危害社会的可能,应实施强制教养。为此,首先,应将我国 2017 年《刑法》第 17 条第 4 款的"收容教养"改为"强制教养",然后,在我国刑事诉讼特别程序中增加强制教养程序,具体程序设计可以参照未成年人刑事案件诉讼程序与强制医疗程序。具体设想如下:

1. 审查主体

公安机关如发现不良少年儿童符合强制教养条件的,应当撰写提请强制教养意见书,移送检察机关。对公安机关移送的或者在审查起诉过程中自行发现的不良少年儿童符合强制教养条件的,检察机关应当向人民法院提出强制教养的申请。如人民法院在审理案件过程中发现被告人符合强制教养条件的,也可以直接作出强制教养的决定。对符合强制教养的不良少年儿童,在人民法院决定强制教养前,公安机关可以采取临时的保护性约束措施。这个临时约束措施,既可以是在临时约束机构执行,有条件的也可以由其监护人临时监管。公安机关、检察机关、人民法院均应当设置专门机构负责审查、审理此类案件。人民法院如果受理了强制教养案件,应当组成合议庭进行开庭审理。

2. 法律帮助程序

公安机关、检察机关、人民法院在审查、审理强制教养案件时,在对少年儿童进行讯问或者开庭审理时,依法应当通知法定代理人到场,如果没有法定代理人,应当通知合适成年人到场。在侦查、审查、审理三阶段,如果少年没有聘请诉讼代理人,应当通知法律援助机构指派律师为其提供法律帮助。无法通知到相关人员,或者法定代理人不能到场,或者法定代理人是共犯的,也可以通知其他成年亲属、所在学校、居住地基层组织或者未成年人保护组织的代表到场。到场的法定代理人可以代行使诉讼权利。到场的法定代理人或者其他合适成年人认为办案人员在讯问、审判中有侵犯少年儿童合法权益的言行,可以提出反对意见。讯问笔录、法庭笔录应当交给到场的相关成年人阅读或者向其宣读,经其核对后签字。讯问、审理少女、女童时,应当有女工作人员在场。审理强制教养案件,应允许少年作最后陈述,法定代理人或者其他合适成年人可以进行补充陈述。

3. 审理程序、期限及救济程序

强制教养案件审理时,不公开庭审。但是,经拟被强制教养的少年及其法定代理人同意,学校和相关保护组织可以派代表到场。强制教养案件审查、审理期限规定为1个月。被决定强制教养的人及其法定代理人、近亲属以及被害人、被害人的法定代理人、近亲属对强制教养决定不服的,可以向上一级人民法院申请复议。

4. 强制教养实质条件

其一,案件范围界定为上述提及的8类案件,这8类案件是严重暴力案件或者严重危害公共安全案件,社会危害性极大,其行为模式、心理结构一般是固有的,哪怕是激情犯罪。那么,这种行为就需要专业矫治,但是,普通监护人不具备专业知识,因此,只要是属于8类案件中的任一类,就可以直接推定监护人无管教能力。其二,有刑事违法前科,又实施上述8类行为的,说明这类未成年人的行为模式和心理模式已经固定,也足以可以推定监护人无力管教,应当通过强制教养进行专业矫治。其三,如果监护人主动表示无力监管或者被害人及其近亲属报复意愿极其强烈,为了保护未成年人,可以推定为有危害社会可能或者可能发生新的犯罪,应当决定强制教养。其四,年龄下限应界定为7周岁。古今中外,一般都规定7周岁以下不负刑事责任。虽然强制教养不是刑事处罚措施,但毕竟要经刑事司法程序,7周岁以上的儿童或少年是有一定辨认能力和控制能力的,也基本能够脱离监护人行动,对其强制教养具有可执行性。

5. 强制教养执行

强制教养分为三种方式:全封闭式、半封闭式以及社区教养。对被强制教养的少年儿童应当依次执行上述三种方式的强制教养,根据专业机构定期的综合调查评估测定,判断未成年人的人身危险性,为其分级,按照级别决定教养机构和教养方式。全封闭式强制教养机构,应由省级以上司法行政机关建立,以"教"和"养"为主要内容,但应区别于监狱,可以经监护人、亲友、学校老师、社区代表、志愿者申请允许其探访,执行期限不确定,如果其表现好,人身危险性降低等级,符合半封闭式教养条件,就可以改为在半封闭式强制教养机构执行。半封闭式强制教养机构,可以灵活规定执行方式,如未成年人白天在普通学校读书,晚上入住教养机构;或者平时在普通学校读书,晚上住学校或家中,周末入住教养机构。当未成年人的人身危险性等级已经降低到可以社区教养的程度后,可以转为社区教养。

法官量刑的自由裁量权与量刑公正的实现*

——兼论人工智能在量刑中的定位与边界

黄春燕**

近年来,量刑的畸轻畸重、量刑偏差大等量刑失衡现象频频出现,严重损害了刑事司法公正,引发了民众对刑事审判的信任危机。因此,建立公正的量刑机制成为实务界和理论界的关注重点。为了解决量刑不公的司法瓶颈问题,由司法实践部门牵头,我国开始了量刑规范化改革。量刑规范化改革经过了法院部分试点到全面试点再到全面试行,最后到全国法院全部施行的发展历程。时至今日,量刑规范化改革已历经15年的探索,我们取得了一些成就,比如,通过明确量刑步骤和量刑方法增强了刑罚裁量的公开性和透明度、改变了以往"轻量刑"的观念等。同时,我们需要注意的是,量刑规范化改革是一个系统工程,我们还处在探索阶段,需要反思、解决的问题还有很多,特别是法官量刑自由裁断权的运用问题。实现量刑公正,应该避免法官陷入"恣意性"裁量和"机械性"裁量两个极端,保证法官量刑自由裁断权的适度性。大数据时代,人工智能技术助力司法应用,为法官的量刑工作提供了极大的技术支持和帮助,正在重塑着法官量刑活动的司法过程。实现人工智能与法官在量刑领域的深度融合,需要坚守量刑公正的目标指引,遵循人工智能的算法逻辑与量刑运行的基本规律。

---

* 原载《山东师范大学学报(社会科学版)》2021年第3期。基金项目:教育部人文社会科学研究规划基金项目"家户制传统视阈下'两户'制度存废问题研究"(20YJA820011)阶段性研究成果。

** 山东政法学院法学院教授,中国人民大学法律文化研究中心法律与历史研究所研究员,法学博士、博士后。

一、刑罚适用的困惑:法官的自由裁量权与量刑公正之间的紧张关系

(一)恣意性裁量与量刑公正

我国传统的刑罚裁量方法采用"估堆式"量刑,是一种侧重定性分析忽视定量分析的方法,量刑实践中比较注重经验思维。我国刑法采用相对确定法定刑的立法例,法定刑幅度宽泛,而且对于犯罪未遂、从犯、自首、立功、未成年人犯罪、老年人犯罪、前科等各种犯罪情节只是规定从轻或减轻或从重处罚的规定,至于怎样从轻或减轻或从重处罚,即该情节对刑罚的影响力有多大,无论是刑法还是司法解释都没有作出具体明确的规定,在这种情况下,法官采取的是"估堆式"量刑。赵廷光教授认为,所谓"估堆式"量刑,是指法官在无任何量刑根据和量刑标准指导的情况下,仅凭个人的审判经验和刑罚价值取向,在法定刑限度以内或以下对犯罪人任意裁量刑罚。① 也就是说,"估堆式"量刑是法官在对某一案件定性之后,在对犯罪行为的社会危害性和犯罪嫌疑人的人身危险性进行综合估量的基础上,进行刑罚裁量。这种侧重经验判断而忽视理性思维的"估堆式"量刑方式,是一种非规范化的量刑方法,赋予法官较大的刑罚裁量自由权,缺失对法官自由裁量的约束力,这样会导致以下两个问题:第一,因为法官本身的学识、素养、经验不同,可能会造成不同法官对同一类案件的刑罚裁量出入较大;第二,这种"估堆式"量刑带有很大的随意性,会给"金钱案""关系案""人情案"以很大的操作空间,无法避免权力寻租。以上两个问题的存在导致了量刑的畸轻畸重、量刑偏差大等量刑失衡现象,有损刑事司法公正的实现。

(二)机械性裁量与量刑公正

为了应对司法实践中"估堆式"量刑的困境,我国进行量刑规范化的探索已有 15 年。量刑规范化,是指法官应该在规范化的量刑根据和量刑标准的指导下,遵循一定的量刑程序进行刑罚裁量活动。量刑规范化改革的基本思路是实体改革和程序改革并重。实体方面,"规范化"量刑代替传统的"估堆式"量刑,主要采用两种方式实现这一目标:第一,为法官的量刑明确具体的量刑方法和统一的步骤;第二,引入定量分析的方法,量化成为刑罚裁量机制非常重要的内容,确立"定量分析和定性分析"相结合的量刑方法,从而达到统一法律适用标准、规范和约束

---

① 赵廷光:《量刑公正实证研究》,武汉大学出版社 2005 年版,第 7 页。

法官自由量刑权的目标。量刑规范化改革在全国法院实施阶段,最高人民法院出台《关于常见犯罪的量刑指导意见》(以下简称《量刑指导意见》),对15种常见犯罪进行量刑规范;在量刑改革扩围阶段,把常见罪名拓展至23个。②《量刑指导意见》主要是通过对常见犯罪的基准刑和量刑情节的量化实现量刑的规范化,改变过去的"估堆式"量刑模式。《量刑指导意见》给法官在量刑活动中提供了某些适用特定刑罚的刚性条件,即只要符合某个条件,法官必须确定相应的刑罚限度,这抑制甚至是排除了法官的选择问题,有效地避免了"估堆式"量刑带来的随意性,有利于实现量刑的统一性,实现同案同判。同案同判的意义在于形式正义的实现,同案同判"所体现的形式正义的确是一种重要的、独立于个案正义的重要价值,因为它从根本上来源于自依法裁判这一要求本身"③。

《量刑指导意见》作为量刑规范化改革的重要成果,它的价值在于不仅对过去"重定罪、轻量刑"的观念和做法都起到良好的矫正作用,而且提出的"定量分析与定性分析相结合"的方法对于改变过去的"估堆式"量刑具有现实意义。但是也应该看到,这种量刑的规范化避免不了某种天生的缺陷。如果法官机械地、呆板地按照《量刑指导意见》进行梳理量刑情节和加减量刑比例,进行对号入座式地刑罚裁量,固然能够杜绝"金钱案""关系案""人情案",可以防止知识和经验在特殊情况下不着边际地误用和滥用。但同时带来的问题是,"量刑规范化力图将量刑情节量化、细化,在某种程度上会促成司法自由裁量权的萎缩"④,这种僵化的、机械的规范化量刑容易使法官对规定盲从,只是关注《量刑指导意见》中列举的一些情节的数值化规定,对其他量刑情节不作甄别和进一步的考量。这种"一刀切"的机械地量刑,会使得法官故意根据《量刑指导意见》进行量刑情节的删减,会导致量刑活动从一个极端走向另一个极端,即"从'同案不同判'走向'不同案同判'"⑤,这样同样会导致量刑不公正,作出当事人难以接受和公众不能支持的量刑结果。有学者指出,"审判实践中,不少对规范化量刑暧昧的敷衍和机械

---

② 最高人民法院于2010年9月13日发布《人民法院量刑指导意见(试行)》(法发〔2010〕36号),该意见于同年10月1日起实施。经过3年多的实践,最高人民法院在完善原有意见的基础上,于2013年12月23日发布《关于常见犯罪的量刑指导意见》(法发〔2013〕14号),该意见于2014年1月1日起实施。2017年3月9日,最高人民法院又对该意见进行了修订。
③ 雷磊:《如何理解"同案同判"?——误解及其澄清》,载《政法论丛》2020年第5期。
④ 彭文华:《量刑的价值判断与公正量刑的途径》,载《现代法学》2015年第2期。
⑤ 焦毅:《自由裁量权与量刑规范化的冲突与协调》,载石经海、禄劲松主编:《量刑研究》(第一卷),法律出版社2014年版,第56页。

的执行也会让规范化量刑误入歧途,遭遇尴尬"⑥。

(三)自由裁量权的适度性与量刑公正

量刑规范化必须符合量刑运行的基本规律。量刑的过程即为刑罚裁量的过程,是把抽象的法律规范与具体的案情事实相结合的动态过程,在这个过程中,首先要实现的是刑之法定,即根据抽象的个罪预设的法律规范和《量刑指导意见》中的相关规定,确定起刑点、基准刑,然后要实现的是量刑的罪责刑均衡,需要"针对具体的个案提取关于犯罪的社会危害性和犯罪人的人身危险性以及其它方面的法定情节和酌定情节"⑦,在这个过程中,需要运用法官的知识、经验和良知,"量刑作为一种借助'实践理性'的知识而展开的司法活动的本质决定了整个量刑过程与人的经验判断和主观能动性的发挥须臾不可分离"⑧。同时,必须注意到自由量刑权本身具有天生的缺陷,可能会引起刑罚的滥用和误用,如果不对量刑权力进行限制和规范,法官自由量刑的随意性难以避免,可能会出现量刑的偏差,量刑自由权在特殊情况下会被不着边际地滥用,比如"人情案""关系案""金钱案"就会有了生存的土壤。因此,量刑规范化改革必须对自由裁量权的两面性充分考量,一方面,规范法官的自由量刑权,防范其负面效应的产生;另一方面,正视法官自由裁量权的客观存在并引导其正确运用,保障其为实现量刑公正发挥积极的效应。

因此,法官的自由裁量权必须适度,既要防止"过分赋予法官自由裁量权",又要防止陷入法律适用的"机械、僵化的境地"。⑨ 当法官的自由量刑权过大或者呈现一种相对放任的状态时,可能会导致刑罚的误用甚至是滥用;当法官的自由量刑权太小或者呈现一种相对抑制的状态,可能会导致机械式量刑。因此,对于法官的刑罚裁量权既不能放任,也不能抑制,只有科学地规范和引导,才能实现量刑公正。量刑公正是形式公正与实质公正的有机统一,实现量刑的形式公正与实质公正需要把握量刑的规范化与自由裁量之间的平衡。

---

⑥ 焦毅:《自由裁量权与量刑规范化的冲突与协调》,载石经海、禄劲松主编:《量刑研究》(第一卷),法律出版社2014年版,第55页。

⑦ 石经海:《刑法现代化下的"量刑"结构——量刑规范化的科学基础研究》,载石经海、禄劲松主编:《量刑研究》(第一卷),法律出版社2014年版,第291页。

⑧ 周光权:《量刑规范化:可行性与难题》,载《法律适用》2004年第4期。

⑨ 王国华等:《涉外船舶融资租赁合同之法律适用问题研究》,载《中国海商法研究》2020年第3期。

二、量刑公正的实现:形式正义与实质正义的有机统一

(一)量刑的规范化与自由裁量的目标:量刑的合法性与合理性

2006年发生的许霆恶意取款案⑩在当时引起了很大的社会反响,这起案件给予刑法理论界和实务界最大的反思是:为什么一审完全按照法律的规定作出无期徒刑的判决引起了舆论的聚焦与发酵?量刑公正只要做到形式意义上的量刑合法就能实现吗?

许霆因自动取款机出故障恶意取款17万多元,一审法院认为属于"盗窃金融机构,数额特别巨大",因为此案没有任何法定减轻情节,许霆被一审法院判处无期徒刑。当时这一判决引起公众普遍关注,社会舆论一片哗然,在社会上反响强烈,认为这一判决量刑过重,有失公正。这一判决从形式上看具有合法性,确实遵循了刑之法定原则,但由于缺乏实质的合理性,后来迫于舆论压力,在二审中充分运用《刑法》第63条第2款关于酌定情节的规定,将许霆从无期徒刑减到5年有期徒刑。许霆案留给我们的启迪是,量刑公正不仅要形式上具有合法性,即符合罪刑法定原则,还要具有合理性,即遵循罪责刑相适应原则,唯有如此,才能在量刑中不仅具有形式合理性,而且具有实质合理性。关于许霆案,量刑时有两点需要注意:第一,许霆的行为与其他盗窃金融机构的犯罪行为不同,比如故意采取破坏手段或者有预谋的行为;第二,许霆的行为具有一定的偶然性,他的犯意的产生是在发现银行自动取款机出现异常时产生的。基于以上两点判断许霆实施犯罪的主观恶意不大。二审法院综合考虑本案中犯罪行为社会的危害程度以及行为人的人身危险性程度,对许霆在法定刑以下判处刑罚,并报最高人民法院核准。由于许霆案二审中对《刑法》第63条第2款的合理运用,使得本案的处理符合罪责刑相适应原则,从而保证了案件的处理既合法又合理。

量刑公正遵循合法性与合理性原则,这里的合理是指符合情理,所谓情理是指民众普遍认可的常情、常理。常情,是指"一个社会民众所普遍共享的感情(如爱英雄、恨坏人),是一个社会所普遍认同的价值观、善恶观、是非观在一个人心目中的反映,即'良心'";常理,是指"那些经过几千年还能得到民众普遍认同的人

---

⑩ 2006年4月,到广州打工的许霆意外发现银行自动取款机出现故障,先后取款171笔共计约175000元,并携款潜逃。2007年11月20日,广州市中级人民法院以盗窃金融机构罪判处许霆无期徒刑,剥夺政治权利终身,并处没收个人全部财产。2008年3月31日,广州市中级人民法院重审,许霆被以盗窃罪判处5年有期徒刑,追缴所有赃款173826元,并处2万元罚金。广东省高级人民法院终审维持了该判决。

与人相处、人与自然相处的基本道理(如不害人),是经过人类社会实践检验的社会或自然规律,即'天理'"⑪。无论是常情还是常理,都具有合理性,都应该遵循而不能违背。关于一个具体案件的量刑,涉及许多量刑情节,除了法定的量刑情节,还有哪些情节可以纳入法官的视野,能够影响到最后的量刑,需要依赖于法官的智识、良心,这里的智识和良心应该符合常理、常情。在许霆案中,一审法官没有注意到或者没有考量影响量刑的两个重要的酌定情节⑫,而这两个酌定情节对判断犯罪人的主观恶性非常重要,从而使得无期徒刑的判决引起公众的强烈反响。

量刑公正遵循合法性原则,即遵循罪刑法定原则,而遵循合理性原则,是通过符合罪责刑相适应的原则体现的。法官在实现罪责刑相适应的量刑实践中,需要依赖其经验、知识、经验,对犯罪事实中影响量刑的情节(法定情节除外)进行筛选和考量,从而选择出哪些酌定情节能够影响到最后的量刑以及影响的比例是多少,法官的这种判断是否理性决定了最后的量刑是否符合罪责刑相适应的原则、是否具有合理性。许霆案一审的量刑失之公正,是因为只是遵循了罪刑法定原则,而不符合罪责刑相适应的原则。"罪刑法定原则和罪责刑相适应原则作为刑法的基本原则,在司法上不是彼此孤立而是有机统一的"⑬,只有同时符合罪刑法定原则和罪责刑相适应原则的量刑才会是一个公正的判决。

(二)量刑的规范化与自由裁量的功能:刑罚的统一性与刑罚的个别性

量刑规范化改革的初衷是克服"估堆式"量刑造成的量刑偏差、量刑畸轻畸重的弊端,但也并非实现量刑的绝对均衡、绝对统一。实现量刑的绝对均衡、绝对统一其实是一个误区。因为,从客观上说,司法实践中并不存在完全相同的两个案件,只存在相似的案件。李本森教授指出,"'同案同判'的提法不正确,而其作为改革的目标或者评价指标来说更不科学,也不严肃。因此,过于强调'同案同判',事实不仅是做不到,而且会使得法官变得非常机械,与法官本身的价值实现相违背。因此,在规范化的量刑改革中,'同案同判'这个逻辑上具有明显错误,在实践上是个伪命题的提法,不应当成为主导量刑改革的指导原则"⑭。李本森

---

⑪ 马国川、陈忠林:《我是非"主流"法学家》,载《经济观察报》2008年4月3日。

⑫ 第一,许霆的行为与其他盗窃金融机构的犯罪行为不同,比如故意采取破坏手段或者有预谋的行为;第二,许霆的行为具有一定的偶然性,他的犯意是在发现银行自动取款机出现异常时产生的。基于以上两点判断许霆实施犯罪的主观恶意不大。

⑬ 石经海:《论量刑合法》,载《现代法学》2010年第2期。

⑭ 李本森:《量刑规范化改革的"三点论"》,载石经海、禄劲松主编:《量刑研究》(第一卷),法律出版社2014年版,第7页。

教授在这里指出了当下我们正在进行的量刑规范化改革需要注意的问题,即量刑规范化应该避免过犹不及,避免从一个极端走向另一个极端,因为这样会导致另外一种量刑的不公正,即"不同案同判"。

量刑规范化只有实现量刑统一化与量刑个别化之间的统一,才能达到量刑公正的司法目标。平时我们经常讲的"同案同判"的问题实质上是量刑统一化的问题,所谓量刑统一化或者"同案同判",是指同样的案件应该具有同样的基准刑。"同案同判"中的第一个"同"针对的是抽象的个罪而不是具体的个罪,不涉及具体的量刑情节;相对应的第二个"同"并不是指最后的量刑结果相同,而是指基准刑的相同。量刑个别化针对的是具体的个罪,是指每个具体的案件的量刑结果应该符合本案的犯罪行为的社会危害性程度和犯罪人的人身危险性程度,最后的量刑结果具有个体性。量刑的统一化与基准刑密切相关,基准刑是对抽象个罪的刑罚概括,与犯罪行为的社会危害性程度相均衡,体现的是社会的一般的报应观念对犯罪行为的价值判断;量刑的个别化与量刑情节密切相关,量刑情节是决定刑罚轻重的情节,与之密切相关的是犯罪人的人身危险性程度。因此,"量刑规范下的量刑均衡是量刑一般化和量刑个别化的有机统一"[15]。当前,量刑规范化需要注意的是片面强调量刑的统一而忽视量刑的个别化。如果法官机械地适用《量刑指导意见》的相关规定,追求所谓的"同案同判",势必会忽视犯罪人的一些特殊的具体情况,量刑时应该考量的影响犯罪人人身危险性的一些酌定情节可能会被裁减掉,如此一来,量刑公正无法实现,就像许霆案的一审判决就是因为忽视了许霆是在取款机出故障的情况下作案的这一酌定情节。

三、量刑的思维本质:事实判断与价值判断的有机统一

刑罚的正当性,既有报应的一面,也有预防的一面;相对应地,量刑活动是两种判断的组合,即责任刑和预防刑的裁定。责任刑是根据行为人过去的犯罪行为裁定的刑罚,是一个回顾性的思考;预防刑是根据行为人的再犯可能性裁定刑罚,是展望性的评估。"量刑时既要回顾性地考察行为的客观危害以及行为人的罪责,也应当展望性地分析被告人再犯罪的危险性,这是量刑理论以及实践都无法否认的基本共识。"[16]责任刑与预防刑的刑罚裁量其思维实质是事实判断与价值判断的有机统一。

---

[15] 石经海:《量刑个别化研究》,中国社会科学院研究生院 2008 年博士学位论文。
[16] 周光权:《量刑的实践及其未来走向》,载《中外法学》2020 年第 5 期。

(一)责任刑的事实判断与价值判断

责任刑的理论基础是报应主义。责任刑的裁量首先要思考的是,针对被告人所作出的不法行为,被告人究竟有多大责任。责任刑的裁量依据是体现罪责的行为,罪责的实质包括行为和行为人两个方面,即行为的违法程度以及行为人非难可能性程度。⑰ 也就是说,责任刑的确定,需要考虑两个方面,即客观的违法行为和行为人的主观责任。法官在裁量责任刑时,首先要考虑的是行为的违法程度、严重程度,在此基础上判断该违法行为的社会危害性程度,从行为的违法程度、严重程度到行为的社会危害性程度的思维跨越是从事实判断到价值判断的过程。社会危害性及其程度的判断不再是事实的是与非的判断,而是属于价值判断的范畴,是根据社会的主流价值对行为的属性作出的价值判断,其本质是社会上多数人的共有价值观在刑法领域的体现。⑱ 因此,法官在对社会危害性及其程度进行判断时,不能仅依赖于个人的感受,而是要更多地依赖社会大众以及法律共同体的共识,在思考问题时自然会受到社会主流价值观的影响,进行量刑活动。责任刑的确定,除了基于不法行为的客观事实进行社会危害性程度的价值判断,还需分析行为人的主观责任,考虑行为人的主观责任,需要分析行为人非难的可能性程度。为什么对行为人进行非难、谴责?基于以下三个方面的考虑:首先是其行为具有违法性,违反了刑事法律规范;其次是行为人能够预见到其行为具有严重的社会危害性;最后是在实施行为时,能够期待行为人不会实施违反刑事法律规范的行为。李斯特认为,罪责在本质上表达的是"有责能力之人的心灵深处与法律要求及其价值评价之间存在特有的心理学——规范关系"⑲。由此可知,反映行为人非难可能性的判断是一种价值判断,是对行为人实施适法行为可能性的判断。法官在对行为人的非难可能性程度进行判断时,基于行为人本身的认知、心理、动机等非难可能性的事实判断,以刑法规范为依据,判断行为人实施适法行为的可能性,此时的判断属于"应当与否"的思维形式,显然不是"是与非"的判断。例如,因饥寒交迫而抢劫或者因为身患重病的母亲筹集医药费而抢劫,诸如此类的抢劫行为与一般的抢劫行为相比,对行为人非难可能性程度应该相对低一些,这是一个价值判断,这一价值判断对刑罚的作用力多大,直接影响了最后责任刑的判断。

---

⑰ 冯骁聪:《量刑的生命在于经验》,西南政法大学 2017 年博士学位论文。

⑱ 冯亚东:《理性主义与刑法模式:犯罪概念研究》,中国政法大学出版社 1999 年版,第 39—40 页。

⑲ [德]李斯特:《德国刑法教科书》,徐久生译,法律出版社 2006 年版,第 26 页。

(二)预防刑的事实判断与价值判断

现代刑罚理论几乎一致支持相对报应刑论,其揭示了量刑的正义模式。[20] 刑罚的正当性根据是报应的正当性与犯罪预防目的的合理性,刑罚的功能需要兼顾报应和预防两个方面。基于报应所裁量的刑罚是责任刑,基于犯罪预防目的所裁量的刑罚是预防刑。按照刑法客观主义的立场,只有在责任刑确定之后,才能考虑预防刑。[21] 责任刑是根据客观违法与主观责任进行裁定,是事实判断与价值判断的有机结合,而预防性的裁定同样也是一个事实判断与价值判断的思维过程。

预防刑的裁定是展望性的思维过程,针对的对象是未然之罪。虽然针对的是未然之罪,但预防刑的裁定需要以"已经发生或者已经存在的反映犯罪人的再犯罪危险性的事实为根据"[22]。预防刑的裁定需要根据犯罪人是自动投案还是畏罪潜逃、平时品行是良好还是劣迹斑斑、是累犯还是无任何前科、是隐藏赃物还是积极退赃等客观存在的事实综合考虑犯罪人的人身危险性程度,以确定再次犯罪可能性的大小,从而确定最后的刑罚。行为人有没有人身社会危险性及其程度的判断,显然不是一个"是与非"的事实判断,而是基于一定的客观情况进行价值分析的思维过程,需要法官根据当时社会的犯罪形势、大众主流的意识以及法律共同体的共识进行裁定。依据责任主义,犯罪人责任刑的裁定非常重要,只有责任刑确定后,才能在此基础上进行行为人人身危险性程度的评估,进行预防刑的裁定。也就是说,预防刑需要在责任刑的基础上进行调节,这并不意味着预防刑对于最后的刑罚的裁量不重要。关于预防刑裁定的重要性,张明楷教授认为,"刑罚个别化主要是在量刑阶段实现的,而且基本上是在裁量预防刑时实现的。所以,在裁量了责任刑之后,必须重点考虑犯罪人的再犯罪危险性……"[23]。例如,对一个故意伤害罪确定了8年的有期徒刑的责任刑,若没有从轻、减轻和免除处罚的情节,那么只能在3年以上8年以下有期徒刑的区间内进行裁量,其中刑量的决定则完全取决于法官基于影响预防刑的客观事实对行为人再次犯罪可能性的评估,显然此时对于行为人的人身危险性及其程度的价值判断非常重要。

综上所述,无论是责任刑还是预防刑的裁定,都需要法官运用其量刑的自由

---

[20] 周光权:《量刑的实践及其未来走向》,载《中外法学》2020年第5期。
[21] 同上注。
[22] 张明楷:《论预防刑的裁量》,载《现代法学》2015年第1期。
[23] 同上注。

裁定权。在责任刑的裁定中,需要依据行为客观违法的事实和行为人非难可能性的事实综合考虑行为的社会危害性程度和行为人的罪责程度,其思维形式是事实判断与价值判断的有机结合。因此,在确定责任刑的量刑活动中,法官的自由裁量权非常重要。在预防刑的裁定中,需要法官根据一定的客观事实以及刑罚的一般预防与特殊预防的目的,对行为人的人身危险性的有无及其程度进行价值判断,法官不可避免地受到自身的观念、经验、好恶等个人因素的影响,从而影响最后的裁判结果。因此,无论是责任刑还是预防刑的裁定,其思维过程都是基于一定的客观事实对行为的社会危害性程度以及行为人的人身危险性程度进行一定的价值判断,然后根据《刑法》的相关规定,作出最后的裁定。因此,无论是责任刑的裁定还是预防刑的裁定,法官能够理性地、正确地运用自由裁量权非常重要。

以赵春华非法持有枪支案[24]为例,一审判决和二审判决都认为赵春华的行为构成非法持有枪支罪,不同的是一审判处有期徒刑3年6个月;二审判处有期徒刑3年,缓刑3年。二审从轻处罚并适用缓刑的改判理由:首先,基于赵春华非法持有的枪支均刚刚达到枪支认定标准的事实判断进行分析,得出的结论是其犯罪行为的社会危害相对较小;其次,基于其非法持有枪支的目的是从事经营和犯罪人的认罪态度以及悔罪表现等情节,判定其人身危险性程度相对较低。在本案的审理中,法官正确运用自由量刑权,作出赵春华的犯罪行为社会危害性相对较小和其人身危险性相对较低的价值判断,从而酌情予以从宽处罚并适用缓刑。

四、人工智能介入量刑的定位与边界

在量刑领域,人工智能技术的司法应用,为法官的量刑工作提供了极大的技术支持和帮助,正在重塑着法官量刑活动的司法过程。目前,关于人工智能在量刑活动中的地位和作用,学界基本上达成共识,主张将人工智能定位于辅助量刑。但是,对人工智能辅助量刑的定位,这一标准过于模糊和概括,在司法实践中并不具有实质的指引价值。"只有准确界定人工智能的适用范围,在审判中坚持法官中心主义,才能真正实现人工智能与法官的深度融合。"[25]因此,人工智能如何辅助量刑即人工智能如何介入量刑以及介入的程度是急需论证的问题,因为这不仅关涉人工智能在量刑领域的未来发展方向,还关系着在新的时代背景下如何保障

---

[24] 参见天津市第一中级人民法院(2017)津01刑终41号刑事判决书。
[25] 罗洪洋等:《智慧法治的概念证成及形态定位》,载《政法论丛》2019年第2期。

量刑公正实现的问题。

人工智能如何介入量刑以及介入的程度,对这个问题的回答需要明确以下两个方面:第一,人工智能的算法决策的机理究竟是什么?在实现量刑公正方面它的优势与瓶颈又是什么?第二,量刑公正的内涵是什么以及量刑的思维本质是什么?在明确以上两个问题的基础上,再进一步探讨人工智能介入量刑的具体领域以及如何与法官的量刑活动深度融合,确保量刑公正的实现。

(一)人工智能的算法逻辑无法独立完成量刑的思维过程

人工智能能够解决问题的核心智慧依赖的是算法,而算法的本质是解决问题的数学过程,[26]其本身只是一种特定的思维方法或路径,是将输入的资料在限定的条件下通过运算的方式转换成输出的问题解决机制,是一种纯粹的数学上的运算过程。具体而言,算法作为一种问题解决机制,需要将问题本身转化为数学模型,将问题的要素抽象为可计算的变量,根据问题的情境设定限制条件,通过恰当的计算方法建模编程,最后输出问题答案。[27] 人工智能介入量刑的机理决定了其自身在量刑领域的优势与瓶颈,运用人工智能量刑,有利于刑罚的统一性的实现,而刑罚个别性的目标却难以企及,能够促进形式正义的实现,实质正义的目标却无法达到。而量刑公正应该是刑罚的统一性与刑罚的个别性的有机结合、形式正义与实质正义的有机结合,因此将量刑公正目标的实现完全寄托于人工智能,的确是夸大了人工智能在量刑领域的功能和作用,也不符合人工智能在量刑领域的运作机理。

"将法学问题形式化为可计算问题",[28]可计算是人工智能通往量刑实践的基石,因此量刑领域的算法决策需要将大量的案件所处的情境进行充分地数字模型化改造。但是,在将问题情境进行数字模型化的改造过程中,需要过滤掉复杂的干扰项,将问题模型高度提炼。"它们以标准一致的要素抽取、相同的算法建模以及流水化的操作流程,对相同的信息输入给出相同的算法输出。在这种智能系统自动运行的司法决策条件下,同案同标、同案同判将有机会走进现实生活。"[29]算法的优势在于,通过将问题建模,提炼出普遍规律与一般特征,能够总结出类型案件的量刑规律,在一定程度上能够促进刑罚统一性的实现。人工智能根据按部就班的程序设计进行运作,克服了法官量刑裁断中的恣意性、价值偏好以及先入之

---

[26] See Sarah Valentine, Impoverished Algorithms: Misguided Governments, Flawed Technologies, and Social Control, Fordham Urban Law Journal, Vol. 46:2, p. 365 (2019).
[27] 栗峥:《人工智能与事实认定》,载《法学研究》2020 年第 1 期。
[28] 邓矜婷、张建悦:《计算法学:作为一种新的法学研究方法》,载《法学》2019 年第 4 期。
[29] 马长山:《司法人工智能的重塑效应及其限度》,载《法学研究》2020 年第 4 期。

见等主观因素的干扰,有利于量刑统一化的实现。同时也应注意到,在问题建模的过程中,需要将影响量刑结果的要素按照一致的标准进行抽取,忽略掉复杂的干扰项。这些所谓的干扰项只是针对算法建模而言,任何忽略的因素对于案件实际的量刑而言都可能是非常有价值的,恰恰是对量刑有影响力的重要的酌定量刑情节。现实中每个案件都是特殊的、具体的、富有个性的,即使案情相似或相同的案件在行为人的主观恶性、作案环境和作案目的等方面存在差异,类案之间存在千差万别的酌定量刑情节。人工智能介入量刑,算法建模需要将大量案件的量刑事实进行充分地数字模型化改造,将量刑因素提纯到固定模态上进行演算。高度提纯的模型是通过对大量案件屏蔽掉富有个性的量刑事实,提炼出富有共性的量刑事实进行建立的,因此人工智能量刑所依赖的算法逻辑只能得出刑罚统一性层面的结论。而刑罚的公正是量刑的统一性与个别性有机结合的思维考量,显然人工智能的算法逻辑无法独立完成这一思维过程。

算法的优势在于将求解科学化,以可验证的数学原理保障证明的严肃性。㉚具体到量刑领域,算法能够促进形式正义的实现。因为,算法的运作机理是按照提前设计好的程序自动执行,量刑活动的运行更加透明和规范,这样可以避免不公因素和外部因素的干扰,能够将法官的价值偏好、恣意性和其他人为干扰成功地屏蔽。人工智能量刑的算法逻辑具有能够克服来自人性自身的局限性的强大优势,促进形式正义的实现,但是"机器人没有道德观,它们只是一种物体,被灌输了程序员为达到特定目的而编写的代码",实质正义的达成是人工智能自身无法逾越的量刑瓶颈。人工智能缺失人类的情感和价值,不能像法官一样饱含深厚的人文关怀从事量刑活动,无法基于具体情况灵活地、创造性地根据社会的常识、常情处理案件,实现量刑的实体公正。例如,对于赵春华非法持有枪支案,二审法院如果采用人工智能量刑,其量刑结果与一审相差无几,因为二审改判为缓刑的关键所在是考虑到如今在很多的街巷气枪打气球的游戏摊位普遍存在,赵春华为了生计而摆摊经营,其行为的社会危害性及其人身危险性都较低,这一价值判断只有生活在一定的社会环境中拥有社会常识、常理的法官才能作出,这是人工智能难以企及的。

(二)人工智能介入量刑的领域

人工智能在实现刑罚的统一性和量刑形式公正方面具有先天的优势,同时在实现刑罚的个别性与量刑的实体公正方面显示了自身无法逾越的瓶颈,因为无论

㉚ 栗峥:《人工智能与事实认定》,载《法学研究》2020年第1期。

是刑罚的个别性还是量刑的实体公正,都需要法官凭借其知识理性和经验理性进行考量,而人工智能关于法律推理的所有关系模型"都不能用于恰当地建立司法自由裁量权的模型"㉛,人工智能的算法决策在量刑裁判中无法做到像法官一样对案件量刑的权宜平衡的思维考量。因此,人工智能不能主导量刑活动的全部过程,介入量刑的领域是有限度的。

量刑公正的实现,需要发挥人工智能量刑与法官量刑的各自优势。人工智能量刑与法官自由裁量权的深度融合,不仅需要遵循人工智能的算法逻辑的原理,还需要在量刑理论的指导下进行。根据责任主义原则,量刑的过程分为:量刑起点的确立—基准刑的确立—责任刑的确立—预防刑的确立—宣告刑的确立。人工智能量刑通过屏蔽具有个性特点的所谓的"干扰性"因素,抽出标准一致的要素进行算法建模,人工智能介入量刑只能是在量刑过程中需要量刑统一性的领域,即量刑起点的确立和基准刑的确立阶段,而责任刑的确立和预防刑的确立需要法官发挥其自由裁量权才能完成。量刑起点和基准刑的确立是根据已经存在的客观的犯罪事实,此犯罪事实是体现类案共性的犯罪事实,因此量刑起点和量刑基准的确立是先于个案存在的,体现了量刑的统一性。而在责任刑和预防刑的确立阶段,必须要发挥法官的自由裁量权,充分考虑案件量刑的被人工智能算法建模时过滤掉的个性因素。确立责任刑和预防刑,量刑情节的提取是整个量刑过程的枢纽,法官必须全面、准确地提取,但是量刑情节是一个开放的系统,错综复杂,只要能反映行为的社会危害性和行为人的人身危险性的事实都可以成为量刑情节,包括法定情节和酌定情节。特别是酌定情节,是否能进入法官的量刑视野,以及进入量刑视野的优先考量的情节和推后考量的情节,即量刑情节的位阶性,需要法官充分发挥其自由裁量权,因为对量刑情节(特别是酌定量刑情节)的选择、提取和适用的思维考量本质上是对于行为的社会危害性和行为人的人身危险性的价值考量过程,需要法官根据常识、常理、常情,凭借自身的生活经验、价值取向和良心完成。

纵观人工智能与法官合作量刑的过程,人工智能在量刑起点与量刑基准的确立阶段,是根据案件具有共性的量刑因素,而法官在责任刑与预防刑的确立阶段,是根据案件具有个性的量刑因素,因此纵观整个量刑过程,呈现了从一般到个别的思维特点。人工智能在量刑起点和量刑基准的确立阶段得出的案件量刑统一性的结论,不仅有助于类案同判,给法官提供量刑的指引,同时也是对法官自由裁

㉛ [德]托马斯·F.戈登:《诉答博弈——程序性公正的人工智能模型》,周志荣译,中国政法大学出版社2018年版,第8页。

量权的限制,法官要在人工智能确定的量刑基准的基础上进行责任刑和预防刑的确立,从而确定最后的刑罚。因此,人工智能量刑与法官量刑的深度融合的过程,也是法官自由裁量权先抑后扬的过程,在责任刑与预防刑的确立阶段,法官需要充分发挥其自由裁量权,但并不是没有边界,因为根据责任主义的原则,最后的刑罚不能超过责任刑情节划出的量刑上限。

我国未成年人保护体系的构建分析[*]

——以《未成年人保护法》为视角

刘宇轩[**]

一、问题的提出

习近平总书记一直关心未成年人的健康成长,"孩子们成长得更好,是我们最大的心愿"。[①] 未成年人的成长要"坚持德智体美劳全面发展",这既是习近平总书记对未成年人的殷切期望,又是对未成年人保护工作提出的具体要求。习近平总书记在2020年六一寄语中说道,"各级党委和政府、全社会都要关心关爱少年儿童,为少年儿童茁壮成长创造有利条件"。由此,未成年人保护是国家、全社会各界的职责,未成年人保护体系的建立和完善不容忽视。

未成年人保护体系构建,是指建立保护未成年人身心健康,维护未成年人合法权益、促进未成年人全面发展的综合性法律和制度体系。我国的未成年人保护体系以《未成年人保护法》所规定的未成年人权益和保护维度为依据而建立。2020年10月,《关于修改〈中华人民共和国未成年人保护法〉的决定》经审议通过,新的《未成年人保护法》于2021年6月1日起生效。法治是国家治理的重要手段,是未成年人保护的重要方式,未成年人法治建设是未成年人保护体系构建的有力保障。探讨新时代我国未成年人保护体系,首先应当从《未成年人保护法》出发。《未成年人保护法》作为一部法律,效力等级仅次于宪法,其他所有与未成年人保护相关的法规、行政规章都应当与其相适应。可以说,《未成年人保护法》是未成年人保护体系构建的总指挥。《未成年人保护法》规定了未成年人享有生存权、发展权、受保护权、参与权等,未成年人保护体系的构建应当包含家庭、

---

[*] 本文原载《青年探索》2022年第1期。
[**] 中国青少年研究中心助理研究员,法学博士。
[①] 《孩子们成长得更好,是我们最大的心愿——全国政协"促进未成年人权益的司法保护"双周协商座谈会综述》,载人民政协网,2021年12月25日访问。

学校、社会、网络、政府、司法六个维度,从而为我国未成年人保护体系的构建搭建了框架,本文以《未成年人保护法》明确提出的六种保护为对象,探讨当前我国未成年人保护体系的现状及新时代背景下的发展方向。

那么,我国是否已经建立起了完备的未成年人保护体系呢? 此次《未成年人保护法》的出台可以说给未成年人保护体系描画了面貌,但尚难认定建立起了完备的未成年人保护体系。从立法层面看,此次《未成年人保护法》修订改动较大,丰富了对未成年人保护的维度,是法治的进步,但是,我国还没有独立的未成年司法法,在许多专项领域也存在立法缺失的境况;从机制建立层面看,2021 年 4 月,为贯彻落实《未成年人保护法》,保护未成年人身心健康、维护未成年人合法权益,国务院办公厅发布了成立国务院未成年人保护工作领导小组的通知。截至 7 月底,未成年人保护工作领导小组或委员会已经在省级层面全部建立完成,省级未成年人保护工作协调机制实现全覆盖,未成年人保护的工作机制初步建立。但也要看到,未成年人保护工作是具体、细致的,基层建制同样重要,在基层建制的同时也要保证机制有效运转。从未成年人保护效果看,近年来,侵害未成年人权益的恶性事件仍有曝出,社会舆论对未成年人社会热点问题的讨论居高不下,未成年人保护的提前介入仍有不足。

二、我国未成年人保护体系的构建基底

1. 确立国家监护责任

《未成年人保护法》第 7 条规定了国家对未成年人的父母或者其他监护人履行监护负有指导、支持、帮助和监督的责任。第 92、94 条规定了民政部门对未成年人实行临时监护和长期监护的情形。我国已经事实上建立起了"以家庭监护为基础、社会监护为补充、国家监护为兜底"的监护制度。国家监护在整个监护体系乃至整个未成年人保护法中都发挥着至关重要的作用,是未成年人保护体系的定心石。国家监护责任的背后是国家亲权理论。亲权是指父母对未成年人的人身和财产所享有的权利义务,亲权是基于血缘和生育而形成的,具有天然性,父母相较于其他近亲属总会付出更多的情感和精力,给予未成年人更多的爱护,因此在法律中谈及监护权均采用"父母或者其他监护人"的说法。监护权可以看作是父母亲权的功能替代物。② 国家亲权是指当未成年人出现监护缺位时国家充当未

---

② 朱广新:《未成年人保护的民法问题研究》,中国人民大学出版社 2021 年版,第 24 页。

成年人监护人以行使监护权;在未成年监护人作出不利于监护人的行为时予以制止或剥夺其监护权;并监督未成年人监护人履行监护职责。未成年人监护缺位可以是长期的也可以是暂时的,可以是由于父母或者监护人客观上难以或不能行使监护权,也可以是作出了严重损害未成年人合法权益的行为而被剥夺了监护权。在此情形下,国家对未成年人行使监护权可以确保未成年人保护不出现真空地带,避免未成年人的合法权益遭受损害。国家承担监护责任不是父母亲权的让渡,而是国家对未成年人成长的兜底,体现的是国家担当。依据我国当前立法,亲权不是一个独立的概念,亲权是完全融入监护制度中的,国家监护责任可以看作是国家亲权的体现。新时代我国的国家监护责任不仅是监护权,而且倾向于国家亲权的内涵。国家监护不仅要在未成年人危难之时承担养育责任,而且应当竭力避免未成年人出现危难状况;不仅要保障未成年人成长,而且要创造良好环境实现未成年人德智体美劳全面发展。国家监护不能仅是物质的给予,更要有如父母般的情感爱护。国家监护责任给未成年人保护体系注入父母之爱的底色,未成年人保护工作要有温度。

2. 最有利于未成年人原则

早在20世纪50年,联合国大会通过的《儿童权利宣言》,就公布了儿童权利十大原则,在原则二首次提出了"应以儿童的最大利益为首要考虑"。《儿童权利公约》第3条也指出,关于儿童的一切行动也应当以儿童最大利益为首要考虑,并且指出公私社会福利机构、法院、行政当局、立法机构几大执行主体均应遵守这一原则。儿童最大利益原则被我国吸收后在法律中表述为最有利于未成年人原则。《未成年人保护法》在总则中明确规定,保护未成年人应当坚持最有利于未成年人的原则。《民法典》中也有多个条文都体现这一原则,例如,监护人应当按照最有利于被监护人的原则履行监护职责,收养应当遵循最有利于被收养人的原则等。出现用语上的转变,一是因为我国在立法上习惯将儿童表述为未成年人;二是因为这一原则已经不单是福利角度的表述,更应当从未成年人发展的角度理解。③ 因此,从未成年人全面保护、促进未成年人健康发展的角度出发,我国采取最有利于未成年人原则这一说法。最有利于未成年人原则规定在法律中标志着这一原则在我国的确立,但它不仅是立法层面的原则,而且是整个未成年人保护体系运行各个环节的原则。《儿童权利公约》中的"关于儿童的一切行动"可以说

---

③ See Nuno Ferreira, Fundamental Rights and Private Law in Europe: The Case of Tort Law and Children, Routledge, 2011, p.123. 转引自朱广新:《未成年人保护的民法问题研究》,中国人民大学出版社2021年版,第11页。

覆盖了最广的范围,我国的《未成年人保护法》中的"保护未成年人"就是给未成年人保护体系设置了最根本的原则。未成年人作为权利主体,其在成长不同阶段的不同特点理应被认真对待,未成年人不是依附于成年人而存在的,针对未成年人的特性保护未成年人,作出符合未成年人特点的处遇是承认未成年人独立性的体现。在最有利于未成年人原则的指导下,未成年人应当获得法律、政策、制度上的特别保护、优先保护,有权在社会治理中获得更好的资源来支持保障自身发展。

3. 前置性赋权保护

未成年人保护体系的构建初衷不是被动触发式的,而是积极主动式的,就是要尊重未成年人基本权利,保护未成年人的成长尽可能地避免危险因素。《儿童权利公约》规定了缔约国应当确保儿童的生存和发展,儿童有权受到法律保护,儿童有权对影响自己的一切事项发表意见等。2006 年我国作为《儿童权利公约》的缔约国,将其保护未成年人的精神内化为生存权、发展权、受保护权和参与权并写入了《未成年人保护法》,随着我国未成年人保护事业的发展,在践行赋权未成年人、实现前置性保护方面不断作出努力。修订后的《未成年人保护法》对未成年人的前置性保护更加全面,六大保护都是围绕未成年人的四项权利保护展开的,旨在为未成年人的健康成长营造良好环境。生存权和发展权是基本人权,生存权是个体生而享有的权利,但是随着人类的进步和社会的发展,生存权不仅停留在生存本身,还被赋予了追求尊严和自由的内涵。④ 国家保障生存权就要给予弱者提供基本的生活保障,保护他们的尊严与自由。未成年人是当然的弱势群体。1986 年 12 月,联合国通过了《发展权利宣言》,发展是经济、社会、文化和政治的全面进程,发展就是为了改善全民和个人的福利。宣言第 2 条指出人是发展的主体,每个人都应当成为发展的参与者和受益者。⑤ 构建完备的未成年人保护体系就是未成年人享有发展权的重要体现。依据《儿童权利公约》第 16 条的规定,未成年人有权受到法律保护。受保护权的规定说明了未成年人应当享有超过成年人的受保护力度,包括在司法程序过程中的专属程序设置以及相关政策的制定。未成年人的参与权是指未成年人参与关涉其自身权益事项的决策过程,并表达意见、提出异议的权利。⑥ 参与权是人的重要权利,作为社会中的个人,未成年人能够行使参与权也是保障生存权、发展权和受保护权的武器,未成年人有权为事

---

④ 胡玉鸿:《习近平法治思想中生存权理论研究》,载《苏州大学学报(哲学社会科学版)》2021 年第 2 期。

⑤ 参见《发展权利宣言》,载联合国网,https://www.un.org/zh/events/righttodevelopment/declaration.shtml。

⑥ 但淑华:《离婚案件中未成年人子女的参与权》,载《中华女子学院学报》2021 年第 1 期。

关个人权益的事项发表意见,无关其是否年满 18 周岁,《民法典》婚姻家庭编也有尊重未成年人的个人意愿的规定。未成年人保护体系的构建必须要以保障未成年人基本权利为基底,对未成年人的保护更注重前置性赋权保护,该理念的确立能够给相关司法制度的建立提供原则遵循,实现倾斜保护[7],这样才能更大程度地保障未成年人健康成长。

三、我国未成年人保护体系的六大维度探析

1. 家庭保护初成体系又任重道远

《未成年人保护法》中关于家庭保护的规定可以分为三个主要方面:一是保证未成年人接受良好的家庭教育;二是未成年人的父母或其他监护人依法行使监护权,既列举了强制性的监护职责又规定了禁止行为;三是保证未成年人的安全、尊重未成年人的个人意愿,不得损害未成年人的合法权益,也不得使未成年人陷入无人看护或其他危险状态。

关于家庭保护,党和国家一直保持高度重视,《民法通则》时代就制定了相对完善的监护制度。国家对于未成年人监护权的撤销、变更也作出了指导,2016 年最高人民法院发布《关于侵害未成年人权益被撤销监护人资格典型案例》。2019 年,全国监护权关系变更案件共收案 3183 件。[8] 2020 年颁布的《民法典》进一步完善了监护权的相关规定,增加了临时生活照料措施;2021 年 1 月,《家庭教育法(草案)》公开向社会征求意见。2021 年 5 月,最高人民检察院、全国妇联、中国关心下一代工作委员会共同印发了《关于在办理涉未成年人案件中全面开展家庭教育指导工作的意见》。2021 年 10 月,《家庭教育促进法》正式公布,并于 2022 年 1 月 1 日起施行。可以说,未成年人家庭保护体系初步建立。

习近平总书记指出:"家庭是社会的基本细胞,是人生的第一所学校。""我们要重视家庭建设,注重家庭、注重家教、注重家风。""家庭的前途命运同国家和民族的前途命运紧密相连。"家庭对未成年人成长的重要性不言而喻,但是当前未成年人所处的家庭环境仍存在不少问题。从世界范围内看,联合国教科文组织、世界卫生组织、联合国儿童基金会等联合发布的《2020 年关于预防暴力侵害儿童行

---

[7] 刘艳红、阮晨欣:《新法视角下罪错未成年人司法处遇保护理念的确立与展开》,载《云南社会科学》2021 年第 1 期。

[8] 数据来源于《2019 年全国法院司法统计公报》,载中华人民共和国最高人民法院公报网,http://gongbao.court.gov.cn/Details/fcadfe71e8d5a54acd8f840f768e65.html。

为的全球状况报告》中显示,全球范围内有 1/3 的儿童受到情感暴力的影响,有 1/4 的儿童与遭受亲密伴侣暴力的母亲生活在一起。⑨ 而我国检察机关也有数据显示,2020 年流动未成年人犯罪在未成年人犯罪中所占比例超过一半。在性侵害未成年人犯罪被害人中,单亲家庭、隔代监护、留守儿童占比超过 20%。⑩ 家庭是未成年人健康成长的最主要环境,未成年人家庭保护体系的建立远不止如此,我们的家庭保护任重而道远,除了基本制度的建立,法律和政策想要传达的建立良好家风的精神内核仍需加强。

2. 学校保护内容庞杂需清晰定位

《未成年人保护法》在学校保护一章中要求学校应当尊重未成年学生,保障未成年学生的受教育权,除传授知识外,还要对未成年学生进行青春期教育、生命教育、劳动教育、安全教育、性教育等。此外,要关心爱护未成年学生,保障未成年学生的身心健康;还要对学校提出建立各项未成年人保护制度的要求,如安全管理制度、校车安全管理制度、学生欺凌防控工作制度、预防性侵害、性骚扰未成年人工作制度及强制报告等。2021 年儿童节之际,《未成年人学校保护规定》公布,细化了《未成年人保护法》中有关学校保护相关规定,分为八章:第一章总则限定了未成年人学校保护的学校范围、目的、原则和工作机制等;第二章一般保护着眼于未成年人的基本权利、保护学生安全和学生管理制度;第三章专项保护进一步细化了学校欺凌防控和预防性侵害、性骚扰制度;第四章管理要求侧重学生管理,包括校规校纪、课程设置、安全风险防控、体质监测、心理健康、准入查询制度等;第五章保护机制确立了由专人负责未成年人学校保护,与其他保护建立有效机制,在未成年人合法权益受到侵害时作出处置;第六章是支持与监督,教育行政部门承担支持和监督责任;第七章责任与处理,当学校或教师没有尽到学校保护义务的时候,应当视不同情况予以不同处罚;第八章附则明确幼儿园、特殊教育学校对未成年人施以学校保护参照该规定。

可以看出,学校保护包括的内容相当广泛,学校需要承担除教学以外的大量工作,近些年随着校园欺凌、性侵等事件接连发生,学校的法定职能不断增加,学

---

⑨ 参见联合国教科文组织、世界卫生组织、联合国儿童基金会、负责暴力侵害儿童问题的秘书长特别代表和全球制止暴力侵害儿童行为伙伴关系发布的《2020 年关于预防暴力侵害儿童行为的全球状况报告》,https://apps.who.int/iris/bitstream/handle/10665/332395/9789240007093 – chi.pdf,2021 年 7 月 31 日访问。

⑩ 《强化家庭教育指导和帮助 切实维护未成年人合法权益——最高检、全国妇联、中国关工委有关负责人就〈关于在办理涉未成年人案件中全面开展家庭教育指导工作的意见〉答记者问》,载《检察日报》2021 年 7 月 11 日,第 1 版。

校的社会角色愈加丰富。这就给学校提出了挑战,如何在如此庞杂的保护义务中理出头绪,明确学校保护与学校教育的关系,明确学校保护在整个未成年人保护体系中的定位,明确学校保护的边界?这些都是需要讨论的问题。有学者认为,学校保护不应当与学校教育杂糅,更不应当把学校管理看作是学校保护,因为学校管理本身可能成为侵犯未成年人合法权益的风险来源。[11] 本文赞同这一观点。学校是教育的载体,教书育人是学校的主要职能,这是社会的共识。但是,未成年人保护体系中的学校保护的目的是促进未成年学生的全面发展[12],学校保护应当超脱学校教育、学校管理的维度,从维护未成年人的合法权益、保障未成年人的学校成长环境的角度厘清学校的保护义务,而不是将所有与未成年人、学校有关的内容都装进学校保护的筐内。《未成年人保护法》中学校保护篇章的内容与《义务教育法》有不少重叠之处,这可能带来学校方面的不够重视,抑或是缺失方向感,使学校保护体系难以顺畅有序运转。学校是家庭和社会的纽带,未成年人从学校走向社会,走向成熟,成为社会人士。学校肩负着承上启下的作用,是未成年人保护体系的重要一环,保护内容具有复杂性。因此,学校保护应当找准自身定位,理顺思路,不囿于学校教育和学校管理,从更高的视野来实施学校保护工作。

3. 社会保护要形成社会共识

社会保护,是指作为保护主体的社会各部门和个人要以适合自身特点的形式和措施,从各个方面对未成年人进行全方位的保护。[13]《未成年人保护法》着眼于社会各界,社会保护的第一个要求就是在居委会、村委会设置专门岗位由专人负责未成年人保护工作,并协助政府监护未成年人的委托照护情况。作为基层自治组织,居委会、村委会发挥社会保护作用可以看作是政府保护的前线阵地。《未成年人保护法》要求各有关方面为未成年人的成长创造良好的社会氛围,对未成年人德智体美劳发展有帮助的公共文化类场馆除对未成年人免费或优惠开放外,还应当有针对性地提供服务。企事业单位要为未成年人主题教育、社会实践、职业体验等提供支持,公共场所、公共交通等要为未成年人提供福利性、便利性和安全性保护,特别规定了在公共场所发生突发事件时,应当优先救护未成年人。传媒、出版、广告等营造积极的文化环境,禁止严重侵害未成年人权益的行为,生产未成

---

[11] 姚建龙:《论学校保护——以未成年人保护法学校保护章为重点》,载《东方法学》2020年第5期。
[12]《未成年人保护法》第25条第1款规定,学校应当全面贯彻国家教育方针,坚持立德树人,实施素质教育,提高教育质量,注重培养未成年学生认知能力、合作能力、创新能力和实践能力,促进未成年学生全面发展。
[13] 郭林茂主编:《中华人民共和国未成年人保护法释义》,法律出版社2021年版,第138页。

年人相关产品要符合标准。住宿经营场所在接待未成年人入住时要确认其父母或监护人的联系方式等,并对具有违法犯罪嫌疑的现象有报告义务。禁止未成年人接触烟、酒、彩票、管制刀具等不良物品,禁止未成年人进入营业性娱乐场所等,禁止未成年人从事有害身心健康的工作,尽可能隔绝可能影响未成年人健康成长的不利因素。此外,对与未成年人有密切接触的行业作了从业禁止的规定,并明确保护未成年人的通讯隐私权等。《未成年人保护法》还在第八章规定了对部分责任主体违反未成年人保护义务行为的处罚措施。

新修订的《未成年人保护法》在社会保护中将社会各方促进未成年人全面发展的责任义务做了充分整合,保护主体包括个人、基层自治组织、企事业单位等,明确了现已存在的相关法律法规政策背后的未成年人社会保护理念,对于形成未成年人保护社会共识有推动意义。同样地,社会保护的进一步发展完善也需要社会共识的形成,只有在全社会范围内形成最有利于未成年人的保护理念,社会各界才会在制定规则、管理办法和实际执行中不打折扣地贯彻未成年人社会保护,切实有效地为未成年人健康成长构建良好社会环境。

4. 网络保护应运而生且亟待细化

截至 2020 年 12 月,6—18 岁未成年网民达到 1.83 亿人,未成年人互联网普及率高达 94.9%。⑭ 网络已经成为未成年人获取信息、了解世界的主要窗口,终端设备的普及和相对易得性使得未成年人难以抵御网络的诱惑,网络成为未成年人成长的不确定因素。网络保护是此次《未成年人保护法》的新增章节,是对当前网络不良信息不断侵蚀未成年人健康成长现状的法律回应。网络保护是一项综合保护,它不同于其他五项保护从责任主体的角度对未成年人保护提出要求,而是需要各主体协同作用。国家、社会、学校、家庭各司其职,保护未成年人个人信息安全,从网络内容生产、网络信息处理到终端内容审核,每一个环节都应贯穿着未成年人保护这一理念。网络游戏、网络直播、短视频、社交软件是未成年人网络保护的重要规制对象,预防未成年人网络沉迷、网络欺凌是未成年人网络保护的重要目标。《未成年人保护法》也对细化标准的出台提出了要求。

正因为未成年人网络保护牵涉责任主体众多,多方利益错综复杂,《未成年人保护法》中网络保护的原则性规定仅能起到指导性的作用,未成年人网络保护相关立法又呈现稀少散落之态,尚难认定未成年人网络保护已成体系。

---

⑭ 数据来源于共青团中央维护青少年权益部、中国互联网信息中心:《2020 年全国未成年人互联网使用情况研究报告》,载中国互联网信息中心网,http://cnnic.cn/hlwfzyj/hlwxzbg/qsnbg/202107/P020210720571098696248.pdf。

2016年10月,《未成年人网络保护条例(征求意见稿)》向社会公开征求意见,该征求意见稿共计36条,依然没能涵盖到未成年人网络的方方面面,且至今未能审议通过。2019年10月,国家互联网信息办公室发布的《儿童个人信息网络保护规定》,对14岁以下未成年人的网络信息安全作了规定。这与未成年人的年龄定义有所差异,难以衔接。此外,针对网络游戏、短视频、直播等立法方面,我国也作出了尝试。2010年,文化部(现已撤销)出台了《网络游戏管理暂行办法》,此管理办法于2019年正式废止。2017年,中共中央宣传部、中央网信办等八部委联合印发了《关于严格规范网络游戏市场管理的意见》,这可以看作是针对网络游戏市场的专项整治活动。2016年国家新闻出版广电总局《关于加强网络视听节目直播服务管理有关问题的通知》、2016年国家互联网信息办公室发布《互联网直播服务管理规定》是对网络直播方面的约束规范,但是对未成年人来说针对性不强。2019年,中国网络视听节目服务协会制定了《网络短视频平台管理规范》和《网络短视频内容审核标准细则》,中国网络视听节目服务协会作为行业协会制定的管理规定,与法律、政府规章相比,在效力上有不小的差距。总体来看,未成年人网络立法存在立法等级不高、立法范围不广、法律后果不足等问题。从各部门协作效果来看,还缺乏具有高度管控力的协调机制。此外,要充分了解未成年人可能面对的网络风险,尽量减小立法、政策制定的滞后性。

5. 政府保护基于国家责任做好行政支持

政府保护也是此次《未成年人保护法》的新增保护章节。可以说,政府保护体现了政府社会治理能力的提升,是新时代我国打造共治共享社会治理格局的必然要求,传达了党和国家对未成年人保护工作的支持态度。首先,进一步区分了政府保护与社会保护。在此次《未成年人保护法》修订之前,政府保护与社会保护一同规定在社会保护章节,如政府承担临时监护责任就规定在社会保护中。实际工作中也是这样,早在2013年,民政部就开展了对未成年人社会保护的试点工作,2014年开展了第二批试点。民政部发起的社会保护试点主要工作对象是困境未成年人,主要解决的是困境未成年人监护缺失问题,应当视为政府保护的范畴。社会保护与政府保护在保护主体上明显不同,社会保护的责任主体是个人、基层自治组织、企事业单位等,政府保护的责任主体是人民政府及其部门,在保护方式、保护情形、保护力度上均有差异,理应划分为不同的保护维度。其次,以政府行政权力保障未成年人保护工作顺利进行。《未成年人保护法》中对政府保护未成年人提出了许多制度性要求,这是其他保护维度无法做到的。例如在政府内设机构或专门人员,在基层行政机关设未成年人保护工作站或专门人员,将家庭教育指导服务纳入城乡公共服务体系,开通全国统一的未成年人保护热线,等等。

这意味着未成年人保护工作已经纳入了政府社会治理体系,对未成年人保护工作的推动实施的效果是巨大的。此外,还提出了许多政策性要求和出台相关管理办法。国家出面建立性侵害、虐待、暴力伤害等违法犯罪人员信息查询系统,保障密切接触未成年人相关行业的从业查询及禁止制度的主动、有效实施。最后,正式确立了国家监护责任,体现了国家兜底的决心。《未成年人保护法》明确规定了各级人民政府及有关部门对困境未成年人实施分类保障,并保障其基本需求,规定了临时监护和长期监护的适用情形,将国家亲权理念落到实处,正式确立了国家监护责任。不仅如此,国家兜底还体现在各级人民政府对前述保护主体监督、指导、支持、服务等方面,保障各类未成年人享有受教育权,卫生健康部门保证未成年人身体健康,教育部门保障校园安全、心理健康等,公安机关及其他有关部门承担维护治安、预防青少年违法犯罪的责任。因此,此次政府保护以国家之身行使亲权责任,以行政之力保护未成年人,无论是在未成年人保护体系层次的完善上,还是未成年人保护体系运转的保障上,都起到了极大的促进作用。

6. 司法保护应做好法律衔接

《未成年人保护法》中的司法保护,是指未成年人进入司法程序后,司法机关为适应未成年人身心特点,保障未成年人权益免受损害而作出的必要保护措施。此处司法机关主要指公安机关、人民法院、人民检察院和司法行政机关。司法保护相较于其他保护,会更多地牵涉到与其他法律衔接的问题。《未成年人保护法》中的司法保护与多部法律相衔接,如由熟悉未成年人身心特点的人办理涉及未成年人的案件、合适成年人到场、社会调查、提供法律援助等规定均与《刑事诉讼法》中未成年人刑事案件特别程序一致;而人民法院审理离婚案件,涉及未成年子女抚养问题应当尊重年满8周岁未成年子女的真实愿望又与《民法典》中规定一致;等等。

但是,在与其他法律衔接方面,《未成年人保护法》做得还不够。我国立法上与未成年人司法保护相关的法律还有《预防未成年人犯罪法》《反家庭暴力法》《社区矫正法》中有对未成年人社区矫正的特别规定、《监狱法》中对未成年犯的教育改造的专章等。《预防未成年人犯罪法》作为我国事关未成年人的另一部重要法律,在《未成年人保护法》中鲜有体现,预防未成年人违法犯罪与未成年人司法保护总是结伴出现,但是未成年人司法保护应当将预防未成年人违法犯罪涵盖其中,原因如下:一是预防未成年人违法犯罪是在司法保护理念指导下的法律活动,且《预防未成年人犯罪法》中的对有严重不良行为的未成年人作出矫治教育措施的决定机关是公安机关,预防法中还规定了未成年人触犯刑法而被施以专门矫治教育等规定,理应管控在司法保护的范畴之内;二是《未成年人保护法》司法保护中规定开展未成年人法治宣传教育工作,本身也是预防犯罪的一部分。此外,关于依法作出人身安全保护令或者撤销监护人资格的规定,也是基本衔接了《民法典》与《反家庭暴力法》,但是在表述上与这两部法律不完全相同,《未成年人保护法》未提及"导致被监护人处于危困状态"这一后果,事实上扩大了撤销监护权的范围;《反家庭暴力法》中人身安全保护令的适用条件是"遭受家庭暴力或者面临家庭暴力的现实危险",且不限制为未成年人,这也在事实上扩大了未成年人人身安全保护令的适用范围。适用范围的扩大并不绝对等同于保护力度的增强,且表述上的不同也会带来适用的混乱,反而不利于未成年人保护效果。除此以外,《未成年人保护法》在司法保护章的最后提到了"社区矫正",但是却未对《社区矫正法》中未成年人社区矫正有更多的呼应,还应当完善。作为司法活动的最后一环,监狱也是司法行政机构,《未成年人保护法》未提及未成年犯的教育改造,也是一个缺失。

司法保护是未成年人保护体系的最后防线,与其他保护维度密切相关,其他维度的保护都可能最终进入司法保护的范围。现有《未成年人保护法》中司法保护的范围远没有学界所认为的范围大,在法律衔接上做得还不够,在用语规范统一上也还存在不足。需要进一步地做好法律衔接,整合指导思想,促进未成年人司法保护的体系化进程。

四、我国未成年人保护体系的构建路径

1. 进一步完善未成年人法律体系、注意各法衔接

完整的国家未成年人法律体系应当包含福利法、保护法和司法法。[15] 此次《未成年人保护法》的修订增加了政府保护、网络保护两章,极大充实了未成年人保护的内容,提高了未成年人保护的力度。但是,我国目前还没有专门的儿童福利法和未成年人司法法。一直以来,学界、社会大众对两法制定的呼声很高,儿童福利立法已经在路上,未成年人司法却迟迟未果。未成年人法律体系的不够完善给未成年人的司法保护带来了一些困扰,例如法律用语上的不统一、不规范,适用主体的不明确等。前述司法保护时已经举例说明了《未成年人保护法》与其他法律衔接不足的问题,使得对未成年人的司法保护还不够全面和成体系。而法律用语的不统一,也给法律适用带来困扰,除前述监护权撤销和人身安全保护令的适

---

[15] 孙谦:《关于建立中国少年司法制度的思考》,载《国家检察官学院学报》2017年第4期。

用范围扩大外,《未成年人保护法》中关于"委托他人代为照护"的规定也是对《民法典》监护制度的突破。《民法典》并没有规定此种监护方式,"委托他人代为照护"单从用语上也难以认定等同于监护权转移。虽然于法理上说得通,但是在具体适用上不够清晰,对于监督主体以及权利救济都没有作出规定,这也是未成年人法律体系需要进一步完善的一个体现。还有《儿童个人信息网络保护规定》中的保护对象是不满 14 周岁的未成年人,明显与其他法律的保护范围不同,容易出现保护漏洞。

此外,还应当积极推动专项立法,提升未成年人保护专项立法的层级。如前述网络保护中,不仅存在大量立法空白,而且立法层级不够,多是规定、办法或者行业规章等,保护效果难以保证。针对社会反响较大,且较难处理的未成年人问题可以考虑专项立法,例如校园欺凌问题。学校保护要求建立学生欺凌防控工作制度,但是对于达到何种程度的欺凌认定为校园欺凌,何种程度的欺凌违反《治安处罚法》或者《刑法》均没有细化,只能依靠学校认定、处理,是否移交其他部门也基本由学校决定。此类问题可以考虑专项立法,同理,校园性侵、性骚扰问题也可以考虑专项立法。

2. 做好未成年人保护工作的统筹协调

未成年人保护是一个社会问题,未成年人的全面保护需要社会各界的参与,如果只是各自为政、自说自话,那么既做不到资源整合,也难以取得良好效果。可见,一个高效的统筹协调机制对于未成年人保护工作来说至关重要。在国务院未成年人保护工作领导小组成立之前,全国妇联、共青团中央已经努力作出了尝试,也取得了很好的效果,值得借鉴。全国妇联从 20 世纪 90 年代起就制定了《中国儿童发展纲要》,积极推动建立我国儿童福利和保护体系,在国务院妇女儿童工作委员会这一议事协调机构的统筹协调下,为我国儿童福利和保护的发展进步作出了巨大贡献。2017 年,中共中央、国务院印发《中长期青年发展规划(2016—2025 年)》,在联席会议协调机制的作用下,相关部门为维护青少年合法权益、预防青少年违法犯罪作出了许多突破,如最高人民检察院与团中央签署了《关于构建未成年人检察工作社会支持体系的合作框架协议》,联合民政部等推动了《未成年人司法社会工作服务规范》国家标准的发布,这都成为新时代我国未成年人保护体系的重要组成部分,也为今后的统筹协调工作机制打下了良好基础。因此,我们对国务院未成年人保护工作领导小组的成立报以极高的期待。一是作为国务院议事协调机制,对于涉及全社会的未成年人保护工作是极为有利的。以网络保护为例,网络保护不同于其他维度的保护,它不是以保护主体而是以空间为分类标准,所以仅网络保护就需要协调多个部门,除网信外,还涉及文旅、新闻出版、广播电视、公安等,在网络游戏、网络短视频、网络直播等问题上牵涉与互联网企业的错综复杂的关系,只有高规格的领导小组才能稳步推进未成年人保护工作。⑯二是确定民政部是未成年人保护工作的主责部门,这就避免了职责不清的问题。希望在今后的工作中,各部门能改变以往各自为政的局面,将与自己本职工作相关的未成年人保护内容都纳入到领导小组的领导之下,坚持国家责任、最有利于未成年人原则、前置赋权保护,把未成年人保护的理念纳入工作中,既职责清晰又相互协作。三是确保地方贯彻落实未成年人保护工作。做好未成年人保护的基层建设,做好理念传达和培育,鼓励地方依照地方特点做好本地区的未成年人保护工作,确保工作有针对性,落到实处。

3. 构建未成年人保护体系运行的内部联结机制

从六大保护内部来看,家庭、学校、社会、政府这四个维度的保护是按照从私领域到公领域、从基础保护到国家强制保护的逻辑排列,网络保护是综合保护,司法保护可看作特殊保护。各个维度之间的联结与合作是确保未成年人保护体系有效运转的制度保障。一是加强家校合作、家社合作。家庭保护中要求当未成年人的父母或其他监护人在将未成年人委托给他人照护时,需要将委托照护的情况书面告知学校、幼儿园和居住地的村委会或居委会;学校保护要求学校掌握未成年学生的家庭情况,与未成年学生的父母或者其他监护人配合,合理安排未成年学生的时间。这说明,家庭保护不是一座孤岛,它在对未成年人成长起到基础性保护的同时,也联结着学校与社会,积极配合,将未成年人的监护情况、学习生活情况与学校、社会等组织沟通,以达到最有利于未成年人发展的目的。在《未成年人保护法》的实施过程中,家校合作、家社活动可以是更加紧密的,在"双减"背景下,家庭将深度参与未成年人的学习教育活动,家庭和学校也会更加融合,以未成年学生为中心互通有无。2021 年 8 月,《中华人民共和国家庭教育促进法(草案二次审议稿)》正式向社会征求意见,第四章"社会协同"详细规定了社会对家庭教育的指导方式、内容等,学校也将家庭教育纳入工作计划,给家校合作、家社合作指明了新方向。二是明确学校在学生欺凌防控工作制度中的主导作用,公安机关、教育行政部门在预防性侵害、性骚扰未成年人工作制度中的主导地位。《未成年人保护法》将两项工作制度规定在学校保护章中,但是学校在此两项工作中的地位和作用是不同的。在学生欺凌防控工作制度中,学校不仅担负着制止、认定和处理的责任,还承担着心理辅导、教育和引导、给予必要家庭教育指导的责任,

---

⑯ 宋英辉:《适时建立统筹协调机制 助推新时代未成年人保护工作创新发展》,载《中国社会报》2021 年 6 月 16 日,第 4 版。

只有当出现严重欺凌行为时,才应当向公安机关、教育行政部门报告。这意味着,学生欺凌防控工作的尺度掌握在学校的手中,学校应当发挥最主要的作用来做好这项工作。而在预防性侵害、性骚扰未成年人工作制度中,学校一旦发现违法犯罪行为,就应当及时向公安机关、教育行政部门报告,学校没有认定性侵害、性骚扰的权限,《未成年人保护法》也未规定学校有自行处置的权限。学校在与政府部门对接时,应当注意区分具体情况,不能一概而论。三是社会保护应当在政府保护的指导之下进行,并由国家强制力保证实施。社会保护的诸多方面需要政府提供基础条件才得以顺利开展,如未成年人集中活动的公共场所需符合国家或行业标准,入住酒店查询身份信息,密切接触未成年人招聘工作人员的入职查询等。在实际运行中,监管往往具有滞后性,只有依靠国家强制力才能保证未成年人保护的有效运转。因此,社会各方面在依据《未成年人保护法》开展社会保护时,也要充分关注政府相关政策和管理办法,使自身经营运转不违背政府保护的要求。

4. 做好未成年人素养培育,提高抵御风险能力

《未成年人保护法》要求加强各类教育,如在总则中要求对未成年人进行理想教育、道德教育、科学教育、文化教育、法治教育、国家安全教育、健康教育、劳动教育,加强爱国主义、集体主义和中国特色社会主义的教育,在学校保护中要求加强青春期教育、生命教育、安全教育和性教育,在网络保护中要求定期开展预防未成年人沉迷网络的宣传教育,在司法保护中要求对未成年人开展法治教育。教育作为提高未成年人自身素养、抵御成长风险的重要手段,也成为未成年人保护的重要工作方式。可以看到,《未成年人保护法》所提倡的教育种类,不是完全意义上的知识教育,更多的是思想培育和能力培养。未成年人所处的成长阶段决定了他们的心智发育和思想认识是不完全、不深刻的,而这个阶段又是他们世界观、价值观、人生观形成和能力养成的重要时刻,要想实现未成年人"德智体美劳"全面发展,就必须做好未成年人的素养培育。

加强对未成年人的思想引领,充分发挥家庭、学校、社会、网络保护的作用,为未成年人健康成长营造良好思想、舆论氛围,把牢未成年人的思想观。要将思想教育、道德教育等一系列素养培育融入到义务教育体系中来,不能用讲座代替讲课。建立科学的教育评价体系和激励机制,改变以往单纯以成绩评价学生、以升学率评价学校的传统标准,制订更科学的全面评价标准,对未成年人素养培育效果良好的地方或学校要予以奖励,并推广好的可复制性的经验做法。加强未成年人法治教育,培育未成年人法治素养,提高其明辨是非的能力,学会用法律手段维护自身合法权益,真正使未成年人从保护客体转化为权利主体。鼓励、引导未成年人社会参与,为事关自身利益的事情合理有序发声,培养未成年人独立、自主、

积极的生活态度。

5.构建未成年人保护的统计监测指标体系

《未成年人保护法》总则中要求,国家要建立健全未成年人统计调查制度。统计监测工作既是未成年人保护体系的构建基础和方向指引,也是一种工作评价方式。目前,统计监测运用于多个领域,《中国儿童发展纲要(2011—2020年)》和《中长期青年发展规划(2016—2025年)》均采取统计监测作为组织实施方式,这两个政策性文件与未成年人保护体系的构建也有相当的关联。但可惜的是,无论是中国儿童发展纲要还是中长期青年发展规划的统计监测工作,在未成年人保护方面都做得不够。中国公益研究院作的《中国儿童福利与保护政策报告2020》指出,儿童社会保护仅有四项指标,分别为:地级以上城市和重点县儿童救助保护机构覆盖率、18岁以下儿童伤害死亡率、未成年人社会保护工作机制县级层面覆盖率、城乡社区儿童之家覆盖率。其中,仅第二项是"即将实现"的状态,第一项和第四项还需"努力可实现",第三项最新数据缺失。儿童保护领域的发展相比儿童健康、教育、福利等领域呈滞后状态。《中长期青年发展规划(2016—2025年)》的统计监测指标中有关未成年人保护仅有未成年人获得法律援助人次和专门学校情况,未成年人的违法、犯罪人数作不公开处理。可见,依照现有监测制度、监测指标无法衡量我国未成年人保护体系的运转情况,急需建立专门的未成年人保护的统计监测指标体系,通过实地调研、听取基层经验、开展专家论证等方式制订客观、可量化的未成年人保护评价指标,利用指标动态监测未成年人保护体系的运转,指明改进方向,评价保护效果,切实使未成年人保护落到实处,发挥实效。

减刑庭审实质化的维度与机制

曾娇艳[*]

自中共十八届四中全会提出"以审判为中心的诉讼体制改革"以来,我国出现了一股前所未有的刑事庭审实质化改革热潮,但其研究重点均集中在前期的刑事审判阶段,对刑罚执行变更审理程序的关注不足。然而"刑事诉讼并非止于刑事判决的确定生效阶段,刑事判决的执行是刑事诉讼的一部分"[①]。"以审判为中心的诉讼体制改革"不可以也不应当将刑事判决的执行排除在诉讼体制改革的热潮之外。本文拟从制度层面为减刑庭审实质化提供初步的改革方案,以期通过减刑庭审的实质化改革,深入解决司法实践中的一些突出问题,并对进一步规范该项制度有所裨益。

一、理念厘清:减刑是罪犯的权利

1979年10月31日,李步云教授在《人民日报》上发表了《论我国罪犯的法律地位》一文,提出"罪犯也是公民"的观点,在学界、政界和司法界引发了强烈反响。1992年8月,中国政府发布《中国改造罪犯的状况》白皮书,将"严格保障罪犯应有的权利"作为改造罪犯的基本原则。[②] 1994年颁布的《监狱法》在其所列的78条规定中有20多条涉及罪犯的权利保障,内容涵盖罪犯的政治权利、经济权利、社会权利等各个方面。1997年《刑法》修改,将"虐待被监管人罪"从"渎职罪"中调整至"侵犯公民人身权利、民主权利罪"的类罪名中,其立法精神旨在表

---

[*] 宁波市中级人民法院法官,法学博士,全省审判业务专家,中国人民大学法学院法律硕士专业学位研究生实务导师。

[①] 1997年欧洲人权公约通过豪恩斯彼诉希腊案表明,刑事诉讼并非止于刑事判决的确定生效阶段,刑事判决的执行是刑事诉讼的一部分。V. Virginie Lecointe, La Jurid ictionalisation de L'execution des Peines, Memoire de Recherche du DEA, Universite de Lille II, 2002, P.13. 转引自张亚平:《法国减刑假释程序司法化之演进及其启示》,载《法商研究》2014年第5期。

[②] 国务院新闻办公室:《中国改造罪犯的状况》,法律出版社1992年版,第1页。

明罪犯也是公民,侵犯罪犯的权利就是侵犯公民的权利。③ 时至今日,"罪犯也是公民,监禁期间仅仅且只能是剥夺自由的一段时间,除此之外不得剥夺其他任何权利"的观念已为立法部门和司法部门所普遍认可。④ 既然公民犯罪人的立论已然成立,那么我们该如何认定减刑的性质,是"奖励"还是"权利"?⑤

首先,从刑罚的目的层面分析。并合主义刑罚理念认为"因为有犯罪并为了没有犯罪而科处刑罚",对罪犯进行惩罚,既要立足报应的正义,又应当追求预防犯罪的功利。我国《刑法》虽然规定认真遵守监规,接受教育改造,确有悔改表现的罪犯可以减刑,但减刑必须服刑满一定期限后,才有报请的资格,这是刑罚报应刑论的体现;同时我国《刑法》又规定,执行了一定刑期,确有悔改表现的罪犯可以减刑,这又是目的刑论的体现,可见我国的减刑制度是在报应刑的框架下容纳了目的刑论的产物。⑥ 从这个层面分析,减刑既是国家给予罪犯的奖励,同时也是罪犯应当享有的一项权利,而不是纯粹意义上的国家恩惠。

其次,从公民权利保障与国家权力行使的关系上分析。将减刑定位于一种绝对的国家权力,罪犯属于恩惠的被赐予者,没有提出异议的任何权利,不仅容易导致国家权力的滥用,罪犯也极易遭受不平等的待遇。近年来减刑制度改革的缘起正是基于减刑领域的乱象,2014年中共中央政法委员会出台了《关于严格规范减刑、假释、暂予监外执行切实防止司法腐败的意见》(以下简称中政委〔2014〕5号文件),文件开篇即明确"切实防止徇私舞弊、权钱交易等腐败行为"。治理减刑领域的腐败现象是这些年减刑制度改革的着力点,但对于治理的策略,目前顶层改革方案尚集中在以权力制约权力、以社会监督制约权力和以责任制约权力三个层面,如中政委〔2014〕5号文件的第二部分要求健全检察机关对减刑的同步监督制度,这是以权力制约权力的方式;要求对三类罪犯庭前公示、庭后公开,部分案

---

③ 张晶:《罪犯法律地位新探——以法治社会的权利视角观察》,载《金陵法律评论》2007年第2期。

④ 张亚平:《法国刑事执行法》,法律出版社2014年版,第17页。

⑤ "奖励说"认为,减刑是国家对服刑人员的奖赏,如果罪犯在刑罚执行期间能够持续保持较好的行为,则由国家缩短其确定的刑罚期限,使罪犯能够在刑期届满之前通过减刑提前获得释放,以此作为奖励。参见黄永维:《中国减刑假释制度的改革与发展》,法律出版社2012年版,第22页。"权利说"认为,国家有对罪犯适用刑罚的权力,也有对他们施以扶助、挽救的义务;罪犯有依法接受国家刑事惩罚的义务,也有请求扶助、挽救的权利。参见柳忠卫:《假释制度比较研究》,山东大学出版社2005年版,第17页。

⑥ 曾娇艳:《减刑假释审判权运行的反思与变革——基于国家权力、公民权利与审判效益的三维分析》,载贺荣主编:《深化司法改革与行政审判实践研究(上)——全国法院第28届学术讨论会论文集》,人民法院出版社2017年版,第18页。

件一律开庭审理,这是以社会监督制约国家权力的方式;第三部分和第四部分要求强化减刑各个环节的责任,从严惩处减刑中的腐败行为,这是以责任制约权力的方式。紧接着,为贯彻落实中政委〔2014〕5号文件精神,最高人民法院先后出台了《关于减刑、假释案件审理程序的规定》《关于办理减刑、假释案件具体应用法律的规定》,并提出了五个一律的工作要求;最高人民检察院出台了《人民检察院办理减刑、假释案件规定》;司法部出台了《关于计分考核罪犯的规定》。然而,对权力最有力的监督往往是不同利益主体的彼此制约与抗衡。在减刑权力运作过程中,如果国家权力比重过大,公民犯罪人的权利比重过小,罪犯权利将无法有效制约国家减刑权力的行使,也就失去了对减刑权力运行最有效的监督。从这个层面分析,采取减刑"权利说",将减刑定位于公民犯罪人的权利亦能满足国家规范公权力行使的功利目的。"问题就是时代的口号,是它表现自己精神状态的最实际的呼声。"[7]当前我国社会的主要矛盾已经发生转化,人们对反腐工作的标本兼治有了更高的期许,引入减刑"权利说"无疑是解决减刑制度现实问题的一剂良方。

最后,就具体的制度设计而言,将减刑定位于罪犯的一项权利,并对该项权利保护作出相应的法律承诺,构建国家权力与公民犯罪人权利的基本平衡,会对减刑实体制度和程序运作产生如下影响。

一是有利于推行信用减刑制度。当今世界的减刑模式可分为普通减刑和信用减刑。所谓普通减刑,是指根据犯罪人在刑罚执行过程中的"良好表现"而于事后给予减刑。我国目前采取的减刑模式就是普通减刑。这种减刑模式关注的重点是罪犯在服刑场所的"良好行为",监狱干警对罪犯的日常考核是罪犯获得减刑的主要依据,运行的弊端是容易导致国家权力的滥用,挫伤大部分服刑人员的改造积极性。所谓信用减刑,是指被判处剥夺自由刑的犯罪人,在刑罚交付执行之时,即自动获得减刑,如果犯罪人在刑罚执行过程中或者刑罚执行完毕后的一段时间内有不良表现或者又再犯罪的,则撤回相应的信用减刑。这种减刑模式关注的重点是罪犯在服刑场所的"不良行为",监狱干警对罪犯的日常考核是罪犯被撤销减刑的主要依据,运行的优势在于能确保每一名服刑人员都有平等获得减刑的机会,国家权力受到服刑人员法定减刑权利的制约,从而有效减少减刑领域的权力寻租现象。法国是典型的推行信用减刑制度的国家,美国的善行折减制也和信用减刑的基本原理相似,都是将减刑视为罪犯的法定权利,在判决生效之日起既有获得相应比例的减刑权利,若服刑期间没有不良表现,该权利便能兑现。

---

[7] 《马克思恩格斯全集》(第40卷),人民出版社1982年版,第289页。

二是有利于将减刑程序运作由"权利享受型"向"权利剥夺型"转变。建立在减刑"权利说"基础上的信用减刑制度会将法院的减刑案件类型从"给予减刑"向"撤销减刑"转变,由此带来的结果不仅是案件数量的大幅度减少,而且是减刑庭审对抗模式的形成。趋利避害是人的本能,能否获得减刑对罪犯而言利益攸关。既然减刑程序运作的重点是撤销减刑,剥夺罪犯本可享有的减刑权利,自然使得罪犯与剥夺罪犯权利的国家机关之间形成了天然的对抗。有权利就有救济,如果对该项权利保护作出相应的法律承诺,以制约减刑剥夺权的行使,庭审中居于三角形两端的平等构造便可形成。

二、问题审视:减刑庭审的现实困境

新中国成立后,我国的减刑程序就具有一定程度的司法化特征,其最主要的特点就是将减刑的提请权与决定权分离。如早在1952年公安部、司法部颁布的《中央公安部、司法部关于各地监所移转后,明确法院、公安部门对监所的职责和工作关系的联合指示》(司行字第548号)第2条第6项、1954年政务院颁布的《劳动改造条例》第70条、"文化大革命"后制定的1979年《刑事诉讼法》第162条第2款和1997年《刑法》第79条以及2012年《刑事诉讼法》第262条均要求对罪犯的减刑由刑罚执行机关提出意见,由人民法院最终决定。法院作为国家审判机关,基本职责是行使审判权,这种将减刑的最终决定权赋予法院而不是刑罚执行机关的做法,本身就否定了减刑程序的司法行政性质,而将其纳入了刑事司法的一部分。因此,我国的减刑程序从宏观的制度层面来说,不存在从行政化向司法化转变的过程,其在制度设立之初就具有司法化的性质。但在制度的实际运行中,由于减刑实体条件的设计缺陷,使得这种司法化伴随着浓厚的行政化色彩,其主要表现在于实体上,法院无法对刑罚执行机关报请的案件开展实质性审查,长期以来都存在"橡皮图章"的诟病;程序上,减刑案件庭审流于形式,无法成为法官获取信息,形成内心确信的主要场所。推进减刑庭审实质化是一项十分艰巨的任务,虽然历经数次改革,减刑案件的审理方式已经由书面审理实现了向部分案件开庭审理的转变[8],但在司法实践中,减刑庭审的对抗局面并未真正形成,庭审

---

[8] 2010年最高人民法院印发《关于贯彻宽严相济刑事政策的若干意见》,要求对减刑案件采取书面审理和开庭审理相结合的方式。2012年最高人民法院出台《关于办理减刑、假释案件具体应用法律若干问题的规定》,明确要求对6类减刑案件应当开庭审理。2014年最高人民法院出台《关于减刑假释案件审理程序的规定》,在选择性开庭审理的基础上明确了案件的庭审方式,从而进一步增强了案件审理的透明度。

虚化依然是亟待解决的制度性问题。

减刑庭审虚化与减刑的理念、制度、机制密切相关,探寻问题背后的原因,方能寻求解决问题的有效策略。

(一)理念错位:"奖励说"指导减刑制度建构

在减刑的性质是"奖励说"还是"权利说"的争论中,我国一直将减刑的性质定位于国家对罪犯的奖励,而不是罪犯的权利。这一方面体现在实体条件的设计中,我国1954年《劳动改造条例》第68规定,减刑是罪犯具有有利于国家人民的行为的奖励。现行《刑法》第78条规定罪犯确有悔改表现的,可以减刑,而不是应当减刑(重大立功的除外)。在诉讼程序的设计中,减刑的申请是由刑罚执行机关提起,而不是由罪犯提起;罪犯没有聘请律师辩护的权利;减刑案件是一审终审制,罪犯对法院的裁定没有上诉权。在近几年的减刑制度改革中,改革的基本理念仍定位于"奖励说",如2017年1月1日起施行的最高人民法院《关于办理减刑、假释案件具体应用法律的规定》(以下简称2017年《规定》)第1条即明确减刑是激励罪犯改造的刑罚制度,从而在司法解释中首次明确了减刑制度的奖励功能。中央政法委出台的〔2014〕5号文件虽然在减刑程序的完善从裁前公示、裁后公开,三类罪犯一律开庭审理,健全检察机关同步监督、建立减刑、假释网上协同办案平台,建立备案审查制度等方面作了一系列完善减刑程序的规定,但均是强调执法主体的主动性,而没有确立罪犯的程序主体地位。由于在代表不同利益的国家与"公民犯罪人"之间没有构建起力量相当的平衡机制,减刑的程序运作仍停留于"权利享受型的运作过程"。因此最高人民法院出台的《关于减刑假释案件审理程序的规定》,虽然在选择性开庭审理的基础上明确了案件的庭审方式,但对抗式诉讼模式仍然无法形成。

(二)制度缺陷:减刑的实体条件缺乏可判断性

根据我国《刑法》第78条的规定,"确有悔改表现"是罪犯获得减刑的实质条件之一[9],关于"确有悔改表现"的内涵,最高人民法院2012年和2017年的司法解释先后作了界定。[10] "确有悔改表现"包括主观要件和客观要件。其中主观要件是罪犯"认罪悔罪",客观要件是"认真遵守法律法规及监规,接受教育改造;积

---

[9] 我国《刑法》第78条中规定,被判处管制、拘役、有期徒刑、无期徒刑的犯罪分子,在执行期间,如果认真遵守监规,接受教育改造,确有悔改表现的,或者有立功表现的,可以减刑;有重大立功表现的,应当减刑。

[10] 参见2012年最高人民法院《关于办理减刑、假释案件具体应用法律若干问题的规定》第2条和2017年最高人民法院《关于办理减刑、假释案件具体应用法律的规定》第3条的规定。

极参加思想、文化、职业技术教育;积极参加劳动,努力完成劳动任务"。⑪ 如果说"确有悔改表现"的客观要件尚能根据刑罚执行机关报请的日常考核材料进行判断,主观要件"认罪悔罪"的判断则相对困难。一方面,"认罪悔罪"要以罪犯确实有罪为前提,但刑事审判是"建立在恢复过去事实的基础之上的"⑫,从认识和行动的一般规律上分析,不可避免地存在发生错误的可能性。另一方面,2017年《规定》第3条第3款明确要求保护罪犯的申诉权,正当申诉不属于不认罪悔罪。⑬ 在司法实践中,有的罪犯在作无罪申诉的同时,为获得减刑,又撰写认罪悔罪书,"实在有被迫做两面人之嫌"。此外,虽然人的心理可以通过外在的客观行为进行判断,但鉴于人性本身的复杂性,其完全可能通过伪装来到达获取减刑的功利目的。实践中,罪犯为获取减刑在服刑期间假装认罪悔罪,出狱后又打击报复被害人或者重新犯罪的现象屡见不鲜。可见,要证明罪犯"确有悔改表现"的难度是非常大的。笔者曾于2016年在《人民司法(案例)》上撰写过《减刑案件中认罪悔罪的判断与处理》一文,文章援引了司法实践中的一起真实案例,该案中罪犯庄某在服刑期间认真遵守监规,接受教育改造,但在减刑庭审中拒不认罪,且拒绝申诉,从而让法官对案件的处理陷入两难境地。⑭

(三)机制障碍:庭审结构缺乏利益冲突的两造

我国当前的减刑庭审结构是法官居于三角形的顶端,两造是刑罚执行机关代表和检察机关代表,庭审中刑罚执行机关宣读减刑建议书并列举罪犯考核情况表、年度罪犯评审鉴定表等相关材料,之后检察机关发表监督意见。这个三角形庭审构造的缺陷在于刑罚执行机关与检察机关都是适用减刑制度的职能部门,彼此是分工负责、互相配合、互相制约的关系,检察机关虽然对刑罚执行机关进行监督,但并不是刑罚执行机关的利益冲突方,而对抗式诉讼模式的关键是两造的利益冲突与平等对抗,因此减刑案件庭审流于形式,法庭无法成为法官查明事实、形成内心确信的主要场所也就成了情理之中的事。

---

⑪ 最高人民法院《关于办理减刑、假释案件具体应用法律的规定》第3条第1款:"确有悔改表现"是指同时具备以下条件:(1)认罪悔罪;(2)遵守法律法规及监规,接受教育改造;(3)积极参加思想、文化、职业技术教育;(4)积极参加劳动,努力完成劳动任务。

⑫ 曾娇艳:《减刑案件中认罪悔罪的判断与处理》,载《人民司法(案例)》2016年第20期。

⑬ 最高人民法院《关于办理减刑、假释案件具体应用法律的规定》第3条第3款规定:罪犯在刑罚执行期间的申诉权利应当依法保护,对其正当申诉不能不加分析地认为是不认罪悔罪。

⑭ 曾娇艳:《减刑案件中认罪悔罪的判断与处理》,载《人民司法(案例)》2016年第20期。

三、推进维度:转变案件类型、审理内容与审级制度

减刑庭审实质化要求充实庭审调查,使法庭成为法官获取信息和形成内心确信的主要场所,而要实现这一目标,需要满足两个前提条件:一是诉讼结构中存在利益对抗的双方;二是由审判产生的"直接耗费"[15]在司法合理的承受范围内,符合审判效益的基本要求。我国当前的减刑案件不仅案件数量庞大,而且庭审的各方参与主体都围绕着罪犯"确有悔改表现"这一个目标前进,不仅盲目消耗司法资源,而且难以产生司法公正的客观效果。从减刑的案件类型、审理内容、审级制度三个维度入手,不仅能缩小案件审理范围,大幅度地降低案件数量,而且能塑造庭审的对抗主体,增强案件事实的可判断性,实现减刑案件的运作过程由"权利享受型"向"权利剥夺型"转变。

(一)案件类型维度:从"给予减刑"到"撤销减刑"

"给予减刑"和"撤销减刑"分别是普通减刑与信用减刑的特征。普通减刑的理论基础是减刑"奖励说",信用减刑的理论基础是减刑"权利说"。前文已对减刑性质"权利说"的合理性进行了分析,此处不再赘述。就具体的制度设计而言,实现从普通减刑向信用减刑的转变,减刑的案件范围也将随之发生变化。当前我国的减刑案件包括确有悔改表现的一般减刑,有重大立功表现的特别减刑。转变减刑制度设计理念,将减刑定位于罪犯的法定权利,案件的审理范围则转化为以下几种类型:一是撤销信用减刑的案件,即罪犯未认真遵守监规,未积极履行相关财产性义务,不具有悔改表现而被刑罚执行机关提请撤销其在刑罚交付执行之初即被法院确定的本应享有的减刑权利;二是扣减减刑幅度的案件,即罪犯未认真遵守监规,未积极履行相关财产性义务,不具有悔改表现而被刑罚执行机关提请扣减其在刑罚交付执行之初即被法院确定的本应享有的减刑幅度;三是罪犯因有一般立功或重大立功表现而被刑罚执行机关提请法院裁定额外减刑的案件。

能否获得减刑,对罪犯而言可谓利益攸关。因此将减刑定位为罪犯的权利,实现案件类型从"给予减刑"向"撤销减刑"的转换,会因为大部分罪犯认真遵守监规获得自动减刑而终结,真正因"不具有悔改表现"被刑罚执行机关提请撤销

---

[15] 经济分析法学的代表人物波斯纳将审判活动中的经济耗费区分为由于法院作出错误的裁判而带来的"错误耗费"和法院从事审判活动所产生的"直接耗费"两种类型,认为应将最大限度地减少这两种耗费的总和作为程序的一项基本价值标准。转引自张文显主编:《法理学》(第四版),高等教育出版社2011年版,第142页。

减刑或扣减减刑幅度的案件只会是少数,从而可以大幅度降低减刑的案件数量,节约审判活动所产生的"直接耗费",为减刑庭审实质化提供审判效益上的可能性。更为重要的是将案件类型从"给予减刑"向"撤销减刑"转变,有助于克服当前我国减刑幅度大、减刑适用范围小的弊端。目前我国的减刑比例一般在30%以下,⑯减刑幅度一般为9个月以下。虽然2017年《规定》相比2012实施的最高人民法院《关于办理减刑、假释案件具体应用法律若干问题的规定》进一步压缩了减刑幅度,⑰但相比国外,我国的减刑幅度仍有过大之嫌。如法国的减刑幅度为每年3个月,减刑适用的比例超过在押犯的90%⑱;美国的善行折减制度减刑幅度以天计算,刑期在6个月以上1年以下的,每月减去5天;刑期在1年以上3年以下的,每月减去6天⑲。赋予罪犯减刑的权利,推行信用减刑制度可以将我国当前的"少部分人享有大幅度的减刑"模式转变为"大部分人享有小幅度的减刑"模式,从而减少刑罚执行变更对刑罚既判力的冲击。

(二)审理内容维度:从"确有悔改表现"到"不具有悔改表现"

如前所述,将"确有悔改表现"作为罪犯减刑的实质条件之一,对执法主体而言,缺乏客观的可判断性;反之,如果是审查罪犯"不具有悔改表现"则相对容易得多。随着案件类型从"给予减刑"向"撤销减刑"的转变,刑罚执行机关、检察机关与审判机关的工作重心都将围绕着证明或查实罪犯"不具有悔改表现"展开。具体而言,首先,刑罚执行机关的工作职责将包括以下几个方面:一是罪犯的日常监管与改造,但监管的方式不再是"计分考核"而是"扣分考核",关注的重点不再是罪犯的"良好表现"而是罪犯的"不良表现";二是对符合信用减刑条件的罪犯作出给予减刑的行政裁决;三是对违反监规或不满足减刑条件需撤销信用减刑或扣减减刑幅度的罪犯向检察机关移送撤销信用减刑或扣减减刑幅度的相关证据材料;四是对有一般立功或重大立功表现需要额外减刑的罪犯向检察机关提请额

---

⑯ 目前,不同的地方规定的比例各不相同,减刑一般在30%以下,假释一般在9%以下。黄永维:《中国减刑假释制度的改革与发展》,法律出版社2012年版,第82页。

⑰ 2017年《规定》第6条第2款规定,确有悔改表现或者有立功表现的,一次减刑不超过9个月有期徒刑;确有悔改表现并有立功表现的,一次减刑不超过1年有期徒刑;有重大立功表现的,一次减刑不超过一年6个月有期徒刑;确有悔改表现并有重大立功表现的,一次减刑不超过2年有期徒刑。2012年实施的最高人民法院《关于办理减刑、假释案件具体应用法律若干问题的规定》第5条规定,有期徒刑罪犯在刑罚执行期间,符合减刑条件的,减刑幅度为:确有悔改表现,或者有立功表现的,一次减刑一般不超过1年有期徒刑;确有悔改表现并有立功表现,或者有重大立功表现的,一次减刑一般不超过2年有期徒刑。

⑱ 黄永维:《中国减刑假释制度的改革与发展》,法律出版社2012年版,第43页。

⑲ 同上书,第45页。

外减刑并提供相关证据材料。由此,刑罚执行机关一方面不再直接向法院提请减刑,另一方面不再需要出具具体减刑幅度的建议。其次,检察机关的职责由以前的对刑罚执行机关、审判机关的泛化监督转为具体的诉讼职能。既要对刑罚执行机关移送的撤销减刑、扣减减刑幅度、申请额外减刑的案件材料进行实质审查,又要向法院提请撤销减刑、扣减减刑幅度或申请额外减刑,同时出庭履行诉讼职能,回应罪犯及其辩护人的辩护意见。最后,法院的庭审围绕罪犯是否"不具有悔改表现"或者有立功表现展开。由于此时居于庭审两造的主体分别是罪犯(及辩护人)和检察机关,刑罚执行机关只是作为证人出庭,除立功的案件外,减刑将成为一种"权利剥夺型"的诉讼过程,法官可以在罪犯(及辩护人)与检察机关的论辩交涉中获取信息,形成内心确信,让法庭真正成为审判的中心。

(三)审级制度维度:从"一审终审制"到"二审终审制"

当前的减刑案件审理都是采取"一审终审制",究其原因:一是我国将减刑的性质定位于对罪犯的奖励,因此罪犯对国家的奖励结果无权异议;二是当前采取"给予型"的减刑模式导致减刑案件数量庞大,司法机关要对数量如此庞大的减刑案件用"二审终审制"来消化,实乃难以承受之重。此外,减刑评判的对象是罪犯的人身危险性,然而人身危险性测评的现实困难却倒逼其在司法实践中的处理变得更为机械。在减刑案件的处理中,如果罪犯满足服刑期间没有违反监规,较少前科劣迹,积极履行财产性义务等条件就足以让法官形成该犯确有悔改表现的内心确信,从而作出减刑裁定,这也使得减刑案件的办理变得相对简单,甚至有人戏称办理减刑案件是做小学三年级数学题,对于如此简单的案件投入两审的司法资源的确有浪费之嫌。因此一方面,我国《刑事诉讼法》规定人民法院审判案件实行两审终审制;另一方面,2012年最高人民法院《关于适用〈中华人民共和国刑事诉讼法〉的解释》第449条对减刑案件的审理又采取了根据刑罚种类确定级别管辖的办法,确立了减刑案件的一审终审制。

二审程序在权利救济和公正保障方面都发挥着重要作用,在减刑案件审理中,二审程序的剥夺,不仅剥夺了罪犯的权利救济,同时也堵塞了检察监督与审级监督的有效路径。这也是前些年"有权人""有钱人"减刑快、服刑时间短、假释比例高的重要制度性原因之一。要改变这一现状,构建减刑案件审理的二审终审程序,一是需要缩小案件审理范围,以减少审判的经济耗费;二是需要减刑案件本身具有开展实质审查的可能性。而这些都离不开减刑庭审实质化的推进,只有将减刑定位于罪犯的法定权利,构建起国家权力与公民罪人相抗衡的庭审机制,减刑案件本身才具有开展实质审查的可能。只有将案件性质从"给予减刑"向"撤销减刑"转变,才可能大幅度缩小案件审理范围,实现公正与效益的双赢。

四、机制展开：重塑"以审判为中心"的配合、制约机制

根据我国现行《刑法》《刑事诉讼法》及《监狱法》的相关规定，在减刑制度的适用中，法院、检察院与刑罚执行机关的基本分工为刑罚执行机关负责罪犯的日常监管改造，根据罪犯的日常改造表现选择减刑的报请对象，确定报请减刑的幅度，并向法院提交减刑建议书及相关材料；法院的职责为根据刑罚执行机关提交的减刑建议，结合案件类型进行书面审理或开庭审理，最终作出减刑裁定；检察机关的职责为对刑罚执行机关的减刑提请、法院的减刑裁定开展同步监督。中共十八届四中全会提出"健全公安机关、检察机关、审判机关、司法行政机关各司其职，侦查权、检察权、审判权、执行权相互配合、相互制约的体制机制"。从应然的层面分析，审判机关、检察机关与刑罚执行机关之间应当是"分工负责、互相配合、互相制约"的关系，通过"分工"实现减刑决定权的分离与分立，通过"配合"确保减刑制度的适用效率，通过"制约"确保减刑制度适用的公正性。

当前审判机关、检察机关与刑罚执行机关之间的问题不在"配合"而在"制约"。审判机关无法对刑罚执行机关的报请权形成制约，检察机关无法对刑罚执行机关的报请权和审判机关的裁决权形成制约。形成这种局面的根本原因在于刑罚执行机关的减刑提请具有过强的独立性与封闭性。这一点主要表现在两个方面。一是刑罚执行机关对罪犯赖以减刑的考核分以及立功受奖情况握有绝对的话语权。法院仅凭刑罚执行机关提供的书面材料和流于形式的庭审，很难对形成减刑裁定的证据材料开展实质性审查。而检察机关的驻监检察室虽然是深入监狱开展监督，但其毕竟不是检察院的核心部门，力量配备有限，要对监狱内成千甚至上万名服刑人员的监管考核开展实质性监督，无异于天方夜谭。且驻监检察室长期在监狱办公，与监狱一方间接地形成了同事关系，很可能碍于情面而难以将监督进行到底。二是刑罚执行机关对报请对象的选择握有绝对的话语权。在减刑有比例限制的情况下，不是每名确有悔改表现的罪犯都有获得减刑的机会，其在确有悔改表现的同时，还要达到监狱自行制订的报请条件[20]，而关于报请的具体比例、报请对象的选择，我国《刑法》《刑事诉讼法》及《监狱法》中均未有明确规定，目前是各个监狱自行制订。监狱制订的内部文件是否科学合理，报请对象的选择是否公平、公正，法院无从审查，检察院亦难以对监狱制定的内部文件进行监督。

---

[20] 各个监狱制定内部文件，一般按照考核分、财产履行情况、间隔期、余刑等因素折算出系统分，按高到低依次排列报请。

推进以审判为中心的减刑制度改革,需要调整审判机关、检察机关与刑罚执行机关的职能分工,在审判机关、检察机关与刑罚执行机关之间真正构建起以审判为中心的配合、制约机制,其中尤为需要重塑审判机关与刑罚执行机关的配合机制;检察机关对审判机关、检察机关的制约机制。

(一)重塑配合机制

审判机关与刑罚执行机关之间的配合主要是刑罚执行机关配合审判机关,而不是审判机关配合刑罚执行机关。虽然减刑作为一项刑罚执行变更制度,有激励罪犯积极改造、减轻监狱监管压力的功效,但这并不是减刑制度的正当化根据,只是制度适用的客观效应,否则法院成为"橡皮图章"足矣。减刑作为报应刑框架下目的刑论的产物,其本质是对定期宣告刑的救济与调整,以适应罪犯人身危险性的消长变化。而基于罪犯人身危险性的消减所作的刑罚执行内容的变更属于司法判断权的范畴,理应由法院综合考量罪犯的日常改造表现、犯罪的具体情节等因素后作出判断。

在司法实践中,减刑"变更率"一直是审判机关与刑罚执行机关掣肘的焦点。所谓减刑"变更率",是指"人民法院对刑罚执行机关报请减刑的案件做出变更减刑幅度的案件比例"。[21] 刑罚执行机关在向法院批量报送案件的过程中,不仅要提供罪犯的日常考核材料,而且要明确罪犯具体的减刑幅度。法院的减刑裁定与刑罚执行机关的提请建议大相径庭,有可能一定程度上"影响刑罚执行机关的权威","增大刑罚执行机关的监管压力"。[22] 如有的罪犯被刑罚执行机关提请减刑9个月,法院综合考虑罪犯的犯罪性质、情节、手段、财产性判项履行情况等因素后裁定减刑3个月。由于刑罚执行机关的提请建议在监区已公示,罪犯事先已知晓,并形成了一定的心理预期,减刑幅度被法院变更后,会有一定的心理落差,有的甚至会产生消极改造的负面影响。实践中,不乏由政法委出面协调监狱与法院因为"变更率"掣肘的事例。监狱称法院的减刑"变更率"过高,影响了监狱的稳定;法院称减刑"变更率"不等于减刑"错案率",法院每一起减刑案件的变更都是合法有据,且在减刑裁定书中阐明了变更的理由。法院与监狱都是减刑制度的适用主体,但二者适用减刑制度的立场并不相同,就监狱而言,其希望通过减刑制度激发罪犯的改造积极性,减轻监狱的监管压力。就法院而言,其希望通过对罪犯日常改造表现、犯罪性质、手段、情节等因素的综合考量,准确判断罪犯的人身危险性,同时,还要考虑被害人的情况及相关社会影响以兼顾案件办理的社会效果,

---

[21] 曾娇艳:《如何看待减刑假释的变更率》,载《人民法院报》2015年7月15日,第008版。

[22] 同上注。

最终形成正确的减刑裁定。可见,法院与监狱的分歧在于二者的立场和职责不同,并无是非对错之分。关于如何解决减刑"变更率"的问题,2015年笔者曾在《人民法院报》上撰写了《如何看待减刑假释的"变更率"》一文,认为刑罚执行机关与审判机关的职能分工应当遵循各自的立场和职业特性,确定罪犯具体减刑幅度的工作不应纳入刑罚执行机关的职责范围,作为监管单位,其只需向法院提供罪犯在监管场所表现情况的材料即可。由审判机关综合考量服刑人员的各种因素确定罪犯的减刑幅度。[23] 随着研究的进一步深入,笔者认为这个观点仍有进一步探讨的必要。首先,由审判机关在执行机关考核分的基础上,结合罪犯犯罪的具体情节综合确定罪犯的减刑幅度是否合适值得商榷。减刑作为行刑阶段的"求刑权",评价的依据是罪犯人身危险性的大小,而罪犯的犯罪性质、情节、手段无疑是罪犯人身危险性的重要表征,不可能不考量。但同一不法内涵和罪责内涵在前期量刑的时候考量,又在后期减刑的时候考量[24],会引发"同案不同判"与"同案不同减"的双重问题。当前,减刑的直接依据是刑罚执行机关提供的考核分,如"在浙江地区,罪犯累计积分25分可减刑一个月,累积50分可减刑二个月,依此类推"[25],但法院在确定最终减刑幅度时,还要综合罪犯的犯罪性质、情节等因素考量罪犯的人身危险性,根据人身危险性的大小扣减减刑幅度。由此引发的问题是:如果是累犯,是应当扣减3个月还是4个月?如果罪犯有过1次前科,是应当扣减1个月还是半个月?如果是3次前科,又扣减多少合理?若是多次盗窃、多次抢劫,如何扣减合理?这些均是司法自由裁量的空间,目前各地法院做法各异。最高人民法院曾针对前期刑事审判的"同案不同判"现象,有过量刑规范化的探索,但目前仅限于交通肇事、故意伤害等15种常见的罪名。[26] 如果再对减刑幅度的确定开展减刑规范化的探索,将会是一项十分巨大而繁杂的工作。因此笔者认为,最有效的解决办法还是推行前文所述的信用减刑制度,在刑罚交付执行之初即根据刑期的长短按照相应的比例确定减刑幅度,同时结合我国的实际情况,设置相应的限制性条款作为撤销减刑或扣减减刑幅度的条件。由此,既可以解决减刑变更率的问题,又能克服"同案不同减"的弊端,而刑罚执行机关的职能分工则

---

[23] 最高人民法院《关于减刑、假释案件审理程序的规定》第5条第1款规定,人民法院审理减刑、假释案件,除应当审查罪犯在执行期间的一贯表现外,还应当综合考虑犯罪的具体情节、原判刑罚情况、财产刑执行等情况。

[24] 参见我国《刑法》第61条和最高人民法院《关于减刑、假释案件审理程序的规定》第5条的规定。

[25] 曾娇艳:《简论减刑假释裁判文书的基本要素》,载《人民司法》2015年第5期。

[26] 2017年3月最高人民法院出台了《关于实施修订后的〈常见犯罪的量刑指导意见〉的通知》。

调整为向法院提交能证明罪犯需要撤销信用减刑、扣减减刑幅度或者有立功表现需要额外减刑的相关证明材料即可。

(二)重塑制约机制

检察机关对刑罚执行机关与审判机关制约的关键在于将泛化的检察监督转化为具体的诉讼职能,通过检察机关具体的诉讼职能实现检察监督的实质化。关于减刑的检察监督,近年来学界有过不少探讨,大部分观点主张扩大检察权,完善监督范围,强化监督手段。㉗ 有的则主张借鉴国外的检察权能模式,卸去检察机关的法律监督权,将其定位于刑罚执行机关,"检察机关与行刑机关是指挥执行与具体实施的关系"㉘。笔者以为,上述两种思路均值得商榷。通过强化检察监督来改善当前减刑程序运作权力封闭,监督缺位的现状,是需要以巨额的司法耗费为代价的,没有丰厚的司法资源作支撑,强化检察监督很难取得理想中的效果。且不说当前驻监监察室并不属于检察院的核心部门,队伍力量单薄,即便改变其边缘化的地位,将其定位为检察院的核心部门,配以精兵强将,也难以应对监狱成千上万名服刑人员的日常监督。那些主张由检察机关参与执行场所的日常管理,介入刑罚执行场所的观点显然没有考虑制度设计背后的司法耗费。此外,有学者为解决检察监督刚性不足的弊端,主张赋予检察机关抗诉权。㉙ 当前,全国减刑、假释案件平均每年有60万件㉚,有的法院减刑假释案件数量占全院案件总量的一半以上,其中绝大部分均为减刑案件,面对如此庞大的案件量,如果赋予检察机关抗诉权,势必改变当前一审终审的审级结构,这对法院和检察院而言是一项沉重的司法负担。可见,以消耗更多的司法资源为代价的检察监督强化模式并不是解决问题的最佳方案。至于借鉴大陆法系的检察权能模式,由检察机关主导刑罚执行的观点违背了权力分立的基本原理,试想刑罚执行机关的职权被检察机关取代后,谁又来监督检察机关呢?因此,此法亦不可取。

如何才能既强化检察机关对刑罚执行机关与审判机关的制约,又能在公正与效益间求得平衡?首先,检察权的本质是公诉权,其基本职能是公诉。㉛ 监督是

㉗ 目前实务界也基本遵循这一改革思路,如中政委2014〔5〕号文件要求检察机关健全减刑假释同步监督制度。2014年7月,最高人民检察院出台《人民检察院办理减刑、假释案件规定》,进一步细化了同步监督制度。

㉘ 孙琳:《减刑假释程序研究》,中国人民公安大学出版社2011年版,第184页。

㉙ 董坤:《检察机关减刑、假释同步监督的路径化构建》,载《西南政法大学学报》2012年第1期。

㉚ 方芳:《最高法院发布减刑假释司法解释》,载中华人民共和国最高人民法院网,http://www.court.gov.cn/fabu-xiangqing-30551.html,2016年11月14日访问。

㉛ 陈卫东:《我国检察权的反思与重构》,载《法学研究》2002年第2期。

其行使公诉职能所产生的客观效果,事实上,也只有依托于检察机关的公诉职能,泛化的检察监督才能落到实处。其次,在减刑程序运作中,发挥检察权公诉职能的前提是减刑"权利说",将减刑程序运作由"权利享受型"向"权利剥夺型"转变。具体而言,可以考虑建立信用减刑制度。将检察机关的主要职责调整为对刑罚执行机关移送的撤销减刑、扣减减刑幅度或者立功的案件向法院提起公诉。由此,大量的减刑案件都在刑罚执行阶段因为服刑人员未违反监规,获得自动减刑而终结,真正进入司法程序的是少量因违反监规或未履行相应的财产性义务被撤销减刑或扣减减刑幅度以及因为有立功表现需要额外减刑的案件,而这些案件相对目前如洪水猛兽般的减刑案件量只会是九牛一毛。[32] 此时,强化检察机关对刑罚执行机关的制约,赋予检察机关抗诉权,将当前的减刑由一审终审制改为二审终审制方是可行。而检察机关对刑罚执行机关的制约体现在对刑罚执行机关提请的撤销减刑案件或扣减减刑幅度案件以及因为有立功表现需要额外减刑案件的实质审查上即可。此时,由于案件数量较少,检察机关完全可以腾出手来对每一起案件展开实地调查、个别谈话等证据调查核实工作,避免出现"萝卜多了不洗泥"的现象。对于大部分认真遵守监规,积极履行相关财产性义务而获得自动减刑的罪犯,由于刑罚执行机关有维护监管秩序的职能追求,而罪犯有早日获得自由的利益驱动,二者本身存在利益的博弈,可以在彼此的制约中防止权力的恣意。

五、结语

减刑庭审实质化的前提是确立"以审判为中心",改变法院减刑案件审理盖"橡皮图章"的现状,为此需要保证庭审对案件信息采集的有效性。为适应这一要求,首先要在程序设置中构建对立面,程序参加者如果缺乏立场上的对立和竞争,选择只意味着对一种方案的"选择"时,就有悖正当程序的本性,程序的设置就毫无意义[33]。而要在减刑程序设置中构建对立面,就必须将减刑庭审由"权利享受型"的运作过程向"权利剥夺型"的运作过程转变。唯有将减刑定位于罪犯的法定权利,程序运作的目的是剥夺罪犯的权利,庭审的对抗局面方可形成。

2013年,中共十八届三中全会在党的重要文件《中共中央关于全面深化改革

---

[32] 曾娇艳:《减刑假释审判权运行的反思与变革——基于国家权力、公民权利与审判效益的三维分析》,载贺荣主编:《深化司法改革与行政审判实践研究(上)——全国法院第28届学术讨论会论文集》,人民法院出版社2017年版,第21页。

[33] 张文显:《法理学》(第四版),高等教育出版社2011年版,第138页。

若干重大问题的决定》中对严格规范减刑提出明确要求后,中央政法委、最高人民法院、最高人民检察院、司法部等部门均对减刑制度的完善进行了一系列的探索与改革,历时数年,减刑领域的乱象得到了很大的改观。但由于中央政法委、最高人民法院、最高人民检察院、司法部等部门均属于司法行政机关,其改革要受上位法的限制,难以从制度本身着手,解决我国减刑制度的固有瑕疵。如今,推进以审判为中心的刑事诉讼制度改革已成为既定决策,减刑作为行刑阶段的量刑变更,也是刑事诉讼的一部分,我们应当牢牢抓住这个改革的契机,勇于探索和创新,争取将规范减刑制度推上新台阶。

阶梯式量刑事实证明标准的提倡*

单子洪**

2020年,代表着量刑程序规范化改革成果的《关于规范量刑程序若干问题的意见》进行了修改完善。从内容上看,这一司法解释的修改欲进一步规范我国刑事诉讼中的相对独立的量刑程序,同时实现与认罪认罚从宽制度相关规定的合理对接,使《刑事诉讼法》中的认罪认罚从宽制度形成完善的法规体系。认罪认罚从宽制度实施后,量刑问题日益突出。从量刑规范化下的量刑建议到认罪认罚从宽中的量刑建议,检察权在总体上呈现不断扩张的态势[1],并提出了"量刑精准化"的目标,但随着这种影响力的增强也造成了检法之间围绕着量刑问题的紧张关系。"量刑精准化"的实现必然要以科学、合理、均衡的量刑结论为依托。而量刑的精准判断离不开对量刑事实的认定。准确认定量刑事实的基础是为量刑事实设计合适的证明标准。量刑规范化改革前后,学术界已对量刑事实的证明标准展开了一些讨论。但是,关于证明标准如何设计却始终存在争议,一些相关研究的法理解释也并不充分。在新时期的语境下,量刑事实的证明标准问题仍需进一步研究。

一、量刑事实证明标准的理论聚讼

《刑事诉讼法》第55条确立了关于量刑事实证明标准的两项法规范:其一,量刑事实的认定必须通过证据手段对量刑事实予以证明,即以证据裁判原则约束法官的量刑裁量权;其二,认定量刑事实的证明标准是"排除合理怀疑"。由此可见,立法并未将定罪事实证明标准与量刑事实证明标准分而处之。2021年最高人民法院《关于适用〈中华人民共和国刑事诉讼法〉的解释》(以下简称《刑诉解

---

* 本文系作者主持的国家社科基金后期资助项目"论量刑事实的证明"(项目编号19FFXY002)的研究成果。原载《中国刑事法杂志》2022年第6期。
** 首都师范大学政法学院讲师,法学博士、博士后。
[1] 熊秋红:《认罪认罚从宽制度中的量刑建议》,载《中外法学》2020年第5期。

释》)第 72 条第 2 款对证明标准作出了补充规定:认定被告人有罪和对被告人从重处罚,应当适用证据确实、充分的证明标准。该规定来源于 2010 年《关于办理死刑案件审查判断证据若干问题的决定》中的第 5 条,即对于被告人从重处罚的事实证明,必须达到证据确实、充分。两者均强调对于不利于被告人的从重处罚的量刑事实,证明标准等同于定罪事实的证明标准。而对于从轻处罚的事实,立法和司法解释均没有明确规定。在没有特别规定的情况下,最恰当的解释是从轻处罚的事实应直接适用第 55 条,意即立法论上,量刑事实的证明标准就是"排除合理怀疑"。

有观点认为定罪与量刑均是实体公正的组成部分,不应有轻重之别,而且所有的量刑情节都将会对量刑裁量有影响,应该得到司法证明的同等重视,因此要采用"一元化"的证明标准立法模式。② 这种观点没有认识到一元化证明标准立法模式将会给司法实践带来的难题。首先,刑事诉讼中的控辩双方取证的倾向和能力是不同的。对控方来说,证明加重量刑事实与证明定罪事实在取证的要求上没有明显的区别,法律均要求其对量刑证据进行全面的收集。但是控方在刑事诉讼中扮演指控犯罪事实的主要角色,因此在收集量刑证据时难免会有不利于被告人的倾向,所以实务中类似初犯、偶犯、品行良好等有利于被告的酌定情节的相关证据都是由辩方收集的,而我国实践中辩方收集证据方面的能力相当有限③,在这种控辩双方实力不均衡的诉讼格局中,适用一元化的证明标准,肯定是不利于被告人的。其次,定罪事实和量刑事实在对案件结论的影响层面具有完全不同的意义。能否准确查明定罪事实,牵涉到指控的犯罪能否成立、能否判定被告人有罪的重要结果。某单一的定罪事实无法查明,可能会导致整个犯罪指控难以成立。而量刑事实中除刑事责任年龄、未遂、中止犯、自首立功等关键量刑情节之外,一些诸如初犯、偶犯、品行良好、因邻里或家庭纠纷导致犯罪等事实,即便难以准确认定,也不会对量刑判断造成绝对的干扰。④ 如果对后者适用与定罪事实完全相同的证明标准,不仅会降低诉讼效率,浪费司法资源,还可能会出现在不是特别重要的事实上花费过多时间从而导致关键事实的认定出现问题的情况。

因此,学界大多数的见解还是反对"一元论"立法模式的,并认为量刑事实证明标准不应与定罪的证明标准相等同,"多元化"或者"层次化"的设计才是对量

---

② 吕泽华:《定罪与量刑证明一分为二论》,载《中国法学》2015 年第 6 期。
③ 李玉萍:《量刑事实证明初论》,载《证据科学》2009 年第 1 期。
④ 大阪刑事実務研究会『量刑実務大系 第 4 巻 刑の選択・量刑手続』(判例タイムズ社,2011 年)197 頁。

刑事实证明标准的合理结构。⑤ 然而,这种多元化的量刑事实证明标准应当如何设计,学界众说纷纭。比较有代表性的观点如下。一是以轻罪和重罪为基准区分证明标准,或者以有利于被告和不利于被告的基准区分证明标准。例如,"对于死刑案件,要以排除一切怀疑为标准;对于重罪案件。从重、加重的量刑情节要达到'排除合理怀疑';对于轻罪案件,对量刑的证明标准统一采用较低的'优势盖然性'的标准"⑥。"对于罪重事实的证明应使用排除合理怀疑标准,对于罪轻事实则使用优势证据证明标准。"⑦还有一些观点为这种基准补充了细节,如罪重事实可以分为一般从重和升格加重,前者适用"明晰可信",而后者适用"排除合理怀疑"的标准。⑧ 二是以法定事实情节和酌定事实情节为基准区分证明标准,即"对法定事实情节,采用明晰可信的标准;对酌定事实情节,则适用优势证据的标准"⑨。三是以量刑事实与定罪事实是交叉还是分离为基准区分证明标准。如"对于那些与犯罪事实保持重合的量刑事实,公诉方需要证明到最高的证明标准,对于那些独立于犯罪事实的从重情节以及有利于被告人的从轻、减轻、免除处罚的情节,只需要证明到优势证据的程度"⑩。四是以非犯罪构成事实和非犯罪事实为基准区分证明标准,即"非犯罪构成事实要适用排除合理怀疑的证明标准,而非犯罪事实只能采用'优势证据'的证明标准"⑪。

从域外的经验来看,各国对于量刑事实的证明标准的设计也是完全不同的。在英国,出于对被告人的权利保护、提高证据质量等原因的考虑⑫,在 McGrath & Casey 案中,法院提出量刑事实的证明责任由检察机关承担,并应证明至排除合理怀疑的程度。⑬ 但是对于被告人在量刑程序中提出的减轻量刑情节,被告人有义务提出"一些证据"(some evidence)证明减轻情节的存在,但对此没有明确的

---

⑤ 汪贻飞:《论量刑程序中的证明标准》,载《中国刑事法杂志》2010 年第 4 期。
⑥ 陈卫东、张佳华:《量刑程序改革语境下的量刑证据初探》,载《证据科学》2009 年第 1 期。
⑦ 李玉萍:《量刑事实证明初论》,载《证据科学》2009 年第 1 期。
⑧ 汪贻飞:《论量刑程序中的证明标准》,载《中国刑事法杂志》2010 年第 4 期。
⑨ 闵春雷:《论量刑证明》,载《吉林大学社会科学学报》2011 年第 1 期。
⑩ 陈瑞华:《量刑程序中的证据规则》,载《吉林大学社会科学学报》2011 年第 1 期。
⑪ 宋志军:《量刑事实证明问题研究》,载《河南财经政法大学学报》2012 年第 6 期。
⑫ Andrew Ashworth, *Sentencing and Criminal Justice* (*Fifth edition*), Cambridge University Press, 2010, p. 375.
⑬ Rv. McGrath and Casey (1984) 5 Cr. App. R. (S) 460.

证明标准上的要求。⑭ 在美国,通过 Urrego-Linares⑮ 案、Walton⑯ 案、Patterson⑰ 案、以及 O'Brien 案⑱等一系列案件,巡回法院以及最高法院确定法官在量刑程序中,对于量刑事实的证明要达到优势证据的证明标准。不过,在 Appendi⑲ 一案中,最高法院又认为除了先前定罪行为,任何高于法定最高刑的事实均为犯罪相关事实,不仅要被陪审团审查,而且要适用排除合理怀疑的证明标准。可见,美国的量刑事实证明标准的选择取决于对证明对象是定罪事实还是量刑事实的认识。在加拿大,根据《加拿大刑事法典》第 724 条第 3 项(e)的规定以及 Gardiner 案中的判例规则,控方要承担罪重量刑事实的证明责任且要证明至排除合理怀疑的程度,而对于减轻或有利于被告人的量刑事实,如果该事实陷入控辩争议,或者被告人通过提出证据来反驳加重情节来争取减轻量刑的情况下,被告人要承担证明责任且要证明至盖然性占优(Balance of Probability)的标准。⑳ 在日本,虽然《日本刑事诉讼法》第 318 条确定的自由心证原则并没有分离定罪事实和量刑事实的证明标准,但日本学界却对证明标准存在三种认识:如果承认控方承担证明责任,那么量刑事实的证明方法要采用严格证明,证明标准自然是排除合理怀疑;如果认为不利于被告人的事实由控方承担证明责任,有利于被告人的事实由辩方承担证明责任,则不利于被告人的事实则要适用排除合理怀疑,有利于被告人的证明要更加缓和;㉑如果不承认证明责任的存在,出于对量刑事实流动性的特征以及综合判断的考虑,也应当认为证明标准是"确信"。㉒

---

⑭ Martin Wasik, *Rules of Evidence in the Sentencing Process*, Current Legal Problems, Issue 1, Vol. 38 (1985) p. 198 - 200.

⑮ Uniterd States v. Urrego-Linares 879 F. 2d. 1234 (1989).

⑯ Walton v. Arizona 497 U. S. 639, 111 (1990).

⑰ Patterson v. New York, 432 U. S. 197, 53 (1977).

⑱ United States v. Martin O'Brien and Arthur Burgess, 560 U. S. 218 (2010).

⑲ Appendi v. New Jersey, 530 U. S. 466, 147 (2000).

⑳ R. v. Gardiner (1982) 2 S. C. R. 368.

㉑ 大阪刑事実務研究会『量刑実務大系 第 4 卷 刑の選択・量刑手続』(判例タイムズ社,2011 年)196 頁。另见[日]田口守一:《刑事诉讼法》,刘迪等译,法律出版社 2000 年版,第 220—221 页。值得一提的是,国内多数学者在描述日本的量刑事实证明标准时,都引用了田口守一教授的这段描述。其实这只是其中一种观点,将其作为日本量刑事实证明标准的通说描述,相当偏颇。

㉒ 大阪刑事実務研究会『量刑実務大系 第 4 卷 刑の選択・量刑手続』(判例タイムズ社,2011 年)198 頁。此处论者所述的"确信"应当理解为排除合理怀疑。但是值得注意的是,在否定证明责任存在的前提下提出量刑事实的证明标准还存在,并且要达到"确信",不得不说这两种对于证明理论的认识相当的矛盾。

二、多元性到递进性:量刑事实证明活动的特征

无论是理论见解还是比较法,均主张量刑事实证明标准的多元化设计方向,不过在如何设计的问题上却存在巨大的争议,争议的原因在于对量刑事实的识别标准的认知是多元化的。按照是否有利于被告、是否存在法定和酌定的区别等基准,形成了各种对量刑事实的证明标准不同设计形式的理论观点。但是,多元性的特征不意味着量刑事实的分布和证明活动是杂乱无章的,从程序推进的角度来看,量刑裁判是以定罪裁判已经形成定论为前提,不仅如此,作为量刑裁判的逻辑前提,法院还必须对被告人确定具体的罪名。[23] 所以,量刑事实证明的活动是应当具有递进性的,这种递进性由量刑事实本身的特性以及量刑方法的步骤共同决定。

(一)量刑事实的特性

证明标准总是和证明对象密切相连,对于具有不同社会价值或诉讼价值的证明对象,证明标准可能会有所差别。[24] 证明对象体现为待证事实,待证事实是需要证明主体运用一定的证明方法证明的法律要件事实,[25]即诉讼意义上的事实必须去对应实体法的法律规定。刑诉解释中将实体法的要件分为定罪事实和量刑事实。[26] 其中,定罪事实对应的是刑法规定的犯罪构成要件,根据罪刑法定原则,要对每一种犯罪的成立条件必须清楚规定并且加以耦合形成封闭性的成罪空间,诉讼中的定罪就要不断地向空间内填充证据并要达到"排除合理怀疑"的程度。因此,刑法教义学上关于犯罪构成的解释,对取证的方向、证据关联性的分析、证据链的形成、对"合理怀疑"的认识有着决定性的影响。所以对于定罪事实的识别,仅需考虑教义学上的犯罪构成。但是量刑事实具有特殊性。现代的量刑观要求司法官在获得了有责性的发动条件后,刑罚的作出亦要考虑刑事政策,即可能需要在责任的程度之下科处刑罚。[27] 因此,量刑的判断就要代入刑事政策。尽管

---

[23] 陈瑞华:《刑事诉讼的中国模式》,法律出版社2018年版,第176页。
[24] 吴宏耀、魏晓娜:《诉讼证明原理》,法律出版社2002年版,第197页。
[25] 卞建林:《刑事证明理论》,中国人民公安大学出版社2004年版,第129—130页。
[26] 最高人民法院《关于适用〈中华人民共和国刑事诉讼法〉的解释》第72条规定:"应当运用证据证明的案件事实包括:(一)被告人、被害人的身份;(二)被指控的犯罪是否存在;(三)被指控的犯罪是否为被告人所实施;(四)被告人有无刑事责任能力,有无过,实施犯罪的动机、目的;(五)实施犯罪的时间、地点、手段、后果以及案件起因等;(六)是否系共同犯罪或者犯罪事实存在关联,以及被告人在犯罪中的地位、作用;(七)被告人有无从重、从轻、减轻、免除处罚情节……"
[27] 西原春夫『刑法総論 改訂準備版〔下卷〕』(成文堂,1993)485頁。

在刑法理论中,存在一道"刑法是刑事政策不可逾越的屏障"的李斯特鸿沟,但是如果将刑事政策转化到法律效力的框架之内,那么针对实证主义学派关于教义学的反对声音就可以彻底消弭了,因此应当将刑事政策与刑法教义学予以贯通。㉘我国司法中应用刑事政策的历史已久,在处理其与刑法的关系方面学界主张贯通刑事政策与教义学㉙,并且司法中亦对刑事政策与刑法之间的动态关系予以明确㉚。所以量刑时考虑刑事政策是必要的步骤。

由于刑事政策附着着刑罚的目的性,所以量刑事实显现了不同于定罪事实的特质。首先,刑罚不能仅发挥对罪责的评价和谴责的功能,还要实现对社会大众的震慑作用,并要促使犯罪人复归社会,因此量刑事实不能封闭于罪责的空间内,而是要延于犯罪前与犯罪后。这种开放性决定了量刑事实的广度要远远大于定罪事实。其次,基于现代刑法学中的相对报应主义的基本立场,量刑的首要步骤是必须竖起责任刑的"天花板",并在其之下考虑预防需求。㉛ 这样一来量刑事实中就必然会产生责任刑相关的事实与定罪事实相重合,而预防刑相关的事实几乎独立于定罪事实的现象,即量刑事实在定罪和量刑的两大活动之间保持着流动性。

刑事政策的渗入虽然造成了量刑事实结构的开放性和复杂性,但在这种复杂结构内部却有着明确的层次性和递进性:在相对报应主义的立场之下,责任主义的地位显然要优先于预防和刑事政策的考量。因为犯罪构成的核心要件在于对法益造成了危害,而刑法分则有关反映社会危害性程度的"量"的规定主要发挥作为构成要件要素影响定罪的功能以及作为升格或降低法定刑幅度的要素,影响量刑。㉜ 反之,预防刑存在的正当性是从合目的性的角度考虑的,因预防犯罪这一社会利益而使得处罚正当化,刑罚由此必须合比例。㉝ 因此,无论如何,量刑活动所迈出的第一步必然是裁量责任刑,进而影响责任刑的量刑事实在位阶上必然

㉘ [德]克劳斯·罗克辛:《刑事政策与刑法体系》,蔡桂生译,中国人民大学出版社2011年版,第49页。

㉙ 陈兴良:《刑法教义学与刑事政策的关系:从李斯特鸿沟到罗克辛贯通》,载《中外法学》2013年第5期。

㉚ 最高人民法院《关于贯彻宽严相济刑事政策的若干意见》第3条规定:"贯彻宽严相济刑事政策,必须坚持严格依法办案,切实贯彻落实罪刑法定原则……依照法律规定准确定罪量刑。从宽和从严都必须依照法律规定进行……"

㉛ 周光权:《量刑的实践及其未来走向》,载《中外法学》2020年第5期。

㉜ 段阳伟:《"量的构成要件"独立性地位之提倡》,载江溯主编:《刑事法评论》(44:刑法的多元化),北京大学出版社2021年版,第79页。

㉝ 周光权:《法定刑配置的优化:理念与进路》,载《国家检察官学院学报》2022年第4期。

优先于与预防刑相关的量刑事实。而单纯地以罪轻和罪重、法定和酌定等为量刑事实区分的标准,显然体现不出量刑事实结构的这种位阶属性。不过司法解释却注意到了量刑事实的这种递进性特征,最高人民法院、最高人民检察院、公安部、国家安全部、司法部《关于规范量刑程序若干问题的意见》第17条规定人民法院应当查明对被告人适用具体法定刑幅度的犯罪事实以及法定或者酌定量刑情节,这就意味着对量刑事实的调查司法机关需要遵循量刑事实的递进性,在庭审中有序、梯次地进行。

(二)量刑方法的步骤

量刑的问题,在理论和实务上均具有复杂性。理论上,裁判者需要考虑量刑理论与实务中的量刑方法、尤其是与现在的量刑规范化方法之间的衔接和互通[34],而从刑罚理论的角度出发,刑事诉讼参与者的量刑活动,始于法定刑的选择,延于责任刑的裁量,终于预防刑的判断[35]。因此在量刑方法上也必须遵从从法定刑的选择而始,再到幅度区间之内处断责任刑,最后通过各种预防刑情节调整责任刑的基本步骤。这一逻辑无法倒转或变更,因为量刑论的核心要义在于贯彻责任主义,刑罚不能超过犯行即犯罪时的罪责[36]。即便意图以《关于常见犯罪的量刑指导意见》(以下简称《量刑指导意见》)来规范量刑实践,以确定基准刑的方法替代了理论上的责任主义,最高人民法院也没有打破这一基本步骤:在量刑规范化改革所确立的"数量化量刑方法"中,首先要确定量刑起点,并在此基础上确定基准刑,最后运用各种量刑情节调节基准刑。这种量刑方法是量刑思维过程的具体体现,是有机联系的整体[37]。可见,量刑方法本质是要统一尺度,遵守刑罚原理,规范法官的量刑裁量权,因此必然在思维和操作的双重层面上都要体现出顺序性。

量刑方法的适用建立在通过量刑事实的证明查明案件事实真相的前提之上,因此如果量刑方法的步骤特定,那么作为前提存在的量刑证明的步骤也必然是特定的,不同的步骤需要根据不同的量刑事实的认定来实现。在"数量化量刑方法"之中,选择法定刑幅度、确定量刑起点、确定基准刑三个步骤对应着基本犯罪构成事实和影响犯罪构成的犯罪数额、次数、后果等犯罪事实,这些均与定罪事实

---

[34] 参见石经海、严海杰:《中国量刑规范化之十年检讨与展望》,载《法律科学(西北政法大学学报)》2015年第4期。

[35] 单子洪:《论量刑事实证明的原理》,载江溯主编:《刑事法评论》(44:刑法的多元化),北京大学出版社2021年版,第425页。

[36] 周光权:《量刑的实践及其未来走向》,载《中外法学》2020年第5期。

[37] 熊选国主编:《量刑规范化办案指南》,法律出版社2011年版,第36页。

密切相关;而调节基准刑到作出宣告刑的步骤,对应着非犯罪构成的量刑事实,甚至包括法官"综合全案情节"予以考量的情况,这些量刑事实只能在起始步骤对应的事实查明和认定的基础之上再进行考量,如此一来,杂乱无章的量刑事实结构便在量刑方法的编排和限定之下形成具有内部递进性和层次性的综合系统,从而为法官进行量刑时提供事实支撑。

三、阶梯式量刑事实证明标准的提出

由于量刑证明活动的递进性特征,因此设计证明标准时,不能以耦合式或并列式的方案对证明标准进行罗列,而是应当在根据量刑事实的不同特征的基础之上,对量刑事实进行合理地解构和识别,并由此设计阶梯式的证明标准,这样方可因应量刑事实证明活动的特点,实现量刑事实证明标准"正确的多元化"。

(一)量刑事实的层次性识别

总体上,量刑证明活动应当保持由责任主义过渡到预防主义的基本递进顺序,所以在以层次性识别量刑事实时,大体上应当遵循这样的递进性。但是,量刑实践是极为复杂的,在保持大方向不变的基础上,尚需考量各种现实情况:对所有量刑事实是否都要像定罪事实的证明事实那样进行回溯式的推理?具有高度开放性的预防刑事实是否要进行区分?应当以何种标准进行区分?考虑到以上因素,量刑事实的层次性识别应当区分需法定证明的量刑事实和需自由心证的量刑事实;法定刑、责任刑量刑事实和预防刑量刑事实;不利于被告人的预防刑量刑事实和有利于被告人的预防刑量刑事实,并在此基础上搭建阶梯式量刑事实证明标准。

1. 第一层次:法定证明的量刑事实和自由心证的量刑事实

证明是以过去事实为对象的认识活动。纠纷事实已经成为不可逆转的过去。因此,在裁判者对纠纷事实没有亲身经验的制度下,如何在裁判者面前"重现"纠纷事实是诉讼制度必须解决的首要问题。㊳ 这是对证明的一般论断,在刑事证明的领域,此论断是从定罪的角度出发的,因为这直接干系到行为评价是否进入刑法的调整场域,罪与非罪之间必然要依托于对过去准确的认知。然而,对于量刑,由于刑事政策的介入,为了保证量刑的准确性,就要有更多有利于裁判者作出量刑判断的事实进入裁判者的视野,因此在时间维度上,量刑事实覆盖到了犯罪前、

㊳ 吴宏耀、魏晓娜:《诉讼证明原理》,法律出版社2002年版,第10页。

犯罪中(犯罪行为)以及犯罪后的全过程。如果说定罪事实是要强调真实性,那么量刑事实则要强调多样性。就自首、立功、赔偿、和解等发生在犯罪之后的事实而言,由于被追诉人已处于司法机关的掌控之中,这些事实可以为裁判者所直接感知,裁判者不需要去回溯推理过去发生的事实,不需要通过严密合法的程序去排除干扰查明事实的因素。[39]

关于罪后量刑事实在证明理论上的性质,一种观点认为这些事实属于免证事实,即初犯的证明运用了推定,而认罪、悔罪、又聋又哑和被害人谅解情节属于司法认知。[40] 这种理解值得商榷:免证事实中的推定和司法认知在本质上是司法人员对没有必要进行举证证明的事实予以直接认定的一种提高效率、节约诉讼资源的证明手段。"因众所周知而没有争议"的性质是其核心特征。我国《刑事诉讼法》对免证事实没有直接规定,而根据《人民检察院刑事诉讼规则》第401条的规定,免证事实包括:一般人共同知晓的常识性事实;法院生效裁判且未经审监程序重新审理的事实;法律、法规的内容;不存在异议的程序事实;推定事实以及自然规律和定律。司法解释关于免证事实的规定范围较为狭窄并且突出了"无争议"的特征。这是因为刑事案件的处理直接关系到被追诉人的人身和财产权利,对于事实的证明要求要更高。[41] 对于量刑事实,犯罪后发生的事实并非是毫无争议的,相反有时还会出现巨大的争议。尤其是对自首和立功的认定,关系到大幅度从轻和减轻处罚,因此控辩审三方都会对这样的量刑事实审慎对待。在云南孙小果案中,其发明防盗窨井盖的立功行为就引发了巨大争议和舆情,如果实践中将其作为免证事实,那么很可能会产生相当恶劣的影响;不过,关于累犯、前科、劣迹的证明,累犯、前科的证明需要证明过去犯罪行为的生效刑事判决书,这可以直接作为免证的手段,但是第401条把范围限定在判决书,而证明劣迹行为的治安处罚决定等行政文书,并非免证事实,而是刑事证据的一种,是要用作证明的。从这两点来看,将这一类量刑事实视为免证事实并不准确。

本文认为,不需要利用回溯推理的证明手段予以证明的量刑事实,可以以法定证明的方式去认定。法定证明方式(Die gesetzlichen Beweisregeln)是盛行于中世纪欧洲大陆教会法中的证明方法。其在立法层面直接规定证据的证明力,法官机械地依照法律规定计算证据的证明力,一旦完成形式上的证明,即使法官没有

---

[39] 汪贻飞:《论量刑程序中的证明标准》,载《中国刑事法杂志》2010年第4期。
[40] 张吉喜:《量刑事实的证明与认定——以人民法院刑事裁判文书为样本》,载《证据科学》2015年第3期。
[41] 吴宏耀、魏晓娜:《诉讼证明原理》,法律出版社2002年版,第93页。

形成心证也必须认定待证事实成立,这不可避免地会与个案中的具体情况脱节,导致错误判决。㊷ 因此在法国大革命后,被视为封建糟粕的法定证据制度被大陆法系国家彻底摒弃。法定证据制度的关键特征在于:如果关于某一事实的证据已经符合了法律规定的形式特征,即使法官尚未形成确信,也应当认定该事实确实可靠。㊸ 从定罪的角度来看,法定证据制度否定了逻辑和经验的作用,而直接通过立法规定机械化操作定罪事实的认定,自然是非理性的。然而,就量刑事实而言,它们并非像定罪事实那样需要进行回溯推理过去发生的事实。一些罪后的量刑事实已经进入司法机关的掌控范围,需要去回溯推理的自由心证制度丧失了其必要性。退赃、退赔情节、重大发明创造的立功情节、认罪认罚情节等均是在司法机关能够直接控制的范畴之内,甚至还有像刑事和解这样需要司法机关去主持实现的量刑事实。就这些事实而言,法定证据制度的意义是为其配置"证据标准"而非"证明标准",即满足特定条件或者证据形式,量刑者可以直接认定事实的存在。

在设计量刑事实的证明标准时,必须要注意这些需要法定证明的事实。自由证明机制下的证明标准,法律不能为其预设条件和证据形式,因为这样无法去注重个案的区别从而很可能造成认识错误,从而产生错判风险。而需要法定证明的事实是处于司法机关的控制之下,并不会产生所谓的认识错误,只是存在不满足条件下不能作出认定的法律限定规则。两者在认识论上的机制完全不同,如果为需法定证明的量刑事实配置证明标准,无疑会产生不利于诉讼效率以及干扰需要自由证明判断的事实认定,因此,构建合理证明标准的第一要务在于将需要法定证明的事实分化出去。

2. 第二层次:法定刑事实、责任刑事实和预防刑事实

从理论上看,量刑的过程包含了法定刑的选择、责任刑的裁量以及预防刑的裁量三个步骤。㊹ 法定刑的选择包括选择刑罚的种类,如死刑、无期徒刑、有期徒刑之间或有期徒刑、拘役、管制之间的选择判断,以及为设计了多种法定刑幅度的罪名选择具体的法定刑幅度。影响这种选择作出的事实基础,被称为法定刑事实。我国《刑法》分则列举了诸多关于情节加重或结果加重的法定刑升格的情况。这些法定刑升格的情况是属于定罪的范畴还是量刑的范畴,在刑法学中存在

㊷ 韩康:《孤证规则的内在逻辑与制度构成——基于"印证证明模式"展开的论证》,载《浙江工商大学学报》2022年第4期。
㊸ 张建伟:《证据法要义》,北京大学出版社2009年版,第76页。
㊹ 张明楷:《责任刑与预防刑》,北京大学出版社2015年版,第3页。

争议。比较科学的观点是如果情节加重或结果加重改变了犯罪行为的不法性质，那么即视为定罪范畴；如果只是单纯地累加了行为的程度，而没有改变其性质，那么即视为量刑范畴。⑤

厘清法定刑升格的不法性质，在刑法理论上显然是有意义的。然而，在证明的意义上，分辨法定刑升格事实是属于定罪事实还是量刑事实，其实并没有那么重要。例如，在持枪抢劫犯罪中，证明持枪抢劫情节是否存在，至少要有枪支、反映抢劫过程、受害情况等证据；在盗窃数额巨大的犯罪中，至少要有赃物或者反映赃物去向以及鉴定意见等能够确认数额的证据。二者在证据量上的差别取决于实践中的个案情形，而与情节属于定罪范畴还是量刑范畴并无关系。所谓相对独立的量刑程序，就是因为无法在证明意义上彻底区分法定刑升格事实中定罪和量刑的关系，使司法机关认识到量刑事实同时存在与定罪事实交叉以及完全独立两种情况，才不能片面地将量刑活动独立化。因此，无论能否区分是定罪还是量刑，法定刑事实都源于对犯罪行为的认识，也就是源于定罪事实，两者的证明标准不宜作区分。

如果选择适用具有幅度的法定刑，量刑的下一步工作就是要在幅度内确定具体的处断刑。这种处断涉及两种裁量方法：在量刑理论上，确定处断刑的过程涉及责任刑和预防刑的裁量，而责任刑具有限制预防刑的功能，预防刑的裁量只能在责任刑的限度内作出；⑥裁量责任刑和预防刑的量刑方法是基于并合主义的刑罚根据理论具体到法定刑幅度内作出裁断的方法，其优势在于同时考虑责任和预防并使二者相互牵制，能够使处断的结果符合量刑法理，进而能够对量刑公正的目标作出合理回应。正因如此，按责任刑和预防刑处理量刑事实的方案为德日刑法学界所接受并应用于实践。日本改正刑法草案⑰第48条规定："1.刑，应当与犯人的责任相适应量定；2.刑的适用应当以犯罪的抑制以及犯人的改善和更生为目的。"根据第48条，日本刑法界将量刑事实分为"犯情"和"一般情状"。⑱前者系指与犯罪要素相关的量刑情节，能够推认行为的违法性或有责性程度相关的量刑情节，与影响犯罪的当罚性的情节。包括犯罪的种类及性质、罪行样态、结果、动机、计划性、共犯关系等。后者系指与考虑刑罚特别预防效果所必需的量刑情节，以及判断刑罚的必要性的相关量刑情节。包括被告人的履历、前科、前历、被

---

⑤ 张明楷：《责任刑与预防刑》，北京大学出版社2015年版，第134页。
⑥ 周光权：《量刑的实践及其未来走向》，载《中外法学》2020年第5期。
⑰ 日本改正刑法草案（昭和49年5月29日法制审议会决定）。
⑱ 浅田和茂、冈上雅美『量刑法の基本问题—量刑理论と量刑实务との对话』（成文堂，2011年）135页。

害人的恢复、和解成功与否、被害人的宽恕以及被告人的反省态度等。⑭ 日本的这种分类就是建立在责任刑和预防刑不同的特质基础上的。我国进行了量刑规范化改革,因此司法机关运用基于《量刑指导意见》的规定的"数量化量刑方法"进行量刑。将量刑事实拆解为犯罪构成事实、非犯罪构成事实和非犯罪事实进而识别定罪事实和量刑事实的方式,亦反映了责任刑事实和预防刑事实的分野。

3. 第三层次:有利于被告人的预防刑事实和不利于被告人的预防刑事实

理论上,不少见解均认为量刑事实应当以罪轻和罪重,或者是有利于被告人的和不利于被告人的基准作区分。比较法视野下,英美法系国家也大多按照这种直观的标准来区分量刑事实。在英国,量刑事实被分为加重量刑事实(Aggravating Factors)和减轻量刑事实(Mitigating Factors)。对于前者强调其法定性,即根据2003年的《刑事司法条例》(Criminal Justice Act)以及量刑指南委员会设定的加重情节⑮,而后者根据《刑事司法条例》第166条第1项的规定,制定法的门槛不得阻碍法庭考量任何能够影响作出减轻量刑的因素⑯;在澳大利亚,根据西澳州1995年的《量刑条例》(Sentencing Act)第2章"一般情形"中的第7条和第8条的规定,量刑时需要同时考虑加重事实和减轻事实,加重事实的证明要满足更多的条件⑰。之所以要以有利于和不利于被告人为基准区分量刑事实,原因是被告人在量刑环节中,不利于他的加重量刑事实上将会对其造成巨大的不利益的影响,这种不利益的影响程度不亚于定罪的影响,因此对应的证据规则适用的公正性也不能亚于定罪阶段的标准⑱;而对减轻事实的证明,出于"有利于被告人"的基本原则,以及对刑事诉讼中辩方取证能力远不及于控方的考虑,对其证明的要求不能过高。所以,有利于和不利于被告人的识别基准,是建立在刑事诉讼中的人权保障以及对证明能力的综合考量之基础上的。

作为识别量刑事实的第三层次,有利于和不利于被告人的识别基准只能适用于预防刑事实。原因如下。首先,虽然责任刑在实务中的表现存在"入罪"和"出罪"的直观区别,但是责任刑建立在责任主义的基础上,而且责任要以不法行为为

---

⑭ 井田良「量刑理論と量刑事情」現代刑事法21号(2001年)。

⑮ Andrew Ashworth, *Sentencing and Criminal Justice (Fifth edition)*, Cambridge University Press, 2010, p. 161-162.

⑯ Jessica Jacobson & Mike Hough, *Personal Mitigation: an Empirical Analysis in England and Wales*, in Julian V. Roberts, *Mitigation and Aggravation at Sentencing*, Cambridge University Press, 2011, p. 150.

⑰ Sentencing Act of Western Australia (1995), Part 2 "General Matters", Section 7 and Section 8.

⑱ Andrew Ashworth, *Sentencing and Criminal Justice (Fifth edition)*, Cambridge University Press, 2010, p. 375.

基础,即“有责的不法”。(54) 不法行为是客观的,不以人的意志为转移,这也就意味着责任刑也是客观的,不法行为一旦得到确定性的评价,责任的程度也就随之被客观地确定。根据消极的责任主义,没有责任就没有刑罚,裁量责任刑必须以法定范围内“正确的罪刑均衡”作为刑之量定的前提。(55) 所以,无论责任刑是高是低,是出罪还是入罪,责任刑的大小都取决于犯罪行为,因此责任刑对应的事实无法区别是有利于被告人还是不利于被告人,一旦其被指控成功,在被告人的角度都将会对其造成不利的影响。其次,预防刑的目的是对未然之罪的防范,必须要考虑刑事政策。因此,其证明基础是对犯罪人人身危险性的主观评价,这意味着更多的有助于实现预防目的的预防刑材料会进入裁判者的视野。对这些材料的认定应当以有利于犯罪人和不利于犯罪人为分割标准,以把握预防必要性高低的走向。否则将会形成“一揽子”评价的局面,可能会增加预防刑重刑化的倾向。在最高人民法院的《关于贯彻宽严相济刑事政策的若干意见》中亦明确提出“在法律规定的范围内,适时调整从宽和从严的对象、范围和力度”(56)。可见,责任刑具有客观性,有利于和不利于被告人的区分识别不能适用于客观的责任刑判断;相反,预防刑具有主观性,为了保证主观判断的合理性,应当以有利于和不利于被告人作预防刑的分割。

(二)阶梯式量刑事实证明标准的提出

因应这种三层次量刑事实的识别方法,本文设计出阶梯式的量刑事实证明标准。在第一阶梯中,必须去除需要利用法定证明规则予以认定的量刑事实,而保留需要量刑法官发挥内心确信功能认证的量刑事实,前者没有证明理论上的证明标准的意义,因其只需满足法律所规定的证明要件即足以认定,而后者获得了证明理论上的证明标准的意义。在第二阶梯中,要将需自由心证认定的量刑事实分化为法定刑事实与裁量责任刑所根据的量刑事实与调节预防刑所根据的量刑事实。法定刑事实与责任刑事实需要达到与定罪事实相同的证明标准,即排除合理怀疑。第三阶梯是在剩余的预防刑事实中,将其分为有利于被告人的量刑事实与不利于被告人的量刑事实。对于有利于被告人的量刑事实,适用优势证据的民事诉讼的证明标准即可;对于不利于被告人的量刑事实,至少需要比优势证据更高的证明标准,但是因预防刑事实的性质,无必要将证明标准设置到与排除合理怀疑相当的程度,因此采取居中的“明晰可信”的证明标准更为适宜。

---

(54) 岡上雅美「量刑体系における量刑事実の選別について」刑法雑誌 45 巻 2 号(2005 年)。

(55) 松本時夫「刑事裁判官らの量刑感覚と量刑基準の形成」刑法雑誌 45 巻 2 号(2005 年)。

(56) 最高人民法院《关于贯彻宽严相济刑事政策的若干意见》第 4 条的规定。

这种依次推进的阶梯式证明标准如图 1 所示。

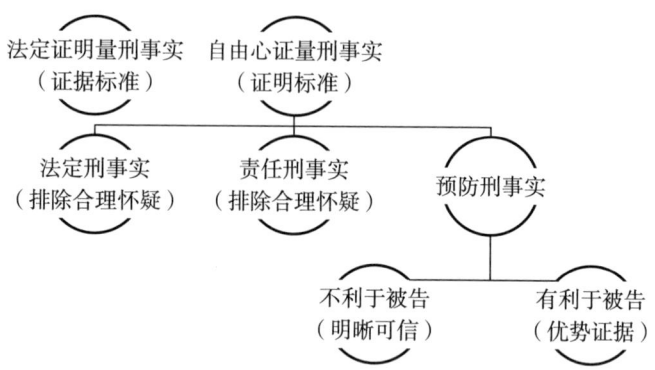

图 1　阶梯式量刑事实证明标准构造示意图

1. 第一阶梯：需法定证明的事实与需自由心证证明的事实

量刑事实的证明标准的第一阶梯是需要分化需法定证明的量刑事实与需刑法官自由心证予以认证的量刑事实。正如前文所探讨的，需法定证明的量刑事实因为多数发生在犯罪之后，司法机关能够全面地掌握该事实的存在与否的情况，因此这类量刑事实只有"证据标准"而没有"证明标准"，例如累犯、前科等情节，均由立法给予了明确的证明指引，符合了法律规定条件的，即可予以认定。因此探讨这类事实的证明标准并没有意义。但在这之中，司法机关掌控信息的时间点尤为重要。例如，对于退赃、退赔情节，如果是在被发觉前主动归还赃物，这不属于司法机关掌控的范围，因此需要量刑法官运用心证结合相关证据去认定该事实的存在与否，因此它不属于需法定证明的量刑事实。而在被发觉后退还或退赔的行为，属于司法机关可以明确地掌控信息的范围，相关事实成立与否司法机关能够直接感知，因此司法机关发觉后的退赃行为就是需法定证明的事实。排除了需要证据标准的法定证明的量刑事实后，剩下的就是需要进一步分析的那些需要量刑法官利用心证去认证的量刑事实，这些量刑事实进入了第二层阶梯。

2. 第二阶梯：法定刑事实的证明标准与责任刑事实的证明标准

在分化了需法定证明的量刑事实与需自由心证予以认证的量刑事实后，后者进入了第二阶梯，即基于量刑理论的根据，将这些事实分为法定刑事实、责任刑事实以及预防刑事实。前文已述，法定刑事实与定罪之间存在刑法意义上的分界，即对不法行为的质与量的认识，但是这在证明上的意义并不突出，法定刑事实的证明标准应与定罪事实的证明标准等同，均要适用严格证明意义上的排除合理怀疑。

对于责任刑事实,行为责任主义要求裁判者必须结合被告人犯罪行为的危害性、结果的严重性、主观的恶性的具体情况准确判断被告人的责任。实质上,裁量被告人责任的量的要求与定罪的构成要件的判断相似,或者说定罪的构成要件决定了被告人的责任的量的绝大部分。从这个意义上来说,责任刑事实要与定罪事实的证明标准以及法定刑事实的证明标准画等号。值得考虑的是,如果站在人格责任理论的立场上量定犯罪人的刑罚,一些与犯罪行为不相关的因素就要被纳入考虑范围。最典型的是犯罪动机,犯罪动机并非法定的犯罪构成要件,与犯罪行为的不法性质可谓毫无关系。但是动机的卑劣与否与犯罪人的人格以及犯罪起因有着直接的联系,进而会影响量刑的判断。在性质上犯罪动机无疑是能够反映犯罪人主观恶性程度的情节,是评价因非难谴责犯罪人程度的重要依据,所以犯罪动机是责任刑事实。对于犯罪动机,不宜降低其证明标准。因为在实务中裁判者并不会基于犯罪动机没有特别恶劣而对犯罪人从宽量刑,但是一旦认为犯罪动机十分恶劣,自然会使得量刑结果加重。这种单向增加刑罚性质的责任刑事实,为其配置较低的证明标准,明显对于犯罪人是不公平的。因此,基于人格责任理论的与定罪并无联系的责任刑事实,亦不能放松其证明标准,应当与定罪事实和法定刑事实的证明标准等同视之。

3. 第三阶梯:有利于被告人预防刑事实的证明标准与不利于被告人预防刑事实的证明标准

当体现预防刑的量刑事实从责任主义的框架内分离出来后,第三阶梯的证明标准得以建构,问题在于区分的标准。第三阶梯的量刑事实体现的是维护社会安全、矫正、一般预防以及贯彻刑事政策等目的,因此如果按照《刑法》分则中的罪名划分轻罪事实的证明标准与重罪事实的证明标准并没有意义。从一般预防的角度来看,无论是消极地威慑社会公众,还是积极地促使公众守法,这些预防刑事实的基础自然是准确优先,因为敬畏或者尊重法律的前提是法律能够实现发现事实的准确性,而威慑或者预防的量刑事实多体现为不利于被告人的量刑事实,例如累犯、前科等事实。而从特殊预防的角度来看,评断此类量刑事实的关键在于有没有体现人权保障的价值,因为特殊预防意义下的刑罚个别化原则则是关注不同的被告人的人身背景,从而综合作出判断。在人权保障的原则下,有利于被告人的相关事实则不应该设置太高的证明标准,以防那些量刑事实因证明的难度高而无法进入量刑法官的视野,从而不利于刑罚个别化的实现。因此,第三阶梯的预防性量刑事实的区分标准应当是有利于被告人的量刑事实和不利于被告人的量刑事实。

对于有利于被告人的量刑事实,优势证据的民事诉讼证明标准是量刑程序独立化的英美法系国家的通例。原因在于独立化的量刑程序中被告人一方要对有利于自己的量刑事实承担证明责任，基于公平、人权等各种价值因素的考量，分配证明标准的不宜太高，而又因为被告人承担证明责任的前提类似民事诉讼，因此设置了优势证据的证明标准。虽然我国刑事诉讼并未实现量刑程序的独立化，而且无罪推定原则和检察官客观义务均要求公诉方要承担量刑事实的证明责任，但在实践中，多数有利于被告人的预防刑事实确实是由辩护方提出来的，因此采用英美法通例的优势证据证明标准比较适宜。

问题在于，对于不利于被告人的预防刑事实应当采用什么样的证明标准？英美法的通例虽然将其设置为与定罪相同的排除合理怀疑，学界亦有较多的论述认为其应该等同于定罪的证明标准。但是这种观点值得商榷：选择法定刑与裁量责任刑的量刑事实均是从犯罪行为本身的角度出发，为责任主义所要求，因此证明标准要等同于定罪，甚至在极刑案件中高于定罪。而预防刑的量刑事实则不同，为了贯彻刑事政策，实现一般预防与特殊预防的目的，量刑法官就必须尽可能多地获得预防刑相关证据资料，而过高的证明标准可能会使得很多有价值的预防刑事实排除在法官视野之外，所以预防刑事实的证明标准应当低于定罪、法定刑事实以及责任刑事实的证明标准。不过从人权保障的角度来说，不利于被告人的量刑事实的证明标准必须与有利于被告人的量刑事实证明标准拉开档次，如果相同，那么在量刑事实的证明标准问题上人权保障这一上位刑事诉讼基本价值就等于没有实现。因此，一种介于排除合理怀疑与优势证据之间的证明标准才是不利于被告人的预防刑量刑事实的合理证明标准。英美法中的"明晰可信"的证明标准，即"清楚的、明确的和令人信服的"证明标准。其证明程度要低于排除合理怀疑，但是要高于优势证据的标准，一般适用于某些特殊民事案件或者某些法院对死刑案件中保释请求的驳回的情况。明晰可信在排除合理怀疑和优势证据之间的中间位置比较符合不利于被告人的量刑事实的证明标准的要求。

四、阶梯式量刑事实证明标准的适用

（一）阶梯式量刑事实证明标准的运用方法

为了准确理解阶梯式量刑事实证明标准，以一起典型案例说明阶梯式量刑事实证明标准的运用。

[保姆放火案][57] 被告人系被害人夫妇的保姆。工作期间,被告人多次窃取被害人家中财物,同时被告人多次向其雇主借钱用于赌博挥霍。某日凌晨,被告人上网赌博,输光钱款。为继续筹措赌资,其决意采取先放火再灭火的手段骗取被害人夫妇的感激以便再次向其雇主借钱,遂上网查询与放火有关的关键词信息。后被告人用打火机点燃书本引燃客厅沙发、窗帘等易燃物品,导致火势迅速蔓延,造成了被害人及其三名子女的死亡,并造成室内精装修及家具和邻近房屋部分设施损毁。火灾发生后,被告人直接逃出室外,报警并向他人求助,后被公安机关带走调查。

被告人归案后,主动向侦查机关交代了之前在其他人家中做保姆期间,先后多次盗窃雇主家财物,但是被发现后,被告人退还或退赔了财物。同时,被告人退还了从被害人处盗窃的部分财物。检察机关以放火罪和盗窃罪对被告人提起了公诉。审判期间,被告人当庭表示认罪悔罪。

本案中,首先,需要分化需法定证明的量刑事实和需自由心证确认的量刑事实。在盗窃罪中,几起盗窃行为发生后,被告人均退回或退赔了财物。不同的是,如果退赃退赔情节发生在司法机关发觉之前,那么这些情节不属于需法定证明的量刑事实;如果发生在发觉之后,就属于法定证明的量刑事实,因为其能够被司法机关直接感知。本案中,被告人归案后退还的从死亡被害人处盗窃的部分财物的事实,就属于需法定证明的量刑事实。另外,本案同时存在准自首和当庭认罪悔罪的情节,准自首的认定尚需要司法机关去核实供述的真实性,并与其他证据形成印证。所以自首的认定属于需自由心证认定的范畴,而当庭认罪悔罪则是能由法院直接感知到的,因此后者属于需法定证明的量刑事实。认定法定证明的事实无须利用证明标准,只要满足法律规定的条件,即可作出判断。

其次,在需自由心证确认的量刑事实中,放火行为导致被害人死亡的事实,系法定刑升格加重的事实,毋庸置疑需要达到排除合理怀疑的证明。甚至因其导致人员死亡的情节可能会适用死刑,对该事实的证明还要高于排除合理怀疑。被告

---

[57] 参见《"杭州保姆纵火案"一审判决莫焕晶死刑 林生斌将提民事诉讼》,载搜狐网,http://news.sohu.com/a/221811477_658437,2018年2月1日访问;《杭州蓝色钱江纵火案》,载维基百科,https://zh.wikipedia.org/wiki/%E6%9D%AD%E5%B7%9E%E8%93%9D%E8%89%B2%E9%92%B1%E6%B1%9F%E7%BA%B5%E7%81%AB%E6%A1%88,2018年2月1日访问。

人"通过放火和灭火的方式换取被害人的感激以骗取赂资"的想法是犯罪动机，"上网查询放火信息"的行为是犯罪的预谋和计划，二者皆属于责任刑事实，证明标准等同于法定刑事实。对于盗窃罪，被告人盗窃赃物的数额决定了法定刑的幅度，属于法定刑事实，其证明要达到排除合理怀疑的标准。同时，盗窃数额亦决定了法定刑幅度内的具体处断刑，因此数额亦具备责任刑的性质，达到了法定刑事实的证明标准，也就意味着责任刑事实随之得到认定。另外，本案被告涉及多次盗窃行为，属于加重其责任程度的事实，也需要排除合理怀疑的证明。

最后，关于预防刑，被告人多次盗窃行为可以作为责任刑加重的评价，同时根据其主观上盗窃的常习性，也可以认定其具有较大的特殊预防必要，所以属于不利于被告人的预防刑事实，需要形成明晰可信程度的心证；被告人在放火之后，进行了报警和施救，虽然不能改变其行为不法的性质（不构成犯罪中止），但可以推测其对犯罪存在后悔的态度，一定程度上降低了预防刑。此外，被告人归案后，存在准自首的情节，并且主动交代了其之前盗窃后主动退还、赔偿的事实，又对自己的犯罪行为表示悔过，均属于减轻预防必要性的事实。对这些事实的证明达到优势证据程度的心证即可。

在量刑实践中具体适用阶梯式量刑事实证明标准时，还需要注意以下问题。首先，量刑事实的区分标准有三个：一是需法定证明的事实与需自由的证明事实；二是法定刑事实和责任刑事实；三是有利于被告人的预防刑事实和不利于被告人的预防刑事实。这三种划分方式在实践中比较容易造成混淆：法定证明事实基本上是在犯罪之后出现，而犯罪之后出现的几乎都是与预防刑相关的事实。所以一般情况下法定证明事实等同于预防刑事实，而按照有利于被告人和不利于被告人对事实进行分类，与是否属于法定证明事实无关，即法定证明事实既可以是有利于被告人的事实，也可以是不利于被告人的事实，这在适用上极其容易造成困惑；一些量刑事实反映了预防的必要性大小，但是也极有可能与责任刑相关。比如赔偿和解，它是典型的减少特殊预防必要性，彰显刑事政策的预防刑事实。然而，如果从被害修复角度理解，那么被害修复的程度与责任减轻的程度也不能说是完全无关的。因此适用阶梯式量刑事实证明标准时，必须要注意事实的判断是递进的而不是并列的。在第一阶梯阶段，已经评价为需法定证明的事实，在责任刑和预防刑、有利被告人和不利被告人的阶段就不能再次考虑了，这也是禁止重复评价原则的要求。还应当注意，在特定阶段，某一事实集中反映的理论性质是什么，例如赔偿和解所反映的预防性质要大于责任非难的性质，那么它应当识别为预防刑事实。

其次，对于累犯、前科、劣迹，它们都是犯罪前发生的事实，有一定的相通之处。但是累犯、前科是法定证明事实,劣迹是自由证明事实。原因在于认定的证据是不同的。累犯、犯罪前科认定的证据是之前人民法院的生效判决。判决书属于免证事实,即不需要证据去证明其真实性的事实。但是,它需要作为证据去证明累犯、前科的存在,所以它们是需法定证明的事实。不过对于违法劣迹,类似交通罚单等行政处罚的事实应当如何认定其性质?根据《人民检察院刑事诉讼规则》第401条、《关于行政诉讼证据若干问题的规定》第68条以及《关于民事诉讼证据的若干规定》第9条的规定,行政处罚的事实是需要运用证据证明的。因此,行政违法的劣迹事实仍应通过自由心证的方式证明,在适用证明标准时必须注意区分。

最后,阶梯式证明标准适用了三种不同的标准:排除合理怀疑、明晰可信以及优势证据。迄今为止三种证明标准在实践中如何运用仍处于争议之中。排除合理怀疑的运用自然与定罪时的证据确实、充分的运用标准看齐。而实际上,适用排除合理怀疑的量刑事实多数与定罪事实重合,意即这些定罪事实得到了排除合理怀疑的认定,那么相应地,责任刑的事实也就得到了认定。对于优势证据的标准,在实践中会出现辩方提出存在自首、坦白的情节,而控方会以证据没有达到认定的标准而进行驳斥的可能。此时作为认定量刑事实的法官,应当对证明有利于被告人的预防刑事实要求得更低一些。反之,如果控方提出了不利于被告人的预防刑事实,法官在认定时肯定要高于有利于被告人的预防刑事实之要求。

(二)阶梯式量刑事实证明标准的立法模式

在目前为止的关于量刑事实证明标准的研究中,虽然多数观点均反对一元化的立法模式,但却很少有明确提出如何在现有证据法规范的框架中容纳多元化的量刑事实证明标准。缺失的原因可能是客观化的"证据确实、充分"标准已经深入人心,并且后续的司法解释都是对这一客观标准的充实和完善,而证据法的新规范始终没有以某种主观性和可操作性的新标准对"证据确实、充分"直接进行替代。然而,从近年来的司法改革和立法路线来看,客观化一元化的证明标准的立法模式呈现了精细化、技术化、层次化的特点:首先,司法解释越来越注重阐释"合理怀疑"的运用条件,实现"合理怀疑"与"证据不足"表现形式进行适度的嫁接,使证明标准在实践中被"激活"[58];其次,实务界越来越注重寻求"证据指引""证据标准"的目标来对不同案件的证明程度和方法进行规范,从而替代传统的"证明标准"的概念;最后,对于不同类型的案件的证明标准体现了层次性的表

---

[58] 陈瑞华:《刑事证据法的理论问题》,法律出版社2015年版,第289页。

述,典型的如《监察法实施条例》中对职务违法行为和职务犯罪行为分别规定了"清楚且令人信服"和"排除合理怀疑"的证明标准。

证明标准立法模式的新变化为阶梯式量刑事实证明标准的立法带来了契机。在模式选择的层面,第一,阶梯式量刑事实证明标准应当以司法解释的方式载入法律,可以规定于2020年颁布实施的《关于规范量刑程序若干问题的意见》(以下简称《量刑程序指导意见》)之中,因为这一司法解释由检法机关共同参与制定,能够包容所有可能涉及使用这一证明标准的法定程序。第二,法定证明的量刑事实没有必要在立法上进行进一步的说明,因为法定证明中的"法定"意味着证明方法通常已有明确法律规定。比如对刑事和解的情节,《刑事诉讼法》及其相关司法解释就对证明和解事实的和解协议的内容和作出程序有着明确的规则。因此,法定证明的量刑事实,应当由规定其的法律或司法解释制定审查认定的具体标准。第三,责任刑事实的证明标准,由于与定罪事实的证明标准保持一致,为排除合理怀疑,所以不存在表述上的难度。但是,"责任刑"事实本身是理论上的概念,直接以"责任刑"一词直接载入法律显然不合适。根据前文论述,责任刑本身与定罪相关,决定了法定刑的选择以及处断刑,而《量刑程序指导意见》第17条"适用具体法定刑幅度的犯罪事实"的表述体现了责任刑的内涵,因此可以直接予以引用。第四,预防刑事实包含不利于被告人和有利于被告人两种基本情形,对于前者适用的"明晰可信",可以直接参照《监察法实施条例》第62条中的"清楚且令人信服"的表述;而对于后者适用的"优势证据",可以考虑采用"存在的可能性明显占优"或"存在的可能性高度占优"的表述。

(三)阶梯式量刑事实证明标准的程序适用

量刑规范化改革之后,量刑活动被纳入庭审的范围,并且保证这种量刑程序在庭审中的"相对独立性",其目的在于制约和规范法官的量刑裁量权,以实现量刑公正[59],因此量刑裁量应当得到司法证明的同等重视[60]。但是,由于量刑事实的开放性较高,相当一部分量刑事实不与定罪事实同等重要,所以必然要考量诉讼经济,对这些量刑事实没有必要设置过高的证明标准。[61] 显然,量刑程序本身对于量刑事实证明标准的需求存在不同的导向,而由于阶梯式量刑事实证明标准是建立在对量刑事实合理识别的基础之上,所以能够迎合量刑程序不同价值导向的需求。

---

[59] 陈瑞华:《刑事诉讼的中国模式》,法律出版社2018年版,第177—178页。

[60] 吕泽华:《定罪与量刑证明一分为二论》,载《中国法学》2015年第6期。

[61] 汪贻飞:《论量刑程序中的证明标准》,载《中国刑事法杂志》2010年第4期。

具体而言,对于法定证明的量刑事实,由于与之相关的法律规范都将证明的要件和标准事先予以规范,所以程序法本身没必要强调实现这些法律规范的正当程序,而是应当强调相关主体遵守这些规范的义务。例如,对于累犯、前科、退赃退赔等相关材料,作为有利于被告人的证据,程序法必须强调侦查机关必须尽职尽责地收集证据,检察机关必须肩负起客观义务,充分履行法律监督职责,对这些量刑证据做到应取尽取;对于责任刑量刑事实,由于适用排除合理怀疑的证明标准,因此应当在程序适用上应当与定罪证明活动的程序保持一致,围绕定罪所构建的辩护权保障机制以及庭审实质化的机制均应适用于对责任刑量刑事实的调查和认定;对于预防刑事实,由于存在有利于和不利于的区分,自然就为量刑程序增加了对抗性。而无论是"明晰可信"还是"优势证据",证明标准都低于排除合理怀疑,进而在程序适用上自然也不必与定罪证明活动保持一致。因此控辩双方都应提出量刑主张以及相应的量刑证据,以证明本方的量刑事实,同时,预防刑量刑事实的存疑归属应当遵守"谁主张、谁举证"原则,负有举证义务的一方无法完成举证,法官便不能认定预防刑量刑事实的存在。此外,尚需明确的是,在认罪认罚从宽制度中,由于一般情况下审判对象已由定罪量刑转变成对认罪认罚的自愿性真实性的审查,因此阶梯式量刑事实证明标准需在审前程序予以适用,这就要求检察机关必须充分落实主导责任,对法定证明量刑事实所有相关的证据进行收集和审查。在充分听取意见的基础上对责任刑量刑事实、有利于和不利于犯罪嫌疑人的预防刑量刑事实均须予以关注和审查,并在此基础上提出精准化量刑建议。同时,由于犯罪嫌疑人认罪认罚,值班律师和辩护人的职责集中体现在对有利于犯罪嫌疑人的预防刑量刑事实的主张。而控辩双方在认罪认罚协商过程中达成真正的诉讼合意,依赖于各自所掌握的事实与证据。[62] 因此检察机关应当充分保障其权利,使辩方能够充分掌握有关预防刑的量刑信息,进而实现"量刑应尽量协商一致"的目标。

---

[62] 李子龙:《认罪认罚从宽制度之证据开示规则形塑》,载《浙江工商大学学报》2022年第3期。

第三编 涉外法治与国际刑法

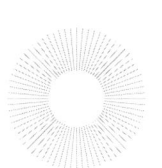

全球恐怖主义犯罪：形势、应对与执法合作[*]

王秀梅[**]

当今国际社会打击恐怖主义犯罪面临着诸多挑战,不仅要面对传统恐怖主义犯罪尚未解决的困境,还要正视当下高科技恐怖主义犯罪带来的新问题,甚至全球新冠肺炎大流行引发生物恐怖主义对全球反恐提出的新挑战。然而,国际社会至今尚未对恐怖主义犯罪的概念达成共识,这一概念呈现了"全球化""多元化"和"个性化"的现状,而且没有一部全面的"反恐怖主义犯罪公约",这些因素在一定程度上影响了对恐怖主义犯罪的调查、起诉、审判、预防以及国际合作。

一、全球恐怖主义犯罪的形势

传统恐怖分子采用的所谓"战斗"方式基本上与武装冲突中常用的暴力近似。然而,随着全球化和现代化的发展,传统暴力恐怖主义的犯罪方式也在不断发生演变。如以暴力实施恐怖犯罪者中有的是复员军人,他们因经过多年"战斗"而得到使用武力的训练,知道如何通过武力实现其主要诉求。恐怖主义犯罪组织在无法发动多人武装对抗政府、暴力发泄不满情绪、暴力赢得政治妥协时就会解散,从而显示恐怖主义受社会、政治文化现状及社会变革的影响,尤其受到民族主义、宗教极端主义或排外主义的驱使。这些潜在驱动因素并不是按照时间有序出现,即一个消亡后,另一个新的随之兴起。相反,这些新旧模式会同时存在,甚至在个别场合相互叠加,根据需要实施不同形式的恐怖主义犯罪。因此,在全球范围内,恐怖主义犯罪也呈现了以下一些趋势。

第一,生物恐怖主义犯罪再次引发国际社会的关注,由于新冠病毒的出现,甚至成为当下预防恐怖主义犯罪的焦点。在近现代生物恐怖主义事件的报道中,比较突出的例子是1995年日本奥姆真理教在东京地铁使用沙林神经毒气,试图通

---

[*] 本文系国家社科基金重点项目"宗教极端主义的防治对策研究"阶段性成果(项目号:17AFX0072017),原载《法学》2020年第11期。
[**] 北京师范大学刑事法律科学研究院教授、博士生导师,法学博士、博士后。

过大规模的谋杀方式来控制日本。2001年"911"事件后,美国公民曾受到含有炭疽污染邮件所制造的恐慌。生物恐怖主义的隐蔽性、高科技性以及毁灭性逐渐引发各国和国际组织的高度重视。2019年以来暴发的新型冠状病毒,虽病毒的源头尚未可知,但延续至今的疫情同样引发很多思考。

2020年4月10日,联合国秘书长安东尼奥·古特雷斯在非公开视频会议上指出,新型冠状病毒性肺炎大流行对维护国际和平与安全构成了重大威胁,有可能导致社会动荡和暴力加剧。在某些冲突环境中,新冠肺炎流行病造成的不确定性可能促使一些行为者进一步分裂和动荡,这可能导致暴力升级,并可能导致灾难性的错误,从而进一步加剧正在进行的战争,并使打击恐怖主义的努力复杂化。由于大多数政府将重点放在大流行病上,恐怖组织可能会看到"机会之窗"。这一大流行病暴露出的弱点和缺乏准备,为生物恐怖主义袭击如何展开提供了一个窗口,并可能增加其风险。非国家团体可能会接触到对全球社会造成类似破坏的毒株。新冠肺炎的流行还阻碍了解决冲突的进程,导致许多和平谈判停滞不前。① 2020年3月24日,美国司法部发布一项备忘录指出,"新冠病毒"符合《美国法典》第18篇第178节对"生物制剂"(biological agent)的法律定义。② 将"生物制剂"作为武器实施的袭击行为入罪化,且视为恐怖主义犯罪的延伸并适用于当下疫情背景下向他人传播病毒的行为是恐怖主义犯罪。③

第二,恐怖主义分子利用先进信息通信技术,甚至通过人工智能平台实施恐怖犯罪行为。恐怖分子和恐怖组织利用互联网和社交媒体不仅实施具体的恐怖行为,也实施与恐怖犯罪活动相关的行为,包括煽动、激励、招募、培训、策划、收集信息、通信、预谋和资助恐怖主义犯罪。恐怖主义言论旨在实现多种战略传播目标,并针对多种类型的受众,从不了解潜在恐怖主义思想的人到寻求参与暴力活动途径的虔诚思想拥护者。恐怖分子继续使用大型和小型互联网平台进行宣传,

---

① See COVID - 19 threatening global peace and security, UN chief warns, paragraphs No. (Terrorism and bioterrorism), https://news.un.org/en/story/2020/04/1061502, last visit on April 10, 2020.

② See 18 U.S.C §178. The term "biological agent" means any microorganism (including, but not limited to, bacteria, viruses, fungi, rickettsiae or protozoa), or infectious substance, or any naturally occurring, bio engineered or synthesized component of any such microorganism or infectious substance.

③ See Prosecuting Purposeful Coronavirus Exposure as Terrorism, paragraphs No. (Normative Questions), https://www.lawfareblog.com/prosecuting-purposeful-coronavirus-exposure-terrorism, last visit on March 31, 2020.

并最大限度地利用网络进行攻击。④

  2019年9月3日至4日,在"通过创新方法和使用新兴技术来打击恐怖主义"的国际高级别会议上,联合国副秘书长沃龙科夫指出,互联网"实际上每天都在扩大技术范围",人工智能、3D打印生物技术创新可以帮助实现可持续发展目标,但同时也能提供"残酷杀戮的实时视频广播"。联合国毒品和犯罪问题办公室负责人表示,恐怖犯罪分子利用人工智能等平台是为了散布恐惧和社会分裂,甚至会导致更严重的事态发展,例如,恐怖分子企图制造生物武器。⑤

  第三,极端右翼恐怖主义的跨国犯罪成为国际社会的威胁。2020年4月1日,联合国安理会反恐执行局发布了新的《趋势预警》,题为"会员国关注极端右翼恐怖主义日益严重的跨国威胁"。反恐局最新的趋势预警探讨了主要的挑战、应对恐怖袭击事件威胁的现行方法及现有指导。尽管极端右翼恐怖主义不是一个新现象,但近年来的发生频率和致死率都有所提高,而且极端右翼恐怖组织和个人的跨国威胁越来越明显。线上及线下的联系使极端右翼组织能够改进战术、发展反情报技术,巩固暴力极端主义观点并扩大全球网络。极端右翼恐怖运动也继续采取多种手段来扩大信息的散播、外联和招募活动。⑥ 目前,随着新冠肺炎的流行,极右翼组织网络可能正在准备利用社会的混乱。隶属于伊拉克和大叙利亚伊斯兰国和黎凡特的团体继续利用媒体平台煽动在被新冠肺炎大流行病分散注意力的国家的支持者实施犯罪。⑦

  第四,资助恐怖主义犯罪的行为仍很突出。恐怖主义犯罪分子需要资金来运作,否则无法购买武器、设备、补给或获得帮助。资金的来源可能是合法的,也可能是非法的,资金通常也采取多次小额捐款的形式,而非大笔资金。恐怖主义组织可能直接或间接地与有组织犯罪集团有联系,并可能从事犯罪活动,包括毒品

---

④ See CTED publishes Analytical Brief about countering terrorist narratives online and offline, paragraphs No. 2, https://www. un. org/sc/ctc/news/2020/04/29/cted-publishes-analytical-brief-countering-terrorist-narratives-online-offline/, last visit on April 29, 2020.

⑤ See New technologies, artificial intelligence aid fight against global terrorism, paragraphs No. (1 - 5), https://news. un. org/en/story/2019/09/1045562, last visit on September 10, 2019.

⑥ See CTED publishes Trends Alerts about extreme right-wing terrorism, paragraphs No. 2, https://www. un. org/sc/ctc/news/2020/04/01/cted-launches-trends-alert-extreme-right-wing-terrorism/, last visit on April 1, 2020.

⑦ See UNODC and Partners adapt to COVID – 19 restrictions with use of online counter-terrorism learning platform, paragraphs No. 2, https://www. unodc. org/unodc/en/frontpage/2020/April/unodc-and-partners-adapt-to-covid – 19 – restrictions-with-use-of-online-counterterrorism-learning-platform. html, last visit on April, 2020.

或武器贩运、敲诈勒索及绑架勒索赎金。资助恐怖主义是一种全球现象,不仅威胁会员国的安全,而且破坏经济发展和金融市场稳定。阻止资金流向恐怖分子至关重要。⑧

第五,走私或非法贩运小型武器和轻型武器的行为,既是对恐怖主义犯罪提供武器的行为,也是非法资助恐怖主义犯罪。2020年2月21日,纽约—联合国反恐办公室、反恐执行局和联合国毒品和犯罪问题办公室共同启动了一个项目,以解决恐怖主义、有组织犯罪和小型武器和轻武器的非法贩运。该项目旨在加强刑事司法对策,以预防和打击轻小型武器的非法贩运,并制止向恐怖主义集团非法供应此类武器。联合国副秘书长沃龙科夫认为,国际社会在打击轻小型武器非法贩运方面的反应不足,会员国在侦查和扣押此类武器方面也面临挑战,边界存在的漏洞使恐怖分子和犯罪分子可以将非法武器从一个国家或地区转移到另一个国家或地区。国际社会应建立法律框架,加强执法和刑事司法能力,改善数据收集和分析,解决合作中的空白。⑨

此外,近年来外国恐怖主义战斗人员(FTFs)的移动与回流问题也比较突出。联合国毒品和犯罪办公室2017年年度报告显示,外国恐怖主义战斗员的遣返和转移是会员国要求提供技术援助的最优先领域之一。

二、全球恐怖主义犯罪的国际应对

(一)国际社会的法治对策

2006年,联合国发布的《联合国全球反恐战略》在所附有行动计划中包含了四个支柱:(1)消除有利于恐怖主义蔓延的条件;(2)预防和打击恐怖主义;(3)建立各国防止和打击恐怖主义的能力以及加强联合国系统在这方面的作用;(4)确保尊重所有人的人权和实行法治作为反恐斗争的根基措施。⑩ 法治是上述四个支柱的根基。依法反恐的法律渊源既有来自《联合国宪章》、联合国安理会决议

---

⑧ See Terrorism Financing, paragraphs No. (1 - 5), https://www.un.org/sc/ctc/focus-areas/financing-of-terrorism, last visit on March 19, 2020.

⑨ See UNCCT and UNODC jointly launch a project on addressing the terrorism-arms-crime nexus, paragraphs No. (2 - 6), https://www.unodc.org/unodc/press/releases/2020/February/director-general-of-the-united-nations-office-at-vienna-and-executive-director-of-theun-office-on-drugs-and-crime-takes-office.html, last visit on April 19, 2020.

⑩ 参见2006年9月8日联合国大会关于"The United Nations Global Counter-Terrorism Strategy"的决议,A/RES/60/288。

及反恐怖主义犯罪的公约条约,也有区域性公约,如欧盟理事会2005年通过的《欧盟反恐战略》以及中国、俄罗斯、哈萨克斯坦、吉尔吉斯斯坦和塔吉克斯坦组成的"上海五国"会晤机制,并于2001年6月15日通过的《打击恐怖主义、分裂主义和极端主义的上海公约》,同时也来源于各个国家的刑事立法。

《联合国宪章》的主要宗旨是维持国际和平与安全,阐述了联合国运行的系列原则、权利、义务及主要机构职权范围等。面对当今逐渐增加的全球性挑战,《联合国宪章》维持国际和平及安全的宗旨更加突显,并为此采取有效的集体办法,以防止且消除对和平的威胁,制止侵略行为或其他和平的破坏,依照和平的方法及国际法原则调整或解决足以破坏和平的国际争端或情势。⑪ 恐怖主义犯罪不仅对特定国家的安全构成威胁,由于其蔑视生命,滥杀无辜,而且造成了更大范围无辜者生命和财产的损失,对区域和全球安全构成威胁。联合国安理会2001年第1373号决议呼吁联合国各成员国必须根据《联合国宪章》以一切手段打击恐怖主义行为对国际和平与安全造成的威胁,确保把参与资助、计划、筹备或犯下恐怖主义罪行或参与支持恐怖主义行为的任何人绳之以法,除其他惩治措施以外,在国内法规中确定此种恐怖主义行为是严重刑事罪行,并确保惩罚充分反映此种恐怖主义行为的严重性。⑫ 2003年,联合国安理会第4688次会议通过《关于打击恐怖主义的宣言》,强调只有按照《联合国宪章》和国际法采取持久、全面的办法,由所有国家、国际组织和区域组织积极参与和协作,并在国家加倍努力,才能打败恐怖主义。⑬

从某种意义上说,联合国安理会若干涉及打击恐怖主义犯罪的决议⑭,其中一些决议扮演着法律规范的作用。例如"911"事件后,2001年安理会第1373号决议和2014年关于外国恐怖主义战斗人员的第2178号决议等均成为联合国反恐的法律渊源。又如第1373号决议作出有关制止资助恐怖主义的规定,不仅得到联合国成员的广泛支持,而且各成员纷纷按照决议的要求将资助恐怖主义行为予以犯罪化,并纳入本国刑法典规定。如我国《刑法》明确规定:"资助恐怖活动

---

⑪ 参见《联合国宪章》第1条第1款。
⑫ 参见2001年联合国安理会第1373号决议第2条第2款、第3款和第4款,S/RES/1373(2001)。
⑬ 参见2003年联合国安理会《关于打击恐怖主义的宣言》,S/RES/1456(2003)。
⑭ 参见安理会第1267(1999)、1325(2000)、1368(2001)、1566(2004)、1624(2005)、1894(2009)、2106(2013)、2122(2013)、2133(2014)、2150(2014)、2170(2014)、2178(2014)、2185(2014)、2195(2015)、2199(2015)、2220(2015)、2242(2015)、2249(2015)、2253(2015)、2309(2016)、2322(2016)、2331(2016)、2341(2017)、2347(2017)、2354(2017)、2368(2017)、2370(2017)、2379(2017)和2388(2017)号决议等。

组织、实施恐怖活动的个人的,或者资助恐怖活动培训的,处五年以下有期徒刑、拘役、管制或者剥夺政治权利,并处罚金;情节严重的,处五年以上有期徒刑,并处罚金或者没收财产。"⑮由此可见,第 1373 号决议在国际刑法国内化的发展方面初见成效,并被视为全球反恐中不可或缺的法律文件。

除了《联合国宪章》和联合国安理会相关决议,联合国还专门制定了 19 项具有针对性的打击恐怖主义犯罪的公约或法律文件,如涉及劫持航空器的行为、劫持人质的行为、资助恐怖主义的行为、恐怖主义爆炸的行为,以及涉及生物恐怖主义的行为等。这些犯罪行为包括:(1)单独或共同谋划,非法使用或企图使用暴力、以暴力相威胁或其他恐吓方式,以及通过高科技入侵计算机系统的方式,占领或控制民用航空器。⑯ (2)以非法故意、企图或协助的方式,对民用航空器(包括停泊在国际机场的民用航空器)上的人员使用暴力,足以威胁到该航空器的安全,或者在民用航空器上安放爆炸装置。⑰ (3)企图、共同谋划或者实施劫持民用航空器作为武器,造成平民伤亡或其他重大损失;使用民用航空器散播、运输生物武器、化学武器或核武器,或者此三类有害物质,造成平民伤亡或其他重大损失;使用生物武器、化学武器或核武器攻击民用航空器;利用科技手段入侵航空导航系统,企图、共同谋划或者实施劫持民用航空器的行为。⑱ (4)威胁、企图、参与或实施蓄意谋杀、绑架或者其他侵害受国际法保护的人(国家首脑、外交元首,或其他国家或国际组织的代表官员)的生命、自由的行为,或者蓄意袭击其办公场所、私人住所、交通工具。⑲ (5)以暴力、威胁、恐吓的方式,非法故意劫持、控制船舶或固定在大陆架上的海上平台,对其安全造成威胁(对船舶或海上平台上的人员实

---

⑮ 《刑法》第 121 条之一第 1 款。

⑯ See Convention on Offences and Certain Other Acts Committed On Board Aircraft (1963); Convention for the Suppression of Unlawful Seizure of Aircraft (1970); Protocol Supplementary to the Convention for the Suppression of Unlawful Seizure of Aircraft (2010).

⑰ See Convention for the Suppression of Unlawful Acts against the Safety of Civil Aviation (1971); Protocol for the Suppression of Unlawful Acts of Violence at Airports Serving International Civil Aviation, supplementary to the Convention for the Suppression of Unlawful Acts against the Safety of Civil Aviation (1988).

⑱ See Convention on the Suppression of Unlawful Acts Relating to International Civil Aviation (2010).

⑲ See Convention on the Prevention and Punishment of Crimes against Internationally Protected Persons (1973).

施暴力,或在船舶或海上平台上安放爆炸装置)。[20] (6)控制、拘禁并威胁杀害、伤害,或持续拘禁他人,迫使其他国家、国际政府间组织、自然人、法人或者群体去实施或者停止实施某种行为,并以此作为释放人质的条件。[21] (7)故意非法在公共场所安放、传递、引爆、引燃炸弹或者其他高致命性物质,意图造成严重的平民伤亡,或者严重损害政府设施、基础设施以及公共交通系统,造成严重经济损失。[22] (8)非法占有、使用、运输、盗窃并以此威胁造成严重平民伤亡或严重的物质、经济损失。[23] (9)实施、参与或以其他方式协助非法占有、使用或者制造放射性材料、核材料或者核电站、核反应堆,或者以暴力手段相威胁要求获得放射性材料或核材料,并通过这些核材料、设施或者设备造成严重平民伤亡、环境污染,或者借此胁迫其他自然人、法人或者国家实施或停止实施某种特定行为。[24] 由此可见,这些公约虽然没有对恐怖主义犯罪的概念予以界定,却界定了上述具体的恐怖主义犯罪行为,规定了缔约国的履约义务,强调了将上述犯罪行为纳入国内刑法典,行使刑事管辖权,履行或起诉或引渡的义务。

在区域层面达成反恐的共识,同样形成有效的反恐宣言与战略。在欧洲,几乎是恐怖主义袭击事件推动决策共识的形成。2003年马德里火车站爆炸事件,促成欧洲理事会通过《打击恐怖主义宣言》(以下简称《宣言》),并附有《关于打击恐怖主义欧盟行动计划》;2005年在伦敦地铁和巴士上发生的"伦敦七七爆炸"自杀式恐怖袭击事件,驱策欧洲理事会通过了2005年《欧盟反恐战略》(以下简称《战略》)。《宣言》和《战略》在强调预防、打击与人权保障的同时,还强调:(1)防止人们转向恐怖主义,阻止新一代恐怖分子出现;(2)通过提高抵抗袭击的能力来保护公民和关键基础设施;(3)追捕、侦查、调查、起诉和预防恐怖袭击,阻碍计划、旅行和通信,切断获得资金和物资的渠道,将恐怖分子绳之以法;(4)通过做好管理准备和尽量减少恐怖袭击后果协调一致加以应对,提高运输安全和边境管制,提高恐怖袭击事件的反应能力,提高善后处理能力,并考虑受害者的需要;(5)强调合作的重要性。2008年,欧洲理事会通过《打击激进化和恐怖主义分

---

[20] See Convention for the Suppression of Unlawful Acts against the Safety of Maritime Navigation (1988); Protocol for the Suppression of Unlawful Acts Against the Safety of Fixed Platforms Located on the Continental Shelf (1988); Protocol to the Protocol for the Suppression of Unlawful Acts Against the Safety of Fixed Platforms located on the Continental Shelf (2005).

[21] See International Convention against the Taking of Hostages (1977).

[22] See International Convention for the Suppression of Terrorist Bombings (1997).

[23] See Convention on the Physical Protection of Nuclear Material (1980).

[24] See International Convention for the Suppression of Acts of Nuclear Terrorism (2005).

子招募战略》进一步强调,"预防"是打击恐怖主义犯罪的重要支柱之一。2014年欧盟通过《打击极端化和恐怖分子招募战略》。2015年欧洲议会和欧盟理事会通过第2015/849号指令,其中规定了防止利用欧盟金融体系洗钱或资助恐怖主义的共同规则。

在区域性组织层面也将反恐作为组织工作中的重要内容,如上海合作组织2002年通过的《上海合作组织宪章》就强调组织的主要目标和任务,包括发展多领域合作,维护和加强地区和平、安全与稳定,推动建立民主、公正、合理的国际政治经济新秩序;共同打击一切形式的恐怖主义、分裂主义和极端主义,打击非法贩卖毒品、武器和其他跨国犯罪活动以及非法移民。2003年生效的《打击恐怖主义、分裂主义和极端主义的上海公约》在打击"恐怖主义"的基础上,将"分裂主义"和"极端主义"纳入区域反恐公约,进一步明确了"三个主义"的概念。"恐怖主义"是致使平民或武装冲突情况下未积极参与军事行动的任何其他人员死亡或对其造成重大人身伤害,对物质目标造成重大损失的任何其他行为,以及组织、策划、共谋、教唆上述活动的行为。而此类行为因其性质或背景可认定为恐吓居民、破坏公共安全或强制政权机关或国际组织实施或不实施某种行为,并且是依各方国内法应追究刑事责任的任何行为。"分裂主义"是旨在破坏国家领土完整,包括把国家领土的一部分分裂出去或分解国家而使用暴力,以及策划、准备、共谋和教唆从事上述活动的行为,并且是依据各方国内法应追究刑事责任的任何行为。"极端主义"是旨在使用暴力夺取政权、执掌政权或改变国家宪法体制,通过暴力手段侵犯公共安全,包括为达到上述目的组织或参加非法武装团伙,并且依各方国内法应追究刑事责任的任何行为。面对共同的敌人,上海合作组织作为地区性安全组织在厘清"三个主义"概念前提下,进一步完善工作机制,制订行动计划。2015年4月10日,上海合作组织地区反恐机构理事会在塔什干举行的第26次例行会议上,又通过了《上合组织成员国打击恐怖主义、分裂主义和极端主义2016—2018年合作纲要(草案)》,在实践中有效地制止了恐怖主义犯罪,并捣毁了部分基地组织。

(二)靶向打击国际恐怖主义犯罪的对策

针对当前恐怖主义犯罪的发展趋势,国际和区域性组织都在努力寻求有效预防和打击恐怖主义犯罪的策略。

第一,利用先进软件改进对可疑恐怖分子的追踪,线上线下双管齐下打击恐怖主义言论和利用高科技信息技术实施的恐怖主义犯罪。

近年来,联合国安理会的多项决议都在强调采取必要和适当的措施应对恐怖分子和恐怖组织滥用信息和通信技术的行为。2019年5月7日,联合国反恐怖主义办公室启动了一个新项目,目的是利用先进的软件,通过收集、识别和分析旅客数据,改进对可疑恐怖分子的追踪,帮助各国加强对外国恐怖主义战斗人员和严重犯罪分子的侦查。[25] 2020年4月29日,联合国安理会反恐执行局发布了关于"打击线上线下恐怖主义言论"的最新分析简报,要求会员国加大努力打击恐怖主义通信,强调不仅是阻止或清除线上恐怖主义宣传,还要打击恐怖主义言论。[26] 联合国毒品和犯罪问题办公室负责人表示,新技术和人工智能领域的发展使人们能够处理和识别关键信息,从而以闪电般的速度对付恐怖主义行动。恐怖分子的互联网内容被发现和删除的速度比以往任何时候都要快,而人工智能的使用、可信的量子计算和快速有效的信息处理使恐怖分子能够被追踪,同时还将探索区块链注册来识别负责资助恐怖主义的公司和个人。[27]

第二,履行《制止向恐怖主义提供资助的国际公约》的缔约国义务,将资助恐怖主义的行为予以犯罪化,并加强打击洗钱犯罪。

1999年《制止向恐怖主义提供资助的国际公约》明确,该公约在不影响国家和个人按国际法享有其他权利、义务和责任的前提下,将资助恐怖主义行为犯罪化。同时,从预防犯罪的角度,强调将预备行为视为犯罪。[28]

资助恐怖主义是一种全球现象,不仅威胁会员国的安全,而且会破坏经济发展和金融市场稳定。因此,阻止资金流向恐怖分子至关重要。联合国安理会第1373号决议和第2170号决议号召联合国各成员国采取必要措施阻止和遏制对恐怖主义行为的资助,以及不向参与恐怖主义活动的实体或人员提供任何形式的支持。各国应毫不拖延地冻结实施或企图实施恐怖主义行为,或参与、协助实施恐怖主义行为个人或团伙的资金。禁止本国国民和实体为实施或企图实施或协助、参与实施的个人和实体提供任何资金、金融资产、经济资源、金融或其他有关服务。[29] 此外,由于恐怖主义组织经常冒用非营利组织实施资助恐怖主义犯罪的行为,国际金融特别行动组(FATF)指出,恐怖分子滥用非营利组织的方式大致表现为三种形式:(1)恐怖组织冒充合法的非营利实体;(2)利用合法非营利实体作为

---

[25] See UN launches innovative programme to detect and disrupt terrorist travel, paragraphs No. (1 - 2), https://news.un.org/en/story/2019/05/1038061, last visit on May, 2019.

[26] 参见联合国安理会反恐执行局发布的关于"打击线上线下恐怖主义言论"的分析简报,该简报由联合国反恐执行局根据安理会2017年第2395号决议撰写。

[27] See New technologies, artificial intelligence aid fight against global terrorism, paragraphs No. (1 - 5), https://news.un.org/en/story/2019/09/1045562, last visit on September 10, 2019. paragraphs No. (1 - 5).

[28] 参见《制止向恐怖主义提供资助的国际公约》第2条和第21条。

[29] 参见联合国安理会第1373号决议,第1段(c)。

恐怖主义融资渠道,包括为了逃避资产冻结措施;(3)通过隐匿或掩饰秘密转账行为将用于合法目的的资金交给恐怖组织。因此,所有国家都有义务将用于实施恐怖主义活动而收集资金的行为作犯罪化处理并予以起诉,冻结和扣押用于或划拨给恐怖主义组织的所有资金。[30]

第三,加强边境管理等预防措施,防止外国恐怖主义战斗员以及非法资产越境转移,并采取司法措施调查、起诉、引渡外国恐怖主义战斗员。

国际社会正在通过联合国安理会和国家层面采取多种措施遏制外国恐怖主义战斗员的威胁,这些措施包括通过军事手段及司法手段的羁押、起诉、禁止旅行的行政性规定等。外国恐怖主义战斗人员加剧了对国际社会安全的威胁。[31] 联合国安理会在最近的决议中呼吁会员国加强措施,防止恐怖分子过境。采取的措施包括确保身份证件不是伪造的,根据国内法和国际法采用基于证据的风险评估、筛选程序,以及收集和分析旅行数据以识别构成恐怖主义威胁的人,而不是采用基于歧视的特征分析。决议还呼吁会员国对进入其领土的可疑恐怖主义分子及其随行家属采取适当措施。

2017年,毒品和犯罪问题办公室为东南欧编写了一份关于调查和起诉外国恐怖主义战斗员的新培训手册,调查和起诉外国恐怖主义战斗人员已成为反恐工作的主要挑战之一。[32] 各国有义务将任何参与恐怖行为的人绳之以法,同时强调必须援助可能成为恐怖主义受害者且与外国恐怖主义战斗人员有关联的妇女和儿童,针对可能促进各种恐怖行为作用的家庭成员制定有针对性的起诉、恢复和重返社会政策。安理会第 2396(2017)号决议通过后,联合国反恐执行局明确了司法打击外国恐怖主义战斗员的措施及可能出现的挑战:一是对返回人员及其随行家属进行全面风险评估的困难,强调与起诉遣返和转移外国恐怖主义战斗员有关的各种证据和司法挑战;二是由于大量外国恐怖主义战斗员已经进入国家刑事司法程序,因此,对监狱提出了新的要求,并日益关注监狱内激进化的可能性;三是即将释放的被监禁外国恐怖主义战斗员可能带来的风险,包括其中一些人可能重新参与恐怖主义活动和激进暴力的问题。此外,为了避免外国恐怖主义战斗员以宣告失踪的方式逃避司法审判,有些国家尤其是有些欧洲国家采取缺席审判

---

[30] See The FATF Recommendations, https://www.fatf-gafi.org/publications/fatfrecommendations/documents/fatf-recommendations.html, last visit on June 30, 2020.

[31] See Border Management, paragraphs No. (1–11), https://www.un.org/sc/ctc/focus-areas/border-control/, last visit on May 6, 2020.

[32] See https://www.unodc.org/documents/AnnualReport/Annual-Report_2017.pdf, last visit on March 19, 2020.

的方式审判外国恐怖主义战斗员。

第四,打击恐怖主义犯罪的司法手段需要强有力的证据支撑,必须加强证据的收集、采信与互认。

在2020年1月30日至31日举行的会议上,联合国安理会反恐执行局讨论了全世界刑事司法当局在起诉恐怖主义罪行方面面临的挑战,除了涉及法律框架的相关问题,证据的缺乏也是运用司法程序的重要挑战。一是在高风险的情况下收集证据问题。2020年2月13日,安理会反恐执行局开展了"在高风险情况下收集可用证据,以便将恐怖分子绳之以法,并在国家刑事法院审判"的主题会议。会议介绍了"在国家刑事法院中为军事目的收集、处理、保存和分享用于起诉恐怖主义犯罪信息的便利使用和可接纳性的证据准则"[33]。二是关于电子证据的收集和使用、获取跨境电子证据方面的问题。2019年5月27日至29日,安理会反恐执行局举行了涉及美洲和欧洲有关电子证据收集和使用的最新立法进展以及会员国获取跨境电子证据当前做法等内容的研讨会,探讨加强对恐怖分子利用互联网和社交媒体等尖端技术渠道实施犯罪和其他复杂罪行的调查和起诉。[34]

随着互联网和社交媒体使用的迅速扩张,2019年11月,联合国安理会反恐执行局主持举行了联合会议,探讨了"加强中央机关和反恐检察官和调查人员在跨境调查中从私人通信服务商获取数字证据的能力,尤其着重于反恐事项"等问题。会议致力于加强和促进执法机构和通信服务提供者在跨境获取数字证据方面的合作,以确保根据国际人权法和国家立法有效保存、收集、处理、转移和受理数字证据,以及以"全球倡议"的方式展开技术讨论,以协助通信服务提供商(尤其是小型通信服务提供商)响应执法机构对电子证据的要求。[35] 2019年12月,联合国安理会反恐执行局再次以"从互联网服务提供商获取反恐和相关有组织犯罪交叉

---

[33] See UNODC and Partners adapt to COVID – 19 restrictions with use of online counter-terrorism learning platform, paragraphs No. 2, https://www. unodc. org/unodc/en/frontpage/2020/April/unodc-and-partners-adapt-to-covid – 19 – restrictions-with-use-of-online-counterterrorism-learning-platform. html, last visit on April, 2020. paragraphs No. 1, last visit on February 13, 2020.

[34] See CTED participates in regional workshop for Latin America on obtaining electronic evidence from private CSPs, paragraphs No. 2, https://www. un. org/sc/ctc/news/2019/05/30/cted-participates-regional-workshop-latin-america-obtaining-electronic-evidence-privatecsps/, last visit on May 30, 2019.

[35] See CTED holds Expert Group Meeting on Lawful Access to Digital Data, paragraphs No. 1, https://www. un. org/sc/ctc/news/2019/11/27/cted-holds-expert-group-meeting-lawful-access-digital-data/, last visit on November 27, 2019.

活动的电子证据边境调查"为主题召开联合会议。㊱ 2020年4月,联合国毒品与犯罪问题办公室表示,将继续致力于为刑事司法官员提供所需的工具和知识,以应对与电子证据和恐怖分子使用互联网有关的挑战。由于新冠肺炎大流行,与恐怖主义案件中基本电子证据的保存、收集和利用有关的问题也变得尤为关键。㊲从安理会反恐执行局和联合国毒品与犯罪问题办公室近年来的努力可见,合法获取电子证据在打击恐怖主义犯罪中发挥着至关重要的作用。

第五,在《联合国宪章》和法治框架下的全面合作,有效打击恐怖主义犯罪。

恐怖主义犯罪越来越具有跨国性,对一国的威胁便是对所有国家的威胁,各种威胁相互交织在一起,无论一个国家有多么强大,都不能单单依靠本身的力量保护自己免受当今各种威胁的伤害。㊳ 联合国安理会在2014年通过第2178号决议时,特别提请注意恐怖主义的日益扩散性,各国有必要加强国际、区域和次区域合作,以打击外国恐怖主义战斗人员的威胁。㊴ 为了有效打击资助恐怖主义行为,会员国必须开展区域和国际合作,包括通过相关实体,特别是国家金融情报部门交流业务信息。㊵ 各国协同打击一切形式的恐怖主义,特别是自"911"事件以来,加强反生物恐怖研究,对可能被恐怖分子用来制造危害人类健康的生物武器,如炭疽杆菌、肉毒中毒、鼠疫、病毒性出血热、虫媒病毒、白喉以及耐抗菌素等加强合作研究,防止生物恐怖袭击。

各国加强刑事司法合作以及预防恐怖主义犯罪的合作,杜绝为实施或企图实施恐怖主义犯罪的人提供庇护所。1996年12月17日,联合国大会第88次全体会议上通过的一项决议早就强调:一是联合国所有成员国都应将恐怖主义行为列为犯罪行为,且此类犯罪不具备任何抗辩理由;二是扩展了寻求难民身份者"曾参

㊱ See CTED holds regional workshop for criminal-justice practitioners of Central Asia on "Obtaining Electronic Evidence from Internet Service Providers(SPs)in Counter-Terrorism and related Organized Crime Cross-Border Investigations", paragraphs No. 1, https://www.un.org/sc/ctc/news/2019/12/20/cted-holds-regional-workshop-criminal-justice-practitioners-central-asia-obtaining-electronic-evidenceinternet-service-providers-sps-counter-terrorism-related-organiz/, last visit on December 20, 2019.

㊲ See UNODC and Partners adapt to COVID-19 restrictions with use of online counter-terrorism learning platform, paragraphs No. 2, https://www.unodc.org/unodc/en/frontpage/2020/April/unodc-and-partners-adapt-to-covid-19-restrictions-with-use-of-online-counterterrorism-learning-platform.html, last visit on April, 2020. paragraphs No.(8-10), last visit on April, 2020.

㊳ 参见2004年联合国大会决议,A/59/565,第17—24段。

㊴ See International, regional, and subregional cooperation, paragraphs No. 4, https://www.un.org/sc/ctc/focus-areas/internationaland-regional-cooperation/, last visit on May 17, 2020.

㊵ See https://www.un.org/sc/ctc/focus-areas/financing-of-terrorism/, p. 4-5, last visit on June 28, 2020.

与恐怖活动"的范围,即曾因任何与恐怖活动有牵连的犯罪被调查、起诉或者定罪;三是涉嫌恐怖活动的人,即使处于获得难民身份的过程中,其恐怖活动犯罪行为也不能免于刑事诉讼。此外,强调恐怖活动犯罪不适用"政治犯不引渡"的原则。两国间即使没有引渡条约,也应尽量为引渡恐怖活动犯罪嫌疑人提供便利条件。各国间应当通力合作使恐怖活动犯罪分子受到正义审判,应当就恐怖分子的身份、行动、获得支持以及武器装备等信息进行交流合作,以便相关国家调查、起诉该恐怖活动犯罪。[41]

此外,预防是打击恐怖主义犯罪的积极措施之一,消除滋生恐怖主义的环境和条件对防止未来恐怖主义犯罪的发生起到至关重要的作用。国际社会仍高度期待有效预防恐怖主义,尤其是以标准化法律文件为指引、以核心法治原则为依托、符合正当程序、尊重人权的应对措施。国际社会已经出台了众多致力于打击和预防恐怖主义的国际和区域法律文件,要求各国在本国刑法典中予以犯罪化,禁止以任何形式组织、煽动、参与、鼓励或容忍恐怖主义,将恐怖分子或任何支持、协助、参与、企图参与恐怖活动,或者为恐怖活动提供庇护的人绳之以法,将与恐怖主义犯罪相关联的毒品交易、非法武器交易、洗钱、走私高危险性物质等犯罪行为绳之以法。[42]各国应加强与其他国家有关部门协助,以便成功调查、起诉和惩罚违法行为人,尤其是那些实施国际恐怖主义罪行的人。教育也是预防措施的主要方法,联合国大会在2015年强调了预防暴力极端主义的重要性时强调教育的重要性以及通过灌输"尊重生命"理念和提倡"非暴力、适度、对话和合作的做法"促进包容的重要性。[43]

三、全球打击恐怖主义犯罪的执法合作

国际反恐执法合作是刑事司法合作的重要部分,只有高效的执法合作才能有效打击恐怖主义犯罪,国际社会通用的执法合作手段有引渡、刑事司法协助和联合侦查等,其中包括警务合作、情报交流和机制性对话等。联合国反恐公约和相关反恐决议在要求缔约国履行公约的义务时,也要求国家间开展刑事司法合作,如《关于制止非法劫持航空器的公约》(1970年)首次对涉恐人员规定了引渡和刑

---

[41] See https://www.un.org/sc/ctc/focus-areas/financing-of-terrorism/, p.4-5, last visit on June 28, 2020.
[42] 同上注。
[43] 参见联合国大会第70/109号决议。

事司法协助条款。联合国安理会在2001年通过的第1373号决议和2004年通过的第1566号决议均将刑事司法合作纳入各国打击恐怖主义的关键战略之一。虽然这两项决议未明确提及刑事事项上的所有合作形式,但第1566号决议呼吁各国合作将任何参与资助、规划、筹备或实施恐怖活动的人绳之以法。同时,第1373号决议要求各国给予最大程度的刑事调查协助。无论是绳之以法还是刑事调查协助,即使是在联合国公约框架下的合作,也要依托各个国家的合作意愿和合作效力。

(一)双边执法合作协议的签署与执行

签署双边执法合作协议或建立的相应机制是执法合作的基础,如中美执法合作联络小组机制和中英高级别安全对话等。2001年以来,提高执法合作和情报合作也是欧盟与美国合作的重点。美国与欧盟官员在警务、司法和边境政策事项上的对话显著增加。欧盟与美国达成了系列新协议,包括美国与欧盟警务和司法机关信息分享安排、美国与欧盟引渡条约与司法协助条约、集装箱安全协议和乘客信息数据协议。在2001年和2002年,美国与欧洲刑警组织分别签署两项协议,允许美国执法机关和欧洲刑警组织共享战略性信息(威胁提示、犯罪模式和风险评估)[44]以及个人信息(姓名、住址和犯罪记录)。[45] 欧盟于2012年与美国[46]、2006年与加拿大[47]、2012年与澳大利亚[48]分别签署了关于乘客姓名记录(Passenger Name Record, PNR)的双边协议(Passenger Name Records Agreements)。[49] 执法部门可

---

[44] See Agreement between the United States of America and the European Police Office (2001).

[45] See Supplemental Agreement between the Europol Police Office and the United States of America on the exchange of personal data and related information (2002).

[46] 参见2012年《欧盟与美国乘客信息记录协议》替代"2007年协议"。该协议自生效之日起7年内有效,7年后除非一方不同意,否则该协议会自动更新,即每7年会更新一次。See Article 26 of Agreement between the United States of America and the European Union on the use and transfer of passenger name records to the United States Department of Homeland Security.

[47] See Agreement between the European Community and the Government of Canada on the processing of Advance Passenger Information and Passenger name Record data.

[48] 参见2008年欧盟与澳大利亚签署的《乘客信息记录共享临时协议》,"2012年协议"替代了"2008年临时协议"。与上述《欧盟与美国乘客信息协议》相同,该协议自生效之日起7年内有效,7年期限后除非一方不同意,否则该协议会自动更新,即每7年会更新一次。See Articles 26 and 29 of Agreement between the European Union and Australia on the processing and transfer of Passenger Name Record (PNR) data by air carriers to the Australian Customs and Border Protection Service.

[49] "Transfer of Air Passenger Name Record Data and Terrorist Finance Tracking Programme" (European Commission-European Commission), https://ec.europa.eu/info/law/law-topic/data-protection/international-dimension-data-protection/transfer-air-passenger-namerecord-data-and-terrorist-finance-tracking-programme_en, last visit on May 5, 2020.

以运用乘客信息记录数据打击严重犯罪和恐怖主义犯罪。

这些数据只能依据双边协议向第三国分享,即除美国、加拿大和澳大利亚外,其他国家无权获取欧盟的乘客姓名记录数据。欧盟与美国之间的《乘客信息数据共享协议》是欧盟对美国需要的回应。[50] 由于该类协议遭受到人权方面质疑,比如隐私权和信息保护,因此,上述欧盟与美国、加拿大协议都规定了审核和监督条款。不仅如此,欧盟还与美国签署了《追踪恐怖分子资金信息数据的反恐金融协议》(2010年),利用银行数据追踪可疑资金。[51] 值得一提的是,2010年2月,欧洲议会并没有批准先前欧盟与美国已经签署的《共享金融信息协议》。[52] 随后,双方通过协商修订了协议,欧洲议会于2010年7月8日批准新版本的协议。[53]

"911"恐怖袭击发生后,美国财政部秘密通过了恐怖分子财物跟踪项目(Terrorist Finance Tracking Program, TFTP),允许美国政府部门为了打击恐怖活动,通过核发行政票据的形式要求环球同业银行金融电讯协会(Society for Worldwide Interbank Financial Telecommunication, SWIFT)提供金融交易信息。[54] 双方还在打击恐怖资助活动,强化交通安全和应对外国战斗员方面进行合作。[55] 对"外国恐怖主义战斗员"现象,美国与欧洲刑警组织于2015年签署了两项新协议(Focal Point Travelers' Agreement and Focal Point Check Agreement),加强双边合作,共同打击外国战斗员和非法移民。

(二)引渡恐怖主义犯罪分子的执法合作

引渡时条约前置,但国际上并非国与国之间都签署了引渡条约,在没有引渡条约的情形下,一些引渡的替代措施在不断得到尝试,如个案协调机制等。即便在有引渡条约的前提下,由于全球尚未就全面反恐公约达成共识,在运用引渡模

---

[50] See Piet EECKHOUT, Kadi and the EU as Instrument or Actor. Which Rule of Law for Counter-Terrorism?, The External Dimension of the European Union's Area of Freedom, Security and Justice (Peter Lang GmbH, Internationaler Verlag der Wissenschaften 2011). p. 324.

[51] See Agreement between the European Union and the United States of America on the processing and transfer of Financial Messaging Data from the European Union to the United States for the Purposes of the Terrorist Finance Tracking Program.

[52] See Jorg Monar, The Rejection of the EU-US SWIFT Interim Agreement by the European Parliament: A Historic Vote and Its Implications, (2010)15 Eur. Foreign Aff. Rev. 143.

[53] See European Commission, SWD (2014)264 final (Brussels, 11, 8, 2014).

[54] See Jorg Monar, The Rejection of the EU-US SWIFT Interim Agreement by the European Parliament: A Historic Vote and Its Implications, (2010)15 Eur. Foreign Aff. Rev. 143.

[55] See Kristin Archick, US-EU Cooperation against Terrorism. Congressional Research Service, (December 2014) CRS Report RS22030; Kristin Archick, US-EU Cooperation against Terrorism. Congressional Research Service, (March 2016) RS22030.

式打击恐怖主义犯罪执法合作中也不可避免地遭遇如下挑战。

1. 认定执法对象方面的冲突,在欧盟层面认定个人或组织为恐怖分子或恐怖组织必须得到欧盟成员国的一致认同

过去几年来,美国已说服欧盟将土耳其库尔德斯坦工人党(Kurdistan Worker's Party,PKK)、哥伦比亚革命武装力量(the Revolutionary Armed Forces of Colombia,FARC)、巴勒斯坦组织(包括哈马斯军事组织和政治组织)及真主党(Hezbollah)军事组织加入欧盟的共同恐怖组织名单。美国也根据欧盟提供的线索将西班牙巴斯克分裂组织埃塔(Basque separatist group,ETA)等加入美国的恐怖组织名单。㊾ 尽管双方在涉恐名单认定方面共同努力,但是摩擦还是时有发生。例如,欧盟在认定与哈马斯相关的慈善组织为恐怖组织问题上踌躇不前,因为欧盟成员国认为这些组织是与哈马斯不同的实体组织。在对真主党(Hezbollah)的认定上也存在一些欧盟国家反对认定真主党为恐怖组织。

2. 引渡管辖权的竞合问题

就引渡跨国恐怖分子而言,恐怖活动犯罪行为,既包括预备和帮助行为,也包括实行行为,这些行为的行为地和结果地可能是多个国家,而该类人员可能拥有多个国籍甚至无国籍,或者国籍国与经常居住地不一致,这就会引发管辖权的竞合与冲突问题。另外,网络和社交媒体的运用超越了传统国与国之间的界限,也存在网络恐怖分子利用域外服务器袭击第三国的情况,这都增加了调查取证的困难和加剧了刑法管辖权的竞合与冲突。刑法管辖权冲突会导致相应的引渡竞合,即均享有管辖权的几个国家对同一犯罪分子基于相同(或者牵连性)恐怖活动行为向被请求国提起引渡请求,从而导致引渡竞合。与引渡竞合类似的一个问题是,欧盟逮捕令和引渡请求之间的竞合问题。以欧盟与美国签署的《欧盟与美国引渡协议》为例㊿,基于欧盟逮捕令作出的请求和美国基于该协议作出的引渡请求,哪个依据具有有限性? 当然,这种情况下,有规定的依照约定,如《欧盟与美国引渡协议》规定,竞争性请求的决定权由被请求国的主管当局决定引渡给相关国家。㊼ 没有约定的,则需要协商解决竞合与冲突问题。

㊾ See Kristin Archick, US-EU Cooperation against Terrorism, Congressional Research Service, (March 2016). p. 11.

㊿ See Agreement on extradition between the European Union and the United States of America.《欧盟与美国引渡协议》于2003年签署,2010年生效。

㊼ See Article 10 of Agreement on extradition between the European Union and the United States of America.

3. 引渡执法合作中面临适用死刑的挑战

在具有里程碑意义的 Soering v. U. K.（1989 年）案中，欧洲人权法院认为，被引渡人在美国将面临被判处死刑的危险，因而违反《欧洲人权公约》第 3 条禁止酷刑、不人道或者侮辱待遇的规定，欧盟国家通过确保被引渡之人不会被执行死刑作为向保留死刑国家引渡犯罪嫌疑人的条件之一。虽然欧盟与美国引渡条约和刑事司法协助协议在 2010 年正式生效，但美国的死刑制度和引渡欧洲公民两项事项在双方协商过程中受到挑战。美国最后承诺对从欧盟国家引渡的犯罪嫌疑人不适用死刑。[59] 然而，英国向美国提供证据起诉号称"甲壳虫"组织的英国圣战分子 Elsheikh 案和 Emwazi 案却公然违反先例。英国政府在没有得到美国不适用死刑承诺的前提下表示愿意在美国起诉"伊斯兰国"成员 Elsheikh 和 Emwazi，并向美国提供证据。[60] 不同于其他案件，英国政府一开始主张要求美国承诺不适用死刑，并保障换取英国政府提供的个人信息和其他证据。但特朗普政府拒绝给予不适用死刑保障；相反，美国执法部门官员希望对 Elsheikh 和 Emwazi 判处死刑，同时认为，英国政府实际上并非在解决英国自己的事情（Elsheikh 和 Emwazi 已经被剥夺英国国籍）[61]，不应给美国引渡请求设置任何限制。最终英国政府作出让步，同意在没有得到不适用死刑保障的情形下向美国提供相关证据以对他们进行起诉。[62] Elsheikh 的母亲对英国政府的做法提起诉讼，但英国高级法院作出判决支持英国政府的决定，认为英国政府的决定并不违法。[63] 随后该案上诉到最高法院，2020 年 3 月 25 日，最高法院判决不支持英国政府的行为，在没有得到美国对 Elsheikh 和 Emwazi 不适用死刑保证的条件下，英国不得向美国执法部门提供犯罪嫌疑人个人信息数据等起诉他们的证据。[64] 最高法院法官作出该判决的

---

[59] See Article 13 of Agreement on extradition between the European Union and the United States of America.

[60] See Beth Van Schaack and Julia Brooks, With a Little Help from Our Friends: Prosecuting the ISIL "Beatles" in U. S. Courts, (2019) Just Security, https://www. justsecurity. org/66653/with-a-little-help-from-our-friends-prosecuting-the-isil-beatles-in-u-s-courts/, last visit on April 29, 2020.

[61] 2018 年英国政府剥夺了他们的国籍。

[62] See Charlie Savage and Adam Goldman, Citing Death Penalty, U. K. Court Blocks Giving Evidence on ISIS "Beatles" to U. S., The New York Times (25 March 2020), https://www. nytimes. com/2020/03/25/us/isis-beatles-death-penalty. html, last visit on May 4, 2020.

[63] See Adam Forrest, High Court Rejects Challenge over UK Sharing Evidence about Suspected Isis "Beatles" Terrorists with US, The Independent (18 January 2019), https://www. independent. co. uk/news/uk/crime/isis-beatles-high-court-case-death-penalty-evidencelegal-challenge-islamic-state-terror-a8734096. html, last visit on May 8, 2020.

[64] See Elgizouli v Secretary of State for the Home Department, [2020] UKSC 10.

考量依据有两点:一是英国政府没有按照法律要求评估分享个人信息数据是否必要,是否遵守一定标准⑥;二是违背犯罪嫌疑人的人权,英国政府的做法是违法的⑥。死刑不引渡原则成为刚性原则,甚至有些在引渡程序进行中会以不适用死刑的外交承诺不充分为理由而拒绝引渡或反悔。

4. 非常规引渡问题

实践中,有些国家通过多种机制采用法律或者法外手段将个人从一个国家移交到另一国家。⑥ 如美国对恐怖分子有时就适用非常规引渡,通过刑讯逼供、任意拘留恐怖犯罪嫌疑人等非常手段向另一国家移交犯罪嫌疑人,缺乏相应的司法监督,因而备受国际诟病。事实上,在"911"恐怖袭击事件发生前,美国就时不时地采取这种非常规引渡的措施,将国外逮捕、拘留的个人转移到美国或者第三国接受审判。⑥ 美国的非常规引渡之所以备受国际社会的指责,就在于这种措施违反了人权的基本要求。非常规引渡不经过正常的逮捕、拘留程序,任意逮捕和非法拘禁等措施违反了个人安全和自由。通过该方式实施的移交行为违反个人不受非法虐待和禁止酷刑的规定。

此外,长期以来的反恐实践经验表明,反对恐怖主义不仅是刑法问题,而且涉及政治、经济问题。反恐也不仅是军队、警察等强力机关的任务,也应充分发挥社会团体、私营机构、人民群众、社区、志愿者等基层民间力量的作用。打击和预防恐怖犯罪活动不仅有刑罚手段,还有非刑罚手段;不仅有刑事手段,还有政治、经济、行政、文化、宣传、教育、情报等多种政策措施。在"911"恐怖袭击事件之前,虽然一些国家也运用军事力量打击恐怖主义,但由于国际社会对使用军事力量打击恐怖主义存在较大分歧和争议,使用军事力量遵循的约束条件较多,遇到阻力较大,所以规模相对较小、次数有限。但"911"恐怖袭击事件后,有些国家,如美国政府宣布发动全球反恐战争,并分别于 2001 年 10 月 7 日发动阿富汗战争、于 2003 年 3 月发动伊拉克战争,使得采取军事打击恐怖主义犯罪成为一种适当的选择。但是,无论是称为"反恐战争"还是"军事打击",一旦动用军事力量,无论动用军事力量(诉诸战争权)的决定是否合法,这种模式都有可能导致武装冲

---

⑥ 英国 2018 年通过了《信息保护法案》(Data Protection Act 2018)。

⑥ See Elgizouli v Secretary of State for the Home Department,[2020] UKSC 10.

⑥ See Silvia Borelli, Extraordinary Rendition, Counterterrorism and International Law, Research Handbook on International Law and Terrorism(Edward Elgar Publishing 2014), p. 362.

⑥ See S Borelli, Rendition, torture and intelligence cooperation, in H Born, I Leigh and A Wills (eds), International Intelligence Cooperation: Challenges, Oversight and the Role of Law (Routledge, 2011)88.

突,而一旦发生冲突,则需要考虑确保应对恐怖主义的军事措施和刑事司法措施之间能够得到重新平衡。采取军事打击措施时,应在联合国框架下,在集体安全原则得到授权的情况下,遵守国际人道主义法和国际人权法的标准。采取军事措施具有正当性,但它仍应作为反恐的例外情形,而不应将军事打击予以常态化。联合国一般采取非强制性措施或针对性制裁来处理非国家行为体。如联合国安理会第1267(1999)、1989(2011)和2253(2015)号决议针对伊拉克和黎凡特伊斯兰国、基地组织和有关个人、团体、企业和实体适用的制裁制度。

四、结语

恐怖主义是一种复杂多变的现象,随着犯罪的国际化,恐怖主义犯罪的国际性和跨国性愈加凸显。1987年,苏联总统戈尔巴乔夫表示支持建立国际刑事法院,并明确国际刑事法院仅限于管辖恐怖主义犯罪。1989年,特立尼达和多巴哥向联合国提出,该国面临着对毒品和恐怖主义罪行起诉和引渡的难题。[69] 从上述两个国家关于惩治恐怖主义犯罪的态度可见,恐怖主义犯罪已经超越一个国家管辖和制裁的范围。各个国家在积极更新本国的反恐立法的同时,也在努力承担起预防和惩治恐怖主义犯罪及其相关的犯罪国际义务,以有效应对日益升级和错综复杂的恐怖主义威胁。

联合国层面在没有出台一部全面的、专门的反恐公约情况下,采取"一行为一公约"的立法模式,积极应对恐怖主义犯罪带来的威胁。诸如针对危害航空安全和航海安全相关犯罪,通过了《关于在航空器内犯罪和其他某些行为的公约》《关于制止非法劫持航空器的公约》和《国际民用航空公约》及其议定书等;针对核材料相关的犯罪,通过了《核材料实物保护公约》和《核恐怖主义公约》;针对恐怖主义爆炸犯罪,通过了《制止恐怖主义爆炸事件的国际公约》;针对资助恐怖主义犯罪,通过了《制止向恐怖主义提供资助的国际公约》和联合国安理会1373号决议。

但是不容否认的是,当前恐怖主义犯罪在全球范围内日益升级,各种恐怖主义犯罪形式不断涌现,诸如海上恐怖主义犯罪、核恐怖主义犯罪、网络恐怖主义犯罪以及生物恐怖主义犯罪等。联合国采用的这种分散式的立法模式显然不能及时回应当前恐怖主义犯罪的威胁,应对恐怖主义犯罪仍然是全球面临的难题。在

---

[69] See M. Cherif Bassiouni, The Time Has Come For an International Criminal Court, at Indiana International and Comparative Law Review, Spring 1991; Michael P. Scharf, The Jury Is Still Out On The Need For An International Criminal Court, at Duke Journal of Comparative and International Law, 1991.

禁止组织、煽动、鼓励、容忍、为恐怖主义活动提供便利条件或资金支持的前提下，采取适当可行的措施确保一国领土既不被用作建立恐怖组织或恐怖组织训练营，也不被用作准备、组织针对他国或他国公民的恐怖活动。遵循国际惯例，避免出现反恐单边主义和"双重标准"的现状，充分利用本国刑事司法体系，积极抓捕并起诉恐怖主义犯罪行为人，适用或起诉或引渡原则，在不能起诉的前提下将犯罪嫌疑人移交，使之受到法律制裁。

有效的反恐措施和保障人权在打击全球恐怖主义犯罪中是相辅相成的，世界各国的经验表明，保障人权和尊重法治有助于打击恐怖主义，特别是通过在国家与国家管辖范围内的个人之间营造信任气氛。国际社会只有树立命运共同体意识，坚持"共同、综合、合作、可持续的新安全观"，打造多渠道务实反恐合作，构建全方位的国际反恐网络，共同应对全球性的安全挑战，应积极履行国际公约、条约的义务，加强国际刑事司法合作。在条约缺失的情况下，积极采取个案协调机制，最终将恐怖主义犯罪分子绳之以法。

国际刑事司法协助的基本原则[*]

成良文[**]

经过长期的司法实践,现代国际刑事司法协助业已积累了一些基础性、概括性的规则,形成国际刑事司法协助的基本原则。这些基本原则对国际刑事司法协助的开展均具有普遍性的指导意义。

一、国家主权原则

在国际刑事司法协助过程中,国家主权原则的表现如下。

1. 国家司法权的专属性

一国内部司法权利的运作具有专属性的特点。一国的司法机关对涉及本国的国际犯罪案件进行追诉完全是一个主权国内部的事情,其他任何国家、国际组织不得干涉,一国的司法当局对刑事案件的侦查、起诉、宣判和执行刑罚,原则上只能在一国领域内进行和有效,司法权不能及于其他主权国家。但由于国际犯罪、跨国犯罪以及其他含有涉外因素的犯罪行为,在一定情况下必须取得其他主权国司法机关的支持、协助和配合,刑事诉讼才能得以顺利进行,所以国际刑事司法协助在这一基点之上将一国的司法权引向一国的领域之外,并通过他国的司法机关完成刑事司法职能,理论上可将其称为司法权的域外延伸,在国际刑事司法协助种类中,刑事诉讼的移转管辖、外国刑事判决的承认和执行等是通过国际刑事司法协助的形式将一国的司法权合法地转移到另一国家,理论上可将其称为司法权的有条件转让。司法权的域外延伸和司法权的有条件转让与一国司法权的专属性并不矛盾,正是在国际刑事司法协助这一大的前提之下,司法权的域外延伸和司法权的有条件转让才使得国家主权在司法职能的行使上得以完整、有效。

---

[*] 本文原载《中国法学》2002 年第 3 期。
[**] 公安部南方研究所研究员,法学博士。

2. 国家对国际条约的善意信守与遵循

国际刑事司法协助的开展以国际条约和互惠承诺为基础,一国既已参加或缔结一项国际公约、双边或多边条约,或者对其他国家作出互惠承诺,就必须严格信守国际条约或互惠承诺所确立的权利和义务。

3. 司法豁免权在国际刑事司法协助中受到尊重

在国际刑事司法协助中,绝不可无视其他国家外交代表的尊严而侵犯其应当享有的特权。那样不仅会造成国际秩序的混乱,使外交代表的所在国感到其主权受到侵犯,影响国际关系的正常发展,而且会造成他国以对等原则实施报复,还会直接影响国际刑事司法协助的正常开展。

4. 治外法权的排除

治外法权是一种建立在不平等条约之上的特权,它将国际刑事司法协助的当事国摆在不平等的地位之上,是对一国司法权的侵犯,不符合国家主权原则,现代国际刑事司法协助国际条约规定,任何一个缔约国都不能寻求这种特权。

5. 对本国利益的特殊保护

对本国利益的特殊保护在国际刑事司法协助中主要表现在两个方面。一是对本国公共利益的保护,即无论国家间有无条约存在或互惠承诺,只要司法协助的请求违反被请求国的主权、安全、公共秩序或其他根本的公共利益,被请求国即有权拒绝提供协助。这种拒绝不会构成违反国际条约的背信行为。二是对本国国民的保护,对本国国民的特殊保护体现在对犯罪嫌疑人、被告人和被判刑的人的引渡协助上,即"本国国民不引渡"。虽然这一规则始终未成为一条被普遍接受的国际法准则,但仍有较多的国家予以采用,更有一些国家如德国、保加利亚等将其上升到宪法原则加以保护。

二、平等互惠原则

平等互惠原则在国际刑事司法协助中的具体表现如下。

1. 主体资格的平等

参加或者缔结刑事司法协助的当事国必须具有国际法的主体地位,具有国际法所确认的国际人格,一些特殊的地区也得因有其主权国的授权,或国际社会的承认,或有关国家的认可,而成为国际关系的主体,从而才能享有有关国际刑事司法协助条约所确认的权利并承担相应的义务。

2. 参加、缔结国际条约的自愿性

有关国际刑事司法协助条约的参加或缔结必须在国家自愿的基础上进行,任何非经一国同意,强迫其服从国际刑事司法协助条约规则的行为都是对一国平等权的侵犯。

3. 权利、义务的对等

无论是通过双边、多边国际条约开展的国际刑事司法协助,还是通过互惠承诺进行的刑事司法协助,任何一个国家在请求其他国家给予协助时所享有的权利,其在未来他国请求协助的时候也将履行相同的义务。

4. "国民待遇"上的平等

国际刑事司法协助条约的缔约国公民互相在对方境内参与诉讼活动,享有该国的"国民待遇",即享有同所在国国民同等的诉讼权利和义务,缔约国的司法当局不能对其实施任何特殊的不公正待遇。

5. 国家豁免权的适用

国际刑事司法协助中,不得以一个主权国家作为管辖的对象而请求协助或提供协助,从而违背国家间的平等原则。

6. 平等协商

国家间在刑事司法协助事务的合作中,应本着平等互惠的精神协商处理,特别是出现意见分歧时,要在互谅互让的基础上协商进行。

7. 对等限制

对拒绝履行刑事司法协助义务或不积极采取有关刑事司法协助措施,致使刑事司法协助无法正常进行的缔约国,其他国家可以采取相应的手段对其进行限制。

三、法制原则

国际刑事司法协助是一个国家刑事司法制度的重要组成部分,任何一个国家开展刑事司法协助都必须在其宪法和法律规定的基本原则的基础之上进行。由于国际刑事司法协助必须是两个或两个以上的国家相互配合与协作,当事国除了要遵守本国的法律及其基本原则,还要遵守对方国家的法律,因而国际刑事司法协助就派生出以下两项规则。

1. 双重犯罪规则的适用

双重犯罪规则是罪刑法定原则在国际刑事司法协助中的体现,为国际刑事司法协助所特有。在国际刑事司法协助中,只有双方对所需要办理的事项都认为符合本国的法律规定,司法协助行为才能进行,只要任何一方认为被指控人的行为不符合本国刑事法律认定的犯罪行为,那么该国就不会愿意以违反本国法律为代价进行这种活动。

但对于有些行为,虽然根据请求国和被请求国的法律均构成犯罪,但如若出现一方法律规定的特殊原因而致使该行为不再接受刑罚的制裁,这些行为也将排除在国际刑事司法协助的范围之外,有人认为这是双重犯罪规则在国际刑事司法协助中的特殊应用。这类情况有,根据请求国和被请求国的法律,犯罪的追诉时效或行刑时效已过;请求国和被请求国对有关犯罪行为实行了赦免。

2. 一事不再理

确立一事不再理规则的目的是避免造成新的不公或司法冤屈。国际刑事司法协助中一事不再理是在刑事管辖权竞合的情况下出现的,即对于同一犯罪事实,根据请求方和被请求方的法律,双方都拥有刑事管辖权,当请求方提出刑事司法协助的请求时,被请求方可根据一事不再理的适用规则,作出拒绝的回应。一事不再理原则要求国际刑事司法协助的请求方和被请求方不能对同一犯罪事实就相同的犯罪人都实施刑事管辖。

四、特定性原则

国际刑事司法协助的特定性原则,是对国际刑事司法协助的案件范围和请求方对被请求方具体协助行为在刑事诉讼中的具体适用上作出特殊限制的规则。它包括以下三个方面的内容。

1. 政治犯罪、军事犯罪的例外

国际刑事司法协助将政治犯罪案件作为例外原则排除在协助范围之外基于两项理由。一是尊重各国在政治上的独立自主性,各个国家由于社会制度不同,价值理念各异,对某些政治行为是否构成犯罪常存有不同看法,政治犯罪例外原则就是使各个国家在刑事司法领域的合作集中于普通刑事犯罪,而不让敏感的政治问题成为刑事司法合作的障碍,从而使国际刑事司法协助在充分尊重国家主权和政治独立的基础上保持良好的司法合作关系。二是因为政治犯罪案件例外原则与国家的庇护权紧密相关,庇护权也是国家主权的一个部分,一个国家对要求避难的外国人是否行使庇护权利通常也都从政治角度考虑,政治犯罪案件例外规则从某种角度上讲也正是对一国庇护权的尊重。

应当说明的是政治犯罪不予协助的规则在国际犯罪方面越来越受到限制,为了防止国际犯罪分子借政治犯罪之名逃避司法惩治,联合国有关国际公约对一些国际犯罪的庇护权进行了限制。对于某些犯罪,不要因其中含有政治因素而将其作为政治犯罪的例外排除在国际刑事司法协助的范围之外。

军事犯罪是指对一国特定军事义务的违反,侵害的是一国的军事或国防利益,这种利益有鲜明的特性,"任何一个不想证明自己在任何情况下均是请求国亲密的军事同盟的国家,都无必要也不会愿意就发生在请求国中的军事犯罪提供引渡合作"①。这里的军事犯罪指的是单纯的军事犯罪,即对一国特定的军事义务或国防利益的违反,军人所触犯的普通刑事犯罪则不属于例外原则的内容。

2. 引渡案件刑罚的最低标准限制

为了提高引渡合作的效用,现代社会国家间的引渡合作一般都在国际公约或有关国家的国内立法中对引渡的案件范围通过一定的方式加以限制,当然这种限制是在双重犯罪规则基础上的限制。

早期对引渡案件的范围限制主要采用的分"列举式",即在有关国内立法或国际条约中对可引渡之罪具体列明,由于各国立法技术上的不同导致立法罪名上的不一,因而在具体刑事司法协助的实践中,采用"列举式"对某一行为是否属于应予引渡的犯罪类型易于发生歧义,为弥补"列举式"的不足,一些国家开始采用"最低刑罚标准"的形式来确定可引渡犯罪的范围,即统一规定只有当犯罪达到一定的量的标准时,才符合引渡的案件范围。这个量的标准就是刑罚,它包括法定刑标准、宣告刑标准和剩余刑标准。法定刑标准就是只有当法律对要求引渡的罪行规定的法定最低刑符合对引渡犯罪确定的法定刑标准时,才属于可引渡之罪。所谓宣告刑标准就是被请求引渡者已被判处的刑罚达到对引渡犯罪所确立的最低刑期标准;剩余刑标准是针对正在服刑的逃犯,只有当正在服刑的逃犯还需执行一定时期的监禁刑时才可以引渡。

3. 刑事司法协助事项在诉讼中适用的特定性

具体包括引渡对象诉讼行为的特定限度;证人鉴定人的特殊保护;证据及其他有关材料的保密和使用限制等。

五、人权保护原则

从现有的国际刑事司法协助条约和国际刑事司法协助的具体执行上看,以下几个方面仍然反映了国际刑事司法协助的人权保障特点。

1. 死刑不引渡

国际对死刑不引渡制度的执行着重于人权保护,这是联合国《公民权利和政

---

① 黄风:《中国引渡制度研究》,中国政法大学出版社1997年版,第86页。

治权利国际公约》《禁止酷刑和其他残忍、不人道或有辱人格的待遇或处罚公约》中规定的对任何人均不得加以酷刑或施以残忍的、不人道的或侮辱性待遇或处罚的精神在国际刑事司法协助中的具体体现。目前,国际在有关引渡的立法和司法实践中,无论是废除了死刑的国家,还是仍然保留死刑的国家,大都主张"死刑不引渡"。而且,在一些国家如瑞士的有关国际刑事司法协助的立法中,还规定了"死刑不引渡"的强制性条款。德国、意大利等国家在其有关的引渡立法中都作了类似的规定。

2. 民族、种族、国籍和宗教、政治信仰等方面的人权保护

民族、种族、国籍和宗教、政治信仰方面的案件作为不予协助的例外,目的是保护平等权和宗教、政治信仰自由权,其不仅适用于引渡案件,还适用于其他刑事事宜的协助。

3. 年龄、健康状况的人道主义考虑

国际刑事司法协助,主要是引渡协助,一些国际条约允许被请求国从人道主义出发,出于对被引渡人年龄和健康状况的考虑,对有关人员可以作出拒绝引渡的决定。

4. 有关人员诉讼权利的最低限度保障

有关人员在一国参加刑事诉讼,他应享有一国宪法、刑事法律等所规定的其应当享有的全部诉讼权利。

基于社会组织化水平对刑罚报应理论的再认识

——兼论康德、黑格尔刑罚报应理论的区别与缺陷

司建军[*]

一、引言

刑罚理论研究具有极为悠久的历史,刑罚理论研究也取得了巨大进步,但我们仍不得不承认,处理罪刑关系、作为刑法理论的基础和核心的刑罚理论并没有在真正意义上得到解决,报应刑论、目的刑论及作为二者折中的综合刑论仍彼此对立,成熟稳定的刑法理论至今尚未形成——与成熟稳定的民法理论相比这是极为鲜明的。从根本意义上反思重构刑罚理论明显具有极为重要的意义,遗憾的是,这在现实中却很少见到。

科学的解释必须是因果性解释[①],科学的理论也理应反映不同现象间的必然联系,重构更完善的刑罚理论,目标理应是合理而客观地在罪刑之间以及在质、量两方面建立起因果性的必然联系,这就决定了既有刑罚理论作为反思建构更完善刑罚理论的基础所具有的意义是不同的。目的能否实现、刑罚能否实现预防目的,都是只有在偶然性的特定条件下才能加以判断,这决定了目的刑论不可能在必然意义上确立普遍适用的罪刑关系,明显难以成为建构新刑罚理论的基础,尽管其追求功利的理念值得肯定。而就综合刑论而言,其在新刑罚理论建构中明显不具有独立意义。

为自身特点所决定,康德、黑格尔刑罚报应理论成为反思建构更完善的刑罚理论的基础是必然的。二者作为纯粹形式意义上的处理罪刑关系的理论,作为建

---

[*] 河南大学法学院副教授,法学博士。
[①] [德]M.石里克:《普通认识论》,商务印书馆2005年版,第80页。

立在纯粹的自由概念基础之上②,对一切现实中影响罪刑关系的偶然因素均不予考虑的罪刑关系理论,均在绝对意义上在质、量两方面确立了罪刑之间的因果性关系,尽管二者确立的罪刑关系不同,也均具有自身难以克服的缺陷,但各自具有的合理性是得到广泛承认的,这使得二者在更完善刑罚理论建构中具有重要意义:作为部分合乎理性却又彼此矛盾的刑罚理论,二者在预示必有一个更好的刑罚理论存在的同时,也必然以某种方式向我们指出了建构更完善刑罚理论的道路③——着眼于博弈论在当今的发展,不难理解社会组织化水平在社会关系、罪刑关系中具有的意义,但这在康德、黑格尔的刑罚理论中都是被无视的。这既昭示了康德、黑格尔刑罚理论存在缺陷的原因,也为我们建构更完善刑罚理论奠定了基础。

二、康德、黑格尔刑罚理论间区别及各自面临的实践问题

(一)康德、黑格尔刑罚报应理论间的区别

康德、黑格尔刑罚报应理论虽然都是形而上学意义上的罪刑关系理论,但二者却具有本质区别。康德刑罚报应理论着眼于个人利益,根据犯罪对被害人造成的损害,基于犯罪人、被害人间作为理性主体本应存在的平等关系,依平等原则确定质、量两方面都公正的刑罚,以重新实现犯罪人与被害人间本应存在的平等关系。这经常被表述为"以眼还眼,以牙还牙"。康德刑罚报应理论经常受到"以牙还牙"式的等量报应不具有现实可行性的指责,但这并不公正:康德认识到"不能在所有的情况下都严格采用这个原则(即'以眼还眼,以牙还牙'),但是,作为效果来说,可以在实践中始终是有效的"④。

与康德刑罚报应理论着眼于个人利益,追求被害人、犯罪人间平等关系的实现不同,黑格尔刑罚报应理论着眼于犯罪对社会公共利益的损害,追求法和社会公共秩序的恢复。在黑格尔看来,犯罪是对法的否定,而刑罚是对法的否定之否定。"扬弃"犯罪以恢复法的原状,不仅要依"等价报应"对犯罪适用刑罚,而且要给予受害人民事上的损害赔偿⑤;由于犯罪"对社会成员中一人的侵害就是对全体的侵害,……侵害行为不只是影响直接受害人的定在,而是牵涉整个市民社会

---

② 参见[英]罗杰·斯克鲁顿:《康德》,刘华文译,译林出版社2013年版,第74页。
③ 参见[德]H.赖欣巴哈:《科学哲学的兴起》,伯尼译,商务印书馆1984年版,第148、149页。
④ [德]康德:《法的形而上学原理》,沈叔平译,商务印书馆2012年版,第164页。
⑤ [德]黑格尔:《法哲学原理》,范扬、张企泰译,商务印书馆1961年版,第100、101页。另参见高兆明:《心灵秩序与生活秩序:黑格尔〈法哲学原理〉释义》,商务印书馆2014年版,第351页。

的观念和意识……对市民社会的危险性就成为它的严重性的一个规定",这使得犯罪作为不法的定在,具有质、量的双重规定性,刑罚作为对犯罪的否定、作为对犯罪这种侵害的侵害,亦具有质、量的双重规定性,且这种质、量的双重规定应当与犯罪侵害相当,如此,作为刑罚的惩罚才是正义。这里的"相当"不是侵害特定性状的同一,而是价值的等同,体现的是社会的价值尺度——据此,刑罚标准会由于文化的进步及由此而来的人们对犯罪、对犯罪与刑罚间关系的看法发生变化。⑥ 于是有时对偷窃几分钱或一颗甜菜的人处以死刑,而有时对偷窃百倍此数甚至价值更贵的人处以轻刑,都同样是正当的。一部刑法典主要是适应它那个时代和那个时代的市民社会情况的。⑦

对于康德、黑格尔刑罚理论间的区别,传统刑罚理论正确,却过于简单地将二者对立地归结为"等量报应""等价报应"(有人无视二者在逻辑推理上存在的巨大差异,错误地将黑格尔刑罚理论视为是在康德刑罚理论基础上发展而来的、更完善的理论;也有人无视道德、法律在本质上的一致性,错误地将二者归结为道义报应、法律报应间的对立)。但在笔者看来,着眼于更完善刑罚理论的建构,有必要认识到康德、黑格尔刑罚报应理论在紧密相关的三个方面存在显著不同。

1. 康德、黑格尔刑罚理论处理犯罪问题时着眼视角不同

康德刑罚报应理论着眼于犯罪、刑罚涉及的个人利益,而黑格尔刑罚报应理论则着眼于犯罪、刑罚涉及的社会公共利益。

2. 康德、黑格尔刑罚理论各自意图实现的目标不同

根源于处理刑罚问题时着眼视角上存在的前述不同,康德、黑格尔刑罚报应理论意图实现的目标各不相同。康德认识到理性是平等的,具有理性属性的人天然平等,也必然追求平等;而犯罪总是意味着犯罪人对被害人利益的损害,意味着平等关系的破坏,重新实现犯罪人和被害人间本应存在的平等关系就成为康德刑罚报应理论意图实现的目标。相对地,黑格尔认识到犯罪总是意味着对社会公共利益的损害,意味着对法和法所体现的社会秩序否定,于是恢复和维护法和法所体现的社会秩序就成为黑格尔刑罚报应理论意图实现的目标。

3. 康德、黑格尔刑罚理论各自追求的正义标准不同

根源于处理犯罪问题时着眼视角上存在的不同,康德、黑格尔刑罚报应理论意图实现的目标各不相同,这进而使得作为二者意图实现目标内在根据的刑罚正义标准在二者之间也存在显著区别,涉及犯罪人刑事责任、民事责任两个方面。

---

⑥ [德]黑格尔:《法哲学原理》,范扬、张企泰译,商务印书馆1961年版,第99页。
⑦ 同上书,第228、229页。

(1)康德、黑格尔刑罚正义标准在刑事责任方面存在的差异

在刑事责任方面,康德刑罚正义标准要求"以牙还牙"式的等量报应,追求犯罪人、被害人由于刑罚或犯罪所受损害在效果上的等同。虽然犯罪、刑罚造成损害的效果与犯罪发生的特定社会背景紧密相关,但犯罪、刑罚所造成的损害在任何特定社会条件下都是客观明确的,康德在刑事责任方面的刑罚正义标准自然是具有客观明确性的——形成鲜明对照的是,黑格尔在刑事责任方面的刑罚正义标准具有很大的主观性:黑格尔主张的刑罚正义追求法和社会公共秩序的恢复,要求犯罪人根据犯罪对社会造成损害所具有的价值、依"等价报应"承担刑事责任。虽然现实的法和社会秩序是客观的,却是在不同程度和意义上具有缺陷的,且处于不停地变化过程中,这使得,将什么样的法和社会秩序作为刑罚适用意图恢复、维护的对象(现实社会秩序抑或理想完美社会秩序)在很大程度上只能依赖于刑罚适用主体的主观认知和选择,这使得黑格尔在刑事责任方面的刑罚正义标准虽然与犯罪发生的客观现实社会情势紧密相关,但其要求的刑罚适用存在很大差别、在很大程度上具有主观性也是必然的。

(2)康德、黑格尔刑罚正义标准在民事赔偿责任方面存在的差异

康德、黑格尔刑罚正义标准在民事赔偿责任方面的对立非常鲜明:黑格尔明确要求犯罪人在刑事责任之外亦要给予受害人民事上的损害赔偿,而康德则反对犯罪人在刑事责任之外给予被害人民事损害赔偿——康德固然没有直接提出这一主张,但这是依平等原则、等量报应原则得出的必然结论:康德的等量报应建立在犯罪人与被害人平等的理性基础之上,犯罪行为固然直接破坏了这种平等关系,而刑罚的等量适用则使二者间在新的基础上又恢复了平等关系,要求犯罪人在承担刑事责任之外对被害人承担民事损害赔偿责任势必打破这种平等关系。尽管人们习惯上将刑事责任与民事责任作为两类性质不同的责任,但事实上,民事赔偿完全可以作为刑事责任发挥作用——在给付一定数额的金钱作为罚金和给付一定数额的金钱作为赔偿之间并不存在真正的区别。⑧ 将民事赔偿责任作为犯罪人在刑事责任之外承担的责任,就使被害人在现实上具有了高于犯罪人的地位,明显违背了康德的建立于平等原则之上的刑罚理论。康德、黑格尔刑罚正义标准明显在民事赔偿责任方面存在尖锐对立。

(二)康德、黑格尔刑罚理论各自在实践中面临的问题

康德、黑格尔刑罚理论作为具有重大影响力的理论无疑均是具有合理性的,

---

⑧ [意]恩里科·菲利:《犯罪社会学》,郭建安译,中国人民大学出版社2004年版,第279页。

对于实践中诸多问题的处理具有指导意义,但作为在诸多方面尖锐对立的刑罚理论,二者也不可避免地具有自身的内在缺陷,这突出地表现为二者在实践上都面临着一些难以解决的问题。就康德刑罚报应理论而言,则是其难以理解不同时代背景、不同犯罪情势对犯罪、刑罚具有的意义,面对当今刑罚轻缓化的国际潮流,面对国际社会力倡的废除死刑运动,对于即使是故意杀人的犯罪行为也不判处死刑,突显了要求"等量报应"的康德刑罚报应理论的不足。而就黑格尔刑罚报应理论而言,则是没有处理好个人利益在罪刑关系中具有的意义,面临以下难以解决的问题:其一,难以理解犯罪、刑罚对被害人具有的意义,被害人利益往往在司法实践中被忽视、被排除在刑事诉讼以外;其二,对刑罚适用与犯罪人民事损害赔偿间的关系难以给出令人信服的说明,虽然实践中往往将犯罪人给予被害人较好的民事损害赔偿作为从轻适用刑罚的条件,但这主要是出于功利的考虑,在事实上缺乏清晰的理论上的支持;对于为何基于民事损害赔偿能够对犯罪人从轻处罚,从轻处罚的限度或程度为何,民事损害赔偿与从轻适用刑罚间究竟是何关系,这些都是将刑事责任、民事责任作为两种不同类型责任的黑格尔刑罚理论难以回答的问题;其三,对个人利益的忽视,使得对犯罪、刑罚社会价值的判断在很大程度上陷于主观而失去了判断的客观基础(由于社会利益在最终意义上是个人利益),进而失去了刑罚适用的客观标准,以致"有时对偷窃几分钱或一颗甜菜的人处以死刑,而有时对偷窃百倍此数甚或价值更贵的东西的人处以轻刑,都同样是正当的"[9]。这不可避免地使刑罚适用趋于功利化,在现实中往往使犯罪人沦为维护社会秩序的工具,从而难以使个人在刑事司法实践中作为目的、作为社会的主人、作为法律主体受到充分的尊重。

三、康德、黑格尔刑罚报应理论的缺陷及其原因分析

(一)康德、黑格尔刑罚报应理论特殊情势下合理性分析

康德、黑格尔刑罚理论各自在实践中面临的问题均与二者审视罪刑关系时片面地着眼于个人利益抑或社会公共利益的视角密切相关。由于犯罪、刑罚均是既涉及个人利益又涉及社会利益的,而个人利益与社会利益在不同情势下具有各不相同的对立统一关系,这必然使康德、黑格尔刑罚理论在不同情势下展现各不相同的合理性及其缺陷。考虑到在自然状态下只有个人利益而不存在社会公共利

---

[9] [德]黑格尔:《法哲学原理》,范扬、张企泰译,商务印书馆1961年版,第228页。

益,而在人类社会的理想完美状态下,社会公共利益则完美地体现了个人利益,二者实现了完美统一,对自然状态、理想完美社会状态下康德、黑格尔刑罚理论适用情况的考察,理应能够鲜明地呈现二者各自具有的合理性和缺陷。

1. 康德、黑格尔刑罚理论自然状态下合理性审视

在自然状态下,人人相互为敌,有的只是个人利益,根本不存在社会公共利益。可以预想,对于自然状态下的犯罪行为,康德、黑格尔刑罚理论在合理性上必然是截然不同的。

(1)对于自然状态下的犯罪行为,康德刑罚理论堪称完美

对于自然状态下发生的犯罪行为,康德基于平等原则的等量报应刑罚正义标准具有堪称完美的适用表现,任何其他的策略都是不合理的。一方面,对受到的损害不报复、仅给予较小损害的报复,将违背建立于人的理性属性基础之上的平等原则,必然使被害人在所属团体中不同程度处于劣势地位,进而难以生存,这从被害人个人利益来看明显是有害于自身利益、不可接受的。另一方面,对受到的侵害给予过量报复,除了带来更大的损害,带来犯罪人与被害人间长期对抗,损害所属团体整体利益,并不能比等量报复带来更多的利益,这使得过量报复既是不必要的也是过分的;从理性逻辑来看,等量报复与过量报复均可绝对避免犯罪的发生,二者在遏制犯罪上具有相同的效果,明显的是,过量报复从个人利益来看是不必要的;而在将理性人群体作为一个整体来看时,过量报复必然是有害于整体利益(可视为自然状态下的社会公共利益)的,在社会整体利益来说只能是过分的。事实上,在我们的社会中,无论是出于理性的考虑还是情绪使然,"以牙还牙"已成为普遍接受的行为策略和社会规范,如此行事的人会被认为是讲义气、有骨气的;相反,习惯于总是原谅别人的人被认为是窝囊的。[⑩] 这在相关的博弈论研究中是被证明了的。

(2)黑格尔刑罚理论适用于自然状态下的犯罪行为是极其荒谬的

一方面,根据黑格尔刑罚理论对自然状态下的犯罪行为适用刑罚将因过于严厉而陷于荒谬。相较于发生于秩序良好社会中的犯罪,犯罪在混乱的社会状态下具有更大的社会危害性,考虑到自然状态是完全违背社会理性、极度混乱的社会状态,根据黑格尔刑罚理论,这必然要求对发生于自然状态下的犯罪适用极为严厉的刑罚,黑格尔所说的"对偷窃几分钱或一颗甜菜的人也可以处以死刑"是对这一社会状态下刑罚严厉性的最好阐释。与等量报复相比,过量报复在此并不能

---

⑩ 参见[美]罗伯特·阿克塞尔罗德:《合作的复杂性——基于参与者竞争与合作的模型》,梁捷等译,上海世纪出版集团 2008 年版,第 23 页。

给受害人带来更多利益,却损害理性人作为整体存在的利益(社会公共利益);明显地,与依康德刑罚理论适用刑罚将促进社会和平、社会合作并进而有利于社会整体利益和个人长远利益不同,依黑格尔刑罚理论对自然状态下犯罪适用严厉刑罚必将导致社会的衰亡,就此而言,其陷于荒谬是必然的。

另一方面,对于自然状态下发生的犯罪行为,黑格尔刑罚理论要求犯罪人在承担刑事责任的同时进行民事赔偿则是既不现实也不合理的。这固然是因为在自然状态下根本不存在财产制度,个人不可能拥有用于赔偿的个人财产,但更重要的是,在对犯罪人适用刑罚、使其承担极为严厉刑事责任的同时,要求犯罪人承担民事损害赔偿责任,将势必造成犯罪人处于不利地位,这不仅违背基于理性的平等原则,而且违背自然规律。设想狼咬伤了羊的情况,上述规则的适用结果将会更为明显:狼不仅应受到比羊更为严重的伤害,而且应对羊进行损害赔偿,使羊如同没有受到伤害一样——这明显是违背自然规律的,鲜明地揭示了黑格尔刑罚理论的局限性:自然规律与道德法则固然在实践中常常是相互冲突的,但之所以如此,则是源于人的理性有限性,这种冲突在完全理性意义上是不可能存在的;黑格尔刑罚理论适用于自然状态下犯罪所导致的自然法则、道德法则在绝对意义上的相互对立,深刻地揭示了其自身存在的缺陷。

2.康德、黑格尔刑罚理论完美社会状态下的合理性分析

人类社会的理想完美状态符合康德意义上"目的王国"的一切标准,在这一社会状态下,一方面,每个人作为独立、平等的社会主体受到尊重;另一方面,社会的组织化达到极致,任何行为都被置于有效的认识、管理之下,于是,个人利益融合为统一的社会公共利益。

在理想完美社会状态下,犯罪行为虽然在自然层面上能够实现行为目的而获得利益,但由于行为被置于社会理性完全、绝对意义上的认识、管理之下,实现了个人利益与社会公共利益的完美统一,犯罪最终只能是对行为人自身利益的损害,根本不可能给行为人带来利益,这使得犯罪行为必然是非理性的、基于行为人自身错误发生的(这与自然状态下的犯罪行为根本不同);相应地,不难理解,在犯罪人对犯罪损害作出有效赔偿的情况下,如果仍对犯罪人现实适用刑罚,刑罚虽然直接体现为对犯罪人造成损害,但鉴于理想完美社会实现了个人利益与社会利益的完美统一,刑罚对犯罪人造成的损害,在最终意义上是对社会利益造成的损害,于是,犯罪和刑罚就对社会构成了双重意义的损害,这同样是违背理性的。明显的是,在理想完美社会状态下,对犯罪的刑罚适用标准是明确的:要求犯罪人承担民事责任即可有效调整受到犯罪行为损害的社会关系,根本不需要对犯罪人现实地适用刑罚,也即对犯罪人需要适用的刑罚量为零。

理想完美社会条件下犯罪的前述刑罚适用标准完全符合黑格尔刑罚报应理论,却与康德刑罚报应理论截然对立。考虑到黑格尔明确认识到犯罪在较好社会秩序之下社会危害性较小,对于理想完美社会状态下的犯罪行为,仅要求犯罪人承担民事责任而不对犯罪人现实适用刑罚就是完全合乎黑格尔刑罚理论的,黑格尔刑罚理论在理想完美社会条件下就具有了完美意义上的合理性(不可否认,黑格尔本人并没有清晰地认识到这一点,他要求在杀人的场合必然要适用死刑[11])。相对地,康德要求绝对等量报应明显是既有害于被害人利益(不能得到损害赔偿)和社会整体利益(犯罪、刑罚构成对社会的双重损害),也有害于犯罪人利益(与依等量原则承担刑事责任相比,承担民事责任是更为有利,也更为合乎理性),康德刑罚理论在理想完美社会状态下明显是违背理性的。

对自然状态、理想完美社会状态下犯罪行为刑罚适用的前述分析,在两个方面具有重要意义:首先,彰显了康德着眼于个人利益、黑格尔着眼于社会公共利益处理罪刑关系具有的合理性,也揭示了康德无视社会公共利益、黑格尔无视个人利益在罪刑关系中具有意义使其刑罚理论必然具有缺陷;其次,前述为自然状态下、社会理想状态下犯罪确立的刑罚适用标准,为解决罪刑关系问题确立了两个明确的参照点。

(二)社会组织化水平影响下的罪刑关系

现实社会总是处于自然状态与理想完美社会状态之间的某处位置,就个人利益与社会公共利益之间的关系而言,二者总是既对立又统一的,只是在何种程度上对立、在何种程度上统一存在不同程度的差异——取决于社会完美程度,即取决于社会组织化的程度。较完美的社会意味着较高的社会组织化程度,意味着个人利益与社会公共利益较大程度的统一;较不完美的社会意味着较低的社会组织化程度,意味着个人利益较大程度上的对立并难以在社会公共利益中得到反映。自然地,与社会组织化水平密切相关,个人利益与社会公共利益之间的对立统一关系是各不相同的。

考虑到社会组织化水平的影响,罪刑关系如何呈现呢?基于前述所确定的自然状态、理想完美社会状态下罪刑关系(在自然状态下,等量适用刑罚,而所需承担的民事赔偿责任为零;在完美社会状态下,犯罪人无须承担刑事责任,即需要适用的刑罚量为零,但需要对犯罪损害承担民事损害赔偿责任),如果将社会设想为一个从自然状态到理想完美状态的一个不间断、连续的变化过程,刑罚适用标准

---

[11] 参见[德]黑格尔:《法哲学原理》,范扬、张企泰译,商务印书馆1961年版,第106页。

相应地也必然呈现为一个不间断、连续变化的过程；就同一犯罪来说，随着社会从自然状态逐渐过渡到理想完美状态，犯罪人的刑事责任必然呈现从等量适用刑罚到无须适用刑罚的逐渐减小的连续变化，而民事责任则表现为一个相反的变化过程，即表现为从无须任何民事损害赔偿到全部民事损害赔偿的逐渐增大的连续变化。前述罪刑关系，我们可用图1表示。

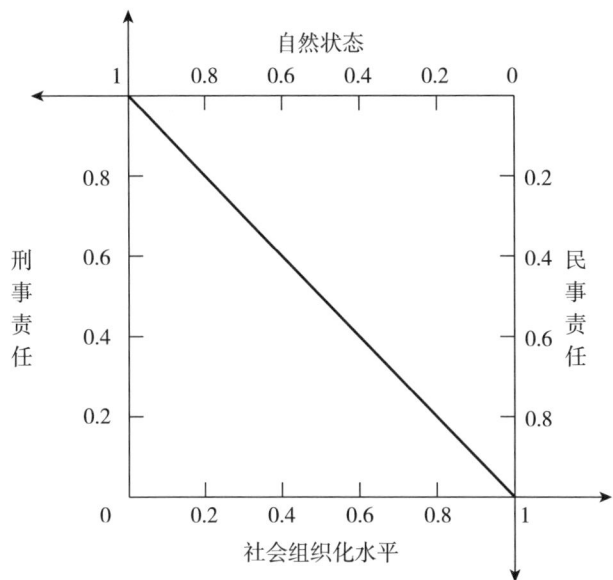

图1 刑事责任和民事责任受社会组织水平影响下的自然状态

（三）康德、黑格尔刑罚报应理论缺陷分析

1. 康德、黑格尔刑罚理论在刑罚标准上的认识错误

犯罪刑事、民事责任在不同组织化水平社会中的不同适用方式，清楚地表明了犯罪刑事责任、民事责任在不同社会组织化水平条件下是各不相同的，二者之间的关系既不是刑事责任排斥民事责任，也不是犯罪人在并列意义上承担的各自独立的责任（如黑格尔刑罚理论所要求的那样），两种责任是紧密相关的。严格来说，二者间是补充关系：存在以刑事责任方式承担责任部分和以民事责任方式承担责任部分之间的区别，即是与犯罪情势的社会组织化水平相适应的，在犯罪情势受社会理性有效支配，从而处于理想完美状态的程度和意义上，在个人利益与社会公共利益有效统一起来的程度和意义上，以民事责任替代刑事责任——这清楚地表明康德、黑格尔刑罚理论都是存在缺陷的：康德没有看到民事责任对追究刑事责任具有的意义，而黑格尔则错误地将刑事责任、民事责任作为犯罪人在

并列意义上需要承担的责任,没有看到二者是如何紧密联系在一起的,没有看到刑事责任的承担如何影响民事责任的承担而民事责任的承担又如何影响刑事责任。

2. 康德、黑格尔刑罚报应理论存在缺陷原因分析

康德、黑格尔刑罚报应理论存在前述缺陷的原因何在?康德、黑格尔刑罚理论之所以在前述不同社会组织化水平的社会中展现不同程度的合理性与缺陷,固然与二者在处理罪刑关系时采取了不同的视角有关,但其根源则是二者都忽视了社会组织化水平对罪刑关系具有的意义。

合乎理性的社会组织化水平反映了社会符合理性、受到理性支配的程度,其不仅影响并决定了特定社会情势下个人利益与社会公共利益之间的对立统一关系,而且影响了犯罪的价值和意义,对犯罪与刑罚之间的关系具有直接影响是必然的。这种影响主要表现于两个方面:一是社会组织化程度的提高将使社会得到更有效的管理,犯罪能够得到更有效的发现和惩治。二是社会组织化水平提高将使个人利益在社会公共利益中得到更好的反映,社会公共利益在人们的生活中具有更重要的地位,这使得通过合法的社会合作来谋取个人利益对个人来说是更为符合理性的,在人的利益格局中具有更重要的地位;相应地,个人通过犯罪行为能够获取利益的价值相对降低了,这使实施犯罪的现实需要减少,刑罚需求相应降低。

基于前述两个方面的原因,社会组织化水平不仅能够影响犯罪存在的范围和意义,而且能够在总体上影响并决定一个社会的罪刑关系或刑罚水平是自然的。社会组织化缺陷为犯罪提供的空间以及通过犯罪可以获取利益在人生中具有的价值,总体上决定了一个社会现实发生的犯罪量及需要适用的刑罚水平。在原始社会,一方面,社会管理水平、组织水平低,犯罪较少受到惩罚;另一方面,由于生存条件严酷,犯罪行为获得的利益,即使是微小的利益也足以影响犯罪人能否顺利地生存繁衍,从而具有很高的价值,这决定了犯罪在原始社会必然是大量发生的。考古学家劳伦斯·基利的研究证实了前述判断,据他估计,20%—30%的古代男人死于群体间的暴力,原始社会的暴力水平远远高于当今社会。[12] 在严重对立的专制社会,即使犯罪获得的利益对一个人的生存意义重大,具有很高的价值,但由于社会管制很严,犯罪往往也不可能大量发生,社会通常表现为稳定状态的

---

[12] Keeley, Lawrence. 1996. War Before Civilization: The Myth of the Peaceful Savage. New York: Oxford University Press. 转引自[美]迈克尔·舍默:《道德之弧——科学和理性如何将人类引向真理、公正和自由》,刘维龙译,新华出版社2016年版,第77页。

假象;而在专制社会发生社会动荡、不可能进行有效组织管理的情况下,犯罪必然呈现爆发性的增长,但无论社会稳定与否,严酷刑罚在严重对立的专制社会都是必不可少的。而在社会秩序得到有效管理、合乎理性的社会,一方面,参与合法社会合作获取生存发展利益作为人们赖以生存的手段是符合理性的选择,将犯罪行为获得利益置于整个人生过程权衡时必然是微不足道的;另一方面,有效的社会管理也为犯罪提供了较狭窄的空间,使犯罪更易受到惩罚,这就决定了在合乎理性的社会犯罪必然轻微、刑罚则相应轻缓。

社会组织化水平是人类社会具有的本质属性,不仅不同的社会具有各不相同的组织化水平,而且就同一社会不同领域、同一情势对于不同犯罪而言,其社会组织化水平也各不相同,这使得社会组织化水平不仅能够在总体上影响决定特定社会的刑罚水平,而且对一个社会中特定种类的犯罪及具体犯罪的罪刑关系也具有影响和决定作用。源于社会或国家在不同社会领域、不同具体情势下现实具有的认识支配能力不同,不同社会领域、不同具体情势下的社会组织化水平也是各不相同的,进而对犯罪现实或理应具有的发现和惩处能力也各不相同,这直接影响犯罪行为可能获得的利益及其价值,其能够影响罪刑关系是必然的。

着眼于社会组织化水平对罪刑关系的探讨,不仅揭示了康德、黑格尔刑罚理论各自所具有的缺陷,而且明确了在不同社会组织化水平的犯罪情势之下理应存在的罪刑关系及犯罪刑事责任与民事责任在互补意义上存在的紧密联系,彰显了建构新的、更完美的刑罚报应理论的必要性。

四、新刑罚报应理论的建构

就刑罚理论而言,对社会组织化水平问题的忽视,如果着眼于犯罪行为,在本质上是对犯罪行为自身理性属性问题的忽视,即对犯罪行为在何种程度和意义上合乎理性,从而能够真正实现行为人意欲实现利益问题的忽视。由于刑罚理论是建立于犯罪行为基础之上,在考虑社会组织化水平在罪刑关系中具有意义基础上建构更完善的刑罚报应理论,在本质意义上就只能是着眼于犯罪行为理性属性建构更完善的刑罚报应理论。为此首先分析犯罪行为理性属性是必要的。

(一)犯罪行为的理性属性

理性属性是行为的自然属性,建立在理性基础之上的行为一般来说能够更好地实现行为人意欲追求的利益,有利于人之生存;但由于人的理性有限性,受各种偶然因素影响,行为理性往往是不完善的,这使得现实行为往往在不同程度和意义上具有理性缺陷,体现了非理性属性。犯罪行为作为行为的特殊类型,其理性属性具有自身鲜明的特征并深刻地影响着犯罪行为的罪刑关系。

1. 犯罪行为的非理性属性

犯罪行为固然常常因为理性缺陷而不能实现意欲追求的目的——从行为内在理性逻辑来看,这无疑理应是有害于行为人利益的,从而使现实犯罪行为具有了非理性属性,会影响到现实犯罪行为的罪刑关系,是我们必须面对和解决的重要刑罚理论问题;但就这里所探讨的反映犯罪、刑罚间必然联系的形而上学意义上的刑罚理论而言,犯罪的非理性属性指的是内在于犯罪概念、为犯罪必然具有的非理性属性:所有犯罪都是违背社会理性法则的,犯罪的发生本身就无可怀疑地证明人们无法理性处理相互之间的关系,犯罪是且只能是社会理性失败的产物。

2. 犯罪行为的工具理性属性

虽然所有犯罪都是社会理性失败的产物,具有非理性属性,但从自然意义上看,犯罪的现实发生仍然只能是犯罪人、被害人(社会)行为有意或无意间共同作用的产物,这使得工具理性属性同样是犯罪行为理应具有的属性:从行为内在理性逻辑来看,犯罪行为理应是合乎犯罪人行为目的、有利于实现自身利益的。

犯罪行为工具理性属性主要涉及紧密相关的两个不同层面的评价。一是自然层面的工具理性评价,这就行为自身而言涉及犯罪行为是否能够实现犯罪人意图追求的直接目的,就犯罪人而言涉及犯罪行为是否符合犯罪人的人格特征,前者是行为的外在合理性评价,后者是行为的内在合理性评价。二是社会层面的工具理性评价,这一评价考虑到犯罪人借由合法行为能够获得的利益及犯罪行为被发现而受到惩罚的可能性,就犯罪行为预期获得利益在犯罪人利益整体中具有的价值来审视犯罪行为是否符合工具理性:由于人们的价值体系和现实需要不同,这一评价在不同的人之间、在同一人的不同现实生活背景之下会有很大差别。不难理解,即使考虑到刑罚适用的可能性,犯罪行为在逻辑上仍应是有利于犯罪人利益的,虽然犯罪行为结果常常是有害于行为人利益的。

犯罪行为的工具理性属性是由前述两个层面的理性评价共同决定的,但就本文所要探讨的刑罚理论问题而言,当犯罪行为在自然层面上符合工具理性的情况下,具体犯罪情势的社会组织化水平如何影响犯罪行为的工具理性属性是我们应予关注的。这主要涉及两个方面的内容,它们深刻地影响着我们对现实罪刑关系的处理。

(1)犯罪情势的社会理性与犯罪行为工具理性总是正向对立的

犯罪行为工具理性与犯罪情势的社会组织化水平密切相关。受具体犯罪情势、时代背景社会组织化程度不同的影响,同一犯罪行为在社会层面的工具理性属性会呈现不同的样态。在自然状态下,如果犯罪行为在自然层面合乎工具理性,即行为符合自身人格特征且能够实现意图追求的直接利益,则行为在社会层面自然也是合乎工具理性的,即有利于行为人利益的实现;而在社会组织化完美的社会条件下,由于个人利益与社会利益是完美统一的,犯罪行为虽然在自然层面可能是合乎工具理性的,但在社会层面却只能是违背工具理性而有害于行为人自身利益的;而就现实发生的、在自然层面合乎工具理性的犯罪行为而言,何种程度和意义的犯罪行为在社会层面是合乎工具理性的,直接取决于犯罪情势的社会组织化水平,其原因在于社会组织化水平能够影响决定具体犯罪行为在犯罪人利益整体中具有的价值和意义。

社会组织化水平对犯罪行为价值和意义所具有的影响决定作用,使作为社会组织化内在根据的社会理性与犯罪行为工具理性总是正向对立的。符合理性的社会组织化,总是以社会理性为前提和根据的,其总是意味着社会关系的理性化,意味着人们之间的合作及对有害社会行为的防范和惩治,意味着个人利益与社会公共利益的统一,符合社会理性的行为能更好地实现社会整体利益和个人利益,是社会完善程度、受社会理性支配程度的标志;而犯罪行为则只能是损害社会整体利益的,意味着犯罪人利益与他人利益、与社会公共利益之间的对立,意味着人们不能理性处理相互之间的关系,犯罪行为明显是直接违背社会理性的。因此,作为社会组织化本质属性的社会理性与犯罪行为工具理性只能是正向对立的:在社会组织化的程度和意义上,即在受社会理性支配而处于理想完美社会状态的程度和意义上,犯罪行为的实施只能是非理性的,是既有害于社会公共利益、也有害于犯罪人自身利益的;而在犯罪行为合乎工具理性的程度和意义上,也即在犯罪行为有利于行为人自身利益的程度和意义上,必然意味着社会组织化或社会理性上存在的不足和失败,意味着社会在犯罪行为合乎工具理性的程度和意义上处于自然状态。明显的是,与犯罪情势的社会理性、犯罪行为工具理性间不同程度和意义的正向对立相对应,就发生于这一情势之下的犯罪而言,犯罪情势在相应程度和意义上存在自然状态和社会理性有效支配状态即理想完美社会状态的对立。

(2)犯罪行为工具理性只能以信心程度或者概率的形式呈现

现实世界中存在大量的"不可降低的不确定性",[13]哪怕人们认为世界上存在某种潜在的决定性结构,但人们还是不得不承认,许多我们最关心的、与日常生活戚戚相关的事件仍然是我们无法完全了解的,它们与理论随机过程中的理想行为

---

[13] [美]雷德·海斯蒂、[美]罗宾·道斯:《不确定世界的理性选择》,谢晓非、李纾等译,人民邮电出版社2013年版,第67页。

非常接近——那些在赌场或彩票中的事件虽然看起来是由确定的物理过程引发的,但事件的决定因素太过微妙、因果机制太过复杂,因而最好在概率论的框架下来考虑这些情境。对于所有不确定情境中的判断,我们都应该用概率论来组织思维,哪怕我们对其中的因果机制比对赌场的了解更多或更少。⑭

合乎工具理性的犯罪行为预期之所以只能以概率的形式呈现,正在于犯罪行为的决策过程涉及太多的不确定性。虽然人类经过千万年进化形成的逻辑推理能力及内在于本能、基于直觉的决策机制为人们的行为合乎工具理性提供了保证,但由于现实的犯罪情势总是繁杂而令人困惑的,面临着太多的、难以或根本无法消除的不确定性,人们在现实情势之下决定是否实施具体行为时往往根本不可能对行为及其结果作出完美地预测和控制,而我们的思维技能普遍具有的局限性也往往使我们作出的决策远非最佳选择。这使得,合乎工具理性的犯罪行为预期只能以概率的形式呈现:犯罪行为是否合乎工具理性取决于作出行为决策的思维过程是否符合理性,而不取决于预期的行为结果是否发生——犯罪行为符合工具理性并不是必定能够现实地增进犯罪人利益的,而只是意味着增加了利益实现的可能性。⑮

犯罪预期只能以信心程度或者概率的形式呈现,犯罪结果也将以概率的形式体现犯罪行为合乎理性的程度,这使得对于犯罪问题、犯罪与刑罚间的关系问题,我们有必要用概率论来组织我们的思维。概率论作为一种描述世界的语言,用以描述我们关于这个世界的信念之间的关系⑯,用概率论来组织关于犯罪与刑罚间关系,即关于犯罪与刑罚观念间关系的思维,所能够确立的罪刑关系理论仅仅具有概率或统计学上的意义是自然的。

犯罪行为的理性属性和非理性属性直接影响到犯罪行为具有的价值和意义,自然会影响并决定我们对刑罚诸多理论问题的认知,理应成为建构更完善刑罚理论的基础。

(二)作为刑罚理论基础的犯罪行为

尽管犯罪只能是社会理性失败的产物,但是对于作为刑罚理论基础的犯罪行为,我们却必须将其假定为合乎工具理性、有利于犯罪人利益的,唯有如此,犯罪行为才是合乎人性而具有必然性的,也才具有现实性,作为反映犯罪、刑罚间必然

---

⑭ 参见[美]雷德·海斯蒂、[美]罗宾·道斯:《不确定世界的理性选择》,人民邮电出版社 2013年版,第 143 页。

⑮ 同上书,第 343 页。

⑯ 同上书,第 142 页。

关系的刑罚理论才能具有坚实基础,才有成立的可能。

(三)基于犯罪行为工具理性属性重构刑罚报应理论

作为犯罪情势社会组织化本质属性、内在根据的社会理性与犯罪行为的工具理性总是正向对立,使得前述为社会组织化水平所影响决定的罪刑关系,在我们着眼于犯罪行为工具理性时同样是能够在理论上证成的,这就为我们在考虑犯罪情势社会组织化水平基础上,着眼于犯罪行为工具理性重构刑罚报应理论既提供了目标,也提供了保证。

基于犯罪行为工具理性重构刑罚报应理论,在罪刑关系上贯彻平等原则,我们需要着眼于犯罪行为工具理性两个方面的属性。一方面,犯罪行为工具理性在现实中只能以信心程度或者概率的形式呈现;另一方面,作为犯罪情势社会组织化水平本质和内在根据的社会理性与犯罪行为的工具理性总是正向对立的——这意味着,犯罪情势的社会组织化水平能够影响决定犯罪情势在何种程度和意义上处于自然状态,而在相对应程度和意义上处于完美理想社会状态;于是,对于犯罪行为造成的损害,我们能够在观念上将其分为两个互补的部分:犯罪行为在犯罪情势处于自然状态的程度和意义上造成的损害,及犯罪行为在犯罪情势处于理想完美社会状态的程度和意义上的造成的损害。相应地,就犯罪行为产生的前述两部分损害,依据平等原则,在互补的意义上存在刑事责任和民事责任的对立:就犯罪行为在犯罪情势处于自然状态的程度和意义上产生的损害,借由刑罚报应、依据平等原则追究犯罪人刑事责任,犯罪行为产生的此部分损害由被害人自行承担;而对于犯罪行为在受到社会理性有效支配,从而处于理想完美社会状态的程度和意义上造成的损害,不作为犯罪人承担刑事责任的基础,仅作为犯罪人承担民事责任的根据——这在社会理性有效支配意义上,也即在民法意义上同样是合乎平等原则的。

在犯罪情势处于社会理想状态、受到社会理性支配的程度和意义上,对犯罪行为造成的损害之所以仅作为承担民事责任的根据,是考虑到犯罪行为在造成此部分损害的程度和意义上受到社会理性的绝对有效支配,犯罪人从犯罪行为中依理不会得到任何利益,从而我们理应,也能够基于理性认知或推断,依据民法上平等原则,基于过错责任,借由犯罪人承担民事责任来有效遏制犯罪的发生——在此,与刑事责任相比,民事责任在功利上是更为可取的。一者,在犯罪情势受到社会理性有效支配而处于理想完美社会状态的程度和意义上,犯罪行为是不可能获得利益的,对犯罪损害施以民事责任就足以有效遏制犯罪的现实发生;二者,与刑事责任相比,采取民事责任的责任方式产生的损害更小,从社会整体来说适用刑罚带来的损害就得以避免,是合理的,从功利的角度考虑也是更为可取的:对被害人来说,其存在的利益在于,在自身对犯罪发生不存在过错的程度和意义上,被害人能够得到来自犯罪人的赔偿(在自身与犯罪相关的行为存在过错时仍要在相应程度和意义上承担犯罪造成的损害);对犯罪人来说,相对于等量适用刑罚,从逻辑上说,对损害承担民事损害赔偿责任是更为有利的,而在被害人有过错时,更是可以由被害人承担犯罪造成的部分损害。

如此,我们就在考虑社会组织化水平的情况下,基于犯罪行为重新建构了刑罚报应理论,其不仅阐明了在何种程度和意义上应当依据报应来适用刑罚,而且阐明了刑事责任与民事责任间的关系,进而实现了刑罚报应与功利在理论上的统一。在这里,刑罚报应与功利的统一虽然建立在犯罪情势的社会组织化水平之上,但明显地也是直接内在于犯罪行为自身的,是从犯罪行为自身直接可以得到理解的,这使得传统刑罚理论将刑罚报应与功利对立起来、在犯罪行为之外寻找刑罚正当性根据(如着眼于将来的犯罪预防)完全成为不必要的了,这对于传统刑罚理论无疑是一个巨大进步。

不可否认的是,具体犯罪行为在何种程度和意义上是理性的,在何种程度和意义上是非理性的,取决于行为发生特定时代、特定情势的社会组织化水平,但由于往往涉及太多的不确定性,犯罪情势社会组织化水平的判断具有很大的主观性。这使得,犯罪造成的损害在何种程度和意义上是基于犯罪行为工具理性产生的,在何种程度和意义上(因受到社会理性有效支配)是违背犯罪行为工具理性造成的,人们往往难以给出准确的答案,有时甚至是我们的现有知识难以理解的。但我们也不应否认,具体犯罪行为在何种程度上是理性的,又在何种程度上是非理性的,及各自相对应的损害有哪些,仍然具有客观性,存在一般社会判断,只是这种客观性在相当程度上是夹杂诸多错误,在不同的概率意义上、以偶然的主观样态呈现:作出判断的难易程度及客观准确性与特定情势的复杂性有关,在某些情况下很难作出(如涉及财富分配制度正当合理性的盗窃、抢劫犯罪),一些情况下却较为容易,只是难以准确(如民间纠纷引发的故意伤害犯罪),而在另外一些情况下,相对于行为目的,可以准确而容易地作出判断(如交通肇事犯罪)。

(四)何以犯罪人对部分犯罪损害无须承担民事责任

在传统法学理论,特别是黑格尔刑罚理论之下,本文所建构的新刑罚报应理论必须面临的批评是,在犯罪造成的损害作为适用刑罚的根据时,何以被害人被损害利益是无须赔偿的?从民法理论的角度如何解释这一问题呢?这对自身没有过错的被害人来说尤其是一个问题。

在笔者看来,我们对上述问题的回答,必须着眼于权利的本质属性:权利在本质上意味着利益主张的正当性,这种正当性只有在理性范围内才有意义、才能存在,即权利的存在以人们之间的社会关系受到社会理性支配为前提——而犯罪总是意味着社会理性的失败,意味着犯罪人与被害人间的关系没有受到或不能期望受到社会理性的有效支配,至少在行为作为犯罪来处理的程度和意义上没有受到社会理性的支配,在此种意义上也就不能设想存在权利(在犯罪行为受到社会理性支配的程度和意义上仍然可以认为存在权利):在犯罪行为合乎工具理性的程度和意义上,犯罪情势只能认为处于自然状态之下,在这种程度和意义上根本不存在合乎理性的社会秩序,这就使得以权利为根据的被害人的损害赔偿请求权是不存在的,即使是对没有"过错"的被害人来说也是如此(事实上,使自身处于易受侵害的自然状态之下肯定是不符合理性的,在某种意义上,这本身就是可以归属于被害人的错误)。

康德、黑格尔刑罚报应理论均具有合理性,但二者无视犯罪情势社会组织化水平在罪刑关系中具有的意义也无可避免具有自身的缺陷。基于犯罪情势社会组织化水平与犯罪行为理性属性之间存在的紧密联系,着眼于犯罪行为理性属性对刑罚报应理论的探讨、重构,明确了犯罪刑事责任与民事责任之间总是在互补意义上存在的,从而将刑罚报应与功利的统一直接建基于犯罪行为之上,而不是如既有刑罚理论那样着眼于对未来犯罪的预防,使犯罪与刑罚间关系进一步明晰化。鉴于刑罚理论在刑法理论和实践中的重要地位,新刑罚报应理论有望为诸多困扰我们的理论和实践问题提供答案。

国际刑事法院的重点调查
和起诉策略及其面临的挑战

杨　柳*

国际刑事法院自2002年正式开始运行以来,一直面临国际社会对于其结束对严重国际犯罪有罪不罚现象的巨大期望与其资源和能力极其有限之间的矛盾,与此同时,国际刑事法院检察官调查和起诉情势和案件的公正性还不时受到国际社会的怀疑。面对这种局面,处于国际刑事法院压力中心的检察官采取的策略是,通过发布某些政策性文件公开宣布其检察策略,以此表明其将根据《罗马规约》的宗旨和精神以一种负责任并且符合现实的方式行使此项调查和起诉权力。首任检察官路易斯·莫雷诺·奥坎波(Luis Moreno Ocampo)上任后,先后通过2003年《检察官办公室关于某些问题的文件》、2006年《检察策略报告》以及2010年《检察策略(2009—2012)》确认并完善了三大检察策略,2012年接奥坎波上任的第二位检察官法图·本苏达(Fatou Bensouda)仍然延续了这些检察策略。这三大检察策略,一是重点调查和起诉策略,即国际刑事法院的检察官将集中关注那些对最严重犯罪负有最大责任的领导人;二是积极补充性管辖策略,即检察官积极鼓励有关国家至少对中低级层次的犯罪者进行调查和起诉,也鼓励国家在提交情势以及提供合作方面采取积极态度;三是影响最大化策略,即努力以最小的成本达到犯罪威慑效果的最大化,从而实现尽可能威慑未来严重国际犯罪的目的。在这三大检察策略中,重点调查和起诉策略无疑居于核心的位置,该策略虽然具有一定的法律和现实依据,但其如何实施这一策略则会直接涉及其能否接受合法性和合理性双重检验的问题,本文就将重点对该检察策略所涉及的合法性和合理性问题进行探讨。

---

* 景德镇陶瓷大学法学系讲师,法学博士、博士后。

一、重点调查和起诉策略的内涵及其法律和现实依据

国际刑事法院检察官有关检察政策文件对重点调查和起诉策略的内涵予以了明确的界定,其最核心的内容就是"将检察官办公室的精力重点放在最严重的犯罪以及那些对这些犯罪负有最大责任的人身上"。为此,检察官在选择将要予以调查和起诉的案件时,首先,要考虑案件的严重程度(衡量的因素包括犯罪的规模、犯罪的性质、犯罪的方式以及犯罪的影响),只有那些严重程度高的犯罪才应成为调查和起诉的首要目标;其次,在犯罪事件的选择上注重典型性,"原则上,被选择的犯罪事件应该成为能够反映最严重的犯罪事件以及主要受害类型的代表";再次,优先选择那些对这些最严重犯罪事件负有最大责任的人进行调查和起诉;最后,为了促进司法程序的快速进行,只有当一起案件已经基本做好审判准备时,才可以申请逮捕证或出庭传票。①

对于将调查和起诉的重点放在最严重国际犯罪以及对这些犯罪负有最大责任的人身上这一策略,检察官认为可从《罗马规约》中找到法律依据。《罗马规约》的序言即申明,"对于整个国际社会关注的最严重犯罪,绝不能听之任之不予处罚",因此缔约国决心为了今世后代"设立一个独立的常设国际刑事法院,与联合国系统建立关系,对整个国际社会关注的最严重犯罪具有管辖权"。为此,《罗马规约》第5条明确规定,"本法院的管辖权限于整个国际社会关注的最严重犯罪";而第17条则规定,如果"案件缺乏足够的严重程度,本法院无采取进一步行动的充分理由",那么法院就应断定案件不可受理。不仅如此,第17条还赋予检察官在断定调查和起诉不符合公正利益时决定不予调查或起诉的权力。检察官认为,这些规定都说明检察官重点关注最严重的犯罪和对这些犯罪负有最大责任的人的策略是于法有据的,并非只是检察官的自主决定。②

根据国际刑事法院检察官的理解,采取重点调查和起诉策略也是由国际刑事法院的全球性质及其资源限制所决定的。国际刑事法院的全球性意味着它可能需要同时调查好几个情势,并且每个情势都可能涉及大量的罪行、犯罪嫌疑人以及被害人,有些情势的严重性甚至可能与联合国两个特设国际刑事法庭——前南斯拉夫问题国际刑事法庭和卢旺达问题国际刑事法庭处理的情势相当。③ 但显

---

① The Office of the Prosecutor, Report on Prosecutorial Strategy, 14 September 2006, pp. 5 – 6.
② Paper on Some Policy issues before the Office of the Prosecutor, September 2003, pp. 6 – 7.
③ Ibid., p. 6.

而易见的是,国际刑事法院不太可能像联合国两个特设国际刑事法庭那样,对单个情势就展开对数十甚至数百起案件进行调查与起诉,毕竟国际刑事法院要同时处理很多国家的犯罪情势。因此它只能在现有资源许可的范围内,选择在某个犯罪情势中那些最严重的国际犯罪,并且重点调查和起诉对这些罪行负有最大责任的那些个人。国际刑事法院的全球性质决定了检察官在单个情势中调查和起诉的案件数量,无论如何都不太可能超越两个特设国际刑事法庭的规模,尽管在这些情势中,参与最严重国际犯罪的人数并不一定会逊色于卢旺达和前南斯拉夫地区情势的规模。

从某一方面言之,国际刑事法院重点调查和起诉策略也是吸取了两个联合国特设国际刑事法庭经验教训的结果。由于这两个国际刑事法庭一开始对许多中低级别犯罪嫌疑人进行了调查和起诉,④从而导致法庭昂贵的运作开支不断扩大,最终引起联合国强烈的政治反弹。联合国安理会于 2003 年 8 月通过了第 1503(2003) 号决议,要求两个国际刑事法庭实施旨在尽快完成历史使命的"完工战略"(completion strategy),将重点转向集中起诉和审判涉嫌应对国际罪行负最大责任的最高级别领导人,并酌情将可能不承担此类级别责任人员的案件送交有此能力的国家司法机构。两个国际刑事法庭为了贯彻"完工战略",以便在某个时间点之前结束所有调查和起诉,被迫努力将一些中低级别的被告人移交某些国家的国内法庭进行处理。

检察官采取重点调查和起诉策略也与其在国际刑事调查中不可避免遇到的困难和多方面职责有直接关系。在实践中,检察官所面临的调查环境完全迥异于国内的调查,其调查行动经常要在不受政府控制的地区内进行,也经常要面对有关国家当局自身也牵涉犯罪情势的情形。在这种情况下,国际刑事法院调查员的人身安全以及必要的国际协助均不一定能得到有效的保证。对国际刑事法院检察官而言,其既负有尽快逮捕犯罪嫌疑人以及完成案件调查和起诉的使命,也负有保障调查人员、证人和被害人安全的义务。为了在条件困难的情况下有效地履行调查和起诉职责,检察官必须在保证履行法律职责的前提下,有针对性地减少不必要的重复性工作和安全风险。而采取重点调查和起诉策略就意味着,"检察官办公室将选择数量有限的犯罪事件以及让尽可能少的证人出庭作证",只要这些犯罪事件能够集中代表最严重的事件以及主要的受害类型。此外,只选择典型犯罪事件作为调查对象,让尽可能少的证人出庭作证,以及只有在为审判准备就

---

④ Minna Schrag, Lessons Learned from TCTY Experience, in 2 J. Int'l Crim. Just., 2004, p. 430.

序后才申请逮捕证或出庭传票,这些举措的目的都在于,"让检察官办公室可以在能够让调查对象代表整个犯罪行为的同时,减少调查所需的时间以及促进快速审判"。⑤

从国际刑事法院调查和起诉的实践来看,检察官也确实一直按照重点调查和起诉的策略行事。截至2015年年底,在检察官已经提起调查的9个情势中,检察官仅对23起案件共36名犯罪嫌疑人(其中还包括2名涉嫌妨害司法罪的嫌犯)进行了调查,平均每个情势不足3起案件及4名犯罪嫌疑人。在利比亚情势和马里情势中检察官迄今为止都只调查了1起案件,而接受调查的犯罪嫌疑人则分别只有3名和1名。当然,由于有些情势的调查尚在进行中,因此不排除这些情势可能还会出现更多的案件和犯罪嫌疑人,但无论如何重点调查和起诉,政策决定了检察官针对每个情势进行调查和起诉的案件和犯罪嫌疑人都是非常有限的。

与联合国两个特设国际刑事法庭相比,国际刑事法院检察官所采取的重点调查与起诉政策在集中程度方面无疑要突出得多。虽然两个特设国际刑事法庭在中后期也采取了重点调查和起诉策略,但就单个情势的调查而言,两个特设法庭的调查广度显然要远远超过国际刑事法院。当然,目前国际刑事法院检察官调查的有些情势,在严重程度上或许无法与前南斯拉夫情势和卢旺达情势相比,但从重点调查和起诉策略已有的实践来看,即便将来发生与前南斯拉夫和卢旺达相似或更严重的犯罪情势,国际刑事法院检察官调查和起诉的规模恐怕也很难以与联合国两个特设法庭相比。对于这一点,国际刑事法院检察官早就有清醒的认识,检察官办公室从一开始便声明,检察官的调查和起诉工作将不会以追求案件的数量为目标,同时也无此必要,因为"国际刑事法院的有效性,不应只是根据法院受理案件的数量进行衡量,相反,如果国内制度有效运行导致国际刑事法院缺乏可审的案件,那将会是国际刑事法院的重大成就"。⑥

二、重点调查和起诉策略的合法性之争

从检察官的角度言之,其采取的重点调查和起诉策略是基于对《罗马规约》的要求、国际刑事法院的性质、资源的限制、安全的考虑和诉讼的效率等多方面的考量之后作出的决定,既具有法律和政治上的合法性,又具有实践的合理性和迫切性。但这种策略在实践中也不可避免地会带来一些负面的影响,从而引发人们

---

⑤ The Office of the Prosecutor, Prosecutorial Strategy 2009 – 2012, February 2010, p.6.
⑥ See supra note 2, p.4.

对这一策略在法律和政治上正当性的疑虑,引发疑虑的中心问题就是国际刑事司法中经常引起争论的"抓大鱼"与"抓小鱼"问题。⑦

国际刑事法院检察官在论述重点调查和起诉策略的合法性时曾指出,《罗马规约》要求国际刑事法院将管辖权限于整个国际社会关注的最严重犯罪,不仅如此,它还要求案件必须达到如此严重程度以至于法院有采取进一步行动的充分理由时才启动调查和起诉。检察官据此认为,其不仅应该将调查和起诉的重点放在国际社会关注的最严重犯罪上,而且应该放在那些对这些犯罪负有最大责任的人身上,"最为重要的是,检察官办公室将选择那些处于责任阶梯最高位置的人,包括那些命令、资助或者组织所涉犯罪的人"。⑧ 然而,问题的关键并不在于检察官调查和起诉对国际社会关注的最严重犯罪负有最大责任的人是否合法、合理,而在于其如果完全放弃对其他同样对国际社会关注之最严重犯罪负有责任的人的调查和起诉是否合法、合理。事实上,《罗马规约》对国际刑事法院管辖权的限定以及对调查和起诉案件严重程度的要求本身并不意味着检察官只应或只能起诉那些负有最大责任的人,而对于那些虽非最大但亦有相当责任的人,检察官则可以放弃履行其调查和起诉的权力和职责。国际刑事法院的实践也确认了这一点。

在刚果民主共和国情势的"The Prosecutor v. Thomas Lubanga Dyilo"案中,检察官原本还对一名叫作博斯科·纳塔甘达(Bosco Ntaganda)的人同时提出指控,但其没有想到国际刑事法院预审分庭对案件的严重程度提出了比检察官更高的标准。预审分庭以该犯罪嫌疑人并不是犯罪的最高领导为由拒绝对其签发逮捕证。其依据的基本理论是:《罗马规约》序言和第17条第1款第4项有关案件严重程度的规定要求必须具备三个条件才具有可受理性:一是犯罪嫌疑人为最高层领导;二是犯罪嫌疑人在其所在的国家实体、组织或武装团体所实施的系统性或大规模犯罪中的作用;三是犯罪嫌疑人所在的国家实体、组织或武装团体在相关情势犯罪中所发挥的作用。⑨ 预审分庭认为,"只有重点调查和起诉此类个人,国际刑事法院活动的威慑效果才能得以最大化,因为其他处于类似情形的高层领导将会由此知道,只有尽其所能地防止属于法院管辖范围的系统性或大规模犯罪的

---

⑦ See Hitomi Takemura, Big Fish and Small Fish Debate-An Examination of the Prosecutorial Discretion, International Criminal Law Review 7 (2007) 677 – 685.

⑧ See supra note 2.

⑨ Situation in the Democratic Republic of Congo in the case of The Prosecutor v. Thomas Lubanga Dyilo, Decision on The Prosecutor's Application for Warrants of Arrest, Article 58, ICC – 01/04 – 196, 10 February 2006, paras. 52 – 53.

发生,他们才可能不被国际刑事法院所起诉"。⑩ 据此,预审分庭认为,根据检察官已提交的证据和信息显示,尚不足以让人相信犯罪嫌疑人博斯科·纳塔甘达是叛军组织政策和行为的核心决策者,并且他有权力阻止此项政策和行为的发生。⑪

然而,对于预审分庭的上述观点,国际刑事法院上诉分庭予以了明确否定,它认为:"如果将被怀疑应对属于国际刑事法院管辖的犯罪负责的高级领导人带到国际刑事法院并绳之以法确实可能带来威慑效果的观点是正确的,那么,那种认为如果其他类型的罪犯不能被带到国际刑事法院并绳之以法其威慑效果反而就会最大的观点实在难以让人理解。更合逻辑的观点似乎应该是,如果没有任何类型的罪犯被排除在可能被国际刑事法院追诉的范围之外,国际刑事法院的威慑效果才会最大。"⑫上诉分庭进一步指出,"如果根据预审分庭提出的理由,那么将有很多罪犯被预先排除在法院追诉之外,这将严重削弱法院所担负的预防或威慑功能,因为这将意味着宣告,那些身处最高位之人以外的其他罪犯将会自动被排除在法院的管辖之外"。上诉分庭特别指出,将国际刑事法院管辖的范围仅限于对国际犯罪负有最大责任的最高领导人,也不符合《罗马规约》的规定。正如《罗马规约》第33条确认的"执行上级命令不免责"原则所规定的一样,即使是奉上级命令实施了法院管辖内犯罪,也不能免除执行命令者的刑事责任。如果法院管辖的对象仅限于那些发号施令的最高领导层,那么规约中此条规定就毫无意义了;《罗马规约》第27条确认的"官方身份不免责"原则进一步强调,本规约对任何人一律平等适用,不得因官方身份而差别适用,这条也说明检察官应当对不同级别的人平等适用该规约。此外,《罗马规约》的序言也只是确认国际刑事法院管辖"最严重的犯罪"而不是"最严重的犯罪嫌疑人",因此,将法院的管辖对象仅限于处于对国际严重犯罪负有最大责任的、最高级别的领导者的做法绝对不符合《罗马规约》的精神。⑬ 由此可见,如果像预审分庭所理解的那样,将重点调查和起诉策略理解为国际刑事法院只是对国际社会关注之最严重犯罪负有责任的最高领导人进行调查和起诉,那么其并不符合《罗马规约》的规定。

当然,国际刑事检察官的重点调查和起诉策略事实上也没有完全如预审分庭理解的那么做,它只是将调查和起诉的重点放在那些对这些犯罪负有最大责任的

---

⑩ Ibid., para. 55.
⑪ Ibid., para. 87.
⑫ Ibid., para. 73.
⑬ Ibid., paras. 78-79.

人身上,尤其是那些处于责任阶梯最高位置的人,但并没有排除调查和起诉那些虽然并不处于最高领导地位,但同样对最严重国际犯罪负有最大责任的人。因此,检察官重点关注那些对犯罪负有最大责任的领导层只是一种指导性原则,而非一种对管辖范围的要求,并不只是领导层面才是应该受到惩罚的人。⑭ 然而,尽管如此,检察官在实施重点调查和起诉策略的过程中,必须避免使调查和起诉对国际犯罪负有最大责任的最高层领导成为一种少有例外的惯例,以至于给国际社会产生一种如上诉分庭所说的印象,即让那些并非处于最高层领导的罪犯据此认为,自己可以永远置身于国际刑事法院的调查和起诉之外。倘若真是如此,那么检察官的重点调查和起诉策略对于未来严重国际犯罪及其犯罪者的威慑效果将大打折扣。

三、重点调查和起诉策略的合理性疑问

重点调查和起诉策略将调查和起诉重点放在对国际犯罪负有最大责任的人、尤其是处于最高领导地位的人身上,这一策略除了引发合法性疑虑,还存在一个是否合理的问题。国际刑事法治追求的一个重要价值目标是,惩治犯罪,为被害人伸张正义。为此,《罗马规约》更是将被害人的法律地位提高到国际刑事司法前所未有的程度。然而从被害人的角度看,如果国际刑事检察官因实施重点调查和起诉策略而回避了对那些直接加害者进行处罚,那么就很难说被害人寻求的正义得到了伸张。前南斯拉夫问题国际刑事法庭和卢旺达问题国际刑事法庭的检察官卡拉·德尔-庞特(Carla Del-Ponte)就认为,"对于当地的被害人和幸存者而言,是这些人(低级别犯罪者)而不是对种族灭绝政策负责的、遥远的政府官员将他们的世界带到末日。除非卢旺达和前南斯拉夫的这些地方领导者都被绳之以法,否则一般的群众将无法告别过去,因此和解与建立稳定和平的进程将会受到损害"。⑮ 所以,为了被害人的利益,国际检察官在一定情况下也有必要将那些处于官僚等级阶梯中低端的犯罪者绳之以法。

国际刑事法院检察官的重点调查和起诉策略在实践中还存在一个是否可行的问题。重点调查和起诉策略将调查和起诉的重点放在那些对犯罪负有最大责

---

⑭ Robert Cryer, Prosecuting the Leaders: Promises, Politics and Practicalities, Gottingen Journal of International Law 1 (2009), p. 50.

⑮ Address by the Prosecutor of the International Criminal Tribunal for the former Yugoslavia, Carla Del Ponte, to the UN Security Council, 27 November 2001, GR/P. I. S. /642 - e.

任的人身上,尤其是那些处于责任阶梯最高位置的人。但是,一个客观的事实是,就许多案件而言,居于领导地位之人的罪行并非那么显而易见,如果缺乏对中低层罪犯的调查,高级别领导者的罪行经常难以得到揭露。因此在大多数情况下,即便检察官从一开始就想调查那些负有最大责任的领导者,在操作层面上也会遇到巨大障碍。这也正是前南斯拉夫问题国际刑事法庭在最初不得不采取自下而上的所谓"金字塔式"调查策略的根本原因所在。

前南斯拉夫问题国际刑事法庭从第一任检察官理查德·戈德斯通(Richard J. Goldstone)开始,就一直试图将调查和起诉集中在那些负有最大责任的人身上。[16] 但是在当时面对调查取证困难重重、逮捕嫌犯遥遥无期以及法庭无案可审的尴尬局面,戈德斯通也不得不从塔迪奇(Tadic)这个并不起眼的犯罪嫌疑人入手进行调查和起诉。就前南斯拉夫问题国际刑事法庭而言,"金字塔式"调查策略是不得已而采取的策略,因为"要证明负有责任的级别最高的人可能需要一系列的'爬梯型'的案件作为铺垫,正是为了收集对高级别罪犯不利的证据或者为了得到'局内人'的实质性合作,法庭才不得不起诉低级别的罪犯"。[17] 在前南斯拉夫国际刑事法庭成立初期,法庭检察官很难获得进入犯罪现场的调查机会,也几乎无法获得前南斯拉夫境内有关政府的任何帮助。在这种情况之下,先从逃亡世界各地的难民开始,调查那些直接实施犯罪的士兵和中低级官员的罪行,然后逐渐积累起那些应对此负责的高级官员的犯罪证据线索。因此,从调查的可行性上看,调查和起诉中低级犯罪者并非没有必要。

由此可见,至少"在一些有限的情形中,比如为追诉那些处于指挥链条顶端的、对特定犯罪事件负有重大责任的高级别领导人,而事先进行一些基础性的调查铺垫,也为对特定情势实施有效的检察策略所必需"。[18] 对此,国际刑事法院检察官明确表示,"在某些案件中,如果调查某些类型的犯罪或者调查那些处于最高指挥链条下面的官员是调查整个案件所必需的,那么检察官办公室调查的重点也可能会超越高级官员的范围"。[19] 但是,检察官将在何时追诉那些并不处于指挥链条顶端的人要取决于案件的具体情况。

---

[16] Carla Del Ponte, Prosecuting the Individuals Bearing the Highest Level of Responsibility, in 2 J. Int'l Crim. Just. 2004, p.516.

[17] Carla Del Ponte, Investigation and Prosecution of Large-scale Crimes at the International Level: The Experience of the ICTY, Journal of International Criminal Justice 4 (2006), p.543.

[18] Susan SaCouto & Katherine Cleary, The Gravity Threshold of the International Criminal Court, 23 Am. U. Int'l L. Rev. 807, 2008.

[19] See supra note 2, p.3.

正如前南斯拉夫问题国际刑事法庭一样,国际刑事法院检察官在实际调查和起诉案件中,也无法完全按照最初所设想的那样,总是优先调查最严重的犯罪以及对这些犯罪负有最大责任的人,其同样也不可能避免基于其他实际考虑(如逮捕犯罪嫌疑人的可能性,收集证据的便利性等因素),决定优先予以调查或起诉的对象。正如前南斯拉夫问题国际刑事法庭从一个已经被德国羁押的犯罪嫌疑人开始启动第一起案件一样,国际刑事法院也是以一个已经在刚果民主共和国被羁押的犯罪嫌疑人开始办理它的首例案件。国际刑事法院检察官之所以会优先调查和起诉这个名为托马斯·卢班加·迪楼(Thomas Lubanga Dyilo)的犯罪嫌疑人,其最主要的原因还是在于,他已被刚果民主共和国羁押将近一年并将依据该国法律予以释放。[20] 不仅如此,基于证据以及其他实际的考虑,检察官最后只是以征募儿童加入武装部队或利用他们积极参与敌对行动作为对其指控的罪行,很多人权组织或被害人对其提出的诸如谋杀、性奴役、酷刑等严重犯罪指控并未得到检察官的支持。[21] 由此可见,检察官的重点调查和起诉策略其实仅仅代表其将要调查和起诉的主要方向,而绝不表示检察官会完全不顾案件的需要和其他实际情况的考虑,将调查和起诉仅限于对犯罪负有最大责任的领导者,否则其重点调查和起诉策略不仅可能达不到预期的威慑效果,而且会成为自缚手脚的禁锢。

四、重点调查和起诉策略与"有罪不罚鸿沟"问题

对于重点调查和起诉策略,还有一个国际刑事法院检察官必须直接面对的更大的合理性问题,即应如何处理由此可能导致的"有罪不罚鸿沟"?所谓"有罪不罚鸿沟"(impunity gap),是指人们对所有应为最严重犯罪负有责任的人都应受到惩罚的期望与检察官只是重点调查和起诉某些对犯罪负有最大责任的人的现实之间的差距和裂痕。根据《罗马规约》规定,各国都有义务对犯有相关国际罪行的人行使刑事管辖权,而国际刑事法院只有在国家不对相关国际罪行进行调查和起诉或者不对这些犯罪进行切实调查和起诉的情况下才能进行管辖。在这种情况下,法院行使刑事管辖权的目的就在于如《罗马规约》所说的那样,"决心使上述犯罪的罪犯不再逍遥法外,从而有助于预防这种犯罪"。然而,国际刑事法院检

---

[20] The Office of the Prosecutor, Report on the Activities Performed during the First Three Years (June 2003 – June 2006), 12 September 2006, p. 12.

[21] "Victims raise their voice in the Lubanga case", http://www.aegistrust.org/Lubanga-Chronicles/victims-raise-their-voice-in-the-lubanga-case.html, visited on Dec. 20, 2015.

察官采取重点调查和起诉策略就意味着,除那些纳入检察官调查和起诉范围的对犯罪负有最大责任的人之外,国际刑事法院将不再对其他同样应对这些犯罪负有很大责任的人进行调查和起诉,如果国内司法机构不对这些人进行调查和起诉,那么这些人将很可能永远逍遥法外。倘若真是如此,那么《罗马规约》试图通过设立国际刑事法院试图结束有罪不罚历史的目的也就不能完全得以实现。

对于重点调查和起诉策略可能导致的"有罪不罚鸿沟"问题,国际刑事法院检察官明确表示,不排除在某些案件中,基于调查某些类型的犯罪或者整个案件的需要,检察官办公室调查的重点也可能会超越高级官员的范围。然而,很显然这也只能是重点调查和起诉策略的例外情况。因此,除非国内司法机构负起调查和起诉这些犯罪者的责任,否则大部分最严重国际犯罪的犯罪者仍然会逍遥法外。检察官也认为,"除非国内当局、国际社会和国际刑事法院一起采取所有适当的手段,将其他的犯罪者绳之以法",否则有罪不罚的鸿沟就不可能得到根除[22];"在强调国际刑事法院作用的同时不应忘记,事实上,即使国际刑事法院满负荷的运转,它也只能处理几桩屈指可数的案件,因此最主要的司法重担还是要由国内司法机构来承担"。[23]但问题在于,要让有关国家的国内司法机构担负起调查和起诉国际严重犯罪的主要司法重担经常是一件并不容易的事,因为这不仅涉及意愿问题,而且涉及能力问题。

国际刑事法院检察官的建议是,通过实施积极补充性管辖策略并通过提供国际援助加强或重建国内司法制度,以鼓励和促进国内起诉,从而使其他的罪犯能得到应有的惩罚。检察官甚至提出,"国际刑事法院和犯罪地国家可能都会同意,建立在双方合意基础上的分工合作,可能是一个行之有效的方法。由于冲突而分歧严重的各个团体,可能会相互反对由对方进行起诉,但会同意由被视为中立和公正的国际刑事法院来予以起诉。检察官办公室可以通过起诉那些对犯罪负有最大责任的人的方式与国内当局进行合作,而国家当局则可以在国际社会的帮助下建立适当的机制处理其他负有责任的人员"。[24]检察官希望通过国际刑事法院与国内司法机构的良性互动最终实现《罗马规约》设定的结束国际严重犯罪有罪不罚的目标。

应当承认,无论检察官是否采取重点调查和起诉策略,如果缺乏国际社会和

---

[22] See supra note 2, p.7.

[23] Ninth report of the Prosecutor of the International Criminal Court to the UN Security Council Pursuant to UNSCR 1593 (2005), para. 56, http://www.icc-cpi.int/menus/icc/structure% 20of% 20the% court, visited on Dec. 20, 2015.

[24] See supra note 2, p 5.

有关国家国内司法在调查和起诉方面的共同努力与相互配合,要完全结束最严重国际犯罪有罪不罚的状态几乎是不可能实现的目标,因为很显然,包括国际刑事法院在内的任何国际刑事法庭,都不可能调查和起诉应对这些犯罪负责的所有人。欧洲国际刑事法庭和远东国际军事法庭从一开始就只是调查和起诉那些对犯罪负有最大责任的高级别罪犯,前南斯拉夫问题国际刑事法庭和卢旺达问题国际刑事法庭虽然一度也调查和起诉中低级别罪犯,但后来的调查和起诉重点也是那些对国际犯罪负有最大责任的人,而其他应对犯罪负责的大量中低级别犯罪者的调查和起诉,则都主要还是交由国内司法机构来完成。因此,从历史的经验出发,国际刑事法院检察官的重点调查和起诉策略是无可厚非的。然而,问题的吊诡之处就在于,国际刑事法院之所以有权介入对最严重国际犯罪的调查和起诉,原因正是在于有关国家对这些犯罪不予调查和起诉,或者未能对这些犯罪进行切实的调查和起诉。并且几乎很难想象,只要国际刑事法院启动了对犯罪负有最大责任者的调查和起诉,国内司法机构就会变得愿意或者能够对其他犯罪者进行调查和起诉。因此对国际刑事法院来说,它介入对最严重国际犯罪的调查和起诉只是结束有罪不罚状况的开始,而绝非终结;国际刑事法院的能力是非常有限的,真正要彻底结束最严重国际犯罪"有罪不罚鸿沟"这一现状,还需要整个国际社会的共同努力。

五、结语

重点调查和起诉策略是国际刑事法院基于自身资源和能力的巨大限制而不得已采取的检察策略,这也可以说总结以往所有国际刑事司法机构经验教训的结果,其必要性是毋庸置疑的。但国际刑事法院检察官在实施重点调查和起诉策略的过程中,必须对该策略保持必要的灵活性,而不应绝对化地只调查和起诉对国际犯罪负有最大责任的最高层领导,否则就不仅会违反《罗马规约》的规定,而且会极大地减少法院的威慑力,并且在实践中也不一定总是行得通。对于重点调查和起诉策略所必然带来的"有罪不罚鸿沟"问题,国际刑事法院有必要通过实施积极补充性管辖策略帮助、鼓励有关的国家对未被国际刑事法院调查和起诉的犯罪嫌疑人进行国内调查和起诉,从而尽可能填补"有罪不罚鸿沟"。此外,国际刑事法院还有必要让国际社会充分认识到国际刑事法院自身的局限性,从而避免国际社会对法院在结束有罪不罚现象所能起的作用方面产生过高的期望。

德国判例制度的核心精神及其实践机制[*]

周振杰[**]

法乃植根于人性之规则,具有趋同性。在科学技术日新月异的现代,随着各国面临的共性法治难题越来越多,这一特征越来越明显。体现在法律渊源方面,就是英美法系国家虽然以判例为渊源,但成文法的地位正日渐增强;大陆法系国家虽然坚持成文法的核心地位,但也有着成熟的判例制度。[①] 本文的目的,就是分析德国这一典型大陆法国家判例制度的特征与核心精神,并探讨其实践机制,为完善中国的案例指导制度提供管见。

一、德国的判例制度及其特征

判例,是指法院在特定案件中,对特定法律领域或者特定法律问题作出的判断,其范围、效力、推翻程序等都取决于法院体系。因此,研究一国的判例制度,应以该国的法院体系为起点。

(一)法院体系与判例制度

德国是典型的大陆法国家,所有法律规范以宪法为基础,因此具有统一的法院体系。同时,德国实行联邦制,法院体系分为联邦与地方两个层次。此外,在政治体制、文化传统、权利运动等因素的影响下,德国还存在复杂的行政法院体系。具体而言,根据《德国基本法》《法院组织法》《财政法院法》《社会法院法》等相关法律的规定,德国的法院体系可以分为宪法法院体系、行政法院体系、社会法院体系、财税法院体系、劳动法院体系和普通法院体系。就审级而言,在宪法法院体系中,州层面有州宪法法院,联邦层面有联邦宪法法院,二者之间并无隶属关系,审理案件一审终审制。在特殊情况下,联邦宪法法院也可以受理当事人针对州宪法

---

[*] 本文原载《江西社会科学》2022 年第 9 期。
[**] 安徽师范大学法学院院长,北京师范大学刑事法律科学研究院副院长、教授、博士生导师,法学博士。
[①] 何家弘:《外国司法判例制度》,中国法制出版社 2014 年版,第 166 页。

法院判决的宪法申诉。行政法院、社会法院与劳动法院体系的审级基本相同,分为行政(社会/劳动)法院、高级行政(社会/劳动)法院与联邦行政(社会/劳动)法院三级。财税法院与普通法院体系相对特殊。前者仅分为州财税法院与联邦财税法院两级,后者则分为初审法院、州法院、州高级法院和联邦法院四级,并包括民事与刑事审判机构两个部分,实行三审终审制。②

德国并非判例法国家,传统上只承认制定法与习惯法为正式的法源,法学界也普遍认为司法判例不同于法律规范本身。③ 但是,"判例在各个法律领域都扮演着重要的角色……劳动法中的很多主要规定都是由法官造法组成的",④如果律师不是根据而是脱离甚至偏离判例提出自己的观点,"当事人的主张肯定不会得到支持"。⑤ 有的观点甚至认为,判例在德国就是客观上的法源,只不过约束力相对制定法较小而已。⑥ 判例的重要作用在其引用情况上也直接体现了出来。在20世纪90年代初期,联邦宪法法院、行政法院的判决中判例的引用率都在97%以上,财税法院判决的判例引用率更是高达99%以上。⑦ 进入21世纪,虽然成文法有了较大的发展,但是各法院体系判决中的判例引用率依然居高不下,尽管大多数法院都是引用自己的判例。⑧

需要指出的是,虽然通常认为在德国各级法院"与待判案件可能相关的所有先前裁判"⑨都可以说是判例,但不同法院作出的裁判,效力有着很大区别。根据是否具有法定约束力,可以将判例分为有法定约束力的判例与有事实约束力的判例。前者仅包括联邦宪法法院的判决,其约束力明确规定于《宪法法院法》第31条,即联邦宪法法院的判决不但对联邦所有宪法规定的机关,而且对各州及其法院和其他机构具有约束力。同时,宪法法院在重大案件中认定法律无效案件的判决与成文法具有相同的法律效力。其他判例虽然并无法定约束力,但如下文所

---

② 何家弘:《外国司法判例制度》,中国法制出版社2014年版,第168—170页;刘诚:《德国法院体系探析》,载《西南政法大学学报》2004年第6期。

③ 何家弘:《外国司法判例制度》,中国法制出版社2014年版,第165页。

④ [德]罗伯特·阿列克西、拉尔夫·德莱尔:《德国法中的判例》,高尚译,载《中国应用法学》2018年第2期。

⑤ 王洪亮:《德国的判例编纂制度》,载《法制日报》2005年3月10日。

⑥ Nigel Foster& Satish Sule, *German Legal System and Laws*, 4th ed., Oxford University Press, 2010, p. 55.

⑦ 王玥:《判例在联邦德国法律制度中的作用》,载《人民司法》1998年第7期。

⑧ [德]罗伯特·阿列克西、拉尔夫·德莱尔:《德国法中的判例》,高尚译,载《中国应用法学》2018年第2期。

⑨ 何家弘:《外国司法判例制度》,中国法制出版社2014年版,第159页。

述,其在实践中的约束力也是毋庸置疑的,除非存在"压倒性"或者"绝对必要的"理由,判例原则上会得到遵守。尤其是,如果下级法院不遵守上级法院的判例,其判决很有可能被推翻。

同时,单独判例与连续判例的效力也存在细微差别。单独判例,是指法院在之前的审判中仅作出了一个或者数个与待判案件类似的判决;连续判例,则是指法院在之前的审判中已经就同类案件作出了一系列的判决,形成了定型的处理原则。相比较而言,后者的约束力更为稳定,德国学者将之称为"法律的延伸",甚至认为其约束力应与制定法相同。⑩ 与此相对应,要推翻单独判例,只需要以其他一个或以上的不同判例取代既有判例即可,而要推翻连续判例,则需要提供比推翻单独判例更有力的证据,而且在实践中新的判决通常由确立连续判例的法院或者其上级法院作出。

(二)德国判例制度的特征

从其形成、效力及作用来看,德国判例制度存在三个明显特征:法定效力与事实效力共存,法官释法与法官造法同在,坚持原则与允许偏离并行。

其一,法定效力与事实效力共存。在德国除了联邦宪法法院的判例具有法定约束力,其他各级法院的判例仅具有事实上的约束力。这与同是大陆法国家的日本有着很大区别,尤其是在刑事法领域,因为根据日本《刑事诉讼法》第 405 条的规定,⑪高等法院的先例虽然也可以成为上诉理由,但其约束力和最高法院的判例有着实质差别,所以判例在严格意义上仅指最高法院的裁判先例,⑫基层法院的裁判的先例当然更不可能成为判例。

德国立法明确规定联邦宪法法院判决的约束力,是因为德国普遍将宪法法院视为国家的柱石、民主政治的脊梁,"在充满不稳定因素的时代,联邦宪法法院是寄托着公民之信任来维护政治秩序和国家利益的机构"⑬。德国宪法法院的权威根植于其诞生的历史背景。在 1918—1933 年的魏玛共和国时期,正是利用《魏玛宪法》中"于德意志帝国之公共安全与秩序受到阻碍或危害时,帝国总统得采取必要措施以重新恢复公共安全及秩序,必要时得以武力介入。为达此目的,帝国

---

⑩ 王玖:《判例在联邦德国法律制度中的作用》,载《人民司法》1998 年第 7 期。
⑪ 日本《刑事诉讼法》第 405 条规定,如果存在下述情形之一,可以认定对高等法院的一审或者二审判决的上诉成立:(1)违反宪法或者对宪法解释错误;(2)作出与最高法院判例相反的判断;(3)如果不存在最高法院的判例,作出与大审院或者高等法院的判例相反的判断。
⑫ [日]渡边纲吉:《判例研究的基础理论》,爱知学院大学出版部 1968 版,第 166 页。
⑬ 郑戈:《传统中的变革与变革中的传统——德国宪法法院的诞生》,载《交大法学》2017 年第 1 期。

总统得暂时使规定于第 114、115、117、118、123、124 及 153 条中之基本权利一部或全部丧失效力"(第 48 条第 2 款)等条款的规定,⑭时任总统兴登堡颁布命令阻止反对纳粹的政党夺权,帮助希特勒登上独裁宝座。因此,在"二战"彻底战败、无条件投降之后,《德国基本法》起草者牢记这一惨痛教训,在该法第 18 条确立了"自由民主基本秩序",规定任何试图破坏或者废除这一秩序的政党都因违反宪法可以被取缔,并设立了德国历史上的第一个宪法法院,负责解释宪法、保护公民基本权利、厘清联邦政府与各州政府之间的权力边界。⑮

其他判例具有事实上的约束力,既是满足社会形势变迁的需要,也深受历史传统的影响。早在中世纪继受罗马法的时期,判例就在德国的司法实践中发挥着重要作用,意大利司法实践中有效而且能够清楚、简洁表述出来的各项原则,甚至成为了德国立法。⑯ 在 17、18 世纪,德国出版了大量的判决汇编,在 19 世纪甚至出现了崇拜判例的景象。法学大师弗里德里希·卡尔·冯·萨维尼在 19 世纪初期创立的历史法学派更加突出了司法判例的作用,并提出了判例和法官造法的问题,其理论影响至今仍在。⑰ 20 世纪以来,遵循先例其实成为了一种司法传统,或者说"德国司法实务中的基本原则"。⑱

其二,法官释法与法官造法同在。法官在适用法律的过程中对法律条文进行解释是必然现象,无须多言,就如德国学者布洛所言:"制定法只是尝试去创造法律,但法律最终必须由法官来理解和完成。"⑲通常认为,与以判例为法源的英美国家不同,大陆法国家不允许法官造法。在司法判例制度趋弱的 19 世纪,大陆法系国家的法官的确不能享有自由发现或制造法律的权力,而只能机械运用法律。但即使在这一时期,判例的作用仍然不容忽视,就如日本学者所言,统治者通过神化立法者的造法能力、推崇理性信仰、制定法典来压制法官和法学家,结果却适得

---

⑭ 相关宪法规定,参见[德]卡尔·施密特:《宪法的守护者》,李君韬、苏慧婕译,商务印书馆 2008 年版,附录:"本书引用之宪法条文",第 230—234 页。

⑮ 郑戈:《传统中的变革与变革中的传统——德国宪法法院的诞生》,载《交大法学》2017 年第 1 期。

⑯ [德]卡尔·路德维格·冯·巴尔:《大陆刑法史:从古罗马到十九世纪》,周振杰译,法律出版社 2016 年版,第 137 页。

⑰ [德]罗伯特·阿列克西、[德]拉尔夫·德莱尔:《德国法中的判例》,高尚译,载《中国应用法学》2018 年第 2 期。

⑱ 王刚:《德国判例刑法(分则)》,北京大学出版社 2016 版。

⑲ [德]罗伯特·阿列克西、[德]拉尔夫·德莱尔:《德国法中的判例》,高尚译,载《中国应用法学》2018 年第 2 期。

其反,历史法学派无视法典的存在,法官们则在法条下都附加上判例。[20] 20 世纪以来,随着判例的作用越来越受到重视,大陆法国家法官的能动作用也越来越大。虽然意大利的法官仍然恪守行使有限自由裁量权的原则,但是法国与德国的法官实际上都在创造法律,不同的是法国的法官是"做而不说",因为他们不喜欢让人感到自己在创造法律规则,而德国的法官则没有"任何传统的思想包袱"。[21] 历史法学派甚至认为法官法的概念中就包括了法官造法,而且主张"判例和法官造法的理论属于宣示性理论的一种传统模式"。[22]

  时至今日,虽然判例在德国并非公认的法律渊源,但是法官造法的事实依然存在,而且法官更加认同自己的创造性角色。尤其重要的是,法官造法获得了联邦宪法法院的支持,就如其在判例中所言:"在立法规定不充分的情况下,法院要用已知的方法从法律关系中提取实质的法律。"[23]在劳动法领域,许多重要的规范都是法官造法的结果;在行政法领域,在 1976 年《联邦行政程序法》通过之前亦是如此。[24] 现在德国侵权法上的"一般注意义务",也并非立法规定,而是民事庭法官通过数个判例确立的原则,尤其是在著名的"炭疽病案"[25]中,法官明确指出:"任何从事特殊职业活动并提供服务于公众者,承担一种责任,即当行使职责时,应担保事物井然有序地进行。通过这种职业或营业活动,将促使产生一般法律上义务,人们可以统一称之为'一般注意义务'。"[26]如下文所述,德国民法中的"一般人格权"也是联邦法院通过判例确立的法律制度。就如德国学者所言:"为保障法的安定性,必须按科学普遍承认的规则进行法律续造。"[27]这可能也是在下文的"索拉娅案"之后,联邦宪法法院确认了一系列联邦普通法院"在文义上与成文法

---

[20] [日]大木雅夫:《比较法》,范愉译,法律出版社 1999 年版,第 117—118 页。
[21] 何家弘:《外国司法判例制度》,中国法制出版社 2014 年版,第 20 页。
[22] [德]罗伯特·阿列克西、拉尔夫·德莱尔:《德国法中的判例》,高尚译,载《中国应用法学》2018 年第 2 期。
[23] 同上。
[24] [德]罗伯特·阿列克西、拉尔夫·德莱尔:《德国法中的判例》,高尚译,载《中国应用法学》2018 年第 2 期。
[25] 在本案中,被告兽医 X 接受病牛的主人 Y 的召唤来为其病牛(患炭疽病)进行诊断之际,明知炭疽症高度危险,具有传染性,仍疏于告知接受委托来屠杀病牛的 Z 进行消毒并为其诊断伤口,因而致使 Z 被传染疾病,常年卧床。Z 向法院提起诉讼,向 X 索赔。法院认为 X 负有一般注意义务,判决 Z 胜诉。
[26] 廖焕国:《论德国侵权法上的一般注意义务——以司法判例为主线的考察》,载《武汉大学学报(哲学社会科学版)》2006 年第 3 期。
[27] [德]提尔曼·雷普根:《德国联邦宪法法院"索拉娅案"——"创造性法律发现"的经典教案》,胡剑译,载《华东政法大学学报》2017 年第 5 期。

相抵触"㉘的判决的原因所在。

其三,坚持原则与允许偏离并行。必须遵循已经确立的判例,这是德国司法的基本原则。通常情况下,同一法院会遵循其之前作出的判例,这是维护法律确定性的必要之举;下级法院总是会遵循上级法院作出的判例,因为违反上级法院的判例不但会导致法律争议,而且会致使本院的裁判被上级法院推翻,影响法官的职业声誉;同级法院之间虽然并无遵守彼此判例的义务,但是各法院系统的立法中都包含一些需要共同遵守的程序性规定,如此才能确保各州的高等法院之间、联邦各最高审级法院之间裁判上的统一性与连续性。简而言之,尽管受裁判法院的等级、判例的连续性以及裁判说理的充分性等因素的影响,各个判例的约束力可能存在不同,但是遵循先例是一个一般性的原则。

然而,判例毕竟是诞生于具体时空环境的产物,随着经济、社会、文化等外部条件的变化,也可能存在坚持先例会导致有损正义的情形。因此,《德国基本法》与各法院系统的组织法规定允许法院在诸如先例不正确、不相关以及法律见解不一致的情形下,偏离之前的判例。㉙ 例如,就静坐是否属于《德国刑法典》第240条规定的"强制罪"中的暴力这一问题,1968 年和 1986 年的判例都肯定静坐是一种消极的暴力,但是之后联邦宪法法院认为这一解释存在错误。㉚ 再如,联邦宪法法院在 1966 年判决中认为,如果某一政党在形成其政治意见与意志的活动中都接受州的财政资助,则属于违宪行为。但是,在 1992 年的判例中,同法院不但推翻了这一原则,而且建立了有关政治献金的一系列规则。㉛

二、德国判例制度的核心精神

制度在形式上是一种规范体系,或者说具有关联性的规则的集合体;在实质上,则是实现特定目的的正式安排,而决定目的本身及其实现程序的,是融于制度之中的核心精神,这是研究任何制度的重点所在。那么,德国判例制度的目的何在,核心精神又是什么?

㉘ [德]罗伯特·阿列克西、拉尔夫·德莱尔:《德国法中的判例》,高尚译,载《中国应用法学》2018 年第 2 期。
㉙ 王玏:《判例在联邦德国法律制度中的作用》,载《人民司法》1998 年第 7 期;高尚:《论德国法中偏离判例的报告制度》,载《法律适用(司法案例)》2017 年第 2 期。
㉚ 高尚:《论德国法中偏离判例的报告制度》,载《法律适用(司法案例)》2017 年第 2 期。
㉛ [德]罗伯特·阿列克西、拉尔夫·德莱尔:《德国法中的判例》,高尚译,载《中国应用法学》2018 年第 2 期。

(一)追求实质正义

从上述三个特征明显可以看出,德国判例制度的目的一方面在于维护法的确定性与统一性,另一方面在于保障《德国基本法》中的价值判断。在背后支配这一目的的,则是追求实质正义、尊重人的价值的自然法精神,避免"恶法亦法"的形式观念侵犯人的基本权利。

德国判例的这一精神,在"二战"后审理纳粹时期法律规定的"告密权"的判例中体现得非常明确。因为告密制度导致无数无辜者惨死在纳粹屠刀下,所以在审理此类告密案件时,对于被告人的行为根据纳粹时期法律是合法行为的辩解,联邦德国法院明确判决认为他们"所依据的法律,由于违反基本道德原则,因而是无效的"。[32] 例如,在"普特法尔肯"案中,被告人普特法尔肯在纳粹时期担任初级司法官时,告发商人戈逊希写下谴责希特勒的标语而导致戈逊希被判处死刑。"二战"后,图林根法院以"胁从谋杀"的罪名判处其终身监禁。针对普特法尔肯提出的根据行为时之法不应受追究的辩解,萨克森州总检察官施罗德博士一针见血地指出:"国家社会主义党国的立法,连同据此作出并发布的死刑判决,均缺乏任何法律上的有效性。……任何法官都不能以一种不仅不公正而且甚至是犯罪的法律为基础,并以此作出法律判决。我们要以人权为依据,它高于一切实定的法律;我们要以不可撤销的、亘古自有的法为基础,它否定那些犯罪的、反人道暴政的命令具有效力。……凡正义根本不被追求的地方,凡构成正义之核心的平等在实定法制定过程中有意地不被承认的地方,法律不仅仅是'非正当法',它甚至根本上就缺乏法的性质。"[33]

确立"因过错严重侵害他人一般人格权的,应负金钱赔偿责任"的基本原则的1973年"索拉娅案"也体现出德国判例制度追求实质正义的精神。该案原告为索拉娅·伊凡迪亚利－巴克提亚利公主(Prinzessin Soraya Esfandiary-Bakhtiary),当时已经与伊朗国王离婚,居住于德国慕尼黑。1961年4月29日,名为《新周刊》的画报在首页刊登了一篇所谓的对索拉娅公主的独家专访,谈到了诸多私生活细节。但是,该访谈完全是该杂志自由撰稿人杜撰的。索拉娅公主坚决否认,并以侵害一般人格权为由提起诉讼,要求杂志社赔偿15000德国马克,各级法院也判决索拉娅公主胜诉。被告则以其所享有的新闻自由等宪法权利受到判决的侵犯为由,根据《德国基本法》第93条、《德国联邦宪法法院法》第90条等条款的

---

[32] 郭道晖:《"非法之法"与德国的判例》,载《楚天主人》2013年第7期。
[33] 同上。

规定,向联邦法院提起宪法诉愿。㉞ 因为自 1900 年 1 月 1 日起生效的《德国民法典》并未将一般人格权明确列入第 823 条的保护法益目录中,在 20 世纪 50 年代之前,德国法院的判例均否认一般人格权,认为对于此类侵害行为不适用金钱损害赔偿。例如在 1926 年的"侵害戏剧作者著作权案"中,帝国法院明确认为:从上诉法院一贯遵循的判决出发,可以认为现行法秩序并未确认一般人格权。㉟ 因此,一般人格权并不产生损害赔偿请求权。20 世纪 50 年代以后,联邦宪法法院的判例开始承认一般人格权构成人的基本权利,例如在 1954 年的"读者来信案"(BGH, Urteil vom 25.5.1954 – I ZR 211/53)中,联邦宪法法院判决认为:《德国基本法》第 1 条规定的"人的尊严权"与第 2 条规定的"人格自由发展权"亦是私法权利,因此一般人格权也应作为宪法基本权利受到保护。联邦法院也不断将一般人格权的内容与范围具体化,并肯定在一般人格权受到严重侵害之际,可以主张金钱赔偿。例如在 1961 年"人参案"中,联邦法院判决认为,行为人实施严重侵害人格权之行为,并对客观损害具有重大过错之际,应承担赔偿责任。就精神损害应以制定法之明确规定为前提的反驳意见,法院认为:"司法裁判承认个人的一般人格权,并使其受《德国民法典》第 823 条第 1 款之保护,势必在民法领域产生影响,此乃《德国基本法》重视人格尊严、保护其自由发展之必然。民法受《德国基本法》之价值判断的影响,亦对人格予以保护,但如若侵害人格权而无与精神损害相当之惩戒,此等保护实有欠缺。"㊱"索拉娅案"判决的立场得到了德国法学界的普遍认同与联邦宪法法院的支持。也正因如此,联邦宪法法院在"索拉娅案"判决书第一部分开宗明义地指出:"自德意志联邦共和国成立之日开始,民事法院即将一般人格权视为受侵权法保护之法益。严重侵犯这一权利者,应负金钱损害赔偿责任。"㊲

从关于一般人格权的判例立场的变化明显可以看出,德国判例制度所追求的并非形式上的法,而是符合实质正义要求的法,在符合宪法所确立的价值判断的前提下,判例可以根据社会变迁,进行"创造性法律发现",就如德国学者所言:"当立法者采取消极态度时,司法者就必须变得积极起来。"㊳

㉞ [德]提尔曼·雷普根:《德国联邦宪法法院"索拉娅案"——"创造性法律发现"的经典教案》,胡剑译,载《华东政法大学学报》2017 年第 5 期。

㉟ 同上。

㊱ 同上。

㊲ 同上。

㊳ [德]罗伯特·阿列克西、拉尔夫·德莱尔:《德国法中的判例》,高尚译,载《中国应用法学》2018 年第 2 期。

(二)重要影响因素

从历史的角度而言,德国判例制度能够形成追求实质正义的核心精神,背后有着两个重要的影响因素。

其一,是对自由保障的重视。这是德国法古已有之的特征。早在中世纪崇尚罗马法时期,德国法学家就提出罗马法中存在技术性缺陷,在实践中应补充以重视个体权利的理念。例如在刑法领域,因为罗马法对犯罪行为的关注太少、对故意这一构成要素的认定比较肤浅,德国法学家就主张以德国的自由概念为基础,将刑事追责建立在个人的自由意志之上,并主张法律条文应包括对个人自由的保障,不应像罗马法那样仅将刑罚用作处罚的工具。[39] 由学者为拉多尔夫采尔地区制定的《高等法院规则》明确规定,在法律没有规定的情况下,法官应根据情节及其最佳理解定罪量刑。[40]

其二,是对纳粹大规模侵犯基本人权悲剧的反思所催生的宪法中的"永恒条款",即《德国基本法》第79条第(3)项关于宪法修正案也不得改变《德国基本法》第1条规定的人的尊严、人权以及基本权利的法律约束力以及第20条规定的国体与政体等宪法原则。在被称为德国"马伯里诉麦迪逊案"的"西南州案"中,联邦宪法法院明确判决:"一个宪法条文不能被看成是一个孤立的条款并被单独解释。一部宪法是一个具有内在统一性的整体,任何条款的含义都关联于其他条款。作为一个整体,一部宪法体现着某些首要的原则和根本决策,单个的条文都必须遵循之。……有些宪法原则是如此根本和如此具有更高约束力,以至于它们超越于宪法文本之上,约束着宪法的起草者们,其他并不具有如此崇高地位的宪法条款会因与这些宪法原则相抵触而无效。……任何宪法条款都必须以这样一种方法来解释,以使之符合这些根本原则以及制宪者的基本决策",[41]而此处的根本原则与基本决策,当然是以人的基本权利为内核。联邦宪法法院的上述判决暗示,在宪法文本之中蕴含着自然法的要求,同时其解释方法在避免实证主义可能导致的恶法亦法的困境的同时,避免了自然法的主观性可能在价值多元时代挖下的个人道德偏好陷阱,也即将价值判断置于文本解释之内("价值形式主义"),被

---

[39] [德]卡尔·路德维格·冯·巴尔:《大陆刑法史:从古罗马到十九世纪》,周振杰译,法律出版社2016年版,第133页。

[40] 同上书,第136页。

[41] 郑戈:《传统中的变革与变革中的传统——德国宪法法院的诞生》,载《交大法学》2017年第1期。

誉为联邦宪法法院的伟大发明之一。㊷

三、实质正义精神的实践机制

德国判例制度不唯有追求实质正义的精神,而且在数十年的实践中形成了保证这一精神得以实现的稳定机制。这一机制的基础是联邦宪法法院判例的直接约束力,制度性路径是法官造法,发展的动力是判决理由与学术理论的互动,并以偏离报告制度为程序性保证。宪法法院判例的权威性,可以保证《基本法》的价值判断不会被否定;法官造法可以保证在法律滞后的时候,判决能够给出符合正义要求的结果;判决理由与学术理论的互动,能够为判例提供社会形势的变化与理论支撑,而偏离报告制度则为法的确定性与灵活性相统一提供了程序保证。就宪法法院的判例以及法官造法上文已有论述,此处仅探讨后两个问题。

(一)判决理由与学术理论的互动

在德国,学术理论影响立法与司法实践早在继受罗马法时期就已经存在。㊸在当时,罗马法,尤其是在意大利受教的著名法学家表述出来的罗马法,在最高等的法庭发挥着主导性作用,被视为最完整的法律。㊹ 在近现代时期,法学理论对立法与司法的影响也显而易见。例如,在"索拉娅案"之前,关于一般人格权应否承认以及对受侵犯者是否应给予金钱补偿,已经逐渐在学界获得了认同,第42届与第45届德国法律人大会的讨论表明,承认人格权保护已经是大势所趋,就如联邦宪法法院所言:"现在足以确定,在历经学术界长达数十年的争论后,当年民法典制定者所拒绝的一般人格权已渐获认同,自联邦最高法院在前述判决(1954年5月25日"读者来信案",BGHZ 13,334)中予以承认后,它已成我国私法秩序固有之一部分。"㊺可以说,学术界的坚定立场对于联邦最高法院在"索拉娅案"中的判决以及之后相应的立法都起到了重要的推动作用。

与此同时,判例对于法学理论也有着至关重要的作用。例如在刑法学领域,"任何一位学者的观点,可能都无法代表德国刑法,能够代表的,或者说通说,只有

㊷ Hailbronner, M., *Traditions and Transformations*: *The Rise of German Constitutionalism*, Oxford University Press, 2015, p.7-9.

㊸ [德]卡尔·路德维格·冯·巴尔:《大陆刑法史:从古罗马到十九世纪》,周振杰译,法律出版社2016年版,第133—136页。

㊹ 同上书,第137页。

㊺ [德]提尔曼·雷普根:《德国联邦宪法法院"索拉娅案"——"创造性法律发现"的经典教案》,胡剑译,载《华东政法大学学报》2017年第5期。

高等级法院,尤其是联邦法院的判例。"㊻德国刑法学界对于绝大部分问题的讨论,也都根植于相关判例。换言之,司法判例在很大程度上推动甚至决定学术观点的发展。例如,在德国的刑法理论史上,就违法性认识错误的理论地位,曾经存在故意说与责任说的激烈争议㊼,结束这一争议的,就是被耶赛克教授称为"德国刑法史上划时代的转折点"的"B 律师强迫案"。

在该案中,被告人律师 B 接受被害人 W 的委托担任其辩护人。起初,B 与 W 并没有约定具体的辩护费用。在审理开始之后,B 提出收取 50 马克的费用,并威胁说如果收不到就终止辩护。在第二天 W 将借来的费用交给 B 之后,B 威胁 W 再支付 400 马克的费用,否则就终止辩护,W 被逼无奈在协议上签字。B 虽然坚称其存在法律认识错误,即误认为自己对 W 的行为法律允许的,但是州法院认为这一错误属于被告人对自己行为的评价,并不重要,认定 B 的行为构成强制罪(Nötigung)。B 遂向联邦法院提出上诉,后者在判决书中明确指出:构成刑法第 240 条规定的强制罪,只需要行为人对该条规定的构成要件事实有认识即可,无须违法性认识。㊽

这一判决结论在将责任说推上通说地位的同时,推动德国立法机关在制定 1975 年《德国刑法典》之际,增设了第 17 条关于违法性认识错误的规定,即:"行为人行为时没有认识其违法性,如该错误认识不可避免则对其行为不负责任。如该错误认识可以避免则依第 49 条第 1 款减轻处罚"㊾,这明显是采纳了责任说的观点。

(二) 判例偏离制度

判例偏离制度源自帝国法院时期审判法庭的分歧提交义务。根据德国 1950 年《法院组织法》的规定,下级法院在审理案件之际,如果意欲偏离其他审判庭或者高级法院的判例,应将争议提交至相应的审判庭裁决。㊿ 具体而言,根据《德国基本法》等法律的规定:

第一,如果联邦宪法法院要偏离自己的判例,必须作出判例明确推翻之前的

㊻ 王刚:《德国判例刑法(分则)》,北京大学出版社 2016 版。
㊼ [德]汉斯·海因里希·耶赛克,托马斯·魏根特《德国刑法教科书》,徐久生译,中国法制出版社 2001 版,第 538—539 页;[德]克劳斯·罗克辛:《德国刑法学总论》(第 1 卷),王世洲译,法律出版社 2005 年版,第 610—611 页。
㊽ 柏浪涛:《简述德国刑法判例对理论发展的影响——以违法性认识错误为例》,载《法律适用》2017 年第 6 期。
㊾ 《德国刑法典》,徐久生译,中国法制出版社 2000 版。
㊿ 关于偏离判例的问题,详见高尚:《论德国法中偏离判例的报告制度》,载《法律适用·司法案例》2017 年第 2 期。

判例。在实践中,联邦宪法法院很少推翻自己的判例。据德国学者统计,在自1951年成立至2000年的49年间,联邦宪法法院公布了3500个判例,其中只有10余个偏离了先例。(51)

第二,如果某州宪法法院要偏离另一个州或联邦宪法法院的判例,需将偏离性意见提交至联邦宪法法院裁决,以保证宪法解释的统一性与联邦宪法法院的宪法解释权。联邦宪法法院在审查偏离意见之际,应听取联邦参议院与联邦政府的意见;在支持偏离性意见之际,还应听取被偏离的州宪法法院的意见,以保证宪法所确立的价值原则得到尊重。

第三,在同一联邦最高审级法院内部的各审判庭之间,如果一个审判庭要偏离另一个审判庭的判例,应将偏离意见提交至"大审判庭"。在联邦普通法院内部,同时设有大民事审判庭负责审理民事偏离案件、大刑事审判庭负责审理刑事偏离案件,以及联合大审判庭负责审理民事审判庭与刑事审判庭之间的偏离案件。

第四,在不同联邦最高审级法院之间,如果一个法院要偏离另一个法院的判例,则应将偏离意见提交至根据《德国基本法》第95条第3款成立的"共同审判庭",根据多数意见作出决定。

第五,如果某州高等法院要推翻另一州高等法院或者联邦普通法院的判例,应将偏离意见提交至联邦普通法院裁决。

对于下级法院而言,将争议提交至上级法院既是义务,也是表达其有别于先前判例的观点的权利。根据德国《法院组织法》第132条的规定,德国学术界将"提交"分为两类:其一是"因法律分歧而提交",即主审法官在特定法律问题上意欲偏其他审判庭的先例之际,有义务向上级法院提交分歧;其二是"因原则问题而提交",即主审法官如果认为某一原则性问题有助于保持法律观点的延续性或者维护司法的统一性,可以将之提交至大审判庭。

从司法实践来看,偏离判例在如下三种情况下发生的可能较大,当然也可以说偏离制度为之提供了制度性的救济途径:其一,之前的判例不正确,例如1968年与1986年的判例都认为"静坐"属于《德国刑法典》第240条规定的强制罪中的暴力,但是之后联邦宪法法院认为这一解释存在错误;其二,先例不相关或者不充分;其三,法律见解不同,即主审法官对于先前判例中的法律见解有不同意见,而且这种不同位于其裁量权范围内。(52)

(51) 何家弘:《外国司法判例制度》,中国法制出版社2014年版,第201页。

(52) 高尚:《论德国法中偏离判例的报告制度》,载《法律适用(司法案例)》2017年第2期。

总而言之,判例偏离制度,一方面,提供了一个纠正先前判例中不合时宜或者错误观点的制度性路径;另一方面因为存在严格的理由与程序,所以能够保证判例制度不会偏离正确的方向。

四、德国判例制度的参考价值

"知者行之始,行者知之成"。在当前"法律体系已经形成、法律实施成为主要矛盾、社会主体的法治意识不是很高的情况下,法治建设的目标要以生成合乎法治的案例为归宿,"[53]也即从规范法治到案例法治是法治建设的必经之路。自最高人民法院 2010 年 11 月 26 日发布《关于案例指导工作的规定》(法发〔2010〕51 号),开始实施案例指导制度,中国的案例法治建设正式踏上了征途。虽然政治制度、文化传统等方面的差异决定了中国不能照搬德国的判例制度,但德国判例制度"追求实质正义"的核心精神与中国司法机关"努力让人民群众在每一个司法案件中感受到公平正义"的工作目标[54]是一致的。因此,其核心精神的实践机制对于中国正在大力推进的案例指导制度而言具有重要参考价值,尤其在如下三个方面。

(一)通过案例释法提高法律的适应性

法治传统与制度安排决定了成文法是中国法治建设的根本。但科技进步使得现代社会日新月异,越来越多的社会关系需要法律予以调整,而囿于程序要求,成文法不免具有滞后性,对新问题可能难以及时回应。案例恰恰能够弥补成文法的这一不足,并且能够通过大众传媒快速为公众所知晓、铭记。如上述德国"索拉娅案"所示,如果能够在现有法律规范允许的范围内,适应客观形势与公平正义的要求,通过案例对规范进行实质解释,可以提高法律的适应性。因此,就具有重大开创性、示范性意义的法律问题,立法机关与司法机关也可以选择适当的案例作为解释载体表明立场,在满足正义要求的同时,以鲜明形象增强公众对法治的信仰。

例如,为落实"尊重与保护人权"的宪法承诺与贯彻"严格限制、逐步减少"的死刑政策,2011 年 5 月 1 日开始实施的《刑法修正案(八)》在《刑法》第 50 条第 2

---

[53] 胡云腾:《从规范法治到案例法治——论法治建设的路径选择》,载《法治现代化研究》2020 年第 5 期。

[54] 刘奕湛:《努力让人民群众在每一个司法案件中感受到公平正义——习近平推进司法公正的故事》,载《人民日报》2021 年 7 月 7 日,第 1 版。

款增设了“死刑限制减刑制度”,即“对被判处死刑缓期执行的累犯以及因故意杀人、强奸、抢劫、绑架、放火、爆炸、投放危险物质或者有组织的暴力性犯罪被判处死刑缓期执行的犯罪分子,人民法院根据犯罪情节等情况可以同时决定对其限制减刑。”死刑问题一直是中国法治建设的核心关注之一,近年来中国公众对死刑的总体支持率虽然有所下降,但在故意杀人罪等侵犯生命权益的案件中,死刑支持率并未发生明显变化,而且社会不公遭遇、媒体依赖、法治意识、社会问题评价都是重大影响因素。(55) 因此在应当判处死刑的案件中,应符合什么条件才能根据本款规定改判死缓、限制减刑的问题,司法机关必须慎重回答,才能实现法律效果与社会效果的统一,否则还有可能引起民意反弹,影响死刑改革的大局。因此,最高法在 2012 年 9 月 18 日及时发布的第 12 号指导性案例“李飞故意杀人案”直接表明了自己的立场:虽然被告人论罪应判处死刑,但如果发案原因是民间矛盾,存在被告人亲属主动协助抓捕、积极赔偿等情节,有利于最大限度化解社会矛盾,可判处被告人死刑缓期执行并限制减刑。这一立场应该说在统一法律适用标准的同时,很好地兼顾了天理与人情。

再如,司法解释越权一直受到理论界的诟病。(56) 但如上述德国关于“一般人格权”的系列判例所示,根据社会客观形势,在具体案例中灵活解释、运用现有规范,给出符合实质正义要求的裁判结果正是法治精神之所在。这一点在中国的案例法治建设中也有所体现。例如,为解决夫妻一方在婚姻存续期间恶意借债用于个人目的,将个人债务转为夫妻共同债务的问题,2021 年 1 月 1 日开始实施的《民法典》第 1064 条明确规定:“夫妻一方在婚姻关系存续期间以个人名义超出家庭日常生活需要所负的债务,不属于夫妻共同债务。”其实在此之前,人民法院已经通过指导案例表明了其立场:“离婚案件中,主张于婚姻关系存续期间以个人名义所举债务为夫妻共同债务的一方当事人,除了要证明债务的真实存在并产生于婚姻关系存续期间外,还有责任举证证明所借款项用于夫妻共同生活。”(57)这一指导案例通过灵活运用证据规则得出了符合正义与常理要求的结果。

但客观地说,在根据社会形势通过案例释法,提高法律适用性,实现实质正义方面,我们还需要拿出更大的勇气。例如,在引起全国轰动的“赵春华非法持有枪

(55) 陈霞明:《越权司法解释刍议》,载《当代法学》2002 年 8 月。

(56) 梁根林、陈尔彦:《中国死刑民意:测量、解构与沟通》,载《中国法学》2020 年第 5 期。

(57) 韩玫:《夫妻共同债务还是个人债务》,载杜万华主编:《民事审判指导与参考(总第 61 辑)》,人民法院出版社 2015 年版。

支案"中⑤⑧，虽然二审法院将一审法院"三年六个月"的量刑结果降为"判三缓三"。但二审法院并没有回答本案涉及的在刑事诉讼法中如何审查、采纳行政结论等问题，而且"赵春华案绝不仅仅是个案不公的问题，而是反映了目前司法制度中的缺陷，更应当引起社会的关注。"⑤⑨换言之，如果二审法院能够正面回答本案涉及的重大司法问题，最高人民法院能够将本案遴选为指导性案例发布，则其对中国的法治进步无疑将具有更大的普遍性意义。

（二）提高法律地位增强案例的约束力

最高法2010年发布的《关于案例指导工作的规定》（法发〔2010〕51号）第7条规定，各级人民法院在审理类似案件之际，应当参照最高人民法院发布的指导性案例。"应当"一词的约束力显然高于"可以"，这是可圈可点之处。但是，根据最高法2007年3月23日发布的《关于司法解释工作的规定》（法发〔2007〕12号）第5条与第6条，具有法律效力的司法解释只有"解释""规定""批复"和"决定"四种。因此，指导性案例虽然被誉为"中国特色的释法工具"⑥⓪，其作用却止步于"参照"：人民法院的裁判文书虽然可以将之作为裁判理由引用，但不能将之直接引用为裁判根据，因此当事人也不能以违反指导性案例为由提出上诉；法院在不参照指导性案例之际，也是通过内部工作程序进行汇报。但是，指导性案例蕴含的规则也是法律解释，也体现了司法机关在特定问题上的立场，因此正如权威观点所言："应当参照，就是必须参照的意思。……如果法官在审理与指导性案例类似的案件时，其裁判违反指导性案例确立的原则或精神，就可能导致被上级法院推翻。"⑥①从指导性案例的本质与上述德国判例制度核心精神的实践机制来看，"为指导性案例的目的和本旨的全面落实，有必要将指导性案例的规范性转型为司法解释的一种形式"，⑥②提高其法律地位，增强其约束力。具体而言，就是赋予指导性案例法律约束力。案例就如法治长河中的岛屿，公众如果不能够相信案例，甚至在遵循案例行事的情况下承担违法的不利后果，不但有损于案例本身权威，而且有碍于法治建设。

此外，需要指出的是，目前指导性案例的发布机关仅限于最高法与最高检。

---

⑤⑧ 在本案中，赵春华在2016年8月至10月间摆设射击摊位进行营利活动，于10月12日22时被公安机关巡查人员查获，并被当场收缴枪形物9支及配件等物。后经天津市公安局物证鉴定中心鉴定，在被收缴的9支枪形物中，有6支属于以压缩气体为动力、能够正常发射的枪支。

⑤⑨ 陈兴良、赵春华：《非法持有枪支案的教义学分析》，载《华东政法大学学报》2017年第6期。

⑥⓪ 邬海林：《将指导性案例的规范性纳入司法解释的范畴》，载《民主与法制》2017第48期。

⑥① 胡云腾：《一个大法官与案例的38年情缘》，载《民主与法制》2017年第20期。

⑥② 邬海林：《将指导性案例的规范性纳入司法解释的范畴》，载《民主与法制》2017年第48期。

但正如“黑社会性质组织的构成要件”之争(63)等现象所示，司法实践中的许多问题需要立法机关回答。德国判例制度强调宪法法院判例的法定约束力表明，立法机关通过发布立法案例，回答重大案件的争议问题，澄清法律规范中的模糊之处，对于推动法治建设具有根本性意义。例如，在2017年11月15日发布的指导性案例第89号“‘北雁云依’诉济南市公安局历下区分局 燕山派出所公安行政登记案”中，最高法在请示全国人大常委会后判决：仅凭个人喜好和愿望在父姓、母姓之外选取其他姓氏或者创设新的姓氏，不属于《全国人民代表大会常务委员会关于〈中华人民共和国民法通则〉第九十九条第一款、〈中华人民共和国婚姻法〉第二十二条的解释》第2款第3项规定的“有不违反公序良俗的其他正当理由”。鉴于在司法实践中经常需要判断某一行为是否违反“公序良俗”，如果本案能够以立法机关指导性案例的形式发布，当具有更大的约束力与普适性。

（三）增强与理论的互动推动案例法治

指导性案例是法学理论与社会现实的典型结合，是法律职业共同体的智慧结晶。法律职业共同体包括了法官、检察官、律师、法学教授等所有从事法治工作者。(64) 因此，如上述德国有关“一般人格权”的系列判例与“B律师强迫案”所示，提高案例与法理之间的互动，能够在保证司法实践沿着公平正义的道路前行的同时，为法学理论对前沿问题进行深入研究创造条件，推动法治建设稳步前行，就如有的观点所言：要“把案例作为认识法治、评价法治、推进法治和实现法治的抓手和资源。充分运用案例法治智慧和案例法学理论，丰富、完善中国特色社会主义法治的规范体系、制度体系、理论体系和话语体系等”(65)。遗憾的是，恰恰在这一方面我们做得还远远不够。

例如，上述“赵春华非法持有枪支案”在深层次上凸显了“对刑法条文的形式理解与实质判断之间的紧张，仅在量刑阶段进行实质考量的做法并不合理，……立足于解释论，通过对非法持有枪支罪中枪支、持有与抽象危险的要素做限制性解释，是更为理想的解决路径”(66)。但是，司法机关最终还是止步于量刑阶段，并

---

(63) 在《刑法》于1997年增设黑社会性质组织相关罪名之后，人民法院与人民检察院就“存在保护伞”是否为黑社会性质组织的必备特征存在争议。最终，全国人大常委会于2002年4月28日通过《关于〈中华人民共和国刑法〉第二百九十四条第一款的解释》，将“实施违法犯罪活动，或者利用国家工作人员的包庇或者纵容”规定为黑社会性质组织的特征，平息了这一争议。

(64) 徐显明：《关于法律职业共同体的构建》，载《中国司法》2014年第10期。

(65) 胡云腾：《从规范法治到案例法治——论法治建设的路径选择》，载《法治现代化研究》2020年第5期。

(66) 劳东燕：《法条主义与刑法解释中的实质判断——以赵春华持枪案为例的分析》，载《华东政法大学学报》2017年第6期。

没有在定罪问题上作出尝试。如果最高人民法院能够通过本案表明"在形式理解导致不当结果的情形下,应通过限制性实质解释予以纠正"的立场,毫无疑问会有助于解决刑法学界关于形式解释与实质解释的争论,就如"B律师强迫案"解决违法性认识错误在德国的理论地位一样。同时,理论界围绕这一立场的进一步发掘,也会为司法机关处理类似案件提供正当性论证与学理支持。

简而言之,虽然德国判例制度的一些形式安排不适用于中国,但其核心精神与中国司法机关的工作目标是一致的,因此其一些实质性做法对于完善案例指导制度与推动案例法治建设而言,仍然具有重要参考价值。

五、结语

虽然德国是成文法国家,但是"判例具有非常重要的论理作用。在公法领域尤其是在行政法领域,在特定的范围之内,判例法是德国最主要的法律渊源。"[67] 德国判例制度的核心精神是追求实质正义,这一精神的形成与德国的历史传统以及对纳粹暴行的反思不无关系;其实践有着相对成熟的机制保障。其实不仅在德国,判例在法国、日本、意大利等典型大陆法国家的司法实践中也都发挥着重要的作用,并且就判例在诉讼程序中的作用等基本问题在立法中都有所体现。这些国家判例制度发挥作用的机制,对于正在着力完善案例指导制度、推进案例法治建设的中国而言,具有重要参考意义。

---

[67] 黄卉等编:《大陆法系判例:制度·方法——判例研读沙龙I》,清华大学出版社2013年版,第24页。

日本环境司法研究

——从水俣病案件看日本环境司法存在的问题

李正日[*]

一、日本水俣病概说

(一)什么是水俣病

水俣病[①]是由于大量食用被工业废水中的甲基汞所污染的鱼和贝类等而引起的甲基汞中毒。水俣病于1956年在日本熊本县水俣市被发现,所以被命名为水俣病。1968年9月26日,日本政府正式承认水俣病"是由企业的排水引起的环境公害病"。

20世纪50年代中期,随着日本产业的复苏和高度经济增长,在日本国内发生了举世瞩目的公害事件,即水俣病案件。水俣病案件是指位于日本熊本县水俣市的新日本窒素肥料株式会社水俣工厂(1965年改名为窒素株式会社水俣工厂,以下简称"窒素水俣工厂")和位于日本新潟县新潟市阿贺町的昭和电器工业株式会社(以下简称"昭和电工")排放含甲基汞的废水,污染周边水域和水中的鱼、贝类,使食用污染水域的鱼、贝类的居民引发甲基汞中毒的案件。

水俣病的主要症状为手脚麻木、哆嗦、乏力、耳鸣、视力和听力减退、言语表达不清、动作迟缓等。水俣病发病初期伴有狂躁和昏迷症状,严重的患者有可能发病后一个月内死亡,但也有上述症状不太明显的慢性患者。还有孕妇食用被甲基

---

[*] 浙江工业大学法学院刑事法学教研室教师,法学博士、博士后。

[①] 日本熊本大学医学部水俣病研究组在着手研究水俣病时,认为"奇怪病"等称呼不符合医学研究要求,决定暂时用病发源地水俣市的地名命名这种病为"水俣病"。1958年8月开始,日本的各大媒体都引用这个名称进行了报道,"水俣病"这个病名也随之公开了。1969年12月,日本厚生省根据这种病的特殊性和在国内外已普遍使用这个名称为由,正式命名这种病为"水俣病"。在日本,"水俣病"一般指的是熊本县水俣市发生的水俣病,新潟县发生的水俣病称"新潟水俣病"。[日]水俣市水俣病资料馆编:《水俣病知识10问》,日本环境创造水俣实施委员会发行,第11页。

汞污染的鱼、贝类,影响胎儿的正常发育。②

目前尚未发现水俣病的根治疗法,只能针对各种症状进行对症治疗和功能恢复训练。最初,由于日本社会不了解水俣病,所以水俣病患者不仅要承受病痛的折磨,还受到来自社会各方面的歧视和不公平的待遇。

(二)日本水俣病受害者人数

有关日本水俣病受害者的人数,学术界和政府的统计数据有很大的出入。根据日本环境科学省最近公布的信息,到2014年8月29日为止,根据《水俣病特别措施法》申请水俣病救济的人数为64730人,其中55081人成为救济对象。③

虽然日本发现水俣病到现在已经经历了50多年,但该事件不仅未能迎来圆满结局,反而呈现愈演愈烈的趋势。日本国内的声援水俣病受害者的团体认为:政府部门公布的水俣病受害者数据,没有加上被确定为水俣病患者之前死亡的受害者,也没有加上因死亡而无法向医疗部门提出认定申请的受害者以及因结婚、升学、就职等原因不得不放弃认定申请的水俣病受害者。如果把这些人都加上去,水俣病受害者人数远远超过上述数据。有些日本学者认为,水俣病患者可能超过20万人。④ 从这个角度考虑,已经无法准确地统计出日本到底有多少水俣病受害者。

(三)发现水俣病经过

1.发现水俣病的前期状况

20世纪50年代初,水俣湾周围经常发生猫、猪等家畜抽搐死亡的事情,同时在渔民当中出现类似神经麻痹症的病人。从1953年开始,水俣湾海面经常浮起死鱼,水俣湾周围的猫、猪和乌鸦抽搐后死亡的怪事也逐渐增多。1954年8月1日,《熊本每日新闻》刊登了"得了奇怪病的猫跳海自尽"的新闻。

2.最初的有关水俣病的官方记录

1953年,窒素水俣工厂附属医院的细川一院长接诊了一名居住在水俣市月浦区的手脚麻痹、口齿不清的女婴(5岁),但当时未能确定女婴的发病原因。到了1956年4月,病情类似于上述女婴的患者又增加了4名。细川一院长感到事

---

② 日本称这种因胎儿时受到甲基汞影响,而出生便患有先天性残疾的患者为"胎儿性水俣病患者"。

③ 日本众议院调查局环境调查室:《水俣病问题概要》PDF版,第25页,载日本众议院官方网站2017年3月27日,http://www.shugiin.go.jp/internet/itdb_rchome.nsf/html/rchome/Shiryo/index.htm。

④ [日]园田昭人:《救济所有水俣病受害者的策略》,载《环境与公害(第44卷第4号)》2015年4月版,第26页。

态的严重,向熊本县水俣市保健所作了"月浦区出现不明原因的脑疾病患者"的报告。1956 年 5 月 1 日,熊本县水俣市保健所向政府递交了"发生不明原因的脑疾病"的报告。这是日本官方确认水俣病的最初记录。⑤ 据统计,到 1956 年年底为止,水俣湾地区共发现 54 名类似水俣病的患者,其中 17 名患者在这一年发病而死亡。因为不知道发病原因,最初水俣地区的人将这种病称为"猫舞病"或"奇怪病"。

因为患这种怪病的患者多数出自水俣地区的渔民家庭,所以周围的人认为这是渔民的生理原因或者生活原因引起的地方病,社会上开始出现歧视水俣地区渔民的现象。因为这种歧视现象,很多患有水俣病的患者不敢公开自己的病情,这是未能及时发现水俣病的主要原因之一。

(四)对熊本水俣病的调查

接到水俣市保健所的发现奇怪病的报告之后,熊本县成立疑难病处理委员会,委托熊本大学医学部研究解决。日本厚生省也成立了厚生省科学研究组开始研究其原因。

1. 厚生省科学研究组的研究调查报告

1957 年 3 月,厚生省科学研究组通过调查之后,向日本政府递交了"本疾病有可能是食用水俣湾的受污染的鱼、贝类而引起的食物中毒"的报告书。至于这些鱼、贝类受到何种毒性物质的污染,研究组推断为"某种化学物质或金属类"。这时,厚生省科学研究组虽然对引发这种怪病的物质锁定为锰、镉、锌、铬等重金属,但未能确定哪种重金属是引发此病的物质。

2. 熊本大学医学部水俣病研究组的研究报告

1959 年 7 月,熊本大学医学部水俣病研究组(以下简称"熊大水俣病研究组")通过研究得出了水俣病的症状与水银中毒症状非常相似的结论,并向政府部门提出了"引发水俣病的原因有可能是水银化合物或有机水银"的研究报告。对此一些科学家提出"同类型的化学工厂的排水没有引发水俣病","无法解释无机水银转化为有机水银的化学过程"等反对意见,使熊大水俣病研究组的研究报告没有得到重视。

1959 年 11 月 13 日,厚生省食品卫生调查会解散了为调查水俣病原因而成立的水俣食物中毒特别调查组(1959 年 1 月成立,归属于厚生省食品卫生调查会),由此政府部门对水俣病的调查也就不了了之了。

---

⑤ [日]原田正纯:《水俣病》,岩波新书 1972 年版,第 23 页。

(五)新潟水俣病的发现

1964年,阿贺野川流域出现不明原因的神经疾患患者。1965年5月31日,接诊这些患者的新潟大学医学部椿忠雄教授向新潟县卫生部门作了"在新潟发现类似有机水银中毒症状的患者"的报告。对此,新潟县卫生部门于1965年6月成立了新潟县水银中毒研究组,对阿贺野川流域的居民进行了健康调查,并发现了水银中毒患者。⑥ 1967年4月,厚生省新潟水银中毒案件研究组向厚生省递交了"新潟水银中毒案件的原因是由昭和电器工业株式会社的工业排水引起"的调查报告。这是有关日本新潟水俣病的最初的官方记录。

1967年4月,13名新潟水俣病患者和家属(共77名)向新潟地方裁判所提起了诉讼,请求赔偿5亿2267万日元经济赔偿。这是日本"四大公害诉讼案件"⑦中的第一起诉讼案件(又称"新潟水俣病第一次诉讼")。1971年9月29日,新潟地方裁判所判决昭和电器工业株式会社向水俣病受害者共赔偿2亿7779万日元(根据每位患者的病情,赔偿100万—1000万日元不等)。对此判决,昭和电器工业株式会社没有提起上诉。⑧

二、日本司法对水俣病案件的处理过程

在处理水俣病事件上,日本采取了行政解决、政治解决、法律解决等三种方法。但这三种方法都未能圆满地解决水俣病事件。

(一)行政解决

1956年5月1日,水俣市公布"发现水俣病"之后,日本政府为了解决此类公害事件公布了专门解决方法。

1. 有关水俣病的认定标准问题

(1)最初的有关水俣病认定标准——《有关救济公害受害者健康特别法》:1969年12月,日本政府颁布了《有关救济公害受害者健康特别法》(昭和44年法律第90号,以下简称《公健法》,现已废止),开始救济水俣病患者。但由于政府部门采用的水俣病认定标准脱离实际情况,使很多水俣病患者未能得到认定,而引发了许多争议。

---

⑥ 到1999年为止,新潟县水银中毒研究本部在阿贺野川流域共发现了690名水俣病患者。
⑦ 日本四大公害裁判案件是指水俣病案件、富山县痛痛病案件、新潟水俣病案件、四日市哮喘案件。[日]藤本哲也:《刑事政策》,三省堂印刷2002年版,第350页。
⑧ 《新潟水俣病损害赔偿请求事件第一审判决》,载日本《判例时报》第642号,1971年10月21日,第97页。

(2)昭和46年水俣病判断标准:1971年8月,日本政府为了安抚民心,调整了水俣病患者的认定标准,将原来的认定标准修改为:"在《公健法》的认定方法的基础上,从医疗角度考虑患有水俣病的可能性达到50%以上的病人应认定为水俣病患者。"负责水俣病认定的医疗机构认为,昭和46年水俣病判断标准缺乏判断水俣病的医学依据。这使水俣病受害者的申请业务陷入停滞不前的状态。

(3)昭和52年水俣病判断标准:1977年7月1日,日本环境厅公布:"如果出现《公健法》所列举的水俣病症状中的两个以上症状,并结合经验丰富的专业医疗人员诊断结果,综合判断是否患有水俣病。"这个判断标准属于最权威的认定水俣病的标准。从字面上看,昭和52年水俣病判断标准好像是降低了水俣病的认定标准,但是将专业医疗人员的判断加了进去,实际上增加了水俣病受害者被确定为水俣病的难度。从日本环境厅公布的水俣病认定者人数统计数据来看,1977年开始未能通过水俣病认定的受害者人数直线上升。

(4)日本最高裁判所对水俣病的认定标准的解释:由于有关水俣病的行政诉讼和民事诉讼大多数跟水俣病的认定标准有关,2004年10月,日本最高裁判所判决水俣病案件时对水俣病的认定标准作了如下解释:"目前政府部门的水俣病认定标准只能代表特殊性,不能以此为认定水俣病患者的唯一标准。具有感觉功能失调、运动功能失调、平衡功能障碍、视野变窄等症状中的任何几种症状的患者,也应该认定为水俣病患者。"[9]2004年最高裁判所判决下达之后,很多人提出了水俣病认定申请。但由于新的认定标准还没有确定,水俣病认定工作不得不停了下来。

综上所述,围绕水俣病认定标准,日本政府多次进行了修改,并在国会多次进行了讨论,但没有得出结论。这是日本到目前为止,不能彻底解决水俣病案件的主要原因之一。

2. 经济补偿协议

日本政府公布发现水俣病之后,1959年12月30日,窒素水俣工厂跟患者方签订了《一次性补助协议》[10]。其内容包括:"对因水俣病而死亡的,向其家属支付30万日元补助金和2万日元丧葬费;对成年水俣病患者支付10万日元年金;对未成年患者支付3万日元年金(成人之后提高到5万日元)。"该协议第5条规定:"今后如果发现水俣病确实是由窒素水俣工厂废水引起的,也不再追加补偿费。"

---

[9] [日]《水俣病关西诉讼上诉审判决》,载日本《判例时报》第1876号,2005年2月1日,第4—5页。

[10] [日]宇井纯:《公害原论》,亚纪书房1988年版,第119页。

很多水俣病患者被生活所迫,在《一次性补助协议》上签了字。1973年3月20日,熊本地方裁判所认为此补助协议内容"违背了社会公道",宣告上述协议无效。

对水俣病患者的补偿问题,裁判所分别于1971年(新潟水俣病第一次诉讼判决)及1973年(熊本水俣病第一次诉讼判决)分别对昭和电工和窒素水俣工厂下达了赔偿水俣病患者损失的判决书。接到判决书之后,昭和电工和窒素水俣工厂与水俣病患者团体签订了补偿协议。补偿协议规定:"向水俣病患者支付补偿金、医疗费和年金。"到目前为止,凡是被认定为水俣病的患者,都接受了补偿协议规定,并得到了一些补偿。但是没有被认定为水俣病的水俣病受害者,无法得到治疗,也未获得经济补偿。很多受害者,为此选择了个人或者集体进行诉讼的道路。

3. 行政贷款措施

在水俣病案件的处理问题上,日本政府一直没有承认国家责任,但是为了防止企业倒闭引起更大的社会问题,采取了行政贷款措施,即"通过地方政府进行融资,并将这些资金以行政贷款的形式贷给企业"。

从1978年到1999年,熊本县共发行了县债3218亿日元,并从县债中拿出2446亿日元贷给了窒素水俣工厂,让窒素水俣工厂支付水俣病患者的补偿金和赔偿金。但问题是日本的县债发行期限为20年,从2000年开始,窒素水俣工厂每年需要偿还70亿日元的县债。如果窒素水俣工厂倒闭或无力偿还债务,熊本县将面临两大难题:第一,熊本县需要向国家偿还包括贷给窒素水俣工厂的融资部分的全部贷款;第二,熊本县将负责支付水俣病患者的救济费用(只能用税金来支付)。窒素水俣工厂的年纯利润约40亿日元,要偿还2446亿日元的县债,起码需要花60年的时间。窒素水俣工厂能否维持60年,并且每年保持40亿日元以上的纯利润成了日本社会关注的问题。

4. 国家补助及地方财政补贴措施

为了解决窒素水俣工厂的还贷问题,2000年2月,日本政府召开内阁会议,通过了《有关平成12年以后的对窒素水俣工厂的支援制度》,废除上述县债方式的行政贷款制度,开始采取"国家补助及地方财政补贴的方式"。即窒素水俣工厂从企业利润中支付水俣病患者的补偿金,然后在可能的范围内偿还熊本县的行政贷款。国家从一般财政拨款,对窒素水俣工厂进行补助,地方财政也适当地进行补贴。到2005年为止,日本政府通过这种方式,向窒素水俣工厂提供了400亿日元的补助金,熊本县财政共提供了 100 亿日元的补贴。⑪

2009 年 7 月,日本政府通过了《关于救济水俣病受害者及解决水俣病问题的特别措施法》(平成 21 年法律第 81 号,以下简称《特别措施法》)。《特别措施法》的条款中包括允许窒素水俣工厂分割的内容,对此有些人批评这是"政府为企业开逃避责任的后路"。很多人担心如果允许窒素水俣工厂分割,窒素水俣工厂有可能让盈利的部门独立,摆脱偿还水俣病补偿金的约束。

2010 年 3 月,还没有被认定为水俣病的受害者组成的水俣病不知火患者会(约 2100 人),向熊本地方裁判所提出了损害赔偿诉讼。熊本地方裁判所向被告方(国家、熊本县、窒素水俣工厂)和原告方提出了《和解方案》。和解内容为:"被告(国家、熊本县、窒素水俣工厂)向被认定为水俣病的受害者每人支付 210 万日元的补偿金和医疗补助费。"对这个《和解方案》,原被告双方都表示接受。但由于申请认定水俣病的人数众多,认定速度缓慢,引起受害方的不满。

(二)政治解决

1. 1995 年的《有关水俣病对策》

1956 年 5 月 1 日,熊本县水俣市公布"发现水俣病"之后,水俣病事件成了社会关注的焦点问题。申请认定水俣病的人数逐渐增多,有关水俣病的各种诉讼也多了起来。为了解决"还未被认定为水俣病,但主张自己得了水俣病的受害者的救济问题",日本中央公害对策审议会于 1991 年 11 月,通过了《有关今后的水俣病对策方案》(以下简称《对策方案》)。

根据《对策方案》的规定,从 1992 年 4 月到 1995 年 3 月为止,水俣病地区对具有手脚发麻和视觉障碍的患者发放了《疗养手册》(对持有《疗养手册》的患者,国家负担部分医疗费),对那些水俣病症状还不太明显的居民进行了医疗补助措施。

但是没有被认定为水俣病的居民,为了得到《公健法》的认定,联合或者单独提起了诉讼,引发了许多有关水俣病的诉讼。为了解决这种混乱局面,1995 年 12 月,日本内阁会议通过了《有关水俣病对策》。其内容如下:(1)1996 年 1 月开始重新恢复综合对策医疗事业,接受水俣病认定申请;(2)企业对具有四肢麻木、感觉障碍等水俣病症状的患者支付补偿金;(3)国家及有关县政府对本事件进行有诚意的解释,并对符合上述(1)的条件的患者发放《医疗手册》,支付部分医疗费和护理费用;(4)接受救济的患者应撤销诉讼,尽快并全面解决水俣病争议。

---

⑪ [日]环境省综合环境政策局编:《环境白书》,日经印刷 2006 年版,第 41 页。

通过上述一系列的措施,到了1996年5月,除了关西水俣病诉讼案件以外的水俣病诉讼案件以原告方的撤诉而告终。

2.《特别措施法》

2004年10月15日,日本最高裁判所对关西水俣病诉讼案件下达了判决,承认了公害问题上的国家的失职责任,导致新一轮的水俣病诉讼浪潮。为此,2009年7月,日本政府通过了《关于救济水俣病受害者及解决水俣病问题的特别措施法》。该法规定:"为了尽早救助'过去的生活处在有可能受到水银中毒的环境之中,并具有四肢末端感觉障碍者、具有全身性感觉障碍者以及类似四肢末端感觉障碍者',向上述受害者支付救助金、疗养费(部分医疗费自己负担)、疗养补助。"

(三)法律解决

有关水俣病案件的诉讼可以分为以下三种:第一,以窒素水俣工厂、昭和电工以及国家和县为被告的民事诉讼(主要是经济赔偿案件);第二,以国家和县为被告的行政诉讼(多数与水俣病的判断标准有关的案件);第三,围绕水俣病而发生的刑事诉讼。

1.有关水俣病的民事诉讼案件

从1956年开始,水俣病受害者以窒素水俣工厂、昭和电工以及国家和县为被告,提起了多次民事诉讼,其次数、涉及的人数等都是在日本的司法诉讼中罕见的。下面介绍具有关键意义的案件。

(1)日本新潟水俣病第一次诉讼:1967年6月,13名新潟水俣病患者和77名家属向新潟地方裁判所提起了请求赔偿5亿2267万日元的经济赔偿诉讼。这是日本"四大公害诉讼案件"中的第一个诉讼案件,又称"新潟水俣病第一次诉讼"。1971年,新潟地方裁判所全面支持水俣病受害者的诉讼请求,判决昭和电工在水俣病问题上具有过失责任,命令昭和电工向水俣病受害者赔偿2亿7779万日元。

对于水俣病受害者来讲,新潟水俣病第一次诉讼属于具有关键性意义的一次诉讼,因为新潟地方裁判所全面支持水俣病受害者的诉讼请求,证明水俣病是昭和电工排放的水银引起的,不是什么地方病,更不是什么见不得人的"怪病",使水俣病受害者排除了顾虑。

(2)日本熊本水俣病第一次诉讼:1969年6月14日,水俣病患者家族互助会的患者及其家属(共112人)联名向熊本地方裁判所提出了损害赔偿诉讼。窒素水俣工厂主张有机水银是生产过程中产生的副产品,厂方无法预测其危害性,不应该负责任。1973年3月20日,熊本地方裁判所认为从事化学产品的生产厂家,应该对自己的生产全过程负责,并判决:窒素水俣工厂应该负过失责任,应根据患者的病情向患者支付补偿费(A级患者的补偿费为1800万日元,B级患者的补偿费为1700万日元,C级患者的补偿费为1600万日元)。熊本地方裁判所还裁定:1959年窒素水俣工厂同水俣病患者签订的补偿金协议无效。对上述判决窒素水俣工厂没有提起上诉,并按时支付了补偿费。

(3)日本关西水俣病诉讼案件:1982年10月27日,没有被认定为水俣病的59名受害者,向大阪地方裁判所提出了对居住在熊本县以外地区的水俣病受害者也要进行认定和赔偿的诉讼请求。1994年7月11日,大阪地方裁判所认为"本案的59名(原告)当中的42名⑫受害者患有水俣病的可能性为15%—40%",命令窒素水俣工厂"根据每个人的病情,赔偿450万日元至850万日元的经济损失"。但大阪地方裁判所否定了国家和熊本县的行政责任,为此原告方表示不服,提起了上诉。2001年4月27日,大阪高等裁判所下达了"在水俣病事件上国家和熊本县有监督失职责任"的判决。对此国家和熊本县向最高裁判所提起了上诉。2004年10月15日,日本最高裁判所对关西水俣病诉讼案件下达了判决,承认了公害问题上的国家的失职责任。判决认为:"根据已经公布的《有关保护公共水域水质的法律》及《有关限制工业排水的法律》(即《水质二法》),本案的被害后果的发生与政府部门未行使《水质二法》的限制权限有关,违背了《水质二法》的宗旨和目的(省略)",命令"窒素水俣工厂向受害者支付600万日元至850万日元的经济赔偿"。

关西水俣病诉讼案件的判决,是在水俣病案件中第一个由日本最高裁判所"承认国家和熊本县的失职责任"的判决。该判决使日本政府放弃了"以经济发展为理由,政府护企业的短"的做法,重新审视环境保护问题。目前,还有很多水俣病有关的民事案件还在诉讼过程中,也就意味着日本政府还需要承担更多的责任。

2.有关水俣病的行政诉讼案件

有关水俣病的行政诉讼,多数与日本政府提出的水俣病判断标准有关。一开始日本政府没有意识到水俣病的严重性,主要精力放在如何挽救问题企业(指窒素水俣工厂、昭和电工)上,制定了非常苛刻的判断标准和烦琐的申请程序,使很多水俣病患者未能被认定为水俣病患者,导致了很多有关水俣病的行政诉讼被提起。下面介绍具有关键意义的案件。

(1)1974年12月13日,水俣病受害者协会的410名受害者,以延误患者认定

---

⑫ 此案的59名原告当中,被认定为水俣病的患者为42名,另12名被认定为诉讼时效已过,其他没有被认定为水俣病患者。

业务[13]为由,向熊本裁判所提出行政诉讼。1976 年 12 月 15 日,熊本地方裁判所判决"拖延水俣病认定业务为违法行为",命令熊本县加快认定速度,对此熊本县没有上诉。之后日本环境厅修改水俣病认定标准,简化了水俣病认定程序,但认定速度还是跟不上,一度未处理的认定申请数超过了 6000 件。

(2)1978 年 12 月,24 名水俣病认定申请者以延误患者认定业务为由,向熊本地方裁判所提出了国家和熊本县应支付每人每月 4 万日元延误费的诉讼。1983 年 7 月,熊本地方裁判所判决国家和熊本县支付水俣病认定申请者每人每月 2 万日元的延误费,总额为 2800 万日元。对此,熊本县提出上诉。对熊本县的上诉最高裁判所认为,"专门医生为了正确判断水俣病正在努力工作,作为知事有理由让申请者等待结论",否定了水俣病认定申请者一方的诉讼请求。

(3)1975 年 8 月,熊本县议会的公害对策特别委员会委员长杉村(熊本县议会议员)和齐所委员(熊本县议会议员),到环境厅讨论如何统一水俣病认定标准时,列举具体案例说:"水俣病认定申请者中有骗取补偿金为目的的假患者。"对此,1977 年,2 名患者以名誉受到了损害为由向熊本地方裁判所提出诉讼,要求上述人员公开道歉。熊本地方裁判所判决杉村委员长和齐所委员损害了 2 名患者名誉,命令杉村和齐所向 2 名患者公开道歉。

3. 有关水俣病的刑事诉讼案件

(1)伤害议员案件:1975 年 9 月,水俣病认定申请患者协议会的 4 名人员到熊本县政府进行抗议(抗议该县议会议员的"假患者"言论)时,殴打了熊本县议会公害对策特别委员会的委员长。1980 年 3 月 18 日,熊本地方裁判所以伤害罪和防碍公务罪一审判上述 4 名被告有期徒刑 4 个月。之后的二审和最高裁判所的终审判决均判被告有罪。[14]

(2)川本伤害案件:1972 年 7 月,水俣病患者协会的代表川本辉夫到窒素株式会社东京本部进行抗议活动时,跟窒素株式会社东京本部的职员发生肢体冲突,使对方负了轻伤。同年 12 月 27 日,熊本地方检察厅以伤害罪起诉了川本辉夫。熊本地方裁判所判处川本辉夫有罪,罚款 5 万日元。对此川本辉夫提起上诉,1977 年 6 月 14 日高等裁判所判决川本辉夫无罪。对此判决熊本地方检察厅

---

[13] 受到 1971 年日本环境厅缓解水俣病认定标准和 1973 年熊本水俣病第一次诉讼患者方胜诉的影响,申请认定水俣病的人数明显增多。但认定水俣病的专门医院不足,未处理的认定申请超过了 2000 件,无法确定患者的认定日程。

[14] 日本《判例时报》第 1310 号,1989 年 7 月 11 日,第 156 页。

表示不服提起了抗诉,最高裁判所最终认为川本辉夫不构成犯罪,无罪释放。⑮

(3)吉冈、西田业务过失致人死亡案件:1976年5月4日,熊本地方检察厅以业务过失致死罪起诉了窒素水俣工厂的原社长吉冈和原厂长西田。1979年3月22日,熊本地方裁判所以业务过失致人死亡罪判处吉冈和西田有期徒刑2年缓期执行3年。对此,吉冈和西田不服判决提起上诉。1982年9月6日,高等裁判所维持原判。吉冈和西田不服判决向最高裁判所提起上诉。1988年2月29日,最高裁判所驳回上诉维持原判。⑯

(4)其他相关刑事诉讼案件:除此之外,还有不少有关水俣病的刑事诉讼案件。例如,1975年7月,新潟县的水俣病患者以杀人罪和伤害罪告发了昭和电工的干部;1978年3月,熊本水俣病患者以杀人罪和伤害罪告发1958年至1968年期间任职的厚生省、通商产业省、农林渔业省的大臣以及熊本县知事;1986年6月,熊本县水俣病患者联合会以杀人罪告发熊本县的现任和前任知事、水俣病认定审查委员会会长以及委员等19人,认为上述人员没有对水俣病患者采取必要的救济措施,导致多人死于水俣病。⑰ 对上述案件,日本检察厅最终以证据不足为理由,没有进行起诉。

三、水俣病案件未能及时得到解决的原因分析

(一)经济制度原因

水俣病案件发生在日本高度经济增长期,正是日本政府提倡大力推进经济发展,提高国民收入的时期。当时窒素水俣工厂生产的氯乙烯是生产塑料的主要原料,其生产量占日本国内首位。由于窒素水俣工厂的规模大,所以在用工和税收等方面为熊本县作了不少贡献。⑱ 其实到了1959年11月,根据各部门的研究报告,日本行政部门(特别是熊本县政府)应该认识到了水俣病发生原因跟窒素水俣工厂排出的污水有关的事实。但由于当时日本正处于高度经济增长期,在这种

---

⑮ 《有关窒素水俣病补偿请求伤害案件上诉审判决》,载日本《判例时报》第984号,1981年1月21日,第38—40页。

⑯ 日本《判例时报》第1059号,1983年1月11日,第18页;《判例时报》第1266号,1988年5月1日,第5页。

⑰ 《窒素水俣病患者联合会告发水俣病认定审查委员会委员杀人罪》,载《日本经济新闻》(西部版)1986年6月4日(夕刊)。

⑱ 20世纪初期成立的窒素水俣工厂为日本重要的化工企业,它使水俣这个小渔村变成了熊本县屈指可数的工业城市。曾经窒素水俣工厂的职工人数占了该市人口的10%以上,市内人口的50%以上为窒素水俣工厂家属,从这些数字可以判断窒素水俣工厂在当地的影响力。

特殊的历史背景下,处理一个对国家和地方经济贡献极大的企业,确实是个不容易的事。也就是说,国家行政部门担心处理有问题的企业会出现连锁反应,影响日本整体的经济发展;而地方政府部门怕企业离开管辖区,影响本地区的用工问题和财政收入。在这种"担心"和"顾虑"的作用下,国家和地方政府没有履行对企业的监督义务,最终导致了水俣病的蔓延。

2016年8月23日,日本放送协会(NHK)播放专题节目——《水俣病60周年》,披露了很多鲜为人知的有关水俣病的真相。[19] 比如,(1)发现水俣病初期,窒素水俣工厂的上层人员已经意识到水俣病跟该工厂的废水有关系的事实;(2)问题被暴露之后,企业和政府官员相互勾结,操纵水俣病患者的认定标准的事实;(3)为了避免窒素水俣工厂破产,当时的执政党——自由民主党动员水俣市出身的国会议员,在水俣市发动所谓的"署名活动",要求政府出资给问题企业的事实等。这些事实证明,在水俣病事件的处理过程中,日本政府和执政党优先关注的不是水俣病患者的生命健康,而是经济发展。那些政治家、国会议员、地方官员的冠冕堂皇的理由就是"如果严厉处罚问题企业,使其破产或者转移到其他地区,不利于该地区的经济发展",所以他们认为,"不仅不能让问题企业转移到别的地区,也不能使其破产",主张"动用国家资金资助问题企业,避免使其破产"。虽然后来日本政府采取的是熊本县发行县债的方式(政府出面购买县债)。但这只不过是为了掩人耳目,从资金的出处来看,最终替问题企业买单的是日本政府。因为熊本县发行的县债是由日本政府动用国库资金全部购进的,熊本县将这部分资金贷给问题企业使其渡过资金危机。到目前为止,问题企业没有偿还熊本县的这一部分贷款,而且其中的很大一部分贷款已经被日本政府以各种理由予以减免。

对一个国家或者地方自治政府来讲,发展经济是一件非常重要的事情,但是为了保住"纳税大户",伤及普通民众的利益的做法是不可取的。这对处于经济增长期的我国来讲,是一个值得引起重视的问题。

(二)有关环境司法体系的不健全

日本政府为了解决公害问题,制定或修改了许多法律。到2003年为止,日本公布的有关法人处罚内容的法令共有570部。其中,《关于危害人体健康的公害犯罪处罚法》可以称得上是日本环境刑法的代名词,是日本政府于1970年颁布(1971年7月1日实施)的。其内容共分7个条文,分别规定了立法目的、故意犯罪、过失犯罪、因果关系推定、法人处罚、诉讼时效、管辖等问题。

---

[19] 载 NHK 电视台官网,http://www.nhk.or.jp/gendai/articles/3851,2017 年 3 月 10 日访问。

但因为作为基本法的日本刑法没有明文规定法人刑事责任,所以在处理公害犯罪等涉及企业法人的案件上,上述法律未能起到应有的作用。

从20世纪60年代开始,公害、药害、食品危害等由企业的活动引发的包括水俣病事件在内的重大公害事件,成了社会关注的问题,日本学术界开始讨论处罚法人的问题。到了20世纪70年代,有些学者认为"为了有效地控制作为享受利益的主体——法人的活动,有必要对法人进行处罚",支持"法人犯罪能力肯定说"。随之出现了"法人独立处罚说""企业组织体责任论"等学说。[20] 但这些日本法学界的有关公害问题的学说,未能引起日本司法界的重视,对公害案件的处理未能起到有效的作用。

据统计,1990年日本警察部门受理的有关公害案件为63921件,但实际移送到检察部门的只有431件。[21] 因为《日本刑法典》没有明文规定法人的刑事责任,所以警察部门对这些涉及地方企业的公害案件只有一定的处分权,对大多数案件以警告或罚款来代替处罚,这大大降低了案件的移送率。

(三)社会对水俣病认识不足

从社会角度考虑,当时日本社会对水俣病问题认识不足。首先,日本政府对水俣病事件采取的措施可以说明这一点。最初日本政府站在企业一边,动员警察镇压渔民的抗议活动,还干扰对企业的调查活动。虽然研究部门已查明水俣病发病原因,但政府部门也没有采取积极的补救措施,反而帮企业说服受害者接受和解协议。在制定水俣病标准、认定水俣病方法、对水俣病患者的待遇等问题上,政府部门采取了很保守的态度,引起了水俣病患者的不满,引发了许多诉讼案件。1995年,政府首相亲自出面进行了道歉,并提出了和解方案,但还是未能彻底解决问题。其次,广大市民认为水俣病是在水俣湾地区流行的地方病,瞧不起水俣病患者,耻笑水俣湾地区出身的渔民,导致很多患者不敢公开病情或不敢到医院就诊。连有些大学的教授和有名人士也认为水俣病是"瘟疫或地方病",甚至有些人认为"水俣病患者当中大部分人是无理取闹的无赖、骗取赔偿金为目的的骗子"。这种社会氛围很大程度上延误了查明水俣病真相的时间。

在日本水俣病事件当中,因为受害方无法提出"水俣病的发病原因是企业的排水引起的有力证据",而无法及时制止企业的污染行为,导致了1706人死亡及几万人饱受病痛折磨的悲剧。

2006年4月30日,熊本县在水俣湾岸边建立了水俣病死亡者纪念碑,碑里藏

---

[20] [日]川崎友己:《企业的刑事责任》,成文堂2004年版,第67—68页。
[21] [日]环境省综合环境政策局编:《环境白书》,日经印刷1991年版,第177页。

着 314 名因水俣病死亡的死者名册。这个数字还不到患水俣病而死亡的患者人数的 1/4，还附带着"不对社会公开"的条件。因为水俣病患者和其家属，担心社会对水俣病和水俣病患者的歧视。

  2010 年 3 月 27 日，日本政府与水俣病患者团体就水俣病案件的损害赔偿处理问题初步达成了协议。但是，在今后很长一段时间里，政府和企业还必须保障水俣病患者的生活，企业还需要继续偿还国家的行政贷款。这些事实说明，水俣病案件留给社会的影响有多么深刻。

中国刑法与国际公约的衔接问题研究[*]

周维明[**]

一、绪论

韦尔策尔教授曾经说过,就像每个有教养的人除了他的母语以外还要精通一门外语一样,每个法学家除了他的本国法以外,至少还要对外国法的基本特征有所了解。[①] 因为,只了解自己母语的人,实际上连自己的母语都未必了解;只了解自己本国法的法学家,事实上可能对本国法不甚了了。[②] 如果说学习外语是为了更好了解自己的母语,那么研究外国法就是为了更好地了解与完善本国法。以此为准,就刑法与刑法学研究而言,其必须具备域外视野。值得注意的是,在现代国际社会,随着全球化的发展,世界各国之间的经济政治文化交流日益频繁,法律不再被视为各个国家的独特文化现象,而是被认为是一种跨文化的,在国际交流中日益趋近和融合的共识性表达。藉此,法学研究已经超出了与某几个国家进行比较法研究的范围,开始具备全球化的视野。我国的刑法与刑法学研究,只有树立开放性的全球化观念,才能以一种"主体性"的姿态,并依据"中国理想图景"或"世界理想图景"为我国刑法在全球化进程中的方向提供认识论前提,从而在世界刑法体系中争夺应有的地位和话语权。[③]

在我国刑法与全球化接轨的过程中,国际公约占有举足轻重的地位。[④] 这是因为,刑法无非是刑事法治规律的集中体现。而刑事法治规律是人类政治文明规

---

[*] 本文原载《刑事法评论》2017年第1辑。
[**] 中国应用法学研究所副研究员,法学博士。
[①] Vgl. Hans Welzel, Abhandlungen zum Strafrecht und zur Rechtsphilosophie, Walter de Gruyter 1975, S. 1.
[②] 因为任何事物的评价标准都不能来自于其自身,换句话说,任何事物都是缺乏"自身反思"的。
[③] 参见邓正来:《谁之全球化?何种法哲学?——开放性全球化观与中国法律哲学建构论纲》,商务印书馆2009年版,第1页。
[④] 其实,任何法治文明国家的刑法都会受到国际公约的影响。

律在刑事领域的特殊形式,是法治文明、政治文明的体现。这就意味着,刑事法治规律是人类法治文明的经验和科学认识,这些经验和科学认识反映了刑事法治中自古以来的一些普遍性、本质性的东西。这方面最重要的文献资源就是联合国与国际社会有关刑事法治的公约,它们是成员国共同努力、反复探讨、斗争妥协、逐步达成共识的结果,在相当程度上兼顾了各国国情,逐渐为越来越多的国家认同和接受,为各国的刑法以及刑事司法体制改革提供了可供参考的国际标准和导向。总而言之,国际公约是世界范围内对刑事法治规律的概括,是国际社会达成共识的普遍规律,体现了刑事法治的一般发展趋势,我国刑法只有通过与国际公约实现衔接,才能让刑法顺应世界潮流,以全球视野谋划和推动我国刑法和刑法学研究的创新发展。

二、我国刑法与国际公约的衔接状况以及问题

(一)我国刑法与国际公约的衔接概况

自我国恢复联合国合法席位以来,已经签署了近 300 个国际公约,其中有 24 个多边国际刑事公约和 29 个包含有附属刑事规范的多边公约。我国对这些公约所承担的国际义务,决定了这些国际公约必然会对我国刑法产生重大影响。

自 1979 年我国颁布第一部《刑法》以来,就对加入的国际公约予以特别关注。自 1981 年至 1995 年,全国人大常委会通过的 24 个特别刑事法规中有将近 1/2 确认了我国加入的有关刑法的国际公约的相关条款。[⑤] 1997 年《刑法》除将以上 24 个特别刑事法规对国际公约的确认全部吸收外,又新增了一些国际公约规定的典型犯罪。如关于恐怖主义组织和黑社会组织的犯罪,关于核材料的犯罪,关于侵犯民族、种族权利的犯罪等。[⑥] 这种国际公约与国内刑法相互渗透、互

[⑤] 例如 1981 年《中华人民共和国惩治军人违反职责暂行条例》对战争犯罪的补充确认;1988 年《关于惩治捕杀国家重点保护的珍贵濒危野生动物犯罪的补充规定》对环境犯罪的部分确认;1990 年《关于禁毒的决定》对毒品犯罪的补充确认;1991 年《关于惩治盗掘古文化遗址、古墓葬犯罪的补充规定》对文物犯罪的确认;1992 年《关于惩治劫持航空器犯罪分子的决定》对劫持民用航空器罪的补充确认;1993 年《关于惩治假冒商标犯罪的补充规定》和 1994 年《关于惩治著作权的犯罪的决定》对侵犯知识产权犯罪的补充确认等。

[⑥] 例如 2011 年《刑法修正案(三)》为回应国际反恐公约而增设资助恐怖活动组织罪;2006 年《刑法修正案(六)》回应《联合国反腐败公约》而扩大洗钱罪的上游罪名并修改和完善了商业贿赂犯罪的相关规定,2009 年《刑法修正案(七)》又增设利用影响力受贿罪;2011 年《刑法修正案(八)》回应《公民权利和政治权利国际公约》《保护面临死刑者权利的保障措施的补充规定》等倡导对老年人犯罪从宽处理的国际公约而首次创建了老年人犯罪从宽制度等。

相补充的实践不仅彰显了我国履行国际公约的积极态度,树立了我国负责任的大国的形象,也实现了与国际社会主流刑事法治实践的接轨,促进了我国刑法的科学化、合理化和完备化。⑦

(二)我国刑法在与国际公约的衔接方面存在的问题

虽说我国刑法对与国际公约的衔接给予了特别关注,但就现状而言,这一方面还存在不少缺陷:

1. 衔接不够深入,存在与国际公约的宗旨和精神不完全符合的情况

以刑法中的帝王条款——罪刑法定原则来说,对国际公约中规定的罪刑法定原则的最新理解,就包括不得以法定解释肆意扩张犯罪与刑罚的界限的宗旨。⑧但是在司法实践中,有时存在对刑法解释是否逾越了必要界限的质疑。又如,《公民权利和政治权利国际公约》(以下简称 ICCPR)第 15 条第 1 款规定的罪刑法定原则,要求依据行为人犯罪后的轻法对已生效裁判确定的刑罚予以减刑,而我国刑法对此项制度尚不完善。这是与国际公约的宗旨和精神不尽符合的。

2. 国际公约的相关规定在我国刑法中的地位有待明确

我国所签署和参加的国际公约中有关刑法的规定在我国刑法体系中的地位有待明确。例如,对于我国签署和参加的国际公约中的刑法规范,是可以作为刑法的正式渊源直接加以适用,还是必须通过转化的方式将国际公约中的刑法规范转化为国内法之后再加以适用?国际公约中的刑法规范与我国刑法的规定相冲突时,究竟何者优先?这方面的一个突出例子就是《联合国反腐败公约》。《联合国反腐败公约》将贿赂的范围认定为"不正当好处",即不限于财产性利益,比如请托人为受托人亲属安排工作、晋升职位、提供家政服务乃至性服务等非财产性利益,也可以成为贿赂的非物化形式。但我国的刑法相关规定及其解释至今仍然认为贿赂犯罪所获取的不正当利益仅限于财产性利益。⑨ 当行为人接受性贿赂这样的非财产性利益时,《联合国反腐败公约》与我国刑法的相关规定就会产生龃龉,这就会产生冲突时究竟适用哪一个规定的问题。由于我国宪法对国际公约的法律地位及其适用问题没有作出明确的规定,导致理论与实务上众说纷纭,这在一定程度上影响了我国刑法与国际公约的衔接效果。

---

⑦ 参见王建军:《国际公约对刑法修订的影响及其意义》,载《刑事法评论》第 4 卷(1999),中国政法大学出版社 1999 年版,第 453 页。

⑧ See Kenneth S. Gallant, *The Principle of Legality in International and Comparative Criminal Law*, Cambridge University Press 2009, p.11.

⑨ 参见张明楷:《刑法学》(第四版),法律出版社 2011 年版,第 1066 页。

3. 我国刑法中规定的国际犯罪有待完善

我国《刑法》第9条规定:"对于中华人民共和国缔结或者参加的国际条约所规定的罪行,中华人民共和国在所承担条约义务的范围内行使刑事管辖权的,适用本法。"根据这一规定,应当在《刑法》分则中规定相应的国际犯罪。问题在于,我国已经签署和参加的国际公约中规定了种族灭绝罪、反人类罪、战争罪、侵略罪、破坏和平罪以及海盗罪等国际犯罪,但我国刑法没有直接将这些国际犯罪纳入刑法分则体系之中,这就导致了我国刑法与国际公约的相关规定在一定程度上无法协调和衔接的困境。在对这些国际犯罪行使普遍管辖权时,就会出现刑法适用的困难。⑩ 或许有人会主张,我国《刑法》中的故意杀人罪、抢劫罪这样的规定可以涵盖以上国际犯罪。不过,以上国际犯罪的内涵并不是我国《刑法》中现有的罪名所能涵盖的,而且在我国《刑法》分则没有相应罪名的情况下,根据国际公约直接起诉和惩处犯罪嫌疑人违反罪刑法定原则,另外,基于犯罪构成利用我国《刑法》中现有的罪名起诉国际公约所规定的国际犯罪也违反了禁止类推的原则。⑪

三、我国刑法与国际公约的衔接模式选择

(一)可供选择的衔接模式概述

我国《宪法》对国际公约的法律地位及其适用问题没有作出明确的规定,《缔结条约程序法》也仅仅规定了缔结条约的程序,没有明确国际公约与国内法的关系,也没有国际公约与国内法发生冲突时何者优先的效力等级的规定。从我国国内的相关实践来看,我国实施国际公约的模式主要有以下两种:

1. 直接适用

所谓国际公约的直接适用,是指将国际公约与国内法视为属于同一体系,因此缔约国缔结或参加的国际公约无须该国采取进一步措施,也无须当事人的选择或法律适用规则的指引,就能直接作为确定当事人之间权利义务的依据。在我国的实践中,大量的民事法律和行政管理法律均采用了直接适用的模式。例如,《民法通则》第142条第2款规定,我国缔结或参加的国际条约同我国民事法律有不

---

⑩ 随着我国对外交流程度的日益加深,这种困难并非仅是理论上的研讨而是已经具有实践上的意义,我国海军已经在索马里海域执行护航任务,对于抓获的海盗,究竟应当根据我国《刑法》的哪一条处理？参见郭玉川:《我国刑法该如何规定海盗罪》,载《检察日报》2009年1月23日,第003版。

⑪ 参见马呈元:《论中国刑法中的普遍管辖权》,载《政法论坛》2013年第3期。

同规定的,适用国际条约的规定,但我国声明保留的条款除外。《民用航空法》第184条、《票据法》第95条、《海商法》第268条都作了与之相同的规定。我国司法实践中在审理涉外案件时,对有关民商事和知识产权的国际公约都是直接加以适用的。⑫

2. 间接适用

所谓国际公约的间接适用,是指将国际公约与国内法视为属于不同体系,两者在效力上不具有可比性,因此缔约国缔结或参加的国际公约不能在国内立即适用,只能通过该国依据公约规定来立、改、废国内法的方式在国内间接适用。在我国的实践中,有关领土主权、国际刑事司法协助、人权条约、经济贸易等方面的国际公约在我国国内的执行需要立法机关采取立法措施。⑬ 例如,我国的领海及毗连区法、专属经济区和大陆架法的许多条款基本上都是转化了1982年《联合国海洋法公约》的规定。我国于1975年和1979年加入了《维也纳外交关系公约》和《维也纳领事关系公约》,在转化公约主要规定的基础上于1986年和1990年制定了《外交特权与豁免条例》和《领事特权与豁免条例》。

(二)我国刑法与国际公约的衔接模式选择

以上两种衔接模式各有利弊,我国刑法与国际公约的衔接模式究竟应当选择哪一种呢?本文并不打算为所有的部门法提出一个普遍适用的衔接模式,而是仅为刑法与国际公约的衔接提出某种可行的模式,并主张这一模式应当以间接适用模式为基础,理由如下:

1. 间接适用模式符合我国刑事法领域的衔接实践

我国目前与国际公约的衔接实践是直接适用条约和间接适用条约模式并用,保持在适用方式选择上的灵活性,以满足适用不同条约的需要。⑭ 就我国在刑事法领域的衔接实践而言,一向采取的是间接适用模式。如1987年6月6日国务院关于提请全国人大常委会作出《中华人民共和国对于其缔结或者参加的国际条约所规定的罪行行使刑事管辖权的决定》的议案指出:"为使我国因加入或批准这类条约而承担的国际义务同国内法的规定有机地衔接起来,在我国现行刑法关于适用范围的有关规定未作调整之前,国务院认为,有必要提请全国人大常委会作出决定:中华人民共和国对于其缔结或者参加的国际条约所规定的犯罪行为,

---

⑫ 参见左海聪:《直接适用条约问题研究》,载《法学研究》2008年第3期。

⑬ 参见赵建文:《国际条约在中国法律体系中的地位》,载《法学研究》2010年第6期。

⑭ 参见刘楠来:《国际条约的适用与我国法制的完善》,载中国社会科学院社会政法学部:《科学发展社会和谐——构建社会主义和谐社会的理论与实践》,社会科学文献出版社2007年版,第278页。

将视为国内法上的犯罪,在其承担条约义务的范围内,对上述犯罪行为行使刑事管辖权。"因此,以间接适用模式为基础是与我国刑事法领域的衔接实践一脉相承的。

2. 间接适用模式符合刑事法领域衔接实践的国际主流趋势

就世界法治发达国家的实践来看,在刑事法领域与国际公约的衔接实践中也多采取间接适用模式。以英美法系为例,美国刑法只承认普通法、制定法、条例、行政法、法庭规则、模范刑法典、宪法为刑法的正式渊源,并不承认国际公约构成刑法的正式渊源[15],英国刑法承认的刑法渊源与美国刑法极为相似,也不承认国际公约可以直接作为正式渊源加以适用。[16] 以大陆法系为例,德国刑法与刑事诉讼法虽然承认《欧洲人权公约》的约束力,但是《欧洲人权公约》的相关规定只有经过国内法的转化程序才能产生效力,原因是德国联邦宪法法院再三重申其有权以宪法权利标准审查欧盟机构的立法是否越权或者"侵犯了宪法的核心领域"。德国联邦宪法法院的观点影响了意大利宪法法院对欧盟法的态度,意大利的实践也认为国际公约需要通过立法转化的方式才能产生法律效力。这种观点被称为"反限制理论"。这一理论也影响到了法国。法国是通过制定国内法的方式将欧盟法转化到本国法律体系之中。在2004年以前,法国将转化为国内法的欧盟二级法令一概推定为具有合宪性,然而在当年法国宪法委员会在88-1082号案件决定用宪法审查欧盟法令是否合宪,并强调欧盟法令不得损害法国宪法的特性。[17] 由此看来,间接适用模式与刑事法领域衔接实践的国际主流趋势是相符的。

3. 间接适用模式符合罪刑法定原则

平心而论,当前的国际公约中有关刑法的规定并不十分明确和系统化,许多公约只规定犯罪的构成要件或罪名而不规定具体的刑罚。巴西奥尼教授就注意到,在国际刑法领域,罪刑法定原则中的"法无明文规定不为罪(nullum crimen sine lege)"只发挥着非常有限的作用,而"法无明文规定不处罚(nulla poena sine lege)"在国际刑法中要么缺位要么是通过类推来适用。[18] 如果采用直接适用模式,那么部分国际公约中有关刑法的规定与实践极有可能与罪刑法定原则发生冲

---

[15] See Daniel E. Hall, *Criminal Law and Procedure*, Cengage Learning 2012, pp.33ff.

[16] 参见[英]威廉·威尔逊:《刑法理论的核心问题》,谢望原、罗灿、王波译,谢望原审校,中国人民大学出版社2015年版,译者序第1页以下。

[17] 参见范继增:《三角模式下欧洲基本权利保障的冲突与融合》,载《法律方法》2015年第2期。

[18] See M. Cherif Bassiouni, *Crimes Against Humanity in International Criminal Law*, Kluwer Law International 1999, pp.144ff.

突,这也是应当以间接适用模式为基础的原因。

(三)以协调论作为我国刑法与国际公约的衔接模式

细心的读者可能发现,本文再三强调我国刑法与国际公约的衔接模式应当以间接适用模式为基础而不是直接采用间接适用模式。这是因为,间接适用模式也有其自身的缺陷。间接适用模式将国际公约构成的国际法体系与缔约国的国内法体系看作两个不同的体系,这是本文所赞同的,但是它又主张完全依靠缔约国国内的立法机关通过立、改、废国内法的形式来实现国际公约与国内法的衔接,这就未免失于狭隘了。以我国的刑法体系为例,最高人民检察院与最高人民法院颁布的司法解释虽然在学理上并不被接受为正式的法律渊源,但是其指导刑事司法实践的巨大作用是不可置疑的。刑法司法解释与刑法规范之间的关系,特别是如何防止司法解释僭越刑事立法权的问题,向来是理论与实务热烈讨论的对象。[19] 由此可见,我国刑法要实现与国际公约的衔接,显然不是仅仅依靠立法机关立、改、废国内法的形式就能简单实现的,而是要求我国的立法、行政和司法机关采取一切必要的行为来实现两者之间的协调。这一立场在本质上是以间接适用模式为基础的,但是对间接适用模式做了进一步发展,因此被称为"协调论"模式。[20] 本文所主张的我国刑法与国际公约的衔接模式就是协调论。

四、协调论的具体展开:结构耦合

(一)系统论作为国际公约和国内法体系的理论基础

我国刑法与国际公约固然应当采用协调论来加以衔接,但具体应当如何协调和衔接呢?本文认为,国际公约与国内法分属不同的法律系统,采用不同的运作逻辑,与卢曼的社会学系统论存在内在的契合,因此可以借用这一理论来具体阐述这一问题。

卢曼的社会学系统理论认为,全社会的结构形式是社会演化的产物,作为一个整体系统的全社会在不断地分化出它的子系统。全社会的分化经历了三个演化阶段:(1)片段式分化,即全社会系统分化为类似的或相同的子系统,例如家庭、部落和村庄等;(2)层级式分化,即全社会系统分化为不同类的、阶层式的子

---

[19] 张明楷教授就曾经指出,有的司法解释不是为了解决具体案件如何适用刑法的问题,而是在发挥刑事政策的作用,且在选择路径上存在疑问;有的司法解释的内容不符合罪刑法定原则,表现为类推解释与溯及既往。参见张明楷:《简评近年来的刑事司法解释》,载《清华法学》2014年第1期。

[20] 参见王铁崖:《国际法引论》,北京大学出版社1998年版,第177页以下。

系统,并将各色人等归属到不同的层级中去;(3)功能性分化,也是现代社会的分化形式,即全社会分化为具有不同功能的子系统,这些子系统均负担减少、降低全社会系统在运行过程中的复杂性,确保社会沟通有序进行的功能。㉑

全社会中的每个子系统内部包括了所有与该系统有关的沟通,其余与之无关的沟通形成了该子系统的环境。每个子系统都是一个在运作上封闭,在认知上开放的系统,都有其特有的运作逻辑,即凭借自己的一套"语言"即符号代码来运作,例如经济子系统的代码是:支付/不支付;政治子系统的语言是:有权/无权。每个子系统都以其特有的运作逻辑进行对世界的沟通和观察,保证了系统的再生产是按照系统自身的选择机制进行的,使得系统自身得以不断适应外部环境的复杂性而顺利运转。因此,各个子系统之间是相互独立,互为系统和环境的。换句话说,某个子系统不可能直接规定其他的子系统的运作,某个子系统对其他子系统的影响,在受影响的子系统看来仅仅是一种来自环境的激扰和刺激,需要该子系统运用自身的运作逻辑去对这种激扰和刺激作出反应。各个子系统之间这种彼此独立、互相支持、功能互助的关系被称为"结构耦合"。

国际公约构成的国际法系统与国内法系统,显然也处于这样一种结构耦合的关系。就国际公约构成的国际法系统而言,国际社会中并不存在像国家内部的立法机关那样的机构,也不存在超越国家之上的强制机关来实施国际公约,国际公约只不过是缔结国共同意志的反映,国家之上无管辖者,国际公约只是国家之间的协调意志,只是国家之间的约定,是由国家自愿履行的具有国家责任的权利和义务的协定。㉒ 因此,国际公约构成的国际法系统的运作代码是同意/不同意,其功能是约束国家的行为,确保国家之间的关系和国际社会的秩序。而就国内法系统而言,立法、执法与司法权属于国家主权,国内法由立法机关制定,由国家强制力保证实施,利用法/不法这组二元符码,采取条件式的纲要进行运作,其功能就是维持社会的规范性的行为期待,即使在没有实现或落空时也会得到社会肯定的行为期待。㉓ 由此可见,这两个系统的运作逻辑是完全不同的。国际公约构成的国际法系统不可能直接干涉国内法系统的运作,国际公约所规定的义务对于国内法系统来说只是一种来自环境的激扰和刺激,国内法系统必须以自己的运作逻辑对之作出反应,将国际公约所规定的义务转化为国内法。国际公约构成的国际法

㉑ 参见 Georg Kneer, Armin Nassehi:《卢曼社会系统理论导引》,鲁贵显译,巨流图书公司1998年版,第158页以下。

㉒ 参见张晓东:《也论国际条约在我国的适用》,载《法学评论》2001年第6期。

㉓ 参见[德]鲁曼:《社会中的法》,李君韬译,台湾五南图书出版有限公司2009年版,第5页。

系统与国内法系统就成为了一种结构耦合的关系。㉔ 由于国际公约是国家自我限制主权的结果,国内法是国家主权的体现,因此国际公约构成的国际法系统与国内法系统的联结点就是国家主权。由于国家主权可以区分为立法、行政和司法三个部分,㉕这就意味着,国内法与国际公约的衔接不仅仅是立法机关转化国内法的结果,而是要求立法、行政和司法机关共同协作来实现两者之间的协调,这与前面提出的协调论是一致的。

(二)结构耦合的三种形式

如前所述,我国刑法与国际公约的衔接应采取协调论的立场,具体采用的是结构耦合的形式。在参酌我国刑法和国际公约相关立法和司法实践的基础上,本文认为我国刑法与国际公约的结构耦合存在三种形式:

1. 理念耦合

在国际公约中,存在一些本身属于某种理念的表述,没有或很少规定相关的具体制度的条款。《世界人权宣言》第 11 条第 2 款与 ICCPR 第 15 条第 1 款规定的罪刑法定原则便是典型。由于这些国际公约中的条款大多仅为国际社会中通行的某种理念的表达,所以从该国际公约中很难找到相应的具体制度规定。不过,这些条款属于刑事法治规律的范畴,是从世界各国的具体刑事制度中抽象出来的,是世界各国所能接受的最小公约数,是现代刑事法治的底线标准,所以建立与完善相关制度的设计只能从世界各国贯彻这些国际公约的具体实践中去寻求。本文将我国刑法与此类国际公约规定的耦合方式,即将这些公约确定的理念,参酌国际社会与我国刑事法治实践,引入我国刑法体系的做法,称为"理念耦合"。

2. 制度耦合

有相当一部分国际公约规定了相关的具体制度,但这些制度在我国刑法中尚未建立或完善。例如,2010 年在北京签订的《北京公约》和《北京议定书》两个国际航空安保公约,分别对 1971 年《蒙特利尔公约》及其补充议定书和 1970 年《海牙公约》进行了全面修订,将对国际航空安全的保护前置化,新增了危害国际航空安全的抽象危险犯,以有效应对恐怖主义犯罪对国际航空安全的威胁。而我国刑法没有规定此类犯罪,只在《治安管理处罚法》中将威胁行为规定为一般违法行为。㉖ 这就需要我国按照国际公约的规定,将国际公约规定的相关制度在我国刑

㉔ See Mathias Albert & Lena Hilkermeier et al. , *Observing International Relations*:*Niklas Luhmann and World Politics*, Routledge 2004, pp. 103ff.

㉕ 参见[法]孟德斯鸠:《论法的精神(上册)》,张雁深译,商务印书馆 1961 年版,第 153 页。

㉖ 参见杨惠、张莉琼:《国际航空犯罪之威胁罪研究——兼论与我国刑法的衔接》,载《河北法学》2013 年第 1 期。

法中加以确立和完善。本文将我国刑法与此类国际公约规定的耦合方式,即将这些公约所确定的具体制度与规范内容引入我国的刑法体系之中的做法,称为"制度耦合"。

3. 技术耦合

某些国际公约仅包含一些如何完善国内法的相关制度的技术性规则和规定,或某些国际公约规定了相关的具体制度,而且这些制度性建议在我国刑法中已经大部分得到采纳,尚未得到采纳的部分就成为了技术性规定。例如,随着我国反腐败立法的不断完善,《联合国反腐败公约》的相关规定逐渐在我国刑法中基本得到落实,但仍有一些技术性规定尚未与我国刑法完全衔接。例如,就贿赂的范围而言,《联合国反腐败公约》没有局限于财物,而是笼统地规定为"不正当好处"。这就意味着,贿赂不仅包括财产和财产性利益,还包括性、特权、优惠、便利等一切物质与非物质、财产与非财产利益。[27] 但我国的刑法相关规定及其解释至今仍然认为贿赂犯罪所获取的不正当利益仅限于财产性利益。[28] 这就需要我国按照国际公约的规定,将国际公约规定的技术性规定在我国刑法中加以确立和完善。本文将我国刑法与此类国际公约规定的耦合方式,即将这些公约所确定的个别技术性规定引入我国的刑法体系之中的做法,称为"技术耦合"。

(三)结构耦合的方法论

本文在具体展开叙述结构耦合的三种形式时,采用论题学的方法。即首先确定所需要讨论的主题,例如 ICCPR 所规定的罪刑法定原则,然后将联合国与国际社会对这一主题的理解与实践列举出来形成一个论题目录,再根据我国具体的刑事法治实践,参酌这一论题目录去发现我国刑法体系还存在哪些与国际公约不衔接的问题并提出解决方案。这一方法的优点在于,国际公约与我国刑法借此形成了先在的理解之关联结构,也就是具体讨论的语境;而具体的衔接方案可以从这一关联结构中通过体系思维与逻辑推导具体地推演出来。国际公约的相关规定被当作一开始就被采纳的立足点,我国刑法中与该立足点不相一致的内容,如果没有诸如国情等方面的特别理由,就会被认为是衔接不完善的体现,这不仅决定了相关研究可以运行的限度,促进了思维经济,还可以在把握问题时有灵活性和伸展力。另外,论题学方法本质上是一种问题导向的思维方法,也便于本文对我

---

[27] 参见陈泽宪主编:《〈联合国反腐败公约〉与中国刑事法制的完善》,中国检察出版社 2010 年版,第 15 页。

[28] 参见张明楷:《刑法学》,法律出版社 2011 年版,第 1066 页。

国刑法与国际公约的衔接问题提出对策。㉙

五、我国刑法与国际公约的理念耦合

如前所述,由于国际公约中的理念表述没有或很少规定相关的具体制度,我国刑法与国际公约的理念耦合,不得不借助于国际公约本身以外的制度实践。这方面的制度主要有两个:一是联合国的刑事司法准则,二是世界法治发达国家的具体实践经验。

(一)以联合国刑事司法准则作为理念耦合的依据

自二战结束以来,联合国制定、认可或倡导了一系列在刑事司法中应当遵循和贯彻的政策、标准、规则和规范。其宗旨在于促使联合国成员国在刑事司法中,一方面能够及时有效地惩罚犯罪,另一方面保证审判公正,保障人权。这些标准在联合国文件中经常表述为"United Nations Standards and Norms in Criminal Justice"或"UN Criminal Justice Standards",中文表述为"联合国刑事司法准则"。联合国刑事司法准则主要由三部分组成:(1)联合国制定通过的国际公约;(2)联合国通过的有关宣言、决议和指导原则;(3)联合国制定并推荐的有关示范性或倡议性文书。㉚ 从联合国对这些文件的汇编文集来看,这些刑事司法准则涵盖人权保障、罪刑法定等方面,是成员国共同努力、反复探讨、斗争妥协、逐步达成共识的结果。它们在相当程度上兼顾了各国国情,逐渐为越来越多的国家认同和接受,为各国的刑事司法体制改革提供了可供参考的国际标准和导向,体现了刑事审判发展的普遍规律。因此,在理念耦合中缺乏国际公约的具体制度规定时,应当优先参考联合国刑事司法准则的相关规定。

对以联合国的相关文件作为依据的理念耦合,可以通过下面一个例子来说明。自二战结束以来,特别是随着"冷战"结束与经济和政治全球化进程的快速发展,全球的秩序与安全主要是依靠人权价值及相应机制来加以实现与保障的,在国际事务中,人权占据了最为显要的地位。㉛《世界人权宣言》与 ICCPR 均将

㉙ 参见舒国滢:《走近论题学法学》,载《现代法学》2011 年第 4 期。

㉚ See Compendium of United Nations Standards and Norms in Crime Prevention and Criminal Justice, United Nations 2007, pp. viiff.

㉛ See Richard Ashby Wilson, *Human Rights in the "War on Terror"*, in Richard Ashby Wilson (ed.), Human Rights in the "War on Terror", Cambridge University Press 2005, p. 3.

人权保障作为刑法的基础来加以规定。㉜但在"911事件"之后，面对恐怖主义的严重威胁，各国纷纷开始调整自己的反恐怖主义政策，特别是刑事政策以积极应对，刑法开始偏离人权保障的轨道。由此导致了反恐的刑事法治的有效性与人权保障之间的紧张关系。我国在2011年《刑法修正案（八）》中对刑法做了修改，加重对恐怖主义犯罪的打击与惩罚。在2015年《刑法修正案（九）》中进一步强化了反恐怖主义措施，《反恐怖主义法》也已经于2015年由全国人大常委会审议通过并公布实施。从各国的情况来看，反恐立法对公民个人自由和权利的干涉是非常严重的。我国刑法在反恐的同时如何坚守人权保障与法治原则，实现与ICCPR的接轨，就成了一个至关重要的问题。

  ICCPR所确立的人权标准具有灵活性，除在第4条第2款列举了不得予以克减的公民权利外，还允许基于保护国家生存的要求（典型的就是在面临恐怖袭击时），可以对人权作出某种程度的暂时性限制。但《公约》本身没有对这种暂时性限制作出进一步的说明，这就需要我国刑法参酌联合国刑事司法准则的相关规定。事实上，联合国大会与人权事务委员会已经通过了有关"在打击恐怖主义的同时保护人权与基本自由"的决议，要求成员国"必须确保所采取的反恐怖主义措施与国际法，特别是国际人权法、难民法与人道主义法规定的义务相符"㉝。联合国经社理事会于1984年采纳的锡拉库扎的有关限制或克减国际公约中有关公民权利与政治权利的原则（简称"锡拉库扎原则"）为我国刑法实现与ICCPR的衔接提供了良好的教益。"锡拉库扎原则"认为，权利限制的基本原则应该包括：法定性原则、必要性与比例性原则、裁量余地原则、非歧视性原则。㉞

  法定性原则要求我国刑法对惩治恐怖活动犯罪的刑事立法进行较大幅度的修正，包括完善刑法分则相关犯罪和增设恐怖活动犯罪类型。与此同时，我国刑法惩治恐怖活动犯罪的规定必须具体明确。《刑法修正案（九）》新增设了5种涉恐犯罪，但对"恐怖主义""极端主义"和"非法持有"等概念没有进行明确界定，这就要求我国刑法、相关的立法、司法解释和司法实践对之作出明确的界定。必要

㉜ 我国虽然签署但未正式批准该公约，但刑事法治的理论和实践均在努力实现与该公约的接轨，参见《2012年中国人权事业的进展》白皮书，载国务院新闻办公室网站，http://www.scio.gov.cn/zfbps/rqbps/Document/1452368/1452368.htm；莫纪宏：《批准〈公民权利和政治权利国际公约〉的两种思考进路——关于法治与人权价值次序的选择标准》，载《首都师范大学学报（社会科学版）》2007年第6期。

㉝ See General Assembly resolution 571219 of 18 December 2002, para. 1; Commission on Human Rights resolution 2003168 of 25 April 2003, para. 3.

㉞ See Alex Conte, *Human Rights in the Prevention and Punishment of Terrorism*, Springer 2010, p. 287.

性与比例性原则要求我国刑法对权利的干预与所要达到的目的成比例,而且根据案件的具体情况来看是必要的,这就要求我国刑法避免对部分涉恐行为过度犯罪化。例如,《刑法修正案(九)》新增设了强制佩戴宣扬恐怖主义、极端主义服饰、标志罪,将其作为《刑法》第120条之五。强制穿戴宣扬恐怖主义、极端主义服饰、标志罪的法定刑没有"情节严重"的要求,行为人一旦采用暴力、胁迫等方式强制他人佩戴宣扬恐怖主义、极端主义服饰、标志,就构成既遂,这未免有过于严厉和操之过急之嫌。㉟ 这就要求我国刑法惩治恐怖活动犯罪的规定在面对恐怖主义活动时应当严格区分犯罪、一般违法、违反治安管理以及宗教自由行为,不加区分地高压严打于国家的反恐主义斗争有害无益。裁量余地原则要求ICCPR成员国在有限范围内,留给司法机关自由裁量的空间。我国刑法对这一原则的体现就是宽严相济的刑事政策。刑法对待恐怖活动犯罪应当宽严有别,对惩治恐怖活动犯罪的规定的解释应当在宽严相济的精神要义下揭示和阐明刑法条文的含义,对社会危害性较重、人身危险性较大、顽固抵抗的恐怖活动犯罪人,刑法应当对其施加较重的刑罚,发挥惩罚和预防功能;而对社会危害性较轻、人身危险性较小、积极悔悟,或因年龄较小、生活贫困、知识水平较低而受到恐怖主义蛊惑的犯罪人,刑法应当侧重体现宽缓的一面,以发挥教育和矫正功能。㊱ 非歧视原则是指不得包含纯粹基于种族、肤色、性别、语言、宗教或社会出身的理由的歧视,这就要求我国刑法在制定和适用惩治恐怖活动犯罪的规定时注意避免出现差别对待。

以上例子清楚地显示了,在理念耦合中缺乏国际公约的具体制度规定时,应当如何参考与适用联合国刑事司法准则的相关具体规定。不过联合国刑事司法准则并非面面俱到,在联合国刑事司法准则缺乏相关具体规定或内容不确定时,就有必要诉诸世界法治发达国家的具体实践经验。

(二)以世界法治发达国家的具体实践经验作为理念耦合的依据

罪刑法定原则就是这样一种情况:虽然ICCPR第15条第1款的规定已经表述了"法无明文规定不为罪"和"法无明文规定不处罚"这两项罪刑法定原则的基本内容,但是ICCPR本身很少对罪刑法定原则作出具体的制度规定,联合国刑事司法准则对此也语焉不详,因此罪刑法定原则极度地依赖于各国对ICCPR的具体实践。我国刑法与ICCPR中罪刑法定原则的理念耦合,主要参酌世界法治发

㉟ 参见王志祥、刘婷:《恐怖活动犯罪刑事立法评析——以〈刑法修正案(九)〉为重点的思考》,载《法治研究》2016年第3期。

㊱ 参见赵秉志:《宽严相济的刑事政策与刑法解释关系论》,载《河南省政法管理干部学院学报》2008年第2期。

我国刑法与ICCPR中罪刑法定原则的理念耦合技术的第一步,就是从各国比较法的资料中寻找有关罪刑法定原则的共通的具体实践,形成一个论题学上的论题目录。根据比较法学者的研究,它们包括[37]:

1. 行为人的行为,只有在行为时适用于行为人的法律(事先颁布的立法)规定作为犯罪处罚时才能构成犯罪;

2. 行为人的行为,只有在行为时适用于行为人的法律授权时才能处罚;

3. 法律必须足够清晰,在行为人行为时向其提供该行为是被禁止的通知,否则不得处罚行为人;

4. 法律的解释与适用应当以一致的原则为基础,不得做对行为人不利的类推,也不得通过立法或司法解释创造新的罪名或不合理地扩张犯罪的界限;

5. 由犯罪人个人承担责任,不得因个人罪行而施加集体责任,禁止处罚不当罚的行为;

6. 法无禁止即为许可。

随着世界各国法治与人权保障的进步,尤其是国际刑法与国际司法实践的发展,罪行法定原则的具体内容又新增了如下内容:

7. 任何行为不得由行为时没有管辖权的法院定罪处罚;

8. 对任何行为的处罚,不得适用与行为时更低或不同的证据标准。

我国刑法与ICCPR中罪刑法定原则的理念耦合技术的第二步,就是将我国刑法的立法和司法实践与上述内容进行比较,寻找我国刑法立法和司法实践中与之相比不完善之处。这些不完善之处就构成了我国刑法与ICCPR中罪刑法定原则的理念耦合的连接点。

自1997年《刑法》修订以来,我国已经颁布了9个《刑法修正案》(注:至本文刊载时间2017年上半年),罪刑法定原则在我国刑法中得到了较好的贯彻。例如,1997年《刑法》废除了1979年《刑法》关于类推的规定,正式确立了罪刑法定原则;施行从旧兼从轻原则,禁止不利于行为人的溯及既往;并且实现了犯罪与刑罚的法定化。但不可否认的是,由于各方面的原因,罪刑法定原则在我国的贯彻还存在一些问题与不足。

---

[37] See Kenneth S. Gallant, *The Principle of Legality in International and Comparative Criminal Law*, Cambridge University Press 2009, p. 11.

1. 与 ICCPR 的具体制度规定存在不协调㉚

首先,如前所述,"行为时"是罪刑法定原则的核心概念。ICCPR 特别强调"行为时",它要求无论是依照内国法还是依照国际法将"任何人的行为或不行为"认定为犯罪或对其处以刑罚都需要以"行为时"为基点;而 1997 年《刑法》第 3 条关于罪刑法定原则的规定并没有对适用溯及力原则以"行为时"为基点作出足够明确的限定。

其次,ICCPR 第 15 条第 1 款规定的罪刑法定原则要求依据行为人犯罪后的轻法对已生效裁判确定的刑罚予以减刑,即"如果在犯罪之后依法规定了应处以较轻的刑罚,犯罪者应予减刑"。而 1997 年《刑法》规定的罪刑法定原则缺乏"依事后轻法减刑"的规定。也就是说,对已经生效的裁判将不予减刑,即第 12 条第 2 款规定的"本法施行以前,依照当时的法律已经作出的生效判决,继续有效"。显然,两者的相关规定存在冲突。

最后,1997 年《刑法》没有明确罪刑法定原则中"法"的外延。ICCPR 规定的罪刑法定原则中的"法"的外延既包括内国法又包括国际条约和国际习惯法等国际法。而 1997 年《刑法》规定的罪刑法定原则中的"法"一般认为是广义的刑法,包括刑法典、单行刑法、附属刑法等关于犯罪与刑罚的规范。从国际法在我国刑事领域的适用情况看,国际刑法规范需转化为国内刑法规范才能在我国的司法实践中直接适用。这就意味着,那些没有转化为我国国内刑法规范的关于犯罪与刑罚的国际法规范,尚未包括在我国《刑法》规定的罪刑法定原则中的"法"之内。

2. 与国际社会对 ICCPR 的共通实践存在不一致

我国刑法与 ICCPR 中罪刑法定原则的理念耦合技术的第三步,就是根据发现的联结点提出完善建议,从而实现我国刑法与 ICCPR 中罪刑法定原则的衔接。

(1)实现与 ICCPR 的具体制度规定的衔接

首先,鉴于"行为时"是适用刑法溯及力原则最重要的立足点和衡量基准,建议适时修改刑法并增加适用刑法溯及力原则以"行为时"为基点的规定,具体表述为:"犯罪行为实施时的法律没有规定为犯罪行为的,不得定罪处罚。"

其次,借鉴 ICCPR 第 15 条第 1 款的相关规定,将那些由于新旧刑法之更替而导致刑罚轻重变化的情形纳入减刑的事由,可以考虑将 1997 年《刑法》12 条第 2 款"本法施行以前,依照当时的法律已经作出的生效判决,继续有效"的规定修改为"本法施行以前,依照当时的法律已经作出的生效判决,继续有效;如果法律在

㉚ 参见石经海:《我国刑法与 ICCPR 之比较与对接——以罪刑法定原则为研究对象》,载《法商研究》2010 年第 3 期。

犯罪之后规定了较轻的刑罚的,犯罪者应予减刑"。

最后,应明确规定罪刑法定原则中"法"的外延,对于那些尚没有转化为我国国内刑法关于犯罪与刑罚的国际法规范,可适时通过立法程序使之转化为我国内国法规范。㊴

（2）与国际社会对ICCPR的共通实践实现协调

首先,立法机关必须做好立法解释工作,一方面要对需要进一步加以明确或补充的刑法条文进行解释或者作出相关的补充规定,做到充分阐明法律条文含义,明确罪刑界限;另一方面还必须对最高人民检察院或最高人民法院所作出的司法解释中的不足之处进行监督和补正。㊵

其次,立法机关应当进一步完善1997年《刑法》,在适应社会发展和实际情况的基础上,根据修正的必要性和前瞻性,不断地完善对犯罪和刑罚的规定。这些完善规定应当符合刑法的形式合理性与实质合理性的要求,尽量明确适用范围,在不妨碍法官合理的自由裁量权的限度内限制法官自由裁量的任意性。对于空白罪状,应当将"违反国家规定"的范围限制在违反全国人民代表大会及其常务委员会制定的法律和决定上,也可以考虑纳入国务院制定的行政法规。但国务院规定的行政措施、发布的决定和命令由于变动性较大,有损国民的预测可能性,不应纳入"违反国家规定"的范围。

再次,人大常委会必须加强立法解释工作。一方面要对需要进一步加以明确或补充的刑法条文进行解释或者作出相关的补充规定,做到充分阐明法律条文含义,明确罪刑界限;另一方面还必须对最高人民检察院或最高人民法院作出的司法解释中的不足之处作出补正。㊶

最后,司法机关必须做好司法解释工作。罪刑法定原则是刑法司法解释不可逾越的界限。因此司法机关在作出刑法司法解释时必须接受罪刑法定原则的限

㊴ 但本文对许多学者所主张的将种族灭绝罪、反人类罪、战争罪、侵略罪、破坏和平罪等国际犯罪纳入我国刑法分则的观点持怀疑态度。理由在于,对这些犯罪的起诉审判更多地属于政治考量而非法律问题。以德国为例,《德国刑法典》就规定了灭绝种族罪、反人类罪和战争罪。在2003年伊拉克战争期间,就有人以《德国刑法典》第80条的预备战争罪为由要求德国检察机构起诉美国时任总统乔治·W.布什。最终德国检察机构以缩限该罪的构成要件的形式回避了这一问题,参见 Vgl. Roxin/Schünemann, Strafverfahrensrecht, Verlag C. H. Beck oHG 2014, S.26。我国刑法分则若规定这些犯罪,在有人借此追诉外国领导人时,也会产生类似问题。

㊵ 参见李翔:《刑法修订、立法解释与司法解释界限之厘定》,载《上海大学学报（社会科学版）》2014年第3期。

㊶ 参见李翔:《刑法修订、立法解释与司法解释界限之厘定》,载《上海大学学报（社会科学版）》2014年第3期。

制和制约。具体而言,司法解释必须遵循两个原则:自律原则和可预测性原则。自律原则是指司法机关在制定司法解释时,必须要遵从刑法条文本身所蕴含的内容,其解释结论必须是刑法条文所涵盖的,不得有超出刑法条文的解释。而可预测性原则是指对于司法解释并不感到意外,解释在意料之中,情理之内。㊷ 唯有如此,才能确保司法解释不会超出罪刑法定的范围之外"盲目飞行"。

六、我国刑法与国际公约的制度耦合

有一部分国际公约虽然规定了相关的具体制度,但这些制度在我国刑法中尚未完善。这就需要重新设计我国刑法的相关条款,通过增、改、删的方式将这些制度性规定在我国刑法中加以落实。我国刑法当前与国际公约的制度耦合尚存在不足。下面,本文以我国刑法与2010年《北京公约》和《北京议定书》这两个国际航空安保公约(以下简称为2010年国际航空安保公约)的衔接为例,说明我国刑法与国际公约的制度耦合所存在的不足以及完善的具体方式。

(一)我国刑法与国际公约的制度耦合中存在的不足

国际犯罪的进化过程始终受到两个截然不同的利益的主导,一是原则,二是政策。㊸ 当前的国际刑事政策领域掀起了新社会防卫论的浪潮,即一方面强调防卫社会的国际协作,另一方面强调预防和控制犯罪。2010年国际民航组织在北京举行的国际航空安保公约外交大会通过的《北京公约》和《北京议定书》两个国际航空安保公约就是这种新社会防卫论的刑事政策的反映。

2010年国际航空安保公约分别对1971年《蒙特利尔公约》及其补充议定书和1970年《海牙公约》进行了全面的修订,使公约能应对那些利用航空器、利用生物武器、化学武器、核武器,以及以电子和计算机为基础的恐怖犯罪行为。公约开宗明义地认为发生在民用航空领域的犯罪严重威胁了航空安全、世界安全,有必要采取适当的措施,防止和制止这些已经出现和正在出现的犯罪。所谓"防止和制止"就是打击和预防。2010年国际航空安保公约具体内容的论题目录,包括以下几项:㊹

㊷ 参见毛莉姝:《论塑造罪刑法定的刑事司法品格》,载《四川理工学院学报》2005年第4期。
㊸ 参见赵秉志、周露露编著:《国际刑法总论问题专题整理》,中国人民公安大学出版社2007年版,第98页。
㊹ 参见杨惠、张莉琼:《国际航空保安公约的新发展——以〈北京公约〉和〈北京议定书〉为视角》,载《中国民用航空》2012年第8期。

1. 增加了新的犯罪行为类型

2010年国际航空安保公约在1971年《蒙特利尔公约》与1988年《蒙特利尔议定书》所规定的7种犯罪行为类型的基础上,增设了5种新的犯罪行为类型,这些新增的类型主要是用来应对"新的和正在出现的威胁",其涵括了诸如"滥用航空器作为武器"进行恐怖袭击,利用生化核武器进行恐怖袭击,在航空器上运输生化核武器及采用"威胁"手段进行恐怖犯罪等新的犯罪行为类型,严密了打击恐怖犯罪的刑事法网。

2. 细化共同犯罪内容,增强打击力度

2010年国际航空安保公约针对共同犯罪这一恐怖主义犯罪的重要组织形式,将现实中可能出现的共同犯罪形式细化规定为危害民用航空安全的共同犯罪的内容,具体包括首次将组织或指挥他人实施犯罪者,非法和有意协助他人逃避调查、起诉或惩罚者纳入了公约的制裁范围,并将与他人共谋实施国际航空犯罪,或者协助团伙实施犯罪等共同犯罪形式纳入制裁范围。

3. 首次规定了法人犯罪

1971年《蒙特利尔公约》和1988年《蒙特利尔议定书》秉承了国际法自然人犯罪主体的传统,没有将法人列入国际航空安保犯罪的主体。2010年国际航空安保公约在吸纳国际刑法的最新发展趋势的基础上,增加了法人犯罪主体。

4. 确定惩罚方式及标准

《海牙公约》和《蒙特利尔公约》对于公约所确定的犯罪没有规定刑罚的具体内容,而2010年国际航空安保公约对这些立法空白作了补充。除了对自然人的责任加以追究外,两项文件都规定了可以对设在其领土内或根据法律设立的法人追究责任,并且法人承担责任"不影响实施犯罪的个人的刑事责任"⑤。

纵观整个2010年国际航空安保公约可以发现,公约并非仅是某种刑事理念的表达,而是包含了大量的制度性建议和规定。⑯ 因此在航空安保领域,我国刑法与相关国际公约的衔接采取的是制度耦合的方式。明确了2010年国际航空安保公约的立法背景、指导思想与增设或修改的犯罪的构成要件,不难发现我国刑法与之存在的不协调之处。在航空安保领域,我国刑法与相关国际公约的制度耦合尚存在不足。有必要通过在立法中增、改、删相关条文,在司法中完善相应的解释机制,实现我国刑法与相关国际公约的制度耦合。

---

⑤ 参见李斌、萨楚拉:《论国际航空保安法制的新发展——评2010年〈北京公约〉和〈北京议定书〉》,载《中国民用航空》2012年第8期。

⑯ 例如,2010年国际航空安保公约全面列举了威胁罪的构成要件。

(二)我国刑法与国际公约的制度耦合的具体方式

2010 年国际航空安保公约新增设了一系列新的犯罪行为类型并将法人列为犯罪主体,这表明国际社会已从注重打击传统的对法益造成物质性损害的犯罪行为转向同时注重打击那些仅对法益形成抽象危险的危害行为类型。但这些制度在我国刑法中尚不完善。因此就需要根据 2010 年国际航空安保公约规定的具体制度与其在我国刑法中的转化等问题形成的论题目录,为这些公约在我国的适用提出政策建议。

1. 通过刑事立法,将公约规定的罪行转化为刑法中的罪名

2010 年国际航空安保公约是国际航空组织第一次在我国签订并以我国城市命名的国际航空安保公约,我国已经签署了该公约,自然应该为公约在我国的适用做好准备。实践也证明了,在国际社会还没有完善的直接执行机制的现实条件下,没有国内法的配合,就无法切实有效地追究危害国际航空安全犯罪的刑事责任。2010 年国际航空安保公约在国内的适用方式是将公约内容转化为国内法的规定,特别是其中刑事法的部分。因此,公约中规定的犯罪必须在我国刑法中有对应的罪刑规范。在将 2010 年国际航空安保公约中列举的犯罪行为转化为国内法中具体的罪名时,由于公约已经详细规定了相关犯罪的构成要件,因此转化在立法技术上是相对比较容易的。

以 2010 年国际航空安保公约中新增设的威胁罪为例,公约全面列举了威胁的内容。[47] 根据公约的规定,行为人必须以实施《北京公约》所规定的九种国际航空犯罪行为相威胁,或者以实施《北京议定书》所规定的劫持航空器罪相威胁,才可能构成公约规定的威胁罪。公约除对威胁内容作了规定外,还对威胁行为的程度作了限定。即只有"当情况显示做出的威胁可信时",威胁行为才构成犯罪,这一条件相当于我国刑法分则中所规定的"情节严重"。以上两个方面就构成了威胁罪的构成要件。[48] 由此看来,我国若增设 2010 年国际航空安保公约中新增设的犯罪,在犯罪构成要件的描述上并不存在技术性问题,在刑事立法上所要考虑的问题主要有两个:一是我国刑法中相关犯罪的构成要件是否要完全与 2010 年国际航空安保公约的规定相一致,二是这些犯罪在我国刑法分则中的体系定位。本

---

[47] 《北京公约》第 1 条第 3 款明确规定了威胁罪的实行行为:当情况显示做出的威胁可信时,任何人也构成犯罪,如果该人做出这种威胁实施公约中的任何犯罪;或非法和有意地造成任何人收到这种威胁。《北京议定书》第 1 条第 2 款也规定:当情况显示做出的威胁可信时,任何人也构成犯罪,如果该人做出此种威胁实施劫持航空器罪;或非法和有意地造成任何人收到这种威胁。上述"威胁"和"散布威胁"行为就是威胁罪的实行行为,只要行为人实施其中一种行为,就可能构成威胁罪。

[48] 值得注意的是,从 2010 年国际航空安保公约相关规定的精神来看,威胁罪属于抽象危险犯。

文认为,国际公约是缔约国所能接受的最小公约数,规定的是最低标准,因此我国刑法在增设相关犯罪时,与2010年国际航空安保公约中规定的犯罪实行行为保持一致便可,罪名及处罚范围不必与公约规定完全一致。这与我国的《引渡法》第7条第1项"外国向中华人民共和国提出的引渡请求所指的行为,依照中华人民共和国法律和请求国法律均构成犯罪"的规定是一致的。但是为有效履行公约义务,我国刑法规定的对应犯罪的处罚范围至少应大于或等于公约规定而不得小于公约规定。至于这些犯罪在我国刑法分则体系中的定位问题,本文认为2010年国际航空安保公约所强调的就是对公共安全法益的抽象保护,亦即在公共安全尚未被侵害时就进行保护,这种将法益保护前置化的做法能够保证对恐怖活动犯罪打击的有效性,做到防患于未然。因此将这些犯罪规定在危害公共安全罪一章是适宜的。[49]

2.通过对刑法的修正,实现与国际公约的一致

我国刑法中现有的规定存在与2010年国际航空安保公约的规定不一致之处。例如,我国刑法分则规定的危害航空安全犯罪的犯罪主体过于狭窄,几乎都限定为自然人,这与前述的公约将法人列入犯罪主体的规定不符。我国刑法分则关于危害航空安全犯罪的规定过于分散,处罚也不严密,没有规定财产刑这样的附加刑。这就需要通过刑法修正案,扩大危害航空安全犯罪的犯罪主体,实现由单一的自然人主体向二元的自然人—法人主体转变;同时考虑调整刑法分则现有的立法结构,在刑法分则中单设一章"危害航空安全罪",这样做一方面可确保2010年国际航空安保公约所界定的犯罪与我国刑法规定的罪名相符,减少构成要件之间的差异;另一方面可将其与一般性质的犯罪相区别,以实现航空安全犯罪的刑罚目的[50];再者,应严密刑罚体系,增加附加刑尤其是财产刑的适用,从各国经验来看,这一做法对于预防危害航空安全犯罪是不无裨益的[51]。

3.通过司法解释,实现与国际公约的灵活协调

语言在法律(刑法)之适应性机制的建构过程中也发挥着重要的作用。语言既塑造刑法的确定性,也赋予刑法以某种灵活性,正是在语言所构筑的确定性与

---

[49] 参见杨惠、张莉琼:《国际航空犯罪之威胁罪研究——兼论与我国刑法的衔接》,载《河北法学》2013年第1期。

[50] 参见孙运梁:《危害航空安全犯罪的惩治及其立法完善》,载《北京航空航天大学学报(社会科学版)》2010年第1期。

[51] 参见刘晓山、夏娜:《〈国际航空安保公约〉中界定的犯罪及其与我国刑法之衔接》,载《江西科技师范大学学报》2015年第4期。

灵活性之间,刑法的各种价值得以兼顾,规范与事实之间的距离得以拉近。㊷ 由于刑事立法的条文表述非常简练,有时甚至是生硬的,就可能产生不能与国际公约灵活协调的现象,这时司法解释就要承担起具体指导刑法适用的重任。实际上,我国国内航空领域犯罪就是以司法解释为主的。司法解释具有联系刑事政策与刑法适用的功能,把握国际航空领域犯罪刑事政策的时代精神,将其作为一种解释论工具指导对罪刑规范的解释具有重要的意义。2010年国际航空安保公约强调航空安保刑事措施必须遵循人权保障原则,而航空安保刑事措施的有效性往往与之存在偏差。必须承认,刑事措施有效性与人权保障之间存在一定的权衡取舍,刑事政策的制定者可以根据我国的实际情况,在航空安保措施的有效性与人权保障之间做出某种程度的选择,例如,在涉及反恐时刑事政策的制定者就可以更多地考虑航空安保反恐措施的有效性,但无论如何都不得逾越前述的人权保障的底线标准。㊽ 在这一刑事政策基础上制定航空领域犯罪的司法解释,为犯罪构成要件的扩大或缩小解释、犯罪的既未遂标准等问题提供指示,能够为我国刑法在全面考量国际公约的有关规定和犯罪演变趋势的基础上实现相关犯罪与国际公约精神的灵活协调提供有效的指导。

七、我国刑法与国际公约的技术耦合

在我国刑法与国际公约的制度耦合与技术耦合之间并不存在非常明显的界限。技术耦合往往体现为制度耦合的"剩余物",即在制度耦合的过程中,由于种种因素而没有被吸纳入我国刑法的部分。例如,就我国刑法与《联合国反腐败公约》的制度耦合而言,我国按照《联合国反腐败公约》的要求,对刑法中贿赂犯罪的相关条款进行了一系列的修改和完善:首先,在《刑法修正案(六)》中对商业贿赂行为的规制进一步明确化;其次,在《刑法修正案(七)》中增设了"利用影响力受贿罪",从而将国家工作人员的近亲属或者其他关系密切的人以及离职的国家工作人员及其近亲属或者关系密切的人也纳入刑法的视野;最后,《刑法修正案(八)》又将向外国公职人员、国际公共组织官员行贿的行为规定为犯罪,增设了专门的罪名。这一系列的修改较好地实现了国际公约向国内刑法的转化。㊾ 但

㊷ 参见周少华:《立法技术与刑法之适应性》,载《国家检察官学院学报》2011年第3期。
㊽ 参见陈泽宪、周维明:《反恐、法治、人权:国际公约视角的考察》,载陈泽宪主编:《刑事法前沿》(第九卷),社会科学文献出版社2016年版,第1页以下。
㊾ 参见邢爱芬:《履行〈联合国反腐败公约〉的国内立法研究》,载《河南大学学报(社会科学版)》2011年第1期。

是,在很多技术性规定和规则方面,我国刑法没有完全实现与《联合国反腐败公约》的衔接。例如,国际社会对《联合国反腐败公约》的通行观点是腐败犯罪所获取的"不正当好处"并不限于财产性利益,比如请托人为受托人亲属安排工作、晋升职位、提供家政服务乃至性服务等非财产性利益,也可以成为贿赂的非物化形式。但我国的刑法相关规定及其解释认为贿赂犯罪所获取的不正当好处仅限于财产性利益。又如,《联合国反腐败公约》将受贿罪的犯罪主体明确为"公职人员",而我国的刑法及其解释关于"国家工作人员"的规定种类繁杂,歧义较多。[55] 如何将这些国际公约中的技术性规定和规则整合进我国刑法,以实现我国刑法与国际公约的制度耦合的进一步完善,就成为了技术耦合需要研究的问题。

(一)我国刑法与国际公约的技术耦合中存在的问题

可以进一步将我国刑法与国际公约的技术耦合理解为,填补我国刑法中与国际公约的相关规定有关的立法漏洞。仔细盘点一下,这类漏洞大体上可以分为以下两类:

1. 入罪范围的漏洞

除前文所提到的不正当好处的例子外,又例如,根据《联合国打击跨国有组织犯罪公约》第6条,各缔约国均应寻求范围最为广泛的洗钱罪的上游犯罪。1997年《刑法》在第191条中创设了洗钱罪,并规定毒品犯罪、黑社会性质的组织犯罪和走私犯罪为其上游犯罪,2006年《刑法修正案(六)》将洗钱罪的上游犯罪扩展为毒品犯罪、黑社会性质的组织犯罪、恐怖活动犯罪、走私犯罪、贪污贿赂犯罪、破坏金融管理秩序犯罪、金融诈骗犯罪七类,但这还是与公约要求的上游犯罪范围具有很大差距。[56] 再如,《TRIPS协定》在版权犯罪的主观方面要求的故意应当是没有犯罪目的的间接故意就足够了,绝大多数国家和地区对版权犯罪也规定了没有犯罪目的要求的犯罪故意,但是我国《刑法》规定的侵犯著作权犯罪仍然规定"以营利为目的"。[57]《联合国打击跨国有组织犯罪公约关于预防、禁止和惩治贩运人口特别是妇女和儿童行为的补充议定书》第3条(a)项,人口贩运行为的界定包括行为内容与行为手段(方式)两个方面,包括招募、运送、转移、窝藏、接收共5种,而我国《刑法》的规定与《议定书》并不一致,我国《刑法》并未区分拐卖妇女儿童的行为方式与行为内容,只是笼统地规定了行为类型,我国《刑法》中拐卖妇女儿童罪所规定的拐骗、绑架、收买、贩卖、接送、中转6种拐卖行为类型和《议

---

⑮ 参见张明楷:《刑法学》(第四版),法律出版社2011年版,第1066页。
⑯ 参见《联合国反腐败公约》第23条的规定。
⑰ 参见王世洲:《塑造世界水平和世界标准的中国版权刑法》,载《中外法学》2008年第5期。

定书》规定的 7 种行为手段与 5 种行为内容并不完全对应。㊳ 中国刑法与国际公约规定的犯罪的入罪范围不完全一致,意味着有相当一部分行为按照国际公约构成犯罪,而按照我国刑法可能无法追究刑事责任。这样,一旦有相关行为发生并应该由我国行使管辖权时,我国很难根据自己的法律行使刑事管辖权,这无疑蕴含着国家主权受侵犯的危险。再者,根据《联合国打击跨国有组织犯罪公约》第 34 条第 3 款,为预防和打击跨国有组织犯罪,各缔约国均可采取比本公约的规定更为严格或严厉的措施。我国刑法规定的相关犯罪的入罪范围小于公约,可能会影响到我国对公约义务的履行,从而不利于我国在国际刑事司法中的地位和形象。㊴

2. 入罪标准的漏洞

我国刑法在实现与国际公约的制度耦合时,必须保持与公约一致的入罪标准。但从我国的刑事立法来说,某些犯罪的入罪标准较之国际公约的标准偏低。例如,根据《联合国反腐败公约》第 15 条的规定,只要行贿人明知是公职人员而故意直接或间接向公职人员许诺给予、提议给予或者实际给予不正当好处,以使该公职人员在执行公务时作为或者不作为,即可以成立犯罪。而我国《刑法》第 389 条却规定:"为谋取不正当利益,给予国家工作人员以财物的,是行贿罪。"这一规定表明,我国刑法规定的行贿罪是以行为人"谋取不正当利益"为成立条件的,缺少这个条件,行贿罪就不能成立。这样,一部分按照公约构成行贿罪的行为按照我国刑法规定可能无法受到追究。㊵ 再如,《刑法修正案(七)》增设了"利用影响力受贿罪",该罪的增设无疑进一步实现了与《联合国反腐败公约》的制度耦合。然而,我国刑法将该罪的主体规定为"国家工作人员的近亲属或者其他与该国家工作人员关系密切的人",这一限定不仅造成我国刑法规定的利用影响力受贿罪的入罪标准小于《联合国反腐败公约》的规定,而且,"关系密切"如何把握也引起很多争议,实践中确实难以界定。㊶ 另外,我国刑法中关于受贿罪成立需要以"为他人谋取利益"为成立条件、外国公职人员或国际公共组织官员在中国境内受贿

㊳ 参见张苏:《我国拐卖妇女儿童犯罪立法与国际公约的衔接》,载《中国青年政治学院学报》2014 年第 3 期。

㊴ 参见张旭:《国际刑法视野下的中国刑法之评判》,载《吉林大学社会科学学报》2014 年第 1 期。

㊵ 《刑法修正案(八)》新增的对外国公职人员、国际公共组织官员行贿罪仍要求以"为谋取不正当商业利益"为必要条件。

㊶ 参见张旭:《国际刑法视野下的中国刑法之评判》,载《吉林大学社会科学学报》2014 年第 1 期。

的行为没有加以规定等方面,与《联合国反腐败公约》的规定亦有出入。入罪标准的不一致,放纵了相当数量的贿赂犯罪行为,从而在整体上影响反腐败的力度。同时,入罪标准的不同,也为反腐败的国际合作带来了一定困难。[62]

(二)我国刑法与国际公约的技术耦合的完善

我国刑法在与国际公约的技术耦合方面不尽完善,可能与我国刑事立法一向秉持的"宜粗不宜细"的立法观有关,1997 年《刑法》与其后的 8 个《刑法修正案》,都带有回应现实要求的应答性,技术层面的考量可能无暇顾及而被忽略。[63]在我国刑法今后的立法与颁布司法解释的过程中,进一步完善与国际公约的技术耦合就成为了重要课题。

平心而论,由于国际公约大都已有完备的制度性规定,我国刑法与国际公约的技术耦合至少在立法与司法解释的技术上并不存在太大困难。如前所述,我国刑法与国际公约在技术耦合方面的问题主要体现在入罪范围和入罪标准上与国际公约的标准不一致上。这就需要利用论题学的方法,首先仔细梳理我国加入的有关刑事的国际公约中规定的相关犯罪的种类、罪名和构成要件,然后再与我国刑法的相关条款进行对比,找出存在的差异并形成一个论题目录,然后再根据这一论题目录修订和完善我国刑法。以我国刑法与《联合国反腐败公约》的技术耦合为例,包括进一步扩大洗钱罪上游犯罪的范围以与《联合国反腐败公约》第 23 条的规定保持一致,将"不正当好处"规定为一切物质利益和非物质利益以与国际社会对《联合国反腐败公约》中"不正当好处"的理解保持一致;取消行贿罪"为谋取不正当利益"的不当限制以与《联合国反腐败公约》第 23 条的规定保持一致;将外国公职人员和公共组织人员在中国境内的受贿行为也纳入刑法调整范围以与《联合国反腐败公约》第 16 条的规定保持一致,等等。这对于立法技术水平的要求相对而言并不高。

我国刑法与国际公约的技术耦合的核心问题在于对修订刑法的整体性和前瞻性的考虑。从 8 个《刑法修正案》来看,我国刑法与国际公约的技术耦合表现为对刑法的频繁修改,而每次《刑法修正案》的出台,基本都是被动立法的结果,"头痛医头,脚痛医脚",[64]如果我国刑法在修订时有整体考虑,在着手修订

---

[62] 世界各国在实践中遵行"双重犯罪"原则,即在国际刑事司法协助领域,作为请求事由的行为必须是请求国和被请求国法律都认为是犯罪,我国刑法的入罪标准低于国际公约的规定,就很难得到入罪标准等于或高于国际公约的规定的国家的认同,我国与这些国家的刑事司法协助就会陷入困境。

[63] 参见张旭:《国际刑法视野下的中国刑法之评判》,载《吉林大学社会科学学报》2014 年第 1 期。

[64] 参见郭泽强:《从立法技术层面看刑法修正案》,载《法学》2011 年第 4 期。

某一方面条款时就全面考量国际刑法的有关规定和犯罪演变趋势,选择相对弹性或一步到位的立法方式,就能收到既不必对同一内容频繁修改、又能严密刑事法网的效果。

当然,在我国刑法与国际公约的技术耦合过程中,鉴于我国国情,对国际公约的技术性内容也不应当兼收并蓄、照单全收,而是应当立足本土情况,合理利用与借鉴。⑥

1. 注意吸收国际公约的核心成分,而不是照搬公约用语

以《联合国打击跨国有组织犯罪公约关于预防、禁止和惩治贩运人口特别是妇女和儿童行为的补充议定书》(以下简称《议定书》)为例,日本的做法值得借鉴。日本在加入《议定书》后对《日本刑法典》进行了修改,但并没有照搬《议定书》中的"人口"和"儿童"等用语,而是分别采用了"他人""未成年人"两种表述。⑥ 这种做法既同公约的精神相协调,又没有照搬公约的用语,照顾到了本国的国情。需要注意的是,国际公约所规定的,是缔约各国所能接受的最小公约数,所以在根据本国国情吸收公约规定时,在罪名的设计和犯罪成立条件的表述上不能低于公约的规定。例如,按照《议定书》第3条(d)项规定,儿童系指任何18周岁以下者,而我国《刑法》中拐卖妇女儿童罪中的"儿童"仅指14周岁以下的未成年人,这就需要调整相关立法确保我国刑法的相应入罪标准不低于国际公约的规定。当然,在吸收公约内容时,要注意结合我国的刑法体系与刑事司法实践,避免引起混乱。

2. 注意我国刑法与国际公约立法精神方面的差异

《议定书》第3条(a)项规定,人口贩运中的"剥削目的"的"至少"包括各种性剥削,劳动、服务、劳役等剥削以及器官切除。《议定书》的此规定是与《禁止和立即行动消除最恶劣形式的童工劳动公约》《消除对妇女一切形式歧视公约》《禁止贩卖人口及取缔意图赢利使人卖淫的公约》《儿童权利公约关于买卖儿童、儿童卖淫和儿童色情制品问题的任择议定书》《儿童权利公约》等国际公约的精神是一脉相承的,即不仅仅打击剥削前的"贩运"行为,而且打击剥削人的犯罪。而我国《刑法》中拐卖妇女儿童罪的犯罪目的是"出卖目的",这与《议定书》的处罚重点并不在于把人当作商品进行买卖,而是在于把人当作牟利的工具进行剥削的

---

⑥ 参见张苏:《我国拐卖妇女儿童犯罪立法与国际公约的衔接》,载《中国青年政治学院学报》2014年第3期。

⑥ 《日本刑法典》第225条规定:"以营利、猥亵、结婚或者对生命、身体的加害为目的,掠取或者诱拐他人的,处一年以上十年以下惩役。"

行为是不相符的。因此在通过刑法修正案进行修法时,要发现并注意这种差异,避免出现形式上修改实质上背离的现象。

3.注意利用司法解释来灵活协调

以《联合国打击跨国有组织犯罪公约关于预防、禁止和惩治贩运人口特别是妇女和儿童行为的补充议定书》为例,我国《刑法》中拐卖妇女儿童罪的行为类型与《议定书》规定的7种行为手段与5种行为内容虽不完全对应,但大致可以包含《议定书》的内容。由于成文法的修改程序比较严格、修法成本较高、修法周期较长,在暂时不能修改《刑法》相关法条的情况下,通过颁布司法解释来指导刑法适用,实现与公约的对接,未尝不是实现同公约的技术耦合的一条捷径。[67] 再以前述的我国《刑法》中拐卖妇女儿童罪中的"儿童"的认定标准与《议定书》的认定标准不一致的情况为例,实际上,我国刑法中拐卖妇女儿童罪中的"儿童"仅指14岁以下的未成年人并非刑法明文规定,而是司法解释的规定,[68] 我国刑法在这方面与国际公约的协调,其实可以简单地通过修改相关司法解释来实现。

八、代结语:我国刑法与国际公约的衔接的范式转换

从我国1997年《刑法》颁行以来将近20年的刑法修改的实践来看,我国刑法在顺应国际刑法发展趋势、回应我国缔结或参加的国际公约的要求、注意国际刑法的国内化方面做出了相当大的努力。但就总体而言,正如某些学者所指出的那样,"立足于中国国内新的历史时期经济社会发展过程中出现的新情况和新问题,对危害经济社会发展的犯罪行为的法律遏制和回应"是刑法修改和发展的主基调,8个《刑法修正案》对国内因素的考量远远多于对相关国际公约的回应。因此,我国刑法修改的实践从国际公约角度来看较为不足,国际公约转化为国内刑法的进程较慢,而且不够彻底。而从国际形势来看,犯罪的国际化趋势增强,日益彰显出与国际公约实现衔接的重要性。犯罪的国际性和跨国化使得个别国家的

---

[67] 对于我国《刑法》第240条拐卖妇女儿童罪规定的6种行为类型,可以通过解释使之符合公约的要求,具体如下:(1)公约中的"招募"可解释为我国《刑法》中贩运、接送的预备行为;(2)公约中的"运送"等同于我国《刑法》中的贩卖加接送(以贩卖为目的的接送);(3)公约中的"转移"属于我国《刑法》中的运送或中转行为;(4)公约中的"窝藏"属于收买、接送之后的行为延续状态,事前通谋的,认定为贩卖的共犯行为;(5)公约中的"接收"即收买或者接送行为。参见张苏:《我国拐卖妇女儿童犯罪立法与国际公约的衔接》,载《中国青年政治学院学报》2014年第3期。

[68] 1992年"两高"印发的《关于执行〈全国人民代表大会常务委员会关于严惩拐卖、绑架妇女、儿童的犯罪分子的决定〉的若干问题的解答》明确规定:"儿童"是指不满14周岁的人。

局部打击和单一防范变得无能为力。面对新形势、多元化的国际性犯罪和跨国性犯罪,我国必须在超国家的层次上做出反应,与其他国家联手对付犯罪,而要与其他国家开展国际刑事司法合作,就必须遵从国际公约的基本原则,实现中国刑法与国际刑法的有效对接。⑩ 因此,顺应国际公约的发展趋势,充分关注我国刑法与国际公约的有效衔接,是中国刑法发展和完善的必然要求。⑰ 针对我国刑法对国际公约层面的关注不足、对国际公约的转化和回应乏力的局面,应当在强调国际公约的视角上,实现我国刑法与国际公约在理念、制度、技术上的耦合。

值得注意的是,我国刑法与国际公约的衔接,开始出现了"范式转换"的情况。㉛ 本文所指的"范式转换",是指我国刑法在与国际公约的衔接中,已经不再仅仅体现为我国刑法与国际公约的直接衔接,即通过修、改、废国内刑法的方式将国际公约的相关规定吸纳入我国刑法中,而是也包含了我国刑法与国际公约的间接衔接,即我国的刑法以外的部门法与国际公约实现衔接,然后我国刑法再通过与这些部门法衔接的形式,实现与国际公约的衔接。基于此,我国刑法与国际公约的衔接范式由单维变成了立体,这与"立体刑法学"的思路是不谋而合的。

例如,如前所述,ICCPR 中罪刑法定原则的最新实践包括了"任何行为不得由行为时没有管辖权的法院定罪处罚""对任何行为的处罚,不得适用与行为时更低或不同的证据标准"两项,这两项并非刑事实体法规定而是刑事程序法规定。由此看来,很多在传统意义上被理解为刑事实体法领域的理念、原则和制度开始向刑事程序法的领域扩展。我国刑法若要接纳这两项规定,当然不可能在刑法中直接规定这种刑事程序法的内容,而是应当首先在刑事诉讼法中规定这两项原则,然后在刑法中以设置新的罪名或扩大原有罪名的构成要件(例如渎职犯罪)的形式,将违反这两项原则的行为入罪化,借此实现与 ICCPR 中罪刑法定原则的

---

⑩ 例如,我国现行《刑法》第 383 条、第 386 条在贪污罪、受贿罪的法定刑上均设置了死刑,对于个人贪污、受贿数额特别巨大,并使国家和人民遭受特别重大损失的犯罪人,则可能被判处死刑。外逃贪官在国内贪污、受贿所得往往以上百万元甚至上亿元计,一旦被引渡、遣返回国,他们均有可能被判处死刑。而国际上通行的"死刑犯不引渡"原则要求,出于人道主义的考虑,被请求国很可能会拒绝对于可能被判死刑的人进行引渡。

⑰ 参见张旭:《国际刑法视野下的中国刑法之评判》,载《吉林大学社会科学学报》2014 年第 1 期。

㉛ 哲学家托马斯·库恩在其《科学革命的结构》一书中,提出了"范式转换"的概念。他认为,所谓范式,就是指特定的科学共同体从事某一类科学活动所必须遵循的那些得到该共同体承认的模型或模式。某个研究领域获得了范式,获得了范式所容许的那种深奥的研究,就是这个领域中的科学已经成熟的标志。而范式转换,即新的范式取代旧的范式,属于科学革命的实质,它将从根本上改变该领域科学研究的世界图景。

间接衔接。又例如,《保护人人不受酷刑和其他残忍、不人道或有辱人格待遇或处罚宣言》第 12 条明确要求:"如经证实是因为受酷刑或其他残忍、不人道或有辱人格的待遇或处罚而作的供词,不得在任何诉讼中援引为指控有关的人或任何其他人的证据。"《禁止酷刑和其他残忍、不人道或有辱人格的待遇或处罚公约》第 15 条明确规定:"每一缔约国应确保在任何诉讼程序中不得援引任何确属酷刑逼供作出的陈述为证据,但这类陈述可引作对被控施用酷刑逼供者起诉的证据。"这就要求,一方面要在刑事诉讼法中建立因刑讯逼供而排除非法证据的规则,一方面需要在我国刑法中将刑讯逼供的行为与使用因刑讯逼供而获得的证据的行为入罪化。我国刑法已经规定了刑讯逼供罪,但与刑事诉讼法的衔接有待完善。刑事诉讼法应当参照禁止酷刑的有关国际公约的要求,明确刑讯逼供与非法证据排除的要件,我国刑法再根据这些要件,具体确定刑讯逼供的行为与使用因刑讯逼供而获得的证据的行为的构成要件,从而实现直接与刑事诉讼法、间接与反酷刑的国际公约的衔接。当然,这种间接衔接不是单向的,刑法通过其他部门法与国际公约实现衔接,而其他部门法也在通过刑法与国际公约实现衔接。例如,如前所述,ICCPR 第 15 条第 1 款规定的罪刑法定原则要求依据行为人犯罪后的轻法对已生效裁判确定的刑罚予以减刑。如果我国刑法引入了这一规定,那么必然要在刑事诉讼法中规定减刑的具体程序,刑事诉讼法借此通过我国刑法与 ICCPR 实现了衔接。更加复杂的是,间接衔接可能同时涉及数个部门法之间与国际公约的衔接。例如,《联合国反腐败公约》第 54 条规定必须通过请求国的生效判决来实现腐败犯罪资产的返还,外逃贪官绝大多数都是在刑事判决作出前就闻风外逃至他国,造成追逃追赃困难的事实,而刑事案件的缺席审判又很难被大多数国家所认同,因此,仅仅根据刑事定罪程序来没收腐败犯罪资产既不利于我国追回外逃的腐败犯罪资产,也难以为《联合国反腐败公约》的缔约国提供此类刑事司法协助。因此,我国不仅要在刑事诉讼法中设立独立的特别没收程序,而且要建立可操作性强的民事法上的配套制度,以便在腐败犯罪分子死亡、潜逃或缺席而无法对其起诉的情况下,法院能够通过便捷的法定程序对其做出查封、冻结、扣押、没收、返还腐败犯罪资产的裁判,从而有利于获得相关国家的有效司法协助,挽回国家与人民的损失。在这种情况下,间接衔接涉及我国刑法通过刑事诉讼法和民法与国际公约的衔接。⑫

由于这种间接衔接牵涉到与其他部门法之间错综复杂的关系,因此比直接衔

---

⑫ 参见陈泽宪、周维明:《追逃追赃与刑事司法协助体系构建》,载《北京师范大学学报(社会科学版)》2015 年第 5 期。

接显得更为困难,但从国际公约及其实践的发展趋势来看,这种间接衔接是难以避免的。我国刑法乃至刑法学者与实务人士应当关注这种我国刑法与国际公约的衔接的范式转换,做好应对新的理论与实践挑战的准备。或许这正如老子所说的那样:"千里之行,始于足下。"

"总的正义原则"之辩：论战后审判的基础和机能*

徐 持**

一、问题的提出

如果说世俗国家的兴起是现代法律体系形成的政治背景，国际法就在理论和实践上与国家间的战争紧密相系。① 第一次世界大战后，以限制战争为目标的法律规范和国际法思想，通过确立并实践国际集体安全体制的理念，达到了新的发展阶段。② 然而，莱比锡审判的潦草收场和第二次世界大战的爆发，给坚信可以"通过法实现和平"的理想主义者以巨大冲击。第二次世界大战后期，如何结束战争、清算战争责任以及惩罚战争祸首和罪魁，成为反法西斯同盟各国共同关注和激烈争论的焦点。尽管对战犯施以严惩的迅速处决论一度被认为是最恰当的方式，同盟国最终还是艰难达成共识，组建国际军事法庭和远东国际军事法庭，分别在纽伦堡和东京进行国际军事审判。德国和日本政要及军事精英被指控犯下反和平罪、战争罪和反人道罪，人类社会首次以诉诸国际刑事司法的方式确立了侵略战争的犯罪性，追究和昭示被告人的个人刑事责任，借此重塑战后地缘政治格局，奠定了包括国际和平秩序在内的基础。美国首席检察官罗伯特·杰克逊在纽伦堡审判的开场陈述时说，"如果破坏世界和平的罪行在今后重兴，文明将不复存在，这是权力向理性做出的最意义重大的致敬"，这的确是对这场世纪大辩论的精当总结，"因胜利鼓舞和被伤害刺痛的四大同盟各国，停住了复仇之手，自愿地

---

* 本文系南京大屠杀史与国际和平研究院 2017 年度项目"大屠杀史网络宣传策略之中外比较研究"（批准号 17 YJY08）的阶段性研究成果，原载《北外法学》2019 年第 1 期。

** 中国社会科学院法学研究所助理研究员，中国社会科学院图书馆法学分馆副馆长，法学博士、博士后。

① 近代历史上第一个国际仲裁案，也即 1794 年英美《杰伊条约》仲裁案，就旨在避免英美之间再次发生战争。

② 国际联盟与常设国际法院（PCIJ）的创立，使国际纠纷的解决和国际法规的适用有了新的法律机制和政治平台，用国际法尤其是国际裁判来替代战争的思维开始萌芽并备受期待。

把俘获的敌人交给法律审判"。③

不可否认的是,这两次战后审判都存在寻求实证法依据上的困难。在这些行为者从事被东京审判和纽伦堡审判所否定、所惩罚的"犯罪行为"的时候,相关行为的违法性并没有确定。反和平罪此前也从未出现于刑事法庭之中,甚至都没被讨论过,因此这一罪名的设立引发了普遍关注,就连杰克逊本人也深感焦虑。他让秘书艾尔斯小姐记录下了他的困境:"我们面对的最大问题是平息有关我们正在制定一种有追溯效力的法律的批评。古罗马人说过,没有法律就谈不上罪与罚。很显然,纳粹分子进行了赤裸裸的侵略,犯下了罄竹难书的罪行。但是,他们犯了哪些法呢? 检察官可以援引哪部法律,哪部法典的哪一章、哪一条呢?"④

在判决书著名的段落中,法官们声称,"被告依照本国政府或上级命令所做的事实,并不能使被告免除责任。这种规定和任何国家的法律都是一致的。虽然在程度上有种种不同,可是就大多数国家的刑事法看,真正的标准不是规则的存在,而是事实上有没有作道德选择之可能"。此外,"宪章的制定是接受德国政府无条件投降的国家行使主权的表现,这些国家对被占领国家进行立法的权利不容置疑,这得到了文明世界的认可"。据此,纽伦堡法庭断言,"'法无明文规定不为罪'的原则,并不是对主权的限制,而是总的正义原则。认为对于蔑视条约和不经警告就进攻邻国者的惩罚有失公道,显然是错误的。……如果放任并对其非法行为不加惩罚,那才是真正的不公道"。随后,它们得到了东京法庭判决书的援引,成为驳回辩方管辖权异议的重要依据。这一论断也成为此后探讨争论两大战后审判合法性问题的"地标"。

在日暮吉延看来,这里的"正义"和"世界和平"一样,只是媒介,美国的"安全保障"才是根本目的,构成东京审判的"权力"和"规范"两个侧面都被包括于这一目的之下。因此虽然规范路径中的"正义"十分强大有力,却因为"使对方全面背负战争责任的过度善恶历史观"审判的终结越发困难,对胜利方来说反而更加危险。⑤ 理查德·迈尼尔在1971年出版的《胜利者的正义》一书中,从国际法和程序正义的角度质疑东京审判,沃尔泽1977年出版的《正义与非正义战争》则从义战理论的视野,斥责美国以政体改造作为对日战争的终极目的,以及美国为了达成此一目的所动用的非常手段。⑥ 迈尼尔和沃尔泽的前述著作,皆是在反"越战"

---

③ [美]约瑟夫·E.珀西科:《纽伦堡大审判》,刘巍等译,上海人民出版社2000年版,第139页。
④ 同上书,第33页。
⑤ 参见[日]日暮吉延:《东京审判的国际关系》,翟新、彭一帆译,上海交通大学出版社2016年版,第541—545页。
⑥ Richard Minear, *Victors Justice: The Tokyo War Crimes Trial*, Princeton UP, 1971.

运动的脉络下写成的,皆透露出对美国出兵越南之不满。耶赛克则直言战后审判对反和平罪的适用违反了法不溯及既往的原则,对杰克逊的声明"我想旧时代早已消亡,伦敦协定只是正式承认革新已经发生",耶赛克觉得困惑:究竟旧时代是在1945年8月8日的伦敦得以消亡,还是早已消亡?1945年盟军取得了舆论上的优势以创设可以垂范后世的国际刑法新的犯罪概念是一码事,但声称在20世纪30年代末,当纳粹领导人计划武力征服世界,摩拳擦掌地准备进攻奥地利和波兰的时候,这一罪名就已经存在了则是另一码事。与此同时,反和平罪构成要件的表述被认为过于模糊,耶赛克强调,刑法条款的表述必须精确,以实现刑法的教育功能。

这些批评引发的基本问题是,如果正义有着一张普洛透斯似的脸(a Protean face),难以推导出内容明确的法律规则,那么战后审判的合法性究竟能否证成,以及如何证成?同时学界往往过于强调刑法理论的精密性和体系的整合性,却常常忽视了刑法的社会机能,刑法解释或犯罪论的理论构成也应当在刑法机能的维度上加以展开,那么,对两大战后审判及其后国际刑事司法审判的机能又应当如何认识呢?

任何问题的讨论都不能脱离特定的历史背景,若想妥当评价战后审判的基础及机能,就必须在特定的问题框架内进行。具体而言,必须思考和回答这样三个问题:一是如何历史地看待罪刑法定原则,也即如何在历史语境下看待罪刑法定原则的困境,从而回答要求国家行为服从公正的国际裁判与要求国家服从法治是否具有相同的意义;二是如何把握道德伦理与法律的关系,也即选择怎样的立场评价自然法在战后审判及国际秩序中的角色,从而回答是否应当承认价值和规则在国际秩序中的正当性;三是如何认识国际司法裁判的机能,也即通过对战后审判规范作用的历史梳理,评价国际刑事司法在多大程度上对国家强权具有制约力,从而回答国际刑事裁判在构筑国际秩序中的作用。

二、战后审判的基础:历史地看待罪刑法定原则

(一)何为"总的"原则

"法无明文规定不为罪的原则是总的正义原则"(in general a principle of justice)这一论断中,"in general"对"正义原则"有着总的、一般性的、居于普通原则之上的限定性。应当说,这种论断方式首先十分符合英美法的传统。作为18世纪以后所称的法治国的法治精神的集中体现的罪刑法定原则,其渊源可以追溯到英国的《大宪章》(1215年)中"非经合法程序和国家法律规定不得处罚"的内

容。因此,在近代,启蒙时期的思想家们习惯于以这种方法来增加自己见解的正统性和说服力。之后,英国的《权利请愿书》(The Petition of Right,1628 年)以及《权利法案》(The Bill of Rights,1689 年)首先规定了上述内容,此后又传播到了北美,为以费城为主的北美诸州在 1774 年制定的《权利宣言》所确认,并最终在美国宪法中以"正当程序"(due process of law)和禁止"事后法"(ex post facto law)的条款被固定下来。因此在英美法中,罪刑法定原则主要针对的是刑事程序的合法性,着眼于对刑事被告人诉讼权利的保障,以实现相对于控方的平等武装。这也是两大审判招致了英美学者严厉批评的原因,他们批评的重点不在于被告人的行为不具有犯罪性,而在于法庭审理的程序是否严格符合国内审判"正当程序"的要求。

在大陆法系的国家中,罪刑法定原则同样是启蒙运动的重要产物。近代早期,刑法是神权统治的支柱,在当时,违反刑法被解释为违背上帝意志,这是当时的刑法和刑罚极其不人道的原因。自上而下改革这种刑法几乎是不可能的,唯一的解决之道是将刑法制度从宗教中分离出来,从而制定新的刑事法律。艾贝尔哈特·施密特恰当地将由启蒙运动思想家提出的改革刑法的需求浓缩为世俗化、合理化、自由化和人性化。传播和实现这个方案构想,在很大程度上要归功于启蒙运动哲学家。贝卡利亚和伏尔泰等人对不人道的刑法实践予以强烈谴责,这些谴责不仅针对法律现实,而且针对欧洲的基督教。罪刑法定原则在贝卡利亚的《论犯罪与刑罚》中扮演主角并对后世产生巨大影响,其法律哲学正是以刑法和宗教相分离为开端。作为一个法学家,他关心的是罪行,而不是原罪。在大陆法系国家的法统中,罪刑法定原则与限制国家刑罚权、防止法官罪刑擅断有着直接的关联,所走的是"驯化至高无上的主权"这条独特的欧洲之路。

可见,无论是英美法系还是大陆法系国家,确立和规定罪刑法定原则的基点都是为了限制国家刑罚权的发动和滥用,以保障人权,保障公民的个人自由不受来自政府的侵害,舍此价值内涵就根本谈不上罪刑法定原则。"光谱"的一端是公民个人的安全、自由和尊严,另一端是强大的国家权力。

但国际法的发展与国内法有着完全不同的道路,在国际刑事审判中盲目地、机械地理解和套用罪刑法定原则,会造成很多不必要的误解。著名日本法学家团藤重光在东京审判结束时对此分析道,"国内法中的罪刑法定主义针对的是国家权力以保障个人自由。但对国际法上的战争犯罪而言,其本身就是为了限制对国家力量的不当行使,可以说与国内法中的罪刑法定主义有着相同的思想依据"。⑦ 虽然饱受"徒有其表"的批判,战后审判选择《巴黎非战公约》作为侵略战争犯罪化的法律依据,并非看重该公约中规定的犯罪—制裁结构,而是着眼于"禁止将战争作为推行国家政策的工具"背后隐含的禁止以国家利益为名、不惜"一将功成万古骨"将国民如运送武器般推向战场的战争法观。这也是东京审判发展了纽伦堡的共谋理论模型,以共谋统摄三个罪名,以追诉侵略战争的策略、准备、发动、实施及伴随而来的战争暴行的金字塔结构的原因。

在战后审判中,由于纽伦堡和东京法庭都是依据国际条约和盟军统帅特别通告设立的特设国际法庭,当时并无统一的国际司法裁判及执行机构,因此罪刑法定原则事实上并没有办法直接迁移到国际刑法中进行适用,也就是说,正如我们今天看到的这样,国际刑法中的罪刑法定原则的内涵,由于历史和法律背景的变化也必然要发生变化,演变为含义更加丰富的合法性原则。不变的是,这一原则仍然在保护人的安全与自由这一价值追求上有着"总的"也即统摄性的地位。"光谱"增加了其维度,以人的价值保护为最高目标,一端是传统国家权力,另一端是国际法。

作为一个法律体系,国际法必须回答造法和找法的问题,因为这关乎整个国际法体系的正当性。的确,两次世界大战期间,国际法在战争犯罪的领域并没有成文法典,但这并不意味着战争罪审判违反了合法性原则。这就需要在"国际法渊源"这一主题下探讨国际法庭造法和找法的问题,换言之,需要释明大量由与战争违法化相关的准则构成的习惯国际法,以及通过法庭裁决、执行后的这些准则,是否可以成为国际刑法的正式法律渊源。

在当时,包括《巴黎非战公约》在内的许多国际条约和协定中的准则并没有明确地表明实行制裁的条件以及后果。卡尔·施密特就曾经批判《巴黎非战公约》没有定义,没有制裁,没有机构,甚至没有规定除公共舆论以外的任何制裁。⑧ 他的这一论断在纽伦堡审判中还曾被辩方律师引用来论证审判的于法无据。而纽伦堡法庭在解释盟国作为占领当局,有权以《伦敦协定》为依据来为德国制定相关立法时指出,"签署国创设了本法庭,为本法庭制定了适用的法律,以及审理所需遵循的规则。而就所制定的这些法律和规则而言,每一个签署国是有权单独制定并适用的"。这实际上意味着,每个战胜国都有权在本国创设适用于战争罪

---

⑦ 团藤重光「战争犯罪の理论的に解剖」团藤重光『刑法の近代展开』(弘文堂书房,1948)172—173页。

⑧ Carl Schmitt, Das International Rechtliche Verbrechen des Angriffskrieges und der Grundsatz Nullum crimen, nulla poena sine lege, 1945 (Helmut Quaritsch ed. ,1994) ,S. 45.

犯审判的本国法庭,以及法庭应予适用的相关规则。

纽伦堡和东京国际军事法庭的司法文件、援引的国际条约及准则和法庭审理的实施对这些准则的确立及重述,都完全具备成为国际法律渊源的条件,至少会对丰富国际法律渊源作出十分有价值的贡献,因为它们的目的是在未来能更加有效地保护人权。

法律所扮演的角色已经发生了革命性的转变,这意味着法律既富有弹性,又相当稳固。法律自身并不能改变社会秩序和社会价值观念,也不见得能切实维持它们,但它有影响和塑造态度的能力。那些通过法律达成社会正义的努力所取得的成功并非不实之誉。东京审判宣告侵略战争是最严重的国际犯罪,这只是它在和平事业中取得的一小步进展。尽管我们必须承认法律的局限性,但通过东京审判我们看到了现在有一种通过司法运送和平与正义的努力,和平与正义不会自动实现,除非竭力寻求。

(二)自然法与实证法

如果从历史的经验上去寻找人类社会曾经试图将自然法付诸法律实施的具体例子,纽伦堡审判和东京审判便属典型。在这些被告人从事被东京审判和纽伦堡审判所否定、所惩罚的"犯罪行为"的时候,相关行为的违法性是并没有确定的。在此种时刻,确立相关行为违法性的实体规则,确实除了存在于人们的良知和道德领域外,实证法相关依据和体系框架并不是特别充足。此种情况仍然被国际社会所认可和欢迎,甚至事后被联合国理解成为国际法的重要进展或原则,这在很大程度上印证了自然法的力量。

事实上,在过去的两千多年里,从修昔底德、马基雅维利到汉斯·摩根索,占据国际政治与法律主导地位的一直是现实主义思想。现实主义国际政治的铁则是法律义务必须让位于国家利益,推崇以争夺权力为导向的国家行为准则。"国际法被认为是一种原始法律,之所以能发挥作用源于国家之间共同或者互补的利益,以及国家之间的权力分配。"⑨因此,利益共同体与权力制衡成为国际法产生和发展的基础。国家会用道德、舆论和法律来粉饰其对权力的追求。这并不是说现实主义理论认为国际法不存在,或者与国际关系天然矛盾,但在这一理论框架中,权力与利益垄断了国际关系的话语权,与国际法的核心价值、思想内核发生了冲突。

19 世纪下半叶国际法出现实证化趋势,带来了自然法的衰落,也导致了国际

---

⑨ Hans Morgenthau, *Politics a mong Nations: The Struggle for Power and Peace*, 7th ed., Revised by Kennethb Tbompson, McGraw-Hill, 2005, p. 295 – 296.

法话语正当性的变迁。在此之前,自然法是国际法的一部分,自然法承担着一般法的职能,它支撑着整个国际社会的法律基础,国际社会最重要的那些法律原则和规则都是以自然法的方式呈现的,是从神意演绎而来并晓谕世人的。⑩ 正是由于自然法的衰落,国家中心主义和实证主义的产物,在一定意义上解决(或者掩盖)了国际社会缺乏中央化的立法机关的问题,同时也将国家中心主义和实证主义作为一种意识形态根植于当代国际法体系中。

19世纪国际法只能附属于强权的处境使得它成为强权政治证明合法性的一个工具。实证主义占据国际法学研究的主流立场。"尽管仍有国际法学家声称自然法是国际法的重要来源,但他们在具体研究过程中也同其他人一样,只是满足于对条约文字的列举和解释,比如去探讨对被没收鸦片的赔偿标准是按照成本价还是市场价、'亚罗号'究竟是英国船还是中国船这类问题。"⑪他们不去思考列强与中国缔约过程中存在的明显的武力恫吓问题,也基本不去思考条约中的内容是否真正符合国际法的平等精神。在本质上,这种国际法几乎很难被称为真正的"法律"。日本以西方列强的野心持续走同样的路,最终造成日本与西方盟国对立的结果。工具理性的极度膨胀导致现实主义的"反噬":两次世界大战带来了世界秩序的崩溃。这告诫我们,权力扩张带来的"正反馈"效果没有止境,一个国际社会如果要维持其存在,就必须维持某些共同的观念、利益和规范,否则维系社会共同体的纽带行将断裂,一旦社会陷入无序,就难免烽烟四起,再回丛林。

面对这样的现实,乔治·凯南曾总结法律途径在国际关系中的三个基本困境,即:总有些国家对地位和边界不满,因此国家不可能隶属于一个国际司法机制;各国的不平衡发展决定了国际体系的冲突;国际法的制裁无法限制国家的不良行为。他由此悲观地认为国际法不可能抑制国际领域里的混乱和危险。⑫ 肯尼思·华尔兹也认为国际体系结构的决定性因素是无政府状态,这种结构与国际法是相互排斥的。⑬

这种见解捕捉到了国际法政治性的侧面,却忽视了内在的规范权威性,国际法的形成渊源、存在依据、评价标准、价值追求等方面都有着明显的道德伦理指向。从其本原意义来说,国际法应当是一把界限基本清楚的尺子,有了这个尺度,

---

⑩ [日]村濑信也:《国际立法——国际法的法源论》,秦一禾译,中国人民公安大学出版社2012年版,第7—8页。

⑪ 赖骏楠:《国际法与晚清中国:文本、事件与政治》,上海人民出版社2015年版,第158页。

⑫ George F. Kennan, *American Diplomacy*, University of Chicago Press, 1985, p.95.

⑬ Kenneth N. Waltz, *Theory of International Politics*, McGraw-Hill Higher Education, 1979, p.102-28.

就能够识别哪些国家行为是正当的,哪些国家行为是不正当的,这要比根本不存在这把尺子要好很多。

在东京法庭,各方诉讼主体,包括法官、检察官和辩护律师等都特别利用了他们的法学优势,这不仅仅影响了起诉的内容,还影响了各方辩论的方式和焦点。虽然我们经常将这些法庭概括为一个整体,但是法庭更像是有独立生命的有机体,拥有各种不同的机构、参与主体、会议程序和哲学依据。

东京国际军事法庭的庭长韦伯就法庭判决的庭长意见书也采用了自然法框架作为基础,因此他还断言,"如果把国际法看成独立政治团体在相互关系中对自然法的实现,那么侵略战争就是一场反国际法的罪行"。尽管如此,他并没有坚持这一立场,而是转而说道,"英国法院认为,国际法的效力必须通过国际条约的明确约定或者通过国内法识别转化,才能被认可"。⑭

但英国法官帕特里克勋爵对此不甚认可,在写给伦敦大法官的一封信中称韦伯的草案过于强调自然法基础。到判决时,韦伯将内容略作了改变,"宪章对全体有约束力",根据他的说法,"因为国际法、自然法、波茨坦公告和日本投降书开始生效,宪章具有了最高约束力"。韦伯并不愿意放弃对自然法的依赖,因此他还说道,"宪章并未违反任何国际法或者自然法,而是使其实行起来达到了标准",主张自然法是现代国际法的一部分。⑮

伯纳德法官有着别具一格的东京审判理论。伯纳德毕业于普罗旺斯艾克斯的圣心学院,他的所有不同意见都是基于自然法提出的,他认为自然法是适用于国际法的唯一法则。⑯ 伯纳德法官反对检方基于1928年《巴黎非战公约》认定侵略战争的非法性,但他坚信,"侵略战争"在常理和普遍良知的眼中是并且从来都是一项罪行,常理和普遍良知表达了自然法,一个国际法庭可以且必须依据这个自然法来判定提交给它的被告之行为。⑰ 换言之,伯纳德确信侵略战争是非法的,但这是依据自然法理由,而不是通过实在战争法的适用。伯纳德法官强调,东京审判所适用的法律必须受制于对一种程序正义的尊重,东京法庭的合法性有赖

---

⑭ William Flood Webb Archives, Australian War Memorial, 3DRL/2481, Box 1 Wallet 8,7-9.

⑮ Draft Opinion of the President, 17 September 1947, William Flood Webb Archives, Australian War Memorial, 3DRL/2481, Box 1 Wallet 13,12, see also 13.

⑯ Boister Neil & Robert Cryer, *The Tokyo International Military Tribunal: A Reappraisal*, Oxford University Press, 2008, p. 280.

⑰ 米凯尔·何佛笙:《贝尔纳大法官》,载[日]田中利幸、[澳]蒂姆·麦科马克、[英]格里·辛普森编:《超越胜者之正义:东京战罪审判再检讨》,梅小侃译,上海交通大学出版社2014年版,第121页。

于同盟国家是否有能力给被告以公平审判的保证——法庭在有缺陷的程序中作出的定罪不可能是有效的定罪。他的异议书提醒全世界,只有在满足刑事司法形式和公平审判标准的情况下,东京审判才会得到尊重。忽视这一点会使审判的有效性受到质疑。⑱

勒林法官的意见在很多方面都符合实证法的框架,在极大程度上,他依赖于非常严格的实证主义法律的有效性校验,他否认侵略战争的有效性,因为没有国际法有这样的规定。勒林认为反和平罪在"二战"前并非犯罪,"《巴黎非战公约》本身只规定了一种制裁……但是那些对公约作出解释的人,几乎完全没有提到侵略战争是犯罪,会产生个人责任这样一种后果"。⑲ 但是勒林法官仍然支持反和平罪刑罚的合法性,他将其作为战后的一种安全措施或预防性保安处分来接受这种行为。当讨论同盟国关押日本战犯的权利时,他说道:"毫无疑问,这种权利是'正义战争'的胜利,是为之后的和平和秩序负责。也就是说,根据国际法,这是消除威胁建立新秩序的权利。"⑳在审判后的很多年里,勒林一直是东京法庭的推崇者,并在他的名著《国际法在扩张的世界中》(*International Law in an Expanded World*)中,把纽伦堡和东京审判描述成"一次法律的革命",他认为两个审判是创造一个能适用于核时代的新自然法的指导力量。㉑

战后审判的实施,以及国际人权法、人道法和国际刑法在"冷战"以后的重大发展,进一步挑战和改造着传统国际法上绝对主权的观念。上述两个方面的发展,正在撼动国际法渊源所蕴含的国家中心主义观念的社会学基础,同时也在削弱实证主义的伦理学基础。

(三)军事审判与普通审判

不能否认,国际刑法涉及大量军事法问题,纽伦堡和东京审判受到的各种评价有必要在美国军事法历史演变脉络中去把握和回应,否则必然会忽视两大审判的战后审判的成长史,从而难以真正了解它们"性格"中最为"古怪"的侧面。

---

⑱ 米凯尔·何佛笙:《贝尔纳大法官》,载[日]田中利幸、[澳]蒂姆·麦科马克、[英]格里·辛普森编:《超越胜者之正义:东京战罪审判再检讨》,梅小侃译,上海交通大学出版社2014年版,第123页。

⑲ Boister Neil, Robert Cryer, et al., *Documents on the Tokyo International Military Tribunal*: *Charter*, *Indictment and Judgments*, Oxford University Press, 2008, p.706.

⑳ Ibid., p.679–680.

㉑ 罗伯特·卡莱尔:《勒林大法官》,载[日]田中利幸、[澳]蒂姆·麦科马克、[英]格里·辛普森编:《超越胜者之正义:东京战罪审判再检讨》,梅小侃译,上海交通大学出版社2014年版,第155页。

1775年6月,美国第二届大陆会议通过第一部军事法典《战争条令》,适用于陆军,此后又通过《海军条令》。两部法典几乎都是对英帝国法的照搬照抄。据罗纳德·W.汉森介绍,"在这样的体制下,军事法庭就是一个指挥工具"或"纪律性工具"②,这就是美国军事法的历史基础。用温思洛普的话讲,"军事法院属于行政部门,事实上,它们只是行政权的工具","因此,严格地讲,军事法院并不是完全意义上的法院",它是一个"行政管理工具"。美国最高法院在1885年就声明,"军事法院不构成美国司法体制的一部分"。在行政权的大旗之下,军事法庭的设立和运行始终充满随意性、恣意性和专横性。据权力分立原理,最高法院不可能对军事司法进行过度干涉。它对军事法庭判决的复核权力,不是一种司法终审权力,而是一种政治制衡权力。这就是最高法院不能多管又不能不管的根本原因,也是最高法院对军事法庭的基本态度长期模棱两可的宪政原因。

随着人权观念的发展,军事法审判体制遭遇越来越多的质疑和批判。大量平民的参战以及军事法庭的频繁使用,使得人们对军队内部的司法体制有了深刻认识。军事审判过多依赖指挥官,忽视军人权和司法公正的状态,这在第二次世界大战时期达到了顶峰。正如美国军事法学家斯鲁特所言,"单由军事指挥官个人就可以提起指控,聚集法庭,选择审判人员和辩护律师,复核判决",导致"军事指挥权对军事司法的合法影响犹如幽灵一般徘徊游荡"。

由此可见,第二次世界大战时期,美国军事审判的"程序不正义"具有普遍性,不是罕见现象。这种"不正义的审判"遭遇了强烈的军内外批评,虽然直接推动了1950年刑法修正案的出台,新的修正案不断走向正义,但是,军事司法的本性和特性无法根本改变,普通的司法正义观念仍然不能无条件适用。托克维尔曾说过,所谓审判,是以法庭拥有的道德力为媒介,将暴力转变为权利义务的理念。虽然受制于历史进程,人们很容易将对军事审判的不信任和刻板印象转移为对战后审判的怀疑和批评,但两大审判之所以仍被称为"国际军事法庭",更多的是基于确保审理效率的考虑,在所有其他方面,其"军事"色彩几乎已经无法察觉了。这种方式是有利于灵活处理历史和战争责任的方式,是一种保障了"惩罚"的法律与道义的正当性的处理方法,因而具有很强的说服力。

---

② 宋健强:《"山下奉文审判"真的错了吗?——一个规范分析和价值评判的填补》,载赵秉志、卢建平主编:《国际刑法评论》(第5卷),中国人民公安大学出版社2010年版。

三、战后审判的机能：人的维度

(一)审判机能的价值维度

在所有的法律学科中,刑法与价值观的关系最为密切。法律作为人类立法实践的伟大作品,就像其他人类作品一样,只有从其价值理念出发,其才可能被真正理解和遵守。因此,著名国际法学家劳特派特才有过这样的论断,"法在社会中的实际机能是一个抽象法规则的渐进的结晶化,而司法活动的本质就表现为法规则结晶化连锁过程中的最后一个连接点"。

东京审判的检察长约瑟夫·贝瑞·季南(Joseph Berry Keenan)在首次开庭的检方陈词中指出,"这不是一次普通的审判",而是"文明社会坚定不移阻止整个世界被摧毁的战斗","这种对世界的威胁不是来自自然的力量,而是来自个体及小团体,为实现他们疯狂的主宰世界的野心,不惜让世界过早毁灭"。[23] 这一有关起诉宗旨的阐述,表明东京国际军事法庭是针对个人进行的起诉,规定于《东京宪章》的反和平罪、战争罪和反人道罪在东京国际军事法庭中将产生个人刑事责任。这一立场与纽伦堡国际军事法庭相同,是革命性的,因为这是个人第一次在国际法中被落实人道主义以及对和平的追求推动国际关系和国际法的演变,反过来,深深蕴含在人类社会中的道德思想也日益成为国际社会共同的价值观,并成为国际刑事司法的推动力。对体现人的尊严的个人权利和价值的共同认可,反映出世界对人类价值的共识。"人类由个人组成,包括了这些个人以及由个人组成的集体的历史经验的总和,因此国际法上的一些权利和义务可以不经国家的干预直接适用于个人,而与国内法的规定无关。"[24]个人也得以成为国际法主体,在国家公民的身份之外,其又是世界公民。自国际联盟成立以来,国家逐渐失去了古老意义上的自治权。"由于国际秩序和国际规范本身是被建构出来的,国际关系越来越具有公民社会的特征,主权理念在政治和道德领域不再流行。"[25]1927 年,希腊国际法学家波利蒂斯指出:"先前主权国家对于其国民来说是一个铁笼子,因而从

---

[23] 中国国家图书馆东京审判数据库庭审记录库,"起诉书",载中国国家数字图书馆网站, http://mylib. nlc. gov. cn/web/guest/djsp/pdfplayer? id = E2D98C9C0E104E2D856777332B7 BD63 C&type = pdfinfo&module = theTrialRecord。

[24] [美]M. 谢里夫·巴西奥尼:《国际刑法导论》,陆怡如译,法律出版社 2006 年版,第 39—40 页。

[25] [美]理查德·塔克:《战争与和平的权利:从格劳秀斯到康德的政治思想与国际秩序》,罗炯等译,译林出版社 2009 年版,第 315 页。

法律上说后者只能通过狭窄的隙缝与外界发生联系。这个铁笼子现在开始松动，它最终将会化为齑粉。然后，人们就可以超越各自的国界，不受任何障碍地自由交流。"㉖

对现代法学家而言，战争法在根本意义上是一项人道主义事业，很接近于刑法的精神。它的主要任务是禁止邪恶行为和惩罚作恶者，这就是它始终围绕诉诸战争权和战争法——有关战争的正当理由的法律和有关对战争行为之人道主义限制的法律——来展开的原因。㉗ 换言之，国际刑法反映了人类的共同价值，人权保护这面盾需要国际刑事执行这支矛。㉘ 一方面，个人可以通过国际司法机构对国家的不法行为提起诉讼；另一方面，某些严重动摇或损害人类共同认可价值的人被视为"全人类的敌人"，因其违背了人类共同体的基本伦理，侵害了人类根本法益，背离了法秩序，刑法对其可以进行谴责和非难，判处最严厉的刑罚。

个人在国际法上的地位可以理解为经历了18世纪以前万民法上"有人的国际法"、19世纪后国际公法上"人的退场"到20世纪跨国法上"人的回归"的过程。传统国际法上的诉诸战争权是对国际不正义行为的否定，但是战争本身的巨大伤害又导致国际社会努力使战争非法化。就这样，国际法在不断否定、质疑、审视既有道路，反思原有权利义务配置模式中，开拓出新的道路，形成更为妥当的发展方向。㉙

(二)国际审判的机能

东京审判辩护律师之一、日本著名刑法学家小野清一郎主张："国家首先必须保障自己的存在。……在国家存在的时候，将危害国家存在的行为作为犯罪，并且用最为严峻的刑罚来对付该种行为。只有对国家的犯罪，才是最原始、最基本的犯罪。"㉚此种观点与两大战后审判的主题难以相容。

两场审判的主题都是侵略战争犯罪化，其次才是制裁战争中的暴行和虐囚行为，因此它们高度聚焦反和平罪。一方面，侵犯人权的行为是那些构成被大家都同意称为第二次世界大战中的侵略行为；另一方面，在纽伦堡和东京法庭审判的罪犯是因他们是策划或共谋发动侵略战争的组成部分而被起诉的。最后"反和平

㉖ [意]安东尼奥·卡塞斯：《国际法》，蔡从燕译，法律出版社2009年版，第52页。
㉗ 参见 Robert Kolb & Richard Hyde, *An Introduction to the International Law of Armed Conflicts*, Hart Publishing, 2008, p.9-15.
㉘ [美]M.谢里夫·巴西奥尼：《国际刑法导论》，陆怡如译，法律出版社2006年版，第41页。
㉙ 何志鹏：《国际法哲学导论》，社会科学文献出版社2013年版，第72页。
㉚ [日]小野清一郎：《新订刑法讲义总论》，有斐阁1948年版，第9页。

罪"本身就侵犯了国家和民族的最基本的权利,包括诸如独立的权利、领土完整的权利,这些权利是所有自治的民族社团所享有的在一国之内个体人权存在的先决条件,因此在更广、非技术意义上,它们构成了人权的组成部分。

从现行国内刑法和国际刑法的价值观的角度来看,个人的生命、身体、自由、财产才是刑法最应当优先保护的。而国家仅仅在作为保护个人的生命、身体、自由、财产的机关的意义上,其价值才被认可。其可以被称为公民个人的安全要求或保护要求。同时,这并不意味着刑法和理论完全无关。杀人、盗窃如果不成为人们意识中的伦理上的恶,则对其处罚就不能具有效果。在此限度之内,刑法和伦理重合,共同在起作用。

由于19世纪以来,在国际法学中占据主导地位的并不是劳特派特式的理想主义,而是带有很强现实主义色彩的法实证主义,因此理想主义者对国际法和国际裁判给予了很高期待,认为通过设定义务性国际规则实施国际裁判,就可以"通过法实现和平"。这是以英国法模式来设定以法治为中心的理论范式和以国际裁判为核心构筑国际秩序的国际裁判机能观。

与此形成鲜明对比的是汉斯·摩根索主张的以强权为中心的国家观点以及无秩序的国际观点这种冷酷的社会认识。他认为,法意识形态会掩盖基于国家利益的主张,如果在只存在抽象法律原则的现状下强调扩大国际法院的管辖权,那么政治性的东西就会被掩盖,仅仅留下表面上的法治。[31]

经过两个多世纪的发展,当今的国际司法已经呈现更为成熟的面貌。就在2017年,国际刑事法院(ICC)一致通过了以反和平罪为前身的侵略罪的定义,国际刑事法院绵延20年的空有管辖、实无定义的漫长谈判终于开花结果。但ICC对国际罪行的管辖仍然存在不少困难和挑战,这与国际司法主要靠国家合意加入和实施相对多样化和分散化,以及义务性裁判的局限性有着直接关系。某种意义上,今天ICC面临的困境比起70多年前的纽伦堡和东京审判,可谓"似曾相识燕归来"。

从战火频仍的现实出发,国际法学界越来越明确意识到在国际法中评价强权问题的重要性,但在另一方面,人们也意识到强权在涉及国际法的基本原则方面

---

[31] 王志安:《探索国际裁判在国际秩序形成中的作用——E. H. 卡尔与 H. 劳特派特之间能展开对话吗?》,载《交大法学》2012年第1期。

似乎并没有成为压倒一切或决定性的要素。㉜对强权予以核心评价的思维范式，逐渐开始让位于那些一方面评价强权的地位，却同时注意评价制度、机制和法规范作用的思维范式。有学者指出，当今的国际关系无论在什么意义上都不再由现实主义和理想主义的争论所支配。恰恰相反，我们已经面临一个让道德和规范要素回归到国际关系论之核心地位的时代。也就是说，应当承认价值和规则在国际社会中所扮演的角色，并且承认在探讨政策问题时提出价值和规范问题的正当性。

与现实主义的理论归结相反，今天的国际法规范，甚至包括禁止行使武力在内，涉及有关国家行为的方方面面。通过缔结大量多边条约和创设众多的国际制度和组织，不仅在经济、文化、人权和环境等领域，而且在行使武力、裁军和安全等国际政治的核心方面，国际法规范无处不在的特性已经成为难以忽视的现实。

正因为这样，要确切把握国际法规范在形成国际秩序中的作用，最重要的就是确立与国际裁判机能相对独立的法律规范的意义，也即必须否定那种试图将法律规范的妥当性和实效性全部与裁判联系起来论证的思维方式。尽管国际裁判通过行使裁判权只能对国际秩序的形成发挥相当有限的作用，但是在具体阐明法律规范上能起到极为重要的作用。这种尝试不仅能提供确切把握国际法规范作用的有益视点，而且也能为适当评价国际裁判的作用提供恰当的视角。

四、结语

自19世纪下半叶以来，以战争与和平为主题，各国开始了诉诸战争权和战时法双轨战争法的各自发展。战争法的变迁是19世纪末20世纪初国际法治大转型的一个缩影，是工具理性、价值理性和沟通理性共同作用再度平衡的结果。价值理性的变化决定了国际法治的价值转型和刚性趋势，使得战后国际战争罪行审判得以施行。东京审判和纽伦堡审判，就是这种理性进步的集大成者，或者说，预示着一种新的理性道路。

在这种历史大转折的背景下应运而生的东京审判和纽伦堡审判，无论审判理念之创新、制度构建之系统、规模之宏大、程序之繁复、罪名和责任类型之"前所未

㉜ Oscar Schachter, *The Role of Power in International Law*, American Society of International Law Proceedings, Vol. 93, 1999, p. 204 - 205; See also Michael Byers, *Custom, Power, and the Power of Rules: Customary International Law from an Interdisciplinary Perspective*, Michigan Journal of International Law, Vol. 17, 1995, p. 109ff.

有",都体现了审判作为人类应对战争和暴力的手段之"远见卓识"。这场筚路蓝缕的尝试旨在创设垂范后世的战争罪行审判标准,某种意义上体现了温特所言的国际规范由争夺文化向合作文化、互爱文化转变的意识。

纽伦堡和东京审判几乎在所有的内容上,都存在截然相反的看法和意见,而这一现象在人类历史上所有重大的审判中都发生过。结论是,人们总是对审判不满,审判总是不可能让所有立场的人满意。即使是撒旦,也会用《圣经》为自己辩护。因此,用批评的多少甚至有没有批评来衡量审判的"质量"合格与否或者好坏成败是没有意义的,甚至是荒谬的。我们真正要关注的是,能够从过去的教训中学到什么,正如东京和纽伦堡审判从莱比锡审判中学到的那样。

联合国国际法院如何发展强行法[*]

邓 华[**]

一、问题的提出

"强行法(jus cogens)"的概念最早可追溯到罗马法《学说会纂》,在罗马法中,强行法是与任意法(jus dispositivum)相对的,强行法禁止缔约各方彼此自由确立某种与一项强行法规则相冲突的法律关系,如今,"几乎在所有国家的国内法中,都可以找到强行法规则"。① 相比之下,国际强行法的出现要晚很多,尽管其理论可追溯到格劳秀斯(Hugo Grotius)的自然法学说,但直至菲德罗斯(Alfred Verdross)提出强行法的主张②,此后国际法上强行法的概念才更多地引起了国际法学界的重视和讨论③,有关强行法的构想逐渐成为国际法的一部分④,并在1969年《维也纳条约法公约》(下文简称为《条约法公约》)⑤中被正式写进了文本。

---

[*] 本文在博士后合作导师陈泽宪教授的指导下完成,之后分别在2019年中国国际法学会年会、北京国际法学会年会、中国社会科学院国际法研究所十周年"构建人类命运共同体与国际法治"国际研讨会以及南开大学第14期法学工作坊作主题报告,获2019年北京国际法学会年会优秀论文二等奖;后以《国际法院对强行法的发展:规则和方法》为题刊发于《南大法学》2020年第3期,系中国博士后科学基金面上一等资助项目"国际法院认定习惯国际法的逻辑推理方法"(项目批准号:2018M630249)的阶段性研究成果。本文为修订版。

[**] 中山大学马克思主义学院助理教授、硕士生导师,中山大学涉外法治研究院研究员,法学博士、博士后。

① 李浩培:《条约法概论》,法律出版社2003年版,第238页。

② Alfred Verdross, *Forbidden Treaties in International Law*, 31 American Journal of International Law 57, 571 (1937).

③ See Felix Lange, *Challenging the Paris Peace Treaties, State Sovereignty, and Western-Dominated International Law-The Multifaceted Genesis of the Jus Cogens Doctrine*, 31 Leiden Journal of International Law 821, 825 (2018).

④ 参见联合国大会:《国际法委员会(第68届会议):特别报告员迪雷·特拉迪关于强行法的第一次报告》,A/CN.4/693(2016),第28—41段。

⑤ Vienna Convention on the Law of Treaties (Vienna, 23 May 1969), 1155 UNTS 331.

《条约法公约》第 53 条是对强行法最直接的规定,即"条约在缔结时与一般国际法强制规律抵触者无效。就适用本公约而言,一般国际法强制规律指国家之国际社会全体接受并公认为不许损抑且仅有以后具有同等性质之一般国际法规律始得更改之规律";进而,第 64 条又规定了"遇有新一般国际法强制规律产生时,任何现有条约之与该项规律抵触者即成为无效而终止"。据此,有学者将国际强行法概括为,"经国际社会作为整体接受为不得以任何行为背离,并以维护全人类基本利益和社会公德为目的,具有普遍拘束力的最高行为规范"。⑥

虽然《条约法公约》正式使用了强行法这一概念,但具体哪些规则属于强行法的范畴,《条约法公约》没有直接规定,从第 53 条的规定也很难演绎出来——"一般国际法""国家之国际社会""全体接受""公认为""不许损抑"等用语都是或抽象或存争议或难以量化的描述;加之强行法的逻辑本身在理论层面即挑战甚至颠覆了实在法学派的根基⑦,其对国际法体系的平行结构有解构之可能⑧,因此,几十年过去了,理论界和实务界对强行法的范畴、识别标准和法律后果等,始终未能达成共识,强行法仍处于一种"漂浮"的状态⑨。在此背景下,联合国国际法委员会(United Nations International Law Commission,下文简称为国际法委员会)自 2015 年起即把"强行法"专题[后改名为"一般国际法强制性规范(强行法)"(peremptory norms of general international law(jus cogens),以下简称为"强行法"专题]纳入其当前工作方案并任命了特别报告员;该专题特别报告员特拉迪(Dire Tladi)教授从 2016—2019 年共提交了 4 份报告,分别研究了强行法的性质、识别标准、后果和法律效力,并在 2019 年国际法委员会第 71 届会议上提出了一份强行法规则的说明性清单,同年,国际法委员会一读通过了"强行法"专题的 23 条结论草案和相关评注,其中第 23 条结论草案包含了一份关于强行法规则的说明性清单;2022 年,特别报告员提交了第 5 份报告,国际法委员会亦在此基础上于同年完成了对"强行法"专题的二读,其中第 23 条结论草案所包含的说明性清

---

⑥ 参见万鄂湘等:《国际条约法》,武汉大学出版社 1998 年版,第 318 页。
⑦ 尽管也有学者认为,《条约法公约》第 53 条的措辞其实是体现了基于国家同意的实在法学派的方法。See Oliver Dörr & Kirsten Schmalenbach, et al. , *Vienna Convention on the Law of Treaties*:*A Commentary*, Springer, 2012, p. 907; Dinah Shelton, *Normative Hierarchy in International Law*, 100 American Journal of International Law 291, 300 (2006).
⑧ Ulf Linderfalk, *The effect of* Jus Cogens Norms:*Whoever Opened Pandora's Box*,*Did You Ever Think About the Consequences*?, 18 European Journal of International Law 853, 853 (2007).
⑨ 参见何志鹏:《漂浮的国际强行法》,载《当代法学》2018 年第 6 期。

单与专题一读时的文本完全一致(下文简称为"强行法"专题的说明性清单)。⑩事实上,国际法委员会和各国围绕该专题展开的争论很多,其中有一点质疑就是,迄今有关强行法的国家实践仍太少,这会否导致结论草案最终形成的仅是拟议法(lex ferenda)而非现行法(lex lata)?譬如,中国就曾在联合国大会第六委员会的发言中强调,"鉴于强行法不同于一般国际法规则的特殊重要性,委员在进行该专题审议应极其审慎,界定强行法的要素、标准和后果,必须以《维也纳条约法公约》相关条文为基础,立足于充分的国家实践,重在编纂现行法而非拟定新法"。⑪进而言之,在一个具体的情境或争端当中,由谁判断、如何判断一项规则是否构成强行法?根据《条约法公约》第66条第2款的规定,"关于第53条或第64条之适用或解释之争端之任一当事国得以请求书将争端提请国际法院裁决之,但各当事国同意将争端提交公断者不在此限",那么,这一条款赋予联合国国际法院(International Court of Justice,以下简称为国际法院)判断强行法的权利在实践中又是否可行?国际法院在具体的司法实践当中认定了哪些强行法规则?它又是否、能否通过认定、解释和适用强行法规则来促进强行法的发展?鉴于强行法理论的高度抽象性和争议性,在国际法学者的各种理论阐释或构建之外,着眼于考察国际法院有关强行法的司法实践,也许能打开另一扇破解"强行法之谜"的窗户。

二、国际法院的强行法"规则清单"及其合理性问题

(一)国际法院迄今涉及的强行法规则

虽然在1969年之前,国际法院并没有认定或适用过强行法规则,但强行法这

---

⑩ 分别参见前注4,联合国大会:《国际法委员会(第68届会议):特别报告员迪雷·特拉迪关于强行法的第一次报告》;联合国大会:《国际法委员会(第69届会议):特别报告员迪雷·特拉迪关于强行法的第二次报告》,A/CN.4/706(2017);联合国大会:《国际法委员会(第70届会议):特别报告员迪雷·特拉迪关于一般国际法强制性规范(强行法)的第三次报告》,A/CN.4/714(2018);联合国大会:《国际法委员会(第71届会议):特别报告员迪雷·特拉迪关于一般国际法强制性规范(强行法)的第四次报告》,A/CN.4/727(2019);联合国大会:《国际法委员会(第73届会议):特别报告员迪雷·特拉迪关于一般国际法强制性规范(强行法)的第五次报告》,A/CN.4/747(2022);联合国大会:《国际法委员会报告(第71届会议)》,A/74/10(2019),第134—195页;联合国大会:《国际法委员会报告(第73届会议)》,A/77/10(2022),第11—85页。

⑪ 中华人民共和国常驻联合国代表团:《中国代表、外交部条法司司长徐宏在第73届联大六委关于"国际法委员会第70届会议工作报告"议题的发言》(第二部分:第6、7、8章;第三部分:第9、10、11章),载中华人民共和国常驻联合国代表团网站,http://un.china-mission.gov.cn/zgylhg/flyty/ldlwjh/201812/t20181204_8356074.htm,2023年2月1日访问。

一概念显然也是在其关注范围之内。⑫ 在1969年"北海大陆架"案的判决中，国际法院已经提及过强行法——当然，国际法院在此是"既不试图讨论强行法问题，更不想就该问题作出任何论断"⑬，由此亦可看出，国际法院在面对强行法这一"新生事物"时是极其谨慎的。⑭ 在1969年《条约法公约》通过之后，迄今国际法院也仅在15个案件的判决或咨询意见中涉及相关强行法规则，具体内容详见表1。此外，在这里还有必要先作说明，即本文在考察国际法院涉及的强行法规则时，把与"对一切义务"(obligations *erga omnes*，有时也被译作"对世义务""对所有人义务""对国际社会整体的义务")相关的规则也纳入考察范围。这是因为，虽然"对一切义务"与强行法在国际法上是两个概念，但这两者显然是紧密相关的⑮，包括特别报告员特拉迪教授在内的很多国际法学者都赞同这一点，并认为"强行法涉及规则的内容，'对一切义务'指明规则的适用对象，并且是适用强行法的一种结果"⑯，简而言之，尽管并非所有的"对一切义务"都构成强行法，但强行法规则都具有"对一切义务"的性质，而且，国际法院涉及的"对一切义务"规则大部分又被其进一步认定为强行法——这一点会在下文展开论述，因此，本文把"对一切义务"纳入考察范围是基于法理和实践的现实考虑。

从表1可以看出，从1969年《条约法公约》通过至2022年这53年间，国际法院涉及的强行法规则其实非常之少，这份"规则清单"大致可归纳为7种类型，具体如表2所示。

---

⑫ 参见前注4，联合国大会：《国际法委员会(第68届会议)：特别报告员迪雷·特拉迪关于强行法的第一次报告》，第39段。
⑬ North Sea Continental Shelf, Judgment, ICJ Reports 1969, p. 3, para. 73.
⑭ 参见廖诗评：《司法视野下国际强行法规则的新发展——基于不同机构司法实践的一个比较分析》，载《华东政法大学学报》2008年第6期。
⑮ 参见朱文奇主编：《国际法学原理与案例教程(第四版)》，中国人民大学出版社2018年版，第34—42页。
⑯ 参见前注10，联合国大会：《国际法委员会(第71届会议)：特别报告员迪雷·特拉迪关于强行法的第四次报告》，第93段。

表 1　国际法院迄今涉及强行法规则的案件⑰

序号	年份	案件名称	案件类型	涉及的强行法规则	段落
1	1970	"巴塞罗那电车、电灯及电力公司"案	判决	认为"对一切义务"是"所有国家关切的事项,这由它们自身的性质所决定,考虑到所涉权利的重要性,所有国家都可被认为对保护这些权利享有法律利益……在当代国际法中,这种义务产生于宣告侵略行为和灭绝种族行为为非法、也产生于有关人的基本权利的原则和规则,包括免受奴役和种族歧视的保护。而这些相关受保护的权利当中,有一些已经成为一般国际法的一部分,其他的则由一些普遍性或准普遍性的国际文书所赋予"。	第33—34段
2	1971	"南非不顾安理会276(1970)号决议继续留驻纳米比亚对各国有何法律后果"案	咨询意见	认为结束南非在纳米比亚的委任统治并宣告南非在纳米比亚统治(推行种族隔离政策)的非法性,这具有"对一切义务"的意义。	第126、131段
3	1986	"在尼加拉瓜和针对尼加拉瓜的军事和准军事活动"案	判决	认定在国际关系中禁止非法使用武力是强行法。	第190段
4	1995	"东帝汶"案	判决	认定民族自决权具有"对一切"性质,但具有"对一切"性质的规则与国际法院的管辖权是两回事。	第29段
5	1996	"以核武器相威胁或使用核武器的合法性"案	咨询意见	认为一项规则是否属于强行法的问题涉及该规则的法律性质。	第83段

⑰　统计数据截至 2023 年 1 月 1 日,所有信息来自于国际法院官方网站,https://www.icj-cij.org/en,2023 年 1 月 1 日访问,2023 年 1 月 1 日制表。

续表

序号	年份	案件名称	案件类型	涉及的强行法规则	段落
6	1996	"《防止及惩治灭绝种族罪公约》的适用（波斯尼亚和黑塞哥维那诉塞尔维亚和黑山）（初步反对意见）"案	判决	"公约（《防止及惩治灭绝种族罪公约》）中规定的权利和义务具有对一切义务的性质。"	第 31 段
7	2002	"逮捕令"案	判决	虽没有直接提及强行法，但法院认为，现行国际法不存在任何剥夺一国在任外交部长外国刑事管辖豁免权的例外规则（这自然包括了强行法）。	第 58 段
8	2004	"在被占领巴勒斯坦领土构筑围墙的法律后果"案	咨询意见	认为民族自决权和基于基本人道考虑的国际人道法规则具有"对一切义务"性质。	第 155—157 段
9	2006	"在刚果领土上的武装活动"案	判决	认为违反强行法（或"对一切义务"）规则这一事实本身并不能授予国际法院对该案件的司法管辖权，并且认为禁止种族灭绝"肯定"属于强行法。	第 64、69、78、125 段
10	2007	"《防止及惩治灭绝种族罪公约》的适用（波斯尼亚和黑塞哥维那诉塞尔维亚和黑山）"案	判决	认定"禁止种族灭绝"是国际法中的强制规则（强行法），具有对一切义务的性质。	第 147—184 段
11	2010	"科索沃单方面宣布独立是否违反国际法"案	咨询意见	认为如果单方面宣布独立是违反了"非法使用武力规则，或其他严重违反一般国际法（特别是强行法）的行为"，那它就是非法的——间接认定"禁止非法使用武力"是强行法规则。	第 81 段
12	2012	"与或起诉或引渡义务有关问题"案	判决	认定禁止酷刑是一项强行法规则。	第 99—100 段

续表

序号	年份	案件名称	案件类型	涉及的强行法规则	段落
13	2012	"国家管辖豁免"案	判决	认为国家管辖豁免规则并非强行法,而且强行法和国家管辖豁免规则这两者间不存在冲突,前者是实体法,后者是程序法。同时,认为国际人道法基本规则(禁止在占领区谋杀平民、奴役平民、奴役战俘等)是强行法规则。	第93段
14	2015	"关于《防止及惩治灭绝种族罪公约》的适用(克罗地亚诉塞尔维亚)"案	判决	认定《防止及惩治灭绝种族罪公约》包含了"对一切义务","禁止种族灭绝"是国际法中的强制规则(强行法)。	第87段
15	2019	"1965年查戈斯群岛从毛里求斯分裂的法律后果"案	咨询意见	认为尊重民族自决权是"对一切义务",所有国家在保护该权利时都享有法益。	第180段

表2　国际法院迄今涉及的7类强行法规则⑱

序号	规则	案件	年份
1	与"对一切义务"相关[涉及禁止非法使用武力或禁止侵略、禁止灭绝种族、有关人的基本权利的原则和规则(包括免受奴役和种族歧视)、民族自决权、基于基本人道考虑的国际人道法规则等]	"巴塞罗那电车、电灯及电力公司"案	1970
		"南非不顾安理会276(1970)号决议继续留驻纳米比亚对各国有何法律后果"案	1971
		"东帝汶"案	1995
		《防止及惩治灭绝种族罪公约》的适用(波斯尼亚和黑塞哥维那诉塞尔维亚和黑山)(初步反对意见)"案	1996
		"在被占领巴勒斯坦领土构筑围墙的法律后果"案	2004
		"关于《防止及惩治灭绝种族罪公约》的适用(克罗地亚诉塞尔维亚)"案	2015
		"1965年查戈斯群岛从毛里求斯分裂的法律后果"案	2019

---

⑱ 表2为笔者在表1材料基础上进行分类制作而成,2023年1月1日制表。

续表

序号	规则	案件	年份
2	禁止非法使用武力或禁止侵略	"在尼加拉瓜和针对尼加拉瓜的军事和准军事活动"案	1986
		"科索沃单方面宣布独立是否违反国际法"案	2010
3	禁止灭绝种族	"在刚果领土上的武装活动"案	2006
		"《防止及惩治灭绝种族罪公约》的适用(波斯尼亚和黑塞哥维那诉塞尔维亚和黑山)"案	2007
		"关于《防止及惩治灭绝种族罪公约》的适用(克罗地亚诉塞尔维亚)"案	2015
4	禁止酷刑	"与或起诉或引渡义务有关问题"案	2012
5	国际人道法基本规则(禁止在占领区谋杀平民、奴役平民、奴役战俘等)	"国家管辖豁免"案	2012
6	强行法与管辖权的关系	"逮捕令"案	2002
		"在刚果领土上的武装活动"案	2006
		"国家管辖豁免"案	2012
7	其他(认为一项规则是否属于强行法的问题涉及该规则的法律性质)	"以核武器相威胁或使用核武器的合法性"案	1996

1. 与"对一切义务"相关的规则

如前所述,尽管并非所有的"对一切义务"都构成强行法,但国际法院在"巴塞罗那电车、电灯及电力公司"案中论及的规则既属于"对一切义务",历来也被视作强行法规则,它指出,"在当代国际法中,这种(对一切)义务产生于宣告侵略行为和灭绝种族行为为非法、也产生于有关人的基本权利的原则和规则,包括免受奴役和种族歧视的保护。而这些相关的受保护的权利中,有一些已经成为一般国际法的一部分,其他的则由一些普遍性或准普遍性的国际文书所赋予"[19],即"禁止侵略行为""禁止灭绝种族行为""有关人的基本权利的原则和规则,包括免受奴役和种族歧视的保护"已经成为一般国际法,并具有"对一切义务"效力。这一经典案例被视作国际法院提出"对一切义务"的第一个案件。虽然国际法院在该案判决中没有直接提及强行法,但如果通读全文并在一般国际法的背景之下进行阐释,也可认为国际法院在该案中涉及前述强行法规则。

随后,国际法院在1971年"南非不顾安理会276(1970)号决议继续留驻纳米比亚对各国有何法律后果"咨询意见案中表示,南非推行的种族隔离政策构成"剥夺基本人权,公然违反了《联合国宪章》的宗旨和原则",并"认为结束南非在纳米比亚的委任统治并宣告南非在纳米比亚统治的非法性,这具有'对一切义务'的意义"[20],也被视作国际法院认定"禁止种族隔离和种族歧视"作为强行法的一种迹象或趋势。[21] 在1995年"东帝汶"案中,国际法院认定民族自决权具有"对一切义务"性质,但具有"对一切义务"性质的规则与国际法院的管辖权是两回事。[22] 在1996年"《防止及惩治灭绝种族罪公约》的适用(波斯尼亚和黑塞哥维那诉塞尔维亚和黑山)(初步反对意见)"案中,国际法院认为"公约(《防止及惩治灭绝种族罪公约》)中规定的权利和义务具有'对一切义务'性质"。[23] 在2004年"在被占领巴勒斯坦领土构筑围墙的法律后果"咨询意见案中,国际法院认为民族自决权和基于基本人道考虑的国际人道法规则具有"对一切义务"性质。[24] 在2015年"关于《防止及惩治灭绝种族罪公约》的适用(克罗地亚诉塞尔维亚)"案的判决中,国际法院认为《防止及惩治灭绝种族罪公约》包含了"对一切义务",而且认定"禁止灭绝种族"是国际法中的强制规则(强行法)。[25] 至于2019年在万众

---

[19] Barcelona Traction, Light and Power Company, Limited, Judgment, ICJ Reports 1970, p. 32, para. 34.

[20] Legal Consequences for States of the Continued Presence of South Africa in Namibia (South West Africa) notwithstanding Security Council Resolution 276 (1970), Advisory Opinion, ICJ Reports 1971, p. 16, paras. 126,131.

[21] 参见前注10,联合国大会:《国际法委员会(第71届会议):特别报告员迪雷·特拉迪关于强行法的第四次报告》,第93段。

[22] East Timor (Portugal v. Australia), Judgment, ICJ Reports 1995, p. 90, para. 29.

[23] Application of the Convention on the Prevention and Punishment of the Crime of Genocide, Preliminary Objections, Judgment, ICJ Reports 1996, p. 595, para. 31.

[24] Legal Consequences of the Construction of a Wall in the Occupied Palestinian Territory, Advisory Opinion, ICJ Reports 2004, p. 136, paras. 155 – 157.

[25] Application of the Convention on the Prevention and Punishment of the Crime of Genocide (Croatia v. Serbia), Judgment, ICJ Reports 2015, p. 3, para. 87.

瞩目中作出的"1965年查戈斯群岛从毛里求斯分裂的法律后果"咨询意见案中，国际法院认定尊重民族自决权是"对一切义务"，所有国家在保护该权利时都享有法益。㉖

在上述6个案子中，国际法院在认定"对一切义务"时所涉及的规则，除了"禁止种族隔离和种族歧视"和"民族自决权"这两项规则还没有被国际法院在其他案例中认定为强行法，其他规则的强行法性质都能找到相应案例作为"背书"。如前所述，鉴于"对一切义务"的特殊性及其与强行法的复杂关系，本文还是把它单列出来作为一类规则进行具体考察。

2. 禁止非法使用武力或禁止侵略

在1986年"在尼加拉瓜和针对尼加拉瓜的军事和准军事活动"案中，国际法院认定在国际关系中禁止非法使用武力是强行法，即《联合国宪章》第2条第4款规定的禁止使用武力原则作为习惯国际法，可由各国代表在发言中屡屡提及该项原则这一事实作为实证，而且，这项原则不仅是习惯国际法，还是习惯国际法的一项根本或基本原则。国际法委员会在编纂条约法的工作过程中曾表明观点，认为《联合国宪章》中关于禁止非法使用武力的原则本身即构成具有强行法性质的国际法规则的一个显著例子"。㉗ 此后，在2010年"科索沃单方面宣布独立是否违反国际法"咨询意见案中，国际法院认为如果单方面宣布独立是"违反了禁止非法使用武力规则、或其他严重违反一般国际法（特别是强行法）的行为"，那它就是非法的——从该段表述的逻辑来看，"禁止非法使用武力规则"和"其他强行法规则"是一种并列关系，据此，我们可以认为，国际法院在这里间接认定了"禁止非法使用武力"是强行法规则。㉘

3. 禁止灭绝种族

如前所述，国际法院在1996年"《防止及惩治灭绝种族罪公约》的适用（波斯尼亚和黑塞哥维那诉塞尔维亚和黑山）（初步反对意见）"案和2015年"关于《防止及惩治灭绝种族罪公约》的适用（克罗地亚诉塞尔维亚）"案中，都认定了禁止灭绝种族的"对一切义务"性质——而且在后者的判决书中还直接认定"禁止灭绝种族"是国际法中的强制规则（强行法）。除此之外，如表2所示，国际法院还

㉖ Legal Consequences of the Separation of the Chagos Archipelago from Mauritius in 1965, Advisory Opinion, ICJ Reports 2019, p.95, para.180.

㉗ Military and Paramilitary Activities in and against Nicaragua (Nicaragua v. United States of America), Merits, Judgment, ICJ Reports 1986, p.14, para.190.

㉘ Accordance with International Law of the Unilateral Declaration of Independence in Respect of Kosovo, Advisory Opinion, ICJ Reports 2010, p.403, para.81.

分别在2006年"在刚果领土上的武装活动"案和2007年"《防止及惩治灭绝种罪公约》的适用(波斯尼亚和黑塞哥维那诉塞尔维亚和黑山)"案中认定了禁止灭绝种族属于强行法规则。㉙

4. 禁止酷刑

国际法院对禁止酷刑的态度可以说是毫不含糊的,其在2012年"与或起诉或引渡义务有关问题"案中明确指出,"禁止酷刑不仅是习惯国际法的一部分,而且已经成为一项强制性规范(强行法)"。㉚

5. 国际人道法基本规则(禁止在占领区谋杀平民、奴役平民、奴役战俘等)

在充满争议的2012年"国家管辖豁免"案中㉛,国际法院一方面指出,国家管辖豁免规则并非强行法,而且强行法和国家管辖豁免规则这两者间不存在冲突;另一方面,它也承认,禁止在占领区谋杀平民、奴役平民、奴役战俘等国际人道法基本规则是强行法。㉜

6. 强行法与管辖权的关系

这里的"管辖权"涉及国家管辖豁免规则、国家官员外国刑事管辖豁免规则以及国际法院的司法管辖权等问题,而这些都是当代国际法的热门争点。在这一点上,国际法院倾向于维护传统国际法规则。在2002年"逮捕令"案中,国际法院认为,现行国际法还不存在剥夺一国在任外交部长外国刑事管辖豁免权的例外规则——据此逻辑,这自然也包括了强行法,即强行法也无法成为传统豁免规则的例外。㉝ 在2006年"在刚果领土上的武装活动"案中,国际法院除了认定禁止灭绝种族肯定属于强行法,还认为,违反强行法(或"对一切义务")规则这一事实本

㉙ Armed Activities on the Territory of the Congo (New Application: 2002) (Democratic Republic of the Congo v. Rwanda), Jurisdiction and Admissibility, Judgment, ICJ Reports 2006, p. 6, paras. 64, 69, 78, 125; Application of the Convention on the Prevention and Punishment of the Crime of Genocide (Bosnia and Herzegovina v. Serbia and Montenegro), Judgment, ICJ Reports 2007, p. 43, paras. 147 – 184.

㉚ Questions relating to the Obligation to Prosecute or Extradite (Belgium v. Senegal), Judgment, ICJ Reports 2012, p. 422, para. 99.

㉛ See e. g. Ekaterina Yahyaoui Krivenko, The ICJ and *Jus Cogens* through the Lens of Feminist Legal Methods, 28 *European Journal of International Law* 959, 969 – 971 (2017).

㉜ Jurisdictional Immunities of the State (Germany v. Italy: Greece intervening), Judgment, ICJ Reports 2012, p. 99, para. 93.

㉝ Arrest Warrant of 11 April 2000 (Democratic Republic of the Congo v. Belgium), Judgment, ICJ Reports 2002, p. 3, para. 58.

身并不能授予国际法院对该案件的司法管辖权。㉞之后,在2012年"国家管辖豁免"案中,国际法院指出,国家管辖豁免规则并非强行法,而且强行法和国家管辖豁免规则这两者间不存在冲突,因为强行法是实体法,后者是程序法。㉟

7.其他

在1996年"以核武器相威胁或使用核武器的合法性"咨询意见案中,虽然国际法院没有直接认定具体的强行法规则,但它澄清了一点,即"一项规则是否属于强行法的问题涉及该规则的法律性质",㊱这实际上涉及强行法的识别标准问题。

(二)国际法院的强行法"规则清单"具有合理性吗?

上述国际法院涉及的7类强行法规则是否具有合理性?笔者在此不打算探讨合法性问题,因为这涉及强行法的效力来源,而围绕着强行法效力来源的自然法和实在法之争,迄今难有定论㊲,而且囿于主题和篇幅所限,本文将直接跳过这一争论来讨论"规则清单"的合理性问题,即它目前是否普遍被国际社会所认可。

当国际法委员会还在犹豫是否有必要为"强行法"专题制作一份说明性清单时㊳,国际法院已经在司法实践当中发展出了一份"规则清单",而且,这份"规则清单"显然不是处于静止状态,而是会随着司法实践的发展持续更新,因此,就讨论具体规则的合理性问题而言,本文探讨的范围仅限于上述7类强行法规则。

进而言之,要判断这7类强行法规则是否具有合理性,本应回归强行法规则的识别标准问题。尽管《条约法公约》对强行法进行了定义,但并未明确识别标准,即一项强行法规则在被认定之前即应具备的要素。针对于此,国际法委员会

㉞ 参见前注29,Armed Activities on the Territory of the Congo(New Application:2002), paras. 64,69,78,125。

㉟ 参见前注32,Jurisdictional Immunities of the State, paras. 93 – 95。

㊱ Legality of the Threat or Use of Nuclear Weapons, Advisory Opinion of 8 July 1996, Advisory Opinion, ICJ Reports 1996, p. 226, para. 83.

㊲ 具体可参见前注4,联合国大会:《国际法委员会(第68届会议):特别报告员迪雷·特拉迪关于强行法的第一次报告》,第50—59段。

㊳ 特别报告员在第四份报告中仍指出,"在是否应该拟定一份说明性清单的问题上,不仅国际法委员会委员存在意见分歧,各国同样莫衷一是。各国在第六委员会关于国际法委员会第66届会议工作报告的辩论中纷纷发表了意见。与国际法委员会内的情况一样,在发言的国家中,表示支持拟定一份说明性清单的国家占微弱多数"。参见前注10,联合国大会:《国际法委员会(第71届会议):特别报告员迪雷·特拉迪关于一般国际法强制性规范(强行法)的第四次报告》,第51段。

二读通过的"强行法"专题结论草案4,基于《条约法公约》第53条的定义推导出两项识别标准:第一,强行法首先必须是一般国际法规则;第二,该项规则还必须获得国家之国际社会全体接受和承认为不容克减的规则,此类规则只能由嗣后具有相同性质的一般国际法规则加以变更。㊴ 但是,国际法委员会的工作成果在形式上并非"直接的"现行国际法规则,加之这两项识别标准事实上都不好考察,因此,直接用"强行法"专题的识别标准来评价国际法院的这份强行法"规则清单",也仅能作为一个参考选项而已,并非必选项和最优选项。那么,到底该如何评价这份"规则清单"的合理性呢?

笔者在此打算采用比较研究的方法,即通过把国际法院的"规则清单"与《条约法公约》第53条的前身——1966年国际法委员会《条约法条款草案》第50条的相关评注㊵、2001年国际法委员会《国家责任条款草案》第26条和第40条的相关评注㊶、2006年国际法委员会"国际法不成体系问题"研究组的工作结论中所列清单㊷,以及2022年"强行法"专题二读通过的结论草案23附件"说明性清单"㊸进行一个对比,㊹在找出"交集"之后,再进一步分析"交集"之外规则的情况——从1966年到2022年,这些"交集"起码代表了国际社会目前的共识。具体比较详见表3。

㊴ 参见前注10,联合国大会:《国际法委员会报告(第73届会议)》,第29—31页。

㊵ Report of the International Law Commission on the work of its Eighteenth Session, 4 May – 19 July 1966, Official Records of the General Assembly, Twenty-first Session, Supplement No. 9 (A/6309/Rev. 1), pp. 247 – 249.

㊶ Draft Articles on the Responsibility of States for Internationally Wrongful Acts, with commentaries (2001), *Yearbook of the International Law Commission* (Vol. Ⅱ), 2001, Part Two, p. 85, 112 – 113.

㊷ Conclusions of the work of the Study Group on the Fragmentation of International Law: Difficulties arising from the Diversification and Expansion of International Law (2006), *Yearbook of the International Law Commission* (Vol. Ⅱ), 2006, Part Two, p. 182, para. 251(33).

㊸ 参见前注10,联合国大会:《国际法委员会报告(第73届会议)》,第81—85页。

㊹ 囿于主题和篇幅,本文没有直接考察众多国际人权司法机构(包括人权条约机构)和国际刑事司法机构的相关司法实践,但国际法委员会"强行法"专题的特别报告员在其提交的5份报告中有对此进行考察,即,国际法委员会二读通过的说明性清单也考虑到了国际人权司法机构和国际刑事司法机构的实践。

表3 国际法院"规则清单"与其他"清单"的比较⑮

国际法院的"规则清单"	1966年《条约法条款草案》评注	2001年《国家责任条款草案》评注	2006年"国际法不成体系问题"研究组结论清单	"强行法"专题的说明性清单
与"对一切义务"相关的规则	《联合国宪章》中关于禁止使用武力的规则	禁止侵略	禁止侵略	禁止侵略
禁止非法使用武力或禁止侵略	禁止国际法上的犯罪行为	禁止灭绝种族	禁止奴隶制和奴隶贸易	禁止灭绝种族
禁止灭绝种族	禁止奴隶贸易	禁止奴隶制和奴隶贸易	禁止灭绝种族	禁止危害人类罪
禁止酷刑	禁止海盗行为	禁止种族歧视和种族隔离	禁止种族歧视和种族隔离	国际人道法基本规则
国际人道法基本规则(禁止在占领区谋杀平民、奴役平民、奴役战俘等)	禁止灭绝种族	禁止危害人类罪	禁止酷刑	禁止种族歧视和种族隔离
强行法与管辖权的关系	禁止违反人权、国家平等和自决权	禁止酷刑	国际人道法基本规则	禁止奴役
其他(强行法识别标准)		自决权	自决权	禁止酷刑
		国际人道法基本规则	符合《条约法公约》第53条的规则	自决权

从表3可以较为直观地观察到,在国际法院已经涉及的7类强行法规则中,有3类规则是同时也被《条约法条款草案》评注、《国家责任条款草案》评注、"国

---

⑮ 表3由笔者根据表2国际法院"规则清单"和1966年国际法委员会《条约法条款草案》第50条的相关评注、2001年国际法委员会《国家责任条款草案》第26条和第40条的相关评注、2006年国际法委员会"国际法不成体系问题"研究组的工作结论中所列清单以及2022年"强行法"专题二读通过的结论草案23附件"说明性清单"制作而成,2023年1月1日制表。

际法不成体系问题”研究组结论清单以及目前“强行法”专题二读通过的说明性清单所涵盖的,即表 3 中标出的“禁止非法使用武力或禁止侵略”“禁止灭绝种族”“国际人道法基本规则”,也就是上文提及的“交集”。撇开理论层面的争论和不确定性,这种“交集”的客观存在,至少表明了这 3 类规则代表了国际社会目前的共识,国际法院认定这 3 类规则作为强行法具有合理性。

此外,有必要特别关注国际法院认定的“禁止酷刑”规则,它没有进入“交集”,因为 1966 年《条约法条款草案》第 50 条的相关评注没有把它列入强行法范畴。但是,以下几点还是需要我们纳入考量的。第一,《条约法条款草案》第 50 条评注的罗列清单距今已经过去了 50 多年,即使“禁止酷刑”规则在当时未被认定为强行法,但这 50 多年来积累的国家实践也是有必要纳入考量的,包括:1984 年通过了《禁止酷刑和其他残忍、不人道或有辱人格的待遇或处罚公约》㊻且目前该公约已有 173 个缔约国㊼,“酷刑几乎在所有国家的法律法规中都是被禁止的”㊽,“将禁止酷刑规定为不可克减义务的条约实践普遍可见”㊾,等等。㊿ 第二,《条约法条款草案》第 50 条评注的罗列清单究竟代表了国际法委员会怎样的一种立场,这是存疑的,恰如特别报告员特拉迪教授经考察后所称,“最有可能的情况是,除了《联合国宪章》中关于禁止使用武力这一项规则,国际法委员会并未就其他罗列规则是否已取得强行法地位这一问题采取任何立场”(51),当然,在 2001 年《国家责任条款草案》的评注中,国际法委员会似乎又认为《条约法条款草案》第 50 条评注的罗列清单构成了强行法,(52)但无论如何,《条约法条款草案》第 50 条评注并未表明其罗列清单是封闭式的。第三,除了最早期的《条约法条款草案》第 50 条评注没有纳入“禁止酷刑”规则,如表 3 所示,此后所有有关强行法规则的罗列都包含了“禁止酷刑”规则,特别报告员在“强行法”专题把“禁止酷刑”规则纳入其

㊻ Convention against Torture and Other Cruel, Inhuman or Degrading Treatment or Punishment (New York, 10 December 1984), 1465 UNTS 85.

㊼ 数据来源于联合国人权高级专员办公室网站,http://indicators. ohchr. org/,最后访问时间:2023 年 2 月 3 日。

㊽ 参见前注 30,*Questions relating to the Obligation to Prosecute or Extradite*, para. 99。

㊾ 参见前注 10,联合国大会:《国际法委员会(第 71 届会议):特别报告员迪雷・特拉迪关于一般国际法强制性规范(强行法)的第四次报告》,第 74 段。

㊿ 参见龚刃韧:《酷刑:从合法的手段到公认的罪行》,载《比较法研究》2014 年第 1 期。

(51) 参见前注 10,联合国大会:《国际法委员会(第 71 届会议):特别报告员迪雷・特拉迪关于一般国际法强制性规范(强行法)的第四次报告》,第 56 段。

(52) 参见前注 41,Draft Articles on the Responsibility of States for Internationally Wrongful Acts, with commentaries (2001), p. 112。

说明性清单时详细考察了大量国家实践、国际法律文书的规定、国际刑事司法机构和人权司法机构的实践,包括国际法院的司法实践。[53] 第四,国际法院在2012年"与或起诉或引渡义务有关问题"案中认定禁止酷刑已经成为一项强行法,这一观点非常明确,而且是基于"广泛的国际实践和国家的法律确信"。[54] 综上所述,尽管"禁止酷刑"规则没有进入"交集",但国际法院在2012年认定其为强行法显然是具有合理性的。

在与"对一切义务"相关这一类规则中,"禁止非法使用武力或禁止侵略""禁止灭绝种族"和"基于基本人道考虑的国际人道法规则"事实上已在"交集"里面,由此也可再次佐证前文所述"国际法院涉及的'对一切义务'规则大部分又被其进一步认定为强行法";而"禁止种族隔离和种族歧视"和"民族自决权"这两项规则虽被其他"清单"纳入了强行法范畴,但仅被国际法院认为具有"对一切义务"性质,即国际法院迄今的司法实践还未认定这两项规则具有强行法的地位,即使到了2019年,在"1965年查戈斯群岛从毛里求斯分裂的法律后果"咨询意见案中,国际法院也仅仅是认定尊重民族自决权是"对一切义务",而未提及强行法——与国际法委员会相比,国际法院面对强行法问题的谨慎可见一斑,当然,民族自决权这一规则本身的内涵外延存在着不确定性,且具有高度政治敏感性。

至于国际法院"规则清单"中的第6类强行法与管辖权的关系以及第7类强行法的识别标准,其实不算是具体的强行法规则,而是与强行法相关的规则。在1996年"以核武器相威胁或使用核武器的合法性"咨询意见案中,国际法院认为"一项规则是否属于强行法的问题涉及该规则的法律性质",这一结论目前得到国际法委员会的支持,具体体现在前述"强行法"专题二读通过的结论草案4"一般国际法强制规范(强行法)的识别标准"中。[55] 而强行法与管辖权的关系问题则比较复杂,虽然目前国际法院的3个案例都倾向于维护传统国际法规则,但国际刑事司法机构有可能持不同立场,譬如近年来引起极大争议的国际刑事法院"巴

---

[53] 参见前注10,联合国大会:《国际法委员会(第71届会议):特别报告员迪雷·特拉迪关于一般国际法强制性规范(强行法)的第四次报告》,第69—77段。

[54] Question relating to the Obligation to Prosecute or Extradite (Belgium v. Senegal), Judgment, ICJ Reports 2012, p.422, para.99.

[55] 参见前注10,联合国大会:《国际法委员会报告(第71届会议)》,第149—151页。

希尔”案(56),而国际法委员会的立场相较于国际法院也会显得更为“激进”一些(57),但总体而言,国际法院在该问题的处理上仍是中规中矩且符合传统国际法的“主流”观点。

综合以上比较研究,我们可以初步得出以下结论:迄今为止,国际法院的强行法“规则清单”是具有合理性的。跟国际法委员会“强行法”专题二读通过的说明性清单相比较,国际法院涉及的强行法规则要少一些,譬如,“与禁止危害人类一样,国际法院并未明确认定禁止种族隔离和种族歧视就是一项强行法规则”,(58)此外,国际法院也未认定“禁止奴隶制”和“民族自决权”作为强行法规则。这是因为,一方面,国际法院与国际法委员会的机构职能不同,作为司法机关,国际法院只能“被动”地在其处理的案件中对“遇到”的规则进行考察,而作为“国际造法者”的国际法委员会则能够主动地对所有国际法规则进行分析并归纳出一份强行法规则清单,从而实现对“国际法的逐渐发展与编纂”(59);当然,在这一过程中,国际法院司法实践也给国家、国际法委员会乃至其他国际司法机构的考察工作提供了不可或缺的素材——国际法委员会二读通过的“强行法”专题结论草案 9 亦承认国际法院的决定是认定强行法的“辅助手段”(60),从这个层面而言,国际法院同时以其自身的司法实践和向外界提供司法素材这两方面实现了对强行法的发展。另一方面,前文也曾稍微提及,相较于国际法委员会、国际刑事司法机构、国际人权司法机构,国际法院的立场总体上是倾向于“保守”的,尤其当它面对具有高度

---

(56) Prosecutor v. Omar Hassan Ahmad Al-Bashir, ICC - 02/05 - 01/09 OA2, Judgment in the Jordan Referral re Al-Bashir Appeal, International Criminal Court, 6 May 2019, para. 215. 另可参见陈泽宪:《国际刑事法院管辖权的性质》,载《法学研究》2003 年第 6 期。

(57) 例如,国际法委员会“国家官员外国刑事管辖豁免”专题一读通过了“国际罪行例外”条款草案,即国家官员外国刑事管辖豁免(属事豁免)不适用于 6 种国际罪行,而这 6 种国际罪行都在“强行法”专题一读通过的说明性清单里面。参见联合国大会:《国际法委员会报告(第 73 届会议)》,A/77/10(2022),第 63—66 段。另可参见邓华:《国家官员外国刑事管辖豁免问题最新进展述评》,载《国际法研究》2016 年第 4 期;邓华:《终结有罪不罚抑或打开“潘多拉的盒子”——对国际法委员会“官员豁免”专题中“国际罪行例外条款草案”的批判》,载《国际法研究》2022 年第 6 期。

(58) 参见前注 10,联合国大会:《国际法委员会(第 71 届会议):特别报告员迪雷·特拉迪关于一般国际法强制性规范(强行法)的第四次报告》,第 92 段。

(59) 根据《国际法委员会规约》第 1 条:“国际法委员会应致力于国际法的逐渐发展与编纂。”此授权来源于《联合国宪章》第 13 条第 1 款(子)项。

(60) 参见前注 10,联合国大会:《国际法委员会报告(第 73 届会议)》,第 43—47 页。

政治敏感性的问题时,更多的是展现出司法克制与审慎。[61] 当然,由于强行法本身的特性——"国家之国际社会全体接受并公认为不许损抑且仅有以后具有同等性质之一般国际法规律始得更改之规律",显然,在国际法体系中满足这些特性的规则也不会太多。所以,国际法院在司法实践中涉及的强行法规则在数量上也不可能有飞跃式的增长,相反,它注定是一个"细水长流"的过程。

三、国际法院考察强行法规则的逻辑推理方法

国际法院是通过什么样的逻辑推理方法来证成一项规则具有强行法性质的?严谨的逻辑推理过程无疑可以增强被认定的规则的合理性甚至合法性,类型化的逻辑推理方法也有助于发展强行法规则和理论。如果国际法院从《条约法公约》第53条出发,把"国家之国际社会全体接受并公认为不许损抑且仅有以后具有同等性质之一般国际法规律始得更改之规律"这个规定分解成若干项标准,再对照这些标准逐一考察,最后归纳出结论——这无疑是最严谨的逻辑推理方法,但它在司法实践当中具有可操作性吗?国际法院事实上是怎么做的?我们还是先回归文本,从国际法院的案例文本中尝试总结出它认定强行法规则的逻辑推理方法——如果确实存在逻辑推理方法的话。[62]

(一)文本考察:能否类型化?

在1986年"在尼加拉瓜和针对尼加拉瓜的军事和准军事活动"案中,国际法院认定"在国际关系中禁止非法使用武力"是强行法——它事实上是从3个角度来证成这个结论的:第一,采取"两步法",即首先认定该规则已经取得习惯国际法的地位,接着把该规则从习惯国际法"提升"为"习惯国际法的一项根本或基本原则(a fundamental or cardinal principle of such law)",当然,此处表述的"习惯国际法的一项根本或基本原则"指的就是强行法规则,这一点可以从国际法院接下来的行文得到印证。第二,国际法院援引了国际法委员会的观点,即后者在编纂《条约法条款草案》的工作过程中曾表明"《联合国宪章》中关于禁止使用武力的

---

[61] 关于国际法院在司法实践中体现出来的克制和审慎,可参见朱利江:《国际法院判例中的争端之界定——从"马绍尔群岛案"谈起》,载《法商研究》2017年第5期;邓华:《国际法院对习惯国际法的"断定":对象、手段和功能》,载江国青主编:《中国国际法年刊(2017)》,法律出版社2018年版,第149—153页。

[62] 有学者认为,在详细解释一项规则是如何被认定为强行法这一问题上,相关学术文献总体上是欠缺的。See Matthew Saul, *Identification Jus Cogens Norms: The Interaction of Scholars and International Judges*, 5 Asian Journal of International Law 26, 41 (2015).

原则本身即构成具有强行法性质的国际法规则的一个显著例子”。第三,国际法院接着援引了原告尼加拉瓜和被告美国分别在诉状和答辩状中对该规则强行法性质的认定,当然,这是国际法院为了加强前述论证。(63)

在2006年“在刚果领土上的武装活动”案中,国际法院直接认定“禁止灭绝种族”是强行法。(64) 但紧接着在2007年“《防止及惩治灭绝种族罪公约》的适用(波斯尼亚和黑塞哥维那诉塞尔维亚和黑山)”案中,国际法院又从两个角度来证成这项规则属于强行法:第一,“两步法”,即首先考察认定《防止及惩治灭绝种族罪公约》中的灭绝种族行为构成国际法上的犯罪,且禁止灭绝种族行为属于习惯国际法;接着,国际法院在此基础上进一步分析《防止及惩治灭绝种族罪公约》的人道目的,并援引了1951年“关于《防止及惩治灭绝种族罪公约》的保留”咨询意见案,强调“道德和人道原则是该公约的基础”。第二,“重申(reaffirmed)”2006年“在刚果领土上的武装活动”案中对“禁止灭绝种族”的强行法性质认定。(65) 至于在2015年“关于《防止及惩治灭绝种族罪公约》的适用(克罗地亚诉塞尔维亚)”案中,国际法院基本上是复制了其在2007年的做法,一方面通过“两步法”把“禁止灭绝种族”从习惯国际法进行“提升”,并强调国际法院在2007年也是这么做的,另一方面也是援引了“在刚果领土上的武装活动”案。(66)

在2012年“与或起诉或引渡义务有关问题”案中,国际法院认定“禁止酷刑”是强行法,它是这样说的,“禁止酷刑不仅是习惯国际法的一部分,而且已经成为一项强制性规范(强行法)”。这一论证过程是非常直接的“两步法”:它首先认定禁止酷刑的规则是“习惯国际法的一部分”,然后再进行“提升”,认为这一规则已成为强行法规则。为了说明上述结论的出处,国际法院接下来又指出,禁止酷刑是基于“广泛的国际实践和国家的法律确信”,为此它罗列了一些普遍性的国际法律文书(包括1948年《世界人权宣言》等),并强调这些法律文书的规定已被大部分国家纳入了国内法,而且在国内和国际场合,酷刑经常性地受到谴责。(67)

此外,在1996年“以核武器相威胁或使用核武器的合法性”咨询意见案中,国

(63) 参见前注27,Military and Paramilitary Activities in and against Nicaragua, para. 190。

(64) 参见前注29,Armed Activities on the Territory of the Congo (New Application: 2002), para. 64。

(65) 参见前注29,Application of the Convention on the Prevention and Punishment of the Crime of Genocide (Bosnia and Herzegovina v. Serbia and Montenegro), para. 161。

(66) 参见前注25,Application of the Convention on the Prevention and Punishment of the Crime of Genocide (Croatia v. Serbia), para. 87。

(67) 参见前注30,Questions relating to the Obligation to Prosecute or Extradite, para. 99。

际法院认为"一项规则是否属于强行法的问题涉及该规则的法律性质"[68];在2010年"科索沃单方面宣布独立是否违反国际法"咨询意见案中,国际法院间接认定"禁止非法使用武力"是强行法规则[69];这两个案件对强行法及相关问题的认定其实并没有提供论证过程。在2012年"国家管辖豁免"案中,国际法院在提及"禁止在占领区谋杀平民、奴役平民、奴役战俘等国际法人道基本规则"是强行法[70]时亦同样缺乏论证过程——当然,在该案中,当国际法院论述强行法和管辖权之间的关系时,援引了"逮捕令"案和"在刚果领土上的武装活动"案的逻辑推理。

通过上述文本考察,我们尝试把国际法院考察强行法的逻辑推理方法进行类型化。

首先,可以归纳出"两步法"。如前所述,"在尼加拉瓜和针对尼加拉瓜的军事和准军事活动"案、"《防止及惩治灭绝种族罪公约》的适用(波斯尼亚和黑塞哥维那诉塞尔维亚和黑山)"案和"与或起诉或引渡义务有关问题"案的逻辑推理过程都体现了"两步法",即先认定相关规则为习惯国际法,在此基础上再把该规则"提升"到强行法的地位。这一"两步法"事实上跟国际法委员会在"强行法"专题中提出的两项识别标准是相呼应的,即"第一,强行法首先必须是一般国际法规则;第二,该项规则还必须获得国家之国际社会全体接受和承认为不容克减的规则,此类规则只能由嗣后具有相同性质的一般国际法规则加以变更"。[71]

其次,援引国际法院先前的案例。例如,在"《防止及惩治灭绝种族罪公约》的适用(波斯尼亚和黑塞哥维那诉塞尔维亚和黑山)"案中,国际法院援引了"在刚果领土上的武装活动"案中对"禁止灭绝种族"的强行法性质认定。在"关于《防止及惩治灭绝种族罪公约》的适用(克罗地亚诉塞尔维亚)"案中,国际法院援引了"在刚果领土上的武装活动"案和"《防止及惩治灭绝种族罪公约》的适用(波斯尼亚和黑塞哥维那诉塞尔维亚和黑山)"案。在"国家管辖豁免"案中,当国际法院论及强行法和管辖权之间的关系时,它援引了"逮捕令"案和"在刚果领土上的武装活动"案。

再次,援引国际法委员会的工作成果。在"在尼加拉瓜和针对尼加拉瓜的军事和准军事活动"案中,除了"两步法",国际法院还援引了国际法委员会《条约法条款草案》专题的评注,即"《联合国宪章》中关于禁止使用武力的原则本身即构

---

[68] 参见前注36,Legality of the Threat or Use of Nuclear Weapons, para. 83。
[69] 参见前注28,Accordance with International Law of the Unilateral Declaration of Independence in Respect of Kosovo, para. 81。
[70] 参见前注32,Jurisdictional Immunities of the State, paras. 93-95。
[71] 参见前注10,联合国大会:《国际法委员会报告(第73届会议)》,第29—31页。

成具有强行法性质的国际法规则的一个显著例子"⑫。

最后,断定。在"在刚果领土上的武装活动"案中,国际法院直接断定"禁止灭绝种族"是强行法。在"以核武器相威胁或使用核武器的合法性"咨询意见案中,国际法院直接断定"一项规则是否属于强行法的问题涉及该规则的法律性质"。在"科索沃单方面宣布独立是否违反国际法"咨询意见案中,国际法院间接断定"禁止非法使用武力"是强行法规则。在"国家管辖豁免"案中,国际法院直接断定"禁止在占领区谋杀平民、奴役平民、奴役战俘等国际法人道基本规则"是强行法。

从目前国际法院涉及强行法的有限实践来看,逻辑推理方法基本上就是上述4种类型。显然,"两步法"从形式上而言是最为"严谨"的,也最为符合《条约法公约》第53条的规定;但是,"两步法"也存在一些问题:第一,"两步法"的第一步是先认定该规则属于一般国际法或习惯国际法,但迄今无论是对一般国际法的范畴还是对习惯国际法的认定,都还存在着很多模糊之处⑬,国际法院认定习惯国际法的方法本身也有受到批判⑭,即如何把一项规则证成一般国际法或习惯国际法,本身就是一个难点。第二,从第一步如何"提升"到第二步,这个过程如何论证?即一般国际法或习惯国际法如何被"提升"为"获得国家之国际社会全体接受和确认为不容克减的规则"?这一步的操作难度显然不亚于第一步。第三,为什么要"提升"?这是否表明强行法的等级高于习惯国际法甚至一般国际法?国际法规则体系内存在等级之分吗?因此,看似简单明了、逻辑严谨的"两步法",在实际操作中并不容易,而且会面临迄今难解的国际法理论"困境"。然而有趣的是,上述问题都被国际法院直接"忽略掉"了,因为无论是第一步证成一般国际法或习惯国际法,还是第二步"提升",都把论证过程极大地简化了,更不会"卷入"理论问题之争,即"两步法"体现出来的逻辑仅是表面的,"每一步"中的"实质内容"并没有得到充分的论证——这当然是作为司法机构的国际法院一种很务实的做法,但这种不充分的论证也可能导致外界对其认定的强行法规则的合法性甚

---

⑫ 参见前注27,Military and Paramilitary Activities in and against Nicaragua, para.190。

⑬ 国际法委员会的"国际法不成体系问题"研究组指出,"一般国际法没有已获接受的定义","这个术语的含义视具体情况而定"。参见前注42, Conclusions of the work of the Study Group on the Fragmentation of International Law: Difficulties arising from the Diversification and Expansion of International Law (2006), p.179, footnote 976。

⑭ See e.g. Stefan Talmon, *Determining Customary International Law*: *The ICJ's Methodology between Induction, Deduction and Assertion*, 26 European Journal of International Law 417, 417 – 443 (2015).

至合理性进行批判。

而当我们把目光再移至后面3种逻辑推理方法时,就会发现,后者事实上比"两步法"更不"严谨"。如果说,通过援引国际法院先前的案例和国际法委员会的工作成果来作为"补强证据",那是可行的,但如果仅仅依靠这两者来证成一项强行法规则的存在,那显然是论证不充分的。至于第4种"断定",究其实质,就是没有任何的论证体现在文本中,在这种情况下,国际法院呈现出来的逻辑推理过程就是"不证自明"——如果"不证自明"也算一种逻辑推理方法的话。[75] 这种现象是值得引起关注的。其实论证不充分这个问题也存在于国际法院认定习惯国际法的司法实践中[76],而强行法的识别标准显然比习惯国际法更高、效力范围也更广——起码《条约法公约》第53条表现出如此,而且更具有争议性。那么,当国际法院认定一项规则具有强行法性质时,显然应该采取更为严谨的逻辑推理方法。但是,在司法实践中并非如此。虽说迄今国际法院认定的强行法规则具有合理性,但逻辑推理方法的不严谨不仅可能招致合法性质疑(当然合法性不仅仅由逻辑推理方法来决定),而且也可能影响到国际法院未来认定的强行法规则的合理性。

(二)逻辑推理方法与可能的策略考量

从上文的考察分析可以发现,国际法院对强行法的考察缺乏充分的逻辑推理,甚至没有推理;而国际法院意欲增强其考察的强行法规则的合理性和合法性,它便应该提供更为充分细致的推理论证——事实却没有。这是因为操作不能还是国际法院出于策略考量而有意为之?

第一,操作层面的难度是肯定的,这一点从对比国际法院认定习惯国际法的司法实践便可"不证自明"。而且,强行法不仅"漂浮",而且效力"强大"、影响深远,如果国际法院形成了一套认定强行法的逻辑推理方法,有无可能由于标准过高而把一部分事实上已得到国际社会共识的规则排除出强行法的范畴?[77] 如前所述,尽管从表面逻辑上看可认为国际法院在"在尼加拉瓜和针对尼加拉瓜的军事和准军事活动"案、"《防止及惩治灭绝种族罪公约》的适用(波斯尼亚和黑塞哥维那诉塞尔维亚和黑山)"案和"与或起诉或引渡义务有关问题"案中采用了"两

---

[75] 参见前注62,Matthew Saul, *Identification Jus Cogens Norms: The Interaction of Scholars and International Judges*, p.43。

[76] 参见前注74,Stefan Talmon, *Determining Customary International Law: The ICJ's Methodology between Induction, Deduction and Assertion*, p.417 – 443。

[77] Martti Koskenniemi, *The Pull of the Mainstream*, 88 Michigan Law Review 1946, 1952 – 1953 (1990).

步法",但如果严格按照"每一步"的实质要求来实施,则在前述 3 个案件中很难认定强行法规则。在这种情况下,"不证自明或凭借直觉来认定"[78]也许便存在了合理性。

第二,国家同意是国际法院的合法性基础。尽管目前几乎世界上所有国家都承认了强行法的存在,但对强行法的范畴和识别标准仍存在极大分歧,因此,在这种情况下,如果国际法院通过详尽充分的论证来考察一项强行法规则,那是否事实上行使了"国际立法权",把尚未得到国家同意的强行法理论强加于国家身上?[79] 作为司法机构的国际法院不能进行立法,这一点在 1974 年"渔业管辖权"案的判决中得到申明,即国际法院不能"在立法者作出规定前预测法律"[80];此后又在 1996 年"以核武器相威胁或使用核武器的合法性"咨询意见案中被重申,即"有一点很清楚,那就是,国际法院不能进行立法"[81]。又鉴于国际法院的案例极有可能产生一种"国际立法"的事实效果[82],因此国际法院在考察强行法的方法这一问题上更应谨慎。

第三,在前述第二点的情况下,国际法院的逻辑推理方法还有可能会被国家找出"论证漏洞",尤其对败诉国家而言,即俗话说的"讲多错多"——鉴于目前围绕着强行法理论的诸多争议,这种可能性不小。[83] 这便有可能减损国际法院强行法"规则清单"的合法性甚至合理性,不利于规则被遵守,甚至减损国际法院自身的权威。如此"反面教材"在国际法院的实践中是存在的。典型如 1966 年"西南非洲"案,国际法院在该案论证中否定了起诉方埃塞俄比亚和利比里亚的原告地位,而后者恰是基于"保护国际社会的公共利益"而提起了诉讼[84],这一判决结果招致了极大的批判,被诟病为不利于人权保护,甚至有损国际法院的声誉,从而使得国际法院仅在 4 年之后便在前述"巴塞罗那电车、电灯及电力公司"案中直接断

---

[78] 参见前注 62,Matthew Saul, *Identification Jus Cogens Norms*:*The Interaction of Scholars and International Judges*, p. 27。

[79] See Jean D'Aspremont, *Formalism and the Sources of International Law*, Oxford University Press, 2011, p. 170.

[80] Fisheries Jurisdiction (United Kingdom of Great Britain and Northern Ireland v Iceland), Merits, Judgment, ICJ Reports 1974, p. 3, para. 53.

[81] 参见前注 36,Legality of the Threat or Use of Nuclear Weapons, para. 18。

[82] 参见张华:《反思国际法上的"司法造法"问题》,载《当代法学》2019 年第 2 期。

[83] 关于"反事实推理",参见韩逸畴:《国际法中的"反事实推理":作用与局限》,载《现代法学》2018 年第 1 期。

[84] South West Africa (Liberia v. South Africa), Second Phase, Judgment of 18 July 1966, Judgment ICJ Reports 1966, p. 47.

定了"对一切义务"以作"弥补"。⑧⑤

　　第四,作为司法机构,国际法院的主要职能是定分止争、和平解决国际争端,如果由于逻辑推理存在"瑕疵"或争议,导致败诉方认为国际法院偏袒胜诉方⑧⑥,进而出现判决不被遵守等问题,那对国际法院而言便是"得不偿失"——国际法院对强行法的考察不应妨碍国际争端的和平解决。在国际法院的历史上,虽说大部分判决都得到了较好的执行,但仍然存在个别判决不被遵守的案例。⑧⑦

　　因此,如果国际法院在这些方面确实存在策略考量的话,那结果就是我们看到的上文的考察结果:逻辑推理不充分甚至欠缺,更有甚者,国际法院直接回避对强行法的考察。⑧⑧ 一方面,从发展强行法的角度而言,国际法院这种做法显然不算积极,但发展国际法是国际司法机构的首要职能吗? 与上述"策略考量"相衡量,也许这是国际法院现阶段必须付出的"代价",而且,即使在"逻辑推理不充分甚至欠缺"这一点上可能招致批判,国际法院迄今的强行法"规则清单"也还是具有事实上的合理性。另一方面,鉴于国际法院的权威,它的案例和认定结论,甚至法官的个人意见⑧⑨,总是经常性被其他国际司法机构和国际法委员会援引,这一点在"强行法"专题的4份报告里面都有明显体现,因此,国际法院对强行法的考察(包括其采取的"两步法"),在客观上还是促进了强行法的发展。

---

　　⑧⑤　参见前注61,邓华:《国际法院对习惯国际法的"断定":对象、手段和功能》,第147页。
　　⑧⑥　参见前注62,Matthew Saul, *Identification Jus Cogens Norms: The Interaction of Scholars and International Judges*, p.48。
　　⑧⑦　See Constanze Schulte, *Compliance with Decisions of the International Court of Justice*, Oxford University Press, 2004, p.271-275。
　　⑧⑧　See Dinah Shelton, *Normative Hierarchy in International Law*, 100 American Journal of International Law 291, 306(2006). 同时参见前注62,Matthew Saul, *Identification Jus Cogens Norms: The Interaction of Scholars and International Judges*, p.49。
　　⑧⑨　相比较而言,对强行法的认定,在国际法院法官的个别意见中可能会出现更为充分详尽的逻辑推理过程,而且这份强行法"规则清单"会比国际法院认定的多。例如,在2016年"马绍尔群岛诉核武器国家"案中,原告马绍尔群岛的起诉书、被告的答辩状以及3份判决书均没有提及强行法,但肯萨多-特林达德(Cancado Trindade)法官的异议意见不仅提及强行法,而且认定"绝对禁止任意剥夺生命权、施加残忍、不人道或有辱人格的行为、施加不必要痛苦的行为"属于强行法规则,并在此基础上认定"绝对禁止威胁或使用核武器"属于强行法规则。See Obligations Concerning Negotiations relating to Cessation of the Nuclear Arms Race and to Nuclear Disarmament (Marshall Islands v. India), Jurisdiction and Admissibility, Judgment, ICJ Reports 2016, p.255, Dissenting Opinion of Judge Cancado Trindade, paras.168, 186-189, 229, 292, 321. 囿于主题和篇幅,本文对法官的个人意见在发展强行法过程中的表现和作用不展开论述。

四、结语

强行法历来以其抽象性和争议性著称。但到了今天,国家本身已不排斥强行法的概念,这不仅表现在各国经常在国际诉讼中提及强行法,而且从未质疑强行法已经成为现代国际法的一部分,甚至于,即使在特定情况下否认强行法的存在更符合国家利益,这些国家也没有这么做。譬如,在 2012 年"国家管辖豁免"案中,尽管德国试图限制强行法的影响,但它本身的陈述不仅没有质疑强行法的存在,而且还积极主张某些规则具有强行法的性质,如德国在诉状中指出"强行法无疑禁止灭绝种族"[90]。而难点始终在于强行法的范围和识别标准。

从 1969 年《条约法公约》第 53 条对强行法作出规定至今,53 年过去了,国际法院仅在少数案件中涉及少量的强行法规则,尽管这份"规则清单"具有合理性,但国际法院在考察这些强行法时逻辑推理是不够充分甚至欠缺的。这种现实既囿于强行法理论本身的不确定性和争议性,也可能是国际法院出于司法策略的考量和现阶段为此必须付出的"代价"。尽管如此,国际法院的司法实践也给国家、国际法委员会以及其他国际司法机构在考察和认定强行法时提供了不可或缺的素材,从这个层面而言,国际法院同时以其自身的司法实践和向外界提供司法素材这两方面实现了它对强行法的发展。

当然,国际法院目前的有限样本也可能是一个关注点,但如前文所述,国际法委员会"强行法"专题二读通过的说明性清单在数量上也与之相差无几,这就说明了强行法规则的数量有限既是共识也是现状,而我们也只能在这个"现实"基础上进行考察。

---

[90] 参见前注 32,Jurisdictional Immunities of the State, para. 86。

电信网络诈骗犯罪跨境追赃与国际刑事司法合作[*]

郝家英[**]

一、电信网络诈骗犯罪跨境追赃概况

随着国内对电信网络诈骗犯罪的打击力度不断加大,电信网络诈骗在国内的生存空间不断减缩,一些电信网络诈骗行为人将设备、人员均安置在境外,借助先进的科技手段和便捷的移动支付手段,对境内实施诈骗,其中东南亚国家毗邻我国、社会治理较为薄弱,成为行为人首选,欧美国家也日渐受到"青睐"。[①] 公安部2016年统计数字表明:全球共有29个国家312个窝点天天对大陆行骗,诈骗犯从原来通常盘踞的东南亚、非洲,开始向东亚、欧洲、大洋洲、南美洲转移,在日本、韩国、西班牙、克罗地亚、希腊、斐济、秘鲁等国都发现了新设立的电信诈骗窝点,可以说,哪个国家中国公安不容易"打到",诈骗犯就飞到哪个国家作案。[②] 笔者在中国裁判文书网上进行检索,将时间节点设置为2017年1月1日至2020年12月31日,选择"刑事案件"选项,以"电信网络诈骗""刑事一审""判决书"为关键词,在高级检索标题栏中输入"在境外"并选择"(判决)理由"选项,共计检索出297条判决结果,其中2017年56件,2018年67件,2019年82件,2020年92件,呈现逐年递增趋势。再分别以"印度尼西亚""柬埔寨""肯尼亚"等被媒体经常报道的电信网络诈骗犯罪跨境国家为关键词在上述结果内进行搜索,发现印度尼西亚为跨境电信网络诈骗犯罪最为高发的国家,柬埔寨、缅甸位列其后,东南亚国家占据

---

[*] 本文原载《北京警察学院学报》2021年第2期。
[**] 北京市人民检察院第二分院四级高级检察官,法学博士。
[①] 参见腾讯:《2019上半年电信网络诈骗治理研究报告》,载中文互联网数据资讯网,http://www.199it.com/archives/918236.html,2021年2月13日访问。
[②] 参见孙少石:《电信诈骗犯罪及其治理研究》,中南财经政法大学2018年博士学位论文,第9页。

了跨国电信网络诈骗犯罪作案地的绝大部分。如表1所示③:

表1 实施跨境电信网络诈骗犯罪主要国家及年份统计表

单位:件

年度 国家	2017	2018	2019	2020	合计
印度尼西亚	45	28	28	7	108
柬埔寨	4	20	16	20	60
缅甸	3	6	5	25	39
肯尼亚	6	4	13	2	25
菲律宾	2	3	5	12	22
印度	3	5	8	2	18
马来西亚	0	4	4	7	15
泰国	1	1	6	6	14
老挝	2	1	1	8	12
蒙古	0	1	8	2	11
韩国	4	0	2	0	6
越南	0	1	3	2	6
新加坡	0	2	1	1	4
日本	0	1	0	3	4
合计	70	77	100	97	344

2016年以来,各国对电信网络诈骗犯罪加大打击力度,诈骗集团组织头目开始更多地依托提供跨境汇兑服务的金融机构以及互联网技术,跨省乃至跨境遥控指挥,其间的窝点布置、网络维护、拨打电话、转账、取款等细节操作大多发生在不同的国家。④ 追赃本就困难的电信网络诈骗犯罪,伴随着跨越国边境形成的法域阻隔,执法障碍陡然增多,又有网银、手机支付等各种即时转账、到账快捷支付方式的普遍应用及互联网先进技术等的嵌入,电信网络诈骗犯罪跨境追赃可谓难上

---

③ 因一个电信网络诈骗案件有时会跨越多个国家实施,故统计的作案地国家总数会高于判决总数。

④ 参见丁晨:《电信网络诈骗案件侦查中的跨境合作问题研究》,中国人民公安大学2019年硕士学位论文,第12页。

加难。

当前,我国论者对刑事犯罪跨境追赃的研究多聚焦于腐败犯罪、重大经济犯罪,尤其是对反腐败追逃追赃机制的构建着墨较多,司法实践中,也是重点围绕上述犯罪开展追逃追赃工作,如"猎狐行动""百名红通人员"即是例证,但跨境电信网络诈骗犯罪问题开始引起重视,如公安部2020年初部署了"长城2号"打击跨境电信网络诈骗专项行动。从目前开展的追逃追赃实践来看,无论是腐败犯罪还是重大经济犯罪,案件涉及的基本为犯罪行为人携款从境内逃往境外的情形,而且行为人的身份是确定的,逃匿国家、犯罪所得流入地等也基本确定。但对于跨境电信网络诈骗犯罪而言,犯罪集团真正幕后高层人员甚或头目身份难以确定、隐藏地址无从获知,犯罪所得的最终藏匿账户等无法查证。故电信网络诈骗犯罪跨境追赃⑤有其独特之处,较之于资产跨境转移的腐败犯罪、经济犯罪也更为艰难。

电信网络诈骗犯罪跨境追赃必然涉及不同法域的跨境执法问题,我们不能在他国像在本国一样运用司法权力,追赃的开展需要与他国进行国际刑事司法合作。国际刑事司法合作,就是指国家间在刑事司法方面的最为广泛的合作概念,不仅包括国际刑事司法协助,而且涵盖联合侦查、引渡、被判刑人移管、外国判决的承认与执行、国家建立刑事方面的联络机制、刑事司法方面的会晤机制、警务合作等内容。⑥ 本文将立足跨境电信网络诈骗犯罪的特点,从国际刑事司法合作的角度,就与追赃相关的问题展开探讨,以期为跨境追赃的刑法理论研究和司法实践应用提供有益参考。

二、法规梳理:公约条约、国内法律等构筑起电信网络诈骗跨境追赃的适法根基

(一)电信网络诈骗犯罪跨境追赃的国际条约基础

世界国际组织中,联合国对追赃刑事法律的贡献最大,⑦制定了许多全球性

---

⑤ 电信网络诈骗跨境追赃分为两种情况:一种是在国内实施电信网络诈骗活动,后将犯罪所得转移到境外;另一种是在境外针对我国公民实施电信网络诈骗活动,赃款获得地亦在境外。鉴于第一种情况和现今国内经常发生、广泛讨论的反腐败、重大经济犯罪追赃没有显著差异,故本文的讨论范围仅限于第二种情况。本文探讨的跨境追赃刑事司法合作主体仅限于中国和其他国家,但对于中国大陆与中国台湾、香港、澳门地区电信网络诈骗合作追赃问题的解决具有理念和方式上的借鉴意义。

⑥ 参见刘仁文、崔家国:《论跨国犯罪的联合侦查》,载《江西警察学院学报》2012年第1期。

⑦ 参见解彬:《境外追赃刑事法律问题研究》,中国政法大学出版社2016年版,第37页。

公约,为推动、提升对相关世界性犯罪的打击提供了法律依据,其中,《联合国打击跨国有组织犯罪公约》(以下简称《打击跨国犯罪公约》)与电信网络诈骗犯罪跨境追赃密切相关。

跨境实施的电信网络诈骗犯罪,行为主体基本为犯罪团伙甚至犯罪集团,内部人员多层分工,组织严密,形成步骤递进、人员接力的诈骗模式。如在王某等诈骗案[8]中,"胖哥"等人招募王某等人来到印度尼西亚,经过培训后,组成组织严密、分工明确的诈骗团伙。由"胖哥"等人通过非法渠道获取中国居民身份信息及联系方式,借由网络传输到"窝点"内;"电脑手"接收后再传送到团伙成员所使用的苹果平板(iPad)电脑内,用于拨打诈骗电话使用。团伙成员分为"一线""二线""三线"。"一线"人员冒充邮政局等工作人员,虚构被害人名下银行卡在异地透支未还、逾期不还将会受到法律处罚的事实,并称能帮助被害人"报警",后将通话转至"二线"。"二线"人员冒充公安刑警等执法人员,了解被害人家庭、存款信息等情况,后又以其涉嫌刑事犯罪等理由对被害人进一步恐吓,"帮助"其转接"三线"。"三线"人员冒充检察官等执法人员,编造"资产核查"谎言,诱骗被害人获取其银行或网银密码进行远端操控,同时诱骗被害人将钱款转入诈骗人员提供的账户内。

电信网络诈骗跨境犯罪的组织形式、犯罪类型等与《打击跨国犯罪公约》的适用条件完全契合。《打击跨国犯罪公约》第2条对有组织犯罪集团进行了界定,系指由三人以上组成的、在一定时期内存在的、为了实施严重犯罪或根据本公约确立的犯罪以获得经济利益而一致行动的有组织结构的集团。第3条对跨国犯罪的情形进行了列举,明确"在一个以上国家实施的犯罪""犯罪在一国实施但对于另一国有重大影响"等情形均属于跨国犯罪。第5条规定在本国法律无要求的情况下为获取经济利益而与他人约定实施犯罪,以及明知有组织犯罪集团的目标和一般犯罪活动或其实施有关犯罪的目的而积极参与,或者实施组织、指挥、协助等涉及有组织犯罪集团的严重犯罪的,均系参加有组织犯罪集团行为。第6条、第7条要求各缔约国将故意洗钱行为规定为犯罪,采取打击洗钱活动的措施。第12条、第13条分别对没收和扣押及没收事宜的国际合作进行了规定。第14条规定了赃款赃物优先赔偿被害人、归还合法所有人的原则和资产分享制度。第18条、第19条分别对司法协助和联合调查进行了规定。第20条规定了特殊侦查手段,明确各缔约国在适当的情况下可使用特殊侦查手段如电子或其他形式的监视

---

[8] 参见天津市南开区人民法院刑事判决书,(2018)津0104刑初575号。

和特工行动。由此可见,《打击跨国犯罪公约》从实体方面对有组织犯罪集团、跨国犯罪等问题进行了界定,从程序方面对追赃、返赃所遵循的原则、措施等进行了规定,为我国与相关缔约国就电信网络诈骗犯罪跨境追赃进行刑事司法合作提供了国际法律根据。

(二)电信网络诈骗犯罪跨境追赃的双边合作法律基础

截至2020年6月,中国已经与81个国家缔结引渡条约、司法协助条约、资产返还与分享协定等共169项,与56个国家和地区签署金融情报交换合作协议。⑨上述双边协议为我国与相关国家就电信网络诈骗跨境追赃开展刑事司法合作提供了具体、可操作性的法律依据。

如中国与马来西亚签订的《关于刑事司法协助的条约》规定,被请求方应努力查找、追踪、限制、冻结、扣押和没收犯罪所得和犯罪工具;被请求方可以向请求方移交上述财产或资产,或者出售有关财产或资产的所得。⑩ 中国与日本签订的《关于刑事司法协助的条约》规定,被请求方应当在本国法律允许的范围内,为有关没收犯罪所得或者犯罪工具的诉讼程序提供协助,被请求方据此提供协助而保管的全部或部分犯罪所得或者犯罪工具,包括出售这些资产的所得,移交给请求方。⑪ 中国与西班牙签订的《关于刑事司法协助的条约》规定,被请求方应努力确定犯罪所得或者犯罪工具是否位于其境内,并可根据请求采取措施冻结、扣押和没收这些财物,将上述财物的全部或部分移交给请求方。⑫ 中国与菲律宾签署的《关于打击跨国犯罪的合作谅解备忘录》规定的合作范围涵括洗钱、金融和其他经济犯罪,合作方式包括交流情报、提供正在调查的案件信息等。⑬ 中国与加拿大签署的《关于分享和返还被追缴资产的协定》规定,被非法侵占的财物如能认定合法所有人应予返还,对于没有或无法认定合法所有人的犯罪所得资产,缔约一方可在没收后根据缔约另一方的协助情况按比例分享。⑭

---

⑨ 参见《国家监察委首次向全国人大常委会报告专项工作 2014 年至今年 6 月追回外逃人员 7831 人赃款 196.54 亿元》,载法制网,http://www.legaldaily.com.cn/index_article/content/2020-08/10/content_8273275.html,2021 年 1 月 13 日访问。
⑩ 参见《中华人民共和国政府和马来西亚政府关于刑事司法协助的条约》第 20 条。
⑪ 参见《中华人民共和国和日本国关于刑事司法协助的条约》第 16 条。
⑫ 参见《中华人民共和国和西班牙王国关于刑事司法协助的条约》第 15 条。
⑬ 参见《中华人民共和国政府和菲律宾共和国政府关于打击跨国犯罪的合作谅解备忘录》第 1 条、第 2 条。
⑭ 《中国加拿大签署〈关于分享和返还被追缴资产的协定〉》,载 http://www.pinlue.com/article/2018/12/0107/437738054422.html,2021 年 2 月 13 日访问。

(三) 电信网络诈骗犯罪跨境追赃重点区域执法合作基础

目前,东南亚国家仍然是针对我国居民实施电信网络诈骗犯罪的"主要策源地"。中国和东南亚国家所确立的一系列涵括性较强的合作协议,如《中国与东盟在非传统安全问题领域合作联合宣言》、《中老缅泰关于湄公河流域执法安全合作的联合声明》、历届东盟与中国打击跨国犯罪部长级会议发表的《东盟与中国打击跨国犯罪部长级会议的联合声明》、历届中国—东盟成员国总检察长会议发表的《联合声明》等⑮,为双方合作开展电信网络诈骗犯罪跨境追赃提供了泛在性法律支持。

此外,中国与东南亚一些国家单独签署的合作协议中,或者专门针对电信网络诈骗犯罪或者突出了打击电信网络诈骗犯罪的内容。如中国和越南于2016年签署的《关于加强合作打击电信诈骗犯罪谅解备忘录》。2016年10月21日,《中华人民共和国与菲律宾共和国联合声明》(以下简称《中菲2016年声明》)在北京签署后生效,《中菲2016年声明》中提到:两国相关部门将根据共同认可的安排,加强在打击电信诈骗、网络诈骗、计算机犯罪等跨国犯罪方面的交流合作。2018年11月21日,《中华人民共和国与菲律宾共和国联合声明》(以下简称《中菲2018年声明》)正式公布,双方同意加强执法合作,共同打击职务犯罪、电信诈骗、非法网络赌博、计算机犯罪等跨国犯罪。

上述合作文件往往针对区域内或者两国间严重、复杂、常发的犯罪类型实施合作打击,因此更具针对性、有效性。在一些合作协议中,电信网络诈骗被明确列入其中作为国际刑事司法合作打击重点,这为进行电信网络诈骗犯罪跨境追赃提供了明确、坚实的法律支撑。

(四) 电信网络诈骗犯罪跨境追赃合作的国内法基础

我国《刑事诉讼法》第18条规定,我国司法机关和外国司法机关,可以相互请求刑事司法协助。⑯ 2018年颁布实施的《国际刑事司法协助法》第六章专设扣押、冻结涉案财物的规定,第七章专设没收、返还违法所得及其他涉案财物的规定。这些规定为在电信网络诈骗犯罪跨境追赃刑事司法合作中,请求和被请求查扣罪所得并予以返还提供了明确法律依据。《反洗钱法》第27条规定,我国根据国际条约,或者按照平等互惠原则,进行反洗钱国际合作。《引渡法》第39条规定,

---

⑮ 参见陈伟强:《中国与东盟国家警务合作之考探——从合作基础、形式、挑战到完善》,载《刑法论丛》2018第4期。

⑯ 我国《刑事诉讼法》第18条规定:根据中华人民共和国缔结或者参加的国际条约,或者按照互惠原则,我国司法机关和外国司法机关可以相互请求刑事司法协助。

公安机关应当根据法院裁定,向请求国移交与案件有关的财物;第51条规定,公安机关接收、转交或会同有关部门共同接收与案件有关的财物。《公安机关办理刑事案件程序规定》第十三章对刑事司法协助和警务合作作出专门规定,第375条明确规定公安机关进行刑事司法协助和警务合作的范围包括查封、扣押、冻结涉案财物,没收、返还违法所得及其他涉案财物等事项。《人民检察院刑事诉讼规则》将刑事司法协助作为第十六章予以专门列明,其中第672条规定了检察机关刑事协助的范围包括查封、扣押、冻结涉案财物,返还违法所得及其他涉案财物等事项。最高人民法院《关于适用〈中华人民共和国刑事诉讼法〉的解释》在第二十章第二节对刑事司法协助作出专门规定。我国的上述法律、司法解释或公安部门文件,为开展电信网络诈骗犯罪跨境追赃提供了国内法依据。

三、问题归结:合作机制、侦查手段、办案理念掣肘涉案赃款追缴

(一)警务合作存在缺陷,条约适用率低、内容有待完善

在当前电信网络诈骗犯罪跨境追赃中,虽然中国和许多跨境犯罪国家均为《打击跨国犯罪公约》缔约方,但双方开展合作的方式主要为警务合作,公约实际适用率较低。警务合作往往立足双方地缘、文化、长期合作等因素,且需中国与相关国家强化联系,达成协议,沟通成本高昂。"各国警察机关在国际刑事合作方面的权力有着很大差异,一些发达国家警察的权限受到严格制约,特别是在涉及人身自由和财产权利问题上,没有法官或者检察官签发的命令或指示,警察机关是不敢擅自行动的。有时候,即使警察机关了解在逃人员或者相关资产的下落,未经主管司法机关批准,也不能将有关情报提供给外国。"[17]由此,过分依赖警务合作,囿于不同法域警察、司法权力配置的差异,会导致电信网络诈骗犯罪跨境追赃的不确定性,严重影响跨境追赃司法合作的开展。

此外,随着电信网络诈骗团伙跨境移动的速度加快,境外设点的国家增多,中国与相关国家订立的双边或区域性刑事司法合作文件内容涵盖范围的有限性与程序运行的复杂性对跨境追赃合作的法律根基和运行效率形成掣肘,直接导致跨境追赃力不从心。而且,中国与相关国家签署的刑事司法协助条约甚至缺少如何追缴犯罪所得或收益的规定。如我国和印度尼西亚于2000年签署、2006年生效的《关于司法协助的公约》只是规定了犯罪所得的移交,但对于如何协助追缴却

---

[17] 黄风:《建立境外追逃追赃长效机制的几个法律问题》,载《法学》2015年第3期。

没有规定。中国与老挝于 1999 年签署、2001 年生效的《关于民事和刑事司法协助的条约》同样也只规定了赃款赃物的移交,对如何追缴赃款的规定阙如。

(二)整体打击效果欠佳,追赃挽损亟待强化

在当前跨境电信网络诈骗犯罪的打击中,较之于追逃,追赃在公众中的关注度相对较低,新闻报道更多的是关注有多少犯罪嫌疑人归案,对于追回的违法所得数额则很少出现在公开的新闻报道中。⑱ 公安司法机关对查获犯罪行为人并使之定罪判刑的关心远远高于追赃挽损,一定程度上存在着重破案抓人、轻追赃挽损的现象,造成动辄从境外抓捕跨境电信网络诈骗团伙成员数百人的大案,涉案金额几千万元、几亿元,但缴获的犯罪所得却与涉案金额严重不成比例,有些案件甚至只有现场缴获的少量现金,扣押的银行卡没有余额或仅有很少余额。但从被害人和犯罪整体打击效果的角度而言,追赃与追逃同样重要,甚至更为重要。

跨境电信网络诈骗团伙基本采取网上及时转账、第三方支付平台或通过地下钱庄转移的方式转移赃款,实现赃款的快速分散、转移,逃避银行止付、公安司法追查。在跨境电信网络诈骗案件中,诈骗团伙转款、收款基本发生在境外,对钱款的转移追踪涉及他国反洗钱机构、侦查机关等的协助、配合,关涉他国的追查能力、司法合作积极性等,这些都成为跨境追赃成功与否的重要因素。而且,犯罪所得转移的网络化、资金归集的隐秘化,也导致实体现金消弭化,在侦查机关查获网络诈骗犯罪行为人的现场,往往只有少量现金或没有现金,通过现金追缴实现追赃几无可能。因此,亟须创新、丰富追赃手段,对跨境电信网络诈骗犯罪实施有力打击。

(三)组织头目难以抓获,被害人损失难以挽回

随着电信网络科技的不断发展,社交平台的日益丰富,转移支付手段的便捷多样,加之电信网络诈骗组织团伙的严密化、团伙内成员联系的私密化,被公安司法机关抓捕到案的往往为帮助取款、拨打电话、发送短信、技术辅助等电信网络诈骗团伙的底层人员,真正的组织头目采取极度的隐蔽措施,与境外诈骗窝点负责人员单线联系,甚至连窝点负责人员都不知道组织头目的真实身份、藏匿位置,造成幕后的组织头目难以抓获归案的结果。公安司法机关扫除一个诈骗团伙后,落网的电信网络诈骗组织头目往往再选新址,另组团伙,继续开展电信网络诈骗活动。因跨境电信网络诈骗幕后组织头目是最大的获利者,在其无法被抓捕到案的情况下,被害人得到的经济损失偿付微乎其微。如在张某闵等 33 人电信网络诈

---

⑱ 参见周明:《违法所得分享程序立法前景分析》,载《中国人民公安大学学报(社会科学版)》2019 年第 5 期。

骗案[19]中，被告人张某闵、林某德等 33 人，先后在印度尼西亚、肯尼亚境内参加诈骗犯罪组织，利用电信网络技术手段对中国居民进行语音群呼，冒充快递公司客服人员、公安局及检察院工作人员等身份，虚构被害人因个人信息泄露而涉嫌犯罪等虚假事实，以需要接受审查、资产保全等为名，先后骗取 75 人的钱款共计人民币 2300 余万元。但张某闵等人的幕后金主未被抓获，被告人家属代为退赔的 38.4 万元成为赔偿被害人损失的主要部分。

（四）转款洗钱专业迅捷，涉案资金追查困难

跨境电信网络诈骗团伙在被害人将钱款转至嫌疑人指定的银行账号后，会迅速将涉案钱款转移至二级、三级甚至更多级银行卡内，专门负责取钱的"车手"通过 ATM 设备迅速提现，或者在资金转移过程中用犯罪所得购买电话卡、游戏币等再行低价网络兜售，实现资金回笼。在许多跨境电信网络诈骗案件中，资金转移过程甚至由专业的洗钱机构进行操作，使得公安司法机关对资金流向的查证十分困难，更遑论及时止付、冻结账户、追回赃款。如徐某行等人印度跨境诈骗案[20]中，从事话务联系的诈骗人员分为三线，分别冒充中国银行、公安机关、检察机关工作人员等角色，通过网络虚拟改号技术将来电显示号码改为上述机关的电话号码，通过拨打电话的方式对国内的被害人实施诈骗。待被害人被诱骗通过网银、银行柜台或 ATM 机将资金转入诈骗集团指定的"监管账户"后，所骗资金通过财务洗钱机构迅速层层转移，导致涉案资金追查十分困难。

四、电信网络诈骗犯罪跨境追赃国际刑事司法合作进路构建

电信网络诈骗犯罪跨境追赃刑事司法合作中，最为关键的是执法主体能够有法可依，此处的"法"包括国际公约、双边合作协议、框架性执法合作协定等内容，从而在刑事司法合作各方确定的法律框架下采取相关措施，查获诈骗集团幕后组织头目，追缴犯罪所得。

（一）充分利用、完善既有条约，扩展条约签订主体

2000 年 12 月 12 日至 15 日，《打击跨国犯罪公约》高级别政治签署会议在罗马举行，118 个国家和地区签署了该公约。[21]《打击跨国犯罪公约》签署国家的广

---

[19] 参见北京市第二中级人民法院刑事判决书，(2017) 京 02 刑初 55 号。
[20] 参见成都市中级人民法院刑事裁定书，(2019) 川刑终 239 号。
[21] 参见《打击跨国有组织犯罪公约》，载百度网，https://baike.baidu.com/item，2021 年 2 月 13 日访问。

泛性、打击跨国犯罪内容的全面性，为打击涉及缔约国的跨境电信网络诈骗犯罪提供了法律保障。在电信网络诈骗犯罪跨境追赃中，如我国与《打击跨国犯罪公约》缔约国没有签订《刑事司法协助公约》、警务合作协议等合作文件，我国可依据《打击跨国犯罪公约》要求赃款转移国履行相关义务，提供刑事司法协助。在与相关《打击跨国犯罪公约》缔约国签订的刑事司法合作文书中没有规定的合作内容时，同样可以依据《打击跨国犯罪公约》，在对方法律允许的范围内，要求对方提供刑事司法协助。如我国与相关国家签订的《刑事司法协助条约》中没有明确的反洗钱合作、特殊侦查手段协助等内容，但《打击跨国犯罪公约》对此作出了规定，因此，在电信网络诈骗犯罪跨境追赃中，可以《打击跨国犯罪公约》规定为基础，要求跨境国家在进行刑事司法合作中采取如上合作方式。

我国与相关国家签订的《刑事司法协助条约》《执法备忘录》等刑事司法合作文件，系立足于两国实际，内容具体、明确，可执行性、可操作性强，是进行跨境追赃的重要合作基础，但要适应时代特点、犯罪形势发展等情况，对相关协议的内容及时进行完善、更新，如将协助追缴犯罪所得或收益的路径、具有实效、可具体实施的侦查手段等内容适时纳入司法合作范围之内。对于跨国电信网络诈骗犯罪高发、严重的国家，可以考虑中国和相关国家就打击电信网络诈骗犯罪专门签署刑事司法合作文件，对电信网络诈骗犯罪侦查、追赃等具体问题予以明确。

在现有刑事司法合作框架下，警务合作具有随机性、结果不确定性，司法协助具有程序复杂性、联系机关多重性的特征，因此，在电信网络诈骗犯罪追赃中，与跨境国家既签订警务合作协议又签订司法协助协议的，应努力避免两种合作机制的短板，充分发挥警务合作的效率性与司法合作的稳定性，警务合作和司法合作双轨并行，达到追赃挽损的最佳效果。此外，在国际刑事司法合作中，中国作为犯罪资产的主要流出国之一，要积极探索应对诸如电信网络诈骗等凭借时代科技手段实施的犯罪的追赃等问题，与国际社会共同探索如何简化合作流程，强化合作力度，提升合作效率。

随着我国对电信网络诈骗犯罪打击力度不断加大，诈骗行为人会不断转移"阵地"，选择新的境外窝点，变换方式继续针对我国居民实施诈骗行为。因此要密切追踪电信网络诈骗行为人的跨境犯罪轨迹，并适度增强预见性，与没有和我国建立刑事司法合作关系的相关国家签署多种形式的刑事司法合作文件，为开展包括电信网络诈骗犯罪在内的跨境追赃刑事司法合作奠定法律基础。

（二）运用联合侦查机制，强化侦查合力

所谓联合侦查，是指两个以上国家的主管机关，为打击涉及它们各自刑事司法管辖的跨国犯罪，组建联合侦查机构共同开展侦查取证活动、缉捕犯罪嫌疑人

的一种国际刑事司法合作形式。㉒《打击跨国犯罪公约》第 19 条规定："缔约国应考虑缔结双边或多边协定或安排，以便有关主管当局可据以就涉及一国或多国刑事侦查、起诉或审判程序事由的事宜建立联合调查机构。如无这类协定或安排，则可在个案基础上商定进行这类联合调查。有关缔约国应确保拟在其境内进行该项调查的缔约国的主权受到充分尊重。"《中菲 2016 年声明》第 17 条规定：为加大禁毒行动力度，双方同意建立专案侦办和情报搜集领域的联合行动机制。《中菲 2018 年声明》第 10 条规定：中方承诺继续支持菲律宾政府打击非法毒品和毒品犯罪的努力，愿在打击毒品和易制毒化学品走私、情报共享、联合办案等方面加强合作。在具体刑事司法合作实践中，中国与菲律宾、泰国、老挝、越南、柬埔寨等东南亚国家通过实施联合侦查成功破获了多起跨国贩毒案件，影响比较大的如 2006 年中国与菲律宾联合破获的"邵春天特大跨国制贩冰毒案"。㉓

我国现行法律没有对跨国犯罪开展联合侦查作出明确规定，但《刑事司法协助法》第 25 条"请求外国协助调查取证时，办案机关可以同时请求在执行请求时派员到场"之规定，为我国与相关国家对电信网络诈骗跨国犯罪进行联合侦查提供了可能。建议在我国《刑事诉讼法》或者《刑事司法协助法》中明确增设联合侦查机制，并就具体程序运行予以明确，以有力打击包括电信网络诈骗犯罪在内的跨国犯罪。在当前电信网络诈骗犯罪跨境追赃中，我们可以立足现有国际公约、双边合作文件、跨国打击毒品犯罪司法实践等基础，与关涉电信网络诈骗犯罪跨境追赃的相关国家开展联合侦查，以迅速查清赃款去向、查获幕后组织头目。

（三）探索反洗钱合作方式，迅速追查资金去向

跨境电信网络诈骗犯罪行为人一般是通过网上银行、第三方支付平台或者专业洗钱机构等使得被害人转入行为人指定账户的钱款实现跨境转移。诈骗集团或洗钱机构一般通过多个银行账户的频繁划转，对资金不断进行拆解，最终由"车手"提取现金，"车手"扣除部分约定的手续费之后，将现金直接交给诈骗集团组织头目或存入银行卡内转给诈骗集团指定的相关账号。如在一起特大诈骗案中，诈骗集团将诈骗所得资金迅速拆分转移进行漂白，短短 5 天内便将被骗账户中的 1.17 亿元资金，通过网上银行转移至近 10000 个个人账户中，并最终在境外通过 ATM 机取现以完成洗钱目的。㉔

㉒ 参见刘仁文、崔家国《论跨国犯罪的联合侦查》，载《江西警察学院学报》2012 年第 1 期。
㉓ 同上。
㉔ 参见陈敏婧：《电信网络诈骗犯罪的洗钱分析与识别》，载《第一财经日报》2020 年 2 月 26 日第 A07 版。

通过刑事司法协助虽然可以协助调查资金流向,但司法协助程序的冗长耗时难以适应电信网络诈骗犯罪迅速转款、取现、不时更换银行卡等犯罪特点。追回被骗资金的关键在于快速查清钱款流向,对涉案资金的及时、准确追踪离不开反洗钱机构[25]的协作。在电信网络诈骗犯罪跨境追赃中强化司法机关合作配合的同时,要注重与反洗钱机构的合作,全面、及时获得诈骗集团洗钱信息情报,以最快的速度查清赃款去向。宏观层面,我国应逐步形成与部分重点国家的反洗钱合作机制;充分利用反洗钱国际合作行为规则,深度参与有关反洗钱国际组织、区域组织重大决策的制定;加强沟通协调,稳步推进加入埃格蒙特集团相关工作;利用国际金融情报交流平台,拓展反洗钱情报渠道,进一步提高我国反洗钱监测分析中心的运行效率[26],实现与国外反洗钱机构的无缝对接。微观层面,要探索前沿科学技术在跨国反洗钱领域的普遍应用。如区块链技术的发展为涉案资金及时追踪溯源提供了可行答案。区块链技术具有去中心化、基于共识建立信任、信息不可篡改等特征。[27] 在整个区块链网络上,所有的客户信息和交易信息都以区块的形式储存在区块链上,对所有人来说这些信息是相对公开透明互相关联的,并通过分布式存储技术储存到了每一个节点的本地账本中,数据无法被篡改且可追溯,侦查机关只需获得密钥解锁相应数据的访问权限,即可通过区块链准确查处涉案洗钱活动[28],实现涉案资金的快速、准确追查。通过上述宏观与微观两个维度的机制构建,形成国内、国外反洗钱机构与公安司法机关联动,充分发挥先进科学技术在反洗钱领域的应用,实现跨境资金流动境内外追查的顺畅、迅速衔接,让赃款洗白、资金藏匿无处遁形。

(四)严格遵循法定程序,发挥特殊侦查手段效用

在跨境电信网络诈骗犯罪中,行为人往往组成诈骗集团,分工明确,设置多个境外窝点,诈骗集团真正幕后头目利用社交网络平台进行遥控指挥,与各个诈骗窝点的负责人员单线联系,常规侦查手段对于查获真正的幕后头目和资金流向力不能及。鉴于跨境电信网络诈骗犯罪的复杂性、隐蔽化,特殊侦查手段的运用成为全面、彻底铲除诈骗犯罪集团、提升跨境追赃效果的应然选择。特殊侦查手段,

---

[25] 埃格蒙特集团(The Egmont Group Financial Intelligence Units, FIUs)系全球影响力最大的金融情报组织,为各成员单位强化反洗钱信息共享、合作、交换资金转移情报等搭建平台。

[26] 参见程璞:《新形势下反洗钱跨国合作的国际比较及启示》,载《区域金融研究》2018年第10期。

[27] 参见林晓轩:《区块链技术在金融业的应用》,载《中国金融》2016年第8期。

[28] 参见王晨宇:《区块链技术在我国反洗钱领域的应用研究》,山东大学2018年硕士学位论文第39页。

主要包括控制下交付、电子监控和特工行动等。其中,控制下交付和电子监控与电信网络诈骗犯罪跨境追赃息息相关。"控制下交付是指根据线人或卧底的线索、情报,在发现非法交易的违禁品后,警方在特定区域部署警力,用秘密监控或实施诱饵的方法,允许违禁品继续流转,以便最终发现犯罪行为的组织者、流转渠道、组织结构、贩运网络并一举侦破案件的做法。"[29]电子监控,属于技术侦查的一种,又称电子侦查或电子侦察,系指采取比较隐蔽的电子手段或设备,对相应的声音或事态的发展进行探听的一种行为。[30]《打击跨国犯罪公约》第20条第1款规定,各缔约国应在本国法律允许的情况下,允许主管当局在其境内适当使用控制下交付并在其认为适当的情况下使用电子或其他形式的监视和特工行动。[31] 特殊侦查手段,伴随着跨国犯罪的集团化、隐蔽化、网络化等发展趋势,越来越多的在国际刑事司法合作中被采用。

根据《打击跨国犯罪公约》规定,国际刑事司法合作中特殊侦查措施的运用,以符合犯罪地国家国内法的规定为前提,以适当适用为基本原则,而且电子侦察存在侵犯公民隐私和自由的风险,因此在具体适用中要严格遵循刑事司法合作国的法定程序,熟悉国外的相关法律。例如,日本的《关于犯罪侦查中监听通讯法》、美国的1968年《综合犯罪控制与街道安全法》、英国的《通讯截获法》等都对此类特殊侦查手段的使用条件和程序做了严格的规定。[32]

(五)贯彻财产分享理念,建立资金补偿制度

跨境电信网络诈骗中,诈骗对象基本为我国居民,被请求司法合作的国家一般为资金流入国,诈骗行为人在资金流入国承租房屋、入住酒店、购置设备、大肆消费等,为资金流入国带来经济利益,而对跨境电信网络诈骗犯罪进行打击,协助请求司法合作方追赃返款,不仅对资金流入国经济发展产生一定程度的消极影响,而且需要资金流入国大量人力、物力等的投入,因此,如何激发资金流入国刑事司法合作的积极性至为重要。"为鼓励国家间司法协助,资产分享逐步被提上了国际司法执法合作的议程,逐渐成为国际社会较为成熟的关于犯罪资产处置的

---

[29] 周菊兰:《国际公约中的特殊侦查手段研究》,载《公安研究》2011年第12期。
[30] 同上。
[31] 《联合国打击跨国有组织犯罪公约》第20条第1款:"各缔约国均应在其本国法律基本原则许可的情况下,视可能并根据本国法律所规定的条件采取必要措施,允许其主管当局在其境内适当使用控制下交付并在其认为适当的情况下使用其他特殊侦查手段,如电子或者其他形式的监视和特工行动,以有效地打击有组织犯罪。"
[32] 参见蒋秀兰、王燕:《特殊侦查手段在国际刑事司法合作中的运用》,载《齐齐哈尔大学学报哲学社会科学版)》2017年第12期。

方案。"㉝资产分享,"是指对于通过刑事司法国际合作没收的犯罪所得或收益,请求国与被请求国通过协商或订立协议等方式,在扣除应当返还被害人的收益以及提供司法协助的必要开支后,就剩余被没收的犯罪所得或收益,按双方协商的比例,或者根据合作贡献的大小进行分享"㉞。随着跨国犯罪日趋严重,涉案赃款日益巨大,拒绝资产分享往往不利于推动国家间资产追回的司法协助,甚至会影响资产流出国与资产流入国建立在互惠和互信基础上的司法合作关系。㉟但在有被害人的案件中,查获的犯罪所得优先偿还被害人是适用资产分享制度的基本前提。《打击跨国犯罪公约》第 14 条第 2 款对之作出明确规定。㊱ 在电信网络诈骗犯罪跨境追赃中,如果严格坚持受害人优先受偿原则,将严重挫伤资产所在国的积极性,因为电信网络诈骗犯罪一般涉案金额巨大,受害人众多,但查获资金数额有限,即使将全部犯罪所得均返还受害人,受害人也难以全额受偿,这意味着资产所在国将没有可供分享的资产,甚至被请求国进行刑事司法合作为此支出的合理费用都无法受偿。为了保证国际刑事司法合作的长久性、有效性,需要探索设立对资产所在国的补偿制度,即如果将财产返还给被害人后,没有剩余资产或者剩余的资产不足以负担被请求方因此支出的合理费用,应当对被请求方进行适当的补偿,补偿的资金来源,可以由财政部联合相关主管部门设立专项基金,用来应对可能出现的上述情况。㊲

(六)培养专业人才,提升刑事司法合作能力

我国各级公安司法机关在国际追赃的斗争中,暴露出种种不足:不熟悉国际条约的相关规定和赋予的权利;不了解相关国家的法律制度;不懂得如何准备请求司法协助的法律文书和证据材料;不清楚如何开展刑事司法协助活动;缺少能熟练运用法律专业外语的司法人员等。㊳ 为有效解决上述问题,我国应充分利用国际、国内两方面的专业教育与培训的各种资源,大力加强我国各级公安司法机

㉝ 解彬:《境外追赃刑事法律问题研究》,中国政法大学出版社 2016 年版,第 137 页。
㉞ 赵阳:《外逃贪官"最钟情"国多"分成"处理赃款》,载《法制日报》2012 年 12 月 6 日,第 5 版。
㉟ 参见黄风:《资产追回问题比较研究》,北京师范大学出版社 2010 年版,第 7 页。
㊱ 《联合国打击跨国有组织犯罪公约》第 14 条第 2 款:"根据本公约第 13 条的规定应另一缔约国请求采取行动的缔约国,应在本国法律许可的范围内根据请求优先考虑将没收的犯罪所得或财产交还请求缔约国,以便其对犯罪被害人进行赔偿,或者将这类犯罪所得或财产归还合法所有人。"
㊲ 参见王筱:《我国没收资产分享制度之构建》,载《西部法学评论》2019 年第 2 期。
㊳ 参见陈泽宪、周维明:《追逃追赃与刑事司法协助体系构建》,载《北京师范大学学报(社会科学版)》2015 年第 5 期。

关,尤其是地市级主体办案机关及其人员在追赃等刑事司法合作方面的能力建设。㊴ 为有力应对以"百变"面目呈现并不断衍化的电信网络诈骗犯罪模式,成功突破诈骗分子为逃脱资金追查、扣缴而构筑的以洗钱、网络应用等为核心倚仗的藩篱,需要吸纳、培养谙熟国际法律、侦查、金融、网络等多学科知识的复合型人才,掌握电信网络诈骗犯罪赃款跨境转移、藏匿的惯常手法,提供高效、有力的追赃方案,占据法律、知识、技术、心理上的制高点,实现"魔高一尺,道高一丈",为跨境追赃挽损做好人才储备和专业支持。

五、结语

伴随着对电信网络诈骗犯罪的严厉打击、多种预防性措施的综合运用、反诈宣传的广泛开展及社会公众防骗意识的逐步提升,电信网络诈骗犯罪的高发势头得以有效遏制。但诈骗分子不断利用先进科学技术,设计新的网络诈骗模式,编造新的诈骗术语,使得广大公众很难识破以"百变面孔"呈现且不断更新升级的诈骗手段。即时到账的网络支付手段将钱款在流向行为人指定账户之前被截留的可能性降至几近为零,跨境追赃担当起挽回被害人经济损失的应然使命,而国际刑事司法合作是开展跨境追赃的必由路径。但就电信网络诈骗而言,目前囿于跨境追赃的法律手段有限、国际刑事司法合作深度不够等因素,追赃效果不甚理想。我们需要立足现有法律框架,以电信网络诈骗犯罪刑事司法合作为基点,延展至对以"非接触、赃款即时转移等"为典型特征的网络时代犯罪跨境追赃刑事司法合作问题的探索,不仅注重公约、条约的签署利用,更要注重具体追赃手段的丰富拓展,为跨境追赃这一时代课题的有效解决提供可行的法律方案。

㊴ 参见陈泽宪、周维明:《追逃追赃与刑事司法协助体系构建》,载《北京师范大学学报(社会科学版)》2015年第5期。